Zeitschrift für Württembergische Landesgeschichte

Herausgegeben von der

Kommission für geschichtliche Landeskunde
in Baden-Württemberg

und dem

Württembergischen
Geschichts- und Altertumsverein

74. Jahrgang

W. Kohlhammer Verlag Stuttgart

2015

Schriftleitung

Peter Rückert
Hauptstaatsarchiv Stuttgart
Konrad-Adenauer-Str. 4, 70173 Stuttgart

ISSN 0044-3786
ISBN 978-3-17-029892-7

Kommissionsverlag: W. Kohlhammer GmbH, Stuttgart

Erscheinungstermin: Juni 2015

Auflage: 1625
Druck: Gulde-Druck GmbH, Tübingen

Inhalt

Aufsätze

Miszellen

Nachruf

Buchbesprechungen

Allgemeine Geschichte

Rechts- und Verfassungsgeschichte

Archäologie, Bau- und Kunstgeschichte

Wirtschafts- und Umweltgeschichte

Kultur- und Bildungsgeschichte, Literatur- und Musikgeschichte

Kirchengeschichte

Bevölkerungs- und Sozialgeschichte, jüdische Geschichte

Familien- und Personengeschichte

Territorial- und Regionalgeschichte

Städte und Orte

Mitteilungen und Register

Königtum, Herzogtum und Sakralität
Zu den Esslinger Prägungen Heinrichs II.

Von Christof Paulus

Legitimation und Selbstverständnis König/Kaiser Heinrichs II. (1002–1024) waren bereits Gegenstand zahlreicher Untersuchungen[1]. Da dessen Herrschaft zumindest anfänglich umstritten war, hob die Forschung einen gewissen Zwang zur Herrschaftsbegründung hervor, was im Wechselspiel zur Betonung der Gottesbestimmtheit und des stellvertretenden Sakralkönigtums[2] geführt habe. Göttliche Gnade wie göttlicher Auftrag bei Profilierung der *maiestas* in Anlehnung an die Karolinger wurden vor dem Vorstellungshorizont des erwarteten nahen Weltgerichts herausgearbeitet. Seit den maßgeblich initiierenden Arbeiten von Percy Ernst Schramm wurden bei dieser Fragestellung auch Bildquellen analysiert, von denen das Regensburger Sakramentar, das Bamberger Evangelistar und Pontificale sowie die Bamberger Apokalypse auf besonderes Interesse der Forschung stießen[3].

---

1 In Auswahl und mit Literaturhinweisen: Stefan Weinfurter, Heinrich II. (1002–1024). Herrscher am Ende der Zeiten, Regensburg ³2002, S. 36–92; Franz-Reiner Erkens, Herrschersakralität im Mittelalter. Von den Anfängen bis zum Investiturstreit, Stuttgart 2006, S. 157–159.

2 Zum Begriff zusammenfassend: Erkens (wie Anm. 1) S. 27–33.

3 Hierzu etwa und in Auswahl: Ernst H. Kantorowicz, Die zwei Körper des Königs. Eine Studie zur politischen Theologie des Mittelalters (dtv wissenschaft 4465), München 1990 (Erstauflage 1957), S. 131 f.; Percy Ernst Schramm, Die deutschen Kaiser und Könige in Bildern ihrer Zeit 751–1190. Neuauflage unter Mitarbeit von Peter Berghaus, Nikolaus Gussone, Florentine Mütherich, München 1983, S. 91–102; Joachim Ott, Vom Zeichencharakter der Herrscherkrone. Krönungszeremoniell und Krönungsbild im Mittelalter. Der Mainzer Ordo und das Sakramentar Heinrichs II., in: Zeremoniell als höfische Ästhetik in Spätmittelalter und Früher Neuzeit, hg. von Jörg Jochen Berns/Thomas Rahn, Tübingen 1995, S. 534–571, hier 555–570; Stefan Weinfurter, Sakralkönigtum und Herrschaftsbegründung um die Jahrtausendwende. Die Kaiser Otto III. und Heinrich II. in ihren Bildern, in: Bilder erzählen Geschichte, hg. von Helmut Altrichter (Rombach Wissenschaft, Reihe Historia 6), Freiburg 1995, S. 47–103, der bei Heinrich II. vor allem den herrschaftlichen Auftrag und dessen Umsetzung bildlich manifestiert sieht; ders., Der Anspruch Heinrichs II. auf die Königsherrschaft 1002, in: Papstgeschichte und Landesgeschichte. Festschrift für Hermann Jakobs zum 65. Geburtstag, hg. von Joachim Dahlhaus/Armin Kohnle (Archiv für Kulturgeschichte, Beiheft 39), Köln/Weimar/Wien 1995, S. 121–134, hier 123 f.; ders., Der neue König, in: Kaiser Heinrich II. 1002–1024. Katalog zur Bayeri-

Numismatische Quellen indes wurden bezüglich der Frage von Legitimation und Selbstverständnis Heinrichs II. nur am Rande beigezogen, wenngleich schon im grundlegenden Werk von Schramm zu den Bildern der deutschen Könige und Kaiser dieser Aspekt kurze Berücksichtigung erfuhr[4]. Die Münzprägung Heinrichs II.[5] wurde vor allem unter typologischen und wirtschaftsgeschichtlichen Gesichtspunkten untersucht: So stießen etwa die weite Verbreitung der Prägungen im Osten und Norden Europas auf Interesse[6] ebenso wie die byzantinischen, arabischen und auch karolingischen Einflüsse, welche sich auf den heinrizianischen Münzen in innovativer Weise spiegeln[7]. Die im Folgenden im Zentrum stehenden Esslinger Stücke wurden von Hermann Dannenberg überzeugend aufgrund der Vitalisumschrift der schwäbischen Münzstätte zugewiesen, nachdem frühere Arbeiten auch Corvei oder Salzburg als Prägeorte angenommen hatten[8].

---

schen Landesausstellung 2002. Bamberg, 9. Juli bis 20. Oktober 2002, hg. von DEMS. u.a. (Veröffentlichungen zur Bayerischen Geschichte und Kultur 44), Augsburg 2002, S. 174f.; Henry MAYR-HARTUNG, Herrschaftsrepräsentation der ottonischen Familie, in: Otto der Große, Magdeburg und Europa, Bd. 1: Essays, hg. von Matthias PUHLE, Mainz 2001, S. 133–148; ERKENS (wie Anm. 1) S. 185f.; Elisabeth KLEMM, Die Prachtwerke im Umkreis der Herrscher, in: BAYERISCHE STAATSBIBLIOTHEK (Hg.), Pracht auf Pergament. Schätze der Buchmalerei von 780 bis 1180, München 2012, S. 138–149.

4 SCHRAMM (wie Anm. 3) S. 101 f.

5 Überblick und Bibliographie durch Bernd KLUGE, Numismatik des Mittelalters, Bd. 1: Handbuch und Thesaurus Nummorum Medii Aevi (Veröffentlichungen der Numismatischen Kommission 45), Berlin/Wien 2007, S. 95–98, 216–218.

6 In Auswahl: Bernd KLUGE, Münze und Geld um 1000, in: Europas Mitte um 1000. Beiträge zur Geschichte, Kunst und Archäologie, Bd. 1, hg. von Hans-Martin HINZ/Alfried WIECZOREK, Stuttgart 2000, S. 188–194, hier 190, 192; Heiko STEUER, Münzprägung, Silberströme und Bergbau um das Jahr 1000 in Europa. Wirtschaftlicher Aufbruch und technische Innovation, in: Aufbruch ins zweite Jahrtausend. Innovation und Kontinuität in der Mitte des Mittelalters, hg. von Achim HUBEL/Bernd SCHNEIDMÜLLER (Mittelalter-Forschungen 16), Ostfildern 2004, S. 117–149; jüngst nun auch: Michael MATZKE, Marcbach zwischen Speyer und Worms. Münzprägung und Geldumlauf im schwäbisch-fränkischen Grenzbereich, in: Wirtschaft, Handel und Verkehr. 1000 Jahre Markt und Münzrecht in Marbach am Neckar, hg. von Sönke LORENZ/Peter RÜCKERT (Tübinger Bausteine zur Landesgeschichte 19), Ostfildern 2012, S. 93–114, der unter Bezug auf die heinrizianische Marktrechtbestätigung bezüglich Marbachs für die Speyerer Bischofskirche (D H II 191 von 1009 März 17) auch die Bedeutung der Münzrechtverleihung zur Stärkung des Marktes diskutiert.

7 In Auswahl etwa: Vera HATZ/Ulla S. LINDER WELIN, Deutsche Münzen des 11. Jahrhunderts nach byzantinisch-arabischem Vorbild in den schwedischen Funden der Wikingerzeit, in: Commentationes de nummis saeculorum IX–XI in Suecia repertis 2 (1968) S. 1–38; STEUER (wie Anm. 6) S. 127–131, 144.

8 Hermann DANNENBERG, Die deutschen Münzen der sächsischen und fränkischen Zeit, Bd. 1, Aalen 1967 (Erstauflage Berlin 1876), S. 359–362. Zuletzt dazu Peter RÜCKERT, Wirtschaft und Verkehr am mittleren Neckar im Hochmittelalter, in: Wirtschaft, Handel und Verkehr (wie Anm. 6) S. 53–74, hier v. a. S. 60f.

Der Marktort Esslingen, bedeutsam gelegen im mittelalterlichen Straßennetz[9], ist Mitte des 10. Jahrhunderts als Ort herzoglicher Münzprägung belegt[10]. Ein Regensburger Diplom Ludwigs des Deutschen (817/843–876) von 866 Juli 28 bezeugt den Vitaliskult[11]. Wenngleich Esslingen im Itinerar Heinrichs II. nicht zu fassen ist[12], lässt sich doch auf die Bedeutung des Ortes im schwäbischen Dukat schließen, welche sich nicht zuletzt in der hochmittelalterlichen Münzprägung zeigte[13]. Dies belegen auch die Esslinger Prägungen Heinrichs II., welche auf der Vorderseite einen nach rechts gewandten, bartlosen Kopf mit hoher dreizackiger, auffallend stilisierter (Strahlen-)Krone[14] und die Umschrift HEINRICVS, auf der Rückseite die Dextra Dei aus dem himmlischen Halbbogen, auf dem Kreuz ruhend, sowie den für die Lokalisierung der Münze wichtigen Hinweis auf den heiligen Vitalis zeigen[15] (Abb. 1, 2), als Abbild göttlicher Koronation und des theokratischen Herrschaftsverständnisses zu deuten.

---

9 Otto BORST, Esslingen am Neckar. Geschichte und Kunst einer Stadt, Esslingen ³1974, S. 19f.

10 Helmut MAURER, Der Herzog von Schwaben. Grundlagen, Wirkungen und Wesen seiner Herrschaft in ottonisch-salischer und staufischer Zeit, Sigmaringen 1978, S. 82f.

11 MGH D LD 119 = Die Urkunden Ludwigs des Deutschen, Karlmanns und Ludwigs des Jüngeren (Ludowici Germanici, Karlomanni, Ludowici Iunioris Diplomata/MGH Diplomata), hg. von Paul KEHR, Berlin 1932–1934, Nr. 119 (S. 168f., Zitat: 169): *Idcirco comperiat omnium fidelium nostrorum tam praesentium quam et futurorum sollertia, quia vir venerabilis propinquus videlicet et aequivocus noster Hludouuicus abba petiit celsitudinem nostram, ut quasdam cellulas sitas in Alamannia Hetsilinga in pago Nechragauue super fluvium Nechra, ubi sanctus Uitalis confessor corpore requiescit, et Harbrittinga in pago Rehtsa, ubi sanctus Ueranus corpore requiescit, et Hadalongcella in pago Heegeuua, ubi sanctus Georgius corpore requiescit, ad ius et potestatem monasterii preciosissimorum Christi martyrum Dyonisii Rustici et Eleutherii pertinentes, quia a reliquis supradictorum martyrum rebus longe sepotae erant, sub nostro munimine et defensione cum rebus et hominibus ad se pertinentibus vel aspicientibus consistere fecissemus, ut nostrae immunitatis auctoritate deinceps ab inquietudine iudiciariae potestatis ipsae munitae ac defensae fuissent cellulę.* Hierzu auch MAURER (wie Anm. 10) S. 83f.

12 Vgl. Thomas ZOTZ, Das Herzogtum Schwaben im 10. und frühen 11. Jahrhundert, in: Schwaben vor tausend Jahren, hg. von Sönke LORENZ/Barbara SCHOLKMANN, Filderstadt 2002, S. 10–35, hier 25. Für Esslingen ist nicht wie für andere Städte – so evtl. Friesach, Marbach, Speyer, Fulda, Koblenz, Gillenfeld, Echternach, Mouzon, Cateau-Cambrésis, Merseburg, Minden, Osnabrück, Zaltbommel, Verden, Bremen – ein heinrizianisches Münzprivilegium erhalten, vgl. hierzu die Zusammenstellung durch Bernd KLUGE, Deutsche Münzgeschichte von der späten Karolingerzeit bis zum Ende der Salier (ca. 900 bis 1125). Publikation zur Ausstellung „Die Salier und ihr Reich", veranstaltet vom Land Rheinland-Pfalz in Speyer 1991 (Römisch-Germanisches Zentralmuseum, Monographien 29), Sigmaringen 1991, S. 35.

13 Vgl. BORST (wie Anm. 9) S. 47, sowie vor allem Ulrich KLEIN/Albert RAFF, Die Münzen und Medaillen von Esslingen (Süddeutsche Münzkataloge 7), Stuttgart 1997; Ulrich KLEIN, Die Esslinger Münzen, in: Materialien zur Geschichte, Archäologie und Bauforschung in Esslingen am Neckar (Materialhefte zur Archäologie 64), Stuttgart 2001, S. 135–142.

14 Zu den verschiedenen Kronentypen: SCHRAMM (wie Anm. 3) S. 141–143, Abb. 142f.

15 Vgl. KLUGE, Münzgeschichte (wie Anm. 12) S. 150f.

Sind die heinrizianischen Prägungen innerhalb der so genannten Dannenberg-Zeit (ca. 900–1125) für ihre Innovationskraft bekannt, etwa wegen ihrer vermeintlich „lebensnahen“ Profilbilder (neben Enface-Typen)[16], stellen die Esslinger Prägungen unter den heinrizianischen Münzen nochmals einen Sonderfall dar. Zwar erscheint auch auf Deventer und Utrechter Münzen die Rechte Gottes, doch trägt die Vorderseite ein gekröntes Herrscherbild von vorn; auf Straßburger oder Dortmunder Prägungen finden sich ebenfalls dreizackige Kronen, doch ist es dort – wie in Deventer und Utrecht – ein Enface-Typ[17]. Augsburger, Regensburger und Salzburger Stücke zeigen eine gekrönte Büste im Profil, allerdings ist das Herrscherbild meist bärtig und die Krone anders gestaltet. Insgesamt greifen die Esslinger Prägungen durchaus auch von anderen Münzen bekannte Motive auf, doch zeigen die schwäbischen Stücke eine für Heinrich einzigartige Kombination und Ausführung.

Wenn wir die Motivik der heinrizianischen Prägungen aus Esslingen bezüglich ihrer Tradition weiterverfolgen, fallen zunächst die karolingischen Einflüsse auf. So gibt es eine gewisse „weite Nähe“ zu den Portraittypprägungen Karls des Großen (786–814) und vor allem Ludwigs des Frommen (813/814–840), welche diese ebenfalls im Profil, bartlos, jedoch mit Paludamentum und Lorbeerkranz zeigen[18]. Einige der Denare Ludwigs (Toulouse) weisen ebenfalls einen hohen Stilisierungsgrad auf, der den (losen) Bezug zur Esslinger Prägung auffälliger macht. Näher indes liegen diademierte Münzbilder Ottos I. (936–973), nicht zuletzt auch Straßburger Prägungen, welche den Herrscher in perlenbärtiger Profilbüste, strahlenartig gekrönt, abbilden[19]. Doch sind die Gesichtszüge dieser Münzen wesentlich gröber gearbeitet. Auch die Dextra Dei lässt sich andernorts nachweisen, so etwa auf Quedlinburger Prägungen Mathildes (†999) bzw. Adelheids (†1044)[20].

Ohnedies ist die Hand Gottes ein Motivtyp, der auf eine lange Tradition zur Darstellung des Sakralkönigtums zurückblicken kann, und dies in europäischem Rahmen: In der zweiten Hälfte des 10. Jahrhunderts findet die Rechte Gottes besonders auf englischen Prägungen – etwa bei Aethelred II. (978–1013/1014–1016) – reiche Verbreitung. So erscheint eine Beeinflussung der heinrizianischen Münzprägung durchaus möglich[21], zumal auf diesen ja, wie eingangs kurz aufgezeigt, noch fernere arabische und byzantinische Elemente erscheinen. Auch bei Aethelred findet sich eine Kopplung zwischen Profil und Dextra Dei aus Halbbogen,

---

[16] Hierzu prägnant KLUGE, Münzgeschichte (wie Anm. 12) S. 80. Grundsätzlich ist aber davon auszugehen, dass das Münzherrscherbild „nicht Abbild, sondern ein Topos“ (Zitat: ebd. S. 79) ist.

[17] KLUGE, Münzgeschichte (wie Anm. 12) S. 144f., 150f.

[18] Zusammenfassend KLUGE, Numismatik des Mittelalters (wie Anm. 5) S. 86–89.

[19] Zur ottonischen Münzprägung im Überblick: KLUGE, Münzgeschichte (wie Anm. 12) S. 24–33; DERS., Münzprägung Ottos des Großen, in: Otto der Große, Magdeburg und Europa, Bd. 2: Katalog, hg. von Matthias PUHLE, Mainz 2001, S. 168–173.

[20] Vgl. hierzu etwa DANNENBERG (wie Anm. 8) S. 242–245.

[21] Zu englischen Einflüssen in der Buchmalerei kurz SCHRAMM (wie Anm. 3) S. 214.

Abb. 1 / 2: Denar König/Kaiser Heinrichs II. (1002–1024) der Münzstätte Esslingen. Gewicht: 1,09 g; Durchmesser: 21,6 mm.

allerdings ist dort die unbärtige Profilbüste diademiert[22]. Ähnlichkeiten zeigen sich auch zu böhmisch-mährischen Prägungen des 10. Jahrhunderts, nicht zuletzt von Boleslaus II. (967–999), auf denen sich dieser Formenschatz ebenfalls ausgeprägt findet[23].

Werden diese Beobachtungen mit dem von der Forschung erarbeiteten Herrschaftsverständnis Heinrichs II. korreliert, so zeigen sich Parallelen zwischen den Esslinger Prägungen und dem als Legitimation des heinrizianischen Sakralkönigtums als bedeutsam erarbeiten Mainzer Krönungsordo[24]. Gerade dessen *Sta-et-*

---

22 Vgl. auch die Kronendarstellung im so genannten, kurz nach 934 entstandenen Cuthbert-Codex (Corpus Christi College/Parker Library Cambridge Ms. 183, 1v); vgl. Rainer Kahsnitz, Beda, Leben des heiligen Cuthbert, in: Otto der Große, Bd. 2 (wie Anm. 19) S. 123–125.

23 Hierzu Kluge, Münze und Geld (wie Anm. 6) S. 190 f.; zu den Beziehungen vgl. Weinfurter, Heinrich II. (wie Anm. 1) S. 212–214.

24 Hierzu Stefan Weinfurter, Idee und Funktion des „Sakralkönigtums" bei den ottonischen und salischen Herrschern (10. und 11. Jahrhundert), in: Legitimation und Funktion des Herrschers. Vom ägyptischen Pharao zum neuzeitlichen Diktator, hg. von Rolf Gundlach/Hermann Weber (Schriften der Mainzer Philosophischen Fakultät 13), Stuttgart 1992, S. 99–127, der im Mainzer Ordo das ottonische „Hofprogramm" der Individualsukzession mittels sakraler Argumente begründet sieht; ders., Anspruch Heinrichs II. (wie Anm. 3), geht von D H II 34 aus und arbeitet den Ordo als herrschaftsorientierende Leitlinie Heinrichs und der Bischöfe (von väterlicher Seite begründete Nachfolge und Erbrecht, alttestamentarisch-mosaisches Königtum) heraus; Ott (wie Anm. 3) trägt in historisch weitem Bogen vor allem zeichengeschichtliche Überlegungen an das *signum* Krone heran; Andreas Büttner, Der Weg zur Krone. Rituale der Herrschererhebung im römisch-deutschen Reich des Spätmittelalters (Mittelalter-Forschungen 35), Ostfildern 2012, S. 96–111.

retine-Formel betont wie unsere Münze die *paterna successio* und das *ius hereditarium* wie die *auctoritas Dei* als wesentliche legitimierende Säulen der Herrschaft. Drückt die Hand Gottes das von Gott gewiesene Herrschaftsmandat aus, zeigt das Herrschaftsprofil die Anknüpfung an die Vorgänger in der Individualsukzession. In diese hybride legitimatorische Verdichtung fügen sich auch Krone und Kreuz, welche zugleich den Erlösungsauftrag des Herrschers anzeigen.

Allerdings reichen die Anspielungswurzeln geschichtlich noch tiefer: Die Strahlenkrone als Attribut des Sonnengottes Helios[25], wie dies etwa antike rhodische Münzen zeigen, wurde von den römischen Kaisern übernommen und findet sich bei Nero (54–68), Vespasian (69–79), Domitian (81–96), Trajan (98–117) oder Antoninus Pius (138–161), vor allem dann auch bei den Prägungen der Soldatenkaiser. Doch sind diese Strahlenkronen im Gegensatz zu den Esslinger Prägungen mehrzackig. Nun zeigt sich diese antike Motivik des Strahlenkranzes auch in der Buchmalerei der Heinrichszeit, etwa in der Darstellung des Apokalyptischen Weibes in der Bamberger Apokalypse (Staatsbibliothek Bamberg Msc. Bibl. 140, 29v, 31v; nach Offb 12)[26] oder in den Kronendarstellungen der huldigenden Provinzen im Perikopenbuch Heinrichs II. (Bayrische Staatsbibliothek München clm 4452, 2r)[27]. Man könnte dahinter ein Wiederaufgreifen des bereits angesprochenen Erlösungsgedankens sehen, sind doch eschatologische Vorstellungen Heinrichs als Endkaiser belegt[28].

Berühmt für dies Verständnis Heinrichs II. ist die Passage in Wolfhers Vita Godehardi, wo dem Herrscher das Zitat zugeschrieben wird, das Ende der Zeiten, die

---

[25] Hierzu zusammenfassend und immer noch grundsätzlich: Otto JESSEN, Helios, in: Paulys Realencyclopädie der classischen Altertumswissenschaft 15 (1912) Sp. 58–93, bes. 86–90.

[26] Auch die Kronen auf 59v weisen eine gewisse Nähe zu den Esslinger Prägungen auf. Zur Bamberger Apokalypse in Auswahl: Peter K. KLEIN, Otto III. oder Heinrich II., ein Streit um des Kaisers Bart? Zum Problem der historischen Einordnung der Bamberger Apokalypse, in: Zeitschrift des deutschen Vereins für Kunstwissenschaft 54/55 (2000/2001) S. 34–61, spricht sich für ein Entstehen unter Otto III. (983–1002) aus. Doch ist die Problematik der Bartlosigkeit des Herrscherportraits kaum ein ausreichendes Kriterium für die Zuordnung zu Otto III. (da Heinrich II. eben bärtig dargestellt); Gude SUCKALE-REDLEFSEN, Bamberger Apokalypse, in: Heinrich II. (wie Anm. 3) S. 287 f.; Werner TAEGERT, Bamberger Apokalypse und Evangelistar, in: BAYERISCHE STAATSBIBLIOTHEK (wie Anm. 3) S. 168–170.

[27] Hierzu Béatrice HERNAD, Perikopenbuch Heinrichs II. (Evangelistar), in: BAYERISCHE STAATSBIBLIOTHEK (wie Anm. 3) S. 176–181. Bereits SCHRAMM (wie Anm. 3) S. 101 f., 212–214, wies kurz auf Nähen zwischen den heinrizianischen Prägungen und der gleichzeitigen Buchmalerei hin.

[28] Hierzu vor allem Johannes FRIED, Endzeiterwartung um die Jahrtausendwende, in: DA 45 (1989) S. 381–473, bes. 412–437, der „Beklommenheit und Angst“ als ein „Signum der Epoche“ (Zitat S. 437) profiliert; ferner etwa Anna-Dorothee VON DEN BRINCKEN, Abendländischer Chiliasmus um 1000? Zur Rezeption unserer christlichen Ära, in: Ende und Vollendung. Eschatologische Perspektiven im Mittelalter, hg. von Jan A. AERTSEN/Martin PICKAVÉ (Miscellanea Mediaevalia 29), Berlin/New York 2002, S. 179–190.

fines saeculorum, stünde(n) bevor[29]. Die trinitarische Dreizackigkeit der Herrscherkrone auf den Esslinger Prägungen, welche antike und eschatologische Reminiszenzen aufweist, zudem auch an den Kreuzesnimbus des Herrn auf zahlreichen Buchmalereien der Zeit erinnert, ordnet nun den Herrscher in ein christliches Heils-Welt-Gefüge ein, welches im Bewusstsein der irdischen Vergänglichkeit in den Tagen einer Endzeit lebt. Dies wiederum hat Auswirkungen auf das gleichsam salvatorische Verständnis im Christusvicariat, welches Heinrich damit auf die Münzen prägen ließ.

Kurz diese phänomenologischen und motivgeschichtlichen Betrachtungen resümierend, zeigen die Esslinger Prägungen eine hybride Betonung des Sakralkönigtums vor eventuellem eschatologischem Hintergrund, andererseits eine legitimierende Anknüpfung an Königstraditionen der Karolinger- und Ottonenzeit wie möglicherweise auch Englands. Die Stücke profilieren in außerordentlich dichter Weise die Herrscherwürde Heinrichs II., was zur Frage überleitet, ob ihnen ein genauerer „Sitz im Leben" zugewiesen kann, sind doch Münzen ein starkes Propagandainstrument, und dies in ungleich höherem Maß als etwa Buchmalereien oder Herrschersiegel. Die numismatische Forschung hat zudem eine weite Verbreitung der Esslinger Münzen festgestellt[30], was wiederum auf einen nicht geringen Prägeausstoß hinweist.

Thomas Zotz hat von der „langen Gegenwart" des Herrschers nördlich der Alpen gesprochen, worunter er eine „Erweiterung und Intensivierung der Gegenwart des Herrschers" um die Jahrtausendwende durch Itinerar, Urkundenpraxis („urkundliche Gegenwart") und Festinszenierungen („festliche Gegenwart") verstand[31]. Diesem ist nun an die Seite zunächst auch eine „Münzgegenwart" des Herrschers als Teil symbolischer Kommunikation[32] zu stellen, welche dessen Prä-

---

[29] Wolfheri Vita s. Godehardi episcopi prior, hg. von Georg Heinrich PERTZ, MGH Scriptores in folio 11, Hannover 1854, S. 167–196, hier 176: *Deinde post anni circulum praedictus dux etsi iuvenis esset etate, plenus tamen prudencie gravitate, divina sibi suadente instigatione eundem predictum locum cum aliquot episcopis aliisque primatibus adiit, domnumque Godehardum ut vel adhuc sibi consentiret quo eidem cenobio abbas praestitueretur intentius expetiit, dicens se in hoc maxime dolere, honorem tantae religionis a genitore suo institutum sua suorumque neglegentia in quos fines seculorum devenerint dilabi debere.* Hierzu auch WEINFURTER, Heinrich II. (wie Anm. 1) S. 88 f. (291).

[30] Vgl. STEUER (wie Anm. 6) S. 149 (Karte).

[31] Thomas ZOTZ, Die Gegenwart des Königs. Zur Herrschaftspraxis Ottos III. und Heinrichs II., in: Otto III. – Heinrich II. eine Wende?, hg. von Bernd SCHNEIDMÜLLER/Stefan WEINFURTER (Mittelalter-Forschungen 1), Sigmaringen 1997, S. 349–386, bes. 357–386 (Itinerar), 367–374 (Urkunden), 374–379 (Feste und Feiern), Zitat 379; vgl. ferner DERS., Ottonen-, Salier- und Frühe Stauferzeit (911–1167), in: Handbuch der baden-württembergischen Geschichte, Bd. 1/I: Allgemeine Geschichte. Von der Urzeit bis zum Ende der Staufer, hg. von Meinrad SCHAAB/Hansmartin SCHWARZMAIER, Stuttgart 2001, S. 381–528, hier 399–408.

[32] Vgl. hierzu auch Stephan FREUND, Kommunikation in der Herrschaft Heinrichs II., in: Zeitschrift für bayerische Landesgeschichte 66 (2003) S. 1–32, bes. 24–28, der hierunter demonstratives, repräsentativ zeichenhaftes Herrscherhandeln versteht.

senz buchstäblich handgreiflich machte in einer Art visualisierter Herrschaft und vergegenwärtigtem Sakralkönigtum. Man mag die Prägungen auch konkret mit den Widerständen in Verbindung bringen, welche die konradinischen Herzöge gerade in den Anfangsjahren Heinrich II. entgegenbrachten[33] und welche der berühmte Satz der Quedlinburger Annalen ad annum 1003 spiegelt: *Hermannus dux cum Suevi regi restitit, et Francorum pars quaedam refragari coepit multa inutilia perpetrantes, sancta loca exurentes aliaque devastantes*, um dann wenige Zeilen später, gleichsam erleichtert, zu konstatieren: *Hermannus dux ad extrema pervenit, et discordia a Suevis quievit*[34].

Der Widerstand Herzog Hermanns II. (997–1003) hatte zu einer Zunahme der herrscherlichen Intensität im schwäbischen Dukat geführt, wobei Heinrich II. Traditionen seines Vorgängers Otto III. ausbaute[35]. Heinrich reagierte neben den angesprochenen Maßnahmen auch durch eine gezielte Grafenpolitik[36]. Da auf den verstorbenen Hermann II. dessen kindlicher Sohn Hermann III. (1003–1012) nachfolgte, was eine Schwäche der schwäbischen Herzogswürde zeitigte, Hermann III. auch schon im Jahr 1012 verstarb, sind die Esslinger Prägungen möglicherweise in die Frühzeit Heinrichs II. einzuordnen, in welcher dieser seine Herrschaft auch via Münzpolitik zu manifestieren suchte, um in einem noch stark konradinischen Umfeld das Sakralkönigtum auch durch Münzprägungen zur Geltung zu bringen. Grundsätzlich lässt sich dies wiederum mit der These Stefan Weinfurters in Verbindung bringen, der bei Heinrich II. eine integrierende Zentralisierung der Herrschaftsgewalt durch Anhebung herzoglicher Praktiken auf Königsebene konstatierte[37].

---

33 Hierzu und zum Folgenden in Auswahl: Hagen KELLER, Schwäbische Herrscher als Thronbewerber. Hermann II. (1002), Rudolf von Rheinfelden (1077), Friedrich von Staufen (1125). Zur Entwicklung von Reichsidee und Fürstenverantwortung, Wahlverständnis und Wahlverfahren, in: ZGO 131 (1983) S. 123–162, bes. 133–145; ZOTZ, Ottonen-, Salier- und Frühe Stauferzeit (wie Anm. 31) S. 309–405; DERS., Herzogtum Schwaben (wie Anm. 12); Alfons ZETTLER, Geschichte des Herzogtums Schwaben, Stuttgart 2002, S. 156–162: jüngst auch Steffen PATZOLD, Heinrich II. und der deutschsprachige Südwesten des Reiches, in: Wirtschaft, Handel und Verkehr (wie Anm. 6) S. 1–18.

34 Die Annales Quedlinburgenses, hg. von Martina GIESE (MGH Scriptores rerum Germanicarum in usum scholarum separatim editi 72), Hannover 2004, S. 520 und 521. Hingegen Hans-Werner GOETZ, in: Adel und Königtum im mittelalterlichen Schwaben. Festschrift für Thomas Zotz zum 65. Geburtstag, hg. von Andreas BIHRER/Mathias KÄLBLE/Heinz KRIEG (VKgL B 175), Stuttgart 2009, S. 127–144, der auf die historiographische Selbstverständlichkeit des schwäbischen Dukats hinweist.

35 Hierzu besonders ZOTZ, Herzogtum Schwaben (wie Anm. 12).

36 ZOTZ, Ottonen-, Salier- und Frühe Stauferzeit (wie Anm. 31) S. 405, spricht gar vom „Revirement der Grafschaften"; DERS., Herzogtum Schwaben (wie Anm. 12) S. 21–31 (zusammenfassend zu den herrscherlichen Mitteln).

37 Stefan WEINFURTER, Die Zentralisierung der Herrschaftsgewalt im Reich durch Kaiser Heinrich II., in: Historisches Jahrbuch 106 (1986) S. 241–297 (wieder in: DERS. u. a. [Hg.], Gelebte Ordnung, gedachte Ordnung. Ausgewählte Beiträge zu König, Kirche und Reich. Aus Anlaß des 60. Geburtstages, Stuttgart 2005, S. 213–264).

Zur Gründung der Stadt Lauffen am Neckar
Die Stadtkirche und das Nikolaus-Patrozinium

Von Hermann Ehmer

Die frühe Geschichte von Lauffen am Neckar weist einige Probleme auf, die die Geschichtsschreibung in mancherlei Sackgassen geführt hat. Dies ist vor allem auf das Vorhandensein zweier, nur durch den Neckar getrennten Siedlungen gleichen Namens, aber unterschiedlicher Entstehungzeit zurückzuführen. Der Name Lauffen, der auch an anderen Flüssen vorkommt, bezeichnet hier die Stromschnellen des Neckars, weshalb er auf beiden Seiten des Flusses haftet. Hinzu kommt eine einigermaßen schwierige Quellenlage, die etwa die Frage stellte, ob es eine Verbindung der 1003 geplanten Klosterstiftung[1] mit dem um 1285 erstmals urkundlich genannten Dominikanerinnenkloster[2] gibt.

Viele der Probleme der Lauffener Geschichte können heute als gelöst gelten, weil man gelernt hat, die zeitliche Abfolge der Entstehung der beiden Siedlungen und die damit einhergehende Entwicklung der kirchlichen Strukturen zu beachten[3]. Die Fehldeutung der Quellen könnte somit inzwischen als erledigt gelten, wenn sich nicht bis zum heutigen Tag noch ein wichtiges Zeugnis dafür gehalten hätte, nämlich die Martinskirche im Lauffener Städtle, die wir im Folgenden als Stadtkirche bezeichnen wollen[4]. Die Bezeichnung der Stadtkirche als Martinskirche geht zurück auf die Annahme, dass es sich hier um die auf die Zeit der fränkischen Missionierung zurückgehende Kirche mit diesem Patrozinium handle, während

---

[1] Urkunde König Heinrichs II. für den Bischof von Würzburg, WUB 1, Nr. 204, S. 240; MGH DD H II, Nr. 60, S. 74 f. – Vgl. dazu jetzt: Hansmartin Schwarzmaier, Aus der Welt der Grafen von Lauffen. Geschichtsbilder aus Urkunden, in: Christhard Schrenk/Peter Wanner (Hg.), heilbronnica 5. Beiträge zur Stadt- und Regionalgeschichte, Heilbronn 2013, S. 51–78, hier S. 66.

[2] WUB 9, Nr. 3402, S. 1.

[3] Zusammenfassend jetzt: Norbert Hofmann, Lauffen am Neckar, in: Der Landkreis Heilbronn, hg. vom Landesarchiv Baden-Württemberg und dem Landkreis Heilbronn, Ostfildern 2010, Bd. 2, S. 90–96.

[4] Vgl. dazu Hermann Ehmer, Die Martinskirche, ein Zeugnis Lauffener Geschichte. Zum 110jährigen Jubiläum der Wiedereinweihung, in: Lauffener Heimatblätter, Heft 12, Dezember 1995, S. 1–22.

die Martinskirche in Wirklichkeit die Vorgängerin der späteren Regi(n)swindiskirche im Dorf Lauffen ist.

Der bislang älteste Beleg für die Bezeichnung der Stadtkirche als Martinskirche ist die von Stadtpfarrer Johann Gottlieb Friedrich Köhler (1788–1855, in Lauffen 1824–1834) verfasste Lauffener Pfarrbeschreibung von 1828[5]. Es heißt hier: „Es befinden sich derzeit zwey Kirchen im Orte, die eine ganz oben in der Stadt, am Heilbronner Thor, die Martinskirche genannt, wenn auch nicht in ihrem jetzigen Bestande, doch in Absicht ihrer Grundanlage von dem höchsten Alterthume, denn sie erscheint bereits in Urkunden aus den Jahren 741–747. Nach ihrem sehr mäßigen Umfange konnte sie dem Bedürfniße der mit der Zeit bedeutend angewachsenen Bevölkerung des Orts nicht genügen, weßhalb eine zweite und größere Kirche gebaut wurde; doch war es herkömmlich, dass immer auch in ihr noch des Jahres einigemal Predigten und Kinderlehren gehalten wurden, bis i.J. 1793 ein Kriegsmagazin in ihr angelegt wurde, und seitdem steht sie im Innern verödet und für kirchliche Zwecke unbrauchbar. Nur befindet sich auf ihrem kleinen Thurme eine schlagende Uhr und Glocken, mit denen die Zeichen zum Gottesdienste gleichzeitig wie auf der Hauptkirche geläutet werden, deßhalb ist auch ein besonderer Meßner hier angestellt."

Diesen Angaben folgt auch die Oberamtsbeschreibung von 1853[6]: „Die am östlichen Ende der Stadt gelegene Stadtkirche (Martinskirche), welche in ihrer ursprünglichen Anlage noch aus der grauen christlichen Vorzeit stammt ..., im Laufe der Zeit aber so viele Veränderungen erlitt, daß derselben von ihrem früh-romanischen Baustyl außer einigen mit Fratzengesichtern verzierten Kragsteinen und Consolen im Innern der Kirche und einer rundbogigen, schön constituierten Nische an der nördlichen Außenseite nichts mehr geblieben ist; die spitzbogigen Eingänge gehören der germanischen und manches Andere einer noch jüngeren Periode an."

Heute wissen wir, dass es sich bei der zu der Dotation des Bistums Würzburg 741/42 durch Karlmann (741–754) gehörigen Lauffener Martinskirche um die heutige Reginswindiskirche handelt, um die Kirche der wohl in alemannischer Zeit entstandenen dörfliche Siedlung Lauffen links des Neckars. Sie erscheint erstmals urkundlich, als Ludwig der Deutsche der Kirche zu Würzburg am 5. Juli 845 in Frankfurt unter Bezugnahme auf die Verfügungen Karlmanns, Karls des Großen (768–814) und Ludwigs des Frommen (814–818) ihren Besitzstand bestätigt[7]. Erwähnt wird hier auch *basilicam in pago Necchargonense, quae est constructa in villa quae dicitur Hlouffa in honore sancti Martini cum adiacentiis.*

Wie und warum die ursprüngliche Martinskirche zur Reginswindiskirche wurde, darüber hat die Arbeit von Hansmartin Schwarzmaier die erwünschte Klarheit

---

5 Landeskirchliches Archiv Stuttgart A 29/2494.

6 Beschreibung des Oberamts Besigheim, hg. von dem Königlichen statistisch-topographischen Bureau, Stuttgart 1853, S. 255.

7 WUB 3, N2, S. 461–464; MGH DD LD, Nr. 41.

gebracht[8]. Seine gründliche Untersuchung der Reginswindis-Legende stellt diese in ihren geschichtlichen Zusammenhang. So lässt sich der Ritter oder Graf Ernst der Legende identifizieren. Er gehörte dem karolingischen Reichsadel an und war einer der höchsten Adligen des Frankenreichs. Der geschichtliche Hintergrund der Legende von Ernsts Sendung nach Lauffen besteht offenbar in der Einbeziehung des Lauffener Gebiets in das Frankenreich. Der Name Regi(n)swindis ist in der betreffenden Zeit auch anderweitig belegt und kommt bis ca. 840 vor.

Die Verehrung der Reginswindis als einer Heiligen war auf das Bistum Würzburg beschränkt. Die Inschrift auf dem Steinsarkophag in der Reginswindiskapelle neben der Pfarrkirche nennt das Jahr 1227 für die Kanonisierung und Translation der Kinderheiligen: *Anno domini m. ducentesimo vicesimo septimo fuit canonisata et translata virgo et martir sancta Regiswindis et fundata ecclesia*[9]. Das genannte Jahr fällt in die Auseinandersetzungen über das Erbe der ausgestorbenen Grafen von Lauffen, wonach die Staufer schließlich Burg und Stadt rechts des Neckars, der Bischof von Würzburg die befestigte Pfarrkirche links des Flusses übernahmen. So überkam die Pfarrkirche als ursprüngliche Martinskirche das Patrozinium der heiligen Reginswindis. Ob man freilich von einer damit einhergehenden Übertragung des Martins-Patroziniums in die Kirche der rechts des Neckars erbauten Stadt sprechen kann[10], ist zu bezweifeln.

Die Würzburger Diözesanmatrikel von 1453[11], eine Zusammenstellung sämtlicher Pfarrkirchen und Altäre in der Würzburger Diözese, zählt in Lauffen unterschiedslos sechs Altäre auf, nämlich einen Martinsaltar, den Zwölf-Boten (= Zwölf Apostel)-Altar und den Nikolausaltar, ferner einen weiteren Nikolaus-Altar, einen Altar, der Johannes dem Täufer geweiht war, schließlich einen weiteren Johannesaltar im Kloster und eine Vikarie zu St. Georg. In welchen Kirchen nun diese Altäre standen, wird deutlich durch die Erhebung der Pfründen, die 1534/35 zur Vorbereitung der Reformation erfolgte[12]. Hierbei wird in Lauffen-Stadt nur eine Johannespfründe und eine Pfründe des Nikolaus-Altars erwähnt. Diese Angaben können nicht vollständig sein, denn schon 1469 war in dieser Kirche noch ein Altar der heiligen Katharina genannt worden[13]. Vom heiligen Martin ist aber in der Stadt nicht die Rede.

---

[8] Hansmartin SCHWARZMAIER, Die Reginswindis-Tradition von Lauffen. Königliche Politik und adelige Herrschaft am mittleren Neckar, in: ZGO 131 (1983) S. 163–198.

[9] Nach Eduard PAULUS, Die Kunst- und Altertums-Denkmale im Königreich Württemberg, Bd. 1, Stuttgart 1889, S. 82.

[10] So SCHWARZMAIER (wie Anm. 8) S. 197.

[11] Franz J. BENDEL, Die Würzburger Diözesanmatrikel aus der Mitte des 15. Jahrhunderts, in: Würzburger Diözesangeschichtsblätter 2 (1934) S. I–XXX, 1–46, hier S. 12 f.

[12] HStAS A 63 Bü 4a.

[13] HStAS A 602 Nr. 1590, 1469 Mai 12: Graf Ulrich V. gibt dem Priester Hans Model von Lauffen Anwartschaft auf die Frühmesse am St. Katharinenaltar zu Lauffen im Städtlein, deren Inhaber Hans Glotzer krank ist. – Auch erwähnt von Gustav HOFFMANN, Kirchenheilige in Württemberg (Darstellungen aus der Württembergischen Geschichte 23), Stutt-

Die Erhebung der Pfründen von 1534/35 redet ferner von der *pfarrkirchen sanct Russin*, unter der – wenn auch arg verballhornt – Reginswindis zu erkennen ist, in der immerhin noch eine Pfründe des Martinsaltars besteht. Der heilige Martin ist demnach in der ihm ursprünglich geweihten Kirche verblieben, aber zugunsten der Reginswindis von der Stelle des Hauptpatroziniums verdrängt worden. Die heute so genannte Martinskirche in Lauffen-Stadt kannte also am Vorabend der Reformation dieses Patrozinium nicht. Ob dort nun Johannes oder Nikolaus der Hauptpatron war, wird man durch den Befund in der Kirche selber entscheiden müssen.

Das Lauffener Tympanon

Im Landesmuseum Württemberg in Stuttgart befindet sich ein halbkreisförmiges Tympanon, das aus Lauffen stammt (Abb. 1). Die Beschreibung im Museumskatalog[14] lautet: „Inmitten des innen abgeschrägten Bogenfeldes sitzt ein Bischof auf einem Faltstuhl mit Löwenköpfen. Sein Kopf unterbricht den Palmettenfries, der dem Bogen folgt, und schneidet mit der Mitra in den glatten Bogen ein. Von der Mitra fallen die Infuln seitlich auf die Schultern. Über der Albe trägt der Bischof eine Kasel, auf der ein appliziertes Kreuz liegt. In seiner Rechten hält er den Krummstab, in seiner Linken ein Buch. Diamantbänder säumen die Albe und zieren das Kaselkreuz. Die Gewänder sind glatt und faltenlos gespannt, nur über den Ärmeln schichtet sich die Kasel zu flachen Falten."

Der untere Rand des Tympanons[15], auf dem der Bischofsstuhl steht, ist abgeschrägt, so dass der plastische Eindruck des Bildwerks verstärkt wird. Die – vom Beschauer – linke Ecke des Tympanons ist abgebrochen, wodurch zwei Fehlstellen entstanden, wovon die eine im Bogen ergänzt wurde.

Nach Aussage der Oberamtsbeschreibung wurde das Tympanon, dessen Entstehung man in die Zeit um 1200 datieren kann, 1787 bei der am Nordende der Insel stehenden Mühle ausgegraben und als Altertum nach Stuttgart verbracht. Näheres über die Fundumstände berichtet der Hofkupferstecher August Seyffer (1774–

---

gart 1932, S. 115, wonach sich insgesamt drei Altäre in der dem heiligen Nikolaus geweihten Kirche befanden, nämlich zu St. Nikolaus, Johannes und Katharina.

[14] Württembergisches Landesmuseum Stuttgart, Die mittelalterlichen Skulpturen, Bd. 1: Stein- und Holzskulpturen 800–1400, bearb. von Heribert MEURER, Stuttgart 1989, S. 56f. – Julius BAUM, Deutsche Bildwerke des Mittelalters (Bücher der Kunstsammlungen des Württembergischen Staates 2), Stuttgart/Berlin 1923, S. 25 Nr. 3, wo zur Deutung des heiligen Bischofs ebenfalls die Verbindung zur Lauffener Martinskirche hergestellt, die Entstehungszeit aber um 1150 angesetzt wird. – Die Abbildung bei Baum zeigt mehr Einzelheiten, vor allem beim Kopf des Bischofs und den Löwenköpfen. Das Tympanon hat also offenbar Kriegsschäden davongetragen.

[15] Die Maße sind laut Katalog: Höhe 98, Breite: 198, Tiefe: 25 cm; das Material roter Stubensandstein vom Stromberg.

1885), dessen Vater Johann Friedrich Seyffer (1746–1815) zu der Zeit Oberamtmann in Lauffen war[16]. Bei Grabarbeiten unmittelbar nördlich des Lauffener Burgfelsens für einen neuen Ablaufkanal der Mühle hatte Oberamtmann Seyffer strikte Anordnung gegeben, auf etwa aufzufindende Altertümer zu achten und diese ihm sofort zu melden. Hierbei wurde das hier in Rede stehende Tympanon gefunden, das – wohl auf einen Bericht des Oberamtmanns – nach Stuttgart geliefert werden musste. Zusammen mit dem Tympanon wurde auch ein Kapitell mit einer Zirbelnuss und Akanthusblättern geborgen.

In der kunstgeschichtlichen Literatur werden diese Fundstücke der alten Lauffener Martinskirche, dem Vorgängerbau der nachmaligen Reginswindiskirche zugeschrieben. Dies ist freilich wenig wahrscheinlich, weil diese Stücke mit einigem Aufwand an den Ort, an dem sie aufgefunden wurden, hätten verbracht werden müssen. Da August Seyffer, der die Auffindung selbst miterlebte, davon schreibt, dass auch noch Gewölbesteine gefunden worden seien und berichtet, „diese Platte und die Gewölbesteine und Cassaturen lagen teilweise in ihrer ursprünglichen Verbindung, obgleich umgestürzt", ist daraus zu schließen, dass die Stücke von einer ehemaligen, bislang aber nicht weiter bezeugten Burgkapelle[17] stammen. Diese wurde entweder zerstört oder ist – wohl wahrscheinlicher – zu einem bislang unbekannten Zeitpunkt abgestürzt. Der Felsen muss hier recht brüchig gewesen sein, da er im 18. Jahrhundert der „Brockelfelsen"[18] genannt wird, so dass es durch Hochwasser und Eisgang zu Abbrüchen kommen konnte.

Während also die Herkunft des Tympanons unstrittig sein dürfte, stellt sich die Frage, welchen Bischofsheiligen es darstellt. Der Bearbeiter des Museumskatalogs vermutete, dass es der heilige Martin ist. Dies ist aber keineswegs zwingend, zumal die Herkunft von der Martins-/Reginswindiskirche, ebenso wie von der Martins-/ Stadtkirche ausscheidet. Nicht nur der heilige Martin, sondern auch der heilige Nikolaus, Bischof von Myra, wurde ursprünglich als Bischof mit liturgischer Gewandung, Stab und Buch dargestellt. Erst im Spätmittelalter bürgerten sich die unterscheidenden Beizeichen ein, dass etwa Martin mit dem Bettler, Nikolaus mit den drei Kugeln dargestellt wurde[19]. Es kann deshalb zunächst als nicht unwahrscheinlich angenommen werden, dass das Lauffener Tympanon den heiligen Nikolaus

---

[16] Jürgen HAGEL, Hofkupferstecher August Seyffer und die vaterländischen Altertümer, in: ZWLG 56 (1997) S. 181–203, hier S. 102f. Der Wortlaut zweier Fundberichte Seyffers findet sich in: Jürgen HAGEL, Das Tympanon von Lauffen, in: Lauffener Bote Nr. 47 vom 21. November 1996, S. 16. – Der Hinweis auf diese Arbeiten und mannigfacher Rat in dieser Sache sind Herrn Kollegen Dr. Norbert Hofmann, Lauffen, zu verdanken.

[17] HOFFMANN, Kirchenheilige (wie Anm. 13) S. 115 nennt noch – sicher aufgrund der Pfründerhebung von 1534/35 – einen Georgsaltar, den er – allerdings mit Zweifeln – in der Burg vermutet.

[18] Laut Mitteilung von Dr. Hofmann vom 5. Mai 2013.

[19] Zu Nikolaus vgl. Karl MEISEN, Nikolauskult und Nikolausbrauch im Abendlande. Eine kultgeographisch-volkskundliche Untersuchung (Quellen und Abhandlungen zur mittelrheinischen Kirchengeschichte 41), ND Mainz 1981, S. 193–214.

darstellt. Dies wird auch dadurch nahegelegt, dass etwa das Tympanon der Segenstür des Freiburger Münsters eine ganz ähnliche Darstellung des heiligen Nikolaus bietet[20], mit liturgischer Gewandung einschließlich der Mitra, mit Stab und Buch, auf einem mit Löwenköpfen verzierten Faltstuhl sitzend. Das Freiburger Tympanon ist freilich viel detailreicher gearbeitet und natürlich auch besser erhalten, doch gehört es ebenfalls der Zeit um oder kurz nach 1200 an.

Die Wandmalereien der Lauffener Stadtkirche

Die Stadtkirche ist eine Chorturmkirche, d.h. das Untergeschoß des Ostturmes bildet den Chorraum der Kirche (Abb. 2). Dies ist ein altertümlicher und im ursprünglichen fränkischen Missionsgebiet nicht selten zu findender Kirchentypus[21]. So wie sie heute erscheint, wirkt die Kirche, vor allem von außen, einfach und schmucklos. An plastischem Schmuck sind nur zwei Fratzenkonsolen bei der Westtüre zu nennen, und eine weitere bei dem linken der einstigen Ciborienaltäre. Unter solchen versteht man gewölbte Baldachine über den beiden Altären, die einst links und rechts vorne im Schiff standen, wie heute noch in der Kirche im nahen Gemmrigheim. Zu erwähnen ist noch das Sakramentshäuschen an der Nordwand des Chores, eine einfache Wandnische mit einem aus einer Steinplatte gearbeiteten Rahmen, der nach oben in Form eines Dreiecks, das mit einem Kreuz gekrönt ist, abschließt und mit einem dachähnlichen Gesims überdeckt ist. Der Rahmen ist mit einfachen Reliefs geschmückt, wobei links eine menschliche Gestalt zu erkennen ist, die eine überdimensionierte Kerze trägt. Das rechte Gegenstück dazu ist ein Lilienstab. Zu erwähnen ist noch die bereits in der Oberamtsbeschreibung erwähnte, an der nördlichen Außenmauer der Kirche befindliche Wandnische, die nach oben muschelförmig abschließt.

---

20 Auf die Ähnlichkeit mit dem Freiburger Tympanon verweist auch MEURER (wie Anm. 14), ohne jedoch die Möglichkeit in Betracht zu ziehen, dass es sich beim Lauffener Tympanon ebenfalls um den heiligen Nikolaus handeln könnte. – Zum Freiburger Tympanon vgl. Detlef ZINKE, Das Nikolausportal, in: Freiburger Münsterbauverein (Hg.), Das Freiburger Münster, ²Regensburg 2011, S. 185f.; Michael BRUNNER, Zum Tympanon am südlichen Querhausportal des Freiburger Münsters, in: Zeitschrift des Breisgau-Geschichtsvereins „Schau-ins-Land" 113 (1994) S. 7–13. Letzterer schlägt als den hier dargestellten Bischof den heiligen Lambert von Maastricht vor, weil dieser auf einem Faldisterium (Faltstuhl) sitzt, das vor allem auf Siegelbildern thronender Bischöfe vorkommt. Deshalb möchte Brunner den Heiligen in engem Zusammenhang mit den Zähringern sehen, die im Besitz von Lambert-Reliquien waren. Dieser Hypothese ungeachtet ist festzustellen, dass dieses Portal des Münsters Zugang zur dahinter liegenden Nikolaus-Kapelle gewährt, so dass die Auffassung, dass es sich bei dem Tympanon tatsächlich um den heiligen Nikolaus von Myra handelt, alle Wahrscheinlichkeit für sich hat, auch wenn diese Zuschreibung offenbar erst im 19. Jahrhundert greifbar wird.

21 Grundlegend dazu: Manfred EIMER, Die romanische Chorturmkirche in Süd- und Mitteldeutschland, Tübingen 1935.

Der wichtigste künstlerische Schmuck der Kirche sind jedoch die – freilich arg fragmentarischen – Wandmalereien in dem tonnengewölbten Chor[22]. Im Schiff sind Malereien, die es vermutlich gegeben hat, verlorengegangen. Die wechselhaften Geschicke der Stadtkirche seit der Reformation und besonders im 19. und 20. Jahrhundert, die bei den hier zu besprechenden Malereien zweifellos zu einigen Verlusten führten, wurden bereits anderwärts beschrieben, so dass hier darauf verwiesen werden kann[23].

Erst in neuerer Zeit sind die Wandgemälde durch Restaurator Horst Wengerter in Besigheim untersucht worden, worüber ein schriftliches Gutachten (von 1977/78) vorliegt[24]. Demnach gehören die heute sichtbaren Malereien des Chorraums der Stadtkirche verschiedenen zeitlichen Schichten an, die von Wengerter folgendermaßen unterschieden werden: Als unterste Schicht liegt auf dem Mauerwerk ein Kalkputz aus romanischer Zeit. Auf dieser Putzschicht wurden vier Weihekreuze festgestellt, deren Balkenenden kleeblattförmig ausgebildet sind. Als zweite Schicht ist auf einer Kalkschlemme zwischen zwei und vier Metern Höhe an der Nord-, Süd- und Ostwand, jedoch nicht in den Fensterleibungen eine Seccomalerei zu sehen. Es handelt sich hierbei um eine Malerei, die auf den trockenen (= secco) Untergrund aufgebracht wurde. Als dritte Schicht, die mit der dazugehörigen Kalkschlemme die zweite z. T. überlappt, sind im Gewölbe die Evangelistensymbole und Reste einer Darstellung des Weltenrichters erhalten (Abb. 3). Einer vierten Schicht gehört die Seccomalerei in den Leibungen des Ostfensters und in der Westleibung des Nordfensters an, die weibliche Heilige zeigen. Als fünfte Malschicht, ebenfalls als Seccomalerei, ist eine architekturbegleitende Rahmung und Quaderung der Fenster und vermutlich auch des Chorbogens, jedoch nur in einem Rest am Bogen des Ostfensters, festgestellt. Die sechste und letzte Malschicht ist wiederum eine architekturbegleitende farbige Abfassung, die als ockerfarbene Rahmung mit weißer Füllung in der östlichen Leibung des Nordfensters erhalten ist.

Die meisten der erhaltenen Malereien im Chor der Kirche gehören demnach der zweiten Malschicht an. Auf der Südwand sind die Zwölf Apostel zu sehen, wobei der zwölfte Apostel (rechts außen) nahezu ganz dem Mauerdurchbruch zum Opfer gefallen ist, der den Zugang zur Kanzel vom Chor aus gestattet (Abb. 4). Von diesem Apostel ist nur noch der Heiligenschein erhalten. Dieser Umstand ist ein Beleg dafür, dass die Kanzel erst später, in der Zeit nach der Reformation, eingebaut wurde. Außerdem musste ihr auch der südliche Ciborienaltar weichen, worauf wohl auch der nördliche abgebaut wurde.

---

22 Im Folgenden werden die Ausführungen in Ehmer, Martinskirche (wie Anm. 4) S. 16–22, weiterentwickelt.

23 Ehmer, Martinskirche (wie Anm. 4), bes. S. 8–15.

24 Evangelisches Pfarrarchiv Lauffen: Horst Wengerter, Martinskirche in Lauffen/N., Wandmalereien im Chor, maschinenschriftl.

Die Apostel sind in der üblichen Weise mit ihren Attributen, die sie jeweils kenntlich machen, dargestellt. So weit noch zu erkennen, ist die Binnenzeichnung der Figuren, auch der Faltenwurf der Gewänder, sehr fein und detailreich ausgeführt. Die Figuren zeigen allesamt einen leichten S-Schwung, der der ganzen Gruppe Leichtigkeit und eine eigentümliche Spannung verleiht. Durch diesen Kunstgriff, auch durch unterschiedliche Haltung der Köpfe und Hände, wird der Eindruck einer bloßen Aneinanderreihung gleichartiger Gestalten vermieden.

Die dritte Malschicht, der die Ausmalung der Gewölbetonne angehört, ist demnach ebenfalls später anzusetzen. Dafür spricht vor allem die Fraktur der Schriftbänder, die wohl der Mitte des 15. Jahrhunderts angehört. Im Übrigen zeigen die Evangelistensymbole, von denen Stier und Löwe für Lukas und Markus fast vollständig erhalten sind, während von Engel und Adler für Matthäus und Johannes nur noch Fragmente, nämlich ein Gewandstück und ein Adlerfang, vorhanden sind, bei weitem nicht die Qualität der Arbeit der weiteren im Folgenden zu besprechenden Malereien. Bei den Evangelistensymbolen handelt sich um eine handwerksmäßige Wiedergabe gegebener Vorlagen, die keine individuelle Auffassung des Dargestellten erkennen lassen. Zu den Evangelistensymbolen gehört noch die Darstellung des Weltenrichters, von dem jedoch nur noch ein Teil des Regenbogens und der Mandorla, die die Gestalt mandelförmig umgab, erhalten ist. Hierbei scheint es sich ebenfalls um eine sehr traditionell aufgefasste Darstellung zu handeln, die deshalb auch ohne Weiteres in die vermutete Entstehungszeit der Evangelistensymbole passen würde.

Der vierten Malschicht gehören nach Wengerter die Darstellungen der weiblichen Heiligen in den Fensterleibungen an. Im Ostfenster ist links die heilige Margarete zu sehen, deren Attribut das Stabkreuz und der Drachen ist, auf den sie tritt. Von dem Drachen, der den Teufel darstellt, ist noch der geringelte Schwanz zu sehen. Im selben Fenster ist rechts die heilige Barbara zu erkennen, die als Attribut einen Turm mit sich trägt. In der Leibung des Nordfensters ist links ebenfalls eine weibliche Heilige zu erkennen, die in der linken Hand ein Schwert, in der rechten offenbar ein Rad hält. Es handelt sich damit um die heilige Katharina. Es sind dies also Darstellungen der drei im Spätmittelalter in unserem Raum beliebtesten weiblichen Heiligen. Der stark betonte S-Schwung dieser drei weiblichen Figuren und die gemalten Rahmen mit krabbenbesetzten Wimpergen bei Margarete und Barbara deuten auf eine Entstehungszeit frühestens in der zweiten Hälfte des 14. Jahrhunderts hin.

Der Nikolaus-Zyklus der Stadtkirche

Im weiteren sollen ausschließlich die hier dargestellten Begebenheiten aus der Legende des heiligen Nikolaus betrachtet werden, denn die wichtigsten Malereien der Stadtkirche stellen einen – wenn auch nicht vollständigen und auch im Einzelnen recht bruchstückhaft erhaltenen – Nikolaus-Zyklus dar[25]. Dies wurde bislang nicht erkannt, natürlich auch deshalb nicht, weil die bekannteste Geschichte der Legende fehlt, die Nikolaus als den schenkenden Heiligen zeigt, wie er den drei Jungfrauen drei Goldklumpen ins Zimmer wirft.

Zur Interpretation der vorhandenen Darstellungen ist es notwendig, auf die Legende zurückzugreifen. Abgesehen davon, dass die Nikolauslegende dem Kirchenvolk bei den Predigten an seinem Festtag[26] nahe gebracht wurden, ist diese am leichtesten zugänglich in der sogenannten Legenda aurea des Jacobus a Voragine († 1298), die im Mittelalter in zahlreichen Handschriften, desgleichen in vielen Inkunabel- und Frühdrucken, sowohl in lateinischer wie in deutscher Fassung, überliefert wurde[27]. Das heißt, dass ein Künstler, der den Auftrag hatte, die Legende des heiligen Nikolaus darzustellen, die Legenda aurea zu Hilfe nahm, wenn er es nicht vorzog, sich vorhandener Entwürfe zu bedienen. Die gewissermaßen als kanonisch zu bezeichnende Darstellung der Nikolaus-Legende ist in zwölf Abschnitte geteilt:

1. Die Beschenkung der drei armen Jungfrauen.
2. Nikolaus' Berufung zum Bischof von Myra.
3. Nikolaus als Retter aus Seenot.
4. Das Getreidewunder.
5. Nikolaus und der Teufel in Gestalt der Göttin Diana.
6. Das Stratelatenwunder.
7. Nikolaus' Tod. Wunderwirkendes Öl und Wasser fließt aus seinem Grab.
8. Der betrügerische Schuldner eines Juden wird entlarvt.
9. Das wunderwirkende Nikolausbild.
10. Nikolaus erweckt den vom Teufel erwürgten Knaben wieder zum Leben.
11. Der ins Meer gefallene Knabe und der dem heiligen Nikolaus geweihte Becher.
12. Ein von Feinden verschleppter Knabe wird von Nikolaus zurückgebracht.

Man wird also sehen müssen, welche der vorgenannten Themen[28] im Nikolaus-Zyklus der Lauffener Stadtkirche dargestellt sind. Wegen der Bedeutung der Le-

---

[25] Zu den Wandmalereien der Kirche insgesamt vgl. jetzt: Die mittelalterlichen Wandmalereien zwischen Rhein, Neckar und Enz, hg. von Klaus Gereon BEUCKERS (Heimatverein Kraichgau Sonderveröffentlichung 35), Ubstadt-Weiher u.a. 2011, S. 400–403. – Die Bearbeiter des als Überblick über eine ganze Region höchst verdienstvollen Werks erkannten jedoch nicht, dass es sich in Lauffen um einen Nikolaus-Zyklus handelt, weshalb es zu Fehldeutungen der Darstellungen kam.

[26] Vgl. Regina D. SCHIEWER, Die deutsche Predigt um 1200. Ein Handbuch, Berlin/New York 2008, S. 457–460.

[27] Neuere lateinische Ausgabe: Jacobus a Voragine, Legenda Aurea, vulgo Historia Lombardica dicta, hg. von Th. GRAESSE, Dresden und Leipzig 1846 (Nikolauslegende S. 22–29). – Deutsche Auswahlübersetzung: Jacobus de Voragine, Legenda Aurea. Heiligenlegenden, bearb. von Jacques LAAGER, Zürich 1982 (Nikolauslegende S. 18–29).

[28] Zu diesen vgl. im Einzelnen MEISEN (wie Anm. 19) S. 216–388.

genda aurea können andere Legendenstoffe, die sich sowohl in der Ostkirche[29] wie im Bereich der Westkirche[30] in einiger Fülle der Gestalt des Nikolaus anlagerten, unberücksichtigt bleiben[31].

Nach der Reihenfolge der Legenda aurea ist zuerst die Darstellung auf der Nordwand zu nennen, rechts vom Fenster, über dem Sakramentshäuschen. Es handelt sich bei dieser Szene um eine Hinrichtung (Abb. 5). Der in der Mitte stehende Henker holt mit dem Schwert aus, um die vor ihm kniende Gestalt zu enthaupten. Links davon ist ein Mann zu erkennen, der dem Geschehen zusieht. Im Nikolaus-Zyklus ist dies der erste Teil des sogenannten Stratelatenwunders, der Rettung der unschuldig zum Tode verurteilten Feldherren (griech. οἱ στρατηλάται = die Heerführer), die den Grundstock der griechischen Nikolauslegende bildet[32]. Hier geht es zunächst um die Enthauptung von drei unschuldig verurteilten Männern, von denen in unserer Darstellung jedoch nur einer zu sehen ist. Nikolaus hat der Legende nach durch sein Dazwischentreten die Hinrichtung verhindert. Über dem knienden Delinquenten ist ein Teil eines Gewands zu erkennen, womit die Gestalt des Heiligen angedeutet wird, der dem Henker das Schwert entreißt. Bei dem Zuschauer handelt es sich um einen der drei Feldherren, die Nikolaus zum Schauplatz des Geschehens mitgenommen hat. Ob ursprünglich noch die beiden anderen dargestellt waren, lässt sich nicht sagen, ist aber zu vermuten.

Links von der Hinrichtungsszene, auf der westlichen Nordwand, ist die Darstellung eines Innenraums zu erkennen, der durch die rotbraune Grundierung von Wand und Boden und durch Fensteröffnungen angedeutet wird (Abb. 6). In einem Bett liegt ein schlafender Mann mit unbedecktem, nackten Oberkörper, eben so, wie Schläfer im Mittelalter dargestellt wurden. Eine am Bett sitzende Frau wacht mit einem Fliegenwedel über dem Schlaf des Mannes und hält sein rechtes Handgelenk. Daneben sind noch zwei Personen zu erkennen, die im Redegestus einander zugewandt sind. Links, am Fußende des Bettes, ist das Gewand einer weiteren Figur zu sehen, die offenbar an das Bett herantritt.

Diese Darstellung ist in der Nikolauslegende der eigentliche Teil des Stratelatenwunders. Die drei kaiserlichen Heerführer, die der von Nikolaus verhinderten Hinrichtung der drei Unschuldigen beiwohnten, wurden bei ihrer Rückkehr vom kaiserlichen Präfekten verleumdet, ins Gefängnis geworfen und zum Tod verurteilt. Auf ihr Gebet erschien Nikolaus dem Kaiser Konstantin im Traum, um die drei von der Hinrichtung bedrohten Feldherren zu retten, indem er dem Kaiser im

29 Dazu ist allgemein zu vergleichen: Gustav ANRICH, Hagios Nikolaos. Der heilige Nikolaos in der griechischen Kirche. Texte und Untersuchungen, 2 Bde., Leipzig/Berlin 1913–1917; MEISEN (wie Anm. 19) S. 216–275.

30 Dazu vor allem MEISEN (wie Anm. 19) S. 276–306.

31 Als neuere Arbeit, die den volkskundlichen Ansatz von Meisen fortführt und ins Ethnographische ausweitet und Nikolausgestalten auf der ganzen Nordhalbkugel der Erde auch außerhalb der christlichen Tradition ausfindig macht, ist zu nennen: Thomas HAUSCHILDT, Weihnachtsmann. Die wahre Geschichte, Frankfurt am Main 2012.

32 Zu diesem vgl. MEISEN (wie Anm. 19) S. 219–232.

Weigerungsfall mit Krieg drohte. Die nur noch mit ihrem Gewand zu erkennende Gestalt links wäre somit als der Heilige anzusprechen. Die beiden neben dem Bett stehenden Gestalten, offenbar eine Frau und ein Mann, ebenso die beim Bett sitzende Frau, die wohl als Diener anzusprechen sind, bilden eine freie Zutat des Künstlers.

Es handelt sich hier um die am besten erhaltene Darstellung unseres Nikolaus-Zyklus, die die hohe Qualität dieser Malereien zeigt. Diese ist ersichtlich an der Darstellung des Innenraums, wobei das darin stehende Bett die Beherrschung der Perspektive erkennen lässt. Die Meisterschaft des Künstlers zeigt sich ferner in der Gruppierung der Personen im Innenraum, an der Binnenzeichnung der Figuren, am Faltenwurf der Gewänder und vor allem der Bettdecken, die geradezu die Beunruhigung des Schläfers durch die Erscheinung des Heiligen vor Augen führen.

Südlich, also rechts des östlichen Chorfensters, ist eine Darstellung des Grabes des heiligen Nikolaus zu erkennen, der der Legende nach im Jahre 343 starb (Abb. 7). Der mit einem Nimbus versehene Heilige ruht auf einem freistehenden Sarkophag in der Art eines Hochgrabs, hat die Arme überkreuzt und hält so den auf seinen Körper gelegten Bischofsstab. Die Wände des Sarkophags sind von fensterartigen Öffnungen durchbrochen. Nach der Legende floss aus dem Sarkophag zu seinen Häupten Öl und zu seinen Füssen Wasser heraus[33]. Auf unserer Darstellung befinden sich in der Wand des Sarkophags drei Röhren, aus denen sich die heilkräftigen Materien in untergestellte Krüge ergießen. Von den Krügen sind lediglich noch zwei zu erkennen.

Hinter dem Sarkophag stehen zwei Gestalten, wobei die rechte ein Buch in der Linken hält und die Rechte im Segensgestus erhoben hat, während die linke Figur über die Schulter des Ersteren blickt. Diese Gestalten sind wegen ihrer Tonsur als Priester anzusprechen. Rechts vom Sarkophag ist in Übergröße der segnende Christus mit Kreuznimbus zu sehen, erkennbar an der Weltkugel in seiner Linken. Diese Christusgestalt verbindet die Apostelgruppe mit der Darstellung des Heiligengrabes, da sie zwar dem Letzteren zugewandt ist, aber auch den Aposteln zugerechnet werden kann. Dies würde für eine gleichzeitige Entstehung der beiden Bilder sprechen.

Auch diese Darstellung besticht noch in ihrem fragmentarischen Erhaltungszustand durch ihre hohe künstlerische Qualität. Auch hier ist die lebendige szenische Gestaltung des Bildes mit ihren originellen Einzelheiten hervorzuheben. Hierzu gehört auch die durchdachte Verknüpfung der Grabesszene mit der Apostelreihe

---

[33] Dies scheint die Eigenschaft der Leiber bestimmter auserwählter Heiliger gewesen zu sein, so der heiligen Katharina, die im Katharinenkloster am Sinai verehrt wurde, wie ein Nürnberger Pilger berichtet: Die ‚Reise ins Gelobte Land' Hans Tuchers des Älteren (1479–1480). Untersuchungen zur Überlieferung und kritische Edition eines spätmittelalterlichen Reiseberichts von Randall HERZ (Wissensliteratur im Mittelalter 38), Wiesbaden 2002, S. 527: *Es jst auch vil jar öle von jrem gepein geflossen. Aber jn menschlicher gedechtnuß hat es zefliessen aufgehört.*

durch den segnenden Christus, die über die Ecke des Kirchenraums die Beziehung zwischen den beiden Darstellungen vermittelt. Wiederum besticht auch der kunstreiche Faltenwurf der Gewänder, etwa wie bei der zum Segen erhobenen Rechten des Christus der Ärmel zurückfällt, oder wie sich die Füße des Heiligen unter dem Tuch abbilden, das seine Beine bedeckt. Hervorzuheben ist auch die perspektivische Darstellung des Sarkophags, die freilich infolge des Erhaltungszustands des Gemäldes nicht voll zu erkennen ist. Hervorzuheben ist, dass der Maler ein Meister der Zeichnung war, die durchweg in einer dunklen Ockerfarbe ausgeführt ist. Ansonsten kam der Künstler – soweit noch zu erkennen – mit einer durchaus beschränkten Palette aus. Zu erkennen ist eine helle Ockerfarbe, in der etwa die Haare des Schlafenden oder der beiden Personen hinter dem Sarkophag gehalten sind. Ferner verwendete er noch ein Schiefergrau.

Nördlich, d. h. links des Chorfensters, ist eine weitere Darstellung zu erkennen, die freilich von allen hier zu besprechenden diejenige ist, von der am wenigsten erhalten ist (Abb. 8). Zu sehen sind vier Personen auf einem Schiff, das sich in einer Art Bucht befindet. Eine der Personen ist aus dem Schiff gefallen und klammmert sich an den Rand des gerade abschließenden Hecks, ein anderer hängt kopfüber aus dem Schiff, offenbar beim Versuch, den ins Wasser Gefallenen zu retten. Die dritte Person hebt hilflos die Hände empor, während eine vierte Gestalt kaum noch zu erkennen ist. Auch hier handelt es sich um eine lebendige szenische Darstellung, die freilich nicht richtig zu deuten wäre, wenn man nicht die Legende zu Hilfe nehmen würde.

Es handelt sich offenbar um die Geschichte, wie ein Adliger dem heiligen Nikolaus einen Kelch verspricht, wenn ihm ein Sohn geboren wird. Als der Sohn herangewachsen ist, gibt der Vater den Kelch in Auftrag, der ihm aber so gefällt, dass er ihn behält und einen zweiten, gleichwertigen, für den Heiligen anfertigen lässt. Bei der Schifffahrt zum Heiligen lässt der Vater den Sohn mit dem zuerst gefertigten Kelch Wasser schöpfen, wobei Knabe und Kelch in den Fluten verschwinden. Als der Vater nach der Ankunft in Myra den zweiten Kelch auf den Altar stellt, wird dieser durch eine unsichtbare Kraft wiederholt zurückgewiesen. Schließlich erscheint der Knabe mit dem ursprünglichen Kelch und berichtet, dass ihn Nikolaus gerettet habe, als er ins Meer fiel. Hierauf bringt der dankbare Vater dem Heiligen beide Kelche dar. Ist diese Deutung richtig, könnte es gut möglich sein, dass – ebenso wie beim Stratelatenwunder – noch eine zweite Szene mit der Darbringung des Kelchs vorhanden gewesen ist.

Wir haben also mit den hier beschriebenen Darstellungen einen – wenn auch nur teilweise erhaltenen – Nikolaus-Zyklus, der durch die Darstellung von Christus mit den Aposteln ergänzt wird. Ferner dürften, wie ein Vergleich mit der Zeichnung und der Farblichkeit zeigt, auch die drei weiblichen Heiligen zu dieser Ausmalung gehören. Was freilich die Nikolaus-Legende betrifft, so sind hier nicht die gängigsten Szenen dargestellt, vielmehr sind die Darstellungen, wie wir sie in der Lauffener Stadtkirche finden, äußerst selten. Dies gilt für die Traum-Szene ebenso wie für das Kelchwunder und die Grabes-Szene. Die beiden Letzteren sind außer in Italien sonst nur im nordfranzösisch-niederländischen Bereich nachgewiesen[34]. Die Stadtkirche birgt also keine Wandgemälde aus der Legende des heiligen Martin, wie Landeskonservator Eduard Paulus einst gemeint hat[35], sondern einen Nikolaus-Zyklus, der trotz seiner fragmentarischen Erhaltung als einzigartig angesehen werden darf.

Diese Feststellungen dürften nun doch einige Mutmaßungen über den Meister des Lauffener Nikolaus-Zyklus erlauben. Bei der handwerksmäßigen Organisation der Malerei im Mittelalter, bei der Wiedergabe geläufiger Darstellungen nach vorgegebenen Mustern, muss freilich der Begriff des Meisters oder gar des Künstlers mit Vorsicht gebraucht werden. Beim Lauffener Nikolaus-Zyklus erscheint er aber berechtigt, denn hier haben wir Darstellungen, für die es wohl kaum Vorbilder gab und die mit ihrer Originalität und ihrer lebendigen, szenischen Auffassung, wie sie bei allen Bildern deutlich wird, eine Künstlerpersönlichkeit vermuten lassen, die vielleicht dem lothringisch-niederländischen Raum entstammt. Die künstlerische Qualität der Darstellungen, die sich freilich wegen des Erhaltungszustands nicht ohne Weiteres erschließt, ist durchaus als hochrangig zu bezeichnen.

Die Tatsache, dass Nikolaus in der Ausmalung der Stadtkirche eine so große Rolle spielt, lässt die Annahme zu, dass er der Hauptpatron der Kirche war. Johannes (der Täufer?) und Katharina hatten wohl je einen Altar in der Kirche, weshalb noch die Reste zweier Ciborienaltäre an der Ostwand des Schiffs zu beiden Seiten des Chorbogens zu sehen sind. Man wird sich deshalb die Stadtkirche so vorstellen müssen, dass der Altar des heiligen Nikolaus im Chor stand, die Altäre von Johannes und Katharina als Ciborienaltäre an der Ostwand des Schiffs, wo heute noch die Konsolen zu sehen sind, auf denen die Gewölbe ruhten, mit denen diese Altäre überdacht waren. Die Lauffener Stadtkirche ist also eine Nikolauskirche; dass sie – wohl erst seit dem 19. Jahrhundert – als Martinskirche bezeichnet wird, beruht auf einer Verwechslung[36].

---

34 Meisen (wie Anm. 19) S. 276–280, 375.

35 Paulus, Kunst- und Altertums-Denkmale (wie Anm. 9), Bd. 1, S. 83. Diese Aussage beruht sicher nicht auf eigenem Augenschein. – Als im Blick auf das Lutherjahr 1883 die Martinskirche hergerichtet werden sollte, waren Eduard Paulus und Bauinspektor Heinrich Dolmetsch von Stuttgart zu Rate gezogen worden, die sich für die Restaurierung der Wandmalereien aussprachen. Im Interesse einer raschen Fertigstellung der Kirche hat man damals die aufgefundenen Malereien übertüncht, nicht zerstört.

36 Ein Parallelfall ist die Schwäbisch Haller Urbanskirche unter der Burg Limpurg, die eigentlich eine Marienkapelle ist; Hoffmann, Kirchenheilige (wie Anm. 13) S. 108. Der Name Urbanskirche entstand wohl erst am Ende des 18. Jahrhundert aus der lateinischen Bezeichnung *sub urbem* = Vorstadtkirche; Der Landkreis Schwäbisch Hall, hg. vom Landesarchiv Baden-Württemberg in Verbindung mit dem Landkreis Schwäbisch Hall, Ostfildern 2005, Bd. 2, S. 356.

Die Datierung des Lauffener Nikolaus-Zyklus

Horst Wengerter hat diese zweiten Malschicht in die Mitte des 13. Jahrhunderts datiert. Schon aufgrund der oben beschriebenen qualitätvollen künstlerischen Ausführung wird diese zeitliche Ansetzung zu korrigieren sein. Dafür sprechen der S-Schwung der Apostelfiguren, die individuelle Komposition der beschriebenen Szenen, ebenso verschiedene Einzelheiten, wie die überlangen Hände der Figuren auf der Nordwand und die eigentümlichen Gewänder der Figuren in der Hinrichtungsszene und schließlich auch die Andeutung einer perspektivischen Auffassung. Neben diesen allgemeinen Beobachtungen wird man noch nach anderen Merkmalen suchen müssen, die eine Datierung des Zyklus erlauben. In erster Linie kommt hier die Gewandung der dargestellten Personen in Frage. Unter den beschriebenen Darstellungen hilft in dieser Frage nur die Hinrichtungsszene weiter, während die Personen in den anderen Darstellungen – zumal die der Apostelfiguren – so gewandet sind, dass ihre Kleidung keine eindeutigen Anhaltspunkte bietet.

Alle drei in der Hinrichtungsszene erkennbare Personen tragen gezaddelte Kleidung. Das heißt, dass die Obergewänder dieser Personen, beim Henker sogar die Ärmel, ausgeschnittene bogenfömige, zum Teil sogar an Eichenlaub erinnernde Säume tragen. Solche aufwändigen Zaddeln waren im Spätmittelalter durchgehend beliebt, kamen aber in der burgundischen Mode des 15. Jahrhunderts besonders zur Geltung[37]. So findet sich ein gezaddeltes Gewand, wie es die drei Personen der Hinrichtungsszene tragen, in einer Darstellung aus der Zeit zwischen 1420 und 1460[38]. Ein Eichenlaub-Zaddelrock findet sich in Talhofers Fechtbuch aus dem Jahre 1443[39]. Diese Belege, denen noch weitere angefügt werden könnten, berechtigen dazu, die Entstehung des Nikolaus-Zyklus der Lauffener Stadtkirche in dem Jahrzehnt vor der Mitte des 15. Jahrhunderts anzunehmen.

Die Nikolaus-Verehrung im Abendland

Da die Nikolauskirche zweifellos in die Anfänge der um 1200 gegründeten Stadt Lauffen zurückreicht, muss dieser Heilige für den Stadtgründer eine gewisse Bedeutung gehabt haben. Ist dies richtig, wird man die Frage, welchen Bischofshei-

[37] Harry Kühnel (Hg.), Bildwörterbuch der Kleidung und Rüstung. Vom Alten Orient bis zum ausgehenden Mittelalter, Stuttgart 1992, S. 285 f. – Vgl. auch die Darstellung eines Jagdfestes am burgundischen Hof nach einer französischen Miniatur aus den Jahren 1424/25, wobei die Zaddelärmel vorkommen; Wiedergabe in: Erika Thiel, Geschichte des Kostüms. Die europäische Mode von den Anfängen bis zur Gegenwart, Leipzig [9]2010, Abb. 241, S. 138.

[38] Eduard Wagner/Zoroslava Drobná/Jan Durdík, Tracht, Wehr und Waffen des späten Mittelalters (1350–1460), Prag 1957, Teil 1, Tf. 80.

[39] Ebd., Teil 1, Tf. 75, 2.

Abb. 1: Das Lauffener Tympanon im Landesmuseum Württemberg, entstanden vermutlich um 1200. Aufgefunden 1787 bei der Lauffener Neckarinsel, wohl von einer ehemaligen Burgkapelle. Der thronende Bischof dürfte daher den heiligen Nikolaus darstellen (Foto: Landesmuseum Württemberg, Stuttgart).

Abb. 2: Stadtkirche, eigentlich Nikolauskapelle, heute Martinskirche genannt, im Lauffener „Städtle“ unweit des Heilbronner Tors (Foto: Ehmer).

Abb. 3: Vom Deckengemälde des Chors der Lauffener Stadtkirche sind lediglich die beiden Evangelistensymbole, der Stier für Lukas und der Löwe für Markus, erhalten. Darüber Reste der den Weltenrichter umgebenden Mandorla (Foto: Ehmer).

Abb. 4: Apostelzyklus an der Südwand des Chors der Lauffener Stadtkirche. Der Apostel ganz rechts ist mit Ausnahme seines Heiligenscheins dem nachreformatorischen Einbau einer Kanzel zum Opfer gefallen. Christus, ganz links, vermittelt die Verbindung zu der Darstellung des Nikolausgrabs auf der Chorostwand (Foto: Ehmer).

Abb. 5: Hinrichtung eines Unschuldigen. Darstellung auf der Nordwand des Chores der Lauffener Stadtkirche. Nikolaus, von dem nur ein Rest seines Gewands über dem Delinquenten sichtbar ist, entreißt dem Henker das Schwert (Foto: Ehmer).

Abb. 6: Nikolaus erscheint dem Kaiser im Traum, um von ihm die Freilassung der unschuldigen Feldherren zu verlangen. Von dem Heiligen ist links des Bettes lediglich der untere Teil seines Gewandes erhalten (Foto: Ehmer).

Abb. 7: Grab des heiligen Nikolaus in Myra. Der Leib des Heiligen ruht im Bischofsornat mit Stab auf einem Hochgrab, aus dem das heilsame Myron in bereitgestellte Krüge fließt. Am Kopfende der segnende Christus (Foto: Ehmer).

Abb. 8: Nur als Fragment erhaltene Darstellung eines Schiffsunglücks, vermutlich aus der Legende von dem dem heiligen Nikolaus geweihten Becher (Foto: Ehmer).

ligen das Tympanon zeigt, neu zu stellen haben. Um aber die Bedeutung des heiligen Nikolaus für den Stadtgründer ermessen zu können, ist es notwendig, die Nikolaus-Verehrung in einem größeren Zusammenhang zu betrachten.

Nikolaus und Georg sind die einzigen Heiligen der griechischen Kirche, die im Westen gleiche Bedeutung gewonnen haben. Obwohl er als historische Person kaum fassbar ist, stellt Nikolaus die überragende Heiligengestalt der griechischen Kirche dar, wenn auch seine Verehrung erst seit dem 6. Jahrhundert deutlich wird und erst im 9. Jahrhundert zu allgemeiner Bedeutung gelangte[40]. Der Heilige ist vermutlich eine Kompilation aus der Person eines Bischofs von Myra in Lykien aus dem vierten Jahrhundert und eines Abts Nikolaus von Sion († 10. Dezember 564)[41]. Seine Bedeutung als Heiliger verdankt Nikolaus dem sogenannten Stratelaten-Wunder, der Geschichte von der Rettung der drei unschuldig verurteilten Feldherren. Er ist nämlich schon zu Lebzeiten fern von Myra in Konstantinopel dem Kaiser und dem Präfekten im Traum erschienen, nicht als bereits in den Himmel aufgenommer Heiliger. Eben diese Fähigkeit begründete schon in der griechischen Kirche den Ruhm des Nikolaus, der ihn über alle anderen Heiligen hinaushob. Das Stratelaten-Wunder begründete auch seine Eigenschaft als Helfer in jeglicher Not, der Gefangene befreit, aus Wassers- und Hungersnot hilft, Geldnot behebt und Verlorenes wiederbeschafft. In den Legenden und Heiligenviten der Ostkirche findet sich eine Fülle solcher Wunder[42].

Der heilige Nikolaus wurde in einer nach ihm genannten Kirche in der Nähe von Myra verehrt. Die Pilger, die sich am 6. Dezember dort einfanden, konnten das heilkräftige Myron mitnehmen, das aus seinen Grabe gewonnen wurde[43]. Als weiteres Zentrum der Nikolaus-Verehrung ist Konstantinopel zu nennen, wo das Fest des Heiligen in der Hagia Sophia begangen wurde. Der Heilige wurde auch an anderen Orten der Hauptstadt verehrt, insbesondere hatten Pisa und Venedig in ihren Handelsniederlassungen am Goldenen Horn Nikolauskirchen, die im 12. und 13. Jahrhundert erwähnt werden, möglicherweise aber auf frühere Zeit zurückgehen. Aus dem Ortsheiligen von Myra war somit ein byzantinischer Heiliger geworden, dessen Kult sich über das ganze Reich verbreitete, einschließlich Sizilien und Kalabrien[44].

Myra wurde 1034 von den Sarazenen erobert, wobei die Kirche vermutlich zerstört wurde. Im April 1087 wurden die Gebeine des heiligen Nikolaus von Seeleuten aus Bari geraubt, worüber es einen Translationsbericht gibt. Die Legende be-

---

40 Vgl. ANRICH (wie Anm. 29), Bd. 2, S. 441 f., 466.

41 Zur Historizität des Bischofs von Myra vgl. ANRICH (wie Anm. 29), Bd. 2, S. 509–514, zu Nikolaus von Sion DERS., Bd. 2, S. 241–251.

42 Vgl. dazu ANRICH (wie Anm. 29), der diese Texte gesammelt und publiziert hat.

43 ANRICH (wie Anm. 29), Bd. 2, S. 516–518 erklärt dies als Sickerwasser von dem nahen Meer oder auch von dem in der Nähe mündenden Fluss Myros. Ganz ähnliche Verhältnisse scheinen in Bari vorzuliegen, wo man immer noch das Myron aus dem Nikolausgrab gewinnen konnte.

44 ANRICH (wie Anm. 29), Bd. 2, S. 467–473.

richtet im siebenten Abschnitt, dass nach der Zerstörung der Stadt Myra (heute Demre) durch die Türken 47 Kriegsleute aus Bari im Jahre 1087 dorthin fuhren, mit Hilfe von vier Mönchen das Grab des Heiligen öffneten und seine in Öl schwimmenden Gebeine nach Bari verbrachten, wo sie bis zum heutigen Tag verehrt werden. Demnach kehrten die drei Schiffe aus Bari am 9. Mai wieder in die Heimat zurück. Dieser Tag wird als zweiter Nikolaus-Feiertag im Sommer (*estivalis*), im Gegensatz zum 6. Dezember, dem Nikolaustag im Winter (*hiemalis*) begangen[45].

Die Barenser waren den Venezianern zuvorgekommen, die ebenfalls einen solchen Handstreich auf Myra geplant hatten, da der heilige Nikolaus, dem ein bereits 1043 auf dem Lido gegründetes Kloster gewidmet war, von ihnen ebenfalls hoch verehrt wurde. Andererseits ahmten die Barenser die Venezianer nach, die schon im neunten Jahrhundert die Gebeine des heiligen Markus aus dem nunmehr unter der Herrschaft der Araber stehenden Alexandria in ihre Stadt verbracht hatten, wo der heilige Markus zur Identifikationsfigur Venedigs wurde[46]. Nach der Eroberung Jerusalems im Ersten Kreuzzug 1099 erhob eine venezianische Expedition in Myra weitere Reliquienschätze. Gleichwohl galt Bari fortan als der Ort, wo der Leib des heiligen Nikolaus ruhte, für den eigens eine Kirche erbaut worden war, in dem sich dann auch das Myron-Wunder fortsetzte[47].

Es ist also deutlich, dass der heilige Nikolaus im Westen schon verehrt wurde, bevor man seine Gebeine nach Bari verbrachte, denn schon vor der Translation hatten die Benediktiner für die Ausbreitung des Nikolaus-Kultus gesorgt[48]. 1006 wurden zwei Nikolauskirchen in der Nähe des benediktinischen Stammklosters Monte Cassino errichtet, desgleichen entstanden in dieser Zeit weitere Kirchen und Klöster unter dem Patronat des heiligen Nikolaus. Den Alpenübergang des heiligen Nikolaus markieren die Hospize der Augustiner auf dem Großen und Kleinen St. Bernhard, die ihm geweiht sind und 1049 schon bestanden[49]. Nördlich der Alpen erscheint Nikolaus erstmals anlässlich der Weihe der Erlöserkirche im Kloster Fulda 818, wobei auch von Nikolaus-Reliquien die Rede ist. Sodann begegnet die Nikolaus-Legende in einem vor 842 abgefassten Codex des Klosters Reichenau[50].

Bari war 1081, also wenige Jahre vor der Reliquientranslation, von den Normannen eingenommen worden und fortan nicht mehr Teil des Byzantinischen Reichs. Vielleicht hat man sich gerade deswegen in Bari der Gebeine des heiligen Nikolaus versichert, um damit die spirituelle Verbindung mit dem Osten aufrechtzuerhalten.

---

45 Meisen (wie Anm. 19), Nikolauskult S. 190–192; Hermann Grotefend, Taschenbuch der Zeitrechnung des deutschen Mittelalters und der Neuzeit, Hannover [10]1960, S. 83.

46 Eva Sibylle Rösch/Gerhard Rösch, Venedig im Spätmittelalter (1200–1500), Würzburg/Freiburg 1991, S. 15.

47 Anrich (wie Anm. 29), Bd. 2, S. 518–524.

48 Das Folgende nach Meisen (wie Anm. 19) S. 66–70.

49 Meisen (wie Anm. 19) S. 85, 214, 507 f.

50 Druck: Meisen (wie Anm. 19) S. 527–530.

Es ist aber auch gut möglich, dass die Kaiserin Theophanu († 991), die Gemahlin Kaiser Ottos II., die Nikolaus-Verehrung im Westen gefördert hat. Hierfür scheint zu sprechen, dass das 1000 gegründete Kloster Burtscheid bei Aachen dem Patronat des heiligen Nikolaus unterstellt wurde[51]. Jedenfalls wurde der heilige Nikolaus schon vor 1087 im Westen verehrt. Selbstverständlich wurde dann der erfolgreiche Handstreich der Barenser zum Anlass für die Intensivierung der Verehrung des heiligen Nikolaus im Abendland, wobei Bari zum vielbesuchten Wallfahrtsort wurde.

Eine große Bedeutung für die Verbreitung des Nikolauskults hatten die Kreuzzüge. In Bari sammelte sich ein Teil des Heeres für den Ersten Kreuzzug (1096–1099), um von dort nach Konstantinopel überzusetzen. Auch später wurde Bari im Zusammenhang mit den Kreuzzügen immer wieder besucht. Beides, die Translation der Gebeine des Heiligen nach Bari und die Kreuzzugsbewegung, förderte also die Nikolausverehrung im Westen ungemein[52]. Besondere Bedeutung hat hier der Vierte Kreuzzug mit der Einnahme von Konstantinopel 1204 durch das Kreuzfahrerheer und der Raub so vieler Reliquienschätze der Hauptstadt des byzantinischen Reichs, worunter natürlich auch Nikolaus-Reliquien waren, die nun in zahlreiche Orte des Abendlandes kamen. Zu diesen gehört Freiburg im Üechtland in der Schweiz mit seiner Kathedrale St. Nikolaus[53]. Einer der bedeutendsten Orte der Nikolausverehrung wurde in der Folgezeit das lothringische Niklasport (St.-Nicolas-de-Port)[54] an der Meuse, wo eine großartige Wallfahrtskirche errichtet wurde, und wohin befreite Gefangene ihre Ketten als Votivgaben brachten.

Der heilige Nikolaus, die Hirsauer und der Adel

Wie oben dargestellt, ist nicht erst das Jahr 1087, der Zeitpunkt der Translation der Gebeine des Heiligen von Myra nach Bari, als Beginn der Nikolaus-Verehrung im Westen anzusehen. Doch gerade in dieser Zeit finden sich in unserem Raum Nikolaus-Patrozinien in namhafter Anzahl. Das bekannteste ist das der Kapelle der Burg Württemberg[55], deren Weihe nach der erhaltenen Inschrift 1083 stattfand.

---

51 Meisen (wie Anm. 19) S. 81 f.; vgl. auch: Kaiserin Theophanu. Begegnung des Ostens und Westens um die Wende des ersten Jahrtausends. Gedenkschrift des Kölner Schnütgen-Museums zum 1000. Todesjahr der Kaiserin, hg. von Anton von Euw/Peter Schreiner, 2 Bde., Köln 1991.

52 Meisen (wie Anm. 19) S. 119–125. Ebd. S. 126–171 eine Aufstellung der Nikolaus-Kultstätten im Abendland – mit Ausnahme Italiens – bis zum Ausgang des Mittelalters.

53 Meisen (wie Anm. 19) S. 518.

54 Otto Wimmer/Hartmann Melzer, Lexikon der Namen und Heiligen, Innsbruck/Wien 1988, S. 599.

55 Abbildung in: Paulus, Kunst- und Altertums-Denkmale (wie Anm. 9), Bd. 1, S. 157, mit S. 158–162; desgl. in: Hans-Martin Maurer u. a., Geschichte Württembergs in Bildern 1083–1918, Stuttgart u. a. 1992, S. 31. – Der Inschriftstein war nach dem Abbruch der Burg

Die Inschrift weist allerdings gerade an der Stelle, an der der Name des Heiligen stand, eine Lücke auf, doch wird das Nikolaus-Patrozinium 1291 urkundlich bezeugt[56], so dass davon auszugehen ist, dass die Inschrift tatsächlich den Namen des Heiligen nannte. Nikolaus stand freilich auf dem Württemberg oder Rotenberg nicht allein. Auch die Stiftskirche Beutelsbach, die frühe Begräbnisstätte der Württemberger[57] war offensichtlich dem heiligen Nikolaus geweiht, denn Propst[58] und Kapitel[59] des Stifts führten den Heiligen im Siegel. Bei der Verlegung des Beutelsbacher Stifts nach Stuttgart musste Nikolaus allerdings zurücktreten. Das Stuttgarter Stift war dem Heiligen Kreuz gewidmet, Nikolaus erscheint hier nicht mehr[60].

Ein weiteres wichtiges Nikolaus-Patrozinium in unserem Raum ist das der Kirche des Klosters Comburg, die Maria, Heiligkreuz und Nikolaus geweiht war. Dieses Kloster ist die Stiftung eines Grafen Richard und seiner vier Söhne, die wohl um 1078 ihre Burg in ein Kloster umwandelten. Da die Kirche des Klosters Brauweiler bei Köln, mit dessen Abt einer der Stifter des Klosters Comburg befreundet war, die Patrozinien Maria, Nikolaus und Medardus hat[61], nimmt man an, dass die Comburg von Brauweiler aus besiedelt wurde[62].

1819 in der Sakristei der an dieser Stelle errichteten Grabkapelle eingemauert worden, befindet sich aber seit 1928 in der Rotunde des Mausoleums; vgl. Harald Schukraft, Grablegen des Hauses Württemberg, Stuttgart 1989, S. 133.

56 Adolf Diehl, Urkundenbuch der Stadt Esslingen, Bd. 1 (Württembergische Geschichtsquellen 4), Stuttgart 1899, Nr. 239, S. 93; WUB 9, Nr. 4083, S. 431–433. Es geht in dieser Urkunde u. a. um eine Abgabe, die der *capelle sancti Nycolai in Wirtenberc* zu reichen ist.

57 Schukraft (wie Anm. 55) S. 16–18, jedoch ohne Erwähnung des Patroziniums. Hoffmann, Kirchenheilige (wie Anm. 13) S. 157, nennt Leodegar als Patron, bezeugt 1537. Danach auch Adolf Schahl, Die Kunstdenkmäler des Rems-Murr-Kreises, 2 Bde., München 1983, hier Bd. 2, S. 1280 f. Hoffmann, Kirchenheilige (wie Anm. 13), nennt allerdings ebenda eine dem heiligen Nikolaus geweihte Kapelle auf dem Kapellenberg, wohin das Patrozinium im Zusammenhang mit der Übersiedlung des Stifts nach Stuttgart verlegt worden sein mag.

58 An einer Urkunde im HStA Stuttgart A 502 U 47, datiert Nippenburg, 1283 Oktober 25, nach WUB 8, Nr. 3284, S. 420 f. Nach der hier gegebenen Beschreibung des Siegels des Propsts Dietrich von Beutelsbach zeigt dieses den heiligen Nikolaus, die Rechte segnend erhoben, in der Linken den Stab und die Aufschrift NICOLAVS; desgl. HStAS A 525 U 184 und U 185, datiert Waiblingen, 1287 Dezember 21, nach WUB 9, Nr. 3683, S. 167 f.; desgl. Stadtarchiv Esslingen KH U 3852, nach Urkundenbuch Esslingen (wie Anm. 56), Bd. 1, Stuttgart 1899, S. 138, Nr. 318; WUB 11, Nr. 5349, S. 318.

59 An einer Urkunde im HStA Stuttgart A 499 U 668, datiert Esslingen, 1280 April 29, nach WUB 8, Nr. 2962, Seite 219 f.

60 Hoffmann, Kirchenheilige (wie Anm. 13) S. 165. – Nikolaus kam in Stuttgart erst wieder zu Ehren durch die 1895 erbaute Russische Kirche, die ihm geweiht ist und deren Bau durch Großfürstin Wera (1854–1912), die als Pflegekind von König Karl und Königin Olga ins Land gekommen war, veranlasst wurde; Paul Sauer, Das Werden einer Großstadt. Stuttgart zwischen Reichsgründung und Erstem Weltkrieg 1981–1914, Stuttgart 1988, S. 363.

61 Die Bestätigungsurkunde des Erzbischofs Ruthard von Mainz, WUB 1, Nr. 239, S. 286–289, nennt allerdings nur Maria und Nikolaus.

62 Rainer Jooss, Kloster Komburg im Mittelalter. Studien zur Verfassungs-, Besitz- und

Nikolaus war der Hauptheilige des Klosters Comburg. Schenkungen an das Kloster gingen, wie das Comburger Schenkungsbuch ausweist[63], an den heiligen Nikolaus. Dieser wurde dort auch sonst in besonderen Ehren gehalten, wie eine Urkunde des Papstes Alexander IV. vom 15. Juni 1256 zeigt, wonach denjenigen ein vierzigtägiger Ablass gewährt wird, die sich am Tag des heiligen Nikolaus und am Tag der Einweihung der Kirche zur Andacht in Comburg einfinden[64]. Das an einer Urkunde vom 1. August 1276 hängende Siegel des Konvents von Comburg zeigt den heiligen Nikolaus, sitzend, in der Rechten den Stab, mit der Linken ein Buch haltend[65]. Ein weiteres, besonders anschauliches Zeugnis der vom Kloster Comburg ausgehenden Nikolaus-Verehrung ist der Nikolaus-Zyklus in der Kirche von Mistlau (heute Ortsteil von Kirchberg an der Jagst), der auf den Anfang des 15. Jahrhunderts datiert wird. Comburg besaß schon 1079 Besitz in Mistlau und konnte diesen bis zur Säkularisation halten[66].

Kloster Comburg hatte sich 1088 an Hirsau angeschlossen. Nikolaus ist deshalb auch im Kloster Hirsau zu finden, das für einen weiten Bereich die von dem Kloster Cluny in Burgund ausgehende Reformbewegung fort- und durchsetzte, weshalb man auch von der Hirsauer Reform redet[67]. Bei der Weihe der neuen Klosterkirche rechts der Nagold wurde dem heiligen Nikolaus am 15. Mai 1091 der erste Altar auf der linken Seite der Kirche geweiht[68]. Auch weiterhin war für Hirsau der heilige Nikolaus von Bedeutung. Die dem Patronat des Klosters seit 1342 unterstehende Kirche der Stadt Calw war zwar ebenso wie die Klosterkirche dem Patrozinium der Apostelfürsten Peter und Paul unterstellt, denn der Stifter dieser Kirche, ein Calwer Graf, hatte das Patrozinium des Hausklosters für die Kirche der neu gegründeten Stadt übernommen[69]. Die Liebfrauenkapelle vor der Stadt besaß jedoch einen Nikolausaltar, der freilich erst 1329 erwähnt wird[70]. Die Kapelle auf der Calwer Nagoldbrücke, erwähnt 1460, aber wohl noch dem ausgehenden 14. Jahrhundert angehörend, war ebenfalls dem heiligen Nikolaus geweiht. Doch wird dieses letztere Patrozinium nicht nur dem Einfluss von Hirsau zu verdanken sein, sondern ebenso auch der Eigenschaft des heiligen Nikolaus als Helfer in Wassersnot[71].

Sozialgeschichte einer fränkischen Benediktinerabtei (Forschungen aus Württembergisch Franken 4), Sigmaringen ²1987, S. 21.

[63] WUB 1, Nr. A8, S. 397 vom Jahre 1095; Nr. A15, S. 402 von 1098; Nr. A16, S. 402 von 1101, und andere mehr.

[64] WUB 5, Nr. 1397, S. 160f.

[65] StAL B 375 S U 682.

[66] Der Landkreis Schwäbisch Hall (wie Anm. 36), Bd. 2, S. 7.

[67] Hermann Jakobs, Die Hirsauer. Ihre Ausbreitung und Rechtsstellung im Zeitalter des Investiturstreits (Kölner Historische Abhandlungen 4), Köln/Graz 1961, S. 13–23.

[68] Codex Hirsaugiensis, hg. von Eugen Schneider (Württembergische Geschichtsquellen 1), Stuttgart 1887, S. 23.

[69] Roman Janssen. Calw. Geschichte einer Stadt. Kirchengeschichte I: Vom Mittelalter bis zur Reformation, Calw 2005, S. 24.

[70] Janssen, Calw (wie Anm. 69) S. 41.

[71] Hoffmann, Kirchenheilige (wie Anm. 13) S. 57; Janssen, Calw (wie Anm. 69) S. 43.

Gustav Hoffmann (1875–1952) hat als Frucht seiner Patrozinienforschung festgestellt, dass „die Hirsauer ... den hl. Nikolaus als ihren Lieblingsheiligen sich wählten, und dass sein Kult mit dem Aufkommen der Hirsauer in unseren Gegenden in Aufschwung kam."[72] Hoffmann gibt für seine Erkenntnis, die davon ausgeht, dass Patrozinien geschichtliche Erscheinungen widerspiegeln, eine Fülle von Nikolaus-Patrozinien an[73], von denen manche vielleicht nicht stichhaltig sein mögen, gleichwohl ist aber die Erscheinung, auf die er verweist, auffällig genug. Es ist deshalb zu bedauern, dass dieser Ansatz bislang so gut wie nicht weiterverfolgt worden ist.

Die Beliebtheit des Heiligen bei den Anhängern der Hirsauer Reform erklärt sich aus seiner Legende. Nikolaus ist nach dem Stratelatenwunder der Heilige, der der weltlichen Gewalt widersteht und für das Eigenrecht der Kirche eintritt. Zum einen zieht er den durch Bestechung korrumpierten Präfekten, der die drei unschuldigen Männer zum Tode verurteilt hat, zur Rechenschaft, zum anderen erscheint er gar dem Kaiser im Traum, dem er mit Krieg droht, wenn er nicht das Todesurteil gegen die drei Feldherren aufhebt. Diese Züge der Heiligenlegende passten zu den Reformbestrebungen der Hirsauer, die das Joch der weltlichen Gewalt abzuschütteln suchten.

Über die unmittelbare Auswirkungen der Hirsauer Reform hinaus spielte das sogenannte Hirsauer Formular, die 1075 von Kaiser Heinrich IV. dem Kloster Hirsau ausgestellte, von der Forschung jetzt wieder als echt angesehene Urkunde eine wichtige Rolle, da diese in der Folgezeit als Vorlage für die Festlegung der Rechtsstellung vieler Klöster diente[74]. Das Hirsauer Formular kennzeichnet hinsichtlich der Klöster die Abkehr von dem seither üblichen Eigenkirchenrecht hin zu freier Abtswahl und freier Wahl des Vogts, der allerdings aus der Stifterfamilie zu nehmen war. Der König erscheint in dieser Rechtsvorstellung aber immer noch als derjenige, der durch das Instrument der Bannleihe die Vogtrechte verleiht. Diese Rechtskonstruktion war deswegen notwendig, weil die Vogtrechte die Hochgerichtsbarkeit in sich schlossen, mit der die Kirche nach dem Grundsatz „ecclesia non sitit sanguinem" nichts zu tun haben sollte. Der Papst hingegen tritt hier als der Garant dieser Rechtsordnung auf. Es erscheinen daher die sich der Hirsauer Reform anschließenden Klöster als unmittelbar dem päpstlichen Stuhl unterstellt, doch blieben sie faktisch im Einflussbereich der jeweiligen weltlichen Herren[75]. Der Adel hatte somit ein größeres Interesse daran, die von ihm gestifteten Klöster

[72] G[ustav] HOFFMANN, Spuren hirsauischer Einflüsse in Wirtemberg, in: BWKG 35 (1931) S. 1–95, hier S. 50.

[73] HOFFMANN, Spuren (wie Anm. 72) S. 49–72.

[74] Hermann JAKOBS, Das Hirsauer Formular und seine Papsturkunde, in: Hirsau. St. Peter und Paul 1091–1991 (Forschungen und Berichte der Archäologie des Mittelalters in Baden-Württemberg, Bd. 10), Stuttgart 1991, Bd. 2, S. 85–100.

[75] Als Beispiel für die Einbeziehung zahlreicher Klöster in den Herrschaftsbereich der Grafen und Herzöge von Württemberg vgl. Dieter STIEVERMANN, Landesherrschaft und Klosterwesen im spätmittelalterlichen Württemberg, Sigmaringen 1989.

der päpstlichen Oberhoheit zu unterstellen, um sie nicht in einen reichskirchlichen Status geraten zu lassen[76].

Spielte also der heilige Nikolaus in Hirsau und dessen näherem Umfeld eine wichtige Rolle, so ist dies auch bei anderen Benediktinerklöstern zu beobachten. Die Kirche des 1095 von Ruotmann von Hausen, Adelbert von Zollern und Graf Alwig von Sulz gestifteten Klosters Alpirsbach war dem heiligen Nikolaus geweiht[77]. Auch das Kloster Anhausen besaß eine Nikolauskapelle[78]. In dem Kloster Blaubeuren[79], dessen Kirche Johannes dem Täufer geweiht war, gab es immerhin einen Nikolausaltar. Bei der Nikolauskapelle an der Blau in Blaubeuren mögen ähnliche Motive vorgelegen haben, wie bei der Calwer Brückenkapelle. Auch im Kloster Lorch hatte Nikolaus einen Altar in der Klosterkirche, außerdem gab es eine Nikolauskapelle, ebenso war Nikolaus Kompatron eines Altars in der Pfarrkirche des Dorfes[80]. Im Kloster Neresheim schließlich war die 1136 erwähnte Basilika den Heiligen Michael und Nikolaus geweiht[81]. Nikolaus blieb auch nicht auf die Benediktiner beschränkt, denn das um 1252 von einem Grafen von Hohenberg gestiftete Frauenkloster Reutin bei Wildberg, das sich dem Dominikanerorden anschloss, war dem heiligen Nikolaus geweiht und wird gelegentlich als Nikolauskloster bezeichnet[82].

Durch die Hirsauer wurde der Adel in jener Zeit in einem starken Maße religiös angeregt und nicht nur zum Eintritt in die Klöster, sondern auch zu Stiftungen und Schenkungen bewogen[83]. Es ist deshalb nicht verwunderlich, dass Nikolaus in den

---

[76] Jakobs, Die Hirsauer (wie Anm. 67) S. 152–170, bes. S. 162; Klaus Schreiner, Hirsau und die Hirsauer Reform. Spiritualität, Lebensform und Sozialprofil einer beneditkinischen Erneuerungsbewegung im 11. und 12. Jahrhundert, in: Hirsau (wie Anm. 74), Bd. 2, S. 59–84.

[77] Zur Gründungsgeschichte vgl. Sönke Lorenz, Gründung und Frühzeit. Kloster Alpirsbach zwischen St. Blasien und Hirsau, in: Alpirsbach. Zur Geschichte von Kloster und Stadt, hg. vom Landesdenkmalamt Baden-Württemberg (Forschungen und Berichte der Bau- und Kunstdenkmalpflege in Baden-Württemberg, Bd. 10), Stuttgart 2001, S. 15–32. – Nach Hoffmann, Kirchenheilige (wie Anm. 13) S. 128 wird das Nikolaus-Patrozinium allerdings erst 1360 erwähnt. Doch eine Ablassurkunde, datiert Rom, 1286 um März 31, gewährt allen denjenigen, die das Kloster Alpirsbach am Pfingstfest und in den Oktaven von St. Benedikt und St. Nikolaus sowie am Jahrtag der Klosterweihe besuchen, einen 40tägigen Ablass; WUB 9, Nr. 3524, S. 71 f. Dies ist zweifellos ein deutlicher Verweis auf das Patrozinium der Kirche.

[78] Hoffmann, Kirchenheilige (wie Anm. 13) S. 90.

[79] Zur Gründung vgl. Hansmartin Decker-Hauff, Stiftung und Stifter des Klosters Egelsee. Beobachtungen zu den Anfängen des Klosters Blaubeuren, in: Blaubeuren. Die Entwicklung einer Siedlung in Südwestdeutschland, hg. von Hansmartin Decker-Hauff/Immo Eberl, Sigmaringen 1986, S. 85–92. – Hoffmann, Kirchenheilige (wie Anm. 13) S. 206.

[80] Hoffmann, Kirchenheilige (wie Anm. 13) S. 75. Zum Kloster Lorch allgemein vgl. Lorch. Beiträge zur Geschichte von Stadt und Kloster, 2 Bde., Lorch 1990.

[81] Hoffmann, Kirchenheilige (wie Anm. 13) S. 74.

[82] Nach einer Urkunde, datiert Wildberg, 1285 Dezember 18; WUB 9, Nr. 3486, S. 49.

[83] Eine Fülle von Belegen breitet Hoffmann, Spuren (wie Anm. 72) S. 14–32, aus.

Burgkapellen des Adels vertreten ist. Die bereits erwähnte Nikolaus-Kapelle der Burg Württemberg bildet mit ihrer genauen Datierung eine Ausnahme. Andere Nikolaus-Patrozinien, die diesem Zeitraum angehören, sind nur ungefähr zeitlich festzulegen. Neben der Burg Württemberg hatte auch die Teck[84] eine Burgkapelle, die dem heiligen Nikolaus geweiht war. In Langenau bei Ulm wird eine Nikolauskapelle auf dem Burghof genannt[85].

Aus dem Ausgang des 11. Jahrhunderts gibt es noch ein weiteres Beispiel. Auf der zum Kirchspiel Oferdingen bei Tübingen gehörigen Altenburg wird in dieser Zeit eine Nikolauskapelle genannt. Hier liegt eine ähnliche Situation vor wie bei der Comburg. Die Grafen Kuno und Liutold von Achalm wollten hier kurz vor 1089 ein Kloster gründen, gaben aber dann doch auf den Rat des Abts Wilhelm von Hirsau Zwiefalten den Vorzug. Altenburg gehörte dann zur Erstausstattung des Klosters[86]. Eine Nikolauskapelle ist hier vielleicht schon um 1040 oder 1070 bezeugt, möglicherweise als ursprüngliche Burgkapelle, da der Name Altenburg auf eine aufgelassene Burg verweist[87].

Es dürfte sich erübrigen, noch weitere Belege beizubringen. Für unseren Zweck muss es auch genügen, von den Dorfkirchen, die dem heiligen Nikolaus geweiht sind, nur zwei zu nennen, nämlich Kleinaspach[88], das vermutlich zur Herrschaft Lichtenberg gehörte, und Unterheinriet[89], wo die mit den Lichtenbergern verwandten Herren von Heinriet im Besitz des Patronats waren. Beide Beispiele zeigen freilich, dass die herrschaftliche Zuordnung in vielen Fällen nur vermutet werden kann.

Die Bedeutung des Nikolaus-Patroziniums für die Geschichte Lauffens

Wenn nun also, was wahrscheinlich ist, das Lauffener Tympanon von einer ehemaligen Burgkapelle stammt, erscheint es doch einigermaßen sicher, dass es den heiligen Nikolaus zeigt. Wahrscheinlich handelt es sich hier um den 1453 genannten zweiten Nikolausaltar in Lauffen, der ja auch noch zu einer Zeit erwähnt wer-

---

84 Hoffmann, Kirchenheilige (wie Anm. 13) S. 178.

85 Ebd., S. 92.

86 Wilfried Setzler, Kloster Zwiefalten. Eine schwäbische Benediktinerabtei zwischen Reichsfreiheit und Landsässigkeit. Studien zu ihrer Rechts- und Verfassungsgeschichte, Sigmaringen 1979, S. 13 f.

87 Hoffmann, Kirchenheilige (wie Anm. 13) S. 185 nach Fürstenbergisches Urkundenbuch 1, 21; – Das Land Baden-Württemberg. Amtliche Beschreibung nach Kreisen und Gemeinden, hg. von der Landesarchivdirektion Baden-Württemberg, 8 Bde., Stuttgart 1974–1983, hier Bd. 7, S. 62 f.

88 Hoffmann, Kirchenheilige (wie Anm. 13) S. 49; Hermann Ehmer, Die Herren von Lichtenberg. Aufstieg und Ende einer Adelsfamilie im Königsdienst, in: ZWLG 71 (2012) S. 11–82, hier S. 74.

89 Hoffmann, Kirchenheilige (wie Anm. 13) S. 119.

den konnte, als die Burgkapelle nicht mehr bestand. Möglicherweise wird man die Entstehung des Tympanons früher anzusetzen haben, was durch die Art seiner Ausführung durchaus denkbar erscheint. Damit wäre es ein Teil einer von den Grafen von Lauffen errichteten Burgkapelle, da man annehmen muss, dass der heilige Nikolaus auch für diese ansonsten wenig bezeugte Familie von Bedeutung war.

Bei der Lauffener Stadtkirche haben wir es, wie gezeigt, mit einer ursprünglichen Nikolauskirche zu tun. Kirchenrechtlich gesehen handelt es sich zwar um eine Nikolauskapelle, da die Pfarrrechte stets bei der Reginswindiskirche, der ursprünglichen Martinskirche lagen. Damit ist diese Nikolauskapelle im Zusammenhang mit der Entstehung der Stadt Lauffen zu sehen, da eine Stadtgründung ohne ein sakrales Zentrum, gleich welcher kirchenrechtlichen Stellung, nicht denkbar ist. Ein Beispiel dafür ist Vaihingen an der Enz, wo die neu gegründete Stadt eine Marienkapelle erhielt, obwohl unmittelbar vor ihren Mauern im alten Dorf die Peterskirche stand[90]. Eine ähnliche Situation zeigt sich in Großbottwar, um ein weiteres Beispiel aus der Nähe zu benennen. Hier steht die alte Martinskirche der dörflichen Vorgängersiedlung am Rande der im 13. Jahrhundert gegründeten Stadt, die ihrerseits – sicher von der Gründung an – eine Allerheiligenkapelle in ihrer Mitte hatte[91].

Somit wird man die Gründung der Stadt Lauffen in die Zeit der Grafen von Lauffen, also vor 1227 setzen müssen[92]. Demnach haben die Grafen von Lauffen die entscheidenden Grundlagen für die Stadtentstehung gelegt, wozu auch die Gründung der Nikolauskapelle für die neue Stadt gehörte.

---

90 Dazu jetzt Gudrun Aker, Kirchengeschichte der Stadt Vaihingen bis zum Dreißigjährigen Krieg, in: Die Stadtkirche in Vaihingen an der Enz. Kirchliches Leben unter dem Kaltenstein in acht Jahrhunderten, hg. von der Evangelischen Kirchengemeinde Vaihingen an der Enz, Vaihingen 2013, S. 9–60, hier S. 13–18.

91 Das Land Baden-Württemberg (wie Anm. 87), Bd. 3, S. 412 f.

92 HABW, Bl. IV, 4 mit Beiwort von Karl-Otto Bull, setzt die Entstehung der Stadt Lauffen in den Zeitraum zwischen 1200 und 1300.

Nikolaus Weckmann und die Renaissance in Schwaben
Zum sogenannten „Ehinger Altarretabel“

Von Daniela Roberts

Zwei Jahrhunderte mussten vergehen, bis die Schreinfiguren (Abb. 1) und Seitenflügel des „Ehinger Altars“ zu einem sakralen Kunstwerk wieder vereint und so der Öffentlichkeit präsentiert werden konnten. Gibt allein dieser Umstand Anlass zu einer genaueren Besprechung des Retabels, verdient insbesondere das nunmehr wieder im Zusammenhang erscheinende ikonographische Programm eine gründliche Untersuchung. Es erweist sich als ebenso singulär wie der gemalte Renaissanceportikus auf den beiden Außenseiten des Retabels, der durch die unlängst durchgeführte Restaurierung der Bildtafeln zum Vorschein kam.

Auf den Außenflügeln, jeweils durch die Blendarchitektur gerahmt, stehen sich die Heiligen Wilhelm und Laurentius (Abb. 2, 3) gegenüber. Die Werktagsseite zeigt den Hl. Gordian (Abb. 4) und den Kirchenvater Augustinus (Abb. 5). Vom Kernstück des Altarretabels haben sich nur die drei Schreinfiguren, eine Anna Selbdritt, der Apostel Petrus und die Hl. Elisabeth erhalten.

Kann die Zuschreibung der Skulpturen an die Werkstatt von Nikolaus Weckmann als gesichert gelten, konnte die Frage nach einer künstlerischen Verortung der bemalten Seitentafeln bisher nicht befriedigend geklärt werden. Die Gründe hierfür sind im Zusammenhang mit der wechselvollen Geschichte des „Ehinger Altars“ zu sehen.

Ursprünglich schmückte das Retabel eine 1493 geweihte Kapelle im Hohen Haus des Pfleghofs, einem städtischen Wirtschaftshaus zu Ehingen, das zum Besitz des Prämonstratenserklosters Obermarchtal gehörte[1]. Dokumente belegen regelmäßig, jedoch nicht öffentlich stattfindende Messfeiern in der dort eingerichteten Kapelle bis 1729, wobei nicht sicher ist, ob der Altaraufsatz bereits durch einen modernen, barocken Altarschmuck ersetzt wurde. Bereits ein Jahr vor der Säkularisation des Klosters 1802 waren die Prämonstratenser wegen rückläufiger

[1] Wilfried Schöntag, Das Bistum Konstanz. Das reichsunmittelbare Prämonstratenserstift Marchtal (Germania Sacra, 3. Folge 5, Teil 6), Berlin 2012, S. 472 f.; Franz Michael Weber, Ehingen. Geschichte einer oberschwäbischen Donaustadt, Ehingen 1955, S. 310.

Einnahmen gezwungen, den Pfleghof zu verkaufen; im gleichen Jahr fielen die Besitztümer des Klosters schließlich an die Fürsten von Thurn und Taxis[2].

Im 2. Viertel des 19. Jahrhunderts erwarb Johann Georg Martin Dursch die Schreinfiguren und den linken Flügel des Altarretabels mit den Heiligen Laurentius und Augustinus für seine Sammlung, die 1851 an die Bürgerschaft der Stadt Rottweil übergeben wurde[3]. Bereits zu diesem Zeitpunkt war der Altar in einzelne Teile zerlegt worden und der Schrein vermutlich verloren gegangen. Die scheinbar nicht mehr erkennbare Zusammengehörigkeit des Kunstwerks bedingte es, dass der rechte Altarflügel in die Fürstliche Fürstenbergische Sammlung in Donaueschingen gelangte[4]. Möglicherweise schon vor dem Verkauf wurde zuletzt genannte Tafel durchgesägt, um Vorder- und Rückseite gleichzeitig präsentieren zu können. Für eine zeitweise separate Aufbewahrung dieser getrennten Tafeln spricht die neogotische Umgestaltung der Vorderseite mit dem Hl. Gordian im Sinne des Historismus. Beide Seiten des rechten Flügels gelangten Anfang des 20. Jahrhunderts schließlich in Privatbesitz, wo sie wieder entdeckt und gemeinsam mit den Altarteilen der Sammlung Dursch in der Ausstellung „Meisterwerke massenhaft“ gezeigt wurden[5]. Als die Gemäldetafeln 2006 bei Sotheby's in London zum Verkauf angeboten wurden[6], bestand jedoch erneut die Gefahr einer fortgesetzten Aufteilung des Retabels. Mit ihrem Erwerb 2007 für die Sammlung Dursch in Rottweil wurde die Bewahrung aller Altarbestandteile in einem gemeinsamen Kontext gesichert.

Bevor jedoch das Retabel als komplexes Werk in den rekonstruktiven Blick genommen werden soll, sei zuerst das Kernstück des Altars, die Schreinfiguren und der damit in Verbindung gebrachte Meister Nikolaus Weckmann, in den Mittelpunkt gerückt. Dieser war einer der bedeutendsten Bildhauer der Kunst- und Handelsmetropole Ulm um 1500 und prägte wie kaum ein anderer die schwäbische Kunstlandschaft an der Schwelle zur Neuzeit[7].

---

[2] WEBER (wie Anm. 1) S. 311 f. Bei Weber ist der Besitzübergang an Thurn und Taxis mit 1803 angeben, anders auf der Grundlage von Quellen zu Besitzstand und Einnahmen bei SCHÖNTAG (wie Anm. 1) S. 333.

[3] Meisterwerke Massenhaft. Die Bildhauerwerkstatt des Nikolaus Weckmann und die Malerei in Ulm um 1500, Kat. Ausst. Württembergisches Landesmuseum Stuttgart, Stuttgart 1993, Katalogteil, S. 472.

[4] Ebd., S. 473.

[5] Ebd., S. 472–473.

[6] Sotheby's (London), Old Master Pictures, 1.–6. Dez. 2006, Lot. 125, 126.

[7] Etwa 600 Werke stehen mit der Weckmann-Werkstatt formal in Verbindung. Vgl. Claudia LICHTE, Zum Problem der Händescheidung in der Weckmann-Werkstatt, in: Meisterwerke (wie Anm. 3) S. 18–27, hier S. 20. Zur Ausscheidung des Meisters Weckmann aus dem Werk der Bildhauerfamilie Syrlin sowie Lebensdaten: Wolfgang DEUTSCH, Syrlin der Jüngere oder Nikolaus Weckmann; Gerhard WEILANDT/Claudia LICHTE, Lebensdaten und ausgewählte Werke des Nikolaus Weckmann, Bildhauer; Heribert MEURER, Künstlerische Herkunft und Anfänge des Nikolaus Weckmann, in: Meisterwerke (wie Anm. 3) S. 7–18, 62–64, 65–78.

Bekanntermaßen übernahmen bei Altären mit plastischen Schreinfiguren häufig Bildhauer als Generalunternehmer die Aufgabe, entsprechende Spezialisten wie Maler, Schreiner und Fassmaler zu verpflichten. So ist beispielsweise eine Zusammenarbeit mit Künstlern wie Bartholomäus Zeitblom, Hans Schüchlin und Jörg Stocker erwiesen[8]. Neben Einzelfiguren, wie Standbilder von Madonnen und Heiligen, unter anderem auch am Westportal des Ulmer Münsters (vor 1500), fertigte die Weckmann-Werkstatt vor allem Schreinfiguren und Reliefs für Altarretabel.

Für das Ehinger Retabel schuf die Weckmann-Werkstatt neben der zentralen Figur einer thronenden Anna Selbdritt die sie begleitenden Standfiguren des Hl. Petrus und der Hl. Elisabeth. Wie viele der Weckmann zugeschriebenen Skulpturen lassen diese deutlich die stark rationalisierten und arbeitsteiligen Arbeitsabläufe des spätgotischen Werkstattbetriebs erkennen. Die nach Prototypen geschaffenen Bildwerke, die immer wieder in einer Art Versatzbauweise neu kombiniert und variiert wurden, ermöglichten eine zeitnahe und kostengünstige Herstellung[9].

Nicht ein Individualstil, sondern ein Kollektivstil mit Wiedererkennungswert zeichnet das Werk Weckmanns aus. Neben den charakteristischen Physiognomien entstanden typische Gewandfältelungen, die aus den Grundformen Fischblase, Brücke, Rolle, Dreieck und Hakenfortsatz immer neu zusammengesetzt wurden, wobei eine einmal gefundene Flächengestaltung auch für verschiedene Skulpturen zum Einsatz kommen konnte[10]. So findet sich die zwischen den Knien der Anna Selbdritt verlaufende langgezogene Faltenbahn auch bei der Mondsichelmadonna im Kunsthistorischen Museum Wien um 1520 wieder. Der Hl. Petrus wiederum zeigt eine deutliche Verwandtschaft zu dem Apostelfürsten der Klosterkirche in Ochsenhausen (1498) und dem Hl. Markus am Westportal des Ulmer Münsters. Zeitlich sind die Skulpturen um 1515/20 einzuordnen. Darauf deuten nicht nur die länglich-ovalen Gesichtstypen sowie die stark unterschnittenen Bartsträhnen beim Hl. Petrus, sondern vor allem die geschnitzten Buchstaben- und Blütensäume der Gewänder, die erst um 1520 auftreten[11]. Wie die mikroskopische Untersuchung offenlegt, waren letztere farbig hervorgehoben, wie auch Mund und Augenpartien

---

[8] Reinhard Wortmann, Ulm als Kunstmetropole Schwabens. Ulmer Kunst – Kunst in Ulm, in: ebd., S. 29–53, hier S. 39; Daniela Gräfin v. Pfeil, Die Stellung Hans Schüchlins in der Ulmer Malerei; Notizen zu Leben und Werk des Bartholomäus Zeitblom; Jörg Stocker – ein verkannter Maler aus Ulm, in: ebd., S. 161–167, 168–183, 199–209.

[9] Manuel Teget-Welz, Meisterwerke ohne Ende – Neues zu Nikolaus Weckmann, in: ZWLG 68 (2009) S. 409–413, hier S. 410; Claudia Lichte, Ein blühender Werkstattbetrieb. Die Werkstatt des Nikolaus Weckmann, in: Meisterwerke (wie Anm. 3) S. 79–123, hier S. 79–83; Wolfgang Deutsch, Jörg Syrlin der Jüngere und der Bildhauer Nikolaus Weckmann, in: ZWLG 27 (1968) S. 39–82, hier S. 78.

[10] Lichte, Ein blühender Werkstattbetrieb (wie Anm. 9) S. 90ff.

[11] Meisterwerke (wie Anm. 3) S. 472; Lichte, Ein blühender Werkstattbetrieb (wie Anm. 9) S. 107.

sowie das Schriftbild der von Petrus und Maria gehaltenen Bücher[12]. Große Flächen waren dagegen ursprünglich holzsichtig gestaltet und wurden erst kurz darauf mit einer typisch spätmittelalterlichen Fassung versehen[13].

Da sich die tragenden Bestandteile des Altars, der Schrein sowie die ursprüngliche Rahmung der Flügel, nicht erhalten haben, stehen die möglichen Modi der ursprünglichen Präsentation zur Disposition. Die Sitzfigur der Anna Selbdritt war zentral, wohl auf einem Podest erhöht angebracht, so dass sie die rechts und links stehenden Heiligen überragte oder wenigstens auf Augenhöhe mit diesen kam. Im Vergleich der geschnitzten Figuren mit denen der gemalten Tafeln wird jedoch ein erheblicher Größenunterschied augenfällig. Möglicherweise wurden die Maße des Repräsentationsrahmens erst nach der Anfertigung der Schreinfiguren zugunsten eines größeren Retabels verändert. Um die Diskrepanz von Skulpturen und dem sie umgebenden Raum nicht zu offenbar werden zu lassen, waren am Schrein vermutlich nicht nur Schleierbretter im oberen Bereich, sondern wohl auch ein weiteres, mit Schnitzwerk verziertes Podest für die Figuren angebracht[14].

Trotz der blockartigen Begrenzung der Skulpturen ist nicht davon auszugehen, dass Petrus und die Hl. Elisabeth in abgetrennten Nischen standen, zumal auch die Flügelinnenseiten keine gemalten Architekturrahmungen zeigen. Ein Hinweis auf die farbige Fassung des Schreins kann nur von der Festtagsseite der Flügel abgeleitet werden; ein gravierter Goldgrund als Fond für die Skulpturen ist daher wahrscheinlich[15]. Vermutlich besaß das Retabel auch eine Predella, die, wie bei Renaissancealtären, bereits zu einem Sockelgeschoss umgeformt war[16].

Thematisch lässt sich die Darstellung einer möglichen Predella kaum eingrenzen; eine Wiedergabe der Wurzel Jesse würde das Motiv der Hl. Sippe, die bereits mit der Anna Selbdritt angelegt ist, wieder aufnehmen. Eine Bekrönung des Altars mit einem spätgotischen Gesprenge ist nicht anzunehmen. Viele Retabel aus der gleichen Zeit, um 1520, wurden vielmehr durch das Schreingehäuse, bisweilen noch mit Schnitzwerk versehen, begrenzt. Durch die unterschiedlich starke Beschneidung der Flügel ist die Form des oberen Anschlusses fraglich.

Hinweise dazu gibt jedoch die originale Malerei auf den Außenflügeln. Auf der Tafel des Augustinus noch teilweise erhalten, legt eine Röntgenuntersuchung[17] der Gordiantafel die gesamte ursprüngliche Komposition offen, die einen sich über

---

12 Hans WESTHOFF, Holzsichtige Skulptur aus der Werkstatt des Nikolaus Weckmann, in: Meisterwerke (wie Anm. 3) S. 134–145, hier S. 135 f.

13 Ebd.

14 Eine vergleichbare Ausbildung des Schreins findet sich beim Meister von Rabenden, Marienaltar, um 1520, München, Bayerisches Nationalmuseum.

15 Meisterwerke (wie Anm. 3) S. 472.

16 Barbara SCHÄCHTLIN, Altarbaustudien. Formen renaissancemäßiger Altarretabel in der deutschsprachigen Schweiz, Zürich 1980, S. 176.

17 Röntgenuntersuchung und anschließende Analyse sowie zeichnerische Rekonstruktion der originalen Malerei (Abb. 6) wurden 2009/10 in der Restaurierungswerkstatt des Württembergischen Landesmuseums Stuttgart durchgeführt.

beide Außenseiten erstreckenden und auf vier Säulen stehenden Renaissanceportikus mit Nischen darbietet (Abb. 6). Die Rahmenarchitektur wird in der Mitte von einem stilisierten Muschelbogen sowie zwei anliegenden Delphinen über dem Architrav bekrönt[18]. Eine durch den Muschelbogen vorgegebene Form der Flügel und ein analoger halbkreisförmiger Schreinabschluss würden der zentralen Stellung der Anna Selbdritt entsprechen[19]. Die Gestaltung der Flügel mit Kielbogen oder auch ein dreibogiger Abschluss des Retabels wären formal und im Sinne der Überhöhung der zentralen Schnitzfigur zwar denkbar. Bei eingehender Betrachtung der originalen Rahmenarchitektur wird allerdings deutlich, dass die Verzierung mit den zwei Delphinen diesen Flügelabschlüssen entgegensteht. Ein gerader Abschluss dagegen, der die gesamte Architektur mit einer gemalten Fläche hinterlegt, erweist sich bei der weit verzweigten Schmuckform der Delphinflossen weit praktikabler und zudem mit geringerem Aufwand verbunden.

Der Einsatz dieser in der italienischen Renaissance des 15. Jahrhunderts auftretenden Architekturrahmung mit Muschelbogen, für die sich gerade bei Flügelaltären kaum Referenzbeispiele anführen lassen, ist grundsätzlich bemerkenswert. Neben Blattgirlanden, die über Rundbogennischen gespannt sind, erfreuten sich Muschelbögen und paarweise angeordnete Delphine bereits in der Antike großer Beliebtheit[20]. Diese Verknüpfung von Halbbogenelement und Delphin als phantastisches Geschöpf des Meeres, die in Italien häufig graphisches Rahmenwerk zierte, fand seine prominenteste Umsetzung in der ungewöhnlichen Darstellung einer allegorischen Figur von Cosimo Tura um 1450 in der National Gallery in London. Hier schmücken den Thronsitz einer jungen Frau eine frei schwebende Jakobsmuschel und allein drei paarweise angeordnete, metallisch anmutende Delphine. Eine Perlen- und Korallenkette am Kopfende des Throns ergänzt die Meeressymbolik.

Noch mehr als der Delphin, der durch seine äußerliche Nähe zum Fisch auch als Christussymbol gilt, schien die Muschel geradezu prädestiniert, um vor allem als Bekrönung für Madonnen zu dienen[21]. Die Bedeutung der Muschel als Symbol der Erlösung und Maria Empfängnis[22] offenbart Piero della Francescas Pala Montefeltro (um 1472, Pinacoteca di Brera, Mailand), in der sich über Maria eine große Muschel mit Perle wölbt. Nördlich der Alpen findet diese Symbolik wie bei der 1527 gemalten Darmstädter Madonna von Hans Holbein d. J. (Städel, Frankfurt)

---

[18] Auf der Rekonstruktionszeichnung wurde der obere Teil des Muschelbogens auf der Grundlage des originalen Bestands ergänzt.

[19] Vgl. oberer Abschluss des Hochaltarretabels in der Stadtkirche zu Wimpfen um 1519.

[20] Cineraltar des Sextus Julius Athenagoras, Musei Capitolini, Rom. Vgl. auch Ingeborg Thoma, Vom Maßwerkbaldachin zur Ädikula. Der Stilwandel des 16. Jahrhunderts in Süddeutschland, exemplarisch dargelegt an Rahmungen der Augsburger Epitaphskulptur, Diss. Eichstätt-Ingolstadt, Hamburg 2006, S. 94.

[21] Häufig bereits bei Gentile Bellini oder Filipp Lippi. Vgl. auch Giovanni Bellini, Polyptychon des Hl. Vinzenz Ferrer, 1465–1470, San Giovanni e Paolo, Venedig.

[22] Lemma „Muschel", in: Lexikon der christlichen Ikonographie, hg. von Engelbert Kirschbaum, 8 Bde., Rom u. a. 1994, Bd. 3, Sp. 300 (künftig: LCI).

ebenso Anklang[23]. Über die Druckgraphik wird die Verknüpfung von Muschelbogen und Delphinen auch in Süddeutschland Anfang des 16. Jahrhunderts verbreitet[24]. Davon zeugt eine große Reihe von graphischen Ornamentrahmen, insbesondere Titelseiten von Hans Burgkmair, Lucas Cranach, Baldung Grien und dem Petrarcameister (Abb. 7)[25].

Derart gestaltete Architekturrahmungen finden sich ebenso in der Plastik und Architektur, wie beispielweise am Grabmal Peter Vischers d.J. für Dr. Anton Kress, 1513 in St. Lorenz zu Nürnberg. Doch besonders Augsburger Künstler eigneten sich diesen Formenschatz für sakrale Gemälde an[26]. Bereits Hans Holbein d. Ä. lässt auf dem Sebastiansaltar von 1516 (Bayerische Staatsgemäldesammlung, München) verschiedene ineinander gewundene Fantasiegestalten auftreten, sein Sohn Hans Holbein d.J. greift das Motiv der Jungfrau mit Kind unter Muschelnische mit Delphinen im Titelblatt für Georg Lambrecht von 1520 auf.

Nur wenige Altäre zeigen jedoch eine Architekturrahmung, wie sie auf dem Ehinger Altar festzustellen ist. Der Riss für einen Allerheiligenaltar (Nationalmuseum, Stockholm) von Jörg Breu und der eines anonymen Meisters für einen Annenaltar um 1516 im Germanischen Nationalmuseum Nürnberg stellen vielmehr Ausnahmeerscheinungen dar[27]. Außerdem lassen sich die genannten Architekturelemente wie bei dem Johannesaltar von 1521 in St. Lorenz zu Nürnberg zunächst nur bei flügellosen Retabeln bzw. Ädikulaaltären nachweisen. Die Ädikula des dreigeschossigen Altars mit Muschelbogen-Giebel wird dabei von Säulenstümpfen, die als Delphinen-Voluten auslaufen, gerahmt. Die plastische Umsetzung dieser Blendarchitektur scheint gegenüber der gemalten Version, die sich am Format der Außenflügel orientieren muss, im Vorteil.

So stellt der „Ehinger Altar" offenbar ein Einzelwerk dar, das mit der Synthese von spätmittelalterlichem Flügelaltar und italienischer Renaissanceornamentik den Übergang zur neuzeitlichen Kunstepoche dokumentiert. Dagegen versetzt die hi-

---

23 Holbein verwendet das Motiv häufig bei Architekturrahmungen: Die Heilige Familie, um 1518/19, Feder grau laviert, weiß gehöht auf rotbraun grundiertem Papier, Öffentliche Kunstsammlung, Kupferstichkabinett, Basel; Karton des Wandgemäldes in Whithall Palace, 1537, Feder, laviert, Papier auf Leinwand, National Portrait Gallery, London.

24 In Augsburg, als einer der innovativsten Städte im Hinblick auf die Renaissancerezeption, tritt um 1520 erstmals das Muschelmotiv als Muschelkalotte im Epitaph von Christof von Tannberg im Domkreuzgang als neues Renaissancemotiv in der Augsburger Epitaphskulptur auf, vgl. Thoma (wie Anm. 20) S. 15, 94.

25 Petrarcameister, Stich, Rahmen zu Hans Burgkmairs Liebestorheiten, Delphine und Viertel von Muschelornamenten, in: Claudia Baer, Die italienischen Bau- und Ornamentformen in der Augsburger Kunst zu Beginn des 16. Jahrhunderts, Diss., Frankfurt am Main 1993, Abb. 9; Albert Fidelis Butsch, Handbook of Renaissance Ornaments, New York 1969: Hans Burgkmair, Delphine und Muschel, für Sigmund Grimm und May Wirsung, Augsburg 1519, Pl. 29; Baldung Grien, 1519, Pl. 75.

26 Baer (wie Anm. 25) S. 300.

27 Ute-Nortrud Kaiser, Der skulptierte Altar der Frührenaissance in Deutschland, Frankfurt am Main 1978.

Abb. 1: Nikolaus Weckmann, Schreinfiguren des sog. Ehinger Altars, um 1520, Dominikanermuseum, Rottweil (Vorlage: Landesmuseum Württemberg, Stuttgart).

Abb. 2: Hl. Wilhelm,
linke Flügelinnenseite des Ehinger Altars (Vorlage: Landesmuseum Württemberg, Stuttgart).

Abb. 3: Hl. Laurentius,
rechte Flügelinnenseite des Ehinger Altars (Vorlage: Landesmuseum Württemberg, Stuttgart).

Abb. 4: Hl. Gordian,
linke Flügelaußenseite des Ehinger
Altars (Vorlage: Landesmuseum
Württemberg, Stuttgart).

Abb. 5: Kirchenvater Augustinus,
rechte Flügelaußenseite des Ehinger
Altars (Vorlage: Landesmuseum
Württemberg, Stuttgart).

Abb. 6: Rekonstruktionszeichnung der Architekturrahmung
auf der Außenseite des Ehinger Altars
(Landesmuseum Württemberg, Stuttgart, Abt. Gemälderestaurierung).

Abb. 7: Hans Baldung Grien, Titelholzschnitt: Gregorsmesse,
nach: Otto Brunfels, Problemata [...], Straßburg: Johannes Schott, 1524.

Abb. 8: Martin Schaffner,
Zwei Altarflügel mit den Aposteln Philippus und Jacobus Minor, um 1520
(Germanisches Nationalmuseum, Nürnberg, Inv.-Nr. Gm 268/9).

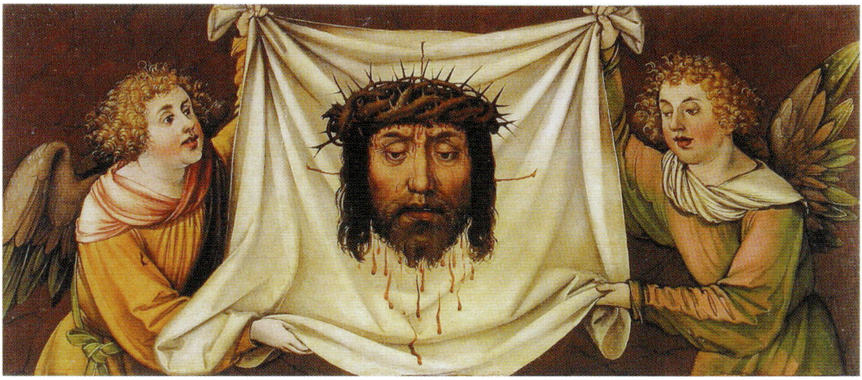

Abb. 9: Martin Schaffner, Vera Icon, Predella des Hutzretabels, 1521, Ulmer Münster (Vorlage: Landesmuseum Württemberg, Stuttgart).

Abb. 10: Hans Schäufelin, Hl. Diakone, um 1508/10
(Germanisches Nationalmuseum, Nürnberg, Inv.-Nr. Gm 299–300).

storistische Übermalung der Gordian-Tafel mit dem Spitzbogenfries den Altar zunächst in ein imaginiertes Hochmittelalter zurück. Gleichzeitig werden mit dem Rankenwerk auf grünem Untergrund Elemente der Renaissance mit denen der Gotik im eklektischen Sinne verschmolzen. Während die Neuschöpfung allerdings verschiedene Stilmerkmale ahistorisch zusammenfügt, bewahrt das Original vielmehr das Zeugnis eines langsamen ästhetischen Wandels von Form und Ornament. Während die Weckmann-Werkstatt noch von einem traditionellen Flügelaltar ausging, orientierte sich der Tafelmaler bereits an anderen Vorbildern.

Damit schließt sich die Frage nach dem Tafelmaler bzw. der Werkstatt an, die über die stilistische Zuordnung hinaus auch eine entsprechende Transferleistung, die Adaption und Umwandlung neuer Entwicklungen im Kunstschaffen, leisten konnten. Da mit der frontalen Anordnung des Renaissanceportikus auf den Außenseiten des Retabels das Erscheinungsbild eines plastisch gearbeiteten Altars suggeriert wird, ist die Vorlage wohl in den flügellosen italienischen Altären und deren Vermittlung durch Stichwerke zu suchen. Eine vergleichbare Architektur verwendet Martin Schaffner für zwei Innenflügel mit Aposteln um 1520 im Germanischen Nationalmuseum (Abb. 8)[28]. Die Schrägstellung und Absetzung vor dem Goldgrund einer jeweils mit Muschelbogen bekrönten und von Pilastern gerahmten Wand erzeugt jedoch eine größere Tiefenwirkung. Zugleich erscheinen dadurch die Flügel leicht nach vorn geklappt, während jeweils eine mit Teppich verkleidete Rückwand am inneren Rand der Flügel zum Schrein überleitet. Trotz der perspektivischen Unterschiede kommt Schaffner als Meister bzw. seine Werkstatt, bereits durch die Verwendung der spezifischen Architekturform und die charakteristische Eckstufe als Standort für die Heiligen, für die Ausführung der Ehinger Altarflügel in den Blick.

Eine frühere Zuschreibung an Bartholomäus Zeitblom, einen Ulmer Künstler, der bereits beim Kilchberger Altar mit der Weckmann-Werkstatt zusammenarbeitete, ist dagegen stilistisch nicht haltbar[29]. Auch dessen Ableben im Jahre 1519 macht eine Beteiligung am Ehinger Altar unwahrscheinlich. Ein Vergleich mit der Ulmer Malerei der Zeit verdeutlicht, dass das Kolorit, die kühlen Rottöne und das changierende Blaugrau vielmehr auf die Augsburger Kunst verweisen.

Zusätzliche Ansatzpunkte liefert die Auswertung der Faltenlegung. Die Schlaufenform des Halstuchs beim Hl. Augustinus und die kreuzweise geführte und über die Schultern straff gezogene Stola beim Hl. Laurentius lässt an Hans Schäufelin und Martin Schaffner als Künstler denken. Beide Maler waren wohl nicht nur in der Werkstatt von Hans Holbein d. Ä. beschäftigt, sondern Schaffner war auch

---

[28] Martin Schaffner, Zwei Altarflügel mit Aposteln, Apostel Philippus, Jakobus Minor, um 1520, Germanisches Nationalmuseum, Inv.-Nr. Gm 268/9. Kurt LÖCHER/Carola GRIES, Die Gemälde des 16. Jahrhunderts, Stuttgart 1997, S. 446–448; Manuel TEGET-WELZ, Martin Schaffner. Leben und Werk eines Ulmer Malers zwischen Spätmittelalter und Renaissance, Ulm 2008, S. 417–423, Abb. 48 f.

[29] Vgl. auch Meisterwerke (wie Anm. 3) S. 473.

Geselle bei Jörg Stocker und arbeitete gemeinsam mit der Weckmann-Werkstatt am Ennetacher Retabel[30]. Bei Schaffner findet sich die ungewöhnliche Gewanddrapierung beim Hl. Petrus auf der Tafel „Vera Icon" von 1518 (Kunsthalle, Karlsruhe) und auf dem Hutzretabel von 1521 (Ulm, Münster) (Abb. 9), auf dem Engel das Schweißtuch der Veronika tragen. Auch die Art, wie sich die unteren Extremitäten unter der Kleidung abzeichnen, lässt sich mit der bei den Heiligen Laurentius und Gordian am Ehinger Altar vergleichen. Schaffners Tafel des Hl. Wendelin um 1520/21 (Staatsgalerie, Stuttgart) weist in der Behandlung des angewinkelten Beins Ähnlichkeiten mit der Kniepartie beim Hl. Gordian auf. Eine sehr enge Parallele lässt sich ebenso zum Flügelaltar der Hl. Diakone[31] (Germanisches Nationalmuseum, Nürnberg, Abb. 10) von Schäufelin ziehen, auf dem die Figuren eine ähnliche Gewandanordnung und Stofffülle präsentieren.

Neben den locker gebundenen Halstüchern fallen die spitz zulaufenden Übergewänder mit breiter Fellborte und die markante Stauchung der Kleider mit runden und spitz zulaufenden Falten sowie die stoffreiche Raffung am Armgelenk auf. In der Gegenüberstellung der Darstellung des Hl. Laurentius auf dem Ehinger Altar und der auf dem Retabel der Hl. Diakone wird die frappante Ähnlichkeit der Gesichtstypen erkennbar, die darüber hinaus auch bei der Ausführung des Hl. Stephanus nachzuweisen ist. Aus diesen Beobachtungen soll nicht sogleich postuliert werden, dass Schaffner bzw. Schäufelin als Meister der Flügel des Ehinger Retabels zu bestimmen seien. Es gilt jedoch hier festzuhalten, dass der Meister der Tafeln wohl durch dieses Umfeld geprägt worden ist. Nicht nur Stil und Kolorit verweisen in die Region Augsburg, sondern die sich dort schon früh abzeichnende, intensive Rezeption italienischer Ornamentformen[32].

Ikonographisch lässt sich das Programm des Ehinger Retabels dagegen nicht zwingend in das Umfeld Augsburger Kunst verorten. Vielmehr scheint diese geprägt von den Auftraggebern, den Kanonikern des Prämonstratenserordens und deren Ordensregeln. Der von Norbert von Xanten um 1120 nach einer Vision in Prémontré gegründete Orden lebte nach der Augustinerregel und widmete sich vorwiegend karitativer Arbeit sowie der Predigt und Mission. Bereits 1171 in Obermarchtal ansässig, wurde das Kloster im 15. Jahrhundert schließlich zur Reichsabtei erhoben. Zu den neu eingerichteten Ordensgebäuden gehörte auch die 1493 geweihte Hauskapelle in Ehingen. Entsprechend der Widmung der Kapelle an die Jungfrau Maria und die Hl. Elisabeth visualisiert der Schrein mit seinen vollplastischen Schnitzfiguren die Gegenwart dieser Heiligen[33].

---

30 Gräfin von Pfeil, Jörg Stocker (wie Anm. 8) S. 199; Anna Moraht-Fromm, Martinus Schaffner. Mira depinxerat arte, in: Meisterwerke (wie Anm. 3) S. 210–231, hier S. 211; Teget-Welz (wie Anm. 28) S. 54–66.

31 Inv.-Nr. Gm 299–300, in: Löcher/Gries (wie Anm. 28) S. 426–429.

32 Baer (wie Anm. 25) S. 297f.

33 Schöntag (wie Anm. 1) S. 472.

Die thronende Gottesmutter mit Jesusknaben ist hier, vom byzantinischen Typus der Nikopoia ausgehend, zu einer Anna Selbdritt erweitert. Diese Figurengruppe bildete sich mit der Entstehung des Annenkultes heraus. Auf der Grundlage der *Immaculata conceptio* wird nun auch Anna, die Mutter Marias im 13. Jahrhundert in die Heilsgeschichte mit einbezogen. Zu ihrer linken Seite steht die Hl. Elisabeth von Thüringen in der Tracht einer verheirateten Frau. Durch ihre Attribute der Mildtätigkeit, Brot und Kanne, mit der sie einen Durstigen tränkt, reflektiert diese Heilige zugleich die karitative Tätigkeit der Kanoniker. Petrus als zweite Assistenzfigur steht dagegen für das Patrozinium des Klosters in Obermarchtal. Sein Attribut, die Schlüssel, die er in der rechten Hand hielt, sind verloren gegangen.

Neben Elisabeth, auf der Innenseite des Altarflügels, ist mit dem Hl. Laurentius einer der populärsten frühchristlichen Märtyrer abgebildet. Bereits Augustinus hob in seinen Predigten (Sermo 302–5) Laurentius und dessen Passion hervor. Traditionell wird er mit Märtyrerpalme und Feuerrost, auf dem er nach der phrygischen Ausschmückung seiner Legende zu Tode kam, dargestellt.

Die linke Flügelinnenseite präsentiert mit dem Eremiten Wilhelm von Maleval einen eher selten dargestellten Heiligen, dessen Ikonographie häufig mit der seines Namensvetters, des Hl. Wilhelm von Aquitanien, verwoben wird[34]. Harnisch, Kettenhemd, vom Obergewand verhüllt, sowie Fahne, Schwert und Schild repräsentieren den Ritter, der in seiner Jugend mit angeschmiedeter Rüstung umherzog[35]. Als Gründer der Kongregation der Wilhelmiten, die sich teilweise mit den Augustinereremiten zusammenschlossen, fügt er sich trotz seines weltlichen Habitus in den Kreis des heiligen Personals ein. Die Heiligenvita berichtet zudem, dass Wilhelm von Mönchen in der Einöde ein Augustinerhabitat empfing[36].

Der auf Fahne und Wappen abgebildete sechsstrahlige Stern weist vermutlich auf Maria als Stella maris; nach Wilhelms Vita erschien ihm die Gottesmutter, die seine Wunden heilte[37]. Einen ebenso geformten Stern auf Fahne verwendete bereits Martin Schongauer in seinem Kupferstich mit der Anbetung der Heiligen Drei Könige, allerdings wohl mit christologischer Bedeutung.

---

[34] Auf der Steinstufe unter dem Heiligen ist der Name „Wilhelm" geschrieben.

[35] Eine der wenigen Darstellungen des Hl. Wilhelm findet sich auf dem rechten Flügel eines Schwäbischen Altars um 1520/25 im Germanischen Nationalmuseum Nürnberg, Inv.-Nr. Gm 272, in: Löcher/Gries (wie Anm. 28) S. 458–462. Hier trägt der Ritter allerdings ein Bußgewand über der Rüstung und in der Hand eine Sichelgabel.

[36] Lemma „Wilhelm von Maleval", in: LCI, Bd. 8, Sp. 607–612, hier S. 611.

[37] Eine Fahne mit Stern trägt auch der Hl. Mauritius auf einem Augsburger Altar vom Seifriedsberger Meister, um 1515, Germanisches Nationalmuseum Nürnberg, Inv.-Nr. Gm 252. Löcher/Gries (wie Anm. 28) S. 37–41. Gerade bei Künstlerwappen tritt der Stern häufiger auf, wie bei Hans Holbein d. J. als Hinweis auf den Malerpatron Lucas, der die Madonna malt. Oskar Bätschmann/Pascal Griener, Hans Holbein, Köln 1997, S. 24, Abb. 20. Vgl. Lemma „Wilhelm von Maleval" (wie Anm. 36).

Zu den ebenfalls selten abgebildeten Heiligen gehört der Hl. Gordian auf der linken Vorderseite[38], ein unter Kaiser Decius in Rom enthaupteter frühchristlicher Märtyrer. Wenig ist über seine Vita und Kult bekannt. Möglicherweise stellt der Umstand, dass seine Reliquien im 8. Jahrhundert gemeinsam mit denen des Hl. Epimachus in die nur 100 km entfernte Abtei in Kempten verbracht wurden, einen Zusammenhang dar. Wie der Hl. Laurentius soll Gordian nach der Heiligenvita offenbar ebenfalls den Feuertod erlitten haben. Die Schedelsche Weltchronik von 1493 (fol. CXXXIII) zeigt ihn, wie er eine Zeusstatue schmäht und den Marterrost mit Füßen tritt[39]. Diese Parallele und das möglicherweise an die Todesart anknüpfende Patronat mag ein Kriterium gewesen sein, Gordian als zweiten frühchristlichen Märtyrer in die Heiligenversammlung des Altars aufzunehmen.

Ihm gegenüber steht vermutlich der Kirchenvater Augustinus, der spätantike Heilige, auf den die Ordensregeln der Prämonstratenser zurückgehen. Als Bischof von Hippo ist er mit klerikalem Ornat und Krummstab ausgestattet und trägt auf der rechten Seite scheinbar ein brennendes Herz als Attribut und Zeichen seiner Gottesliebe. Allerdings hat sich erst im 17. Jahrhundert das brennende Herz als Attribut des Apostels etabliert. Zudem lässt sich durch die lodernden Flammen die Form des Herzens nicht klar bestimmen. Ikonographisch abweichend ist weiterhin die Umschließung des entflammten Herzens mit einer Art Glasglocke auf Sockel, die eher an eine Abwehr- oder Schutzfunktion gegen das Feuer denken lässt.

Die darunter befindliche, sich über den gesamten Körper des Augustinus erstreckende Fehlstelle, die auch die Armhaltung der Figur unkenntlich macht, erschwert zudem eine Präzisierung des dargestellten Objekts. Grundsätzlich lässt eine derartig erhebliche Abweichung von der Darstellungskonvention auf eine spätere Hinzufügung oder Restaurierung schließen. Bei der Untersuchung der Tafel wurde auch festgestellt, dass keine übliche Aussparung in der Untermalung vorliegt, was auf eine nachträgliche Veränderung der ursprünglichen Komposition hindeutet[40]. Allerdings weist dieser Bereich ein altersgerechtes Craquelé auf, wodurch die Veränderung zeitnah zur Entstehung der übrigen Tafel stattgefunden haben muss. Offenbar vollzog sich hier während des Schaffensprozesses eine nachträgliche Neuinterpretation der Figur. Die Gegenüberstellung mit dem Märtyrer Gordian, der den Feuertod erlitten haben soll, könnte einer der Hintergründe einer Umdeutung des Kirchenvaters Augustinus sein. Einen weiteren Hinweis gibt möglicherweise der Kult des Hl. Laurentius, der nicht nur gegen Feuerverletzungen angerufen wurde, sondern dem Volksglauben nach auch die Seelen aus dem Fegefeuer befreit. Bedenkt man die prominente Rolle, die Augustinus bei der Systematisierung der Fegefeuer-Lehre spielte, wäre durchaus eine entsprechende Neuinterpretation seines Attributes zu erwägen. Eine Fegefeuer-Darstellung könnte auch

[38] Eine Inschrift auf dem Heiligenschein bezeichnet die Figur als „Sanctus Gordianus".

[39] Lemma „Gordian", in: LCI, Bd. 6, Sp. 418.

[40] Ich danke für diese Informationen Frau Elisabeth Krebs, Restauratorin für Skulpturen und Gemälde im Landesmuseum Württemberg, Stuttgart.

die Isolierung der Flammen unter einer Glocke, wodurch ein Sonderraum gebildet wird, erklären. Durch die unzureichende Bestimmbarkeit des Attributes kann letztlich aber der dargestellte Bischof nicht eindeutig identifiziert werden. So ist auch die Darstellung des Bischofs Norbert von Xanten, meist gezeigt mit einer Monstranz, als Gründer der Prämonstratenser denkbar.

Zusammenfassend kann resümiert werden, dass aufgrund der Patronate und Aufgabenbereiche der dargestellten Heiligen das volkstümlich orientierte Programm hervortritt. Entsagung, Armenpflege und Barmherzigkeit stehen im Inneren des Retabels im Mittelpunkt. Gleichzeitig wird eine zentrale Aufgabe des Ordens, nämlich die Sorge um das Seelenheil angesprochen. Vor der gefürchteten Reinigung der Seelen durch das Fegefeuer rettet der Hl. Laurentius aber auch die Hl. Elisabeth, die ihre Mutter durch Gebete erlöste. Ihnen zur Seite stehen die ranghöchste Fürbitterin Maria und der Apostel Petrus, der schließlich die geläuterten Seelen ins Himmelreich einlässt.

Insbesondere die Außenseiten des Retabels führen dieses Motiv mit den Attributen des Bischofs und des Hl. Gordian thematisch fort. Feuer und Schwert lassen sich als Werkzeuge der Prüfung des Glaubens interpretieren. So versteht sich die Alltagsseite möglicherweise auch als ein Appell an die Kanoniker selbst, die nur aus einem gefestigten Glauben heraus der Verbreitung des Evangeliums dienen können. Ob diese Mission gleichsam auch mit den Waffen der Glaubensprüfung durchzuführen sei, mit den „Feuerzungen des Hl. Geistes“ oder mit dem Schwert als Zeichen weltlicher Gewalt, bleibt letztlich dem Betrachter überlassen.

Liebe, Friede, Einigkeit
Gewalt im Bauernkrieg von 1525

Von Matthias Bähr

I

Revolutionen passieren selten über Nacht. In der Regel werden sie minutiös geplant und organisiert. Oft sind sie logistische Meisterleistungen: Tausende Menschen müssen mit Nahrung, Kleidung, Medizin und Waffen versorgt werden. In der Ukraine konnte man das im Dezember 2013 beobachten. Auf dem zentralen Platz in der Hauptstadt Kiew stand alles bereits, was Revolutionäre brauchen: Eine „Butterbrotfabrik“, Schlafsäle, medizinische Notfallversorgung, ein straff organisierter Schichtdienst, Wachtrupps, professionelle Rekrutierungsstellen. Für Konrad Schuller von der Frankfurter Allgemeinen Zeitung erinnerte das alles an ein „Feldlager des 19. Jahrhunderts“[1]. Tatsächlich waren Revolutionen vermutlich paramilitärisch organisiert, seit es Revolutionen gibt. Das gilt auch für die Revolution des Gemeinen Mannes: den Bauernkrieg von 1525.

In der Geschichtswissenschaft galt der Bauernkrieg[2] lange als eine Art historische Anomalie: Für Leopold von Ranke war er ein „Naturereignis“, das sich historiographisch nicht einordnen ließ[3], für Friedrich Engels der Kristallisationspunkt einer vergessenen revolutionären Tradition[4], für die völkischen Historiker war er das letzte Aufbäumen des „deutschen Bauerntums“, bevor es die – wie Günther Franz im Stil der NS-Geschichtsschreibung formulierte – „ewigen Werte von Blut und Boden“ für Jahrhunderte aus dem Blick verlor[5]. Heute sieht man den Bauernkrieg nicht mehr als epochales Ereignis an. Die noch von Franz vertretene Vor-

---

[1] Konrad Schuller, Das Ziel heißt: Revolution (Frankfurter Allgemeine Sonntagszeitung vom 8. Dezember 2013).

[2] Den Ausdruck „Bauernkrieg“ verwende ich lediglich als Hilfsbegriff. Zur Diskussion um die begrifflichen Alternativen „Empörung des Gemeinen Mannes“ und „Bauernkrieg“ vgl. Peter Blickle, Die Revolution von 1525, München [4]2004, S. 165–195.

[3] Leopold von Ranke, Deutsche Geschichte im Zeitalter der Reformation (Ranke Gesamt-Ausgabe I, 7), Bd. 2, München 1925, S. 165.

[4] Friedrich Engels, Der deutsche Bauernkrieg, Leipzig [3]1875 (ND Berlin 1972), S. 29.

[5] Günther Franz, Der deutsche Bauernkrieg, München/Berlin 1933, S. 181.

stellung, die ländliche Gesellschaft sei nach 1525 in politische Apathie verfallen[6], wurde von der Widerstands- und Protestforschung der letzten dreißig Jahre völlig revidiert[7].

Für die Menschen des 16. Jahrhunderts war der Bauernkrieg allerdings vor allem eins: Eine traumatische Erfahrung, die sich tief in das kollektive Gedächtnis eingegraben hatte. Noch in den 1590er Jahren wurde etwa in Zeugenverhören das Lebensalter nach dem Bauernkrieg berechnet: Man war *in der Martins wochen vorm Bawrenkrieg gebohren*, *ein Jahr nach dem Bawrenkrieg uff die welt kommen* oder man hatte Hosen und Wams *dazumahl schon ausmachen können*[8]. Diese „vernachlässigte numerische Alterswahrnehmung“[9] der frühneuzeitlichen ländlichen Gesellschaft, die immer auf einschneidende Ereignisse als Erinnerungsstützen angewiesen blieb, bezog sich sonst fast nur auf Naturkatastrophen, Hungersnöte und Dürresommer[10]. Tatsächlich konnte in Verhörprotokollen ein *heisser sommer* ne-

[6] Ebd. S. 480. Nachdem Franz die belasteten Stellen aus den Nachkriegsauflagen gestrichen hatte, blieb sein Buch bis in die 80er Jahre hinein das Standardwerk zum Bauernkrieg. Seine These vom völligen politischen Niedergang des „Bauerntums“ behielt er bei, vgl. etwa DERS., Der deutsche Bauernkrieg, Darmstadt [10]1975, S. 299.

[7] Ich will hier nur einige der frühen und wegweisenden Arbeiten nennen: Winfried SCHULZE, Die veränderte Bedeutung sozialer Konflikte im 16. und 17. Jahrhundert, in: Der Deutsche Bauernkrieg 1524–1526 (Geschichte und Gesellschaft, Sonderheft 1), hg. von Hans-Ulrich WEHLER, Göttingen 1975, S. 277–302; DERS., Bäuerlicher Widerstand und feudale Herrschaft in der Frühen Neuzeit (Neuzeit im Aufbau, Bd. 6), Stuttgart 1980; Werner TROSSBACH, Bauernbewegungen in deutschen Kleinterritorien zwischen 1648 und 1789, in: Aufstände, Revolten, Prozesse. Beiträge zu bäuerlichen Widerstandsbewegungen im frühneuzeitlichen Europa (Geschichte und Gesellschaft. Bochumer Historische Studien, Bd. 27), hg. von Winfried SCHULZE, Stuttgart 1983, S. 233–260. Die These einer breiten „Verrechtlichung sozialer Konflikte“ (Schulze) als Folge des Bauernkriegs kritisiert Malte HOHN, Die rechtlichen Folgen des Bauernkrieges von 1525. Sanktionen, Ersatzleistungen und Normsetzung nach dem Aufstand (Schriften zur Rechtsgeschichte, Bd. 112), Berlin 2004.

[8] Landesarchiv Speyer (künftig: LASp) E6 (Reichskammergericht) 3257 I/ II, unfoliiert, ohne Quadrangel.

[9] Ralf-Peter FUCHS, Protokolle von Zeugenverhören als Quellen zur Wahrnehmung von Zeit und Lebensalter in der Frühen Neuzeit, in: Prozessakten als Quelle. Neue Ansätze zur Erforschung der Höchsten Gerichtsbarkeit im Alten Reich (Quellen und Forschungen zur höchsten Gerichtsbarkeit im Alten Reich, Bd. 37), hg. von Anette BAUMANN u. a., Köln u. a. 2001, S. 140–164, hier S. 150.

[10] FUCHS, Protokolle (wie Anm. 9); DERS., „In continuirlichem Allarm und Schrecken“. Erinnerungszeugnisse von 1726/28 an den Dreißigjährigen Krieg und das kriegerische 17. Jahrhundert, in: Zwischen Alltag und Katastrophe. Der Dreißigjährige Krieg aus der Nähe, hg. von Benigna von KRUSENSTJERN/Hans MEDICK, Göttingen 2001, S. 531–542; DERS., Zeit und Ereignis im Krieg. Überlegungen zu den Aussagen Steinfurter Zeugen in einer Befragung zum Normaljahr 1624, in: 1569–1648. Zu den Auswirkungen des Achtzigjährigen Krieges auf die östlichen Niederlande und das Westmünsterland (Westmünsterland. Quellen und Studien, Bd. 10), hg. von Timothy SODMANN, Vreden 2002, S. 65–76; Alexander SCHUNKA, Schertlin und sein Volk. Bemerkungen zur Wahrnehmung und Erinnerung von Herrschaftsfunktion bei nordschwäbischen Landbewohnern um die Wende zum 17. Jahrhundert, in: Wahrheit, Wissen, Erinnerung. Zeugenverhörprotokolle als Quellen für soziale

ben dem *Bawrenkrieg* die Erinnerung ‚markieren'[11]. Katastrophen waren die Eckpfeiler der frühneuzeitlichen Ereignis-Memoria.

Was aber machte den Bauernkrieg in der zeitgenössischen Wahrnehmung zur Katastrophe? Vieles deutet darauf hin, dass es vor allem die außeralltägliche Erfahrung von Gewalt war – Gewalt, die man in den blutigen Schlachten von Böblingen, Zabern, Frankenhausen oder Pfeddersheim[12] selbst erlebt oder von der man als Gerücht, zeitgenössisch sprach man von *Gemain Geschrey*[13], zumindest gehört hatte. In der Erinnerung schmolz der Bauernkrieg zu einer losen Abfolge von Heerhaufen zusammen, die das Land verwüsteten und die immer Not und Elend bedeuteten, *so dass man schwerlich mit dem Leben davon khommen* konnte, wie sich ein Augenzeuge ausdrückte[14]. Der hohe Blutzoll der ländlichen Gesellschaft, ihr *Plůtvergiessen*, wurde sprichwörtlich[15]. Es war aber auch die Gewalt, die man mit den obrigkeitlichen Sanktionen nach dem Krieg verband. Die Patrouillen, die der Schwäbische Bund nach Kriegsende aufstellen ließ, um die gemäß seinen Kapitulationsbedingungen fällige Brandschatzung von sechs Gulden pro Haushalt einzutreiben, waren berüchtigt[16]. Viele Dörfer sahen in den Bundestruppen nur Söldner, die willkürlich Geld und Vieh erpressten. Tatsächlich wurden manche Gemeinden drei- oder viermal gebrandschatzt[17]. Einige wenige Fälle von exzessiver Gewalt wurden publizistisch verwertet und dadurch allgemein bekannt[18].

Wissensbestände in der Frühen Neuzeit (Wirklichkeit und Wahrnehmung in der Frühen Neuzeit, Bd. 1), hg. von Ralf-Peter Fuchs/Winfried Schulze, Münster 2002, S. 225–255.

11 LASp E6 3257 II, unfoliiert, Zeuge 10.

12 Den besten Überblick über die Ereignisgeschichte bieten die einzelnen Beiträge in Horst Buszello u. a. (Hg.), Der deutsche Bauernkrieg, Paderborn u. a. ³1995.

13 In frühneuzeitlichen Zeugenverhören war der Verweis auf das „Gemain Geschrey" üblich, um Dinge zu belegen, die man nur vom Hörensagen wusste. Vgl. Ralf-Peter Fuchs, Gott läßt sich nicht verspotten. Zeugen im Parteienkampf vor frühneuzeitlichen Gerichten, in: Kriminalitätsgeschichte. Beiträge zur Sozial- und Kulturgeschichte der Vormoderne (Konflikte und Kulturen – Historische Perspektiven, Bd. 1), hg. von Andreas Blauert/Gerd Schwerhoff, Konstanz 2000, S. 315–335, hier S. 328.

14 LASp E6 2805 fol. 61v, 69, hier zit. fol. 42v. Zum „sozialen Wissen" über Krieg und Gewalt, das sich in den Verhörprotokollen nachweisen lässt, vgl. Fuchs, Zeit und Ereignis (wie Anm. 9) S. 70f.

15 Vgl. etwa den Bericht des Berner Chronisten Valerius Anshelm, ediert in: Quellen zur Geschichte des Bauernkrieges, hg. von Günther Franz, Darmstadt 1963, Nr. 202, S. 581.

16 Thomas S. Sea, Schwäbischer Bund und Bauernkrieg: Bestrafung und Pazifikation, in: Der deutsche Bauernkrieg (wie Anm. 7) S. 129–134. Sea spricht von „rücksichtslosem Terror", der von den Patrouillen ausgegangen sei (ebd. S. 133).

17 Ebd. S. 152, 161. In einem Bauernkriegsfolgeprozess gab ein Zeuge zu Protokoll, er sei gebrandschatzt worden, *wiewol er den uffrurischen Bauern Je und alwegen zuwieder gewesen sey* (LASp E6 2805 fol. 48). Natürlich ist hier quellenkritische Vorsicht angebracht, aber ungerechtfertige Brandschatzungen kamen, wie Sea gezeigt hat, tatsächlich häufig vor.

18 Am bekanntesten ist die Körperstrafe, die der Markgraf von Brandenburg an sechzig Kitzinger Bürgern vollziehen ließ, die mit den Bauern gemeinsame Sache gemacht hatten. Milde Strafen hätte man, so die bekannteste Schilderung der Ereignisse, zwar akzeptiert – also Strafen *am gut, verbietung des lands, abhauen der finger oder prennen durch die backen.*

Kriegsgewalt im und gewaltsame Repression nach dem Bauernkrieg wurden in der ländlichen Gesellschaft zu Erinnerungsmarkern – die verdichtete Gewalterfahrung verankerte den Bauernkrieg im kollektiven Gedächtnis. Vom Gemeinen Mann allerdings, und das ist entscheidend, ging in dieser Erinnerung keine Gewalt aus. Gewalttätig waren nur die Fürsten und der Adel.

Diese einseitige Zuweisung von Gewalt wird teilweise bis heute relativ ungebrochen fortgeschrieben: „Die Bauern (...) wollten keinen Krieg", argumentiert Peter Blickle, einer der wichtigsten Bauernkriegsforscher[19], sie seien „in der Grundtendenz defensiv" gewesen[20]. In dieser Interpretation war es das in der Bibel konkretisierte Göttliche Recht, das eine Eskalation verhinderte und Gewalt delegitimierte: „Das Göttliche Recht, wie es die Bauern zu diesem Zeitpunkt verstanden, bot keine Handhabe, energisch, unerbittlich, militärisch diszipliniert gegen Adel und Prälaten vorzugehen"[21]. Tatsächlich hatte die ‚Christliche Vereinigung', wie sich der Zusammenschluss der oberschwäbischen Bauern nannte, Anfang März 1525 die bekannten Zwölf Artikel verabschiedet, eine Flugschrift, die ihre Legitimation aus der Bibel bezog und sich auf das ‚reine' Evangelium berief.

Alle Forderungen, die die Christliche Vereinigung darin erhob und Artikel für Artikel biblisch abzusichern versuchte[22], kulminierten in einem letzten, programmatisch alles überwölbenden Artikel (*Beschluß*), der das Evangelium zum entscheidenden Maßstab und die Reformatoren zu Richtern machte: *Zum zwelften ist unser beschluß und endtlyche maynung, wann ainer oder mer Artickel alhie gesteldt (So dem wort Gotes nit gemeß) werden, als wir dann nit vermainen, die selbigen artickel, wol man uns mit dem wort Gots für vnzimlich anzaigen, wolt wyr darvon abston wann mans vns mit grundt der schrifft erklert.* [...] [D]*er gleichen ob sich in der schrifft mit der warhait mer artickel erfunden, die wider Got und*

Tatsächlich aber wurde die Blendung der Delinquenten verfügt. Daraufhin spielten sich angeblich tumultartige Szenen ab: Es war *ein solicher jamer, nachlaufen der gefangen weiber, flehen und biten gewest, das meniglich zu erbarmung und mitleiden bewegt hat.* Vgl. die Edition bei L. Böhm, Kitzingen und der Bauernkrieg, in: Archiv des Historischen Vereines von Unterfranken und Aschaffenburg 66 (1893) S. 101 f.

[19] Peter Blickle, Der Bauernkrieg. Die Revolution des Gemeinen Mannes, München 32006, S. 54.

[20] Blickle (wie Anm. 2) S. 155.

[21] Ebd.

[22] Zur biblischen Absicherung der Zwölf Artikel vgl. zum Beispiel Andreas Pietsch/Görge Hasselhoff, Zum Schriftgebrauch in den Zwölf Artikeln, in: Die Zwölf Artikel von 1525 und das „Göttliche Recht" der Bauern – rechtshistorische und theologische Dimensionen, hg. von Görge Hasselhoff/David von Mayenburg, Würzburg 2012, S. 45–65; Martin Brecht, Der theologische Hintergrund der Zwölf Artikel der Bauernschaft in Schwaben von 1525. Christoph Schappelers und Sebastian Lotzers Beitrag zum Bauernkrieg, in: Zeitschrift für Kirchengeschichte 85 (1974) S. 30–64; Wilhelm Stolze, Zur Geschichte der zwölf Artikel, in: Historische Zeitschrift 108 (1912) S. 97–104.

beschwernus des nachsten weren, woll wir vnns auch vorbehalten, vnnd beschlossen haben.[23]

Zentral für die einseitige Zuschreibung von Gewalt ist vor allem die Präambel der Zwölf Artikel. Demnach sind die Bauern im Recht, weil das reine Gotteswort, das sie hören wollen, nichts anderes lehrt als *liebe, fryd, und ainigkait*, und weil niemand ungehorsam ist, der nach diesen Prinzipien lebt; ihre Feinde[24] dagegen sind im Unrecht, weil sie sich mit dem Teufel verbündet haben, der den *unglauben in den seynen erweckt* und das Gotteswort unterdrückt. Die Stoßrichtung ist klar: Wie Gott die Israeliten *aus der Hand Pharaonis* errettet hat, so kann nur Gott die Bauern aus der Tyrannenherrschaft führen – und nicht etwa sie selbst, wenn sie mit *grossem gewalt zuhauff lauffen und sich rotten.* Gewalt ist also illegitim, Gewalt geht allein von den *widerchristen und feynd des Evangelii* aus. Vermutlich hatte diese Interpretation eine enorme Wirkung auf die Zeitgenossen. Die Zwölf Artikel erschienen von Straßburg bis Magdeburg in 28 Drucken und waren eine der am meisten gelesenen Flugschriften des 16. Jahrhunderts[25].

Im Gegensatz zu Blickle bin ich allerdings der Auffassung, dass man die Zwölf Artikel nicht als kohärentes „politisches Manifest"[26] ansehen kann, das die Akteure durch die Berufung auf das Evangelium zur Gewaltlosigkeit verpflichten sollte. Stattdessen gehe ich davon aus, dass man den demonstrativen Biblizismus der Bauern als eine ‚politische Sprache' unter vielen sehen muss, die die Forderungen der Christlichen Vereinigung legitimieren sollte, ohne dabei grundsätzlich „defensiv" zu sein[27].

---

[23] Ich folge der Edition von Alfred Götze, Die zwölf Artikel der Bauern 1525, in: Historische Vierteljahrschrift 5 (1902) S. 9–15

[24] Die Gegenseite wird in der Präambel nur verschlüsselt genannt: *Wie mügen dann die widerchristen das Ewangelion ain ursach der Emboerung, und des ungehorsams nennen?* (ebd. S. 9).

[25] Blickle, Bauernkrieg (wie Anm. 19) S. 24; Horst Buszello, Legitimation, Verlaufsformen und Ziele, in: ders. (wie Anm. 12) S. 281–321, hier S. 282.

[26] Blickle, Revolution, (wie Anm. 2) S. 24.

[27] Zum Konzept der „political languages", das auf die so genannte Cambridge School um J. G. A. Pocock und Quentin Skinner zurückgeht, vgl. John G. A. Pocock, Languages and their Implications: The Transformation of the Study of Political Thought, in: Politics, Languages and Time. Essay on Political Thought and History, hg. von John G. A. Pocock, New York 1973, S. 3–41; ders., The Concept of a Language and the métier d'historien: Some Considerations on Practice, in: The Languages of Political Theory in Early-Modern Europe, hg. von Anthony Pagden, Cambridge u. a. 1987, S. 19–38. Zur Frage, ob die Bibel „politische Sprachen" im Sinne Pococks und Skinners ermöglichen konnte, vgl. Andreas Pecar/Kai Trampedach, Der ‚Biblizismus' – eine politische Sprache der Vormoderne?, in: Die Bibel als politisches Argument (HZ Beihefte N. F., Bd. 42), hg. von Andreas Pecar/Kai Trampedach, München 2007, S. 1–18.

II

Der Kontext, in dem die Zwölf Artikel entstanden sind, ist gut erforscht. Im Februar 1525 kamen der Schwäbische Bund und die Baltringer Bauern, die später den Kern der Christlichen Vereinigung bildeten, in der Nähe von Ulm zu Verhandlungen zusammen[28]. Die Gesandten des Bundes stellten ein Verfahren vor dem Reichskammergericht in Aussicht, das nach den Regeln des Ius Commune, also des Römischen Rechts, geführt worden wäre. Huldrich Schmid, der Hauptmann der Baltringer, bestand dagegen auf dem *gottlich Recht, das jedem Stand usspricht, was im gebürt*[29]. *Gelerte, frome Männer* – Theologen – sollten den Streit nach dem Maßstab der Bibel entscheiden[30]. Der *Beschluß* der Zwölf Artikel, der, wie gesagt, das Evangelium zu Maßstab aller Beschwerden machte und sie dem Urteil der Reformatoren unterwarf, wird hier bereits vorweggenommen. Auch Blickle bezieht sich immer wieder auf diese Konfrontation zweier Rechte: Huldrich Schmid hatte, folgt man Blickle, das Göttliche Recht für „unverzichtbar" erklärt[31].

Das ist meines Erachtens nur teilweise richtig. Sicher wollten die Baltringer keine studierten Juristen über ihre Beschwerden entscheiden lassen. Sie wollten, und das ist der entscheidende Punkt, überhaupt keinen Richterspruch. Bevor überhaupt über das ‚Recht' verhandelt werden konnte, hatte Schmid dem Schwäbischen Bund bereits mitgeteilt: *Lieben herren, das muß Gott erbarmen, das ir den armen lüten, so ietzund umb gnad werben, erst das recht fürschlachend.* [...] *und wil ich niderumb üch uf das höchst gebetten haben, ir wellen nit das recht fürschlachen, sunder gnad bewisen*[32].

Gnade vor Recht, das war die Forderung der Baltringer. Dahinter stand die Sprache des Schwabenspiegels, der die Reziprozität von Herrschaft bereits im 13. Jahrhundert prägnant zum Ausdruck gebracht hatte: *Wir suln den herren dar umbe dienen, daß sie uns beschirmen*[33]. Tatsächlich hatte der Schwäbische Bund gemäß seiner Bundeseinung ja gerade dann Beschwerden entgegenzunehmen und zu schlichten, wenn *ain ainich ungehorsam* zu befürchten war[34]. Die Bundesstände

---

[28] Zur Chronologie vgl. Claudia ULBRICH, Oberschwaben und Württemberg, in: BUSZELLO (wie Anm. 12) S. 97–133, hier S. 106–109.

[29] Johannes Kessler, Sabbata, hg. vom Historischen Verein des Kantons St. Gallen, St. Gallen 1902, S. 175. Kessler, ein gebildeter Sattler, der bei Melanchthon und Bugenhagen in Wittenberg studiert hatte, gilt als einer der glaubwürdigsten Chronisten des Bauernkriegs. Zu Kessler (1502/03–1574) vgl. Otto Erich STRASSER, Art. ‚Johannes (Ahenarius) Kessler', in: NDB 11 (1977) S. 546–547.

[30] KESSLER (wie Anm. 29) S. 175.

[31] BLICKLE, Bauernkrieg (wie Anm. 19) S. 81; DERS., Revolution (wie Anm. 2) S. 5.

[32] KESSLER (wie Anm. 29) S. 175.

[33] Der Schwabenspiegel oder schwäbisches Land- und Lehen-Rechtbuch. Nach einer Handschrift vom Jahr 1287, hg. von Friedrich von LASSBERG, Tübingen 1840 (ND Aalen 1961), S. 133.

[34] Vgl. Recessus Sociorem foederis in Conventu Esslingano anno 1500, § 31, in: Johann

hätten sich also durchaus als gnädige Herren erweisen können, die ihre Untertanen schützen und schirmen, nicht schinden und schaben, wie es dann später in den Zwölf Artikeln hieß. Doch die Räte des Bundes bestanden auf dem Recht. Schmids Gnadenappell lief ins Leere, und jetzt erst trat das Göttliche Recht neben die Gnade. Das in der Bibel konkretisierte Göttliche Recht war also im Februar 1525 nicht „unverzichtbar“, wie Blickle annimmt, sondern eine von mehreren Sprachen, zwischen denen die Akteure taktisch geschickt hin- und herwechselten.

Dass sich die Baltringer allerdings weder auf die Gnade ihrer Herren noch die Gutachten der Theologen verlassen wollten, legt eine Bemerkung nahe, mit der der Chronist Johannes Kessler[35] die entscheidende Unterredung zwischen Huldrich Schmid und den Bundesräten einleitet: *Aber do man die zugeloffnen Hůfen in ain Ordnung stellet, Achtzig Man alweg in ain Glid, erfunden sich trißig tusend Man*[36]. Die Baltringer waren also offenbar bereits militärisch organisiert und bewaffnet. Nach dem Vorbild der Landsknechtheere nannten sie sich „Haufen“, was auch Blickle immer wieder betont[37]. Huldrich Schmid hatte sich gegenüber dem Schwäbischen Bund damit gerechtfertigt, die Baltringer seien nur deshalb in *Wafen und Harnesch* angetreten, weil sie sich notfalls gegen die Bundestruppen verteidigen müssten. Man trage die Waffen nicht deshalb, um sie zu benutzen, sondern nur zum Schutz, damit niemand die Bauern *werlos abwürgen* könne[38].

Dass sich der Schwäbische Bund allerdings überhaupt auf mehrwöchige Verhandlungen mit den Baltringern einließ, muss man wohl als Indiz seiner vorübergehenden militärischen Schwäche sehen[39], und es ist eine Frage der Perspektive, wer in Oberschwaben gegen wen mobil machte. Dem Frauenkloster Heggbach bei Biberach hatte der Schwäbische Bund jedenfalls schon Anfang Februar 1525 geraten, seine Habe in Sicherheit zu bringen, und im Bauernlager stellte man sich angeblich eine Art lasziven Fastnachtstanz mit den Nonnen vor: *Da werent Junkfrauen genueg, mit denen wolten sie ain Danz hon*[40]. „Liebe, Friede, Einigkeit“

Philipp Datt, Volumen rerum Germanicarum novum sive de pace imperii publica, Ulm 1698.

35 Zu Johannes Kessler siehe oben, Anm. 28.

36 Kessler (wie Anm. 29), S. 174. Bei den Zahlenangaben ist Vorsicht angebracht, gerade für Oberschwaben variieren die Angaben in den Quellen sehr stark – von wenigen tausend bis hin zu hunderttausend Mann. Vgl. Hans-Martin Maurer, Der Bauernkrieg als Massenerhebung. Dynamik einer revolutionären Bewegung, in: Bausteine zur geschichtlichen Landeskunde von Baden-Württemberg, hg. von der Kommission für geschichtliche Landeskunde in Baden-Württemberg, Stuttgart 1979, S. 255–295, hier S. 256.

37 Blickle, Revolution (wie Anm. 2) S. 5.

38 Kessler (wie Anm. 29) S. 174.

39 Ulbrich (wie Anm. 28) S. 106 f. Folgt man Kessler (wie Anm. 29) S. 175, dann war der Schwäbische Bund in *Sorg und Forcht*, und seine Unterhändler waren nicht bereit, das Bauernlager zu betreten, *dann es ja an Ansechen hat, als weltend die Fröschen den Storchen fressen*.

40 So jedenfalls der Bericht einer Heggbacher Nonne, den Franz in seine Quellensammlung aufgenommen hat, vgl. Franz, Quellen (wie Anm. 15) Nr. 30, S. 140.

scheint nicht der einzige Weg gewesen zu sein, der für die Bauern denkbar war, auch wenn Blickle betont, Gewalt sei bei den Baltringern immer „rhetorisch und damit [!] ironisch"[41] gewesen. Deutlich wird das bereits wenige Tage nachdem sich Huldrich Schmid erst zur Gnade und dann demonstrativ zum Göttlichen Recht bekannt hatte.

Inzwischen war der Baltringer Haufen nach Memmingen weitergezogen. Dort hatte man Sebastian Lotzer, den mutmaßlichen Redakteur der Zwölf Artikel[42], als Feldschreiber gewonnen. Die Verhandlungen mit dem Schwäbischen Bund waren ins Stocken geraten, und der Kürschnergeselle Lotzer galt als *geschriftglerter*, von dem man sich Vorschläge für eine Liste bedeutender Reformatoren erhoffte, die die Beschwerden beurteilen sollten[43]. In der Memminger Krameramtsstube, dem Zunfthaus der Kürschner, kamen Vertreter aller Bauernhaufen – Baltringer, Allgäuer und Bodenseebauern – zusammen, um ihre Forderungen zu beratschlagen. Am Ende standen die Zwölf Artikel. Außerdem verabschiedeten die Deputierten eine Bundesordnung, in der eine feste organisatorische Struktur festgeschrieben wurde.

Jetzt nannte man sich ausdrücklich „Christliche Vereinigung"[44]. Auch die Bundesordnung bekannte sich, wie die Zwölf Artikel, zum Göttlichen Recht[45], und auch die Bundesordnung wurde, wie die Zwölf Artikel, gedruckt und in ganz Süddeutschland verbreitet. Auf den ersten Blick scheint sich die Bundesordnung dem Aufruf zu *liebe, fryd, und ainigkait* anzuschließen. Auch sie war rhetorisch der *brüderlichen liebe* verpflichtet. Die christliche Gehorsamspflicht wurde ausdrücklich bekräftigt[46]. Selbst der viel zitierte Schlösserartikel, der vorsah, die Klöster und Burgen der Region von fremden Truppen und Geschützen frei zu halten, war dadurch entschärft, dass man Adel und Prälaten *lediglich mit freundtlicher ermanung* kooperationsbereit machen wollte[47]. Claudia Ulbrich hat diese Zurückhaltung damit erklärt, Lotzer, Schmid und der Memminger Stadtprädikant Christoph Schappeler hätten dem gewaltbereiten Teil der Christlichen Vereinigung jede „doktrinäre" – gemeint ist biblisch begründete – „Rechtfertigung von Gewalt" verweigert. Daraufhin sei man auf die vom Herkommen gedeckte Linie eingeschwenkt,

---

41 Blickle, Bauernkrieg (wie Anm. 19) S. 19.

42 Die Zwölf Artikel, die anonym erschienen sind, werden in der Regel Lotzer und dem Memminger Stadtprädikanten Christoph Schappeler zugeschrieben; umstritten ist, wer welchen Anteil an ihrer Entstehung hatte. Vgl. Brecht (wie Anm. 23) S. 49 f.

43 Kessler (wie Anm. 29) S. 175 f.

44 Ich stützte mich hier auf die erste Druckfassung der Bundesordnung, die – folgt man Gottfried Seebass – aus der am 7. März in Memmingen beschlossenen Ordnung hervorgegangen ist; vgl. Gottfried Seebass, Artikelbrief, Bundesordnung und Verfassungsentwurf. Studien zu drei zentralen Dokumenten des südwestdeutschen Bauernkriegs, Heidelberg 1988, S. 77, 146.

45 *Dem almechtigen ewigen got zu lob vnd eher vnnd anriffung des heiigen euangelij vnnd gotlichs worts, auch zu bestand der gerechtigkeit vnd gotlichs rechten …* (ebd. S. 77 f.).

46 Ebd. S. 78, Abschnitt 1.

47 Ebd. S. 80 f., Zit. S. 80, Abschnitt 6.

erst die Verhandlungen mit dem Schwäbischen Bund abzuwarten[48]. Auch in der Bundesordnung hätten sich dann die „Radikalen", *die dapfer mit dem Schwert hindurch tringen* wollten[49], gegenüber den angeblich gemäßigten Hauptleuten der Baltringer nicht durchsetzen können.

Allerdings muss man an dieser Gegenüberstellung von „Radikalen" und „Gemäßigten" meines Erachtens nicht unbedingt festhalten. Auch in der Bundesordnung überlagern sich verschiedene Sprachen. Gewalt ist zwischen den Zeilen mitgedacht. Eine der entscheidenden Bestimmungen der Bundesordnung zielte im Kern darauf, die militärische Effektivität der Christlichen Vereinigung zu garantieren: Jeder Haufen sollte aus seiner Mitte einen Obersten und vier Räte bestimmen und mit allen Vollmachten ausstatten, *damit die gemeynd nicht allwegen zusamen müsse*[50]. Dass es dabei nicht nur darum ging, den Deputierten das mühsame Aushandeln jeder einzelnen Entscheidung mit ihren Haufen abzunehmen, zeigt ein Blick in die Landesordnung der Vereinigung, die zur gleichen Zeit beraten, aber nicht als Flugschrift veröffentlicht wurde. Darin wurden die Kompetenzen der Hauptleute näher bestimmt: Sie sollten Regiment halten, wie es das *Kriegsrecht* (!) gebietet, also zum Beispiel Offiziere ernennen und Boten entsenden und empfangen[51]. Sie hatten auch und gerade eine militärische Funktion.

Die *Underobern*, die in der Landesordnung ebenfalls vorkommen, zeigen, wie stark die Christliche Vereinigung organisatorisch an die Landsknechthaufen des 16. Jahrhunderts angelehnt war: Der Proviantmeister sollte für die Verpflegung sorgen, der Quartiermeister und die Fouriere für den Tross, der Weibel für die Marschordnung[52]. Bis hinunter in die einzelnen „Rotten", die kaum mehr als ein Dutzend Mann stark waren[53], ist die Ämterhierarchie aufgefächert[54]. Auch ein Feldzeichen wird angesprochen[55], und selbst die Bewaffnung der Vereinigung ist zumindest angedeutet, neben Hellebarden und langen Spießen werden auch Büchsen erwähnt[56]. Besonders aufschlussreich ist die Tatsache, dass die Landesordnung ausdrücklich vom *Veind* spricht. Wilde Plünderungen soll es zwar nicht geben, geordnete Plünderungen, die *allain durch die Rotmaister* angeordnet werden dür-

---

48 Ulbrich (wie Anm. 28) S. 118. Ulbrichs Rekonstruktion stimmt mit dem überein, was Kessler (wie Anm. 29) S. 176 beschreibt.

49 Kessler (wie Anm. 29) S. 176.

50 Seebass (wie Anm. 44) S. 83, Abschnitt 10.

51 Franz, Quellen (wie Anm. 15) Nr. 54, S. 199.

52 Ebd. S. 199 f.

53 Zur Organisation der „Haufen" vgl. Hoyer (wie Anm. 39) S. 81–91; Maurer (wie Anm. 35) S. 271 f.

54 Franz, Quellen (wie Anm. 15) Nr. 54, S. 199.

55 *Item die Venlin sollen sein rot und wiss, und die Zaichen oder Crutz sollen och rot und wiss* […] *sein* (ebd. S. 199).

56 Ebd. S. 200. Die Landesordnung geht auch auf Desertion und Disziplinlosigkeit ein: *Auch das kainer aus dem Leger, so man es machen wurd, ziech bi Er und Aid. Und so man uf sein miest, es were Tag oder Nacht, und ainer nit in die Ordnung wölt oder nachlief, denselben sol der Waibel mit Gwalt Macht haben* […] *wo von Nöten darain zu triben* (ebd.).

fen, allerdings durchaus[57]. Das dürfte wohl die Kehrseite der *freundtlichen ermanung* aus der Bundesordnung sein, die ja dann Ende März 1525 auch nicht mehr sehr freundlich ausgefallen ist.

Tatsächlich hatte die Christliche Vereinigung, neben den Aufgeboten aus den Dörfern und Städten, auch Söldner und damit professionelle „Gewaltexperten" angeworben[58]. In der Bundesordnung werden diese *kriegßleut* ausdrücklich erwähnt[59]. Die Disziplin in der sozial heterogenen Truppe sollte von einem Profos garantiert werden. In der Bundesordnung waren Strafen für die Verletzung des Friedens festgelegt: Verboten waren Glücksspiel, Gotteslästerung und *zutrincken*, verboten war auch, andere Mitglieder der Vereinigung wegen ihrer *sprach vnnd klaidung* zu beleidigen[60]. Die Christliche Vereinigung war offenbar ein bunter Heerhaufen, der sich aus ganz Oberschwaben rekrutierte und der straffe Disziplin erforderte. Diese Tatsache wird von der Bundesordnung keineswegs verschwiegen, im Gegenteil: Die Sprache der christlichen Nächstenliebe geht Hand in Hand mit einem kaum verschleierten Bekenntnis zur eigenen militärischen Schlagkraft. Die Bundesordnung war ein Amalgam verschiedener, nur auf den ersten Blick gegenläufiger politischer Sprachen.

Dieses scheinbare Problem hat Blickle dadurch aufzulösen versucht, dass er die Bundesordnung eben doch – im Gegensatz zu Ulbrich – eher den so genannten Radikalen zuschreibt, während die Zwölf Artikel in seiner Interpretation ausschließlich dem friedenstiftenden Göttlichen Recht und damit dem Programm der angeblich gemäßigten Baltringer verpflichtet waren[61]. Dieser Vorstellung wird man allerdings schon allein deshalb mit Skepsis begegnen müssen, weil die Richterliste, die gemäß dem *Beschluß* der Zwölf Artikel Grundlage einer Verständigung mit der Obrigkeit sein sollte, paradoxerweise eben nicht Teil der Zwölf Artikel, sondern Teil der Bundesordnung war[62]. Diese Richterliste aber hatten die angeblich moderaten Wortführer der Baltringer, Lotzer und Schappeler, erarbeitet[63]. Anscheinend sahen weder Lotzer noch Schappeler ein Problem darin, die alles entscheidende Pointe des biblisch konkretisierten Göttlichen Rechts, nämlich die Richterliste, ohne die der *Beschluß* der Zwölf Artikel sinnlos gewesen wäre, in einer Flugschrift unterzubringen, die angeblich den Zwölf Artikeln widersprach. Das Argumentationsrepertoire, auf das der Gemeine Mann Anfang 1525 zurückgriff, war also vielschichtig.

---

[57] Ebd. S. 200.

[58] Vgl. dazu Hoyer (wie Anm. 39) S. 90.

[59] Seebass (wie Anm. 44), S. 81, Abschnitt 7; S. 84, Abschnitt 12/13: *Item. Welche handtweckßleüt jrer arbeyt nach auß dem land ziechen wollten, der soll seinem pfarrhauptman anloben, sich wider diese christliche vereynung nit bestellen lassen* […] *Deßgleichen sollen die kriegßleut auch verbunden sein* (vgl. auch ebd. S. 133).

[60] Ebd. S. 85, Abschnitte 15/16.

[61] Blicke, Revolution (wie Anm. 2) S. 6.

[62] Seebass (wie Anm. 44) S. 87.

[63] Brecht (wie Anm. 22) S. 48.

III

Tatsächlich sind die Zwölf Artikel selbst kein kohärentes „Manifest", in dem das Evangelium jede andere Sprache „erdrückt", wie Blickle es formuliert[64]. Das Göttliche Recht, auf das sich die Zwölf Artikel berufen, konnte Gewalt schon deshalb nicht wirksam delegitimieren, weil es nicht konkurrenzlos war. Göttliches Recht und Altes Rechts sind in den Zwölf Artikeln keine schroffen Gegensätze, sondern eng miteinander verworben.

Das bedeutet nicht, dass das biblisch konkretisierte Göttliche Recht nicht das Potential gehabt hätte, die Argumentation mit dem Alten Recht im Einzelfall zu verdrängen. Besonders offensichtlich ist das im vierten Artikel, der mit einer schon zeitgenössisch umstrittenen Herleitung aus Gen. 1[65] die Freigabe von Jagd und Fischerei fordert: *Wann als Gott der herr den menschen erschůff, hat er jm gewalt geben vber ale thier, vber den fogel im lufft vnd vber den fisch im wasser.* Ausdrücklich kontrastiert wird dieses Göttliche Recht mit dem *brauch*, der dem Gemeinen Mann den Zugang zu den Herrenspeisen Fisch und Fleisch verweigert[66]. Hier scheinen sich also Göttliches und Altes Recht zu widersprechen. Allerdings gibt es auch Artikel, deren Legitimationsgrundlage eben nicht das Göttliche Recht, sondern das Alte Recht ist. Die Restituierung der Allmenden etwa, die die Bauern nach Artikel 10 *wider* (!) in Besitz nehmen wollen, setzt ja gerade die unvordenklichen Zeiten als „Zustand vor der Ordnung"[67] voraus, den man sich fast beliebig ausmalen konnte[68]. Mit anderen Worten: In der Ordnungsvorstellung, die hier aufscheint, waren alle Wiesen ursprünglich ohne Ausnahme Allmenden, die dann angeblich (und widerrechtlich) nach und nach enteignet worden waren. Die biblische Absicherung über Luk. 6 ist allenfalls marginal[69].

Auch der neunte Artikel, der sich gegen *neue Satzungen* und obrigkeitliche Willkür bei der Bußenfestsetzung wendet, und der siebte Artikel, der das traditionelle Besitzrecht einfordert, argumentieren im Kern mit dem Alten Recht[70]. Es führt nicht weiter, sich darauf zu berufen, diese Argumentation mit dem Alten Recht bleibe eben einfach hinter einem inzwischen erreichten „Bewusstseinsstand"[71] der Christlichen Vereinigung zurück, in dem das Evangelium das Alte Recht längst überwunden habe. Stattdessen wird man sich wohl auf den Hybridcharakter der

[64] Blickle, Revolution (wie Anm. 2) S. 31.

[65] Brecht (wie Anm. 22) S. 52.

[66] Götze (wie Anm. 23) S. 12.

[67] Stefan Breit, Das Geschenk der heiligen Frau Ayd. Legitimation bäuerlicher Interessen als soziales Wissen, in: Fuchs/Schulze, Wahrheit (wie Anm. 9) S. 155–198, hier S. 196.

[68] Götze (wie Anm. 23) S. 14, Art. 10.

[69] Ein möglicher Vergleich mit Personen, die Allmenden nicht enteignet, sondern rechtmäßig gekauft hatten, wird mit Luk. 6,31 begründet (*Und wie ihr wollt, dass euch die Menschen tun sollen, tut ihnen ebenso).*

[70] Götze (wie Anm. 24) S. 13 f.

[71] Blickle, Bauernkrieg (wie Anm. 19) S. 80.

Zwölf Artikel einlassen müssen – die politischen Sprachen, die sich hier nachweisen lassen, wurden eklektisch gebraucht, um die eigenen Forderungen zu legitimieren. Am deutlichsten wird das im sechsten Artikel: Dort verlangen die Bauern eine Ermäßigung der Fronden. Sie wollen dienen *wie vnser Eltern gedient haben allain nach laut des wort gots*[72]. Altes Recht und Göttliches Recht gehen hier nahtlos ineinander über.

Diese Argumentationsstrategie kommt nicht von ungefähr: Schon in den Einzelbeschwerden der oberschwäbischen Dörfer, die von Memmingen aus zusammengetragen und in den Zwölf Artikeln verarbeitet wurden[73], standen Göttliches und Altes Recht nebeneinander. Die Gemeinde Achstetten zum Beispiel wollte keinen Leibherren *haben dan Got alen*[74] – im Hintergrund steht der Erlösertod Christi, der in den Zwölf Artikeln zum zentralen Argument gegen die Leibeigenschaft gemacht wurde. Gleichzeitig blieb aber das *Altherkumen* die wichtigste Waffe gegen Einhegung und Allmendeentzung, und die obrigkeitlichen *Mißbrich* waren eben deshalb Missbräuche, weil sie angeblich dem Herkommen widersprachen[75]. Was gegen das Herkommen verstieß, galt als illegitim. Ein Herr, der *mit Recht* handelt, hat Bibel und Herkommen auf seiner Seite; ein Herr, der gegen das Recht verstößt, hat *Brauch* und *Hailig Gschrift* gegen sich[76]. Und hier kommt dann auch ausdrücklich die Gewalt ins Spiel: Die Bauern im Spital Biberach bekannten sich zwar zu allem, *was das Evangelium auswist*, aber von Liebe, Friede, Einigkeit war dennoch keine Spur. Gerade hier wird nämlich deutlich, dass auch das Göttliche Recht, wie die oberschwäbischen Bauern es verstanden, Gewalt keineswegs ausschloss, sondern zwischen den Zeilen mitdachte. In einem Atemzug mit dem Bekenntnis zu dem, *was das Evanglium auswist*, drohte man den *lieben Brüdern in Christo* damit, man werde notfalls die *Gerechtigkait Gottes pflegen* und *zu Haufen* ziehen[77]. Mit anderen Worten: Man drohte offen mit Gewalt.

Die biblisch begründete Parole „Liebe, Friede, Einigkeit“ war jedenfalls nicht alternativlos. Ein anonymes Flugblatt *An die Versammlung gemeiner Bauern-*

---

72 GÖTZE (wie Anm. 24) S. 13.

73 BLICKLE, Revolution (wie Anm. 2) S. 31. Blickle hat die Beschwerden detailliert untersucht und erstmals systematisch zu den Zwölf Artikeln in Beziehung gesetzt (vgl. ebd. S. 32–89, 328–333).

74 FRANZ, Quellen (wie Anm. 15) Nr. 34a, S. 152. So auch die Gemeinde Attenweiler: *Die seint beschwert mit der Lübaigenschaft, wann sie wellent kain andern Her haben, dann alain Gott den Allmechtigen, wann der hat uns erschaffen. Wann wir vermainden auch, das die gotlich Geschrift, das nit auswiße, das kain Hern kain Aigenmensch haben soll, wann Gott ist der recht Her* (ebd. S. 153, 34b).

75 Ebd. Für die Gemeinde Kißlegg im Allgäu gingen *gwalt* und *gepott wider billichait* Hand in Hand, das positive Gegenbeispiel war dagegen das *recht* (Akten zur Geschichte des Deutschen Bauernkrieges aus Oberschwaben, hg. von Franz Ludwig BAUMANN, Freiburg im Breisgau 1877, Nr. 104, S. 113 f.).

76 FRANZ, Quellen (wie Anm. 15) Nr. 34d, S. 155, 34d.

77 Ebd. Nr. 34c, S. 153 f.

schaft[78], das im Umfeld der Christlichen Vereinigung entstanden ist[79], argumentiert ebenfalls mit dem Evangelium – allerdings unter umgekehrten Vorzeichen. Zwar bekennt sich auch *An die Versammlung gemeiner Bauernschaft* zu Röm. 13 und damit zur Gehorsamspflicht guter Christen, lässt aber diese Pflicht nur für die rechtmäßige Obrigkeit, für den *trewen lieben pfleger*, gelten[80]. Dann, wenn die *oberkayt* zur *tobickayt* wird und das Herrschaftsverhältnis pervertiert, sind die Christen von der Gehorsamspflicht entbunden, denn *yede oberkayt ist aingesatz dem land zu besserung und nit zu böserung*[81] (2 Kor. 10, 8). Genau das aber ist angeblich im Heiligen Römischen Reich passiert, *die Herren reyssent den armen das markg auß den paynen*[82]. Zwar soll man auch einem schlechten Herrn dienen (1 Petr. 2, 18), so lange er göttliche Ehre und brüderliche Treue unangetastet lässt, aber göttliche Ehre und brüderliche Treue vertragen sich mit dem Adel in Oberschwaben *wie die wehrwölff mit den gůtten schäflein*[83]. Es gibt nur einen Ausweg: Die Sturmglocken müssen läuten, um die Schlangen, Drachen und Wölfe, die falschen Propheten und den gottlosen Kain zu vertreiben[84]. Die Kämpfer für die wahre christliche Freiheit, die im Lager der Bauern stehen, sind in Wahrheit *Gottes krieger das evangelium zu erhalten*[85].

Das Flugblatt *An die Versammlung gemeiner Bauernschaft* zeigt, dass auch in der Christlichen Vereinigung die Bibel nicht auf ihr friedensstiftendes Potential festgelegt war. Biblische Maximen und *exempla* konnten Gewalt gleichermaßen legitimieren wie delegitimieren.

IV

Aus insgesamt drei Gründen sollte man die Vorstellung, die Zwölf Artikel seien das kohärente Manifest einer defensiven Christlichen Vereinigung, meines Erachtens zumindest überdenken:

Erstens waren die angeblich gemäßigten Baltringer um Huldrich Schmid noch Ende Februar 1525 keineswegs kompromisslose Verfechter christlicher Nächstenliebe und Brüderlichkeit. Die Baltringer appellierten gegenüber dem Schwäbischen Bund an die Reziprozität von Herrschaft, an eine schützende und schirmende Ob-

---

78 Ich zitierte das Flugblatt nach der Edition von Adolf Laube/Hans Werner Seiffert (Hg.), Flugschriften zur Bauernkriegszeit, Köln/Wien ^{2}1978, S. 112–130.

79 Blickle, Bauernkrieg (wie Anm. 19) S. 101.

80 Laube/Seiffert (wie Anm. 78) S. 112, 115.

81 Ebd. S. 113, 116.

82 Ebd. S. 117.

83 Ebd. S. 119.

84 Ebd. S. 125.

85 Ebd. S. 129. Die Gewalt der Obrigkeit wird dagegen als illegitime Gewalt interpretiert, weil der *widertayl* […] *mit spieß, hellepartten, büchsen und hohen kürissern* über das Evangelium streiten will (ebd.).

rigkeit, die Gnade vor Recht ergehen lässt. Das Göttliche Recht verband sich mit diesem traditionellen Topos, ohne zur programmatischen Einbahnstraße zu werden. Die Baltringer waren in Waffen *zu Haufen* gelaufen und hatten sich nach dem Vorbild der Landsknechtheere militärisch organisiert. Die Christliche Vereinigung war gewaltbereit.

Zweitens sollte man die Zwölf Artikel stärker zur Bundesordnung in Beziehung setzen, als es die Vorstellung einer radikalen Bundesordnung suggeriert, die mit den angeblich moderaten Zwölf Artikeln allenfalls lose verknüpft gewesen sei. Die Bundesordnung bekannte sich zwar zu *brüderlicher liebe* und *freundtlicher ermanung*, stellte aber gleichzeitig eine im Kern paramilitärische Organisationsform auf Dauer. Über die Richterliste, ohne die der *Beschluß* der Zwölf Artikel wirkungslos gewesen wäre, waren Bundesordnung und Zwölf Artikel miteinander verbunden. Die Parole: Liebe, Friede, Einigkeit wird man also auch im Lichte der Bundesordnung und damit im Lichte einer Christlichen Vereinigung unter Waffen sehen müssen, die alles andere als „in der Grundtendenz defensiv" war.

Drittens scheint es mir nicht ganz angemessen, die Zwölf Artikel als homogenes Manifest zu lesen, in dem das Göttliche Recht zum Katalysator eines revolutionären Programms wurde. Das biblisch konkretisierte Göttliche Recht – obwohl es die Zwölf Artikel rhetorisch überwölbt – „erdrückt" das Alte Recht gerade nicht. Stattdessen überlagern sich Altes Recht und Göttliches Recht. In den Beschwerden der oberschwäbischen Dörfer, die in die Zwölf Artikel eingeflossen sind, ist diese vielschichtige rhetorische Strategie bereits angelegt. Hier zeigt sich auch, dass das Bekenntnis zu *liebe, fryd, und ainigkait* nicht prinzipiell ausschloss, die *Gerechtigkait Gottes* mit dem Schwert zu *pflegen.* Tatsächlich kamen aus der Mitte der Christlichen Vereinigung auch Stimmen, die auf biblische Vorbilder verwiesen, um Gewalt zu legitimieren.

Für Luther war die Christliche Vereinigung eine *rotterey*, ein *misbrauch des Christlichen namens*, den er mit Mt 26 kommentierte: *Wer das schwerd nympt, soll durchs schwerd umbkomen*[86]. Luther, der eine inhaltliche Auseinandersetzung mit den bäuerlichen Beschwerden weitgehend vermied[87], deutet in seinem Gutachten zu den Zwölf Artikeln immerhin an, wie verschieden die Christliche Vereinigung schon von den Zeitgenossen interpretiert wurde: *Was sind myr das fur Christen, die umbs Evangelion willen reuber, diebe und schelcke werden und sagen darnach, sie sind Evangelisch*[88]? Die Präambel der Zwölf Artikel, das Bekenntnis zu „Liebe,

---

[86] Martin Luther, Weimarer Ausgabe, Reihe 1, Bd. 18 (1908), S. 330.

[87] Der Schwerpunkt des Gutachtens lag auf dem Leibeigenschaftsartikel, der im Kern mit dem Erlösertod Christi argumentiert hatte (*das vns Christus all mit seynem kostparlichen plutvergüssen, erlößt vnnd erkaufft hat*). Luther hielt dem entgegen, die Bauern hätten das Evangelium „fleischlich" missverstanden: *Was ist das? das heysst Christliche freyheyt, gantz fleysschlich machen.* Der Großteil der Zwölf Artikel war für Luther eine rein juristische Angelegenheit, die deshalb auch von Juristen entschieden werden sollte.

[88] Ebd. S. 324.

Friede, Einigkeit", lief bei Luther ins Leere – für ihn waren die Bauern im Unrecht, weil sie das Evangelium missbrauchten, um sich gegen ihre Herren mit Gewalt aufzulehnen.

Es gibt keinen Grund, in Luthers radikaler Position etwas anderes zu sehen als einen Topos. Genau so wenig Grund gibt es aber, die politischen Sprachen der ländlichen Gesellschaft, ihr vielschichtiges und zweckgeleitetes Argumentationsrepertoire, zum Manifest einer Christlichen Vereinigung zu stilisieren, die keinen Krieg will, weil die Bibel ihr keinen Krieg erlaubt. Vielmehr rechneten beide Seiten von Anfang mit einer gewaltsamen Eskalation und planten entsprechend. Ende März 1525 brannten in Oberschwaben die ersten Burgen und Schlösser.

Ein Schüler Christoph Besolds aus Oberösterreich

Georg Christoph von Schallenberg im Kreise der Tübinger Nonkonformisten

Von Uwe Jens Wandel

In der Sächsischen Staatsbibliothek Dresden ist in den Collectaneen des Georg Christoph von Schallenberg das vom ihm selbst verfertigte Aquarell seiner Tübinger Studierstube aus dem Jahre 1612 erhalten geblieben[1](Abb.). Allerdings ist die Farbe zum Teil etwas verblaßt, und die ohnehin schwer lesbaren Beschriftungen unter dem Bild sind infolge Schädigung des Papiers nicht vollständig zu entziffern. Der Titel des Bildes lautet: *Contrfect meiner StudirStuben zu Tybingen Ihns Hauß D. Zieglers in der Nekhergassen gögen dem Wörth hinauß mitt meiner hand Anno 1612 abgemahlen*[2].

Schallenberg wurde am 24. April 1593 in Leombach im Hausruckviertel (Oberösterreich) als Sohn des Christoph (Georg Christoph) von Schallenberg (1561–1597), Barockdichter, Statthalter von Niederösterreich und Kommandant der Donauflotte, und seiner Gemahlin Margaretha von Lappitz geboren[3]. Der Vater hatte

---

[1] Vollständiger Titel: Sächsische Landesbibliothek – Staats- und Universitätsbibliothek Dresden (künftig: SLUB). Katalog der Handschriften der Sächsischen Landesbibliothek zu Dresden, Bd. 1, Dresden 1979, S. 496–498, hier S. 497, Signatur: Mscr.Dresd. H. 5.d,2 Blatt 252.

[2] Farbige Abbildung bei Uwe Jens Wandel, Ein Oberösterreicher in Tübingen. Tübinger Studierstube aus dem Jahre 1612, in: Tübinger Blätter 100 (2014) S. 70–72, hier S. 71.

[3] Hugo Hebenstreit, Die Grafen von Schallenberg. Von ihrem Aufkommen in Oberösterreich bis zu ihrer Abwanderung nach Niederösterreich (1180–1700). Ein Beitrag zu deren 600jährigen Geschichte in Oberösterreich, 2 Bde., Linz 1974, masch. (vorhanden im Oberösterreichischen Landesarchiv Linz, Signatur: S 37). Dem Oberösterreichischen Landesarchiv (Mag. Norbert Kriechbaum) bin ich für Kopien aus diesem Werk und weitere Auskünfte sehr zu Dank verpflichtet. – Harald Tersch, Österreichische Selbstzeugnisse des Spätmittelalters und der Frühen Neuzeit (1400–1650). Eine Darstellung in Einzelbeiträgen, Wien/Köln/Weimar 1998, S. 725–737, hier S. 725. – Deutsches Literatur-Lexikon, Bd. 14, Bern/München ³1992, Sp. 241. Literaturlexikon. Autoren und Werke deutscher Sprache, hg. von Walther Killy, Bd. 10, Gütersloh/München 1991, S. 157. Renaissance in Österreich. Katalog der Niederösterreichischen Landesausstellung, 22. Mai bis 14. November 1974, hg. vom Amt der Niederösterreichischen Landesregierung Abt. III/2 (Kulturabteilung), Wien ²1974, S. 216 Nr. 575. Robert Hinterndorfer, Das Beispiel Christoph von Schallenbergs: Herausforderungen literarhistorischer Quellenforschung zum österreichischen Späthumanismus.

selbst 1578 in Tübingen studiert[4], vielleicht deswegen schickte den Sohn der gelehrte Stiefvater Job Hartmann von Enenkel (1576–1627) nach Tübingen[5]. Der Stiefvater hatte jedoch ab 1592 in Jena studiert[6]. Er kannte aber den Tübinger Juristen Zacharias Langjahr aus Dornstetten (immatrikuliert in Tübingen 1603[7]) wohl aus dessen Tätigkeit in Österreich; Langjahr widmete ihm 1611 seine Dissertation. Enenkels gleichfalls schriftstellerisch tätiger Bruder Georg Achaz von Enenkel (1573–1621) wiederum war von 1585 an in Tübingen gewesen[8]. Zuerst, 1611, nahm Schal-

---

Mit neuen Materialien zur Bio- und Ergographie, in: Literatur – Geschichte – Österreich. Probleme, Perspektiven und Bausteine einer österreichischen Literaturgeschichte. Thematische Festschrift zur Feier des 70. Geburtstags von Herbert Zeman, hg. von Christoph FACKELMANN/Wynfrid KRIEGLEDER (Austria. Forschung und Wissenschaft. Literatur- und Sprachwissenschaft, Bd. 189), Wien 2011, S. 415–464. – Die Autographensammlung des Stuttgarter Konsistorialdirektors Friedrich Wilhelm Frommann (1707–1787), beschrieben von Ingeborg KREKLER (Die Handschriften der Württembergischen Landesbibliothek Stuttgart, Sonderreihe, Bd. 2), Wiesbaden 1992, S. 453. Walter ASPERNIG, Die grundherrschaftliche Entwicklung in der nordwestlichen Umgebung von Linz [...], in: Historisches Jahrbuch der Stadt Linz 1997, S. 11–108, hier S. 67. – Johann Siebmachers Wappenbuch von 1605, hg. von Horst APPUHN, 2 Bde. (Die bibliophilen Taschenbücher, Nr. 538), Dortmund ²1989, S. 37. Johann Siebmachers großes Wappenbuch, Bd. 27: Die Wappen des Adels in Oberösterreich, Neustadt an der Aisch 1984, S. 317–320, 779 f., Tafel 83, 84, 161. – Bücher mit Wappen-Supralibros des Georg Christoph von Schallenberg befinden sich im Archiv des Zisterzienserstifts Schlierbach (Oberösterreich), s. Kurt HOLTER, Beiträge zur Geschichte der Enenkel-Bibliothek, in: Mitteilungen des Oberösterreichischen Landesarchivs, Bd. 14 = Beiträge zur Neueren Geschichte. Festschrift für Hans Sturmberger zum 70. Geburtstag, Linz 1984, S. 305–324 mit Abb. 1. Es handelt sich im Wesentlichen um die Bibliothek von Schallenbergs Stiefvater Job Hartmann von Enenkel und dessen Bruder Georg Achaz von Enenkel.

[4] Die Matrikeln der Universität Tübingen, Bd. 1: 1477–1600, hg. von Heinrich HERMELINK, Stuttgart 1906 (ND Nendeln 1976), S. 572 Nr. 189, 114 (22. September 1578): *Christophorus Schallenberger*, zusammen mit seinem Vetter Dietmar Schallenberger (Nr. 189, 113). Theodor ELZE, Die Universität Tübingen und die Studenten aus Krain, Tübingen 1877 (ND München 1977 = Geschichte, Kultur und Geisteswelt der Slowenen, Bd. 14), S. 95. Eintrag zusammen mit dem erwähnten Vetter Dietmar im Stammbuch David Wirsung vom 29. August 1579 in Basel – in der Herzogin-Anna-Amalia-Bibliothek Weimar (künftig: HAAB). Für den Hinweis bin ich Frau Dr. Eva Raffel, Weimar, sehr dankbar; „In ewiger Freundschaft". Stammbücher aus Weimar und Tübingen, hg. von Nicole DOMKA u. a. (Tübinger Kataloge, Nr. 83), Tübingen 2009, S. 74 f.

[5] Zur Wahl des Studienorts s. HINTERNDORFER (wie Anm. 3) S. 432. – Martin BRECHT, Johann Valentin Andreae 1586–1654. Eine Biographie, Göttingen 2008, S. 109.

[6] Die Matrikel der Universität Jena, Bd. 1: 1548 bis 1652, bearb. von Georg MENTZ/Reinhold JAUERNIG (Veröffentlichungen der Thüringischen Historischen Kommission, Bd. 1), Jena 1944, S. 92.

[7] Die Matrikeln der Universität Tübingen, Bd. 2: 1600–1710, bearb. von Albert BÜRK/Wilhelm WILLE, Tübingen 1953, S. 14 Nr. 17132 (28. Januar 1603) und S. 67 Nr. 18518 (11. August 1611); Dr. iur.utr. 1611. Gudrun EMBERGER, Ain ewig Stipendium. Das Collegium Sanctorum Georgii et Martini – Eine Tübinger Studienstiftung des 16. Jahrhunderts (Berliner Mittelalter- und Frühneuzeitforschung, Bd. 16), Göttingen 2013, S. 541–543 Nr. 278.

[8] Die Matrikeln der Universität Tübingen, Bd. 1 (wie Anm. 4) S. 636 Nr. 203, 62 (17. Juli

lenberg, zusammen mit Marx Paradeiser aus Kärnten und dessen Hofmeister Elias Zetsch, im gleichen Haus wie Johann Valentin Andreae, nämlich bei dessen Gönner, dem Theologieprofessor und zweiten Stifts-Superattendenten, späteren Universitätskanzler Matthias Hafenreffer (1561–1619), Wohnung in dessen Haus Am Klosterberg 4, und sie bildeten dort eine lustige Runde[9].

Mit dem Bild ist uns ein seltener Blick in eine Studierstube der Zeit vergönnt, wie sie wirklich ausgesehen hat und nicht, wie z. B. in Stammbüchern, stilisiert dargestellt ist[10]. Möglicherweise liegt hier die früheste authentische Abbildung einer Tübinger „Bude" vor. Es ist allerdings ein geräumiges Zimmer, in dem lebhaftes Treiben herrscht und in dem vielerlei Utensilien auf die Interessen des Inhabers deuten. Es diente der Arbeit und der Freizeit; dazu gehörte noch eine Schlafkammer. Der Mietpreis für beides betrug nach dem amtlichen Verzeichnis[11] 12 Gulden im Jahr,

---

1585). Elze (wie Anm. 4) S. 99. Eintrag im Stammbuch des Tübinger Burgvogts Nikolaus Ochsenbach (1562–1626), 1596: Stammbücher bis 1625, beschrieben von Ingeborg Krekler (Die Handschriften der Württembergischen Landesbibliothek Stuttgart, Sonderreihe, Bd. 3), Wiesbaden 1999, S. 124. Die Autographensammlung (wie Anm. 3) S. 147: Brüder Enenkel. Renaissance in Österreich (wie Anm. 3) S. 397: Brüder Enenkel. Brecht, Johann Valentin Andreae, 2008 (wie Anm. 5) S. 58, 107–109, 111: die Brüder und ihre Freundschaft mit Andreae. Johann Valentin Andreä 1586–1654. Leben, Werk und Wirkung eines universalen Geistes. Ausstellung zum 400. Geburtstag. Katalog, Bad Liebenzell 1986, S. 63. Harald Scholtz, Evangelischer Utopismus bei Johann Valentin Andreae. Ein geistiges Vorspiel zum Pietismus (Darstellungen aus der Württembergischen Geschichte, Bd. 42), Stuttgart 1957, S. 98 Anm. 10.

9 Brecht, Johann Valentin Andreae, 2008 (wie Anm. 5) S. 52, 107. Die Matrikeln der Universität Tübingen, Bd. 2 (wie Anm. 7) S. 70 Nr. 18585 f. (26. November 1611): *Marcus Paradiser nobilis et Elias Zetschius Bornensis Misnicus eius praeceptor*; Parad(e)iser studierte die Rechte von Januar 1614 an. Elze (wie Anm. 4) S. 106. Helmut Hornbogen, Tübinger Dichter-Häuser. Literaturgeschichte aus Schwaben. Ein Wegweiser, Tübingen [3]1999, S. 48 f. Wolfram Angerbauer, Das Kanzleramt an der Universität Tübingen und seine Inhaber 1590–1817 (Contubernium. Beiträge zur Geschichte der Eberhard-Karls-Universität Tübingen, Bd. 4), Tübingen 1972, S. 33–36.

10 Ulrich Rasche, Cornelius relegatus und die Disziplinierung der deutschen Studenten (16. bis frühes 19. Jahrhundert). Zugleich ein Beitrag zur Ikonologie studentischer Memoria, in: Frühneuzeitliche Universitätskulturen, hg. von Barbara Krug-Richter/Ruth-E. Mohrmann (Beihefte zum Archiv für Kulturgeschichte, Heft 65), Köln u. a. 2009, S. 157–222, besonders S. 190–200, Abb. 6, Farbtafeln 2–6, 8. „In ewiger Freundschaft" (wie Anm. 4) S. 151. Die Universität Tübingen von 1477 bis 1977 in Bildern und Dokumenten, bearb. von Hansmartin Decker-Hauff/Wilfried Setzler, Tübingen 1977, S. 172: Studentenzimmer 1754. „... helfen zu graben den Brunnen des Lebens". Historische Jubiläumsausstellung des Universitätsarchivs Tübingen, bearb. von Uwe Jens Wandel u. a. (Ausstellungskataloge der Universitätsbibliothek Tübingen, Nr. 8), Tübingen 1977, S. 153 Nr. 190: Studentenzimmer um 1774.

11 Universitätsarchiv Tübingen (künftig: UAT) 32/6 Nr. 4–7: Verzeichnisse der Häuser, Stuben und Kammern, die an Studenten und Universitätsverwandte vermietet werden, um 1606 bzw. 1615. 1606 heißt es: *Herrn Doctor Michel Zieglers ober Vordere Stub sampt der Cammer umb 8f., Die ober Hinder stub sampt der Cammer zu 12f., Uff den Undern Boden ein stub und Cammer zu 12f.* 1659: *Jacob Weidenbachß obere Stueb undt Cammer gegen der*

ein willkommenes Zubrot für den Hauswirt, den Tübinger Professor Michael Ziegler, dessen jährliche Besoldung 420 Gulden zuzüglich Naturalien, vor allem Korn und Wein, ausmachte – wobei der Wein an Kostgänger, zum Teil wohl reichlich, ausgeschenkt wurde[12].

Sehen wir uns das Zimmer genauer an: An zwei Seiten geben insgesamt fünf Fenster mit Butzenscheiben ausreichend Beleuchtung. In der Ecke zwischen den Fenstern sind allerlei nützliche Utensilien aufgehängt: Schere, Lineal, Zirkel u.a. Unterhalb der Fenster sind Bänke eingebaut, die auf der linken Seite als Bücherregal genutzt werden; die Bücher scheinen nach der Größe aufgestellt zu sein. Es ist für damalige Verhältnisse eine große Anzahl – Schallenberg war demnach schon damals ein Bücherliebhaber[13].

Der Student war wohl recht fleißig und hat sich auch, soviel wir wissen, in Tübingen nichts zuschulden kommen lassen. Er war, wie zuvor der Stiefvater, zuerst 1610 an der Universität Jena gewesen[14] und wechselte im folgenden Jahr nach Tübingen. In seiner sogenannten Hauschronik sagt er nicht viel über sein Studium: *Anno 1611 den 1. August ist Herr Georg Christoph von Schallenberg nach Tübingen ad studia verreist*[15]. Unterwegs weilte er vom 7. September an für vier Tage in Landshut, wo er seine Tante Helena von Schallenberg (1560–1630)[16] im Franziskanerinnen-Kloster Hl. Kreuz besuchte, in das sie, zuvor Hofdame in München, 1595 eingetreten war und dessen Äbtissin sie 1617 werden sollte. Am 10. kam er nach München, am 14. nach Augsburg, wo er *wie ein Fürst tractiert worden* (von wem,

---

gaßen umb 10 fl, Die mittlere Stub gegen der Wehrt, sambt der Cammer 14 fl, Die untere Stube undt Cammer gegen der Wehrt umb 10 fl. Vermutlich handelt es sich demnach um die obere oder mittlere Stube. Dazu kamen für den Studenten, wie heute, noch weitere Ausgaben: Essen, Kleidung, Bücher usw. Möglicherweise war Schallenberg Kostgänger bei dem Professor. Über die Kosten des Studiums s. Gisela BAUMANN, Tempora mutantur, in: „Ova minima". Festschrift für Hansmartin Decker-Hauff zum 50. Geburtstag, Tübingen 1967, masch., S. 334–355. – Vgl. HORNBOGEN (wie Anm. 9) S. 48.

12 UAT 129/3 Nr. 76, Deputaturrechnung 1611/12. Ziegler erhält pro Angaria (Quatember), also vierteljährlich, an Geld: für die Physik des Aristoteles 30 fl, für die Dialektik Melanchthons 15 fl, für die Inspektion des Pädagogiums 5 fl, dazu Holzgeld 12 fl, Sitzungsgeld für den Senat 28 fl, Wohngeld 15 fl , insgesamt also 105 fl, dazu noch Naturalien. Während seines Rektorats 1613 verfügte er zusätzlich über 50 fl, Disputationen wurden gesondert bezahlt (vgl. Anm. 21). – Karl KLÜPFEL, Geschichte und Beschreibung der Universität Tübingen (DERS./Max EIFERT, Geschichte und Beschreibung der Stadt und Universität Tübingen, Bd. 2), Tübingen 1849 (ND Aalen 1977), S. 129.

13 S. Anm. 3 (Bücher mit Wappen-Supralibros aus seinem Besitz).

14 Die Matrikel der Universität Jena (wie Anm. 6) S. 277. HEBENSTREIT (wie Anm. 3) S. 262.

15 HEBENSTREIT (wie Anm. 3) S. 262 f. TERSCH (wie Anm. 3) S. 733.

16 Katrin KELLER, Hofdamen. Amtsträgerinnen im Wiener Hofstaat des 17. Jahrhunderts, Wien u. a. 2005, S. 48 Anm. 67: Helena von Schallenberg, 1595 als Hofdame am herzoglichen Hof in München erwähnt.

sagt er nicht). In Ulm war er am 20. September und erreichte dann Tübingen, wo er bereits am 22. September immatrikuliert wurde[17].

Im Mai 1612 wird er als Student der Rechte genannt. Er war Schüler des bedeutenden Staatsrechtlers Christoph Besold (1577–1638)[18]. Dieser wurde in der württembergischen Geschichtsschreibung meist recht kritisch betrachtet: 1610 hatte er zwar, als Zeugnis für seine lutherische Rechtgläubigkeit, die Konkordienformel unterschrieben, war aber 1635 öffentlich zur katholischen Kirche übergetreten und an die bayerische Universität Ingolstadt gewechselt, zusammen mit mehreren Tübinger Studenten – von denen er zumindest einen zur Konversion bewog, nämlich Johann Friedrich Ochsenbach (1606–1658), den Sohn des Tübinger Burgvogts Nikolaus Ochsenbach. Außerdem lieferte Besold der katholischen Seite gedruckte Argumente für die Rückforderung der ehemaligen Klöster im Herzogtum aufgrund des Restitutionsedikts[19]. Berühmt war seine universale Bibliothek, die auch sein Freund Johann Valentin Andreae, der berühmte württembergische Theologe

---

[17] Die Matrikeln der Universität Tübingen, Bd. 2 (wie Anm. 7) S. 68 Nr. 18535: *Georgius Christophorus a Schallenberg Austriacus.*

[18] BRECHT, Johann Valentin Andreae, 2008 (wie Anm. 5) S. 28, 45–50, 232f. und öfter. Sabine HOLTZ, Bildung und Herrschaft. Zur Verwissenschaftlichung politischer Führungsschichten im 17. Jahrhundert (Schriften zur südwestdeutschen Landeskunde, Bd. 32), Leinfelden-Echterdingen 2002. Herbert JAUMANN, Handbuch Gelehrtenkultur der Frühen Neuzeit, Bd. 1: Bio-bibliographisches Repertorium, Berlin/New York 2004, S. 93–95. Barbara ZELLER-LORENZ/Wolfgang ZELLER, Christoph Besold 1577–1638. Polyhistor, gefragter Consiliator und umstrittener Konvertit, in: Lebensbilder zur Geschichte der Tübinger Juristenfakultät, hg. von Ferdinand ELSENER (Contubernium. Beiträge zur Geschichte der Eberhard-Karls-Universität Tübingen, Bd. 17), Tübingen 1977, S. 9–18. Heinrich DE WALL, Politik, Recht und Maiestas – Zur Staatslehre Christoph Besolds, in: Die Universität Tübingen zwischen Reformation und Dreißigjährigem Krieg. Festgabe für Dieter Mertens zum 70. Geburtstag, hg. von Ulrich KÖPF/Sönke LORENZ/Dieter R. BAUER (Tübinger Bausteine zur Landesgeschichte, Bd. 14), Ostfildern 2010, S. 223–234. „... helfen zu graben“ (wie Anm. 10) S. 97–100. Volker SCHÄFER, Die Universität Tübingen zur Zeit Wilhelm Schickards, in: „Aus dem Brunnen des Lebens“. Gesammelte Beiträge zur Geschichte der Universität Tübingen von Volker Schäfer. Festgabe zum 70. Geburtstag, hg. von Sönke LORENZ/Wilfried SETZLER (Tübinger Bausteine zur Landesgeschichte, Bd. 5), Ostfildern 2005, S. 101f., 111f. Literaturlexikon. Autoren und Werke deutscher Sprache, Bd. 1, hg. von Walther KILLY, Gütersloh/München 1988, S. 480f. HORNBOGEN (wie Anm. 9) S. 43–58 (Johann Valentin Andreae). Eintrag ins Stammbuch Nikolaus Ochsenbach, 1626: Stammbücher (wie Anm. 8) S. 124. Die Autographensammlung (wie Anm. 3) S. 37. Johann Valentin Andreä (wie Anm. 8) S. 47, 55.

[19] Otto HERDING, Christoph Besold (1577–1638) und seine Urkundeneditionen über Klöster im Herzogtum Württemberg, in: DERS., Beiträge zur südwestdeutschen Historiographie, hg. von Dieter MERTENS/Hansmartin SCHWARZMAIER (VKgL B 162), Stuttgart 2005, S. 81–86. ZELLER-LORENZ/ZELLER (wie Anm. 18) S. 17f. – BRECHT, Johann Valentin Andreae, 2008 (wie Anm. 5) S. 232. Volker SCHÄFER, Die Unterschriften unter das Konkordienbuch an der Universität Tübingen (1582–1781). Zweiter Teil: Edition, in: Die Universität Tübingen zwischen Reformation (wie Anm. 18) S. 75 Nr. 122. – Die Handschriften der ehemaligen Hofbibliothek Stuttgart, beschrieben von Magda FISCHER, Bd. 5 (Die Handschriften der Württembergischen Landesbibliothek Stuttgart, 2. Reihe, Bd. 5), Wiesbaden 1975, S. 96.

und Verfasser utopischer und Rosenkreuzer-Schriften, benutzt hatte. Sie wurde 1648 nach Salzburg verkauft und bildete den Grundstock der dortigen Universitätsbibliothek[20].

Schallenberg wird 1613 als Teilnehmer einer Disputation unter Besolds Vorsitz aufgeführt: *Disputatio succincta L. 9 & seqq. ff. de Iustitia & Iure* [...], *quam* [...] *Dn. Christophori Besoldi Tubing. Professoris Patrii, praeceptoris sui sub Praesidio, Publico examini exercitii caussa submittit Georg-Christoph. a Schallenberg & Biberstain*[21], und er erscheint als Respondent in Besolds Schrift *Collegii Politici Classis Prima* [...], erschienen in Tübingen 1614 und gewidmet Schallenbergs Vermieter Professor Michael Ziegler[22]. Besold widmete dagegen Schallenberg seine *Oratio de periculis nostri seculi*, veröffentlicht in seinem großen Werk *Templum Iustitiæ* in Tübingen 1616[23], und nennt ihn, zusammen mit seinem Bruder Carl Christoph (der sich 1613 in Tübingen eingeschrieben hatte[24]), in der Danksagung für die Teilnehmer an seinen Seminaren in seiner Publikation *Politicorum Libri duo*, Tübingen 1618[25]. Johann Valentin Andreae hatte dazu ein Gedicht beigesteuert.

Mit Besold blieb Schallenberg auch noch nach seinem Studium in Verbindung, denn im Jahre 1617 bat er zweimal Johannes Kepler, für die Beförderung eines Faszikels Briefe an Besold – der seinerseits schon als Student mit Kepler befreundet gewesen war – zu sorgen[26]. Vermutlich hatte ihn Besold in einen Kreis Tübinger

---

20 Carlos Gilly, Die Büchersammlung Christoph Besolds, in: Fürsterzbischof Wolf Dietrich von Raitenau. Gründer des barocken Salzburg. Ausstellungskatalog der 4. Salzburger Landesausstellung, 16. Mai bis 26. Oktober 1987, hg. vom Amt der Salzburger Landesregierung (Kulturabteilung), Salzburg 1987, S. 281–283. Carlos Gilly, Bibliographia Rosicruciana. Das europäische Schrifttum zu den Rosenkreuzern des 17. und 18. Jahrhunderts, 6 Bde., Bd. 6: Die Bibliotheken der ersten Rosenkreuzer. Edition der erhaltenen Bücherverzeichnisse aus dem Besitz von Tobias Hess, Christoph Besold und Karl Widemann (sollte Januar 2013 erscheinen – laut Homepage des Verlages Frommann-Holzboog, 25. April 2014, „in Vorbereitung"). – Klaus Schreiner, „Beutegut aus Rüst- und Waffenkammern des Geistes". Tübinger Bibliotheksverluste im Dreißigjährigen Krieg, in: Stadt des Buches. Tübingen 1498–1998, bearb. von Gerd Brinkhus/Wilfried Lagler/Claudine Pachnicke (Tübinger Kataloge, Nr. 50), Tübingen 1998, S. 101–103: Besolds fragliche Beteiligung; S. 103: Besolds Bibliothekskatalog befindet sich in der Harvard University Library.

21 Tübingen 1613: Johann Alexander Cellius. Vorhanden in der Staatsbibliothek zu Berlin und in der HAAB. – UAT 129/3 Nr. 77 Deputaturrechnung 1612/13: Besold erhielt für die Disputation 4 fl 32 x.

22 Tübingen 1614: Johann Alexander Cellius. Vorhanden in einem Sammelband der Universitätsbibliothek Erfurt, Signatur: 03 – Pol. 4° 00009 (01).

23 Tübingen 1616: Dietrich Werlin/Johann Berner, Buchhändler zu Frankfurt. S. 124: Schallenberg. Vorhanden in der Universitäts- und Forschungsbibliothek Gotha (künftig: UFB), Signatur: Jur. 4° 00061/02 (02).

24 Die Matrikeln der Universität Tübingen, Bd. 2 (wie Anm. 7) S. 81 Nr. 18894 (30. September 1613): *Carolus Christophorus a Schallenberg nobilis quia minorennis stipulata manu promisit*; stud.iur. 3. August 1614. Er starb 1629. – Tersch (wie Anm. 3) S. 728.

25 Frankfurt 1618: Johann Alexander Cellius, Buchdrucker zu Tübingen. S. 877: Brüder Schallenberg. Vorhanden in der UFB Gotha, Signatur: II f XI 8° 00047.

26 Georg Wacha, Kepler und Linz. Briefe, Dokumente, Aktenstücke, in: Historisches

Nonkonformisten eingeführt[27]. Zu diesem Kreis werden außer Besold und Andreae[28] u.a. folgende Männer gerechnet: Dr. iur. Tobias Heß (1558–1614), ein Jurist, der, zum Verdruss der medizinischen Fakultät, als Arzt (und Anhänger des Paracelsus) tätig war[29]; Johann Jakob Hainlin (Heinlin; 1588–1660) aus Calw, Stiftsrepetent für Mathematik, der es zum Abt von Bebenhausen bringen sollte[30]; der Hofgerichtsadvokat Christoph Welling (1582–1661), Sohn des Latein-Professors Heinrich Welling und Andreaes Vetter 2. Grades[31]; Wilhelm Bidembach (ge-

---

Jahrbuch der Stadt Linz 1978, hg. vom Archiv der Stadt Linz, Linz 1979, S. 249–296, hier S. 265, 267. Johannes KEPLER, Gesammelte Werke, Bd. 17: Briefe 1612–1620 und Bd. 18: Briefe 1620–1630, Register bearb. von Peter Michael SCHENKEL (Berichte der Kepler-Kommission, Heft 17 und 20), München 2006 und 2007. TERSCH (wie Anm. 3) S. 549–571. JAUMANN (wie Anm. 18) S. 364–366. Kepler und Tübingen (Tübinger Kataloge, Nr. 13), Tübingen 1971.

27 Siegfried WOLLGAST, Philosophie in Deutschland zwischen Reformation und Aufklärung. 1550–1650, Berlin ²1993, S. 265.

28 Johann Valentin ANDREAE, Gesammelte Schriften, hg. von Wilhelm SCHMIDT-BIGGEMANN, Stuttgart-Bad Cannstatt 1995 ff. Johann Valentin ANDREAE, Schriften zur christlichen Reform, bearb. von Frank BÖHLING, Stuttgart-Bad Cannstatt 2010. BRECHT, Johann Valentin Andreae, 2008 (wie Anm. 5). DERS., Johann Valentin Andreae. Weg und Programm eines Reformers zwischen Reformation und Moderne, in: Theologen und Theologie an der Universität Tübingen. Beiträge zur Geschichte der Evangelisch-Theologischen Fakultät, hg. von Martin BRECHT (Contubernium. Beiträge zur Geschichte der Eberhard-Karls-Universität Tübingen, Bd. 15), Tübingen 1977, S. 270–343. Richard VAN DÜLMEN, Die Utopie einer christlichen Gesellschaft, Stuttgart-Bad Cannstatt 1978. JAUMANN (wie Anm. 18) S. 34. SCHÄFER, Die Universität Tübingen (wie Anm. 18) S. 112. Klaus SCHREINER, Disziplinierte Wissenschaftsfreiheit. Gedankliche Begründung und geschichtliche Praxis freien Forschens, Lehrens und Lernens an der Universität Tübingen (1477–1945) (Contubernium. Beiträge zur Geschichte der Eberhard-Karls-Universität Tübingen, Bd. 22), Tübingen 1981, S. 19–22. „… helfen zu graben" (wie Anm. 10) S. 102–107. Als Frieden möglich war. 450 Jahre Augsburger Religionsfrieden. Begleitband zur Ausstellung im Maximilianmuseum Augsburg, 16. Juni bis 16. Oktober 2005, hg. von Carl A. HOFFMANN u.a., Regensburg 2005, S. 500 Nr. VI.41. Deutsches Literatur-Lexikon, Bd. 1, Bern/München ³1968, Sp. 108. – S. auch Anmerkung 8.

29 GILLY, Bibliographia (wie Anm. 20). BRECHT, Johann Valentin Andreae, 2008 (wie Anm. 5) S. 34–37, 74 f. und öfter. Johann Valentin Andreä (wie Anm. 8) S. 47, 55. Die Autographensammlung (wie Anm. 3) S. 243. SCHREINER, Disziplinierte Wissenschaftsfreiheit (wie Anm. 28) S. 25. SCHÄFER, Die Universität (wie Anm. 18) S. 111 f. EMBERGER, Stipendium (wie Anm. 7) S. 237 f. – Die Akten der freiwilligen Gerichtsbarkeit an der Universität Tübingen 1520–1800, bearb. von Heinz Alfred GEMEINHARDT (Werkschriften des Universitätsarchivs Tübingen, Reihe 2, Heft 14), Tübingen 1988, S. 44 f. Nr. 100, 105.

30 Die Matrikeln der Universität Tübingen, Bd. 2 (wie Anm. 7) S. 30 Nr. 17583 (13. September 1605). BRECHT, Johann Valentin Andreae, 2008 (wie Anm. 5) S. 105, 262, 306 und öfter. Die Grabdenkmale im Kloster Bebenhausen, bearb. von Hans Gerhard BRAND/Hubert KRINS/Siegwalt SCHIEK (Beiträge zur Tübinger Geschichte, Bd. 2), Stuttgart 1989, S. 98 f. Nr. 71. Die Autographensammlung (wie Anm. 3) S. 234. ADB, Bd. 11, Leipzig 1880 (ND Berlin 1969), S. 371.

31 Die Matrikeln der Universität Tübingen, Bd. 1 (wie Anm. 4) S. 731 Nr. 226,26 (16. November 1596); Dr. iur. utr. 1609; Die Matrikeln der Universität Tübingen, Bd. 2 (wie Anm. 7) S. 97 Nr. 19340 (16. März 1616). BRECHT, Johann Valentin Andreae, 2008 (wie Anm. 5) S. 31 f., 35, 61, 106. HORNBOGEN (wie Anm. 9) S. 47 f., 51. – Heinrich Welling (1555–1620) s. Rein-

storben 1655), Professor der Rechte, der 1630 Besolds Klostergutachten an die Öffentlichkeit brachte[32]; Thomas Lansius (1577–1657) aus Perg in Oberösterreich, seit 1606 Professor und Bibliothekar am Collegium Illustre und Freund Keplers[33]; der Buchhändler und niederländische Exulant Johann van der Linde (Lindanus; 1535–1607)[34] und der aus Linz stammende Adelige (und religiöse Außenseiter) Abraham Höltzl (geboren ca. 1581)[35] – Lansius war sein Begleiter auf seiner Kavalierstour durch Europa gewesen. Wilhelm Schickard (1592–1635), der Professor der orientalischen Sprachen und Erfinder der ersten Rechenmaschine, stand dem Kreise zumindest nahe[36].

---

hold Scholl, Die Bildnissammlung der Universität Tübingen 1477 bis 1927 (Schriften des Vereins für Württembergische Familienkunde, Heft 2), Stuttgart 1927, S. 56 Nr. 222; Norbert Hofmann, Die Artistenfakultät an der Universität Tübingen 1534–1601 (Contubernium. Beiträge zur Geschichte der Eberhard-Karls-Universität Tübingen, Bd. 28), Tübingen 1982.

32 Brecht, Johann Valentin Andreae, 2008 (wie Anm. 5) S. 35, 37, 75, 232 f. und öfter. Die Autographensammlung (wie Anm. 3) S. 39. „... helfen zu graben" (wie Anm. 10) S. 99–101. Schäfer, Die Universität (wie Anm. 18) S. 102. Walter Bernhardt, Die Zentralbehörden des Herzogtums Württemberg und ihre Beamten 1520–1629, 2 Bde. (VKgL B 70 und 71), Stuttgart 1973, hier Bd. 1, S. 170 f.

33 Die Matrikeln der Universität Tübingen, Bd. 1 (wie Anm. 4) S. 712 Nr. 221,68 (3. September 1594); Die Matrikeln der Universität Tübingen, Bd. 2 (wie Anm. 7) S. 10 Nr. 17033 (5. März 1602); Dr. iur. utr. 1604; S. 19 Nr. 17272 (4. Januar 1604); S. 26 Nr. 17470 (28. Januar 1605). Brecht, Johann Valentin Andreae, 2008 (wie Anm. 5) S. 28, 35, 37, 45, 233, 284. Elze (wie Anm. 4) S. 101, 103 f. Stefanie A. Knöll, Die Grabmonumente der Stiftskirche in Tübingen (Beiträge zur Tübinger Geschichte, Bd. 13), Tübingen 2007, S. 136 f. Nr. 92. Die Autographensammlung (wie Anm. 3) S. 285. Holtz, Bildung und Herrschaft (wie Anm. 18). Dies., Gelehrte Bildung, soziale Bindung, erfolgreiche Integration. Die Karrieren der Neu-Tübinger Juristen Thomas Lansius (1577–1657) und Wolfgang Adam Lauterbach (1618–1678), in: Tubingensia. Impulse zur Stadt- und Universitätsgeschichte. Festschrift für Wilfried Setzler zum 65. Geburtstag, hg. von Sönke Lorenz/Volker Schäfer (Tübinger Bausteine zur Landesgeschichte, Bd. 10), Ostfildern 2008, S. 293–312. Schreiner, „Beutegut" (wie Anm. 20) S. 83–109.

34 Brecht, Johann Valentin Andreae, 2008 (wie Anm. 5) S. 27 f., 31, 51. Scholtz (wie Anm. 9) S. 6. Er war seit 1606 in Tübingen.

35 Die Matrikeln der Universität Tübingen, Bd. 2 (wie Anm. 7) S. 19 Nr. 17271 (4. Januar 1604) zusammen mit Lansius (Nr. 17272): *Abrahamus Höltzl Lincensis nobilis Austriacus*; stud. iur. 1604; S. 33 Nr. 17639 (15. März 1606). Elze (wie Anm. 4) S. 104. Die Autographensammlung (wie Anm. 3) S. 254. Brecht, Johann Valentin Andreae, 2008 (wie Anm. 5) S. 34 f., 46, 107, 163, 170, 233 f. und öfter. Holtz, Gelehrte Bildung (wie Anm. 33) S. 299 f. Joana Peters, Historische und strukturelle Entwicklung des Rosenkreuzerordens: Zur Weltanschauung eines Mysterienbundes, Examensarbeit, München 2008, S. 13. Friedrich Seck, Die Quellen zur Geschichte der Universitätsbibliothek Tübingen, in: Bausteine zur Tübinger Universitätsgeschichte, Folge 1 (Werkschriften des Universitätsarchivs Tübingen, Reihe 1, Heft 6), Tübingen 1981, S. 28–90, hier S. 58 Nr. 63.

36 Wilhelm Kühlmann, Wilhelm Schickard – Wissenschaft und Reformbegehren in der Zeit des Konfessionalismus, in: Zum 400. Geburtstag von Wilhelm Schickard. Zweites Tübinger Schickard-Symposion 25. bis 27. Juni 1992, hg. von Friedrich Seck (Contubernium. Tübinger Beiträge zur Universitäts- und Wissenschaftsgeschichte, Bd. 41), Sigmaringen

Als Andreae zusammen mit dem lüneburgischen Adeligen Wilhelm von der Wense (1586–1641), den er 1612 kennengelernt hatte – dieser war nach Aufenthalten in Wittenberg, Straßburg, Basel und Antwerpen nach Tübingen gekommen –, in Tübingen ein „Collegium Mathematicum" gründete, das in Besolds Haus tagte[37], gehörte zu den zwölf Mitgliedern auch Besolds Bruder Johann Georg, Professor am Collegium Illustre. Dazu kamen zwei schwedische Adelige, Åke und Ture Axelsson, Schüler Besolds, genannt in den *Politicorum Libri duo* und im Stammbuch des Tübinger Medizinstudenten Johann Ludwig Medinger aus Stuttgart 1614[38]; deren Hauslehrer Petrus Simonius Falck (gestorben 1622), der sich im Stammbuch des späteren Professors der lateinischen Sprache und der Rhetorik Johann Martin Rauscher, auch ein Schüler Besolds, verewigt hat – leider ohne Jahreszahl –, ebenso wie Ture Axelsson, und im Stammbuch Medinger 1614[39]; der erwähnte Abraham Höltzl; ferner Johann Heinrich von Offenburg(k)[40]; Sylvester Braunschweig aus Kolberg in Pommern (1590–1638), der die Rechte 1611 in Helm-

1995, S. 41–66. Hofmann (wie Anm. 31). Jaumann (wie Anm. 18) S. 590f. „... helfen zu graben" (wie Anm. 10) S. 103, 113f., 121–123. Schäfer, Die Unterschriften (wie Anm. 19) S. 68 Nr. 75. Brecht, Johann Valentin Andreae, 2008 (wie Anm. 5) S. 35 und öfter. – Scholl (wie Anm. 31) S. 49 Nr. 182.

37 Brecht, Johann Valentin Andreae, 2008 (wie Anm. 5) S. 49, 61; Wense auch S. 106, 188, 234 und öfter. Wense kam 1616 nach zwei Jahren in Italien als Hofmeister zweier Prinzen von Sachsen-Altenburg für vier Jahre nach Tübingen und wurde dann Rat in Altenburg. Tobias Churlton, The Invisible History of the Rosicrucians: The World's Most Secret Society, Rochester, Vt. 2009, S. 298: Schallenbergs Nachname fehlt [!]. Andreae, Schriften (wie Anm. 28) S. 14. – Wense: Eintrag ins Stammbuch Nikolaus Ochsenbach 1618: Stammbücher (wie Anm. 8) S. 124. Die Autographensammlung (wie Anm. 3) S. 571. Scholtz (wie Anm. 9) S. 7f.

38 Simone Giese, Studenten aus Mitternacht. Bildungsideal und *peregrinatio academica* des schwedischen Adels im Zeichen von Humanismus und Konfessionalisierung (Contubernium. Tübinger Beiträge zur Universitäts- und Wissenschaftsgeschichte, Bd. 68), Stuttgart 2009, S. 232, S. 275 Anm. 13, S. 305 Anm. 46, S. 384 Anm. 42, S. 458, 461, 503–505, 514, 525, 527, 555, 596, 652, 714. – Das Wappen Natt och Dag war angeblich redend: geteilt in Blau und Gold (Nacht und Tag): Stephen Slater, The Complete Book of Heraldry. An international history of heraldry and its contemporary uses, London ^{3}2010, S. 74. Svenskt biografiskt lexikon, Bd. 26, S. 443–445: Åke. Stammbuch Medinger, 1614: Stammbücher (wie Anm. 8) S. 152. Die Autographensammlung (wie Anm. 3) S. 348: Åke.

39 Universitätsbibliothek Tübingen (künftig: UBT) Mh 960a Bl. 244: Thuro Axelsson; Bl. 429: Falck. Vgl. „In ewiger Freundschaft" (wie Anm. 4) S. 186f.: Stammbuch Rauscher. Stammbücher (wie Anm. 8) S. 154: Stammbuch Medinger.

40 Holtz, Bildung und Herrschaft (wie Anm. 18) S. 146f. Bernhardt (wie Anm. 32) Bd. 1. S. 227, 388. Die Autographensammlung (wie Anm. 3) S. 361. Abbildung des Ballhauses des Tübinger Collegium Illustre aus Offenburgs Stammbuch mit dessen Wappen: Die Universität Tübingen (wie Anm. 10) S. 121. Eintrag in das Stammbuch des Nikolaus Ochsenbach, 1625: Stammbücher (wie Anm. 8) S. 124. Wappenscheibe im Tübinger Rathaus mit Wappen von Mitgliedern des Hofgerichts, darunter Offenburgs: 1514. Macht. Gewalt. Freiheit. Der Vertrag zu Tübingen in Zeiten des Umbruchs, Katalog der Ausstellung in der Kunsthalle Tübingen, 8. März bis 31. August 2014, Tübingen 2014, S. 452f. Nr. 204 (farbige Abbildung S. 453).

stedt, 1612 in Tübingen, 1617 in Greifswald studierte und es zum Kanzler des Herzogtums Pommern-Wolgast brachte[41]; Johannes Winter aus Lahr, immatrikuliert in Tübingen 1591 und wieder 1606[42] – und Georg Christoph von Schallenberg. Die beiden Schweden aus dem Geschlecht der Natt och Dag (Nacht und Tag) waren auf Geheiß ihres Vormunds, des schwedischen Kanzlers Axel Oxenstierna – der Tübingen einst auf seiner Kavalierstour besucht hatte –, am 7. April 1613 an das Collegium Illustre nach Tübingen gekommen, das sie Mitte September 1614 wieder verließen. Åke (1594–1655) hatte zuvor in Uppsala studiert, Ture (1595–1626) schrieb sich 1616 in Leiden ein; Ture wurde Richter, Åke aber brachte es zum schwedischen Reichsmarschall, dem obersten Beamten des Hofes. Abraham Höltzl wird schon 1600 in Tübingen genannt und wurde 1604 immatrikuliert. Er ließ sich hier für dauernd nieder und kaufte 1606 die Häuser des bankrotten Druckers Philipp Gruppenbach in der Neckarhalde, 1611 erwarb er vom Tübinger Bürgermeister Georg Calwer einen Hof in Weilheim (den dieser seit 1589 innegehabt hatte), den er 1619 an Lansius weiterreichte. Er unterschrieb 1629 als akademischer Bürger die Konkordienformel und starb 1651[43]. Seine zerrütteten Vermögensverhältnisse bereiteten Andreae 1612 bei seiner Reise nach Österreich reichlich Verdruss[44]. Höltzl war publizistisch tätig: er brachte einerseits für Anhänger Valentin Weigels in Österreich bestimmte Traktate, aber auch eine Karte Württembergs heraus: *Tabula Geographica Ducatus Wurtemberg*. Der nicht unbedeutende Jurist Offenburg – die unter seinem Vorsitz am Collegium Illustre abgehaltenen Disputationen wurden noch im 18. Jahrhundert neuaufgelegt – trat in württembergische Dienste, er wurde Generalkommissar sowie Obervogt von Lauffen und Nagold, er war auch

---

41 Die Matrikeln der Universität Tübingen, Bd. 2 (wie Anm. 7) S. 73 Nr. 18693 (21. Juli 1612), stud. iur.

42 Die Matrikeln der Universität Tübingen, Bd. 1 (wie Anm. 4) S. 683 Nr. 214,75 (20. April 1591); Die Matrikeln der Universität Tübingen, Bd. 2 (wie Anm. 7) S. 36 Nr. 17746 (31. Juli 1606).

43 Die Matrikeln der Universität Tübingen, Bd. 2 (wie Anm. 7) S. 19 Nr. 17271. Uwe Jens Wandel, Melchior Breidner aus Schorndorf – der Verleger des Landrechts von 1610, in: Zeitschrift für Württembergische Landesgeschichte 40 (1981) = Speculum Sueviae. Festschrift für Hansmartin Decker-Hauff zum 65. Geburtstag, Bd. 1, S. 359–368, hier S. 362. Stefanie Schoor, Michael Mästlin, in: Stiftsköpfe, hg. von Volker Henning Drecoll/Juliane Baur/Wolfgang Schöllkopf, Tübingen 2012, S. 33–40, hier S. 37, meint, dass Gruppenbachs Vater seine Druckerei im Gebäude Burgsteige 5 gehabt habe. – Rudolf Seigel, Gericht und Rat in Tübingen. Von den Anfängen bis zur Einführung der Gemeindeverfassung 1818–1822 (VKgL B 13), Stuttgart 1960, S. 248 Nr. 271: Georg (Jörg) Calwer. – Der Landkreis Tübingen, Amtliche Kreisbeschreibung, Bd. 2, Stuttgart 1972, S. 779. – Schäfer, Die Unterschriften (wie Anm. 19) S. 88 Nr. 239. Friedrich Seck, Eine Zeittafel zur Geschichte der Universitätsbibliothek Tübingen, in: Bausteine zur Tübinger Universitätsgeschichte, Folge 1 (Werkschriften des Universitätsarchivs Tübingen, Reihe 1, Heft 6), Tübingen 1981, S. 43–90, hier S. 63: Honorar an Johann Valentin Andreae für sein durch Junker [Abraham] Höltzl übergebenes Buch, 9. Dezember 1613.

44 Brecht, Johann Valentin Andreae, 2008 (wie Anm. 5) S. 58. Ebd., S. 170 die im Folgenden genannten Traktate; Valentin Weigel: ebd., S. 48, 89, 169.

Contrafect meiner Wohnstuben zu Nürnberg [illegible]
[illegible] gassen [illegible] mitt
meiner hand A°. 1612 [illegible]

1. [illegible]
2. [illegible]
3. [illegible]
4 & 5 [illegible]
6. [illegible]
8. [illegible]
9. [illegible]
10. [illegible]
11. [illegible]
12. [illegible]

Beisitzer des Hofgerichts in Tübingen; außer badischen Lehen hatte er, zusammen mit seinen zwei Brüdern, das württembergische Rittergut Talheim (heute zu Mössingen, Kreis Tübingen) inne[45].

Höltzl war wohl zusammen mit Tobias Heß an der Abfassung der Rosenkreuzerschriften Andreaes mitbeteiligt[46]. Schallenberg scheint nicht ganz unbeeinflusst gewesen zu sein, denn als Bücher aus Heß' Besitz verkauft wurden, übernahm er, neben Besold, einen Teil davon, und er erbat sich später, ca. 1619, von Kepler die Ausleihe einer Rosenkreuzerschrift[47]. Er beschäftigte sich überhaupt mit chemischen (d. h. alchemistischen) und magischen Schriften[48].

Was ist auf dem Bild noch zu sehen? An der hinteren Wand stehen zwei Tische, links einer mit einer Tischdecke behangen, rechts der schlichte Schreibtisch des Studenten mit weiteren Büchern, auf dem aber gerade, wohl für Gäste, ein Teller, Trinkgläser, ein Messer und anderes (nicht klar erkennbares) Geschirr aufgedeckt sind. Links davon ist in die Wand ein verziertes Schränkchen eingelassen, auf dem verschiedene Glasgefäße stehen: ein Krug, zwei Flaschen, ein Pokal. An der rechten Wand ist oben ein Wandbrett angebracht, darauf befinden sich ein Kerzenhalter, eine Lichtputzschere, zwei Pokale und wohl zwei Globen, ein Erd- und ein Himmelsglobus, wie sie bei damaligen Studenten auch sonst vorkommen, so z. B. bei dem Tübinger Teufelsbündner von 1596 oder später bei dem Inhaber eines Studentenzimmers 1754[49].

Schallenberg hat sich demnach schon in Tübingen für Mathematik und Astronomie interessiert. Später, 1617, suchte er die Freundschaft des schon genannten Johannes Kepler[50], der von 1612 bis 1626 als landständischer und kaiserlicher Mathematiker in Linz wirkte und mit dem sein Stiefvater Job Hartmann von Enenkel seit langem befreundet war; dessen Bruder Georg Achaz von Enenkel gehörte zu den Freunden Andreaes. Schallenberg schrieb Kepler mehrfach rühmende Briefe und sandte ihm astronomische Anfragen, 1620 schilderte er ihm den Verlauf der Mondfinsternis vom 14. Juni 1620[51].

An der rechten Wand des Zimmers hängen unter dem Wandbrett ein Hut, eine Laute (darunter lehnt eine Baßgambe), eine Tafel und ein langes Rollenhandtuch – denn daneben ist ein Handwaschbecken montiert. Davor steht eine Bank, vor ihr

---

[45] Walther Pfeilsticker, Neues württembergisches Dienerbuch, 2 Bde. und Registerband, Stuttgart 1957–1974, §§ 1301, 1480, 2519, 2640. Familienarchiv Offenburg im Generallandesarchiv Karlsruhe (Bestand 69). Der Landkreis Tübingen (wie Anm. 43) S. 695–697.

[46] Brecht, Johann Valentin Andreae, 2008 (wie Anm. 5) S. 65–92. Weiteres s. Anm. 27.

[47] Brecht, Johann Valentin Andreae, 2008 (wie Anm. 5) S. 36 mit Anm. 41 nennt die Titel aus Heß' Bibliothek. – Wacha (wie Anm. 26) S. 275.

[48] Tersch (wie Anm. 3) S. 729.

[49] Uwe Jens Wandel, Ein Teufelsbündner aus Erfurt: David Lipsius, in: Jahrbuch für Erfurter Geschichte 4 (2009) S. 23–44, hier S. 36. Studentenzimmer 1754: Die Universität Tübingen (wie Anm. 10) S. 172.

[50] Wacha (wie Anm. 26) S. 265.

[51] Wacha (wie Anm. 26) S. 278.

ein Krug auf dem Boden. Am rechten Bildrand angeschnitten ist ein Kachelofen sichtbar.

Im Zimmer sind diverse Menschen und Tiere versammelt. Da ist zum einen (Nr. 10) der Mieter selbst, Georg Christoph von Schallenberg; er unterhält sich mit des *Harpprechts Menschle* (Nr. 11; Lesung ist unsicher, gemeint ist wohl die Magd des Tübinger Jura-Professors Johann Harpprecht [1560–1639])[52]. Dann hat sich der Vermieter eingefunden, der Tübinger Philosophieprofessor Michael Ziegler (1563–1615; Nr. 8), der 1586 als Hofmeister in Österreich tätig gewesen war und nun in Tübingen die österreichischen evangelischen Adeligen betreute[53]. Im Wintersemester 1612/1613 bekleidete er das Amt des Universitätsrektors. Sein Haus war das heute noch stehende Gebäude Neckargasse 2, das auf alten Ansichten der Neckarfront, etwa auf dem Stammbuchblatt des Prinzen Johann Wilhelm von Sachsen-Altenburg 1616, durch seine Größe auffällt[54]; inzwischen wurden freilich die anderen Häuser der Neckarfront vielfach umgebaut und aufgestockt. Ursprünglich waren es wohl zwei Häuser gewesen, die dann unter einem Dach vereinigt wurden, an der Fuge findet sich deutlich erkennbar ein doppelköpfiger Adler und die Jahreszahl 1584. Ziegler hatte es 1598 von Dr. Caspar Hirsch[55] erworben. Hirsch (geboren 1538 in Wien), Sekretär der steirischen Landstände, als Protestant 1583 aus Österreich ausgewiesen, war in der Folge zu einem unsteten Wanderleben gezwun-

---

[52] Gudrun Emberger, Biographische Notizen zu den Angehörigen des Lehrkörpers der Universität Tübingen, die Erhard Cellius in seinem Werk abgebildet hat, in: Erhard Cellius, Imagines professorum Tubingensium 1596, hg. von Hansmartin Decker-Hauff/Wilfried Setzler, Bd. 2, Sigmaringen 1981, S. 141. Scholl (wie Anm. 31) S. 30f. Nr. 76.

[53] Emberger, Biographische Notizen (wie Anm. 52) S. 157. Hofmann (wie Anm. 31). Die Autographensammlung (wie Anm. 3) S. 629. Brecht, Johann Valentin Andreae, 2008 (wie Anm. 5) S. 27. Scholl (wie Anm. 31) S. 56 Nr. 227.

[54] Abgebildet in: „... helfen zu graben“ (wie Anm. 10) S. XVIII, vgl. S. 15 Nr. 32; Als Frieden möglich war (wie Anm. 28) S. 499f. Nr. VI.40. Der Prinz kam zusammen mit seinem Hofmeister Wilhelm von der Wense nach Tübingen (s. Anm. 37). – Weitere Bilder von der Neckarfront: 1625: im Stammbuch des Georg Pfinzing von Henfenfeld, HAAB, Stammbuch 355; „In ewiger Freundschaft“ (wie Anm. 4) S. 80f. – 1632: im Stammbuch des Notars Jakob Johann Sparr, Württembergische Landesbibliothek Stuttgart (künftig: WLB) Cod. Hist. 8° 183. – 1643: Kupferstich in: Topographia Sveviæ, Frankfurt am Main 1643: Matthäus Merian (ND Kassel/Basel 1960). Nach S. 184; Tübinger Kulturdokumente aus den Städtischen Sammlungen (Tübinger Kataloge, Nr. 3), Tübingen 1959, bei S. 4, vgl. S. 31 Nr. 4, S. 46 Nr. 67; Die Universität Tübingen (wie Anm. 10) S. 33. – 1683: Gouache von Kieser, Die Universität Tübingen (wie Anm. 10) S. 147. – 1738: im Stammbuch Scherb, UBT Mh 981; „In ewiger Freundschaft“ (wie Anm. 4) S. 84f.; Die Universität Tübingen (wie Anm. 10) S. 155. – 1825: Aquatinta von Carl Doerr – Tübinger Kulturdokumente, bei S. 39, vgl. S. 33 Nr. 16. – Um 1873: Photographie von Paul Sinner – Stadtarchiv Tübingen Bestand D 160 (Nachlass Sinner). – Für vielfältige Informationen und Unterlagen zur Geschichte des Hauses danke ich herzlich Stadtarchivar Udo Rauch, Tübingen.

[55] Tersch (wie Anm. 3) S. 317–326. Ferdinand Menčik, Caspar Hirsch und seine Familienaufzeichnungen, in: Jahrbuch für die Geschichte des Protestantismus in Oesterreich 22 (1901) S. 18–52; Tübingen: S. 24, 31f., 34, 38f., 41, 44, 46, 50. Die Matrikeln der Universität Tübingen, Bd. 1 (wie Anm. 4) S. 622 Nr. 200,73 (16. März 1584).

gen. 1584 hatte er sich in Tübingen immatrikuliert, ging 1586 nach Wien, kehrte wieder nach Tübingen zurück, wurde Vogt in Calw, dort wegen seiner Auffassung von der Gnade Gottes angefeindet, übersiedelte er nach Stuttgart, hielt sich kurze Zeit in Speyer auf, kaufte sich 1598 ein Haus in Eferding bei Linz, kam wieder nach Tübingen und verzog dann endgültig nach Eferding, wo er zwischen 1612 und 1617 gestorben ist.

Zwei kleine Söhne Zieglers (Nr. 4 und 5) üben sich im Fechten, der eine ist mit einer Gitterschere (?) bewaffnet. Zieglers Magd ist mit einem Besen dargestellt (Nr. 9). Im Gespräch vertieft sind die Magd und die Base des Doctors (Ziegler?; Nr. 6 und 7).

Zwei Hunde spielen Fangen (Nr. 12), wovon der eine den Namen *Zuffle* (?) trägt, und mit etwas Phantasie sind unter der Bank rechts und vorne je eine rote Katze (eine davon mit einer schwarzen Maus) zu erkennen.

Für musikalische Unterhaltung sorgen Kommilitonen Schallenbergs: am Tisch stud. med. Samuel (Nr. 1) – die Lesung ist nicht ganz sicher. Das könnte Samuel Stephani aus Markgröningen sein, geboren 1590, immatrikuliert 1603, der sich 1612 ins Stammbuch des Johann Christoph Kaiser als Magister und stud. med. eintrug, 1615 in Tübingen zum Dr. med. promoviert und 1617 als Professor nach Gießen berufen wurde[56]. Jedenfalls war er der Tischgenosse (*conviva*) Schallenbergs, der ihn einen *treflichen Instrumentisten* auf dem Clavichord nennt; dieses ist von künstlerischer Ausführung, es besitzt offenbar einen bemalten Deckel. Die Viola da Gamba spielt M. Johannes Werner aus Leonberg (Nr. 2)[57], Stiftsrepetent für Hebräisch, später für Griechisch, 1617 Diakon zu Brackenheim, und des Schallenbergs Famulus, der Theologiestudent M. Johannes Sailer aus Biberach (Nr. 3)[58], schlägt eine langhalsige Laute. Schallenberg war offensichtlich ein Freund der Musik.

---

[56] Die Matrikeln der Universität Tübingen, Bd. 2 (wie Anm. 7) S. 18 Nr. 17239 (21. Oktober 1603). Die Matrikel der Medizinischen Fakultät der Universität Tübingen von der Reformation bis zum Ende des Dreißigjährigen Kriegs (1539–1646), bearb. von Stefan Kötz/Miriam Eberlein, in: Die Universität Tübingen zwischen Scholastik und Humanismus, hg. von Sönke Lorenz u. a. (Tübinger Bausteine zur Landesgeschichte, Bd. 20), Ostfildern 2012, S. 403–489, hier S. 454 Nr. 80. – Warum die Tübinger Fakultätsmatrikeln nicht als einzelne Editionen, sondern in Tagungsbänden verstreut veröffentlicht werden, bleibt unerfindlich. – UBT Mh 967 Bl. 286r°: Eintrag Stephani im Stammbuch Kaiser. UBT Mh 770 Bl. 78r°: Eintrag Schallenbergs im Stammbuch Stephani. „In ewiger Freundschaft" (wie Anm. 4) S. 78 f.: Stammbuch Stephani; S. 188 f.: Stammbuch Kaiser.

[57] Die Matrikeln der Universität Tübingen, Bd. 2 (wie Anm. 7) S. 54 Nr. 18232 (16. Mai 1609).

[58] Die Matrikeln der Universität Tübingen, Bd. 3: 1710–1817, bearb. von Albert Bürk/Wilhelm Wille, Tübingen 1953, Nachträge: S. 527 Nr. 41938 (Baccalaureus 1609, Magister 1612). Laut Deputaturrechnung 1612/13 (UAT 129/3 Nr. 77) erhielt Sailer zu den Angarien jeweils 10 fl, wohl für Lehrtätigkeit. – Liebenswürdige Auskunft zu den Musikinstrumenten gab mir Dr. Frank P. Bär vom Germanischen Nationalmuseum Nürnberg, dem ich auch hier meinen Dank sage.

Aus Schallenbergs Studienzeit sind im übrigen nach dem jetzigen Stand der Forschung noch Einträge in verschiedene Stammbücher bekannt: Er verewigte sich im Jahre 1612 im Stammbuch des cand. med. Johann Christoph Kaiser aus Ansbach[59]. Mit seinem Familienwappen schrieb er sich am 24. März 1612 in das Album des bereits erwähnten Johann Ludwig Medinger ein[60]; dieser wirkte später als Stadtphysikus in Backnang, Calw und Kirchheim unter Teck und starb 1657. In dem sehr freundschaftlich gehaltenen Eintrag Schallenbergs im Stammbuch des schon genannten Samuel Stephani – in dem sich auch Andreae, Besold, Höltzl und Kepler[61] verewigten – nennt er Stephani offenbar mit seinem Spitznamen: *Samuel Coronis* = Schnörkel; andererseits war Koronis die Geliebte Apollons und Mutter des Asklepios – für einen angehenden Arzt auch nicht ganz unpassend[62]. Aus diesem Eintrag erfahren wir ferner, dass Schallenberg Tübingen am 12. Februar 1614 verlassen hat, zumal nun nach dem Tod der Mutter der väterliche Besitz aufgeteilt wurde[63].

Im folgenden Jahre heiratete er Eva von Hoheneck (gestorben 1653), die das Schloss Hagenberg in die Ehe einbrachte[64]. Zu seinen Gütern Leombach und Schallenberg erwarb er Luftenberg, 1629, und Piberstein, beide im Mühlviertel (Oberösterreich) gelegen, wohl 1647 noch das Schloss Hagen bei Linz[65]. Aus der Ehe gingen zwei Söhne hervor, Christoph Ehrenreich und Christoph Ernst.

---

59 UBT Mh 967 Bl. 184. „In ewiger Freundschaft“ (wie Anm. 4) S. 188 f.: Stammbuch Kaiser. – Die Matrikeln der Universität Tübingen, Bd. 2 (wie Anm. 7) S. 41 Nr. 17890 (18. Mai 1607).

60 WLB HB XV 4 Bl. 197r° (das Wappen ist leider sehr beschädigt). Stammbücher (wie Anm. 8) S. 152; S. 143: Eintrag Schallenbergs im Stammbuch Sebastian Bommeister, Linz 1656. Von diesem ist in den Collectaneen Schallenbergs in der Staatsbibliothek Dresden ein Brief an Rosina von Tschernembl geb. Jörger, die zukünftige Schwiegermutter seines Bruders Karl Christoph, von 1619 erhalten – Katalog (wie Anm. 1) S. 496. Die Autographensammlung (wie Anm. 3) S. 319. Die Matrikeln der Universität Tübingen, Bd. 2 (wie Anm. 7) S. 56 Nr. 18285 (26. September 1609); Dr. med. 1622. Die Matrikel der Medizinischen Fakultät (wie Anm. 56) S. 457 Nr. 85.

61 Abbildung in Kepler und Tübingen (wie Anm. 25) S. 38 f. Nr. 87. – Zu Höltzls Stammbucheintrag (mit Wappen) und Symbolum *16 Omnia ab Uno, ad Unum 09* vgl. Friedrich Christoph OETINGER, Die Lehrtafel der Prinzessin Antonia, hg. von Reinhard BREYMAYER/ Friedrich HÄUSSERMANN (Texte zur Geschichte des Pietismus, Abt. 7, Bd. 1, Teil 2: Anmerkungen), Berlin/New York 1977, S. 42.

62 UBT Mh 770 Bl. 78r°; Bl. 168r°: Besold; 189r°: Kepler; 193v°: Höltzl, mit Wappen. Dass die UB Tübingen Stammbücher ins Netz gestellt hat, ist dankbar anzuerkennen, allerdings wird das Auffinden von Namen durch das fehlerhafte Register erschwert. – Κορωνίς = gekrümmt, geschweift, Schnörkel, Schluß, Ende – W. PAPE's Griechisch-Deutsches Handwörterbuch, Bd. 1, Braunschweig ³1914, S. 1490. – Obwohl von Apollon schwanger, ließ sich Koronis mit Ischys ein, Apollon verfluchte die weiße Krähe (κορώνη), die auf sie hätte aufpassen sollen, und seither sind alle Krähen schwarz.

63 TERSCH (wie Anm. 3) S. 725.

64 Ebd.

65 Walter ASPERNIG, Geschichte des Landguts Hagen bei Linz, in: Historisches Jahrbuch der Stadt Linz 1971, S. 33–76.

Bei den Auseinandersetzungen zwischen dem neuen habsburgischen Landesherrn, Kaiser Ferdinand II., und den oberösterreichischen Ständen um die Religionsrechte der Protestanten spielte auch Schallenberg eine politische Rolle: 1620 war er einer der oberösterreichischen Gesandten bei den Bündnisverhandlungen mit den ungarischen Ständen in Neusohl[66]. Der Widerstand Oberösterreichs wurde im Juli desselben Jahres durch bayerische Truppen gewaltsam gebrochen. Schallenberg gehörte zu der Delegation der oberösterreichischen Stände, die 1625 vor dem Kaiser Abbitte für deren Bündnis mit den aufständischen Böhmen leisten musste[67]. Der Wortführer der Stände, der hochgebildete Georg Erasmus von Tschernembl (1567–1626)[68] , im Unterschied zu seinen meisten Standesgenossen Calvinist, war allerdings rechtzeitig geflohen: Über Prag und die Oberpfalz ging er nach Vaihingen an der Enz, wo er in Verbindung mit Johann Valentin Andreae trat, der dort Diaconus (zweiter Pfarrer, altwürttembergisch: „Helfer") gewesen war. Auf Wunsch des „Winterkönigs" Pfalzgraf Friedrich V. zog er 1622 weiter nach Heidelberg, dann aber ins sichere Exil nach Genf. Dort ist er 1626 gestorben und wurde im Kreuzgang der Kathedrale St. Pierre bestattet; seine Witwe kehrte später nach Oberösterreich zurück. Schallenberg war, wie schon angedeutet, mit ihm verwandt: Tschernembls Bruder Johann Christoph war der Schwiegervater von Schallenbergs Bruder Karl Christoph[69]. Bedrückung durch die bayerischen Besatzer, die von dem ihnen verpfändeten Lande unterhalten werden mussten, und die zwangsweise Rekatholisierung ließ im Mai 1625 den oberösterreichischen Bauernaufstand ausbrechen, der von bayerischen und kaiserlichen Truppen blutig niedergeschlagen wurde[70]. Schallenberg, der damals noch Protestant war, soll die Sache der Bauern als gerecht bezeichnet haben[71]. Er war an den Verhandlungen zwischen den Ständen und den Bauern beteiligt, wurde aber der Zusammenarbeit mit den Bauern bezichtigt und, zusammen mit seinem Bruder, im Schloss zu Linz 1627 einige Mo-

---

[66] Thomas Brockmann, Gegenreformation und habsburgische Behauptungspolitik. Ferdinand II., der Papst, die Jesuiten und die Frage der protestantischen Religionsrechte im Erzherzogtum Österreich 1619/20, in: Landes- und Reichsgeschichte. Festschrift für Hansgeorg Molitor zum 65. Geburtstag, hg. von Jörg Engelbrecht/Stephan Laux, Bielefeld 2004, S. 147–198, hier besonders S. 175 Anm. 117, nach Hans Sturmberger, Georg Erasmus Tschernembl. Religion, Libertät und Widerstand. Ein Beitrag zur Geschichte der Gegenreformation und des Landes ob der Enns, Graz u. a. 1953, S. 330.

[67] Tersch (wie Anm. 3) S. 725.

[68] Renaissance in Österreich (wie Anm. 3) S. 387 f. ADB, Bd. 38, Leipzig 1894 (ND Berlin 1971), S. 711–714. Brecht, Johann Valentin Andreae, 2008 (wie Anm. 5) S. 108 f.

[69] S. Anm. 60.

[70] Georg Heilingsetzer, Die Bayern in Oberösterreich (1620–1628), in: Wittelsbach und Bayern, Bd. II, 1: Um Glauben und Reich. Kurfürst Maximilian I. (Beiträge zur Bayerischen Geschichte und Kunst 1573–1657), hg. von Hubert Glaser, München 1980, S. 416–423; Bd. II, 2: Katalog der Ausstellung in der Residenz in München, 12. Juni bis 5. Oktober 1980, München 1980, S. 330–379.

[71] Tersch (wie Anm. 3) S. 735.

nate eingesperrt – von seinem Gefängnis hat er ebenfalls ein Aquarell angefertigt[72]. Im selben Jahr wurde er gezwungen, zum Katholizismus überzutreten, andernfalls hätte er das Land verlassen müssen[73]. In der Folge bekleidete er verschiedene Ämter. Er starb am 30. Oktober 1657.

Leider ist kein Bildnis, weder in Linz noch in Wien, von ihm bekannt, auch nicht sein Grabmal[74]. Er hat, ausdrücklich für seine Nachfahren, viele Schriften verfasst, die schon erwähnte Hauschronik über die Geschichte des Geschlechts, ein sehr ausführliches, nur teilweise erhaltenes Diarium, in dem er auch den Tod Keplers 1630 vermerkte[75], und schließlich trug er die bunt gemischten Collectaneen zusammmen, die es nach Dresden verschlagen hat. Schallenberg plante, wenn auch erfolglos, die Herausgabe des „Weisskunig"[76], der Selbstdarstellung Kaiser Maximilians I.; sein Exemplar, mit Besitzvermerk von 1633, befindet sich, 1957 erworben vom Fürsten von Liechtenstein, in den Sammlungen des Museum of Fine Arts in Boston (USA).

Überblickt man den Lebensgang Schallenbergs, wird man vermuten dürfen, dass die Tübinger Studienzeit, von der bisher wenig bekannt war, sehr wohl ihre Spuren hinterlassen hat: der Umgang mit freisinnigen Männern hat ihn zu selbständigem Denken erzogen. Die Freundschaft mit einigen von ihnen hat das Studium in Tübingen überdauert. Einst befanden sich zwei Stadtansichten von Tübingen in seinem Besitz: Stadt und Universität muss er in gutem Andenken gehalten haben[77].

---

72 SLUB, Mscr.Dresd. H. 5.d,1 Blatt 131. Tersch (wie Anm. 3) S. 731, 734f.

73 Tersch (wie Anm. 3) S. 725.

74 Anfragen beim Oberösterreichischen Landesarchiv und den Oberösterreichischen Museen, beide in Linz, dem Kunsthistorischen Museum, der Graphischen Sammlung Albertina und dem Haus-, Hof- und Staatsarchiv, alle drei in Wien, blieben leider erfolglos.

75 Tersch (wie Anm. 3) S. 725–737; S. 731: Keplers Tod. Birgit Studt, Haus- und Familienbücher, in: Quellenkunde der Habsburgermonarchie (16.–18. Jahrhundert) (Mitteilungen des Instituts für österreichische Geschichtsforschung, Ergänzungsband 44), Wien/München 2004, S. 753–766, hier S. 763.

76 Tersch (wie Anm. 3) S. 729.

77 SLUB, Mscr.Dresd. H. 5.d,1 Bl. 214.

Johannes Keplers Tod in Regensburg*

Von Friedrich Seck

Volker Schäfer zum 80. Geburtstag am 22. Mai 2015

Am 6. Oktober 1630 trat Johannes Kepler von seinem letzten Wohnort, dem in Wallensteins Territorium gelegenen, heute polnischen, Sagan aus eine Reise an, die ihn über Leipzig, Nürnberg und Regensburg nach Linz, von dort „zum Herzog" (*ad ducem*, nämlich Wallenstein) und schließlich zurück nach Sagan führen sollte[1]. In Leipzig am 4./14. Oktober angekommen, stieg er bei dem befreundeten Professor der Mathematik Philipp Müller ab. Durch Briefe und einen Stammbucheintrag ist seine Anwesenheit in Leipzig bis zum 11./21. Oktober bezeugt[2]. Nach einem nicht genau datierbaren Aufenthalt in Nürnberg erreichte er Regensburg zu Pferde

* Folgende Abkürzungen werden benutzt: AEvSt = Archiv des Evangelischen Stifts Tübingen. – Bebermeyer = Hermann Flayders ausgewählte Werke, hg. und eingel. von Gustav Bebermeyer (Bibliothek des Literarischen Vereins in Stuttgart 267/268), Leipzig 1925. – KGW = Johannes Kepler, Gesammelte Werke, Bd. 1–21,2.2, München 1937 ff. – KOO = Joannis Kepleri Astronomi Opera Omnia, ed. Ch[ristianus] Frisch, Vol. 1–8,2, Francofurti a. M. et Erlangae 1858–1871. – Kepler Selbstz. = Johannes Kepler, Selbstzeugnisse, ausgew. und eingel. von Franz Hammer, übers. von Esther Hammer, erläut. von Friedrich Seck, Stuttgart-Bad Cannstatt 1971. – MUT = Die Matrikeln der Universität Tübingen, Bd. 2, 1600–1710, bearb. von Albert Bürk und Wilhelm Wille, Tübingen 1953. Register zu den Matrikeln der Universität Tübingen 1600–1817, bearb. von Albert Bürk und Wilhelm Wille, Tübingen 1954. – Schmetzer = Adolf Schmetzer, Johann Keplers Beziehungen zu Regensburg. 1. Geschichtliches, in: Johannes Kepler, der kaiserliche Mathematiker, gestorben in Regensburg am 15. November 1630, hg. von Karl Stöckl (Kepler-Festschrift, I. Teil), Regensburg 1930, S. 71–92. – UAT = Universitätsarchiv Tübingen. – WLB = Württembergische Landesbibliothek Stuttgart. – WSB = Wilhelm Schickard, Briefwechsel, Bd. 1–2, hg. von Friedrich Seck, Stuttgart-Bad Cannstatt 2002.

1 KGW 18 Nr. 1145.28–30, Kepler an Matthias Bernegger, Leipzig, 11./21.10.1630. Abreise am 8.10.: KGW 18 Nr. 1144.14 (Kepler an Wallenstein, Leipzig, 18.10.1630). Ebd. Z. 22–28: Wallenstein ist bereits in Prag, Kepler will ihn dort aufsuchen.

2 KGW 18 Nr. 1145.27–30, Kepler an Bernegger, Leipzig, 11./21.10.1630: *Lipsiam veni 4/14. Oct. diverti apud alterum Berneggerum meum. Nomen illi Philippus Müller, Medic. Lic. et Professor. Nunc in procinctu sum, iturus Ratisponam et Lincium, indeque ad Ducem, et sic Saganum Deo volente.* KGW 19 S. 392 Nr. 7.144: Stammbucheintrag für Unbekannt, Leipzig, *XII. Cal. Novemb. Anno M DC XXX* = 21.10.1630 [n. St.].

am 2. November (23. Oktober a. St.) und nahm Quartier bei dem „Handelsmann", d.i. Kaufmann, Hillebrand Billi[3]. Hier wurde er am dritten Tag, also am 25. oder 26. Oktober a. St., krank. Keplers Krankheit, die er zunächst auf die leichte Schulter nahm[4], erwies sich als tödlich. Kepler erlag ihr am 5./15. November. Am 7./17. wurde er auf dem evangelischen Friedhof St. Peter außerhalb der Stadtmauern bestattet[5].

Das wichtigste Zeugnis über Keplers Erkrankung, den Verlauf der Krankheit und seine christliche Gesinnung im letzten Atemzug ist ein Brief von Stephan Lansius an einen ungenannten Adressaten, datiert Regensburg, 24. Januar 1631, sicher in dem in Regensburg bis 1700 geltenden alten Stil, demnach 80 Tage nach Keplers Tod (Abb. 1, 2). Der Brief ist im Bestand „Weil der Stadt" des Hauptstaatsarchivs Stuttgart erhalten und wohl erstmals 1871 in Keplers *Opera Omnia* gedruckt worden[6]. Heute ist er in den Gesammelten Werken (KGW) zu benutzen[7].

---

[3] Nürnberg: Jakob Bartsch (Keplers Schwiegersohn) in KGW 10,257.15. – Ankunft in Regensburg: ib. Z. 18f. *Ratisponam enim postridie Kal. IXbr. veniens* [...]. Zweifellos steht diese Angabe in neuem Stil, den der in Wallensteins Territorium wohnende Bartsch natürlich auch sonst benutzte. Denn laut dem Brief von Lansius erkrankte Kepler kaum drei Tage nach seiner Ankunft (KGW 18 Nr. 1146.8 *Vix triduum hic commoratus*), also am 4. oder 5.11., zunächst leicht, erst allmählich erwies sich die Schwere der Krankheit. Da er am 5.11. a. St. gestorben ist, kann er nicht am 2.11. a. St. angekommen sein. – Quartier: KGW 18 Nr. 1146.24 (Stephan Lansius an einen Ungenannten, Regensburg, 24.1.1631 a. St. Über Billis Verhältnis zu Kepler vgl. KGW 19 S. 395–399 Nr. 7.155 (Inventar von Keplers Hinterlassenschaften in Billis Haus), Nr. 7.156 (Billi hat die Kosten für Keplers Bestattung vorgestreckt).

[4] In die Tage vor der Erkrankung oder die ersten Tage danach, also Ende Oktober alten Stils, ist die einzige überlieferte Aktivtät Keplers dieser Zeit zu datieren, der Stammbucheintrag für einen Unbekannten, gedruckt bei Robert und Richard Keil, Die deutschen Stammbücher des sechzehnten bis neunzehnten Jahrhunderts, Berlin 1893, S. 107. Der Eintrag ist datiert „Ratisbon. 1630." Kepler war 1630 vor dieser Reise nicht in Regensburg.

[5] Tod am 5.11.: Grabinschrift, Schmetzer S. 87; KGW 19 S. 393 Nr. 7.149 (nach anderer Quelle als Schmetzer, aber mit ihm nahezu übereinstimmend); KGW 10 S. 257.21. Bestattung am 7.11.: KGW 19 S. 393 Nr. 7.147, Abb. bei Schmetzer Tafel VII nach S. 88. – Eine belletristische Darstellung der Reise findet sich bei Utta Keppler, Kepler reitet nach Regensburg, Weil der Stadt 1980.

[6] HStAS A 151 Bü 13. Nach einem Vermerk auf der Vorderseite stammt der Brief „Aus Pregizerschen Kollektaneen". Johann Ulrich Pregitzer (1647–1708), Jurist und Historiker, wurde 1688 Professor am Tübinger Collegium illustre, 1694 Oberrat und Oberarchivar in Stuttgart (vgl. Wilhelm Heyd, Art. Pregitzer: Johann Ulrich, in: ADB Bd. 28, Leipzig 1888, S. 545–548). Das HStAS verwahrt umfangreiche Sammlungen Pregitzers, deren alter, recht pauschal gehaltener Katalog jedoch keinen Hinweis auf den Brief gibt. Editionen: KOO Vol. 8 P. 2, S. 921f. Der Text ist modernisierend aber korrekt ediert, mit zwei Ausnahmen: Frisch hat das bei Lansius irrtümlich angegebene Todesdatum (*6 die Novemb.*) stillschweigend durch das richtige (*5. die Novembris*) ersetzt und den diese Miszelle auslösenden Dank am Briefende zur Unkenntlichkeit verschlimmbessert: statt *pro oblato Musarum sale tuoque favore* druckt er *pro oblato Musarum etc. salutisque favore*. – Diese Kritik soll Christian Frischs Leistung nicht schmälern, der erstmals und allein eine Gesamtausgabe von Keplers Werken herausgegeben hat.

[7] KGW 18 Nr. 1146; auch KGW 19 S. 236f. Nr. 6.6. Der Text ist korrekt; lediglich in Zeile

Der Brief ist inhaltlich – nicht durch Absätze o. dgl. – in vier Teile gegliedert: Auf Anrede und einleitende Worte wird in Zeilen 3 bis 27 ein Bericht – wohl wörtlich – zitiert, in dem ein nicht weiter charakterisierter Mann namens Fischer *(Fischerus noster)* vor nicht langer Zeit, *non ita pridem*, einem Freund über Keplers Ankunft in Regensburg, seine Erkrankung, die Sterbebegleitung durch den mit Fischer verschwägerten *(Affinis)* Sigismund Christoph Donauer berichtet, der auch Keplers Leichenpredigt über Lukas 11,28 „Seelig seind die Gottes wort hören" gehalten habe. Als Todesdatum gibt Fischer den 6. statt des 5., für die Bestattung den 9. statt des 7. November an[8], Irrtümer, die längst bemerkt worden sind. Lansius ergänzt einen Gnadenerweis Kaiser Ferdinands II., der bei der Abreise vom Reichstag[9] von Keplers Erkrankung erfuhr und ihm 25 oder 30 ungarische Gulden zum Lebewohl zukommen ließ, und Keplers letzte Worte auf die Frage, wodurch er zuletzt selig zu werden glaube: allein durch das Verdienst unseres Erlösers Jesus Christus, worauf, wie er aufs festeste bezeuge, alle Zuflucht, aller Trost und sein Heil gegründet sei (Z. 27–35)[10].

Der Brief endet (Z. 36–40, die Vorlage ohne Absatz) mit einem Satz, der zum Inhalt nichts beiträgt und wenig Beachtung gefunden hat: *Quod restat et pro oblato Musarum sale tuoque favore quo me prosequi literis tuis voluisti, me semper habebis Mille modis obligatißimum Tuum S. Lansium.* Darauf folgt nur noch das Datum. Esther Hammer übersetzt: „Halte mich im übrigen dir tausendfach verbunden um des Geistes der Musen willen, den du zeigtest, und deiner Gunst, mit der du mir deinen Brief widmen wolltest[11]."

An zweiter Stelle dankt Lansius hier dem Adressaten für die Freundlichkeit, die er ihm mit seinem anfragenden Brief erwiesen hat, davor *pro oblato Musarum sale*. Was mag das sein? Was bietet ein Gelehrter einem andern an, oder: was schenkt[12] er ihm? Vielleicht ein Buch? Ein eigenes Buch? Dank moderner Katalogtechnik

29 steht *navem* statt *navim*. Auch hätten die in der Vorlage durch größere Schrift ausgezeichneten Worte *Unico Salvatoris nostri Jesu Christi merito* eine Hervorhebung durch Sperrung oder Kursivdruck verdient.

[8] Zu den Daten oben Anm. 5.

[9] Der Kaiser reiste am 3./13.11.1630 aus Regensburg ab. Franz Christoph Khevenhüller, Annales Ferdinandeae, Th. 11, Leipzig 1726, Sp. 1241 f.: *Den 13. Novembr. ist Ihro Kays. Maj. mit der ganzen Hofstatt des Morgens zwischen 9. und 10. Uhr zu Schiffe gangen.*

[10] Übersetzung nach Esther Hammer, in: Kepler, Selbstz., S. 83. In der Sammlung „Johannes Kepler in seinen Briefen", hg. von Max Caspar und Walther von Dyck, Bd. 1–2, München/Berlin 1930, die die Brieftexte aufgrund der damaligen Quellenlage meist nur auszugsweise wiedergibt, ist der Brief in Bd. 2, S. 333 f. übersetzt. Anfang und Ende fehlen.

[11] Hammer (wie Anm. 10).

[12] Die Bedeutung „schenken" von *offerre* ist leicht zu belegen. WSB 1 Nr. 38 (S. 131.20 f.) = KGW 18 Nr. 944.57 f., Schickard an Kepler, 2.4.1623: *Ago autem singulares gratias et vile hoc antidorum vicissim offero.* – WSB 1 Nr. 78 (S. 171.13–15), Schickard an Bernegger, 28.5.1625 (Bernegger hatte Schickard eine Koranhandschrift geschenkt): *An prae amore satis sanus es, qui tam pretiosum librum nihil merito non dubitas offerre! prodigalitas haec esset, tutoribus coercenda, non liberalitas. Itaque vereor accipere.* – WSB 1 Nr. 130 (S. 225.15 f.),

ließ sich die Vermutung schnell bestätigen: Anno 1629 ist in Tübingen erschienen: *Sal Musarum*, eine von Friedrich Hermann Flayder, dem Tübinger Professor linguarum et artium und neulateinischem Dichter, zusammengestellte Sammlung geistreicher lateinischer Epigramme aller Zeiten[13]. Damit steht Flayder als Adressat des Briefs fest.

Friedrich Hermann Flayder[14] (* Tübingen 10.10.1596, † Tübingen 6.4.1640) war jung am 26.6.1611 an der Universität Tübingen immatrikuliert worden, am 16. August 1615 wird er Magister, zu einem nicht näher bekannten Zeitpunkt Professor am Collegium Illustre, ab Luciae (13. Dezember) 1621 steht er auch auf der Gehaltsliste der Universität. Der Lehrauftrag enthielt anfangs Ciceros *De officiis* in der Prima, dann auch in der Secunda des Paedagogium, seit 1629 auch Griechisch in der „eigentlichen" Universität. Seit 1626 war Flayder auch Bibliothekar der Universität[15]. Als eigentliche Berufung sah er in den Zwanziger Jahren wohl sein lateinisches Dichten an, das ihm 1626 die Krönung zum poeta laureatus eintrug.

Kepler hatte bei einer längeren Reise den Juli 1625 in Tübingen verbracht, wo er Schickards Hausgast war. Hier wird er Flayder kennen und schätzen gelernt haben. Schickard schreibt nämlich am 7. September an Kepler, der am 12./22. August wieder an seinem Wohnort Linz angekommen war: „Flayder grüßt auch zurück, der kürzlich eine andere Komödie aufgeführt hat. Er wartet begierig auf deine[16]." Kepler hatte Flayder also in einem verlorenen Brief, den Schickard hier beantwortet, grüßen lassen. Die „andere" Komödie ist Flayders „Ludovicus bigamus"; sie war am 25. August im Collegium illustre aufgeführt worden[17]; die implizit vorausgesetzte ältere ist die am 3. März, ebenfalls im Collegium illustre, aufgeführte „Imma portatrix"[18]. Kepler hatte zu diesem Thema ebenfalls eine – leider verlorene – Ko-

---

Martin Schickard an Wilhelm Schickard, Herborn, 10.9.1626: *rogo officiose idque quod dudum offerendum fuit, jam modo oblatum accipias amicè.*

13 Hermann Friedrich FLAYDER, Sal Mvsarvm sive Ex Omnibus Omnivm Secvlorvm Atqve Gentivm Poëtis, qui reperiri potuerunt unquam, non nisi acutißima ac venustißima Collecta Epigrammata Latina: à Friderico Hermanno Flaydero. Tvbingæ, Sumptibus ac Prælis Geyslerianis, 1629. – [6] Bl., 123 S.

14 Biographie und Werkverzeichnis bei BEBERMEYER S. 155–193. Ferner Wilhelm SCHERER ADB Bd. 7, Berlin 1878, S. 106 f.; Gustav BEBERMEYER NDB Bd. 5, Berlin 1961, Sp. 225 f.

15 Gehalt: UAT 129/3.2 (Jahresrechnungen des Supremus deputatus). – Lehrauftrag: Bernhard Zaschka, Die Lehrstühle der Universität Tübingen im Dreißigjährigen Krieg. Zur sozialen Wirklichkeit von Professoren im vorklassischen Zeitalter (Werkschriften des Universitätsarchivs Tübingen, Reihe 1, Bd. 19), Tübingen 1993, S. 224 f. – Bibliothekariat: Monika Hagenmaier, Das Vorbild im kleinen. Die Grempsche Bibliothek in Tübingen 1583–1912 (Werkschriften des Universitätsarchivs Tübingen, Reihe 1, Bd. 15), Tübingen 1992, S. 77.

16 KGW 18 Nr. 1015.31–33 mit Kommentar S. 521 = WSB 1 Nr. 86, S. 177.18 f.: *resalutat quoque Flayderus qui hactenus aliam Comoediam exhibuit, tuam avide expectans.*

17 Friedrich Hermann FLAYDER, Ludovicus Bigamus, Comoedia Nova Et Festiva: Acta in Illustri Collegio Tubinga: Anno 1625. 25. Augusti. Eiusdemque, Libellus Elegiarum. Tubingae 1625. Digitalisat: http://diglib.hab.de/wdb.php?dir=drucke/li-2531&pointer=2 (Abruf 28.8.2014).

18 Friedrich Hermann FLAYDER, Imma Portatrix Comoedia nova et Consultoria: lectu

mödie in deutscher Prosa geschrieben, die Gegenstand der Tübinger Gespräche gewesen sein wird: Flayder war ja erpicht darauf, sie zu lesen[19]. Am 15./25. April 1626 fragt Kepler, ob Flayder seine Imma-Komödie erhalten hat[20], am 16./26. Dezember 1626 richtet er, wieder über Schickard, an Flayder, der sich seinen wahren Freund genannt habe[21], die Bitte, sich um seinen in Tübingen studierenden und, wie der Vater meinte, verschwendungssüchtigen Sohn Ludwig zu kümmern.

In sein *Sal Musarum* hatte Flayder auch zwei Epigramme aus Keplers *Funera domestica* aufgenommen, einer 1616 gedruckten Erinnerungsschrift an seinen Sohn Friedrich und seine erste Frau Barbara, die beide 1611 gestorben waren[22]. Flayder druckt auch Gedichte Tübinger Professoren, neben Epigrammen Nicodemus Frischlins und der Zeitgenossen Zacharias Schäffer, Konrad Cellarius und Johann Martin Rauscher auch elf Gedichte von Thomas Lansius, als letztes sein Epigramm unter dem Portrait Keplers von dem Straßburger Kupferstecher Jacob van der Heyden[23]. Die Aufnahme von drei Gedichten mit Bezug zu Kepler ist ein weiteres Indiz für freundschaftliche Beziehungen zwischen ihm und Flayder.

Flayder hatte also Grund genug, sich nach dem Schicksal des verstorbenen Freundes zu erkundigen. Keplers Tod war zwar in Tübingen spätestens nach zehn Tagen bekannt, denn am 15. November a. St. teilte Schickard dem gemeinsamen Freund Bernegger das traurige Ereignis mit[24]. Man kann aber daraus nicht schließen, Flayders Anfrage an Lansius sei schon davor erfolgt; es ging Flayder wohl um die näheren Umstände, die ihm Lansius ja auch mitteilt.

---

utilis ac Iucunda, Acta in Illustri Collegio Tubingae, Anno 1625. 3. Martii. Tubingae 1625. Digitalisat: http://diglib.hab.de/wdb.php?dir=drucke/li-2532&pointer=2 (Abruf 28.8. 2014).

19 Vgl. Anm. 16. – So auch zwölf Jahre früher der Historiker Marquard Freher: KGW 17 Nr. 637.10f., Freher an Kepler, 21.9.1612 a. St.: *De Einhardo et Imma videre tuos lusus aueo.* Zu den Sujets vgl. Elisabeth Frenzel, Stoffe der Weltliteratur. Ein Lexikon dichtungsgeschichtlicher Längsschnitte, 10. überarb. und erw. Aufl., unter Mitarbeit von Sybille Grammetbauer, Stuttgart 2005. S. 221–223 Eginhard und Emma (S. 222 Flayders „Imma portatrix"), S. 299–302 Gleichen, Graf von (S. 302 Flayders „Ludovicus bigamus").

20 KGW 18 Nr. 1025.41 = WSB 1 Nr. 110, S. 204.33–205.1, Kepler an Schickard, Linz, 15./ 25.4.1626: *An Flaidero* [am Rand: *Ei salutem*] *transmissa comedia Imma, prosa vernacula?*

21 KGW 18 Nr. 1032.26f. = WSB Nr. 143, S. 241.13f.: *D. M. Flaiderus et verbis et maximè physiognomica proprietate vultus amicum se meum ingenuum et sincerum professus* [...].

22 Flayder, Sal Musarum (wie Anm. ?13), S. 37f. – Keplers *Funera domestica*: KGW 12, S. 207–218, die von Flayder – mit Abweichungen – gedruckten Gedichte S. 211, Nr. 5 und 6.

23 Flayder, Sal Musarum S. 85. Abb. des Stichs bei Decker-Hauff/Setzler, wie unten Anm. 26. – Bebermeyer S. 199f. hält eine Verfasserschaft Flayders für möglich und verkennt damit die Einteilung des Werks: Der Hauptteil enthält nur Gedichte anderer Verfasser, der Anhang ist Flayders Gedichten gewidmet. Der Verfasser, hier Thomas Lansius S. 84, wird meist nur einmal genannt und gilt bis zur Nennung eines anderen. Der Kupferstich war Bebermeyer unbekannt; er dachte an eine Büste.

24 Schickard an Bernegger, Tübingen, 15.11.1630 a. St. WSB 1 Nr. 475, S. 591.32–38. Auszug in KGW 19 S. 394f. Nr. 7.152.

Soweit über den Adressaten Friedrich Hermann Flayder. Über Stephan Lansius sind nur wenige biographische Daten bekannt. Er stammt aus der 20 km südöstlich von Linz gelegenen Stadt Enns und war ein Neffe des ebenfalls aus Oberösterreich stammenden angesehenen Juristen Thomas Lansius, mit dem er manchmal verwechselt wird. Stephan wurde am 8. Mai 1618 an der Universität Tübingen immatrikuliert, ist also um 1600 geboren. Am 30. April 1622 beginnt er das Studium der Rechte[25].

Ein wertvolles Lebensdokument von Stephan Lansius ist sein Stammbuch, das in der Oberösterreichischen Landesbibliothek Linz aufbewahrt wird und auch einen Eintrag Keplers enthält[26]. Der früheste Eintrag des Dichters Petrus Lotichius Secundus von 1549 sowie der späteste, datiert Würzburg, 18. April 1632, eingeklebt und nicht ausdrücklich an Lansius gerichtet, können hier außer Betracht bleiben. Die übrigen 41 stammen mit vier Ausnahmen aus Tübingen, darunter 18 von Professoren, die übrigen zumeist von Studenten. Fünf Einträge sind undatiert, die übrigen verteilen sich auf die Jahre 1621 (3), 1622 (7), 1623 (10) und 1624 (14), von diesen fallen elf in die kurze Spanne von Anfang Juni bis zum 6. Juli – das übliche Einsammeln von Stammbucheinträgen vor der Abreise. An diesem Tag holte sich Lansius noch Einträge der Professoren Theodor Thumm und Martin Rümelin und trug sich selbst in das Stammbuch des Johann Friedrich Ochsenbach ein[27]; von diesem Tag datiert auch eine Empfehlung seines Onkels Thomas Lansius für Stephan an Kepler[28]: Stephan möchte als Begleiter junger adliger Studenten andere Universitäten besonders in Italien und Frankreich kennenlernen, Kepler soll dazu seine Beziehungen zu Adelsfamilien einsetzen.

Ob diese Wünsche erfüllt wurden, wissen wir nicht. Am 7. oder 8. Juli 1624 trat Lansius die Heimreise an. Am 9. holt er sich in Ulm drei Einträge von Superintendent Konrad Dieterich, Johann Philipp Ebel, Rektor des Ulmer Gymnasiums,

---

25 MUT Nr. 19726: *Stephanus Lansius von Ennß Austrius.* Die Herkunftsbezeichnung *Laureacensis* in der Matrikel der Juristischen Fakultät ist von Lauriacum, heute Lorch, einem römischen Ort an der Mündung der Enns in die Donau gebildet, stellt also eine antikisierende Namensform für Enns dar, wenn nicht Lansius doch in Lorch geboren ist und bei der Immatrikulation statt des in Württemberg unbekannten Dorfes die nahegelegene Stadt Enns angegeben hat.

26 Oberösterreichische Landesbibliothek Linz, Hs. 74. Digitalisat: http://digi.landesbibliothek.at /?viewer/image/74/1/LOG 0001/ (Abruf 27.7.2014). Ich danke Herrn Dr. Rudolf Lindpointer für die prompte Mitteilung des URL, Herrn Mag. Norbert Kriechbaum vom Oberösterreichischen Landesarchiv für den Hinweis auf die Arbeit von Karl Friedrich von Frank, Das Stammbuch des Stephanus Lansius, in: Senftenegger Monatsblatt 3 H. 5–6 (1955) Sp. 137–150 (Verzeichnung der Blätter, bibliographische Hinweise zur Biographie der Einträger). – Keplers Eintrag, Tübingen, 2.1.1621 a. St.: KGW 19 S. 360 Nr. 7.90. Abb. in: Die Universität Tübingen von 1477 bis 1977 in Bildern und Dokumenten. Gesammelt, bearb. und hg. von Hansmartin Decker-Hauff/Wilfried Setzler, Tübingen 1977, S. 102 mit der irrtümlichen Bezeichnung von Stephan Lansius als „Tübinger Professor".

27 WLB Stuttgart, HB XV 3 Bl. 289.

28 KGW 18 Nr. 988.3: *commendo tibi meum Stephanum Lansium.*

und Ex-Rektor Johann Baptist Hebenstreit. Bei nächster Gelegenheit wird er ein Schiff bestiegen haben, am 9. August, wohl neuen Stils, trägt sich in Linz sein alter Lehrer Christoph Waise ein[29]. Doch schon im nächsten Jahr finden wir ihn als Praeceptor des Erhardt von Münster am Collegium illustre wieder in Tübingen[30]. Seit wann und warum sich Lansius in Regensburg aufhielt, als er am 24. Januar 1631 den Brief an Flayder schrieb, ist ebenso wie sein späteres Schicksal unbekannt.

Der nur wenige Jahre ältere Flayder hat zu dem Studenten Lansius offenbar ein herzliches Verhältnis unterhalten. Flayders Eintrag ist der bei weitem umfangreichste des gesamten Stammbuchs; einem undatierten Eintrag (Seite 66 der modernen Zählung) folgt auf zwei Seiten ein aus zwölf Distichen bestehendes vom 26. November 1622 datiertes Epigramm des Inhalts: „Warum bittest du mich so oft, lieber Freund (*dulcis amice*, eine nicht eben typische Anrede des Professors an einen Studenten), um einen Eintrag in dein Stammbuch? Das kannst du doch im eigenen Haus haben. Bitte doch den großen Lansius, deinen Onkel (*patruus*, ein unverhoffter Beleg für die Art der Verwandtschaft des jungen Lansius mit dem alten). Mit ihm kann ich nicht mithalten, du aber eifere ihm nach." In der Tat weist das VD 16/VD 17 nicht weniger als 67 Drucke bis 1622 nach, an denen Thomas Lansius beteiligt ist, weit überwiegend mit Gelegenheitsgedichten.

Noch mehr überrascht der Druck der oben genannten, am 25. August 1625, also nach Lansius' Abreise, aufgeführten Komödie *Ludovicus bigamus*[31]. Die zwei Distichen von Lansius gleich auf der Rückseite des Titelblatts fallen zwar nicht sonderlich auf, aber nach der Seite 114 endenden Komödie folgt als Anhang, Seiten 115 bis 134, eine kleine Sammlung von Flayders Elegien, die in großer Type auffällig dem Kandidaten beider Rechte Stephan Lansius gewidmet ist[32].

Flayder wird erfahren haben, wann sein guter Freund Lansius sich in Regensburg aufhielt, wann er ihn also um den Bericht zu Keplers Tod bitten konnte. Wir dagegen sind auf Vermutungen angewiesen: Wäre Lansius zur Zeit von Keplers Tod und Bestattung in Regensburg gewesen, dann hätte er nicht Fischer zu zitieren brauchen, sondern aus eigener Anschauung berichten können. Also ist er wohl erst nach Keplers Tod dort eingetroffen.

---

29 S. 98 des Stammbuchs. Waise war nach Frank (wie Anm. 26, Sp. 146) etwa 1614/1615 Lehrer an der Linzer Landschaftsschule gewesen.

30 Ramsler, Jacob: Blumen des fürstlichen Collegii zu Tübingen, das ist kurze Verzeichnus, darin aller hohen und edlen Standts Personen, die in diesem Collegio gepflanzet, erwachsen, durch angeborne Wappen unterschieden [...] werden. [Tübingen] 1627. Im unpaginierten Anhang eine Liste der *praeceptores*, dort Bl. [4v] unter den Praeceptores des niederen Adels „Stephanus Lans Oesterreicher / Erhardt von Münster Praecept. Anno 1625", wie immer ohne genaues Datum.

31 Friderici Hermanni Flayderi, Ludovicus Bigamus, Comoedia Nova Et Festiva: Acta in Illustri Collegio Tubinga: Anno 1625. 25. Augusti. Eiusdemque, Libellus Elegiarum. Tubingae 1625. – Permalink: http://diglib.hab.de/drucke/li-2531/start.htm (Abruf 22.8.2014).

32 Libellus Elegiarum, Friderici Hermanni Flayderi. Sacer, D. Stephano Lansio, Utriusque Iuris Candidato.

Der im Focus dieser Miszelle stehende Brief weist zwei Schichten auf: eine äußere von Lansius formulierte und eine innere, nämlich das Zitat eines Briefes von Fischer, der ebenfalls auf eine Anfrage antwortet. Der Fragende hat gerüchtweise von Keplers Tod gehört: „Wie ich aus deinem Brief verstanden habe, hat sich das Gerücht von Keplers Tod bei euch verbreitet. Und schon habe ich gesagt, was du wissen wolltest[33]."

Wer aber war dieser Fischer, den Lansius ohne Vornamen und Beruf einfach „unseren Fischer" (*Fischerus noster*) nennt? Doch wohl ein gemeinsamer Bekannter, der näherer Charakterisierung nicht bedurfte. Vielleicht ein Tübinger Student? In der Tat finden wir in der Tübinger Matrikel am 26. September 1620 als ersten der Maulbronner Klosterschüler einen Jacob Vischer aus Kirchheim unter Teck. Ein Jahr später war er Baccalaureus, wurde 1624 ins Stift aufgenommen und am 10. August 1625 zum Magister promoviert[34]. Schon im folgenden Jahr verließ er das Stift und wurde Rektor des Regensburger Gymnasiums, 1631 ist er Prediger in Regensburg[35]. Nach eigener Angabe ist er mit dem Prediger Donauer[36] verschwägert, der Kepler, den zuvor einige andere Geistliche besucht hatten, mit größerer

[33] KGW 18 Nr. 1046.3 f. (Anfang von Fischers Text:) *Intellexi ex literis tuis, famam demortuj Keppleri apud vos percrebuisse. Dixi iam quod scire desiderasti.*

[34] MUT 20204: *Maulbronnenses: Jacob Vischer Kircho-Teccensis.* Fußnote: „B. 26.9.21. – M. 10.8.25. – Stip. 24. – 26 Rector Gymnasii Ratisbon. Ins Tübinger Stift aufgenommen 1624" (AEvSt E 1 92, 1624: Rezeptionsbefehl vom 7.1.1624, Liste der aufzunehmenden Studenten datiert 1.12.1623). Die Quartalzeugnise 1624 und 1625 sind verloren, 1626 hat er ordentliche, mit Ausnahme des letzten, Lucae 1626, aber keineswegs hervorragende Zeugnisse. In diesem der Abgangsvermerk „M. Jacobus Fischer Kirch. Rector Gymnasij Poetici Ratispon." Beim Examen Georgii 1626, „Habitum 5. Aprilis"), ist er 25 Jahre alt, also 1600 oder 1601 geboren (AEvSt E 1 3/2, 1626). Diese Altersangaben sind allerdings nicht immer genau, wie Keplers Zeugnisse (KGW 19 S. 317–319 Nr. 7.9) zeigen.

[35] Christoph ZIPPEL, Divinis Auspiciis & benignissimo Superiorum indultu Saecularia Sacra Secunda Ecclesiae Evangelicae in Gymnasio Poetico solemniter celebranda indicit, Patronosque, Fautores & Amicos Musarum ad benevole audiendas Orationes, quibus Sex Juvenes ingenui ac præstantissimi […] d. IV. Non. Novembr. A. O. R. MDCCXVII. […] invitat M. Christoph. Zippelius. Gymn. Poët. Rector & Prof. Publ., Ratisbonae [1717], Ratisbonae [1717]. Bl. B^r–C^r [Catalogus rectorum], Bl. B_2^r: „11. M. Jacob. Fischer, Kirchen-Teccâ Würtenbergicus, per quinque annos; post Ecclesiae nostratis Minister; qui hinc discedens in suburbio Hamburgi vita defunctus est." – Christian KLEINSTÄUBER, Biographisches Verzeichniß der Lehrer, welche an dem protestantischen Gymnasium zu Regensburg, Gymnasium poeticum genannt, von 1538–1811 gewirkt haben. Programm Regensburg 1853/54, Stadtamhof 1854, S. 5–7 „Biographisches Verzeichniß der Rectoren", dort S. 6: „12. M. Jakob Vischer (1626–31), aus Kirchen-Teck in Würtemberg, studierte in Tübingen, wurde 1626 hier Rector, und 1631 Prediger, mußte aber diese Stelle wegen seines melancholischen Gemüthszustandes niederlegen, worauf er sich unstät umhertrieb, bis er 1639 in einer Vorstadt von Hamburg starb." Ich danke Herrn Dr. Klaus-Rainer Brintzinger und Frau Irene Friedl, beide Universitätsbibliothek der Ludwig-Maximilians-Universität München, für die Bereitstellung von Scans der beiden seltenen Schriften.

[36] Christoph Sigismund (auch Sigmund) Donauer (1593–1655), Pfarrer in Regensburg 1621, Superintendent 1652.

Anteilnahme begegnete und ihm auch die Leichenpredigt hielt. Man geht kaum fehl in der Annahme, Fischer verdanke den Kern seines Berichts eben diesem Schwager. Darauf weist der Besitzvermerk Donauers in seinem Exemplar von Keplers Ephemeriden, das ihm die Erben geschenkt hatten: Er habe dem kranken, im Todeskampf liegenden und sterbenden Kepler nicht nur mit geistlichen Tröstungen beigestanden, sondern ihm auch mit der Leichenpredigt die letzte Ehre erwiesen[37]. Fischer braucht also nicht, wie Schmetzer[38] annimmt, Kepler in den letzten Lebenstagen betreut zu haben und Augenzeuge seines Todes gewesen zu sein.

Dieser Jakob Fischer darf nicht mit dem Erzieher der beiden Söhne des Freiherrn Erasmus von Starhemberg identifiziert werden, wie es Schmetzer tut, dem die Briefedition Keplers und Seck im Kommentar der Selbstzeugnisse folgen[39]. Die Identifizierung beruht auf einer Anfrage Keplers an Matthias Bernegger vom 19./29. März 1624, ob er die 16 und 15 Jahre alten Söhne des Barons Erasmus von Starhemberg als Hausgäste aufnehmen könne. Sie hätten einen gesetzten Mann als Erzieher (*Magister*); einige Zeilen später fällt – ohne Vornamen – sein Name: er heißt Fischer[40]. Nachdem Berneggers Antwort sich verzögert, wollen die jungen Barone mit ihren beiden Begleitern trotzdem nach Straßburg aufbrechen[41]. Jakob Fischer kann aber 1624 nicht gleichzeitig in Tübingen studiert haben und andernorts Erzieher junger Barone gewesen sein.

Der Brief von Lansius an Flayder verdient auch als physischer Gegenstand nähere Betrachtung (Abb. 1, 2). In den Gesammelten Werken wird er als „Eigenhändig" bezeichnet. Er besteht aus einem Doppelblatt in Folio (Höhe 30, Breite 19 cm), dessen beide erste Seiten der Brief ausfüllt, während die beiden anderen leer geblieben waren. Die dritte Seite ist auch jetzt leer, die vierte trägt die Archivsignatur und den alten Vermerk (wohl 17./18. Jahrhundert) *De obitu Keppleri 1631.* Eine Adresse fehlt. Die Schrift ist überall sehr deutlich und gut lesbar. Nur ein Wort, das

---

37 KGW 19 S. 393 Nr. 7.148. *Christophorus Sigismundus Donaverus, Ecclesiae patriae Servus habet ex dono Haeredum Autoris, cui hic in Commitijs Anno MDCXXX aegrotanti, agonizanti morienti non tantum consolationibus divinis adfui, sed post mortem in Coemiterio D. Petri humato Sermone funebri ultimos honores exsolvi.* Der Anklang an Fischers Bericht im Brief von Lansius, KGW 18 Nr. 1146.15–18 ist deutlich.

38 Schmetzer S. 84 f.

39 Schmetzer S. 84. – KGW 18 S. 571, zu Brief Nr. 1146. – Kepler, Selbstz., S. 96.

40 KGW 18 Nr. 978.10–17 (S. 174 f.), Kepler an Bernegger, Linz, 19./29.3.1624: *Sunt illi, quem dixi Baroni* [Starhemberg] *filii duo, Johannes Richardus et Georgius Henricus, ille 16. iste 15. annorum* [...]. *Magistrum habent virum sedatum,* [...] *qui dudum in Comitatu Tschernemlii Baronis Galliam vidit.* Z. 26–31: [Starhemberg] *rogandum te hoc meo stilo censuit, uti filiis suis cum Magistro Fischero et uno ministro probitatis exploratae habitationem in tuis aedibus* [...] *suppedites.*

41 KGW 18 Nr. 983.4–5 (S. 180), Kepler an Bernegger, Linz, 10./20.5.1624: *Jamque expectamus responsa tua. Et nihilominus ituri sunt GG. DD. Starenbergii, quibus has tradere statui.* Die Barone sind in der Straßburger Matrikel nicht verzeichnet (Gustav C. Knod, Die alten Matrikeln der Universität Straßburg 1621 bis 1793, Straßburg 1897–1902, Bd. 3: Personen- und Ortsregister, Straßburg 1902).

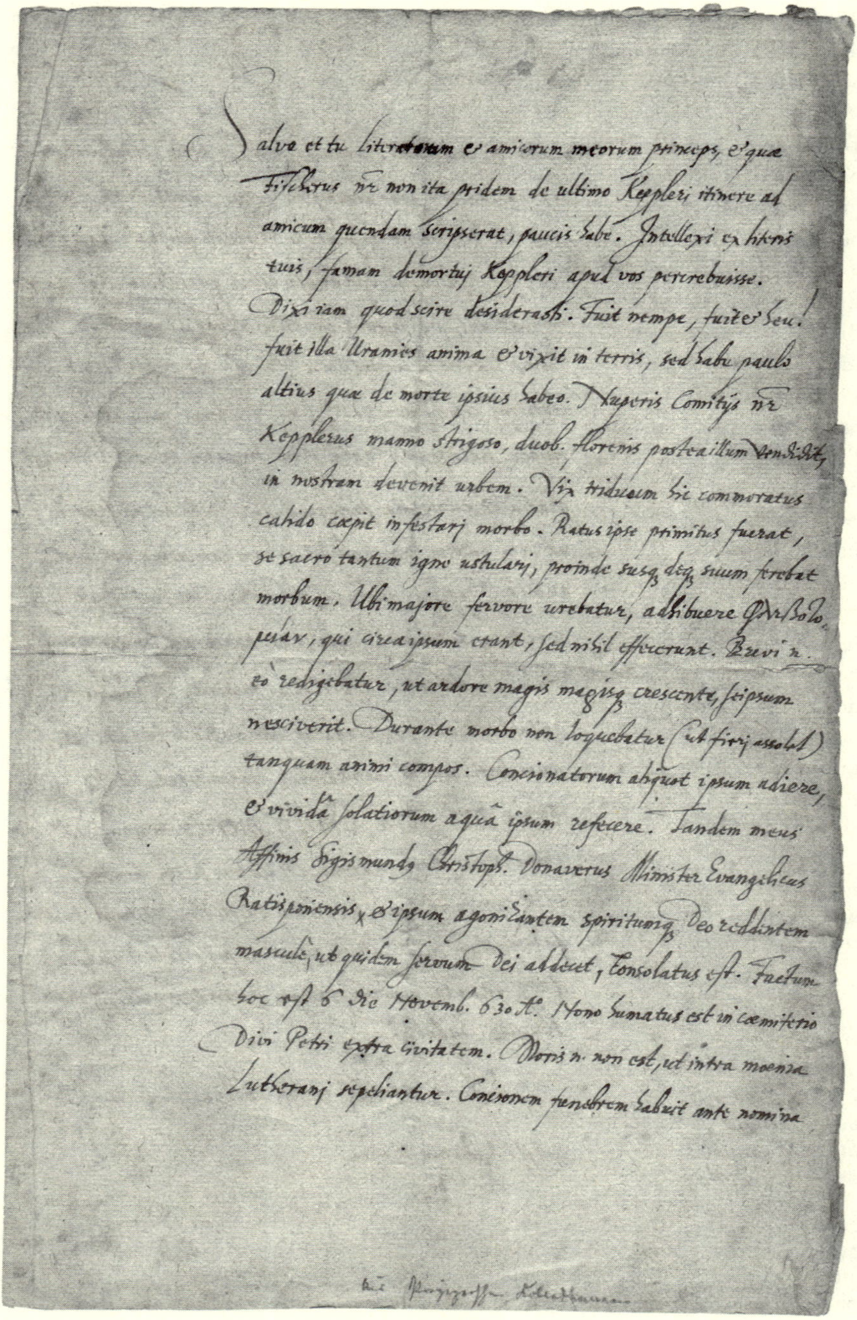
Salve et tu literatorum et amicorum meorum princeps, et quae
Fischerus nr non ita pridem de ultimo Kepleri itinere ad
amicum quendam scripserat, paucis habe. Intellexi ex literis
tuis, famam demortuj Keppleri apud vos percrebuisse.
Dixi iam quod scire desiderasti. Fuit nempe, fuit heu!
fuit illa Uraniæ anima et vixit in terris, sed habe paulo
altius quæ de morte ipsius habeo. Nuperis Comitijs nris
Kepplerus manno strigoso, duob. florenis postea illum vendidit,
in nostram devenit urbem. Vix triduum hic commoratus
calido cœpit infestarj morbo. Ratus ipse primitus fuerat,
se sacro tantum igne ustularj, proinde susq deq suum ferebat
morbum. Ubi majore fervore urebatur, adhibuere D.D. Bolo-
peiar, qui circa ipsum erant, sed nihil effecerunt. Brevi n.
eo redigebatur, ut ardore magis magisq crescente, seipsum
nesciverit. Durante morbo non loquebatur (ut firj assolet)
tanquam animi compos. Concionatorum aliquot ipsum adiere,
et vivida solatiorum aquâ ipsum refecere. Tandem meus
Affinis Sigismundus Christoph. Donaverus Minister Evangelicus
Ratisponensis, et ipsum agonizantem spirituumq Deo reddentem
masculè, ut quidem servum dei addecet, consolatus est. Factum
hoc est 6 die Novemb. 630 Ao. Nono humatus est in cœmiterio
Divi Petri extra Civitatem. Moris n. non est, ut intra moenia
Lutherani sepeliantur. Concionem funebrem habuit ante nomina

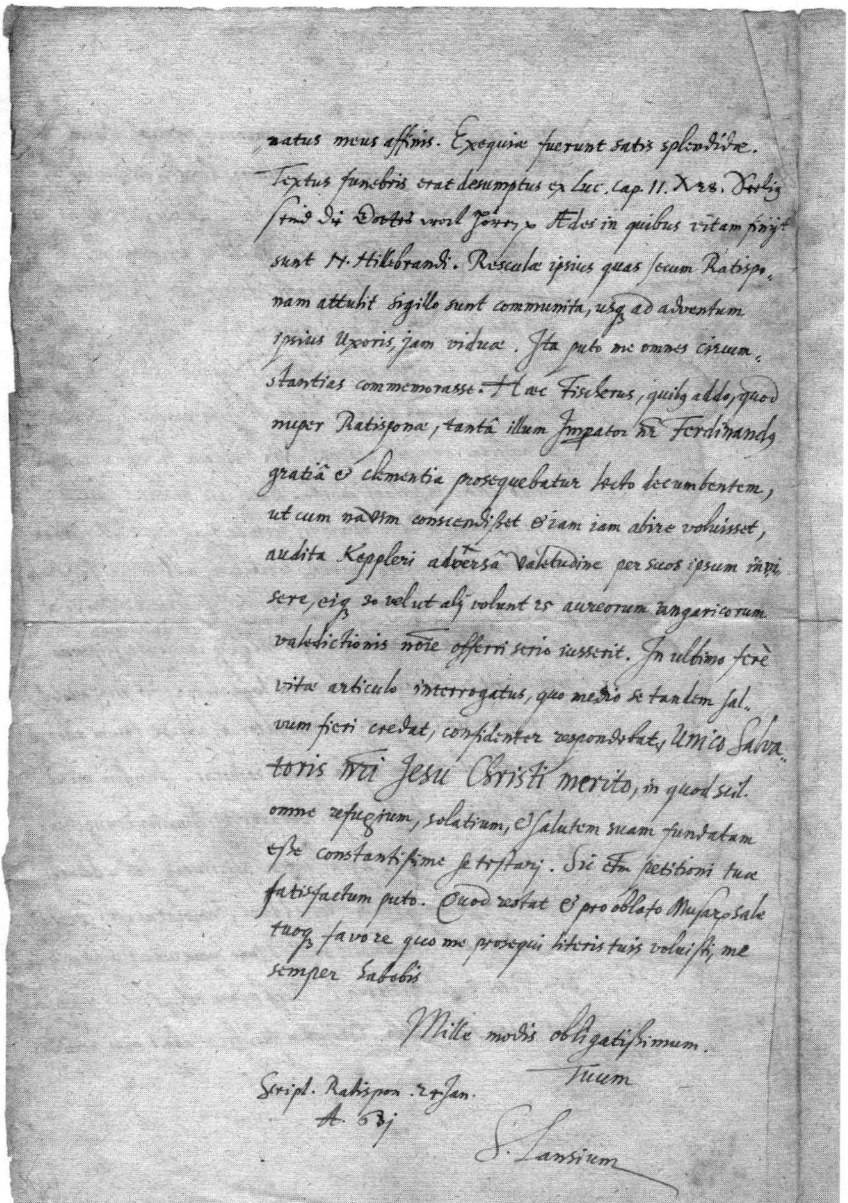
natus meus affinis. Exequiae fuerunt satis splendidae.
Textus funebris erat desumptus ex Luc. Cap. 11. v. 28. Seelig
sind die das Wort Gottes hören. Aedes in quibus vitam finijt
sunt H. Hilebrandi. Rescula ipsius quas secum Ratispo-
nam attulit sigillo sunt communita, usque ad adventum
ipsius Uxoris, jam viduae. Ita puto me omnes circum-
stantias commemorasse. Haec Fisckerus, quibus addo, quod
nuper Ratisponae, tanta illum Imperator Noster Ferdinandus
gratia et clementia prosequebatur lecto decumbentem,
ut cum navem conscendisset et iam iam abire voluisset,
audita Keppleri adversa valetudine per suos ipsum invi-
sere, eique 30 velut alij volunt 25 aureorum ungaricorum
valedictionis nomine offerri serio iusserit. In ultimo ferè
vitae articulo interrogatus, quo medio se tandem sal-
vum fieri credat, confidenter respondebat, Unico Salva-
toris nostri Jesu Christi merito, in quod scil.
omne refugium, solatium, et salutem suam fundatam
esse constantissime se testarj. Sic etiam petitioni tuae
satisfactum puto. Quod restat et pro oblato Musaeo sale
tuoque favore quo me prosequi literis tuis voluisti, me
semper habebis

Mille modis obligatissimum.
Tuum

Script. Ratispon. 24 Jan.
A. 631

S. Lansium

Abb. 1, 2: Brief von Stephan Lansius an Friedrich Hermann Flayder. Regensburg, 24. Januar 1631 a. St. (HStAS A 151 Bü 13).

vierte, *literatorum*, ist korrigiert, wohl aus *literarum*, und zwar gleich beim Schreiben. Auffallend ist die Faltung: Gewöhnlich wurden Briefe waagerecht dreifach, senkrecht doppelt gefaltet. Beim Zusammenlegen entstand ein kleines flaches Gebilde, dessen einander überlappende Enden ineinandergesteckt wurden. Danach konnte er versiegelt werden[42]. Dieser Brief aber ist einmal waagerecht, dann einmal senkrecht gefaltet. Er erweckt demnach den Anschein, als ob er in dieser Form nicht versandt worden wäre, vielmehr eine Abschrift vorliegt. Dieser Eindruck wird durch einen Handschriftenvergleich bestätigt[43]. Der Brief weist eine Standardschrift der ersten Hälfte des 17. Jahrhunderts auf, Lansius hatte eine individuellere Schrift. Er machte immer u-Bögen, der Abschreiber nie. Eine im Hauptstaatsarchiv Stuttgart angestellte Wasserzeichenuntersuchung weist das Papier der Uracher Papiermühle des Jörg Dietrich im Zeitraum zwischen 1632 und 1650 zu; sieben gleichartige, wenn auch nicht völlig deckungsgleiche Belege sind für die Jahre 1631–1647/49 nachgewiesen[44]. Das spricht für eine Verwendung des Papiers in Württemberg, nicht in Regensburg.

Im Kopf der Edition in Keplers Gesammelten Werken sollte also statt „S. Lansius an Anonymus in Tübingen“ stehen „Stephan Lansius an Friedrich Hermann Flayder in Tübingen“ und statt „Eigenhändig“ „Abschrift“.

---

[42] Näheres bei Friedrich SECK, Gelehrtenbriefe zu Keplers Zeit. Eine Untersuchung formaler Aspekte an den Briefeditionen von Kepler und Schickard, in: Miscellanea Kepleriana: Festschrift für Volker Bialas zum 65. Geburtstag, hg. von Friederike BOOCKMANN/Daniel A. DI LISCIA/Hella KOTHMANN, Augsburg 2005, S. 205–227, hier S. 217f.

[43] Verglichen wurden zwei Stammbucheinträge von Stephan Lansius, WLB Cod. hist. 2° 889–22,54ʳ: Eintrag für Ch. C. Tafinger, Tübingen 10.6.1624, und WLB HB XV 3, Stammbuch Johann Friedrich Ochsenbach, Bl. 289ʳ Tübingen 6.7.1624.

[44] Ich danke Herrn Dr. Erwin Frauenknecht für die Erstellung und Mitteilung des Gutachtens (Schreiben vom 14.7.2014), Herrn Prof. Dr. Peter Rückert für fördernde Hinweise.

Auch wir sind in Arkadien geboren

Freundschaftswidmungen von Hölderlin und Hegel in einem unbekannten Stammbuch

Von Stefan J. Dietrich

Einleitung

In einem seiner Beiträge zu neu entdeckten Stammbuchlättern Hölderlins und Hegels hat Volker Schäfer aus der Erkenntnis, dass deren Freundeskreis größer war als bisher gesehen, die Hoffnung auf neues Quellenmaterial geschöpft[1] – zu Recht. In einem badischen Auktionshaus wurde Ende 2012 ein als „Poesiealbum" deklariertes Stammbuch versteigert, in dem sich Einträge von Hölderlin und Hegel fanden. Dieses Album amicorum[2], *Gönnern, Freundinnen und Freunden gewidmet von Christian Amandus Heinrich Dobel, der Arznei-Gelartheit Candidat, von RommelsPach aus dem Würtembergischen im Jar 1789* (Abb. 2), enthält auf 202 unpaginierten Seiten 199 Einträge ohne Register, darunter 144 aus Tübingen, die von Januar 1789 bis März 1792 datieren. Eine kleine, fast noch kindlich anmutende Silhouette des Besitzers schmückt das Frontispiz (Abb. 1)[3].

---

[1] Volker Schäfer, Neue Stammbuchblätter von Hölderlin und Hegel, in: In Wahrheit und Freiheit. 450 Jahre Evangelisches Stift in Tübingen, hg. von Friedrich Hertel (Quellen und Forschungen zur württembergischen Kirchengeschichte, Bd. 8), Stuttgart 1986, S. 177–204, hier S. 204; auch in: Ders., Aus dem Brunnen des Lebens. Gesammelte Beiträge zur Geschichte der Universität Tübingen, Festgabe zum 70. Geburtstag, hg. von Sönke Lorenz/ Wilfried Setzler (Tübinger Beiträge zur Landesgeschichte, Bd. 5), Ostfildern 2005, S. 300–324, hier S. 324. Vgl. auch Adolf Beck, Aus der Umwelt des jungen Hölderlin. Stamm- und Tagebucheinträge, in: Hölderlin-Jahrbuch 2 (1947) S. 18–46, hier S. 40. – Erst im Mai 2011 erwarb die Württembergische Landesbibliothek bei einer Hamburger Auktion das Stammbuch von Johann Gottfried Carl Merian mit der bis dato frühesten Freundschaftswidmung Hölderlins (vgl. Anm. 46).

[2] Queroktav (11,4 x 16,5 x 2,2 cm), Vollleder mit reicher Rückenvergoldung und reicher Goldbordüre über drei Bünden, Goldschnitt, Wasserzeichen JHONIG & ZONEN mit Krone und Bienenkorb (vier Stege im Abstand von 2,55 cm), im originalen mit Buntpapier ausgeschlagenen Pappschuber (11,7 x 18 x 2,6 cm), Privatbesitz.

[3] Der getuschte Schattenriss misst nur ca. 3 x 2,2 cm, das eingeklebte Trägerblättchen 9 x 6,5 cm. Zwar haben lediglich drei Einträger ihre Silhouetten beigefügt (Stammbuch (künftig:

Abb. 1

Der Stammbuchhalter

Christian Amandus Heinrich Dobel erblickte am 25. Januar 1770 in Rommelsbach, heute ein Stadtteil von Reutlingen, als viertes Kind des dortigen Pfarrers Amandus Valentin Dobel (1730–1801) und der Charlotta Sophia geb. Müllner (1734–1793) das Licht der Welt. Der Vater, der anderntags die Taufe vornahm, schon Pfarrerssohn, stammte aus Holzmaden, die Mutter war die Tochter eines Fürstlich-Bayreuthischen Justizrats zu Hof[4]. Mit fünf Geschwistern wuchs Chris-

Stb.) Dobel Nr. 13, 63, 132), doch sind ihrer 46 in den elf noch greifbaren Stammbüchern von Freunden Dobels nachweisbar, davon allein 26 im Album von Christian Friedrich Hiller (wie Anm. 40).

[4] Taufregister Rommelsbach, Landeskirchliches Archiv Stuttgart KB 1910, Bd. 2; Familienregister Rommelsbach, ebd., KB 1911, Bd. 10, S. 41 (freundliche Auskunft von Frau Birgitta Häberer); vgl. auch: Die Württembergischen Familienstiftungen, hg. von Ferdinand Friedrich Faber, 20. Heft, Stuttgart 1857, Neudruck mit Berichtigungen von Adolf Rentschler, Stuttgart 1940, LXXXV (Varenbühler-Grüninger-Hiller) C § 114; Das evangelische Württemberg, bearb. von Christian Sigel, Teil 2, Generalmagisterbuch, Bd. 11, Bl. 834; Ortsfamilienbuch der württembergischen, bis zum 30.06.1974 selbständigen Gemeinde Rommelsbach 1639 bis ca. 1910, bearb. von Helmut Thumm, Deutsche Ortssippenbücher, Reihe A, Bd. 372 (Württembergische Ortssippenbücher, Bd. 70), Rommelsbach 2004, Nr. 136–137, S. 29 f., Nr. 1354, S. 287. – Die Großeltern mütterlicherseits waren Johann Carl Sigmund Müllner (1698–1763) von Voigtsberg bei Oelsnitz, Justizrat zu Hof, und Ursula Magdalena geb. Oheim (1695- nach 1764) von Hof; vgl. auch Anm. 30. Vor der Übernahme des Pfarramtes in Rommelsbach 1763 diente Amandus Valentin Dobel vier Jahre als Feldprediger beim Infanterie-Regiment Baden-Baden (BWKG 1905, S. 83 und 1906, S. 130). Nach einer Rommelsbacher Chronik sei er ein häuslicher Mensch gewesen und habe bei mittelmäßigen Studien sein Amt stets treu verrichtet (vgl. Thumm (wie oben) S. 29). Am 27. Novem-

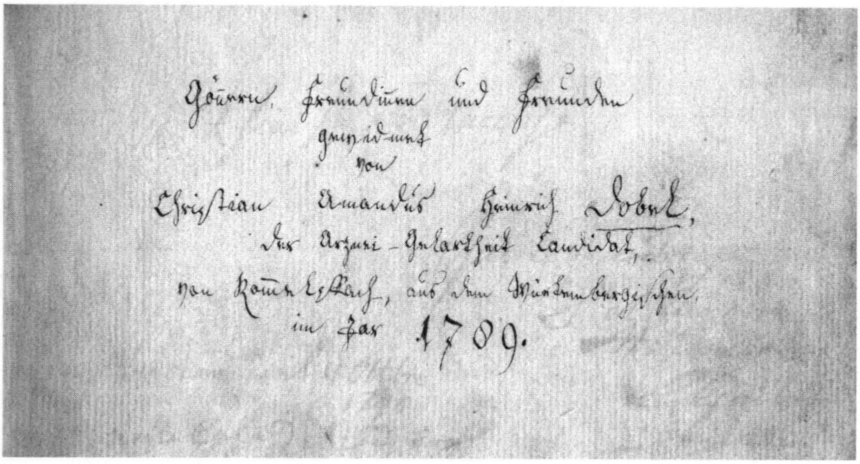

Abb. 2

tian, wie der Rufname lautete, auf[5]. Noch keine 17 Jahre alt immatrikulierte er sich am 27. Oktober 1786 an der Universität Tübingen für das Studium der Medizin[6]. Dobel hatte das Glück, im November des folgenden Jahres durch Herzog Carl

---

ber 1753 trug er sich in das Stammbuch von Christoph Ludwig Mieg (1731–1807) ein, der 1788 Hölderlins Prälat in Maulbronn wurde (Universitätsbibliothek Tübingen Mh 1041, Bl. 287, online gestellt).

[5] Johann Friedrich (1764–1819), Feldprediger beim Kürassier-Regiment Hohenzollern 1794 (BWKG 1906, S. 135), 1798 Diakonus, 1807 Pfarrer in Metzingen (Stb. Dobel Nr. 133); Magdalena Charlotte (1766–1829, Stb. Dobel Nr. 67), verehelicht 1795 mit Johann Christian Heinrich Schmid (1761–1832), Ritterschaftlicher Registrator in Tübingen, zuletzt Rechnungsrat in Stuttgart; Jakobine Friederike (1767–1851), ledig, in Metzingen (Stb. Dobel Nr. 69); Carl Emanuel (1771–1837), Registrator in Karlsruhe; Carl August (1774- nach1829), Conditor in Stuttgart, dessen Zwillingsbruder Constantin Valentin nur zwei Monate lebte (vgl. Anm. 4). Von den fünf Taufpaten Dobels waren drei Pfarrer, namengebend Christian Hagen (1698–1776) von Bayreuth, seit 1729 amtierend in Köditz bei Hof, vermutlich ein Verwandter der Mutter (vgl. Gelehrtes Fürstenthum Baireut, hg. von Georg Wolfgang Augustin Fikenscher, Bd. 4, Erlangen 1801, S. 187); der dritte Vorname wohl nach dem Großvater, Valentin Heinrich Dobel (1685–1755) von Adelberg, Sohn eines Forstverwalters, seit 1726 Pfarrer in Holzmaden (vgl. Anm. 4). Die Konfirmation erfolgte auf Quasimodogenitis am 18. April 1784 durch den Vater (Konfirmationsregister Rommelsbach, Landeskirchliches Archiv Stuttgart KB 1910, Bd. 8, S. 5). Die ältere Schwester beerdigte Nathanael Friedrich Köstlin (1776–1855), Sohn von Hölderlins Nürtinger Lehrer Nathanael Köstlin (1744–1826) und Cousin Schellings. Vgl. Ders., Rede am Grabe der Frau Magdalene Charlotte Schmid geb. Dobel, Stuttgart 1829; vgl. auch Anm. 23, 44, 71.

[6] Die Matrikeln der Universität Tübingen, Bd. 3, 1710–1817, bearb. von Albert Bürk/Wilhelm Wille, Tübingen 1953 (künftig: MUT), Nr. 38516. Damit trat er in die Fußstapfen seines kinderlosen Onkels Dr. med. Matthäus Friedrich Dobel (1728–1783) in Beihingen am Neckar (MUT, Nr. 34631), dessen erste Gattin seine Patentante war (vgl. Anm. 4). Die Konkurrenz der Hohen Karlsschule in Stuttgart hatte die Zahl der Einschreibungen für Medizin

Eugen auf drei Jahre zum Hospitum-Tisch (Freitisch) des Evangelischen Stifts zugelassen zu werden, wo er viele neue Freunde fand[7]. Er trat einem der damals verbreiteten geheimen Studentenorden bei und scheint Sympathien für die Französische Revolution gehegt zu haben[8]. Sein Studium schloss er im Sommersemester

---

in Tübingen stark reduziert: 1784 waren es elf, 1785 fünf, 1786 nur drei (mit Dobel), 1787 sechs, 1788 acht, 1789 und 1790 sechs. Vgl. MUT, S. 319–343. So erklärt sich, dass nur 15 Tübinger Medizinstudenten in Dobels Stammbuch zu finden sind.

[7] Einer der beiden Plätze für Medizinstudenten war vorzeitig frei geworden. Gegen den Mitbewerber Johann Heinrich Roth (1764–1791) von Herrenberg (Stb. Dobel Nr. 89) scheinen die günstigen Beiberichte des Tübinger Dekans Ernst Bengel (1735–1793) den Ausschlag gegeben zu haben, *worinnen bestätiget wird, daß der Vatter dieses jungen Dobels es sich sehr sauer werden lasse, seine 4 Söhne jeden etwas anständiges erlernen zu lassen*; Bericht des Kirchenrats an den Herzog vom 15. November 1787, HStA Stuttgart A 284/95, Bü 122a, Nr. 44/18. Im Stift traf Dobel noch seinen älteren Bruder Johann Friedrich an, der 1783 als Bebenhauser „Klosterschüler" eingerückt war – wie schon der Vater und der Großvater (vgl. MUT, Nr. 29617, 34600, 38059; BWKG 1977, S. 41, 51 und 1980/81, S. 47, 67). Von den 92 Theologiestudenten, die ihre Freundschaft in Dobels Album bekundeten, sind 68 Stiftler und zwei Hospites – die Stiftsjahrgänge 1784 bis 1790 umfassen rund 200 Personen. Hölderlins und Hegels Promotion von 1788 bestand aus 35 Studenten, von welchen 23 im Stammbuch Dobel vertreten sind, darunter die vier Mömpelgarder. Vgl. MUT, S. 319–351; Priscilla A. Hayden-Roy, „Sparta et Martha". Pfarramt und Heirat in der Lebensplanung Hölderlins und in seinem Umfeld (Tübinger Bausteine zur Landesgeschichte, Bd. 17), Ostfildern 2011, S. 323–344. Wie das sogenannte „Carentgatter" ausweist, ein Verzeichnis von Verstößen gegen die Stiftsordnung, die in leichteren Fällen mit Entzug, „Carition", des Tischweins bestraft wurden, war Dobel disziplinarisch unauffällig und auch nie im Karzer (freundliche Auskunft von Frau Beate Martin, Stiftsarchiv Tübingen). Vgl. hierzu Martin Brecht, Hölderlin und das Tübinger Stift 1788–1793, in: Hölderlin-Jahrbuch 18 (1973/74) S. 20–48, hier S. 32–34.

[8] Von den Stammbucheinträgern unterzeichnen 33 mit *Freund und Bruder*, man liest *Schwarz Brod und Freiheit!*, stößt auf das Kürzel des verbotenen C. V. P. V.-Ordens, das Harmonistenzeichen, eine Buchstabenfolge der Amicisten und gekreuzte Degen (Stb. Dobel Nr. 2, 3, 18, 19, 29, 68, 81, 176). Am 1. und 2. Oktober 1790 trafen sich Dobel und einige Kommilitonen, darunter der Hölderlinfreund Christian Ludwig Bilfinger (vgl. Anm. 39), mit Karlsschülern im Gasthaus „Zum Schwarzen Adler" am Stuttgarter Marktplatz, ein Treffpunkt der Revolutionsbegeisterten, wo auch der Publizist Christian Friedrich Daniel Schubart ein- und ausging (Stb. Dobel Nr. 2–5, 14, 19, 108, 199). Am 11. Oktober kam man *bei Vater Stauch* zusammen – ein Christian Stauch war Musikmeister an der Karlsschule (Stb. Dobel Nr. 1, 82, 97; HStA Stuttgart A 272, Bü 133). Dass es eine Verbindung zwischen Tübinger und Stuttgarter Studenten gab, dokumentiert der Eintrag des Karlsschülers Johann Friedrich Schäffer (1772–1800), gestorben als Stadtphysicus in Ulm, datiert den 10. Oktober 1790 *im Bruderkreise* (Stb. Dobel Nr. 33; vgl. Werner Gebhardt, Die Schüler der Hohen Karlsschule. Ein biographisches Lexikon, Stuttgart 2011, S. 457). Zwei Tage später fügte Ernst Carl Wilhelm Le Bret, Kaufmannslehrling bei Schiele & Liesching in Stuttgart, Sohn des Tübinger Universitätskanzlers, seinem Widmungstext das Symbolum hinzu *Dort herrschen keine Vorurtheile mehr* (Stb. Dobel Nr. 166; vgl. Anm. 59). Vgl. Georg Schmidgall, Tübinger Studenten im Zeitalter der Orden und Landsmannschaften 1770–1815, in: Tübinger Blätter 14 (1912) S. 20–25; Ders., Die akademischen Logen und Studentenorden in Tübingen, in: Beiträge zur Tübinger Studentengeschichte, Bd. 3, Tübingen 1939/49, S. 97–122; Axel Kuhn, Revolutionsbegeisterung an der Hohen Carlsschule. Ein Bericht, Stuttgart-Bad

1790 mit der Dissertation „de myositide et neuritide praesertim rheumatica per historiam agrae illustrata“[9] unter Professor Wilhelm Gottfried Ploucquet (1744–1814) ab. Deren Inhalt fasst das „Repertorium der medicinischen Litteratur“ wie folgt zusammen: „Eine 30jährige Frau hatte ein Gliederreissen, das ungeachtet der angewandten Mittel langwierig und so lang anhaltend war, bis das verdorbne Zahnfleisch einigen Verdacht von Schaarboksschärfe erregte, die auch durch den Gebrauch antiscorbutischer Mittel vorzüglich Kressigs[10] mit bitteren Extracten vollkommen gehoben wurde. Es folgt nun ein weitläufiger Commentar, und eine Ploucquetsche nosologische Eintheilung des Rheumatismus.“[11] Darauf erhielt Dobel im September 1790 den akademischen Grad eines Lizenziaten der Medizin, dem Doktor so gut wie gleichgestellt, aber weniger kostspielig[12]. Ende Oktober verließ er seine Alma mater und ließ sich spätestens im Frühjahr 1791 als praktischer Arzt in Altensteig nieder[13]. Doch hier sollte er nicht lange wirken: schon am

---

Cannstatt 1989; Ders., Schwarzbrot und Freiheit. Die Tübinger Studentenbewegung zur Zeit Hölderlins und Hegels, in: Bausteine zur Tübinger Universitätsgeschichte, hg. von Volker Schäfer, Bd. 6, Tübingen 1992, S. 9–62; Ders./Jörg Schweigard, Freiheit oder Tod! Die deutsche Studentenbewegung zur Zeit der Französischen Revolution, Köln 2005, S. 122–128, 137–139. Vom 4. bis 7. Oktober 1790 hielt sich Dobel bei der Pfarrfamilie seines Freundes Gottlieb Friedrich Rau (1766–1829) in Hemmingen auf (vgl. Stb. Dobel Nr. 39, 41, 43, 45, 59, 62), dessen Nachfolge als Pfarrer von Plattenhardt Eduard Mörike antrat und sich mit dessen Tochter Luise (1806–1891) verlobte.

[9] Über Myositis und Neuritis, besonders rheumatische, an der Geschichte einer Kranken veranschaulicht, Tübingen 1790, 28 S. (online gestellt); Universitätsbibliothek Tübingen Ja 222.4–18, und öfter; Bibliothek des Evangelischen Stifts Tübingen oct. 9305–5.

[10] Kresse.

[11] Repertorium der medicinischen Litteratur des Jahres 1790, hg. von Paulus Usteri, Zürich 1791, S. 239, Nr. 96; vgl. auch Medicinisch-chirurgische Zeitung, hg. von J. J. Hartenkeil/F. X. Mezler, Salzburg 1791, Bd. 1, Nr. 17, S. 319 f.; Medicinisches Schriftsteller-Lexicon der jetzt lebenden Aerzte, Wundärzte, Geburtshelfer, Apotheker und Naturforscher aller gebildeten Völker, hg. von Adolph Carl Peter Callisen, Bd. 5, Copenhagen 1831, S. 238, Nr. 616, 1584.

[12] Dekanatsbuch der Medizinischen Fakultät, Universitätsarchiv Tübingen 14/14, S. 417 (freundliche Auskunft von Frau Irmela Bauer-Klöden).

[13] Vgl. die Stammbuchwidmungen Nr. 9, datiert Tübingen, 22. Oktober 1790, und Nr. 29, datiert Altensteig, Mai 1791. Verständlicherweise fällt fast die Hälfte der Einträge in die Zeit von Dobels Abschied von der Universität in den September (62) und Oktober (22) 1790. Im April 1791 war Dobel noch einmal für einige Tage in Tübingen (vgl. Stb. Dobel Nr. 170 und 171 vom 7. April 1791 und Nr. 156 und 198 vom 10. April 1791). Bei dieser Gelegenheit revanchierte er sich für eine Freundschaftswidmung im Stammbuch von Johann Christian Albrecht Ernst Camerer (1768–1792). Vgl. Stb. A. E. Camerer (wie Anm. 69) Bl. 133; Anm. 67. Nach Altensteig könnte Dobel über Johann David Krafft (1754–1797) gekommen sein, der dort seit 1784 als Diakonus amtierte (vgl. Anm. 14). Bei dessen Vater, Johann Ehrenreich Krafft (1717–1792), Pfarrer in Pliezhausen, einer Nachbargemeinde von Rommelsbach, vikarierte Dobels älterer Bruder Johann Friedrich seit Oktober 1789 (Faber (wie Anm. 4) LXIV § 471a; Vikarbuch Landeskirchliches Archiv Stuttgart A 12, Nr. 23, Bd. 3, S. 101). Beide schrieben dort am 28. Dezember 1789 in sein Stammbuch (Nr. 133, E. Krafft Nr. 147: *Nil temere*, rückseitig Hölderlin, vgl. Anm. 37).

27. Juli 1792 starb Christian Amandus Heinrich Dobel nachmittags um halb drei Uhr am „Schleim- und Brandfieber“ (Typhus) und wurde drei Tage darauf abends vier Uhr mit Gebet in Altensteig beerdigt[14]. Mit seinen nur 22,5 Jahren war ihm die kürzeste Lebenszeit der Freunde beschieden. Sein Stammbuch kam zunächst an den Vater[15], dann aber wohl an den nächstjüngeren Bruder Carl Emanuel (1771–1837), Geheimer Registrator beim Kriegsministerium in Karlsruhe[16], womit der Weg ins Badische eine Erklärung fände.

Hegel – Schelling – Hölderlin

Glüklich wer auf seinem Pfad
einen Freund zur Seite hat!
Dreimal glüklich aber ist,
wen sein Mädchen feurig küst!!

Diesen ebenso wenig geistreichen wie originellen Spruch schrieb Georg Wilhelm Friedrich Hegel seinem Freund Dobel am 27. August 1790 ins Stammbuch[17] (Abb. 3). Der nachmalige Philosoph von Weltrang gab sich mit solchen Widmungen

---

14 Das heißt ohne Leichpredigt – übrigens durch Diakonus Krafft (wie Anm. 13); Totenregister Altensteig, Landeskirchliches Archiv Stuttgart KB 1606, Bd. 12, S. 226. Der letzte Eintrag in Dobels Stammbuch datiert Altensteig, März 1792 (Nr. 21). Im April schrieb Christian Dobel in Altensteig seine letzte überlieferte Freundschaftswidmung in ein Album. Sie gilt August Eberhard Ludwig Stahl (1763–1828), Kompromotional von Carl Philipp Conz (wie Anm. 50), zuletzt Registrator beim Konsistorium in Stuttgart, dessen Verlobte in Calw lebte, und zitiert Jean de La Bruyère: *Laune und Eigensinn finden sich immer nahe bei der Schönheit, wie das GegenGifft bei der schädlichen Pflanze. Denn diese würde one jene den Mauern weit gefährlicher sein, und ihre HerzensWunden würden nicht so leicht heilen.* Privatbesitz, Kopie Universitätsarchiv Tübingen S 128/76, Bl. 89; vgl. Gebhardt (wie Anm. 8) S. 503; Schäfer, Nachrichten (wie Anm. 33) S. 352, Anm. 99.

15 Zum ersten Eintrag in Dobels Stammbuch (Nr. 157), unterzeichnet mit „Bruder“ und datiert Tübingen 20. Januar 1789, von Johann Gottfried Faber (1769–1794), Pfarrerssohn von Gaisburg, zuletzt praktischer Arzt in Esslingen, *Keine Wollust hat je den rüstigen Jüngling geschwächt, und mein nervichter Arm breche die Sense dem Tod*, bemerkt Pfarrer Dobel *ist ein Lügner – an sich selbst zeigte sich das Gegentheil ao. 1794 da er vom Sensenmann überweltiget worden.* Gottfried Faber starb wie Christian Dobel an Typhus. Sein gleichnamiger Vater war der unmittelbare Vorgänger von Dobel senior im Feldpredigeramt. Vgl. MUT, Nr. 38557; Faber (wie Anm. 4) III § 284B; BWKG 1906, S. 130; Stb. C. C. Camerer (wie Anm. 43) Bl. 24v.

16 Vgl. Großherzoglich-Badisches Regierungsblatt 1810, Nr. XXIII (9. Juni) S. 184; Hof- und Staatshandbuch des Großherzogthums Baden 1834, Carlsruhe 1834, S. 135. Carl Emanuel Dobel lithographierte 1823 ein Gedenkblatt an die Pforzheimer Opfer der Schlacht bei Wimpfen von 1622. Vgl. GLAK 69 Baden, Sammlung 1995 G Nr. 45.

17 *Denke bei diesem Blättchen an deinen Freund C[andidatus] Hegel aus Stuttg[ardt]. Tübingen d[en] 27 Aug[ust] 1790.*; Stb. Dobel Nr. 115. Allein in Dobels Stammbuch kommt das Verschen in Varianten noch dreimal vor (Nr. 14, 94, 137).

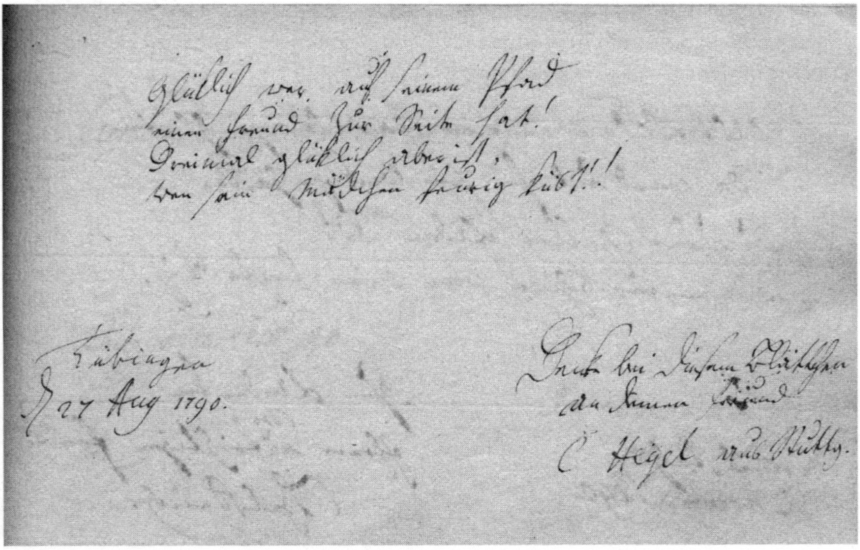
Tübingen d 27 Aug 1790.
C Hegel aus Stuttg.

Abb. 3

offenbar nur wenig Mühe, setzte er doch denselben Reim eine Woche später dem Kommilitonen Fink ins Album[18]. Seinen Platz fand er neben Bernhard Friedrich Kind, über dessen Text er oben rechts kritzelte *Grüß Gott Kind!*[19] Unterschrieben

[18] Eintrag vom 4. September 1790, Original verschollen, vgl. Briefe von und an Hegel, hg. von Friedhelm NICOLIN, Hamburg ³1977, Bd. 4/1: Dokumente und Materialien zur Biographie, S. 165. Johann Christoph Friedrich Fink (1770–1844) von Königsbronn war zuletzt Pfarrer in Söhnstetten; Stb. Dobel Nr. 15: *Der Himmel seegne dich, mein guter Dobel!!* (März 1790); Stb. Faber (wie Anm. 47) Bl. 137v; Stb. Hegel (wie Anm. 38) Bl. 15, NICOLIN (wie oben) S. 149; Stb. Hiller (wie Anm. 40) Bl. 62v mit Silhouette; Stb. Rueff (wie Anm. 41) Bl. 83 mit Silhouette; Stb. Süskind (wie Anm. 22) Bl. 6; vgl. auch KUHN, Schwarzbrot (wie Anm. 8) S. 27, 48–50, 57 f.; KUHN/SCHWEIGARD (wie Anm. 8) S. 137, 149, 272, 276. Auch Hegels Texte für Johann Christian Ehemann (1771–1849) und Christian Friedrich Hiller (1769–1817) von Nordheim (Stb. Dobel Nr. 111) sind identisch (vgl. NICOLIN (wie oben) S. 166 f.; Anm. 40).

[19] Bernhard Friedrich Kind (1768–1845) von Mönchweiler, zuletzt Pfarrer in Kuppingen, hatte sich wohl kurz zuvor – er datiert nur *August 90.* – mit Hiob 1,21 verewigt: *Nakt bin ich von meiner Mutter Leibe kommen; nakt werde ich wieder dahin fahren*; Stb. Dobel Nr. 114; Stb. Hegel (wie Anm. 38) Bl. 34, NICOLIN (wie Anm. 18) S. 141; Stb. Schmoller (wie Anm. 69); Stb. Weigelin (wie Anm. 42) Bl. 37. Auf der Rückseite von Hegels Eintrag findet sich die Freundschaftswidmung von Johann Carl Christoph Helfferich (1770–1835) von Lotenberg, gestorben als Pfarrer in Pleidelsheim, datiert Rommelsbach, November 1790. Stb. Faber (wie Anm. 47) Bl. 58v; Stb. Weigelin (wie Anm. 42) Bl. 35. Helfferichs Stammbuch ist nur fragmentarisch überliefert (14 Bl., 1791–1794, WLB Cod.hist.oct.122) mit vier identischen Einträgern, darunter Hiemer (wie Anm. 57) Bl. 6 und Weigelin (wie Anm. 42) Bl. 14; vgl. auch Anm. 39.

hat Hegel, von dem bislang 13 Stammbuchblätter aus der Gymnasial- und Studienzeit bekannt waren[20], mit dem Kürzel „C“ für „Candidatus“ vor seinem Namen, da er kurz vor dem Magisterexamen stand[21].

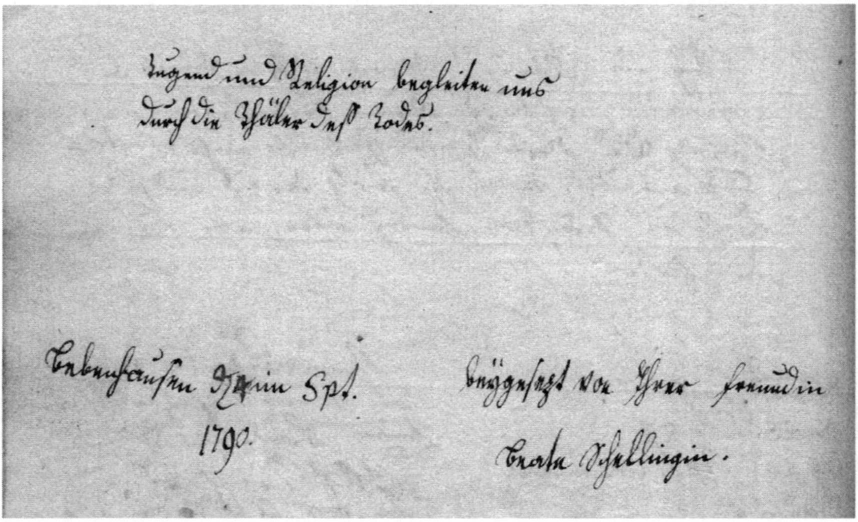

Abb. 4

Auch der Name Schelling begegnet in Dobels Stammbuch, doch handelt es sich nicht um den berühmten Friedrich Wilhelm Joseph, der erst im Oktober 1790 die Universität Tübingen bezog und von dem überhaupt nur drei studentische Freundschaftswidmungen überliefert sind[22], sondern um dessen Schwester Beate Schelling

---

[20] Zu den bei NICOLIN (wie Anm. 18) S. 165–168 veröffentlichten Albumblättern kommen noch die für einen Unbekannten vom Juni 1785, Städtische Sammlungen Tübingen, Inv.-Nr. 1100, für David Friedrich Leypold, Stuttgart 23. Juni 1786, WLB Cod.hist.oct.176, Bl. 150v, für Felix Buttersack (wie Anm. 48) und Johann Philipp Weigelin, datiert Tübingen 5. Juni 1791 (wie Anm. 42); vgl. SCHÄFER, Neue Stammbuchblätter 2005 (wie Anm. 1) S. 310–315.

[21] So auch auf dem Stammbuchblatt vom 5. September 1790 für Georg Christoph Friedrich Rueff (1768–1818) von Neuhausen/Erms, zuletzt Pfarrer in Geifertshofen, Einzelblatt, WLB Cod.poet.et.phil.fol. 63,V,k (vgl. Anm. 41); NICOLIN (wie Anm. 18) S. 166, zu Hegels Magisterexamen ebd., S. 280–287. Vermutlich war der Eintrag für Fink ebenso mit „C“ unterzeichnet (wie Anm. 18). Die Einträge im Stammbuch Hegels setzen erst im Februar 1791 ein, und als sich Dobel im April dieses Jahres noch einmal in Tübingen aufhielt, war Hegel krankheitshalber bei seiner Familie in Stuttgart, so dass es zu keinem Gegeneintrag kam; vgl. Stammbuch Hegel (wie Anm. 38); NICOLIN (wie Anm. 18) S. 47; vgl. auch Anm. 13; Wolfgang SCHÖLLKOPF, „Stimmung äußerst demokratisch“. Die Studienzeit des Georg Friedrich Hegel im Tübinger Stift, in: Bausteine (wie Anm. 8) Bd. 2, 1984, S. 81–105.

[22] Für Christian Friedrich Hiller (wie Anm. 40) Bl. 160 mit Silhouette, Johann Christian Ehemann und Johann Gottlob Süskind (1773–1838). Vgl. F. W. J. Schelling, Historisch-kriti-

(1779–1861), nachmals verehelichte Groß in Stuttgart[23]. Mit Datum *Bebenhausen d[en] 4 im S[e]pt[ember]. 1790* gab sie dem Medizinstudenden den für ein elfjähriges Mädchen bemerkenswerten Satz mit auf den Weg: *Tugend und Religion begleiten uns durch die Thäler deß Todes*[24] (Abb. 4). Vielleicht kam der Kontakt durch den älteren Bruder Johann Friedrich Dobel zustande, der einige Jahre zuvor Schüler von Joseph Friedrich Schelling (1737–1812) in Bebenhausen gewesen war[25], vielleicht sogar durch Hölderlin, der den „Fritz" ja schon von Nürtingen her kannte.

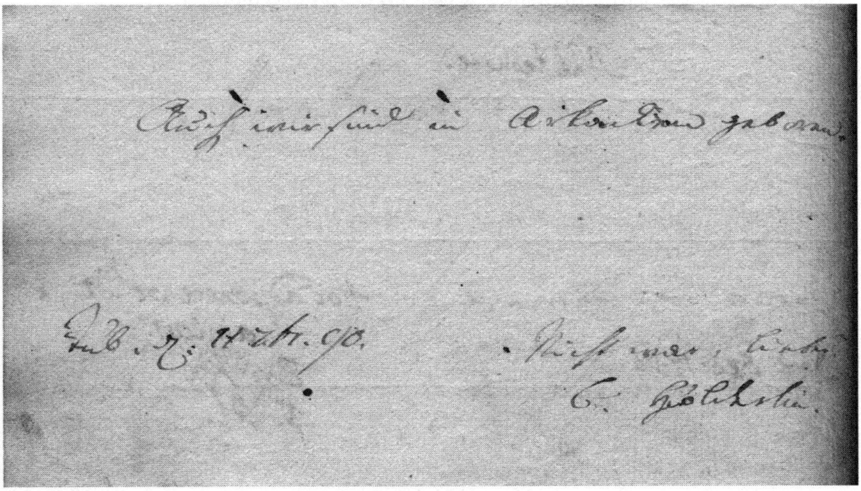

Abb. 5

Auch wir sind in Arkadien geboren.
Tüb[ingen]. d[en]. 11 7[septem]br[is] 90. *Nicht war, Lieber?*
C. Hölderlin.

---

sche Ausgabe, Reihe III, Briefe, Bd. 1, Briefwechsel 1786–1799, hg. von Irmgard Möller/Walter Schieche, Stuttgart 2001, S. 261; Volker Schäfer, „Das Gefährlichste für den Menschen ist – Ruhe!". Schelling im Stammbuch seines Tübinger Studienfreundes Süskind, in: Wege und Spuren. Festschrift Joachim-Felix Leonhard, Berlin 2007, S. 635–660. Im Stammbuch Süskind (164 Bl., 1793–1803, Privatbesitz) hat sich auch Hölderlin eingetragen. Vgl. Schäfer, Neue Stammbuchblätter (wie Anm. 1) 2005, S. 315–323 und Anm. 29.

23 Sie nahm 1812 die verwitwete Mutter Maria Gottliebin Schelling geb. Cless (1746–1818) in ihren Haushalt auf. Mit Beate Schelling – eine Nichte von Hölderlins Nürtinger Lehrer Nathanael Köstlin – verstarb 1861 die letzte Einträgerin. Vgl. auch Anm. 5, 71.

24 *Beÿgesezt von Ihrer Freundin Beate Schellingin*; Stb. Dobel Nr. 66. Die Sentenz scheint damals verbreitet gewesen zu sein. Vgl. Mein Stammbuch. Für tugendliebende Freunde und Freundinnen. Aus den Quellen edler Seelen geschöpft, verlegt bei Carl Gotthold Benjamin Fritzsch, Buchhändler in Lindau, Frankfurt/Leipzig 1783, S. 41, Nr. 103.

25 Vgl. Anm. 7.

Es ist eine Reminiszenz an den von ihm so verehrten Schiller, die Hölderlin für seinen Freund Dobel wählt (Abb. 5) – das Wort „Arkadien" ist hier erstmals in Hölderlins Handschrift überliefert![26] Das Gedicht, auf dessen erste Strophe er sich bezieht, trägt den bezeichnenden Titel „Resignation" und erschien 1786 in Schillers Zeitschrift „Thalia"[27]:

„Auch ich war in Arkadien geboren,
auch mir hat die Natur an meiner Wiege Freude zugeschworen,
auch ich war in Arkadien geboren,
doch Tränen bracht' der kurze Lenz mir nur."

Volker Schäfer hat darauf aufmerksam gemacht, dass bei Hölderlin „eine sorgfältig überlegte, auf die jeweiligen Empfänger abgestimmte Wahl seiner Stammbuchtexte zu beobachten" ist, er aber „in der Regel nur konventionelle, fast unpersönliche Widmungen setzte" wie „von Deinem Hölderlin", „von Deinem Freund Hölderlin", „Schriebs zum Andenken Dein Freund Hölderlin"[28]. Nur einmal, für

---

[26] Frühe Nachweise in Hölderlins Lyrik: (An die Schönheit: „arkadische Gestalt" 1791); Kanton Schweiz. An meinen lieben Hiller: „Arkadiens Friede" 1792; Hymne an die Freundschaft. An Neuffer und Magenau: „in Arkadia" 1792; An Hiller: „zauberisches Arkadien" 1793; Das Schicksal: „wohl ist Arkadien entflohen" 1793; in Briefen nur an Neuffer, Waltershausen 10. Oktober 1794: „daß die Welt kein Arkadien ist"; in Übersetzungen nur Pindar, Pythische Ode III: „Betten von Arkadia" 1800. Vgl. Friedrich Hölderlin, Sämtliche Werke, „Frankfurter Ausgabe" (künftig: FHA), Bd. 2: Lieder und Hymnen, hg. von Dietrich Eberhard SATTLER, Frankfurt am Main 1978, S. 118/48, 175/58, 197/61; ebd., Bd. 3: Jambische und hexametrische Formen, Frankfurt am Main 1977, S. 24/45, S. 37/29; ebd., Bd. 18: Briefe 1, Frankfurt am Main/Basel 1993, S. 184 f.; ebd., Bd. 19: Stammbuchblätter, Widmungen und Briefe II, Frankfurt am Main/Basel 2007, S. 198/55 f.; ebd., Bd. 15: Pindar, Frankfurt am Main/Basel 1987, S. 229/45.

[27] Resignation. Eine Phantasie, in: Thalia 1786, Bd. 1, Heft 2, Nr. V, S. 64–69; vgl. auch Günter MIETH, Friedrich Hölderlin – Zeit und Schicksal. Vorträge 1962–2006, Würzburg 2007, S. 66 f. Auch Hölderlins Freund Jakob Friedrich Märklin zitiert aus diesem Gedicht (vgl. Anm. 53) und mit der letzten Zeile trägt sich seine Mutter Friederike Märklin geb. Rapp (1743–1804) am 24. September 1790 in Dobels Stammbuch ein (Nr. 144): *Was man von der Minute ausgeschlagen, gibt keine Ewigkeit zurück.* Nur einmal hat Hölderlin ein gekennzeichnetes Schillerzitat für eine Freundschaftswidmung verwendet, nämlich für Johann Christian Benjamin Rümelin (1769–1821), datiert Maulbronn, 18. Dezember 1786. Vgl. FHA, Bd. 1: Gedichte 1784–1789. Stammbuchblätter und Widmungen I, Frankfurt am Main/Basel 1995, S. 548; FHA, Bd. 19 (wie Anm. 26) S. 46. Ende August 1792 schreibt Hölderlin an Neuffer: „so siz ich zwischen meinen dunklen Wänden, und berechne, wie bettelarm ich bin an Herzensfreude, und bewundre meine Resignation"; FHA, Bd. 18 (wie Anm. 26) S. 129;FHA, Bd. 19 (wie Anm. 26), S. 142/2–4.

[28] Volker SCHÄFER, Ein unbekanntes Stammbuchblatt des jungen Hegel, in: „... aus der anmuthigen Gelehrsamkeit". Tübinger Studien zum 18. Jahrhundert, Festschrift Dietrich Geyer, hg. von Eberhard MÜLLER, Tübingen 1988, S. 99–105, hier S. 105; auch in: DERS., Aus dem Brunnen (wie Anm. 1) S. 260–265, hier S. 265; DERS., Neue Stammbuchblätter 2005 (wie Anm. 1) S. 321; FHA, Bd. 1 (wie Anm. 27) S. 551–562.

Johann Gottlob Süskind (1773–1838), geht er darüber hinaus: „Nimm diesen Spruch aus deinem u. meinem Herzen zum Andenken. Dein Freund Hölderlin"[29]. Auch für Christian Dobel macht Hölderlin diese Ausnahme: Er drückt durch das „wir" eine verbindende Gemeinsamkeit aus – noch unterstrichen durch das „nicht wahr" – und nennt ihn vertraut „Lieber" ohne weiteren Zusatz, was er sonst bei keiner seiner Widmungen macht. Dies weist wohl auf eine intimere Freundschaft zwischen den beiden hin. Verband sie die stark gefühlte Bestimmung („Natur") zu Kunst und Poesie („Freude") in Sehnsucht nach einer idealisierten Antike („Arkadien") auf der einen und das Leiden an einem aufgezwungenen Studium („Tränen im Lenz") auf der anderen Seite? Wem gegenüber ist das „auch wir" gesprochen? Vielleicht gegenüber dem Landschaftsmaler und Radierer Johann Christian Reinhart (1761–1847), der ein Cousin Dobels war?[30] Reinhart, Sohn eines Pfarrers und früh Halbwaise, hatte wie Hölderlin dem Wunsche seiner Mutter folgend in Leipzig mit dem Theologiestudium begonnen, konnte sich aber schon bald ganz der Kunst widmen. Mit Schiller war er seit 1785 befreundet und porträtierte ihn in der bekannten Zeichnung mit Hut und Pfeife auf einem Esel reitend[31]. Es zog Reinhart nach Italien: Zu Weihnachten 1789 traf er in Rom ein und blieb. Bereits aus dem Jahr 1785 gibt es eine Federzeichnung des Künstlers, bezeichnet „Et in Arcadia ego", „Auch ich in Arkadien"[32]. Spielt Hölderlin auf diesen Vetter seines Freundes

---

[29] SCHÄFER, Neue Stammbuchblätter 2005 (wie Anm. 1) S. 321. Von der Widmung „aus brüderlichem Herzen" für seinen Halbbruder Carl Gok (1776–1849) ist in diesem Zusammenhang abzusehen (FHA, Bd. 1 (wie Anm. 27) S. 556, 562; FHA, Bd. 19 (wie Anm. 26) S. 107).

[30] Reinharts Mutter Magdalena Wilhelmina Friederica geb. Müllner (1730–1784) war Dobels Tante (vgl. Anm. 4). Der Bruder des Künstlers, Johann Amandus Friedrich Reinhart (1762–1834), zuletzt Pfarrer in Lenkersheim, trug sich am 28. Juli 1789 in Rommelsbach als „Bruder und Vetter" in Dobels Stammbuch ein (Nr. 65). Er hielt seinem Schulkameraden Johann Paul Friedrich Richter, dem Dichter Jean Paul, dem er als Gymnasiast einen üblen Streich gespielt hatte, 1825 die Leichpredigt. Vgl. Karl GREIM, Die Vorfahren des deutsch-römischen Landschaftsmalers Johann Christian Reinhard aus Hof, in: Miscellanea curiensia. Beiträge zur Geschichte und Kultur Nordoberfrankens und angrenzender Regionen 6 (2006) S. 165–179, hier S. 167 f.; Dieter RICHTER, Von Hof nach Rom. Johann Christian Reinhart. Ein deutscher Maler in Italien. Eine Biographie, Berlin 2010, S. 23 f.; vgl. auch Jean PAUL, Wahrheit aus Jean Pauls Leben. Drittes Heftlein, Breslau 1828, S. 29–31; FIKENSCHER (wie Anm. 5) Bd. 7, 1804, S. 170.

[31] Sie entstand 1787 in Meiningen. Eine weitere Porträtzeichnung Reinharts diente seinem Freund Thorwaldsen als Vorlage für das Schillerdenkmal in Stuttgart. Vgl. RICHTER (wie Anm. 30) S. 46 f.; Johann Christian Reinhart. Ein deutscher Landschaftsmaler in Rom, Ausstellungskatalog, hg. von Herbert W. ROTT/Andreas STOLZENBURG, München 2012, S. 38 f., 182 f.

[32] Reinhart, der auch lyrisches Talent besaß und seine Produkte Schiller vorlegte, könnte die Entstehung des Gedichtes „Resignation" mitbekommen haben und so zu seiner Zeichnung inspiriert worden sein. Vgl. ROTT/STOLZENBURG (wie Anm. 31) S. 36, 39–41, 141. „Et in Arcadia ego" ist urspünglich eine Grabinschrift, die auf den Tod zielt, ein Memento mori: „Auch in Arkadien bin ich zur Stelle". Erst seit dem 17. Jahrhundert wird sie als Aussage des

an, dem unter vergleichbaren Voraussetzungen ein besseres Los beschieden war als Dobel und ihm, der seiner Bestimmung folgen, seine Erfüllung finden durfte?[33]

Hölderlins Stammbucheintrag für Christian Dobel steht chronologisch zwischen den Widmungen für seinen Halbbruder Carl Gok, datiert Tübingen, 1. August 1790 – bzw. Georg Christian Friedrich Rueff, zwar ohne Datum, von der Forschung aber auf den 5. September 1790 festgelegt – und Georg Wilhelm Friedrich Hegel, datiert Tübingen, 12. Februar 1791[34]. Wie Hegel stellt Hölderlin als „Candidatus Magisterii" seit März 1790 bei seinen Widmungen das „C" vor den Namen[35]. Es könnte hier letztmalig geschehen sein, da die Promotion zum Magister bereits am 22. September 1790 erfolgte[36]. Den Platz für seine Freundschaftswidmung wählte Hölderlin links gegenüber dem Eintrag von Carl Ludwig Reyscher (1770–1837)[37], wofür er eine Rückseite in Kauf nahm.

Sprechers gedeutet. Vgl. Erwin PANOFSKY, Et in Arcadia ego. Poussin und die Tradition des Elegischen, hg. von Volker BREIDECKER, Berlin 2002.

[33] Magenau zufolge sprach Hölderlin 1795 von einer Reise nach Rom. Vgl. Volker SCHÄFER, Nachrichten zu Hölderlins Freunden Magenau, Neuffer und Rosine Stäudlin, in: DERS., Aus dem Brunnen (wie Anm. 1) S. 330–360, hier S. 337. Vgl. auch Anm. 45, 55.

[34] FHA, Bd. 1 (wie Anm. 27) S. 556–557; FHA, Bd. 19 (wie Anm. 26) S. 107, 109 f., 118; vgl. auch Anm. 21, 29, 41. Hölderlin hat nur die Hälfte der (mit Dobel) 22 bisher bekannt gewordenen Stammbuchblätter seiner Seminar- und Studienzeit voll datiert (wie Anm. 28). Er ist der einzige Freund, der sich an diesem Samstag in Dobels Stammbuch eintrug – am 10. und 12. September 1790 waren es jeweils drei, unter letzteren „Mithospes" Friedrich August Köhler (1768–1845), nachmals Pfarrer in Marschalkenzimmern und landeskundlicher Schriftsteller, der kurz darauf, am 23. September, seine Albreise antrat (Stb. Dobel Nr. 47; Stb. J. C. Camerer (wie Anm. 44) Bl. 51v; Stb. Schmoller (wie Anm. 69) Bl. 165). Vgl. Friedrich August KÖHLER, Eine Albreise im Jahre 1790 zu Fuß von Tübingen nach Ulm. Ein Lesebuch zur historischen Landschaft der Schwäbischen Alb, hg. von Eckart FRAHM/Wolfgang KASCHUBA/Carola LIPP, Bühl-Moos 1984. Von den 25 von Georg Schmidgall notierten Namen aus dem verschollenen Stammbuch Köhlers begegnen acht im Album Dobels, darunter Hiller (wie Anm. 40), Memminger (wie Anm. 54) und Schmoller (wie Anm. 69). Vgl. Universitätsarchiv Tübingen, Sammlung Schmidgall 214–529.

[35] Vgl. die Widmungen für Clemens Christoph Camerer (1766–1826, Stb. Dobel Nr. 57) und Friedrich Philipp Immanuel Niethammer (1766–1848) vom März 1790 und für Georg Christoph Friedrich Rueff (wie Anm. 41). Bei seinem Halbbruder Carl Gok sieht Hölderlin freilich von diesem akademischen Titulus ab. Vgl. FHA, Bd. 1 (wie Anm. 27) S. 555 f.; FHA, Bd. 19 (wie Anm. 26) S. 106 f., 110.

[36] MUT, Nr. 38622; Hölderlin in Tübingen, bearb. von Werner VOLKE (Marbacher Magazin 11, Sonderheft), Marbach/Neckar [4]2001, S. 24, 29.

[37] Stb. Dobel Nr. 149: *Unsere Freundschafft soll bestehen, bis der Tod eine Ende macht.* (7. September 1790). Reyscher, der 1796 Charlotte Le Bret (1776–1839) heiratete – eine Schwester von Hölderlins „Lyda" – ist der Vater des Tübinger Juraprofessors und Rechtsanwalts August Ludwig Reyscher (1802–1880), Herausgeber der württembergischen Gesetze. Vgl. HAYDEN-ROY (wie Anm. 7) S. 242 f.; Anm. 59, 60; KUHN, Schwarzbrot (wie Anm. 8) S. 57; KUHN/SCHWEIGARD (wie Anm. 8) S. 272; zum vorderseitigen Eintrag Anm. 13.

Der Freundeskreis

Wie sein Album amicorum ausweist gehörte Christian Dobel zum Freundeskreis um Hölderlin und Hegel: 31 Einträger begegnen auch im Stammbuch Hegels[38], bereits zehn im Denkendorfer Stammbuch Hölderlins – ein von der Forschung vermutetes zweites Tübinger Album gilt als verloren[39]. In den überlieferten Freundschaftsalben von drei Einträgern haben sich Hegel und Hölderlin verewigt. Dabei handelt es sich um die Stammbücher von Christian Friedrich Hiller (1769–1817), das mit dem Album Dobels 37 weitere identische Personen aufweist[40], Georg

---

[38] Stb. Hegel (86 Bl., 94 Einträge, 1791–1794) Universitätsbibliothek Tübingen Mh 858 (online gestellt), publiziert bei NICOLIN (wie Anm. 18) S. 135–164, Erläuterungen S. 340–342. Unter ihnen sind die Mömpelgarder Stipendiaten Georges Frédéric Fallot (1770–1839), seit 1811 Pasteur in Audincourt (Stb. Dobel Nr. 50: *Es lebe der Wein*), der die bekannte spöttische Zeichnung von Hegel als alter Mann beigefügt hat (Bl. 33; NICOLIN (wie Anm. 18) S. 135), und Georges Louis Bernard (geb. 1771), der Revolutionär (Bl. 4; NICOLIN (wie Anm. 18) S. 154; Stb. Dobel Nr. 121; vgl. auch KUHN, Schwarzbrot (wie Anm. 8) S. 20–22, 27, 32f., 35–39; KUHN/SCHWEIGARD (wie Anm. 8) S. 130–132, 136f., 141–143, 145f., Silhouette Abb. 4: Bildunterschrift fälschlich Fallot) sowie August Ernst Philipp Lang (1769–1844) von Böblingen, seit 1794 Pfarrer in Schornbach, der sich scherzhaft als „Laura" verewigte (Bl. 83; NICOLIN (wie Anm. 18) S. 141; Stb. Dobel Nr. 112; SCHÄFER, Neue Stammbuchblätter 2005 (wie Anm. 1) S. 310, Anm. 53).

[39] Georg Ludwig Ade (1769–1838), Eintrag verloren, Namenregister, Bl. 119 (Stb. Dobel Nr. 78); Christian Ludwig Bilfinger (1770–1850), Bl. 28 (Stb. Dobel Nr. 4); Carl Christoph Friedrich Bilfinger (1773–1838), Bl. 78v (Stb. Dobel Nr. 5); Johann Jakob Efferenn (1770–1824), Bl. 48, Stb. Hegel (wie Anm. 38) Bl. 10 (Stb. Dobel Nr. 162); Johann Christian Friedrich Elsner (1770–1806), Bl. 29v, Stb. Hegel (wie Anm. 38) Bl. 12 (Stb. Dobel Nr. 7); Fink (wie Anm. 18) Bl. 5; Helfferich (wie Anm. 19), Eintrag verloren, Namenregister, Bl. 120 (Stb. Dobel Nr. 116); Gottlieb Friedrich Lang (1769–1832), Bl. 30 (Stb. Dobel Nr. 61); Carl Christoph Renz (1770–1829), Bl. 36 (Stb. Dobel Nr. 183); Eberhard Friedrich Schweickhart (1770–1825), Bl. 31 (Stb. Dobel Nr. 58). In Hölderlins Stammbuch, vom Vater ererbt und fortgeführt, sind noch Widmungen von 19 Kompromotionalen vorhanden. Stb. Hölderlin (122 Bl., 1756–1786), WLB Cod.poet.et.phil.fol. 63,V,h. (online gestellt); FHA, Bd. 1 (wie Anm. 27) S. 525–548; FHA, Bd. 19 (wie Anm. 26) S. 30–40, 44–45, 79.

[40] Stb. Hiller (267 Bl., 1788–1800, mit Silhouette), WLB Cod.hist.oct.280 (online gestellt), Bl. 29 (Hölderlin mit Silhouette), Bl. 126 (Hegel); FHA, Bd. 1 (wie Anm. 27) S. 551; FHA, Bd. 19 (wie Anm. 26) S. 82; NICOLIN (wie Anm. 18) S. 167; Stb. Dobel Nr. 111, ein Zitat von Johann Wilhelm Ludwig Gleim: *Rosen pflüke, Rosen blühn: Morgen ist nicht heut; Keine Stunde laß entfliehn, flüchtig ist die Zeit.* (3. Dezember 1789); Stb. A. E. Camerer (wie Anm. 69) Bl. 96; Stb. Faber (wie Anm. 47) Bl. 59; Stb. Süskind (wie Anm. 22) Bl. 31. Hiller, gestorben als Lehrer in Nürtingen, trug sich 1793 mit dem Gedanken, in die USA auszuwandern (vgl. „An Hiller" wie Anm. 26). Sein Bruder Johann Gottfried Hiller (1768–1843), zuletzt Pfarrer in Wiernsheim, zählt ebenfalls zu Dobels Freunden (Stb. Dobel Nr. 84). Vgl. Georg SCHMIDGALL, Die Französische Revolution und die Tübinger Studentenschaft. Das Stammbuch C. F. Hiller, in: Tübinger Blätter 35 (1946/47) S. 37–48; KUHN, Schwarzbrot (wie Anm. 8) S. 16, 18f., 21f., 24f., 29, 36f., 41, 48f., 57f., 62; KUHN/SCHWEIGARD (wie Anm. 8) S. 63, 125, 131, 134f., 138, 143, 145, 148f., 272, 276, 280f., 283; Uwe Jens WANDEL, Verdacht von Democratismus? Studien zur Geschichte von Stadt und Universität Tübingen im Zeitalter der Französischen Revolution (Contubernium, Bd. 31), Tübingen 1981, S. 53, 60f.

Christoph Friedrich Rueff (1768–1818) mit 35[41] und Johann Philipp Weigelin (1769–1830) mit 31 gemeinsamen Freunden[42]. Hölderlin ist darüber hinaus noch vertreten in den Stammbüchern von Clemens Christoph Camerer (1776–1826), Liebschaft seiner Schwester Heinrike, mit 38 weiteren identischen Einträgern[43], Johann Caspar Camerer (1772–1847) mit 27 – dazu noch Christian Dobel und seine Schwester Charlotte[44] –, Hegel mit einem Aphorismus von Goethe sowie Rudolf Magenau (1767–1846), dessen Album verschollen ist[45]. Die bis dato früheste

[41] Stb. Rueff, Blätter von Hölderlin, Hegel und Neuffer separat, WLB Cod.poet.et.phil. fol. 63, V,k, Bl. 1–2 (online gestellt); Stammbuch (133 Bl., 1783–1791), Universitätsarchiv Tübingen S 127/13; FHA, Bd. 1 (wie Anm. 27) S. 556; FHA, Bd. 19 (wie Anm. 26) S. 110; Nicolin (wie Anm. 18) S. 166; Stb. Dobel Nr. 54: *Keine Freude sey vermißt, Jedes schöne Kind geküßt – Und es klage nur der Thor, daß er seinen Tag verlohr!!* (18. Juli 1790) „Bruder" (vgl. Anm. 8); Stb. Buttersack (wie Anm. 48) Bl. 21v; Stb. A. E. Camerer (wie Anm. 69) Bl. 27; Stb. C. C. Camerer (wie Anm. 43) Bl. 33; Stb. Hegel (wie Anm. 38) Bl. 54, Nicolin (wie Anm. 18) S. 148 f.; Stb. Hiller (wie Anm. 40) Bl. 56 mit Silhouette; vgl. auch Kuhn, Schwarzbrot (wie Anm. 8) S. 21, 62.

[42] Stb. Weigelin (86 Bl., 1791), Universitätsarchiv Tübingen S 127/39, Bl. 36 (von Hölderlin nur die erste Zeile, das Weitere von Neuffer), Bl. 53 (Hegel); FHA, Bd. 1 (wie Anm. 27) S. 557; FHA, Bd. 19 (wie Anm. 26) S. 122 f.; Schäfer, Neue Stammbuchblätter 2005 (wie Anm. 1) S. 301–311; Stb. Dobel Nr. 120; Stb. Buttersack (wie Anm. 48) Bl. 110v; Stb. Hegel (wie Anm. 38) Bl. 62; Nicolin (wie Anm. 18) S. 140; Stb. Helfferich (wie Anm. 19) Bl. 14; vgl. auch Kuhn, Schwarzbrot (wie Anm. 8) S. 20–22, 62; Kuhn/Schweigard (wie Anm. 8) S. 130, 132.

[43] Stb. C. C. Camerer (107 Bl., 1784–1796, mit Silhouette), WLB Cod.hist.oct.329 (online gestellt), Bl. 95, Heinrike Hölderlin, Bl. 31v (vgl. Anm. 67); FHA, Bd. 1 (wie Anm. 27) S. 555; FHA, Bd. 19 (wie Anm. 26) S. 106; Stb. Dobel Nr. 57 „im Lamm" (vgl. Anm. 79): *Der Glüklichste stirbt unter Wünschen* (o.D). Vgl. auch Hayden-Roy (wie Anm. 7) S. 234; Kuhn, Schwarzbrot (wie Anm. 8) S. 29, 62; Kuhn/Schweigard (wie Anm. 8) S. 138. – Dr. iur. Camerer war von 1805 bis 1819 Bürgermeister von Reutlingen und Mitglied der württembergischen Ständeversammlung. Er besaß einen Gutshof auf der Achalm, in dessen Gastwirtschaft Justinus Kerner und Ludwig Uhland verkehrten. Vgl. Biographisches Handbuch der württembergischen Landtagsabgeordneten 1815–1933, bearb. von Frank Raberg, Stuttgart 2001, S. 112 f.; Grab Hoppenlaufriedhof Stuttgart, Abt. 4b, Nr. 770.

[44] Stb. J. C. Camerer (123 Bl., 1790–1796, mit Silhouette), WLB Cod.hist.oct.319 (online gestellt) Bl. 46; FHA, Bd. 1 (wie Anm. 27) S. 562; FHA, Bd. 19 (wie Anm. 26) S. 217; Eintrag Dobel ebd., Bl. 73, der Schwester Bl. 72; vgl. Anm. 64, 68; vgl. auch Kuhn, Schwarzbrot (wie Anm. 8) S. 21, 29, 62; Kuhn/Schweigard (wie Anm. 8) S. 130, 138, 415.

[45] Stb. Hegel (wie Anm. 38) Bl. 32; Nicolin (wie Anm. 18) S. 136; bei Magenau Text bekannt, FHA, Bd. 19 (wie Anm. 26) S. 167; Stb. Dobel Nr. 109, ein Vierzeiler von Gottlieb Konrad Pfeffel: *Ein Schloß, das Buben in sich faßet, hat für den Weisen keinen Glanz, und wer nicht ganz das Laster haßet, der liebt die Tugend auch nicht ganz.* (8. Juli 1789); Stb. Hiller (wie Anm. 40) Bl. 61; Stb. Rueff (wie Anm. 41) Bl. 6; Stb. Schmoller (wie Anm. 69) Bl. 48; vgl. auch NDB, Bd. 15, Berlin 1987, S. 650 f.; Hayden-Roy (wie Anm. 7) S. 164–198 und öfter; Anm. 26. Unter den elf engeren Studienfreunden, die Magenau in der „Skizze meines Lebens" namentlich nennt, sind neben Hölderlin und Neuffer (wie Anm. 55) in Dobels Stammbuch vertreten: Johann Friedrich Breitschwerdt (1768–1824), Rektor in Ludwigsburg (Stb. Dobel Nr. 113); Friedrich Wilhelm Duttenhofer (1768–1805), psychisch erkrankt seit 1803 in Botnang bei Pfarrer Friedrich Lächelin (1759–1820), der auch als Pfleger für

Freundschaftswidmung Hölderlins, ein Zitat von Klopstock, datiert Nürtingen 1. Oktober 1786, findet sich im Album des Theologiestudenten Johann Gottfried Carl Merian aus Mecklenburg. Es enthält neben Einträgen von 19 Freunden Dobels auch eine Widmung von ihm selbst sowie von seinem Bruder Johann Friedrich, beide vom November 1787[46]. Das Stammbuch Johann Carl August Fabers (1772–1836), in das sich Hölderlin im September 1789 einschrieb, teilt mit dem Dobels 34 Freunde[47], das von Felix Buttersack (1768–1853), in dem Hegel schon 1787 seine Freundschaft bekundete 21[48].Wie Hölderlin und Hegel subskribierte auch Dobel den Gedichtband des Stiftsrepetenten Carl Philipp Conz (1762–1827), der 1792 erschien[49]. Es könnte dies im April 1791 geschehen sein, als er sich noch einmal für einige Tage in Tübingen aufhielt und Conz ihm die vielzitierte Weisheit nach Hippokrates *Ars longa vita brevis* in Stammbuch schrieb[50]. Weitere 18 von Dobels Stammbuchfreunden finanzierten das Bändchen auf diese Weise vor, mit ihm also 21 von den rund 25 Tübinger Studenten insgesamt![51] So wird man mit einem

Hölderlin in Betracht gezogen wurde (Stb. Dobel Nr. 139; Hayden-Roy (wie Anm. 7) S. 284; Anm. 51); Gottlieb Jakob Guoth (1767–1850), zuletzt Pfarrer in Salach (Stb. Dobel Nr. 154); Kind (wie Anm. 19) und Theodor Gottfried Thomas (1768- nach1824), Legationsrat und Geheimsekretär der Königin Mathilde von Württemberg (Stb. Dobel Nr. 106). Vgl. WLB Cod. hist.qt.561, S. 31.

[46] Stb. Merian (115 Bl., 1785–1802, mit Silhouette), WLB Cod.hist.oct.339 (online gestellt), Bl. 36v (Hölderlin), Bl. 98 (J. F. Dobel), vgl. Anm. 1. Christian Dobel schreibt (Bl. 28v): *In bittrer Trennung labe der Gedanke mich, daß Du mich liebest!* Interessant ist das hinzugesetzte „Damenkürzel", die Initialen eines umschwärmten Mädchens vor einem „V" für „Vivat", hier *V. J. M.*, was für „Vivat Johanne Märklin" stehen könnte. Vielleicht war Dobel später sogar mit ihr verlobt – dann wäre die starke Präsenz der Familie Märklin in seinem Stammbuch erklärlich. Vgl. Anm. 71.

[47] Stb. Faber (139 Bl., 1786–1800, mit Silhouette), WLB Cod.hist.oct.336 (online gestellt), Bl. 117; FHA, Bd. 1 (wie Anm. 27) S. 554, FHA, Bd. 19 (wie Anm. 26) S. 100; vgl. auch Volker Schäfer, Das Stammbuch des Tübinger Stiftlers August Faber mit seinem Hölderlineintrag von 1789, in: Tubingensia. Impulse zur Stadt- und Universitätsgeschichte. Festschrift Wilfried Setzler, hg. von Sönke Lorenz/Volker Schäfer, Ostfildern 2008, S. 397–426.

[48] Vgl. Stb. Buttersack (150 Bl., 1787–1791), WLB Cod.hist.oct.278, Bl. 7v; Schäfer, Neue Stammbuchblätter 2005 (wie Anm. 1) S. 312 f.; vgl. auch Kuhn, Schwarzbrot (wie Anm. 8) S. 29, 62; Kuhn/Schweigard (wie Anm. 8) S. 138. Nur in Abschrift überliefert ist Hegels Freundschaftswidmung vom 16. September 1789 für Johann Eberhard Schwarz (1773–1838) von Stuttgart, Pfarrer in Löchgau. Vgl. Schäfer, Ein unbekanntes Stammbuchblatt (wie Anm. 28).

[49] Gedichte von Carl Philipp Conz. Erste Sammlung, Tübingen 1792 (online gestellt), Subskribentenverzeichnis unter „Altensteig": „Herr Dobel, Med.[icinae] D.[octor]".

[50] Eintrag, datiert Tübingen 10. April 1791, Stb. Dobel Nr. 198; Stb. Schmoller (wie Anm. 69) Bl. 4 mit Silhouette; Stb. Stahl (wie Anm. 14) Bl. 25 mit Silhouette; Kuhn, Schwarzbrot (wie Anm. 8) S. 26 f., 44; Kuhn/Schweigard (wie Anm. 8) S. 122 f., 136 f., 143, 217 f., 265; Wandel (wie Anm. 40) S. 39, 45, 56, 72, 159–151, Silhouette XIX Tafel 10; vgl. auch Anm. 13.

[51] Dazu gehören neben Hegel und Hölderlin, Fallot (wie Anm. 38), Fink (wie Anm. 18) und Ferdinand Christian Harpprecht (1770–1839, Pfarrer, Stb. Dobel Nr. 172; Stb. Hegel (wie Anm. 38) Bl. 25, Nicolin (wie Anm. 18) S. 156), die in der revolutionären Studentenbewe-

Freundeskreis von 20 bis 30 Personen rechnen dürfen. Von den gemeinsamen Freunden Hölderlins, Hegels und Dobels sind noch zu nennen Christian Ludwig Bilfinger (1770–1850)[52], Jakob Friedrich Märklin (1771–1841)[53], schon ein Schulfreund Hegels, der Mediziner Friedrich August Memminger (1769–1841), mit dem Hölderlin und Hiller in der Ostervakanz 1791 eine Fußreise in die republikanische Schweiz unternahmen[54], Christian Ludwig Neuffer (1769–1839), Hölderlins engster Studienfreund, der mit ihm und Magenau im März 1790 den „Aldermannsbund" gründete[55], sowie der Primus von Hölderlins Promotion Carl Christoph Renz (1770–1829), mit dem sie Platon und Kant lasen[56]. Des weiteren bekundeten

gung noch eine Rolle spielen sollten, Kind (wie Anm. 19), Rößlin (wie Anm. 55) sowie die Hölderlinfreunde C. C. F. Bilfinger (wie Anm. 39), C. C. Camerer (wie Anm. 43), Lang (wie Anm. 39) und Neuffer (wie Anm. 55). Breitschwerdt und Duttenhofer (wie Anm. 45), Knittel (wie Anm. 76), Mögling (wie Anm. 78) und Ostertag (wie Anm. 60) gehören ebenfalls zu den Subskribenten. Zur Studentenbewegung vgl. Kuhn, Schwarzbrot (wie Anm. 8) S. 26–52, 57 f.; Kuhn/Schweigard (wie Anm. 8) S. 131–153, 272–285; Wandel (wie Anm. 40) S. 47–68.

52 Stb. Dobel Nr. 4 (Text wie Reyscher Anm. 37); Stb. Hegel (wie Anm. 38) Bl. 5; Stb. Hiller (wie Anm. 40) Bl. 29v; Bilfinger war Hölderlins Denkendorfer „Herzensfreund". Vgl. „An M[einen] B[ilfinger]", FHA, Bd. 1 (wie Anm. 27) S. 253–255; vgl. auch ebd., S. 299–302; vgl. Anm. 8, 39.

53 Stb. Dobel Nr. 134 aus Schillers Gedicht „Resignation" (wie Anm. 27): *Zwo Blumen blühen für den weisen Finder. Sie heißen Hofnung und – Genuß. Wer dieser Blumen Eine brach, begehre die andre Schwester nicht; Genieße, wer nicht glauben kann, – wer glauben kann, – entbehre. Genieße und sey glüklich!* (15. September 1790); Stb. Hegel (wie Anm. 38) Bl. 40; Nicolin (wie Anm. 18) S. 137; Stb. Faber (wie Anm. 47) Bl. 65v; Stb. Süskind (wie Anm. 22) Bl. 11v; Stb. Weigelin (wie Anm. 42) Bl. 25; Fragmente seines Stammbuchs WLB Cod.hist.qt.612; vgl. Raberg (wie Anm. 43) S. 532 f.; vgl. auch Anm. 26, 27.

54 Stb. Dobel Nr. 38: *Vertilge, verjage die quälenden Sorgen, sei lustig am Abend, sei lustig am Morgen. Ergöze dich öfters, doch trenne dich nicht, von Liebe, von Freundschaft, von nöthiger Pflicht.* (24. Januar 1790) „Bruder" (vgl. Anm. 8); Stb. Hiller (wie Anm. 40) Bl. 107v; Stb. A. E. Camerer (wie Anm. 69) Bl. 98; ehemals Stb. Rueff (wie Anm. 41) mit Silhouette (vgl. Ulrich Häussermann, Hölderlin mit Selbstzeugnissen und Bilddokumenten, Hamburg 1990, S. 64, 185); Stb. Schmoller (wie Anm. 69) Bl. 166.

55 Stb. Dobel Nr. 151: *Der ist Weise, wer im Gleise immer neuer Freuden bleibt. Bald mit Freunden, bald beim Weine, bald in Amors Schattenhaine glüklich sich die Zeit vertreibt.* (Mai 1790); vgl. Anm. 26, 51; „An Neuffer. Im Merz 1794", FHA, Bd. 2 (wie Anm. 26) S. 207–209; „Einladung an Neuffer", FHA, Bd. 3 (wie Anm. 26) S. 11–20; Stb. Hegel (wie Anm. 38) Bl. 47, Nicolin (wie Anm. 18) S. 137; Stb. Buttersack (wie Anm. 48) Bl. 64; Stb. Hiller (wie Anm. 40) Bl. 65 mit Silhouette; Stb. Rueff (wie Anm. 41); Stb. Schwarz (Schäfer, Ein unbekanntes Stammbuchblatt (wie Anm. 28) S. 261); Stb. Süskind (wie Anm. 22) Bl. 22v; Stb. Weigelin (wie Anm. 42) Bl. 38; Biografisches Lexikon für Ulm und Neu-Ulm, bearb. von Frank Raberg, Ulm 2010, S. 292 f. Auch Christoph Heinrich Rößlin (1767–1831), zuletzt Pfarrer in Bermaringen, der 1804 Lore Hafner, eine Liebschaft Neuffers heiratete, zählt zu den Freunden Dobels (Stb. Dobel Nr. 79; Stb. Hegel (wie Anm. 38) Bl. 51, Nicolin (wie Anm. 18) S. 152; Hayden-Roy (wie Anm. 7) S. 126–132, 224, 326, 344).

56 Vgl. Anm. 39; Stb. Faber (wie Anm. 47) Bl. 57v; Stb. Hiller (wie Anm. 40) Bl. 67 mit Silhouette; Hölderlin zum 200. Geburtstag. Sonderausstellung des Schiller-Nationalmuseums, Katalog Nr. 21, bearb. von Werner Volke, München 1970, S. 115; vgl. auch „... im Reiche des Wissens cavalieremente"? Hölderlins, Hegels und Schellings Philosophiestudium an

in Dobels Album ihre Freundschaft Philipp Jakob Hiemer (1770–1814), Bruder des Hölderlin-Porträtisten[57], Christian Philipp Friedrich Leutwein (1768–1838), von dem eine Charakteristik seines Stubengenossen Hegel überliefert ist[58], Christian Immanuel Le Bret (1770–1843) und Ernst Carl Wilhelm Le Bret (geb. 1773), Brüder von Hölderlins Schwarm „Lyda", Elise Le Bret (1774–1839)[59], ihr späterer Ehemann Wilhelm Friedrich Ostertag (1768–1845)[60] und der bereits erwähnte nachmalige Schwager Carl Ludwig Reyscher[61].

---

der Universität Tübingen, hg. von Michael FRANZ (Schriften der Hölderlin-Gesellschaft, Bd. 23,2), Tübingen 2005; DERS., Tübinger Platonismus. Die gemeinsamen philosophischen Anfangsgründe von Hölderlin, Schelling und Hegel, Tübingen 2012; KUHN, Schwarzbrot (wie Anm. 8) S. 48, 56–58, 60; KUHN/SCHWEIGARD (wie Anm. 8) S. 149, 271 f., 276, 278; WANDEL (wie Anm. 40) S. 39, 42, 53, 82.

57 Stb. Dobel Nr. 182 nach Philipper 1,21: *Sterben ist dein Gewinn!* (18. September 1790); Stb. Faber (wie Anm. 47) Bl. 116v; Stb. Helfferich (wie Anm. 19) Bl. 6; Stb. Hiller (wie Anm. 40) Bl. 116 mit Silhouette; Stb. Merian (wie Anm. 46) Bl. 58; Stb. Süskind (wie Anm. 22) Bl. 10v; Stb. Weigelin (wie Anm. 42) Bl. 64; Bruder von Franz Carl Hiemer (1768–1822), der 1792 das bekannte Hölderlin-Porträt schuf, Stb. Hegel (wie Anm. 38) Bl. 23a, NICOLIN (wie Anm. 18) S. 157; vgl. auch KUHN (wie Anm. 8) S. 48, 51, 57; KUHN/SCHWEIGARD (wie Anm. 8) S. 118 f.,149, 151 f., 272, 276.

58 Stb. Dobel Nr. 36 mit Zitat von Gotthold Ephraim Lessing: *Ein Kirchhof ist, mein frommer Christ, diß Büchelein, wo bald kann seyn dein Leichenstein ein Kreuzelein* (16. September 1790). Stb. Faber (wie Anm. 47) Bl. 60; Stb. Hegel (wie Anm. 38) Bl. 39, NICOLIN (wie Anm. 18) S. 155; vgl. auch Dieter HENRICH, Leutwein über Hegel. Ein Dokument zu Hegels Biographie (Hegel-Studien, Bd. 3), Bonn 1965, S. 39–77; KUHN, Schwarzbrot (wie Anm. 8) S. 13–18, 36 f.; KUHN/SCHWEIGARD (wie Anm. 8) S. 144 f., 274 f.; SCHÖLLKOPF (wie Anm. 21) S. 96, 99.

59 Stb. Dobel Nr. 141; Stb. Buttersack (wie Anm. 48) Bl. 91; Stb. C.C.Camerer (wie Anm. 43) Bl. 80; Stb. Merian (wie Anm. 46) Bl. 65; Grab Hoppenlaufriedhof Stuttgart, Abt. 5b, Nr. 985; Stb. Dobel Nr. 166 (vgl. Anm. 8). Bei der benachbarten Einträgerin Nr. 164 „Friederike L." könnte es sich um deren Schwester Christiane Friederike Le Bret (1777–1837) nachmals verehelichte Eisenlohr handeln. Vgl. auch HAYDEN-ROY (wie Anm. 7) S. 241–254. Unter dem Vorsitz ihres Vaters, des Theologieprofessors und Universitätskanzlers Johann Friedrich Le Bret (1732–1807), absolvierte Dobels Bruder Johann Friedrich im Juni 1788 seine theologische Abschlussdissertation – wie Hölderlin und Hegel fünf Jahre später. Vgl. Johann Friedrich LE BRET (Praes.), De suspectis religionem Christianam commendandi modis, Tübingen 1788; DERS., De Ecclesiae Wirtembergicae Renascentis Calamitatibus, Tübingen 1793; vgl. auch: „... an der Galeere der Theologie"? Hölderlins, Hegels und Schellings Theologiestudium an der Universität Tübingen, hg. von Michael FRANZ (Schriften der Hölderlin-Gesellschaft, Bd. 23,3), Tübingen 2007.

60 Stb. Dobel Nr. 185: *Lectüre ist die Nahrung, Umgang die Übung, und Beobachtung die Medicin unsers Verstandes.* (17. September 1790); Stb. Buttersack (wie Anm. 48) Bl. 67; Stb. Rueff (wie Anm. 41) Bl. 103 mit ganzfiguriger Silhouette in kolorierter Landschaft; Stb. Weigelin (wie Anm. 42) Bl. 62; Anm. 51. Die Eheschließung erfolgte 1799. Die Tochter Karoline Auguste (1808–1880) heiratete 1825 den Oberregierungsrat Johannes Schlayer (1792–1860), der es bis zum württembergischen Innenminister brachte. Vgl. HAYDEN-ROY (wie Anm. 7) S. 264 f.; RABERG (wie Anm. 43) S. 787 f.

61 Wie Anm. 37; Stb. Faber (wie Anm. 47) Bl. 26; Stb. Hegel (wie Anm. 38) Bl. 49, NICOLIN (wie Anm. 18) S. 137; Stb. Weigelin (wie Anm. 42) Bl. 22.

Besonders gute Beziehungen scheint Christian Dobel zu den Familien Camerer und Märklin gehabt zu haben. In seinem Stammbuch begegnen – neben dem mehrfach genannten Reutlinger Pfarrerssohn Clemens Christoph Camerer[62] – der Stiftler Philipp Gottfried Camerer (1767–1835), ein Freund Hegels[63], und sein jüngerer Bruder, der Medizinstudent Johann Caspar Camerer, in dessen Freundschaftsalbum sich Hölderlin 1795 in Jena mit einem Text von Pascal eintrug[64], Söhne des ebenfalls vertretenen Gottfried Wilhelm Camerer (1738–1805), Pfarrers von Sondelfingen[65], einer Nachbargemeinde von Rommelsbach, sowie deren Vettern Christoph Ludwig Camerer (1768–1794), Stiftler, Pfarrerssohn von Dusslingen[66], und Albrecht Ernst Camerer (1768–1792), Jurastudent von Öttingen[67]. In das Stammbuch seines Kommilitonen Johann Caspar Camerer schrieb Dobel in Rommelsbach am 6. April 1790: *Die Welt ist ein Schauplaz, Du kommst – siehst – und gehst vorüber*[68] (Abb. 6) und in das von Albrecht Ernst Camerer ein Jahr darauf: *Aus Handlungen, nicht aus Worten, kennt man die Menschen*[69]. Auch zur Familie

---

62 Vgl. Anm. 35, 43, 51. Stb. A.E. Camerer (wie Anm. 69) Bl. 31; Stb. J.C. Camerer (wie Anm. 44) Bl. 28; Stb. Rueff (wie Anm. 41) Bl. 52 mit Silhouette; Stb. Schmoller (wie Anm. 69) Bl. 17.

63 Stb. Dobel Nr. 159 mit Zitat Jesus Sirach 38,3; Stb. Hegel (wie Anm. 38) Bl. 9, NICOLIN (wie Anm. 18) S. 138; Stb. C.C. Camerer (wie Anm. 43) Bl. 6; Stb. Weigelin (wie Anm. 42) Bl. 8. Philipp Gottfried Camerer gehörte mit Kind (wie Anm. 19), Magenau (wie Anm. 45) und Rößlin (wie Anm. 55) der Maulbronner Promotion vor Hölderlin an (MUT, Nr. 38490). Vgl. HAYDEN-ROY (wie Anm. 7) S. 167, Anm. 13, S. 324–326.

64 Wie Anm. 44; Stb. Dobel Nr. 92 nach Ovid: *Non est in medico semper, relevetur ut aeger. Semper at in medico, ne relevetur, erit*; Stb. A.E. Camerer (wie Anm. 69) Bl. 79; Stb. Weigelin (wie Anm. 42) Bl. 86; vgl. auch Anm. 68. Johann Caspar Camerer wirkte später als Oberamtsarzt in Blaubeuren.

65 Stb. Dobel Nr. 146: *Memento Mori.*

66 Stb. Dobel Nr. 8; MUT, Nr. 38389; FABER (wie Anm. 4) XXV, §§ 115, 192f., 313, 316, 478, 480.

67 Stb. Dobel Nr. 152 nach Johann Gottfried Herder: *Sterbliche sind wir und sterblich sind all unsere Wünsche: Leid und Freude, sie gehen oder wir gehen vorbei.* (8. September 1790) „Bruder" (wie Anm. 8); vgl. Anm. 13, 69; Stb. C.C. Camerer (wie Anm. 43) Bl. 31 „Bruder und Vetter", verso Heinrike Hölderlin (wie Anm. 43); Stb. J.C. Camerer (wie Anm. 44) Bl. 41 „Freund und Vetter"; Stb. Schmoller (wie Anm. 69) Bl. 155.

68 Wie Anm. 44, vgl. auch Anm. 64. Vgl. Matthias CLAUDIUS, Denksprüche alter Weisen, mit meinen Randglossen, in: Sämmtliche Werke des Wandsbecker Bothen. Erster und Zweyter Theil, Wandsbeck 1774, S. 111. Die zugehörige Randglosse lautet: „Und wirst vom Schauplatz vergessen, wer du auch seyst. Mach' aber, daß dich das wenig kümmern dürfe."

69 Stb. A.E. Camerer (178 Bl., 1789–1791), WLB Cod.hist.oct.234, Bl. 133; dieselbe Sentenz im Stb. Dobel Nr. 103 (Carl Hube, Medizinstudent aus Warschau, datiert Tübingen, 8. Dezember 1789). Das Stammbuch von A.E. Camerer hat mit dem Dobels 36 Freunde gemein. Vgl. auch KUHN, Schwarzbrot (wie Anm. 8) S. 21, 29, 62; KUHN/SCHWEIGARD (wie Anm. 8) S. 130, 138; Anm. 13, 67. Eine weitere Freundschaftswidmung Dobels, datiert *H...g [Hornberg?] im Jun.[ius] 1791*, ist im Stammbuch von Johann Christian Eberhard Schmoller (1769–1848) überliefert, seit 1818 Pfarrer in Rotfelden bei Nagold: *Darum genieße Freund! Dein Leben, als müßest Morgen schon weggehen – Und Schone es, als ob ewig Du weiletest hier!!* Dem Text nach Herder, den ihm Johann Philipp Weigelin (wie Anm. 20, 42) am 17.

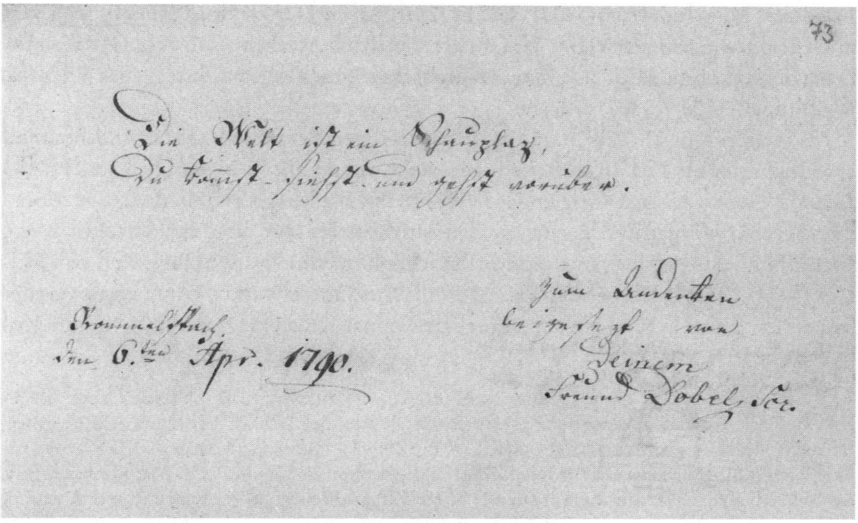

Abb. 6

Märklin hatte Christian Dobel mancherlei Kontakte. Nicht allein der Hölderlinfreund Jakob Friedrich Märklin dokumentierte seine Freundschaft in Dobels Album, sondern auch dessen Mutter Friederike geb. Rapp (1743–1804)[70] sowie fast die gesamte Familie seiner Tante Dorothea Gottliebin Märklin geb. Hiller (1748–1802)[71], Gattin des Tübinger Stadtdekans und Professors der Theologie Johann

---

März 1790 ins Stammbuch geschrieben hatte, fügt er noch hinzu: *So lange wir nur noch den 6ten Theil eines Kreuzers in Compagnie führen, geht uns Freude und Vergnügen nicht aus!!* Stb. Schmoller (224 Bl., 1786–1794, Privatbesitz, Kopie Universitätsarchiv Tübingen S 128/10) Bl. 180; Stb. Dobel Nr. 64; vgl. Volker SCHÄFER, Silhouetten aus dem Stammbuch des Tübinger Theologiestudenten Johann Christian Eberhard Schmoller, in: Bausteine (wie Anm. 8) Bd. 5, 1991, S. 85–98; KUHN, Schwarzbrot (wie Anm. 8) S. 28 f., 62; KUHN/SCHWEIGARD (wie Anm. 8) S. 138. Die Stammbücher Schmoller und Dobel weisen 38 identische Einträger auf.

70 Vgl. Anm. 27, 53; FABER (wie Anm. 4) III § 758.

71 Stb. Dobel Nr. 142: *Währe die Sünde nicht in die Welt gekommen, so bedürfften wir deß Arzts nicht.* Die Einträge der Schwägerinnen datieren beide Tübingen, 24. September 1790. Vertreten sind die Töchter Johanna Christiane Neundorf geb. Märklin (1769–1846) mit ihrem Gatten Carl Gottlieb Neundorf (1753–1814), Rechtskonsulent in Esslingen (Stb. Dobel Nr. 130, 131); Elisabetha Dorothea Märklin (1771–1827), später verehelichte Faulhaber in Esslingen (Stb. Dobel Nr. 129); Dorothea Gottliebin Märklin (1773–1856; Stb. Dobel Nr. 128), die 1793 Christoph Gottfried Bardili (1761–1808) ehelichte, Neffe von Nathanael Köstlin (vgl. Anm. 5, 23) und seit 1790 Professor für Philosophie an der Hohen Karlsschule – er wirkte auf seinen Cousin Schelling wie auf Hegel – und Johanne Märklin: *Nur Seelen Ruh ist Glük – ein frohes Herz ist himmlischer Gewinn* (November 1789), Stb. Dobel Nr. 132 mit sekundär aufgeklebter getuschter Silhouette (vgl. Anm. 46); FABER (wie Anm. 70) § 757.

Friedrich Märklin (1734–1804), seit 1792 Propst in Denkendorf. Zudem trug sich noch ein gemeinsamer Vetter ein, Ernst Friedrich Märklin (1771–1834) von Hohentwiel, Jakobiner, der als Oberamtsrichter in Urach den Hilfsschreiber Wilhelm Waiblinger (1804–1830) förderte[72].

An weiteren in Dobels Stammbuch vertretenen Persönlichkeiten sind noch zu erwähnen der als Dekan in Reutlingen verstorbene David Friedrich Cless (1768–1810)[73], Georg August Griesinger (1769–1845), Sächsischer Geheimer Legationsrat, Geschäftsträger und Agent für den Musikverlag Breitkopf & Härtel in Wien, Freund und Biograph des Komponisten Joseph Haydn[74], Justin Heinrich von Hillern (1771–1851) aus Biberach/Riß und mit Wieland verwandt, Direktor des Generallandesarchivs in Karlsruhe[75], Gottlieb August Knittel (1768–1820), Stadtdekan

---

[72] Stb. Dobel Nr. 31: *Certus amicus in re incerta cernitur*, Ennius auch Cicero zugeschrieben. Bemerkenswert ist, dass der Eintrag am 28. September 1790 in Tübingen erfolgte, zwei Jahre vor Märklins Immatrikulation (MUT, Nr. 38945). FABER (wie Anm. 70) § 759; Stb. Faber (wie Anm. 47) Bl. 84 mit Ordenskürzel und gekreuzten Säbeln. In das Stammbuch Hillers schrieb Ernst Märklin im Februar 1794 ein Zitat von St. Just mit dem Zusatz: *denke jezuweilen auch noch an den 14. Juli 1793. an dein Gartten-Häuschen, und an – – –* (Stb. Hiller (wie Anm. 40) Bl. 127 mit Silhouette, nach Hegel). Ein Eintrag, der in Hinsicht auf den umstrittenen Tanz um den Tübinger Freiheitsbaum das Interesse der Forschung auf sich zog. Vgl. Adolf BECK, Der Tübinger Freiheitsbaum 1793. Eine Legende, in: Schwäbische Heimat 29. Jg. Heft 3 (1978) S. 152–158; KUHN, Schwarzbrot (wie Anm. 8) S. 16–19; KUHN/SCHWEIGARD (wie Anm. 8) S. 149, 273–276, 279–281, 283, 410; SCHÖLLKOPF (wie Anm. 21) S. 97–102; WANDEL (wie Anm. 40) S. 52, 60 f., 86; Wilhelm Waiblinger. Werke und Briefe, hg. von Hans KÖNIGER, Bd. 5,2: Sämtliche Briefe. Textkritik und Kommentar. Lebenschronik, Stuttgart 1985 (Veröffentlichungen der Deutschen Schillergesellschaft, Bd. 39), S. 620–623. In diesem Zusammenhang ist ein weiterer Freund Dobels zu nennen, der Stiftler Johann Jakob Griesinger (1772–1831) von der Solitude, gestorben als Pfarrer in Gültstein (Stb. Dobel Nr. 56). Er war mit Hegel Mitglied eines politischen Klubs sowie des „Unsinnscollegiums". Isaak von Sinclair (1775–1815) bezeichnete ihn als „eifrigsten Patrioten", der die Marseillaise übersetzt habe. Vgl. Stb. Hegel (wie Anm. 38) Bl. 23, NICOLIN (wie Anm. 18) S. 156; KUHN, Schwarzbrot (wie Anm. 8) S. 19, 38 f., 48, 51 f., 56 f., 59; KUHN/SCHWEIGARD (wie Anm. 8) S. 146, 148, 151 f., 271 f., 277; WANDEL (wie Anm. 40) S. 57, 60, Silhouette XVII, Tafel 5.

[73] Verfasser des Standartwerks „Versuch einer kirchlich-politischen Landes-und Cultur-Geschichte von Würtenberg bis zur Reformation", drei Bände, Tübingen 1806 bis 1808; Stb. Dobel Nr. 119; Stb. C. C. Camerer (wie Anm. 43) Bl. 38v; Stb. Rueff (wie Anm. 41) Bl. 57; Stb. Schmoller (wie Anm. 69) Bl. 91 mit Silhouette; ADB, Bd. 4, Leipzig 1876, S. 329.

[74] Stb. Dobel Nr. 49: *Wie seelig ists, ein Mensch zu seyn und Freundschafft zu genießen.* (22. September 1790); Stb. C. C. Camerer (wie Anm. 43) Bl. 7; Stb. Hegel (wie Anm. 38) Bl. 22, Nicolin (wie Anm. 18) S. 161; Stb. Rueff (wie Anm. 41) Bl. 58 mit Silhouette; Stb. Schwarz (SCHÄFER, Ein unbekanntes Stammbuchblatt (wie Anm. 28) S. 261); Stb. Weigelin (wie Anm. 42) Bl. 30; DERS., Biographische Notizen über Joseph Haydn, Leipzig 1810 (zahlreiche Nachdrucke); „Eben komme ich von Haydn ...". Georg August Griesingers Korrespondenz mit Joseph Haydns Verleger Breitkopf und Härtel 1799–1819, hg. von Otto BIBA, Zürich 1987; HAYDEN-ROY (wie Anm. 7) S. 324, 345.

[75] Stb. Dobel Nr. 20: *Unser Leben ist ein Traum flüchtiger Gefühle. Aus gelaufen sind wir kaum stehen wir schon am Ziele.* (Mai 1790) „Bruder" (wie Anm. 8); Stb. A. E. Camerer (wie Anm. 69) Bl. 178; Badische Biographien, Bd. 1, Heidelberg 1875, S. 370 f.

und Kirchenrat in Karlsruhe[76], Friedrich Uffo Dieterich Lentz (1769–1854), Herzoglich-Oldenburgischer Geheimer Staatsrat[77], Vertrauter des Prinzregenten Peter (1755–1823) – er begleitete ihn 1811 ins russische Exil –, Heinrich Friedrich Wolfgang Mögling (1771–1813), Direktor der Hof- und Domänenkammer, der dritte Ehrenbürger Stuttgarts[78], und Dr. iur. Elias Gottfried Steeb (1767–1808), Karlsschüler, Professor in Tübingen, Deputierter und Mitglied des engeren Ausschusses im Stuttgarter Landtag, dessen Organ „Der Landtag im Herzogthum Wirtemberg" er von 1797 bis 1799 herausgab[79].

Wer so ein beachtliches Freundschaftsalbum hinterläßt wie Christian Amandus Heinrich Dobel, muss ein sympathischer Zeitgenosse gewesen sein[80]. Durch seinen frühen Tod bald in Vergessenheit geraten ist es nun dieses Stammbuch, das ihn nach über 200 Jahren als Freund Hölderlins und Hegels wieder in das Gedächtnis der Nachwelt ruft.

---

[76] Erster Pfarrer an der von Weinbrenner neu erbauten Evangelischen Stadtkirche (Gedenktafel in der Krypta); Stb. Dobel Nr. 156; Stb. J. C. Camerer (wie Anm. 44) Bl. 56v; Stb. Rueff (wie Anm. 41) Bl. 88; Stb. Weigelin (wie Anm. 42) Bl. 46; Hayden-Roy (wie Anm. 7) S. 29, 330.

[77] Stb. Dobel Nr. 104: *Nicht ganz zum Glük nicht ganz zum Leid ist uns diese Welt bestimmt.* (Oktober 1790). Lentz, der erst im Oktober 1790 zum Jurastudium von Erlangen nach Tübingen gekommen war, unternahm im Frühjahr 1791 eine (konspirative?) Reise nach Straßburg. Mit ihm starb der letzte studentische Einträger. Vgl. Wandel (wie Anm. 40) S. 55; Biographisches Lexikon zur Geschichte des Landes Oldenburg, hg. von Hans Friedl, Oldenburg 1992, S. 417.

[78] Geheimer Legationsrat, Vizedirektor der Porzellankommission (Ludwigsburg), Adelsstand 1811; Stb. Dobel Nr. 167; Stb. Faber (wie Anm. 47) Bl. 55; Stb. Süskind (wie Anm. 22) Bl. 16; Grab Hoppenlaufriedhof, Abt. 3b, Nr. 469.

[79] Stb. Dobel Nr. 14: *Drey und viermal glüklich ist, wen sein Mädchen feurig küßt. Schriebs Bruder Steeb von edlem Blut, der wenig hat und viel verthut.* (2. Oktober 1790); Stb. Hiller (wie Anm. 40) Bl. 215 mit Silhouette. Steeb heiratete 1796 Luise Heller (1768–1798) von Klosterreichenbach (Stb. Dobel Nr. 86) und beging als Oberamtmann von Calw auf der Flucht Suizid. Über seinen Bruder, den Tübinger Lammwirt Johann Heinrich Steeb (1750–1799), ist er ein Onkel des seligen Carlo Steeb (1773–1856). Im „ Goldenen Lamm" am Marktplatz verkehrte nachweislich auch Hölderlin. Vgl. Gebhardt (wie Anm. 8) S. 491; Walter Grube, Der Stuttgarter Landtag 1457–1957, Stuttgart 1957, S. 456–459, 466, 472–476, 478, 480; Rudolf Seigel, Die Ahnen des Karl Steeb, in: Tübinger Blätter 45 (1958) S. 24–29, hier S. 25; Wandel (wie Anm. 40) S. 49, 86f., 140f., 170f., 175f., Silhouette XX Tafel 12; Beck (wie Anm. 1) S. 45; Anm. 43.

[80] Darauf weist auch die für damalige Verhältnisse bemerkenswerte Anzahl von 30 Frauen hin, die sich in Dobels Stammbuch als Freundinnen bezeichnen, wenn auch zum Teil diskret nur ihre Initialen hinterlassend.

Venusinae Musae amatoribus

Württembergische Neulateiner zu Anfang des 19. Jahrhunderts

Von WALTHER LUDWIG

Gustav Schwab (1792–1850)[1], seit 1818 ein junger Professor für Latein und Griechisch am Oberen Gymnasium in Stuttgart[2], heute vor allem bekannt durch den auflagenreichen Dauerbrenner „Die schönsten Sagen des klassischen Alterthums“, die es seit 2009 sogar als Hörbuch und seit 2011 auch in einer Auswahlausgabe gibt, veröffentlichte 1823 in Stuttgart bei Cotta 38 Seiten in Quarto (22,5 x 17 cm) mit folgendem Titel[3]:

LVDOVICI VHLANDI|| DE|| CONSTITVENDA RE PVBLICA CARMINA.|| LATINITATE ET METRIS HORATIANIS VESTITA|| VENVSINAE MVSAE AMATORIBVS OFFERT|| ADIECTO TEXTV VERNACVLO|| **GVSTAVVS SCHWAB.**|| STVTGARDIAE|| IN LIBRARIA COTTAE.|| MDCCCXXIII.

Die deutsche Vorlage für diese breitrandig gedruckte lateinische Versübersetzung waren die kleiner unter dem lateinischen Text jeweils abgedruckten „Vaterländische(n) Gedichte“ Ludwig Uhlands (1787–1862), die in der Zeit der württem-

---

1 Vgl. Nikolaus GATTER, Art. „Schwab, Gustav“, in: NDB, Bd. 23, Berlin 2007, S. 772–773. – Hermann FISCHER, Art. „Schwab, Gustav“, in: ADB, Bd. 33, Leipzig 1891, S. 153–155. – Karl KLÜPFEL, Gustav Schwab. Sein Leben und Wirken, Leipzig 1858.

2 Das Gymnasium wurde nach Gründung des dortigen Karls-Gymnasiums 1881 Eberhard-Ludwigs-Gymnasium genannt. In allen Klassen des Gymnasiums wurden im 19. Jahrhundert von montags bis samstags jährlich ca. 12–8 Wochenstunden Latein und von der Mittelstufe an ca. 6 Wochenstunden Griechisch und ca. 3 Wochenstunden Französisch sowie in der Oberstufe ca. 3 Wochenstunden Hebräisch und ca. 2 Wochenstunden Englisch unterrichtet; vgl. die Programme des Königlichen Gymnasiums in Stuttgart seit 1863 und die Programme des Eberhard-Ludwigs-Gymnasiums in Stuttgart seit 1881 sowie Gustav LANG, Geschichte der Stuttgarter Gelehrtenschule von ihren ersten Anfängen bis zum Jahre 1806, in: Geschichte des humanistischen Schulwesens in Württemberg, hg. von der Württembergischen Kommission für Landesgeschichte, Bd. 3, 2, Teil 1, Stuttgart 1928 (Teil 2 nicht erschienen).

3 Bernhard FISCHER, Der Verleger Johann Friedrich Cotta – chronologische Verlagsbibliographie 1787–1832, Bd. 2: 1815–1832, Stuttgart 2003, S. 372, Nr. 1453.

bergischen Verfassungskämpfe seit 1815 entstanden waren (mit „Vaterland“ ist hier wie damals üblich Württemberg gemeint). Schwab benützte aber nicht die Erstausgabe, die 1817 erschienen war und die elf 1815–1817 komponierte Gedichte enthält, sondern die Ausgabe „Gedichte von Ludwig Uhland. Zweite vermehrte Auflage, Tübingen 1820“, in die diese „Vaterländische(n) Gedichte“ in einer durch drei 1817–1819 verfasste Gedichte vermehrten Form aufgenommen worden waren[4], so dass sein Druck 14 Gedichte umfasst.

Mit dem lateinischen Titel wandte sich Schwab nicht nur an die Liebhaber der Horazischen Gedichte[5], sondern erklärte sich implizit auch selbst zu einem *Venusinae Musae amator*[6]. Am 11. April 2014 gelangte bei Bassenge, Berlin, ein Exemplar dieses Drucks zur Versteigerung[7], das auch eine handschriftliche Widmung von Schwab enthält. Sie steht auf der Innenseite des vorderen Umschlagpapiers des gehefteten Drucks und lautet: „Sr. Hochwürden Herrn Prof. Jäger| hochachtungsvollst zugesandt| vom Übersetzer.“ Der Empfänger war Dr. med. Georg Friedrich Jäger (1785–1866), der, promoviert in Tübingen 1808, 1817–1856 Leiter des Naturalienkabinett genannten Stuttgarter Naturkundemuseums und 1822–1846 Professor der Chemie und Naturgeschichte am Oberen Gymnasium in Stuttgart war und 1841 dort auch Obermedizinalrat wurde. Er war also 1823 Schwabs Kollege am Oberen Gymnasium und, da er 1819 in zweiter Ehe Charlotte Wilhelmine Schwab (1794–1874), eine Schwester von Gustav Schwab, geheiratet hatte, zugleich dessen

---

[4] Ludwig UHLAND, Gedichte. Zweite vermehrte Auflage, Tübingen 1820, S. 97–121 und 463–464. FISCHER, Der Verleger Johann Friedrich Cotta (wie Anm. 3) nennt die Erstauflage als eine Vorlage. In der „Neueste(n) Auflage“ der Gedichte von Ludwig Uhland, Stuttgart/Tübingen 1839, S. 137, findet sich erstmals ein 15. Gedicht bei den „Vaterländische(n) Gedichten“, womit diese Sammlung ihren endgültigen Umfang erreicht hatte. So stellt sie sich auch in der „Vierundfünfzigste(n) Auflage“ der Gedichte von Ludwig Uhland, hg. von Wilhelm Ludwig HOLLAND, Stuttgart 1869, S. 81–106 dar, von der ein Freund von Uhland, der Rottweiler Rechtskonsulent Dr. iur. Karl Friedrich Rheinwald (1802–1876), der 1848/1849 auch Mitglied der Nationalversammlung in Frankfurt und Stuttgart auf Seiten der Demokraten gewesen war, ein Exemplar seinem vierzehnjährigen Neffen und Patensohn Karl Friedrich Rudolf Ludwig (1855–1929) zu Weihnachten 1869 schenkte. Vgl. zu Rheinwald und Ludwig: Walther LUDWIG, Rudolf Lohbauers Bild ‚Hyperions Fahrt nach Kalaurea‘, in: Hölderlin-Jahrbuch 30 (1996–1997) S. 359–380, hier S. 373–377. Dieses Exemplar befindet sich im Besitz des Verfassers.

[5] *Musa Venusina* (basierend auf Juvenal Sat. 1, 51 *Venusina digna lucerna*) war in der neulateinischen Literatur eine beliebte Umschreibung für die horazische Dichtung geworden. Fast in jeder Horazausgabe las der Leser vor den Gedichten eine mit den Worten *Q. Horatius Flaccus Venusinus* beginnende oder den Geburtsort Venusia am Anfang direkt nennende Vita.

[6] Schwab hätte deshalb mit gutem Recht bereits in meinem Aufsatz „Die Liebe zu Horaz – Horaz in der Kultur der europäischen Neuzeit“ genannt werden können, s. Walther LUDWIG, Opuscula historico-philologica. Ausgewählte Aufsätze 2008–2013, ebd. hg. von Astrid STEINER-WEBER, Hildesheim u. a. 2014 (Noctes Neolatinae 19), S. 71–102.

[7] Bassenge Buchauktionen GbR, Auktion 103, Berlin 2014, Nr. 2334. Das Exemplar befindet sich im Besitz des Verfassers.

Schwager[8]. Den heutigen Leser wird bei diesen Beziehungen zwischen den beiden die offenbar der Zeit gemäße Förmlichkeit von Schwabs Widmung überraschen. Jägers Sohn, der Philologe und Kölner Gymnasialdirektor Oskar Jäger (1830–1910), wird 1905 über seines Vaters Verhältnis zu Horaz schreiben: „In alten Tagen geschah es [sc. das Auswendiglernen einzelner Oden] freiwillig, ohne Befehl und Mahnung wie jetzt im preußischen Lehrplan S. 27 „Auswendiglernen einzelner seiner Oden“: ich bewahre noch das schlicht gebundene, schlechtgedruckte Bändchen [sc. der Horazischen Gedichte], das meinen Vater, einen Arzt und Naturforscher, 50 Jahre lang auf seinen Reisen begleitete“[9]. Georg Friedrich Jäger hatte diese Horazausgabe also schon etwa 1816 erworben (vielleicht bereits früher, wenn sie ihn auf seinen Reisen begleitete – 1809 reiste er auf seiner größten Reise nach Paris, durch Südfrankreich und die Schweiz), und er besaß sie sicher schon 1823, als er von Schwab dessen horazisierende Versübersetzung der Gedichte von Uhland erhielt, mit dem Jäger seinerseits seit seiner Studentenzeit befreundet war. Schwab konnte davon ausgehen, daß Jäger, der wie Schwab als Schüler auch das Stuttgarter Gymnasium besucht hatte, selbst zu den *Venusinae Musae amatores* gehörte.

Uhland begann seine „Vaterländische(n) Gedichte“ im Oktober 1815 mit einem offenen Gedicht an den Stuttgarter Bürgermeister Heinrich Immanuel Klüpfel (1758–1823)[10], der zum Vertreter Stuttgarts in der württembergischen Ständeversammlung gewählt worden war und für den am 18. Oktober ein Fest gegeben wurde[11]. König Friedrich I. von Württemberg (1754–30.10.1816) hatte im Dezember 1805 die auf dem Tübinger Vertrag von 1514 beruhende württembergische Ständeverfassung durch einen Rechtsbruch aufgehoben, und eine neu einberufene württembergische Ständeversammlung, zu der Klüpfel gehörte, hatte im März 1815 die ihr nun vom selben König zum zustimmenden Schwur vorgelegte neue württembergische Verfassung einhellig abgelehnt. Die jetzt ausbrechenden und erst unter König Wilhelm I. (1781–1864) am 25. September 1819 durch den Kompromiss einer neuen Verfassung beigelegten Verfassungskämpfe wurden begleitet und unterstützt von einzelnen Gedichten Uhlands, in denen er sich für „das alte gute Recht“ einsetzte und von denen er weiter neun im Jahr 1816 und eines im März

---

[8] S. Wilhelm von Gümbel, Art. „Jaeger, Georg Friedrich von“, in: ADB, Bd. 13, Leipzig 1881, S. 648–649. – Karl Staesche, Art. „Jäger, Georg Friedrich von“, in: NDB, Bd. 10, Berlin 1974, S. 268–269. Vgl. auch Gustav Schwab, Zur Feier der Hochzeit des Herrn Georg Jäger, der Medizin Doctor, mit Jungfrau Charlotte Schwab, Stuttgart 1819, [8] S., vorhanden: Stuttgart, Landeskirchliche Zentralbibliothek, Signatur: AS/11111.

[9] Oskar Jäger, Homer und Horaz im Gymnasial-Unterricht, München 1905, S. 179, und Ludwig, Opuscula (wie Anm. 6) S. 94. Wahrscheinlich erbte Oskar Jäger auch diesen Druck der lateinischen Gedichte von Schwab.

[10] Vgl. Karl Klüpfel, Art. „Klüpfel, Heinrich Immanuel“, in: ADB, Bd. 16, Leipzig 1882, S. 257–258.

[11] Vgl. Emilie Uhland, Ludwig Uhlands Leben, Aus dem Nachlaß und aus eigener Erinnerung zusammengestellt von seiner Wittwe, Stuttgart 1874, S. 113, und dort zu den übrigen Vaterländischen Gedichten S. 113–165.

1817 verfasste und teilweise einzeln publizierte, um die elf Gedichte dann zusammen unter dem Titel „Vaterländische Gedichte“ auch geschlossen zu veröffentlichen. Es folgten 1817 von April bis Juni noch zwei Gedichte mit dem gleichen Ziel und schließlich am 29. Oktober 1819 ein vorerst letztes als Prolog zu Uhlands damals im königlichen Hoftheater in Stuttgart aufgeführtem Trauerspiel „Ernst, Herzog von Schwaben“[12]. In diesem Theater-Prolog wird nun der Festtag der neuen Verfassung gefeiert, und er endet versöhnlich mit den Worten „Heil diesem König, diesem Volke Heil!“[13]. Diese politischen Gedichte sind in verschiedenen Stilebenen, zu einem großen Teil in einem volkstümlichen Ton gehalten und bis auf das letzte, das in Blankversen vorgetragen wurde, in männlichen und weiblichen Versen mit drei bis vier Hebungen und in Strophen, die meist nach dem Schema abab oder ababcc, einmal nach abba-Reimen, verfasst.

Seine Verehrung für und Freundschaft mit Uhland[14], die Verfassungsfrage als das 1815–1819 wichtigste politische Thema im Königreich Württemberg und seine Liebe zu Horaz[15] trugen dazu bei, dass Schwab sich entschloss, die „Vaterlän-

[12] Vgl. Ludwig UHLAND, Ernst, Herzog von Schwaben. Trauerspiel in fünf Aufzügen, Heidelberg 1818. Der genannte Prolog ist in dieser Ausgabe jedoch nicht enthalten. Er wurde zuerst gedruckt in UHLAND, Gedichte (wie Anm. 4) S. 463–464.

[13] Vgl. Emilie UHLAND, Ludwig Uhlands Leben (wie Anm. 11) S. 165: „War auch nicht alles erreicht, was Uhland gewünscht hatte, war auch die Adelskammer gegen seinen Sinn, so war doch die Verfassung auf das alte Recht, durch Vertrag zwischen Fürst und Volk neu begründet. Darauf legte Uhland, wie wir wissen, wie er in seinem Liede ausgesprochen, so großes Gewicht.“ und allgemein Günter GROSSBACH, „... und aufrecht, wie ihn Gott erschuf.“ Uhland in den württembergischen Verfassungskämpfen 1815–1819 und als württembergischer Abgeordneter, in: Ludwig Uhland. Werk und Wirkung. Festschrift des Uhland-Gymnasiums Tübingen zum 200. Geburtstag des Politikers, Gelehrten, Dichters, hg. von Uhland-Gymnasium Tübingen, Redaktion: Dr. Helmut STORCH, Tübingen 1987, S. 19–39, sowie für eine Abbildung des „Verfassungs-Werks für das Königreich Württemberg“: Das Königreich Württemberg. 1806–1918. Monarchie und Moderne, hg. vom Landesmuseum Württemberg, Ostfildern 2006, S. 92–94. Die Entstehungsdaten der einzelnen Gedichte Uhlands werden von HOLLAND (wie Anm. 4) S. 478–479, angegeben.

[14] KLÜPFEL, Gustav Schwab (wie Anm. 1) S. 49: „seine Beziehung zu Uhland ... entwickelte sich mehr und mehr zu einer innigen Freundschaft.“ S. 30 zufolge war Schwab Uhland zuerst 1811 in Tübingen begegnet.

[15] Welche Ausgabe bzw. welche Ausgaben des Horaz Schwab benützte, ist unbekannt. Die zahlreichen Klassikerausgaben der in Zweibrücken tätigen Societas Bipontina, darunter die *Editio accurata* der *Opera* des Horaz von 1783, waren damals auch in Württemberg verbreitet. So besaß z. B. der Tübinger Hofgerichtsadvokat und Lizentiat der Rechte Eberhard Friedrich Hehl (1765–1847), der als Abgeordneter in der württembergischen Ständeversammlung für die Stadt Tübingen am 25. September 1819 das neue „Verfassungs-Werk für das Königreich Württemberg“ mitunterzeichnete, eine umfangreiche Sammlung dieser Ausgaben, darunter auch die genannte Horazausgabe (auf dem Vorsatz gezeichnet mit „Hehl d. R. L. 22. Nov. 1783“). Seine Witwe gab 1847–1849 zahlreiche Bücher und Manuskripte aus seinem Besitz an die Universitätsbibliothek Tübingen (Handbuch der historischen Buchbestände. Baden-Württemberg und Saarland. T-Z, hg. von Wolfgang KEHR, Hildesheim u. a. 1994, S. 27), seine Bipontinen-Sammlung wurde jedoch privat vererbt und befindet sich jetzt teilweise im Besitz des Verfassers.

dische(n) Gedichte" Uhlands in horazische Verse umzusetzen. Auch Horaz hatte bekanntlich – nicht nur in den sogenannten Römeroden – ernste politische Gedichte geschrieben. Um das Thema der Uhlandschen Gedichte und ihre Bedeutung sogleich deutlich zu machen, nannte Schwab sie nicht mit einfacher Übersetzung des Uhlandschen Titels *Carmina patria*, sondern *Carmina de constituenda re publica*. Er konnte für den Druck seines Werkes den angesehenen Cotta-Verlag in Stuttgart gewinnen und erhielt bald nach dem Erscheinen der *Carmina* zwei ausführliche positive (namentlich nicht gezeichnete) Besprechungen in der Allgemeinen Literaturzeitung Halle 1823, II, Sp. 865–868, und in den Heidelberger Jahrbüchern der Literatur N.F. 4 I, Heidelberg 1824, S. 350–352, aus denen einige Zeilen hier zitiert seien:

„Man hat seit einiger Zeit wieder angefangen, wie früher schon von Spalding, dem Übersetzer des Kleistischen Frühlings u.a. geschehen, die lateinische Dichtkunst im Wettstreit mit der deutschen auftreten zu lassen. An Gedichten von Klopstock, Schiller, ja an größeren von Voß und Göthe haben sich vor kurzem mehrere römische Verskünstler versucht. Solche Uebungen sind immer zu empfehlen, und dienen nicht nur zur Belebung des Studiums alter Sprache und Poesie, sondern sie verhelfen auch, wenn sie von gewandten, berufenen Männern unternommen sind, dem philosophischen Sprachforscher selbst zu gelegenheitlicher näherer Prüfung des Geistes, des Baues und der Eigenthümlichkeiten verschiedner Sprachen. Hr. Professor Schw. als talentvoller, frischer deutscher Dichter ebenso als einsichtsvoller Humanist durch deutsche und lateinische Schriften bekannt, hat sich keine leichte Aufgabe gegeben, die vaterländischen Gedichte seines Freundes Uhland, die zuerst in einer besonderen Ausgabe (Tübingen, bei Fues) und dann in der neuen vermehrten Sammlung der Uhland'schen Gedichte erschienen sind, in Horazischen Sylbenmaassen nachzubilden. Nachzubilden sagen wir: denn eigentliche Übersetzungen im strengeren Sinn sind diese lateinischen Gedichte nicht und sollten es auch nicht seyn. Da die Uhland'schen schon früher von uns ihrem gediegenen Gehalt gemäss in diesen Blättern empfohlenen Gedichte alle in gereimten zum Theil volksthümlichen Sylbenmaassen componirt sind, so wäre es eine Art Prokrusteischer Arbeit gewesen, wenn Hr. Schw., etwa, wie bey der Schiller'schen Glocke von Niethammer nicht ohne Glück, dorten doch wegen der abwechselnden Versart an einem leichteren Vorbilde versucht worden ist, die kurzen Jambischen u.a. Versmaasse seines Urbildes hätte in ähnlicher gereimter lateinischer Poesie nach Weise der Mönchspoesie wiedergeben wollen. Auch der Inhalt selbst hätte sich nicht recht dafür geeignet, was bey der Schiller'schen Glocke schon ein anderer Fall ist, die ursprünglich sozusagen in einen mittelalterlichen Ton eingestimmt ist. Es war daher von Hn. Schw. ein glücklicher Gedanke, dass er das hierher Ungehörige und an sich Unmögliche einer strengeren Uebersetzung nach Form und Inhalt verschmähend, bey den antiken Sylbenmaassen um Surrogate sich umsah, nicht ohne jemalige einsichtsvolle Berechnung, welche derselben für die Erfassung und analoge Darstellung des Tons der Originale am geeignetsten wären, und so eher zu einer freyeren Nachbildung sich entschloss. Jedes Gedicht ist beinahe in einem anderen Sylbenmaasse übersetzt worden. [...]"

„Wir dürfen wohl voraussetzen, dass auch ausserhalb Württemberg die im Jahre 1817 in Tübingen bei Fues herausgekommenen ‚Vaterländischen Gedichte' von Ludwig Uhland sich verbreitet haben, und mit verdienter Theilnahme gelesen worden seyen. Von diesen nun sind die vorliegenden Carmina de constituenda re publica eine sehr gelungene Uebersetzung, die wir dem Freunde L. Uhlands, Hrn. Prof. Schwab in Stuttgart verdanken. [...] Der Uebersetzer, mit des Dichters Sinn und Geist und Darstellung vertraut und verwandt, beweisst zugleich eine ausgezeichnete Bekanntschaft mit der Horazischen Muse, und die Leichtigkeit, Natur und Anmuth, die uns in seinen eigenen Gedichten anzieht, finden wir auch in dieser Uebersetzung, bei der nicht wenige und nicht geringe Schwierigkeiten zu überwinden waren, wenn sie so römisch und doch so treu ausfallen sollte, wie sie vor uns liegt. Gelungen nennen wir diese Uebertragung mit Recht darum, weil sich in ihr durchaus das findet, was gefordert werden muss, nemlich auf der einen Seite ein Vergessen deutscher Art und Kunst, und auf der andern doch zugleich ein Festhalten an den Ideen, ja sogar, wo es möglich war, an den Worten, so daß fast Zeile für Zeile dem Original ähnlich ist. [...] Ausser dem Wert, den die Uebersetzung an sich hat, kommt ihr zugleich der zu, dass sie jungen Studirenden als Muster dienen kann, wenn sie sich in Horazischen Versmassen versuchen wollen."

Für diese Besprechungen ist das Vorhaben einer lateinischen Dichtung in horazischen Versmaßen nicht ungewöhnlich. Andere lateinische Versübersetzungen von deutschen Dichtungen werden zum Vergleich herangezogen. Auf letztere wird im Folgenden noch einzugehen sein. Später fanden die Versübersetzungen Schwabs nur noch wenig Beachtung[16]. Schon Rudolf Krauß (1861–1945) erwähnte sie in seiner berühmten „Schwäbische(n) Literaturgeschichte" 1899 nur noch in einem Satzteil: „zeigte sein philologisches Können in Abhandlungen, hauptsächlich über Sophokles, und einer Latinisierung der politischen Gedichte Uhlands"[17]. Und Gunter Grimm wußte 1992 in einem Artikel „Zum zweihundertsten Geburtstag des Schriftstellers und Volkserziehers Gustav Schwab"[18] sogar nur noch „Anthologien griechischer, lateinischer und deutscher Gedichte" zu nennen, wobei sich hinter

---

[16] Aufgenommen wurde Schwabs Werk in die Liste der lateinischen Versübersetzungen deutscher Dichtungen von Theodorus ECHTERMAYER/Mauritius SEYFFERT, Carmina aliquot Goethii et Schilleri latine reddita, Halle 1833, S. IV-V, und in die nützlichen bibliographischen und biographischen Zusammenstellungen, die Bernd PLATZDASCH unter dem Titel „Pantoia, Unterhaltsame Literatur und Dichtung in lateinischer und griechischer Übersetzung" ins Internet gestellt hat (Fassung vom 22.2.2012: www.pantoia.de/pantoia.html).

[17] Rudolf KRAUSS, Schwäbische Literaturgeschichte, 2. Bd., Freiburg i. Br./Leipzig/Tübingen 1899, S. 69.

[18] Gunter GRIMM, Das Faktotum der Musen. Zum zweihundertsten Geburtstag des Schriftstellers und Volkserziehers Gustav Schwab, in: Die Brücke zur Welt, Sonntagsbeilage der Stuttgarter Zeitung, Samstag, 20. Juni 1992 (im Internet: http://duepublico.uni-duisburg-essen.de/servlets/DerivateServlet/Derivate-5357/Schwab.pdf).

der vermeintlichen und an sich nicht existenten Anthologie lateinischer Gedichte wohl Schwabs Versübersetzung der Gedichte Uhlands verbirgt. Allein Helmut Storch machte 1987 kurz auf diese Versübersetzung aufmerksam und zitierte, allerdings ohne weitere Erläuterungen, die vier Strophen des 10. Gedichts mit dem Uhlandschen und dem Schwabschen Text[19]. Die Schwabsche Versübersetzung soll jedoch hier im Rahmen einer Musterung des neulateinischen Dichtens in Württemberg in den ersten Jahrzehnten des 19. Jahrhunderts zunächst etwas näher betrachtet werden.

Schwab verzichtete auf jede begründende und rechtfertigende persönliche Praefatio. Er wusste vermutlich, dass Uhland schon selbst lateinische Oden in horazischer Form verfasst hatte[20], und wünschte, dass die 14 Gedichte eine repräsentative Auswahl der Oden- und Epoden-Metren des Horaz enthalten sollten. Die beiden häufigsten horazischen Metren, die alkäische und die sapphische Strophe, hob er hervor, indem er nur für diese Strophen mehrere Gedichte, insgesamt fünf, verwendete und indem er die alkäische Strophe an den Anfang und das Ende der um das alte gute Recht kämpfenden Gedichte setzte (Nr. 1 und 13). Dazwischen kamen drei sapphische Gedichte zu stehen (Nr. 3, 5 und 12). Für das 14. Gedicht, den Prolog zur Aufführung des Trauerspiels Herzog Ernst am 29. Oktober 1819, wählte er passend das Metrum für den Sprechvers der Tragödien Senecas, den jambischen Trimeter, der aber zugleich auch das Metrum der letzten Epode des Horaz (Epd. 17) war. Die fünf verschiedenen asklepiadeischen Systeme des Horaz sind jeweils durch ein Gedicht vertreten: das Asclepiadeum quartum (Glyconeus + Asclepiadeus minor) in Nr. 4 (hier spielte wohl auch eine Rolle, dass das Gedicht ein Dialog ist wie C. III 9, das die gleiche Strophenform hat), das Asclepiadeum secundum (3 Aslepiadei minores + Glyconeus) in Nr. 6, das Asclepiadeum primum (Asclepiadei minores stichisch) in Nr. 8, das Asclepiadeum quintum (Asclepiadei maiores stichisch) in Nr. 9 und das Asclepiadeum tertium (Asclepiadeus minor + Pherecrateus + Glyconeus) in Nr. 10. Zu diesen zehn Odenformen kommen noch insgesamt vier horazische Epodenformen, von denen eine, bestehend aus einem daktylischen Hexameter und einem katalektischen daktylischen Tetrameter, bei Horaz nicht nur in Epode 12 erscheint, sondern strophisch auch in zwei Oden (C. I 7 und 28; dort mit der metrischen Bezeichnung Archilochium primum). Schwab hat dieses die Oden und Epoden verbindende Metrum für Nr. 7 gewählt, auffälligerweise für das Gedicht im Zentrum von Nr. 1–13. Des weiteren erscheint die aus den Epoden 14 und 15 bekannte Kombination von daktylischem Hexameter und jambischem Dimeter gleich in Nr. 2, die bei Horaz in den Epoden 1–10 verwendete Kombination eines jambischen Trimeters und eines jambischen Dimeters in Nr. 11, und, wie schon notiert, der stichische jambische Trimeter von Epode 17 in Nr. 14. Die folgende

---

[19] Helmut STORCH, Gustav Schwab, Zwei Gedichte, das eine von Uhland, ins Lateinische gewendet – das andere auf Uhland, in: Ludwig Uhland (wie Anm. 13) S. 40–44.

[20] Hermann STEINTHAL, Die Tübinger schola anatolica um 1800 und ihr Schüler Ludwig Uhland, in: Ludwig Uhland (wie Anm. 13) S. 1–18, hier S. 4.

Übersicht über die Metren der 14 Gedichte kann vielleicht noch deutlicher machen, wie Schwab in seinen *Carmina* die häufigeren horazischen Oden- und Epodenmaße vereinen und in eine gewisse Ordnung bringen wollte:

1. Alcaicum	56 Verse
2. Dact. hex. + ia. dim. (Epd. 14 und 15)	44
3. Sapphicum	40
4. Asclepiadeum quartum	28
5. Sapphicum	20
6. Asclepiadeum secundum	56
7. Archilochium primum = Epd. 12 (Dact. hex. + dact. tetram. cat.)	16
8. Asclepiadeum primum	8
9. Asclepiadeum quintum	18
10. Asclepiadeum tertium	16
11. Ia. trim. + ia. dim. (Epd. 1–10)	32
12. Sapphicum	12
13. Alcaicum	40
14. Ia. trim. (Epd. 17)	52

Um nun einen ersten Eindruck von der Art dieser horazischen Gedichte zu gewinnen, betrachten wir die ersten vier der 14 alkäischen Strophen des ersten Gedichts, die zwei achtzeiligen Strophen Uhlands entsprechen:

Die Schlacht der Völker ward geschlagen,
Der Fremde wich von deutscher Flur,
Doch die befreiten Lande tragen
Noch manches vorgen Dranges Spur,
Und wie man aus versunknen Städten
Erhabne Götterbilder gräbt,
So ist manch heilig Recht zu retten,
Das unter wüsten Trümmern lebt.

Zu retten gilts und aufzubauen;
Doch das Gedeihen bleibet fern,
Wo Liebe fehlet und Vertrauen
Und Eintracht zwischen Volk und Herrn.
Der Deutsche ehrt' in allen Zeiten
Der Fürsten heiligen Beruf,
Doch liebt er, frei einherzuschreiten
Und aufrecht, wie ihn Gott erschuf.

Conjunctus orbis proelia miscuit,
Germana tellus propulit exteros,
Sed mansit in terra soluta
Servitii nota multa prisci.

Atque ut Deorum signa per obrutas
Urbis ruinas effodiunt sacra:
Coeleste jus passim sepultum
Ruderibus viget indecoris.

Servate, cives! tollite moenia!
Sed, heu, sinistro conditis alite,
Ni principis, ni corda gentis
Jungit amor, fideique vinclum.

Sacrata Teuto munia principum
Veretur omni tempore, idem[21] tamen
Erecta – sic natura jussit -
Ferre amat ora, gradique liber.

„Der vereinte Erdkreis stürzte sich in die Schlacht". Gemeint ist die Völkerschlacht von Leipzig, die am 18. Oktober 1815, dem Tag des Gedichts, genau zwei Jahre zurücklag. Der Ausdruck *proelia miscuit* schließt sich an den von Lukrez und Vergil gebrauchten Ausdruck *proelia miscent* an. Unmittelbar an Horaz erinnern in diesen Strophen ausdrucksmäßig nur die eingeschobene Klageinterjektion *heu* und der Ablativ *alite* im Sinne eines Vorzeichens, ohne dass hier bestimmte Stellen evoziert werden sollen. Auffällig ist die Häufigkeit der normalen Wortstellung. Die erste – kleine – Sperrung erscheint im 4. Vers, wodurch sich die kunstvolle Wortfolge nach dem Schema ABba einstellt. Eine große Sperrung zeigen V. 5–6 *signa … sacra* (hier wird die kleine *obrutas … ruinas* eingeschlossen) und V. 12–13 *erecta … ora*. Jede Strophe ist syntaktisch in sich geschlossen und meist stellen auch die Verse oder doch die Verspaare syntaktische Einheiten dar. Ein starker syntaktischer Neueinsatz innerhalb eines Verses liegt nur bei *idem tamen* bzw. *at is tamen* vor. Schwab schließt sich hier nicht so sehr an den Stil des Horaz als an den von Uhland an.

---

[21] In dem in Anm. 7 genannten Exemplar strich Schwab handschriftlich *idem* durch und schrieb *at is* darüber. Es ist die einzige Textkorrektur in diesem Exemplar. *at is tamen* bildet einen stärkeren Gegensatz als *idem tamen*. Vgl. Immanuel Johann Gerhad SCHELLER, Lateinisch-deutsches Lexicon, Bd. 1, Leipzig 1788, Sp. 581: „*Attamen*, aber doch, allein doch, jedoch aber und richtiger *at tamen*, denn es sind zwei Wörter; daher stehen oft Wörter dazwischen, z. B. *at pro nostro tamen studio* Cic.Or.III 4: *at grato tamen munere* Cic. Brut. 4." Für weitere Beispiele s. Thesaurus Linguae Latinae, Vol. 2, Leipzig 1900–1906, Sp. 1010–1011.

Das das Grundthema explizierende zweite Gedicht („Das alte gute Recht“, *De bono iure patrio*) führt nach der strophischen sogleich die epodische Odenform ein. In seinen 44 Versen nimmt der Wortlaut auf zwei Horazstellen speziell Bezug. Die ersten vier Verse und die letzten vier (41–44) sind im Deutschen fast, im Lateinischen völlig identisch:

Wo je bei altem, gutem Wein (V. 41: Und wo bei altem, gutem Wein)
Der Württemberger zecht,
Da soll der erste Trinkspruch seyn:
Das alte, gute Recht.

Wurtembergiacae si quando quis incola terrae
    Calescit antiquo mero:
Haec potatorum statuatur tessera princeps:
    Antiqua jura patriae!

Zwischen diesen jeweils vier Versen werden mit vielen anaphorischen Versanfängen („Das Recht, ...“; *Jura, ...*) zuerst die Bestimmungen dieses Rechts beschrieben: gültige vor Willkür schützende Gesetze und öffentliche Gerichte, mäßige Steuern und ein sparsam wirtschaftender Staat, Bewahrung des Kirchenguts und Förderung der Wissenschaft, freier Waffenbesitz der Bürger [!] und ihre Auswanderungsfreiheit. Deshalb werde das alte gute Recht ebenso wie der christliche Glaube geliebt. In einer schlimmen Zeit (*malum tempus* – der Täter König Friedrich I. wird nicht erwähnt) sei es abgewürgt worden, und es erhebe sich jetzt wieder zu einem neuen Leben, das nach dem Tod der jetzigen Generation (V. 37: „Ja! wenn auch wir von hinnen sind“; *Quod si nos tetigit rapiens vis omnia leti*) andauern solle. V. 37 erinnert an Horaz C. II 13, 19–20 *leti| vis rapuit rapietque gentes*, V. 2 und 42 an C. III 21, 10–11 *narratur et prisci Catonis| saepe mero caluisse virtus*. Die Aufnahme bestimmter Stellen kommt also vor, ist aber vergleichsweise selten.

Es gelang Schwab, Uhlands Text prinzipiell mit ebenso vielen lateinischen Versen wiederzugeben[22]. In Nr. 7, 8 und 9 fasste er die 24, 16 bzw. 36 Kurzverse in 16, 8 bzw. 18 längeren Versen zusammen. In der Regel entsprechen einander Vers

[22] Nur vereinzelt leidet unter diesem angenommenen Zwang, die Verszahlen des deutschen Gedichts einzuhalten, die Klarheit des Ausdrucks wie in der im Übrigen eindrucksvollen sapphischen Ode Nr. 12 („Gebet eines Württembergers“, *Ad Deum O. M.*) in der zweiten Strophe (V. 5–8). „Zu unsrem König, deinem Knecht,| Kann nicht des Volkes Stimme kommen;| Hätt’ er sie, wie er [sc. sie vernommen haben] will, vernommen,| Wir hätten längst das theure Recht.“ gibt Schwab mit *Ad meum regem Tibi servientem| Ire vox frustra populi laborat,| Dulce jus (nam vult) simul audiisset,| Sanxerat ille* wieder. V. 7–8 ist wohl so zu verstehen: *Dulce jus sanxerat ille, simul ac vocem populi (nam vult audivisse) audiisset.* „Das süße Recht hätte er gewiß bestätigt, sobald als er die Stimme des Volkes gehört hätte, die er ja gehört haben will.“ Der Indikativ des Plusquamperfekts ist in einem irrealen Bedingungssatz auch klassisch belegt. Aber die Wortstellung und der knappe Ausdruck verhin-

für Vers im Sinn ziemlich genau. Der Anschluss an die Uhlandschen Verse verhinderte eine stärkere Aufnahme horazischer Motive und Strukturen, wie sie bei einem freien Komponieren horazisierender Oden eventuell möglich ist. Nur selten gibt Schwab sich bei besonderen Schwierigkeiten die Freiheit, ein Wort fallen zu lassen, so bei folgenden Versen in Nr. 6 („Am 18. October 1816"; *In diem Octobris octavum decimum anni MDCCCXVI*):

Ihr Fürstenräth' und Hofmarschälle,
Mit trübem Stern auf kalter Brust,
Die ihr vom Kampf um Leipzigs Wälle
Wohl gar bis heute nichts gewußt,

Regni a consiliis denique vos, quibus
Aurum corda tegit frigida pallidum,
Qui fortasse bonae proelia Lipsiae
Ignorastis ad hunc diem

Die erste Zeile hätte prosaisch mit *Vos principum consiliarii et aulae praefecti* wiedergegeben werden können. In eine einzige Verszeile passten die beiden Hofchargen keinesfalls. Schwab entschloss sich, auf die Hofmarschälle zu verzichten und zog für die Hofräte die nach der antiken Amtsbezeichnung *ab epistulis* im neuzeitlichen Latein schon eingeführte Bezeichnung *a consiliis* vor[23]. Er hatte nun Raum, um in der zweiten Zeile für die Ordensbrust die elegante neue Junktur und Wortstellung *aurum corda tegit frigida pallidum* einzusetzen.

Besondere Schwierigkeiten bereitete auch das Gedicht Nr. 7 („Schwindelhaber"; *Lolium*), dessen vier Strophen durch die zwei Synonyme zu Lolch enthaltende Refrainzeile „Schwindelhaber, Dippelhaber" geschlossen werden und in dem verschiedene wenig bekannte Ausdrücke für Getreidekrankheiten und Unkraut erscheinen, die metaphorisch für die falschen und kranken politischen Vorstellungen stehen, von denen die Köpfe gereinigt werden sollten. Der Vergleich war vorbereitet durch das Gleichnis vom Weizen und Unkraut im Evangelium des Matthaeus 13, 24–30, wo das dortige von „dem Feind" gesäte Unkraut (genannt griechisch pluralisch: ζιζάνια, in der Vulgata: *zizania*) im Sinne von falschen religiösen Vorstellungen gedeutet wurde[24]. Uhlands erste Strophe lautet:

---

dern hier ein mühelos lesendes Verstehen in dem erforderlichen Sinn. Allerdings ist bereits Uhlands „wie er will" elliptisch.

[23] Vgl. Belege für *a consiliis* seit Erasmus bei René Hoven, Lexique de la prose Latine de la Renaissance, Leiden 1994, S. 81.

[24] Vgl. zur theologischen Interpretation des Gleichnisses und der Kontroverse bei seiner Auslegung hinsichtlich der Behandlung von Häretikern Walther Ludwig, Supplementa Neolatina. Ausgewählte Aufsätze 2003–2008, ebd. hg. von Astrid Steiner-Weber, Hildesheim u. a. 2008 (Noctes Neolatinae 10), S. 272–275.

Ei, wer hat in diesem Jahre
All den Wust ins Korn gebracht.
Mutterkorn und andere Waare,
Die im Kopfe dämisch macht,
Raden, Ruß, am meisten aber
Schwindelhaber, Dippelhaber?

Schwab beschaffte sich das einschlägige Unkraut- und Getreidekrankheitsvokabular aus Plinius, Nat. hist. 18, 44, 153–155, wo dieser *lolium et tribulos* („Lolch und Burzeldorn") nennt und von *robigo* („Mehltau", „Rost", obsolet „Ruß") spricht; auch *orobanche* („Sommerwurz"), *aera* und *festuca* (Synonyme zu *lolium*, obsolet „Raden") werden dort von ihm erwähnt[25]. Einige dieser Bezeichnungen hatte schon Vergil in seine Georgica 1, 150–154 aufgenommen: *ut mala culmos| esset robigo ... lappaeque tribolique interque nitentia culta| infelix lolium et steriles dominantur avenae* („daß der böse Mehltau die Halme frißt ... Kletten und Burzeldorn [sc. kommen auf], und zwischen glänzenden Anpflanzungen breiten sich der unselige Lolch und der unfruchtbare Hafer aus"). Schwindelhaber und Dippelhaber waren heute obsolete volktümliche Bezeichnungen für den auch Taumellolch genannten Lolch, dessen Name aus dem lateinischen *lolium* entwickelt worden war und der angeblich Schwindelgefühle erregte und den Kopf benebelte („dämisch" machte)[26]. Schwab verwendete zudem – aus dem Gleichnis bei Matthaeus und damit direkt daran erinnernd – das griechische Fremdwort *zizanium*, das auch als Synonym zu *lolium* galt, und schrieb:

Quae Maga quisquilias frumento miscuit horno,
Aeras, heu, tribulos, orobanchen,
Festucasque soporiferas, tum, summa malorum,
Zizanium, loliumque malignum?

Etwas horazisches Kolorit fügen die Ausdrücke *Maga* und *frumento ... horno* hinzu (vgl. C. I 27, 21–22 *Quae saga, quis te solvere Thessalis| Magus venenis, quis poterit deus?* und C. 3, 23, 3–4 *horna| fruge*).

Als Uhland die Gedichte Nr. 1–13 schrieb, war der Kampf um eine dem „alten guten Recht" entsprechende neue Verfassung Gegenwart, und die zunächst einzeln publizierten Gedichte dienten diesem Kampf. Als Schwab sie in die horazische

---

[25] Vgl. Gottfried GROSSE, Caius Plinius Secundus Naturgeschichte übersetzt, Bd. 5., Frankfurt am Main 1785, S. 214–218 (mit botanischer Kommentierung).

[26] Vgl. zu *lolium temulentum*, dem „Taumellolch" K.G. LUTZ, J. Sturms Flora von Deutschland in Abbildungen nach der Natur. Zweite, umgearbeitete Auflage, 3. Bd.: Echte Gräser, Gramineae, Stuttgart 1900, S. 155–156. „Als Unkraut im Getreide, namentlich im Hafer, nicht selten. Die Körner sollen [...] giftig sein; die Fälle von Vergiftung durch unreines Mehl sind aber wohl richtiger auf die Beimengung von Mutterkorn zurückzuführen."

Versform transformierte, dienten sie der bleibenden Erinnerung an die überstandene Zeit der Auseinandersetzungen. Umso wichtiger war dann das letzte Gedicht Nr. 14, das auf das mit König Wilhelm I. erreichte einigende Verfassungswerk zurückblickt und diesen König dafür rühmt (allerdings auch wieder ohne ihn namentlich zu nennen). Schwab ließ den letzten Vers – optisch damit über Uhland hinausgehend – in betonende Majuskeln setzen. Die 52 jambischen Trimeter dieses Gedichts enden mit den Worten (V. 46–52):

Sic est! in hisce temporum turbis feris
Suapte mente concitus princeps adest,
Dextramque genti ex mente grandi porrigit,
Pacturus ordinem atque jura libere.
Vidistis omnes, vosque testes advoco,
Suisque Clio mandet inde annalibus!
TV MACTE PRINCEPS, MACTA GENS ESTO MIHI!

Ja! mitten in der wildverworrenen Zeit
Ersteht ein Fürst, vom eignen Geist bewegt,
Und reicht hochherzig seinem Volk die Hand
Zum freien Bund der Ordnung und des Rechts.
Ihr habt's gesehen, Zeugen seyd ihr alle,
In ihre Tafeln grab' es die Geschichte!
Heil diesem König, diesem Volke Heil!

Zu Schwabs Unterrichtsaufgaben am Oberen Gymnasium in Stuttgart gehörte die Interpretation des Horaz[27]. Karl Klüpfel (1810–1894), einer seiner früheren Schüler an dieser Schule[28] schrieb darüber 1858 in seiner Schwab-Biographie: „Mit besonderem Erfolg und Beifall erklärte er den Horaz, den er mit dichterischem Geiste auffaßte, und jeder empfängliche Schüler jener Zeit wird diese Stunden als Glanzpunkt des Unterrichts im Oberen Gymnasium in Erinnerung haben"[29]. Wo aber hatte Schwab selbst seine Lateinkenntnisse erworben und Horaz so sehr schätzen gelernt?

---

[27] Klüpfel, Gustav Schwab (wie Anm. 1) S. 94: „Die Fächer, die ihm [sc. als Professor am Oberen Gymnasium] übertragen wurden, waren: Interpretation des Horaz, griechische Anthologie, philosophische Schriften Ciceros, lateinische und griechische Stilübungen und römische Altertümer." Es wurde damals eine sehr reichliche Auswahl aus Horaz' Oden, Epoden, Satiren und Episteln gelesen; zu den Stilübungen gehörte auch das Verfertigen lateinischer Verse.

[28] Vgl. Eugen Schneider, Art. „Klüpfel, Karl", in: ADB, Bd. 51, Leipzig 1906, S. 244–245. Klüpfel besuchte das Obere Gymnasium in Stuttgart, bevor er seit 1828 in Tübingen studierte, hatte also Schwab als Lehrer; 1841 heiratete er Schwabs Tochter Sophie.

[29] Klüpfel, Gustav Schwab (wie Anm. 1) S. 94.

Sein Vater, Johann Christoph Schwab (1743–1821), der 1778–1794 Professor für Philosophie an der Hohen Karlsschule in Stuttgart war[30], achtete sehr auf die Erziehung seines jüngsten Sohnes. Er sorgte früh für seine schulische Unterrichtung[31]. Gustav Schwab, „voll Eifer und Beharrlichkeit im Erlernen der Alten Sprachen“[32], besuchte das Gymnasium in Stuttgart von der unteren bis zur oberen Abteilung, bis er 1809–1814 in Tübingen studierte, wo er sich der Studienordnung des Stifts gemäß zwei Jahre der Philologie und Philosophie und anschließend drei Jahre der Theologie widmete. Klüpfel zufolge waren es am Stuttgarter Gymnasium „zwei Lehrer, die, beide in ihrer Art besonders tüchtig, eine nachhaltige Anregung auf Schwab ausübten. Der eine war Friedrich Roth, an der mittleren Abteilung der Anstalt tätig, der seine Schüler zu Fleiß zu nöthigen und in der Grammatik sattelfest zu machen wußte[33]. ... Der andere war Drück, Professor am Oberen Gymnasium, ein liebenswürdiger humaner Mann, der in seiner ganzen Persönlichkeit die Klassische Bildung ausprägte und als Lehrer in hohem Grade geeignet war, in den Geist des Alterthums einzuführen“[34]. Und zu Schwabs philologischen Universitätsstudien vermerkt Klüpfel: „Am meisten scheint ihn der Philolog Conz angeregt zu haben, der mit der classischen Literatur wohl vertraut, ästhetisch gebildet war, als Dichter sich einen Namen gemacht und einige gelungene Übersetzungen von einzelnen Stücken der griechischen Dramatiker herausgegeben hatte. ... Er [sc. Schwab] sagte auch später öfters, daß er Conz manches verdanke“[35].

---

[30] Vgl. Wilhelm von Heyd, Art. „Schwab, Johann Christoph“, in: ADB, Bd. 33, Leipzig 1891, S. 157–158.

[31] Klüpfel, Gustav Schwab (wie Anm. 1) S. 7: „Früh wurde Gustav in die Schule geschickt, und er erzählte oft, daß er sich genau erinnere, bald nach seinem vierten Jahr dort eine kurze lateinische Vorschrift, deren Worte er angab, abgeschrieben zu haben.“

[32] Klüpfel, Gustav Schwab (wie Anm. 1) S. 12.

[33] Es handelt sich bei diesem Friedrich Roth um Christoph Friedrich Roth (1751–1813), vgl. zu ihm Karl Johann Friedrich (von) Roth, Christophori Friderici Rothii A. M. Professoris Stuttgartiensis Laudatio, Stuttgart 1814. Er kam 1779 an das Stuttgarter Gymnasium und unterrichtete nach (von) Roth, ebd., S. 29, besonders die Autoren Cicero, Sallust und Livius. Alf Christophersen, Art. „Roth, Karl Johann Friedrich von“, in: NDB, Bd. 22, Berlin 2005, S. 107, nennt als Todesjahr von Christoph Friedrich Roth fälschlich 1831 statt 1813. Für seine Tätigkeit vgl. auch Christoph Friedrich Roth, Materialen zum Uibersetzen [sic] aus dem Teutschen in das Latein für die Jugend von 12–15 Jahren gesammelt und verfaßt, Stuttgart 1807. Das Buch enthält 402 deutsche, 1791–1806 zum Übersetzen gegebene Prosatexte mit lateinischen Ausdrücken als Übersetzungshinweisen.

[34] Klüpfel, Gustav Schwab (wie Anm. 1) S. 14–15.

[35] Klüpfel, Gustav Schwab (wie Anm. 1) S. 26–27.

Friedrich Ferdinand Drück (1754–1807)[36] und Carl Philipp Conz (1762–1827), der seit 1804 Professor für klassische Philologie an der Universität Tübingen war[37], sind denn auch in verschiedener Weise für das Verhältnis von Schwab zu Horaz wichtig geworden. Drück war seit 1779 ein Kollege von Schwabs Vater an der Hohen Karlsschule gewesen und hatte dort die Alten Sprachen und Handelsgeographie unterrichtet, bis er nach der Schließung der Hohen Schule 1794 als Professor an das Obere Gymnasium in Stuttgart versetzt worden war. Er unterrichtete dort vor allem Latein, aber auch Griechisch[38], Geschichte und Religion. Sein Schüler Karl Ludwig Roth (1790–1868)[39] erklärte 1851: „Da er an den oberen Klassen lehrte, so hatte er weniger mit der Komposition, als mit der Erklärung der Autoren zu tun. ... Drück suchte unseren Geist vornehmlich dadurch zu bilden, daß er uns in den Geist der Autoren, zu meiner Zeit des Horaz und des Tacitus einführte. Nur er leitete uns an, die Gedanken des Klassikers aufzusuchen und zu erfassen ...“[40]. Und Conz schrieb in seinem Nekrolog auf ihn: „Unter den Römern waren Tacitus und Horaz seine Lieblingsschriftsteller ... [Er] verfaßte lateinische Gedichte“[41].

Conz gab 1810–1812 die kleineren Schriften Drücks in Tübingen in einer dreibändigen Sammelausgabe heraus. In dem mitveröffentlichten Verzeichnis der Subskribenten, das 252 Bestellungen aufführt, findet sich in Stuttgart „Schwab Oberjustizsekretair“ mit zwei Bestellungen, es ist der ältere Bruder von Gustav Schwab mit den Vornamen Karl Heinrich (1781–1847), der später geadelt wurde. Nicht

[36] Vgl. Hartmann, Art. „Drück, Friedrich Ferdinand“, in: ADB, Bd. 5, Leipzig 1877, S. 435. – Friedrich Ferdinand Drück, Kleinere Schriften, 3 Bde., hg. von Carl Philipp Conz, Tübingen 1810–1812. – Karl Ludwig Roth, Erinnerung an drei verdiente Gymnasiallehrer, Johann Andreas Werner, Christoph Friederich Roth, Friederich Ferdinand Drück. Eine Rede am Geburtstagsfest Seiner Majestät des Königs Wilhelm von Württemberg im Gymnasium in Stuttgart gehalten von dem Gymnasial-Rektor und Oberstudienrath Dr. Roth. Stuttgart 1851. – Herzog Karl Eugen von Württemberg und seine Zeit, hg. vom Württembergischen Geschichts- und Altertums-Verein, Bd. 2, Eßlingen 1909, S. 58 und 476.

[37] Karl Klüpfel, Art. „Conz, Carl Philipp“, in: ADB, Bd. 4, Leipzig 1876, S. 457–458. – Adalbert Elschenbroich, Art. „Conz, Carl Philipp“, in: NDB, Bd. 3, Berlin 1957, S. 347–348.

[38] Drück erwarb offenbar auch neue gräzistische Fachliteratur. 1799 kaufte er ein Exemplar der griechisch-lateinischen, von dem Straßburger Professor Johann Schweighäuser mit einem sehr ausführlichem Kommentar herausgegebenen Ausgabe des Stoikers Epiktet (Epicteti Manuale et Cebetis Tabula, Leipzig 1798). Auf den Vorsatz schrieb er: „Drück 1799“. Dass der Schreiber dieses Eintrags Friedrich Ferdinand Drück war, bestätigt der nächste Besitzereintrag, der von 1807 stammt. Drücks Bibliothek kam also noch in seinem Todesjahr zum Verkauf. Das Exemplar befindet sich im Besitz des Verfassers.

[39] Max Planck, Art. „Roth, Karl Ludwig“, in: ADB, Bd. 29, Leipzig 1889, S. 333–338. Er war einer der Söhne von Christoph Friedrich Roth, s. Anm. 33.

[40] Roth, Erinnerung (wie Anm. 36) S. 12.

[41] Drück, Kleinere Schriften (wie Anm. 36) Bd. 3, S. XII. Conz leitete seine Schrift „Zum Andenken des am 27. April 1807 verstorbenen Professors am königl. obern Gymnasium und königl. Bibliothekars zu Stuttgart“, ebenda S. VII-XXII, mit dem Zitat von Horaz ein (C. I 24, 6–8 *cui pudor et iustitiae soror| incorrupta fides nudaque veritas,| quando ullum invenient parem?*).

unter den in den Bänden 1–3 aufgeführten Subskribenten findet sich Gustav Schwab. Jedoch trägt das von der Bayerischen Staatsbibliothek München für das Internet digitalisierte Exemplar (Signatur: Philol. 93e-1) auf dem Vorsatz des ersten Bandes die Besitzersignatur „Gustav Schwab 1810“ und von seiner Hand auch den Eintrag „Subskr. Preis für beyde Bände 2f. 24 kr.“ Spätestens jetzt lernte Schwab Drücks *Carmina Latina* kennen[42].

Zu diesen gehört erstens die in 12 alkäischen Strophen verfaßte Ode *Ad Franciam*, die Drück schon 1794 in Tübingen in Band 3 der von Carl Viktor Hauff[43] herausgegebenen Zeitschrift Philologie (Untertitel: „Eine Zeitschrift zur Beförderung des Geschmacks an griechischer und römischer Sprache und Literatur und eines gründlichen Studiums derselben“) veröffentlicht, also in der Zeit geschrieben hatte, als Robespierre Schrecken verbreitete. Die Ode enthält einen leidenschaftlichen Appell an Frankreich, mit seinem Blutvergießen und seinen Kriegen aufzuhören. Die ersten drei Strophen lauten:

O quae vetustas mente nefaria
Pervertis oras, juraque gentium
Sacrasque leges, et cruento
Dilanias tua viscera ense;

Qualis, furorem cum traheret suo
Oetaeus heros pectore, dicitur
Insaniise, et dira Divis,
Dira sibi male adorsus ipsi:

Quando o! fugatam reddideris tibi
Terrisque pacem, Francia, gentibus
Exemplar olim gloriosum,
Nunc timor atque inhonesta cura,

„Oh, die du mit ruchlosem Sinn alte Länder und Völkerrechte und heilige Gesetze zerstörst und mit blutigem Schwert deine eigenen Eingeweide zerfleischst, wie der Held vom Oeta, als er in seinem Herzen raste, wahnsinnig gewesen sein und Schreckliches den Göttern, Schreckliches auch sich selbst übel angetan haben soll, oh wann wirst du, Frankreich, dir und den Ländern den von dir vertriebenen Frieden zurückgegeben haben, du, die du einst den Völkern ein ruhmrei-

[42] Drück, Kleinere Schriften (wie Anm. 36) Bd. 3, S. 286–304.

[43] Carl Viktor Hauff (1753–1832) war damals Professor am Seminar zu Maulbronn. Vgl. Zum Andenken an unseren seligen Vater M. Carl Viktor von Hauff, Dekan und Stadtpfarrer zu Cannstatt, Ritter des königl. Civil-Verdienst-Ordens, gestorben am 18. August 1832, Cannstatt 1832.

ches Vorbild warst und die du jetzt Ursache von Furcht und schrecklicher Sorge bist, ...“

Die zerfleischten Eingeweide erinnerten den Leser an den Anfang von Lucans Bürgerkriegsepos, wo das ruhmreiche römische Volk seine siegreiche Rechte gegen seine eigenen Eingeweide richtet. Herkules, hier periphrastisch *heros Oetaeus* genannt, der im Wahnsinn seine eigene Frau und seine Kinder tötete, lässt an die *Hercules furens* betitelten Tragödien des Euripides und Seneca denken. In dem mythischen Vergleich und der pathetischen Anrede an die personifizierte *Francia*, deren Name erst in V. 10 erscheint (vgl. den entsprechenden Beginn mit *O* und den auch spätgestellten Eigennamen des Adressaten in Horaz' C. II 7, 1–5), erkannten die Zeitgenossen Züge einer erfolgreichen Imitation des hohen Stils der politischen Lyrik des Horaz.

Drücks weitere sieben Gedichte sind alles Versübersetzungen. Die letzten drei sind deutsche und lateinische Übersetzungen von drei griechischen Epigrammen aus der *Anthologia Graeca*, wie sie seit dem 16. Jahrhundert oft hergestellt worden waren (hier nun aus der von Friedrich Jacobs [1764–1847][44] seit 1794 neu herausgegebenen *Anthologia Palatina* anstelle der altbekannten *Anthologia Planudea*). Die vier Gedichte zuvor sind lateinische Versübersetzungen von zeitgenössischen deutschen Gedichten. Zwei Gedichte von Karl Wilhelm Ramler (1725–1798), beginnend mit „Willst du den allerhöchsten Zeus erhöhen“ und mit „Klarer Bach, der hier unter Sträuchern“, wurden von Drück in alkäische Strophen bzw. in die Strophen des Asclepiadeum secundum (3 Asclepiadei + Glyconeus) übertragen, ein Gedicht von Christian Felix Weis(s)e (1726–1804), beginnend mit „Gütig hüllt in Finsternissen Gott die Zukunft ein“ erhielt sapphische Strophen, und ein Gedicht von Johann Peter Utz (1720–1796), beginnend mit „O Sonne, Königin der Welt“, erscheint in elegischen Distichen.

Danach scheint Drück Schwab nicht nur für Horaz gewonnen, sondern auch ein Vorbild für die Umsetzung zeitgenössischer Gedichte in horazische Strophenformen geboten zu haben. Der Rezensent in der Allgemeinen Literaturzeitung hat die Schwabsche Uhlandübersetzung mit anderen lateinischen Versübersetzungen zeitgenössischer deutscher Gedichte verglichen. Zuerst nannte er die Übersetzung des in deutschen Hexametern verfassten „Frühling“ von Ewald Christian von Kleist (1715–1759), die Georg Ludwig Spalding (1762–1811) noch als Student in lateinischen Hexametern 1783 in Berlin mit einer Vorrede seines Schwagers Friedrich Samuel Gottfried Sack (1738–1817) veröffentlicht hatte[45]. Sack hatte zur

---

[44] Vgl. zu ihm Manfred FUHRMANN, Friedrich Jacobs – Universalist der Klassischen Philologie, in: Wissenschaftsgeschichte zum Anfassen. Von Frommann bis Holzboog, hg. von Günther BIEN u.a., Stuttgart-Bad Cannstatt 2002, S. 89–101.

[45] Georg Ludwig SPALDING, Ver Poema Kleistii e Germanico latinum interprete G.L. Spalding, Praefatus est editor F.S.G. Sack, Berlin 1783. Vgl. Richard HOCHE, Art. „Spalding, Georg Ludwig“, in: ADB, Bd. 35, Leipzig 1893, S. 29–30. Spalding hatte bei Christian

Rechtfertigung solcher Geistesspiele, die vielen unzeitgemäß erscheinen könnten, auf die Übersetzungen der deutschen Versepen des „Murner in der Hölle" und des „Phaeton" von Justus Friedrich Wilhelm Zachariä (1726–1777) in lateinische Hexameter durch Benedict Christian Avenarius (1771)[46] und Heinrich Gottlieb Reichard (1780)[47] hingewiesen.

Der Rezensent der Allgemeinen Literaturzeitung erinnerte außerdem an Gedichte von Klopstock und Schiller sowie an größere von Voß und Goethe, an denen sich „vor kurzem mehrere römische Verskünstler versucht" hätten. Für Klopstock scheidet dadurch die Lessingsche Übersetzung von etwa 100 Versen aus dem 1. Gesang des Messias in lateinischen Hexametern, die er 1753 im 19. Brief des Zweiten Teils seiner Schriften veröffentlichte, ebenso aus wie die lateinische, auch in Hexametern gehaltene Übersetzung des 9. Gesanges von dem Piaristen Ludwig Bertrand Neumann (1726–1777), der 1770 in Wien *Mors Christi seu Messias, Cantus IX ex illustri poemate Klopstockiano* drucken ließ; und auch das Stück des Johann Baptist von Alxinger (1755–1797) aus dem 4. Gesang, das von Christoph Wilhelm Mitscherlich (1760–1854) in seine *Eclogae recentiorum carminum latinorum* (Hannover 1793) aufgenommen worden war, liegt für den Ausdruck „vor kurzem" noch zu weit zurück. Unter diesen Umständen scheinen nur die drei Gedichte Klopstocks als von dem Rezensenten gemeint in Frage zu kommen, die der Professor Johann Dominicus Fuss (1781–1860) in Lüttich in seinen in Köln 1822 erschienenen *Carmina Latina* in lateinischer Form publizierte. Eines ist in elegischen Distichen, eines in asklepiadeischen und eines in alkäischen Strophen verfasst[48].

Gottlob Heyne in Göttingen studiert. Das digitalisierte Exemplar der LUB Göttingen enthält die handschriftliche Widmung *Heynio| Musarum Graecarum et Roma-|narum Flamini| D[ono] D[edit] D[edicavit]| pii animi testificandi| causa| interpres.*

[46] Vgl. Sonja Martina SCHREINER, Die komische Seite der Wissenschaftlichkeit: Avenarius' Aelurias, die neulateinische Übersetzung von Zachariäs Murner in der Hölle, *in*: Acta Conventus Neo-Latini Bonnensis: Proceedings of the Twelfth International Congress of Neo-Latin Studies (Bonn 2003), hg. von Rhoda SCHNUR u. a., Tempe/Arizona 2006, S. 747–758, und Rosemarie SCHILLEMEIT (Hg.), Das Stammbuch des Benedict Christian Avenarius, Zeugnisse eines Studenten- und Hofmeisterlebens in Göttingen, Braunschweig und im Leipzig des jungen Goethe, Bielefeld 2002.

[47] Sonja Martina SCHREINER, Justus Friedrich Wilhelm Zachariä's „Der Phaeton" and Heinrich Gottfried Reichard's Neo-Latin translation Phaethontis libri V, in: Humanistica Lovaniensia 53 (2004) S. 351–369, und DIES.: Phaet(h)on – mehrsprachig. Friedrich Wilhelm Zachariäs Der Phaeton (1754–1772) und Heinrich Gottfried Reichards Phaethontis libri quinque (1780), Frankfurt am Main u. a. 2005.

[48] Johann Dominicus FUSS, Carmina Latina, additis e Germanico versis, in quibus Roma et Ars Graecorum A. W. Schlegel, et Ambulatio Fred. Schiller elegiae denuo emendatiores vulgatae, in caeteris Schilleri Campana et Goethei Alexis et Dora; praecedit de linguae cum universo ad scribendum tum ad poesin usu deque poesi et poetis neolatinis dissertatio, Köln 1822, S. 81–84, 98–100 und 121–122. Vgl. zu den Klopstock-Übersetzungen insgesamt ECHTERMAYER/SEYFFERT, Carmina (wie Anm. 16) S. IV-V. Zu Johann Dominicus Fuss vgl. jetzt Dieter DETIÈGE, Zwei Gedichte von Josef Müller in Aachener Mundart und ins Neulateini-

Lateinische Versübersetzungen von Schiller, Voß und Goethe, auf die sich der Rezensent bezieht, waren in der Tat aber monographisch kurz vor 1823 erschienen, und zwar waren sie alle in Stuttgart oder Tübingen gedruckt worden. Der Rezensent erwähnt ausdrücklich die Übersetzung der „Schiller'schen Glocke von Niethammer". Hier handelt es sich um Jakob Benjamin Niethammer (1775–1847), der nach einem Studium im Tübinger Stift Pfarrer in Oppenweiler an der Murr war (1803–1825) und von dort aus diese Schrift veröffentlichte: Schillers Lied von der Glocke, und Schubarts Ode die Fürstengruft, in lateinische Verse übersetzt von J.B. Niethammer, Pfarrer in Oppenweiler, Tübingen: gedruckt bei Hopfer de l'Orme und zu haben bei dem Verfasser 1822. Er hatte die beiden Gedichte in rythmische und reimende Verse übersetzt, deren Stil durch ein Zitat der bekannten ersten Strophe der Glocke und der ersten Strophe aus Schubarts früher auch berühmtem, 1786 erstmals gedrucktem Gedicht deutlich werden soll (S. 5 und 39):

Fest gemauert in der Erden
Steht die Form, aus Lehm gebrannt,
Heute muß die Glocke werden,
Frisch Gesellen! seyd zur Hand.
Von der Stirne heiß
Rinnen muß der Schweiß,
Soll das Werk den Meister loben,
Doch der Segen kommt von oben.

Humo solido inhaeret
Forma luto coctili.
Hodie Campana sonet,
Promti este socii!
Opus caleat!
Sudor defluat!
Artifex ut celebretur,
At successus Dis debetur.

Da liegen sie, die stolzen Fürstentrümmer,
Ehmals Götzen ihrer Welt!
Da liegen sie, vom fürchterlichen Schimmer
Des blassen Tags erhellt!

Hic isti, quondam pie adorati,
Nunc cineres exanimes!

---

sche übertragen von Johann Dominik Fuß, in: Pro Lingua Latina 15, hg. von Hermann Krüssel, Aachen 2014, S. 73–86.

Hic isti inclyti sub umbris strati
Horrendis principes.

Niethammer ist also das Kunststück gelungen, die Reimform der deutschen Gedichte genau nachzuahmen. Bei der Wiedergabe der einzelnen Wörter war er dann notgedrungen zu Kompromissen gezwungen. Getroffen ist der Gesamtsinn, aber die Abweichungen im Wortlaut sind mitunter doch erheblich. Schwab entschied sich gegen eine solche mittelalterliche Form des Lateins, die der oben zitierte Rezensent „Mönchspoesie" nannte, für die stilistisch als höherwertig geltende klassische horazische Odenform.

Bei den Wiedergaben längerer Vossischer und Goethischer Gedichte dachte der Rezensent an zwei Drucke von Benjamin Gottlob Fischer (1769–1846), der gleichfalls das Tübinger Stift durchlaufen hatte und 1810–1822 Professor an der Klosterschule bzw. dem Seminar in Schönthal war. Von dort veröffentlichte er: Loisa. Idyllion tribus eclogis absolutum auctore Johanne Henrico Voss. Latine vertit M. Benjamin Gottlob Fischer, Professor Seminarii Schoenthaliensis. Stuttgardiae, Sumtu Johannis Benedicti Metzleri, MDCCCXX. Und: Arminius et Theodora auctore Goethe. Latine vertit M. Benjamin Gottlob Fischer, Professor Seminarii Schoenthaliensis. Stuttgardiae, Sumtu Johannis Benedicti Metzleri, MDCCCXXII[49]. Beide Drucke haben auch eine deutsche Titelseite und enthalten jeweils auf einander gegenüberliegenden Seiten die lateinischen Hexameter Fischers und die deutschen Hexameter von Voß oder Goethe. Die jeweils ersten fünf Verse aus der „Luise" und von „Hermann und Dorothea" können einen Eindruck von der Qualität der Übersetzung geben:

Draußen in luftiger Kühle der zwo breitlaubigen Linden,
Die, von gelblicher Blüte verschönt, voll Bienengesurres,
Schattend der Mittagsstub', hinsäuselten über das Moosdach,
Hielt der redliche Pfarrer von Grünau heiter ein Gastmahl,
Seiner Luise zur Lust, hausväterlich prangend im Schlafrock.

Ecce foris, geminae latis ubi frondibus aestum
Defendunt tiliae, subflavo flore venustae,
Aedibus apricis tegmen, plenaeque susurris
Mellifluae pecudis, muscorum lene strepentes
Eminuere supra tectum – convivia dignus
Gronaviae pastor, tunica sublimis herili,
Dilectae laetus celebrabat festa Loisae.

---

[49] Der Druck der *Loisa* hat am Anfang ein „Verzeichniß der Herren Pränumeranten", das mit Ortsangabe durchweg Württemberger aufführt, die insgesamt 165 Exemplare bestellt haben. In *Arminius et Theodora* befindet sich das analoge Verzeichnis am Ende des Drucks. Es führt wieder ausschließlich Württemberger mit jetzt 199 bestellten Exemplaren auf.

Hab ich den Markt und die Straßen doch nie so einsam gesehen!
Ist doch die Stadt wie gekehrt! wie ausgestorben! Nicht fünfzig,
Deucht mir blieben zurück, von allen unsern Bewohnern.
Was die Neugier nicht thut! So rennt und läuft nun ein jeder,
Um den traurigen Zug der verarmten Vertriebnen zu sehen.

Tam solas numquam plateasque forumque videbam!
Urbs, purgata velut scopis, emortua tanquam
Cernitur! E cunctis mihi quinquaginta videntur
Vix superesse viris! Nova quantum cura videndi,
Hem, valet! Extorres ut cernat in agmine tristi
Unusquisque ruit curritque. ...

Fischer hat sich in seinen hübsch gelungenen Hexametern eng an den deutschen Wortlaut angeschlossen und so gut wie jede Bedeutungsnuance bewahrt und zugleich geklärt, dafür aber Raumüberschreitungen in Kauf genommen. Für die kurzversigen lyrischen Gedichte Uhlands kam eine solche Übersetzung in epische Hexameter natürlich nicht in Frage. Der Blick auf die Schwab damals vermutlich bekannten poetischen Übersetzungen zeigt, dass er einerseits für eine lateinische Übersetzung deutscher Gedichte nicht wenige Beispiele sah – diese Praxis war gut eingeführt und sollte noch weiter anwachsen –, andererseits für eine Übertragung der Uhlandschen Gedichte in horazische Odenmaße tatsächlich in erster Linie nur Drücks Gedichte zum Vorbild nehmen konnte. Bei seinem früheren Lehrer Drück fand er allerdings nur drei Beispiele für horazische Bearbeitungen zeitgenössischer Dichter, und zwar in der alkäischen, asklepiadeischen und sapphischen Strophenform.

Ob Schwab auch schon die horazisierenden Oden von Fuss in dessen *Carmina Latina* von 1822 kannte, der in ihnen außer Klopstock auch Gedichte von Voß, Hölty, Kleist, Salis und Utz bearbeitet hatte, ist ungewiss. Er könnte sie beachtet haben, aber da er sie erst kurz vor der Publikation seiner Gedichte kennen lernte, konnte er sie jedenfalls erst lesen, als er schon lange ein Freund und Kenner des Horaz geworden war. Er entschloss sich zu etwas, was noch nicht dagewesen war. Eine Sammlung von 14 deutschen Gedichten eines einzigen Verfassers hatte noch niemand im Lateinischen in ein breites Spektrum der horazischen Oden- und Epodenformen umgesetzt.

Die lateinische Versübersetzung des Gedichts von Voß durch Fischer 1820, von Goethe durch den gleichen Autor 1822, von Schiller und Schubart durch Niethammer 1822 und der Gedichte von Uhland durch Schwab 1823 – das ist eine Ballung lateinischer Versifikationen deutscher Gedichte, die in anderen deutschen Ländern zu dieser Zeit und in Württemberg im 19. Jahrhundert zu anderer Zeit nicht leicht zu finden ist. Die Autoren waren sich durchaus bewusst, dass die Öffentlichkeit lateinisches Dichten im allgemeinen nicht mehr für zeitgemäß hielt. Fischer schrieb

1820 in seiner Praefatio: *si versificationem latinam, inter obsoleta nostro tempore habitam, defendere aut quid exinde nos ipsi voluptatis aut discipuli nostri lucri ceperimus exponere instituamus, non tam praefationem quam librum scripsisse videamur* („wenn wir uns vornähmen, das lateinische Dichten, das in unserer Zeit zu den abgetanen Dingen zählt, zu verteidigen oder zu erklären, was für eine Freude wir selbst und was für einen Gewinn unsere Schüler daraus erlangt haben, würden wir nicht so sehr ein Vorwort als ein Buch geschrieben zu haben scheinen")[50]. Die Häufung der lateinischen Versübersetzungen in den Jahren 1820–1823 setzt nicht nur die vorzüglichen, auch aktiv verwendeten Lateinkenntnisse voraus, die Schüler von württembergischen Gymnasien und Klosterschulen bzw. Seminaren zu Beginn des 19. Jahrhunderts gewinnen konnten, sondern auch ein den Autoren gemeinsames Interesse, solche Kenntnisse in publizierte lateinische Versdichtungen umzusetzen.

Hierbei mag auch ein Buch eine Rolle gespielt haben, das hier noch nicht genannt und bisher auch nicht näher untersucht wurde. Es ist eine Anthologie vieler verschiedenartiger Beispiele neuzeitlicher lateinischer Dichtungen aus dem europäischen späten 15. bis späten 18. Jahrhundert, die August (Friedrich) Pauly (1796–1845)[51], ein jüngerer Bruder des mit Gustav Schwab befreundeten, früh verstorbenen Ludwig August Pauly (1793–1812)[52], unmittelbar nach Abschluss seines Studiums in Tübingen 1818 unter dem Titel *Anthologia poematum Latinorum recentioris aevi* veröffentlicht hatte[53]. Er widmete das Buch seinem gleichnamigen Vater (1756–1818), der ihn als Professor an der Klosterschule bzw. dem Seminar in Maul-

[50] Bereits Sack hatte in der Vorrede zu Spaldings Versübersetzung des Gedichts von Kleist geäußert (SPALDING (wie Anm. 45) S. 10): *Non me fugit profecto, nostro tempore et operam et oleum perdidisse vulgo credi illum, qui Latinis carminibus condendis manum admoverit* („Es entgeht mir in der Tat nicht, daß in unserer Zeit, von dem, der es unternommen hat, lateinische Gedichte zu verfassen, gemeinhin geglaubt wird, daß er Mühe und Kosten verschwendet habe"; zu dem sprichwörtlichen *operam et oleum perdere* vgl. Erasmus, Adag. 1.4.62).

[51] Vgl. Wilhelm Sigmund TEUFFEL, Art. „Pauly, August von", in: ADB, Bd. 25, Leipzig 1887, S. 297–298. – Walter HAGEN, August von Pauly, Archäologe und Philologe, in: Schwäbische Lebensbilder, Bd. 6, Stuttgart 1957, S. 205–210. – Monika BALZERT, Art. „Pauly, Gottlieb Wilhelm August (auch August Friedrich) von", in: NDB, Bd. 20, Berlin 2001, S. 136–137. Bekannter als durch seine neulateinische Anthologie ist dieser August Pauly, der seit 1831 Professor am Oberen Gymnasium in Stuttgart war, durch seine seit 1839 veröffentlichte und nach seinem Tod 1864 in 6 Bänden zum Abschluss gebrachte „Real-Encyclopädie der classischen Alterthumswissenschaft" geworden, da diese in ihrer 1893–1980 herausgegebenen, 84 Bände umfassenden Neubearbeitung den Titel „Paulys Real-Encyclopädie der classischen Altertumswissenschaft" trägt und Paulys Name sogar in den sogenannten, 1964–1975 publizierten „Kleine(n) Pauly" und den seit 1996 erscheinenden „Neue(n) Pauly" übernommen wurde.

[52] Vgl. KRAUSS, Schwäbische Literaturgeschichte (wie Anm. 17) S. 22–23.

[53] August Friedrich PAULY (Hg.), Anthologia poematum Latinorum aevi recentioris curavit Augustus Pauly A. L. M. [= Artium Liberalium Magister] Tubingae Apud Henricum Laupp, MDCCCXVIII.

bronn unterrichtet und auch später in seinen Studien wohl angeregt hatte[54], kurz vor dessen Tod und außerdem seinem Freund Friedrich Heinrich Kern (1790–1842)[55], der sein Repetent im Tübinger Stift gewesen und nun Professor an der Klosterschule bzw. dem Seminar in Blaubeuren war. Pauly schreibt im Vorwort, dass er nach seinem Studium der antiken Autoren auch die neuzeitlichen lateinischen kennen lernen wollte und dabei qualitativ sehr Unterschiedliches gefunden habe. *Tamen, cum inter quisquilias meliora haud raro delitescere, quae una cum caeteris respuere fastidiosius foret, recte mihi persuasissem, depromere ex copiosa illa farragine iuvenibusque praesertim amicis proponere aliqua, unde oblectationem forsan et fructum capere possent, consilium cepi.* („Dennoch habe ich, als ich mich mit Recht überzeugt hatte, daß unter dem Wust nicht selten Besseres verborgen war, das mit dem übrigen zu verschmähen allzu anmaßend wäre, den Plan gefaßt, aus diesem reichlichen Mischfutter etwas hervorzuholen und besonders meinen jungen Freunden vorzusetzen, woraus sie vielleicht Vergnügen und Nutzen holen konnten"; *farrago* hatte für geistige Kost zuerst Juvenal verwendet).

Er wählte insgesamt 62 Autoren (davon bleiben 2 anonym) und 268 Dichtungen aus den ihm in Tübingen verfügbaren Büchern aus (er erklärt, manche, die er lesen wollte, nicht vorgefunden zu haben), ordnete die Texte in drei nach Literaturgattungen und metrischen Formen gesonderte Abteilungen und einen Anhang, und bot 12 *Heroica*, also hexametrische Gedichte, 74 *Lyrica*, also Gedichte, die in der Regel in horazischen Oden- und Epodenformen abgefasst sind, 181 *Elegica*, *Epigrammata*, *Gnomica*, *Aenigmata*, die in der Regel in elegischen Distichen (Hexameter + Pentameter) komponiert sind, und als *Appendix* ein Drama, dessen Sprechverse in jambischen Trimetern erscheinen. Damit waren alle häufigeren lateinischen Versmaße repräsentiert. Innerhalb der Abteilungen suchte er die Gedichte prinzipiell chronologisch vom Ende des 15. bis zum Ende des 18. Jahrhunderts zu ordnen[56]. Dem Textteil folgen am Ende lateinische Kurzbiographien der Autoren mit Quellenangaben.

Die Anthologie gibt auf 316 Seiten natürlich nur eine äußerst knappe Auswahl, in der jeder Kenner viele Autoren vermisst. Einerseits ist es aber erstaunlich, wie viele neulateinische Dichter der 22-Jährige schon gelesen hatte, andererseits konnte

---

[54] Der Vater Pauly zählte auch zu den Subskribenten der Ausgabe der Kleineren Schriften von Friedrich Ferdinand Drück (wie Anm. 36). Für die Vermutung von Balzert, Pauly (wie Anm. 51): „Eine 1818 in Tübingen erschienene Anthologie neulateinischer Dichtung stammt wohl vom Vater" scheint es mir aber keine ausreichenden Anhaltspunkte zu geben.

[55] Vgl. Heinrich Julius Holtzmann, Art. „Kern, Friedrich Heinrich", in: ADB, Bd. 15, Leipzig 1882, S. 632.

[56] Darunter befinden sich auch Erstveröffentlichungen von Gedichten der Württemberger Gottfried Ulrich David Kapff (1768–1815, Superintendent Herrenberg, 1812–1815 Dekan in Wildbad) und Karl Philipp Friedrich Kurrer (1749–1827, Superintendent Reutlingen). In: Die Handschriften der Württembergischen Landesbibliothek Stuttgart, bearbeitet von Ingeborg Krekler u. a., Bd. 1, Wiesbaden 1963, S. 213, wird Cod. poet. et phil. 8° 35 mit *Carmina Latina* von Karl Philipp Friedrich Kurrer beschrieben.

wohl nur ein 22-Jähriger ein solch immenses Vorhaben überhaupt wagen. Anthologien hatte es in der neuzeitlichen lateinischen Literatur schon manche gegeben. In den Bänden seiner *Deliciae poetarum Belgicorum*, *Gallorum*, *Germanorum* und *Italorum* hatte Janus Gruter zu Anfang des 17. Jahrhunderts die neuzeitliche lateinische Dichtung mehrerer Nationen gesammelt und für mehrere andere Nationen Nachfolger gefunden. Meist enthielten die Anthologien eine Auswahl zeitgenössischer Dichtungen, so die *Carmina poetarum nobilium* von Joannes Paulus Ubaldinus (Mailand 1563) und zuletzt auch die *Eclogae recentiorum carminum latinorum* des Heyne-Schülers Christoph Wilhelm Mitscherlich[57] von 1793, zu denen Christian Gottlieb Heyne (1729–1812) selbst Gedichte beigesteuert hatte und die neben Gedichten von Mitscherlich auch solche von Avenarius, Denis und Hoeuft enthielten[58]. Den Versuch, in einem einzigen Band eine Auswahl von lateinischen Gedichten aller Gattungen aus drei Jahrhunderten bis kurz vor die eigene Zeit und aus vielen Ländern Europas zu bieten, hatte vor Pauly in Deutschland noch niemand gewagt.

Das einzige zuvor erschienene und etwas vergleichbare Werk von Jean Brunel, Le Parnasse Latin moderne ou choix des meilleurs morceaux des poètes latins qui se sont le plus distingués depuis la renaissance des lettres jusqu'à nos jours, avec leurs notices et la traduction françoise; à l'usage des Professeurs de latinité, Lyon 1808, kannte Pauly nicht (es ist noch heute weder in Tübinger noch in Stuttgarter öffentlichen Bibliotheken zu finden), und es ist auch ganz anders als sein eigenes Werk angelegt. Brunel möchte, wie er im Vorwort schreibt, die jungen Leser von Autoren wie Horaz, Vergil und Ovid mit Autoren wie Rapin, Vida und Commire erfreuen und hat dazu neulateinische Gedichte in zwei umfangreichen Bänden von je fast 500 Seiten gesammelt. Die insgesamt sogar 110, allerdings oft nur mit wenigen Versen exzerpierten Autoren folgen einander mit ihren Kurzbiographien in alphabetischer Reihe von Accolti bis Ménage im ersten, von Métivier bis Wallius im zweiten Band, wohinter noch eine kleinere Anzahl von Autoren ohne Kurzbiographie von Albani bis B*** d'Arles steht. Das ist das einzige Ordnungsprinzip. Die Autoren sind fast alle Franzosen oder Italiener. Nur sieben Niederländer finden sich (Barlaeus, Petrus Burmanus, Grotius, Nicolaus Heinsius, Sidronius Hoschius S.J., Johannes Secundus, Wallius S.J.), zwei Briten (Buchanan, Owen) und ein Pole (Sarbievius). An Deutschen entdeckt man in dem biographielosen Anhang schließlich Bidermann, Lauterbach und Melissus (letzteren nur mit zwei Distichen). Brunel kannte sich nur bei den Franzosen und Italienern gut aus und ließ den chronologischen und gattungsmäßigen Aspekt bei seiner Anordnung außer Acht.

Wie Pauly vorging und was er aufnahm, soll ein Blick auf die Abteilung der *Lyrica* (S. 33–137) lehren. Die ersten drei Autoren stammen noch aus dem 15. Jahr-

---

57 Vgl. Franz Eyssenhardt, Art. „Mitscherlich, Christoph Wilhelm“, in: ADB, Bd. 22, Leipzig 1885, S. 15.

58 Vgl. zu den neulateinischen Anthologien allgemein Josef IJsewijn/Dirk Sacré, Companion to Neo-Latin Studies, Part II, Leuven 1998, S. 479–487.

hundert: Die Liste beginnt mit einer sapphischen Ode des italienischen Humanisten Actius Sincerus Sannazarius (1458–1530) auf dessen Villa Mergillina, für die er auf die *Deliciae Poetarum Italorum* zurückgreifen musste, da er keine Ausgabe dieses Autors zur Verfügung hatte[59]. Es folgen eine alkäische Ode des deutschen Humanisten Eobanus Hessus (1488–1540) aus den *Deliciae Poetarum Germanorum*[60], und ein lyrisches Epitaphium von Dietrich von Bülow (1460–1523)[61], einem Freund von Hessus, zitiert aus einem soeben erschienenen Werk, aus Gottlieb Christian Friedrich Mohnike, Ulrich Hutten's Klagen gegen Wedeg Loetz und dessen Sohn Henning, Greifswald 1816.

Ganz dem 16. Jahrhundert gehören vier Autoren an: Es gibt sechs Gedichte des Niederländers Johannes Secundus (1511–1536) aus einer Pariser Ausgabe von 1748[62] und eines von dem Franzosen Marcus Antonius Muretus (1526–1555) nach der Ausgabe von Ruhnken (Leiden 1789)[63], drei von dem Deutschen Petrus Lotichius Secundus (1528–1560) nach der Ausgabe von Kretschmar (Dresden 1773)[64] und eines von dem Deutschen Michael Hasslobius (1540–1589) nach den *Deliciae Poetarum Germanorum*[65].

Es folgen noch Gedichte von vier Autoren aus dem 17. Jahrhundert: Martin Opitz (1597–1639) erscheint mit zwei Gedichten nach einer Breslauer Ausgabe von 1625[66], Hugo Grotius (1583–1645) ebenfalls mit zwei nach der Leidener Ausgabe von 1645[67]. Anschließend sind die Jesuiten Matthias Casimir Sarbievius (1578–1640)[68]

---

[59] Nr. 13: Jacobus SANNAZARIUS, Opera omnia Latine scripta, Venedig 1535, Bl. 31 (Epigr. 1, 2). Die Nachweise dienen der Identifizierung. Sie werden meist nicht aus den von Pauly benützten Ausgaben entnommen.

[60] Nr. 14: Helius Eobanus HESSUS, Operum farragines duae, Frankfurt 1564, S. 473–474 (Sylvae 4, 19).

[61] Nr. 15. Vgl. Heinrich GRIMM, Art. „Bülow, Dietrich von", in: NDB, Bd. 2, Berlin 1955, S. 733.

[62] Nr. 16: Petrus SCRIVERIUS (Hg.), Joannis Secundi Opera, Leiden 1631, S. 130–131 (Od. 2), Nr. 17: S. 136–137 (Od. 9), Nr. 18: S. 137–138 (Od. 11), Nr. 19: S. 107–109 (Epigr. 34), Nr. 20: S. 223–225 (Sylv. 3), Nr. 21: S. 225–227 (Sylv. 4).

[63] Nr. 22: Marcus Antonius MURETUS, Iuvenilia, Paris 1553, S. 123–124 (Od. 5 *Bacchus poetas facit et fovet*), in späteren Auflagen seiner Poemata: Carm. 2, 15.

[64] Nr. 23: Petrus BURMANUS Secundus (Hg.), Petri Lotichii Secundi Poemata omnia, Amsterdam 1754, S. 435–438 (Carm. 1, 19), Nr. 24: S. 561–563 (Carm. 3, 32), Nr. 24b: S. 451–452 (Carm. 1, 30).

[65] Nr. 25: (Janus GRUTERUS), Deliciae poetarum Germanorum huius superiorisque aevi illustrium collectore A. F. G. G., Pars III, Frankfurt am Main 1612, S. 491–492.

[66] Nr. 26: Martin OPITZ, Weltliche Poemata, Breslau 1690, S. 325 (Silv. 1), Nr. 27: S. 351 (Silv. 3).

[67] Nr. 28: Hugo GROTIUS, Poemata, Leiden 1639, S. 232–233 (Farrag. 2), Nr. 29: S. 260–261 (Farrag 3).

[68] Nr. 30: Matthias Casimir SARBIEVIUS, Opera poetica, Breslau 1753, S. 3–4 (Lyr. 1, 2), Nr. 31: S. 30–32 (Lyr. 1, 16), Nr. 32: S. 35–36 (Lyr. 1, 19), Nr. 33: S. 49–52 (Lyr. 2, 5), Nr. 34: S. 52–53 (Lyr. 2, 6), Nr. 35: S. 60–61 (Lyr. 2, 12), Nr. 36: S. 65–68 (Lyr. 2, 16), Nr. 37: S. 78–79 (Lyr. 2, 23), Nr. 38: S. 90–91 (Lyr. 3, 4), Nr. 39: S. 142–144 (Lyr. 4, 3), Nr. 40: S. 166–167 (Lyr. 4, 15), Nr. 41: S. 177 (Lyr. 4, 23), Nr. 42: S. 182–183 (Lyr. 4, 26), Nr. 43: S. 199–200 (Lyr. 4, 36).

aus Polen und Jacob Balde aus Deutschland (1604–1668)[69] mit 14 bzw. 30 Gedichten vertreten. Es sind überraschenderweise die Autoren, die mit Abstand am meisten Gedichte in den *Lyrica* haben. Die poetische Leistung von Sarbievius konnte in der frühen Neuzeit der des Horaz gleichgesetzt werden[70]; Balde war von Herder empfohlen und übersetzt worden[71]. Für beide Autoren lagen Pauly nach seinen Angaben mehrere Ausgaben vor.

Fünf ausschließlich deutsche Autoren aus dem 18. Jahrhundert, deren Ausgaben ihm zur Verfügung standen, sind mit wenigen Gedichten vertreten: Aus den *Varii generis Carmina Latina* von Georg Friedrich Müller nahm Pauly ein Gedicht (*Lisbonae excidium*)[72], aus Christian Adolph Klotz (1738–1771), *Carmina omnia*, kamen sieben[73], von Michael Denis (1729–1800), *Carmina quaedam*, zwei[74], aus Mitscherlichs *Eclogae* von 1793 eines[75], und aus Drücks schon besprochenen *Carmina Latina* seine Ode *Ad Franciam* aus dem Jahr 1794 (Nr. 85).

Es würde hier zu weit führen, wenn man die Themen der Gedichte im einzelnen aufführen wollte. Die verschiedenen Autoren lassen mit Recht erwarten, dass viele poetische Themen angesprochen wurden. Für die Gedichte in den anderen Abteilungen seien hier nur die Namen der Autoren in der Reihenfolge ihres Vorkommens genannt, wobei Vornamen nur bei möglichen Missverständnissen hinzugefügt sind. Die meisten der im Folgenden Genannten gehören heute zu den in Fachkreisen bekannteren neulateinischen Autoren. Dies gilt insbesondere für die, die dem 15.–17. Jahrhundert angehören. In den *Heroica* erscheinen Vida, Rapinus, Sannazarius, Lotichius Secundus, Grotius, Klotzius, Henricus Godofredus Reich-

---

69 Nr. 44: Jacob BALDE, Poemata, Tomus I, Köln 1660, S. 19–20 (Lyr. 1, 13), Nr. 45: S. 37 (Lyr. 1, 26), Nr. 46: S. 42–45 (Lyr. 1, 33), Nr. 47: S. 46–48 (Lyr. 1, 35), Nr. 48: S. 82–83 (Lyr. 2, 19), Nr. 49: S. 85–86 (Lyr. 2, 21), Nr. 50: S. 87–88 (Lyr. 2, 23) Nr. 51: S. 100–101 (Lyr. 2, 33), Nr. 52: S. 111 (Lyr. 2, 40), Nr. 53: S. 113–115 (Lyr. 2, 43), Nr. 54: S. 116–117 (Lyr. 2, 46), Nr. 55: S. 117–118 (Lyr. 2, 47), Nr. 56: S. 127 (Lyr. 3, 3), Nr. 57: S. 139–141 (Lyr. 3, 12), Nr. 58: S. 146–147 (Lyr. 3, 17), Nr. 59: S. 154–155 (Lyr. 3, 25), Nr. 60: S. 180–181 (Lyr. 3, 43), Nr. 61: S. 189–190 (Lyr. 3, 48), Nr. 62: S. 201–202 (Lyr. 4, 5), Nr. 63: S. 203–204 (Lyr. 4, 7) Nr. 64: S. 204–208 (Lyr. 4, 9), Nr. 65: S. 221–222 (Lyr. 4, 19), Nr. 66: S. 222–223 (Lyr. 4, 20), Nr. 67: S. 236–238 (Lyr. 4, 30), Nr. 68: S. 258–259 (Lyr. 4, 48), Nr. 69: S. 385–386 (Silv. 3, 6), Nr. 70: S. 392–395 (Silv. 4, Threnod. 1), Nr. 71: S. 602 (Silv. 9, 9), Nr. 72: S. 612–614 (Silv. 9, 14), Nr. 73: S. 50 (Lyr. 1, 38).

70 Vgl. LUDWIG, Opuscula (wie Anm. 6) S. 85–86.

71 Sie sind zusammengestellt in: Johann Gottfried VON HERDER, Sämmtliche Werke. Zur schönen Literatur und Kunst. Zwölfter Teil, Stuttgart/Tübingen 1829, S. 181–324.

72 Nr. 74: Georg Friedrich MÜLLER, Varii generis Carmina Latina, denuo excusa cum Additamentis, Annaberg 1769, S. 33–36.

73 Nr. 75: Christian Adolph KLOTZ, Carmina omnia, ohne Ort 1766, S. 7–10 (Od. 3), Nr. 76: S. 13 (Od. 5), Nr. 77: S. 21–23 (Od. 9), Nr. 78: S. 50–53 (Od. 24), Nr. 79: S. 55–56 (Od. 26), Nr. 80: S. 57–58 (Od. 27), Nr. 81: S. 3–6 (Od. lib. 2).

74 Nr. 82: Michael DENIS, Carmina quaedam, Wien 1794, S. 146, *Nocti*, Nr. 83: S. 147, *Musis*.

75 Nr. 84: Christoph Wilhelm MITSCHERLICH (Hg.), Eclogae recentiorum carminum Latinorum, Hannover 1793, S. 147–150 (*Ad Petrum Leopoldum Imp. Aug.*).

hardus, Morcelli bei Mitscherlich und Hieronymus de Bosch, in den *Elegica* etc. Sannazarius, Naugerius, Molsa, Buchananus, Cordus, Johannes Fabricius, Fidler, Lauterbach, Lindenberg, Hutten, Melanchthon, Melissus, Micyllus, Posthius, Sabinus, Stigelius, Georgius Tilenus, Nicodemus Frischlinus, Dominicus Baudius, Josephus Scaliger, Daniel Heinsius, Johannes Secundus, Janus Vitalis, Joannes Jovianus Pontanus, Cunradinus Henning, Grotius, Passeratius, Julius Caesar Scaliger, Elias Cuchler, Josephus Langius, Martinus Opitius, Eobanus Hessus, Lotichius Secundus, Muretus, Caspar Barlaeus, Sidronius Hoschius S.J., Wallius S.J., Klotzius, Laurentius van Santen, Hoeuft, de Bosch, Spalding, Heyne, Vopiscus Horatius Acker, Friedrich Wilhelm Döring, Mitscherlich, Abraham Gotthelf Kaestner, Godofredus Ulricus David Kapf und Carolus Fridericus Philippus Kurrer. Das angehängte Drama *Alexander trans Tanaim* ist von dem Österreicher Michael Denis, der stofflich aus der Alexandergeschichte des Curtius Rufus schöpfte. Aus Deutschland stammen insgesamt 36 Autoren (die der *Lyrica* miteinbezogen), mit Abstand folgen 11 Niederländer und 8 Italiener. Spärlich sind die Franzosen mit nur drei vertreten, dazu kommen ein berühmter Schotte und ein berühmter Pole. Wie bei Brunel überwiegen die Landsleute, wenn auch proportional nicht so stark wie bei jenem.

Pauly konnte also trotz bemerkbarem Büchermangel, der für manche Lücken verantwortlich ist, ein gewisses, chronologisch und metrisch geordnetes Bild der lateinischen Dichtung von Schottland bis Italien und von Frankreich bis Polen mit einem deutsch-niederländischen Zentrum während der neuzeitlichen Jahrhunderte zusammenstellen, das dem Leser zahlreiche Autoren mit einer Vielfalt von Gedichtformen und Themen nahebrachte. Fast die Hälfte der Gedichte der *Lyrica* sind von Balde, was für eine entsprechende Schätzung des Dichters zeugt, zu der vermutlich Herders Empfehlung maßgeblich beigetragen hat. In seinem Vorwort erklärt Pauly zu Balde und Sarbievius: *Baldaeum, Sarbievium flammis vere piis accensos sublimiori nonnunquam plectro cecinisse minime eo infitias* („Ich leugne nicht im geringsten, daß Balde und Sarbievius von wahrhaft frommen Feuern entzündet mehrfach in höherem Stil gedichtet haben").

Wenn man die Autorenlisten überblickt, fällt auf, dass die beiden größten Abteilungen, die *Lyrica* und die *Elegica, Epigrammata, Gnomica, Aenigmata* mit Württembergern aus Paulys Lebenszeit enden. Es sind einerseits Friedrich Ferdinand Drück (1754–1807) mit seiner Ode von 1794 (Nr. 85) und andererseits Gottfried Ulrich David Kapff (1768–1815) und Karl Philipp Friedrich Kurrer (1749–1827) mit einigen bisher sogar ungedruckten Gedichten, einer Elegie über den Winter, Rätseln sowie scherzhaften und gnomischen Epigrammen (Nr. 241–266). Die Gedichte von Kapff und Kurrer sind die einzigen, die Pauly nicht gedruckten Ausgaben entnahm. Er, dessen Mutter eine geborene Kapff war, schreibt, Franz Kapff habe ihm die Gedichte seines Vaters zur Verfügung gestellt, und er dankt Kurrer, dass er ihm erlaubte, aus dessen Gedichten, was er wollte, auszuwählen: *Quae inserui Viri doctissimi poeseosque Romanae peritissimi carmina nonnulla, debeo insigni ipsius erga me benevolentiae, quae ex uberrima poematum et ornatissima penu depromere mihi quaeque vellem, indulsit* („Ich habe einige Gedichte des hochgelehrten und in der römischen Dichtung sehr kompetenten Mannes aufgenommen und schulde dies eben seinem besonderen Wohlwollen gegenüber mir, das mir erlaubte, aus dem überreichen und wunderschönen Vorrat seiner Gedichte alles herauszuholen, was ich wollte"). Er bedauere nur, dass er Kurrers längere, *Pagus Langenbrandensis* betitelte Dichtung über das Schwarzwalddorf Langenbrand ihres Umfangs von drei Büchern wegen nicht auch in seine Anthologie aufnehmen konnte.

Paulys Anthologie wird zunächst in Württemberg Verbreitung bei gebildeten Lesern gefunden haben[76]. Sie werden es auch geschätzt haben, zu sehen, wie die neuzeitliche Tradition des lateinischen Dichtens, die sie hier beispielhaft kennenlernen konnten, auch Württemberger um 1800 einschloss. Und einige wie Fischer, Niethammer und Schwab mochten sich dadurch auch bestärkt gefühlt haben, wenn sie diese Tradition ihrerseits fortsetzen wollten. Dass sie es in der Form von Versübersetzungen deutscher Dichtungen taten, ist freilich nicht nur ihrer individuellen Eigenart zuzuschreiben, sondern auch dem Umstand, dass, während freie lateinische Kompositionen in dieser Zeit wegen des Aufblühens der nationalsprachlichen Literatur abgenommen hatten, die Wiedergabe von zeitgenössischen deutschen Dichtungen in lateinischen Versen in der zweiten Hälfte des 18. Jahrhunderts bei entsprechend vorgebildeten Lesern im Ansehen gestiegen war.

---

[76] Sie ist in Bibliotheken außerhalb Deutschlands selten geblieben. Ich benütze jedoch ein Exemplar, das das Schicksal hatte, zweimal den Atlantik zu überqueren. 1881 wurde es erworben von Edward Parmelee Morris (1853–1938), B.A. Yale University 1874, Professor of Latin Language and Literature Yale 1891–1919. Das Buch gelangte aus seinem Besitz an seinen Neffen Austin Morris Harmon (1878–1950), B.A. Williams College 1902, Ph. D. Yale 1908, Professor of Greek and Latin Yale 1916–1945 und aus dessen Besitz an seinen Schwiegersohn Howard Newton Porter (1917–1993), B.A. Yale 1938, Ph. D. Yale 1942, Professor of Greek and Latin Columbia University 1956–1978, der mir das Buch 1973 in New York schenkte.

Die Industrialisierung der Flachsverarbeitung im Königreich Württemberg

Von Thomas Schuetz

Einleitung

So hat also die Geschichte der Linnenindustrie zwei Perioden zu unterscheiden, die erste, wo von Einzelnen mit Hülfe der Erfahrung, unterstützt von dem unermüdetem Fleiß und der pünktlichen Sorgfalt Jahrhunderte lang Leinwand hervorgebracht wurde, welche das Staunen der Welt erregte und die zweite, wo der Fabrikant im Bunde mit dem Fortschritte der Naturwissenschaft und der Mechanik Linnen im Großen verfertigt, welche, wie so manche Erzeugnisse der jetzigen Zeit, oft unter einem schimmernden Aeußeren den Mangel der Güte bergen, sich aber durch Billigkeit des Preises empfahlen[1].

Dieses Zitat stammt aus einer Publikation aus dem Jahre 1854. Zu diesem Zeitpunkt war, von wenigen Ausnahmen abgesehen[2], die Verarbeitung von Flachs zu Leingarn und Leinwand in Heimgewerbe und Handarbeit verschwunden. In der Skepsis gegenüber innovativen technischen Lösungen und der gleichzeitigen Glorifizierung der unwiederbringlich verlorenen, vermeintlich besseren Vergangenheit spiegelt sich die Befindlichkeit der Württemberger gegenüber der Mechanisierung und Rationalisierung von zünftigen Gewerben und die gleichzeitige Erkenntnis, dass der Lauf der Welt nicht anzuhalten ist. Zwar war ab der Mitte des Jahrhunderts klar, dass man anders als durch Imitation der industriellen Produktion in England, Belgien, Irland, Schlesien und andernorts und dem Transfer der dort angewendeten fortschrittlichen Technologien gegen die internationale Konkurrenz nicht bestehen konnte, andererseits bedeutete aber gerade die Industrialisierung des Leinwandgewerbes die radikale Abkehr von den etablierten Lebensformen innerhalb des Landes.

---

[1] Carl Wilhelm Volz, Beiträge zur Geschichte der Leinwandfabrikation und des Leinwandhandels in Württemberg/Von den ältesten bis auf die neuesten Zeiten aus zum teil ungedruckten urkundlichen Quellen, in: Jahrbücher für Vaterländische Geschichte, Geographie, Statistik und Topographie (1854) S. 5.

[2] Hans Medick, Weben und Überleben in Laichingen 1650–1900. Lokalgeschichte als allgemeine Geschichte, Göttingen 1992, S. 264 ff.

Der vorliegende Beitrag soll anhand des Vergleiches zweier quellentechnisch gut zu erschließender Einzelfälle – einerseits der gescheiterten Cotta'schen Leinwandmanufaktur in Heilbronn und andererseits der erfolgreichen Blaubeurener Bleiche als Nucleus der Aktiengesellschaft „Württembergische Leinenindustrie“ – die Chancen und Grenzen der Untersuchung verschwundener Unternehmen im Vergleich mit erfolgreichen Firmen aufzeigen.

Die Untersuchung gescheiterter technischer Innovationen ist spätestens seit den Arbeiten von Reinhold Bauer[3] und Marcus Popplow[4] zum integralen Bestandteil der technikhistorischen Forschung geworden. In der landeshistorischen Auseinandersetzung mit der eigenen Industrie- und Wirtschaftsgeschichte steht die Rezeption dieser Ansätze noch weitestgehend aus.

Dass die ertragreiche Beschäftigung mit der eigenen Vergangenheit keine reine Glorifizierung sein sollte, ist mittlerweile auch bei einer Reihe von Wirtschaftskapitänen angekommen. So macht sich etwa der Geschäftsführer der Robert Bosch GmbH, Volkmar Denner, dafür stark, dass auch die Fehler und nicht nur die Erfolge innerhalb seines Konzerns unvoreingenommen und ohne Angst vor persönlichen Folgen der Beteiligten durchleuchtet werden, um daraus für das erfolgreiche Weiterbestehen des Unternehmens zu lernen[5].

Allerdings erweist es sich als relativ schwierig für den Historiker, diese Themen zu erschließen, da die Quellenlage für die Geschichte von Fehlschlägen sehr viel fragmentarischer ist, als im Fall von Traditionsunternehmen, die sich der Mittel des Historymarketing sowie eigener Museen und Archive für die Identifikationsstiftung ihrer Mitarbeiter und ihrer Öffentlichkeitsarbeit bedienen. Der Fall der von Johann Friedrich von Cotta (1764–1832) initiierten Leinwandmanufaktur Cotta & Comp. stellt in dieser Hinsicht einen besonderen Glücksfall dar, da die Quellenlage ungewöhnlich gut ist. So haben sich Unterlagen in der staatlichen Administration, dem Stadtarchiv Heilbronn und dem Nachlass Cottas erhalten. Auch im Fall der Blaubeurener Bleiche fußt der vorliegende Text auf einer relativ breiten schriftlichen Tradition von Quellen, die sich heute im baden-württembergischen Wirtschaftsarchiv in Hohenheim, dem Hauptstaatsarchiv in Stuttgart und im Blaubeurener Stadtarchiv finden. Um die Frage der Industrialisierung der württembergischen Leinwandfertigung wurde ein breiter und auch teilweise öffentlicher Diskurs geführt, und so konnten neben den erwähnten Quellenbeständen auch zeitgenössische Publikationen herangezogen werden.

Die entscheidenden Entwicklungen fanden während eines nicht abgeschlossenen Diskurses um die Modernisierung der Gewerbe am Vorabend der Industrialisierung in Württemberg statt, daher können sie nicht als singuläres Phänomen ver-

---

[3] Reinhold Bauer, Gescheiterte Innovationen. Fehlschläge und technologischer Wandel, Frankfurt a. M. 2005.

[4] Marcus Popplow, Motor ohne Lobby? – Medienereignis Wankelmotor 1959–1989, Heidelberg 2003.

[5] Stuttgarter Zeitung vom 01.11.2013.

standen werden, sondern bedürfen der Kontextualisierung in der politischen, sozialen und ökonomischen Geschichte.

Der Niedergang der Leinenweberei

Das Spinnen von Leinengarn, die Leinenweberei, die Bleiche und der Handel mit Leinentüchern waren im Königreich Württemberg am Vorabend der lokalen Industrialisierung bedeutende Gewerbezweige. Vor allem im ländlichen Raum gab es zünftig organisierte Leinenspinner, Weber, Garnsieder und Bleicher, die in aller Regel integriert in einem Verlagssystem produzierten[6]. Einzelne Produktionsschritte mit einer geringen Wertsteigerung, wie die Aufbereitung des Flaches oder das Spinnen, erfolgten als Nebenerwerb in Heimarbeit[7]. Diese Heimarbeit war für die ländliche Bevölkerung häufig die einzige Möglichkeit, Geldmittel zu erwirtschaften, da sie aufgrund der Erbteilung zu kleine Flächen bewirtschafteten, um mehr als eine Subsistenzwirtschaft unterhalten zu können. Die Leinwandhändler ließen die gewebten Tücher in saisonal arbeitenden Rasenbleichen bleichen und appretieren, bevor sie die Ware ins Ausland verkauften. Insbesondere der Handel württembergischer Leinwandtücher über die Schweiz, nach Italien und von dort nach Südamerika war von Bedeutung. Im Sinne eines hausväterlichen, ökonomischen Weltbildes schien die Leinwandindustrie geradezu ideal zu sein, da der Gewinn aus der gesamten Wertsteigerung innerhalb des Königreichs verblieb und viele Arbeitskräfte bei minimalsten Gewinnen Beschäftigung fanden[8]. Der Verdienst der Handspinnerei etwa betrug, je nach der Feinheit des Garns, zwischen 2 und 6 kr. pro Schneller. Das bedeutete, dass eine Arbeitskraft bei einer angenommenen Tagesarbeitszeit von zwölf Stunden mit einem Spinnrad höchstens 8 kr. und mit einer Spindel sogar nur 6 kr. erwirtschaften konnte[9].

Im Zeitraum zwischen 1800 und etwa 1820 erlebte die Leinenweberei ein erhebliches Wachstum. Die napoleonischen Kriege und die Kontinentalblockade hatten einen geschützten Wirtschaftsraum geschaffen und erhöhten die Nachfrage[10]. Nach dem Ende dieser Sonderkonjunktur und der Befreiung von der Kontinentalblocka-

---

[6] Martin BURKHARDT, Zentren und Peripherie zu Beginn der Industriellen Revolution in Württemberg, in: ZWLG 70 (2011) S. 341–370, hier S. 357.

[7] MEDICK (wie Anm. 2) S. 55.

[8] Paul GEHRING, Das Wirtschaftsleben unter König Wilhelm I. (1816–1864), in: ZWLG 9 (1949/1950) S. 196–257, hier S. 234; Johann Jacob MOSER [anonym], Einige Grundsätze einer vernünftigen Regierungs-Kunst, nach der jetzigen Gedenckens-Art und Handels-Weise verständiger Regenten, Minister und Land-Stände, Stuttgart 1753, S. 7, 14, 17.

[9] Friedrich BREUNLIN, Über mechanische Leinenspinnereien. die Bedingungen zu dem Gedeihen derselben und ihr Einfluß auf den bisherigen Gang der Leinwand=Industrie, Stuttgart ^{2}1844, S. 21.

[10] Klaus MEGERLE, Der Beitrag Württembergs zur Industrialisierung Deutschlands, in: ZWLG 34/35 (1975/76), S. 355 ff.

de strömte billiges, maschinell gesponnenes Garn aus England auf den Markt[11]. Bereits im ausgehenden 18. Jahrhundert hatte es Tendenzen gegeben, den Zunftzwang unter den Leinenwebern zu lockern[12]. Diese Entwicklungen griffen nun und hatten zur Folge, dass viele Spinner die Chance nutzen wollten und in die Weberei gingen, um ihre persönlichen Lebensverhältnisse zu verbessern. Das statistische-topographische Büro verzeichnete 1832 eine Anzahl von 23.046 Meistern und 4.758 Gehilfen. Diese waren zwar zumeist lediglich im Nebenerwerb als Leinwandweber beschäftigt, die Tatsache, dass alleine die Weberei ohne die vor- und nachgelagerten Produktionsschritte etwa 14% der gewerblich tätigen Bevölkerung, aber nur 1,4% der gesamten erwachsenen männlichen Bevölkerung ausmachte, zeigt die Bedeutung dieses Industriezweiges für das Land[13]. Die gesteigerte Produktion fand aber keinen Absatzmarkt[14] mehr, und in den späten 1820er Jahren geriet die württembergische Leinenindustrie in eine existentielle Krise. Da der Zustrom von englischen Fertigprodukten ab 1815 andere kontinentaleuropäische Industriezweige unmittelbar hart betroffen hatte und nicht mittelbar wie die Leinenindustrie, wurde ihre relative Prosperität durch den Niedergang der restlichen Wirtschaft noch potenziert[15]. Diese Krise hatte eine breite gesellschaftliche Kontroverse zur Folge, die einerseits nach den Gründen des Niedergangs fragte und andererseits die Notwendigkeit und Möglichkeit der Modernisierung thematisierte[16].

Akteursgruppen

Die potentielle Modernisierung einzelner Gewerbe stand im Konflikt mit den etablierten Eliten, da die Funktionsträger auf der mittleren und unteren Verwaltungsebene entweder selbst aus dem zünftigen Handwerk stammten oder diesem zumindest familiär eng verbunden waren. Gerade in diesen Kreisen wurden vor allem die negativen Auswirkungen der Industrialisierung betont, und es gab ausgeprägte Tendenzen, an den überkommenen Produktionsformen festzuhalten[17]. Wie

---

[11] GEHRING (wie Anm. 8) S. 221; Moritz MOHL, Über die württembergische Gewerbs-Industrie, Stuttgart 1828, S. 12.

[12] HStAS A 228 Bü 1628, A 228 Bü 1813.

[13] MEGERLE (wie Anm. 10) S. 331 f.

[14] Wolfgang KÖNIG, Produktion und Konsumption als Gegenstände der Geschichtsforschung, in: Sozialgeschichte der Technik, hg. von Günther BAYERL/Wolfhard WEBER, Münster 1998, S. 35–45, hier S. 37.

[15] Willie A. BOELCKE, Reformen, Konjunkturen, Krisen. Frühe Anfänge der modernen Wirtschaftsgeschichte, in: Baden und Württemberg im Zeitalter Napoleons, Ausstellungskatalog, hg. vom Württembergischen Landesmuseum Stuttgart, Stuttgart 1987, S. 175–192, hier S. 191.

[16] VOLZ (wie Anm. 1) S. 31; MOHL (wie Anm. 11) S. 32; HStAS E 14 Bü 1170.

[17] Paul SAUER, Reformer auf dem Königsthron. Wilhelm I. von Württemberg, Stuttgart 1997, S. 360.

Willi Boelcke gezeigt hat, entsprach diese Skepsis gegenüber Modernisierungen durchaus einer tiefen Proletarisierungsfurcht unter den württembergischen Beamten, die von der Dominanz eines industriefeindlichen und ebenso romantischen, wie realitätsfernen Weltbilds getragen wurde[18]. Das städtische Bürgertum, die Eliten in Verwaltung, Kirche und Bildung als Nutznießer des status quo hatten allen Grund, Neuerungen gegenüber skeptisch zu sein. Versuche, innovative Produktionsmethoden in das Land zu holen waren in der Vergangenheit oftmals gescheitert[19]. Wie Friedrich Wintterlin zeigt, gab es vor dem Hintergrund dieser Erfahrungen innerhalb der „Ehrbarkeit" die Wahrnehmung, dass in der Bestrebung nach Neuerungen im Wirtschaftsleben sich vor allem der Wunsch des Herrschers widerspiegelte, kurzfristig Geld in die Staatskasse zu spülen, und dass man darum in der Vergangenheit immer wieder Projektemachern und Spekulanten aufgesessen sei[20]. Als die Leinenindustrie in die Krise geriet, kamen auch aus diesem konservativen Lager ad hoc Lösungsvorschläge. Man versuchte, ohne nachhaltige Eingriffe in die bestehenden Strukturen durch dezentrale Prozessinnovationen, die Produktion wieder konkurrenzfähig zu machen[21]. So richtete man etwa Spinnschulen ein und versuchte das doppelte Spinnrad zu etablieren[22].

Der König selbst nahm in diesem Modernisierungsdiskurs eine unentschiedene Position ein, einerseits förderte er – mindestens bis zum Tod seiner Gemahlin, Königin Katharina – Projekte wie lokale Spinn- und Arbeitsschulen und machte sich andererseits für eine tatsächliche Belebung des Wirtschaftslebens stark, wie etwa durch Infrastrukturmaßnahmen. 1823 wurde ein königliches Dekret[23] erlassen, das den Finanzminister Weckherlin aufforderte, in Zusammenarbeit mit dem Innenministerium der Förderung des Leinwandgewerbes besondere Aufmerksamkeit zukommen zu lassen. Das Dekret verlangte im Einzelnen: *Unter den Fabrikations- und Handelsartikeln, welche die Aufmerksamkeit und Vorsorge der Regierung vorzüglich in Anspruch nehmen, erscheint die Leinwand, mit allen sich darauf beziehenden Erzeugnissen und Arbeiten als einer der bedeutenderen, und dieser Zweig verdient um so mehr die ernstliche Beachtung, als darin der Verkehr so merklich gesunken ist. Der Finanzminister wird daher nicht allein wegen der in seinem Bericht erwähnten polizeilichen Anordnung, sondern auch wegen der Maßregeln und Begünstigungen für die Wiederbelebung des Leinwandhandels über-*

---

[18] Boelcke (wie Anm. 15) S. 63.

[19] Arthur Schott, Merkantilpolitisches aus Württembergs Herzogszeit, in: Württembergische Jahrbücher für Statistik und Landeskunde 2 (1900) S. 245–275, hier S. 274f.

[20] Friedrich Wintterlin, Zur Geschichte des herzoglichen württembergischen Kommerzienrats, in: WVJh 20 (1911) S. 310–327, hier S. 310ff.

[21] Gerhard Seybold, Württembergs Industrie und Außenhandel vom Ende der Napoleonischen Kriege bis zum Deutschen Zollverein, Stuttgart 1978, S. 93.

[22] C. C. André, Correspondenzblätter des Landwirtschaftlichen Vereins 19 (1831) S. 132, 219.

[23] HStAS E 221 Bü 4192.

haupt mit dem Minister des Inneren Kommunikation pflegen, und solche gemeinschaftlich Bericht erstatten[24].

Friedrich-Franz Waschkuhn sah in diesem Dokument den Beleg dafür, dass die Initiative vom König selbst ausging[25], was vor dem Hintergrund, dass er sich auf einen Bericht von Ferdinand Heinrich August von Weckherlin (1767–1828) bezieht, unwahrscheinlich erscheint, zumal angesichts der Quellenfunde, die auch auf Waschkuhn zurückgehen und belegen, dass im Innenministerium bereits 1806 auf die Notwendigkeit staatlicher Förderung zugunsten des Leinengewerbes hingewiesen wurde. Vielmehr ist es wohl angemessen davon auszugehen, dass mit dem Herrschaftswechsel die Möglichkeit bestand, bereits seit Längerem innerhalb der Administration herangewachsenen Vorstellungen zu konkretisieren. Das Dekret von 1823 bedeutete jedenfalls eine Kehrtwende in der bisherigen Politik. König Friedrich I. hatte sich noch vehement gegen jeden Schutz und jede Förderung des Leinengewerbes ausgesprochen[26].

Johann Friedrich Cotta repräsentierte in diesem Diskurs eindeutig die Seite der Modernisierer. Er vertrat die Position, dass ein Anschluss an die internationale Entwicklung nur dann möglich sein konnte, wenn man sich der Methoden der Industrialisierung durch Rationalisierung und Mechanisierung bediente[27]. Cotta hatte sich neben seiner verlegerischen Tätigkeit bereits in einer ganzen Reihe von Technologietransfer-Projekten engagiert, bevor er sich der Industrialisierung des Leinenwebens zuwendete[28]. Hier wären unter anderem der Lithographiedruck, der Einsatz von Dampfkraft und Schnellpressen, die industrielle Papierproduktion oder die Bodenseedampfschifffahrt anzuführen. Und obwohl nicht alle diese Unternehmungen von Erfolg gekrönt waren – gerade die Bodenseedampfschifffahrt hatte sich als herber finanzieller Verlust erwiesen – wurde Cotta nicht müde, neue innovative Wege zu beschreiten[29].

Die traditionellen Leinwandhändlerfamilien spielten die entscheidende Rolle innerhalb des Modernisierungsdiskurses. Sie traten immer wieder als lokale Gruppe, als Zusammenschluss aller württembergischen Leinwandhändler oder auch als In-

---

[24] HStAS E 221 Bü 4192.

[25] Friedrich-Franz Waschkuhn, Die Anfänge der württembergischen Textilindustrie im Rahmen staatlicher Gewerbepolitik, Hamburg 1974, S. 130 ff.

[26] Greta Karr, Die Uracher Leinenweberei und die Leinwandhandlungscompagnie, Stuttgart 1930, S. 87.

[27] Akos Paulinyi, Die Umwälzung der Technik in der Industriellen Revolution zwischen 1750 und 1840, in: Propyläen Technikgeschichte, hg. von Wolfgang König, Berlin 1990–1992, 3. Bd., S. 271–498, hier S. 462 ff.; Fritz Bürkle, Karl August Friedrich von Duttenhofer (1758–1836). Pionier des Wasserbaus in Württemberg, Stuttgart 1988, S. 113.

[28] Thomas Schuetz, Das Scheitern der mechanischen Flachsspinnerei >Cotta & Comp.< in Heilbronn, in: Johann Friedrich Cotta (1764–1832) – Verleger, Unternehmer, Technikpionier, hg. von Barbara Potthast /Helmuth Mojem, Heidelberg 2015 (im Druck).

[29] Bernhard Fischer, Johann Friedrich Cotta. Verleger – Entrepreneur – Politiker, Göttingen 2014, S. 633 ff.

dividuen in Erscheinung und machten sich für die Modernisierung der Industrie, die Verbesserung der Rahmenbedingungen und vor allem die Einrichtung von Musterbetrieben stark. Im Fall Heilbronns war dies vor allem die Familie Orth, und in Blaubeuren waren es die Familien Butzhuber und Lang, um nur die wichtigsten zu nennen.

Die Heilbronner Leinwandmanufaktur

Cotta gründete 1825 mit dem Tuchfabrikanten August Schönleber, dem Kriegsratspräsidenten Ernst Freiherr von Hügel (1774–1844) und dem Heilbronner Bleicher und Leinwandhändler Louis von Orth (1792–1850) eine Leinwandmanufaktur in Heilbronn. Louis von Orth war der dritte Sohn des Heilbronner Bleichers August von Orth (1748–1807), er hatte seinen Sohn in Frankfurt zum Kaufmann ausbilden lassen, im Anschluss hatte Louis als Mitglied des württembergischen Kontingents am Russlandfeldzug teilgenommen und war 1814 im Rang eines Rittmeisters als Kriegsinvalide aus dem Dienst ausgeschieden. Nach seiner Rückkehr wurde er Teilhaber in der bereits 1785 auf dem Spitalgrün betriebenen Bleiche, die von seinen beiden älteren Brüdern August (*1783) und Heinrich (1786–1851) betrieben wurde, und die ihr Geschäftsfeld mittlerweile auch auf den Tuchhandel ausgedehnt hatte[30].

Das von Cotta und Orth begründete Unternehmen wird in der Literatur heute durchgängig als mechanische oder auch maschinelle Flachsspinnerei bezeichnet[31]. In den Ratsprotokollen der Stadt Heilbronn findet sich aber eine andere Namensgebung. Am 24. November des Jahres 1824 steht dort die folgende Eintragung: *Von der Errichtung einer Leinwandmanufaktur dahier unter der Firma Cotta & Comp. wird durch die 3 Unternehemer derselben dem Stadtrathe eine schriftl. Anzeige gemacht*[32]. Abgesehen von der bemerkenswert frühen Verwendung des Unternehmerbegriffs fällt hier auf, dass in der Ankündigung an den Rat nicht von einer Spinnerei, sondern ausdrücklich von einer Leinwandmanufaktur die Rede ist. Obwohl in Württemberg nominell noch weitere 38 Jahre Zunftzwang[33] herrschte, war es unter der Herrschaft des progressiven Königs Wilhelm I.[34] möglich geworden, Fabrikkonzession zu erwerben. Antrieb zur Gründung war unzweifelhaft das Gewinnstreben der einzelnen Teilhaber. Louis von Orth schrieb nach seiner ersten

---

[30] Wilhelm von Rausch, Die Heilbronner Kauf= und Ratsherrenfamilie Orth, in: Historischer Verein Heilbronn 15 (1925) S. 91 ff.

[31] Peter Kaeding, Johann Friedrich Cotta. Die Hand über der ganzen Welt – Der Verleger der deutschen Klassik, Stuttgart 2009, S. 412.

[32] StadtA Heilbronn, Ratsprotokolle 1825/568.

[33] Dieter Ziegler, Die Industrielle Revolution, Darmstadt 2005, S. 27; Boelcke (wie Anm. 15) S. 72.

[34] Sauer (wie Anm. 17) S. 356.

Englandreise in einem Brief an Cotta: [...] *Ich muß gestehen, daß diese Nachrichten weit über meine Erwartungen gehen u. daß ich meine früheren Ansichten über F.*[lachs] *M.*[aschinen] *Spinnerey ändere. Ich glaube, daß nicht nur ein gutes, sondern ein ausgezeichnet brillandes Geschäft zu machen seyn wird*[35].

Orth äußerte sich an dieser Stelle nicht ausführlich über das konkrete technische Verfahren des Spinnens. Es haben sich mit einem Bericht an das Württembergische Innenministerium[36] und einer später in Wien von Orth verfassten Monographie[37] Dokumentationen dieses Themas erhalten. Aus der Analyse dieser Quellen ergibt sich, dass Cotta und Orth ursprünglich planten, mit der Einrichtung der Spinnerei lediglich zu beginnen und dann die Produktion vertikal über eine mechanische Weberei, eine chemische Bleiche bis hin zur Appretur auszudehnen. Das Kapital für diesen schrittweisen Ausbau sollte die Fabrik selbst generieren.

Doch nicht alleine seitens der Unternehmer zeichnet sich in den Quellen der hoffnungsvolle Optimismus der Beteiligten ab, auch innerhalb der Administration teilte man diese Begeisterung – was sich etwa daran belegen lässt, dass der Finanzminister Weckherlin große Hoffnungen in diese Unternehmen setzte: *Das Unternehmen dieser Gesellschaft verspricht in hohem Grade gemeinnützig zu werden, indem es sich nicht bloß durch die in Württemberg ganz neue Erscheinung der mechanischen Flachs- und Hanfspinnerei auszeichnet, sondern auch zu den Arbeiten des Hechelns, sodann des Webens und der Appretur Maschinen von neuer Erfindung in Anwendung bringen und in den Verfahren der Bleiche, die neueren Fortschritte der Chemie benutzten wird*[38].

Im Innenministerium hoffte man gar, dass die Cotta'sche Fabrik zu einer Musteranstalt für das Land werden könnte und so das Leinwandgewerbe eine spürbare Belebung erfahren sollte.

Das grundsätzliche Wohlwollen des Landesvaters spiegelte sich in konkreter Unterstützung wider. So wurde dem Unternehmen etwa ein verbilligter Salztarif zugesichert[39]. Auch Soda fiel unter das staatliche Salzmonopol[40]. Da man Soda in großen Mengen bei der Bleiche und Appretur der fertigen Leinwand benötigte[41], hätte zu einem späteren Zeitpunkt der verbilligte Preis durchaus eine Rolle spielen können. Unmittelbar nach der Gründung war der Besuch des Königs von eher symbolträchtiger Bedeutung. Dieser Besuch und die Bereitwilligkeit, den Salzpreis zu senken, waren im Grunde nur Gesten, mit denen sich der König im Modernisie-

[35] Deutsches Literatur Archiv Marbach, Cotta, Johann Friedrich von, II B/Abschrift eines Briefes von Orth an Cotta von 1825.

[36] StAL E 170 Bü 1076, 5 (nur in Abschrift erhalten).

[37] Louis von Orth, Ueber die mechanische Flachs-Spinnerei in Deutschland mit besonderer Berücksichtigung der k. u. k. österreichischen Staaten, Wien 1841.

[38] HStAS E14 Bü 1170; Waschkuhn (wie Anm. 25) S. 164.

[39] HStAS E 14 Bü 1170 und E 146 Bü 848; Seybold (wie Anm. 21) S. 93.

[40] HStAS E 146 Bü 3212.

[41] Hermann Ramming, Die Spinnerei-Industrie nach ihrem neuesten wissenschaftlichen und praktischen Zustande, Weimar 1867, S. 98–100.

rungsdiskurs klar auf die Seite der Modernisierer und damit Cottas stellte. Diese symbolischen Handlungen veranlassten Paul Sauer, die Initiative zur Gründung des Unternehmens König Wilhelm zuzuschreiben[42] – eine Hypothese, die von keinem Quellenbefund gestützt wird.

Die Leinenmanufaktur Cotta & Comp.

Von 1825 bis 1827 wurde unter der Leitung von Orth zunächst die mechanische Spinnerei aufgebaut. Zu diesem Zweck kaufte man kleine Spinnmaschinen, die jeweils nur über wenige Spindeln verfügten, im Ausland auf und heuerte zugleich ausländische technische Experten für die Inbetriebnahme der Anlagen an. Ein weiterer Mangel bestand im Königreich Württemberg in geeignetem Personal. Zwar verfügte das Land über eine große Zahl ungelernter und damit billiger Arbeitskräfte, durch die Akten des 19. Jahrhunderts zieht sich aber wie ein roter Faden die Klage der Manufakturbetreiber, dass es nicht genug ausgebildete Fachkräfte gebe[43].

Für den Fall der Leinenindustrie mag das zunächst verwunderlich erscheinen, hatten doch viele Tausende, sei es als Spinner, sei es als Weber bereits Erfahrungen im Umgang mit und der Verarbeitung von Flachsfasern gemacht. Doch die zumindest stark rationalisierte oder gar schon maschinelle Verarbeitung stellte erheblich andere Anforderungen an die Arbeitskräfte als die im eigenen Haus ausgeführte Handarbeit. Über lange Zeiträume erworbenes „tacit knowledge" hatte mit einem Mal keine Bedeutung mehr. Ob ein Faden beim Spinnen reißt, wie stark man die Fasern verzwirnen muss, oder ob man die Finger erneut anfeuchten muss, hatte eine geübte Spinnerin bereits während ihrer Kindheit erlernt und beherrschte es blind. In einer mechanischen Spinnerei waren diese Fertigkeiten aber nicht mehr von Bedeutung. Einen physischen Kontakt zum Faden hatte das in der Fabrik arbeitende Kind erst in dem Augenblick, wenn es einen gerissenen Faden wieder anknoten musste. Vom Vorarbeiter wurde hingegen erwartet, dass er in der Lage sein musste, seine Maschine zu warten, zu pflegen und gegebenenfalls auch kleinere Reparaturen durchführen zu können. Gerade die Personengruppe der Fabrikarbeiter mit technischer Kompetenz zu finden stellte ein Problem dar. Es gab in der ersten Hälfte des 19. Jahrhunderts praktisch keine dementsprechende Ausbildung in Württemberg[44].

In einem Schreiben von 1829 unterschied Orth zwischen einer *Squire'sche*[n] *Maschine*, [...] *die sogenannte Winner Maschine*, [...] *die sogenannte Französische*

---

42 Sauer (wie Anm. 17) S. 361.

43 Seybold (wie Anm. 21) S. 26 ff.

44 Landesgewerbeamt Baden-Württemberg (Hg.), „zum Nutzen der Gesellschaft dienen". Zur Geschichte der Gewerbeförderung in Baden und Württemberg, Stuttgart 1990, S. 20.

und eine erst kürzlich erbaute[45]. Er beschränkte sich nicht darauf, nur einen technischen Experten aus dem Ausland zu holen. Vielmehr lassen sich mehrere solcher Experten belegen, die abwechselnd in Heilbronn anwesend waren.

Zunächst war der Belgier Gaspar aus Tilleur bis 1827 in Heilbronn, er bezog ein Jahresgehalt von 400 fl. und wohnte in dem Fabrikgebäude[46]. Orth vertrat die Ansicht, dass man diesen kostspieligen Mitarbeiter entbehren könne, sobald es der Gang der Geschäfte erlaube. Das Kommen von Squire wurde im März 1828 angekündigt, und bereits im September desselben Jahres wurde die Verbindung mit Squire aufgehoben. Orth versprach, den maßgebenden Innovator im Leinenspinnen, Philippe de Girard (1775–1845)[47], selbst im kommenden Jahr zur Mitarbeit gewinnen zu können. Dies war nicht zu realisieren, und von Februar 1830 an war ein weiterer – wahrscheinlich aus Belgien stammender – Vorarbeiter namens Challandes in der Spinnerei tätig[48].

Cotta und Orth kauften also Maschinen mit einer geringen Anzahl parallel laufender Spinnstraßen im Ausland auf und ließen sie in Heilbronn von ausländischen Experten in Betrieb nehmen[49]. Der Erwerb dieser relativ kleinen und damit günstigen Maschinen unterschiedlicher Bauart und die Einweisung in deren Bedienung und Wartung durch verschiedene, kurzfristig angeworbene Fachleute sollten es Schönleber, Orth und Cotta ermöglichen, zunächst das Produktionsverfahren für maschinell erzeugtes Leinengarn sicher zu beherrschen, um dann einzelne Maschinen mittels Nachbau zu größeren Einheiten auszubauen. Im Januar 1830 arbeiteten tatsächlich 30 Spindeln, und Orth rechnete vor, dass mit dieser Auslegung die Fabrik, die erst im Testlauf betrieben wurde, bereits am Tag einen Bruttogewinn von 3,55 fl. erwirtschaftete. Wenn – wie geplant – rund um die Uhr gearbeitet würde und sich die Anzahl der Spindeln auf 3.000 erhöht hätte, prophezeite Orth einen jährlichen Gewinn von 58.750 fl. In diese Berechnung floss mit ein, dass der Großteil der Belegschaft zu diesem Zeitpunkt aus billigen Arbeitskräften – vor allem Frauen und Kinder – bestehen sollte[50].

Die weitergehende Planung beschränkte sich nicht auf den Betrieb der Spinnerei. Cotta und Orth wollten die Leinwandproduktion horizontal ausdehnen, indem sie

---

[45] Deutsches Literatur Archiv Marbach, Cotta, Johann Friedrich von, II B/Schreiben von Orth an Cotta vom 8. Dez. 1829.

[46] Deutsches Literatur Archiv Marbach, Cotta, Johann Friedrich von, II B/Schreiben von Orth an Cotta vom 3. Jul. 1827.

[47] Dwight C. Long, Philippe Girard and the Introduction of Mechanical Flax Spinning in Austria, in: The Journal of Economic History 14/1 (1954) S. 21–34.

[48] Möglicherweise handelte es sich dabei um den Mechaniker Jacques Challandes, der kurz darauf in Liebenzell ansässig war, vgl. Gert Kollmer-von Oheimb-Loup, Zollverein und Innovation. Die Reaktion württembergischer Textilindustrieller auf den Deutschen Zollverein, St. Katharinen 1996, S. 194; StAL E 170 Bü 445.

[49] StadtA Heilbronn, Ratsprotokolle 1829/434b.

[50] Deutsches Literatur Archiv Marbach, Cotta, Johann Friedrich von, II B/Schreiben von Orth an Cotta vom 25. Jan. 1830.

das gefertigte Garn im eigenen Haus weben, das Tuch bleichen und schließlich auch appretierten ließen. Gleichzeitig versuchten sie, aufbauend auf den Erfahrungen, die sie mit dem Nachbau der ausländischen Maschinen gewonnen hatten, in den Maschinenbau zu gehen. Ein Problem lag zunächst darin, dass sie weder in der Lage waren, die notwendigen Maschinensegmente selbst zu fertigen, noch geeignete Kooperationspartner zu finden. Cotta hatte bereits 1826, bei dem Versuch, zusammen mit Friedrich König eine Papierfabrik in Heilbronn einrichten zu lassen, ähnlich negative Erfahrungen mit den örtlichen Handwerkern machen müssen[51]. Schönleber wollte im Zuge dieser Arbeiten eine *Maschinen Werkstätte* einrichten lassen, um nicht länger *von den Mechanikern, deren Zögerung uns schon so vielen Schaden eingebracht hat, unabhängig zu seyn*[52]. Orth versuchte sogar, auf dem Gelände der Spinnerei eigene Eisengussarbeiten ausführen zu lassen. Im Winter 1829 ließ er sie probeweise durchführen[53]. Und in den Ratsprotokollen des Heilbronner Stadtarchivs hat sich für das Jahr 1829 der Eintrag erhalten, der vermeldet, dass [...] *die Herren Cotta & Comp.* [...] eine Schmiedewerkstätte erbauen[54].

Demnach war es nicht allein das Ziel, die Verarbeitung von Flachs zu Leinentuch zu rationalisieren und zu mechanisieren, sondern man wollte aufbauend auf den Erkenntnissen, die es beim Bau der Fabrik erst noch zu gewinnen galt, den Maschinenbau nach englischem Vorbild etablieren. Mag uns das heute als ein sehr weitgespanntes Ziel erscheinen, so zeigt der Vergleich mit dem zeitnahen Aufbau der Papiermaschinenindustrie in Heidenheim, dass einer derartigen Vorgehensweise durchaus Erfolg beschieden sein konnte[55].

Abgesehen von Hügel, der die Spinnerei schon 1827 in Betrieb sehen wollte, zeigten Schönleber und Cotta einen erstaunlichen Langmut gegenüber Orth. Sie verlangten von ihm zwar regelmäßige Berichte über den Fortschritt, ihnen schien aber beiden klar gewesen zu sein, dass es sich um ein langfristiges Entwicklungsprojekt handelte. Erst 1830 gingen sie Orth härter an und erwarteten, dass die Spinnerei anfing, Gewinne zu erwirtschaften. Da sich erste finanzielle Engpässe ankündigten, wurden die Teilhaber nun unruhig. Im selben Jahr war die von Orths Vater begründete Tuchhandlung, die Orth zusammen mit seinen beiden älteren Brüdern geführt hatte, bankrott[56].

Aus dem Herbst 1831 hat sich in einem Schreiben von Orth an Cotta auch eine einzige Betriebskostenabrechnung erhalten, die sich wahrscheinlich auf ein Rechnungsjahr bezieht, ohne dass Orth dies allerdings explizit so festhält. Darin führte

51 Frieder Schmidt, Von der Mühle zur Fabrik, Ubstadt-Weiher 1994, S. 211.

52 Deutsches Literatur Archiv Marbach, Cotta, Johann Friedrich von, II B/Schreiben von Orth an Cotta vom 13. März 1828.

53 Deutsches Literatur Archiv Marbach, Cotta, Johann Friedrich von, II B/Schreiben von Orth an Cotta vom 31. Dez. 1829.

54 StadtA Heilbronn, Ratsprotokolle 1829/434.

55 Anne Nieberding, Unternehmenskultur im Kaiserreich. J. M. Voith und die Farbenfabrik vorm. Friedr. Bayer & Co, München 2003, S. 26 ff.

56 Rausch (wie Anm. 30) S. 98.

Orth auf, dass das Unternehmen aus dem Verkauf von Leinengarn abzüglich der Bezahlung von Wechseln und Außenständen eine Summe von 4.240,48 fl. erwirtschaftet habe. Der Summe standen allerdings Ausgaben von 5.263,58 fl. gegenüber, von denen 53,1 fl. auf das Gehalt von Schönleber entfielen, 600 fl. für den Einkauf von Flachs und 940,25 fl. für den Einkauf von Werg aufgewendet werden mussten. Die Fabrik machte also jährlich einen Verlust von rund 1000 fl. Gegenüber den von Orth ursprünglichen versprochenen fünfstelligen Gewinnen entwickelte sich die Unternehmung keineswegs wie gehofft, auch wenn Orth nicht müde wurde zu betonen, dass in der Summe noch die Aufwendungen für unterschiedliche Baumaßnahmen enthalten seien, die in Zukunft nicht mehr anfallen würden[57].

1831 war demnach der Zeitpunkt gekommen, an dem allen Teilhabern spätestens bewusst geworden sein musste, dass die hochfliegenden Pläne der vertikalen Akkumulation aller Produktions- und Verfahrensschritte der Leinwandfertigung unter einem Dach, innerhalb eines überschaubaren Zeitraumes und mit vertretbaren Mitteln nicht zu realisieren waren. Nach der Verkleinerung der Gewerbefläche[58] und der damit verbundenen Konsolidierung des Unternehmens, versuchte man nur noch eine mechanische Flachsspinnerei zu unterhalten. Diese war zu diesem Zeitpunkt fertig eingerichtet.

Doch gerade die Garnproduktion stellte Orth vor erhebliche Hindernisse. In seiner Eigenschaft als Leinwandhändler hatte er in den Jahren 1825 und 1833 England bereist, um dort die Fabrik von John Marshall[59], dem führenden Unternehmen in der industriellen Leinengarnproduktion der Zeit, zu besichtigen. Aus seinen Berichten geht hervor, dass Orth auch die dortigen Anlagen gezeigt wurden und er im Glauben, die Verfahren zu beherrschen, auch wieder nach Württemberg zurückkehrte. Bei der konkreten Umsetzung musste er aber die Erfahrung machen, dass man ihn keineswegs in alle Verfahrensschritte eingeweiht hatte.

Bei der industriellen Flachsspinnerei lassen sich zwei mechanische Verfahren unterscheiden: das nasse und das trockene Verspinnen der Fasern[60]. Einem Gutachten von Orth für die Zentralstelle, in dem er 1839 von seinen Erfahrungen seiner Englandreisen berichtete und das leider lediglich in einer Abschrift erhalten geblieben ist[61], lässt sich entnehmen, dass das trockene Verspinnen von Flachsfasern bereits um 1790 etabliert gewesen ist. Die beiden Systeme waren, was die notwendigen Maschinen anbelangte, nahezu identisch, nur im letzten Produktionsschritt, dem Verzwirnen der Fäden, unterschieden sie sich dahingehend, dass das ältere, trockenen Verfahren, lediglich die natürlichen Fasern des Leins zu einem

[57] Deutsches Literatur Archiv Marbach, Cotta, Johann Friedrich von, II B/Schreiben von Orth an Cotta vom 8. Okt. 1831.

[58] StadtA Heilbronn, Ratsprotokolle 1830/26.

[59] William Gordon RIMMER, Marshall of Leeds. Flax-Spinners 1788–1886, London 1960.

[60] Peter SOLAR, The Linen Industry in the Nineteenth Century, in: The Cambridge History of Textiles, hg. von David JENKINS, Cambridge 2003, S. 809–823, hier S. 813.

[61] StAL E 170 Bü 1076.

Faden verspann. Das trockene Verspinnen war eine Mechanisierung des älteren Handspinnens, konnte aber in der Qualität nicht an handgesponnenen Garne heranreichen. Beim nassen Verspinnen wurde die natürliche Flachsfaser in die sehr viel feineren technischen Fasern aufgespalten, bevor sie versponnen wurde. Dafür erhitzte man die gröbere natürliche Faser in einem Wasserbad und löste so den Faserleim von den technischen Fasern, musste aber in einem zweiten Schritt dafür Sorge tragen, dass die Fasern wieder mit einem Fixiermittel benetzt waren, wenn man einen Faden aus ihnen drehte[62].

Besonders bemerkenswert erschien Orth die aufwendige Rinnenkonstruktion, die die Abwärme der fabrikeigenen Dampfmaschine dafür benutzte, das Wasser in der Rinne zu erwärmen. Die Innovation des *naßen Spinplans* schrieb Orth Girard[63] zu, der zum Zeitpunkt des Berichtes damit beschäftigt gewesen sei, eine mechanische Spinnerei mit Hilfe der russischen Regierung in Warschau einzurichten. Orth hatte bereits während der Aufbauphase vergeblich versucht, ihn für die Cotta'sche Spinnerei zu gewinnen. Bereits zuvor war Girard bei einem vergleichbaren Vorhaben in Hirtenberg bei Wien gescheitert. Dazu schrieb von Orth: [...] *diese mußte aber stehen bleiben, da die praktische Ausführung der Maschinen dem Zwecke nicht hinlänglich entsprach* [...][64]. Erst nachdem Girard[65] nach England gelangt war, wo der Leinenspinner Key in Grandpraston bereits zuvor Versuche mit eingeweichtem Flachs vorgenommen hatte, konnte das Verfahren so weit entwickelt werden, dass es auch ökonomisch betrieben werden konnte. Entscheidend soll dabei gewesen sein, dass die Zylinder aus Buchenholz gefertigt wurden, und man ihre Oberfläche mit einer Kannelierung versah. Die Innovation gelangte auf den englischen Markt, als sich die dortige Industrie in einer erheblichen Krise befand. Im Verlauf der Napoleonischen Kriege und in der damit einhergehenden Kontinentalblockade war die Leinenindustrie in Großbritannien dann aber erheblich gewachsen. Die Etablierung des maschinellen nassen Spinnens von Leinen war dafür eine maßgebliche Voraussetzung und in den späten 1820er Jahren fest etabliert.

Was Orth aber weder 1825 noch 1833 bei seinen Besichtigungen verriet, war der Umstand, dass beim nassen Verspinnen die Fasern nicht allein durch warmes Wasser geführt wurden, sondern dass dieses Wasser mit einem Fixiermittel versetzt wurde. Aufgrund der fragmentarischen Quellenlage lässt sich nicht mehr feststellen, welche Fixiermittel dem Flachs vor dem Verspinnen zugefügt wurden. Erst

---

62 Friedrich Kick/Wilhelm Gintl, Karmarsch und Heeren's Technisches Wörterbuch, Prag ³1843ff., Bd. 3, S. 552f.

63 Solar (wie Anm. 60) S. 814; [Anonym], Geschichte und gegenwärtiger Zustand der mechanischen Flachsspinnerei in Frankreich, in: Dingler's Polytechnisches Journal 82 (1841) S. 149–152; Friedrich Hassler, Vom Spinnen und Weben. Ein Abschnitt aus der Geschichte der Textiltechnik, München 1952, S. 24.

64 StAL E 170 Bü 1076.

65 [Anonym], Die Flachsspinnerei durch Maschinen in Girardow, in: Dingler's Polytechnisches Journal 63 (1837) S. 77–78.

relativ spät, das erste Mal 1855, wurde ein solches Vorgehen in der Zeitschriftenliteratur greifbar, als Francis M. Jennings aus Cork ein Patent dafür erwarb, minderwertigen Flachs mit einem Geheimmittel, das er „Del“ nannte, zu behandeln. In Dingler's Polytechnischem Journal wurde die Vermutung aufgestellt, dass es sich dabei um *durch* [die]*Verseifung von Oel entstandenen fetten Säuren* [handelte] – *Wahrscheinlich wendet der Erfinder Thranseife (grüne Seife)* [an][66]. Unabhängig davon, was nun das konkrete Fixiermittel war, Orth, der von sich selbst glaubte, das Verfahren komplett zu beherrschen, war keineswegs mit allen Aspekten des Verfahrens vertraut. Vor diesem Hintergrund verwundert es auch nicht, dass er nicht in der Lage war, die Cotta'sche Spinnerei in Heilbronn sofort zu einem ökonomischen Erfolg zu führen.

Nachdem Orth die Spinnerei erbauen hatte lassen, versuchte er verzweifelt, mit allen möglichen Verbesserungen und Feinjustierungen der Anlagen doch noch ein marktfähiges Produkt herstellen zu können. Friedrich Breunlin (*1797), ein Mitarbeiter der landwirtschaftlichen Versuchs- und Musteranstalt in Hohenheim, besuchte die Fabrik im Oktober 1832. Aufgrund seiner eigenen Auslandsreisen[67] und ausgedehnter Versuchspflanzungen von Leinensaaten war er von Johann Nepomuk Hubert Schwerz (1759–1844) gezielt zum Fachmann für Fragen des Flachsanbaus und der Leinenverarbeitung ausgebildet worden. Er berichtete, dass ihm *nicht nur eine Menge unbrauchbarer Maschinentheile (nach der Behauptung eines Geschäftstheilhabers im Wert von 20 000 fl.), sondern auch an den im Gang befindlichen Vorrichtungen die unzähligen Spuren von Verbesserungsversuchen aufgefallen seyn*[68]. Auch aus den Berichten Orths geht hervor, dass er technischen Details, wie den Abständen der unterschiedlichen Spulen, sehr große Bedeutung zumaß und glaubte, darin die eigentlich produktionstechnische Schwierigkeit erkannt zu haben. Vor diesem Hintergrund kann es nicht verwundern, dass sich die Spuren dieser Modifizierungen auch an den Anlagen fanden.

Diese langwierigen Verbesserungsversuche führten schließlich dazu, dass man ab 1831 offensichtlich in der Lage war, Garn zu produzieren. Cotta & Comp. wurde in dieser Phase bereits nicht mehr als Leinwandmanufaktur, sondern nur noch als Spinnmühle[69] geführt, was als Indiz für die Aufgabe der Pläne zur vertikalen Akkumulation aller Produktionsschritte und die Konzentration auf das Kerngeschäft des Unternehmens gewertet werden kann. Dafür sprechen zwei Quellenbefunde: Zunächst hat sich ein Schreiben von Orth an Cotta erhalten, in dem er angibt, dass seine Anwesenheit in der Spinnerei nicht mehr unbedingt notwendig sei,

---

66 [Anonym], Ueber Jennings' Verfahren zur Flachsveredlung, in: Dingler's Polytechnisches Journal 135 (1855) S. 72–75.

67 StAL E 170 Bü 1069.

68 Jürgen Gysin, „Fabriken und Manufakturen“ in Württemberg während des ersten Drittels des 19. Jahrhunderts, St. Katharinen 1989, S. 115; Breunlin (wie Anm. 9) S. 46.

69 StadtA Heilbronn Ratsprotokolle 1831/178.

da der Werkmeister Gartner in der Lage sei, die Spinnerei alleine zu leiten[70]. Des Weiteren gibt es einen Hinweis in dem Register der Ratsprotokolle über einen Streit zwischen Cotta & Comp. um die Entrichtung des Torsperrgeldes[71]. Da die Fabrik Cottas vor der Stadtmauer Heilbronns lag, während die Arbeitskräfte hinter den Toren der Stadt wohnten, mussten diese nach Torschluss eine Gebühr entrichten, damit ihnen das Stadttor geöffnet wurde. Cotta & Comp. wollte bei der Stadt erwirken, dass diese Gebühr erlassen würde. Leider hat sich der Vorgang nicht im Detail erhalten, so dass die Argumentation beider Seiten an dieser Stelle nicht mehr nachvollziehbar ist. Die Kommune beharrte jedenfalls auf ihrem Recht, und die Arbeiter, Arbeiterinnen und Kinder mussten weiterhin die Gebühren entrichten. Für die hier untersuchte Fragestellung zeigt dieses Informationsfragment aber klar, dass mit der Produktion rund um die Uhr 1831 begonnen wurde und daher davon auszugehen ist, dass die ersten Anfangsschwierigkeiten überwunden worden waren.

Problem blieb aber, dass man zwar Garn produzierte, dieses Produkt aber nicht vom Markt angenommen wurde. Ob dafür der Preis oder die Qualität das entscheidende Kriterium gewesen ist, lässt sich aufgrund der fragmentarischen Überlieferung nicht mehr mit letzter Sicherheit bestimmen. Allerdings könnte auch der Umstand, dass Baden nicht dem Zollverbund mit Bayern und Württemberg beigetreten war, und somit bereits der Hafen in Heidelberg die erste Zollschranke darstellte, mit verantwortlich für das Scheitern gewesen sein. Letzten Endes gab Georg von Cotta (1796–1863) 1833 die mechanische Flachsspinnerei in Heilbronn auf. Zu keinem Zeitpunkt war Orth in der Lage gewesen, Garn zu produzieren, das im Preis mit den importierten englischen Produkten mithalten konnte, oder dessen Qualität an die nach wie vor von Hand gefertigten Garne heranreichte[72].

Man könnte nun annehmen, dass die von Cotta und seinen Mitstreitern angeregten Innovationen schlicht zu früh gekommen seien. Jahrzehnte bevor die Eisenbahn Württemberg an die internationalen Märkte anschloss, könnte man in diesen Männern Pioniere und das wirtschaftliche Scheitern ihres Projektes als notwendiges Opfer auf dem Weg zu einer industrialisierten Gesellschaft glorifizieren. Doch ein solches Urteil wäre der historischen Situation keineswegs angemessen. Denn ab den 1820er Jahren gab es zunächst in England[73] und mit einer geringen zeitlichen Verzögerung auch auf dem Kontinent durchaus erfolgreiche mechanischen Flachsspinnereien. Durch die bis 1820 abgeschlossene Schiffbarmachung des Neckars bei Heilbronn war die Stadt zumindest theoretisch an die internatio-

---

[70] Deutsches Literatur Archiv Marbach, Cotta, Johann Friedrich von, II B/Schreiben von Orth an Cotta vom 28. März 1834.

[71] StadtA Heilbronn Ratsprotokolle 1831/417.

[72] StAL E 170 Bü 1076.

[73] Rimmer (wie Anm. 59); Alex J. Warden, The Linen Trade. Ancient and Modern, London 1864, S. 609ff.

nalen Märkte angeschlossen[74]. Es stellt sich also die Frage nach den Gründen des Scheiterns in Heilbronn.

Retrospektiv beantwortete die Frage Orth im März 1834 in einem Schreiben an Cottas Sohn: *Die Idee ihres Herrn Vater seel*[ig] *zu diesem Etab*[l]*ißement war zwar richtig, kam aber 6 Jahre zu früh* [...] *unser Fehler war allerdings, uns es leichter vorzustellen als es wirklich war.* Und fährt dann mit seiner Rechtfertigung fort indem er sagt: *Welches auch die Ansichten von E*[uer] *Hochwohlgeboren über diese Geschäftsverhältniße seyn mögen, so werden Sie wenigstens meinen Wunsch billig finden, Jhnen die Überzeugung zu verschaffen, daß das Heilbronnergeschäft nach besten Wißen und Gewißen besorgt worden ist*[75].

Am 29. Januar 1835 endete das Projekt der mechanischen Flachsspinnerei in Heilbronn endgültig, als die verbliebene Mühle an Gustav Schäuffelen (1798–1848) versteigert wurde[76]. Allerdings ist anzuführen, dass das Scheitern des Unternehmens nicht zu einer kompletten Katastrophe der Teilhaber ausartete. Da es zu diesem Zeitpunkt noch kein entwickeltes Gesellschaftsrecht gab, wären im Konkursfall alle Teilhaber mit ihrem Privatvermögen für etwaige Schulden des Unternehmens haftbar gewesen. Die späteren, nur fragmentarischen Überreste, die über das weitere Lebens Orths Auskunft geben, zeigen aber, dass es nicht zu einem totalen Zusammenbruch gekommen ist. Als Orth im weiteren Verlauf desselben Jahres Heilbronn verließ und nach Stuttgart umsiedelte, gab er sein lokales Bürgerrecht in Heilbronn auf. Ihm wurde in diesem Zusammenhang attestiert, dass er nicht verschuldet sei[77].

Die Blaubeurener Bleiche

In der Phase des ungebremsten Wachstums des Leinwandmarktes bis etwa 1820 schien die Kapazität der Rasenbleiche – zumindest in der Wahrnehmung der Tuchhändler – der entscheidende produktionstechnische Flaschenhals[78] zu sein, der ein weiteres Wachstum verhinderte. Kernproblem der lokalen Tuchhändler war also zunächst gar nicht die internationale Konkurrenz, sondern es waren die beschränkten Kapazitäten. Weil die örtliche Bleiche, wo die Leinentücher ebenfalls gewalkt und appretiert wurden, lediglich eine beschränkte Anzahl von Stoffbahnen verarbeiten konnte, waren die Händler immer wieder genötigt, Bleichen außerhalb der

---

74 Bürkle (wie Anm. 27) S. 78–92.

75 Deutsches Literatur Archiv Marbach, Cotta, Johann Friedrich von, II B/Schreiben von Orth an Georg Cotta vom 28. März 1834.

76 StadtA Heilbronn Ratsprotokolle 1824, Juli.

77 StadtA Heilbronn Ratsprotokolle 1835/502, 584.

78 Thomas P. Hughes, Networks of Power. Electrification in Western Society 1880–1930, Baltimore Md. 1983, S. 79 ff.

Landesgrenzen zu benutzen, um ihre Umsätze erwirtschaften zu können, was wiederum mit höheren Transportkosten und gegebenenfalls auch Zoll verbunden war.

Dem Bleichen kam eine besondere Rolle zu. Um hochwertige und damit verkehrsfähige Leinwaren zu erhalten, wurde bei der Rasenbleiche das Tuch der Sonnenstrahlung ausgesetzt. Das Ausbleichen durch das Sonnenlicht, bei dem die Photonen Moleküle im Gewebe angreifen, aufspalten und dazu beitragen, das Gewebe heller und weicher zu machen, ist die einfachste, älteste und auch langsamste Art des Ausbleichens von Leinengeweben. Innerhalb des Untersuchungszeitraumes war es längst üblich, sich des fotokatalytischen Verfahrens zu bedienen. Dabei wurde das Gewebe nicht allein durch die Sonnenstrahlung, sondern zusätzlich durch das abwechselnde Benetzen mit sauren und basischen Lösungen gebleicht. Die unter dem Einfluss des Sonnenlichts und Luftsauerstoffs gebildeten Peroxide verursachten den Bleicheffekt[79]. Diese Behandlung war zwar bereits erheblich effektiver als das reine Sonnenbleichen, konnte aber immer noch Wochen dauern und war auch nur in den sonnigen Monaten und in der Nähe eines fließenden Gewässers auf großen Freiflächen möglich. Das in der Leinenfaser enthaltene Lignin, das der Pflanze Stabilität gibt, Gewebe aber hart und fleckig macht, wurde durch das Bleichen, aber auch durch das Garnsieden entfernt. Dementsprechend mussten das Sieden des Garns und das Bleichen des Tuchs aufeinander abgestimmt werden.

Anders als bisher dargestellt, waren die ersten Modernisierungsansätze in Blaubeuren also keineswegs von einer Krise motiviert, sondern fielen noch in die Zeit des Booms. Auf den Bleichen des Landes wurden die Tücher über Wochen behandelt, während das in Irland, Belgien und Westfalen bereits angewendete Chlorbleichverfahren dafür nur wenige Tage benötigte und dabei auch noch billiger war.

Wilhelm Volz hat dafür 1855 die folgenden Zahlen festgehalten: In Württemberg betrug der durchschnittliche Bleichlohn 12 kr. pro Pfund Leinwand, wobei der Bleicher lediglich eine Marge von 2 kr. erwarten konnte. In England würden für die gleiche Menge Leinwand bei Anwendung des Chlorbleichverfahrens lediglich 2 Pence, was 6 kr. entspräche veranschlagt, *bei besseren und gleichmäßigeren Resultaten*[80]. Die Wahrnehmung der Rückständigkeit und der daraus erwachsenden Bedarfssituation ging eindeutig von den lokalen Leinwandhändlern aus, die sich bereits ab der Jahrhundertwende immer wieder an die Landesregierung mit der Bitte um Verstaatlichung und Modernisierung des Betriebes wandten[81]. Somit kann die Hypothese der älteren Literatur, dass die Initiative und erfolgreiche Durchführung von Ferdinand Steinbeis (1807–1893) ausging, nicht aufrecht erhalten werden[82].

---

[79] Otto N. Witt, Über Fortschritte der Technologie der Gespinnstfasern, in: Dingler's Polytechnisches Journal 275 (1890) S. 164.

[80] Volz (wie Anm. 1) S. 104.

[81] StAL E 170 Bü 1080.

[82] Ludwig Vischer, Die industrielle Entwicklung im Königreich Württemberg und das Wirken seiner Centralstelle für Gewerbe und Handel in ihren ersten 25 Jahren. Nach Erhe-

Die Durchführung der notwendigen Modernisierungen war alles andere als trivial. Im Zeitraum zwischen 1790 und 1853 folgten drei Betreiber der Bleiche aufeinander. Alle setzten ihr Vermögen für diese Modernisierung ein und alle scheiterten dabei. Ab 1790 war die Bleiche im Familienbesitz der Familie Friedrich, die sie über zwei Generationen betrieb und vor allem Baumaßnahmen durchführen ließ. 1828 war die Familie genötigt, die Bleiche an den Hofapotheker Friedrich Hausmann zu verkaufen[83]. Allerdings bezahlte dieser lediglich 18.000 statt der zunächst von Friedrich veranschlagten 27.000 fl. Hausmann investierte daraufhin nochmals 20.000 fl. in den Ausbau der Anlagen und Wohnhäuser. Die in den Akten des Kameralsamtes beschriebenen Anlagen zeigen, dass es sich dabei nach wie vor um eine klassische Bleicherei handelte, wo in Heimgewerbe gewebte Tuche nachbearbeitet und zugleich die dafür notwendigen Rohstoffe aufbereitet wurden[84].

Hausmann verließ sich nicht darauf, die Modernisierung der Bleiche in Eigenregie durchzuführen. Er holte dafür einen externen Experten: Den Chemiker und Baumwolldruckereifachmann Dr. Wilhelm Heinrich von Kurrer (1782–1862), der als einer der führenden Köpfe der aufstrebenden Textilindustrie im deutschsprachigen Raum gelten konnte. Der gebürtige Schwarzwälder hatte eine praktische Kaufmannsausbildung in der Bodmerschen Kattunfabrik in Großenhain in Sachsen absolviert, und bereits seit dieser Zeit hatte er sich mit Chemie beschäftigt. Ab 1802 wurde er auf dem Gebiet auch publizistisch tätig und arbeitete parallel in unterschiedlichen Baumwolldruckereien[85]. 1831 publizierte Kurrer in seinem Buch „Die Kunst vegetabilische, vegetabilische-animalische und rein animalische Stoffe zu bleichen" die Ergebnisse der Zusammenarbeit mit Hausmann. In diesem Buch beschreibt Kurrer die zeitgenössischen Chlorbleichverfahren eingehend; sie waren also ihm wie auch Hausmann bekannt.

Doch Kurrer hatte den Anspruch, aufbauend auf den Arbeiten von Claude-Louis Berthollet (1748–1822) und anderer, das Bleichverfahren durch seine eigenen Forschungen zu revolutionieren. Den grundsätzlichen Mangel sah Kurrer bei der Chlorbleiche einerseits darin, dass Chlor aggressiv sei und die Fasern angreife, und das Verfahren andererseits mit hohen Kosten verbunden sei. Er hatte den Ehrgeiz, ein neues und verbessertes eigenes Verfahren zu entwickeln, das im Kern der traditionellen Rasenbleiche ähnelte, allerdings substituierte er Milch und Pottaschenlauge mit ätzend-alkalischer Lauge und gelöster Schwefelsäure[86]. Ergebnis dieser Bemühungen war, dass die Leinwand nicht nachhaltig schneller gebleicht werden konnte und stark beschädigt wurde. Gleichzeitig brach der Absatzmarkt für Lein-

bungen aus den Akten und unter Benützung von Aufzeichnungen des Herrn Präsidenten Dr. von Steinbeis, Stuttgart 1875, S. 436.

[83] StadtA Blaubeuren Brandregister 1830–1851, B. 117.

[84] StadtA Blaubeuren Brandregister 1830–1851, B. 117.

[85] U. B. Wiesinger, Kurrer, Wilhelm Heinrich von, in: NDB 13 (1982) S. 324.

[86] Wilhem H. Kurrer, Die Kunst vegetabilische, vegetabilische-animalische und rein animalische Stoffe zu bleichen, Nürnberg 1831, S. 154.

wand ein. Kurrer büßte durch diesen Misserfolg aber keineswegs seinen Expertenstatus ein. Er ging als Fabrikleiter nach Ungarn an die Kattunfabrik des Baron von Puthon in Sassin, wo er von 1830 bis 1832 tätig war, um daraufhin nach Prag an die Kattunfabrik der Gebrüder Porges zu wechseln, wo er bis 1840 arbeitete. Danach widmete er sich bis zu seinem Lebensende seiner schriftstellerischen Tätigkeit und blieb bis zu seinem Tod, der ihn 1862 in Zwickau ereilte, einer der führenden Köpfe der Textil- und vor allem der Baumwollindustrie[87].

1847 reagierte die württembergische Regierung auf den Druck der Leinwandhändler und veranlasste eine Bestandsaufnahme der zehn Bleichen im Land. Über die Bleiche in Blaubeuren erfahren wir in diesem Zusammenhang, dass man bereits dazu übergegangen war, Chlor als Bleichmittel einzusetzen, und dass Hausmann seinen Sohn auf eine Bildungsreise nach Schlesien geschickt hatte, um die lokale Textilindustrie kennen zu lernen. Doch das Unternehmen sei in einem schlechten Zustand, die Familie Hausmann sei dazu verschuldet[88]. So konnte es nicht verwundern, dass die Familie Hausmann schließlich aufgab und das Unternehmen 1851 an den Kaufmann Johannes Butzhuber abtrat[89]. Der Preis betrug 58.228 fl., und nachdem alle Gläubiger ausbezahlt worden waren, erhielt Hausmann lediglich 300 fl., die er sich bar ausbezahlen ließ[90].

Butzhuber engagierte daraufhin erneut Kurrer, damit er die Bleiche zu einem wirtschaftlich arbeitenden Unternehmen machte, und versuchte gleichzeitig zu erreichen, dass der Staat die Bleiche von ihm kaufte, um sie anschließend selbst zu pachten[91]. Auch diesem Ansinnen wurde nicht entsprochen. Butzhuber bediente sich der neuen staatlichen Fördermöglichkeiten, die nach den Umwälzungen der 1848er Revolution in Württemberg geschaffen worden waren[92]. Der irische Bleichmeister Kirker half ihm dabei, die bestehenden Einrichtungen der Rasenbleiche zu modernisieren, wobei allerdings mittlerweile der Fokus auf einer Qualitätssteigerung und nicht mehr auf einem höheren Warendurchlauf lag. Und Butzhuber unternahm eine Reise nach Irland, um dort die Produktion kennen zu lernen, die er allerdings selbst finanzierte. Doch auch seine Bemühungen waren nicht von Erfolg gekrönt.

Die Gewinner in der langen Reihe von gescheiterten Unternehmern, die sich mit dem Betrieb der Blaubeurener Bleiche versuchten, sollte letztendlich die Familie Lang sein. Nach der Darstellung von Paul Hirschfeld hat das Handelshaus Lang

[87] Wiesinger (wie Anm. 85) S. 324.

[88] Richard Lang [anonym], 225 Jahre Blaubeurer Bleiche, Blaubeuren o.J. (ca. 1951), S. 48; die von Richard Lang anlässlich des Jubiläums zusammengetragenen Unterlagen finden sich heute im Wirtschaftsarchiv Baden-Württemberg in Hohenheim unter der Signatur B 47.

[89] StadtA Blaubeuren/Brandregister 1830–1852, B. 117.

[90] Lang (wie Anm. 88) S. 50.

[91] Ebd. S. 51.

[92] Gert Kollmer-von Oheimb-Loup: Ferdinand von Steinbeis – Mythos und Wirklichkeit. Neue Überlegungen zur Geschichte der Gewerbeförderung in Württemberg, in: Jahrbuch für Wirtschaftsgeschichte 1 (1998) S. 201–214, hier S. 212.

die Phase zwischen 1820 und 1850 vor allem deswegen überleben können, weil sich Lang in dieser kritischen Umbruchphase darauf konzentriert habe, lediglich gröbere, zum Färben bestimmte Tücher fertigen zu lassen, und es ihm so möglich gewesen sei, die Phase des Umbruchs und der Neuorientierung relativ unbeschadet zu überstehen[93].

Statt ihm eine staatliche Förderung zu gewähren oder seinem Antrag zu entsprechen aus der Bleiche einen Musterbetrieb zu machen, wurde Butzhuber durch die Familie Lang – unterstützt durch Steinbeis – aus dem Geschäft gedrängt. Neben den auf Staatskosten beschäftigten irischen Experten, namentlich Kirker, Alister und Gracey, wurde der Sohn des Familienoberhauptes Carl Lang (1786–1853), Eduard Lang (1831–1920), zum Zweck der Industriespionage ab 1853 ins weiter entwickelte Ausland geschickt. Er hatte die 1829 gegründete polytechnische Schule in Stuttgart besucht und war im Anschluss auch für zwei Jahre zur Ausbildung in Paris. Daher war er mit Ferdinand Steinbeis bekannt[94]. Dieser hatte sich bereits in seiner Eigenschaft als königlich württembergischer Regierungsrat ab 1848 und vermehrt als Leiter der Zentralstelle für Gewerbe und Handel ab 1855 für die finanzielle Unterstützung von württembergischen Zöglingen auf ihren Auslandsreisen eingesetzt. Er hatte aber auch Empfehlungsschreiben für sie ausgestellt und ein Netzwerk aus im Ausland erfolgreichen technischen und wirtschaftlichen Experten ausgebaut, um die Aneignung fremden Wissens zu erleichtern.

Mag die Nähe von Steinbeis zur Familie Lang als singuläres Phänomen zunächst ungewöhnlich erscheinen, so kann der Vergleich mit der Unterstützung, die Steinbeis anderen aufstrebenden Unternehmerfamilien im Land angedeihen ließ, zeigen, dass die gezielte Förderung von Familien aber auch von Einzelnen durchaus Teil der Steinbeis'schen Strategie zur Gewerbeförderung gewesen zu sein scheint. Er selbst war ein Mann mit einem unternehmerischen Hintergrund, der sich der Ambivalenz der staatlichen Förderung gegenwärtig sein musste. Einerseits galt das Postulat, alle Landeskinder zu berücksichtigen, und gleichzeitig setzte man sich für die Mechanisierung und Rationalisierung der Produktion und damit der lokalen wie personellen Konzentration ein; das waren zwei diametral entgegengesetzte Ziele, die nicht gleichzeitig erreicht werden konnten. Steinbeis war also klar, dass die Förderung der Industrialisierung auch mit einem Verdrängungsprozess innerhalb der traditionellen Gewerbe einhergehen musste. Seine Entscheidung, bestimmte Familien zu fördern und damit andere Familien von dieser Förderung auszuschließen, war demnach systemimmanent. Gegenüber dem König legitimierte Steinbeis seine Haltung wie folgt: *Wünschenswerth wäre freylich, es käme die gesamte Bleich- und Appreturvorrichtung in eine und dieselbe sachverständige*

[93] Paul Hirschfeld, Württembergs Großindustrie und Großhandel, Berlin 1889, S. 34 ff.

[94] Gert Kollmer, Die Industrieentwicklung einer Württembergischen Amtsstadt am Beispiel Blaubeuren, in: Blaubeuren. Die Entwicklung einer Siedlung in Südwestdeutschland, hg. von Hansmartin Decker-Hauff/Immo Eberl, Sigmaringen 1986, S. 627–664, hier S. 634.

Hand, in welchem Falle eine weitere Zubuße von Seiten des Staates auch motiviert seyn dürfte. [...] *Es ist traurig für den Leinen-Fabrikanten, wenn ihm Nichts zu fortwährender Anstrengung zu Gunsten der Weberei antreibt, als die Hoffnung, vielleicht im Laufe der Zeit eine Bleich- und Appreturanstalt zu erhalten, welche seine Bestrebungen allein nutzbringend für Ihn und das Land machen könnte*[95].

Lang Juniors Reisen erstreckten sich über mehrere Jahre und umfassten Besuche in Belgien, Frankreich, England, Irland aber auch Westfalen. Seine Reiseberichte haben sich zumindest in Teilen erhalten, und seine Reiseroute deckte sich in weiten Teilen mit der von Ferdinand Steinbeis aus dem Jahr 1851. In dem Reisebricht Eduard Langs von 1854 beschreibt er auch Spinnschulen, von denen er in Belgien mehrere besucht hatte. Dabei handelte es sich um relativ große Säle, in denen Mädchen im Alter zwischen 4 und 16 Jahren gegen eine geringe Bezahlungen Flachs zu Garn spinnen mussten. Das Rohmaterial wurde ihnen abgewogen ausgegeben, ebenso wie ihr fertiges Garn gewogen wurde. Der Gewichtsverlust wurde ihnen anteilig vom Lohn abgezogen, eine Methode, die Lang als besonders motivierend lobte, und die er ebenso wie die Gruppenarbeit als zur Steigerung der Arbeitsleistung und der Verminderung des Unterschleifs als besonders nützlich beschrieb. Der Zutritt zu den belgischen Schnellbleichen blieb ihm aber verwehrt[96].

Über einen wiederum relativ langen Zeitraum erfolgte unter der Ägide der Familie Lang der vertikale Ausbau weiterer Produktionsschritte. Dabei stützte man sich nicht nur auf das Fachwissen von Eduard Lang, sondern bediente sich wiederum ausländischer, in diesem Fall irischer Experten, die auf Staatskosten die Modernisierungsbestrebungen unterstützten. Schon im Jahr 1853 stellte Carl Lang einen Antrag, eine mechanische Weberei einrichten zu dürfen. Aus dem Brandregister der Stadt Blaubeuren des Jahres 1882 geht hervor, dass er bereits Jahre vor der Gewährung der Gewerbefreiheit in Württemberg in einem umgebauten ehemaligen Magazin eine zentralisierte Weberei mit circa 24 Handwebstühlen betrieben hat[97]. Das ist insofern bemerkenswert, als in dieser Zeit die amtliche Tradition nur von der Blaubeurener Webschule weiß[98]. Eduard Lang hatte vom 13. Oktober bis zum 30. November des Jahres 1853 Irland bereist. Auf dieser Reise engagierte er den Vorarbeiter James Gracey aus Bisburne als Weblehrer für die Webschule[99].

Der Staatsanzeiger für Württemberg berichtete über die Einrichtung dieser so genannten Webschule in Blaubeuren im November 1854, dass in der Vergangenheit die Weber aus den umliegenden Dörfern zur Abgabe ihrer Leinwaren in dem Butzhuber'schen und Lang'schem Handelshaus zusammengekommen seien, und das so

---

95 Lang (wie Anm. 88) S. 53.

96 Baden-Württembergisches Wirtschaftsarchiv Hohenheim B 47, Bü 325; StAL E 170 Bü 15.

97 StadtA Blaubeuren C 751, 46; ebd. Brandregister 1882, B 119.

98 Wirtschaftsarchiv Baden-Württemberg Hohenheim B 47, Bü 488.

99 Lang (wie Anm. 88) S. 55.

in Umlauf gebrachte Geld *zum wohltätigen Einfluß aller Gewerbe*[100] beigetragen habe, und dass es zu hoffen stehe, dass dieser alte Zustand wieder hergestellt werden könne.

Entgegen der gelegentlich kolportierten Darstellung, dass die Webschule in Blaubeuren der Nucleus der später so erfolgreichen Württembergischen Gewerbeschulen[101] gewesen sei, betrieb Lang die als „Schule“ bezeichnete Einrichtung offensichtlich nur wenige Jahre. Bemerkenswert erscheint auch, dass die Webschüler für ihre Arbeit bezahlt wurden, während in späteren Einrichtungen, wie der 1860 eingerichteten Webschule in Heidenheim, ein Schulgeld zu zahlen war[102]. Die Blaubeurener Einrichtung wurde jedenfalls bereits 1859 wieder geschlossen, und erst 1873 wurden in Laichingen und 1881 in Westerheim erneut Webschulen gegründet, um die wirtschaftliche Entwicklung der Alborte zu befördern.

Insbesondere die Laichinger Gründung ist in diesem Zusammenhang bemerkenswert, da dort wieder, wie im Fall Blaubeurens, zunächst ein späteres Industrieunternehmen als Webschule fungierte. Die bis heute bestehende Firma Pichler, die zunächst 1866 in Urach von Hermann Pichler gegründet worden war und ab 1876 ihren offiziellen Sitz in Laichingen nahm, betrieb die staatliche Webschule bereits drei Jahre bevor sie als Fabrik fungierte[103]. Und auch bei diesen Gründungen trat abermals Eduard Lang zumindest in der Funktion eines externen Gutachters in Erscheinung[104]. Die offizielle, aktenkundige Gründung der mechanischen Weberei der Gebrüder Lang in Blaubeuren soll erst 1864 erfolgt sein – nach der Einführung der Gewerbefreiheit.

In der zweiten Hälfte des Jahrhunderts, mit dem Anschluss Blaubeurens an das Eisenbahnnetz 1868 und der Einführung der Gewerbefreiheit 1862, entwickelten sich die Lang'schen Unternehmungen durchaus positiv, allerdings verzichtete man darauf, selber eine Leinwandspinnerei einzurichten, sondern kaufte das Garn immer extern ein. 1882 fusionierten die Lang'sche Weberei und Bleiche in Blaubeuren mit der 1850 in Laichingen gegründeten Firma Heinrich Hoffmann & Cie zu der Aktiengesellschaft „Württembergische Leinenindustrie“, und in der Folge entwickelte sich ein für die Region bedeutendes Unternehmen, das bis weit ins 20. Jahrhundert hinein prosperieren sollte.

---

100 Wirtschaftsarchiv Baden-Württemberg Hohenheim B 47, Bü 488.

101 BOELCKE (wie Anm. 15) S. 51.

102 Otto BRECHTLE, Die Gewerbeförderung im Königreich im Geschäftsbereich der Zentralstelle für Gewerbe und Handel, Stuttgart 1905, S. 42; Wilhelm SCHNEIDER, Hausweberei – Leinwandhandel – Textilindustrie in Heidenheim, Heidenheim 1976, S. 57 f.

103 Werner MANGOLD, Der Leinenweber im Blauhemd. Das Laichinger Wirtschaftswunder, Horb a.N. 2010, S. 41, 47.

104 KOLLMER (wie Anm. 94) S. 634 f.

Fazit

Der Vergleich des gescheiterten Versuchs Orths und Cottas in Heilbronn mit dem langfristig erfolgreichen Projekt in Blaubeuren vermag zu zeigen, dass es in beiden Fällen Beispiele für Hindernisse gab, die durch die Inkompetenz technischer Experten hervorgerufen wurden. Kurrers Verfahren zur Bleiche schädigte die Leinentücher schwer, und Orth hatte nie etwas vom Einsatz von Fixiermitteln beim Verspinnen des Leingarns gehört. Die Fallbeispiele unterscheiden sich aber nachhaltig hinsichtlich der lokalen und personellen Kontinuität. Cotta & Comp. war entgegen der Blaubeurener Bleiche eine kurzlebige Neugründung. Die langfristige und kostspielige Adaption fremder Technologien verschlang im Blaubeurener Fall das Vermögen mehrerer Familien, und der letztendliche Erfolg der Familie Lang kann als Paradebeispiel dafür gelten, was Landes als „drastische Säuberung unter den Industrieunternehmen[105]“ bezeichnet hat, da Carl und nach ihm Eugen Lang bereit waren, ihr Unternehmen mit allen Ihnen zur Verfügung stehenden Mitteln und unter Nutzung aller verfügbaren staatlichen Ressourcen zum Erfolg zu führen.

Für die mechanische Flachsspinnerei Heilbronn ist es wohl das Zusammenspiel mehrerer negativer Faktoren gewesen, die zu ihrem Scheitern führten. Eine zu dünne Kapitaldecke und ein daraus resultierendes zu kurzes Zeitfenster, um die neue Technologie zu etablieren, bei der gleichzeitigen Selbstüberschätzung des maßgeblichen technischen Experten Orth macht es nicht verwunderlich, dass der Cotta'schen mechanischen Flachsspinnerei kein Erfolg beschieden war. Nach dem Tod Johann Friedrichs von Cotta war sein Sohn und Nachfolger Georg Cotta bestrebt, das vom Vater übernommene Unternehmen zu reorganisieren und auf die Kernkompetenz des Hauses auszurichten. Das bedeutete das Aus für alle Geschäftsbereiche, die außerhalb des Verlagswesens lagen. Und auch der Fall Blaubeuren zeigt bezüglich der Verfügbarkeit von Investitionskapital, dass diese grundlegende Voraussetzung der Industrialisierung Württembergs noch keineswegs erfüllt war.

Bemerkenswert für beide Innovationsprojekte ist, dass man den Schwerpunkt der Bemühungen auf den jeweils wahrgenommenen produktionstechnischen Engpass legte, also im Fall Blaubeurens die Kapazitätssteigerung der Bleiche und im Fall Heilbronns die Verbilligung und massenhafte Verfügbarkeit des Garns.

Der Transfer einer innovativen Technologie ist, wie wir heute wissen, ein keineswegs triviales Unterfangen. Die von den Zeitgenossen als notwendig wahrgenommene Modernisierung und Umstrukturierung der Leinenindustrie hatte zu einem breiten und ergebnisoffenem Diskurs unter den relevanten sozialen Gruppen geführt. Im Zuge dieser Modernisierungsbestrebungen schreckte man auch nicht vor

[105] David S. Landes, Der entfesselte Prometheus. Technologischer Wandel und industrielle Entwicklung in Westeuropa von 1750 bis zur Gegenwart, Köln 1973, S. 189.

Industriespionage oder der Aneignung von fremdem geistigem Eigentum zurück. Die Rolle der Fachleute, die von privater und staatlicher Seite hinzugezogen wurden, war dabei durchaus ambivalent, da Produktionsprozesse, namentlich die Verwendung von Fixiermitteln in der Spinnerei oder der Einsatz von Chemikalien beim Bleichen und Appretieren der Textilien, einerseits geheim gehalten wurden und andererseits ihre Relevanz keineswegs von allen Experten wahrgenommen wurde. Das brachte mit sich, dass auch nicht alle Innovationsbestrebungen erfolgreich sein konnten. Da nicht jede Technologie ohne weiteres von einem naturräumlichen, sozialen und technologischen Umfeld in ein anderes transportiert werden kann, und die Akkulturation einer innovativen Technologie mit einem erheblichen Aufwand von Zeit und Ressourcen verbunden sein kann, ist aus der zeitgenössischen Perspektive keineswegs eindeutig, ob gescheiterte Ideenhändler wie Louis von Orth oder Wilhelm Heinrich von Kurrer tatsächlich als Stümper oder Scharlatane zu gelten haben, oder ob es lediglich an der Weitsicht und dem Durchhaltevermögen gefehlt hat, um die innovative Technologie den neuen Rahmenbedingungen anzupassen.

Bauernsohn, Erfinder, Katholik: Jacob Mayer (1813–1875)*

Von Edwin Ernst Weber

Neben dem Bildhauer Landolin Ohnmacht[1] ist der Erfinder und Industriepionier Jacob Mayer zweifellos die über die Grenzen von Ortschaft und Region hinaus bekannteste Persönlichkeit aus Dunningen bei Rottweil. Sowohl in seinem südwestdeutschen Herkunftsraum wie auch in seinem rheinisch-westfälischen Wirkungskreis zählt Jacob Mayer zu den „großen Söhnen", dem bereits mehrere Kurzbiografien gewidmet wurden und der in der Industriegeschichte des Ruhrgebiets einen prominenten Rang beanspruchen kann[2]. Obwohl Jacob Mayer mithin in zahlreichen Büchern und neuerdings auch im Internet[3] präsent ist, wissen wir zwar viel über die industriegeschichtliche Bedeutung seiner Erfindungen sowie die Entwicklung des von ihm mitbegründeten Betriebs in Bochum, letztlich aber wenig über seine Persönlichkeit und sein Denken.

---

* Geringfügig überarbeitete und mit Anmerkungen versehene Fassung eines Festvortrags vom 10. Mai 2013 in Dunningen zum 200. Geburtstag von Jacob Mayer.

[1] Julius Wilbs, Landolin Oh(n)macht. Bildhauer. 1760–1834, in: Gerhard Taddey/Joachim Fischer (Hg.), Lebensbilder aus Baden-Württemberg, Bd. 20, Stuttgart 2001, S. 146–165; Mechtild Ohnmacht, Landelin (!) Ohnmacht, Lindenberg im Allgäu 2013.

[2] Die wichtigsten biografischen Annäherungen: W(alter) Bertram, Jacob Mayer. Der Erfinder des Stahlformgusses. Zur 125. Wiederkehr seines Geburtstages am 1. Mai 1938, Berlin 1938; Eugen Reinert, Jakob (!) Mayer. Erfinder des Stahlformgusses und Begründer des Bochumer Vereins. 1813–1875, in: Schwäbische Lebensbilder, Bd. 2, hg. von Hermann Haering, Stuttgart 1941, S. 340–350; Theodor Heuss, Jacob Mayer, in: Ders., Deutsche Gestalten. Studien zum 19. Jahrhundert, Stuttgart/Tübingen 1947, S. 154–161; Adalbert Frensdorff, Jacob Mayer, in: NDB, Bd. 16, Berlin 1990, S. 543 f. Stellvertretend für die wirtschaftsgeschichtlichen Darstellungen seien genannt: Walter Däbritz, Bochumer Verein für Bergbau und Gußstahlfabrikation in Bochum. Neun Jahrzehnte seiner Geschichte im Rahmen der Wirtschaft des Ruhrbezirks, Düsseldorf 1934; Günter Ogger, Die Gründerjahre. Als der Kapitalismus jung und verwegen war, München 1982; Marco Rudzinski, Ein Unternehmen und „seine" Stadt. Der Bochumer Verein und Bochum vor dem Ersten Weltkrieg (Veröffentlichungen des Instituts für soziale Bewegungen, Schriftenreihe A: Darstellungen, Bd. 51), Essen 2012.

[3] Als Beispiele: Wikipedia (Jacob Mayer (Fabrikant)); Internet-Auftritt der Stadt Bochum (www.bochum.de – Historische Bochumer Persönlichkeiten); Internet-Auftritt der Jacob-Mayer-Schule Dunningen (www.jacob-mayer-schule.de – Geschichte/Namensgeber).

Dies liegt zum einen am vorrangig technikgeschichtlichen Blickwinkel der bisherigen Forschung zu Leben und Werk Mayers, zum anderen aber auch am weitgehenden Fehlen von Selbstzeugnissen. Wie viele Persönlichkeiten aus der Technik hat auch Jacob Mayer keine Aufzeichnungen über sein Leben[4] und eine lediglich schmale Korrespondenz – namentlich mit seinem in Dunningen verbliebenen ältesten Bruder Josef Mayer – hinterlassen[5] und stützt sich unser Wissen zu Person und Werdegang jenseits seiner erfinderischen und unternehmerischen Aktivitäten vorrangig auf Schilderungen und Deutungen Dritter und hier insbesondere auf die seines Neffen Peter Josef Sieber aus Trier[6]. Auch kursieren verschiedene Legenden zumal aus den Lehr- und Wanderjahren Mayers – etwa von der heimlichen Beobachtung seines Kölner Lehrmeisters bei dessen vergeblichen Versuchen zur Gussstahlherstellung durch ein in den Kammerboden gebohrtes Guckloch oder von der angeblichen Flucht unter Lebensgefahr aus England vor den ihm nachstellenden Arbeitskollegen –, deren Wahrheitsgehalt sich nur schwerlich nachweisen lässt[7].

Diese Studie unternimmt den Versuch, den Blick auf Jacob Mayer auf drei Feldern zu erweitern: Zum einen gilt das sozialgeschichtliche Interesse seinem dörflichen und familiären Hintergrund mit den bis in die Bochumer Zeit wirksamen Dunninger Verwandtschaftsbeziehungen; zum anderen gilt das Interesse Mayers Erfolg als Erfinder und seinem gleichzeitigen Scheitern als Unternehmer; und zum dritten schließlich erscheint die katholische Prägung und Verankerung Jacob Mayers als aufschlussreich für das Verständnis seiner Persönlichkeit. Neben neuerer Literatur zur Stadt- und Industriegeschichte Bochums[8] stützt sich die Untersuchung vor allem auf Quellen aus dem Gemeinde- sowie dem Pfarrarchiv von Dunningen zu den Verwandtschafts- und Besitzverhältnissen von Jacob Mayers Vorfahren und Geschwistern, weiter auf die erwähnte Korrespondenz des Erfinders mit seinem Bruder Josef in Dunningen aus dem Historischen Archiv Krupp und schließlich auf die Schilderungen und Erinnerungen seines Neffen Peter Josef Sieber.

---

4 Reinert (wie Anm. 2) S. 349; auch Rudzinsky (wie Anm. 2) S. 86 schreibt von einem „Mangel an originären Quellen" zu Jacob Mayer.

5 Acht Schreiben von Jacob Mayer aus Köln bzw. Bochum an seinen Bruder Josef Mayer in Dunningen zwischen 1837 und 1844 (Historisches Archiv Krupp Essen WA 80/1423; Kopien Heimatmuseum Dunningen).

6 Schreiben von P(eter Jos.) Sieber zu Trier an Josef Mayer junior in Dunningen vom 28. Oktober 1904 (Heimatmuseum Dunningen); Schreiben von P(eter Jos.) Sieber zu Trier an Lehrer Karl Schneider in Dunningen vom 20. Mai 1907 betreffend Jacob Mayer (Historisches Archiv Krupp Essen WA 80/1420).

7 Zumindest die Kölner Gucklochgeschichte scheint auf die Schilderung von Peter Josef Sieber zurückzugehen (vgl. Schreiben Sieber von 1904, wie Anm. 6). Von Bertram (wie Anm. 2) S. 4 werden beide Geschichten erstmals publiziert.

8 Rudzinsky (wie Anm. 2); Enno Neumann, Ein Grabdenkmal erzählt Bochumer Geschichte. Jacob Mayer und der Bildhauer Wilhelm Gardy, in: Johannes Volker Wagner (Hg.), Das Stadtarchiv. Schatzkammer – Forschungsstätte – Erlebnisort, Essen 2004, S. 145–156.

1. Der dörfliche und familiäre Hintergrund

Jacob Mayer wird am 1. Mai 1813 als zweitältestes von fünf Kindern des Kleinbauern Adam Mayer (1772–1833) und seiner ersten Frau Luggard geb. Mauch (1785–1821) in Dunningen geboren[9]. Das einstige Untertanendorf der Reichsstadt Rottweil gehört 1813 seit mittlerweile zehn Jahren dem 1806 zum Königreich aufgestiegenen Württemberg an und ist in dieser Zeit von den Erschütterungen der endlosen Kriege zunächst mit und seit 1813 gegen Napoleon betroffen[10]. Eine württembergische Bestandsaufnahme ermittelt für das Dorf 1802 143 Familien und 975 Seelen, 52 Geburten und 30 Todesfälle, 176 Pferde und 632 Stück Hornvieh sowie den Acker- und Wiesenbau neben der Viehzucht als Haupterwerbsquellen[11]. 130 Schulkinder werden von Schulmeister Aloysi Thaler im Gemeindshaus unterrichtet. Bei der Kirchenvisitation 1808 werden bereits 1.044 Seelen gezählt, als Pfarrer wird Augustin Fidel Georg Braunmühl, ein ehemaliger Benediktiner aus dem Kloster Wiblingen bei Ulm, genannt[12]. Pfarrer Braunmühl dürfte Jacob Mayer getauft haben, und bei Lehrer Thaler könnte er seine erste schulische Ausbildung erhalten haben.

Wenn man dem Visitationsbericht von Pfarrer Strobel aus Rottweil von 1818 Glauben schenkt, sind die sittlichen Verhältnisse in Dunningen zur Jugendzeit Jacob Mayers nur wenig ersprießlich[13]: In der Gemeinde sieht er *eine große Verdorbenheit* [...] *herrschend* mit *Nachtschwärmerei, unzüchtige(m) Wirthshausbesuch, Trunkenheit und damit verbundene(n) Schlägereÿen, verabredete(n) nächtliche(n) Zusammenkünfte(n) der ledigen Pursche(n) in den Kammern der Weibspersonen*, sodann nicht seltenen *Uneinigkeiten* in den Ehen, kleineren Diebereien und gewaltsamen Einbrüchen, einer jüngst aufgeflogenen Gesellschaft von *Falschmünzern* und schließlich sogar drei Totschlägen innerhalb weniger Jahre. Vor zwei Jahren sei in Dunningen *ein eigentlicher Aufstand gegen den Schultheiß* erfolgt, *wobeÿ die grösten Unordnungen vorfielen.* Den 71 Jahre alten und kränkelnden Pfarrer erachtet der Visitator angesichts der *Roheit* und der vielen *Gebrechen* in der Ge-

---

9 Familien-Register I zum Kirchenbuch der Pfarrei Dunningen 1808–1909, S. 265 (Diözesanarchiv Rottenburg (künftig: DAR) M 173 B 18).

10 Zum Übergang Dunningens an Württemberg und den innerdörflichen Verhältnissen vgl. Edwin Ernst Weber, Von der Knechtschaft in die Freiheit? Dunningen und Seedorf beim Übergang von der Reichsstadt Rottweil an Württemberg 1802/03, in: Die Brücke. Dunninger Jahrbuch 17 (2002) S. 23–34.

11 „Beantwortung der 83 Fragen quoad Statum Ecclesiasticum, Politicum et oeconomicum in ehem. Obervogteiflecken Dunningen, Seedorf, Herrenzimmern etc." – November 1802 (StAL D 23 Nr. 29).

12 „Tabellarischer Ausweis ueber die Dekanatsvisitation vom 22. August bis 14. Oktober 1808 in verschiedenen Wirtembergische(n) Gemeinden des Landkapitels Rotweil" von Dekan Dr. Ludwig Anton Haßler – Dunningen (DAR A I 2 b Nr. 138).

13 Spezial-Bericht vom 29. Juli 1818 über die in Dunningen am 19. Mai 1818 abgehaltene Kirchenvisitation durch Visitator Strobel, Rottweil (DAR G 1.8 Nr. 494).

meinde als ebenso überfordert und ablösungsbedürftig wie den Schultheißen, der nicht nur untätig sei, sondern auch nicht das Vertrauen seiner Mitbürger habe.

Jacob Mayer ist der Spross einer alteingesessenen Bauernfamilie, deren Vorfahren sich in Dunningen bis in das 17. Jahrhundert zurückverfolgen und – wie etwa die als Schultheiß bzw. Dorfvogt genannten Urgroßväter Christian Mayer (1707–1743) und Matthäus Graf (1706–1763)[14] – sich vielfach in gemeindlichen Führungsämtern nachweisen lassen. Sowohl der Großvater Matthäus Mayer (1735–1811) wie auch der Vater Adam Mayer tauchen in den Dunninger Kaufbüchern mit mittel- bzw. kleinbäuerlichem Grund- und Viehbesitz und dem Anwesen Nr. 136 mit Haus und Scheuer an der Abzweigung der Bitzestraße von der Locherhofer Straße auf[15].

Weist Dunningen im 18. Jahrhundert noch eine ganze Reihe großbäuerlicher Lehenshöfe und eine polare Sozialstruktur mit rund einem Drittel wohlhabender Vollbauern und zwei Drittel landarmer Taglöhner auf[16], so entwickelt sich in Dunningen im 19. Jahrhundert eine kleinbäuerliche Dorfgesellschaft. Hintergründe für diese tendenzielle soziale Nivellierung sind die sich durchsetzende Realteilung, das sich lockernde Teilungsverbot für den grundherrschaftlich gebundenen Besitz sowie ein nicht zuletzt durch den beträchtlichen Anteil des bäuerlichen Eigengutes ausgesprochen mobiler Grundstücksmarkt.

Wie sich gerade auch am Beispiel der Familie Mayer nachweisen lässt, werden durch die Güterteilung unter den zumeist zahlreichen Kindern die Anwesen stetig kleiner und zur Auszahlung von Erben mitunter durch parzellenweise Verkäufe sogar regelrecht atomisiert. Neben Matthäus Mayer, dem Großvater Jacob Mayers, mit einem mittelbäuerlichen Besitz lässt sich 1772/1773 noch dessen jüngster Bruder Isidor Mayer als gutsituierter Lehensbauer mit einem Hof von 78 Jauchert nachweisen[17]. In der nächsten Generation begegnen neben Jacob Mayers Vater Adam Mayer noch dessen Brüder Thomas Mayer (1764–1839) und Valentin Mayer

---

[14] Nachlass Alfons Haigis (1908–1994), Familienregister Dunningen, Bd. 6 (StadtA Schramberg) – Auswertung zu Christian Mayer und Matthäus Graf.

[15] Matthäus Mayer bzw. dessen Enkel Simon Mayer und Sohn Adam Mayer werden 1820 mit einem Grundbesitz von 52 Jauchert 1½ Vierndel 122 Ruthen und einem – bereits 1804 ermittelten – Viehbestand von 2 Pferden, 5 Stieren, 3 Kühen und 1 Kälble aufgeführt (Güterbuch Dunningen, Oberamt Rottweil, Bd. I, fol. 585 ff., GemeindeA Dunningen Nr. 613); zum Grundbesitz von Adam Mayer s. unten.

[16] Edwin Ernst Weber, Städtische Herrschaft und bäuerliche Untertanen in Alltag und Konflikt. Die Reichsstadt Rottweil und ihre Landschaft vom 30jährigen Krieg bis zur Mediatisierung, Rottweil 1992, S. 239, 242, 244.

[17] Im Dunninger Urbar von 1772/1773 wird Matthäus Mayer als Bauer mit Eigengut von 19,3 Jauchert, aber ohne Lehensbesitz, sein Bruder Isidor Mayer dagegen mit Lehensgütern von 70,5 Jauchert und Eigenbesitz von 8,25 Jauchert aufgeführt (vgl. Karl Schneider, Dunningen im Oberamt Rottweil. Beschreibung und Geschichte, Dunningen 1927, masch., S. 1013, 1017). Isidor Mayer hat dabei auch das Bauernlehen der Rottweiler Bruderschaft inne, das im Dunninger Urbar von 1739 noch seinem Vater Christian Mayer zugeschrieben worden war (vgl. ebd., S. 959, 943).

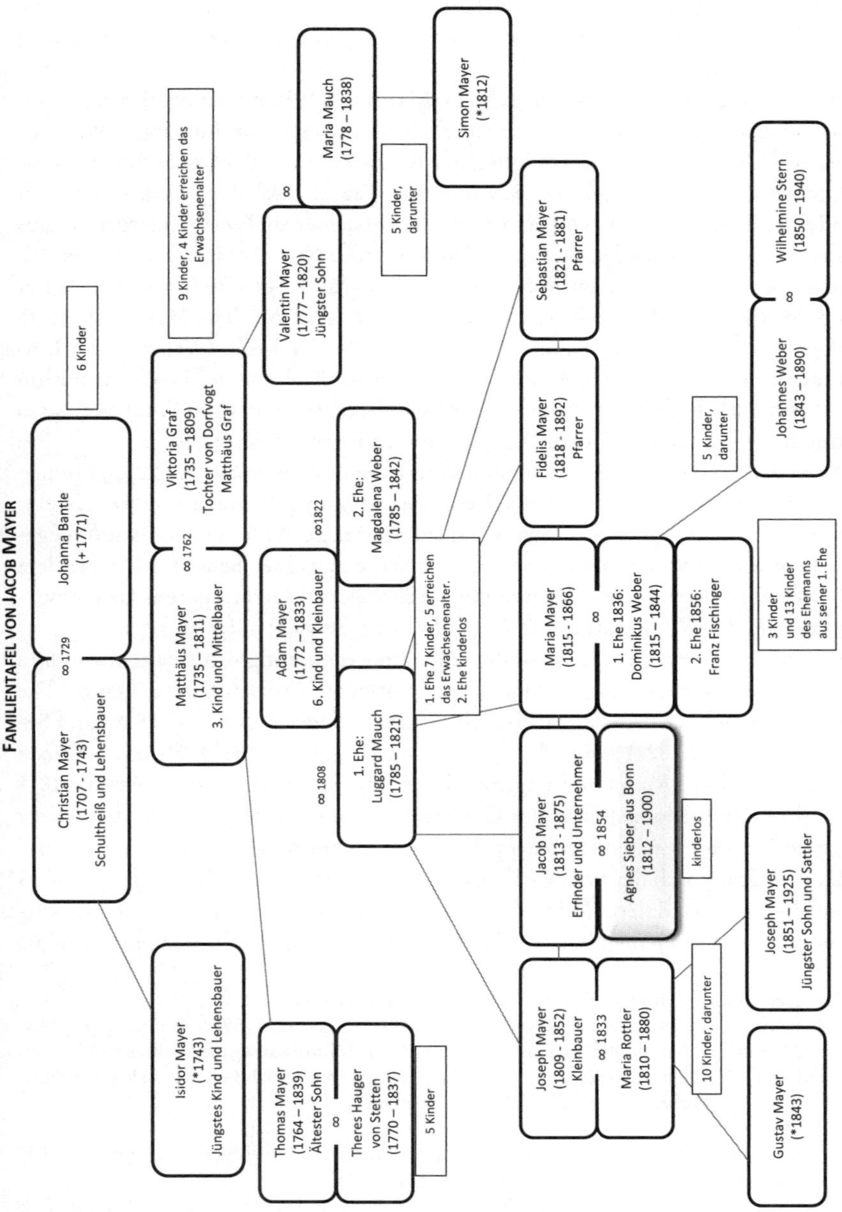

Abb. 1: Familientafel von Jacob Mayer (Entwurf: Edwin Ernst Weber).

(1777–1820) mit gleichfalls kleinbäuerlichen Anwesen. Der Hof des verstorbenen Matthäus Mayer mit nunmehr 52,5 Jauchert wird 1820 hälftig zwischen seinem Sohn Adam Mayer und seinem Enkel Simon Mayer, dem Sohn des verstorbenen Valentin Mayer, aufgeteilt[18].

Im Dunninger Güterbuch taucht Adam Mayer um 1830 mit einem durch parzellenweise Zukäufe erweiterten kleinbäuerlichen Anwesen von immerhin 36,5 Jauchert auf[19]. Seinen an der Abzweigung der Bitzestraße von der Locherhofer Straße gelegenen Hof (Nr. 136) gibt er 1820 in einem Tauschgeschäft an seinen jüngeren Bruder Valentin Mayer ab, von dem er wiederum dessen im *Graben* gelegenes Bauernhaus mit der Gebäudenummer 54 übernimmt[20]. Nur drei Jahre später, am 20. Januar 1823, verkauft Adam Mayer dieses Haus für 1.248 Gulden an den Küfer Leopold Rottler und erwirbt statt dessen vom Wagner Mathias Mauch für 1.435 Gulden das Anwesen Nr. 78 mit Haus, Scheuer, Backhaus und Garten an der Einmündung der Schnurrenstraße in die Dorfbachstraße[21]. Jacob Mayer hat mithin sein vermeintliches Geburtshaus an der Schnurrenstraße erst im Alter von zehn Jahren bezogen, tatsächlich zur Welt gekommen ist er auf der Bitze.

Nach dem Tod des Vaters wird beim Übergang des Anwesens für 2.000 Gulden an den ältesten Sohn Josef Mayer 1833 eine Beschreibung des Bauernhauses erstellt: Das zweistöckige, mit einem Schindeldach versehene Wohn- und Ökonomiegebäude weist zwei Stuben, eine Scheuer, zwei Ställe und einen Schopf auf, unter dem Inventar wird neben zahlreichen landwirtschaftlichen Gerätschaften als einziger Gegenstand der Wohnkultur eine Wanduhr samt Gewicht aufgeführt[22].

Aus der am 1. Februar 1808 geschlossenen Eheverbindung von Adam Mayer und der 13 Jahre jüngeren Luggard Mauch gehen insgesamt sieben Kinder hervor: Die Söhne Josef (geb. 28.2.1809), Jacob (geb. 1.5.1813), Fidelis (geb. 12.4.1818) und Sebastian (geb. 20.1.1821) sowie die Tochter Maria (geb. 1.8.1815). Hinzu kommen noch die Zwillinge Maria und Lorenz, die am Tag ihrer Geburt am 3. August 1811 versterben. Acht Monate nach der Geburt ihres jüngsten Sohnes Sebastian stirbt Luggard Mauch im Alter von knapp 36 Jahren. Neun Monate darauf, am 27. Juni 1822, verheiratet sich der fast 50-jährige Adam Mayer wieder mit der gleichfalls 13 Jahre jüngeren Magdalena Weber[23]. Eine relativ rasche Wiederverheiratung verwitweter Männer mit kleinen Kindern ist in vormoderner Zeit weit verbreitet, um die

---

18 Güterbuch Dunningen, Bd. I (wie Anm. 15) fol. 151v–154r.

19 Güterbuch Dunningen, Oberamt Rottweil, Bd. III, fol. 585v–599r (GemeindeA Dunningen Nr. 615). Dabei handelt es sich um 8 J 3 V 281 R Öhmdwiesen, verteilt auf 18 Parzellen, und 26 J 1 V 223 R Ackerfeld. In einem Nachtrag werden noch Grundstückserwerbungen durch Adam Mayer von 18 J 2½ V 258 R aufgeführt.

20 Ebd.

21 Ebd.; außerdem Kaufbuch für die Ehrsame Gemeinde Dunningen von Februar 1810–März 1824, fol. 213v, 214r (GemeindeA Dunningen Nr. 758).

22 Kaufbuch Dunningen, Oberamt Rottweil, Bd. VI, vom 16. März 1833 bis 2. September 1835 (GemeindeA Dunningen Nr. 763), fol. 76r-77v – Kaufvertrag vom 10.7.1833.

23 Familien-Register I zum Kirchenbuch Dunningen 1808–1909 (wie Anm. 9) S. 265.

Abb. 2: Urkarte Dunningen 1837 mit dem Geburtshaus von Jacob Mayer mit der Nr. 136 und dem späteren Wohnhaus der Familie Mayer mit der Nr. 78 (Vorlage: Kreisarchiv Rottweil).

Versorgung und damit das Überleben des Nachwuchses sicher zu stellen. Jacob Mayer verliert damit im Alter von acht Jahren seine Mutter und wächst zusammen mit seinen Geschwistern unter der Obhut einer Stiefmutter auf. Aus der zweiten Ehe des Vaters gehen keine Kinder mehr hervor.

Abb. 3: Das in den 1970er Jahren abgerissene Kleinbauernhaus Nr. 136 an der Ecke Bitzenstraße/Locherhofer Straße in Dunningen – das Geburtshaus von Jacob Mayer (Vorlage: Heimatmuseum Dunningen).

Im Alter von 60 Jahren stirbt am 26. Juni 1833 Adam Mayer und hinterlässt eine Witwe sowie fünf großenteils noch minderjährige Kinder, die es zu versorgen gilt. Dies geschieht durch zwei Kaufverträge nur wenige Wochen nach dem Tod des Vaters: Mit Vereinbarung vom 10. Juli 1833 überlässt die von Pflegern[24] vertretene Erbengemeinschaft dem ältesten Sohn Josef zum Preis von 2.000 Gulden das Bauernhaus an der Schnurrenstraße nebst Garten, einer Bauernallmend, einem kleinen Viehbestand, den Futter-, Getreide- und Holzvorräten sowie einzeln benannten landwirtschaftlichen Gerätschaften und der erwähnten Wanduhr[25]. Detailliert wird im Vertrag festgehalten, welche Leistungen die Stiefmutter Magdalena Weber neben dem lebenslangen Wohnrecht im Haus von dem Hoferben beanspruchen kann: Ihr stehen die Nutzung der unteren Stube, der Küchenkammer, der unteren Küche sowie ein Drittel des Gartens zu, weiter die Haltung von zwei Stück Vieh im unteren Stall, als jährliches Leibgeding jeweils auf Martini 30 Pfund Salz, 50

[24] Als Pfleger von Josef Mayer werden Lorenz Mauch, als Pfleger seiner vier Geschwister Kaspar Benz und Friedrich Mayer genannt.

[25] Vertrag vom 10.7.1833 über den Verkauf der Verlassenschaft des verstorbenen Adam Mayer, Steuereinbringers, an dessen ältesten Sohn Josef Mayer (Kaufbuch Dunningen, Bd. VI (wie Anm. 22) fol. 76r–81v).

Abb. 4: Bauernhaus Schnurrenstraße 1 in Dunningen, Zeichnung von Franz Graf (Vorlage: Heimatmuseum Dunningen).

Krautköpfe, 15 Simri *Grundbieren*, d.h. Kartoffeln, 10 Pfund gezupfter Flachs, 1 Klafter Brennholz nebst dem erforderlichen Kochholz, von dem die Mutter allerdings nichts verkaufen darf. Exakt wird bestimmt, welche Felder – 1½ Jauchert Ackerfelder in allen drei Öschen sowie 1 Jauchert Wiesen – Josef Mayer für seine Stiefmutter alljährlich unentgeltlich zu ackern und zu fahren hat, wobei die erforderlichen Saatfrüchte allerdings Magdalena Weber besorgen muss.

Neben zahlreichen weiteren Bestimmungen wird im Vertrag sogar die *freiwillige* Verpflichtung des Hauskäufers festgehalten, seiner Stiefmutter jährlich 100 Kübel Dunglache zur Begießung ihres Gartenteils zu geben. Als 21. und letzter Punkt wird im Vertrag dann allerdings auch bestimmt, dass die zu diesem Zeitpunkt 48 Jahre alte Stiefmutter unter keinen Umständen mehr ins Haus heiraten darf, d.h. eine Eheschließung unter dem Dach ihres Stiefsohnes ist ihr ausdrücklich verwehrt. Neben der Stiefmutter räumt der Kaufvertrag auch den jüngeren Geschwistern Maria, Jacob, Fidelis und Sebastian, solange sie ledig sind und sich gut betragen, die Nutzung der sogenannten hinteren Kammer sowie der unteren Stube ein.

Nach dem Tod der Stiefmutter sollen deren Räume im unteren Stock des Bauernhauses an die Geschwister zur *Bewohnung* übergehen. Der Kaufvertrag wird von Magdalena Weber mit *Handzeichen* in Gestalt von drei Kreuzen unterzeichnet[26].

In einem zweiten Vertrag vom 26. August 1833 wird der gesamte, von Adam Mayer hinterlassene Feldbesitz von 38 Parzellen Äckern und Wiesen zum Preis von zusammen 5.470 Gulden sowie von jährlichen Leibgeding-Leistungen an die Witwe Magdalena Weber verkauft. 21,5 Jauchert gehen dabei an 30 verschiedene Erwerber über, lediglich knapp 7 Jauchert, verteilt auf acht Parzellen, verbleiben dem Hoferben Josef Mayer[27]. Dieser schließt noch im November desselben Jahres die Ehe mit Maria Rottler (1810–1880) und erlangt damit das Bürgerrecht und die volle Verfügung über seinen Besitz[28]. Aus der Verbindung gehen in der Folge insgesamt zehn Kinder hervor, darunter als Letztgeborener der spätere Sattler Josef Mayer junior (1851–1925). Wie zuvor seinem Vater Adam gelingt auch Josef Mayer durch verschiedene Zukäufe von Feldern bis in die 1840er Jahre eine Vergrößerung seines Hofes auf 30,5 Jauchert[29].

Die Zerstückelung des väterlichen Hofes mit einem Gelderlös von rund 7.500 Gulden dient der materiellen Absicherung der vier jüngeren Geschwister des Hoferben Josef Mayer: Während die Schwester Maria Mayer 1836 den Bauernsohn Dominikus Weber heiratet und in Dunningen eine Familie begründet[30], streben die drei Brüder Jacob, Fidelis und Sebastian über eine Lehre bzw. ein Studium in Laufbahnen außerhalb des ländlich-bäuerlichen Bereiches und bedürfen über Jahre hinweg der finanziellen Unterstützung aus dem väterlichen Erbe sowie zusätzlich von Josef Mayer. Für die Verhältnisse einer kleinbäuerlichen Familie im 19. Jahrhundert durchaus ungewöhnlich sind dabei insbesondere das Theologie-Studium und die geistliche Laufbahn als Pfarrer von gleich zwei Söhnen. Wie die Korrespondenz von Jacob Mayer mit seinem Bruder Josef aus den 1840er Jahren offenbart, ist das offenkundig in Tübingen absolvierte Studium von Fidelis und Sebastian Mayer ein finanzieller Kraftakt nicht nur für die beiden angehenden Theologen, sondern auch für ihren Dunninger Bruder Josef, der sich beständig von den Studenten und darüber hinaus auch von dem aufstrebenden Erfinder und Unternehmer Jacob Mayer um Unterstützung und Darlehen angegangen sieht[31]. Josef möge doch Fidelis, der zur Befriedigung der nötigsten Bedürfnisse insgesamt 350 Gulden brauche, wenigstens einen Teil des Geldes zuschicken, damit dieser nicht durch eine *Verlegenheitspartie* am Studieren gehindert werde. Sorgen um sein zu

---

26 Ebd., fol. 81v.

27 Vertrag vom 26.8.1833 (ebd., fol. 97v–107r).

28 Familien-Register I zum Kirchenbuch Dunningen 1808–1909 (wie Anm. 9) S. 320.

29 Güterbuch Dunningen, Oberamt Dunningen, Bd. VI, fol. 2408r–2424v (GemeindeA Dunningen Nr. 617).

30 Familien-Register I zum Kirchenbuch Dunningen 1808–1909 (wie Anm. 9).

31 Schreiben von Jacob Mayer zu Bochum an seinen Bruder Josef Mayer in Dunningen vom 12.5.1844 (wie Anm. 5).

Abb. 5: Pfarrer Fidelis Mayer, Kohlezeichnung, 28,5 x 19,5 cm (Vorlage: Gemeindearchiv Dunningen Nr. 1408).

Gunsten seiner Brüder ausgeliehenes Geld müsse er sich nicht machen, *denn unter uns drei wird gewis* [!] *auf der Zeit auch wenigstens* [ein Zahlungs-] *fähiger sein*, der die erhaltenen Darlehen zurückerstatten könne.

Fidelis Mayer ist nach Studium und Priesterweihe als Gemeindepfarrer in Bayern und hier von 1867 bis 1892 in Söchtenau bei Rosenheim tätig[32], während Sebastian Mayer in der heimischen Diözese Rottenburg verbleibt und hier u. a. in den oberschwäbischen Pfarreien Schmalegg, Ebersbach und Dürrenwaldstetten seelsorgerlich im Einsatz ist[33]. Die beiden Pfarrherren sind für die in Dunningen verbleibenden Verwandten offenkundig ansehenssteigernd und schlagen sich sogar im Hausnamen der Familie Mayer nieder: Wird der Bauer Josef Mayer zur Unterschei-

---

[32] Schreiben von Dr. Walter Diezinger in Söchtenau an Rektor Julius Wilbs in Dunningen vom 6. Oktober 1993 (Heimatmuseum Dunningen); Julius WILBS, Die Brüder Jacobs, in: Die Brücke. Dunninger Jahrbuch 1996, S. 48–50.

[33] Personalakte Sebastian Maier (DAR Abt. G 1,7,1 Nr. 3603) – nur die Deckblätter der Akte sind erhalten, der Inhalt wurde vernichtet (E. W.); (Priester) Sebastian Maier (!)/Mayer aus Dunningen – Akten des Kath. Kirchenrats (DAR F IV Nr. 880).

dung von den anderen Mayer-Sippen im Dorf anfänglich mit dem Zusatz *Adams* nach dem Vornamen seines Vaters näher bezeichnet, so wird in späterer Zeit für ihn wie auch seine Kinder der Hausname *Herr(en)maiers* gebräuchig[34]!

2. Vom Uhrmacherlehrling zum Fabrikbesitzer

Eine nicht minder ungewöhnliche Berufslaufbahn schlägt der zweitgeborene Sohn Jacob Mayer ein: Nachdem er den Schilderungen seines Neffen Peter Josef Sieber zufolge schon früh einen ausgeprägten *Sinn für Mechanik* zeigte, wurde er – möglicherweise nach einer ersten Lehre bei einem Mechanikermeister in Rottweil[35] – in die Ausbildung zu einem Verwandten namens Mauch in Köln gegeben, der sich dort als Uhrmacher niedergelassen und ein Geschäft begründet hatte[36]. Der bereits geschilderten legendenhaften Überlieferung zufolge kam er während seiner Uhrmacherlehre erstmals mit der – noch vergeblichen – Gussstahlfertigung in Berührung. Neben der Lehre erhielt Jacob Mayer durch den Kölner Artilleriemajor Ludwig Bote Unterricht in Mathematik, Physik und Chemie[37].

Vermutlich nach 1830 geht Jacob Mayer für einige Jahre nach England, wo er den Angaben seines Neffen Peter Josef Sieber zufolge mit *riesige(m) Fleiss an seiner Fortbildung arbeitete und die Geheimnisse der Gussstahlfabrikation ergründete und vervollkommnete*[38]. Aller Wahrscheinlichkeit nach war er in Fabriken in Sheffield, dem Zentrum der englischen und europäischen Tiegelstahlherstellung, tätig[39]. Auch wenn Jacob Mayer später äußerte, er sei *ohne genaue Kenntnisse von allem heim(ge)kehrt*, ist sich die Forschung weithin einig, dass die in England gewonnenen Erfahrungen und Erkenntnisse ihn „auf seinem Weg zu einer eigenen Tiegelstahlherstellung gewiss vorangebracht“ haben[40].

Legendenhaft und schwerlich zu verifizieren ist die bereits erwähnte Geschichte, wonach Mayer in England das Vertrauen seines Fabrikherrn gewonnen und sich damit zugleich die Feindschaft seiner Arbeitskollegen zugezogen habe, angeblich unter Lebensgefahr ihren Nachstellungen entfliehen und mit knapper Not ein ge-

---

[34] Als Beispiele Register zum Güterbuch Dunningen 1808ff. (GemeindeA Dunningen Nr. 627); Index zum Güterbuch Dunningen (GemeindeA Dunningen Nr. 625); Güterbuch Dunningen, Bd. VI, fol. 2408r (wie Anm. 29); Kaufbücher Dunningen, Bde. XX 1853–1855 (GemeindeA Dunningen Nr. 778) und XXII 1855–1858 (Nr. 780). Im Güterbuch, Bd. 34, 1877–1880 (Nr. 792) findet sich Josef Mayer junior in Eintragungen vom 15.8.1877, 26.10.1877 und 30.1.1878 mit dem Zusatz *Herrenmaiers* (fol. 12v, 49r, 82v).

[35] Die Rottweiler Lehre wird von Reinert (wie Anm. 2) S. 341, ohne weitere Quellenangabe erwähnt.

[36] Schreiben von Peter Josef Sieber an Josef Mayer junior vom 28.10.1904 (wie Anm. 6).

[37] Bertram (wie Anm. 2) S. 4; Reinert (wie Anm. 2) S. 341.

[38] Schreiben von Peter Josef Sieber an Josef Mayer junior vom 28.10.1904 (wie Anm. 6).

[39] Bertram (wie Anm. 2) S. 4; Rudzinsky (wie Anm. 2) S. 29.

[40] Rudzinsky (wie Anm. 2) S. 29.

Abb. 6: Jacob Mayer in jungen Jahren, Kohlezeichnung von Franz Graf, 28,5 x 19 cm (Vorlage: Gemeindearchiv Dunningen Nr. 1408).

rade im Hafen auslaufendes Schiff erreichen konnte, wo er sodann als Schiffsschlosser tätig war und nach mancherlei Fahrten schließlich wieder wohlbehalten die Heimat erreichte[41]. Der wahre Kern der Geschichte könnte in der „Industriespionage" liegen, die Jacob Mayer wie andere Kontinentaleuropäer, darunter auch sein späterer Kompagnon, der Dürener Fabrikant Eberhard Hoesch, im technisch und industriell fortgeschrittenen England wohl in der Tat betrieben hat[42].

Die persönlichen und fachlichen Verbindungen Mayers nach England scheinen jedenfalls durch diesen dramatischen Vorfall, wenn es ihn denn gegeben hat, keineswegs gravierend gestört worden zu sein: Einem Brief vom September 1837 an seinen Bruder Josef in Dunningen zufolge will Jacob Mayer nochmals für ein halbes Jahr nach England reisen[43], und als er im Frühjahr 1861 im Zerwürfnis mit Generaldirektor Louis Baare zum wiederholten Mal den Bochumer Verein für Bergbau und Gussstahlfabrikation verlassen will, hat der englische Lizenzpartner

[41] Bertram (wie Anm. 2) S. 4, erzählt die Geschichte als Erster, ohne allerdings Quellenbelege zu nennen.

[42] Ogger (wie Anm. 2) S. 44.

[43] Schreiben von Jacob Mayer zu Köln an seinen Bruder Josef Mayer in Dunningen vom 25.9.1837 (wie Anm. 5).

Naylor, Vickers & Co. in Sheffield Interesse an einem Firmeneintritt des mittlerweile europaweit berühmten Erfinders des Stahlformgusses[44].

Nach seiner Rückkehr nach Deutschland hält sich Jacob Mayer wohl 1836 nochmals für einige Zeit im Heimatdorf Dunningen auf, wo er angeblich im mittlerweile seinem Bruder Josef gehörenden Elternhaus an der Schnurrenstraße erste Versuche zur Herstellung von Gussstahl unter Verwendung von Holzkohle und Tiegeln durchführte[45]. Die Annahme, dass er die benötigten feuerfesten Tiegel in der seit 1820 in Schramberg bestehenden Steingutfabrikation gewonnen habe[46], ist reine Spekulation. Eindeutig belegt ist dann, wohl 1837, der Umzug und der erste Anlauf zu einer eigenen Gussstahlfabrik in Köln – aus der in England wie in Dunningen gewonnenen Einsicht heraus, dass eine erfolgversprechende Gussstahlherstellung nur mit Steinkohle möglich war.

Den Schilderungen des Neffen Peter Josef Sieber zufolge war die Rückkehr in das Mayer von seiner Uhrmacherlehre noch gut bekannte Köln maßgeblich von der zentralen Handels- und Verkehrslage der Domstadt sowie der Nähe zu den Aachener Kohlegruben bestimmt[47]. Im heutigen Kölner Stadtteil Nippes erwirbt er auf dem Ziegeleigelände seines späteren Schwagers Jacob Volk einen Platz, wo er ein erstes kleines Werk errichtet, das ihm in der Folgezeit vor allem als Laboratorium für seine weiteren praktischen Versuche zur Gussstahlherstellung dient[48]. Schon jetzt in diesem frühen Stadium seiner unternehmerischen Tätigkeit sind das fehlende Betriebskapital und die Bemühungen um Kapitalbeschaffung die große Sorge von Jacob Mayer, die ihn in der Folge in den eineinhalb Jahrzehnten als selbstständiger Fabrikant nicht mehr loslässt und letztlich zu seinem Scheitern als Unternehmer führen sollte.

In den Briefen an seinen Bruder Josef Mayer aus den Jahren 1837 bis 1844 zunächst aus Köln und später aus Bochum sind die Kapitalbeschaffung und die Gewährung von Darlehen durch den Bruder das alles überragende Thema[49]. Seine ersten unternehmerischen Schritte finanziert Jacob Mayer vor allem mit Kapital aus dem Heimatort Dunningen – in Gestalt seines aus dem Verkauf des väterlichen

---

[44] RUDZINSKY (wie Anm. 2) S. 85.

[45] Auch diese Episode wird erstmals von BERTRAM (wie Anm. 2) S. 5, erwähnt und in den nachfolgenden biografischen Darstellungen übernommen (vgl. REINERT (wie Anm. 2) S. 342 f.; OGGER (wie Anm. 2) S. 44; RUDZINSKY (wie Anm. 2) S. 44, 184). Bei Sieber (wie Anm. 6) findet sich kein Hinweis auf die Dunninger Gussstahl-Experimente. Im Gefolge der „Wiederentdeckung" des Erfinders und Firmengründers Jacob Mayer durch den Bochumer Verein in den 1930er Jahren wird der Kastanienholztisch aus dem Dunninger Elternhaus, wo angeblich die ersten Tiegel standen, als „kostbares Erinnerungsstück" in das Werksarchiv in Bochum überführt (BERTRAM (wie Anm. 2) S. 5).

[46] REINERT (wie Anm. 2) S. 343.

[47] Schreiben von Peter Josef Sieber an Josef Mayer junior vom 28.10.1904 (wie Anm. 6).

[48] REINERT (wie Anm. 2) S. 343.

[49] Schreiben von Jacob Mayer aus Köln bzw. Bochum an seinen Bruder Josef Mayer in Dunningen zwischen 1837 und 1844 (wie Anm. 5).

Hofes gewonnenen und von einem Pfleger verwalteten Erbes sowie aus schlussendlich bis 1839 immerhin 550 Gulden zusätzlicher Darlehen des Bruders und Kleinbauern Josef Mayer[50]. In seinen Briefen bemüht sich Jacob Mayer stets aufs Neue, den offenkundig zögerlichen älteren Bruder von der Sinnhaftigkeit und Risikolosigkeit immer neuer Kredite für seine unternehmerischen Investitionen zu überzeugen. Als letzte Sicherheit benennt er im Januar 1839 sein *Stahlgeheimnis*, also sein mittlerweile erlangtes technisches Wissen um die Gussstahlherstellung, das er notfalls für mehrere tausend Taler verkaufen und damit alle seine Gläubiger befriedigen könnte[51].

In den Briefen nach Dunningen sind der Fabrikaufbau und die zweimal über Suchanzeigen laufende Gewinnung finanzkräftiger Gesellschafter zunächst 1839 in Nippes und sodann 1842 in Köln und nachfolgend in Bochum dokumentiert: Im Februar 1839 schickt er seinem Bruder eine Anzeige zu, in der Jacob Mayer einen *Theilnehmer* mit der Bereitschaft zur Investition von 12.000 Talern sucht, von denen ihm für das *Geheimnis* die Hälfte zufallen soll. Für die Bereisung der insgesamt 13 – und letztlich 16 – Bewerber, darunter Leuten, die hunderttausende von Talern reich seien, um den *brävsten* herauszusuchen und sich nach ihrem Charakter zu erkundigen, erbittet er bei seinem Bruder einen weiteren Kredit von 350 Gulden[52]. Falls Josef nicht allein helfen wolle, so solle er seinen Schwager Dominikus Weber, also den Ehemann der gemeinsamen Schwester Maria – den Ururgroßvater des Verfassers dieses Beitrags –, zur Hand nehmen.

Drei Jahre später, Ende Dezember 1842, teilt Jacob Mayer letztmals aus Köln seinem Bruder mit, dass er sich mit einem neuen *Theilnehmer* verbunden habe und beide gemeinsam, sobald dies die Witterung erlaube, eine neue Fabrik bauen wollten[53]. Um sein Geschäft aber betreiben zu können, müsse er preußischer Untertan und Bürger werden und daher beim Oberamt wohl in Rottweil um seine Entlassung aus der württembergischen Staatsangehörigkeit nachsuchen, wofür er von seinem Bruder die Leistung einer jährlichen Bürgschaft erbittet. Im letzten erhaltenen Brief an den Bruder in Dunningen vom Mai 1844 berichtet Jacob Mayer nunmehr aus Bochum, dass die neue Fabrik fast fertig gestellt sei und man noch im laufenden Jahr das Geschäft förmlich eröffnen werde[54].

Die Korrespondenz Jacob Mayers mit seinem Bruder zeugt von einer engen Verbundenheit der fünf Geschwister und auch zur Stiefmutter Magdalena Weber mit Erkundigungen nach dem Befinden der anderen sowie der regelmäßigen Übermitt-

---

[50] Schreiben von Jacob Mayer an Josef Mayer vom 5.4.1839 (wie Anm. 5) mit beigefügtem Schuldschein über am 15. März 1839 leihweise in bar empfangene 550 Gulden.

[51] Schreiben von Jacob Mayer an Josef Mayer vom 20.1.1839 (wie Anm. 5).

[52] Schreiben von Jacob Mayer an Josef Mayer vom 28.2.1839 (wie Anm. 5). Der Hinweis auf 16 Interessenten findet sich im Schreiben vom 13.3.1839 (wie Anm. 5).

[53] Schreiben von Jacob Mayer an Josef Mayer vom 28.12.1842 (wie Anm. 5). Als Adresse in Köln nennt Jacob Mayer Eigelstein Nr. 116.

[54] Schreiben von Jacob Mayer an Josef Mayer vom 12.5.1844 (wie Anm. 5).

lung von Grüßen. Wenn Jacob Mayer seinem Bruder 1844 Ratschläge für eine lukrativere Geldanlage gibt, so entbehrt dies angesichts der ständigen Finanzsorgen des Erfinders allerdings nicht einer gewissen Komik[55]. Auch von Jacob Mayers bahnbrechenden Erfindungen sollen die Dunninger Angehörigen einen gewissen Nutzen haben, wenn der Unternehmer 1840 seinem Bruder ein vortrefflich schneidendes Rasiermesser aus selbst gemachtem Stahl in Aussicht stellt[56]. *Alsdann kannst Du Deine Murksmesser alle in Rauch hängen.*

Die in der Korrespondenz erwähnte zweimalige Suche nach Geschäftspartnern sowie die gleichfalls geschilderten Fabrikbauten zunächst in Nippes und sodann in Bochum markieren die beiden wesentlichen unternehmerischen Weichenstellungen im Leben von Jacob Mayer. Aus der 1839 angekündigten Ermittlung des *brävsten* unter den angetretenen 16 Interessenten geht der Dürener Eisenfabrikant Eberhard Hoesch erfolgreich hervor, mit dem Jacob eine gemeinsame England-Erfahrung nebst der „Industriespionage" in dortigen Puddelstahlwerken verbindet[57]. Mit Hoesch, der in Lendersdorf bereits ein florierendes Hüttenwerk betrieb, wird 1839 ein Gesellschaftervertrag mit der Begründung der Gussstahlfabrik Mayer & Hoesch abgeschlossen, in die der neue Partner dann allerdings nur 8.000 anstelle der vorgesehenen 12.000 Taler einbringt[58]. Die kaufmännische Leitung des Werkes in Nippes, in dem allerdings lediglich etwa ein halbes Dutzend Arbeiter tätig ist, soll bei Hoesch, die technische Verantwortung dagegen bei Jacob Mayer liegen. Langfristig wird zwischen den beiden Partnern ein Neubau der Gussstahlfabrik in Stolberg bei Aachen und damit in größerer Nähe zu den Hoesch-Werken und den Kohlevorräten des Wurmreviers in Aussicht genommen.

Genau über die Verlegung des Betriebs kommt es in der Folge jedoch zum Dissens und nach drei Jahren letztlich zum Bruch zwischen den beiden Gesellschaftern. Jacob Mayer hatte nämlich inzwischen die bessere Eignung der weniger schwefelhaltigen Ruhrkohle für die Gussstahlherstellung erkannt und strebte – *der Coaks wegen* - einen Umzug der Fabrik nach Bochum und damit auch in die Nähe des seit Jahrhunderten industriereichen bergischen und märkischen Landes als lukrativer Absatzmarkt an. Eberhard Hoesch ist zu einem solchen risikoreichen Investment fern seines Aachener Geschäftsfeldes indessen nicht bereit[59].

Einen neuen Geschäftspartner, der den Umzug des Betriebs nach Bochum mitzutragen bereit war, findet Jacob Mayer 1842 wiederum über eine Zeitungsannonce in dem aus Magdeburg stammenden Kölner Kaufmann Eduard Kühne. Am 6. Dezember 1842 kommt es zum Abschluss eines Gesellschaftsvertrags und zur

---

55 Ebd.

56 Schreiben von Jacob Mayer an Josef Mayer vom 18.2.1840 (wie Anm. 5).

57 Bertram (wie Anm. 2) S. 6 f.; Ogger (wie Anm. 2) S. 44.

58 Rudzinsky (wie Anm. 2) S. 30. Bertram (wie Anm. 2) S. 7 datiert den Gesellschaftervertrag mit 1837 offenkundig zwei Jahre zu früh. Die erwähnte Korrespondenz von Jacob Mayer mit seinem Bruder in Dunningen belegt eindeutig seine Partnersuche 1839.

59 Bertram (wie Anm. 2) S. 7; Ogger (wie Anm. 2) S. 45; Rudzinsky (wie Anm. 2) S. 30 f.

Abb. 7: Gussstahlfabrik Mayer & Kühne in Bochum, um 1850, Zeichnung (Vorlage: Heimatmuseum Dunningen).

Gründung der Firma Mayer & Kühne, in welche Jacob Mayer die auf 3.000 Taler geschätzte Nippeser Anlage und Eduard Kühne Investitionsmittel von 15.000 Talern einbringen will. Nach dem Erwerb eines Bauplatzes Anfang 1843 westlich der Stadt und unweit des Bergwerks „Präsident" mit der ersten Tiefbauzeche im Bochumer Raum wird die provisorische Anlage in Nippes demontiert und in dem damals noch recht ländlichen und kaum industrialisierten, rund 4.000 Einwohner zählenden Bochum (*Kau-Baukum*[60]) wieder aufgebaut[61]. Die Fabrik mit Kühne als kaufmännischem und Mayer als technischem Leiter nimmt 1845 in Bochum ihren Betrieb auf. In der Eifel findet Jacob Mayer in traditionsreichen Standorten der Eisenverhüttung sowohl die benötigten Arbeitskräfte für die angestrebte Produktionsausweitung wie auch hochwertige Tone als geeignete Formmasse für den möglicherweise bereits 1847, spätestens aber 1851 von ihm erfundenen Stahlformguss[62].

60 Der ländliche Charakter des Kuh-reichen Ackerbürgerstädtchens Bochum wird insbesondere von Peter Josef Sieber in seinem Schreiben an Josef Mayer junior vom 28.10.1904 (wie Anm. 6) betont.
61 Bertram (wie Anm. 2) S. 8 f.; Rudzinsky (wie Anm. 2) S. 31 f., 184, 206.
62 Bertram (wie Anm. 2) S. 12 f., 24.

3. Erfolgreicher Erfinder und gescheiterter Unternehmer

Nach einer vor allem der schwierigen wirtschaftlichen Gesamtsituation 1848/1849 geschuldeten existenzbedrohenden Krise, als die Gussstahlproduktion stagniert und die Arbeiterzahl zeitweise bis auf weniger als 50 und vorübergehend sogar 15 zurückgeht[63], erlebt die Bochumer Stahlschmelze dank der revolutionären Erfindungen von Jacob Mayer in den 1850er Jahren einen spektakulären technischen Aufstieg, der in ihren Auftritten bei der Provinzial-Gewerbeausstellung in Düsseldorf 1852 und insbesondere bei der Pariser Weltausstellung 1855 mit der Präsentation großer Gussstahlglocken als erstem mittels Stahlformguss erzeugtem Fabrikat sowie dem viel zitierten Streit mit Krupp um die Qualität des Materials gipfelt und das Unternehmen und zumal den Erfinder Mayer schlagartig international bekannt und berühmt macht[64]. Das Innovative, ja Revolutionäre des von Mayer entwickelten neuen Verfahrens bestand darin, dass die herzustellenden Endfabrikate etwa für den Eisenbahnbedarf, den Maschinenbau, Kanonen oder auch Glocken nicht mehr – wie in England bereits seit dem 18. Jahrhundert und bei Krupp in Essen seit 1815 praktiziert – durch das Durchschmieden des gegossenen Tiegelstahls gewonnen, sondern unmittelbar durch den Guss des flüssigen Stahls in nach Bedarf vorgefertigten, feuerfesten Formen sozusagen nahtlos und final hergestellt werden[65].

Dem Erfinder gelingt es, die drei für den Erfolg des Stahlformgusses wesentlichen Probleme zu lösen: nämlich einen kontinuierlich dünnflüssigen Stahl bereitzustellen, eine feuerfeste Formmasse zu schaffen, die gleichzeitig auch gasdurchlässig sein muss, um die beim Guss entstehenden Gase entweichen zu lassen und dadurch die Stabilität des sich beim Erkalten zusammenziehenden Stahls zu erhalten[66]. Jacob Mayers Patentgesuch an das preußische Handelsministerium vom 28. Juni 1852 enthält die erste Beschreibung des Stahlformgusses in der Geschichte der Technik[67].

Ungeachtet ihres spektakulären technischen Aufstiegs in einem in der technikgeschichtlichen Forschung allzu sehr betonten Konkurrenzverhältnis zu Krupp sowie der kontinuierlichen Ausweitung der Produktion in den 1850er Jahren ist die Firma Mayer & Kühne, die mit der Serienproduktion des gleichfalls auf Jacob Mayer zurückgehenden nahtlosen Gussstahlscheibenrads zum neben Krupp wichtigsten Zulieferer für die aufstrebende Eisenbahn wird, im Herbst 1853 finanziell am Ende[68]. Die chronische Unterfinanzierung und der Mangel an Eigenkapital, die

---

63 Rudzinsky (wie Anm. 2) S. 35.

64 Bertram (wie Anm. 2) S. 26 ff.; Reinert (wie Anm. 2) S. 345 f.; Rudzinsky (wie Anm. 2) S. 48.

65 Bertram (wie Anm. 2) S. 1 f.

66 Rudzinsky (wie Anm. 2) S. 37.

67 Bertram (wie Anm. 2) S. 24.

68 Ogger (wie Anm. 2) S. 46; Rudzinsky (wie Anm. 2) S. 49.

die unternehmerischen Initiativen von Jacob Mayer von Anfang an und ungeachtet aller mitunter geradezu verzweifelten Bemühungen um Kapitalaufstockungen belastet haben, münden im November 1853 in eine Art Revolution der Gläubiger und Berater des überschuldeten Unternehmens und in die Entmachtung der bisherigen Alleininhaber Jacob Mayer und Eduard Kühne[69].

An die Stelle der Firma Mayer & Kühne tritt im Januar 1854 der Bochumer Verein für Bergbau und Gussstahlfabrikation als Aktiengesellschaft mit dem fortan bestimmenden Einfluss von Kölner Kaufleuten und Freiberuflern sowie der Bankhäuser Sal. Oppenheim und Schaffhausenscher Bankverein. Die beiden Eigentümer-Unternehmer werden abgelöst von der Generalversammlung der Aktionäre, dem Verwaltungsrat als eigentlichem Leitungsgremium und letztlich einem bevollmächtigten Generaldirektor als operativer Führungsinstanz[70]. Während Eduard Kühne 1858 endgültig aus dem Verwaltungsrat und dem Unternehmen ausscheidet, bleibt Jacob Mayer seiner Gründung auch unter den neuen Eigentums- und Führungsverhältnissen als wichtiger Aktionär, vor allem aber als Technischer Direktor bis zu seinem Tod 1875 erhalten.

Die weitere Entwicklung des Bochumer Vereins, der sich von einer kleinen Gussstahlfabrik zu einem expansiven vertikalen Konzern und einem der in Deutschland bis zum Ersten Weltkrieg führenden Qualitätsstahlwerke mit einem weitgespannten Tätigkeitsspektrum wandelt[71], soll hier nur soweit interessieren, wie Jacob Mayer damit in Verbindung steht. Die durchaus ungenügenden, kaufmännisch vielleicht sogar dilettantischen Geschäfts- und Betriebsmethoden von Mayer & Kühne werden unter der Leitung des neuen Generaldirektors Louis Baare seit 1854 durch eine straffe und leistungsfähige Unternehmensorganisation abgelöst[72].

Die von dem erfahrenen Kaufmann Baare betriebene forcierte Bürokratisierung und Ökonomisierung des Unternehmens mit zunehmenden Eingriffen auch in die Organisation des von Mayer geleiteten technischen Betriebs führen alsbald zu massiven Spannungen und Konflikten mit dem früheren Fabrikinhaber. Die Höhepunkte der sich über mehrere Jahre hinziehenden Auseinandersetzungen bilden 1858 die Kündigung Baares als Generaldirektor und seine kommissarische Wahrnehmung der Firmenleitung bis 1861 sowie gleich mehrere Entlassungsgesuche Mayers in den Jahren 1859 bis 1861, die der Verwaltungsrat jeweils zurückweist, da man auf seinen technischen Sachverstand nicht verzichten will[73].

Am Ende des Konflikts steht Ende 1861 etwas überraschend die Einwilligung des in dieser Frage zuvor sturen Jacob Mayer in die von Baare geforderte Delegie-

---

69 RUDZINSKY (wie Anm. 2) S. 32, 37, 39 f.; OGGER (wie Anm. 2) S. 46.

70 RUDZINSKY (wie Anm. 2) S. 39–47; BERTRAM (wie Anm. 2) S. 38 f.

71 Grundlegend zur Firmengeschichte bis zum Ersten Weltkrieg die Studien von DÄBRITZ und RUDZINSKY (wie Anm. 2).

72 REINERT (wie Anm. 2) S. 347; RUDZINSKY (wie Anm. 2) S. 45.

73 Zum Konflikt zwischen Baare und Mayer vgl. RUDZINSKY (wie Anm. 2) S. 83 ff.

Abb. 8: Generaldirektor Louis Baare (1821–1897) (Vorlage: Stadtarchiv Bochum).

rung der technischen Zuständigkeit auf mehrere Spartenverantwortliche unter der nominell fortbestehenden Gesamtleitung des Technischen Direktors. Mit der vom Verwaltungsrat mit Zustimmung Mayers im April 1862 beschlossenen Neuregelung der technischen Verwaltung ist der Hauptgrund für die Differenzen zwischen ihm und Baare weggefallen und nähern sich die beiden so weit an, dass sich Mayer von der Generalversammlung im September 1862 für die Baare-Partei in den Verwaltungsrat wählen lässt und Baare damit den alten Gegner in die neue Unternehmensleitung als Mitglied seiner Richtung integrieren kann[74]. Der Bochumer Verein steht damit exemplarisch für eine in der gesamten Industrie um sich greifende Tendenz, dass kaufmännisch bzw. juristisch geschulte Manager zum Nachteil der Techniker in den Firmenleitungen die Oberhand gewinnen[75].

[74] Ebd., S. 85 f.
[75] Ebd., S. 83.

Abb. 9: Bochumer Verein, Bildpostkarte um 1910 (Vorlage: Edwin Ernst Weber).

Auch wenn der Neffe Peter Josef Sieber von einer anhaltenden Entfremdung zwischen den gänzlich gegensätzlichen Persönlichkeiten Baare und Mayer und fortbestehenden Rückzugsplänen seines Onkels berichtet[76], bleibt die Tatsache, dass Jacob Mayer bis zu seinem Tod 1875 dem Bochumer Verein mit offenbar unvermindertem Einsatz als Technischer Direktor dient und die Einführung weiterer Innovationen wie des Bessemer-Verfahrens 1865 oder des Siemens-Martin-Verfahrens Anfang der 1870er Jahre führend begleitet[77]. In den Anfängen erlebt er noch den Ausbau seines Werks zum Großkonzern mit angegliederten Kohlezechen, Erzgruben und Hochöfen.

Als Mayer am 30. Juli 1875 stirbt, ist aus der 1842 von ihm begründeten kleinen Stahlschmelze mit ein paar Dutzend Arbeitern, einer jährlichen Produktionsleistung von einigen Tausend Zentnern Gussstahl und einem Betriebskapital von wenigen 10.000 Talern ein Großunternehmen mit mehr als 4.500 Beschäftigten, der Erzeugung von 9.000 Tonnen Tiegelgussstahl und einer Bilanz von 27 Millionen Mark geworden[78]. Die Beschäftigten des Bochumer Vereins zählen mit ihren Fami-

[76] Schreiben von Peter Josef Sieber an Josef Mayer junior vom 28.10.1904 (wie Anm. 6); Schreiben von Peter Josef Sieber an Karl Schneider vom 20.5.1907 (wie Anm. 6).

[77] Bertram (wie Anm. 2) S. 41 f.

[78] Ebd., S. 42 f.; Neumann zufolge (wie Anm. 8) S. 147 zählte der Bochumer Verein beim Tod Mayers sogar 5.650 Arbeiter und 250 Beamte.

lien mehr als die Hälfte der damals 28.562 Einwohner Bochums[79], das der Gründung Jacob Mayers bis zum Ersten Weltkrieg den Aufstieg zur Industriemetropole und Großstadt zu verdanken hat[80].

Dank der von drei Mitgliedern der Familie Baare in leitender Position über 60 Jahre bestimmten Erinnerungskultur gerät beim Bochumer Verein das Wissen um seinen Firmengründer Jacob Mayer zeitweise in Vergessenheit und wird beim 50-jährigen Bestehen der Aktiengesellschaft 1904 der zur zentralen Bezugsgestalt des Konzerns stilisierte Louis Baare in der Festschrift gar als „Begründer“ des Werks bezeichnet[81]. Von Mayers Witwe Agnes Sieber und kaum minder von seinem Neffen Peter Josef Sieber wird diese postume Missachtung des Firmengründers und seinerzeit *größten Technikers Deutschlands* als bitterer Undank empfunden, den sie letztlich auf Mayers Persönlichkeit und vor allem Katholizität zurückführen. *Wäre er zu den Liberalen oder Freimauern* [!] *gegangen, dann wäre er auch heute noch verherlicht* [!], *aber so...? er ist nicht mehr*, schreibt Peter Josef Sieber 1904 voller Bitterkeit nach Dunningen[82]. Das von der Witwe Agnes Sieber über dem Grab ihres Mannes auf dem damaligen städtischen Friedhof, dem heutigen Kortumpark, 1877 gestiftete imposante neogotische Grabdenkmal ist mit seiner aufwändigen Ausstattung mit mehreren Heiligenfiguren, einer Büste des Verstorbenen und nicht zuletzt einer von Papst Pius IX. aus der Callixtus-Katakombe in Rom persönlich erhaltenen Reliquie ein Zeugnis der Katholizität Mayers und zugleich ein steinerner Protest gegen sein Vergessen in Betrieb und Öffentlichkeit[83].

Das Vergessen des Firmengründers und Erfinders Jacob Mayer hat indessen keinen Bestand: Zum 80-jährigen Jubiläum des Bochumer Vereins und aus Anlass der formalen Wiederverselbständigung des 1926 in die Vereinigten Stahlwerke eingegliederten Unternehmens legt der renommierte Wirtschaftshistoriker Walter Däbritz 1934 eine voluminöse Firmengeschichte mit einer Würdigung der Verdienste von Mayer vor. 1935 folgen eine Gedenkplastik für Mayer an der neu erbauten Abnahmezentrale des auf strammem NS-Kurs fahrenden Betriebs[84] und 1938 zum 125. Geburtstag Mayers eine von Walter Bertram verfasste biografische Studie sowie ein vom Verein Deutscher Ingenieure an Mayers – vermeintlichem – Geburtshaus in Dunningen angebrachte Gedenktafel und vollenden die erinnerungsmäßige „Rehabilitierung“ des Erfinders und Firmengründers[85].

---

79 NEUMANN (wie Anm. 8) S. 147.

80 Zum durchaus spannungsreichen Verhältnis zwischen der Stadt Bochum und ihrem führenden Industriebetrieb vgl. RUDZINSKY (wie Anm. 2) v. a. S. 222 ff., 269 ff., 407 f.

81 Ebd., S. 169.

82 Schreiben von Peter Josef Sieber an Josef Mayer junior vom 28.10.1904 (wie Anm. 6).

83 Zu Entstehung und Ausstattung des Grabdenkmals vgl. NEUMANN (wie Anm. 8).

84 Zur Geschichte des Bochumer Vereins in der NS-Zeit vgl. Gustav-Hermann SEEBOLD/ Alfred WORTMANN, Ein Stahlkonzern im Dritten Reich. Der Bochumer Verein 1927–1945, Wuppertal 1981.

85 RUDZINSKY (wie Anm. 2) S. 15, 17; REINERT (wie Anm. 2) S. 340, 349; BERTRAM (wie Anm. 2) S. 49.

Abb. 10: Grabmal von Jacob Mayer auf dem alten Bochumer Friedhof, dem heutigen Kortumpark, Aufnahme von 1985 (Vorlage: Stadtarchiv Bochum).

4. Persönlichkeit und Katholizität

Es bleibt abschließend noch ein Blick auf Persönlichkeit und Charakter von Jacob Mayer zu werfen, die entscheidend von seiner tiefen Frömmigkeit und Katholizität geprägt werden. *Die vielen Stunden, die ich in Bochum zubrachte*, erinnert sich der Neffe Peter Josef Sieber, *waren ernst, sehr ernst. Ein ernstes Haus, ernstes Geschäft, dessen Ernst sich auch auf das Familienleben übertrug.* Jacob Mayer habe *nur für die Ehre Gottes wirkend fast heiligmäßig* gelebt[86]. In der Tat stand Mayer *treu* [...] *zu seiner hl. Kirche*[87] mit einem auch öffentlichen Bekenntnis zu seinem Glauben.

Jacob Mayer ist in seinen Bochumer Jahren einer der bekanntesten Katholiken in der Stadt, der seiner Kirche lange Zeit als Gemeindevertreter dient. So zählt er in den 1860er Jahren zu den Initiatoren für die hürdenreiche und zunächst scheiternde Errichtung einer zweiten katholischen Kirche in der Stadt und engagiert sich nachdrücklich für die Gewährung eines Zuschusses durch den Bochumer Verein, den die Hauptversammlung auf Vorschlag von Louis Baare allerdings auf 1.000 anstelle der von Mayer zunächst beantragten 5.000 Taler reduziert[88].

Seine besondere Förderung ließ Jacob Mayer der Ansiedlung eines Redemptoristenklosters in Bochum seit 1868 angedeihen. Nachdem der Prior zunächst ohne Erfolg bei Generaldirektor Baare die Schenkung eines vierglockigen Geläuts für den Klosterneubau erbeten hatte, stiftet Jacob Mayer aus eigenen Mitteln die größte Glocke und kann das Kloster die übrigen drei Glocken vom Bochumer Verein mit einem Rabatt von 50 Prozent beziehen[89]. Mayer hält den Patres auch im bald einsetzenden preußischen Kulturkampf die Treue, und als ein Regierungsdekret vom 26. Juni 1873 die Auflösung des Klosters und die Ausweisung der Patres verfügt, begleitet er den Superior demonstrativ in einem Galawagen zum Bahnhof[90].

Jacob Mayer ist Anfang 1872 auch an der Gründung der Märkischen Vereinsdruckerei beteiligt, die seit dem nachfolgenden Sommer die „Westfälische Volkszeitung" als streitbares und von den preußischen Behörden wiederholt für „Pressevergehen" bestraftes Organ des auch in Bochum entstehenden katholischen Milieus herausgibt[91].

Die ihm von Papst Pius IX. persönlich geschenkte Reliquie dürfte ebenso eine Belohnung und Auszeichnung für Mayers katholische Standhaftigkeit und öffentliches Bekenntnis zu seiner Kirche gewesen sein wie der ihm 1871 verliehene Gregorius-Orden als der höchsten vatikanischen Auszeichnung. Jacob Mayer nimmt

---

86 Schreiben von Peter Josef Sieber an Karl Schneider vom 20.5.1907 (wie Anm. 6).
87 Schreiben von Peter Josef Sieber an Josef Mayer junior vom 28.10.1904 (wie Anm. 6).
88 Rudzinsky (wie Anm. 2) S. 401.
89 Ebd., S. 408.
90 Neumann (wie Anm. 8) S. 149.
91 Rudzinsky (wie Anm. 2) S. 356.

in der Folge im Ornat eines St. Gregorius-Ritters an der alljährlichen Fronleichnams-Prozession in Bochum teil[92].

Jacob Mayer ist offenkundig gut vernetzt im katholischen Milieu des Rheinlandes und Westfalens und steht mit dem Kölner Dombaumeister Vincenz Statz ebenso in Verbindung wie mit Adolph Kolping[93]. Eine enge Beziehung pflegt Jacob Mayer auch zu seinen beiden Priester-Brüdern in Bayern und in Oberschwaben, von denen der Jüngere, Sebastian Mayer, als ausgesprochen streitbarer ultramontaner Priester mehrfach mit Staatsbehörden, Gerichten und Gemeindemitgliedern in Konflikt gerät und 1874 wegen der öffentlichen Beleidigung von Kaiser Wilhelm I. als *Schnapslump* zu sechs Monaten Festungshaft verurteilt wird[94]. Sebastian und Fidelis Mayer reisen nicht nur zur Beerdigung ihres Bruders nach Bochum an, sondern bleiben in der Folge in engem Kontakt mit seiner Witwe und beraten sie bei der Festlegung des Bildprogramms für das Grabmal von Jacob Mayer[95].

Bekannt sind Jacob Mayer und seine Frau Agnes auch für großzügige Almosenspenden und Gaben für kirchliche Zwecke. So hat es durchaus seine Logik, dass das kinderlose Ehepaar Jacob und Agnes Mayer in seinem Testament vom Juli 1873 den Bischöflichen Stuhl in Paderborn oder ersatzweise weitere katholische Bistümer in Deutschland, Belgien, Frankreich und England als Universalerben mit der Auflage einsetzt, den Nachlass für die Zwecke des Bonifatius- sowie des Xaverius-Missionsvereins zu verwenden[96]. Die Behörden ermitteln nach dem Tod von Jacob Mayer 1875 und gleichermaßen nach dem Ableben seiner Witwe Agnes Sieber 1900 erbberechtigte Angehörige der Verstorbenen und deren Bedürftigkeit, so dass letztlich wohl doch nicht der gesamte Nachlass der Kirche zugefallen sein dürfte[97].

Jacob Mayer ist am Ende seines Lebens ein reicher Mann mit einem – wohl jährlichen – Direktorengehalt von 15.000 Mark[98], Tantiemen für seine Erfindungen, Dividenden der – 450 bereits im Jahr 1862 von ihm und seiner Frau gehaltenen –

---

92 Neumann (wie Anm. 8) S. 147 f.

93 Ebd., S. 151.

94 Kirchenrats-Akte Sebastian Mayer (wie Anm. 33); Neckarbote Rottenburg-Tübingen vom 27.3.1875, S. 144; Schreiben von Pfarrer Dr. Laupheimer in Ebersbach-Musbach an Rektor Julius Wilbs in Dunningen vom 11. November 1993 mit Auszügen aus der Pfarrchronik von Ebersbach, verfasst von Pfarrer Fischinger zu dessen Vorvorgänger Pfarrer Sebastian Mayer (Heimatmuseum Dunningen).

95 Neumann (wie Anm. 8) S. 154. Neumann zufolge sind die beiden Brüder als Geistliche in Rom tätig, was definitiv nicht den Tatsachen entspricht.

96 Testament von Jacob Mayer und Agnes Mayer geborene Sieber vom 2. Juli 1873 zu Bochum, Abschrift (Historisches Archiv Krupp WA 80/1421; Kopie Heimatmuseum Dunningen).

97 Nachlassregelung Verstorbener 1874–1906, enthält u. a. Fabrikdirektor Jacob Mayer und Agnes Mayer, Witwe des Fabrikdirektor J. Mayer (Stadtarchiv Bochum B 324, Film Nr. 12BOA2004000004).

98 Schreiben von Peter Josef Sieber an Jacob Mayer junior vom 28.10.1904 (wie Anm. 6).

Aktien des Bochumer Vereins[99] sowie einem Privatvermögen von angeblich 800.000 Mark[100]. Seiner Witwe Agnes Sieber ist es offenbar kurz vor ihrem Tod möglich, aus ihren angesparten Einkünften 105.000 Mark für die Kinder ihrer verstorbenen Geschwister abzuzweigen und darüber hinaus noch eine Familien-Studienstiftung mit einem Kapital von 60.000 Mark zu begründen; 73.000 Mark gehen durch staatliche Verfügung aus dem Nachlass des Ehepaares nach 1900 an die zahlreichen Nachfahren (*Dessendenz*) von Jacob Mayers Geschwistern in Dunningen[101].

Den Schilderungen ihres Neffen Peter Josef Sieber zufolge führten Jacob und Agnes Mayer, die nach zwölfjähriger Bekanntschaft 1854 im Alter von 41 und 42 Jahren die Ehe geschlossen hatten, ein einfaches und eher schlichtes Familienleben und bewohnten lange Zeit ohne Dienstmädchen die erste Etage eines bescheidenen Hauses[102]. Sie teilten sich, so berichtet Sieber weiter, in erster Linie Arbeit und religiöse Pflichten, waren sparsam in ihren Ausgaben, spendeten aber reichlich Almosen. Die einzige Erholung habe für Jacob Mayer darin bestanden, alljährlich einige Wochen im Sommer in einem nahe gelegenen Badeort zu verbringen. Erst nach langen Jahren wurde für 28.000 Taler ein etwas repräsentativeres neues Haus gekauft, in dessen Saal Sieber zufolge dann auch wiederholt Festlichkeiten abgehalten wurden. Nach dem Tod der Witwe wurde das Mayersche Anwesen von der Stadt Bochum für angeblich 400.000 Mark zur Erweiterung des benachbarten Rathauses erworben[103].

Einige Verwandte aus Dunningen folgen Jacob Mayer offenkundig nach Bochum: Als nach dem Tod des Fabrikdirektors 1875 dessen erbberechtigte Verwandte ermittelt werden, werden neben den beiden Pfarrer-Brüdern Fidelis und Sebastian Mayer sowie den Kindern des mittlerweile verstorbenen Bruders Josef sowie der Schwester Maria in Dunningen auch der 74 Jahre alte Fabrikarbeiter Andreas Mauch aus Bochum, ein Vetter von Jacob Mayer, der Fabrikarbeiter Gottfried Mauch, ein Neffe wiederum von Andreas Mauch, und schließlich noch die gleichfalls verwandte Maria Mauch aktenkundig, die insgesamt 27 Jahre als Dienstmagd zunächst für das Ehepaar Mayer und anschließend bis zu deren Tod 1900 für die Witwe Agnes Sieber tätig ist[104].

Jacob Mayer erscheint im Rückblick als ebenso kantige wie ambivalente Persönlichkeit: Da ist zum einen der technikbesessene Erfinder, der als Autodidakt und

---

99 Rudzinsky (wie Anm. 2) S. 96. Das Ehepaar Mayer ist damit noch vor Louis Baare mit 279 Aktien gemeinsam der größte Einzelaktionär des Bochumer Vereins.

100 Neumann (wie Anm. 8) S. 154.

101 Nachlassregelung Verstorbener 1874–1906 (wie Anm. 97) mit dem Protokoll der Vernehmung von Peter Josef Sieber am 31.7.1900 in Trier; Erbschaftssache Jacob und Fidelis Mayer 1892–1900 (Nachlass Ernst Weber senior im Besitz des Verfassers dieser Schrift). Tatsächlich nachweisen lässt sich die Auszahlung von 27.300 Mark.

102 Schreiben von Peter Josef Sieber an Jacob Mayer junior vom 28.10.1904 (wie Anm. 6).

103 Ebd.; Rudzinsky (wie Anm. 2) S. 417.

104 Nachlassregelung Verstorbener 1874–1906 (wie Anm. 97).

Abb. 11: Jacob Mayer in älteren Jahren, Zeichnung
(Vorlage: Gemeindearchiv Dunningen Nr. 1408).

ohne solide theoretische Vorbildung durch Zähigkeit und endlose Versuche zu einem der führenden Metallurgen seiner Zeit wird und einen wegweisenden Beitrag für die europäische Technik- und Industriegeschichte leistet[105]. Der spätere Bundespräsident Theodor Heuss sieht im Vergleich zu dem in den Führungstalenten überlegenen Konkurrenten Krupp in Mayer „das stärkere unmittelbar technische Ingenium", in dem „ein unmittelbares, irrationales Empfinden für den Stoff gesteckt" haben müsse. In der „eigentümlichsten Weise" war Jacob Mayer „werkbesessen" und verkehrte angeblich nur mit den alten, ihm vertrauten Arbeitern. Wenn er in den Fabrikhallen mit einer Laterne nächtliche Kontrollgänge macht, um die Leistung, Sorgsamkeit und Sparsamkeit zu überprüfen, erkennt Heuss „in

---

[105] Vgl. BERTRAM (wie Anm. 2) S. 44.

ihm etwas von dem sorgsamen Bauern, der in der Nachtstunde den Weg durch Stall und Scheuer macht, um zu sehen, ob alles in Ordnung sei"[106].

Die andere, dunklere Seite in Jacob Mayers Charakter ist seine „fast unzugängliche Natur" und seine schwierige, mitunter geradezu schroffe Eigenwilligkeit[107]. Der fromme, arbeitsame und in gewissem Sinne pedantische Mann blieb trotz aller hohen Auszeichnungen für seine bahnbrechenden Erfindungen[108] zurückhaltend, ja eigenbrötlerisch, alles Glamoureuse, Renommierende, Blendende blieb ihm trotz aller Erfolge fremd. Den persönlichen Anschluss an die sich in dieser Zeit im Rheinland und im Ruhrgebiet bildende industrielle Führungsschicht hat er nicht gefunden und wohl auch nicht gesucht[109]. Seine Bezugswelt, in der er sich aufgehoben und heimisch fühlte, waren neben der Technik die Familie sowie die katholische Kirche.

Man tut dem Dunninger Landsmann und genialen Erfinder und „Technikfreak", wie man heutzutage sagen würde, aber wohl nicht unrecht, wenn man auch auf sein Scheitern als Unternehmer und letztlich auf sein kaufmännisches und ökonomisches Unvermögen hinweist. Jacob Mayer war in der Tat „kein guter Verkäufer und ein miserabler Kaufmann"[110], der „von Geschäften wenig verstand und sich eigentlich gar nicht recht [dafür] interessierte"[111]. Völlig der Technik und ihren Herausforderungen verfallen, tat er sich schwer im Umgang mit Geschäftspartnern, Kunden und zumal seinem nominellen Vorgesetzten Louis Baare, auch wenn die Differenzen zwischen den beiden nicht – wie in der älteren Literatur beschrieben – vorrangig auf „die Unterschiede in Persönlichkeit und Charakter zwischen dem katholischen Stahltechniker aus Württemberg und dem protestantischen Kaufmann aus Westfalen" zurückgeführt werden dürfen, sondern komplexeren, strukturellen Hintergründen zumindest mitgeschuldet waren[112]. Es bleibt mithin das Bild einer widersprüchlichen und gleichwohl beeindruckenden Persönlichkeit, die auch 200 Jahre nach ihrer Geburt noch Aufmerksamkeit verdient.

---

106 Heuss (wie Anm. 2) S. 161.

107 Bertram (wie Anm. 2) S. 46; Rudzinsky (wie Anm. 2) S. 83.

108 Jacob Mayer erhielt von Kaiser Napoleon III. bei der Pariser Weltausstellung 1855 das Kreuz der Ehrenlegion verliehen, ein württembergischer Orden sowie der preußische rote Adlerorden folgen nach (Schreiben von Peter Josef Sieber an Josef Mayer junior vom 28.10.1904 (wie Anm. 6)). Eine eigene Qualität hatte, wie geschildert, der Mayer vom Papst verliehene Gregorius-Orden.

109 Heuss (wie Anm. 2) S. 160.

110 Ogger (wie Anm. 2) S. 46.

111 Heuss (wie Anm. 2) S. 155.

112 Vgl. dazu Rudzinsky (wie Anm. 2) S. 83.

Adel und Kapitalismus

Die Familie Hohenlohe und der Fürstenkonzern

Von VOLKER STALMANN

Die Adelsforschung erlebt seit einiger Zeit einen beachtlichen Aufschwung. Die Vielzahl der Neuerscheinungen, der Monographien und Tagungsbände zu diesem Thema macht dies deutlich. Wichtige Impulse gingen vor allem von der kulturhistorischen Erweiterung der Sozialgeschichte aus, die das Selbstverständnis und die Mentalität sozialer Gruppen in den Vordergrund rückt und damit Rückschlüsse auf strukturelle Gegebenheiten der Gesamtgesellschaft und Prozesse sozialen Wandels zu ziehen versucht[1]. Zu den kulturgeschichtlich inspirierten neuen Forschungsansätzen zählt dabei die Frage nach dem Verhältnis des Adels zum kapitalistischen Wirtschaftssystem. Konnte der Adel, so die Frage, aufgrund seiner jahrhundertealten Bindung an Grund und Boden seine mental begründeten Reserven gegenüber der industriellen Moderne und der kapitalistischen Wirtschaftsweise überwinden, oder blieb er den tradierten, dem Grundbesitz verbundenen Wirtschaftsformen verhaftet? Gab es also ein adliges Modernisierungsdefizit in dieser Frage?

Wirkungsmächtig waren lange Zeit die Thesen Rosenbergs und Wehlers, für die Adel und Kapitalismus zwei antinome Begriffspaare darstellten. „Im allgemeinen", so Wehler, „bestand die traditionelle Mentalitätsbarriere gegenüber der industriellen Eigenaktivität unter der Mehrheit der Landadligen" auch nach 1871 „weiter fort"[2]. Der Adel sei letztlich den wirtschaftlichen Herausforderungen der Industriegesellschaft in keiner Weise gewachsen gewesen. Darüber hinaus sei er unfähig gewesen, seinen landwirtschaftlichen Besitz, seinen Großgrundbesitz zumal, zu

[1] Vgl. Eckart CONZE, Der Adel ist tot – es lebe der Adel! Adelsgeschichte in Deutschland im 19. und 20. Jahrhundert. Entwicklungen und Perspektiven, in: Adel als Unternehmer im bürgerlichen Zeitalter. Vorträge des wissenschaftlichen Kolloquiums der Vereinigten Westfälischen Adelsarchive e.V. vom 28. bis 30. Juli 2004 in Bad Driburg, hg. von Manfred RASCH in Verbindung mit Toni PIERENKEMPER und Norbert REIMANN, Münster 2006, S. 49–63; Heinz REIF, Einleitung, in: DERS. (Hg.), Adel und Bürgertum in Deutschland, 2 Bde., Berlin 2000/2001, hier Bd. 1, S. 7–27.

[2] Hans-Ulrich WEHLER, Deutsche Gesellschaftsgeschichte, Bd. 3, München 1995, S. 169.

modernisieren und rentabel zu bewirtschaften. Mit den aufsteigenden bürgerlichen Gutsbesitzern hätten sich die hoch verschuldeten Junker letztlich nicht messen können. Diese am ostelbischen Adel gewonnenen Befunde wurden generalisiert und auf den stark differenzierten und heterogenen deutschen Adel übertragen[3].

Die neuere Forschung hat dagegen versucht, das ausgesprochen ambivalente Verhalten des Adels gegenüber der modernen marktorientierten Wirtschaft herauszuarbeiten und sowohl die lebensweltlich begründeten mentalen Barrieren und Affekte als auch die Fähigkeit zur flexiblen Anpassung gegenüber der kapitalistischen Wirtschaftsweise aufzuzeigen. Über die um den Landbesitz herum gruppierten gewerblichen Unternehmungen hinaus schien der Adel nur selten die neuen Erwerbschancen des Industriekapitalismus im 19. Jahrhundert wahrgenommen zu haben. Im mentalen Haushalt des Adels schienen Bodenbindung und Risikoaversion, verbunden mit einer gewissen Distanz zur fachlichen Ausbildung, konstitutive Elemente dargestellt zu haben[4].

Als Beispiel für einen gelungenen Brückenschlag zwischen Adelswelt und Industriekapitalismus gelten in der Regel die Magnaten Oberschlesiens, denen nicht nur Zehntausende von Hektar Land gehörten, sondern die mit ihren Montanunternehmungen auch zu den reichsten und mächtigsten Wirtschaftsführern im Kaiserreich zählten[5]. Sie scheinen am prägnantesten das von den preußischen Junkern dominierte Bild des deutschen Adels zu konterkarieren, eines Adels, der den An-

[3] Vgl. ebd., S. 167–176; Hans ROSENBERG, Die Pseudodemokratisierung der Rittergutsbesitzerklasse, in: DERS., Machteliten und Wirtschaftskonjunkturen. Studien zur neueren Sozial- und Wirtschaftsgeschichte, Göttingen 1978, S. 83–101, hier S. 90; DERS., Zur sozialen Funktion der Agrarpolitik im Zweiten Reich, in: ebd., S. 102–117.

[4] Vgl. Adel als Unternehmer im bürgerlichen Zeitalter (wie Anm. 1); Hartmut BERGHOFF, Adel und Industriekapitalismus im Deutschen Kaiserreich. Abstoßungskräfte und Annäherungstendenzen zweier Lebenswelten, in: Heinz REIF (Hg.), Adel und Bürgertum in Deutschland, Bd. 1: Entwicklungslinien und Wendepunkte im 19. Jahrhundert, Berlin 2000, S. 233–271; Thierry JACOB, Das Engagement des Adels der preußischen Provinz Sachsen in der kapitalistischen Wirtschaft 1860–1914/18, in: ebd., S. 273–330; Ilona BUCHSTEINER, Großgrundbesitz in Pommern 1871–1914. Ökonomische, soziale und politische Transformation der Großgrundbesitzer, Berlin 1993; DIES., Wirtschaftlicher und sozialer Wandel in ostdeutschen Gutswirtschaften vor 1914, in: Archiv für Sozialgeschichte 36 (1996) S. 85–109; René SCHILLER, Vom Rittergut zum Großgrundbesitz. Ökonomische und soziale Transformationsprozesse der ländlichen Eliten in Brandenburg im 19. Jahrhundert, Berlin 2003.

[5] Vgl. Toni PIERENKEMPER, Oberschlesische Magnaten als Unternehmer, in: Adel als Unternehmer im bürgerlichen Zeitalter (wie Anm. 1) S. 131–155; DERS., Unternehmeraristokraten in Schlesien, in: Elisabeth FEHRENBACH (Hg.), Adel und Bürgertum in Deutschland 1770–1848, München 1994, S. 129–157; Waclaw DLUGOBORSKI, Die schlesischen Magnaten in der frühen Phase der Industrialisierung Oberschlesiens, in: Toni PIERENKEMPER (Hg.), Industriegeschichte Oberschlesiens im 19. Jahrhundert. Rahmenbedingungen – Gestaltende Kräfte – Infrastrukturelle Voraussetzungen – Regionale Diffusion, Wiesbaden 1992, S. 107–128; Klemens SKIBICKI, Industrie im oberschlesischen Fürstentum Pless im 18. und 19. Jahrhundert. Zur ökonomischen Logik des Übergangs vom feudalen Magnatenwirtschaftsbetrieb zum modernen Industrieunternehmen, Stuttgart 2002.

schluss an die wirtschaftliche Moderne verloren zu haben schien. Die Modernität der schlesischen Magnaten soll im Folgenden am Beispiel der schlesischen Linie des Hauses Hohenlohe und des sogenannten Fürstenkonzerns hinterfragt werden. Konnte der Hochadel sich der kapitalistischen Wirtschaftsweise erfolgreich anpassen, oder spielten nicht doch mentale Reserven in seinem Handeln eine Rolle, die einem erfolgreichen Wirtschaften entgegen standen?

Hohenlohe in Schlesien

Unter den Magnaten Oberschlesiens nahmen die Fürsten Hohenlohe eine Sonderrolle ein, da sie keine gebürtigen Schlesier waren, sondern Ende des 18. Jahrhunderts durch Einheirat nach Oberschlesien kamen. Die Wurzeln der Familie lagen im deutschen Südwesten. Die Fürstentümer und späteren Standesherrschaften Hohenlohe waren klein, zersplittert und wirtschaftlich rückständig, Gebiete, in denen es kaum Bodenschätze gab und Industrie und Handel unterentwickelt waren[6]. Insofern eröffnete die Heirat des Erbprinzen Friedrich Ludwig zu Hohenlohe-Ingelfingen (1746–1818) mit Gräfin Amalie Marianne von Hoym (1763–1840) im April 1782 dem Haus neue Perspektiven[7]. Denn neben einigen sächsischen Rittergütern brachte Gräfin Hoym die schlesischen Herrschaften Slawentzitz, Birawa, Althammer und Lassowitz in die Ehe ein. Die Linie Hohenlohe-Ingelfingen, die 1805 auch das Erbe des kinderlos verstorbenen Fürsten Hohenlohe-Öhringen antrat, erhielt eine wirtschaftliche Basis.

Die Besitzungen waren industriell erschlossen. Bereits 1620 war in der Herrschaft Slawentzitz ein Werk zur Eisenverhüttung und -verarbeitung errichtet, 1703 in Althammer der erste Hochofen in Betrieb genommen, wenige Jahre später ein

---

[6] Vgl. Manfred Rasch, Adelige als Unternehmer zwischen Industrialisierung und Ende des deutschen Kaiserreichs. Beispiele aus Württemberg und Baden, in: Eckart Conze/Sönke Lorenz (Hg.), Die Herausforderung der Moderne. Adel in Südwestdeutschland im 19. und 20. Jahrhundert. Viertes Symposion „Adel, Ritter, Ritterschaft vom Hochmittelalter bis zum modernen Verfassungsstaat“ (17./18. Mai 2007, Schloss Weitenburg), Ostfildern 2010, S. 83–110, hier S. 100–103, 105–108; Gerhard Taddey, Hohenlohe und Schlesien, in: Hohenlohe in Oberschlesien. Fürsten – Bauern – Bergleute. Historische und volkskundliche Momentaufnahmen 1782–1945. Begleitheft mit Aufsätzen zur Ausstellung des Hauses der Heimat des Landes Baden-Württemberg, Stuttgart 1993, S. 7–15.

[7] Friedrich Ludwig, der nach dem Tod seines Vaters 1794 Fürst zu Hohenlohe-Ingelfingen wurde und 1805 das Fürstentum Hohenlohe-Öhringen erbte, sollte als preußischer General noch von sich reden machen. Er war 1806 der Gegner Napoleons bei Jena. Zu Fürst Friedrich Ludwig zu Hohenlohe-Ingelfingen vgl. Günter Richter, Hohenlohe-Ingelfingen, Friedrich Ludwig Fürst zu, in: NDB, Bd. 9, Berlin 1972, S. 489 f.; Richard von Meerheimb, Hohenlohe-Ingelfingen, Friedrich Ludwig Fürst von, in: ADB, Bd. 12, Leipzig 1880, S. 685 f.; Adolf Fischer, Geschichte des Hauses Hohenlohe. Zunächst als Leitfaden beim Unterricht in hohem Auftrag entworfen und den Prinzen und Prinzessinnen des durchlauchtigen Gesammthauses gewidmet, 2. Teil, 2. Hälfte, Stuttgart 1871, S. 282–362.

Messinghammer, ein Blechhammer und eine Lüstermanufaktur errichtet worden. Der Aufschwung der Montanindustrie im 18. Jahrhundert wurde wesentlich durch die reichen Erz- und Kohlevorkommen, die umfangreichen Waldbestände wie auch durch den fast kostenlosen Einsatz der frondienstabhängigen Bauernschaft begünstigt[8].

Lag der Schwerpunkt lange Zeit im Bereich der Eisenindustrie, so wurde die industrielle Basis der oberschlesischen Besitzungen unter Fürst Friedrich Ludwig durch den Kauf des Rittergutes Bittkow 1801 und der Herrschaften Koschentin, Tworog, Landsberg und Czieschowa 1804 und den dazugehörigen Steinkohlegruben erweitert. Mit der Inbetriebnahme eines mit Steinkohlenkoks betriebenen Hochofens ging der Fürst bei der Roheisenproduktion auch neue Wege[9].

Einen wichtigen Einschnitt bildete in diesem Zusammenhang die Bauernbefreiung. Die Überwindung der feudalen Agrarverfassung, d. h. die Trennung der jahrhundertealten Verbindung von „Land und Herrschaft“ und damit der Übergang zum Agrarkapitalismus, stellte in den standesherrlichen Gebieten einen sehr langwierigen Prozess dar, der erst unter dem Druck der Revolution von 1848/1849 zu einem Abschluss gelangen konnte. Die mit den Ablösungsgesetzen verbundenen Entschädigungszahlungen setzten die Fürsten in die Lage, sich zu entschulden und das ihnen verbliebene Kapital zum Erwerb von Grundbesitz zu nutzen oder in Industrieunternehmen, in Immobilien oder in Staatsanleihen zu investieren. Die den hohenlohischen Stammesteilen zugesprochenen Entschädigungsbeträge summierten sich schließlich auf 4,4 Millionen Gulden – dies war nach der der Familie Thurn und Taxis gezahlten Summe (5,4 Millionen) die deutschlandweit zweithöchste Entschädigung[10].

Während Bartenstein und Waldenburg die Entschädigungsgelder in erster Linie zur Tilgung ihrer Schulden verwandten, erwarb Fürst August von Öhringen (1784–1853), der Sohn des Fürsten Friedrich Ludwig, ein ausgedehntes Waldgebiet im Hohenlohischen und vermochte seinen Besitz in Oberschlesien durch den Kauf der Herrschaften Ujest und Bitschin 1838 abzurunden[11]. Der Erwerb von Grund-

---

[8] Vgl. auch Hohenlohe in Oberschlesien (wie Anm. 6), dort der Aufsatz von Gerhard Taddey, Hohenlohe und Schlesien.

[9] Vgl. Taddey (wie Anm. 6) S. 204; Konrad Fuchs, Zur Bedeutung des schlesischen Magnatentums für die wirtschaftliche Entwicklung Oberschlesiens, in: ders., Beiträge zur Wirtschafts- und Sozialgeschichte Schlesiens, Dortmund 1985, S. 123–152, hier S. 135, insgesamt zur Entwicklung der hohenloheschen Besitzungen in Oberschlesien S. 135–137; Alfons Perlick, Oberschlesische Berg- und Hüttenleute: Lebensbilder aus dem oberschlesischen Industrierevier, Kitzingen/Main 1953, S. 46; ferner Skibicki (wie Anm. 5) S. 224 f. und insgesamt S. 24–230.

[10] Vgl. Walter Demel, Der europäische Adel. Vom Mittelalter bis zur Gegenwart, München 2005, S. 110; Hartmut Weber, Die Fürsten Hohenlohe im Vormärz, Schwäbisch Hall 1977, S. 282–290.

[11] Zusammenstellung des Grunderwerbs des Stammesteils Öhringen, in: HZAN GA Seniorat II, Bü 29, Anlage zum Protokoll vom 16./17.9.1839; Weber, Die Fürsten Hohenlohe im Vormärz (wie Anm. 10) S. 282–290.

besitz besaß für die Fürsten von Hohenlohe damals eindeutig Vorrang vor industriellen Investitionen. Selbst der Sohn des Fürsten August, Prinz Hugo von Hohenlohe-Öhringen, obschon selbst später ein bedeutender Industrieller und Magnat, huldigte ganz den Grundsätzen seines Standes, der sein Selbstverständnis und seine Vorrechte aus seiner Existenz als Grundherr bezog: „Es unterliegt zwar keinem Zweifel, daß sich das in gewerblichen Unternehmungen verwendete Kapital höher verzinst als der Besitz von Grund und Boden, aber ebenso anerkannt ist auch, daß jene Kapitalien umso unsicherer stehen. Ich glaube daher, daß wir an dem Grundsaze, die flüssig gewordenen Fideikommißgelder stets wieder in Grundeigentum anzulegen, als an einer Lebensbedingung des Adels im Wesentlichen jederzeit festhalten müssen und fürchte, dass wir, wenn wir uns erhebliche Abweichungen davon erlauben, auf eine abschüssige Bahn gerathen und der Zersplitterung des Hausvermögens Thür und Thor geöffnet wird.“[12]

Diese früh artikulierten Affekte gegenüber der Industrialisierung sollten Hugo jedoch nicht davon abhalten, zum führenden Unternehmer Oberschlesiens und zu einem der bedeutendsten des Kaiserreichs aufzusteigen[13]. Als Zweitgeborener wäre er eigentlich leer ausgegangen, doch sein ältester Bruder Friedrich musste wegen einer nicht standesgemäßen Heirat das Erstgeburtsrecht an seinen Bruder abtreten. Hatte Fürst Hugo anfangs noch von der großen Eisennachfrage im Zuge des Eisenbahnbaus profitieren können, so veranlassten ihn Ende der sechziger Jahre der starke Preisverfall für Eisenwaren infolge der Fertigstellung der Haupteisenbahnlinien und die billige englische und schwedische Konkurrenz, sich sukzessive aus der Eisenherstellung zurückzuziehen und sich auf den Ausbau der Zinkindustrie zu konzentrieren. So ließ er 1871 die Zinkhütte in Bittkow errichten und gliederte ihr 1888 ein Zinkwalzwerk an. Vier Jahre später wurde die Theresien-Zinkhütte in Michalkowitz erworben und drei Jahre darauf die Godulla-Hütte der Gräfin Schaffgotsch gepachtet. In den 1890er Jahren war Fürst Hugo einer der größten Zinkproduzenten der Welt. Mit seinen 41.587 Hektar zählte er ohnehin zu den größten Grundbesitzern Schlesiens. Mit dem Erwerb von Steinkohlegruben seit 1869, der Hoym-Laura-Grube, von Rheinbaben, Fanny, Chassée und der Georgsgrube, sowie dem Ausbau seiner Eisenhüttenwerke seit 1871 verfügte er über ein imponierendes Wirtschaftsimperium[14].

---

12 HZAN, Archiv Waldenburg, Domänenkanzlei, Bü 40, Votum des Fürsten Hugo zu Hohenlohe-Öhringen vom 17.4.1854.

13 Zu Fürst Hugo zu Hohenlohe-Öhringen und Herzog von Ujest vgl. Alfons Perlick, Hugo Fürst zu Hohenlohe-Öhringen, in: NDB, Bd. 9, S. 492; ders., Oberschlesische Berg- und Hüttenleute (wie Anm. 9) S. 47 f.; Konrad Fuchs, Vom Dirgismus zum Liberalismus. Die Entwicklung Oberschlesiens als preußisches Berg- und Hüttenrevier, Wiesbaden 1970, S. 256; Heinz Gollwitzer, Die Standesherren. Die politische und gesellschaftliche Stellung der Mediatisierten 1815–1918. Ein Beitrag zur deutschen Sozialgeschichte, Stuttgart 1957, S. 258.

14 Vgl. auch Skibicki (wie Anm. 5) S. 227 f.; Fuchs, Zur Bedeutung des schlesischen Magnatentums (wie Anm. 9) S. 136.

Wie stark Fürst Hugo bei aller Modernität noch vormodernen, feudalen Werten und Prinzipien verhaftet war, zeigte sein Wunsch nach Standeserhöhung, die 1861 auch Allerhöchsten Orts Berücksichtigung fand. So wurde den oberschlesischen Fideikommissherrschaften des fürstlichen Hauses Hohenlohe-Öhringen der Titel eines Herzogtums verliehen, das fortan den Namen der größten Besitzung Ujest trug. Mit diesem Titel war auch ein Sitz im 1853 gegründeten preußischen Herrenhaus verknüpft[15].

Als Fürst Hugo 1897 starb, trat sein Sohn Christian Kraft das Erbe an. War Christian Kraft auf die vor ihm liegenden Aufgaben angemessen vorbereitet? Blickt man auf seinen Ausbildungsweg kommen gewisse Zweifel auf. So war dem Besuch der Ritterakademie in Liegnitz zwar 1868 ein zweijähriges Jurastudium an der Universität Bonn gefolgt, das der Aneignung eines juristischen Allgemeinwissens diente. Aber eingehende wirtschaftswissenschaftliche Kenntnisse scheinen ihm nicht vermittelt worden zu sein. Dennoch wird man ihm aufgrund seiner Erfahrungen im Familienunternehmen durchaus unternehmerische Fähigkeiten unterstellen können[16]. Ob er sich jedoch aufgrund seiner anderweitigen Interessen, dem Rennsport und der Politik, kontinuierlich dem Unternehmen widmen konnte, sei dahin gestellt. So gehörte er, wird einmal von seiner erblichen Mitgliedschaft in der württembergischen Ersten Kammer und dem preußischen Herrenhaus abgesehen, mit kurzer Unterbrechung von 1880 bis 1911 dem Reichstag an, wo er die Reihen der Deutschkonservativen verstärkte[17]. Die eigentliche Unternehmensplanung war

[15] Vgl. Hohenlohe in Oberschlesien (wie Anm. 6) S. 11. Vgl. auch GSTA PK Berlin, I. HA, Rep. 89 H, Nr. 30943: Acta betr. die Fideikommiß- und sonstigen Angelegenheiten der Fürsten von Hohenlohe-Oehringen, Herzöge von Ujest und der Prinz von Hohenlohe-Ingelfingen und Hohenlohe-Langenburg, 1825–1915. Ferner das Schreiben von Fürst Hugo zu Hohenlohe-Öhringen vom 31.10.1861 über die Standeserhöhung seiner Herrschaften, in: Staatsarchiv Kattowitz/Polen, Bestand 12/384, Nr. 8985.

[16] Zu Fürst Christian Kraft zu Hohenlohe-Öhringen: Alfons Perlick, Christian Kraft Fürst zu Hohenlohe-Öhringen, in: NDB, Bd. 9, Berlin 1972, S. 489; insgesamt: ders., Oberschlesische Berg- und Hüttenleute (wie Anm. 9) S. 47f.; Fuchs, Zur Bedeutung des schlesischen Magnatentums (wie Anm. 9) S. 136f.; Carl Fürstenberg, Die Lebensgeschichte eines deutschen Bankiers 1870–1914, hg. von seinem Sohne Hans Fürstenberg, Berlin 1931, S. 446, zur Gründung der Hohenlohe-Werke AG. Ferner Bernhard Muschol, Die Herrschaft Slawentzitz-Ehrenforst in Oberschlesien: piastisches Kammergut im Spätmittelalter, sächsischer Adelsbesitz und hohenlohesche Residenz in der Neuzeit, Sigmaringen 1993, S. 96–106.

[17] Vgl. Perlick, Christian Kraft Fürst zu Hohenlohe-Öhringen (wie Anm. 16); Biographisches Handbuch der württembergischen Landtagsabgeordneten 1815–1933, bearb. von Frank Raberg, Stuttgart 2001, S. 385. Ferner Max Weber, Politik als Beruf. Nachwort von Ralf Dahrendorf, Stuttgart 1992, S. 16f. Ferner Volker Stalmann, Die Partei Bismarcks. Die Deutsche Reichs- und Freikonservative Partei 1866–1890, Düsseldorf 2000, S. 237–244, 262–310, zur Deutschen Reichspartei sowie insgesamt zum Phänomen des Honoratiorenpolitikers; sowie Andreas Biefang, Die andere Seite der Macht. Reichstag und Öffentlichkeit im „System Bismarck“ 1871–1890, Düsseldorf 2009, S. 162–175.

letztlich Aufgabe der hohenlohischen Beamten, die zusammen mit dem Fürsten die großen Linien festlegten und diese auch mit Leben auszufüllen verstanden[18].

Die hohenlohischen Montanunternehmungen erlebten nach 1897 einen bedeutenden Aufschwung. So wurden die industriellen Besitzungen weiter ausgebaut und die Oheimgrube südlich von Kattowitz sowie die Oehringengrube bei Gleiwitz erworben. Von großer Bedeutung war schließlich 1905 die Umwandlung des Montanbesitzes in eine Aktiengesellschaft, die Hohenlohe-Werke AG. Im Gegenzug erhielt der Fürst eine einmalige Abfindung von 44 Millionen Mark und eine jährliche Rente von 3 Millionen Mark, die 1910 jedoch in einen entsprechenden Aktienanteil umgewandelt wurde. Dadurch wurde Christian Kraft wieder Hauptaktionär und leitete bis zu seinem Tode im Jahre 1926 als Vorsitzender den Aufsichtsrat[19].

Die Überführung von Industrievermögen in Aktiengesellschaften war ein allgemeiner Prozess, der die Konzentration der Eigentumsverhältnisse in der Region reflektierte. So produzierten seit den 1850er Jahren die vier größten Hütten allein die Hälfte der Zinkproduktion und 1875 die vier größten Werke 62 Prozent der Koksroheisenherstellung. Angesichts des hohen Kapitalbedarfs wurden Aktiengesellschaften bereits in der Mitte des 19. Jahrhunderts ins Leben gerufen: 1853 brachte Graf Henckel von Donnersmarck seine Gruben und Hütten in die Schlesische AG für Bergbau und Zinkhüttenbetrieb ein, 1855 gründete Graf Renard die Minerva AG und 1871 folgte die Vereinigte Königs- und Laurahütte aus dem Vermögen des Grafen von Donnersmarck und die Oberschlesische Eisenbahn-Bedarfs AG. Die Gründung der Hohenlohe-Werke AG stellte in diesem Zusammenhang einen relativ späten Schritt dar[20].

Zum Aufsichtsratsvorsitzenden wurde 1905 der Bankier Carl Fürstenberg von der Berliner Handels-Gesellschaft gewählt, dem wenig später Carl Klönne von der Deutschen Bank folgte[21]. Vor dem Ersten Weltkrieg zählte die Hohenlohe-Werke AG, die über ein Kapital von 80 Millionen Mark verfügte und knapp 10.000 Arbeiter und Angestellte beschäftigte, zu den bedeutendsten Unternehmen Schlesiens. Die Zinkproduktion erreichte 1913 mit fast 37 Millionen Tonnen mehr als zwanzig Prozent der gesamten oberschlesischen Zinkerzeugung. Dem allgemeinen Preisdruck versuchte man durch den Zusammenschluss der deutschen Zinkproduzenten

---

[18] Vgl. auch Konrad FUCHS, Wirtschaftliche Führungskräfte in Schlesien 1850–1914, in: Zeitschrift für Ostforschung 21 (1972) S. 264–288, hier S. 277.

[19] Vgl. HZAN, Archiv Öhringen, Berliner Generalverwaltung, Bü 370: Hohenlohe-Werke AG: Erläuterung der Gesichtspunkte für die Umwandlung des Montan- und Industriebesitzes in Oberschlesien in eine Aktiengesellschaft seitens des Fürsten Christian Kraft zu Hohenlohe-Öhringen, 1905; ferner FÜRSTENBERG (wie Anm. 16) S. 445 f.; Erich ACHTERBERG, Berliner Hochfinanz. Kaiser, Fürsten, Millionäre um 1900, Frankfurt/Main 1965, S. 156–159. Vgl. auch TADDEY, Die Hohenlohe und Schlesien (wie Anm. 6) S. 210–237.

[20] PIERENKEMPER, Unternehmeraristokraten in Schlesien (wie Anm. 5) S. 155 f.; DLUGOBORSKI (wie Anm. 5) S. 116.

[21] Vgl. auch FÜRSTENBERG (wie Anm. 16); ACHTERBERG (wie Anm. 19) S. 142–163.

entgegenzuwirken. Nicht nur in der Zinkerzeugung, sondern auch im Steinkohlebergbau lagen die Hohenlohe-Werke mit einer Jahresförderung von 4 Millionen Tonnen an erster Stelle der privaten oberschlesischen Steinkohlebergwerksunternehmungen[22].

Diese eindrucksvolle Erfolgsbilanz der Hohenlohe-Werke AG mag als überzeugender Beleg für die Fähigkeit oberschlesischer Hocharistokraten, sich kapitalistische Wirtschafts- und Denkweisen anzueignen, ins Feld geführt werden. Doch ein Blick auf den sogenannten Fürstenkonzern, ein Zusammenschluss verschiedener Wirtschaftsunternehmungen des Fürsten Hohenlohe und des Fürsten Max Egon II. von Fürstenberg, der vor dem Ersten Weltkrieg spektakulär bankrottging, wird zeigen, wie sehr mentale Überhänge und Traditionen auch weiterhin eine nicht unwesentliche Rolle im unternehmerischen Handeln schlesischer Hocharistokraten spielten.

Der Fürstenkonzern

Die Geschichte des sogenannten Fürstenkonzerns nachzuzeichnen, bereitet einige Schwierigkeiten, da entweder die entsprechenden Unterlagen von den Fürsten Hohenlohe und Fürstenberg noch zu Lebzeiten vernichtet worden sind, oder, sofern sie noch in den Archiven, im Hohenlohe-Zentralarchiv in Neuenstein und im Fürstlich Fürstenbergischen Archiv in Donaueschingen, vorliegen, für die Öffentlichkeit gesperrt sind. Man ist insofern gezwungen, sich der Thematik indirekt zu nähern und mit Hilfe von Lebenserinnerungen der am Trust Beteiligten, von Presseberichten oder anderen aussagekräftigen Quellen, wie Gesandtschaftsberichten, Licht ins Dunkel dieser bedeutenden Adelsunternehmung zu bringen[23].

Begonnen hatte alles mit einigen Gelegenheitsgeschäften des jüngeren Bruders des Fürsten, des Prinzen Friedrich Karl zu Hohenlohe-Öhringen, der zusammen mit anderen Geldgebern im März 1905 die Madeira AG mit einem Kapital von 3 Millionen Mark gründete. Die AG sollte der Gründung und Unterhaltung eines Sanatoriums und einer Spielbank auf der portugiesischen Insel dienen. Da die anvisierten Projekte sich auf Madeira nicht umsetzen ließen, wurde die Aktiengesellschaft, dessen Kapital mittlerweile auf 15 Millionen Mark angewachsen war, im April 1908 in die neugegründete Handelsvereinigung AG überführt.

---

[22] Zu den Hohenlohe-Werke AG vgl. Fürstenberg (wie Anm. 16) S. 445 f.; Pierenkemper, Unternehmeraristokraten (wie Anm. 5) S. 149; Rasch, Adelige als Unternehmer (wie Anm. 6) S. 105 f.; Skibicki (wie Anm. 5) S. 230.

[23] Zum Fürstenkonzern vgl. Rasch, Adelige als Unternehmer (wie Anm. 6) S. 105–108; Isabel V. Hull, The Entourage of Kaiser Wilhelm II. 1888–1918, Cambridge 1982, S. 151; Fürstenberg (wie Anm. 16) S. 445, 498–501; Achterberg (wie Anm. 19) S. 156–159; Alfred Lansburgh, Die Finanzgeschäfte des Fürstentrust, in: Die Bank, Bd. 2, 1912, S. 223–230.

Die Handelsvereinigung, deren Firmensitz sich in der Berliner Dorotheenstraße befand, war eine Holdinggesellschaft, in die der Fürst Christian Kraft seine Beteiligung an der Levante-Linie, einer Schifffahrtslinie, und sein Vetter Fürst Max Egon II. zu Fürstenberg wiederum seinen aus den Anteilen an der Allgemeinen Berliner Omnibusgesellschaft und der Berliner Terrain- und Baugesellschaft bestehenden Aktienbesitz einbrachten. Die Beteiligungen an der Holding dürften sich zwischen den Fürsten Hohenlohe und Fürstenberg im Verhältnis drei zu zwei bewegt haben. Wegen ihrer hocharistokratischen Gründer wurde die Handelsvereinigung in der Presse auch als „Fürstenkonzern" oder „Fürstentrust" bezeichnet.

Zu den oben genannten Unternehmungen traten bald weitere Engagements wie die Beteiligungen an den Niederlausitzer Kohlenwerken oder den an der Unstrut gelegenen Kaliwerken Friedrichshall und Sarstedt, den Gewerkschaften Reichskrone, Richard und Burggraf. Zur Holding gehörte auch die Palästinabank oder das Berliner Excelsior Hotel und die Deutsche Hotel AG. Neben Obligationen von Terrain-, Schifffahrts- und industriellen Gesellschaften im Wert von 12,2 Millionen Mark und Aktien von Industriegesellschaften im Wert von knapp 20 Millionen Mark verfügte die Handelsvereinigung noch über Staats- und Kommunalpapiere im Wert von über 23,6 Millionen Mark. Der „Fürstenkonzern" entsprach mithin einem stark diversifizierten Mischkonzern, der einem „Gemischtwarenladen" glich und sein Engagement auf zahlreiche Felder verteilte, ja zu verzetteln schien. Diese Konzeption resultierte letztlich aus dem Wunsch der Gründer, möglichst rasch hohe Gewinne zu erzielen und dafür auch risikoreiche und hochspekulative Geschäfte einzugehen.

Die Unternehmungen des Fürsten Fürstenberg standen unter keinem guten Stern. So erwarb die Berliner Terrain- und Baugesellschaft, die ursprünglich eine Verwertungsgesellschaft für den Grundbesitz der Berliner Omnibusgesellschaft war, im Norden Berlins Grundstücke und ließ darauf mit einem unvergleichbar hohen Kostenaufwand das „Passage"-Kaufhaus bauen. In Wolf Wertheim, dem ehemaligen Teilhaber des großen A. Wertheimschen Warenhauses, glaubte man nach langer Suche einen Pächter gefunden zu haben. Die weitschweifenden Projekte Wertheims entpuppten sich für die Fürsten jedoch als Fass ohne Boden, in das sie etwa 11 Millionen Mark fließen ließen. Wertheim war jedoch nicht das einzige Problem der Handelsvereinigung. So musste die Vereinigung dem Fürsten Fürstenberg nahezu wertlose Grundstücke am Teltow-Kanal für 8,04 Millionen Mark abkaufen. Überdies musste man von der Deutschen Bank, dafür, dass sie auch weiterhin für die Liquidität des Trusts sorgte, die Beteiligung an der Berliner Baufirma Boswau & Knauer GmbH übernehmen – einer Baufirma, die durch ihre weitgreifenden Bauprojekte[24], aber auch durch ihre dubiosen Geschäftspraktiken

[24] Die Baufirma Boswau und Knauer GmbH zeichnete unter anderem für den Bau des Hotels Esplanade, des späteren Theaters am Nollendorfplatz und das spätere Kaufhaus des Westens (KaDeWe) in Berlin verantwortlich. Vgl. Rasch, Adelige als Unternehmer (wie Anm. 6) S. 107, Anm. 100.

Schlagzeilen machen sollte. Die Manipulationen der Firma, die nach dem Tode von Hermann Knauer 1909 ans Tageslicht kamen, kosteten den Fürsten Fürstenberg mindestens 5,5 Millionen Mark.

Dieser Misserfolge nicht genug, auch bei den anderen Geschäften stand es nicht zum Besten. Denn die Beteiligung an den Niederlausitzer Kohlenwerken, die Aufschließung der Kalilager an der Unstrut, die Erweiterung der fürstlichen Schifffahrtsinteressen, die Sanierung der Levantelinien und der Ausbau der Palästinabank kosteten Millionen über Millionen. „Der größte Teil der Verluste", so Manfred Rasch, „ging auf zahllose Beteiligungen (Aktien, Geschäftsanteile etc.) ohne unternehmerischen Schwerpunkt zurück, die ungenügend geprüft sowie mangelhaft geleitet waren und in keinem Verhältnis zu den Eigenmitteln der Handelsvereinigung AG standen"[25]. Hinzu kam, dass die Struktur der Handelsvereinigung teilweise undurchschaubar war. Die Unternehmungen, so erinnerte sich der Bankier Carl Fürstenberg, seien „so sehr ineinander verschachtelt" gewesen, „daß hier ein heilloser Wirrwarr entstanden war. [...] Die ganze Sachlage sei unendlich verfahren" gewesen, „die Zusammenhänge schwer übersichtlich"[26].

Da dem Fürsten Fürstenberg nicht die Verfügung, sondern nur die Nutznießung des stattlichen Familienbesitzes zustand und er nur wenig liquide Mittel besaß, war Fürst Hohenlohe gezwungen, seinen Kreditrahmen aufs äußerste anzuspannen und einen Teil seines Vermögens in Bargeld oder Effekten umzuwandeln. In diesem Zusammenhang wurden 1909 und 1911 Kapitalerhöhungen bei der Hohenlohe-Werke AG um 8 bzw. 32 Millionen Mark vorgenommen. Die jährliche Rente des Fürsten über 3 Millionen Mark wurde 1910 in einen entsprechenden Aktienanteil umgewandelt. Aus Protest gegen die durch die vorhandenen Sachwerte nicht gedeckte Kapitalerhöhung auf 80 Millionen Mark und die selbstherrliche Geschäftsführung des Fürsten legten damals die Bankiers Carl Fürstenberg und Carl Klönne ihre Aufsichtsratsmandate nieder. Diesem Schritt folgten auch andere Aufsichtsratsmitglieder wie der oberschlesische Kohlenmagnat Fritz von Friedländer-Fuld[27].

Die Lage war so ernst, dass sich schließlich Kaiser Wilhelm II. einschaltete, der mit Fürst Max Egon II. eng befreundet war und mit ihm in Bonn studiert hatte – beide gehörten der adligen Studentenverbindung Borussia an. Auf Drängen des Kaisers unternahm die Deutsche Bank unter dem Vorstandsvorsitzenden Arthur von Gwinner den Versuch, den „Fürstenkonzern" vor dem Zusammenbruch zu retten[28].

---

[25] Rasch, Adelige als Unternehmer (wie Anm. 6) S. 107.

[26] Fürstenberg (wie Anm. 16) S. 499.

[27] Vgl. ebd., S. 497. Zu Fritz Friedländer vgl. auch Achterberg (wie Anm. 19) S. 48–50.

[28] Vgl. Fürstenberg (wie Anm. 16) S. 499f.; Gwinner geht in seinen Erinnerungen auf diesen Fall nicht ein. Vgl. Arthur von Gwinner, Lebenserinnerungen, Frankfurt/Main [2]1992. – Der österreichisch-ungarische Botschafter in Berlin, Ladislaus von Szögyenyi-Marich, schrieb Anfang April 1914 nach Wien: „Daß die Mitglieder des Fürstentrusts sich über-

1912 einigten sich die Fürsten mit der Deutschen Bank auf einen Sanierungsplan. Zuvor hatte bereits Fürst Fürstenberg, als der Minderwert des Teltower Terrains offenkundig wurde, der Gesellschaft 5,25 Mill. Mark gezahlt, wofür seine B-Aktien in vollberechtigte A-Aktien umgewandelt wurden. Man habe den Eindruck, so schrieb damals „Die Bank", die Monatshefte für Finanz- und Bankwesen, „daß man vor einer Ruine steht, und daß ein Aufwand von 30 oder 50 oder noch mehr Millionen Mark nutzlos vertan worden ist"[29]. Mehrere Unternehmen wurden in der Folge liquidiert und abgewickelt. Ein Großteil, wohlgemerkt die besten Stücke aus dem Kuchen der Berliner Bau- und Terrain-Gesellschaft, konnte zu Geld gemacht werden. Im Juli 1913 standen die beiden Fürsten gleichwohl vor einem Schuldenberg in Höhe von 60 Millionen Mark, in den allerdings die Forderungen der Deutschen Bank noch nicht eingerechnet sind[30].

Die Lage nahm sich zwischenzeitlich so katastrophal aus, dass Christian Kraft sogar ohne Wissen der Bankgläubiger ein bedeutendes Effektendepot nach London schicken ließ, um für den Fall des Zusammenbruchs einen Notgroschen im Ausland zu besitzen. Aber in den folgenden Jahren gelang es dem Fürsten mit Hilfe seines fähigen Kammerpräsidenten von Kleefeld, dem Schwager des späteren Reichskanzlers Stresemann, sich aus der Abhängigkeit von der Deutschen Bank zu lösen und finanzielle Unterstützung bei der damals noch unbedeutenden Nationalbank für Deutschland, dessen Verhandlungsführer kein geringerer als Hjalmar Schacht war, zu erhalten. Die Nationalbank schloss sich in den zwanziger Jahren mit der Darmstädter Bank zusammen und wurde wenige Jahre später im Zuge der Bankenkrise von der Dresdner Bank geschluckt. Für den Konzern war auch entscheidend, dass er im tschechischen Kohlenmagnaten Ignaz Petschek (Aussig) einen wichtigen wirtschaftlichen Partner fand und die nach dem Zusammenbruch des Fürstenkonzerns noch verbliebenen wirtschaftlichen Unternehmungen zu einem halbwegs vernünftigen Preis verkaufen konnte, so dass sich die wirtschaftliche Lage der Hohenlohe-Werke vor dem Krieg wieder erträglicher gestaltete. Aus den wirtschaftlichen Schwierigkeiten half dem Fürsten allerdings erst die In-

---

haupt noch in dieser Weise vor dem vollkommenen Ruin retten konnten, verdanken sie eigentlich vor Allem der Initiative Seiner Majestät Kaiser Wilhelms, der, um Seinen Freund den Fürsten Fürstenberg zu retten, den Director der Deutschen Bank Herrn von Gwinner zu Sich kommen ließ und ihm den Auftrag erteilte, die Angelegenheit der Liquidierung des Fürstentrusts in die Hand zu nehmen und für sich und die fürstlichen Partner so viel zu retten, als überhaupt noch möglich sei." Bericht des österreichisch-ungarischen Botschafters von Szögyenyi-Marich nach Wien, 8. April 1914, in: HHStA Wien, PA III 171.

[29] Zum Fürstenkonzern vgl. Rasch, Adlige als Unternehmer (wie Anm. 6) S. 105–108; Alfred Lansburgh, Die Finanzgeschäfte des Fürstentrust, in: Die Bank, Bd. 2, 1912, S. 223–230, hier S. 227. Vgl. auch Deutsche Bank Archiv, Frankfurt, Akte „Hohenlohe-Werke S 461", Zeitungsmappe SG 10/005 sowie PO 1251 (Anleihe für die Hohenlohe-Werke AG von 1912).

[30] Vgl. Rasch, Adelige als Unternehmer (wie Anm. 6) S. 107.

flation der zwanziger Jahre, durch die der Schuldenberg umstandslos getilgt werden konnte[31].

Der Zusammenbruch des Handelsvereinigung AG führte zu heftigen Auseinandersetzungen zwischen den beiden Fürsten. „Alle Versuche", so berichtete der württembergische Gesandte in Berlin, von Varnbüler, im Februar 1914 nach Stuttgart, „dem drohenden Proceß über die zwischen den Fürsten Fürstenberg und Hohenlohe-Oehringen bei Auflösung des Fürstenconcerns sich ergebenden Differenzen durch Vergleich vorzubeugen, sind bisher gescheitert. Fürst Hohenlohe hatte seine vermeintliche Forderung von circa 30 Millionen gegen seinen Vetter auf die Hälfte ermäßigt, dieser aber nur eine 20jährige Ratenzahlung von je 400.000 M geboten, die überdies von Seiten eines Fideicommißbesitzers, der jederzeit zu Gunsten seines Sohnes abdanken könnte, nicht gesichert erschien. – Der von Hohenlohe ausgehende und auch von dem Rechtsbeistand der Gegenpartei, dem für sehr anständig geltenden Justizrat von Gordon befürwortete Vorschlag, die Entscheidung einem Schiedsrichter zu unterwerfen, etwa dem Herrn Reichskanzler unter sachverständiger Assistenz des Präsidenten der Reichsbank Havenstein, wurde von Fürstenberg persönlich abgelehnt. Nun ist, als letztes Mittel zur Vermeidung eines Processes, der bei der – gelinde gesagt – Dunkelheit der zu Grunde liegenden und aufzuklärenden Geschäftsgebarungen der Generalbevollmächtigten beider Parteien, nicht nur für diese höchst compromettant werden, sondern bei der bekannten Freundschaft des Kaisers für Fürstenberg auch politisch ausgebeutet werden könnte, neuerdings beabsichtigt, Seiner Majestät die Sachlage vorzutragen und anheimzugeben, Allerhöchst Seinen Einfluß zu Gunsten eines Vergleichs geltend zu machen. Es erscheint dies umso mehr geboten, als Seine Majestät bisher des Glaubens ist, daß Fürst Fürstenberg nur durch seinen Vetter Hohenlohe in diese wilden Speculationen hereingezogen worden sei, während die große Mehrheit der haute finance die entgegengesetzte Ansicht vertritt und auch durchaus unparteiische und vertrauenswerte Männer unserer Gesellschaftskreise auf Grund ihnen vorgelegter authentischer Schriftstücke die Handlungsweise des Fürsten Fürstenberg mit seinen Standesbegriffen für unvereinbar halten."[32]

Ein Vergleich zwischen beiden Fürsten kam Anfang April zustande. Fürst Fürstenberg schied aus der Handelsvereinigung und verfügte seitdem über kein freies Vermögen mehr. Als alleiniger Gesellschafter war Christian Kraft mit Hilfe eines ihm von der Deutschen Bank gewährten Kredits über 80 Millionen Mark seitdem bemüht, die verschiedenen Unternehmungen abzuwickeln. Als Deckung des Kredits diente neben dem Immobiliarvermögen der Handelsvereinigung der unga-

---

[31] Denkschrift Richard Chrambachs über „Die wirtschaftlichen Zusammenhänge und finanzielle Entwicklung des Haus-Vermögens Hohenlohe-Öhringen in den Jahren 1932 und 1937", um 1937, in: HZAN, Archiv Öhringen, Berliner Generalverwaltung, Bü 4.

[32] Bericht des königlichen württembergischen Gesandten in Berlin, von Varnbüler, an den Staatsminister der auswärtigen Angelegenheiten, Dr. von Weizsäcker, Berlin, 27.2.1914, in: HStA Stuttgart E 50/03, Bü 208.

rische Besitz des Fürsten. „Die Deutsche Bank“, so berichtete der österreichisch-ungarische Botschafter in Berlin, Ladislaus von Szögyenyi-Marich, im April nach Wien, „die, wie es heißt, einen Teil der notwendigen Sanierungen selbst in die Hand genommen hat – ist freilich genügend sichergestellt, zumal sie sich auch in den Hohenlohe-Werken eine entscheidende Ingerenz in der Generalversammlung so gut wie gesichert hat. – Eine andere Frage ist es, in welcher Weise Fürst Hohenlohe der nötigen Verzinsung seiner nicht weniger als 110 Millionen M. betragenden Passiven zu begegnen wissen wird; denn wenn sein freies Vermögen auch mit einiger Verläßlichkeit auf ca. 130 Millionen M. geschätzt werden kann, so besteht dasselbe doch nur zu einem Teil aus Gütern, die niemand reich genug ist zu kaufen, zum anderen aus vierten Hypotheken, Anteilen an schlecht gehenden Hôtels und Warenhäusern (Wolf Wertheim). Daß sein wertvolles, großes Unternehmen, die Hohenlohe-Werke, sich in einem Stadium der Reorganisation befindet, in welchem es für die nächste Zukunft wenig Ertrag verheißt, ist für den Fürsten wohl das größte Verhängnis. Vielleicht, daß es jetzt, wo der Vergleich mit dem Fürsten Fürstenberg die Möglichkeit der Einflußnahme auf die einzelnen Tochtergesellschaften der Handelsvereinigung eröffnet, gelingen wird, wenigstens die Leitung dieser, in recht erbarmungswürdigem Zustand befindlichen Unternehmungen zu reorganisieren und dadurch den Verkauf der ungarischen Güter überflüssig zu machen, der bei der gegenwärtigen Lage zu günstigen Bedingungen kaum durchführbar sein würde.“[33]

Zum 25. April 1914 wurde die Handelsvereinigung AG liquidiert[34]. Die Verluste, die Fürst Christian Kraft durch den Zusammenbruch der Handelsvereinigung erlitt, waren mit etwa 110 Millionen Mark erheblich. Die Verbindlichkeiten wurden später auf die Nationalbank für Deutschland überführt und letztlich erst durch die Inflation der zwanziger Jahre abgelöst[35].

Die Baronin von Spitzemberg berichtet unter dem 14. Dezember 1913 in ihrem Tagebuch, dass ihr Sohn, Lothar Hugo, der acht Tage auf Jagd beim Fürsten gewesen sei, „tief ergriffen von dem letzten Akte einer Tragödie, den er erlebte“, gewesen sei. „Bei dem Zusammenbruche des ‚Fürstenkonzerns‘ hat Christian Kraft so viel verloren, daß er sich aufs äußerste einschränken muß, seinen Hofhalt in Slawentzitz auflöst und hofft, in Ungarn sich ein kleines Anwesen aufrechtzuerhalten. Ganz bewußt hat er seine Freunde zum letzten Male eingeladen und rührend von ihnen als Jagdherr Abschied genommen. Nun wird alles abgeschossen, die Jä-

[33] Bericht des österreichisch-ungarischen Botschafters in Berlin, von Szögyenyi-Marich, an Außenminister Leopold Graf Berchtold, 8. April 1914, in: HHSTA Wien, PA III 171.

[34] Vgl. Handbuch der Deutschen Aktien-Gesellschaften, Ausgabe 1916/17, Bd. 2, S. 244.

[35] Vgl. den Bericht des österreichisch-ungarischen Botschafters in Berlin, von Szögyenyi-Marich, vom 8. April 1914 (wie Anm. 33); ferner die Aktennotiz vom 28.12.1933, in: Dresdner Bank-Archiv, Berlin, Akte 30201–2001. BE; sowie die Denkschrift „Die wirtschaftlichen Zusammenhänge und finanzielle Entwicklung des Haus-Vermögens Hohenlohe-Oehringen in den Jahren 1932–1937“, besonders S. 1–6, in: Hohenlohe-Zentralarchiv Neuenstein, Archiv Öhringen, Generalverwaltung, Bü 4.

gerei entlassen, Hunderte dabei in Not versetzt – im Grunde unverantwortlich, daß ein Herr wie Hohenlohe soweit kam durch eigene Unfähigkeit, die Wahl ganz unfähiger Beamter, letztens allerdings durch die versuchte Sanierung Fürstenbergs."[36]

Ob der Zusammenbruch des Fürstenkonzerns Fürst Christian Kraft ruiniert hat, ist fraglich. So schätzte Rudolf Martin, Regierungsrat im Reichsamt des Innern, das Vermögen des Fürsten 1914 in seinem Jahrbuch der Millionäre auf 154 Millionen Mark und sein Einkommen auf 6,5 Millionen Mark. Doch bleiben Zweifel, ob angesichts der bestehenden Schulden diese Schätzung der Wirklichkeit entsprach. Mit diesem Vermögen wäre der Fürst in Preußen hinter Bertha Krupp von Bohlen und Halbach (283 Millionen Mark Vermögen) und noch vor Kaiser Wilhelm II. (140 Millionen Mark) der zweitreichste Mann gewesen. In Oberschlesien war er zudem mit seinen knapp 43.000 Hektar der größte Grundbesitzer. In Württemberg übertraf ihn 1914 allein Fürst Albert von Thurn und Taxis mit einem Vermögen von 270 Millionen und einem Einkommen von 5 Millionen Mark. Auf Rang drei hatte Christian Kraft dagegen Fürst Max Egon zu Fürstenberg verwiesen (110 Millionen Mark Vermögen, 2,1 Millionen Mark Einkommen)[37].

Was den Fürsten Hohenlohe und Fürstenberg gefehlt habe, so urteilte der Bankier Carl Fürstenberg rückblickend, „war der industrielle Fernblick eines Henckel-Donnersmarck oder, in Ermangelung dessen, eine Anlehnung an die ersten Fachleute der Zeit, die gerade den Fürsten ihren Rat sicherlich gern zur Verfügung gestellt hätten. Hierzu kam es jedoch leider nicht oder doch erst in einem Zeitpunkt, als es schon zu spät war. Fürst Fürstenberg stützte sich während des ganzen ersten Teils seiner geschäftlichen Expansion auf die Ratschläge des Bankiers N.[38], dem ich eine finanzielle Begabung zwar nicht absprechen möchte, der aber für diese Aufgabe sicherlich nicht der richtige Mann war."[39]

In der Presse wurde man deutlicher. So urteilte ein Journalist über den Fürsten Fürstenberg: „Seine Ratgeber besitzen eine fast unumschränkte Vollmacht in geschäftlichen Dingen, und während er weite Reisen unternimmt, werden auf seinen Namen die riskantesten Finanztransaktionen vorgenommen, Geschäfte seltsamster Natur abgeschlossen, Kreditoperationen größten Stils durchgeführt, die er persönlich vielleicht kaum zu verstehen imstande wäre, gäbe er sich selbst die Mühe, sie kennen zu lernen. Dieser angeblich so geschäftstüchtige Magnat, der

[36] Das Tagebuch der Baronin Spitzemberg: Aufzeichnungen aus der Hofgesellschaft des Hohenzollernreiches. Hildegard von Spitzemberg, ausgewählt und herausgegeben von Rudolf VIERHAUS, Göttingen [5]1989, S. 565.

[37] Vgl. Rudolf MARTIN, Jahrbuch des Vermögens und Einkommens der Millionäre in der Provinz Schlesien, Berlin 1913, S. 2, 5f., 100, 138, 197; Willi A. BOELCKE, Millionäre in Württemberg. Herkunft – Aufstieg – Traditionen. Mit einem Faksimile-Abdruck des „Jahrbuchs des Vermögens und Einkommens der Millionäre in Württemberg mit Hohenzollern" von Rudolf Martin, 1914, Stuttgart 1997, S. 10, 24f., 92, 239, 247f., 269, 282.

[38] Gemeint ist der Bankier Karl Neuburger.

[39] FÜRSTENBERG (wie Anm. 16) S. 498.

‚fürstliche Finanzmann', ist im Grunde das reinste Kind in allen geschäftlichen Angelegenheiten."[40]

Wenn man nach den Gründen für den spektakulären Zusammenbruch des Fürstenkonzerns fragt, so wird man in der Tat die geradezu beiläufige Art und Weise, mit der die Fürsten in wirtschaftspolitischer Hinsicht agierten, als Erklärung heranziehen müssen. Hohenlohe stand zwar seit 1897 einem florierenden Unternehmenskomplex vor, verfügte jedoch über keine fundierte wirtschaftswissenschaftliche Ausbildung. Es muss bezweifelt werden, ob ihm die Problematik der Handelsvereinigung, die einen Zusammenschluss unterschiedlichster Unternehmungen ohne inneres, stimmiges Konzept darstellte, bewusst war, wenn er überhaupt den Überblick über die verschiedenen Engagements des in sich verschachtelten Konzerns bewahren konnte. Hinzu trat die unglückliche Auswahl des Personals, der Berater und Geschäftsführer, bei der offensichtlich persönliche Sympathien eine größere Rolle als fachliche Kompetenz gespielt haben dürften. Insgesamt scheint das Beispiel des Fürstenkonzerns auch bei den schlesischen Magnaten mentale Dispositionen und Verhaltensweisen aufzuzeigen, die eine gewisse Distanz zur industriellen Welt und den Anforderungen einer komplexen Arbeitswelt offenbaren. Durch die Professionalisierung der Unternehmensstrukturen schienen auch die Magnaten Oberschlesiens ins Hintertreffen zu geraten.

„Wo die Gründe für dieses einzigartige Débacle, für diese Fürstendämmerung, zu suchen sind", so urteilte der österreichisch-ungarische Botschafter von Szögyenyi-Marich, „welche zwei der größten Feudalvermögen der deutschen Hocharistokratie so rasch zunichte machen konnte, so sind sie wohl nicht schwer zu bezeichnen: sie werden weniger in den geschäftlichen Conjuncturen, auch nicht in einem allgemeinen wirtschaftlichen oder politischen Niedergang zu suchen sein, als vielmehr darin, daß heutzutage die nutzbringende Verwaltung und geschäftliche Verwertung so colossaler Einzelvermögen – soweit sie nicht fideicommissarisch geschützt sind – eine ernste Hingabe und Vertiefung erfordert, deren blosser Dilettantismus nicht fähig sein kann"[41].

---

[40] Princeps: Fürst Fürstenberg, in: Die Standarte, 5. Jahrgang, Nr. 23, 14.3.1911, S. 5, insgesamt S. 1–5.

[41] Bericht des österreichisch-ungarischen Botschafters in Berlin, von Szögyenyi-Marich, an den Außenminister Leopold Graf Berchtold, 8. April 1914, in: HHSTA Wien, PA III 171.

Arbeiterschutz und Lebenswirklichkeit

Eine Fallstudie am Beispiel der Firma Bosch von der Gründung 1886 bis zur Weltwirtschaftskrise[1]

Von TANJA ZIMMERMANN

1. Einleitung

Das schwäbische Unternehmen Bosch hat eine außergewöhnliche Erfolgsgeschichte geschrieben. Einst als kleine Werkstatt und Ein-Mann-Betrieb gegründet, handelt es sich heute um einen weltweit agierenden Konzern mit Niederlassungen an mehr als 80 Standorten national und über 350 weltweit. Dabei verlief in Württemberg die Industrialisierung langsamer, als es in anderen aufstrebenden europäischen Staaten[2] der Fall war. Die Verkehrsverhältnisse waren schlecht, da die Infrastruktur durch die geographische Kessellage noch sehr wenig ausgebaut war[3]. Das Fehlen von Rohstoffen wirkte sich zudem ungünstig auf die industrielle Entwicklung in Stuttgart aus[4].

In Stuttgart siedelten sich im Zuge der Industrialisierung zahlreiche Unternehmen an. Eines davon war die Firma Bosch. Zunächst war das Unternehmen in der Innenstadt ansässig und verlegte dann zur Vergrößerung der Betriebsfläche seinen Standort nach Feuerbach, einer später eingemeindeten Kleinstadt. Die Industrialisierung hatte hier zwei Antriebe: Neben der Metallindustrie spielte in Stuttgart in

---

[1] Die vorliegende Arbeit basiert auf meiner an der Universität Stuttgart im Wintersemester 2013/2014 vorgelegten Masterarbeit „Arbeiterschutz und Lebenswirklichkeit. Eine Fallstudie am Beispiel der Firma Bosch von der Gründung 1886 bis zur Weltwirtschaftskrise"; sie wurde für den Druck gekürzt und überarbeitet. Für Hinweise und Anregungen für die Druckfassung und Geduld bei der Bearbeitung danke ich Prof. Dr. Hans-Peter Becht, der auch die Masterarbeit betreute.

[2] Vgl. Martin BURKHARDT, Zentren und Peripherie zu Beginn der Industriellen Revolution, in: ZWLG 70 (2011) S. 341–369, hier S. 343.

[3] Vgl. Gert KOLLMER-VON OHEIMB-LOUP, Die Entwicklung der Wirtschaftsstruktur am Mittleren Neckar 1800–1950, in: ZWLG 71 (2012) S. 351–382, hier S. 351 f.

[4] Vgl. Theodor HEUSS, Robert Bosch. Leben und Leistung, Stuttgart 1946, unveränderter Neudruck 2008, S. 76.

späterer Zeit die Kraftfahrzeugindustrie eine große Rolle[5]. Robert Bosch wählte somit, wenn auch unwissentlich, einen vielversprechenden Standort für die Gründung seines Unternehmens.

Unsere Fallstudie konzentriert sich vor allem wegen der guten Quellenlage auf die Firma Bosch und den Raum Stuttgart. Neben der einschlägigen Sekundärliteratur fließen die Ergebnisse der Auswertung der Akten des Bosch-Archivs ein. Dadurch lassen sich interessante Erkenntnisse über die allgemeine Lage der Arbeiter im Großraum Stuttgart gewinnen. Die Berichte der Fabrikinspektion geben hierüber Aufschlüsse. Die Berichte der Inspektion sind überwiegend allgemein gehalten, so dass der Name Bosch nur selten fällt. Aus den Akten des Hauptstaatsarchivs Stuttgart ließen sich zum Thema keine zusätzlichen Informationen gewinnen, da Bosch 1905 noch kein Großbetrieb war und somit die für eine Fabrikinspektion erforderliche Größe nicht erreichte. Daher wird hier nur auf die gedruckten Fassungen der Berichte der Fabrikinspektion verwiesen.

Wer sich mit der Unternehmensgeschichte von Bosch beschäftigt, stellt schnell fest, dass deren Erforschung immer schon stark aus dem Hause Bosch selbst heraus betrieben und gefördert wurde. Eine Grundlage an Publikationen bilden dabei Schriften wie der „Bosch Zünder" (die Mitarbeiterzeitschrift) sowie zahlreiche Jubiläumsbände[6]. Einen der wichtigsten Forschungsbeiträge erbrachte Theodor Heuss, der über Jahre persönlich in Kontakt mit dem Firmengründer stand. Sein Werk, das er im Auftrag Boschs verfasste und 1946, vier Jahre nach dessen Tod, veröffentlichte, beschäftigt sich mit dem Leben und den Leistungen von Robert Bosch[7].

Hervorzuheben für diese Arbeit sind zudem Einzelstudien über die Arbeiter bei Bosch, wie die von Marlies Prinzing[8], Uta Stolle[9] und Heidrun Homburg[10], welche sich mit dem Streik von 1913 befasst haben. Die neueste Firmenbiographie von Johannes Bähr und Paul Erker[11] wurde im Zusammenhang mit dem 125-jährigen Firmenjubiläum in Auftrag gegeben, um eine umfassende Sicht auf die Ausrichtung, Entwicklung und Betätigungsfelder des Unternehmens zu geben. Einen

5 Vgl. ebd., S. 68.

6 Zu nennen ist beispielsweise die aktuelle Ausgabe: Bosch. 125 Jahre Technik fürs Leben, Heimerdingen 2011.

7 Vgl. Heuss (wie Anm. 4) S. 9.

8 Marlies Prinzing, Der Streik bei Bosch im Jahre 1913. Ein Beitrag zur Geschichte von Rationalisierung und Arbeiterbewegung, Stuttgart 2008.

9 Uta Stolle, Arbeiterpolitik im Betrieb. Frauen und Männer, Reformisten und Radikale, Fach- und Massenarbeiter bei Bayer, BASF, Bosch und in Solingen (1900–1933), Frankfurt am Main/New York 1980.

10 Heidrun Homburg, Anfänge des Taylorsystems in Deutschland vor dem Ersten Weltkrieg. Eine Problemskizze unter besonderer Berücksichtigung der Arbeitskämpfe bei Bosch, in: Geschichte und Gesellschaft 4 (1978) S. 170–194.

11 Johannes Bähr/Paul Erker, Bosch. Geschichte eines Weltunternehmens, München 2013.

Schwerpunkt bilden hierbei die Unternehmensverfassung und die unternehmerischen Prinzipien, da die Grundsätze und Leitlinien immer schon ein zentrales Thema der Firma Bosch darstellen und bis heute eng mit der Person Robert Bosch und dessen Erbe verknüpft sind.

Besonders wertvoll für die vorliegende Fallstudie waren die zahlreichen, bislang nicht ausgewerteten Quellen über die Arbeiter und die Betriebspolitik. Die für unsere Studie verwendeten Akten entstammen ausschließlich dem Unternehmensarchiv der Firma Bosch, welches das Material dankenswerterweise für Forschungszwecke zugänglich gemacht hat. Aufgrund der Quellenlage erfolgt die Darstellung aus unternehmensinterner Sicht, da ein Abgleich mangels externen Materials nicht möglich war.

Das Ziel dieser Arbeit ist es herauszustellen, wie die Lebenswelt der Arbeiter bei Bosch aussah. Der hierfür betrachtete Zeitraum reicht von der Gründung des Unternehmens 1886 bis zum Beginn der Weltwirtschaftskrise 1929. Neben der Entwicklung der Arbeiterschaft werden die Firmengeschichte sowie die betriebliche Sozialpolitik und die Rolle des Unternehmers innerhalb seines Betriebs betrachtet. Den Abschluss bildet ein Vergleich der Ergebnisse dieser Studie mit der Sozialpraxis des Unternehmens Bosch. Man darf hierbei nicht vergessen, dass es sich bei der Firma Bosch um einen patriarchalischen Unternehmenstypus handelt, der auf das Engste mit der Persönlichkeit des Gründers Robert Bosch verknüpft ist. Daher beleuchtet diese Studie auch die Person Robert Bosch, seinen philosophischen Standpunkt, seine sozialen Vorstellungen sowie sein Engagement, um zu einem umfassenden Ergebnis zu gelangen.

2. Fallstudie Bosch: Die Unternehmensgeschichte bis 1928

Robert Bosch, geboren am 23. September 1861 in Albeck bei Ulm, wuchs in einer Großfamilie mit zwölf Kindern auf. Nach seiner Lehre zum Feinmechaniker begab er sich auf Wanderschaft und arbeitete ab 1879 für verschiedene Firmen in Deutschland, Großbritannien und den USA. Hierbei kam er mit verschiedensten Arbeitsbedingungen und Arbeitsmethoden in Kontakt. Die fachlichen Kompetenzen, die er im Ausland erwarb, halfen ihm auf dem Weg in die Selbstständigkeit, da er die erworbenen Fertigkeiten in seiner eigenen Werkstatt umsetzen konnte.

1886 gründete Robert Bosch seine „Werkstätte für Feinmechanik und Elektrotechnik" in Stuttgart. Elf Jahre später baute er in Einzelanfertigungen Magnetzünder, nachdem Frederick Richard Simms, ein englischer Automobilpionier, einen Magnetzünder für ein de-Dion-Dreirad bestellt hatte[12]. Ab 1898 spezialisierte Bosch sich auf die Massenproduktion von verbesserten und weiterentwickelten

[12] Vgl. Friedrich SCHILDBERGER, Bosch und der Zünder, Stuttgart 1952, S. 56.

Zündapparaten für die Automobilindustrie und belieferte zunächst Daimler[13]. Schon 1891 sorgte der Magnetzünder für 50 Prozent des Umsatzes[14]. Der Erfolg der Firma hing eng mit dem Boom der Automobilbranche in den USA zusammen, da US-Firmen zum Hauptabnehmer des Magnetzünders wurden. Die Firma wuchs dadurch schnell[15].

Bereits 1894 wurde der Neunstundentag eingeführt[16]. 1905 testete Robert Bosch ein neues System mit Zwei-Schicht-Betrieb: Da die Erfahrungen gut waren, wurde zum 1. August 1906 der Achtstundentag eingeführt[17]. Das Unternehmen war damit eines der ersten, welches die verkürzte Arbeitszeit einführte. Die Regelung wurde 1910 ergänzt, als der freie Samstagnachmittag eingeführt wurde[18].

Durch das rasante Firmenwachstum veränderten sich die Anforderungen an die Produktion. Es war nun notwendig, von der handwerklichen Kleinserien-Herstellung zur industriellen Massenfertigung überzugehen[19]. Anlässlich der Herstellung des 500.000sten Magnetzünders führte Bosch 1910 den freien Samstagnachmittag und eine gestufte Urlaubsregelung ein[20].

1912/1913 geriet Bosch in einen Streit mit der Metallarbeitergewerkschaft. Die stetige Vergrößerung des Betriebs und die damit verbundene arbeitsteilige Massenproduktion sorgte für einen häufigen Wechsel der Lohnsätze. Die Arbeiter wehrten sich mit Arbeitsverweigerung[21]. Als am 31. Mai 1913 zwei Werkzeugmacher entlassen wurden, folgte Anfang Juni in Folge des massiven Streiks die Stilllegung des Werks bis Mitte Juli[22]. Man darf allerdings nicht vergessen, dass trotz der Missstimmungen die Lage bei Bosch in der Regel deutlich besser war als in vergleichbaren Betrieben[23].

Der Erste Weltkrieg wurde zu einem herben Einschnitt für die Firma. Zunächst erfolgte die Umstellung der Produktion auf Kriegsgüter[24]. Als international orientiertes Unternehmen hatte Bosch jedoch weitere Probleme: Mit dem Krieg brachen die wichtig gewordenen Auslandsmärkte rasch weg, denn noch 1914 wurden 88 Prozent der Erzeugnisse ins Ausland geliefert[25]. Zudem beschlagnahmten die Alliierten das Vermögen der Firma im Ausland sowie dessen Patente und Marken-

---

[13] Ebd., S. 58.

[14] Vgl. Bosch (wie Anm. 6) S. 37.

[15] Ebd., S. 50.

[16] Vgl. Heuss (wie Anm. 4) S. 154.

[17] Vgl. Bosch (wie Anm. 6) S. 56.

[18] Vgl. Heuss (wie Anm. 4) S. 403.

[19] Vgl. Bosch (wie Anm. 6) S. 56.

[20] Vgl. Hans Konradin Herdt, Bosch 1886–1986. Porträt eines Unternehmens, Stuttgart 1986, S. 155.

[21] Vgl. Jahresberichte der Gewerbeaufsichtsbeamten des Staates Württemberg für 1913, Stuttgart 1914, S. 62.

[22] Vgl. Prinzing (wie Anm. 8) S. 11 und 13.

[23] Ebd., S. 2.

[24] Vgl. Bosch (wie Anm. 6) S. 59.

[25] Vgl. Herdt (wie Anm. 20) S. 155.

rechte[26]. Außerdem fehlten während des Krieges die Facharbeiter: Das Unternehmen verlor durch den Einzug von Soldaten immerhin gut die Hälfte der Belegschaft als verfügbare Arbeitskräfte[27]. Die Einstellung von Frauen und Hilfsarbeitern verschaffte zwar Arbeitskräfte, allerdings fehlte Fachpersonal[28]. 1917 gab es nur noch 22 Prozent qualifizierte Arbeiter im Betrieb[29].

Robert Bosch soll sich schwer damit getan haben, mit seiner Firma Geld an der Kriegsproduktion zu verdienen. Daher spendete er einen großen Teil der Kriegseinnahmen: „Als nun der Krieg und mit ihm die Kriegslieferungen kamen, in welchen selbst Leute ihr Geld verdienten, die von Erzeugung von Waren keine Ahnung hatten, drückte mich der Verdienst, den ich machte, während andere ihr Leben einbüßten. Ich faßte Ende 1916 den Entschluß, meinen Kriegsgewinn zu einer Stiftung für die Erbauung des Neckarkanals zu verwenden.“[30]

Auch die Veränderung der Familiensituation beeinflusste das Schicksal des Unternehmens. Der Fortbestand der Firma Bosch war durch eine schwere Erkrankung des Sohnes nicht mehr gesichert. Um die Nachfolge zu regeln, wandelte Bosch 1917 die Firma in eine Aktiengesellschaft um[31]. Bosch beschrieb diesen Schritt als notwendig: „Die Firma muß nach meinem Tode gesichert sein gegen unzweckmäßige Einwürfe und Eingriffe meiner Erben.“[32] Durch diese Spaltung waren Eingriffe durch einzelne Erben nicht mehr möglich. Mit der Lösung war Bosch allerdings noch nicht zufrieden, so dass er 1921 die Vermögensverwaltung Robert Bosch GmbH gründen ließ, welche später alle Bosch-Anteile erwarb[33].

Mit Kriegsende 1918 erfolgte die Umstellung auf die Friedensproduktion. Die wichtigen Auslandsmärkte waren zunächst verloren. Bereits 1917 wurden die Bosch Magneto Company in den USA und viele andere Auslandsgesellschaften beschlagnahmt[34], wodurch die Firma nicht nur die Auslandsmärkte, sondern auch ein erhebliches Grundkapital verlor. Man hatte sich zu stark auf den Absatz des Zünders konzentriert, welcher zum Großteil ins Ausland ging[35].

Das Unternehmen litt neben dem Einbruch der Auslandsmärkte noch an weiteren Folgen des Kriegs. Neben der allgemeinen Mangelwirtschaft durch fehlende Lebensmittel, Energie und Rohstoffe kam es zu einer galoppierenden Inflation –

---

26 Vgl. Bosch (wie Anm. 6) S. 59.

27 Vgl. Heuss (wie Anm. 4) S. 259.

28 Vgl. Hartwig Geissel u. a. (Hg.), … Auch beim Bosch gibt's nichts umsonst. 100 Jahre Arbeit und Leben in Feuerbach aus der Sicht der Beschäftigten. Ein Buch des Betriebsrats Bosch Feuerbach, Ludwigsburg 2009, S. 15.

29 Vgl. Stolle (wie Anm. 9) S. 170.

30 Vgl. Heuss (wie Anm. 4) S. 268.

31 Vgl. Herdt (wie Anm. 20) S. 26.

32 Ebd., S. 26.

33 Ebd., S. 26 und 30.

34 Ebd., S. 155.

35 Vgl. Bosch (wie Anm. 6) S. 62.

eine Folge der deutschen Kriegsfinanzierung[36]. Nach dem Krieg wurde eine Reihe sozialer Einrichtungen und Projekte ins Leben gerufen, welche in diesem Aufsatz nachfolgend in Auswahl dargestellt werden. Vermutlich ist als Grund für die Neuschaffung die Not zu sehen, die der Krieg hinterlassen hatte, und zu deren Linderung sich Bosch verpflichtet sah[37]. Das Jahr 1920 stand zudem im Zeichen des Steuerkampfes, welcher in Württemberg besonders heftig geführt wurde und mit einer militärischen Besetzung vieler Betriebe endete[38]. Nach der Weimarer Neuordnung des Steuersystems wurde eine Steuer auf die Löhne erhoben, welche sich im Falle der Bosch-Mitarbeiter auf etwa 10 Prozent belief[39]. Daraufhin brach ein Arbeitskampf aus. Die Betriebsräte entschieden sich für einen Streik, welcher jedoch im September erfolglos abgebrochen wurde[40].

Zwischen 1921 und 1925 wurde die Produktpalette um einige Erzeugnisse erweitert. Zu den neuen Produkten gehörten unter anderem das Bosch-Horn, Batterien sowie die Beleuchtung für Autos und Fahrräder[41]. Die neue Vielfalt sorgte für eine Konsolidierung des Unternehmens, da die Produktpalette nun ein breiteres Sortiment aufwies und stärker auf den Inlandsmarkt zielte. Außerdem kamen wieder Anfragen aus dem Ausland, da sich die Bosch-Produkte qualitativ bewährt hatten – ab 1923 wurden 65 Prozent der Erzeugnisse für den Auslandsmarkt produziert[42].

Kapitalerhöhungen und die Ausgabe von Schuldscheinen bestimmten die Betriebspolitik der 1920er Jahre[43]. Nach der Überwindung der Inflation sah sich Bosch jedoch erheblicher Konkurrenz ausgesetzt: Dies traf Bosch sowohl als Lieferanten, dessen Ware in den USA nun nicht mehr gekauft wurde, als auch auf dem heimischen Absatzmarkt, da die USA nun ebenfalls nach Deutschland lieferten[44]. Diese verschärfte Konkurrenzsituation machte Bosch abhängig vom deutschen Markt, denn innerhalb weniger Monate sank die Exportquote rapide.

Die erweiterte Produktion und die Marktsituation sorgten dafür, dass neue Herstellungsmethoden notwendig wurden, vor allem um die Produktionskosten zu senken. Deshalb kam es zu einer Rationalisierung der gesamten Produktion nach dem Taylorsystem, einer wissenschaftlichen Anleitung zur Betriebsführung[45]. Bis Ende der 1920er Jahre nahmen die Lohnkosten durch den Einsatz von Maschinen und Fließbandarbeit um 17 bis 28 Prozent ab[46]. Weitere Einsparungen ergaben sich

---

36 Ebd., S. 62.
37 Vgl. Heuss (wie Anm. 4) S. 318.
38 Vgl. Stolle (wie Anm. 9) S. 178.
39 Vgl. Geissel (wie Anm. 28) S. 36.
40 Vgl. Stolle (wie Anm. 9) S. 178.
41 Vgl. Bosch (wie Anm. 6) S. 68.
42 Vgl. Heuss (wie Anm. 4) S. 346.
43 Ebd., S. 346.
44 Vgl. Stolle (wie Anm. 9) S. 150.
45 Vgl. Bosch (wie Anm. 6) S. 73.
46 Vgl. Geissel (wie Anm. 28) S. 35.

aus dem Einsatz kostengünstigerer Werkstoffe – beispielsweise löste Weißblech Stahl ab[47].

Eine stabile Phase folgte. Es kam aber im Herbst 1925 nach dem Einbruch des Automobilmarktes durch das Stocken der Auftragslage zu einer schweren Absatzkrise[48]. Die Krise zeigte die Strukturprobleme bei Bosch auf. Zwar war das Unternehmen bekannt für seine Qualität, jedoch gab es eine große Zahl von Mitbewerbern, die erheblich günstiger produzierten[49]. Durch den Mangel an Aufträgen sank die Mitarbeiterzahl trotz Kurzarbeit binnen weniger Monate von 13.000 auf 8.000[50]. Erst 1927 erholte sich das Unternehmen langsam[51]. Außerdem versuchte man, die Produktpalette zwischen 1926 und 1934 erneut zu erweitern[52]. Bekannte Beispiele hierfür sind die Bosch Haarschneidemaschine, die „Forfex“ (ein Vorläufer der Bohrmaschine) sowie Kühlschränke, Radios und Fernsehgeräte[53].

Um das Jahr 1927 zeigte sich bei Robert Bosch eine Herzkrankheit und er zog sich aus dem operativen Geschäft zurück[54].

3. Der Unternehmer als Patriarch: Unternehmerschaft als soziale Verantwortung

Ein patriarchalisches System verfügt über eine familienähnliche Struktur im positiven und negativen Sinne[55]. Der Unternehmer kann in der Rolle des Familienoberhaupts über seine Mitarbeiter verfügen. Positiv ist ein solches Verhältnis dann besetzt, wenn der Unternehmer seine Rolle als Oberhaupt nutzt, um Fürsorge für seine Arbeiter zu betreiben. Dass die Nachfolgeregelung Robert Bosch intensiv beschäftigte, kann bereits als ein Hinweis auf seine patriarchalische Haltung gewertet werden.

Das Betreiben von Fürsorge bedeutet in der Regel, dass Eingriffe in den betrieblichen und privaten Lebensbereich der Arbeiter erfolgen. Diese können der Belegschaft Vorteile bringen, müssen sie aber nicht. Robert Bosch lehnte Einmischungen in das Privatleben jedoch zunächst ab. Das Unternehmen wollte zudem verhindern, dass durch die Schaffung von Wohlfahrtseinrichtungen Abhängigkeit ent-

---

47 Vgl. Stolle (wie Anm. 9) S. 151.
48 Vgl. Bosch (wie Anm. 6) S. 73.
49 Ebd., S. 74.
50 Ebd.
51 Vgl. Geissel (wie Anm. 28) S. 35.
52 Vgl. Stolle (wie Anm. 9) S. 151.
53 Vgl. Bosch (wie Anm. 6) S. 77 ff.
54 Ebd., S. 74.
55 Vgl. Jürgen Kocka, Arbeiterverhältnisse und Arbeiterexistenzen: Grundlagen der Klassenbildung im 19. Jahrhundert, Bonn 1990, S. 498.

steht[56]. Erst nach dem Ersten Weltkrieg konnte sich die Firmenleitung für eine Sozialpolitik entscheiden, bei der Einfluss auf das Privatleben der Arbeiter genommen wurde.

Gemäß eines Aushangs, welcher während des Streiks im März 1913 veröffentlicht wurde, bekräftigte Bosch: „Ich sehe mich zu der Erklärung veranlasst, dass es mir gleichgültig ist, ob die bei mir beschäftigten Arbeiter und Arbeiterinnen organisiert sind oder nicht und welcher Organisation sie angehören. Ich stehe auf dem Standpunkt, dass in dieser Hinsicht ein jeder tun oder lassen kann, was er für gut hält."[57] Diese Aussage bezog sich auf die Schaffung einer neuen Arbeitervertretung und zeigt Boschs liberale Grundhaltung. Allerdings ist davon auszugehen, dass diese Toleranz durchaus ihre Grenzen kannte, sofern betriebliche Abläufe in Gefahr waren.

Bosch handelte als weitsichtiger Unternehmer. Er verband gute Arbeitsbedingungen mit guten Erzeugnissen. Daher sorgte er für gehobene Löhne in Kombination mit einem möglichst modern und sicher ausgestatteten Arbeitsplatz[58].

Die Kluft zwischen der Behauptung der Rolle des Unternehmers und sozialem Engagement galt als unüberbrückbar. Bosch empfand dies ebenfalls als schwierig: „Es war nicht immer leicht [...], den Mittelweg zu halten zwischen dem Unternehmer, der sich behaupten muss, und dem sozial denkenden Geschäftsmann."[59] Allerdings war er sich bewusst, dass eine gute innerbetriebliche Behandlung der Arbeiter notwendig war, denn „nur zufriedene, leistungsfähige Leute vermögen ein gutes Fabrikat herzustellen"[60].

Klassische Wohltätigkeit gab es bei Bosch nicht. Zu den karitativen Einrichtungen sonstiger Unternehmer zählen beispielsweise der Wohnungsbau und die Unterstützung beim Bezug von Lebensmitteln[61]. So etwas war nicht im Sinne von Robert Bosch: Er sträubte sich gegen patriarchalische Wohltaten in Verbindung mit wirtschaftlichem Nutzen, da man Einschnitte in die persönliche Freiheit befürchtete[62]. Die höheren Löhne erlaubten den Beschäftigten, ein besseres Auskommen zu haben, ohne den Unternehmer über die persönlichen Ausgaben in Kenntnis zu setzen. Bosch vertrat die Ansicht, dass er zwar Rahmenbedingungen schaffen müsse, allerdings habe es den Unternehmer nicht zu interessieren, wofür seine Arbeiter als mündige Persönlichkeiten das Geld ausgaben[63].

---

[56] Vgl. Egon BRAUN (Hg.), Sozialpolitik bei Bosch (Bosch Schriftenreihe, Folge 4), Stuttgart 1951, S. 12.

[57] Erklärung Robert Boschs anlässlich des Arbeitskampfs 1913, Bosch-Archiv 1 059 047.

[58] Vgl. BRAUN (wie Anm. 56) S. 14.

[59] Vgl. Bosch (wie Anm. 6) S. 27.

[60] Zitiert nach PRINZING (wie Anm. 8) S. 44.

[61] Vgl. „Wohlfahrtseinrichtungen", in: Der Bosch Zünder. Eine Zeitschrift für alle Angehörigen der Robert Bosch AG und der Bosch Metallwerk AG Stuttgart und Feuerbach 1 (1923) S. 2–5, hier S. 2.

[62] Ebd.

[63] Vgl. BÄHR/ERKER (wie Anm. 11) S. 105.

Ein Wandel in seiner distanzierten Haltung trat ein, als es nach dem Ersten Weltkrieg zu großer Verarmung kam. Zu Beginn des folgenden Jahrzehnts sorgte der rapide Wertverfall der Währung dafür, dass die hohen Löhne nicht ausreichten, um Rücklagen zu bilden und für das Alter vorzusorgen[64]. Daher rückte die Sozialpolitik mit Spar- und Versicherungskassen besonders in den Fokus.

Bosch selbst war ein menschliches Verhältnis auf Augenhöhe zu seinen Beschäftigten wichtig, so dass der Ausspruch „Sei Mensch und ehre Menschenwürde“[65] zur Grundlage seines Handelns wurde. So gab er anderen Unternehmern den Rat, die Arbeiter als gleichwertig zu betrachten und sie gemäß ihrer Leistung individuell zu behandeln: „Zeige deinem Arbeiter und Angestellten, daß du ihn als deinesgleichen ansiehst. Sei gerecht und nicht überheblich! [...] Wir kommen nicht gleich zur Welt, und deshalb kann es keine Gleichheit nach dieser Richtung geben. Aber jeder Mensch hat Anspruch auf die Achtung seiner Mitmenschen, solang er sich anständig benimmt [...].“[66]

Daher bleibt festzuhalten, dass Bosch sich auf seine Art und Weise um eine sozialverträgliche Struktur bemüht hat. Er setzte jedoch klare Grenzen, sobald er den Betrieb als gefährdet ansah, denn wenn er den wirtschaftlichen Erfolg und das Fortbestehen des Unternehmens sicherte, waren auch die Arbeitsplätze sicher. Seine Mitarbeiter nahmen ihn als natürliche Autorität wahr[67], die Bezeichnung „Vater Bosch“ ist bis heute gebräuchlich.

4. Die Arbeiter bei Bosch

Über die Arbeiter der Firma Bosch und deren allgemeine Lebenssituation ist nicht viel bekannt. Eine wichtige Quelle für die Lebenswirklichkeit der Bosch-Arbeiterschaft ist die Firmenzeitung „Der Bosch Zünder“, die erstmals am 15. März 1919 erschien. Die Zeitung enthält betriebspolitische Informationen und Bilanzen, aber auch Artikel über das Leben der Arbeiter und die Situation am Arbeitsplatz. Die Akten des Bosch-Archivs liefern ebenfalls überwiegend Informationen über die Situation am Arbeitsplatz.

Vor dem Ersten Weltkrieg traten die Arbeiter bei Bosch im Wesentlichen als eine homogene Gruppe auf, was die Herkunft und die Tätigkeit betraf[68]. Über alles andere kann man schwerlich eine Aussage treffen, da keine Unterlagen überliefert sind, welche die persönlichen Verhältnisse angehen.

---

[64] Ebd., S. 106.

[65] Robert Bosch. Aufsätze, Reden und Gedanken, hg. von der Robert Bosch GmbH, Stuttgart 1950, S. 56.

[66] Ebd., S. 26.

[67] Vgl. Bähr/Erker (wie Anm. 11) S. 26.

[68] Vgl. Geissel (wie Anm. 28) S. 19.

Es gibt keine firmenspezifische Terminologie über die Klassifizierung der Beschäftigten. So wurde in der Firma Bosch in einigen Akten der Begriff „Angestellter“ für alle Mitarbeiter verwendet, die mit einem Monatsgehalt entlohnt wurden[69]. Dieses Zahlungsmodell wurde mitunter auch auf einfache Arbeiter angewandt. Man muss sich deshalb davor hüten, die Bezeichnung in der heutigen Gebrauchsform zu interpretieren.

4.1 Arbeitsbedingungen bei Bosch

Auskunft über die Herkunft der Arbeiter des Hauptwerks Stuttgart gibt ein Artikel des „Bosch Zünders“ vom Jahr 1919. Die Arbeiter kamen überwiegend (2.743 Beschäftigte) aus dem Großraum Stuttgart[70]. Die restlichen 812 Mitarbeiter stammten hauptsächlich aus Stuttgart, allerdings gab es Beschäftigte aus einem Umkreis von bis zu 60 Kilometern[71]. Wie die Arbeiter zur Firma kamen, war in erster Linie von der Länge des Anfahrtswegs abhängig. Arbeiter, die innerhalb von Stuttgart wohnten, konnten zu Fuß gehen oder mit dem Fahrrad fahren. Aus einer Geschäftsführersitzung von 1926 erfahren wir, dass der Kauf eines privaten Autos von der Firma gefördert wurde, sofern der Pkw Bosch-Teile enthielt und zu Versuchszwecken zur Verfügung gestellt wurde[72]. Sonst ist aber aufgrund der hohen Preise für ein Auto davon auszugehen, dass Arbeiter kein Auto besaßen und die Förderung somit eher leitende Angestellte betraf. Ein Aushang vom Mai 1919 zeigt, dass es eine Reihe von Zubringerzügen gab, die morgens und abends die Beschäftigten zum Hauptwerk nach Stuttgart brachten[73].

Wenn man etwas über die Arbeitsbedingungen bei Bosch erfahren möchte, zieht man als Quelle am besten die Arbeitsordnungen zu Rate. Darin wurden die Arbeitszeiten, der Urlaubsanspruch, die Wochenarbeitszeit, Vergünstigungen und Zuschläge organisiert. Man erhält Informationen über die Organisationsfreiheit, die Veränderungen der Arbeitsbedingungen und Einflüsse von außen. Dazu gehören die Einführung des Taylorismus oder der Fließbandarbeit. Ein weiterer Aspekt ist die Auswirkung des Ersten Weltkrieges auf die Situation der Arbeiter. Die eingesehenen Ordnungen umfassen den Zeitraum von 1901 bis 1927. Sie weichen im Wesentlichen kaum voneinander ab und umfassen in der Regel zehn Paragraphen, deren Inhalt sich in einer ähnlichen Art und Weise wiederholt.

---

[69] Vgl. Unterteilung in Arbeiter und Angestellte in den Berichten, Bosch-Archiv 1 132 001.

[70] Vgl. „Wo wohnen die Angehörigen unseres Stuttgarter Hauptwerks?“, in: Der Bosch Zünder. Eine Zeitschrift für alle Angehörigen der Robert Bosch AG und der Bosch Metallwerk AG Stuttgart und Feuerbach 5 (1919) S. 82–84, hier S. 82.

[71] Ebd., hier S. 82.

[72] Vgl. Protokoll einer Geschäftsführersitzung, Punkt 12, Zuschuss an Werksangehörige mit eigenen Automobilen, 05.10.1926, Bosch-Archiv 1 002 077.

[73] Vgl. Aushang an die Angestellten des Hauptwerks vom 19. Mai 1919, Bosch-Archiv 1 059 035.

Die Arbeitsordnung vom 10. November 1913 sei als Beispiel eingehender betrachtet[74]. Der erste Passus enthielt die Gestaltung der Arbeitszeit an Werktagen. Der zweite Paragraph legte fest, wie sich die Arbeitszeit vor Feiertagen sowie an gesetzlichen Feiertagen gestaltete. Paragraph drei beschäftigte sich damit, in welchen Fällen Arbeitnehmer keinen Lohn erhalten sollten, während im vierten Abschnitt die Lohnzahlung und deren Termin festgelegt wurde. Die folgenden Paragraphen fünf und sechs legten das Beschäftigungsverhältnis fest und bestimmten, in welchem Einsatzort welche Arbeitsordnung und welche Bedingungen bei einer Kündigung galten. Der Inhalt der folgenden beiden Absätze lässt vermuten, dass man diese Abschnitte einfügte, um die Firma vor einem weiteren Streik zu schützen und mögliche agitatorische Bewegungen im Keim zu ersticken. Im letzten Paragraphen forderte man die Arbeiter dazu auf, die geltenden Regeln einzuhalten. Allerdings wurde dazu aufgefordert, auch neu erlassene Regeln einzuhalten, welche der Arbeiter in seinem ursprünglich geschlossenen Arbeitsvertrag nicht unterschrieben hatte: Das Verteilverbot von Handzetteln oder Aushängen in § 9 sowie die Möglichkeit, neue Betriebsregeln zu erstellen, sollten vermutlich eine Eskalation wie beim Streik von 1913 verhindern[75].

Für den Urlaubsanspruch gab es eigene Ordnungen. Der Urlaubsanspruch war nach der Position im Betrieb, der Dienstzeit und dem Einkommen gestaffelt und konnte zwischen einer und vier Wochen umfassen[76]. Arbeiter erhielten ein bis zwei Wochen Urlaub, meist wenn während einer zentralen Woche Betriebsschluss herrschte. Für die Urlaubsgelder wurde eine Ferienkasse gegründet, in die für jeden Arbeiter ein bestimmter Betrag pro Woche eingezahlt wurde[77]. Die untersuchten Urlaubsordnungen von 1912 und 1914 enthielten lediglich Regelungen für die Fabrikbeamten[78]. Das Material über den Urlaubsanspruch der Arbeiter ist hingegen vergleichsweise dürftig. Gemäß einem Informationsschreiben vom 23. Januar 1924 wurde der Urlaub für Arbeiter nach der Beschäftigungsdauer gestaffelt: Man erhielt nach einem Dienstjahr drei Werktage, nach drei Dienstjahren sechs Tage und nach sechs Dienstjahren acht Tage Urlaub[79]. Erst nach zwölf Dienstjahren erhielt man zehn Tage Urlaub[80]. Die Urlaubssätze der Angestellten richteten sich hingegen nach dem Lebensalter[81].

Die Bosch-Arbeiter profitierten von einigen Vergünstigungen. Zu diesen gehörten die Einführung des Achtstundentags 1906 sowie die überdurchschnittlich

[74] Vgl. Arbeitsordnung vom 10. November 1913, Bosch-Archiv 1 059 009.
[75] Ebd.
[76] Ebd.
[77] Ebd.
[78] Vgl. Urlaubsordnungen ab 1901, Bosch-Archiv 1 059 028.
[79] Ebd.
[80] Ebd.
[81] Ebd.

hohen Löhne[82], außerdem gab es Überstundenzuschläge[83]; die Überstundenvergütung wurde 1910 als Vereinbarung für die Lohn- und Akkordarbeit geschlossen und 1912 nochmals verbessert[84]. Ab 1910 zählten der freie Samstagnachmittag und die gestufte Urlaubsordnung zu den sozialen Leistungen des Unternehmens[85]. Zudem trug das Unternehmen bis 1913 den Arbeiterbeitrag zur Sozialversicherung[86]. Die Arbeitsumstände waren vorteilhaft, denn die Wochenarbeitszeiten waren mit dem Achtstundentag und dem freien Samstagnachmittag deutlich kürzer als in vergleichbaren Betrieben[87].

Bosch gewährte weitestgehend Organisationsfreiheit für seine Beschäftigten[88]. Er arbeitete mit den Gewerkschaften zusammen und kam deren Forderungen nach, wenn sie mit seinen betrieblichen Interessen zu vereinbaren waren[89]. Die ausgehandelten Arbeitsbedingungen sollen so gut gewesen sein, dass die Gewerkschaften sie als Druckmittel im ganzen Raum Württemberg einsetzten[90]. Zudem gab es in der Firma ein ausgeprägtes System von Vertrauensleuten, was dazu führte, dass die Vorgänge im Betrieb genau beobachtet wurden[91].

Bosch hatte hohe Ansprüche an seine Arbeiter. Die Einführung des Taylorismus sorgte für eine besonders hohe Arbeitsbelastung. Um Zeitintervalle zu ermitteln, wurden die Arbeitsabläufe mit der Stoppuhr abgemessen[92]. Die Arbeiter sollten von dieser Produktionsart profitieren, indem sie höhere Löhne erhielten. Allerdings sorgten der erhöhte Arbeitsaufwand und vor allem die immer kürzer werdenden Intervalle der damals allgemein üblichen Produktionsweise für einen erheblichen Stresspegel, der die Unfallgefahr steigerte[93]. Dadurch entstand der Begriff „Boschtempo“[94]. Die Arbeiter verdienten durch die Einführung des Taylorsystems kaum mehr. Der Lohn wurde der kürzeren Arbeitszeit angepasst. Man musste mehr arbeiten, um auf den gleichen Lohn zu kommen[95]. Die Metallarbeiterzeitung schrieb über die Produktionsmethoden bereits 1913: „Die Arbeitsmethode stellt wegen des intensiven Charakters die aller anderen Firmen im Industriegebiet Stuttgart in den Schatten.“[96] Tatsächlich scheint die Arbeitsbelastung so hoch gewesen zu sein, dass am 6. Juni 1913 die Zeitung „Schwäbische Tagwacht“ schrieb:

---

[82] Vgl. HEUSS (wie Anm. 4) S. 403.
[83] Vgl. PRINZING (wie Anm. 8) S. 43.
[84] Ebd.
[85] Vgl. HEUSS (wie Anm. 4) S. 403.
[86] Ebd.
[87] Vgl. PRINZING (wie Anm. 8) S. 43.
[88] Vgl. STOLLE (wie Anm. 9) S. 153.
[89] Ebd., S. 153.
[90] Ebd.
[91] Vgl. Jahresberichte (wie Anm. 21) S. 62.
[92] Vgl. Dieter ZIEGLER, Die industrielle Revolution, Darmstadt 2005, S. 103.
[93] Ebd., S. 100.
[94] Vgl. GEISSEL (wie Anm. 28) S. 21.
[95] Ebd., S. 20.
[96] Ebd.

„Niemals würde die Arbeiterschaft bei Bosch eine bleibende Stätte suchen, wenn nicht als Gegenleistung für die mörderische Arbeitsmethode ein höherer Lohn gezahlt würde. Die Boschwerke würden ohne die höheren Löhne einem Taubenschlag gleichen.“[97] Der höhere Lohn war damit ein Ausgleich für eine höhere Arbeitsbelastung. In den 1920er Jahren erfolgte auch bei Bosch die Umstellung der Produktion auf Fließbandarbeit. Man sah darin die Möglichkeit, den Rückstand gegenüber den USA aufzuholen und Kosten zu sparen[98].

Der allgemein guten Behandlung der Arbeiter steht die Tatsache entgegen, dass Arbeitskräfte anscheinend aussortiert wurden, sofern sie nicht mehr in der Lage waren, das Pensum zu erfüllen. Besonders während des Krisenjahrs 1913 wurden gemäß eines in der „Württemberger Zeitung“ abgedruckten Leserbriefs eines Arbeiters einige ältere Arbeitskräfte entlassen, weil diese zu viel Lohn kosteten[99]. In einem Fragebogen über die Lage der Unternehmer äußerte sich Bosch bereits 1910 dazu: „Hat sich bei Mindestlohngarantie eine Verminderung der Arbeitsleistung gezeigt? – Nein, weil diejenigen, die den Mindestanforderungen nicht gewachsen sind, entlassen werden.“[100] Diese Äußerung lässt vermuten, dass die Sozialverträglichkeit Grenzen kannte, wenn der Arbeiter die notwendigen Anforderungen nicht erfüllte.

4.2 Statistiken

4.2.1 Arbeiterschaft und Geschlechterverhältnis

Die Tabelle zeigt die Entwicklung des Beschäftigtenstands sortiert nach Arbeitern und Angestellten. Sie zeigt den Zeitraum zwischen 1898 und 1929. In der Aufstellung enthalten sind alle Mitarbeiter der Robert Bosch AG unter Berücksichtigung der Werke Stuttgart, Feuerbach und Klein-Machnow sowie der Eisemann-Werke und deren Zweigstellen[101].

Zunächst ist die bis 1912/1913 stetig stark anwachsende Zahl männlicher Arbeiter zu erkennen. Außerdem wird deutlich, wie sich der Krieg generell auf die Beschäftigtenzahl ausgewirkt hat. Besonders deutlich wird das Schwanken der Arbeitnehmerzahl während der großen Krisen in der Automobilbranche und während der Inflation.

---

97 Ebd., S. 21.

98 Vgl. „Fließbandarbeit im Betrieb der Robert Bosch A.G. Stuttgart“, in: Der Bosch Zünder. Eine Zeitschrift für alle Angehörigen der Robert Bosch AG und der Bosch Metallwerk AG Stuttgart und Feuerbach 2 (1926) S. 31–33, hier S. 31.

99 Vgl. Württemberger Zeitung, 9. Juni 1913, S. 6.

100 Fragebogen an Unternehmer, Bosch-Archiv 1 059 032.

101 Beschäftigtenstand, Bosch-Archiv 1 007 045.

Jahr	Arbeiter (alle Lohnempfänger)				Angestellte (alle Gehaltsempfänger)			
	männl.	weibl.	gesamt	weibl. Anteil in %	männl.	weibl.	gesamt	weibl. Anteil in %
1898	–	–	9	–	–	–	–	–
1899	–	–	28	–	–	–	–	–
1900	–	–	37	–	–	–	–	–
1901	–	–	45	–	–	–	9	–
1902	–	–	65	–	–	–	12	–
1903	–	–	127	–	–	–	18	–
1904	–	–	261	–	–	–	22	–
1905	–	–	439	–	–	–	33	–
1906	–	–	562	–	–	–	49	–
1907	–	–	859	–	–	–	85	–
1908	–	–	988	–	–	–	115	–
1909	–	–	1.886	–	–	–	174	–
1910	2.571	91	2.662	3	276	32	308	10
1911	2.974	105	3.079	3	362	34	396	9
1912	4.036	155	4.191	4	454	46	500	9
1913	3.502	231	3.733	6	522	57	579	10
1914	2.634	480	3.114	15	638	65	703	9
1915	1.888	994	2.882	35	426	134	560	24
1916	2.150	2.849	4.999	57	484	205	689	30
1917	2.625	4.667	7.292	64	671	327	998	33
1918	2.960	5.039	7.999	63	845	471	1.316	36
1919	3.193	1.720	4.913	35	955	311	1.266	25
1920	4.173	2.347	6.520	36	1.045	363	1.408	26
1921	3.204	1.725	4.929	35	1.061	355	1.416	25
1922	4.154	2.887	7.041	41	1.273	441	1.714	26
1923	4.932	3.571	8.503	42	1.495	555	2.050	27
1924	4.627	3.085	7.712	40	1.509	546	2.055	27
1925	5.687	3.926	9.613	41	1.743	597	2.340	26
1926	3.678	2.068	5.746	36	1.203	621	1.824	23
1927	4.461	3.265	7.726	42	1.161	334	1.495	22
1928	5.235	3.907	9.142	43	1.238	350	1.588	22
1929	4.824	3.887	8.711	45	1.297	348	1.645	21

Frauen wurden erst spät und zunächst nur in kleiner Zahl beschäftigt. Die erste Frau stellte man 1905 ein[102]. 1910 waren 3 Prozent der Arbeiterschaft und 10 Prozent der Angestellten weiblich. Als durch den Ersten Weltkrieg zahlreiche Arbeiter eingezogen wurden, ersetzte man Facharbeiter durch Frauen, so dass bis 1918 der Frauenanteil 65 Prozent betrug[103]. Die Grafik zeigt außerdem, dass nach dem Ersten Weltkrieg und besonders bei konjunkturellen Tiefpunkten zuerst die Anzahl der Frauen im Betrieb reduziert wurde. Dies lag vor allem daran, dass sie geringer qualifiziert waren und häufig eine kürze Betriebszugehörigkeit aufwiesen.

4.2.2 Die Löhne und ihre Entwicklung

Die Löhne waren im Durchschnitt deutlich höher als in vergleichbaren Betrieben. Der durchschnittliche Jahreslohn der Feinmechaniker lag 1912 beispielsweise bei 1.259,07 Mark. Bei Bosch betrug er 2.044,41 Mark und war damit um 62,37 Prozent höher[104]. In einer Studie über den Arbeitskampf bei Bosch wurde ein Vergleich über die durchschnittlichen Jahresverdienste bei Bosch und anderen feinmechanischen sowie elektrotechnischen Betrieben von 1910 bis 1912 veröffentlicht[105]. In der Darstellung wurden die Belegschaftszahlen und die Durchschnittsverdienste aufgelistet und miteinander verglichen:

Belegschaftszahlen	**1910**	**1911**	**1912**
Bosch	2.806	3.423	4.668
Gesamte Sektion	20.990	23.384	26.384
Davon von Bosch	13,36%	14,64%	17,69%
Durchschnittsverdienste			
Bosch (für Vollarbeiter, in Mark)	1.911,00	2.001,87	2.044,41
Übrige Betriebe ohne Fa. Bosch (in Mark)	1.188,48	1.227,87	1.259,07
Durchschnittslohn bei Bosch übersteigt restliche Sektion um	60,79%	63,0%	62,37%

Auch aus dieser Tabelle ergibt sich, dass die Bosch-Arbeiter deutlich bessere Verdienste hatten, als es in der Branche üblich war.

---

102 Vgl. Kathrin FASTNACHT, Frauen bei Bosch. Beitrag zur Chancengleichheit, Magazin zur Bosch-Geschichte, hg. von der Robert Bosch GmbH/Historische Kommunikation (C/CCH), Sinsheim 2010, S. 18–21, hier S. 19.

103 Ebd., S. 19.

104 Vgl. HEUSS (wie Anm. 4) S. 215.

105 Vgl. PRINZING (wie Anm. 8) S. 30.

Aus einer Untersuchung über die Löhne der Arbeiter ist ein Vergleich über die Kaufkraft der Beschäftigten entstanden[106]. In der Betrachtung wurden lediglich alleinstehende Arbeiter ohne Familie untersucht und deren prozentuale Aufwendungen für Lebensmittel und Miete ermittelt und in Relation zum Arbeitslohn gesetzt:

Jahr	Facharbeiter	Hilfsarbeiter
1903	70,4%	92,2%
1912	62,2%	74,9%
Ab 01.12.1912	46,0%	52,0%

Die Tabelle zeigt, dass auch die Hilfsarbeiter aus ihren Löhnen durchaus Rücklagen bilden konnten, welche es ihnen erlaubten, die Beträge zu sparen oder Geld für die Freizeitgestaltung zu nutzen.

4.3 Unfälle und Arbeiterschutz

Die Elemente betrieblicher Sozialpolitik waren bei Bosch sehr vielfältig, und an vielen Stellen gingen sie über die gesetzlichen Vorgaben hinaus. Neben der Einhaltung der gesetzlichen Bestimmungen gab es zahlreiche Elemente, die darüber hinausgingen. Ein wesentlicher Teil dieser betrieblichen Sozialpolitik war die Gesundheitsfürsorge mit der Einhaltung des Unfall- und Gefahrenschutzes.

Der Arbeitsschutz umfasst mehrere Aspekte. Zum einen ging es um den Schutz vor Gefahren am Arbeitsplatz, zum anderen stellen daneben aber auch äußere Einflüsse wie Arbeitszeiten und Arbeitswege einen Aspekt dar. Die Einführung des Achtstundentags 1906 war für andere Unternehmen wegweisend. Allerdings griffen Mitbewerber Bosch für die Arbeitszeitverkürzung an[107]. Bosch selbst erkannte in der Arbeitszeitverkürzung zwei Vorteile. Zunächst sparte man durch die kürzeren Schichten: „Es ist volkswirtschaftlich vorteilhafter, wenn in kürzerer Arbeitszeit eine Höchstleistung erzielt werden kann und zwar vorteilhafter ebenso für den Arbeiter als auch für das Volksganze.“[108] Im Vergleich dazu hatten 1910 54 Prozent ähnlicher Betriebe noch 57 bis 60 Wochenarbeitsstunden und 32 Prozent sogar über 60 bis 72 Wochenstunden gegenüber den 48 Wochenarbeitsstunden bei Bosch[109]. Außerdem sah Bosch eine positive Auswirkung auf die Gesundheit und die Motivation durch die Schonung: „Auch darf nicht vergessen werden, dass der Mensch, der längere Zeit zu seiner Erholung verwenden kann, der sich gut erholt

[106] Ebd., S. 33.
[107] Vgl. Herdt (wie Anm. 20) S. 70.
[108] Zitiert nach Geissel (wie Anm. 28) S. 23.
[109] Vgl. Prinzing (wie Anm. 8) S. 39.

hat, an sich freudiger seine Arbeit verrichtet, eher mit dem Gedanken dabei ist und somit Positives leistet.“[110]

Die gute Behandlung der Arbeiter hat sicherlich soziale Gründe, allerdings ist der Hintergrund auch unternehmenspolitisch zu sehen. Nach Boschs Philosophie hing der Erfolg des Unternehmens wesentlich von der Qualität der Mitarbeiter ab[111]. Es bestand ein Mangel an gut ausgebildeten Arbeitern, so dass man versuchte, Arbeiter durch gute Arbeitsbedingungen an sich zu binden. Der Achtstundentag wurde beispielsweise nicht nur eingeführt, um die Arbeiter zu schützen, sondern auch, um deren Produktivität zu erhöhen[112]. Bosch selbst bezeichnete dieses Arbeitsmodell in einem Interview mit dem Reichssender Stuttgart 1941 als „[...] am zuträglichsten für die Erhaltung der menschlichen Arbeitskraft“[113].

Schon 1910 traf die Firma zusammen mit dem DMV (Deutschen Metallarbeiterverband) Vereinbarungen zum Arbeitsschutz: „Verschiedentlich haben auch Arbeiter, ohne Rücksicht auf saubere und gewissenhafte Ausführung der ihnen übertragenen Arbeiten zu nehmen und zum Teil sogar auf Kosten ihrer Gesundheit blindlings drauflos gewürgt und durch eine solche Arbeitsmethode weit über ihren üblichen Verdienst hinaus verrechnet. Solche Verdienste waren auch schon Veranlassung zur Herabsenkung von Akkordpreisen. Eine solche Wühlerei ist sowohl vom Standpunkt der Firma wie im Interesse der Arbeiter zu verurteilen. Darin liegt ja der Grund, dass in weiten Arbeiterkreisen die Akkordarbeit so verhasst ist, weil durch Anspannung der Arbeitsleistung bis zur Erschöpfung geradezu Raubbau an der Arbeitskraft und Gesundheit der Arbeiter getrieben wird. Wie von dem Unternehmen mit Recht gegen absichtliches Langsamarbeiten Front gemacht wird, müssen umgekehrt die Arbeiter alle solchen, ihre Gesundheit aufreibenden und die Gesamtinteressen der Arbeiter schädigenden Wühler mit Entschiedenheit verurteilen. Auf diesem Gebiet kann nur gegenseitige Erziehung und Aufklärung Besserung schaffen.“[114] Aus diesem Text geht hervor, wie breit die Spanne war. Es gab Beschäftigte, die zu langsam arbeiteten, sowie Arbeiter, die sich selbst überforderten. Die Aufgabe bestand darin, allen Arbeitern gerecht zu werden.

Eine besondere Rolle spielten die Anweisungen zur Unfallverhütung, die in jeder Produktionsstätte gut sichtbar aushingen. Zur Unfallverhütung gehörte insbesondere die Sicherung gefährlicher Tätigkeiten und Schutz durch entsprechende Vorrichtungen und Schutzausrüstungen[115]. Darüber hinaus gab es einen Artikel in

---

110 Zitiert nach GEISSEL (wie Anm. 28) S. 23.

111 Vgl. Personalmanagement und verantwortliche Unternehmensführung. Wege der Professionalisierung, Festschrift für Hans Böhm, hg. von der Deutschen Gesellschaft für Personalführung (DGFP) e. V., Bielefeld 2008, S. 65–85, hier S. 71.

112 Ebd., hier S. 71.

113 Ebd.

114 GEISSEL (wie Anm. 28) S. 21.

115 Vgl. Otto DEBATIN, Unfallverhütung bei Bosch (Bosch Schriftenreihe, Folge 7), Stuttgart 1955, S. 9.

der Firmenzeitung „Bosch Zünder“, in dem Anweisungen zum Arbeitsschutz, zu passender Arbeitsbekleidung und zu den Schutzvorrichtungen gegeben wurden[116]. Zum Thema „Arbeitsschutz“ gehörten ferner der Brandschutz, sowie eine gute Belüftung, Heizung und Beleuchtung der Arbeitsräume[117]. Hierunter fielen nicht nur moderne Klimaanlagen, sondern auch Entstaubungseinrichtungen an den Maschinen oder Gas-Dampf-Abzüge[118].

Der Gesundheitszustand der Arbeiter war insgesamt besser als bei vergleichbaren Unternehmen[119]. 1912 belief sich die Zahl der Krankheitsfälle mit Erwerbsunfähigkeit bei Bosch auf 35,6 Prozent der Arbeitnehmer[120]. Im Vergleich dazu war der Prozentsatz der Unfälle, welche sich in sonstigen Betrieben der Berufsgenossenschaft ereigneten, mit 58,8 Prozent deutlich höher[121]. Die Unfallrate bei Bosch sank zwischen 1910 und 1913 erheblich[122]. Die Anzahl der entschädigungspflichtigen Unfälle lag beispielsweise 1911 bei 112 Unfällen innerhalb der Berufsgenossenschaft der Feinmechanik Sektion IX. Bei Bosch ereigneten sich im Vergleich dazu nur acht schwere Unfälle und damit 7,14 Prozent[123]. In der gesamten Branche wurden 155.991,64 Mark als Entschädigungssumme ausbezahlt. Lediglich 1,96 Prozent davon (3.055,85 Mark) wurden an Bosch-Beschäftigte ausgezahlt[124]. Allerdings war die Abteilung Feinmechanik nicht übermäßig unfallgefährdet.

Die Auflistung aus dem Bosch-Archiv enthält minimal abweichende Zahlen und zeigt für den Zeitraum 1910 bis 1912, wie viel für die erstmals entschädigten Unfälle ausgeschüttet wurde und wie hoch die Unfallentschädigungen insgesamt waren[125]:

Erstmals entschädigte Unfälle	**1910**	**1911**	**1912**
Gesamte Sektion	94	112	144
Bei Bosch	10	8	12
Mithin bei der Firma Bosch	10,63%	7,14%	8,33%

116 „Wie verhüte ich Unfälle in der Werkstatt?“, in: Der Bosch Zünder. Eine Zeitschrift für alle Angehörigen der Robert Bosch AG und der Bosch Metallwerk AG Stuttgart und Feuerbach 4 (1921) S. 111.

117 Vgl. Debatin (wie Anm. 114) S. 9.

118 Vgl. Prinzing (wie Anm. 8) S. 43.

119 Ebd.

120 Ebd.

121 Ebd.

122 Ebd.

123 Vgl. Heuss (wie Anm. 4) S. 215.

124 Ebd., S. 214 f.

125 Tabelle über Unfälle (gekürzt wiedergegeben), Bosch-Archiv 1 007 020.

Die Tabelle zeigt, wie hoch die Unfallzahlen im Verhältnis zur gesamten Branche waren. Laut den Berichten der Krankenkasse lag die Zahl der Krankheitsfälle bei Bosch bei 37,7 Fällen auf 100 Beschäftigte – im Vergleich dazu lag die Quote in der Branche bei 58,8 Prozent.

Über Unfälle, die sich bei Bosch im laufenden Betrieb ereignet haben, gibt es kaum Akten. Aus einem Artikel im „Bosch Zünder" können wir exemplarisch Schlüsse für die Jahre 1926 und 1927 ziehen[126]. In diesem Bericht werden allerdings keine Zahlen genannt, sondern lediglich die wichtigsten Unfallursachen aufgelistet. Demnach sind 71,5 Prozent auf Unachtsamkeit oder Unkenntnis zurückzuführen, 19 Prozent seien zufällig passiert[127]. Außerdem sei die Ursache für 2,5 Prozent die Missachtung von Schutzmitteln oder -vorrichtungen und 7 Prozent Fremdeinwirkung[128]. Nach dieser Gewichtung sind nach Einschätzung der Firma nur 0,7 Prozent der Unfälle auf durch das Unternehmen verursachte Fehler zurückzuführen[129].

5. Die betriebliche Sozialpolitik bei Bosch

Dieser Teil der Untersuchung umfasst einzelne Aspekte der betrieblichen Sozialpolitik. Die gesetzlichen Anforderungen wurden außen vor gelassen, da es keine Hinweise darauf gibt, dass staatlich vorgegebene Vorschriften nicht umgesetzt wurden. Daher umfasst dieses Kapitel im Wesentlichen Leistungen, die der Unternehmer freiwillig erbracht hat.

5.1 Die Ausgaben für betriebliche Sozialpolitik

Einer Aufstellung um 1931 können wir entnehmen, welche Gesichtspunkte die Sozialpolitik bei Bosch, abgesehen vom praktischen Arbeitsschutz, umfasste[130]. Sie behandelt den Zeitraum von 1924 bis 1930. Der Tabelle wurden die Daten bis 1928 entnommen. Neben den gesetzlichen Versicherungsbeiträgen enthält diese Liste Angaben über die freiwilligen Versicherungsleistungen sowie über die Urlaubsvergütung.

---

126 Vgl. Schaubild „Die Unfälle unseres Betriebs im Jahr 1926", in: Der Bosch Zünder, zitiert nach STOLLE (wie Anm. 9) S. 205.

127 Ebd., S. 205.

128 Ebd.

129 Ebd.

130 Tabelle über Ausgaben für Sozialpolitik, Bosch-Archiv 1 009 001.

Gesetzliche Maßnahmen (alle Angaben in Mark)	**1924**	**1925**	**1926**	**1927**	**1928**
Angestelltenversicherung	73.001	125.493	155.898	104.614	114.092
Kranken- und Invalidenversicherung	520.804	840.825	430.256	749.550	940.892
Berufsgenossenschaftsbeitrag	91.280	122.296	84.907	107.944	148.370
Arbeitslosenversicherung	–	–	141.174	310.104	352.055
Gesamt	**685.085**	**1.088.614**	**812.235**	**1.272.212**	**1.555.409**
Freiwillige Leistungen					
Freiwillige Unfallversicherung	k.A.	25.153	24.768	19.065	25.299
Unterstützungen an Arbeiter und Angestellte	5.249	8.470	8.096	12.187	76.707
Robert-Hilfe	6.735	12.740	11.445	13.140	17.428
Bosch-Hilfe	–	–	–	1.000.000	1.000.000
Gesamt	**78.617**	**306.467**	**140.303**	**1.218.933**	**1.221.862**

Die Tabelle zeigt, in welchem Umfang freiwillige Leistungen im Vergleich zu den gesetzlich angeordneten Leistungen vorgenommen wurden. Hier wird deutlich, wie stark die freiwilligen Leistungen in einem recht kurzen Zeitraum von fünf Jahren anstiegen. Dies hängt vermutlich mit der besseren Konjunktur zusammen, die es dem Unternehmen nach der Inflation erlaubte, Gelder für die Unterstützung der Belegschaft auszugeben. Der Anstieg zeigt aber auch, dass wirtschaftliche Hilfe durch das Unternehmen wahrscheinlich für viele Arbeiter essentiell wichtig und damit unverzichtbar gewesen sein muss.

5.2 Beispiele für private Hilfen

5.2.1 Patenschaften

Die Unterstützung von Kindern im Krieg gefallener Bosch-Arbeiter wurde zu einem wichtigen Element der Sozialpolitik. Die Robert-Hilfe wurde nach dem Tod von Robert Bosch jr. gegründet und trat zum 18. Mai 1922 in Kraft[131]. Es handelte sich um eine Erziehungsbeihilfe für diejenigen Kinder im Krieg gefallener Mitarbeiter, die noch keine 18 Jahre alt waren[132]. Die Beihilfe bestand aus Geldspenden

[131] Vgl. „Die Robert-Hilfe", in: Der Bosch Zünder. Eine Zeitschrift für alle Angehörigen der Robert Bosch AG und der Bosch Metallwerk AG Stuttgart und Feuerbach 5 (1922) S. 109–110, hier S. 109.
[132] Ebd., S. 109.

und einer persönlichen Fürsorge durch Ehrenpaten. Diese waren Mitarbeiter, die sich ehrenamtlich um ihre Patenkinder kümmerten und regelmäßig Berichte an die Stiftungsvorsitzenden über die Lebenssituation und die Gesundheit der Kinder verfassten[133]. Die Kinder seien zwar sauber, ordentlich und gut erzogen, allerdings wurde deutlich auf die Verarmung und die schwierige Familiensituation hingewiesen[134]. Die Berichte sind leider nicht erhalten, so dass nur vereinzelt Material in Akten oder dem „Bosch-Zünder" zu finden war.

5.2.2 Wohnungsbau

Den sozialen Wohnungsbau betrieb man bei Bosch im Gegensatz zu anderen Firmen nur eingeschränkt. Bosch ließ selbst keine Wohnungen errichten, sondern förderte lediglich allgemein den sozialen Wohnbau[135]. Laut eines Artikels im „Bosch Zünder" sei die Wohnsituation in Stuttgart allgemein besser als beispielsweise im Ruhrgebiet gewesen, so dass es dort keine „traurigen Arbeiterviertel" gegeben habe[136]. Dies sollte im Detail jedoch nochmals überprüft werden. Diese Aussage erscheint zumindest fraglich, da es in anderen Quellen heißt, dass die Nachfrage nach bezahlbaren Wohnraum im Raum Stuttgart nicht angemessen befriedigt werden konnte[137].

Bosch förderte den sozialen Wohnbau mit Spenden und gewährte Darlehen. Laut den Jahresberichten der Fabrikinspektion gewährte er allein 1913 75.000 Mark als Hypothek für den Bau der Arbeiterkolonie Luginsland im Osten Stuttgarts[138]. Das Grundkapital des Vereins in Höhe von einer Million Mark wurde von Robert Bosch in den 1920er Jahren gestiftet[139]. Er verlangte allerdings, dass die Spende geheim gehalten wurde, um weitere Bittsteller zu vermeiden[140]. Der Siedlungsverein sollte den Kleinwohnungsbau und das ländliches Siedlungswesen mit besonderer Rücksichtnahme auf die Kriegsteilnehmer und deren Hinterbliebene oder kinderreiche Familien fördern[141]. Der Verein hatte das Ziel, die Wohnungsnot zu bekämpfen.

---

133 Ebd.

134 Ebd., S. 110.

135 Vgl. Heuss (wie Anm. 4) S. 272.

136 Vgl. Wohlfahrtseinrichtungen (wie Anm. 61), hier S. 3.

137 Vgl. Frank Gericke, Die Stadt als Bauherr: Stuttgarter Wohnungsbau der 20er Jahre, Stuttgart 1997, S. 9f.

138 Vgl. Jahresberichte (wie Anm. 21) S. 121.

139 Vgl. Heuss (wie Anm. 4) S. 273.

140 Ebd.

141 Auszug aus Buch „Auf dem Weg zur Eigenheimstätte in Württemberg. Leitfaden aus der praktischen Tätigkeit des Schwäbischen Siedlungsvereins und seiner Tochtergesellschaften in den Baujahren 1918–1921, hg. von Wilhelm Göhrum/Ernst Wagner, Stuttgart o.D., S. 5, Bosch-Archiv 1 043 006.

Baudarlehen wurden bei Bosch ab etwa 1926 an Werksangehörige ausgegeben. Die Gelder wurden als Zuschuss ausgegeben, zusätzlich zum eigenen Vermögen oder Kredit des Arbeitnehmers[142]. Erst in den 1930er Jahren betrieb man bei Bosch eigenen Wohnbau. Gezielte Baudarlehen wurden ab etwa 1930 vergeben[143].

5.3 Unterstützungskassen und Versicherungen

Es gab bei Bosch zahlreiche Kassen und Vereine, welche die Beschäftigten wirtschaftlich unterstützen sollten. Im Folgenden werden exemplarisch mehrere Beispiele herausgegriffen und vorgestellt.

5.3.1 Sparverein und Unterstützungskasse

Der Spar- und Unterstützungsverein wurde im Juni 1914 für diejenigen Arbeiter gegründet, die nicht in einer Gewerkschaft organisiert waren[144]. Ziel des Vereins war es, mit Hilfe eines Sparplans die Mitglieder bei einer vorübergehenden Arbeitslosigkeit zu unterstützen und sie in die städtische Arbeitslosenunterstützung einzukaufen[145]. Man beobachtete diesen Verein jedoch sehr kritisch, wie aus einem Zeitungsartikel im „Deutschen Metallarbeiter" zu entnehmen ist. Man behielt den Mitgliedsbeitrag von einer Mark direkt vom Lohn ein, ein Teil des Geldes sei das Sparguthaben und der Rest sei lediglich eine minderwertige Arbeitslosenunterstützung für maximal 30 Tage pro Jahr[146]. Damit sei diese Unterstützung nicht effektiv, kritisierte das Gewerkschaftsorgan.

Nachdem das Unternehmen nach dem Streik die bisher getragenen Beiträge für die Alters-, Invaliden- und Krankenkasse nicht mehr übernahm, wurde ein Betrag in gleicher Höhe von der Firma in eine Unterstützungskasse abgeführt[147]. Die Gelder sollten in Notlagen oder anlässlich von Geburten oder auch bei Sonderausgaben wie Konfirmationen ausgezahlt werden. Der Arbeitsausschuss oder der Meister schlugen mögliche Empfänger vor[148].

5.3.2 Die Reintegration von Kriegsheimkehrern

Ein großes soziales Problem stellte die Wiedereingliederung von Kriegsheimkehrern dar, die nicht nur traumatisiert durch die Ereignisse des Krieges waren,

---

142 Vgl. Heuss (wie Anm. 4) S. 406.
143 Ebd., S. 273.
144 Vgl. Mitgliedsbuch des Spar- und Unterstützungsverein der Firma Robert Bosch, Bosch-Archiv 1 059 015.
145 Ebd.
146 Vgl. Zeitung „Der Deutsche Metallarbeiter", 11. Juli 1914, Bosch-Archiv 1 059 015.
147 Vgl. Gründung der Unterstützungskasse, Bosch-Archiv 1 059 008.
148 Satzung der Unterstützungskasse, Bosch-Archiv 1 059 019.

sondern zudem oft schwerbeschädigt und somit schwer auf dem Arbeitsmarkt zu vermitteln waren.

Die Wiedereingliederung der Kriegsrückkehrer war daher ein wichtiges Element der Betriebspolitik nach dem Krieg. Die Resozialisierung gestaltete sich allerdings deutlich schwieriger als zunächst angenommen. Das Stinnes-Legien-Abkommen vom 15. November 1918 erlaubte der Reichsregierung, die Kriegsheimkehrer wieder in die Arbeitswelt zu integrieren[149]. Bereits während des Krieges und während der Inflation versuchte die Bosch-Unternehmensleitung die Belegschaft zu unterstützen, indem man den Verkauf gebrauchter Kleidung und Schuhe von Betriebsangehörigen über ein Schwarzes Brett gestattete[150]. Eine wesentlich wichtigere Maßnahme war die Staffelung, nach der aktuelle Mitarbeiter entlassen werden sollten, um für die ehemaligen Soldaten Platz zu machen. Zuerst sollten ehemals selbstständige Gewerbetreibende und Kaufleute, die als Hilfskräfte vorübergehend eingestellt worden waren, entlassen werden. Danach entließ man Bürokräfte ohne Ausbildung. Von der nächsten Entlassungswelle waren Ehefrauen und alleinstehende Frauen betroffen, die wieder in den Kreis der Familie zurückkehren sollten. Außerdem wollte man alle Fremdarbeiter entlassen[151]. Besonders die Entlassung von Frauen nach dem Krieg war problematisch. Diese waren zum einen auf das Einkommen angewiesen. Zum anderen aber hatten sich die Familienstrukturen durch die Berufstätigkeit der Frauen erheblich verändert. Die Rücksendung unverheirateter Frauen in die Familien bedeutete oftmals, dass diese Familien in der allgemeinen Not nach dem Krieg nun einen weiteren Esser zu versorgen hatten.

Der erste Ausweis über die Nachkriegsbelegschaft vom 1. März 1919 zeigte, dass doppelt so viele Schwerbeschädigte eingestellt wurden, wie vom Gesetz gefordert[152]. Im Zentrum stand die Einstellung von Kriegsblinden, von denen man zunächst sechs einsetzte[153]. Bereits vor dem Krieg waren zwei Blinde eingestellt gewesen, welche Materialfehler an den Zündern ertasten sollten[154].

Man schuf für die Kriegsblinden Vorrichtungen für eine eigene Prüfabteilung[155]. Der Verdienst der Blinden soll laut einer Mitteilung von 1920 nur 5 bis 10 Prozent unter dem Lohn der Sehenden zurückgeblieben sein[156]. Das Unternehmen versuchte, Prothesen für die Kriegsbeschädigten herzustellen, um diese wiedereinzugliedern. In diese Forschung wurden zehntausende Mark gesteckt, allerdings erwies sich der Versuch der Firma Bosch, einen künstlichen Arm zu schaffen, als

---

[149] Vgl. Wolfhard WEBER, Arbeitssicherheit. Historische Beispiele – aktuelle Analysen, Hamburg 1988, S. 122.

[150] Vgl. HEUSS (wie Anm. 4) S. 404.

[151] Rundschreiben an alle Angestellten, vom 18. November 1918, Bosch-Archiv 1 059 034.

[152] Vgl. HEUSS (wie Anm. 4) S. 404 ff.

[153] Ebd., S. 405.

[154] Ebd.

[155] Ebd.

[156] Ebd.

erfolglos, da die Prothesen in der Praxis zu schwer und damit unbrauchbar waren[157].

5.3.3 Die Bosch-Hilfe

Bei der Bosch-Hilfe handelte es sich um eine Stiftung der Robert Bosch Aktiengesellschaft. Sie stellt eine Nebenform der Betriebsrente dar, welche Arbeitnehmer durch eine attraktive Zusatzleistung binden sollte. Sowohl Angestellte als auch Arbeiter waren zum Empfang der Leistung berechtigt[158]. Diese Organisation sollte die Mitarbeiter und deren Hinterbliebene im Alter unterstützen. Als betriebliche Altersversorgung war sie eine Säule der Sozialpolitik bei Bosch[159] und daher besonders wichtig. Im Geschäftsbericht von 1928 wurde der Zweck wie folgt beschrieben: „Wir sehen in der Schaffung [der Bosch-Hilfe] auch eine im Interesse der Firma liegende, auf Erhaltung und Steigerung des guten Willens unserer Mitarbeiter abzielende wirtschaftliche Maßnahme, in der gleichzeitig die Verbundenheit aller zum Ausdruck kommen soll, die im Hause Bosch tätig sind."[160] Damit sollten die Auswirkungen der Inflation aufgefangen werden, welche die Ersparnisse vieler langjähriger Mitarbeiter liquidiert hatten[161]. Obwohl die Leistung erst 1928/1929 gegründet wurde, ist sie für den betrachteten Zeitraum relevant, weil die Leistungen bei entsprechendem Anspruch rückwirkend auf den 1. Januar 1927 gewährt wurden[162].

Diese Form der Unterstützung war ausschließlich für langjährige Mitarbeiter gedacht. Die Zahlung wurde Mitarbeitern erst ab dem 40. Lebensjahr und nach 10 Jahren Betriebszugehörigkeit gewährt[163]. Die Leistung erfolgte in Form einer Rente, die wegen Krankheit, Unfalls oder sonstiger Gebrechen ausgegeben wurde, sofern der Mitarbeiter ohne eigenes Verschulden arbeitsunfähig wurde[164]. Der Anspruch auf Leistungen verfiel bei Austritt aus der Firma vor dem 65. Geburtstag[165].

Das Vermögen der Bosch-Hilfe bestand aus einem Grundstock von zwei Millionen Reichsmark sowie dem Ertrag des Grundstockvermögens und weiteren Zuwendungen. Man erhob keine Beiträge für Mitarbeiter[166]. Grundlage für die Be-

---

157 Ebd., S. 341.

158 Vgl. „Die Bosch-Hilfe", in: Der Bosch Zünder. Eine Zeitschrift für alle Angehörigen der Robert Bosch AG und der Bosch Metallwerk AG Stuttgart und Feuerbach 6 (1929) S. 124–127, hier S. 124.

159 Vgl. Beate Schmidt, Die Bosch-Hilfe, in: Magazin zur Bosch-Geschichte 2002, hg. von der Zentralabteilung für Öffentlichkeitsarbeit (ZÖ), Stuttgart o.J., S. 18.

160 Zitiert nach Personalmanagement (wie Anm. 111), hier S. 71.

161 Vgl. Schmidt (wie Anm. 159) S. 18.

162 Ebd.

163 Vgl. Die Bosch-Hilfe (wie Anm. 158), hier S. 125.

164 Ebd., hier S. 127.

165 Ebd., hier S. 125.

166 Bericht über die Bosch-Hilfe, o.D., Bosch-Archiv 1 043 006.

rechnung der Rente bildete das Einkommen, welches der Angestellte zum Stichtag, dem 1. April 1929, erhielt. Für Arbeiter galt das Durchschnittseinkommen der Zeitlöhner ihrer Tarifgruppe zum gleichen Stichtag[167].

5.4 Stiftungen und Spenden

Robert Bosch lebte und handelte nach festen sozialen Grundvorstellungen[168]. Er fasste die Beweggründe für seine gemeinnützigen Aktivitäten in den Richtlinien für sein Testament 1935 folgendermaßen zusammen: „Meine Absicht geht dahin, neben der Linderung von allerhand Not, vor allem auf die Hebung der sittlichen, gesundheitlichen und geistigen Kräfte des Volkes hinzuwirken."[169]

Eine Aufstellung aus dem Jahre 1926 belegt exemplarisch, wie vielfältig die Spendenempfänger waren[170]. Spenden gingen dabei an verschiedenste Kultur- und Sozialvereine. Zu den Empfängern gehörten nicht nur soziale und kulturelle Einrichtungen und Gruppen, sondern auch zahlreiche Vereine für gesundheitliche Zwecke und Bildung. Robert Bosch sah nämlich in der Bildung die Fähigkeit, „politisch richtig zu handeln und Irrlehren als solche zu erkennen"[171].

Robert Bosch spendete zunächst für Bildung. Eine Million Mark ging 1910 an die Technische Hochschule Stuttgart[172]. Die erste große Stiftung fand während des Ersten Weltkriegs statt. Insgesamt stiftete Bosch zwischen 1916 und 1917 20 Millionen Mark für gemeinnützige Zwecke, davon allein 13 Millionen für den Bau des Neckarkanals – eine in dieser Höhe für die Zeit einmalige Spendensumme[173]. Außerdem überließ man die Zinsen aus der Neckarkanal-Stiftung der Stadt Stuttgart zur Armenfürsorge[174]. Bosch empfand es als seine Verpflichtung, Teile seines großen Gewinns an die Gesellschaft und seine Belegschaft zurückzugeben. Er ordnete dabei allerdings seine Spendentätigkeit durchaus dem Fortbestand seines Unternehmens unter. Die Firma stand für ihn an erster Stelle und erst nachrangig sollten die gemeinnützigen Unterstützungen realisiert werden[175].

---

[167] Ebd.
[168] Vgl. Bosch (wie Anm. 6) S. 23.
[169] Ebd.
[170] Vgl. Spendenliste vom 08.01.1927, Bosch-Archiv 1 002 078.
[171] Bosch (wie Anm. 6) S. 24.
[172] Ebd.
[173] Ebd., S. 23.
[174] Ebd.
[175] Vgl. Personalmanagement (wie Anm. 111), hier S. 66.

6. Robert Boschs Vorstellung von sozialer Verantwortung des Unternehmers

Die Konditionen für die Arbeiter bei Bosch in den verschiedenen Bereichen wurden hinreichend beleuchtet. Die Beurteilung der Lage der Arbeiter hängt eng mit der Frage zusammen, warum die Lage im Betrieb bei Bosch anders war als in vielen anderen ähnlichen Fabriken.

Die soziale Fürsorge bei Bosch für die Arbeiter hielt in den ersten Jahren gesetzliche Bestimmungen nicht nur ein, sondern ging vielfach über die gesetzlich festgelegten Standards hinaus. Ein wichtiger Aspekt bei dieser Betrachtung ist, ob Robert Bosch in seiner Rolle als Unternehmer in der Pflicht war, noch mehr für seine Arbeiter zu tun. Festzuhalten ist, dass die Situation für den Großteil der Bosch-Arbeiter deutlich besser war, als es in der metallverarbeitenden Branche üblich gewesen ist. Auch die Inspektionsberichte der Gewerbeaufsicht unterstützen den positiven Gesamteindruck. Viele Gefahren am Arbeitsplatz entstanden durch die damals übliche Produktionsweise. Man war bei Bosch sehr bemüht, die Risiken zu verringern, aber man konnte nicht alle Schwachstellen korrigieren.

Wie Robert Bosch selbst zum Ausdruck brachte, kann es nicht die Aufgabe des Unternehmers sein, die Beschäftigten sozial abzusichern. In den allgemeinen Geschäftsbedingungen der Angestellten-Hilfe wurde daher klargestellt, dass die Sicherung des Lebensabends nicht die Aufgabe der Firma sei[176]. Allerdings verstand Robert Bosch es durchaus als seine Aufgabe, für die Verpflegung seiner eingeschränkt arbeitsfähigen Beschäftigten zu sorgen: „[...] Bezahle deinen Arbeiter, so gut du kannst [...] Sieh zu, ob du nicht Leute im Betrieb hast, die nicht mehr arbeitsfähig sind oder die bald arbeitsunfähig werden. Ist dies der Fall, so sichere ihnen Lebensunterhalt und werfe in günstigen Jahren einen Betrag aus, aus dessen Zinsen du deinen Leuten eine Rente gewährst, die mit der Invalidenrente allenfalls ausreicht, um ihnen einen ruhigen Lebensabend zu verschaffen [...].“[177] Die Zusatzversorgungen waren für Arbeitnehmer attraktiv, da sie eine Absicherung bedeuteten. Die Ursachen für die Verarmung und schlechte Lebenssituation hätte Bosch allein nicht auffangen können. Dies wäre Aufgabe der Politik gewesen. Warum die Politik letztlich trotz der klaren Problematik nur wenige Versuche unternahm, um die Lage der Unterschichten zu verbessern, ist in diesem Rahmen nicht zu klären.

Die soziale Mobilität kannte während des untersuchten Zeitraums noch klare Schranken. Der klassische „Selfmademan“, wie er aus den USA bekannt wurde, trat hierbei eher selten auf, da die Anreize in Deutschland zu gering waren: „Es ist

[176] Vgl. „Unsere Angestelltenhilfe“, in: Der Bosch Zünder. Eine Zeitschrift für alle Angehörigen der Robert Bosch AG und der Bosch Metallwerk AG Stuttgart und Feuerbach 4 (1921) S. 289–290, hier S. 290.

[177] Anweisung für Unternehmer aus dem Aufsatz „Wie kommen wir zum wirtschaftlichen Frieden?“, in: Robert Bosch. Aufsätze, Reden und Gedanken (wie Anm. 65) S. 26.

aber unbedingt richtig, daß der Arbeiter sich drüben [in den USA] ganz anders ins Zeug legt, wenn es sich darum handelt, gut zu verdienen. Woher kommt das? Die Antwort lautet: der amerikanische Arbeiter weiß, daß man ihn gut verdienen lässt, wenn er Gutes leistet. Es macht drüben kein Arbeitgeber dem anderen einen Vorwurf, wenn dieser seine Arbeiter etwas mehr verdienen lässt."[178] Die scheinbar eingeschränkte Möglichkeit, die eigene Lage zu verbessern, soll ein vermindertes Bestreben verursacht haben.

Die Hauptursache für mangelnden Leistungswillen sah Bosch darin, dass die Arbeiter nicht genug wertgeschätzt wurden und dass deren Aufstiegschancen zu gering seien: „In den Vereinigten Staaten gibt es nicht einen Kastengeist, der so weit geht, daß ein Arbeiter nicht mehr verdienen darf als ein Büroangestellter auch höheren Grades oder auch ein Techniker derselben Gattung. Man besieht sich drüben die Leistung des Mannes, rechnet, was er einem Wert ist und bezahlt ihn dementsprechend ohne Rücksicht darauf, daß er Arbeiter ist [...] Der amerikanische Arbeiter weis aber auch, daß ihm alle Stellen zugänglich sind. Es gibt keinen Kastengeist, der ihm hinderlich ist, wenn er sonst die Fähigkeit hat, auch Leiter der Fabrik zu werden, in der er Arbeiter war. [...]."[179]

Die eigene Erfahrung und die Prägung Robert Boschs sollte als weiterer Blickwinkel nicht unterschätzt werden, denn schließlich hatte er selbst lange genug praktische Erfahrungen gesammelt: „Erfahrungen, die ich selber am Schraubstock machte, lehrten mich, daß ich in der längeren Arbeitszeit nur das mehr leistete, was ich am darauffolgenden Tag infolge Abgespanntheit weniger fertig brachte [...]."[180] Diese prägenden Eindrücke und Erlebnisse sorgten dafür, dass er besonders die Arbeitsbelastung einschätzen konnte und daher darauf bedacht war, die Arbeiter zu entlasten. Dass mit Sicherheit wirtschaftliche Interessen damit verbunden waren, ist durchaus legitim: Er wusste vermutlich, wo er ansetzen konnte, um die Stellen im eigenen Unternehmen attraktiver als bei der Konkurrenz zu gestalten. Bosch sah Verkürzungen der Arbeitszeit und ähnlich sozial anmutende Änderungen im Betriebsablauf sehr nüchtern.

Robert Bosch wollte mit seiner Leistung Impulse setzen, Missstände beseitigen und Rahmenbedingungen verbessern[181]. Es war ihm wichtig, mit seinem sozialen Engagement die breite Masse zu erreichen. Bosch ist nicht vorzuwerfen, dass er seine Spendentätigkeit auch betrieben habe, um von der Werbung zu profitieren: Imagepflege war zwar durchaus wichtig, allerdings befürchtete Bosch, mit einer großen Zahl an Bittstellern konfrontiert zu werden, sofern er als Spender bekannt gegeben werde[182]. Daher erfolgten viele Schenkungen unter der Bedingung, dass der Spender anonym gehalten werden müsse.

---

178 Ebd., S. 22.
179 Ebd., S. 25 f.
180 Ebd., S. 44.
181 Vgl. Personalmanagement (wie Anm. 111), hier S. 65.
182 Ebd., hier S. 66.

Persönliche Werte sind in Bezug auf Boschs Prägung und Sozialhaltung nicht zu unterschätzen. Deren Einhaltung war Bosch wichtiger als ein kurzfristiger Erfolg: „Wenn bei einem Vertrag nicht beide Vertragsschließende ihre Rechnung finden, so verlieren beide, der eine Geld, der andere Vertrauen [...] Immer habe ich nach dem Grundsatz gehandelt: Lieber Geld verlieren als Vertrauen. Die Unantastbarkeit meiner Versprechungen, der Glaube an den Wert meiner Ware und mein Wort standen mir stets höher als ein vorübergehender Gewinn."[183]

Die verbesserten Arbeitsbedingungen sorgten jedoch für Missstimmungen bei der Konkurrenz. Auf den Vorwurf eines Industriellen, Robert Bosch könne sich die verbesserten Bedingungen und hohen Löhne leisten, da er reich sei, entgegnete Bosch: „Umgekehrt ist es, ich zahle nicht gute Löhne, weil ich viel Geld habe, sondern ich habe viel Geld, weil ich gute Löhne bezahle."[184] Robert Bosch begründete seinen Erfolg mit der guten Behandlung der Mitarbeiter. Die Zahlung höherer Löhne ist für Bosch ein Teil der Betriebstaktik: „In den meisten Fällen steht nämlich der Unternehmer leider auf dem Standpunkt, man dürfe den Arbeiter nicht über ein Gewisses hinaus verdienen lassen. Er überlegt nicht, daß er erstens durch einen Arbeiter umso mehr verdient, je mehr er erzeugt und zweitens, daß der Arbeiter schließlich auch errechnen kann, wie viel er erzeugen kann, ohne dass ihm der Stücklohn gekürzt wird. Die Folge einer drohenden Verkürzung des Stücklohns ist also eine Zurückhaltung des Arbeiters und damit eine geringere Leistung des Werks im Ganzen. [...] Er [der Unternehmer steht] [...] allermeist auf dem Standpunkt, daß man den Arbeiter nicht über ein Gewisses hinaus verdienen lassen dürfe, man mache ihn dadurch nur begehrlich und bekomme trotz Bewilligung großer Verdienste keine Ruhe im Betrieb. [...] Es ist nicht mal richtig zu sagen, man kriege keine Ruhe im Betrieb. Direkt hat man weniger Unruhe, wenn man nicht ständig an den Löhnen kürzt [...]."[185]

Die höheren Löhne sind somit Teil eines Konzepts, welche Unruhen im Betrieb aufgrund der wirtschaftlichen Not der Arbeiter verhindern sollten. In diesen Kontext gehören außerdem die zahlreichen Hilfs- und Unterstützungskassen. Die wirtschaftliche Unterstützung der Beschäftigten soll den Arbeiter entsprechend so unterstützen, dass „[...] er sich eine Liebhaberei leisten kann, oder daß er sich etwas ersparen kann, daß er ein gewisses Eigentum erwirbt und sei es schließlich nur die Erpachtung eines Schrebergartens, so ist der Mann ein ganz anderer [...] Eines ist sicher: Friede nährt, Unfriede verzehrt [...]."[186]

Die verkürzte Arbeitszeit sah Bosch als Mittel, um wirtschaftlicher, das heißt in erster Linie billiger, zu arbeiten und gleichzeitig die Beschäftigten zu schonen:

[183] Bosch-Zünder 1921; zitiert nach Bosch (wie Anm. 6) S. 27.

[184] Zitiert nach ebd., S. 59.

[185] „Zum sozialen Frieden", in: Der Bosch Zünder. Eine Zeitschrift für alle Angehörigen der Robert Bosch AG und der Bosch Metallwerk AG Stuttgart und Feuerbach 1 (1926) S. 1–2, hier S. 1.

[186] Ebd., hier S. 2.

„Daß es volkswirtschaftlich günstig ist, wenn ein Mensch die in ihm steckende Arbeitskraft in kürzerer Zeit ausgibt, als wenn er dazu eine längere Zeit braucht, sofern er nur tagsüber seine Arbeitskraft, über die er jeden Morgen verfügt, tatsächlich auch ausgibt. Und zwar wirkt es deshalb günstiger, weil jede Warenerzeugung umso wirtschaftlicher wird, in je kürzerer Zeit eine gewisse Menge der Waren hergestellt wird; denn mit einer Verbesserung des Wirkungsgrads werden die Betriebskosten geringer. Andererseits ist aber auch derjenige Arbeiter, der in der kurzen Zeit zusammen gedrängter Weise, die ihm auf Dauer, das heißt monate- und jahrelang, mögliche Arbeitsleistung vollbringt, nach Schluß seiner Arbeitszeit früher wieder ausgeruht als der, welcher sich zu seiner Arbeitsleistung längere Zeit genommen hat. Wer die kürzere Arbeitszeit hat, erholt sich aber nicht nur rascher, sondern es bleibt ihm zudem auch noch mehr Zeit für Erholung und Muße übrig [...].“[187]

Es ist nicht ganz zu klären, welche Rolle politische Motive spielten. Sicher war Robert Bosch demokratisch orientiert. Man führte den 1. Mai als freien Tag ein, bevor dieser zum gesetzlichen Feiertag erklärt wurde. Das bescherte Bosch den missverständlichen Spitznamen „Roter Bosch“.[188] Er selbst betrachtete sich eher als Liberalen[189]. Der Begriff ist jedoch allgemein zu verstehen und nicht im modernen parteipolitischen Sinne. Als junger Mann sympathisierte er durchaus mit sozialistischem Gedankengut, wie ein Brief an seine Verlobte Anna Kayser, vermutlich von 1885, belegt: „Siehst du, ich bin Sozialist [...].“[190] Bosch entfaltete in diesem Brief in einer langen Abhandlung, wie er sich eine sozialistische Gesellschaft vorstelle und dass er diese für eine bessere Gesellschaftsform halte, da er erhebliche Vorteile erkenne: „Wenn wir erst von den Idealen anfangen, so sind wir unbedingt im Vorteil [...] kein Mensch wird sich hervortun [...] Die geringen und gemeinen Leidenschaften werden stark abnehmen [...].“[191] Ob dieser Brief allerdings tatsächlich als sozialistisch oder lediglich sozial-romantisch[192] interpretiert werden muss, bleibt Ansichtssache.

Die Haltung Boschs veränderte sich jedoch, wie einem Schreiben von 1930 zu entnehmen ist: „Unser Heil kann nicht beim sozialistischen Staat und nicht beim Staatssozialismus liegen. Die freie Wirtschaft unter vernünftigen Sozialgesetzen von verantwortungsbewussten Leitern gemeistert, wird uns, wenn auch nicht ohne Irrwege, einem Zustand entgegenführen, der zu berechtigten Beanstandungen nicht allzu viel Möglichkeiten bieten wird. Dieses Vertrauen habe ich zum gesunden Menschenverstande.“[193] Er distanzierte sich vermutlich im Laufe seines Lebens von diesen Ideen. Es ist denkbar, dass er von seinen Idealen abrückte, da die prak-

---

187 Robert Bosch. Aufsätze, Reden und Gedanken (wie Anm. 65) S. 40.
188 Vgl. Personalmanagement (wie Anm. 111), hier S. 71.
189 Vgl. Herdt (wie Anm. 20) S. 70.
190 Robert Bosch. Aufsätze, Reden und Gedanken (wie Anm. 65) S. 41 f.
191 Ebd., S. 43.
192 Vgl. Herdt (wie Anm. 20) S. 77.
193 Hans-Erhard Lessing, Robert Bosch, Hamburg 2007, S. 42.

tischen Erfahrungen, die man mit dem noch recht jungen Sozialismus machte, zeigten, dass seine sozial-romantischen Vorstellungen wenig mit der Realität zu tun hatten. Diese kurze Darstellung der politischen Position Robert Boschs zeigt, dass dieser zwar sicherlich sozial orientiert war, allerdings keiner politischen Richtung angehörte und demnach keiner Ideologie folgte.

7. Fazit

Da die staatlichen Maßnahmen nicht ausreichten, um die Arbeiter zu versorgen, waren betriebliche Versorgungen und Absicherungen notwendig. Bei Bosch hatte man dies früh erkannt und umgesetzt.

War Bosch nun sozialer als andere Unternehmer und, wenn ja, was war der Grund dafür? Ein Vergleich der Ergebnisse dieser Studie mit der betrieblichen Sozialpolitik anderer Firmen kann darüber Aufschluss geben. Es ist sicher, dass die Sozialpolitik bei Bosch eine größere Rolle spielte als in anderen Unternehmen. Was mag der Grund dafür gewesen sein? Zunächst war Bosch in der Situation, ein florierendes Unternehmen zu führen, da er das Glück hatte, den Markt zum richtigen Zeitpunkt mit dem passenden Produkt zu beliefern[194], so dass er sich eine umfangreiche Sozialpolitik leisten konnte. Bosch erkannte in der Unzufriedenheit und der Not der Menschen eine Gefahr, welche nicht nur den eigenen Betrieb bedrohte, wie beispielsweise diesem Text zu entnehmen ist: „Politisch wurde durch den Umsturz 1918 wohl sehr viel erreicht, wirtschaftlich dagegen sehr wenig. Die Folge war: Der Zwiespalt blieb. Zwischen den führenden Klassen und der Masse des Volkes klaffen immer noch ein Abstand und ein Zwiespalt, die unseren Volkskörper nicht gesund werden lassen. An diesem Zustand ist die obere Schicht wenigstens so weit schuld, als sie es zweifellos hätte fertig bringen können, die gähnende Kluft nicht so breit und so tief werden zu lassen, wie sie es in der Tat geworden ist. Die Schuld der oberen Schichten liegt vor allem darin, daß sie sich immer wieder kurzsichtig und rücksichtslos gesperrt haben auch gegen berechtigte Bemühungen, Verbesserungen des Loses des handarbeitenden Volkes auf politischem und sozialem Gebiet herbei zu führen."[195]

Bosch sah es somit als seine politische Pflicht, durch seine Unterstützung einen Beitrag zum Erhalt des Friedens zu leisten. Deshalb war es für ihn notwendig, mit einer guten Behandlung der Beschäftigten und einer sozialen Absicherung zum sozialen Frieden beizutragen. Damit geht die Wahrung des betrieblichen Friedens einher. Dass die Zahlung besserer Löhne qualifizierte Arbeitskräfte an das Unternehmen band und die Verkürzung der Arbeitszeit Teil von unternehmerischem Interesse war, steht außer Zweifel. Nicht alle scheinbar sozial bedingten Ände-

[194] Bähr/Erker (wie Anm. 11) S. 25.
[195] Robert Bosch. Aufsätze, Reden und Gedanken (wie Anm. 65) S. 13 f.

rungen sind aus reiner Nächstenliebe entstanden. Sofern jedoch beide Parteien von den Neuerungen profitierten, was bei beiden Aspekten der Fall war, scheint die Firma Bosch eine vertretbare Sozialpraxis umgesetzt zu haben. Dass es den Beschäftigten bei Bosch wirtschaftlich tatsächlich besser ging, ist eine allgemeine Annahme, welche auf der Auswertung der Einkommenstabellen und Berichten der Gewerbeinspektion beruht. Aus der Lohnhöhe lässt sich ermitteln, dass die wirtschaftliche Lage der Arbeiter deutlich besser war. Die fehlenden Informationen über das private Leben der Bosch-Arbeiter verbieten allerdings eine umfassende Beurteilung.

Zur Sozialpolitik von Bosch gehörte es, die gesetzlichen Versicherungs- und Absicherungsleistungen durch betriebliche Ergänzungen zu erweitern. Die zahlreichen zusätzlichen Einrichtungen und Organisationen bei Bosch zeigen diesbezüglich deutlich, wie unzureichend die gesetzlichen Bestimmungen waren und dass ein zusätzliches Handeln des Unternehmers nötig war. Die betriebliche Sozialpolitik beschränkte sich zunächst auf Aspekte, welche in unmittelbarem Zusammenhang mit dem Betrieb und der Produktion standen. Die Betriebspolitik wandelte sich mit Eintritt der deutschen Gesellschaft in den Ersten Weltkrieg und in der Nachkriegszeit, als eine zunehmende Verarmung der Bevölkerung nicht nur den eigenen Betrieb, sondern den allgemeinen Frieden bedrohte. Die Sozialpolitik lässt sich daher im Rahmen der Zeit betrachten. Der Erste Weltkrieg stellt dabei eine besondere Zäsur dar. Sicherlich gab es zuvor auch soziale Missstände. Diese erreichten nach dem Krieg jedoch einen neuen Umfang und machten Interventionen unerlässlich. Solange die Gesetzgebung nicht für eine verpflichtende Sozialpolitik sorgte, blieb die innerbetriebliche Umsetzung im Ermessen des Unternehmers. Vielfach fühlten sich andere Betriebe nicht für die Absicherung zuständig. Robert Bosch verband eigenen Nutzen mit sozialem Engagement.

Nationalliberalismus in der Weimarer Republik

Die württembergische Landesorganisation der Deutschen Volkspartei (DVP) 1919 bis 1933

Von Hans Peter Müller

Während die Geschichte der DVP im Deutschen Reich gut erforscht ist[1], existiert keine Darstellung über die Partei in Württemberg[2], wie überhaupt die Landesverbände in der Forschung bisher weitgehend ignoriert wurden. Zudem gibt es für Württemberg auch keine befriedigende Gesamtdarstellung der Weimarer Republik – nur deren Endphase wurde ausführlich behandelt[3]. Offenbar ist diese stiefmütterliche Behandlung auf die Tatsache zurückzuführen, dass die DVP in Württemberg nur über „eine sehr begrenzte Anhängerschaft" verfügte[4] und im Landtag nie Fraktionsstatus erreichte. Dennoch spielten ihre wenigen Abgeordneten, mitunter als „Zünglein an der Waage", eine durchaus konstruktive und letztlich staatstragende Rolle. Der Wahlkreisverband – so die parteiamtliche Bezeichnung – konnte in der Reichspolitik, wo er bis 1932 nur durch einen Abgeordneten vertreten war,

[1] Vgl. als wohl umfassendste neue Darstellung Ludwig Richter, Die Deutsche Volkspartei 1918–1933, Düsseldorf 2002 mit umfangreichen Quellen- und Literaturangaben. Allerdings kommen bei Richter die Landesverbände nur sporadisch vor. Dies gilt auch für die Darstellung der Frühphase durch Wolfgang Hartenstein, Die Anfänge der Deutschen Volkspartei 1918–1920, Düsseldorf 1962. Dort wird die Gründung in Württemberg mit einem Zitat aus einer Berliner Zeitung „behandelt" (S. 93, Anm. 1) und ansonsten – mit einem gewissen Recht – von einer „Diaspora" der Partei gesprochen (S. 217f.).

[2] Die Abhandlung von Hans-Otto Rommel, Aufbau und Zusammenbruch der Demokratie in Württemberg, in: Die F.D.P./DVP in Baden-Württemberg und ihre Geschichte, hg. von Paul Rothmund/Erhard R. Wiehn, Stuttgart u.a. 1979, S. 131–164, legt ihren Schwerpunkt auf die DDP. Dies gilt auch für Klaus Heger, Die Deutsche Demokratische Partei in Württemberg und ihre Organisation, Leipzig 1927, S. 63–69.

[3] Waldemar Besson, Württemberg und die deutsche Staatskrise 1928–1933. Eine Studie zur Auflösung der Weimarer Republik, Stuttgart 1959; Thomas Schnabel, Württemberg zwischen Weimar und Bonn 1928–1945/46, Stuttgart 1986. Auch hier kommt die DVP jedoch nur am Rande vor. Eine informative, aber nicht detaillierte Darstellung bietet Reinhold Weber, Kleine Geschichte der Länder Baden und Württemberg 1918–1945, Leinfelden-Echterdingen 2008.

[4] Besson (wie Anm. 3) S. 32.

kaum Akzente setzen. Im Gegensatz zu zahlreichen Regionalgruppierungen stand er jedoch treu an der Seite Stresemanns. In der Endphase der Republik schloss er sogar in eigener Regie ein Wahlbündnis mit den Linksliberalen, ein Schritt, der im Sinne Stresemanns dem Niedergang des Liberalismus entgegenwirken sollte.

Die verspätete Gründung der DVP in Württemberg

Obwohl sich nach dem Ende des Kaiserreichs eine Einigung von Links- und Nationalliberalismus abzuzeichnen schien, ist dieses Vorhaben gescheitert. Während Gustav Stresemann, der vormalige Führer der nationalliberalen Reichstagsfraktion, sich dem naheliegenden Gedanken eines liberalen Zusammengehens zunächst nicht verschloss, sah er sich aus den Reihen der sich formierenden Deutschen Demokratischen Partei (DDP) als Anhänger annexionistischer Kriegsziele und eines Siegfriedens diffamiert und schließlich ausgeschaltet. Dies veranlasste ihn, zusammen mit dem rechten Flügel seiner Partei am 15.12.1918 die DVP zu gründen, die sich als Erbin des Nationalliberalismus sah und fortan mit der ‚linken' DDP in Dauerfehde lag[5].

Die hier nur skizzierte Entwicklung in Berlin, die für die junge Republik nur als negativ bezeichnet werden kann, fand im parteipolitischen Umgruppierungsprozess in Württemberg – jedenfalls was die liberalen Parteien betraf – zunächst keine Parallele. Vielmehr schien hier das Ende der Deutschen Partei (DP), der Nationalliberalen des Kaiserreichs, besiegelt zu sein. Es kam zunächst nicht zur Gründung eines Landesverbandes der DVP, vielmehr wurden die Mitglieder der DP sozusagen zerrieben: Ihr wohl größter Teil wurde quasi handstreichartig in die DDP übergeführt, ein anderer, vornehmlich der rechte Flügel, schloss sich der neugegründeten und sich liberal gebärdenden Bürgerpartei an[6]. Schließlich hielten sich auch Ehemalige zunächst ganz außerhalb.

Es war erstaunlich, dass ausgerechnet der nationalliberale Parteiführer, Landtags- und Reichstagsabgeordnete Johannes Hieber zum Liquidator seiner Partei wurde. Obwohl das linksliberale Parteiblatt, der „Beobachter", für eine „sorgfältige Auslese" unter den in die DDP aufzunehmenden Nationalliberalen plädierte[7], warb Hieber, wie Stresemann ein Mann mit ‚annexionistischer Vergangenheit'[8],

---

[5] Vgl. dazu mit Quellenangaben und weiterführender Literatur insbesondere RICHTER, Die Deutsche Volkspartei (wie Anm. 1) S. 31–45.

[6] Vgl. zur Bürgerpartei, die bald zum Landesverband der Deutschnationalen Volkspartei (DNVP) mutierte, Hans Peter MÜLLER, Die Bürgerpartei/Deutschnationale Volkspartei (DNVP) in Württemberg 1918–1933, in: ZWLG 61 (2002) S. 375–433 und Reinhold WEBER, Bürgerpartei und Bauernbund in Württemberg. Konservative Parteien im Kaiserreich und in Weimar, Düsseldorf 2004.

[7] Gottlob EGELHAAF, Lebenserinnerungen, bearb. von Adolf RAPP, Stuttgart 1960, S. 138.

[8] Er war Mitglied der Alldeutschen und der Vaterlandspartei gewesen. Vgl. Hans Peter

für den Eintritt seiner Parteifreunde in die neue Partei, ohne dabei auf nennenswerten Widerstand zu stoßen. Nach Egelhaaf ließ sich „die Masse [...] überschreiben [...], bestimmt durch das Zutrauen, das sie Hieber [...] entgegenbrachten"[9].

Der mit dieser Entwicklung unzufriedene Egelhaaf, ein Veteran der DP, wollte nicht „untätig" bleiben und wandte sich an die Bürgerpartei. Nachdem ihm dort erklärt wurde, „die Nationalliberalen könnten in ihr nationalliberal bleiben", schloss er sich im Dezember der Neugründung an. Eine ihm angebotene Kandidatur zur Nationalversammlung lehnte er aus Altersgründen ab, beteiligte sich jedoch im Januar 1919 „mit der Feder und als Redner" am Wahlkampf und wurde Mitglied des Landesausschusses. Obwohl er bekannte, mit seinen „Grundsätze(n) niemals irgendwie behindert" worden zu sein, hatte er keine „neue(n) Freunde" gefunden und war in der Bürgerpartei „nicht so ganz warm" geworden[10].

Inzwischen war der Stuttgarter Rechnungsrat Georg Schmidgall, der die Fusion mit der DDP als nationalliberale „Selbstendwürdigung" empfand[11] und auch nicht in die Bürgerpartei eintrat, aktiv geworden. Nach seinem Aufruf im „Merkur" kam es am 21. Februar 1919 zur Gründung einer Stuttgarter Ortsgruppe der DVP, in der er den Vorsitz übernahm. Mit Gesinnungsfreunden besuchte er den Jenaer Parteitag der DVP im April, während „bürgerparteilich Elemente" versuchten, die Ortsgruppe für sich zu gewinnen[12]. Am 25. April hielt die Ortsgruppe eine Versammlung ab, an der auch Dr. Curtius als Vertreter der badischen Landesorganisation und Geheimrat Sachs aus Berlin als Mitglied des Reichsausschusses teilnahmen. Schmidgall berichtete dort vom Parteitag und betonte, die DVP sei entschlossen, auch in Württemberg *ihren Anteil am politischen Leben zu beanspruchen.* Man habe inzwischen der Bürgerpartei erklärt, als *Kompromiß-Gebilde* besitze sie auf Dauer keine *Existenzberechtigung* und hellsichtig hinzugefügt, sie werde sich zwangsläufig zum Landesverband der DNVP wandeln. Dann müsse ihre Minderheit zur DVP stoßen. Man wünsche, dass dieser Prozess in *schiedlich-friedlichen Formen* verlaufe und sich eine *harmonische Nebeneinanderarbeit* ergebe[13]. Schmid-

---

Müller, Die Deutsche Vaterlandspartei in Württemberg 1917/18 und ihr Erbe. Besorgte Patrioten oder rechte Ideologen?, in: ZWLG 59 (2000) S. 217–245, hier S. 227.

[9] Egelhaaf (wie Anm. 7), S. 139. Vorangegangen war diesem Prozess eine Vertreterversammlung der DP am 23.11.1918, bei der nur Egelhaaf und ein weiterer Parteifreund erfolglos widersprachen. Vgl. ebd., S. 138f. – Der Einfluss Hiebers auf seine Parteifreunde schien immens gewesen zu sein. So berichtete Johannes Rath, die Tübinger Ortsgruppe der DP habe im November 1918 ein *Zusammengehen* mit den Demokraten abgelehnt. Dieser Beschluss sei dann nach Hiebers Entscheidung jedoch revidiert worden. Undatiertes Manuskript („An alle ehemaligen Angehörigen der Nationalliberalen Partei") von Rath, Stadtarchiv Tübingen E 10/N 93/94.

[10] Egelhaaf (wie Anm. 7) S. 140f.

[11] Georg Schmidgall, Die Wiederaufrichtung der Nationalliberalen Partei als Deutsche Volkspartei in Württemberg, Stuttgart 1920, S. 4.

[12] Ebd., S. 8, 10f. Stresemann hatte ihm im März mitgeteilt, dass man eine Verschmelzung mit der DNVP ablehne. Ebd., S. 12.

[13] Schwäbischer Merkur Nr. 187 vom 26.4.1919.

gall reklamierte so für sich, die „Anregung zur Wiederaufrichtung" des Nationalliberalismus in Württemberg gegeben zu haben[14].

Mittlerweile war mit Theodor Bickes aus Stuttgart ein weiterer Akteur aus der DP auf den Plan getreten. Er trat Ende Dezember mit Parteifreunden an die Bürgerpartei heran, um dort die Modalitäten eines Beitritts derjenigen Nationalliberalen zu besprechen, die den Anschluss an die DDP strikt ablehnten. Sowohl hinsichtlich der Kandidatenaufstellung zu den Wahlen im Januar als auch bezüglich der Kardinalfrage, wie sich die Bürgerpartei zu den Parteien im Reich stelle, wurde Einigung erzielt. Daraufhin erklärten sich die Nationalliberalen zum Beitritt in die Bürgerpartei bereit, allerdings *unter dem ausdrücklichen Vorbehalt, dass dadurch ihre Zugehörigkeit zur Deutschen Volkspartei im Reich in keiner Weise berührt wird*[15]. Bickes vollzog diesen Schritt dann im Februar 1919 – *nach langer und reiflicher Ueberlegung*[16].

Seit März bemühte er sich dann um weitere Klärung. Im April besuchte er ebenfalls den DVP-Parteitag in Jena, wo es ihm jedoch nicht gelang, ein Gespräch mit Stresemann zu führen, mit dem er bereits korrespondiert hatte. Am 17.4. sandte er ein Schreiben an die Berliner Reichsgeschäftstelle, um die *nicht einfachen württembergischen Verhältnisse* zu schildern, über die man dort offenbar nicht ausreichend informiert sei. Dabei betonte er selbstbewusst, nach rund 20 Jahren führender Tätigkeit in der DP auch die derzeitige Situation genau zu kennen. Mit Gleichgesinnten, *die den Schritt nach Links* ablehnten, habe er die Entwicklung der DDP beobachtet, die offenbar *mit riesigen Geldmitteln* einen an Amerika erinnernden Feldzug inszenierte und mit der Warnung Hiebers vor der DVP operiert habe. Ohne eigene Finanzen sei man von der Idee abgekommen, eine eigene Ortsgruppe zu gründen, zudem habe die neugegründete Bürgerpartei *sofort eine große Zugkraft* ausgeübt. Sein Beitritt zu dieser sei mit dem Ziel erfolgt, die beigetretenen *Tausende bisheriger* Nationalliberaler [...] *nicht schutzlos einer Partei zu überlassen*, die nach seiner Einschätzung *eines Tages* zur DNVP stoßen könnte. Vielmehr habe man gehofft, die Bürgerpartei *später* in die DVP zu führen, *zumal ganze Ortsgruppen* [...] *sich fast restlos aus ehemaligen Nationalliberalen zusammensetzen oder von solchen geleitet werden.*

Dann habe jedoch die Gründung der Ortsgruppe durch Schmidgall *alles* verdorben. Diese habe allgemein Misstrauen erweckt und sei *zu früh* gekommen. Der Versuch einer Überleitung der Bürgerpartei oder ihrer ehemals nationalliberalen Mitglieder zur DVP sei so vereitelt worden. Bickes erhoffte eine baldige Klärung und stellte seinen Austritt bei der Bürgerpartei in Aussicht[17].

---

14 Schmidgall (wie Anm. 11) S. 10.

15 Protokoll über die Besprechung vom 29.12.1918, Nachlass Hans Sachs, Stadtarchiv Crailsheim, N 16.

16 Bickes an die Reichsgeschäftsstelle der DVP, 17.4.1919, ebd.

17 Ebd. – Der von Bickes und Schmidgall hellsichtig erwartete Anschluss der Bürgerpar-

Er erhielt von der Reichsgeschäftstelle die Antwort, die Parteileitung habe den Geheimen Regierungsrat Sachs – er war in Crailsheim aufgewachsen –, gebeten, *die Führung in den weiteren Verhandlungen* zu übernehmen[18]. Während nun Sachs Kontakte nach allen Seiten suchte – er war wenige Tage später wie erwähnt in Stuttgart –, beharrte Schmidgall auf seinen besonderen Verdiensten und reduzierte die Bemühungen von Bickes, die ihm jedenfalls teilweise bekannt waren, auf die lakonische Feststellung, dieser habe sich mit seinen Freunden „nach und nach" der Partei angeschlossen[19]. Dagegen begrüßte er freudig, dass Anfang September Gottlob Egelhaaf zur sich formierenden Partei stieß[20].

Dieser hatte am 17. 9. im „Merkur" einen Artikel „Meine Rückkehr zur nationalliberalen Partei" veröffentlicht, der auch als Sonderdruck versandt wurde. Er betonte dort die Notwendigkeit einer „Mittelpartei" und versprach, dieser „die letzte Kraft seines Alters" zu widmen[21]. Damit war dann der zuvor durch unkoordiniertes und konkurrierendes Verhalten erschwerte Weg zur Formierung des Landesverbandes geebnet. Mit Anzeigen, die von der Bürgerpartei mit einem Gegenaufruf beantwortet wurden[22], lud Egelhaaf namens eines vorbereitenden Ausschusses zum 26. und 27. September in die Stuttgarter Liederhalle ein.

Nach einer *vielverheißende(n)* Versammlung mit etwa 700 bis 800 Besuchern am 26., vor denen der Reichstagsabgeordnete und Parteisenior Professor Kahl über Ziele und Programm der DVP gesprochen hatte[23], fand am Folgetag die erste Vertreter-Versammlung und damit der eigentliche Gründungsakt der württembergischen Landesorganisation statt. Vor 92 Delegierten *aus dem ganzen Lande* hielt Sachs eine lange Rede, in der er einleitend von Württemberg, wo die Parteiorganisation am *weitesten* zurückliege, als einem *Sorgenkind* der DVP sprach. Dennoch erfüllten ihn die *Hunderte von zum Teil begeisterten Anmeldungen* aus allen Landesteilen mit Optimismus. Dieser sei auch dadurch berechtigt, dass man im Gegensatz zu früher eine wahre Volkspartei geworden sei, die *die soziale Klassenversöhnung* erstrebe. Diese Weichenstellung gehe auf Stresmann zurück, allerdings verdanke man die Entstehung nicht dessen *Ehrgeiz*, sondern dem norddeutschen Widerstand dagegen, *sich ins geistige Schlepptau der Neuberliner kosmopolitisch-internationalen Demokratie nehmen zu lassen.* Als *Mittelpartei* stehe man nun gegen die rechten Deutschnationalen und die linke DDP und betreibe die *Reichs-Erneuerung.*

---

tei an die DNVP erfolgte im Herbst 1920. Vgl. Müller, Die Bürgerpartei (wie Anm. 6) S. 390.

18 Schreiben vom 22.4.1919, Nachlass Hans Sachs (wie Anm. 15).

19 Schmidgall (wie Anm. 11) S. 13.

20 Ebd., S. 13 f.

21 Egelhaaf (wie Anm. 7) S. 148.

22 Vgl. dazu und zur Vorgeschichte auch Weber, Bürgerpartei (wie Anm. 6) S. 131 f.

23 Schwäbischer Merkur Nr. 449 vom 29.9.1919 (Morgenblatt).

Auf ihn folgte Egelhaaf, der es als *zwingendes Erfordernis* bezeichnete, *Württemberg auch parteiorganisch in den Rahmen der Reichspolitik einzufügen.* Nach weiteren Rednern und einer anschließenden Aussprache, bei der etwa der badische Parteivorsitzende Curtius die bürgerparteilichen Führer als *ausgesprochene Reaktionäre* bezeichnete und Bickes anmerkte, dass *ehemalige Nationalliberale*, die einen Treueaufruf der Bürgerpartei unterzeichnet hätten, nie Mitglieder der DP gewesen seien. Schließlich wurde Egelhaaf einstimmig zum Landesvorsitzenden gewählt, während die übrigen Vorstandsämter *vorläufig* durch den Ausschuss der Stuttgarter Ortsgruppe wahrgenommen werden sollten[24].

Am 29. September wurde u.a. Schmidgall, dem Egelhaaf *wärmsten Dank* für sein Wirken aussprach, in den Stuttgarter Ortsausschuss gewählt, an die Vereinsspitze trat Bickes. Nach der Besetzung weiterer Ämter dankte der vormalige Vorsitzende auch Sachs für seine Verdienste um die *Neuaufrichtung der Partei*[25]. Diese war, namentlich was die Errichtung von Ortsvereinen im Lande betraf, *nicht leicht.* Werbeversammlungen wurden u.a. durch Kohlemangel erschwert, dennoch entstanden seit Ende 1919 die ersten Lokalvereine wie etwa in Ulm, Aalen, Tübingen und Heilbronn[26]. Zudem litt der Landesverband unter Finanznöten[27].

Ideologie und politische Ziele – die Klientel der Partei

Die auf dem Leipziger Parteitag im Oktober 1919 beschlossen „Grundsätze" der DVP[28] bekannten sich zu liberalen Prinzipien und wiesen zahlreiche Ähnlichkeiten mit dem Programm der DDP auf. Gleichzeitig waren etwa im Bereich der Mittelstandspflege, der Stellung zum Handwerk, zur Landwirtschaft und zu den Angestellten und Arbeitern Gemeinsamkeiten mit den Deutschnationalen erkennbar. Dies gilt auch dort, wo die Nationalliberalen rückwärtsgewandt *die Wiederherstellung der ruhmvollen schwarz-weiß-roten Reichsfarben* und das *durch freien Entschluß des Volkes auf gesetzmäßigem Wege aufzurichtende Kaisertum* forderten[29].

---

[24] Schwäbischer Merkur Nr. 449 vom 29.9.1919 (Abendblatt).

[25] Schwäbischer Merkur Nr. 452 vom 1.10.1919.

[26] Egelhaaf (wie Anm. 7) S. 148 f.

[27] Richter, Die Deutsche Volkspartei (wie Anm. 1) S. 198 mit Anm. 20.

[28] Abgedruckt bei Wolfgang Treue, Deutsche Parteiprogramme 1861–1954, Frankfurt/Berlin 1954, S. 113–122.

[29] Ebd., S. 114. Den Kaisergedanken relativierte Egelhaaf in seiner ersten größeren Landtagsrede: Angesichts anderer drängender Probleme wolle man dieses Ziel vorläufig nicht forcieren; das Volk könne später eine Entscheidung treffen. Verhandlungen des Landtags des freien Volksstaates Württemberg (fortan Landtag) vom 4.11.1920, S. 510–517. Vgl. auch Vaterlandsfreund Nr. 261 vom 6.11.1920. 1924 betonte er, man fördere weiterhin den *monarchischen Gedanken*, ziele aber keineswegs auf dessen *gewaltsame Herstellung*, Rede in Gaildorf, Kocherbote Gaildorf (fortan KB) Nr. 42 vom 19.2.1924.

Die DVP trat zwar für die *Völkerversöhnung* ein, präsentierte sich jedoch ganz dezidiert national. So forderte sie die Wiederherstellung der zertretenen *Ehre des deutschen Volkes* und *die ihm gebührende Achtung und Freiheit der nationalen und wirtschaftlichen Entwicklung*[30], schließlich wurde das Streben nach der *frühere(n) Weltgeltung* betont, zu dem die Rückgabe der Kolonien gehöre[31].

Ein zentraler Begriff war für die Partei die zu erstrebende *Volksgemeinschaft*[32], der auch in den Reden der Landespolitiker immer wiederkehrte[33]. Damit wollte man *alle Zersetzungsbestrebungen*, die sich gegen den *nationalen Staat* richteten, bekämpfen[34]. Zugleich wurde der Allgemeinplatz betont, *im Christentum einen Grundpfeiler deutscher Kultur und deutschen Volkslebens* zu sehen[35].

Bemerkenswert war, dass sich die Partei dazu bekannte, dem auf Volk und Staat *zersetzend wirkenden Einfluß des Großkapitals* müsse *scharf entgegengetreten werden*[36]. Dass die Praxis im Reich vielfach eine andere war, ist kaum zu bestreiten. Die einschlägige Literatur ist sich hier weitgehend einig, wie einige Beispiele belegen. Danach vertrat die DVP „die Interessen der Industrie“[37] oder wurde „zum Verfechter großindustrieller Interessen“[38]. Von marxistischer Seite hat man schließlich betont, dass in den „Führungsgremien und Parlamentsfraktionen [...] mehr unmittelbare Angehörige der Monopolbourgeoisie [...] saßen als in anderen bürgerlichen Parteien“[39]. Diese Befunde sind jedoch zu relativieren – sie gelten vor allem, allerdings nicht nur für die rheinisch-westfälischen Landesverbände mit ihrem überragenden Einfluss auf die Gesamtpartei[40] – auf die Verhältnisse in Württemberg wird noch eingegangen.

---

30 Treue (wie Anm. 28) S. 114.

31 Ebd., S. 120f. *Unser Recht zu kolonialer Betätigung*, verbunden mit dem Widerruf der *Koloniallüge* (Danach war Deutschland unfähig, Kolonien zu verwalten. HPM) beschwor 1924 auch Johannes Rath. Zusammen mit dem Widerruf der *Kriegsschuldlüge* waren dies für ihn Voraussetzungen für den Beitritt zum Völkerbund. Rede in Gaildorf, KB Nr. 272 vom 18.11.1924.

32 Treue (wie Anm. 28) S. 114.

33 Bickes sprach etwa von der Notwendigkeit einer *nationale(n) Einheitsfront, eine(r) Volksgemeinschaft* als Mittel zur Rettung aus der deutschen Notlage, KB Nr. 23 vom 29.1.1923.

34 Treue (wie Anm. 28) S. 115.

35 Ebd., S. 117.

36 Ebd., S. 116.

37 Walter Tormin, Die Weimarer Republik, Hannover 1973, S. 93.

38 Hans-Ulrich Wehler, Deutsche Gesellschaftsgeschichte, Bd. 4: Vom Beginn des Ersten Weltkriegs bis zur Gründung der beiden deutschen Staaten 1914–1949, München 2003, S. 356. Andere Autoren betonen mindestens ihren „gewichtigen schwerindustriellen Flügel“, Helmut Heiber, Die Republik von Weimar, München 1971, S. 35 oder ihre „industriefreundliche“ Haltung, Heinrich August Winkler, Weimar 1918–1933, München 1998, S. 185.

39 Wolfgang Ruge, Art. Deutsche Volkspartei (DVP) 1918–1933, in: Lexikon zur Parteiengeschichte, Bd. 2, Leipzig 1984, S. 413 (Zitat)-446.

40 Vgl. dazu vor allem Richter, Die Deutsche Volkspartei (wie Anm. 1).

Die hier skizzierte programmatische Ausrichtung der Partei soll nun durch Beispiele aus der frühen politischen Praxis ergänzt werden. Im Vorfeld der Landtags- und Reichstagswahlen vom 6. Juni 1920 hielt Gustav Stresemann am 20. Mai in Stuttgart eine lange Grundsatzrede vor etwa 3.000 Besuchern. Die vom „Merkur" als *machtvolle und geschlossene Kundgebung des liberalen Bürgertums* gepriesenen Ausführungen wurden häufig durch stürmische(n) Beifall unterbrochen[41]. Der Parteiführer kritisierte die derzeitige Reichsregierung als *ganz* vom sozialdemokratischen *Einfluß beherrscht* und wandte sich gegen den Vorwurf, seine Partei sehe *immer nur die Vergangenheit.* Keineswegs sei sie *unbedingter Lobredner des alten Systems*, um dessen Reform sich die Nationalliberalen immer bemüht hätten. Allerdings gelte es, *das Gute und Gesunde vom alten Deutschland mit gutem neuen Geist (zu) verbinden.* Man habe die *Evolution* erhofft, während die Revolution ohne jegliches Konzept nur *Zersetzung* gebracht habe und ihr jeglicher *Hauch einer nationalen Idee* gefehlt habe. *Die deutsche Fahne (sei) in den Schmutz* gezogen worden; damit habe man die *nationale Würde* verletzt und zugleich ein *Schuldbekenntnis* abgelegt.

Stresemann sah das kaiserliche Deutschland wegen seiner Wirtschaftskraft von der Welt *beneidet.* Nun habe man feststellen müssen, dass die Hoffnungen auf den *internationalen Gedanke(n)* sich als Chimäre erwiesen habe. Während England *saturiert* sei, nachdem ihm Deutschland als Konkurrent auf dem Weltmarkt *nicht mehr gefährlich* werde, seien die großen Hoffnungen auf den amerikanischen Präsidenten Wilson trügerisch gewesen. Dieser sei ein *Heuchler* und ein *verbissener Deutschenfeind.*

Für die Innenpolitik konstatierte er, *die Herstellung gesunder wirtschaftlicher Verhältnisse* sei notwendiger gewesen als das Verfassungswerk, (dem die DVP ja nicht zugestimmt hatte). Er befürchtete ein *Parteibeutesystem*, geprägt durch Parteimänner ohne Sachkompetenz. Der Wiederaufbau könne *nur auf privatkapitalistischen* Grundlagen erfolgen, die *Wirtschaftsführung* durch den Staat bzw. die Parteien sei abzulehnen. Vielmehr sei ein *Wirtschaftsparlament*, eine *Kammer der Arbeit* anzustreben, der auch durch ihre Organisationen entsandte Angestellte und Arbeiter angehören sollten.

Den Vorwurf, seine Partei sei Interessenvertreter der Schwerindustrie, konterte er mit dem Hinweis, dass auch die DDP von dieser unterstützt werde. *Die ganze Industrie* müsse im Interesse des Wiederaufbaus *zusammenstehen*, die Produktion gesteigert, die *Arbeitsintensität* erhöht, der Achtstundentag dürfe nicht zum *Dogma* werden. Schließlich stimmte er auch optimistische Töne für die Zukunft an, forderte die Durchsetzung der *Staatsautorität* und den Schutz der Verfassung *gegen Rechts und gegen Links*, beschwor den *Geist der Disziplin* im Beamtentum,

---

41 Die Rede erschien auch als Sonderdruck im Haller Tagblatt (fortan HT) Nr. 127 vom 3.6.1920. Daraus das Folgende.

eine wertorientierte Erziehung der Jugend und die Vaterlandsliebe, die gerade jetzt noch gesteigert werden müsse.

Überwiegend war die Rede noch ein Produkt des „alten“ Politikers; noch war er nicht jene Lichtgestalt, die er wenige Jahre später als nüchterner Realist werden sollte. Insgesamt schien er den Nerv der übergroßen Mehrheit seiner Zuhörer getroffen zu haben. Dazu gehörte allerdings auch, dass er gegen die Ostjuden – *die galizischen Fremdlinge* – polemisierte[42].

Die württembergische DVP präsentierte sich 1920 hoffnungsvoll als *große bürgerliche Partei der Zukunft*, deren Mitgliedschaft inzwischen *auf das Zehnfache gestiegen* sei[43]. In einer weiteren Wahlanzeige fasste sie ihren Standpunkt prägnant zusammen: Man sei *national, nicht reaktionär* wie die DNVP, *liberal, nicht formaldemokratisch* wie die DDP, *sozial, nicht sozialistisch* wie die Sozialdemokratie[44].

Das bisher Gesagte soll nun durch Aussagen führender württembergischer Nationalliberaler ergänzt werden. Theodor Bickes sprach Ende Januar 1923 über die *Deutsche Not* in Gaildorf, wo sich anschließend eine Ortsgruppe bildete. Er warb für die Volksgemeinschaft, die an die Stelle von *Parteihader und Streit* treten müsse und geißelte den Versailler *Schandvertrag* und damit das Ziel des französischen *Erbfeindes* einer *Erdrosselung des Lebensnervs der deutschen Wirtschaft* an Rhein und Ruhr und sah die Gefahr einer *Loslösung* des Südens vom Norden. Für ihn war es *Wahnwitz*, die Wiederkehr von Deutschlands früherem *Glanz* zu erwarten und eine *Utopie*, an die Versöhnung der Völker, an den Völkerbund oder an Präsident Wilson zu glauben. Die DVP sei bestrebt, eine *Arbeitsgemeinschaft* aller Parteien einschließlich der SPD zu erreichen – nur wenn sich Deutschland einig sei, könne man den *Tag der Erlösung* erwarten[45].

Etwa ein Jahr später trat der Parteisenior Egelhaaf wiederum in Gaildorf vor eine *außerordentlich gut besuchte* Versammlung. Es war naheliegend, dass der Historiker sich intensiv mit der Vergangenheit beschäftigte: *Unbesiegt* sei Deutsch-

---

[42] Martin Ulmer, Antisemitismus in Stuttgart 1871–1933, Berlin 2011, bescheinigte Stresemann, als Oppositionsführer einen „offenen moderaten Antisemitismus“ betrieben zu haben und sieht solche Tendenzen auch in der württembergischen DVP (S. 219). Stresemann bediente sicherlich da und dort antijüdische Klischees; die sogenannten Ostjuden waren auch manchen jüdischen Deutschen suspekt. Er wandte sich jedoch mehrfach auch gegen antisemitische Strömungen und war zudem – als angeblich mit einer Jüdin verheiratet – selbst Angriffen ausgesetzt. Die Eltern seiner Gattin hatten sich vor deren Geburt taufen lassen. Vgl. Richter, Die Deutsche Volkspartei (wie Anm. 1) S. 82 mit Anm. 30, S. 257f. mit Anm. 14. – Hans Sachs, für den dezidiert antisemitischen Deutschvölkischen Schutz- und Trutzbund sprechend, bezeichnete während der Stuttgarter Versammlung *den Bolschewismus (als) eine jüdische Frage*. Er verließ die Partei 1923 und legte seinen Sitz im württembergischen Landesvorstand nieder, KB Nr. 226 vom 27.9.1923.

[43] Anzeige im Anschluss an den Sonderdruck der Stresemann-Rede, HT Nr. 127 vom 3.6.1920.

[44] KB Nr. 129 vom 5.6.1920.

[45] KB Nr. 23 vom 29.1.1923.

land im November 1918, betört von Wilsons *Lüge* zur *Selbstentwaffnung* geschritten, habe wehrlos einen *Schandfrieden* geerntet, *urdeutsches* Land[46], die Kolonien und die Flotte verloren und sei zur Leistung *ungeheurer Summen* verurteilt worden. Nach diesem zornigen Rückblick pries er die Leistungen des Reichskanzlers Stresemann, der als *Idealist und Realpolitiker* den aussichtslosen *Ruhrkampf* beendet und mit seinem Kabinett die *Stabilisierung* der Währung bewirkt habe. Damit wurde deutlich, dass sich der Landesverband mit dem neuen Kurs des gewandelten Stresemann voll identifizierte.

So konnte der Redner Zuversicht für die Zukunft äußern: Europa erkenne allmählich, dass Deutschlands Gesundung unverzichtbar sei; *ein ungeheurer Umschwung* der europäischen Politik könne erwartet werden. Voraussetzung dazu bilde die Einigkeit der Deutschen[47].

Ähnliche Akzente setzte auch Bickes in einem Vortrag vor der Haller Ortsgruppe der DVP. Er unterstrich zunächst, dass die Partei vor vier Jahren im Reich *in schärfster Opposition* zur Regierung gestanden habe. Diese Haltung sei gegen den *Geist von Weimar* sowie den der Revolution und die Unterzeichnung des Versailler Vertrages gerichtet gewesen. Zudem habe man vehement gegen die Kriegsschuldlüge gekämpft. Dennoch wolle man anerkennen, dass damals die *Andersdenkenden* im vaterländischen Interesse gehandelt hätten. Den Sozialdemokraten bescheinigte er, dass ihnen für die Befreiung vom *Bolschewismus* Dank gebühre.

Nach den Wahlen von 1920 habe sich die DVP jedoch *zu positiver Mitarbeit* im Staat entschieden und sich an den Regierungen Fehrenbach und Cuno beteiligt. Schließlich habe Stresemann, *das Vaterland über die Partei* stellend, die Regierung übernommen, wissend, dass dies der Partei *nur Schaden* zufügen werde. Bickes sprach von der *Tragik* des Führers, der zunächst vehement für den Ruhrkampf eingetreten sei, diesen jedoch als aussichtslos einstellen musste. Das Fazit des Stresemann voll unterstützenden Redners ging dahin, dass dieser Schritt keinen Sieg Frankreichs darstelle, habe doch das Sachverständigen-Gutachten zu den deutschen Reparationen – die Vorstufe des Dawes-Planes – letztlich *ein vernichtendes Urteil* über Versailles gebracht. Insofern gelte es, dem Gutachten kein *starres Nein* entgegenzusetzen. Deutschland sei gezwungen, durch *Opfer* seine Freiheit zurückzugewinnen. Schließlich lobte er die Einführung der Rentenmark als *größte antimarxistische Tat* des Kabinetts Stresemann.

Bickes setzte sich dann mit der die *Volksgemeinschaft* hintertreibenden politischen Rechten auseinander, kritisierte den Münchener Hitler-Putsch und sah die *völkische Bewegung* als *gegen den Mittelstand* gerichtet. Für diesen forderte er eine günstigere Steuerpolitik und wollte in der Aufwertungsfrage mehr Gerechtigkeit für *Witwen und Waisen* um dann den Beamten für ihre *Opfer* zu danken. Abschließend konstatierte er, man sei seit Kriegsende *doch einen kleinen Schritt vorwärts*

---

[46] Vgl. auch seinen Aufsatz „Rettung für das Memelland", KB Nr. 45 vom 23.2.1923.
[47] KB Nr. 42 vom 19.2.1924.

gekommen und betonte wie zuvor Egelhaaf eine bessere Stimmung zu Gunsten Deutschlands. Dennoch prognostizierte er für die kommenden Jahre noch einen *große(n) Leidensweg*[48].

Die hier zuletzt behandelten Reden beleuchten die Zustimmung der Württemberger zu Stresemann. Während Bickes zunächst noch die Ressentiments des Parteiführers am Anfang der Republik spiegelte, identifizierte er sich 1924 wie Egelhaaf uneingeschränkt mit dem neuen Kurs, der staatstragenden Wende, die die *Stresemannjahre* der Republik (Golo Mann) einleitete. Diese Haltung blieb bis zum Tode Stresemanns 1929 sozusagen das reichspolitische Credo der württembergischen DVP. Ihr Landesverband war eine Bastion des Parteiführers, dem sie immer wieder *unwandelbare Treue* bekundeten[49]. Seiner Politik wie seinem rhetorischen Talent zollten sie Anerkennung und Bewunderung. So lobte etwa Johannes Rath die *formvollendete Sprache und die gewandte Dialektik* und betonte zugleich bedauernd, dass *Frau Sorge* [...] *kein seltener Gast* des Außenministers sei. Rath meinte, *die Lösung des Reparationsproblems* sei *geradezu zum Lebenselement* geworden, obwohl er eine *moralische Verpflichtung* zu deutschen Reparationen nicht anerkenne. Es sei Stresemanns Ziel, das Reich aus den heutigen Verhältnissen zu lösen und er glaube fest an dessen Wideraufrichtung[50].

***

Hier soll nochmals auf das großkapitalistische Image der DVP geblickt werden, das schon 1932 auch für die Reichspartei in Frage gestellt wurde. Mit dem Etikett „Partei der Schlotbarone" sei „nicht entfernt die politische Praxis der Volkspartei zu erklären, noch umfassend ihr historischer Ort zu treffen"[51]. Auch Gottlob Egelhaaf, wohl ebenfalls auf die Gesamtpartei zielend, hat das Verdikt „Partei der Schwerindustrie" mit seinem Befund einer „sozialen Partei" gekontert. Er fügte hinzu, dass seit 1925 „alle Schwerindustriellen" vornehmlich bei den Deutschnationalen, aber auch beim Zentrum und der DDP standen[52]. Mag dieses Urteil auch pro domo erfolgt sein, so belegt die württembergische Praxis doch ganz eindeutig, dass hier der Landesverband einen mittelständisch und sozial orientierten Kurs verfolgte. Dies geht zunächst schon daraus hervor, dass ihm keine Großunterneh-

---

48 HT Nr. 98 vom 26.4.1924.

49 So etwa eine Resolution des Landesparteitages vom April 1926, KB Nr. 90 vom 20.4.1926.

50 „Dr. Stresemann, Ein Stimmungsbild ...", KB Nr. 143 vom 20.6.1924.

51 Sigmund NEUMANN, Deutsche Volkspartei, in: Die Parteien der Weimarer Republik, Stuttgart 1965, S. 54–61, hier S. 55 (erstmals erschienen 1932). – Die Studie von Lothar DÖHN (Politik und Interesse. Die Interessenstruktur der Deutschen Volkspartei, Meisenheim am Glan 1970) führt hier nicht weiter, da die Landesverbände dort kaum vorkommen.

52 EGELHAAF (wie Anm. 7) S. 165. Auch Rath wies den Vorwurf einer schwerindustriellen Partei am 26.1.1928 im Landtag zurück (S. 4675–4678). Vgl. auch Staatsanzeiger für Württemberg (fortan StAnz) Nr. 23 vom 28.1.1928.

mer wie etwa Stinnes angehörten, die vor allem aber nicht nur, wie erwähnt, die Partei im Rheinland und in Westfalen prägten und sich immer wieder gegen Stresemann und den linken Parteiflügel stellten[53]. Die in der Haller Bickes-Rede von 1924 betonten sozialen und mittelsständischen Aspekte waren keine Rhetorik, sondern Ausdruck politischen Strebens. Ein Aufruf zur zweiten Reichstagswahl 1924 forderte *eine geordnete Wirtschaft mit gleichem Recht und Schutz für alle Stände* und plädierte für eine *gerechte* Steuer- und Aufwertungspolitik sowie *weitgehendste Fürsorge für alle Kriegsopfer.* Gezielt warb man auch um und für die eigene Klientel: Das Berufsbeamtentum solle gegen das *Eindringen bloßer Parteigünstlinge* geschützt werden und eine *ausreichende Besoldung* erhalten, Angestellte und Freiberufler als Angehörige des Mittelstandes gefördert, schließlich Arbeiter nicht nur *Fürsorge* erfahren, sondern zur *Mitarbeit* auf allen Gebieten herangezogen und zur Qualifizierung ermuntert werden[54].

Ähnliche Akzente setzte auch der Aufruf zu den Landtagswahlen 1928, der den *soziale(n) Ausgleich durch Schutz der wirtschaftlich Schwachen* propagierte. Zum Wohnungswesen wurde ein *angemessener Mieterschutz* und die *Förderung des privaten Wohnungsbaus* gefordert, Kleinrentner[55], Kriegsbeschädigte und Hinterbliebene müssten ausreichend versorgt, der gewerbliche und kaufmännische Mittelstand durch die *Einschränkung des Hausierhandels* geschützt, Kleinbetriebe steuerlich entlastet werden. Auch Forderungen im Sinne der Beamten wurden erneut bekräftigt[56].

Die DVP gründete zur Verfolgung mittelständisch-sozialer Bestrebungen entsprechende Arbeitsgemeinschaften, die natürlich auch der besseren Verankerung in der Wählerschaft dienen sollten. Im Dezember 1926 konstituierte sich ihr „Arbeiter- und Angestellten-Ausschuss", dabei wurde die *hohe Bedeutung der nationalen Gewerkschaftsbewegung* betont[57]. 1929 konstatierte man dort die Unzufriedenheit der Arbeitnehmer mit der DNVP und dem Zentrum und leitete daraus die Verpflichtung ab, die auch eine Berliner Tagung bestätigt habe, *den aufstrebenden Arbeitnehmerschichten den gebührenden Platz in der Partei einzuräumen und ihren berechtigten Forderungen Rechnung zu tragen*[58]. Im März 1927 kam es im Rah-

---

53 Vgl. dazu RICHTER, Die Deutsche Volkspartei (wie Anm. 1).

54 Das in Stuttgart gedruckte Flugblatt „Achtung!", Stadtarchiv Stuttgart, Nachlass Kimmich/Schmalzried, 14/4 (z. T. Fettdruck oder gesperrt).

55 Zu deren Gunsten bat der Landesausschuss Anfang Februar 1928 die Reichstagsfraktion, sich um die baldige Verabschiedung des Rentnerversorgungsgesetzes zu bemühen. Der Reichstag dürfe nicht *auseinandergehen, ohne seiner Pflicht gegenüber den durch die Inflation so schwer geschädigten Teilen des deutschen Volkes genügt zu haben*, StAnz Nr. 32 vom 8.2.1928. – Rath kritisierte am 9.5.1931 im Landtag (S. 3229 f.), man habe in den vergangenen Jahren *für alles* Mittel gehabt, *nur nicht für die Kleinrentner.*

56 Wahlnachrichten der Deutschen Volkspartei (fortan Wahlnachrichten), Nr. 2 vom 14.5.1928.

57 KB Nr. 287 vom 8.12.1926.

58 StAnz Nr. 36 vom 12.2.1929.

men einer Mittelstandstagung zur Gründung eines Ausschusses für Handwerk und Gewerbe. Dessen Vorsitzender wurde der Esslinger Glaserobermeister Mayer[59], der seine Partei von 1928–1932 im Landtag vertrat und 1924 und 1933 für den Reichstag kandidierte. Zudem war er kommunalpolitisch tätig[60] und darf als Beispiel für die Vernetzung der DVP gelten. Schließlich entstand auch ein Landesbeamtenausschuss, der jede *Zurücksetzung des Berufsbeamtentums* bekämpfen wollte[61]. Ferner existierten ein kommunalpolitischer Ausschuss[62] sowie eine Frauengruppe unter Lisbeth Heyd, die von 1926 bis 1928 dem Landtag angehörte. Sie konstatierte 1928 *ein weitgehendes Verständnis* der Partei für Frauenforderungen[63]. Dazu gehörte etwa, dass 1928 *Frau Oberst Port* aus Ulm u.a. zur Stellvertreterin des Landesvorsitzenden gewählt wurde[64].

Die Verankerung der württembergischen Nationalliberalen im Mittelstand wird schließlich auch durch ihre Kandidatenauswahl deutlich. Ein Aufruf zur Gemeinderatswahl für Groß-Stuttgart forderte etwa *Gerechtigkeit in Steuerfragen und Schutz der Schwachen.* Der *hochwichtige Mittelstand* als *Hüter staatlicher und sozialer Ordnung* dürfe nicht *noch weiter herabgedrückt* werden. Polemisiert wurde gegen *einzelne schnell reich gewordene Volksgenossen* und insgesamt der Geist der Gemeinschaft beschworen. Präsentiert wurden 30 Bewerber, darunter drei Frauen. Zwölf einschließlich der Lehrer waren höhere oder mittlere Beamte, acht fielen in die Kategorie der selbständigen Gewerbetreibenden und Kaufleute, je zwei waren Ingenieure und Fabrikanten. Schließlich kandidierten ein Angestellter, ein Steuersyndikus, ein Veterinär und ein Chefredakteur[65].

Als weiteres Beispiel seien die 13 Spitzenkandidaten der Landtagswahl 1928 betrachtet. Neben einer Frau kandidierten zwei Fabrikanten, je ein Handelskammer-Syndikus, Postinspektor, Glasermeister, Forstmeister, Schultheiß, Ingenieur, Diplomkaufmann und der Generalsekretär der Partei, schließlich zwei Schulmänner[66]. In ähnlicher Konstellation setzte sich auch der Landesausschuss zusammen[67]. Wie schon im Kaiserreich lag das Rekrutierungsfeld der Partei bei den „Gebildeten, unter den höheren und mittleren Beamten und im bürgerlichen Mittelstand“[68].

---

[59] StAnz Nr. 60 vom 14.3.1927.

[60] Vgl. Frank RABERG (Bearb.), Biographisches Handbuch der württembergischen Landtagsabgeordneten 1815–1933, Stuttgart 2001, S. 557.

[61] StAnz Nr. 236 vom 10.10.1927.

[62] StAnz Nr. 255 vom 30.10.1928.

[63] Art. „An die Frauen!“, Wahlnachrichten Nr. 2 vom 14.5.1928.

[64] StAnz Nr. 255 vom 30.10.1928.

[65] Der undatierte Aufruf wohl von 1919 im Stadtarchiv Stuttgart, Nachlass Kimmig/Schmalzried 14/4.

[66] Wahlnachrichten Nr. 2 vom 14.5.1928.

[67] Vgl. etwa Schwäbischer Merkur/Kronik Nr. 101 (M) vom 1.3.1920 oder KB Nr. 106 vom 8.5.1923.

[68] Karl WELLER, Die Staatsumwälzung in Württemberg 1918–1920, Stuttgart 1930, S. 158.

Gemäß dem bisher Gesagten[69] wird sowohl programmatisch als auch personell überaus deutlich, dass die württembergische DVP alles andere als eine Partei des großen Geldes und großindustrieller Interessen war und sich, so wie angedeutet, erheblich von manchen anderen Landesverbänden unterschied. Ihre Kandidaten und Mandatsträger reflektierten das Mitglieder- und Wählerpotenzial und damit ihr mittelständisches Profil. Sie war politische Heimat von selbständigen Kaufleuten und Gewerbetreibenden, von Angestellten, von Beamten und Freiberuflern und auch von Unternehmern[70]. Ihre Wählerschaft war zumeist städtisch und evangelisch. Die Landwirte Württembergs waren eine Domäne des Bauernbundes, die Katholiken wählten mehrheitlich das Zentrum, während die Arbeiter, um die man sich zwar bemühte, links votierten. Als Dilemma der Partei muss gelten, dass ihr skizziertes Wählerpotential auch von der DDP und den Deutschnationalen – und später zusätzlich noch von den neuen Splitterparteien – umworben wurde und so die Chancen der Nationalliberalen begrenzt waren.

Die Parteistruktur: Führung, Gremien, Ortsvereine

Die drei zwischen 1919 und 1933 amtierenden Landesvorsitzenden der württembergischen DVP, Egelhaaf, Bickes und Rath, denen Stellvertreter zur Seite standen, kamen aus der vormaligen DP. Wie erwähnt, hatten zwei von ihnen ein kurzes Gastspiel bei der Bürgerpartei absolviert.

Der Historiker und Oberstudienrat Gottlob Egelhaaf (1848–1934), der Senior der Partei, war im Kaiserreich mehrfach erfolglos als Reichstags- und Landtagskandidat aufgetreten und hatte sich 1917 der Vaterlandspartei angeschlossen. Zu seinen zahlreichen Ehrenämtern gehörte die Mitgliedschaft im evangelischen Kirchenparlament Württembergs, zudem war er im Evangelischen Volksbund aktiv. Als Mitglied und zeitweise Vorsitzender des Württembergischen Altertumsvereins gehörte er auch dem Ausschuss des Deutschen Historikertages an. Das Amt des Landesvorsitzenden bekleidete er altersbedingt nur bis Ende Februar 1920 um

---

[69] Ein weiterer Aspekt wäre noch hinzuzufügen: Wirtschaftsminister (1930–1933) Reinhold Maier von der DDP belegt deren von der DVP unterschiedliche Rolle, indem er „als eisenfester Vertreter wirtschaftlicher Interessen“ auftrat. Obwohl nicht unbedingt ein „Mann der Wirtschaft“, so wirkte er doch als deren „bester Anwalt“. Klaus-Jürgen Matz, Reinhold Maier (1889–1971). Eine politische Biographie, Düsseldorf 1989, S. 114. Zum Wirken als Minister S. 81–114. – Dass etwa der vormalige nationalliberale Ulmer Unternehmer und Parlamentarier Philipp Wieland 1918 zur DDP stieß, kann ebenfalls als Indiz für deren Nähe zur Wirtschaft gesehen werden. Vgl. zu ihm Raberg (wie Anm. 60) S. 1016 f.

[70] Natürlich warb die Partei auch um diese Kreise, möglicherweise auf Spenden hoffend. Auf einem *Bierabend mit namhafte(n)* württembergischen Wirtschaftsvertretern in Stuttgart referierte Reichswirtschaftsminister Curtius unter Beifall über aktuelle Wirtschaftsfragen, KB Nr. 19 vom 24.1.1928.

dann zum Ehrenvorsitzenden gewählt zu werden[71]. Trotz zunehmender körperlicher Gebrechen kandidierte er 1920 mit Erfolg für den Landtag, den er als Alterspräsident eröffnete. Seine langgehegten parlamentarischen Ambitionen wurden bei der Wahl von 1924 erneut befriedigt; wiederum fungierte er als Alterspräsident. Allerdings musste er nach einem Schlaganfall im Frühjahr 1926 sein Mandat niederlegen. Nach der anschließenden Erblindung erfolgte sein Rückzug aus dem öffentlichen Leben. Fraglos war sein Rückzug ein empfindlicher Verlust für seine Partei. Er war nicht nur ein überaus eifriger Parlamentarier, der etwa als Mitglied des Kirchen-Ausschusses sich insbesondere zu Kirchen- und Schulfragen äußerte. Zugleich wirkte er als produktiver Historiker, der ein umfangreiches Oeuvre hinterließ[72]. Egelhaaf war ein ‚nationaler Mann' und sozusagen ein klassischer Nationalliberaler, der etwa am monarchischen Gedanken festhielt, jedoch stets als konzilianter Politiker auftrat.

Auf seinen Vorschlag wurde Theodor Bickes (1868–1933) 1920 zum neuen Landesvorsitzenden gewählt[73]. Der in Pirmasens Geborene hatte Naturwissenschaften und Nationalökonomie studiert und arbeitete als Chemiker auch in den USA. Vor der Jahrhundertwende kam er nach (Stuttgart-) Feuerbach und wirkte als Gemeinderat. Sein Engagement für das Rote Kreuz führte ihn im Weltkrieg als Leiter von Lazarettzügen zu verschiedenen Kriegsschauplätzen. Dafür zum Hofrat ernannt, blieb er auch nach dem Krieg für das Rote Kreuz aktiv. Für die DP kandidierte er 1906 erfolglos zum Landtag; seit 1912 war er deren stellvertretender Landesvorsitzender. 1913 begründete er die „Schwabenwarte", ein nationalliberales Wochenblatt, auf das noch zurückzukommen ist. Bickes wurde 1920 und 1924 in den Landtag, 1924 auch in den Reichstag gewählt. Da die Partei keine Doppelmandate wünschte[74], legte er sein Landtagsmandat zu Gunsten des Postsekretärs Hartmann nieder. Im Herbst 1927 gab er den Parteivorsitz ab und begründete dies mit seiner Inanspruchnahme in Berlin. Auf seinen Vorschlag trat Schultheiß Rath die Nachfolge an[75]. Bickes wurde 1928 erneut in den Reichstag gewählt, dem er bis 1930 angehörte. Egelhaaf, der ihn schätzte, beschrieb „sein robustes, derbes Äußeres" und seine Rednergabe und betonte, seine „Beziehungen zur Industrie" hätten „nicht unerheblich" bei der Beschaffung von Geldmitteln für die Partei geholfen[76].

---

[71] Schwäbischer Merkur/Kronik Nr. 101 vom 1.3.1920 (M).

[72] Vgl. zum Obigen seine Lebenserinnerungen und Raberg (wie Anm. 60) S. 138ff. mit Verzeichnis seiner Veröffentlichungen.

[73] Schwäbischer Merkur/Kronik Nr. 101 vom 1.3.1920 (M).

[74] Egelhaaf (wie Anm. 7) S. 167.

[75] StAnz Nr. 236 vom 10.10.1927. Rath war 1924 bereits zu einem der Stellvertreter des Landesvorsitzenden gewählt worden, KB Nr. 155 vom 4.7.1924.

[76] Egelhaaf (wie Anm. 7) S. 150. – Vgl. auch Raberg (wie Anm. 60) S. 70f. Dort wird auch Bickes' Artikel über das Rote Kreuz angeführt.

Der langjährige Schultheiß von Lustnau bei Tübingen, Johannes Rath (1876–1945)[77] stand bis zum Ende des Landesverbandes 1933 an dessen Spitze. Auch er kam aus der DP und ging wohl 1919 zur DVP, die er von 1924 bis 1932 im Landtag vertrat, wo er häufig sprach. Der umtriebige Mann war landesweit bekannt, äußerte er sich doch häufig in Zeitungsartikeln, die auch Aufnahme in der Provinzpresse fanden, zu aktuellen landespolitischen Fragen. Über lange Jahre war er zudem Vorsitzender der Vereinigung württembergischer Ortsvorsteher, auf deren Landestagungen er sich – wie im Landtag – kompetent zu Fragen der Kommunalpolitik äußerte und standespolitische Forderungen vertrat[78]. Auf seine und seiner Vorgänger politische Arbeit wird noch eingegangen.

Die drei Parteiführer, auch in den Reichsgremien vertreten, agierten als Wahlkämpfer und referierten während der Ausschusssitzungen und Landesversammlungen – Egelhaaf und Rath zumeist zur Innen-, Bickes zur Reichspolitik. Sie waren geradezu enthusiastische Vertreter der Politik Stresemanns und zeichneten sich durch maßvolles, konziliantes und staatstragendes Verhalten aus; über charismatische Führereigenschaften verfügten sie nicht.

Während der Anfänge der Partei lag die Organisationsarbeit im Argen, ablesbar etwa am häufigen Wechsel der Parteisekretäre. Erst mit dem Amtsantritt des Generalsekretärs Dr. Maerz 1924 verbesserten sich die Verhältnisse nachhaltig. Er fungierte auch als Schriftleiter der „Schwabenwarte“, die 1925 zum Parteiorgan erklärt wurde[79]. Ihr ist zu entnehmen, dass Maerz häufig in den Ortsvereinen als Redner auftrat. Er verließ sein Amt 1929[80].

Oberste Parteiinstanz war die Vertreterversammlung, die häufig in Verbindung mit der Landesversammlung stattfand. Zu den Kompetenzen der Vertreter gehörten u.a. die Nominierung der Kandidaten, die Entgegennahme des Geschäftsberichtes und die Wahl des Landesausschusses aus ihrer Mitte. In der Regel tagte das Gremium mindestens einmal jährlich und verabschiedete auch Resolutionen. Ihm gehörten u.a. die Parlamentarier der Partei und die Mitglieder des Landesausschusses, regionale und örtliche Vertreter und solche der Arbeitsgemeinschaften an.

In dem im vierjährigen Turnus formierten Landesausschuss saßen u.a. wiederum die Parlamentarier, die württembergischen Mitglieder des Berliner Zentralvorstands, der Generalsekretär sowie mindestens 40 aus der Vertreterversammlung Gewählte. Aus der Mitte des Landesausschusses formierte sich als verkleinertes Organ der Geschäftsführende Ausschuss. Zudem wurden auch hier

[77] Er feierte 1927 sein 25-jähriges Amtsjubiläum und wurde zum Ehrenbürger ernannt, KB Nr. 61 vom 15.3.1927.

[78] Vgl. z.B. KB Nr. 177 vom 2.8.1926. – Kurzinformationen zu Rath bei Raberg (wie Anm. 60) S. 692.

[79] Angeblich handelte es sich dabei um eine neue *Gründung* (KB Nr. 51 vom 3.3.1925), obwohl die Wochenschrift, wie erwähnt, schon seit 1913 existierte. In der Stuttgarter Landesbibliothek sind nur der Jahresband 1913, einige wenige Exemplare von 1928 sowie der Jahrgang 1929 vorhanden.

[80] Schwabenwarte Nr. 25, 1929.

für die Partei wichtige Entscheidungen getroffen. Sitzungen fanden nach Bedarf statt[81].

Die nicht alljährlichen Landesversammlungen, auf denen Stresemann mehrfach als Redner auftrat[82], zielten vor allem auf die breite Öffentlichkeit. Als Zeichen der Parteikrise gilt die Tatsache, dass die letzte Versammlung 1931 stattfand.

Während die DVP schon frühzeitig über Ortsvereine in den größeren Städten Württembergs verfügte, ist davon auszugehen, dass spätestens seit Mitte der 1920er Jahre solche auch in den übrigen Oberamtsstädten und Zentralorten – jedenfalls in den überwiegend evangelischen Gebieten – existierten[83]. 1925 schlossen sich die Ortsvereine aus den Oberämtern Crailsheim, Gaildorf, Gerabronn, Hall, Künzelsau und Mergentheim zu einem Kreisverband zusammen[84]. Während der Crailsheimer Gründung wurde übereinstimmend von einer *günstigen Aufwärtsentwicklung* berichtet.

Diese Entwicklung wurde in den 1920er Jahren häufig betont. So begrüßte Egelhaaf im Februar 1920 das *allenthalben einsetzende rasche Wachstum* seiner Partei, Sachs betonte, der *Zugkraft* Egelhaafs habe man es zu verdanken, dass die Zahl der Mitglieder im Lande *aufs Fünffache gestiegen* sei[85]. Im Januar 1922 sprach der Generalsekretär während der Vertreterversammlung wiederum von einer *Aufwärtsbewegung*[86], während ein Jahr später dort dieser Trend bestätigt wurde. Die Zahl der Mitglieder habe *schon längst* die der früheren DP *überschritten*[87]. Während insgesamt keine konkreten Mitgliederzahlen zu ermitteln waren, konstatierte Bickes 1927 vor der Vertreterversammlung, die Partei sei inzwischen *zu einem kräftigen Stamme* herangewachsen[88].

Neben den bereits erwähnten berufsspezifischen Ausschüssen (und dem Frauenausschuss) ist noch auf eine regional formierte Arbeitsgemeinschaft der südwestdeutschen Nationalliberalen aus Baden, Hessen-Darmstadt, Nassau, der Pfalz und Württemberg hinzuweisen. Für Bickes hatte sich dieses seit Anfang der 1920er Jahre existierende Forum „auf das Beste bewährt", habe man doch so „Einfluß auf die

---

[81] Satzung der Deutschen Volkspartei (Nationalliberale Partei) in Württemberg, Stuttgart 1920.

[82] So war die Landesversammlung 1923 *von Tausenden besucht; die Rede Stresemanns galt dem Merkur als Stunde nationaler Erhebung*, KB Nr. 18 vom 23.1.1923.

[83] Vgl. dazu die Schwabenwarte 1928 und 1929.

[84] KB Nr. 252 vom 28.10.1925. Da die Gründung auf einen Beschluss des Landesausschusses erfolgte, gab es ähnliche Initiativen wohl auch anderswo.

[85] Schwäbischer Merkur/Kronik Nr. 101 vom 1.3.1920 (M). Konstituierende Sitzung des Landesausschusses.

[86] KB Nr. 12 vom 16.1.1922.

[87] KB Nr. 18 vom 23.1.1923. Zu Kriegsbeginn dürfte die Mitgliederzahl der DP etwa 10.800 betragen haben. Vgl. Andreas GAWATZ, Wahlkämpfe in Württemberg. Landtags- und Reichstagswahlen beim Übergang zum politischen Massenmarkt (1889–1912), Düsseldorf 2001, S. 88.

[88] StAnz Nr. 94 vom 25.4.1927.

Partei erlangt" und sei stets informiert gewesen[89]. Im Gegensatz etwa zu den rheinisch-westfälischen Verbänden, die „den rechten, schwerindustriellen Flügel" repräsentierten, waren die Südwestdeutschen Befürworter der Politik Stresemanns[90]. Offenbar gab bei ihnen der ehrgeizige hessische Landesvorsitzende Dingeldey weitgehend den Ton an.

Die DVP und die württembergische Innenpolitik bis zur Landtagswahl von 1928

Bei den Landtagswahlen vom Juni 1920 konnte die DVP mit ihrer unfertigen Organisation nur vier Abgeordnete in das 101-köpfige Parlament entsenden: Bickes, Egelhaaf, den kriegsversehrten Postsekretär Christian Hartmann[91] und den Ulmer Handelsschulrat und Vorsitzenden der dortigen Ortsgruppe, Jakob Roßmann[92]. Das „kleine Häuflein"[93], das keinen Fraktionsstatus hatte, sondern als „Gruppe" galt, war sich seiner bescheidenen Rolle durchaus bewusst. Die Wirkungsbereiche im Landtag hatte man aufgeteilt. Egelhaaf war insbesondere für Kirchen- und Schulfragen zuständig; das Zentrum hatte ihm als Sachkundigen einen Ausschusssitz abgetreten[94]. Bickes als Vorstand der Gruppe gehörte zur „ersten Garnitur" der Redner, Hartmann widmete sich Beamten-, Arbeits- und Ernährungsfragen, Roßmann war schließlich für volkswirtschaftliche Themen eingeteilt[95]. Die Gruppe war gewillt, in *völliger organisatorischer Unabhängigkeit nach links und nach rechts* zu agieren[96], d.h. die Regierung zu tolerieren, ihr jedoch nicht anzugehören. So sah man sich als „Zünglein an der Waage"[97] und war zur konstruktiven Mitarbeit bereit. In seiner Jungfernrede am 22. Juni 1920 appellierte Egelhaaf an die Fraktionen, Ausgleich und Kompromiss zu suchen und sich gegenseitig zu vertrauen[98].

Anfang November 1920 argumentierte er in der Haushaltsdebatte ähnlich, und seine Tochter meinte, er habe dabei *den Sozialdemokraten zugeredet wie ein Vater irrenden Kindern*[99]. Die Rolle seiner Partei im Landtag charakterisierte er 1921 als

---

89 Zitiert nach Richter, Die Deutsche Volkspartei (wie Anm. 1) S. 161.

90 Ebd. – Vgl. dazu etwa die Entschließung der südwestdeutschen Arbeitsgemeinschaft von Mitte September 1929, in der dem Parteiführer Dank und Anerkennung ausgesprochen wurde, KB Nr. 219 vom 18.9.1929.

91 Zu ihm Raberg (wie Anm. 60) S. 321.

92 Ebd., S. 738.

93 Egelhaaf (wie Anm. 7) S. 157.

94 Ebd., S. 151.

95 Ebd., S. 150f.

96 Konstituierende Sitzung des Landesausschusses, HT Nr. 51 vom 2.3.1920.

97 Egelhaaf (wie Anm. 7) S. 149.

98 Landtag vom 22.6.1920, S. 1f.

99 Egelhaaf (wie Anm. 7) S. 156.

sachliche Politik; ihr *Eintreten* für Hieber habe dessen Regierung erst möglich gemacht, auch wenn dieser Entschluss *nicht leicht* gefallen sei[100] – schließlich hatte Hieber die Liquidierung der DP betrieben. Im April 1921 zollte Bickes der Regierung Lob, habe sie doch die *Staatsautorität wiederhergestellt.* Er sah die Schuld am Weltkrieg bei Deutschlands Gegnern, lehnte eine Zusammenarbeit mit der USPD und den Kommunisten ab und plädierte für Einbeziehung der Sozialdemokratie. Allerdings lehne seine Partei den Klassenkampf und den Internationalismus ab. Zugleich sah er es als deren fortdauernde Aufgabe, *die Gegensätze* zwischen rechts und links auszugleichen; zwischen den bürgerlichen Parteien stellte er eine *Annäherung* fest[101]. Ende 1922 äußerte er sich zum Nationalsozialismus. Er sei wohl keine *Arbeiterpartei*, sondern *Sammelbecken* vieler mit Kriegsausgang und Revolution *unzufriedenen Elementen aus allen Volksschichten*[102].

Nach dem Scheitern der Regierung Hieber – Grund war letztlich die zum Dauerthema werdende Frage der Auflösung der kleinen Oberämter –, wurden auf den 4. Mai 1924 Landtags- und Reichstagswahlen ausgeschrieben. Die DVP operierte mit der Parole *Durch Arbeit und Opfer zur Freiheit*[103], allein der betagte Egelhaaf bestritt 18 Versammlungen[104].

Dennoch konnte ein durchschlagender Erfolg nicht erzielt werden, entfielen doch im auf 80 Abgeordnete reduzierten Landtag nur drei Mandate auf die Partei[105]. Der Sitz des auch in den Reichstag gewählten Bickes ging an Hartmann, Rath kam als parlamentarischer Neuling, Egelhaaf trat sein Mandat dann 1926 an Frau Heyd ab[106].

Die nunmehr etablierte Rechtskoalition unter Staatspräsident und Kultminister Bazille, in der die Zentrumspolitiker Bolz und Beyerle ihre bisherigen Ministerämter behielten, war letztlich alternativlos. Die DVP war nicht gewillt, einer Koalition aus Zentrum, Demokraten und SPD beizutreten, war sie doch der Ansicht, dass die DNVP auch aus Gründen der Reichspolitik *zur Verantwortung mit herangezogen werden* müsse[107]. Dabei dürfte auch der Wandlungsprozess Bazilles mit ausschlaggebend gewesen sein[108]. So entschlossen sich die Nationalliberalen,

---

[100] Vertretertag im März 1921, KB Nr. 61 vom 15.3.1921.

[101] Landtag vom 15.4.1921, S. 1893–1899.

[102] Landtag vom 19.12.1922, S. 4087–4089.

[103] Anzeige im KB Nr. 94 vom 22.4.1924.

[104] EGELHAAF (wie Anm. 7) S. 163. Auf einzelne Versammlungen wurde bereits eingegangen.

[105] Sie war allerdings durch „die Ungerechtigkeit des Wahlrechts“ benachteiligt. So erhielt 1924 die DDP, die etwa die doppelte Stimmenzahl errang, neun Mandate. RABERG (wie Anm. 60) S. XLII. Zum Landtagswahlrecht insgesamt ebd., S. XXXIX–XLIII.

[106] KB Nr. 275 vom 24.11.1926.

[107] EGELHAAF (wie Anm. 7) S. 163.

[108] Vgl. dazu Hans Peter MÜLLER, Wilhelm Bazille. Deutschnationaler Politiker, württembergischer Staatspräsident 1874–1934, in: Lebensbilder aus Baden-Württemberg, Bd. 21, 2005, S. 480–517, hier S. 493 ff.

wenn auch mit Vorbehalten, zur Unterstützung des Kabinetts[109]. 1926 konstatierte Rath, dass mit einer Regierung *unter Ausscheidung der Rechten nicht viel zu gewinnen ist.* Zudem war er sich bewusst, als *kleine Partei* sei man ohnehin nicht im Stande, *den Gang der Politik entscheidend zu beeinflussen.* Dennoch wirke man häufig als *Zünglein an der Waage* und sei so für die Regierung *besonders wertvoll*[110]. Im Herbst bescheinigte er der Regierung, *vielfach eine Politik der mittleren Linie*, die keinen *auffallend rechtsradikalen Charakter* trage und so *weitgehendste Unterstützung* rechtfertige. Kritik äußerte Rath an der *Schullastenverteilung* zwischen Staat und Gemeinden, die ihm als Schultheiß die kommunale Finanzlage zu wenig berücksichtige, sowie an der *Berufung von Parlamentariern in höhere Beamtenstellen*[111].

Im Frühjahr 1927 betonte Hartmann während der Vertreterversammlung, man stehe der Regierung mit *wohlwollender Neutralität gegenüber*, die allerdings nicht beim Schullastenausgleich und beim Gewerbesteuergesetz gegolten habe. Zudem konstatierte er die Abhängigkeit vom Bauernbund, die insbesondere auf dem Gebiet des Schulwesens zum Ausdruck komme[112].

Bei der Betrachtung weiterer landespolitischer Aktivitäten der DVP bis zum Wahljahr 1928 wird deutlich, dass insbesondere Johannes Rath rasch an Profil gewann. Während er einerseits kommunale Interessen artikulierte, trat dabei andererseits wiederum das soziale bzw. mittelstandsorientierte Wollen der Partei zu Tage. Ende Oktober 1924 präsentierte er im Landtag einen Katalog von Forderungen, zu denen u. a. die baldige Vorlage einer neuen Bezirks- und Gemeindeordnung und die bessere Unterstützung der Gemeinden gehörten. Außerdem plädierte er für die Erhöhung des Wahlalters, ein Pflichtarbeits-Dienstjahr für die Jugend sowie deren Aufklärung über die Gefahren des Alkohols[113].

Besonders am Herzen lag ihm *der Kampf um die Gebäudeentschuldungsteuer*, deren Verdoppelung er befürchtete. Dazu hatte er im Landtag eine Kleine Anfrage eingebracht, die darauf zielte, die Regierung zu bewegen, *kein Mittel unversucht zu lassen*, um bei der Reichsregierung einen *Abbau* zu erreichen[114]. Etwas später konstatierte er resigniert, über dieser Frage stehe kein guter Stern[115].

Bei der Generaldebatte zum Haushalt Ende März 1926 sprach sich Rath gegen einen zweijährigen Etat aus und begrüßte die Vorlage eines Ministerpensionsgesetzes. Dabei bescheinigte er der Regierung, keineswegs *beamtenfeindlich* zu sein. Bemerkenswert war seine Missbilligung der Verhaftung zweier kommunistischer

[109] Egelhaaf (wie Anm. 7) S. 163.

[110] Rede auf dem Landesparteitag, KB Nr. 90 vom 20.4.1926.

[111] Rede auf der Herbsttagung in Heilbronn, KB Nr. 257 vom 3.11.1926. Vgl. zur Kritik an der Verbeamtung von Parlamentariern auch die Stellungnahme des geschäftsführenden Landesausschusses, KB Nr. 163 vom 16.7.1926.

[112] StAnz Nr. 94 vom 25.4.1927.

[113] Landtag vom 24.10.1924, S. 325–330.

[114] Aufsatz, im KB Nr. 48 vom 27.2.1926.

[115] Landtag vom 26.3.1926, S. 2255–2261.

Abgeordneter. Nachdem einem von ihnen ein Disziplinarverfahren mit dem Ziel seiner Entlassung aus dem Bahndienst drohte, äußerte er sein Bedauern[116] und bekundete damit seine liberale Grundhaltung auch gegenüber politischen Gegnern.

Lob artikulierte er in einem Aufsatz zum Wohnungsbauprogramm der Regierung, die *außergewöhnlich hohe Mittel* zu dessen Förderung bereitgestellt habe. Die *Behebung der Wohnungsnot* war ihm ein zentrales Thema. Damit verband er die Hoffung auf Aufhebung der Zwangsbewirtschaftung, mit der allerdings ein Mieterschutz einhergehen müsse. Bedauerlich erschien ihm jedoch, dass auf *steuerlichem Gebiet* nicht mehr geschehe, um auch so den Wohnungsbau anzukurbeln[117].

Während Rath im Januar 1927 in einem weiteren Aufsatz kompetent die *Neuregelung der württ. Gewerbesteuer* erläuterte[118], äußerte er sich im März eher kritisch zu einem Gesetzentwurf über die Dienstverhältnisse der Minister. Gleichzeitig betonte er die zwingende Notwendigkeit zur *Sparsamkeit* im Land wie im Reich[119]. Bei der Beratung des Polizei-Verwaltungsgesetzes plädierte er angesichts des Verhaltens der Radikalen für die Aufrechterhaltung von Ruhe und Ordnung. Die Regierung benötige ein zuverlässiges Instrument, eine gemeindliche Polizei sei dazu nicht geeignet[120]. In einer Rede gegen die Auswüchse des Hausierhandels äußerte er zwar Verständnis für den in einigen Gemeinden *bodenständig* betriebenen Handel, generell sei das Hausieren jedoch *mit allen Mitteln einzudämmen*. Dies diene dem Schutz der ortsansässigen Geschäfte, aber auch die Landbevölkerung sei vor aufdringlichen Hausierern zu schützen. Zudem geißelte er, dass neuerdings selbst Großbetriebe auf diesem Gebiet mit Autos aktiv würden[121].

Eminent politisch waren die Ausführungen des neuen Parteivorsitzenden bei der Beratung des Haushalts für 1928. Er bekannte sich schnörkellos zum deutschen Einheitsstaat, den er für eine eher ferne Zukunft kommen sah. Dementsprechend wollte er, gegen die württembergische Regierung gewandt, kein engeres Zusammenwirken mit Bayern und auch keine preußische Provinz werden. Die Haltung seiner Partei zur Regierung bleibe ansonsten unverändert, auch wenn man die Rolle des Bauernbundes kritisch sehe und so weiterhin *sachliche Kritik* übe[122]. Mehrfach äußerte sich Rath auch systemkritisch, etwa wenn er forderte, man solle *langsamer treten in der Gesetzesfabrikation*[123] oder den *hemmungslosen* Parlamentarismus geißelte. Stattdessen gelte es, mehr und billiger zu arbeiten und

---

116 Ebd.

117 Aufsatz: „Zum Wohnungsbauprogramm der Württ. Regierung", KB Nr. 96 vom 27.4.1926.

118 KB Nr. 6 vom 10.1.1927.

119 Landtag vom 17.3.1927, S. 3628 f.

120 Landtag vom 31.5.1927, S. 3835–3838.

121 Landtag vom 10.6.1927, hier zitiert nach dem Abdruck im KB Nr. 146 vom 27.6.1927. Das Blatt fand seine Aussagen *beachtenswert*.

122 Landtag vom 4.11.1927, S. 4306–4311. Im Landtag vom 28.1.1928 (S. 4749 f.) sprach sich Rath erneut – mit starker Kritik an Bazilles konträrer Position – für den Einheitsstaat aus.

123 Landtag vom 4.11.27, S. 4306–4311.

zu sparen. Schließlich forderte er *eine weitgehende Aufklärungstätigkeit im Volke*[124].

Sein Kollege Hartmann widmete sich konkreten landespolitischen Themen. Nachdem er der Regierung bescheinigt hatte, dass in der Kulturverwaltung Württembergs nicht jene *Irrungen* anderer Länder eingetreten seien[125], sprach er sich 1928 für die lückenlose Einführung des achten Schuljahres aus, befürchtete er hier doch Sabotageversuche von rechter Seite[126]. Warm setzte er sich auch für die Belange der Kriegsopfer ein[127] und nahm Anteil an den Problemen der Landwirtschaft[128].

Von den Landtagswahlen 1928 bis zum Eintritt in die Regierung

Im Dezember 1927 beschäftigte sich der Landesausschuss mit den kommenden Landtags- und Reichstagswahlen. Man war sich einig, mit *aller Entschiedenheit* zu kämpfen, allerdings *weniger gegen die anderen bürgerlichen Parteien, als gegen die Wahlmüdigkeit und die unseligen Splittergruppen* wie Volksrecht- und Wirtschaftspartei[129].

Die inzwischen organisatorisch gefestigte Partei trat neben ihren Versammlungen mit großformatigen und mehrseitigen „Wahlnachrichten" an die Öffentlichkeit. Deren zweite Ausgabe[130] stellte die schon genannten Spitzenkandidaten vor und präsentierte den Wahlaufruf, der einleitend betonte, man wolle *auf kleinliches Parteigezänk verzichten.* Die bisherige Haltung im Landtag habe sich an den *Taten* der Regierung orientiert und dabei *nicht selten Veranlassung zu energischer Opposition* geliefert. Hauptaufgabe sei jedoch nicht *Kritik* sondern *positive Mitarbeit* gewesen. Die wichtigsten Programmpunkte ließen wie schon erwähnt deutlich soziale und mittelstandsorientierte Schwerpunkte erkennen. Schließlich wurde die *Durchführung des 8. Schuljahrs* angemahnt.

Mehrfach wurde gegen das *Grundübel* der neuen Splitterparteien und deren *einseitige Interessenpolitik* (Lisbeth Heyd) zu Felde gezogen, musste man doch hier Stimmenverluste befürchten. Jedweden Radikalismus gelte es als *Todfeind* des Bürgertums zu bekämpfen (Parteisekretär Maerz). In einem längeren Artikel zog Johannes Rath eine letztlich negative Bilanz der Regierung Bazille. Sie habe kein einziges *Gesetzgebungswerk von größerer Bedeutung* vorgelegt und auch keine *nennenenswerte(n) Reformen* bewirkt und so die geweckten *starken Erwartungen*

---

124 Landtag vom 12.1.1928, S. 4445–4449.
125 Landtag vom 5.6.1926, S. 2643–2646.
126 Landtag vom 7.2. 1928, S. 4919f.
127 Landtag vom 10.6.1927, S. 3987f. Landtag vom 24.1.1928, S. 4634–4638.
128 Landtag vom 10.6.1927, S. 3987f. Landtag vom 18.1.1928, S 4544–4546.
129 StAnz Nr. 290 vom 12.12.1927.
130 „Was jeder Wähler wissen muß", Wahlnachrichten Nr. 2 vom 14.5.1928. Daraus das Folgende (Zitate im Original z. T. in Fettdruck).

nicht erfüllt. Die unter sich uneinige Koalition habe zudem die dringende Neueinteilung der Bezirke verschleppt, die wirkliche Einführung des achten Schuljahres versäumt, die *Schullastenverteilung* von 1925 sei *rückschrittlich*. Einzig beim Wohnungsbau und bezüglich der Universität Tübingen sah Rath Erfolge.

Diese Einschätzung wurde in weiten Kreisen geteilt, kommentierte doch das Stuttgarter „Neue Tagblatt" den Wahlausgang vom 20. Mai mit den Worten, *die Politik Bazille ist gerichtet*, hatten doch die Deutschnationalen die Hälfte ihrer bisherigen Sitze verloren. Zugleich bezeichnete das Blatt die *Zersplitterung* im Bürgertum als *verheerend*[131]. Während sich die SPD als Wahlsieger fühlen und das Zentrum seine Stellung behaupten konnte, mussten Bauernbund und DDP je einen Sitz abgeben, der Christliche Volksdienst hatte auf Anhieb drei Mandate errungen, die DVP einen zusätzlichen vierten Sitz gewonnen. Für sie kehrten Hartmann und Rath in das Landesparlament zurück, Handelskammer-Syndikus Dr. Paul Burger[132] und Glaserobermeister Karl Mayer[133] traten als parlamentarische Neulinge hinzu.

Zur insgesamt dramatisch verlaufenden Regierungsbildung[134] erklärte der erweiterte geschäftsführende Landesausschuss der DVP Anfang Juni, man wolle sich einem *Ruf* zur Beteiligung nicht verschließen. *Voraussetzung* sei allerdings ein Kurs, der *mehr als bisher von der Mitte bestimmt* werde. Zwar wünsche man ein verbessertes Verhältnis zur Opposition, erstrebe allerdings eine *Koalition aller bürgerlichen Kreise*[135]. Eine solche kam jedoch nur als Minderheitsregierung unter dem neuen Staatspräsidenten Bolz vom Zentrum zu Stande. Nachdem die vor allem von ihm in die Opposition gedrängten Sozialdemokraten Misstrauensvoten gegen die Gesamtregierung und den als Kultminister nominierten Bazille initiiert hatten, votierten auch die Nationalliberalen prinzipientreu gegen diesen. Der „Merkur" kommentierte, die Partei sei gegen *allen Druck von rechts fest geblieben* und durch ihre Haltung gegen Bazille von einer Regierungsbeteiligung *abgeschnitten*. Dennoch sagte das Blatt zutreffend voraus, sie werde sich zur Regierung *rein sachlich* verhalten. Die deutschnational orientierte „Süddeutsche Zeitung" wusste von *widerstrebenden Meinungen* innerhalb der DVP zu berichten[136].

Im September 1928 stellte Rath fest, seine Partei nehme sogar eine Regierungskrise in kauf, sofern nicht in *Kultfragen* und hier insbesondere bei der konsequenten Einführung des achten Schuljahres ein ihr genehmer Kurs gesteuert werde[137]. Ende Oktober nannte er die jetzigen Verhältnisse in der Landespolitik *wenig*

---

131 Zit. Nach StAnz Nr. 118 vom 22.5.1928. Dort auch die Wahlergebnisse.

132 Zu ihm RABERG (wie Anm. 60) S. 111.

133 Zu ihm ebd., S. 557.

134 Vgl. dazu etwa BESSON (wie Anm. 3) S. 35–40; SCHNABEL, Württemberg (wie Anm. 3) S. 48f.

135 KB Nr. 129 vom 5.6.1928.

136 Pressestimmen im KB Nr. 134 vom 11.6.1928.

137 Versammlung in Tübingen, StAnz Nr. 218 vom 17.9.1928.

befriedigend und deutete sogar die Möglichkeit einer großen Koalition in Württemberg an[138]. Dies war allerdings eine theoretische Option, wurde doch während einer Stuttgarter Mitgliederversammlung im Februar 1929 als beste Problemlösung der gemeinsame Eintritt von DDP und DVP in die Regierung befürwortet; er ermögliche auch der SPD *eine sachliche Mitarbeit*[139].

Ende März 1929 geriet die Regierung in eine noch kritischere Lage. Nach einem Urteil des Leipziger Staatsgerichtshofs waren der Volksrechtspartei und der NSDAP, die gegen das württembergische Wahlgesetz geklagt hatten, drei Landtagsmandate zu Lasten von Bauernbund, SPD und Zentrum zuzuteilen. Nunmehr, so Generalsekretär Maerz, könne eine *Mehrheitsbildung* allein durch die DVP nicht mehr erzielt werden. Er bezeichnete daher den Regierungseintritt seiner Partei und der DDP als *staatspolitische Notwendigkeit.* Die DVP *dränge sich nicht auf,* werde sich jedoch, sofern *ihr Einfluß gewahrt sei,* auch *nicht versagen*[140]. Später bekräftigte der Vorsitzende Rath das Ziel eines gemeinsamen Eintritts mit den Demokraten, das zu einer *Stärkung* auch der eigenen Position, einer *Politik der mittleren Linie und einer aktionsfähigen Regierung* führe[141].

Während in der DDP unterschiedliche Meinungen herrschten und sich das Zentrum letztlich abwartend verhielt[142], verfolgte vor allem Rath weiterhin den Regierungseintritt. Er kritisierte im Landtag[143] das Regieren *mit wechselnden Mehrheiten* als *unhaltbar* und konnte sich verschiedene Lösungsmöglichkeiten vorstellen. Allerdings suchte er Mitsprache für die beiden liberalen Parteien[144]. Dabei erhoffte er auch Impulse für Reformvorhaben wie die dringliche *Flurbereinigung* bei der Bezirkseinteilung[145].

Rückte die DVP durch ihre Zustimmung zu einem Misstrauensantrag der DDP gegen Kultminister Bazille[146] näher an die Demokraten, ebnete eine gemeinsame Kundgebung von Zentrum, DDP und DVP gegen das von der Rechten unterstützte Volksbegehren gegen den Youngplan[147] den Weg zur Kooperation. Nachdem das

---

138 Versammlung in Reutlingen, KB Nr. 252 vom 26.10.1928.

139 StAnz Nr. 40 vom 16.2.1929.

140 StAnz Nr. 75 vom 30.3.1929 (Beitrag in der Schwabenwarte).

141 Rede während des Landesparteitages, KB Nr. 81 vom 8.4.1929.

142 Vgl. dazu etwa den Artikel „Zur politischen Lage in Württemberg", KB Nr. 87 vom 15.4.1929.

143 Dort hatte er sich am 16. Februar 1929 (S. 408 ff.) und 13. März (S. 748 f.) Lob und Tadel verteilend, kompetent zur neuen Gemeindeordnung geäußert. Vgl auch StAnz Nr. 53 vom 4.3.1929.

144 Seine Rede vom 18.4.1929 beinhaltete zudem eine Fülle von z. T. etwas nebulösen Ausführungen über den möglich Bankrott des Parlamentarismus oder eine Diktatur, zu neuen *Strömungen* oder zum Denken der Jugend, Landtag vom 18.4.1929, S. 825–830.

145 Vgl. dazu die Parteiversammlung in Heilbronn, KB Nr. 113 vom 16.5.1929.

146 KB Nr. 99 vom 29.4.1929.

147 StAnz Nr. 246 vom 19.10.1929. Der Youngplan, der den Dawesplan ablöste, regelte die deutschen Reparationszahlungen. Vgl. dazu als landespolitisches Problem BESSON (wie Anm. 3) S. 65–75. – Die Abneigung der DVP gegen die das Volksbegehren mittragende

Volksbegehren für die Rechtsparteien mit einem Misserfolg endete, hatte sich der geschäftsführende Ausschuss der DVP am 20. November für einen Eintritt in die Regierung ausgesprochen. Ein wichtiges Motiv war dabei auch, das „Lebenswerk" Stresemanns durch eine Zustimmung der württembergischen Regierung zum Youngplan im Reichsrat zu sichern[148]. Anschließend kursierten Gerüchte über Verhandlungen zwischen Bolz und Rath, dem angeblich das Wirtschaftsministerium angeboten worden sei. Rath wies diese Meldungen jedoch als *frei erfunden* zurück[149]. Am 11. Januar 1930 sprach sich der Landesausschuss der DVP für eine *Wiederaufnahme* der seit Frühjahr 1929 mit der DDP geführten informellen Gespräche zur Regierungsbeteiligung aus; man erstrebe dazu *eine Art gemeinsamer Front.* Rath sah in den meisten Planungen der Regierung *geeignete Verhandlungsgrundlagen* und konstatierte, bei den Demokraten sei man *grundsätzlich* zum gemeinsamen Regierungseintritt bereit[150].

Mitte Januar 1930 ging der Prozess dann rasch über die politische Bühne. In der DDP war es vor allem deren Vorsitzender Bruckmann, der den beträchtlichen Widerstand innerhalb seiner Partei gegen den Regierungseintritt überwinden konnte. Die Berufung zweier Minister, von der DDP und DVP ursprünglich ausgingen, erwies sich bei den Gesprächen mit Bolz als nicht durchsetzbar. Am 19. Januar wurde die Ernennung von Reinhold Maier zum Wirtschaftsminister und Johannes Rath zum ehrenamtlichen Staatsrat bekannt gegeben. Letzterer begrüßte im „Merkur" das Zusammenrücken der beiden Parteien als den *vitalsten Interessen des liberalen Bürgertums* entsprechend und betonte, da *in Berlin alles wankt und fällt* und vielfache *Bedrängnis* herrsche, müssten *im Süden gewisse Ordnungszellen vorhanden sein*[151]. *Während einer gemeinsamen Versammlung der beiden liberalen Parteien in Gmünd begrüßte Rath im Februar, daß der liberale Gedanke wieder marschiere* und bezeichnete die beidseitigen Bestrebungen hoffnungsvoll als *etwas Großes*[152]. Im Mai erklärte er vor der Vertreterversammlung seiner Partei, die neue Koalition arbeite *gut und reibungslos*[153].

DNVP wurde bereits im Februar 1929 artikuliert. Man polemisierte gegen den *neuen Parteidiktator Hugenberg* und dessen reaktionären sozialpolitischen Kurs und konstatierte *innere Kämpfe* in der Partei und mit dem Zentrum. Sitzung des Arbeiter- und Angestellten-Ausschusses der DVP, StAnz Nr. 36 vom 12.2.1929.

148 Vgl. Besson (wie Anm. 3) S. 75.

149 KB Nr. 300 vom 21.12.1929.

150 StAnz Nr. 9f. vom 13.1.1930f.

151 KB Nr. 15 vom 20.1.1930. Vgl. zur Regierungserweiterung, bei der Bazille kein Thema mehr war, Besson (wie Anm. 3) S. 75–83, Matz (wie Anm. 69) S. 66–77, Schnabel, Württemberg (wie Anm. 3) S. 62–66 jeweils mit starker Betonung der Rolle der DDP. Matz sieht ein Beitrittsmotiv der Demokraten auch im „drohenden Alleingang der DVP", S. 70.

152 StAnz Nr. 41 vom 19.2.1930.

153 StAnz Nr. 109 vom 12.5.1930.

Die württembergische DVP und die Reichspolitik 1920–1928

Die Politik der Reichs-DVP kann hier nur am Rande behandelt werden, vielmehr ist die Haltung der Württemberger zu Reichsthemen zu betrachten. Ein solches stellte der Kapp-Putsch vom März 1920 dar, von dem sich die Partei *vollständig überrascht* zeigte. In einer Erklärung erhob sie *schärfsten Einspruch* gegen die Zensurmaßnahmen, lehnte jedoch *jeden Versuch ab, durch gewaltsamen Bruch der Verfassung die bestehende Regierung zu stürzen*. Allerdings bescheinigte sie der Reichsregierung *ein gerüttelt Maß von Schuld* und forderte *Neuwahlen im Reich und in Württemberg*, die Volkswahl des Reichspräsidenten sowie eine Regierungsumbildung mit *Fachministern*[154]. Dieser Standpunkt korrespondierte mit der dubiosen Rolle Stresemanns[155].

Zur Reichstagswahl vom Sommer 1920 hatte Bickes Stresemann gebeten, den Direktor der Deutschen Bank, von Stauß, zur Kandidatur in Württemberg zu bewegen, obwohl man sich in Berlin einig war, dass der in den Anfängen steckende Landesverband kaum Chancen zur Erringung eines Mandates hätte. Dessen Bewerbung blieb dann auch erfolglos; der Misserfolg sei zudem wohl mit der *unglücklichen Kandidatur eines Bankdirektors* zu begründen[156].

Ende Juni 1922 beteiligte sich die DVP an einer überparteilichen Trauerkundgebung für den ermordeten Außenminister Rathenau in Stuttgart. Bickes führte dort aus, man habe dessen Politik *nicht immer* zugestimmt, *ihm aber nie die Ehrlichkeit seines Willens* bestritten[157].

Bei der Reichstagswahl vom 4. Mai 1924 konnte er, unterstützt durch einen Auftritt Stresemanns in Stuttgart – der *Riesensaal* der Liederhalle war *von Tausenden überfüllt*[158] – erstmals ein Mandat erringen. Bis 1930 blieb er der einzige Vertreter der württembergischen DVP im Reichsparlament. Bei der für den 7. Dezember anberaumten zweiten Reichswahl des Jahres 1924[159] trat die Reichs-DVP mit dem Ziel einer Einbeziehung der DNVP in die neue Regierung an und bezichtigte zugleich die DDP, die Schuld am Scheitern der alten Regierung zu tragen. Diesem Kurs schlossen sich die Württemberger, ungeachtet früherer Kritik an den Deutschnationalen, vorbehaltlos an und stellten fest, die Haltung der DDP habe

---

154 Hohenloher Bote (Öhringen), Nr. 66 vom 19.3.1920.

155 Vgl. dazu ausführlich Richter, Die Deutsche Volkspartei (wie Anm. 1) S. 90–106. Zur denkbaren Kritik von Bickes vgl. ebd., S. 104, Anm. 56.

156 Eberhard Kolb/Ludwig Richter (Bearb.), Nationalliberalismus in der Weimarer Republik: Die Führungsgremien der Deutschen Volkspartei 1918–1933, Bd. 1, Düsseldorf 1999, S. 288 und 305f. (= Sitzungen des Geschäftsführenden Reichsausschusses vom 17.4. und 16.6.1920).

157 KB Nr. 150 vom 30.6.1922.

158 KB Nr. 104 vom 3.5.1924. Eine Wahlrede von Bickes in Hall wurde oben bereits behandelt.

159 Vgl. dazu Richter, Die Deutsche Volkspartei (wie Anm. 1) S. 348f.

bereits zum Übertritt demokratischer Abgeordneter zu DVP geführt. Bickes wurde erneut als Spitzenkandidat nominiert[160].

Das schon erwähnte Wahlflugblatt der württembergischen Nationalliberalen warb dann neben Mittelstandsforderungen mit nationalen Parolen: Demokraten und SPD wurde *Kriecherei um die Gunst des Auslandes* vorgeworfen, die DVP als realpolitische Mittelpartei wolle *rein deutsche Wahlen*[161]. In einer Wahlrede in Gaildorf sang Rath ein Loblied auf die vielfältigen Leistungen und den *Mut* Stresemanns, artikulierte ebenfalls Forderungen des Mittelstandes und plädierte unter Vorbehalten für den Eintritt in den Völkerbund, an den er die Hoffnung auf Rückgabe der Kolonien knüpfte[162]. Bickes konnte erwartungsgemäß sein Mandat behaupten, die Partei hatte in Württemberg einen Zuwachs von etwa 14.000 Stimmen erzielt. Auch die Reichspartei hatte die Zahl ihrer Sitze von 45 auf 51 steigern können[163].

Während die Landespartei im Januar 1925 einen flammenden Protest *gegen den schnöden Vertragsbruch der Entente wegen der Nichträumung Kölns* erhob[164], trat einige Wochen später die Wahl eines neuen Reichspräsidenten in den Mittelpunkt des allgemeinen Interesses. Nach der nicht unproblematischen Nominierung des Duisburger Oberbürgermeisters Jarres von der DVP, hinter dem auch die Deutschnationalen standen[165], übte Bickes sogar Kritik: In Süddeutschland habe man den Eindruck, die Parteileitung sei „zu voreilig" gewesen[166]. Wenig später sprach sich die Landespartei jedoch für die Sammlung der beiden Parteien im sogenannten Reichsblock und für Jarres aus[167].

Nachdem Jarres, der auch in Stuttgart aufgetreten war, im ersten Wahlgang am 29. März die absolute Mehrheit verfehlte und eine erneute Kandidatur abgelehnt hatte, telegraphierte ihm der württembergische Landesausschuss, *schmerzlich berührt* zu sein[168]. Nach einem Hin und Her im Reichsausschuss sprach sich schließlich auch die Reichs-DVP für die von den Deutschnationalen forcierte Kandidatur Hindenburgs aus, die auch von den Württembergern unterstützt wurde. Allein Egelhaaf veröffentlichte im „Merkur" sechs Artikel[169], in einer Gaildorfer Anzeige warb die DVP gemeinsam mit den Deutschnationalen, dem Bauernbund und der

---

160 Vertreterversammlung der DVP, KB Nr. 253 vom 27.10.1924. – Zu den Überläufern gehörte der in Württemberg geborene Otto Keinath, der später in der württembergischen DVP noch eine Rolle spielen sollte.

161 Wie Anm. 54.

162 KB Nr. 272 vom 18.11.1924.

163 Zum Ergebnis in Württemberg KB Nr. 290 vom 9.12.1924, zur Reichspartei RICHTER, Die Deutsche Volkspartei (wie Anm. 1) S. 333 und 358.

164 KB Nr. 15 vom 20.1.1925.

165 Vgl. dazu RICHTER, Die Deutsche Volkspartei (wie Anm. 1) S. 366–389.

166 Ebd., S. 374, Anm. 35.

167 Versammlung in Gaildorf, KB Nr. 69 vom 24.3.1925.

168 KB Nr. 87 vom 16.4.1925.

169 EGELHAAF (wie Anm. 7) S. 172.

NSDAP für den *ueber den Parteien* stehenden *getreuen deutschen Eckhardt*[170]. Der knappe Sieg Hindenburgs befriedigte eigentlich nur den rechten Flügel der DVP[171] und markierte eine Zäsur in der Entwicklung der Republik.

Seit 1924 artikulierten die württembergischen Nationalliberalen mehrfach die Aufwertungsfrage – wohl primär als Bestandteil ihrer Mittelstandspolitik. Der geschäftsführende Ausschuss forderte etwa, wie es *Moral und Gerechtigkeit* verlangten, *den entrechteten Gläubigern* ihre Rechte zu gewähren. Der Aufwertungsausschuss des Reichstages wurde kritisiert; mit Zinszahlungen müsse *baldigst* begonnen werden[172]. Ein knappes Jahr später erläuterte Bickes, im Reichstag habe man *Rechtsauffassung und Wirtschaftserwägung* in Einklang bringen müssen[173]. 1926 referierte ein Leipziger Abgeordneter vor dem Stuttgarter Parteitag, bei dem Kompromiss der Aufwertungsgesetze hätten andere noch weniger als seine Partei erreicht und gestand deren *Unbilligkeiten* zu, lehnte den Plan eines Volksentscheides jedoch ab[174].

Die Befürwortung und Unterstützung der Politik Stresemanns blieb das Credo der württembergischen DVP. So warb Bickes etwa für die Außenpolitik des Parteiführers und insbesondere für *Locarno*[175], Egelhaaf kritisierte die zwiespältige Regierungshaltung zu diesem Thema im Landtag[176], ähnlich äußerte sich auch der geschäftsführende Landesausschuss[177]. Schließlich betonte Rath, man halte *an der Locarnopolitik unbedingt fest*[178]. Während die abtrünnigen Deutschnationalen von Bickes scharf kritisiert wurden[179], stellte der Reichstagsabgeordnete Rheinbaben auf dem DVP-Landesparteitag unter Beifall fest, von einer Stuttgarter Rede Strese-

---

170 KB Nr. 93 vom 23.4.1925.

171 Vgl. zum zweiten Wahlgang Richter, Die Deutsche Volkspartei (wie Anm. 1) S. 377–389.

172 KB Nr. 248 vom 21.10.1924. – Auch im Flugblatt zur zweiten Reichstagwahl 1924 wurde dies thematisiert. Wie Anm. 54.

173 Sitzung des Landesausschusses, KB Nr. 224 vom 25.9.1925.

174 KB Nr. 90 vom 20.4.1926. Vgl. zu dem komplexen Thema Richter, Die Deutsche Volkspartei (wie Anm. 1) mit Literaturangaben, S. 395 f. – Die Haltung der DVP war wohl zusätzlich durch die im Entstehen begriffene Volksrechtspartei motiviert, die sich der Aufwertungsfrage besonders widmete. Vgl. dazu eine ablehnende Anzeige in den Wahlnachrichten Nr. 3 vom 18.5.1928.

175 Versammlung in Crailsheim, KB Nr. 252 vom 28.10.1925.

176 Nach KB Nr. 290 vom 11.12.1925 (Landtag vom 10.12.1925).

177 KB Nr. 9 vom 13.1.1926.

178 Landtag vom 26.3.1926, S. 2255–2261. – In den auf Initiative Stresemanns in Locarno im Oktober 1925 vereinbarten Abkommen verzichteten Belgien, Frankreich und Deutschland auf eine gewaltsame Änderung der jetzigen Grenzen, Großbritannien und Italien fungierten als Garantiemächte. Das auch Schiedsverträge mit Polen und der Tschechoslowakei umfassende Vertragswerk stellte „eine bedeutsame Station auf dem Weg zur internationalen Rehabilitierung Deutschlands" dar. Vgl. zu den Verträgen und ihren Folgen – dem Austritt der DNVP aus der Reichsregierung – Richter, Die Deutsche Volkspartei (wie Anm. 1) S. 402–407, Zitat S. 403.

179 DVP-Tagung in Heilbronn, KB Nr. 257 vom 3.11.1926.

manns 1923 *über die Liquidierung der Ruhrbesetzung bis Locarno geht eine einzige gerade Linie*[180]. Schließlich erklärte Rath am 4.11.1927 im Landtag, Stresemanns Außenpolitik[181] sei *Allgemeingut* geworden. Zugleich lehnte er, die Haltung des Außenministers unterstützend, ein *Ostlocarno* ab[182].

Ein großes politisches Thema war 1926 die Frage der Fürstenenteignung. Auf dem Landesparteitag erklärte ein Reichstagsabgeordneter unter starkem Beifall, der Volksentscheid *auf völlige Enteignung* sei eine *Brutalität*[183], der Reichsausschuss konstatierte einen Verstoß *gegen Moral, Recht und Verfassung*[184]. Daraufhin bedauerte der württembergische Landesausschuss, dass eine *geschlossene Front der bürgerlichen Parteien gegen den bolschewistischen Anschlag* gescheitert sei und forderte in Übereinstimmung mit der Reichspartei die Mitglieder auf, nicht abzustimmen[185]. In Allianz mit der DNVP und dem Bauernbund warben die Württemberger für den Abstimmungsboykott; es gehe um die Frage *Rechstaat oder Raubstaat*[186] und trugen so zum Misserfolg der von KPD und SPD getragenen Initiative bei.

Als der erfolglose Bewerber um die Reichspräsidentschaft, Karl Jarres, im Juli 1926 im Verein mit dem Deutschnationalen von Gayl zur Bildung einer reichsweiten Arbeitsgemeinschaft von DVP und DNVP aufrief, bewies Bickes erneut seine Gefolgschaft zu Stresemann, der sich strikt gegen das Projekt stellte, während es vom hessischen Vorsitzenden Dingeldey begrüßt wurde – angeblich stoße es in Süddeutschland auf geschlossene Zustimmung. Bickes widersprach in einem Schreiben an die Reichsgeschäftstelle vehement: In Württemberg wie in Baden werde die Arbeitsgemeinschaft klar abgelehnt[187]. Seine Haltung war konsequent, kritisierte er doch die DNVP im November 1926 scharf[188].

Zu den Reichstagswahlen im Mai 1928 warb die Reichs-DVP mit dem Slogan *Was gehen Dich die andern an, Du wählst wie Gustav Stresemann.* In ihren „Wahlnachrichten" setzten die Württemberger dann auch ganz auf ihren vom *Parteipolitiker* längst zum *Staatsmann* gereiften Vorsitzenden, dessen Außenpolitik seit 1923 *von der überwiegenden Mehrheit* bejaht und der als *Führer des deutschen Volkes* betrachtet werde. Er habe die *geschichtliche Aufgabe* übernommen, *die Erneuerung und Festigung des Reiches* durchzuführen[189].

---

180 KB Nr. 90 vom 20.4.1926.

181 Dazu gehörte auch der Beitritt zum Völkerbund, in dem Rath *die volkswirtschaftlich wichtigste Frage* sah. Versammlung in Gaildorf, KB Nr. 272 vom 18.11.1924.

182 Landtag vom 4.11.1927, S. 4306–4311.

183 KB Nr. 90 vom 20.4.1926.

184 KB Nr. 117 vom 22.5.1926.

185 KB Nr. 124 vom 1.6.1926.

186 Anzeige im Hohenloher Boten Nr. 140 vom 19.6.1926. – Vgl. zum Gesamtkomplex Richter, Die Deutsche Volkspartei (wie Anm. 1) S. 418–429.

187 Vgl. Richter, Die Deutsche Volkspartei (wie Anm. 1) S. 436f., Anm. 32. Zu Verlauf und Scheitern der Initiative ebd., S. 430–441.

188 Rede in Heilbronn, KB Nr. 257 vom 3.11.1926.

189 Ganzseitige Huldigung zu Stresemanns 50. Geburtstag, Wahlnachrichten Nr. 3 vom

Der vom Zentralvorstand formulierte Wahlaufruf betonte die außenpolitische *Verständigungspolitik*. Gleichzeitig wurden jedoch die *völlige Befreiung der Rheinlande*, die Rückgabe des Saargebietes, die *Beseitigung der unmöglichen* Ostgrenze, *erträgliche* Reparationsleistungen und das Recht zu *kolonialer Betätigung* gefordert. Innenpolitisch habe die Partei in der Regierung im Sinne des *Wiederaufbaus* gewirkt, sie werde dem Mittelstand wie bisher *besondere Fürsorge* entgegen bringen und fühle sich der *sozialen Gesetzgebung* verpflichtet. Zum an *überspannte(n) klerikale(n) Forderungen* gescheiterten Reichsschulgesetz und damit der Koalition wurde die Parteihaltung erläutert. Man habe, je nach regionalen Wünschen und Traditionen, sowohl die konfessionelle als auch die christliche Simultanschule befürwortet[190].

Der wiederum als Spitzenkandidat nominierte Bickes forderte die *Reform des Parlamentarismus* und damit eine Änderung der Reichsverfassung. Er begründete dies mit dem ohne Korrektiv gebliebenen *Übermaß von Machtfülle* des Reichstags, dessen Parteien verantwortungslos nur noch auf kostspielige *volkstümliche Beschlüsse* zielten. Auch seine Mitkandidaten Keinath, Groß und Rendle hatten Beiträge verfasst. Ersterer beklagte übereinstimmend mit Bickes die *Steuerüberlastung*, gegen die seine Partei stets gekämpft habe. Der Stuttgarter Verbandssekretär Philipp Groß betonte als Arbeitnehmervertreter den Charakter der DVP als *Volkspartei*, die keine Klasseninteressen vertrete. Sie umfasse zwar alle Stände, besitze aber *allseitiges Verständnis für die Nöte der Arbeitnehmerschichten*. Malermeister Rendle aus Heilbronn agitierte gegen die einseitige Interessenpolitik der Splitterparteien und rief seinen Standesgenossen zu, die DVP werde ihrer *Grundauffassung* entsprechend auch in Zukunft dem gewerbetreibenden Mittelstand *besondere Aufmerksamkeit* schenken[191].

Natürlich kritisierten die „Wahlnachrichten" auch die übrigen politischen Konkurrenten. So wurde der DDP *Linksdrall* und *starke Abhängigkeit* von der SPD bescheinigt. Zudem habe die Partei beim Neubau eines Panzerkreuzers *schwächliche(n) Pazifismus* gezeigt, für den in Württemberg das *Verständnis* fehle. Schließlich seien die Demokraten *altersgrau*, während die DVP *junge Kräfte* mobilisiert habe[192]. Deutschnationale und Nationalsozialisten sahen die Nationalliberalen in

---

18.5.1928. Dort auch der Wahlslogan, der als Plakat auf dem Umschlag des Richter-Buches abgebildet ist. Stresemann hatte für das Wahlblatt einen Beitrag geschrieben, in dem er sein Streben als *nationale Realpolitik* bezeichnete und betonte, das Reich werde ohne die DVP *den größten Schwankungen ausgesetzt sein.*

190 Wahlnachrichten Nr. 1 vom 10.5.1928 (z.T. in Fettdruck). – Die württembergischen Nationalliberalen hatten sich vielfach mit dem Schulgesetz und seinen landespolitischen Auswirkungen beschäftigt. Vgl. dazu KB Nr. 224 vom 25.9.1925, StAnz Nr. 261 vom 8.11.1927 (Landtagsrede von Rath), StAnz Nr. 290 vom 16.12.1927, StAnz Nr. 33 vom 9.2.1928 (Landtagsrede von Hartmann).

191 Wahlnachrichten Nr. 1 vom 10.5.1928.

192 Wahlnachrichten Nr. 3 vom 18.5.1928. – Als Indiz einer Verjüngung mag die Grün-

geistiger Beschränktheit vereint[193]. Ihr stark auf Stresemann fixiertes Programm sollte die gesamte potentielle Klientel ansprechen, indem es neben nationalen auch mittelständische und sozialpolitische Ziele betonte. Hoffnungsvoll hatte man postuliert: *Die Volkspartei muß diesmal siegen*[194].

Das Ergebnis war dann jedoch enttäuschend. Während SPD und KPD Gewinne erzielten, hatte das bürgerliche Lager Verluste eingefahren. Die Reichs-DVP verlor gegenüber den Dezemberwahlen von 1924 etwa 370.000 Stimmen[195], ihr württembergischer Landesverband konnte wiederum nur einen Vertreter – Bickes – nach Berlin entsenden.

Dessen Rolle im Reichstag war und blieb die eines Hinterbänklers, der in seinen wenigen Reden keine ‚großen Themen' behandelte. Er bejahte 1925 die Bestrebungen gegen den Alkoholmissbrauch, bei der Beratung des Gaststättengesetzes 1930 kam er darauf zurück und begrüßte dessen gesundheitliche und ethische Ziele. 1927 plädierte er für die Bekämpfung der Geschlechtskrankheiten und – an DRK-Zielen orientiert – forderte er eine Anstalt zur Bekämpfung der Säuglingssterblichkeit und wollte eine Reform des Krankenpflegewesens[196].

Im Zeichen der Parteien-, Staats- und Wirtschaftskrise 1929/1930–1932

Dass Stresemanns Gegner, vor allem die Deutschnationalen, ihn nahezu permanent bekämpften und diffamierten war politischer Alltag. Dass jedoch seine Widersacher in der eigenen Partei ihm das Leben verbitterten, gehörte zu seiner persönlichen Tragik – und der der DVP. Bereits 1924 schrieb er, es scheine das Schicksal nationalliberaler Führer zu sein, „weniger" im Parteienkampf „als unter der seelischen Zermürbung durch die Anfechtungen aus den eigenen Reihen" zu leiden[197]. Auch Zeitgenossen Stresemanns registrierten diesen Sachverhalt. So schrieb etwa der württembergische Staatspräsident Bolz seiner Frau, der Außenminister sei nicht nur von politischen Problemen, sondern auch von innerparteilichem Widerstand „aufgerieben" worden[198]. Auch Brüning berichtete über

---

dung einer DVP-Hochschulgruppe an der Universität Tübingen gelten. Vgl. Schwabenwarte Nr. 9, 1928.

[193] Wahlnachrichten Nr. 2 vom 14.5.1928.

[194] Ebd.

[195] Vgl. zur Wahl und ihren Ergebnissen RICHTER, Die Deutsche Volkspartei (wie Anm. 1) S. 470–484.

[196] Vgl. zu seinen hier nur unvollständig skizzierten Aktivitäten das Register der Reichstagsprotokolle, ferner KB Nr. 41 vom 19.2.1925, KB Nr. 141 vom 21.6. 1927 (zum Schankstättengesetz), KB Nr. 74 vom 29.3.1930.

[197] Zit. nach Erich EYCK, Geschichte der Weimarer Republik, Bd. 1, Erlenbach-Zürich/Stuttgart 1954, S. 341. Vgl. dazu RICHTER, Die Deutsche Volkspartei (wie Anm. 1).

[198] Zit. nach Max MILLER, Eugen Bolz. Staatsmann und Bekenner, Stuttgart 1951, S. 357.

„Herren vom Rechtsflügel der DVP", die Stresemanns Leben „bis in den Tod hinein verbittert hatten"[199].

Stresemann war entschlossen, diesen unerträglichen Zustand, an dem die Württemberger keinen Anteil hatten, zu beenden und zugleich eine Reform des bürgerlichen Parteiengefüges einzuleiten. Mit seiner zerstrittenen Partei hatte er spätestens seit 1928/1929 „innerlich gebrochen"[200] und verfolgte den Plan einer neuen Mittelpartei, bestehend aus den „Linken" der DNVP, den Demokraten und seiner Partei als „Kern". Damit wären seine Gegner im eigenen Lager als Minderheit praktisch ausgeschaltet gewesen. Zu dieser Strategie gehörte auch die stärkere Einbeziehung der jungen Generation, die sich im Frühjahr 1929 in Reformclubs organisierte und schließlich die Reichsgemeinschaft junger Volksparteiler bildete. Zudem war auch der Jungdeutsche Orden Teil dieser Überlegungen. Da die Hugenberg-Gegner in der DNVP zögerten, stellte die rasche Fusion mit der DDP das vordringliche Ziel dar. Die der Öffentlichkeit verborgenen Aktivitäten kulminierten im September 1929 in Gesprächen Stresemanns mit dem demokratischen Parteiführer Koch-Weser. Dabei wurde die Bildung eines „Blocks" vereinbart, dem dann die Fusion folgen sollte. Das von beiden Seiten mit Energie verfolgte Projekt, bei dem Stresemann sogar bereit war, die Frondeure in seiner Partei auszuschließen, scheiterte mit seinem Tod[201].

Stresemanns Ableben am 3. Oktober 1929 „nahm symbolhaft den Tod der Republik vorweg"[202]. Er war deren einziger wirklicher Staatsmann, Schöpfer der konstruktiven Außenpolitik und Architekt fast aller Koalitionen und hinterließ so ein nicht mehr zu füllendes Vakuum. Dies galt ganz besonders für seine Partei, die unter den überforderten Nachfolgern Scholz und Dingeldey[203] nach rechts driftete.

Die württembergischen Nationalliberalen verloren mit Stresemann ihr bewundertes Idol. Während einer Gedenkfeier rühmte Bickes den früh Verstobenen, er sei nie *Parteimann im üblichen Sinne* gewesen, sein Wirken habe dem *Wiederaufstieg des Vaterlandes* gegolten. Als Vermächtnis habe er den *Gedanken der Volksgemeinschaft* postuliert und versucht, *die Brücke zwischen Vergangenheit und Gegenwart zu schlagen.* Das von ihm Geleistete werde *erst die Nachwelt* wirklich *ermessen können*[204].

Die oben geschilderten Bestrebungen Stresemanns um eine Parteifusion fanden auch Resonanz in Württemberg. Dazu gehörte die Gründung eines Jungliberalen Clubs in Stuttgart im März 1929, der sich neben der staatsbürgerlichen Bildung

[199] Heinrich Brüning, Memoiren 1918–1934, Stuttgart 1970, S. 175.

[200] Richter, Die Deutsche Volkspartei (wie Anm. 1) S. 550.

[201] Ausführlich dazu ebd., S. 550–565.

[202] Helmut Heiber, Die Republik von Weimar, München 1971, S. 206.

[203] Brüning (wie Anm. 199) S. 205, 234 charakterisierte ihn als Intriganten.

[204] Die vom Stuttgarter Ortsverein ausgerichtete Feier wurde aus allen Bevölkerungskreisen besucht, auch Regierungsvertreter waren anwesend, StAnz Nr. 268 vom 14.11.1929. – Ausführlich gewürdigt wurde er auch in der Schwabenwarte, deren Nr. 41 vom 12.10.1929 fast gänzlich dem Andenken Stresemanns gewidmet war.

auch die liberale Einigung zum Ziel gesetzt hatte. Der Club war Teil des Stuttgarter Ortsvereins, bot Vorträge und Diskussionen und trug einen „volksparteilichen Charakter“[205]. Auch die schon erwähnte Landtagsrede von Rath im April 1929 sprach, offenbar auf Stresemanns Fusionspläne anspielend und diese gutheißend, von einer möglichen *neue(n) Partei* und setzte ebenfalls auf die reformwillige Jugend[206]. Schließlich darf auch der schon behandelte Regierungseintritt von DVP und DDP letztlich als Ausfluss und Nachwirkung der Bestrebungen Stresemanns gesehen werden.

Den von Rath im Januar 1930 konstatierten *vielfachen Krisenerscheinungen im staatlichen, wirtschaftlichen und sozialen Leben* des Reiches[207], die er im Juni 1931 von überall drohenden *Sturmzeichen*, zurückgehenden Steuererträgen, Kapitalflucht und einem verschlechterten Arbeitsmarkt begleitet sah und ihn sogar einen *Bürgerkrieg* befürchten ließ[208], wollte der Landesvorsitzende mit einer württembergischen Gegenstrategie begegnen. Diese soll hier in Gänze behandelt werden; erst dann ist auf die konkreten Ereignisse zurückzukommen.

Als Voraussetzung dazu sah er zunächst die *geordnet(e)* Finanzlage Württembergs, die auch für den kommenden Haushalt gelte[209] und damit einhergehend die voll bejahte „Politik der Sparsamkeit“ der württembergischen Regierung[210]. Rath blieb weiterhin zuversichtlich. Im Januar 1931 betonte er die anhaltende *gesunde Finanzpolitik*, könnten doch sowohl der Etat von 1930 als auch die Haushalte für 1931 und 1932 *ohne Defizit*, allerdings mit *stärkere(n) Abstriche(n)* abgeschlossen werden[211]. Trotz fortschreitender Krise sprach auch der Abgeordnete Hartmann noch im April 1932 in einer Wahlrede von *verhältnismäßig guten Finanzverhältnissen* in Württemberg und hoffte, dass von hier *die Gesundung der Verhältnisse einsetzen* werde[212].

Dieser erstaunliche Optimismus hatte eine weitere Komponente. Seit dem Eintritt in die Regierung lobten die württembergischen Nationalliberalen immer wieder sowohl deren Zusammenhalt als auch die gute Zusammenarbeit mit den Demo-

---

205 Bericht des Generalsekretärs nach Berlin, zit. nach RICHTER, Die Deutsche Volkspartei (wie Anm. 1) S. 558, Anm. 34.

206 Wie Anm. 144.

207 Rede vor dem Landesausschuss, StAnz Nr. 10 vom 14.1.1930.

208 Landtag vom 12.6.1931, S. 3758–3761.

209 Wie Anm. 207.

210 Dazu ausführlich BESSON (wie Anm. 3) S. 217–250. – Vgl. Raths Stellungnahme zur Gehaltskürzung der Beamten, die er trotz der Kritik von Beamtenverbänden als zu den „Staatsnotwendigkeiten“ gehörend verteidigte. Sitzung des Staatsministeriums vom 30.11.1930. Abgedruckt ebd., S. 392. Bemerkenswert war dabei, dass er Staats- vor Gruppeninteressen setzte und so risikobewusst die zur eigenen Klientel gehörenden Staatsdiener nicht schonen wollte.

211 Rede in Stuttgart, KB Nr. 21 vom 27.1.1931. Auch sein Landtagskollege Dr. Burger betonte wenig später die gesunde Finanzlage und beschwor die Sparsamkeit, Landtag vom 25.2.1931, S. 3019–3025.

212 Fränkischer Grenzbote, Crailsheim (fortan FrGb) Nr. 89 vom 18.4.1932.

kraten. Im Mai 1930 fand der Vorsitzende der Ortsgruppe Groß-Stuttgart, Bälz, die Regierungsbeteiligung habe sich *bewährt* und Staatsrat Rath durch Vermittlung beim Landessteuergesetz bereits *Verdienste* erworben. Man dürfe bis zu den Wahlen 1932 *ruhige Zustände erwarten*[213].

Die württembergische Gegenstrategie konkretisierte Rath mit der schon im Januar 1930 angedeuteten Formel auf dem DVP-Landesparteitag vom Mai 1931: Das Land müsse die Rolle einer „staatliche(n) Ordnungszelle" einnehmen[214]. Hintergrund dieser Haltung war schließlich auch die „relativ günstige wirtschaftliche Lage" des Landes[215] im Vergleich zu den anderen Gliedern des Reiches, auf die hier nicht weiter eingegangen wird[216]. An der Konzeption der „Ordnungszelle", die letztlich Kennzeichen der von Kanzler Brüning gelobten württembergischen Regierungspolitik war[217], wurde weiterhin festgehalten. Im Vorfeld der Landtagswahlen von 1932 schrieb Rath, diese würden *entscheiden, ob Württemberg auch fernerhin eine Ordnungszelle im deutschen Süden bilden* könne[218].

***

Während der Vertreterversammlung der DVP im Mai 1930 referierte Bickes über die Reichspolitik. Er zeichnete ein bedrückendes Bild der wirtschaftlichen und sozialen Verhältnisse und wiederholte seine im Wahlkampf 1928 erhobene Forderung nach einer Reform des parlamentarischen Systems. Gleichzeitig formulierte er die Notwendigkeit einer *große(n) bürgerliche(n) Partei der Mitte*, die sich um die DVP *als Kristallisationspunkt gruppieren* müsse und für alle ihr Nahestehenden offen sei. Sie dürfe jedoch keineswegs einer *einseitige(n) Interessenvertretung* dienen, sondern habe bei *sich widerstreitenden Interessen* zu vermitteln[219].

Für Bickes und die württembergische DVP begann die Kandidaten-Nominierung zu den Reichstagswahlen im September 1930 dann mit einem nicht erwarteten Paukenschlag. Während des Vertretertags Anfang August votierten nur 46 Delegierte für ihn, während 51 Stimmen auf Keinath fielen. Bickes fühlte sich

[213] Versammlung der Ortsgruppe, KB Nr. 107 vom 9.5.1930. – Auch Rath sprach sich positiv zur Regierungsbeteiligung aus, vgl. KB Nr. 21 vom 27.1.1931, Nr. 26 vom 2.2.1932.

[214] Zit. nach BESSON (wie Anm. 3) S. 186 mit Anm. 1. Damit sei, so Besson, der „unitarischen Tradition" der Partei eine Absage erteilt worden.

[215] Ebd., S. 185.

[216] Als Beleg dafür sei lediglich ein Zeitungsartikel von Wirtschaftsminister Maier vom 25.12.1932 angeführt, der den Titel trug „Warum geht es in Schwaben besser? Kommt und seht!", Abdruck bei Thomas SCHNABEL, „Warum geht es in Schwaben besser?", in: DERS. (Hg.), Die Machtergreifung in Südwestdeutschland, Stuttgart 1982, hier S. 214–218.

[217] Er bezeichnete Württemberg als „Musterbeispiel der Staatsführung, Sparsamkeit und soliden Finanzpolitik für ganz Deutschland". Zit. nach MILLER (wie Anm. 198) S. 394. Vgl. auch BRÜNING (wie Anm. 199) S. 216.

[218] „Um was geht es bei den Landtagswahlen?", Hohenloher Bote (Öhringen), Nr. 87 vom 15.4.1932.

[219] StAnz Nr. 109 vom 12.5.1930 (im Original z. T. gesperrt).

durch diesem Votum brüskiert und erklärte seinen Austritt aus der Partei; für ihn war dies ein *bisher einzig dastehender Fall.* Wie der „Staatsanzeiger" betonte, kam dieses Ergebnis angesichts der Verdienste des Abgewählten für weite Parteikreise und die Öffentlichkeit *außerordentlich überraschend*[220]. Ein Zeitgenosse gab als Begründung an, man habe in der Partei geglaubt, mit Keinath „einen zugkräftigeren Kandidaten gefunden zu haben"[221]. In der Tat besaß dieser als Reichstagsmitglied wohl mehr Profil als Bickes. Während letztlich unklar bleibt, ob das Votum einer Initiative des von Besson konstatierten „rechten Flügels" der Partei[222] zu verdanken war, steht doch fest, dass der Vorgang als Krisenerscheinung und Aderlass zu werten ist[223]. Ein Kommentar im „Merkur" suchte die Dinge zu relativieren. Er nannte die Abwahl des um die Partei Verdienten in Zeiten, die *Geschlossenheit* erforderten, zwar *unverständlich*, erwähnte jedoch auch Forderungen nach einer Parteiverjüngung – Keinath war etwa 11 Jahre jünger als Bickes. Letztlich sah das Blatt in der Abwahl *ein Zufallsergebnis* und äußerte die – unerfüllte – Hoffnung auf eine Rückkehr[224].

Als ob nichts geschehen wäre widmete man sich nun den Wahlen. Ein außerordentlicher Vertretertag bestätigte *gegen eine kleine Minderheit* einen zuvor gefassten Beschluss, mit den inzwischen im Reich als Staatspartei firmierenden Demokraten ein Wahlabkommen abzuschließen, das sowohl Programm als auch Selbständigkeit beider Seiten wahre. Nachdem eine solche Einigung auf Reichsebene gescheitert war, äußerte man zwar *Verständnis* für die ablehnende Haltung der nicht kontaktierten Parteiführung, begründete den Schritt jedoch mit den *besonderen Verhältnissen* Württembergs und den *Bedürfnisse(n)* der Landespolitik. Zudem wurde betont, eine gesamtbürgerliche *Sammlung* sei *notwendiger* als je zuvor[225].

Die auch Baden einbeziehende „linke" Weichenstellung brachte wenig später die Einigung auf in beiden Ländern zu präsentierende und miteinander verbundene Einheitslisten. Die württembergische Liste trug die Namen Theodor Heuß für die Staats- und Keinath für die Volkspartei. Der Schritt wurde mit der Parole *nicht Interessenpolitik, sondern Staatspolitik, nicht Zersplitterung, sondern Sammlung* begründet[226]. Ungeachtet der Skepsis der Parteiführung begrüßte der Mitstreiter Stresemanns und Parteisenior Kahl das Bündnis mit *herzlicher Freude* und hoffte, dass so sein *Ideal* einer *Wiederaufrichtung einer großen deutschen liberalen Partei*

[220] StAnz Nr. 179 vom 4.8.1930 mit Austrittsschreiben und Kommentar.

[221] Leopold HEGELMAIER, Beamter und Soldat 1884–1936. Lebenserinnerungen, Stuttgart 1937, S. 309.

[222] BESSON (wie Anm. 3) S. 76.

[223] Auch der Abgang des verdienten Generalsekretärs Maerz im Vorjahr (Schwabenwarte Nr. 25, 1929) war ein Verlust für die Partei.

[224] Merkur Nr. 179 vom 5.8.1930.

[225] StAnz Nr. 188 vom 14.8.1930. Vgl. auch RICHTER, Die Deutsche Volkspartei (wie Anm. 1) S. 662.

[226] StAnz Nr. 190 vom 16.8.1930.

näher gerückt sei[227]. Auch Keinath setzte große Hoffnungen auf den *Sammelruf.* Er sah Chancen für alle *tüchtigen Kräfte* und auch Rettungsmöglichkeiten für *Wirtschaft, Staat und Kultur*[228]. Drastisch formulierte eine gemeinsame Wahlanzeige: *Wer nicht will dass alles zusammengehauen wird, wer will, dass Deutschland wieder groß wird durch Sparsamkeit und Ordnung* müsse die Einheitsliste wählen[229].

Die großen Erwartungen beider Seiten wurden enttäuscht. Keinath und Heuß zogen zwar in den Reichstag ein, so dass für die württembergische DVP der Stand von 1924 und 1928 erhalten blieb, während die Reichspartei nur noch 30 Mandate erreichte. Zusammen erzielten die beiden Parteien jedoch etwa 37.000 Stimmen weniger als 1928[230]. Damit war deutlich geworden, dass das Bündnis keine Zukunftsperspektive darstellte. Dennoch betonte der Landesausschuss der DVP, man werde *auch künftig ein enges Einvernehmen* mit der Staatspartei pflegen. Zugleich reagierte man auf den alarmierenden Sieg der NSDAP, die 107 Mandate gewonnen hatte – 1928 waren es 12 gewesen. Nun müsse Kanzler Brüning *im vollen Ernst* mit der Partei über ihre Regierungsbeteiligung verhandeln. Dort würde sie wohl ihr Programm *wesentlich abschwächen.* Dieser Schritt sei *das beste Hilfsmittel, um diese nationalsozialistische Welle zum Abebben zu bringen.* Dagegen wurde eine Aufnahme der SPD in die Reichsregierung abgelehnt[231]. An dieser Haltung wird deutlich, dass die württembergischen Nationalliberalen den wahren Charakter der Hitler-Partei nicht durchschauten – ein Manko, das sie letztlich mit dem gesamten bürgerlichen Lager teilten.

Wohl als Reaktion auf die sich in Berlin dahinschleppenden Parteiverhandlungen[232] und auch als später Reflex auf die vorjährige Reichstagswahl schrieb Rath im September 1931 einen langen Zeitungsartikel[233]. Auffällig war, dass er in seinem Mahnruf die Wirtschaftskrise eigentlich nur als *Folge unserer Partei- und Parlamentsverhältnisse* sah. Die schon so häufig kritisierte *Unzahl von Parteien* produziere insbesondere im Reichstag verantwortungslos eine Flut von Einzelinteressen verfolgenden Anträgen *auf Kosten der Allgemeinheit.* Diesem *hemmungslosen Parlamentarismus* fast ohne *Korrektiv*, zu dem noch schwere *Tributleistungen* träten, gelte es zur Lösung der Finanzmisere auszumerzen, den *Blick auf das Ganze* zu

---

[227] Gemeinsame Wahlversammlung der beiden Parteien in Stuttgart, StAnz Nr. 206 vom 4.9.1930.

[228] Stuttgarter Wahlversammlung, KB Nr. 209 vom 8.9.1930.

[229] KB Nr. 214 vom 13.9.1930.

[230] StAnz Nr. 215 vom 15.9.1930. Das Stuttgarter Neue Tagblatt meinte, Volksdienst und Wirtschaftspartei hätten von diesem Verlust *gewaltig profitiert*, Wahlkommentare im StAnz Nr. 216 vom 16.9.1930.

[231] StAnz Nr. 234 vom 7.10.1930.

[232] Vgl. dazu vor allem Larry Eugene Jones, Sammlung oder Zersplitterung? Die Bestrebungen zur Bildung einer neuen Mittelpartei in der Endphase der Weimarer Republik 1930–1933, in: Vierteljahrshefte für Zeitgeschichte 3 (1977) S. 265–304.

[233] „Abbau der Zahl der politischen Parteien!“, KB Nr. 228 vom 30.9.1931 (Titelseite). Daraus das Folgende.

richten und statt *Parteipolitik* wirklich *vaterländische Arbeit zu leisten. Besonders in den Mittelparteien* müsse ein Umdenken erfolgen, das zu einer *umfassenden Arbeitsgemeinschaft* führe. Dabei gelte, dass neben Deutschnationalen und SPD *kein Raum für die politischen Exerzitien von 6–10 Parteien* bleibe. Unter Berufung auf Stresemann beschwor er dessen Vision einer *großen Deutschen Mittelpartei*, die ja auch Bickes im Mai des Vorjahres gefordert hatte.

Dazu sah Rath in Württemberg, wo in Regierung und Landtag die parteipolitischen Differenzen *mehr und mehr verflacht* seien, eine beispielhafte Entwicklung – eben die „Ordnungszelle". Angesichts des durch *Bolschewismus und Marxismus* und den Nationalsozialismus bedrohten Mittelstandes forderte er gemeinsame Anstrengungen zur Krisenüberwindung, sah allerdings auch die Anziehungskraft der Hitlerbewegung für bürgerliche Kreise. Während er Letzterer *manch gute(n) Kern* in nationaler Hinsicht bescheinigte, sah er in ihrem Wirtschaftsprogramm starke *sozialistische Gedankengänge*[234], in *sozialen Fragen* die Teilnahme an den *Uebersteigerungen* der letzen Jahre. Für einen *etwaigen Zerfall* der heterogenen NSDAP sagte er – nicht unbedingt logisch argumentierend – Abwanderungen zu den Kommunisten voraus. Zutreffend konstatierte er den Verlust *großer Teile* der bürgerlichen Jugend an den Nationalsozialismus. Die von ihm geforderte *starke Mittelpartei* sollte neben das Zentrum treten und so in den Parlamenten eine *Kräfteverlagerung* zur Mitte bewirken. Damit werde der *Glaube* an eine Besserung befördert und dem verbreiteten *Pessimismus* entgegengetreten. Schließlich gehe es *um den Bestand des bürgerlichen Staates* und so *ums Ganze*.

Nach den Wahlen von 1930 kam in der Reichs-DVP ein „immer sichtbarer werdender Auflösungsprozeß" in Gang[235]. Dingeldey war es gelungen, den erfolglosen und kranken Vorsitzenden Scholz zunächst zu demontieren und schließlich im November 1930 in einem „Putsch" (Ludwig Richter) sowohl den Parteivorsitz als auch die Führung der Reichstagsfraktion zu entwinden[236]. Der von ihm forcierte Rechtskurs, ablesbar etwa an der Wiederannäherung an den Stahlhelm und damit an die in Harzburg formierte „Nationale Opposition", der beginnenden Abwendung von der Regierung Brüning, Kontakten mit Hitler und an den im April 1931 veröffentlichten „Kampfzielen" der Partei mit wirtschaftsfreundlichen und dezidiert nationalen Forderungen[237]. Diese Weichenstellungen führten dann zum Verlassen der Regierung Brüning im Herbst 1931. Der Kurs Stresemanns war damit endgültig verlassen, die Partei zu „einem unbedeutenden Anhängsel" der DNVP geworden[238], die, innerlich zerrissen, nach einem neuen Standort suchte[239].

[234] Ähnlich hatte er am 21.2.1931 im Landtag (S. 2951–2960) argumentiert und die kapitalistische Wirtschaftsform verteidigt.

[235] Richter, Die Deutsche Volkspartei (wie Anm. 1) S. 676.

[236] Ebd., S. 688 f.

[237] Dazu ebd., S. 702–712.

[238] Ebd., S. 726.

[239] Ausführlich zur hier nur skizzierten Entwicklung ebd., Kapitel 45–48.

Die Frage, wie sich der württembergische Landesverband zu dieser dramatischen Entwicklung verhielt, ist eindeutig zu beantworten. Auch er ging, letztlich ja ohne wirkliche Alternative, mit Dingeldey auf neuen Kurs. Schon während einer Sitzung des Landesausschusses Ende Juni 1931 wurden Dingeldey und Keinath *Dank und Anerkennung* für ihr Wirken ausgesprochen[240]. Während 50 Mitglieder der Reichsvereinigung junger Volksparteiler Stuttgart die Parteileitung im Oktober aufforderten, dahin zu wirken, dass die „positiven Kräfte auf der Rechten in den Dienst des Staates" träten[241], plädierte die Ortsgruppe Stuttgart fast gleichzeitig für Sanktionen gegen diejenigen Reichstagsabgeordneten, die gegen Dingeldey opponiert hatten[242].

Insgesamt war eine starke Verunsicherung im bürgerlichen Lager unübersehbar. Während NSDAP und KPD das Land mit Versammlungen geradezu überzogen, besaßen solche der Bürgerlichen fast Seltenheitswert[243]. Zudem hatten sie bei den Gemeinderatswahlen am Jahresende starke Verluste erlitten. In Stuttgart war der Stimmenanteil der bürgerlichen Einheitsliste *um mehr als die Hälfte* gesunken, während die NSDAP der große Gewinner war[244].

Die Vertreterversammlung der württembergischen DVP Ende Januar 1932 versuchte im Vorfeld der kommenden Landtagswahlen, bei denen man selbständig agieren wolle, Zuversicht zu vermitteln. Dem zum Spitzenkandidaten nominierten Rath wurde, ebenso wie Keinath, uneingeschränktes Vertrauen ausgesprochen. Während der Landesvorsitzende das *Zusammenwirken* der Koalition wiederum lobte, beschäftige er sich vornehmlich mit der Reichspolitik. Er motivierte die Abkehr von Brüning mit der Feststellung, dessen Regierung *sei mit fast allen ihren Maßnahmen zu spät gekommen, wenn bereits ein Trümmerfeld vorhanden war.* Versöhnlich betonte er jedoch, dessen Kabinett dürften dann keine *Schwierigkeiten* bereitet werden, wenn es *sich in einem schweren außenpolitischen Waffengang* befinde. Er kritisierte die nationalsozialistische Wirtschafts- und Steuerpolitik, betonte jedoch, diese große Partei *von der Mitverantwortung auszuschließen steigere nur ihren Auftrieb.* Schließlich gelte es, sich kraftvoll um Hindenburgs Wiederwahl zu bemühen.

---

240 StAnz Nr. 148 vom 29.6.1931.

241 Zit. nach Richter, Die Deutsche Volkspartei (wie Anm. 1) S. 721 mit Anm. 47. – Diesem Schritt war ein an Dingeldey gerichtetes Exposé vom 5.8.1931 vorangegangen, das aus der Feder des Schriftführers der Stuttgarter jungen Volksparteiler, Erich Wild, stammte und die dort herrschende Stimmung illustriert. Wild forderte die sofortige Etablierung einer Regierung *mit stärkster nationaler Gesinnung.* Zu deren Aufgaben sollte etwa die Auflösung der KPD, die ‚Domestizierung' der SPD und die Stellung der *Berliner Asphaltpresse* unter Staatsaufsicht gehören. Zudem forderte der Heißsporn, die *nationalen Verbände* sollten als staatliche Hilfsorgane, die SS als bewaffnetes *Exekutionsorgan* fungieren. Abdruckt bei Döhn (wie Anm. 51) S. 437–439. Vgl. auch ebd., S. 227 mit Anm. 921 f.

242 Vgl. Richter, Die Deutsche Volkspartei (wie Anm. 1) S. 727 mit Anm. 1.

243 Vgl. Schnabel, Württemberg (wie Anm. 3) S. 95.

244 Zu den Gemeinderatswahlen vgl. ebd., S. 90–102. Zitat: StAnz Nr. 286 vom 7.12.1931.

Raths mit *starkem Beifall* bedachten Ausführungen[245] dokumentierten, dass die Partei scheinbar geschlossen den Rechtskurs Dingeldeys mittrug. Allerdings gab es vereinzelten Widerstand. Das Vorstandsmitglied des Stuttgarter Ortsvereins, Schlender, verließ nach langjähriger Mitgliedschaft „wegen des zutiefst illiberalen Verhaltens" Dingeldeys die Partei[246].

Entgegen den ursprünglichen Absichten beschloss ein Vertretertag schließlich ein Wahlbündnis mit den württembergischen Volkskonservativen[247], den abtrünnigen ehemaligen Deutschnationalen[248]. Mitte April veröffentlichte Rath eine Betrachtung zu den Wahlen[249], in der er die Alternative aufzeigte, ob Württemberg *fernerhin eine Ordnungszelle* bleiben könne, oder aber die *Entwicklung* einer verhängnisvollen *Ausgabenwirtschaft* drohe, die *anderwärts seit Jahren* zu beobachten sei. Während seine Partei im Landtag eine Politik eiserner Sparsamkeit im Sinne der Regierung verfolgt habe, hätten Kommunisten, SPD, NSDAP und der Volksdienst nahezu einen *Raubzug auf die staatlichen Kassen* versucht. Ahnungsvoll gestand er jedoch ein, dass bei der verantwortungsvollen Haltung seiner Partei und der Regierung *eine gewisse Hartherzigkeit* unvermeidbar gewesen sei. Das Bestreben zur Vermeidung *einer finanziellen Katastrophe* habe naturgemäß wenig *Befriedigung* ausgelöst und kaum *neue Freunde* gebracht. Dennoch werde man an diesem Kurs festhalten.

Mitte April sprach Dingeldey in Stuttgart über die Reichspolitik, die seit Mitte 1931 voller *Irrtümer* verlaufen sei. Er bedauerte das Scheitern einer *nationalen Front* hinter Hindenburg und sprach Hitler die Fähigkeit ab, *ein Volk zu einigen.* Als Kostprobe seiner Wirtschaftspolitik beklagte er gänzlich unpassend die Notlage der ostdeutschen Großgrundbesitzer[250].

Während einer schlecht besuchten Wahlversammlung in Crailsheim rühmte Hartmann die *gute Politik* seiner Partei. Ein zweiter Redner warnte vor einem *Sieg des Sozialismus*, den er durch Kommunisten und NSDAP vertreten sah und der *das Ende* bedeute. Er hoffte, dass in Württemberg kein *radikalisierter* Landtag gewählt werde und so von dort aus ein Gesundungsprozess einsetzen könne[251]. In einer

---

[245] KB Nr. 26 vom 22.2.1932.

[246] Zit. nach Richter, Die Deutsche Volkspartei (wie Anm. 1) S. 750.

[247] FrGb Nr. 73 vom 30.3.1932.

[248] Zu diesen Hans Peter Müller, Sammlungsversuche *charaktervoller Konservativer.* Die Volkskonservativen in Württemberg 1930–1932, in: ZWLG 64 (2005) S. 339–354, zum Bündnis S. 348 f.

[249] „Um was geht es bei den Landtagswahlen?", Hohenloher Bote Nr. 87 vom 15.4.1932. Daraus das Folgende.

[250] Hohenloher Bote Nr. 88 vom 16.4.1932.

[251] FrGb Nr. 89 vom 18.4.1932. – Diese Hoffnung wurde dadurch genährt, dass bei den Reichspräsidentenwahlen im Frühjahr, auf die sich ja auch Rath und Dingeldey bezogen hatten, Hindenburg wiedergewählt wurde und der Kandidat Hitler nur eine „vergleichsweise schmale Basis" in Württemberg erreichte. Vgl. dazu Schnabel, Württemberg (wie Anm. 3) S. 105–110, Zitat S. 110.

Rede in Göppingen betonte der Landtagsabgeordnete Mayer, die Parteiarbeit *sei ein steter Kampf gegen die Sozialdemokratie gewesen.* Man werde sich gegen jede Untergrabung der *staatlichen und kommunalen Finanzen* stellen. Auch Keinath wandte sich dort gegen die SPD und betonte, mit *allen nationalen Parteien* kooperieren zu wollen[252].

Während einer gemeinsamen Wahlversammlung mit den Volkskonservativen in Calw konstatierte Rath eine *Reichsverdrossenheit*, resultierend aus dem gegenwärtigen *Parlamentarismus* und der *Ausgabenwirtschaft* in Berlin sowie der Benachteiligung Württembergs auf verschiedenen Gebieten. In Kontrast dazu setzte er die im Lande herrschende *Ordnung*, die trotz drohender weiterer *Einsparungen* alternativlos sei, auch wenn man sich damit *unbeliebt* mache. Er präsentierte zudem ein Programm, das der Stärkung des Mittelstandes verpflichtet sei und appellierte abschließend *an das staatsbürgerliche Pflichtgefühl* im *Kampf gegen die Unvernunft*[253].

In letzter Stunde war es gelungen, das Wahlbündnis mit den Volkskonservativen um die Wirtschaftspartei zu erweitern[254]. Zweifellos war diese Allianz nur eine Not- und Verlegenheitslösung, die durch den Widerspruch gekennzeichnet war, dass die DVP mit den Deutschnationalen koaliert hatte und nun mit deren volkskonservativen Gegnern zusammenging. So prognostizierte die DNVP in einem Aufruf, die Nationalliberalen würden als *schwankendes Zwittergebilde* ihre enttäuschten Wähler verlieren[255].

Der Wahlausgang vom 24. April zeigte dann, dass die Haltung der DVP bei den Wählern keine Resonanz fand. Das Bündnis konnte nur etwa 1,5% der Stimmen erreichen und blieb ohne Mandat[256], während die NSDAP stärkste Partei im Lande wurde. Sie hatte *wohl großenteils* die früheren DVP-Wähler an sich gezogen, wie die „Württemberger Zeitung" meinte. Der „Merkur" sah in der *grundstürzenden Wahl* zu Recht eine *Katastrophe* der Volkspartei; sie sei zudem *noch vom Pech der Wahlarithmetik* betroffen worden. Das Fazit des Blattes war klar und zutreffend: *Die Führung der Partei* [habe] *in den letzten Jahren in Württemberg nicht mehr so überzeugt*, wie dies *unter Stresemann* der Fall war[257].

Anfang Mai kommentierte Rath vor dem geschäftsführenden Landesausschuss die Wahlen. Er gestand sowohl *manche Unterlassungssünde* als auch die Tatsache ein, dass das schmerzliche Ergebnis hauptsächlich *auf den Einbruch* der NSDAP *in*

---

252 Merkur vom 19.4.1932.

253 Calwer Tagblatt vom 18.4.1932. Für die Kopie des Artikels sei Herrn Dr. K. Mayer vom Stadtarchiv Calw herzlich gedankt.

254 KB Nr. 91 vom 20.4.1932.

255 KB Nr. 90 vom 19.4.1932.

256 Vgl. SCHNABEL, Württemberg (wie Anm. 3) S. 118, zu den Wahlen insgesamt S. 110–122.

257 Wahlkommentare im KB Nr. 96 vom 26.4.1932.

weite Kreise der Partei zurückzuführen sei. Zudem habe auch eine *Abwanderung* zur DNVP stattgefunden.

Schließlich bedauerte er, dass *nur 581 Stimmen* zur Erreichung eines Mandats gefehlt hätten[258]. In völliger Fehleinschätzung erwartete er einen Rückgang der Hitlerbewegung und sah eine *Umbildung des Parteiwesens* voraus. Man dürfe daher nicht *verzweifeln*; unbedingt müsse die Parteiorganisation erhalten bleiben. Zu seinen vom Ausschuss mit Zustimmung aufgenommenen Ausführungen, zu denen ein erstaunlicher Zukunftsoptimismus trat, gehörte die Absage an die vom *Geist* Hugenbergs beherrschte DNVP und die Betonung fortbestehender guter Beziehungen zu den Volkskonservativen und der Wirtschaftspartei[259].

Niedergang und Ende 1932/1933

Nach den Wahlen kam es in Württemberg nicht mehr zu einer verfassungsgemäßen Regierung. Die bürgerlichen Parteien weigerten sich, der NSDAP die zentralen Ministerien zu überlassen – und in einer fatalen Borniertheit lehnten sie auch eine Zusammenarbeit mit der SPD ab. So blieb das Kabinett Bolz, natürlich ohne den vormaligen Staatsrat Rath, als geschäftsführende Regierung im Amt.

Ende Juni beschäftigte sich der geschäftsführende Landesausschuss der Volkspartei mit den kommenden Reichstagswahlen[260]. Keinaths Bericht über die gescheiterten Sammlungsversuche der Mittelparteien veranlasste die Delegierten zur Kritik. Die Reichsleitung habe *zu lange gezögert* und *zu viel Zeit mit Verhandeln* verloren. Im Zentralvorstand sollten die Vertreter Württembergs für ein *selbständiges Vorgehen* plädieren. Man erstrebe einen *Wahlkreisverband* mit Baden sowie eine *Listenverbindung mit anderen Rechtsparteien*[261].

Dingeldey und Hugenberg einigten sich auf ein „technisches" Abkommen ihrer Parteien, das die Selbständigkeit der DVP bewahrte[262]. Ein Wahlflugblatt der Reichspartei betonte die *schwere Schuld der Parteiherrschaft*, forderte zur *Besonnenheit* auf und versprach unter Berufung auf Stresemann den *Kampf um Freiheit und Recht* gegen die vormaligen Kriegsgegner zu führen[263]. In deren Wahlaufruf wurde die Richtigkeit der Parole *für Hindenburg und gegen Brüning* betont; gegenüber dem Kanzler von Papen bleibe man *ungebunden und abwartend*, erwarte jedoch eine Verfassungsreform sowie *die starke Führung* durch die *Reichsspitze*.

---

258 Die DVP und ihre Verbündeten fochten die Sitzverteilung beim Staatsgerichtshof an, FrGb Nr. 128 vom 4.6.1932. Der Schritt blieb jedoch erfolglos.

259 KB Nr. 105 vom 7.5.1932.

260 Nach dem Rücktritt Brünings am 30. Mai 1932 hatte der neue Kanzler von Papen den Reichstag aufgelöst, die Neuwahlen wurden auf den 31.7. terminiert.

261 KB Nr. 144 vom 23.6.1932.

262 Vgl. Richter, Die Deutsche Volkspartei (wie Anm. 1) S. 762f.

263 „Nicht leidenschaftliche Demonstrationen ...", Stadtarchiv Stuttgart, Nachlass Kimmich/Schmalzried, 14/4.

Die allgemeine Lage verbiete *alle demagogischen Versprechungen*; das Streben gelte der *nationalen Volksgemeinschaft*[264].

Der wiederum als württembergischer Spitzenkandidat nominierte Keinath[265] forderte während einer Stuttgarter Wahlversammlung *autoritative Elemente* für die zu ändernde Reichsverfassung. Die den Wählern gebotene Alternative lautete für ihn, entweder Sieg des Sozialismus *aller Schattierungen* und damit der *Untergang*, oder aber ein Votum für die *Privatwirtschaft* und damit die *Volkswohlfahrt*[266].

In dem sozusagen auf ‚Sparflamme' geführten Wahlkampf der württembergischen DVP fehlten nach dem Desaster bei den Landtagswahlen sowohl der Elan als auch ausreichende Geldmittel[267]. Eine Wahlanzeige pries die DVP als *Partei der Vernunft*, während die *Massenparteien* durch *Radikalismus* und unerfüllbare *Versprechungen* geprägt seien, die schließlich zum *Bolschewismus* führten[268]. Eine weitere Anzeige wandte sich an das klassische Wählerpotenzial – *Angestellte, Beamte, Handwerker und Mittelständler.* In deren Interesse sei man *Gegner jeder Sozialisierung* und *Hort des Privateigentums*, stehe für *strengste Sparsamkeit* und gegen *falsche Steuerpolitik* und *Korruption*[269] – die NSDAP wurde so bestenfalls indirekt angesprochen.

Diese Appelle konnten jedoch nicht überzeugen. Das Wahlergebnis war erneut deprimierend; der Landesverband blieb wiederum ohne Mandat. In einer Wahlbetrachtung hieß es angesichts des Verlustes von über 6.000 Stimmen gegenüber der Landtagswahl zutreffend, die Partei habe *ihren Auflösungsprozeß fortgesetzt*[270]. Dies galt auch für die Reichs-DVP, die nur noch sieben Sitze erreichte und damit Dingeldeys hektisches Lavieren ad absurdum führte[271]. Die NSDAP war mit 230 Mandaten zur stärksten Partei im Reichstag geworden.

Kanzler von Papen löste nach einer vernichtenden Reichstagsniederlage im September – nur DNVP und DVP standen an seiner Seite –, das Parlament auf. Erst Mitte Oktober trat der Vertretertag der DVP wieder auf den Plan, um sich mit dem neuen, zum 6. November ausgeschrieben Urnengang zu beschäftigen. Rath bezeichnete dort offenbar ohne Selbstzweifel das Handeln seiner Partei während der letzten Jahre als *richtig*. Damit meinte er die von Dingeldey betriebene Lösung von Brüning und die *treue Gefolgschaft* zu Hindenburg. Er bedauerte, dass es nicht

264 Der Aufruf ebd.

265 FrGb Nr. 162 vom 14.7.1932.

266 Hohenloher Bote Nr. 176 vom 30.7.1932. Keinath billigte dort auch den Staatsstreich gegen Preußen, d. h. die Absetzung der Regierung Braun.

267 Zum Geldmangel Richter, Die Deutsche Volkspartei (wie Anm. 1) S. 765 mit Anm. 32.

268 KB Nr. 175 vom 29.7.1932 (z. T. in Fettdruck).

269 HT Nr. 176 vom 30.7.1932 (z. T. in Fettdruck).

270 KB Nr. 177 vom 1.8.1932.

271 Zum Wahlkampf auf Reichsebene Richter, Die Deutsche Volkspartei (wie Anm. 1) S. 760–768. Schnabel, Württemberg (wie Anm. 3) erwähnt wie auch in seinen früheren und nachfolgenden Wahlbetrachtungen die DVP kaum.

gelungen sei, zu einer *einheitlichen Hindenburg-Front* zu gelangen. Für die kommende Wahl sei die Entscheidung einfach. Es gelte, sich *für oder gegen* die vom Präsidenten etablierte Regierung Papens zu entscheiden. Seine Partei habe sich sofort an deren Seite gestellt und werte deren Programm als *befreiende Tat*. Diese Einschätzung fand Zustimmung, gleichzeitig wurde Keinath erneut zur Kandidatur aufgefordert und ihm *Dank* und *Anerkennung* gezollt[272].

Diese Haltung war praktisch identisch mit dem Kurs der Reichspartei. Deren Wahlaufruf forderte für die Regierung, die *Beauftragten* Hindenburgs, *die Möglichkeit zur Arbeit*, drohten doch *durch den Machtdünkel* zerstörerischer Parteien *die letzten Hoffnungen* zu scheitern[273]. Teilweise verändert und ergänzt wurde der Aufruf für eine Anzeige benutzt, die Hindenburgs *göttliche(n) Auftrag* in scharfen Kontrast zu Hitler setzte. Dieser erstrebe die *Diktatur seiner Partei* und habe sich mit den *Übeltäter(n) von Beuthen* solidarisiert[274]. Eine wohl landesweit geschaltete Anzeige verbreitete wiederum einen erstaunlichen Optimismus. Sie sprach vom *neuen Aufstieg* der Partei, gekennzeichnet durch *neue Beitritte, Opferwilligkeit der Mitglieder* und *Vertrauen in die Zukunft*. Nachdem man seit über 60 Jahren *unentbehrlicher Faktor der deutschen Geschichte* gewesen sei, trete man nun mit Hindenburg, dem man *stets treu* zur Seite gestanden habe, zur *Rettung Deutschlands* an[275].

Insgesamt wurde der wiederum im Zeichen finanzieller Probleme zu bestreitende Wahlkampf erneut nur in *recht zurückhaltender* Weise geführt[276]. Obwohl Keinath ohne Mandat blieb, konnte der Landesverband gegenüber den Juliwahlen doch einen Stimmenzuwachs von über 6 000 erzielen und ein Kommentar sah die Partei *wieder im Aufstieg begriffen*[277]. Auch die Reichspartei hatte ihre Mandate auf elf erhöhen können, während die NSDAP einen bemerkenswerten Rückschlag erlitt[278].

In dem „Intrigenwirrwarr" nach den Novemberwahlen (Helmut Heiber) konnte der optimistische Dingeldey mit seiner auf dem Niveau einer Splitterpartei verharrenden DVP nur als Statist wirken. Seine Hoffnung, nach dem Rücktritt des von ihm unterstützten Kanzlers von Schleicher Ende Januar 1933 nun mit der DVP den Linksflügel der „Kampffront Schwarz-Weiß-Rot" Hugenbergs besetzen zu können, scheiterte. So blieb ihm nur ein mit dem Christlich-Sozialen Volksdienst, der Deutschen Bauernpartei und der Deutsch-Hannoverschen Partei geschlossenes

---

272 KB Nr. 244 vom 18.10.1932.

273 KB Nr. 248 vom 22.10.1932.

274 HT Nr. 259 vom 4.11.1932. – Im schlesischen Potempa bei Beuthen hatten SA-Leute einen kommunistischen Arbeiter bestialisch ermordet.

275 KB Nr. 259 vom 4.11.1932.

276 Wahlbetrachtung des Merkurs, zit. nach StAnz Nr. 262 vom 8.11.1932.

277 KB Nr. 261 vom 7.11.1932.

278 Vgl. Richter, Die Deutsche Volkspartei (wie Anm. 1) S. 776–782, zur Finanznot S. 778 f.

technisches Abkommen, das Reststimmen für die zum 5. März 1933 ausgeschriebenen neuen Reichstagswahlen sichern sollte[279].

Nach Hitlers Ernennung zum Reichskanzler am 30. Januar 1933 stellte die „Nationalliberale Korrespondenz" bedauernd fest, in dessen Kabinett fehlten Vertreter *der gemäßigten Rechten* und solche der *mittleren politischen Linie*. Es stelle daher keine wirkliche *nationale Konzentration* dar[280]. Etwas später betonte Dingeldey auf einer Sitzung des Reichsausschusses, man werde der Regierung *nicht mit grundsätzlicher Opposition begegnen*, sondern sie an ihren *Taten* messen[281].

Während der Vorsitzende der Stuttgarter Ortsgruppe, Alfred Krämer, der dann zum Spitzenkandidaten nominiert wurde, Dingeldey aufgefordert hatte, „vorerst nichts gegen die Regierung zu unternehmen"[282], beschäftigte sich der württembergische Landesausschuss am 9. Februar mit der für Rath *überaus ernste(n) politische(n) Lage*. Die Parteivertreter stellten sich *einmütig* hinter die Reichsführung und hofften auf den *Zusammenschluß* aller Parteien zwischen NSDAP und Zentrum. Komme dieser nicht zustande, werde die DVP selbständig handeln. Dann träten die *vorsorglich* ausgehandelten *wahltechnischen* Vereinbarungen in Wirkung[283].

Anfang März zeigte sich, dass man innerhalb der Landespartei nicht einig war. Mitglieder der Ortsgruppe Esslingen hatten einen Aufruf veröffentlicht, der zur Wahl der Kampffront aufrief. Diesen Schritt bezeichnete der geschäftsführende Ausschuss als gegen *Satzungen* und *Parteidisziplin* verstoßend; die Initiatoren hätten sich *außerhalb der Parteiorganisation gestellt* und *Konsequenzen* zu erwarten[284]. Auf den mit wenig Einsatz geführten Wahlkampf musste dieses Ereignis verheerend wirken. In Anzeigen wurde etwa beklagt, dass die *um die nationale Befreiung* verdiente Partei nicht aus einer *nationalen Front* ausgeschlossen werden dürfe. Gleichzeitig folgten Appelle an die Vernunft: Man stehe für die *unantastbare Bürgerfreiheit*, wende sich gegen *immer neue Wahlen* und beschwor die eigene *nationale und liberale Weltanschauung* als Gegengewicht zu den *Machtgelüsten egoistischer Parteipolitiker*[285]. Schließlich empfahl man sich als *Partei der selbständig denkenden Menschen*[286].

Mit diesem Tenor argumentierte auch Rath. Er sah für die DVP eine *Aufwärtsbewegung* und sprach sich gegen Stimmen in der Partei aus, die für ein Aufgehen im *sog. nat. Block* plädierten. Während die NSDAP, die das staatliche System jahrelang *berannt* habe, inzwischen weitgehend *im Besitze der Macht* sei, stelle sich die

279 Vgl. dazu Richter, Die Deutsche Volkspartei (wie Anm. 1) S. 794.
280 Zit. nach KB Nr. 27 vom 2.2.1933.
281 KB Nr. 31 vom 7.2.1933.
282 Zit. nach Richter, Die Deutsche Volkspartei (wie Anm. 1) S. 793.
283 StAnz Nr. 34 vom 10.2.1933.
284 HT Nr. 52 vom 3.3.1933.
285 KB Nr. 53 vom 4.3.1933 (z. T. in Fettdruck).
286 Hohenloher Bote Nr. 53 vom 4.3.1933.

Frage, *ob wir überhaupt noch in einem Rechtsstaat leben*, denn *Recht u. Gerechtigkeit* seien *immer in Gefahr, wenn eine extreme Richtung* regiere. Allerdings gestand er zu, dass die derzeitigen Verhältnisse *diktatorische Maßnahmen* erforderten, die jedoch keine Einzelrechte oder die *Stellung der Länder* beeinträchtigen dürften. Während er *Bedenken* gegen die Wirtschaftspolitik Hugenbergs äußerte, sah er die Aufgabe der DVP darin, für einen Mittelweg zu sorgen und einem *Gewissenszwang wie in Italien* entgegenzutreten. Man wolle gegenüber der neuen Regierung *Verständnis* aufbringen, dabei aber am *Rechtsstaat* festhalten. Daher sei das eigenständige Auftreten der Partei *absolut geboten*[287].

Angesichts einer sich ausbreitenden, durch den wohl inszenierten Reichstagsbrand noch zusätzlich angeheizten Massenhysterie konnten die Argumente der Partei, die wiederum ohne Mandat blieb, nicht überzeugen. So erlebten die württembergischen Nationalliberalen mit nur noch knapp 11.000 Stimmen, ein Verlust von etwa 8.500 gegenüber den Novemberwahlen[288], ihr endgültiges Waterloo. In einem Kommentar des „Merkurs" wurde konstatiert, die Massen hätten sich bei starker Wahlbeteiligung von den Liberalen ab- und vor allem der NSDAP zugewandt. Gleichzeitig sei die DVP trotz ihrer Bereitschaft zur Mitarbeit in Hugenbergs Kampffront dort unerwünscht gewesen[289]. Auch die Reichspartei erreichte nur noch zwei Sitze, darunter Dingeldey, der auch an erster Stelle auf dem württembergischen Wahlzettel stand[290].

Nachdem der Prozess der Zerstörung des demokratischen Staatswesens bereits in vollem Gang war und ein „wahrer Massenexodus" aus der DVP einsetzte[291], konstatierte Anfang April die Berliner Parteiführung, *einer gewaltigen nationalen Volksbewegung* sei es gelungen, das *Hindernis deutscher Wiedergenesung hinwegzuräumen*. Die Unterstützung Hitlers galt ihr als *selbstverständliche Pflicht*. Nach der Erschütterung der *alten bürgerlichen Parteiformen* erfordere *ein neuer Geist* auch *neue Formen*[292]. Über Wochen suchte Dingeldey nach jenen Formen zur Erhaltung des Nationalliberalismus. Nachdem er am 4. Juli die Auflösungserklärung der DVP formuliert hatte, trat er Ende September als Hospitant zur NSDAP[293].

Ungeachtet dieser Bemühungen zogen die Württemberger die realistische Konsequenz aus den gegebenen Verhältnissen in eigener Regie. Die letztmalig tagende

---

[287] Undatiertes Redemanuskript Raths: „ Die Aufgaben der Deutschen Volkspartei nach dem 5. März", Stadtarchiv Tübingen A 10/N 93/99.

[288] Statistisches Handbuch für Württemberg 1927–1935, Stuttgart 1937, S. 311.

[289] Nach StAnz Nr. 55 vom 7.3.1933.

[290] Vgl. Hohenloher Bote Nr. 47 vom 25.2. 1933. – Zu den Wahlen im Reich und ihren Hintergründen Richter, Die Deutsche Volkspartei (wie Anm. 1) S. 792–800. Schnabel, Württemberg (wie Anm. 3) der wiederum die DVP kaum beachtet, wies darauf hin, dass der Wahlkampf der Bürgerlichen und der SPD im Gegensatz zum Reich „nicht entscheidend" behindert wurde, ebd., S. 167.

[291] Richter, Die Deutsche Volkspartei (wie Anm. 1) S. 803.

[292] KB Nr. 79 vom 4.4.1933.

[293] Zum Auflösungsprozess Richter, Die Deutsche Volkspartei (wie Anm. 1) S. 801–820.

Vertreterversammlung löste Mitte Mai den Landesverband auf. Sie erklärte, *keine Möglichkeit mehr* zu sehen, ihre Organisation *zu erhalten*. Dieser Schritt erfolge im *Bewusstsein, für eine gute Sache gestritten zu haben*, hätten doch alle Bemühungen stets *der Größe und Macht Deutschlands, der Ausmerzung marxistischer Ideen und der Bildung einer wahren Volksgemeinschaft* gegolten. Die Nationalliberalen verließen die politische Bühne mit der Erwartung, der neuen Regierung möge es *gelingen*, auf *neuen Wegen Deutschland einer glücklichen Zukunft entgegenzuführen*[294].

Schlussbetrachtungen

Die in Württemberg verspätet – nach einem konfusen Neben- und Gegeneinander-Agieren und nur durch ‚Geburtshilfe' der Reichspartei – in die politische Arena tretende DVP war von Anfang an mit einer ganzen Reihe von Problemen konfrontiert. Mit der DDP und den Deutschnationalen, später dann auch den neuen Parteien, konkurrierte man um die bürgerliche Wählerschaft. Während das Wahlrecht die kleine Partei benachteiligte, kamen interne Probleme hinzu. Der Parteiaufbau verlief schleppend, ablesbar etwa am anfangs häufigen Wechsel der Parteisekretäre und der erstaunlich späten Gründung der Arbeitsgemeinschaften. Hinzu trat die späte ‚Wiederentdeckung' der „Schwabenwarte" als Parteiblatt; allerdings behandelte der „Merkur" die DVP wohlwollend[295]. Für den Chronisten kommt schließlich hinzu, dass eigentliche Parteiakten fehlen[296] und die „Schwabenwarte" nur äußerst lückenhaft überliefert ist. Insofern blieben möglicherweise parteiinterne Vorgänge da und dort im Dunkel.

In der konstruktiven und staatstragenden Rolle der kleinen Partei als „Zünglein an der Waage" in der württembergischen Landespolitik, die schließlich zum Eintritt in die Regierung führte, sahen die drei Parteiführer ihre eigentliche Aufgabe. Diese Haltung wurde von den Mitgliedern und Wählern bis zum Fiasko von 1932 mitgetragen. Egelhaaf und Bickes gebührt das Verdienst, den deutschnationalen Charakter der Bürgerpartei früh erkannt und daraus die – ihr liberales Grundverständnis dokumentierende – Konsequenz gezogen zu haben. Beide trugen zunächst Stresemanns ‚alten Kurs' mit, um sich dann seiner Wandlung zum realistischen Staatsmann anzuschließen. Letzteres galt auch für Rath.

---

294 StAnz Nr. 111 vom 15.5.1933. Die Feststellung, die Auflösung der württembergischen DVP habe im Staatsanzeiger keine *Erwähnung* gefunden – so SCHNABEL, Württemberg (wie Anm. 3) S. 672, Anm. 9 – ist also unzutreffend.

295 Auch der Staatsanzeiger und Provinzblätter wie etwa der Kocherbote berichteten über die Parteiaktivitäten relativ ausführlich.

296 Allerdings besitzt das Stadtarchiv Tübingen eine Materialsammlung zu Johannes Rath, aus der mir dankenswerterweise Einzelstücke kopiert wurden.

So standen die drei Vorsitzenden für die den Landesverband im Unterschied zu vielen anderen Regionalgliederungen kennzeichnende Treue und Bewunderung ihres Parteiführers.

Ein weiteres zentrales Ergebnis dieser Untersuchung stellt der Befund dar, dass die württembergische DVP ganz dezidiert nicht als Interessenvertretung der Großindustrie bzw. des großen Geldes agierte. Vielmehr war der Landesverband bemüht, für einen sozialen Ausgleich und vor allem mittelständische Interessen zu wirken. Die Wirtschafts- und Staatskrise sollte dieser Politik – und den Grundsätzen Stresemanns – dann die Basis entziehen. Die desorientierte und sich radikalisierende bürgerliche Mitte, jedenfalls auf evangelischer Seite, orientierte sich nach rechts und stieß schließlich in Scharen zu den Nationalsozialisten, deren wahrer Charakter von den bürgerlichen Parteien nie wirklich erkannt wurde. Während die württembergischen Nationalliberalen die NSDAP durchaus skeptisch beurteilten, versuchten sie 1930 mit dem gegen den Willen der Reichspartei initiierten liberalen Wahlbündnis, sich gegen die erkennbar heraufziehende Krise zu stemmen. Nach dessen Scheitern waren sie letztlich alternativlos der Rechtswendung des überforderten und lavierenden Dingeldey ausgeliefert und verloren so – wie die Reichspartei – zusätzlich an Glaubwürdigkeit. Auch Raths Konzept einer württembergischen „Ordnungszelle“ wurde letztlich von den Wählern nur als Sparappell wahrgenommen.

Mit der ‚Ausbootung‘ des um die Partei verdienten Bickes 1930 wurden bereits Krisensymptome im zuvor weitgehend geschlossenen Landesverband erkennbar. Nach der verheerenden Niederlage bei der Landtagswahl 1932 fielen die württembergischen Nationalliberalen sozusagen in eine Art Schockstarre. Diese wird insofern nachvollziehbar, als sie 1930 und erneut 1932 erfahren mussten, dass ihre selbst initiierten Parteibündnisse nach links und nach rechts gescheitert waren, wirkliche politische Optionen also fehlten.

Dementsprechend versäumten sie es 1932, etwa durch einen gut organisierten Parteitag ihren Lebenswillen nach außen zu dokumentieren. Auch wenn ein solcher sicherlich keine Wende gebracht hätte, wäre es ein Zeichen des Sich-Aufbäumens gewesen. So wurden die anschließenden Reichstagswahlkämpfe sozusagen auf Sparflamme geführt und bestenfalls Zweckoptimismus artikuliert. Die Resignation in den schmelzenden Reihen der Partei und ihrer Wähler war unübersehbar. Sparappelle und solche an die Vernunft sowie die Berufung auf Hindenburg blieben wirkungslos. Auch der zuvor so vielfach aktive Rath setzte keine wirklichen Akzente mehr. So war die Auflösung des Landesverbandes im Mai 1933 nur konsequent[297]. Die dabei geäußerte Gewissheit, *für eine gute Sache gestritten zu haben*,

[297] Dies fand auch der „Merkur/Kronik“ (Nr. 113 vom 16.5.1933), der den württembergischen Parteiführern Anerkennung und Dank für ihre *vaterländische* und *uneigennützige Arbeit* zollte und dabei konstatierte, die Partei habe in der Republik nie die im Kaiserreich innegehabte *Bedeutung* erreichen können.

war durchaus zutreffend. Allerdings war dieser Einsatz spätestens seit den Landtagswahlen von 1932 letztlich aussichtslos geworden.

Die Organisationen „Elsa" und „Sonderverbindung"

Der nationalsozialistische Untergrund in Württemberg 1945/1946

Von FRIEDEMANN RINCKE

Von Anfang Mai 1945 bis ins Jahr 1946 hinein beobachtete und infiltrierte die militärische Abwehr der US-Armee zwei nationalsozialistische Untergrundorganisationen in Württemberg*. Ein Soldat der Waffen-SS, der als Kurier für diese Untergrundbewegung rekrutiert worden war, hatte sich den Amerikanern als Doppelagent angeboten. Das Counter Intelligence Corps (CIC) und das Office of Strategic Services (OSS)[1] starteten daraufhin die Operation, der sie den Codenamen Danube gaben. Anhand der Berichte und Unterlagen über die Operation Danube lassen sich neue Erkenntnisse zur Organisationsstruktur, Vorgehensweise, Reichweite und Zielsetzung der konspirativen Netzwerke vor allem ehemaliger Mitarbeiterinnen und Mitarbeiter der Geheimen Staatspolizei und des Sicherheitsdienstes (SD) gewinnen.

Dazu sei zunächst eine Abgrenzung zwischen den hier zu untersuchenden Organisationen und Himmlers „Werwölfen" vorgenommen. Diese Unterscheidung ist auch notwendig, da die Geschichte der „Werwölfe" als Faszinosum und scheinbar treffendes Sinnbild des apokalyptischen Scheiterns des NS-Staats der Forschung zu den kurz vor oder bald nach der Kapitulation entstandenen nationalsozialistisch geprägten Untergrundbewegungen im Wege zu stehen scheint[2]. Zu gut scheint sich die Agonie des Nationalsozialismus in der Organisation und den Ak-

---

* Der vorliegende Artikel entstand im Rahmen von Recherchen für das Projekt „Hotel Silber" im Haus der Geschichte Baden-Württemberg. Das Forschungs- und Ausstellungsprojekt hat die Geschichte der Polizei und die der Geheimen Staatspolizei in Württemberg und Hohenzollern zum Gegenstand. Siehe auch www.geschichtsort-hotel-silber.de.

[1] Das CIC war kurz nach dem Kriegseintritt der USA als Abwehr der US-Armee gegründet worden. Das OSS war wenige Monate früher als Nachrichtendienst des US-Kriegsministeriums ins Leben gerufen worden. Auch wenn das OSS nicht als Ganzes in die 1947 gegründete CIA überführt wurde, gilt es doch als deren Vorläufer.

[2] Der Forschung zum „Werwolf" (siehe Anm. 3) steht zumindest kein Äquivalent bezüglich der konspirativen Netzwerke ehemaliger NS-Funktionsträger gegenüber, obgleich die Quellenlage hierzu seit der Deklassifizierung wichtiger Bestände in den National Archives and Records Administration (künftig: NARA) in Washington gut ist.

tionen der „Werwölfe“ zu versinnbildlichen, als dass mit deren Ende nicht auch das Ende der Konspiration gekommen sein sollte. Das war aber nicht der Fall.

Über die allgemeine Entstehungs- und Wirkungsgeschichte der „Werwolf“-Verbände bis zum Ende des NS-Regimes besteht in der Forschung heute in den wesentlichen Punkten ein weitgehender Konsens[3]. Von Heinrich Himmler im Herbst 1944 ins Leben gerufen, sollten aus dem Personal von Wehrmacht, Sicherheitspolizei oder auch der Hitlerjugend „Werwolf“-Gruppen gebildet werden. Diesen war die Aufgabe zugedacht, erst in vormals besetzten Gebieten, dann auch auf dem Boden des Deutschen Reichs, hinter der Front die Alliierten dort anzugreifen, wo mit den begrenzten militärischen Mitteln Aussicht auf Erfolg bestand. So sollten die Nachschubwege des Feindes gestört und dessen militärische Mittel gebunden werden. Zweites Ziel war die Einschüchterung und Terrorisierung deutscher Personen, die mit den Alliierten kooperierten.

Neben der Unterstützung bzw. Entlastung der regulären Truppen sollte vor allem eines erreicht werden: die Spirale der Gewalt sollte sich noch einmal in Bewegung setzen und eine weitere Eskalation herbeigeführt werden. Die deutsche Zivilbevölkerung war nach dem Willen Himmlers durch Terror von einer Zusammenarbeit mit dem Feind abzuhalten. Vor allem aber setzte man darauf, mit der irregulären Guerilla-Taktik die Alliierten zu Vergeltungs- und Repressionsmaßnahmen zwingen zu können und so den Willen zum Widerstand in der deutschen Bevölkerung zu wecken und zu stärken. Teil dieser Strategie war ein unter der Regie von Joseph Goebbels entstandener Radiosender. In der ersten Ausstrahlung am 1. April 1945 wurde mit der Titulierung der alliierten Soldaten als *Freiwild* die Aufgabe jeglicher kriegsrechtlicher Beschränkungen proklamiert[4]. Diese Strategie schlug fehl, auch darin ist sich die Forschung einig. Die „Werwölfe“ blieben militärisch erfolglos und auch der propagandistische Effekt blieb weit hinter den Erwartungen zurück. Nirgends entfachten „Werwölfe“ einen Volkskrieg.

Die Strategie und Planung des Guerilla-Kriegs blieb zeitlich an das Bestehen des NS-Staats selbst geknüpft. Auch wenn sich einzelne NS-Größen Fantasien über ihre Rolle in einem Nachkriegsdeutschland hingegeben haben mögen, als Funktionäre des NS-Regimes verbot es sich, an eine Kapitulation oder gar darüber hinaus zu denken. Daher gab es keine Direktiven für die „Werwolf“-Verbände, ob oder

[3] Zur Organisation „Werwolf“ vgl. Hellmuth AUERBACH, Die Organisation des „Werwolf“, in: Gutachten des Instituts für Zeitgeschichte, Bd. 1, hg. vom Institut für Zeitgeschichte, München 1958, S. 353–355; Charles WHITING, Hitler's Werewolves: The Story of the Nazi Resistance Movement 1944–1945, New York 1972; Arno ROSE, Werwolf: 1944–1945. Eine Dokumentation, Stuttgart 1980; Klaus-Dietmar HENKE, Die amerikanische Besetzung Deutschlands, München 1995, S. 935–954; Perry BIDDISCOMBE, Werwolf! The History of the National Socialist Guerrilla Movement 1944–1946, Cardiff 1998; Stephen G. FRITZ, Endkampf. Soldiers, Civilians, and the Death of the Third Reich, Lexington 2004, S. 195 ff.; Volker KOOP, Himmlers letztes Aufgebot. Die NS-Organisation „Werwolf“, Köln/Weimar/Wien 2008.

[4] Zum Text der Sendung vgl. KOOP (wie Anm. 3) S. 188 f. und HENKE (wie Anm. 3) S. 943.

gar wie sie nach dem Kollaps der Wehrmacht und des Staats agieren sollten. In der Forschung wird deshalb das Ende der „Werwölfe" mehr oder weniger mit dem Ende des NS-Staats gleichgesetzt. Vereinzelte Gewaltakte nach dem regionalen oder allgemeinen Ende der Kämpfe werden dieser Sichtweise nach als Ergebnisse einer jeweils lokalen und situativen nochmaligen Radikalisierung Einzelner oder kleinster Gruppen gedeutet und nicht mehr als Aktionen einer wenigstens rudimentär noch existierenden und vernetzten Untergrundbewegung[5].

Die Untergrundorganisation in Württemberg, die den Decknamen „Elsa" trug, trat dagegen als Struktur überhaupt erst im April 1945 in Erscheinung. Dass die Organisation „Elsa" hinsichtlich Organisation, Vorgehensweise und auch personeller Struktur recht detailliert nachgezeichnet werden kann, ist den Angaben des Überläufers Günther Mannerz sowie den weiteren Ermittlungen amerikanischer CIC-Agenten zu verdanken. Mannerz, ein 20-jähriger Soldat der Waffen-SS[6], kontaktierte am 3. Mai 1945 die amerikanische Militärregierung im bayerischen Kempten unweit der Grenze zu Württemberg und bot wichtige Informationen über eine nationalsozialistische Untergrundbewegung an. Er wurde daraufhin zu den Spezialisten des 307th Counter Intelligence Corps Detachment im Hauptquartier der siebten US-Armee gebracht, die ihn eingehend verhörten. Die Ergebnisse fassten sie in einem 23-seitigen Bericht zusammen, der auf den 12. Mai datiert ist[7]. Zusammen mit zahlreichen weiteren Unterlagen über Observierungen und den Versuch, einen weiteren V-Mann in die Organisation „Elsa" einzuschleusen, ist dieser Bericht die ergiebigste Quelle zu dieser Organisation. Mannerz hatte sich einverstanden erklärt, den Amerikanern nicht nur die ihm bis dato bekannt gewordenen Details über „Elsa" mitzuteilen, sondern darüber hinaus in die Organisation zurückzukehren und weitere Informationen zu sammeln. Aus Sicht des CIC war dies notwendig, da Mannerz als Kurier für „Elsa" rekrutiert und von seinen Vorgesetzten nur soweit über die Organisation orientiert worden war, wie dies für die Erfüllung seiner Aufgabe nötig erschien. Mannerz kannte Anfang Mai also nur Namen und Aufenthaltsort von einem Teil der beteiligten Personen. Mit Verhaftungen der von Mannerz bezeichneten Personen wäre zu diesem frühen Zeitpunkt für die Amerikaner also nur ein Teilerfolg zu erzielen gewesen, verbunden mit der Gefahr, das verbleibende Personal zu warnen und noch weiter in den Untergrund zu treiben. *Subject doesn't know the exact details of the organization that would enable us to destroy it now (exact places of leaders, stores, and radio cars, stc.), and*

---

[5] Rose (wie Anm. 3) S. 316 ff.; Biddiscombe (wie Anm. 3) S. 45 ff.; Koop (wie Anm. 3) S. 245 ff.

[6] Günther Mannerz war im März 1945 durch Vermittlung eines Schulfreundes von der Waffen-SS zum Sicherheitsdienst gekommen und wurde vom SS-Führungshauptamt nach Stuttgart geschickt. NARA Washington, RG 226, Entry 108, Box 460: Memorandum for the officer in charge. Subject: Mannerz, Gunther, German, Waffen SS (and Werewolf Activities), 12.5.1945.

[7] Ebd.

extreme caution must be used in order to be able to capture the leaders of the organization[8]. Hinzu kam, dass Württemberg als Aktionsfeld von „Elsa“ in eine südliche französische und nördliche amerikanische Besatzungszone geteilt war und die Amerikaner keinen direkten Zugriff auf Verstecke von „Elsa“ in Süd-Württemberg hatten, selbst wenn sie bekannt waren.

Die mit dem Fall betrauten Agenten des CIC hatten keinen Zweifel an der Glaubwürdigkeit ihres Kronzeugen. *Mannerz, Gunther, although only 20, is exceptionally intelligent. He has a good memory, is quick to learn, and is unusually alert. This agent believes he is absolutely trustworthy and is conscience about wanting to combat the underground in Germany, which threats, or may threaten the peace for which we have fought*[9]. Dennoch ist nach der Motivation Mannerz’ zu fragen. Schließlich setzte er sich vor allem mit seiner Bereitschaft, weiter als Kurier innerhalb der Organisation „Elsa“ zu arbeiten, einem nicht unerheblichen Risiko aus. Mannerz selbst gab an, ihn habe die Einsicht geleitet, *that our existence as a state was over and that through this organization, whose constructions, aims, and plans, and who leading men I knew, innumerable people would again come to misfortune, and that because of this senseless resistance, resent conditions would continue, conditions which can only result in injury to our country; I resolved to ask the occupation authorities to remove (the threat of) this organization*[10]. Ob Mannerz nun tatsächlich vom Wunsch nach Frieden beseelt war oder lediglich das Risiko, von Mitgliedern von „Elsa“ als Überläufer enttarnt zu werden der Aussicht, als deren Mitglied den Siegern unfreiwillig in die Hände zu fallen, vorzog, kann anhand solcher Aussagen schwerlich entschieden werden. Fest steht dagegen, dass Mannerz’ Angaben sich als zutreffend herausstellten und er als V-Mann weiterhin wichtige Informationen lieferte. Auch nach dem Abschluss der Operation Danube arbeitete er weiter mit Erfolg und unter hohem persönlichem Risiko für amerikanische und dann auch britische Sicherheitsorgane.

Die Entscheidung des CIC, der Zerschlagung von „Elsa“ einige Aufmerksamkeit zu schenken und sich nicht mit schnellen, aber eben unvollständigen Verhaftungserfolgen zufrieden zu geben, war durch zwei Überlegungen geprägt. Zum einen bestand „Elsa“ nahezu ausschließlich aus Angehörigen des Sicherheitsdienstes (SD) und der Geheimen Staatspolizei, Personen also, für die der automatische Arrest vorgesehen war[11]. Einige wurden darüber hinaus als mögliche Kriegsver-

---

[8] Ebd. – Das zum Teil ungelenke oder falsche Englisch in den CIC-Unterlagen rührt wohl daher, dass für das CIC auch deutsche Emigranten oder vertrauenswürdige Einheimische arbeiteten, deren Englisch nicht immer ganz sattelfest war. Auf Hinweise auf grammatikalische Fehler wird im Folgenden verzichtet und lediglich offensichtliche Tippfehler in den Quellen bei der Wiedergabe korrigiert.

[9] Ebd.

[10] Ebd., Appendix A, Subject’s Statement.

[11] Zur Personalstruktur von „Elsa“ siehe weiter unten. Zum Kreis der für den automatischen Arrest vorgesehenen Personen vgl. Supreme Headquarters Allied Expeditionary Force, Public Safety Manual of Procedures, September [1]1944.

brecher gesucht[12]. Dieser Personengruppe wollte man möglichst vollständig habhaft werden. Zum anderen ließen die Aussagen von Günther Mannerz den Schluss zu, dass die von „Elsa“ ausgehende Gefahr vielleicht nicht so sehr eine militärische und somit zwar unmittelbare, aber auch beherrschbare Herausforderung war, sondern eher eine langfristige und politische, die sich letztlich gegen die Entnazifizierungs- und Demokratisierungspläne richtete.

Tatsächlich berichtete Mannerz von einer der „Werwolf“-Strategie geradezu entgegengesetzten Zielsetzung der Organisation „Elsa“. Um eine wie auch immer geartete Teilnahme an der militärischen Auseinandersetzung ging es nicht mehr. Johannes Thümmler[13] habe als Chef der Untergrundverbände in Südwesten am 21. April vor Männern und Frauen der Gestapo und des SD im württembergischen Eglofs die Strategie von „Elsa“ folgendermaßen erläutert:

The legal military war will only last some 14 days more, but the illegal political fight continues. So are preparations in order for an illegal organization that will take advantage of any conflict between the enemy – Britain and the US against Russia, and the relaxation of the occupation troops. We await our moment when we may operate openly again, but until then the underground must continue to function[14].

Die Konzeption von „Elsa“ war also keine ausschließlich militärische, sondern beinhaltete eine wichtige politische Komponente. Aber nicht nur darin wich diese Konzeption von der ursprünglichen Intention Himmlers ab. Die Organisation „Elsa“ überlebte nicht nur irgendwie das Ende des NS-Staats, sondern war zumindest ab dem April unabhängig vom ihm gedacht und ganz auf die, im April 1945 freilich erst prognostizierten, Zustände in einem von den Alliierten vollständig besetzten Land zugeschnitten. Die Anzahl von verübten Anschlägen und Sabotageakten oder der Einfluss der „Werwolf“-Propaganda auf die militärischen Pläne der Alliierten, die häufig als Maßstab für den Erfolg oder Misserfolg von „Werwölfen“ herangezogen werden, ist im Falle von „Elsa“ also nicht entscheidend. Das heißt freilich nicht, dass die Mitglieder von „Elsa“ der Gewalt abgeschworen hätten. Im Gegenteil gehörten Terrormaßnahmen und Mord zum theoretischen Repertoire.

---

[12] So etwa Johannes Thümmler, Leiter der „Werwolf“-Verbände im Südwesten, und Friedrich Mußgay, Leiter der Staatspolizeileitstelle Stuttgart und innerhalb von „Elsa“ zweiter Mann hinter Thümmler. NARA Washington, RG 153, Entry 144, Box 5 (Mußgay) und Box 6 (Thuemmler).

[13] Johannes Thümmler war erst Anfang April 1945 als SS-Obersturmbannführer und Oberregierungsrat zum Kommandeur der Sicherheitspolizei in Württemberg ernannt worden, StAL EL 903/4, Bü 182, Bl. 7. Zu Thümmler vgl. auch Sybille STEINBACHER, „... nichts weiter als Mord.“ Der Gestapo-Chef von Auschwitz und die bundesdeutsche Nachkriegsjustiz, in: Ausbeutung, Vernichtung, Öffentlichkeit. Neue Studien zur nationalsozialistischen Lagerpolitik, hg. von Norbert FREI/Sybille STEINBACHER/Bernd C. WAGNER, München 2000, S. 265–298.

[14] NARA Washington, RG 226, Entry 108, Box 460: Memorandum for the officer in charge. Subject: Mannerz, Gunther, German, Waffen SS (and Werewolf Activities), 12.5.1945, Appendix B Organization. Zu weiteren Hinweisen auf eine angepasste Strategie der „Werwölfe“ vgl. BIDDISCOMBE (wie Anm. 3) S. 49f.

Der CIC-Bericht weist ausdrücklich darauf hin, dass *Subjekt* [Mannerz] *was told he could kill, plunder, steal, or use any means whatever to accomplish his mission, but he was to do his part no matter what means he must use*[15]. Weiter heißt es: *The duties of ELSA are therefor: 1. Continuation of the SD Unterground. Keep the people in terror, and where warnings were usually enough when the SD was operating legally, the illegal methods must be killing. Without warning, kill all people who are a threat to the organization, and make it as know as possible, to terrorize the people, and make them afraid to cooperate with the occupation authorities.* [...] *2. Organizing all the underground movements in the area.* [...] *3. Organizing a communications and news services*[16]. Und tatsächlich wird hier noch von Mordplänen gegen solche Personen die Rede sein, die von den Führern von „Elsa" als Gefahr für die Organisation betrachtet wurden.

Dennoch stehen diese markigen Worte in einem nicht aufzulösenden Widerspruch zu der von Thümmler konzipierten Strategie. Bemerkenswert an dieser ist, dass Thümmler eine schon lange gehegte Hoffnung der Nationalsozialisten nicht nur ansprach, sondern geradezu zur Voraussetzung einer Erfolg versprechenden Aktivität im Untergrund machte. Vom ideologischen Grundkonflikt innerhalb der gegen das Deutsche Reich gerichteten Allianz hatte man sich versprochen, er könne ein Auseinanderbrechen der Koalition bewirken oder doch zumindest den Effekt haben, dass die Lager Ressourcen vom Kampf gegen das Deutsche Reich abzogen, um sie gegeneinander in Stellung zu bringen. Solange der Kampf noch von Armeen ausgetragen wurde, war diese Hoffnung illusorisch. Wähnte man sich aber wie Thümmler in einem die militärische Kapitulation überdauernden Kampf, gewann die Annahme eines solchen Szenarios eine neue Berechtigung, die mit unserer heutigen Kenntnis um die politische Entwicklung der Nachkriegszeit und des Kalten Kriegs schwerlich geleugnet werden kann. Tatsächlich verlor etwa von amerikanischer Seite aus das Bemühen, zumindest die führenden Köpfe der nationalsozialistischen Sicherheitsorgane zur Rechenschaft zu ziehen oder sie doch zumindest von weiterer Einflussnahme auszuschließen, gegenüber dem Glauben an Boden, auf dieses Personal und vor allem deren Wissen im Konflikt mit der Sowjetunion nicht verzichten zu können. Die Entstehungsgeschichte der Organisation Gehlen als Vorgängerbehörde des Bundesnachrichtendienstes unter amerikanischer Regie und die dortige Verwendung von zum Teil erheblich belastetem ehemaligem Personal aus Gestapo, SD und anderen Dienststellen ist hierfür ein prominentes Beispiel[17]. Thümmlers Überlegungen waren also nicht völlig unbegründet.

---

[15] NARA Washington, RG 226, Entry 108, Box 460: Memorandum for the officer in charge. Subject: Mannerz, Gunther, German, Waffen SS (and Werewolf Activities), 12.5.1945.

[16] Ebd., Appendix B Organization.

[17] Vgl. dazu James H. Critchfield, Partners at the creation. The Men Behind Postwar Germany's Defense and Intelligence Establishments, Annapolis 2003. Zur Verwendung von ehemaligen Mitarbeitern der nationalsozialistischen Sicherheitsorgane in amerikanischen und bundesdeutschen Nachrichtendiensten vgl. Christopher Simpson, Der amerikanische

Sie machten aber nur dann Sinn, und hier liegt der Widerspruch zur „Keep-the-people-in-terror"-Strategie, wenn es gelang, sich einem der Lager im Ost-West-Konflikt als wenigstens hinnehmbarer Partner zu empfehlen. Gerade dies wäre aber durch Terrormaßnahmen ganz unmöglich geworden. Sie hätten die Organisation und jedes Mitglied vollständig diskreditiert. Und tatsächlich kann der Organisation „Elsa" kein einziger Anschlag oder Gewaltakt zugeordnet werden. Gehörte der wirkliche Guerilla-Krieg also anfänglich zumindest noch zum konzeptionellen und rhetorischen Repertoire von „Elsa", so wurde er schnell aufgegeben zugunsten einer langfristigeren Strategie der ideologischen und politischen Reintegration. Bereits im Mai gab Thümmler eine entsprechende Order. *1. There will be no more active work, such as sabotage, terrorization, murder, etc. ... under any conditions. 2. Anyone who use the strong arm will be punished one way or another* [...]. *3. A tight and strong communication and news service will be built* [...][18].

Die Relevanz von „Elsa" ist also weniger an der Gewaltbereitschaft ihrer Mitglieder zu messen. Es ist vielmehr zu fragen, ob es den Mitgliedern von „Elsa" gelang, belastbare und sichere, aber eben auch unauffällige und auf die spektakuläre Aktion verzichtende Untergrundstrukturen aufzubauen und aufrecht zu halten. Unklar bleibt, ab welchem Zeitpunkt die Verantwortlichen von „Elsa" mit einem ernstlichen Konflikt zwischen den West-Alliierten und der Sowjetunion rechneten. In dem CIC-Bericht ist einmal von nur sechs Wochen die Rede[19]. Demnach hätten Thümmler und die anderen führenden Köpfe gehofft, bereits Anfang Juni wieder offener agieren zu können. Dagegen sprechen allerdings klar der relativ hohe organisatorische und logistische Aufwand, der zur Etablierung von „Elsa" geleistet wurde sowie die differenzierte Struktur der Organisation. Sie deuten darauf hin, dass mit einer längeren Zeit im Untergrund gerechnet wurde. Damit ist „Elsa" nicht als „Werwolf"-Verband anzusehen, auch wenn in den amerikanischen Quellen dieser Begriff gerade am Anfang häufig auftaucht.

Die logistischen und organisatorischen Vorbereitungen für „Elsa"

Der Beginn der tatsächlichen Vorbereitungen für die Organisation „Elsa" kann nur grob eingegrenzt werden. Mannerz konnte den Amerikanern keine verläss-

Bumerang. NS-Kriegsverbrecher im Sold der USA, Wien 1988; Richard BREITMAN/Norman GODA/Timothy NAFTALI/Robert WOLFE, U.S. Intelligence and the Nazis, Cambridge 2005.

[18] NARA Washington, RG 319, Entry 134A, Box 69: Memorandum for the officer in charge. Subject: Mannerz, Gunther, Double Agent in Underground of Gau Württemberg, called ELSA, 5.6.1945.

[19] Ebd., RG 226, Entry 108, Box 460: Memorandum for the officer in charge. Subject: Mannerz, Gunther, German, Waffen SS (and Werewolf Activities), 12.5.1945, Appendix B Organization.

lichen Informationen aus erster Hand liefern, da er selbst erst im April 1945 für „Elsa" rekrutiert worden war. Seine Angaben erwecken den Eindruck, als habe er von seinen Vorgesetzten nur sehr allgemeine Informationen zur Genese von „Elsa" erhalten. Deren Gründung sei demnach im Januar 1945 auf Befehl Himmlers nicht nur in Württemberg, sondern flächendeckend im Deutschen Reich betrieben worden. Den Höheren SS- und Polizeiführer (HSSPF) Südwest Otto Hofmann erwähnt Mannerz weder namentlich noch das Amt als solches. Vielmehr seien die Vorbereitungen dem Befehlshaber der Sicherheitspolizei und des SD (BdS) Südwest direkt übertragen worden[20]. Auch andere Quellen geben keinen genauen Aufschluss darüber, welche Rolle Hofmann bei den Vorbereitungen spielte. Hans Prützmann, der im Auftrag Himmlers den Aufbau und Einsatz von „Werwolf"-Verbänden organisieren sollte[21], war im Dezember in Stuttgart gewesen, um mit Hofmann in dieser Angelegenheit zu sprechen[22]. Ob aber von Hofmann unmittelbarer Einfluss auf die Planungen von „Elsa" genommen wurde, bleibt unklar.

Beim BdS dagegen seien nach Mannerz nicht nur die Vorbereitungen für „Elsa", sondern auch für eine entsprechende Untergrundorganisation in Baden vorgenommen worden, über die Mannerz freilich kaum Angaben machen konnte. Die einzigen Informationen, die er dem CIC geben konnte, waren, dass der badische Untergrund sich auf den Schwarzwald konzentriere und von einem SS-Hauptsturmführer Timm geleitet werde[23]. Ein weiterer Hinweis, dass „Elsa" nach einem auch für andere Teile des Deutschen Reichs gültigen Muster aufgebaut wurde, gab Georg Umpfenbach dem CIC. Umpfenbach stellte sich im Mai 1945 der US-Armee und gab an, Organisator und Chef einer Untergrundorganisation mit dem Decknamen „Klara" im Raum Nürnberg gewesen zu sein[24]. Die Ähnlichkeit in der Namensgebung war auffällig und so versuchten die verantwortlichen amerikanischen Stellen, aus den verschiedenen Decknamen Zusammenhänge herzuleiten[25].

---

[20] Ebd.

[21] Zur Rolle Prützmanns vgl. Biddiscombe (wie Anm. 3) S. 12–56.

[22] NARA Washington, RG 319, Box 37, XE049888 Werewolf Activities Feb 45-Mar 47 Vol 1, Headquarters United States Forces European Theatre, Military Intelligence Service Center, Interrogation Report No. 24 Jürgen Stroop, 10.10.1945.

[23] Tatsächlich handelte es sich um SS-Hauptsturmführer Thiem. Vgl. ebd., RG 226, Entry 119A, File 638, Box 25: Summery of cases, 7.6.1945 und ebd., RG 319, Entry 134A, Box 69: Memorandum for the officer in charge. Subject: Ref. USFET-File D-2216 „Danube", 1.5.1946.

[24] Ebd., RG 263, CIA Name Files, Umpfenbach, Georg. Umpfenbach war hauptamtlicher Mitarbeiter des Sicherheitsdienstes in Frankfurt/M., Polen und zuletzt Referatsleiter im SD-Abschnitt Nürnberg gewesen. Er ergab sich im Mai 1945 der US-Armee.

[25] Sie gingen zumindest zeitweise davon aus, dass „Klara" nicht Deckname eines lokalen „Werwolf"-Verbandes sei, sondern eine übergeordnete Bezeichnung für „Werwolf"-Verbände des Typs „Elsa". Der Deckname „Bundschuh" dagegen sei der übergeordnete Deckname für Untergrundorganisationen wie die „Sonderverbindung" in Württemberg (siehe dazu weiter unten). Ebd., RG 319, Box 37, XE049888 Werewolf Activities Feb 45-Mar 47 Vol 1, Organization of Werewolf in Wehrkreis XIII, undatiert.

Erst ein gutes Jahr später hatte das CIC nach Verhören der mittlerweile verhafteten Mitglieder von „Elsa" Gewissheit, dass ihre Informationen und Schlussfolgerungen vom Mai 1945 der Wahrheit bereits sehr nahe gekommen waren. Der entscheidende Anstoß zur Bildung von „Elsa" war demnach von Erich Ehrlinger, Chef des Amtes I (Personal) im Reichssicherheitshauptamt, gekommen. Kurz nach Ostern hatte er sich mit den Spitzen von SD, Gestapo und Kriminalpolizei in Stuttgart getroffen und ihnen die Pläne für eine reichsweite Untergrundorganisation mit dem Decknamen „Bundschuh"[26] erläutert. In Baden, Württemberg und Hohenzollern sollte Karl Pütz als BdS die Gesamtverantwortung für den Aufbau des Untergrunds tragen und die Vorbereitungen und Durchführung analog zur bestehenden Struktur des SD und der Sicherheitspolizei an die KdS und Leiter der Gestapo delegieren[27].

Erstes Ziel der Vorbereitungen war es, den Mitgliedern des Untergrunds einen möglichst langen Verbleib im Untergrund zu ermöglichen. Dazu gehörten die Bevorratung an Lebensmitteln und anderen Bedarfsgegenständen, die aber offenbar nur in kleinen Mengen aus Wehrmachtsbeständen zur Verfügung gestellt werden konnten. Die Standardausstattung, die im April an die Mitglieder von „Elsa" ausgegeben wurde, bestand lediglich aus einer Packung Scho-Ka-Kola[28], Streichhölzern, Süßstoff, etwas ESBIT-Brennstoff, einigen Erste-Hilfe-Artikeln wie Jod und Verbandszeug, ebenfalls aus Wehrmachtsbeständen, und Tabletten des Desinfektionsmittels Chinosol. Mindestens Mannerz bekam auch eine Gift-Ampulle und trug das Gift noch bei sich, als er sich den Amerikanern stellte[29].

Weit wichtiger als diese Kleinigkeiten waren Bargeld und falsche Papiere. Im März wies der Leiter der Staatspolizeileitstelle Stuttgart Friedrich Mußgay die Stuttgarter Polizeikasse, über die die Gestapo in Württemberg und Hohenzollern ihren Zahlungsverkehr abwickelte, an, dem Fondverwalter der Gestapo 29.000 Reichsmark in bar *zu Lasten der staatspolizeilichen Verfügungsmittel* auszuzahlen[30]. Da die sonstigen überlieferten Auszahlungsanordnungen der Staatspolizeileitstelle erheblich kleinere Summer betreffen, einen Verwendungszweck wie etwa Trennungsentschädigungen für Mitarbeiter nennen, entsprechend krumme Summen anfordern und zudem nicht vom Leiter der Dienststelle, sondern dem je-

---

[26] Der Begriff „Bundschuh" kennzeichnet eigentlich die Bauernaufstände vor allem im südwestdeutschen Raum um 1500.

[27] Ebd., RG 319, Entry 134A, Box 69: Memorandum for the officer in charge. Subject: Ref. USFET-File D-2216 „Danube", 1.5.1946.

[28] Eine von der Berliner Firma Hildebrand, Kakao- und Schokoladenfabrik hergestellte Schokolade mit recht hohem Koffeingehalt, die auch zur Ausrüstung verschiedener Wehrmachtsteile gehörte.

[29] Ebd., RG 226, Entry 108, Box 460: Memorandum for the officer in charge. Subject: Mannerz, Gunther, German, Waffen SS (and Werewolf Activities), 12.5.1945, Appendix B Organization.

[30] StAL F 215, Bü 639a, Auszahlungsanordnung der Staatspolizeileitstelle Stuttgart vom 14.3.1945.

weiligen Abteilungsleiter gezeichnet wurden, ist mit großer Wahrscheinlichkeit anzunehmen, dass dieses Geld in die Organisation „Elsa" floss. Offenbar machte diese Summe aber nur einen Teil der Barmittel aus, über die die Führung von „Elsa" verfügte. Günther Mannerz etwa erhielt 500 Reichsmark[31]. Rechnet man diesen Betrag auf die etwa 160 Mitglieder von „Elsa" hoch und berücksichtigt, dass sicher Reserven zurückgehalten und nicht alle Mittel ausgegeben wurden, ist von einer sechsstelligen Summe auszugehen. An Geld scheint es nicht gemangelt zu haben.

Zentrale Bedeutung kam der Produktion von falschen Papieren zu. Dabei begnügte man sich nicht allein mit falschen Pässen. Die Organisatoren von „Elsa" mussten mit Sicherheit davon ausgehen, dass viele Mitglieder früher oder später von den Alliierten intensiver überprüft werden würden, und sei es auch nur bei zufälligen Kontrollen. Dabei konnten sie zwar damit rechnen, dass Angaben über Verluste von Dokumenten etwa durch Ausbombung oder hastige Flucht unverdächtig blieben. Gleichzeitig aber galt es, die falsche Identität möglichst glaubwürdig zu machen. Dazu reichte es nicht, im Falle der Überprüfung nur falsche Namen und Geburtsdaten dokumentieren zu können, sondern es war notwendig, einen glaubwürdigen Lebenslauf zu präsentieren. Dazu gehörten neben offiziellen Dokumenten wie Pass, Kennkarte, Entlassungspapieren der Wehrmacht oder Ausmusterungsscheine auch persönliche Briefe, die an den Decknamen adressiert waren. Günther Mannerz führte z. B. zwei fingierte Briefe mit, die an „Karl" gerichtet waren und mit seinem Decknamen Karl Acker korrespondierten[32]. Auch Fotos mit falschen Widmungen wurden ausgegeben.

Während vor allem die Gestapo in der Vorbereitungsphase von „Elsa" keine Schwierigkeiten damit gehabt haben dürfte, blanke Originale von Pässen, Kennkarten oder anderen amtlichen Dokumenten und entsprechende Stempel zu besorgen, so bedeutete deren Ausarbeitung doch einen erheblichen Aufwand. Fotos mussten gemacht und die Kennkarten mit Fingerabdrücken versehen werden. Noch einmal aufwendiger war die Anfertigung „persönlicher" Dokumente wie fingierter Briefe. Verantwortlich für die Erstellung der falschen Papiere war ein Spezialist der Gestapo in Württemberg und Hohenzollern. Kriminalinspektor Paul Jahn war 1933 von der Kriminalpolizei, der er seit 1919 angehörte, zur Politischen Polizei Württembergs gekommen. 1941 hatte er bei der Staatspolizeileitstelle Stuttgart die Leitung des N-Referats übernommen, nachdem er einige Jahre für die Abwehr der Wehrmacht in Stuttgart und in Dijon gearbeitet hatte[33]. Als

[31] NARA Washington, RG 226, Entry 108, Box 460: Memorandum for the officer in charge. Subject: Mannerz, Gunther, German, Waffen SS (and Werewolf Activities), 12.5.1945, Appendix B Organization.

[32] Ebd.

[33] Zu Paul Jahn vgl. StAL EL 905/2 II, Bü 124 und eine kurze Charakterisierung durch seinen Vorgesetzten bei der Gestapo Friedrich Mußgay in NARA Washington, RG 316, IRR File-No. XE036366 (Mussgay, Friedrich). Zum N-Referat der Stuttgarter Gestapo siehe Ingrid BAUZ/Sigrid BRÜGGEMANN/Roland MEIER (Hg.), Die Geheime Staatspolizei in Württemberg und Hohenzollern, Stuttgart 2013, S. 382–386.

Chef dieses Nachrichtendienstes der Gestapo war er für diese Aufgabe prädestiniert, hatte er doch den Ausbau und die Pflege des umfangreichen Netzwerkes an V-Leuten verantwortet und schon vielfach Personen mit falschen Identitäten ausgestattet. Laut Mannerz war Jahn innerhalb von „Elsa" auch für die Beschaffung und Verteilung von Geld und Lebensmitteln verantwortlich, eine Aufgabe, sie sich ebenfalls an seine Tätigkeit als Leiter des N-Referats anschloss. Die V-Leute der Gestapo waren häufig mit Geld, aber auch mit Lebensmitteln entlohnt worden[34].

Es kann ausgeschlossen werden, dass diese Vorbereitungen ad hoc im April 1945 durchgeführt wurden. Im Gegenteil sprechen sie für eine längere Vorbereitungsphase und für einen hohen Organisationsgrad von „Elsa" und damit auch für eine zumindest grundsätzlich optimistische Erwartungshaltung hinsichtlich des Erfolgs der Untergrundbewegung. Von Seiten der Initiatoren im Südwesten Karl Pütz als BdS und Johannes Thümmler als Kommandeur der Sicherheitspolizei und des SD (KdS) sah man sich sogar in der Lage, die personellen und materiellen Ressourcen aufzuteilen und neben „Elsa" eine weitere Geheimorganisation zu etablieren. Die „Sonderverbindung" sollte nach dem Vorbild des Sicherheitsdienstes (SD) als reiner Nachrichtendienst tätig sein. Günther Mannerz gab an, *Sonder Verbindung is interest in such things as moral of people, troops, who is in the city gouvernment, who goes to M. G. and for what, what people have intercourse with CIC, how often, and why, who is arrested, why, who works with M. G.s or security food problems, clothing problems, how much travel is done, by whom, and where, new people in the community etc*[35]. „Elsa" und die „Sonderverbindung" waren personell voneinander getrennt und lediglich über Kuriere zwischen Karl Pütz und Johannes Thümmler einerseits und dem Leiter der „Sonderverbindung" Julius Wilbertz[36] andererseits miteinander verbunden. Alarmierend für das amerikanische OSS und das CIC war die Tatsache, das „Elsa" und die „Sonderverbindung" zusammen genommen offensichtlich ein Abbild der Organisationsstruktur des Reichssicherheitshauptamtes (RSHA) mit seinen getrennten Ämtern für die exekutive Gegnerbekämpfung und den Nachrichtendienst darstellten und sie davon ausgehen mussten, dass beide Untergrundorganisationen keine lediglich lokale Erscheinung

---

34 Aussage von Erna Kollar-Wunderle am 26.10.1950 beim Spruchkammerverfahren gegen Paul Jahn, vgl. StAL EL 905/2 II, Bü 124. Erna Kollar-Wunderle war seit September 1942 Kanzleiangestellte bei der Staatspolizeileitstelle Stuttgart gewesen. Das Verfahren gegen Jahn wurde posthum durchgeführt, da er im Mai 1949 gestorben war.

35 NARA Washington, RG 226, Entry 108, Box 460: Memorandum for the officer in charge. Subject: Mannerz, Gunther, German, Waffen SS (and Werewolf Activities), 12.5.1945, Appendix B Organization Sonderverbindung.

36 Der 1909 geborene Jurist Wilbertz hatte seine Karriere beim SD-Leitabschnitt Saar begonnen und in Koblenz und Bologna fortgesetzt. Im Juni 1944 versetzte der Chef der Sicherheitspolizei und des SD ihn zur Staatspolizeileitstelle Stuttgart und beauftragte den SS-Sturmbannführer und Regierungsrat mit der Leitung des SD-Leitabschnitts. Vgl. BArch/ehem. BDC: SSO/Wilbertz, Julius, 12.2.1909 und ebd., RS/Wilbertz, Julius, 12.2.1909.

waren, sondern equivalente Strukturen auch in den anderen Teilen des ehemaligen Deutschen Reichs existierten.

Organisation und Personal

Die Organisation „Elsa“ war als Zellenstruktur organisiert. An der Spitze standen Karl Pütz und Johannes Thümmler alias Hans Thermann, die jeweils einige Leute um sich versammelt hatten. Da Karl Pütz am 6. Mai 1945 in St. Märgen im Schwarzwald Selbstmord beging[37], hatte Thümmler bald nach der Gründung der Untergrundorganisationen die alleinige Führung inne. Ihm nachgeordnet war der Chef von „Elsa“ Alfred Renndorfer alias Arthur Reinhardt (Deckname innerhalb von „Elsa“), nach dem die Organisation auch manchmal als Sonderkommando Renndorfer bezeichnet wurde[38]. Der 1910 in München geborene Renndorfer war bereits 1933 zum SD in München gestoßen. Es folgten Stationen in Stuttgart, Lörrach, Konstanz, Karlsruhe, Salzburg und Wien, bevor er ab 1942 die Leitung von Dienststellen der Sicherheitspolizei und des SD in den weißrussischen Städten Hancewicze und Baranowicze übernahm. Dort ermordeten er und unter seinem Kommando stehende Angehörige der Sicherheitspolizei und des SD hunderte Menschen, zumeist Juden. Im Frühjahr 1944 wurde er zum Chef des Einsatzkommandos 8 der Einsatzgruppe B bestellt und kurz vor Kriegsende nach Stuttgart geschickt[39].

Die Mitglieder von „Elsa“ waren in 22 kleinen Gruppen aufgeteilt, die nicht mehr als fünf Personen umfassten und jeweils für ein bestimmtes Gebiet zuständig waren. Diese Gruppen hatten untereinander keinen und mit Renndorfer nur mittelbaren Kontakt. Zwischen einer einzelnen Gruppe und Renndorfer war jeweils eine aus einer einzelnen Person bestehende Nachrichtenstelle geschaltet, die für den Informationsfluss zuständig war. Dort hinterlegte die Gruppe Mitteilungen und empfing Anordnungen. Die gesamte Kommunikation zwischen Pütz/Thümmler, Renndorfer und den Nachrichtenstellen lief über Kuriere, die jeweils nur bestimmte Anlaufstellen kannten. Günther Mannerz etwa arbeitete als Kurier zwischen Renndorfer und acht der insgesamt 22 Nachrichtenstellen und kannte

37 Vgl. Ernst Klee, Das Personenlexikon zum Dritten Reich. Wer war was vor und nach 1945?, Frankfurt/M. 2003, S. 474.

38 NARA Washington, RG 226, Entry 108, Box 460: Memorandum for the officer in charge. Subject: Mannerz, Gunther, German, Waffen SS (and Werewolf Activities), 12.5.1945, Appendix B Organization und Appendix C Personalities of Sonderkommando Renndorfer.

39 Das Schwurgericht beim Landgericht München I verurteilte Renndorfer 1966 wegen Beihilfe zum gemeinschaftlich begangenen Mord in 446 Fällen zu fünf Jahren Zuchthaus. Das Urteil ist abgedruckt in: Justiz und NS-Verbrechen. Sammlung deutscher Strafurteile wegen nationalsozialistischer Tötungsverbrechen 1945–1999, Bd. 23, bearb. von Adelheid L. Rüter-Ehlermann/C. F. Rüter, Amsterdam/München 1998, S. 1–42. Weitere biografische Details finden sich in der Klageschrift, BArch B 162/3416, Bl. 3140–3179.

auch nur diese[40]. Da Renndorfer aus Sicherheitsgründen häufig seinen Standort wechselte, gab es für die Kuriere zwei Kontaktpersonen, die immer über den Aufenthaltsort Renndorfers, nicht aber über Organisation „Elsa" informiert waren.

Die Nachrichten selbst sollten nur in Ausnahmefällen in schriftlicher, sonst in mündlicher Form überbracht werden. Zur Tarnung der schriftlichen Kommunikation sollte diese in Form persönlicher Briefe gehalten sein und mit festgelegten Codewörtern arbeiten. Bei Kontakt versicherten sich Nachrichtenstelle und Kurier ihrer Zugehörigkeit zu „Elsa" durch einen festgelegten Frage-Antwort-Code[41].

Die Organisationsstruktur von „Elsa" war darauf angelegt, dem erwarteten Verfolgungsdruck der Alliierten möglichst lange stand zu halten. Von Thümmler und Renndorfer abgesehen kannte jedes Mitglied von „Elsa" nur einen Teil der Struktur und konnte folglich im Falle der Verhaftung auch nur diesen preisgeben. Besondere Bedeutung kam der Geheimhaltung innerhalb der Organisation bezüglich der jeweiligen Aufenthaltsorte der einzelnen Gruppen und deren Mitgliedern zu. Denn eines konnten Thümmler und Renndorfer nicht verhindern. Die Mitglieder von „Elsa" kannten sich in der Regel untereinander bestens. Im April 1945 versammelten sich in Eglofs nach Angaben von Mannerz etwa 200 bis 300 Frauen und Männer der Gestapo, der Kriminalpolizei und des Sicherheitsdienstes aus Württemberg[42]. Sie waren auf unterschiedlichen Wegen dorthin gelangt, nachdem ihre jeweiligen Dienststellen vor den nahenden Alliierten evakuiert worden waren. Es handelte sich also um Kolleginnen und Kollegen, die jahrelang zusammen gearbeitet hatten und sicher auch oft über die persönlichen Verhältnisse, Herkunft oder Wohnort der Familie des anderen informiert waren. Dies war gleichzeitig Vor- und Nachteil für die Konspiration. Einerseits bestand bereits ein Loyalitätsgeflecht, das die Festigkeit der Untergrundorganisation steigern konnte. Andererseits war der einzelne im Falle einer Verhaftung und mit der Aussicht auf eine Art Kronzeugen-

---

[40] Die acht Nachrichtenstellen, für die Mannerz verantwortlich war, befanden sich in Friedrichshafen, Feldstetten, Tübingen, Betzingen, Kirchheim/Teck, zwei in Stuttgart und eine im Kreis Balingen. Vgl. NARA Washington, RG 226, Entry 108, Box 460: Memorandum for the officer in charge. Subject: Mannerz, Gunther, German, Waffen SS (and Werewolf Activities), 12.5.1945, Appendix B Organization of Elsa. Im Juli gelang es Mannerz, eine vollständige Liste der Nachrichtenstellen zu kopieren. Siehe dazu weiter unten und ebd., RG 226, Entry 215, Box 8: Memorandum for the officer in charge. Subject: The Danube Affaire, 20.7.1945.

[41] Beispielsweise war zur Identifizierung der Nachrichtenstelle Nr. 19 Else Schilling in Kirchheim/Teck (später in Stuttgart) folgender Code festgelegt: „Ich komme aus Friedrichshafen"/ „Wohnten sie dort im Kurhotel?"/ „Nein, am Bahnhof". Vgl. ebd., RG 226, Entry 108, Box 460: Memorandum for the officer in charge. Subject: Mannerz, Gunther, German, Waffen SS (and Werewolf Activities), 12.5.1945, Appendix B Organization of Elsa.

[42] Mindestens ein kleineres Kommando wurde bereits Anfang April aufgestellt. Franz Grünewald, Friedrich Bächtle und Konrad Boxler, drei Kriminalsekretäre der Gestapo, wurden in den württembergischen Teil des Schwarzwalds geschickt, um sich von der französischen Armee überrollen zu lassen. StAL EL 903/5, Bü 361, Spruchkammerakte Konrad Boxler.

regelung in der Lage, den alliierten oder deutschen Ermittlern zahlreiche Hinweise zu den beteiligten Personen zu geben, die die Organisation insgesamt gefährden konnten.

Nicht alle Frauen und Männer wurden in Eglofs für „Elsa“ rekrutiert. Ältere oder für untauglich Befundene wurden nach Hause geschickt, jüngere Männer zur Waffen-SS verpflichtet. Übrig blieben 122 Männer und 30 bis 40 Frauen. Sie bekamen die falschen Papiere, die Ausstattung und etwas Geld. Dann wurden ihnen ihre Aufgaben zugeteilt mit den entsprechenden Anweisungen. Es wurde darauf geachtet, dass jeder Gruppe mindestens eine Frau zugeteilt wurde[43]. Offenbar ging man nicht zu Unrecht davon aus, dass die Frauen einem geringeren Verfolgungsdruck ausgesetzt sein würden, sich daher freier bewegen und gegebenenfalls Aufgaben ausführen könnten, die für die Männer zu gefährlich waren. Besonders im Falle einer Verhaftung eines männlichen Mitglieds der Gruppe sollte den Frauen die Aufgabe zufallen, Informationen über den Grund und den Ort der Haft in Erfahrung zu bringen.

In den ihnen zugewiesenen Regionen sollten die Mitglieder der einzelnen Gruppen keineswegs in tatsächlichen Verstecken leben, sondern im Gegenteil versuchen, sich unauffällig niederzulassen und wenn möglich in dem Beruf eine Arbeit zu finden, den sie vor ihrer Karriere bei der Polizei, Gestapo oder dem Sicherheitsdienst erlernt hatten. Erste Aufgabe vor Ort sollte dann der Ausbau des Netzwerkes sein. Dazu sollten versprengte Mitarbeiter von Gestapo, Kriminalpolizei und SD oder Soldaten gesucht und kontaktiert und unter das Kommando des Führers der jeweiligen „Elsa“-Gruppe gestellt werden, ohne aber substantielle Informationen über die Organisation mit ihnen zu teilen. Parallel dazu sollten Stimmungs- und Situationsberichte erstellt und über die Nachrichtenstellen der Führung von „Elsa“ mitgeteilt werden. *The news service should report all things of political nature primarily, and also what the people think and do, how they react to the occupation, who goes to the Military Government, why, who is around in the city government, strength of traffic controll.* [...] *When the organization starts functioning smoothly then sabotage will be important, but now, for the next six weeks, until mid June, it must be build, the news service must start to work, the faults and errors must be found and mended. The members must get settled, established themselves in the community, with a business, friends, home etc. The idea for this formulative period is to work slowly, and do it thoroughly*[44].

Der überwiegende Teil des Personals von „Elsa“ bestand aus Frauen und Männern der Staatspolizeileitstelle Stuttgart. Der SD war nur mit wenigen Männern vertreten, vermutlich auch, weil dessen Personal eher in der „Sonderverbindung“ eingesetzt wurde. Der letzte Leiter der Stuttgarter Gestapo, Friedrich Mußgay alias

[43] NARA Washington, RG 226, Entry 108, Box 460: Memorandum for the officer in charge. Subject: Mannerz, Gunther, German, Waffen SS (and Werewolf Activities), 12.5.1945.
[44] Ebd., Appendix B Organization.

Moosmeier, nahm daher auch innerhalb von „Elsa" eine führende Position ein und gehörte zumindest im Mai 1945 zum „Stab" von Johannes Thümmler und war nach Erkenntnissen der amerikanischen Ermittler dessen Stellvertreter[45]. Mußgay, aufgrund seines relativ hohen Alters und fehlender akademischer Ausbildung ein eher untypischer Dienststellenleiter der Gestapo, hatte seit 1917 ununterbrochen für die württembergische Polizei gearbeitet und war schon in den frühen 1920er Jahren zur Politischen Polizei des Stuttgarter Polizeipräsidiums gestoßen, wo er mit der Abteilung N die Nachrichtenabteilung geleitet hatte. Er behielt diesen Posten auch nach der Überführung der Politischen Polizei der Weimarer Republik in das Württembergische Politische Landespolizeiamt des NS-Staates, das 1936 in Geheime Staatspolizei, Staatspolizeileitstelle Stuttgart umbenannt wurde. Während dreier „auswärtiger Einsätze" in Brünn, im Stab der Einsatzgruppe II in Polen und als Kommandeur des Einsatzkommandos III/2 im elsässischen Mülhausen arbeitete Mußgay in jeweils leitenden Positionen in Dienststellen der Sicherheitspolizei in den annektierten oder besetzten Gebieten[46]. Anders als der aus Sachsen stammende und erst Anfang April 1945 nach Württemberg gekommene Thümmler kannte sich Mußgay nicht nur in der Region aus, sondern besaß gegenüber seinen ehemaligen Untergeben, die nun den Großteil von „Elsa" ausmachten, eine Autorität, die Thümmler in der kurzen Zeit seiner regulären Befehlsgewalt als Kommandeur der Sicherheitspolizei nicht mehr hatte aufbauen können. Gleichwohl hatte auch der promovierte Jurist Thümmler in Chemnitz, Dresden und Kattowitz Erfahrungen als Dienststellenleiter der Gestapo bzw. der Sicherheitspolizei gesammelt[47].

---

[45] NARA Washington, RG 316, IRR File-No. XE036366 (Mussgay, Friedrich). Personalblatt 15. November 1950: *Second in Commando under Dr. Tuemmler (c. v.) of newly-formed underground SD Dienststelle at EGLOFS, near ISNEY* [Isny].

[46] Mußgay war Jahrgang 1892. Eine biografische Skizze findet sich im Virtuellen Geschichtsort Hotel Silber http://www.geschichtsort-hotel-silber.de/virtueller-ort/1928–1945-vom-polizeipraesidium-zur-gestapo/die-leiter, Abruf 20. Februar 2014. Außerdem zu Mußgay vgl. Jürgen Schuhladen-Krämer, Die Exekutoren des Terrors. Hermann Mattheiß, Walter Stahlecker, Friedrich Mußgay, Leiter der Geheimen Staatspolizeileitstelle Stuttgart, in: Die Führer der Provinz. NS-Biographien aus Baden und Württemberg, hg. von Michael Kissener/Joachim Scholtyseck, Konstanz 1997, S. 405–443. Schuhladen-Krämer schreibt ohne Angabe von Quellen, Mußgay sei „im April oder Mai 1945" verhaftet worden (S. 440). Die vage Zeitangabe schließt eine gesicherte Information wohl aus. Nicht auszuschließen ist, dass Mußgay sich unter falschem Namen zeitweise in französischem Gewahrsam befand und dann wieder freigelassen wurde. Das Findbuch zu den knapp 12.000 Personen-Dossiers des französischen „Service de recherche des crimes de guerre ennemis" in den Archives diplomatiques des französischen Außenministeriums in La Courneuve weist jedoch keinen Eintrag zu Mußgay aus. Auch die Direction des Services de Documentation Allemagne hat im August 1945 keine Informationen über den Aufenthaltsort von Mußgay. Vgl. dazu NARA Washington, RG 263, CIA Name Files, Isselhorst, Erich, Direction des Bureaux de Documentation Allemagne, Note de Renseignements, 14.8.1945. Der Zeitpunkt der Verhaftung durch das amerikanische CIC ist dagegen gesichert: der 16. Januar 1946. Vgl. NARA Washington, RG 316, IRR File-No. XE036366 (Mussgay, Friedrich), Erklärung, 26.8.1946.

[47] Vgl. Sybille Steinbacher (wie Anm. 13).

Ebenfalls bei Thümmler waren ein nicht näher zu identifizierender SS-Sturmbannführer Gruber, der schon erwähnte Paul Jahn sowie nach Angabe von Mannerz ein SS-Hauptsturmführer Rotmuth. Bei letzterem dürfte es sich um SS-Hauptsturmführer und Kriminalkommissar Anton Rothmund gehandelt haben. Ebenso wie Jahn hatte Rothmund fast über die gesamte Dauer des NS-Regimes für die württembergische Politische Polizei bzw. Gestapo gearbeitet, dort seit 1940 das Referat Abwehr geleitet und diese Funktion auch zwischen Mai 1944 und April 1945 beim KdS Radom inne[48]. Nach eigenen Angaben wurde Rothmund allerdings schon am 22. Mai 1945 von den Franzosen verhaftet[49]. Die Gruppe um Thümmler wurde von fünf bis sechs namentlich nicht bekannten Männern und Frauen ergänzt und umfasste somit in der Summe zehn oder elf Personen.

Mit den etwa 150 bis 160 Mitgliedern von „Elsa" waren zwei Drittel des Personals der Staatspolizeileitstelle Stuttgart aus dem letzten Kriegsjahr in die Untergrundorganisation eingebunden[50]. Berücksichtigt man, dass die Organisatoren laut Günther Mannerz keineswegs alles Personal zusammenkratzten, sondern im Gegenteil noch einen guten Teil aussortierten oder zur Waffen-SS schickten, so scheint selbst im April 1945 und angesichts des nahezu ungehinderten Vormarsches der Alliierten weder bei der Führung der Gestapo der unbedingte Wille zur Aufrechterhaltung der Verfügungsmacht über das Personal erodiert zu sein noch die Bereitschaft der Beamten und Angestellten, diese Befehlsgewalt anzuerkennen. Wo diese doch in Frage gestellt wurde, nahm sich die Leitung auch noch im April die Zeit zur Disziplinierung. Eugen Ott etwa, der seit 1938 als Kriminalsekretär im so genannten Judenreferat der Gestapo gearbeitet hatte, weigerte sich Anfang April, Stuttgart in Richtung Sigmaringen zu verlassen. Die Leitung von Gestapo, Sicherheitspolizei und SD beschlossen daraufhin seine Festnahme und drohten ihm mit der Exekution, wenn er sich dem Evakuierungsbefehl weiter widersetzen würde[51].

---

[48] StA Sigmaringen Wü 13 T 2 Nr. 1868/011 und BArch/ehem. BDC: SSO/Rothmund, Anton, 4.5.1908.

[49] Bundesarchiv Bern R E5330–02/1982–1/228/24, Vernehmung Rothmunds durch die schweizerische Bundesanwaltschaft, 6.8.1948. Nach seiner Entlassung aus der französischen Haft im Juni 1946 wurde Rothmund im August vom CIC verhaftet. Das in Folge entstandene Dossier ist aber leider verschwunden. NARA Washington, RG 316, IRR File-No. XE243052 (Rothmund, Anton).

[50] Wie fast überall im Deutschen Reich hat auch in Württemberg die Gestapo ihre Unterlagen kurz vor dem Einrücken der Alliierten verbrannt. Dennoch lässt sich der Personalbestand recht gut rekonstruieren. Das letzte amtliche Dokument, ein Geschäftsverteilungsplan, gültig ab dem 1. April 1944, listet knapp 190 Beamte und Angestellte auf. Hinzu kamen noch das Personal des geheimen N-Referats, das der Außenstellen und das der Gestapo unmittelbar unterstellten Haftstätten (das Schutzhaftlager Welzheim und die Arbeitserziehungslager Rudersberg und Oberndorf/Aistaig). Insgesamt dürften im Frühjahr 1945 etwa 230 bis 250 Frauen und Männern für die Gestapo in Württemberg gearbeitet haben. StAL EL 903, Bü 20, Geschäftsverteilungsplan der Staatspolizeileitstelle Stuttgart, 31. März 1944.

[51] StAL EL 903/3, Bü 2203, Erklärung von Karl Maile im Spruchkammerverfahren gegen Eugen Ott.

Es sind keine weiteren Fälle bekannt, in denen über die normale Befehlsgewalt hinausgehender Druck angewandt werden musste, um das Personal der Gestapo für „Elsa" zu gewinnen. Im Gegenteil ist davon auszugehen, dass der Gang in den Untergrund einige Attraktivität besaß. Dies galt umso mehr, als wenigstens zu Beginn keine eigentlichen Sabotage-Aktionen oder Gewaltanwendungen geplant waren, die ein großes persönliches Risiko bedeutet hätten. So aber stellte die Organisation „Elsa" genau das bereit, was dem Einzelnen als das wichtigstes Gut nach dem erwarteten Ende des NS-Staates erscheinen musste: Schutz vor der Verfolgung durch die Alliierten. Falsche Pässe und Papiere waren in dieser Situation Gold wert und versprachen einen klaren Vorteil gegenüber den ortsunkundigen Verfolgern. Hinzu kam, dass die Beamten und Angestellten der Gestapo und des SD den Verfolgungsdruck und die Härte der Strafe im Frühjahr und Sommer 1945 wohl höher einschätzen, als sie dann tatsächlich ausfielen. Wenn auch ein tatsächliches Unrechtsbewusstsein fehlte, so war ihnen dennoch klar, dass wenigstens die Alliierten in ihrem Handeln seit 1933 ein durch kein Recht gedecktes Vergehen gegen die Menschlichkeit sahen und sie erwarteten ein entsprechendes Vorgehen.

Diese utilitaristische Motivation für ein Leben im Untergrund deckte sich in vielen Fällen mit der ideologischen Ausrichtung. Anders als es die ehemaligen Gestapo-Mitarbeiter Jahre später vor den Spruchkammern unisono erklärten, handelte es sich bei ihnen keineswegs um gerade mal ihre Pflicht gegenüber dem Staat erfüllende, bestenfalls durch falsche Versprechungen Verführte, sondern mehrheitlich um Überzeugungstäter, die die Ziele des NS-Staates teilten, die Methoden zu deren Umsetzung billigten und in Württemberg ebenso wie in den besetzten Gebieten willig anwandten[52]. Als beispielsweise Alfred Hagenlocher alias Adolf Huck[53] im März 1944 seine Abordnung zum Einsatzkommando 8 der Einsatz-

---

[52] Für die Politische Polizei bzw. Gestapo in Württemberg und Hohenzollern arbeiteten zwischen 1933 und 1945 über 1.000 Frauen und Männer. Diese Gruppe umfasste alle Tätertypen, wie sie die neuere Täterforschung beschreibt, mit weitgehender Ausnahme allerdings der „Schreibtischtäter". Die Position einer Staatspolizeileitstelle im institutionellen Gefüge sah eine weitere Delegation nach unten höchstens zur momentanen Entlastung durch Arbeitsteilung mit anderen Behörden oder Polizeidienststellen vor. In der Regel aber hatten die Mitarbeiter das jeweilige Verfahren selbst in der Hand und mit den Verfolgten unmittelbaren Kontakt. Zur Täterforschung siehe zusammenfassend Gerhard PAUL, Von Psychopathen, Technokraten des Terrors und „ganz gewöhnlichen" Deutschen. Die Täter der Shoah im Spiegel der Forschung, in: Die Täter der Shoah. Fanatische Nationalsozialisten oder ganz normale Deutsche? (Dachauer Symposien zur Zeitgeschichte, Bd. 2), hg. von DEMS., Göttingen 2002, S. 13–90; Gerhard PAUL/Klaus-Michael MALLMANN, Sozialisation, Milieu und Gewalt. Fortschritte und Probleme der Täterforschung, in: Karrieren der Gewalt. Nationalsozialistische Täterbiographien, hg. von DENS., Darmstadt 2004, S. 1–32.

[53] Hagenlocher, der im Juni 1931 der NSDAP und SS beigetreten war, kam 1936 von der SS zur Gestapo und 1942 zur Staatspolizeileitstelle Stuttgart. Er führte allerdings nicht das Einsatzkommando, sondern unterstand erst Hans Schindhelm und dann Alfred Renndorfer. Hagenlocher bestritt nach seiner Festnahme im Januar 1946 jegliche Beteiligung an „Elsa". Sein Name taucht aber in den Listen auf, die Mannerz im Juli 1945 von Renndorfer kopieren

gruppe B erhielt, notierte seine Frau in das Kindertagebuch der Tochter: *Am 16. März musste er als Führer eines Sonderkommandos nach Russland. Damit ist deinem Vati ein großer Wunsch in Erfüllung gegangen. Denn schon so lange hat er darauf gewartet, in diesem großen Freiheitskampf auch mitkämpfen zu dürfen*[54]. In diesen wenigen Zeilen kommen mit einem männlichen Kriegerkult, Versatzstücken der NS-Propaganda („Freiheitskampf") und einer hohen ideologischen Eigenmotivation wesentliche Tätermerkmale zum Ausdruck. Pflichterfüllung ist als handlungsleitendes Motiv dagegen nicht erwähnt. Im Gegenteil wird deutlich, dass der Krieg und die Abordnung zum „auswärtigen Einsatz" von dem Gestapo-Beamten nicht als eine Zwangs-Situation wahrgenommen wurden, sondern vielmehr als höchst willkommener und herbeigesehnter Handlungsraum.

Das von Johannes Thümmler bei seiner Ansprache in Eglofs in Aussicht gestellte Szenario, diesen nationalsozialistischen Zielen, und seien es auch nur deren anti-kommunistischen Komponenten, bald wenigstens teilweise wieder offen dienen zu können, entfaltete Identifikationsmöglichkeiten und verhieß ein zumindest in dieser ideologischen Hinsicht friktionsfreies Fortschreiben der eigenen Biografie. Einiges deutet zudem darauf hin, dass die Führung von „Elsa" bezüglich dieser politischen Ambitionen sehr optimistisch war[55].

Zuletzt dürften gruppendynamische Prozesse im April 1945 in Eglofs eine Rolle gespielt haben. Die Tatsache, dass die Mitglieder von „Elsa" nur in wenigen Fällen einzeln rekrutiert wurden, sondern als Gruppe und zudem mit der Ansprache von Thümmler offenbar eine formelle Initiierung erfolgte, wird Zweifel an der Sinnhaftigkeit einer Untergrundorganisation mindestens zeitweise domestiziert haben.

Der Anteil der Frauen an „Elsa" erscheint bemerkenswert hoch, ist tatsächlich aber etwa so groß wie in den Jahren zuvor bezüglich des Gestapo-Personals. Im Mai 1944 war mehr als ein Viertel des Personals der Staatspolizeileitstelle Stuttgart weiblich[56]. Frauen waren dort als Kanzleiangestellte oder Dolmetscherinnen mit überwiegend untergeordneten Tätigkeiten beauftragt gewesen und doch ein integraler und unverzichtbarer Bestandteil des Apparats. Dass sie in so großer Zahl mit

---

konnte. Siehe dazu weiter unten. Er lebte unter falschem Namen und blieb auch während einer kurzen französischen Internierung bei seiner falschen Identität, weshalb er im Sommer, wahrscheinlich schon im Mai, 1945 entlassen wurde. Danach hielt er Kontakt zu Friedrich Mußgay. Zur Verhaftung Hagenlochers durch das CIC im Januar 1946 vgl. Bundesarchiv Bern E4320B/1973/17/811 (Mussgay, Friedrich).

54 Sammlung Haus der Geschichte Baden-Württemberg, Kindertagebuch Hagenlocher.

55 Sowohl Alfred Renndorfer als auch Friedrich Mußgay waren Ende Mai und Anfang Juni sehr aktiv bei Auf- und Ausbau der Organisation „Elsa". Mannerz konstatierte, dass *Mussgay seemed very optimistic* und auch *Renndorfer is very happy and optimistic about the progress of the organization* [...]. Vgl. NARA Washington, RG 319, Entry 134A, Box 69: Memorandum for the officer in charge. Subject: Mannerz, Gunther, Double Agent in Underground of Gau Württemberg, called ELSA, 5.6.1945.

56 Der Geschäftsverteilungsplan vom Mai 1945 weist 48 Frauen bei einer Gesamtbelegschaft von 187 Personen aus, StAL EL 903, Bü 20, Geschäftsverteilungsplan der Staatspolizeileitstelle Stuttgart, 31. März 1944.

Aufgaben innerhalb von „Elsa" betraut wurden, verweist darauf, dass sie innerhalb der Gestapo mitnichten als bloß technisches Personal betrachtet wurden, sondern das volle Vertrauen ihrer Vorgesetzten genossen und als unbedingt zuverlässig angesehen wurden. Mindestens zwei Mitarbeiterinnen waren zu Polizeiassistentinnen aufgestiegen und arbeiteten somit als Polizeibeamtinnen bei der Gestapo[57]. Entsprechend übernahmen die Frauen auch für „Elsa" neben der oben angesprochenen Rolle wichtige Aufgaben. So war Else Schilling eine der Nachrichtenstellen, die für die Aufrechterhaltung der Kommunikation innerhalb von „Elsa" verantwortlich war. Erst in Kirchheim/Teck und dann in Stuttgart wurde sie mehrfach von Günther Mannerz kontaktiert[58].

Ob die Bereitschaft des Einzelnen zum Leben im Untergrund mit der Zeit nachließ, als es keinen oder nur noch mittelbaren Kontakt zu Vorgesetzten oder anderen Mitgliedern von „Elsa" gab, kann anhand der Quellen nicht mit Sicherheit gesagt werden. Eine Ernüchterung aber muss es gegeben haben. Das Leben unter falschem Namen war beschwerlich und von Unsicherheit geprägt, der Kontakt zu Angehörigen kompliziert oder aus Sicherheitsgründen gar nicht möglich. Schließlich gab die Entwicklung der politischen Lage aus Sicht der Mitglieder von „Elsa" wenig Anlass zur Hoffnung. War für aufmerksame Beobachter auch wahrnehmbar, dass sich im Sommer 1945 aus dem ideologischen Grundkonflikt zwischen West und Ost eine realpolitische Konfliktlinie bildete, so konnte doch von einem hieraus entstehenden Handlungsspielraum für eine aus ehemaligen Gestapo- und SD-Mitarbeitern bestehende Organisation keine Rede sein.

In personeller Hinsicht schrumpfte „Elsa" im Laufe des Jahres beträchtlich. Ein großer Teil des ehemaligen Gestapo-Personals wurde nach und nach von amerikanischen, französischen oder deutschen Behörden verhaftet und interniert. Die Struktur selbst aber blieb erhalten und bis zu einem gewissen Grad handlungsfähig. Vor allem die Spitze mit Thümmler, Renndorfer, Mußgay und auch Wilbertz von der „Sonderverbindung" entzog sich erfolgreich der Observierung oder konnte aus den erwähnten ermittlungstaktischen Gründen nicht festgesetzt werden.

---

[57] Zu Rolle und Funktion der Frauen bei der Gestapo vgl. Elisabeth Kohlhaas, Weibliche Angestellte der Gestapo 1933–1945, in: Sie waren dabei. Mitläuferinnen, Nutznießerinnen, Täterinnen im Nationalsozialismus, hg. von Marita Krauss, Göttingen ²2009, S. 148–165. Zumindest hinsichtlich der Staatspolizeileitstelle Stuttgart irrt Kohlhaas mit ihrer Feststellung, bei der Gestapo hätten keine Polizeibeamtinnen gearbeitet (S. 149).

[58] Siehe Anm. 41. Else Schilling hatte bereits ab 1925 für die Politische Polizei gearbeitet. 1940 war sie Teil der so genannten Rückführungskommission in Dijon und anschließend bis 1944 beim KdS Dijon beschäftigt. StAL EL 902/20, Bü 80427, Spruchkammerakte Else Schilling.

Die Operation Danube

Nachdem Günther Mannerz sich einverstanden erklärt hatte, als Doppelagent zu arbeiten, starteten das 307te Counter Intelligence Corps Detachment der siebten US-Armee und die X-2 Branch (Abteilung Gegenspionage) des Office of Strategic Service im Juni 1945 eine gemeinsame Operation. Das CIC übernahm dabei die operative Führung vor Ort, während das OSS die Gesamtleitung inne hatte und gegebenenfalls für die Koordination mit anderen Unternehmungen sorgte. Die Operation erhielt den Decknamen Danube[59].

Grundlegend für die Konzeption der Operation Danube war die Annahme, dass „Elsa" nur die Spitze eines Eisberges sei. Im Juni gingen die amerikanischen Ermittlungsbehörden davon aus, dass ein ihnen bisher unbekanntes Untergrundnetzwerk im ganzen besetzten Deutschen Reich existiere, vom dem „Elsa" nur ein Teil sei. *ELSA is an integral part of a much larger and more widespread underground organisation originally planned by HIMMLER and the RSHA and based on existing SD structure to cover all GERMANY*[60]. Primäres Ziel der Operation war entsprechend nicht der möglichst schnelle Zugriff auf einzelne Personen, sondern weitere Erkenntnisse über den Aufbau, die Arbeitsweise und vor allem mögliche Kontakte zu anderen Untergrundorganisationen zu sammeln.

Die erste Maßnahme des CIC war die Einschleusung eines weiteren Doppelagenten in die Organisation „Elsa". Günther Mannerz' Rolle innerhalb von „Elsa" war zu begrenzt und er hätte Misstrauen auf sich gezogen, wenn er sich zu offensichtlich für Details der Organisation interessierte, die er zur Erfüllung seiner Aufgaben dort nicht brauchte. Diese Lücke sollte Leopold Voelker alias Robert Fandel schließen[61]. Der ehemalige SD-Mitarbeiter, der für das Frankreich-Referat des Reichssicherheitshauptamts gearbeitet hatte, wurde als eine Art Ernährungs-Administrator der Alliierten für den Raum Württemberg und Bayern ausstaffiert und bekam ein Auto[62]. Innerhalb der Operation Danube bekam Voelker den Codenamen Tunis, während Mannerz mit Mouse bezeichnet wurde.

Der Kontakt zwischen Voelker und Renndorfer wurde hergestellt, indem CIC-Agenten zusammen mit Mannerz am 16. Juni ein zufälliges Zusammentreffen der beiden in einem Kemptener Reisebüro arrangierten. Mannerz hatte Tage zuvor versucht, Renndorfer an seinem letzten ihm bekannten Aufenthaltsort Isny zu treffen, hatte dort aber nur den ehemaligen SS-Hauptsturmführer Slavinger ge-

[59] NARA Washington, RG 226, Entry 215, Box 8: Enclosed Progress Report on Danube Operation (2nd Report), 27.6.1945.

[60] Ebd., RG 226, Entry 119A, File 638, Box 25: Summery of cases, 7.6.1945 (Hervorhebungen im Original).

[61] Wie es zu der Zusammenarbeit zwischen dem CIC und Leopold Voelker kam, kann leider nicht rekonstruiert werden. Ein in dem Progress Report vom 27.6.1945 erwähnter Bericht darüber findet sich nicht in den Akten.

[62] Ebd., RG 226, Entry 215, Box 8: Enclosed Progress Report on Danube Operation (2nd Report), 27.6.1945.

troffen, ebenfalls Mitglied von „Elsa": Slavinger gab den Hinweis, Renndorfer sei in Kempten, um sich um einen Pass für München zu bemühen. Voelker beantragte daraufhin ebenfalls einen Pass und sprach Renndorfer vor dem Reisebüro an, nachdem dieser von Mannerz aus einem Versteck heraus identifiziert worden war. Renndorfer nahm das Angebot Voelkers an, ihn in seinem Auto mit nach München zu nehmen. Voelker versuchte während der Fahrt und bei einigen Gesprächen in München, wo Renndorfer Familienangehörige suchte, zunächst erfolglos, diesen aus der Reserve zu locken. Immerhin vereinbarte man, in Kontakt zu bleiben. Die Agenten des CIC waren dennoch zufrieden. *These agents believe that the case is progressing as well as can be expected, that Renndorfer and the other members of ELSA as yet do not suspect our contact with them. Renndorfer seems to feel safe, but is nevertheless fairly cautious.* Sie beschlossen, den eingeschlagenen Weg weiter zu gehen und Voelker weiter als *penetration agent* zu benutzen, um mit *higher echelon of the organization* in Kontakt treten zu können[63].

Noch im Juni hatten sie zumindest dahingehend Erfolg, dass Renndorfer seine Legende gegenüber Voelker fallen ließ und seine wahre Identität sowie die Existenz und die Ziele von „Elsa" offenbarte, ohne allerdings Details zu nennen. Renndorfer bestätigte, was Günther Mannerz den amerikanischen Ermittlern über „Elsa" und die Rede Thümmlers in Eglofs berichtet hatte. *The foundation of the organization is the hope of a war between Russia and the Allies. At the moment of such an event, the present German government must be dismissed and a new government formed. However the new government must not make the same mistakes the former Nazi Government did, but the ideas of the new government would propose to the American authorities that the German fight with the Americans in return for continuation of the new regime, and for calling off the occupational troops from Germany. If the Americans were to refuse such proposals the sabotage groups would go into action behind the Allied lines, and work for the Russians in that manner*[64]. Auch Ende Juni glaubten sich die Männer und Frauen im Untergrund also noch im Besitz eines Trumpfes, mit dem sie glaubten, vorzugshalber den West-Alliierten, im Notfall aber auch der Sowjetunion Bedingungen stellen zu können.

In den folgenden Wochen und Monaten reisten Mannerz und Voelker mit Hilfe des CIC durch Württemberg und trafen Mitglieder von „Elsa" und der „Sonderverbindung". Sie erstatteten minutiös Bericht und erweiterten das Wissen über das Personal und die zahlreichen Querverbindungen des Untergrunds beträchtlich. Eher nebenbei erfuhren die amerikanischen Ermittlungsbehörden dabei auch Details über NS-Verbrechen und die Beteiligung derjenigen Frauen und Männer an diesen Verbrechen, die nun im Untergrund aktiv waren. Alfred Renndorfer etwa erzählte Mannerz von seiner Tätigkeit in Weißrussland. *Renndorfer also admitted to Mouse that he had killed many people by shooting them in the back of the head,*

[63] Ebd.
[64] Ebd., Memorandum for the officer in charge. Subject: The Danube Affaire, 7.7.1945.

and he had ordered more shot in such a manner[65]. Thekla Berner wiederum berichtete über die Morde in den Tötungsanstalten Grafeneck, Hadamar und Hartheim, in denen sie als Stenotypistin gearbeitet hatte[66].

Am 18. Juli gelang es Mannerz bei einem Treffen mit Renndorfer in Esslingen, umfangreiche Listen mit Klarnamen, Decknamen und Orten der Organisation „Elsa" zu kopieren, die Renndorfer im Batteriefach einer Taschenlampe versteckt hatte. Dieses Material vervollständigte die Liste der Nachrichtenstellen, die Mannerz schon im Mai verraten hatte, samt Namen, Codewörtern und Orten. Auch 14 lokale Gruppen mit zwei oder drei Namen von deren Mitgliedern, 14 Aufenthaltsorte und 14 Decknamen waren verzeichnet, allerdings codiert, sodass sie nicht ohne Zweifel einander zugeordnet werden konnten[67].

Dieser Erfolg konnte allerdings nicht über die gravierenden und zahlreichen Probleme hinweg täuschen, die mit den Ermittlungen verbunden waren. Da war zunächst die fehlende Koordination mit den französischen Besatzungsbehörden. Die in der französischen Zone vorgenommenen Verhaftungen vieler ehemaliger Gestapo- oder SD-Mitarbeiter gefährdete die amerikanische Strategie, den Untergrund zunächst nur zu beobachten[68]. Weiter waren die schlechten Kommunikationsmöglichkeiten der einzelnen Mitglieder des Untergrunds untereinander auch für die Ermittler insofern ein Problem, als dass die im Untergrund kursierenden Gerüchte, Mutmaßungen und Anschuldigungen durch die Berichte von „Mouse" und „Tunis" ungefiltert zum CIC und OSS durchdrangen und dort nur mehr schlecht als recht verifiziert werden konnten. Die langen, manchmal für Wochen unterbrochenen Verbindungswege, der Verfolgungsdruck und die Angst, entdeckt zu werden, schürten innerhalb von „Elsa" und der „Sonderverbindung" Misstrauen und Unsicherheit. Es wuchs ein Dickicht aus Gerüchten und Halbwissen, dass für die Ermittler nur schwer zu entschlüsseln war. Else Schilling etwa berichtete Mannerz, dass drei ehemalige Gestapo-Mitarbeiter durch die Organisation „Elsa"

---

[65] Ebd., Memorandum for the officer in charge. Subject: The Danube Affaire, 20.9.1945.

[66] Ebd., Memorandum for the officer in charge. Subject: The Danube Affaire, 29.9.1945 und ebd., RG 319, Entry 134A, Box 69: Memorandum for the officer in charge. Subject: Berner, Thekla, 31.5.1946. Thekla Berner war verheiratet mit dem ehemals bei der SD-Leitstelle Stuttgart beschäftigten und nun für die „Sonderverbindung" arbeitenden Karl Berner und fungierte als Kontaktperson. Sie selbst hatte ab 1938 kurz für die Staatspolizeileitstelle Stuttgart und dann beim Inspekteur der Sicherheitspolizei und des SD in Stuttgart als Sekretärin von Jakob Wöger gearbeitet. Wöger, der Ende 1939/Anfang 1940 mit der Leitung des Standesamts in Grafeneck beauftragt worden war, holte Berner dorthin. Später machte sie vor verschiedenen Staatsanwaltschaften mehrmals Angaben über ihre Tätigkeit in den Tötungsanstalten. Vgl. dazu StA Sigmaringen Wü 29/3 T 1 Nr. 1758/02/02 und Peter SANDNER, Verwaltung des Krankenmordes. Der Bezirksverband Nassau im Nationalsozialismus (Historische Schriftenreihe des Landeswohlfahrtsverbandes Hessen, Hochschulschriften Bd. 2), Gießen 2003, S. 429, 462 f. und 465.

[67] NARA Washington, RG 226, Entry 215, Box 8: Memorandum for the officer in charge. Subject: The Danube Affaire, 20.7.1945.

[68] Ebd.

erschossen worden seien. Auch Friedrich Mußgay wäre tot, von den Franzosen hingerichtet[69]. Zudem tauchten in den Berichten von Mannerz und Voelker immer neue Namen und damit auch angebliche oder tatsächliche Querverbindungen auf, die zur Unübersichtlichkeit beitrugen.

Als größtes Hindernis für einen entscheidenden Fortschritt der Operation Danube aber stellte sich heraus, dass Renndorfer selbst sehr vorsichtig blieb und kaum Aktivitäten entfaltete. Ein Plan, Renndorfer über Mannerz die Existenz einer weiteren Untergrundbewegung im Raum Württemberg vorzutäuschen und so eine Reaktion zu provozieren, wurde fallen gelassen. Mannerz hatte zunehmend den Eindruck gewonnen, Vertrauen bei Renndorfer verloren zu haben und so entschied man sich gegen dieses Vorhaben, um den Kontakt zu Renndorfer nicht aufs Spiel zu setzen. Stattdessen sollte Voelker Misstrauen gegen Renndorfer wegen dessen Passivität säen, wobei unklar bleibt, welche Kanäle Voelker dafür zur Verfügung standen[70]. Ende August glaubte man diesbezüglich gute Fortschritte gemacht zu haben. *Renndorfer is now suspected by the whole of his group who think he talks too much and distrust his apparent point of view against any action*[71].

Dem eigentlichen Ziel aber, der gesamten Führung von „Elsa" und der „Sonderverbindung" habhaft zu werden und mehr über die angenommene übergeordnete Organisation zu erfahren, kamen die Amerikaner nicht näher. Der Aufenthaltsort von Johannes Thümmler blieb weiter unbekannt. Auch Karl Pütz, von dessen Selbstmord die Amerikaner zu diesem Zeitpunkt noch keine Kenntnis hatten, und Julius Wilbertz als Chef der „Sonderverbindung" wurden weiter gesucht. Bezüglich Wilbertz gab es immerhin einen Ansatzpunkt, nachdem Mannerz dessen Frau hatte ausfindig machen können und ein direkter Kontakt möglich erschien. Mannerz hatte Wilbertz persönlich kennen gelernt, als er Mitte März 1945 vom Berliner SS-Führungshauptamt zur SD-Leitstelle nach Stuttgart geschickt worden war und sich dort bei Wilbertz meldete. Wilbertz war es auch, der Mannerz im April seine neue Identität und einige Instruktionen gab[72]. Die Erfolgsaussichten der Operation Danube blieben vage.

Inzwischen waren in Stuttgart unabhängig von der Operation Danube zwei wichtige Mitglieder der „Sonderverbindung" festgenommen worden[73]. Wilhelm Busemann, ehemaliger SS-Hauptsturmführer und ehemals Leiter der Abteilung Wirtschaft III D beim Stuttgarter SD, war nach Wilbertz der zweite Mann innerhalb der „Sonderverbindung". Dr. Erich Port, eigentlich Hals-Nasen-Ohrenarzt in

[69] Ebd., Memorandum for the officer in charge. Subject: The Danube Affaire, 18.8.1945 (der Bericht ist fälschlicherweise auf den 18. September datiert).

[70] Ebd., RG 226, Entry 213, Box 3, Progress Report on X-2 Penetration Cases Run in the American Occupied Zone in Germany, Aug 45, 1.9.1945.

[71] Ebd., Semi-Monthly Operations Report, Period 15–31 August, 1.9.1945.

[72] Ebd., RG 226, Entry 108, Box 460: Memorandum for the officer in charge. Subject: Mannerz, Gunther, German, Waffen SS (and Werewolf Activities), 12.5.1945.

[73] Ebd., RG 226, Entry 213, Box 3: Semi-Monthly Operations Report, Period 15–31 August, 1.9.1945.

Stuttgart, hatte beim SD Stuttgart das Referat „Rasse und Volksgesundheit“ geleitet. Er bildete innerhalb der „Sonderverbindung“ eine Nachrichtenstelle vergleichbar denen von „Elsa“[74]. Busemann und Port wurden zu Verhören nach Heidelberg in das regionale Hauptquartier des OSS gebracht.

Der September entwickelte sich für die Operation Danube zu einem Monat der Fehlschläge und der enttäuschten Erwartungen. Weder gelang es Günther Mannerz, in direkten Kontakt zu Julius Wilbertz zu treten, noch ergab der Kontakt zu Renndorfer weiterführende Hinweise. Ein anvisiertes Treffen zwischen Mannerz und Wilbertz um den siebten September herum war geplatzt und auch der nächste Versuch am dreizehnten des Monats bei Wilbertz’ Frau in Nattheim bei Heidenheim verlief ernüchternd. Mannerz erhielt von einem Bekannten der Frau Wilbertz lediglich einen vagen Hinweis, Wilbertz würde um den 22. September herum vielleicht wieder dort auftauchen[75]. Aber auch dieser Termin verstrich, ohne dass es zu einem Kontakt gekommen wäre. Wilbertz war durch die Verhaftung Busemanns alarmiert und von der Bildfläche verschwunden[76]. Am 1. Oktober zumindest hatte das OSS noch keine positive Nachricht von Mannerz erhalten und die Verantwortlichen beim OSS und CIC begannen sich langsam mit dem Gedanken zu beschäftigen, die Operation abzubrechen. *Renndorfer continues inactive, while Mouse functions hopefully on a not too high level. We are now awaiting a report that Mouse has met Wilbertz and has some information on the whereabouts of Puetz and Tuemmler. Unless this aspect of the case shows some signs of life, the affair may be closed*[77].

Der Plan, Renndorfer innerhalb der Untergrundorganisationen zu diskreditieren, schien dagegen weiter aufzugehen. Helga Friesch, ehemalige Angestellte der SD-Leitstelle Stuttgart[78] und nun Kontaktperson zwischen Renndorfer und der „Sonderverbindung“[79], berichtete Mannerz bei einem Treffen in Esslingen über

[74] Ebd., RG 226, Entry 108, Box 460: Memorandum for the officer in charge. Subject: Mannerz, Gunther, German, Waffen SS (and Werewolf Activities), 12.5.1945, Appendix B, Organization of Elsa und Appendix C, Personalities Sonderverbindung und ebd., RG 319, Entry 134A, Box 69: Memorandum for the officer in charge. Subject: Port, Erich, Dr., 6.9.1945.

[75] Ebd., RG 226, Entry 213, Box 3, SCI Weekly Operations Report, 5.9.1945 und ebd., RG 226, Entry 215, Box 8: Memorandum for the officer in charge. Subject: The Danube Affaire, 20.9.1945.

[76] Ebd., RG 226, Entry 215, Box 8: Memorandum for the officer in charge. Subject: The Danube Affaire, 26.9.1945.

[77] Ebd., Progress Report on X-2 Penetration Cases run in the American Occupied Zone in Germany, September 1945, 1.10.1945. Ebenso die Einschätzung des CIC, ebd., RG 226, Entry 213, Box 3, SCI Weekly Operations Report, 3.10.1945.

[78] StAL EL 903, Bü 20, Liste der SD-Angehörigen im Internierungslager 77 in Ludwigsburg, Stand 26. April 1947 und ebd., StAL EL 903/5, Bü 54, Spruchkammerakte Helga Friesch.

[79] Günther Mannerz hatte Helga Friesch am 18. Juli in Esslingen kennen gelernt und ihr Vertrauen gewonnen. Bald war sie Mannerz’ beste Quelle bezüglich der „Sonderverbin-

das herrschende Misstrauen gegenüber Renndorfer. Vor allem innerhalb der „Sonderverbindung“ würden Renndorfers Interessen wie auch sein Status als Chef von „Elsa“ zunehmend in Zweifel gezogen[80]. Die eigentlich als reiner Nachrichtendienst konzipierte „Sonderverbindung“ scheint sich darüber hinaus zu diesem Zeitpunkt radikalisiert zu haben und war offenbar gewillt, die aus ihrer Sicht durch die Passivität Renndorfers verschuldete Tatenlosigkeit des Untergrunds mit eigenen Aktionen zu beenden. Ins Visier gerieten dabei Personen, die früher dem SD angehört hatten und sich nun mit alliierten oder deutschen Behörden arrangierten. Frau Friesch informierte Mannerz darüber, dass eine *Frau Dreher, who was formerly in the SD/Stuttgart, and who is now working as an agent for the German Police in Hotel Silber/Stuttgart*[81]*, is to be killed in the near future*[82]. Schon Wochen vorher hatten die amerikanischen Ermittler so glaubhafte Hinweise auf einen anderen geplanten Mordanschlag bekommen, dass sie sich veranlasst sahen, die betreffende Frau, ebenfalls eine ehemalige Mitarbeiterin des Stuttgarter SD, in Sicherheit zu bringen. Diese Klara N. hatte, das legen zumindest die amerikanischen Berichte nahe, bei der Verhaftung von Erich Port und Wilhelm Busemann eine Rolle gespielt[83]. Das CIC war mit der Verbringung der Klara N. von Stuttgart nach Kassel ein ermittlungstaktisches Risiko eingegangen, ließ das plötzliche Verschwinden der Frau doch den Schluss zu, dass man den Untergrundorganisationen und ihren Plänen auf der Spur war. Im Falle von Frau Dreher entscheid man daher, zunächst nichts zu unternehmen.

---

dung“. NARA Washington, RG 226, Entry 215, Box 8: Memorandum for the officer in charge. Subject: The Danube Affaire, 20.7.1945 und ebd., Memorandum for the officer in charge. Subject: The Danube Affaire, 3.8.1945.

[80] Ebd., RG 226, Entry 215, Box 8: Memorandum for the officer in charge. Subject: The Danube Affaire, 20.9.1945.

[81] Das so genannte Hotel Silber war nach dem Krieg Dienstsitz des Chefs der deutschen Polizei der Stadt Stuttgart (später Polizeipräsidium). In dem ehemaligen Nobelhotel war zwischen 1933 und 1945 die Politische Polizei bzw. die Gestapo untergebracht. Zum Hotel Silber siehe auch den Virtuellen Geschichtsort Hotel Silber http://www.geschichtsort-hotel-silber.de, Abruf 5. März 2014, sowie Roland OSTERTAG (Hg.), Tatort der Stuttgarter Geschichte. Das Hotel Silber: Ein Skandal, Stuttgart 2011.

[82] NARA Washington, RG 226, Entry 215, Box 8: Memorandum for the officer in charge. Subject: The Danube Affaire, 20.9.1945.

[83] Ebd., und ebd., RG 226, Entry 213, Box 3, Semi-Monthly Operations Report, Period 15–31 August, 1.9.1945. Mit einer Aussage im Spruchkammerverfahren gegen Busemann belastete Klara N. diesen. Vgl. StAL EL 903/4, Bü 77, Busemann, Willy, 27.7.1903. Klara N. wurde vom CIC von Stuttgart nach Kassel gebracht. Die Amerikaner interpretierten die Hinweise dahingehend, dass Jakob Wöger, ehemals Mitarbeiter der Gestapo, der Kriminalpolizei und beim Inspekteur der Sicherheitspolizei und des SD in Stuttgart, vom Untergrund als Mörder bestimmt worden sei. Wöger hatte zwischen Ende 1939 und 1941 auch das eigens errichtete Standesamt in der Tötungsanstalt Grafeneck mit der Aufgabe geleitet, durch falsche Angaben zur Todesursache und Todesdaten die Morde zu verschleiern. Wöger war allerdings schon Mitte Juli verhaftet worden, sodass der Mordplan möglicherweise weiter zurück reichte.

Am 11. und 12. September traf sich Günther Mannerz in Esslingen mit Renndorfer, ohne aber näheres über Thümmler oder Wilbertz zu erfahren. Stattdessen kündigte der Chef von „Elsa“ an, er werde Wilhelm Busemann sofort töten, sollte er aus der Haft entlassen werden, da dieser zu sorglos mit belastenden Papieren umgegangen sei und die Untergrundorganisationen gefährdet habe.

Immerhin gelang es Mannerz, von Renndorfer den Status von Voelker bezüglich „Elsa“ in Erfahrung zu bringen. Voelker war es offenbar nicht gelungen, Renndorfers volles Vertrauen zu erlangen. *Renndorfer added that he didn't want to bring Tunis into the organization*[84]. Dennoch konnten mit dieser Information die Handlungsoptionen des Doppelagenten besser eingeschätzt werden. Noch ein weiteres Rätsel konnte Mannerz in Esslingen lösen. Bereits eine Weile hatten das OSS und das CIC den Verdacht, dass innerhalb von „Elsa“ und der „Sonderverbindung“ Gerüchte kursierten, die ihren Ursprung nur bei von den Amerikanern Inhaftierten haben konnten. Helga Friesch lüftete dieses Geheimnis nun gegenüber Mannerz, als sie berichtete, ein Pfarrer würde im Auftrag des Untergrunds Informationen in das Internierungslager 74 in Ossweil hinein und auch wieder heraustragen. In Ossweil aber waren viele ehemalige Gestapo- und SD-Mitarbeiter inhaftiert. Offenbar hatten diese aus der Art und Weise, wie sie von den Amerikanern verhört wurden, ihre Rückschlüsse gezogen und ihre Kollegen über den Pfarrer informiert[85]. Der federführende CIC-Agent empfahl daher in seinem Bericht, bei Vernehmungen keine Informationen zu nutzen, die einen Hinweis darauf geben könnten, dass die Amerikaner dem Untergrund auf der Spur waren.

Bezeichnend ist, dass es offenbar weder dem OSS noch dem CIC gelang, durch Vernehmungen entscheidende Fortschritte zu erzielen. Immerhin waren im Herbst 1945 eine große Zahl von ehemaligen Gestapo- und SD-Mitarbeiterinnen und Mitarbeitern und somit auch ein guter Teil von „Elsa“ und der „Sonderverbindung“ in Haft, doch die entscheidenden Fragen blieben offen. Diese Tatsache verweist zum einen darauf, dass die Organisationsstruktur der Untergrundbewegung effektiv und belastbar war und der Einzelne nicht viel preisgeben konnte. Gleichzeitig ist sie aber auch als Hinweis darauf zu werten, dass das Loyalitätsgefüge auch nach den vielen Verhaftungen weitgehend intakt blieb und die ideologischen und politischen Bande noch nicht gerissen waren. Diese Bande wurden auch dadurch gestärkt, dass der Untergrund ähnlich wie in das Lager Ossweil auch in das Internierungslager Ludwigsburg eine konspirative Verbindung hatte aufbauen können. Internierte konnten so darüber informiert werden, welche Informationen sie bei Verhören preis geben dürften und welche nicht[86]. Aus dieser ernüchternden Erfah-

---

[84] NARA Washington, RG 226, Entry 215, Box 8: Memorandum for the officer in charge. Subject: The Danube Affaire, 20.9.1945.

[85] Ebd., und ebd., RG 226, Entry 213, Box 3, Semi-Monthly Operations Report, Period 15–31 August, 1.9.1945.

[86] Ebd., RG 226, Entry 215, Box 8: Memorandum for the officer in charge. Subject: The Danube Affaire, 18.8.1945 (der Bericht ist fälschlicherweise auf den 18. September datiert).

rung heraus plante das CIC auch im Falle von Julius Wilbertz keineswegs seine Verhaftung, falls Mannerz doch noch den Kontakt würde herstellen können. Von einer Vernehmung erwartete man nicht viel. *Wilbertz, if contacted, will not be arrested immediately for by being in contact with him Mouse can learn more personalities and activities of the underground and perhaps even leads to the Reich organization*[87].

Den Optimismus aber, mit dem der Special Agent des CIC Chandler Flickinger seine Berichte verfasste, vermochten seine Vorgesetzten und das OSS immer weniger zu teilen. Auch im Oktober und November sammelten Mannerz und Voelker zwar weiter Namen und Details, Julius Wilbertz aber blieb verborgen. Die Vorsicht von Wilbertz ging offenbar auf eine Warnung zurück, die er von seinen Vorgesetzten erhalten hatte. Eine Frau der „Sonderverbindung“, die direkten Kontakt mit Wilbertz hatte, informierte Mannerz darüber, dass Wilbertz *had been put on the carpet* [...] *for not being cautions enough, and for permitting so many of his people to be arrested.* [...] [*T*]*here are still people who have more authority than he, and he got the order to be 10 times more careful as before. Now all depends on the fact that the important people won't be arrested.* Diesen Hinweis konnte CIC-Agent Flickinger zwar werten als *first indication that Tuemmler and Puetz are activ*[88]. Seine Vorgesetzten überzeugen konnte er damit aber nicht. Am ersten Dezember lief die Operation noch, *but to date there is no evidence that the early importance attached to the case is justified*[89]. Offenbar setzte sich bei den amerikanischen Ermittlern zunehmend die Ansicht durch, dass eine das ehemalige Deutsche Reich abdeckende NS-Untergrundbewegung zwar geplant worden und auch anfangs existiert habe, nun aber entweder ganz zerfallen oder ihrer Handlungsmöglichkeiten beraubt sei. Unter dieser Voraussetzung schien die bisherige Strategie, die bekannten Mitglieder von „Elsa“ und der „Sonderverbindung“ auf freiem Fuß zu lassen und weiter zu beobachten, keinen Sinn zu machen.

Das Ende von „Elsa“ und der „Sonderverbindung“

Der Januar 1946 brachte eine spektakuläre Wende für die Operation Danube. Am Vormittag des 6. Januar traf Mannerz den ehemaligen Mitarbeiter des SD-Leitabschnitts Stuttgart und nunmehr eines der aktivsten Mitglieder der „Sonderverbindung“, Karl Berner. Dieser war nach Hamburg und Gelsenkirchen gereist und hatte Kontakt zu dortigen Untergrundorganisationen aufgenommen. Berner berichtete nun euphorisch, dass *there is a better organised underground in*

[87] Ebd., Memorandum for the officer in charge. Subject: The Danube Affaire, 20.9.1945.

[88] Ebd., RG 319, Entry 134A, Box 69: Memorandum for the officer in charge. Subject: The Danube Affaire, 2.11.1945.

[89] Ebd., RG 226, Entry 213, Box 3, Progress Report on X-2 Penetration Cases Run in the American Occupied Zone in Germany, November 1945, 1.12.1945.

the English occupied territory, where attempts to arrest and detain are not so emphasized as in American territory. Und weiter: *Concerning the future of the organization, Berner told Mouse the following: About the first half on February 1946 the underground will have finished organising (formulative stage completed), and the positive work can begin.* [...] *The work for influence in political activities will begin (Mouse stated probably a political party). The British are conducting anti-communistic movements, and it is thought they will support any healthy non-communistic party. Of course, Berner stated, no attempt will be made to form a fascist party, but a well cloaked attempt to restore the fascists to power will begin*[90].

Diese Äußerungen Berners machten auch denjenigen innerhalb der amerikanischen Sicherheitsbehörde, die zuletzt an der Relevanz und dem Potential von „Elsa“ und der „Sonderverbindung“ gezweifelt hatten, deutlich, dass sich die Ambitionen des Untergrunds keineswegs abgeschliffen hatten oder zu einem reinem Versteckspiel verkommen waren. Im Gegenteil, die Untergrundorganisationen fühlten sich offenbar stark und schlagkräftig. Das Vorhaben, mit der Gründung einer Partei aus dem Untergrund heraus zu treten, zeugt von einem enormen Selbstbewusstsein.

Aus Sicht des CIC und des OSS hatte die Operation Danube nun einen kritischen Punkt erreicht. CIC-Agent Flickinger empfahl dringend, eine neue Phase einzuleiten und die bekannten Mitglieder des Untergrunds zu verhaften. Mit Karl Berner war zudem nun ein Mann in Reichweite, von dem substantielle Aussagen zur so lange gesuchten übergeordneten Organisation auch in den anderen Besatzungszonen zu erwarten waren[91]. In Stuttgart, in dessen Großraum sich der überwiegende Teil der ins Visier genommen Personen aufhielt, wurde eine Einsatzzentrale gebildet und mit der Koordination einer konzentrierten Verhaftungswelle beauftragt. Die Verhaftungen sollten in der Nacht vom 21. auf den 22. Januar stattfinden.

Für jede der insgesamt 32 Zielpersonen wurden Einheiten instruiert und in Stellung gebracht. Sie wurden angewiesen, Fluchtversuche unbedingt zu verhindern und, wenn nicht anders möglich, die Zielperson zu erschießen, wozu es in einem Fall auch kam[92]. Ansonsten seien die Gefangenen mit verbundenen Augen sofort in das Gefängnis des CIC in der Stuttgarter Weimarstraße zu bringen und dort zunächst in Einzelzellen unterzubringen.

Der Verhaftung Wilbertz' kam besondere Bedeutung zu, und sie war gleichzeitig die schwierigste, da sein genauer Aufenthaltsort immer noch nicht bekannt war.

---

90 Ebd., RG 319, Entry 134A, Box 69: Memorandum for the officer in charge. Subject: The Danube Affaire, 16.1.1946.

91 Ebd., und ebd., Memorandum for the officer in charge. Subject: The Danube Affaire, 21.1.1946.

92 Tragischerweise stellte sich heraus, dass es sich bei dem Getöteten nicht um die Zielperson handelte. Vgl. ebd., Memorandum for the officer in charge. Subject: The Danube Affaire, 3.2.1946.

Nach Abstimmung mit den französischen Besatzungsbehörden fuhren zwei Jeeps nach Freiburg zur Wohnung der Frau, die zuletzt den Kontakt zwischen Mannerz und Wilbertz hergestellt hatte. Das Kommando schreckte die Frau und ihren Freund aus dem Bett und erfuhr letztlich den Aufenthaltsort von Wilbertz. In einem Dorf in der Nähe von Freiburg konnte er verhaftet werden[93].

Die Aktion war ein Erfolg. Alle Personen konnten verhaftet werden. Die Quellen geben allerdings keine Auskünfte über die Umstände der Verhaftungen von Johannes Thümmler und Friedrich Mußgay. Thümmler wurde bereits am 18. Januar in Oberdorf im damaligen Kreis Aalen (heute Ostalbkreis) und Mußgay am 16. Januar in Deggingen verhaftet[94]. Wahrscheinlich waren beide Verhaftungen mehr zufällig und ohne Absprache mit den Verantwortlichen der Operation Danube vorgenommen worden. Dafür spricht, dass zumindest an der Verhaftung Mußgays auch die Stuttgarter Kriminalpolizei beteiligt war, die ansonsten nicht in die Verhaftungsaktionen im Januar eingebunden war.

Mit Johannes Thümmler, Alfred Renndorfer, Julius Wilbertz und Friedrich Mußgay befand sich die gesamte Spitze der Organisationen „Elsa" und „Sonderverbindung" Ende Januar 1946 in Haft. Hinzu kamen Duzende Mittelsmänner- und frauen, Kontaktpersonen und Kuriere. Die sofort einsetzenden Verhöre und die fortgeführten Observationen bestimmter Plätze und Adressen führten zudem in den kommenden Wochen zu zahlreichen weiteren Festnahmen. Bis Anfang Mai wurden 95 Personen verhaftet[95]. Der nationalsozialistische Untergrund in Württemberg war zerschlagen. Nicht ganz so durchschlagend war der Erfolg in Baden. Aber auch dort kam es zu Verhaftungen[96].

Auffallend ist erneut der hohe Anteil der Frauen, die bis zum Januar 1946 in den Organisationen „Elsa" und „Sonderverbindung" aktiv waren. Mehr als die Hälfte der im Januar Festgesetzten waren Frauen. Vornehmlich als Kontaktpersonen und Nachrichtenstellen hatten sie entscheidenden Anteil an der Aufrechterhaltung der Organisationen. Mehrfach hatten Günther Mannerz oder Leopold Voelker von Äußerungen einzelner Frauen berichtet, die nicht nur von einem geschlossenen und durch die Kapitulation wenig oder gar nicht erschütterten nationalsozialistischen Weltbild zeugten, sondern den Wunsch und Anspruch ausdrückten, eine aktivere und verantwortungsvollere Rolle zu übernehmen. Thekla Berner etwa, die ehemalige Mitarbeiterin in den Tötungsanstalten Grafeneck, Hadamar und Hartheim, ärgerte sich über die ihrer Ansicht nach dummen und feigen Männer des Untergrunds, die keine Ahnung von der konspirative Arbeit hätten und denen der

---

93 Ebd.

94 Ebd., RG 316, IRR File-No. D051373 (Thuemmler, Johannes), Arrest Report, und IRR File-No. XE036366 (Mussgay, Friedrich), Arrest Report.

95 Ebd., RG 319, Entry 134A, Box 69: Memorandum for the officer in charge. Subject: List of Detainees, 3.5.1946.

96 Ebd., Memorandum for the officer in charge. Subject: Ref. USFET-File D-2216 „Danube", 1.5.1946.

Weitblick und die Intuition der Frauen fehle. Sie für ihren Teil sei *ready for a Putsch and wants more action and blood*[97].

Nach den Verhören verloren die Amerikaner überraschend schnell das Interesse an den Personen. Die Personen, bei denen die Kriterien des automatischen Arrests griffen, wurden nach und nach in die normalen Internierungslager überführt, wo sie auf ihre Spruchkammerverfahren warteten. Die anderen wurden entlassen. Einzige Ausnahme war Friedrich Mußgay, der sich in der Nacht vom 2. auf den 3. September 1946 im Gefängnis in der Weimarstraße erhängte[98]. Das CIC oder OSS gaben ihre Informationen nicht an die deutschen Spruchkammern weiter, sodass die Mitgliedschaft in den Organisationen „Elsa" oder „Sonderverbindung" in den Verfahren so gut wie keine Rolle spielte. Hier und dort fielen mal, bedingt durch zufällige Hinweise, die Begriffe „Elsa" oder „Werwolf", aber die Betroffenen hatten in der Regel Erfolg mit ihrer Strategie, diese Organisationen als reine Hirngespinste und Papiertiger zur Nebensächlichkeit zu erklären und blieben so meist von negativen Folgen verschont. In den Verfahren gegen Thümmler, Renndorfer, Willi Busemann oder Erich Port kamen deren Aktivitäten nach der Kapitulation überhaupt nicht zur Sprache[99]. In die Verfahrensakte der Else Schilling gelangte ein Verhaftungsbericht des CIC mit einer detaillierten Schilderung ihrer Rolle im Untergrund. Aber auch in diesem Fall blieb die Arbeit für den Untergrund ohne Folgen, da die Spruchkammer diese mehr als deutlichen Hinweise als unglaubwürdig abtat[100]. Die einzige bisher bekannte Ausnahme ist der Fall von Helga Friesch. Sie wurde als Belastete eingestuft und zu 18 Monaten Arbeitslager verurteilt. In der Begründung des Spruchs wurde ausdrücklich auf ihre Rolle im Untergrund Bezug genommen[101].

Ein Grund für die amerikanische Zurückhaltung bei der Weitergabe von Informationen war die schlichte Tatsache, dass nahezu alle im Zusammenhang mit der Operation Danube entstandenen Dokumente und Berichte wenigstens als Confidential, oft als Secret und manchmal auch als Top Secret klassifiziert worden waren und sich schon dadurch eine Weitergabe verbot. Aber auch der Quellenschutz spielte eine Rolle. Im Verfahren gegen Günther Mannerz etwa, der als ehemaliges Mitglied der SS formal durchaus als vom Befreiungsgesetz Betroffener angesehen werden musste, setzen sich die Amerikaner für diesen ein, achteten dabei aber peinlich darauf, keine konkreten Hinweise auf seine Tätigkeit und Verdienste zu

---

97 Ebd., Memorandum for the officer in charge. Subject: The Danube Affaire, 21.12.1945.

98 Ebd., RG 316, IRR File-No. XE036366 (Mussgay, Friedrich), Bericht der Kriminalabteilung, 5.9.1945.

99 Zu Thümmler siehe StAL EL 903/4, Bü 182; zu Renndorfer siehe StA München, SpkA K 3269 Alfred Renndorfer; zu Busemann siehe StAL EL 903/4, Bü 77; zu Port siehe StAL EL 902/20, Bü 1971.

100 StAL EL 903/5, Bü 1029.

101 Ebd., Bü 54, Spruchkammerakte Helga Friesch.

geben[102]. Die Tatsache, dass die Untergrundorganisationen in der für die regionale Forschung zum Nationalsozialismus so wichtigen Überlieferung der Spruchkammern allenfalls eine Nebenrolle spielen, hat sicher mit dazu beigetragen, dass den Organisationen „Elsa" und „Sonderverbindung" bisher so gut wie keine Aufmerksamkeit geschenkt wurde[103].

Ausblick – Die Operation Danube als Ausgangspunkt weiterer Operationen

Die Operation Danube und die durch sie gewonnenen Erkenntnisse führten zu einer ganzen Reihe weiterer Aktionen, die erst das ganze Ausmaß des nationalsozialistischen Untergrunds aufzeigten[104]. Bereits nach wenigen Tagen hatten die Verhöre der Verhafteten im Januar 1946 zahlreiche Hinweise auf weitere Untergrundorganisationen auch in den anderen Besatzungszonen und hier besonders in Norddeutschland und Hamburg ergeben[105]. Diese Hinweise sprengten den bisherigen regionalen Rahmen und das Headquarter US Forces European Theater (USFET) schaltete sich ein und brachte gleich die britischen Sicherheitsbehörden mit ins Boot[106]. Die Operation Danube wurde, nun als gemeinsames Projekt mit den Briten, weiter geführt. Auch Günther Mannerz alias Mouse, der sich mit seiner erfolgreichen Arbeit in Württemberg den Status eines *star-informat*[107] verdient hatte, wurde wieder als Doppelagent vor allem in Hamburg eingesetzt. Das Spiel begann von vorn.

Die weitere Operation Danube sowie die aus ihr hervorgegangenen Operationen Lampshade und Gopher mündeten 1947 in der Operation Selection Board, wäh-

---

102 Die Spruchkammerakte von Günther Mannerz befindet sich im Staatsarchiv Ludwigsburg, unterliegt aber noch der Sperrfrist.

103 Das gilt auch für den Autor, bis er mit den Recherchen in den National Archivs begann (an dieser Stelle herzlichen Dank an Nicole Hördler, Washington, für ihre Unterstützung und Beratung). Auch die jüngste Veröffentlichung zur Gestapo in Württemberg widmet der Organisation „Elsa" keine halbe Seite. Vgl. Ingrid BAUZ/Sigrid BRÜGGEMANN/Roland MEIER (wie Am. 33) S. 406.

104 Die der Operation Danube nachfolgenden Aktionen gegen nationalsozialistische Untergrundbewegungen werden im Folgenden nur kurz skizziert, um die Bedeutung der Vorgänge für Württemberg zu verdeutlichen.

105 Besonders Wilhelm Spengler, ehemaliger Leiter des Referats III C (Kultur und Wissenschaft) im RSHA, macht umfangreiche Aussagen. Diese und der von ihm verfasste Bericht „Knowledge about the Communication System of Amt III of the RSHA" machten die Amerikaner auch deshalb hellhörig, da Spengler von Verstecken berichtete, in denen mikroverfilmte Unterlagen zu geheimen NS-Rüstungsprojekten lagern würden. Vgl. NARA Washington, RG 319, Entry 134A, Box 69: Bericht „Knowledge about the Communication System of Amt III of the RSHA" von Wilhelm Spengler, undatiert; Ebd., IRR File-No. 169153, Mannerz alias Acker, Günther, USFET. Subject: Mannerz, Karl Günther, 8.4.1947.

106 Ebd., RG 319, Entry 134A, Box 69: USFET, Secret, Operational Priority, 31.1.1946.

107 Ebd., Headquarters CIC USFET, Region I Stuttgart, Supplementary Report, Title: The Danube Affaire, 18.11.1946.

rend der über hundert Personen festgenommen wurden[108]. Das Nachrichtenmagazin „Der Spiegel" schrieb angesichts der Verschwörung erschreckt: *Drittes Reich in zweiter Ausgabe*[109].

Während der Operation Gopher lief aber zumindest für Günther Mannerz etwas schief. Nach einer verpatzten Verhaftungsaktion drohte seine Deckidentität aufzufliegen und er musste abgezogen werden. Es entbehrt nicht einer gewissen Tragik, dass er ausgerechnet über Klaus Barbie stolperte. Barbie, der es als Chef der Gestapo in Lyon zu trauriger Berühmtheit gebracht hatte, war im Herbst 1946 in den Aufbau des Untergrunds in Hamburg involviert, obgleich er zu diesem Zeitpunkt bereits als Informant für das amerikanische CIC arbeitete[110]. Im Auftrag der Amerikaner und Briten kontaktierte Mannerz ihn im November 1946 in Hamburg mit dem Ziel, sein Vertrauen und Informationen über die Organisation des Untergrunds zu gewinnen. Bei diesem Treffen zeigte sich Barbie alias Becker bestens über die zurückliegenden Vorgänge in Württemberg und die Inhaftierung von Thümmler, Renndorfer, Mußgay und den anderen informiert. Und wieder bestätigte Barbie die politische Zielsetzung des nationalsozialistischen Untergrunds: *Aims of the organization is a complete „Realpolitik" meaning no political dreams or fantasy. The building of an organization of all the presently politically discredited elements. Preferably supporting the Western Powers under the condition that these offer complete rehabilitation to the members of the organization. Should the Western Powers refuse, a tie-up to the Soviet Union is to be attempt*[111]. Gegen den ausdrücklichen Rat von Mannerz verhafteten die Briten Barbie unmittelbar nach dem Treffen – und ließen ihn wenige Stunden später entkommen. Damit war Günther Mannerz' Rolle als Doppelagent nicht mehr aufrecht zu halten. Ursache war ausge-

---

[108] Zum Verlauf der Operation Danube im Jahr 1946 sowie den Operationen Lampshade, Gopher und Selection Board und der jeweiligen Rolle von Günther Mannerz vgl. ebd., RG 319, Entry 134A, Box 69: Memorandum for the Sub Regional Chief. Subject: The Danube Affaire, 20.8.1946; Headquarters CIC USFET, Region I Stuttgart, Supplementary Report, Title: The Danube Affaire, 18.11.1946; Headquarters CIC USFET, Region I Stuttgart, Supplementary Report, Title: The Danube Affaire, 19.11.1946; IRR File-No. 169153, Mannerz alias Acker, Günther, USFET. Subject: Mannerz, Karl Günther, 8.4.1947; ebd., USFET. Subject: Emigration in the United States, 15.4.1947. Zur Operation Selection Board außerdem Perry Biddiscombe, Operation Selection Board: The Growth and Suppression of the Neo-Nazi „Deutsche Revolution" 1945–47, in: Intelligence and National Security Vol. 11 No. 1 (1996) S. 59–77.

[109] Der Spiegel, Nr. 9, 1.3.1947: Bazillen. Das Untergründige in Herrn Ellersiek.

[110] Aus den Quellen geht nicht eindeutig hervor, ob die CIC-Agenten, die mit Mannerz an der Infiltrierung des nationalsozialistischen Untergrunds arbeiteten, zu diesem Zeitpunkt schon von der doppelten Rolle Barbies wussten. Dagegen spricht, dass in den Berichten nicht Barbies Klarnamen, sondern seine Decknamen Becker und Mertens genannt werden, was hinsichtlich Zielpersonen unüblich war. Offenbar kannten sie Barbies wahre Identität noch nicht.

[111] NARA Washington, RG 319, Entry 134A, Box 69: Headquarters CIC USFET, Region I Stuttgart, Supplementary Report, Title: The Danube Affaire, 19.11.1946.

rechnet Klaus Barbie, dessen Name wie wenige andere für die Suspendierung des Gebots der strafrechtlichen Verfolgung von NS-Verbrechern zugunsten ihrer nachrichtendienstlichen Verwendung steht. Barbie arbeitete nicht nur für das CIC, sondern 1966 auch einige Monate für den BND[112].

Günther Mannerz' Leben schien in Deutschland nicht mehr sicher und so arrangierte das CIC seine Emigration in die USA. 1947 ließ er sich in Michigan nieder. Noch Jahre mussten seine Eltern in Deutschland über seinen Aufenthaltsort und die jüngste Vergangenheit ihres Sohnes im Unklaren gelassen werden, um sie vor möglichen Racheakten zu schützen[113].

---

[112] Ab 1947 ist seine „offizielle“ Zusammenarbeit mit dem CIC verbürgt. Vgl. Allan A. Ryan Jr., Klaus Barbie and the United States Government. The Report, with Documentary Appendix, to the Attorny general of the Unites States, Frederick 1984. Der BND dagegen rekrutierte Barbie, der mittlerweile in Bolivien lebte, 1966 als Informanten unter seinem Decknamen Klaus Altmann, ohne dessen wahre Identität zu kennen oder kennen zu wollen. Als diese dem Nachrichtendienst bekannt wurde, wurde Barbie „abgeschaltet“. Vgl. Peter Hammerschmidt, „Die Tatsache allein, daß V-43 118 SS-Hauptsturmführer war, schließt nicht aus, ihn als Quelle zu verwenden.“ Der Bundesnachrichtendienst und sein Agent Klaus Barbie, in: Zeitschrift für Geschichtswissenschaft 59. Jg. Heft 4 (2011) S. 333–348.

[113] NARA Washington, IRR File-No. 169153, Mannerz alias Acker, Günther.

Ein Maulbronner Fragment der lateinischen Talmudübertragung des 13. Jahrhunderts (mit Edition)*

Von Görge K. Hasselhoff und Óscar de la Cruz

In seiner Torso gebliebenen Doktorarbeit stellte Anfang der 1980er Jahre Eberhard Gohl die Frage nach einer Buchbinderei im Skriptorium des Klosters Maulbronn. Er kam dabei zu dem Schluss: „Auszuschließen ist die Existenz einer solchen Werkstatt nicht, und die Einrichtung einer Klosterbuchbinderei in den siebziger Jahren des fünfzehnten Jahrhunderts würde wohl mit dem zusammenpassen, was man sonst über die Entwicklung des Maulbronner Buchwesens in dieser Epoche weiß."[1] Ein kürzlich entdecktes Talmudfragment aus Maulbronn (Abb. 1, 2) gibt nun einen neuen Anhalt für die Existenz einer solchen Buchbindewerkstatt.

Bei Arbeiten am Dachstuhl im Klosterhof fand sich im August 2013 im Bereich der Dachtraufe über dem sogenannten Faustloch, einem kleinen eingewölbten Raum, der sich westlich der Bibliothek im 1. Obergeschoss des Nordquerhauses der Klosterkirche und oberhalb der südöstlichen Kreuzgangecke befindet, ein auf der Innenseite mit einem Pergament geschützter Holzdeckel vom Ende des 15. Jahrhunderts eines ansonsten verschollenen Buchs, das laut Deckelinschrift den Titel „Liber miraculorum ordinis cisterciensis" trug[2]. Diese Aufschrift und der Fundort lassen es nicht unwahrscheinlich erscheinen, dass der Kodex tatsächlich in der angenommenen Buchbinderwerkstatt hergestellt wurde. Das als Makulatur

* Die nachfolgende Untersuchung wurde angeregt durch Andreas Traub (Tübingen) und Peter Rückert (Stuttgart), die um eine Expertise des Fragments baten. Zugleich ist sie Teil des ERC-Projekts „The Latin Talmud and Its Influence on Christian-Jewish Polemic" (European Union's Seventh Framework Programme (FP7/2007–2013) / ERC Grant agreement n° 613694); für zahlreiche Kommentare und Hinweise danken wir unserem Kollegen Alexander Fidora (Bellaterra, Barcelona). – Für den ersten Teil des Beitrags zeichnet G.K. Hasselhoff verantwortlich, für die Edition beide Autoren.

[1] Eberhard Gohl, Studien und Texte zur Geistesgeschichte der Zisterzienserabtei Maulbronn im späten Mittelalter, Ms.-Diss. phil. Tübingen 1980, S. 150.

[2] Vgl. Staatliche Schlösser und Gärten Baden-Württemberg, Presseinformation vom 15. April 2014 sowie Emails von Holger Probst (Maulbronn) vom 16. und 17. April 2014 (dort auch die Fundortbeschreibung).

verwendete Pergament (Ende 13. Jahrhundert?[3]) dagegen scheint aus Frankreich, möglicherweise aus Paris zu stammen; wie es nach Maulbronn gekommen ist, lässt sich nicht mehr rekonstruieren.

Stellt schon der Fund an sich eine Besonderheit dar – auch wenn der Deckel ausweislich der in der Umgebung eingelagerten Texte aus dem Anfang des 20. Jahrhunderts erst spät an seinen Fundort gelangt war[4] – so gilt das erst recht für das verarbeitete Pergamentblatt, das seinerseits ein Teil einer Abschrift einer lateinischen Talmudübertragung aus dem 13. Jahrhundert ist.

1. Die lateinische Talmudübertragung aus der Mitte des 13. Jahrhunderts[5]

Der Talmud als verschriftlichte mündliche Tora enthält zwar überwiegend alte Traditionen, ist als schriftliches Werk jedoch eher jüngeren Datums. Wie kürzlich Talya Fishman in einer exzellenten Überblicksstudie zusammengefasst hat, gelangten schriftliche Fassungen einzelner Talmudtraktate und schließlich des gesamten Babylonischen Talmuds erst ungefähr im 11. Jahrhundert nach Mitteleuropa[6]. Ebenso finden sich auch erst ab dem 12. Jahrhundert erste Spuren talmudischer Schriften in christlicher Literatur, noch eher allgemein bei Petrus Alfonsi[7] und dann mit dem Begriff „Talmud" bei Petrus Venerabilis[8]. Es bleibt jedoch bei Einzelvorkommen. Das ändert sich im 13. Jahrhundert.

Gegen Ende der 1230er Jahre trat der aus dem Judentum zum Christentum konvertierte Nicolaus Donin mit einer Anklage gegen den Talmud auf, in deren Gefolge der Talmud als eigene jüdische Literaturgattung einem breiteren christlichen Publikum bekannt wurde. Nikolaus Donin hat 1239 zunächst bei seinem Ortsbischof Odo und dann bei Papst Gregor IX. versucht, den Talmud verbieten zu lassen, weil sich in diesem Aussagen gegen das Christentum fänden und er auch an-

---

[3] Jesús Alturo i Perucho (Bellaterra, Barcelona) wies darauf hin, dass die Abschrift möglicherweise eher Anfang des 14. Jahrhunderts anzusetzen sei.

[4] Hinweis von Holger Probst in der Email vom 17. April 2014.

[5] In den nachfolgenden Abschnitt sind Teile eines Vortrags beim Interdisziplinären Symposium „Vergessene Texte des Mittelalters", Göttingen, 2.–4. Dezember 2011, eingeflossen.

[6] Vgl. Talya Fishmann, Becoming the People of the Talmud. Oral Torah as Written Tradition in Medieval Jewish Cultures, Philadelphia 2011.

[7] Vgl. zusammenfassend Görge K. Hasselhoff, Petrus Alfonsis Judentum vor dem Hintergrund seiner Zeit, in: Carmen Cardelle de Hartmann/Philipp Roelli (Hg.), Petrus Alfonsi und die Religionspolemik. Hintergrund, Kontexte und Rezeption des *Dialogus* - Petrus Alfonsi and Religious Polemics. Backgrounds, Contexts and Reception of his *Dialogus*, Florenz 2015, S. 61–76 (im Druck).

[8] Vgl. Petrus Venerabilis, Adversus Iudeorum inveteratam duritiem, hg. von Yvonne Friedman (Corpus Christianorum. Continuatio Mediaevalia, Bd. 58), Turnhout 1985, Tit. V, lin. 1087–1105 (S. 156 f.); lin. 1336–1430 (S. 163–166).

sonsten ein blasphemisches Werk sei[9]. In der Folge berief der Bischof eine öffentliche Disputation ein, in der Nikolaus Donin mit Yechiel von Paris über die Irrtümer des Talmud disputieren sollte. Diese Disputation hat 1240 in Paris stattgefunden. Für die Anklage selbst übersetzte Nicolaus einige wenige Auszüge aus dem Talmud.

In der Folge, 1241, 1242 oder 1244, kam es zur Verbrennung des Talmud in Paris[10]. Angeblich sollen 24 Wagenladungen voll Talmudexemplaren verbrannt worden sein; allerdings hat Colette Sirat nachgewiesen, dass diese Zahl bei weitem übertrieben ist[11]. Dennoch ist festzuhalten, dass jüdische Schriften – wahrscheinlich nicht nur der Talmud, sondern auch Gebetbücher oder anderes – verbrannt wurden, auch wenn die wirkliche Zahl unklar bleibt. In der Folge gibt es Versuche – die dann später auf der Iberischen Halbinsel noch viel wirksamer werden –, dass Talmudexemplare zensiert und alles das, was mutmaßlich anti-christlich war, getilgt wurde.

Nikolaus Donin war mit dem noch jungen Dominikanerorden assoziiert, der einen Konvent in Paris (Saint-Jacques) betrieb und dort durch den Übertritt zweier Magister der jungen Sorbonne, die ihre Lehrstühle mitgebracht hatten, schnell Fuß gefasst hatte. In diesem Dominikanerkonvent lebte zu der Zeit allem Anschein nach der Ordensmeister Ramon de Penyafort (ca. 1180–1275); Prior war Theobaldus von Saxonia, wahrscheinlich Thibaud von Sézanne (bezeugt 1248)[12]. Später kam Albertus Magnus (1200–1280) als Lehrer dazu, der uns hier am Rande interessiert. Unter der Leitung von Ramon de Penyafort hatte sich der Dominikanerorden zum Ziel gesetzt, die Missionsbestrebungen zu verstärken und endlich alle „un-

---

[9] Vgl. A. Lewin, Die Religionsdisputation des R. Jechiel von Paris 1240 am Hofe Ludwigs, des Heiligen, ihre Veranlassung und ihre Folgen, in: Monatschrift für Geschichte und Wissenschaft des Judenthums 18 (1869) S. 97–110, S. 145–156, S. 193–210; Isidore Loeb, La controverse de 1240 sur le Talmud, in: Revue des études juives 1 (1880) S. 247–261, 2 (1881) S. 248–270, 3 (1881) S. 39–57; Chen Merchavia, The Church Versus Talmudic And Midrashic Literature (500–1248), Jerusalem 1970 (Hebr.); Hyam Maccoby (Hg.), Judaism on Trial. Jewish-Christian Disputations in the Middle Ages, London 1982 (mehrere Nachdrucke), S. 19–38, 153–167, 216, 218 f.; Gilbert Dahan (Hg.), Le brûlement du Talmud à Paris 1242–1244, Paris 1999; The Trial of the Talmud. Paris, 1240. Hebrew Texts translated by John Friedman. Latin Texts translated by Jean Connell Hoff. Historical Essays by Robert Chazan (Mediaeval Sources in Translation, Bd. 53), Toronto 2012.

[10] Vgl. André Tuilier, La condemnation du Talmud par les maîtres universitaires parisiens. Ses causes et ses conséquences politiques et idéologiques, in: Dahan (wie Anm. 9) S. 59–78; Paul Lawrence Rose, When was the Talmud burnt at Paris? A critical examination of the Christian and Jewish sources and a new dating: June 1241, in: Journal of Jewish Studies 62 (2011) S. 324–339; Judah Galinsky, The Different Hebrew Versions of the ‚Talmud Trial' of 1240 in Paris, in: Elisheva Carlebach/Jacob J. Schacter (Hg.), New Perspectives on Jewish-Christian Relations (The Brill Reference Library of Judaism, Bd. 33), Leiden/Boston 2012, S. 109–140.

[11] Colette Sirat, Les manuscrits du Talmud en France du Nord au XIIIe siècle, in: Dahan (wie Anm. 9) S. 121–139, v. a. 127.

[12] Gilbert Dahan, Les traductions latines de Thibaud de Sézanne, in: ders. (wie Anm. 9) S. 95–120.

gläubigen" Juden zum Christentum zu konvertieren, weswegen der Orden auch die Disputation unterstützt hat. Um den eigenen Anliegen ein breiteres Gewicht zu geben, scheint im Anschluss an Donins Vorarbeiten eine neue, sehr viel ausführlichere (Auswahl-) Übertragung angefertigt worden zu sein. Diese war nun in der Reihenfolge der dem Konvent vorliegenden Talmudausgabe angefertigt[13], um die Gottlosigkeit und Blasphemien des Talmud aufzuzeigen[14]. Möglicherweise war der Prior Theobaldus von Saxonia in die Übersetzung involviert, zumindest gibt es noch eine Verarbeitung in dessen *Pharetra*[15], wobei er möglicherweise auf seine eigene Übersetzung zurückgegriffen hat, um dann ausführlicher gegen den Talmud zu schreiben.

Einige Jahre später arrangierte ein anderer, ebenfalls anonym gebliebener Übersetzer die beiden ihm vorliegenden Übersetzungen neu, nun in systematischer Hinsicht nach Themen[16]. Die einzelnen Übertragungen sind sehr unterschiedlich überliefert.

Die Donin'sche thesenhafte Übertragung ist in einer mittelalterlichen Pariser Handschrift (Bibliothèque nationale de France, Ms. lat. 16.558)[17] und einer frühneuzeitlichen Kopie derselben (Bibliothèque Mazarine, Ms. 1115)[18] sowie in den beiden schon länger bekannten Handschriften aus Carpentras (Bibliothèque Inguimbertine, lat. 153)[19] und Girona (Arxiu Capitular, Ms. 19b)[20] überliefert. Hier fin-

---

[13] Vgl. die Übersicht bei José María MILLÁS VALLICROSA, Extractos del Talmud y alusiones polémicas en un manuscrito de la Biblioteca Catedral de Gerona, in: Sefarad 20 (1960) S. 17–49, hier S. 24 f.; MERCHAVIA (wie Anm. 9) S. 364–418.

[14] Vgl. die Auszüge aus dem Manuskript der Bibliothèque nationale de France, Paris, Ms. lat. 16.558 bei Erich KLIBANSKY, Beziehungen des christlichen Mittelalters zum Judentum, in: Monatsschrift für Geschichte und Wissenschaft des Judentums 77 (1933) S. 456–462, hier S. 459–462.

[15] Zu den *Pharetra* und der möglichen Autorschaft von Nikolaus von Straßburg vgl. Carmen CARDELLE DE HARTMANN, Drei Schriften mit dem Titel „Pharetra fidei", in: Aschkenas 11 (2001) S. 327–349; DIES., Lateinische Dialoge 1200–1400. Literaturhistorische Studie und Repertorium (Mittellateinische Studien und Texte, Bd. 37), Leiden u. a. 2007, S. 388–392.

[16] Vgl. hierzu Alexander FIDORA, The Latin Talmud and its Translators: Thibaud de Sézanne vs. Nicholas Donin?, demnächst in: Henoch. Historical and Textual Studies in Ancient and Medieval Judaism and Christianity. – Alexander PATSCHOVSKY, Der „Talmudjude": Vom mittelalterlichen Ursprung eines neuzeitlichen Themas, in: Alfred HAVERKAMP/Franz-Josef ZIWES (Hg.), Juden in der christlichen Umwelt des späten Mittelalters (Zeitschrift für historische Forschung. Beiheft, Bd. 13), Berlin 1992, S. 13–27, hier S. 18, gibt eine andere Reihenfolge; diese Reihung scheint jedoch unhaltbar zu sein.

[17] Eine hilfreiche Inhaltsübersicht hat DAHAN (wie Anm. 12).

[18] Nach eigener Autopsie im März 2012; das Fragment umfasst f. 46r-136v, vgl. Valentin ROSE, Verzeichniss der Lateinischen Handschriften der Königlichen Bibliothek zu Berlin, 2. Bd.: Die Handschriften der Kurfürstlichen Bibliothek und der Kurfürstlichen Lande, Erste Abteilung (Die Handschriften-Verzeichnisse der Königlichen Bibliothek zu Berlin, Bd. 13), Berlin 1901, S. 473–479, v. a. S. 475–479.

[19] Catalogue général des manuscrits des Bibliothèques Publique de France, Départments 34, Carpentras, par M. DUHAMEL, Tome I, Paris 1901, S. 85 f.

[20] Vgl. die Beschreibung der Handschrift bei MILLÁS VALLICROSA (wie Anm. 13); zum

det sie sich im Anschluss an die umfassendere Sammlung der „Extracciones ex Talmud“, die außer in den genannten noch in zwei weiteren Handschriften als Fragment überliefert ist: In einer Berliner Handschrift (Staatsbibliothek, Ms. theol. lat. fol. 306)[21] sowie in einem von Joseph KLAPPER bereits 1926 edierten Einbandfragment aus Wrocław (Breslau) (Bibl. Uniw., MS I Q 134a)[22] finden sich unterschiedlich umfangreiche Abschnitte dieser Übertragung. Der mutmaßlich ältesten, der Pariser Handschrift ist die systematische Kompilation mit Neuübersetzungen vorangestellt. Von dieser Kompilation waren bislang nur zwei Exemplare (zuzüglich einer unmittelbaren Kopie) bekannt: eben die Pariser Handschrift sowie eine Handschrift aus Schaffhausen (Ministerialbibliothek, Min. 71)[23]. Mit dem vorliegenden Maulbronner Einbandfragment ändert sich die Situation nun, weil wir einen dritten Textzeugen vorliegen haben, der belegt, dass auch diese dritte Übertragung weite(re) Verbreitung gefunden hatte.

Es gibt eine Besonderheit in allen drei Übertragungen, weil nicht nur Teile der Mischna und der Gemara übertragen sind, sondern auch „Glossen Salomos“, d.h. es sind Kommentare des wohl bedeutendsten aschkenasischen Kommentators Rashi (R. Salomon aus Troyes) mit eingefügt[24]. Für die benutzte Vorlage bedeutet das, dass es sich um ein aschkenasisches Manuskript gehandelt haben muss, das schon Raschi als Teil des Talmud kodifiziert hatte, und dem Übersetzer war zwar klar, dass die Kommentierung etwas Besonderes ist – deshalb ist sie abgesetzt als *glosa solomonis* –, aber gleichzeitig läuft diese Glosse mit als Teil des Talmud. In der Vorlage scheinen zudem die Namen der Rabbinen z.T. anders zu sein, als sie im heutigen Mehrheitstext zu finden sind[25].

Was macht nun diese Übertragung aus? Zunächst einmal handelt es sich um eine extreme Auswahlübertragung. Studiert man den lateinischen Text für sich alleine[26], vergeht einem schnell die Freude an der Lektüre: Es handelt sich um irritie-

---

Verhältnis zur bzw. der möglichen Nichtabhängigkeit von der Pariser Handschrift vgl. Alexander FIDORA, Die Handschrift 19b des Arxiu Capitular de Girona: Ein Beitrag zur Überlieferungsgeschichte des lateinischen Talmud, demnächst in: FS Klaus Herbers.

21 Nach eigener Autopsie im November 2012.

22 Das Fragment ist ediert in: Joseph KLAPPER, Ein Florilegium Talmudicum des 13. Jahrhunderts, in: Literaturwissenschaftliches Jahrbuch der Görresgesellschaft 1 (1926) S. 3–23.

23 Vgl. Rudolf GAMBER u.a., Die mittelalterlichen Handschriften der Ministerialbibliothek Schaffhausen, Dietikon/Zürich 1994, S. 176f.

24 Vgl. dazu G.K. HASSELHOFF, Lateinische Übertragungen jüdischer religiöser Texte im 13. Jahrhundert als Beitrag zu einer Friedenskultur? – Eine Skizze, in: Arnulf von SCHELIHA/Eveline GOODMAN-THAU (Hg.), Zwischen Formation und Transformation. Die Religionen Europas auf dem Weg des Friedens, Göttingen 2011, S. 121–130, hier S. 122f., 126.

25 Vgl. z.B. M f. 1va Z. 22: aus Shimlaj wird „Symeon“; Z. 27: aus Jehuda wird „euehu“; Z. 32 aus Jehuda wird „huza“, usw. – Dass das keineswegs ungewöhnlich ist, hat Andreas LEHNARDT gezeigt, vgl. DERS., Die Kasseler Talmudfragmente (Schriftenreihe der Universitätsbibliothek Kassel – Landesbibliothek und Murhardsche Bibliothek der Stadt Kassel, Bd. 9), Kassel 2007.

26 In gedruckter Form liegen bislang nur eine Transkription der Breslauer Fragmente bei

rend kurze, mit zahlreichen Fremd- bzw. Lehnwörtern durchsetzte Sätze, deren Auswahl den Anschein von Verwirrtheit erweckt. Legt man allerdings daneben eine Talmudausgabe, dann stellt man schnell fest, dass Kerngedanken talmudischer Disputationen – oft extrem verkürzt – übertragen worden sind, aber sie sind für den lateinischen Leser wegen der Kürzungen eigentlich kaum brauchbar gewesen. Übertragen worden sind in unterschiedlichem Umfang Teile der Traktate Berakhot, Shabbat, Bava Qama, Bava Metsia, Bava Batra, Sanhedrin, Makkot, Shevuot, Avoda Zara sowie Summarien der Ordnungen (Seder) Moed, Nashim und Qodashim. Das heißt, aus fast allen Traktaten des Talmud sind Einzelsätze, Einzelbestimmungen oder ganze Passagen übersetzt worden. Wenn man sie genauer anschaut, sind die einzelnen Übertragungen jedoch – abgesehen davon, dass sie ziemlich aus dem Zusammenhang gerissen sind – sehr wörtlich übertragen. Bis dahin, dass Termini, die für ein lateinisches Publikum unverständlich waren, auch als solche stehengeblieben sind: z.B. „aspen“ für „arpad“, „kymos“ für „qimus“, „hooa“ für „choya“ usw. Das Problem bei diesen Termini ist, dass es auch bei den hebräischen Kommentatoren Diskussionen darüber gibt, wie man diese übertragen soll. Man weiß es nicht, und auch der Übersetzer hat es nicht gewusst und daher das Lehnwort stehenlassen.

Interessanter wird es dann in anderen Bereichen. Ich möchte ein Beispiel geben, das zeigt, dass diese Übertragung – wenn man Einzelsätze daraus genommen hat – durchaus auch eine Relevanz für ein christliches Zielpublikum haben konnte. Die Bedeutsamkeit besteht darin, dass eine Kenntnis vom Judentum vermittelt worden ist, die das Neue darstellte, welches das Judentum, das sich auf den Talmud stützte, erläutert. Beispielsweise werden aus dem Traktat Qiduschin Fol. 29b-30a folgende zwei Sätze übersetzt: *Dan docuit Zabulon filium suum per Mykra et Mysna et Talmuz et Halakoz et Agazon. glosas.*[27] Und dann weiter:

Semper debet homo tercionare annos suos, tercium in Mykra, tercium in Mysna et tercium in Talmuz. Scitne, quam diu vivet? Sed hoc dicitur de diebus.[28]

Der Kontext der Aussagen ist – unter Zuhilfenahme des talmudischen „Originals“ – leicht zu erschließen: Zebulon, Sohn des Dan wurde vom Großvater unterrichtet. Die unterrichtete Literatur umfasste fünf Bereiche: a) die Schrift (*mykra*, hebräisch: *miqrah*), b) die Mischna (*mysna*), also den „Kern“ des Talmud, c) den Talmud, wiedergegeben in einer Transkription in aschkenasischer Aussprache als „talmuz“, also die Gemara, die Auslegung der Mischna. Diese Gemara ist unterteilt in d) Halakoz, das sind die Hilkhot bzw. Halakhot, d.h. die Zusammenfas-

---

Klapper (wie Anm. 22), sowie Auszüge der Handschriften aus der Bibliothèque nationale de France in Paris und aus Girona vor bei Klibansky (wie Anm. 14), Millás Vallicrosa (wie Anm. 13) und bei Dahan (wie Anm. 12); eine Gesamtausgabe mitsamt umfassender Handschriftenbeschreibung und Stemmatisierung im Rahmen des in der ersten Anm. genannten Projekts ist jedoch in Arbeit.

[27] Zu bQid 29b-30a, zit. nach Klapper (wie Anm. 22), S. 17, Z. 258 f.

[28] Ebd., Z. 265–267.

Abb. 1: Talmud-Fragment, Kloster Maulbronn, Recto-Seite
(Staatliche Schlösser und Gärten Baden-Württemberg, Foto: Magdalena Liedtke).

Abb. 2: Talmud-Fragment, Kloster Maulbronn,Verso-Seite
(Staatliche Schlösser und Gärten Baden-Württemberg, Foto: Magdalena Liedtke).

sung der einzelnen Bestimmungen der Halakha in Kapiteln oder Teilen, sowie e) die Agazon, das sind die Aggadot, also die erzählenden Teile bzw. lehrreichen Erzählungen. Durch die parataktische Anordnung et-et-et in der lateinischen Übersetzung ist jedoch zugleich die Schwierigkeit gegeben, dass der unvoreingenommene Leser von fünf Texten ausgehen muss, weil nicht erkennbar ist, dass die Sammlungen Miqra (*mykra*) und Mischna (*mysna*) von den Gattungen Halakha und Haggada zu unterscheiden sind. Die kundige Leserin oder der kundige Leser kann das jedoch im zitierten Fortgang dann erschließen: Dort heißt es, in drei Schritten solle man lernen: ein Drittel des Lebens mit der Schrift, ein Drittel des Lebens mit der Mischna und ein Drittel des Lebens mit dem Talmud. Allerdings solle man nicht in Lebenszeitabschnitten rechnen, sondern in Wochenabschnitten, und zwar von den sechs Tagen der Woche an je zwei Tagen Schrift, an zwei Tagen Mischna, an zwei Tagen Talmud (und am Shabbat sollst du ruhen).

Nicht alle Auszüge sind so lehrreich wie diese beiden, denn die Intention der Übersetzer war es, neben einer groben Kenntnis des Talmud, vor allem eine Kenntnis der Irrtümer und antichristlichen Polemiken des Werks aufzuzeigen und gleichzeitig zu zeigen, was für eine mindere literarische Qualität dem Talmud zukommt. Soviel zur (Haupt-)Übertragung selbst.

2. Das vorliegende Fragment und Kriterien der Edition

Das Maulbronner Fragment, das ursprünglich eine normale Foliantengröße aufgewiesen haben wird, ist zweispaltig geschrieben; durch die Verarbeitung als Buchinnendeckelschutz ist ein Textverlust von 4–5 Zeilen an der Oberkante und insbesondere im oberen Teil an den Außenrändern entstanden. Für die nachfolgende Edition sind die fehlenden Teile aus der mutmaßlich ältesten Handschrift (Paris, BnF, Ms. lat. 16.558) (= *P*) rekonstruiert. Für die Darstellung wurde entschieden, die eindeutigen Abkürzungen stillschweigend aufzulösen und bei Zeilenumbrüchen Bindestriche einzufügen, ansonsten aber die Schreibweise (auch hinsichtlich der Groß- und Kleinschreibung) und die Einzelzeilenform beizubehalten und die Interpunktion (gewöhnlich Hochpunkte) dem Kontext anzupassen (durch Kommata, Punkte und Doppelpunkte). In Fällen, in denen in einer Zeile erst der Beginn eines neuen Sinnabschnitts und dann der Übertrag der vorherigen Zeile steht, wurde die Zeile durch xb/xa aufgelöst; Korrekturen im Manuskript (= *M*) werden als solche dargestellt, ein Unterpunkt steht dabei für eine Streichung des Buchstabens. Die Bibelzitate sind in Fußnoten ausgewiesen; Nachweise der dem Lateinischen entsprechenden Talmudstellen werden am Rand abgebildet.

Bei dem Fragment handelt es sich inhaltlich um eine Aneinanderreihung von Exzerpten aus dem Talmudtraktat bSanhedrin (f. 22a–38b; sowohl Mischna als auch Gemara)[29]; diese Exzerpte stammen jedoch nicht, wie die Geschlossenheit der Vorlage vermuten lässt, aus der ersten umfangreichen Übertragung, sondern es handelt sich um eine Kopie aus der systematisierten dritten Übertragung bzw. Kompilation, hier aus der Zusammenstellung „De stulticiis“ (Über die Dummheiten). Die in dem vorliegenden Fragment gesammelten Exzerpte umfassen eine je teilweise Wiedergabe der Diskussion von mSanh. II, 5, einer Auslegung von Deuteronomium 17, 15 verknüpft mit Fragen der Haarpflege, der Scheidung von einer Frau bzw. des Verhaltens nach ihrem Tod, und dem Weintrinken, von mSanh. III, 3 zu bestimmten Berufen, deren Zeugnis fragwürdig ist, mit einer stark verkürzten Zusammenfassung der nachfolgenden Diskussion, der Diskussionen zu mSanh. III, 5 zu Verwandtschaftsverhältnissen und zu mSanh. III, 6–7 über die Paradiesschlange, zu mSanh. IV, 5 und dem Blut Abels, der Frage, ob Verbannung Sühne bewirke, sowie die Formung des ersten Adam. Die Bedeutung des Fragments liegt weniger in dem skizzierten Inhalt als vielmehr in seiner Existenz an sich, weil es den nunmehr achten bekannten Überlieferungsträger der Übertragungen der 1230er und 1240er Jahre darstellt.

3. Ausblick

Die lateinischen Übersetzungen wurden teilweise oder vollständig im 13. Jahrhundert kopiert; bislang sind acht Überlieferungsträger bekannt und teilweise oder vollständig erhalten. Wir haben jedoch fast keine zeitgenössischen Autoren, die auf den Talmud in der vorliegenden Übertragung zurückgegriffen haben, d. h. den Talmud gelesen und in eigenen Werken verwendet haben. Die einzigen Autoren, von denen wir das wissen, sind Albertus Magnus, der in seinem Matthäus-Kommentar an einer Stelle einmal auf diese Auszüge aus dem Talmud zurückkommt – es handelt sich aber um eine vereinzelte Nennung im äußerst umfangreichen Werk dieses vielleicht bedeutendsten Lehrers des Dominikanerordens! –, sowie der Verfasser der *Pharetra* von Theobaldus de Saxonia. Vielmehr – und das ist dann auch wieder ein Phänomen des Dominikanerordens – hat man den eigenen Übersetzungen nicht getraut, und in der Mitte des Jahrhunderts hat der Dominikaner Ramon Martí ein groß angelegtes Werk gegen Juden und Muslime geschrieben, den „Glaubensdolch“ (*Pugio fidei*), und hat in diese Übertragung Neuübertragungen talmudischer Texte eingefügt; diese sind literarisch um einiges ansprechender[30]. Das heißt, der Dominikanerorden selbst beauftragt – wahrscheinlich sogar durch den

---

[29] Es handelt sich um Texte, die nicht im Breslauer Fragment, das ebenfalls eine Übersetzung aus dem Traktat bSanhedrin enthält, überliefert sind. Die Fragmente stammen, legt man paläografische Kriterien zugrunde, nicht aus der gleichen Handschrift.

[30] Vgl. Raimundus Martini, Texte zur Gotteslehre. Pugio fidei I-III, 1–6. Lateinisch – Hebräisch / Aramäisch – Deutsch, hg., übersetzt und eingeleitet von G. K. Hasselhoff, Freiburg u. a. 2014; weitere Bände sind geplant.

gleichen Ordensgeneral – jemanden, um diese ersten Übertragungen zu ersetzen. Dennoch stellen sie ein wichtiges Zeugnis für die christliche Wahrnehmung der Transformation des mittelalterlichen Judentums dar.

Anhang: Edition

fol. 1ra

[1]	[1][Dicit rby Ysaac: In hora qua Salomon accepit filiam Pharaonis in uxorem,[2] Gabriel descendit	bSanh. 21b
[2]	et fixit virgam in mari, et coincurvata est terra	
[3]	circa eam, et super illam terram edificatum	
4	fuit magnum castrum R]ome.	
5	[Alius non debet] equitare equ[um regis]	bSanh. 22a (= mSanh. II,5)
6	[nec sedere in s]ede eius, nec ten[ere eius virg]am	
7	[glossa salomonis: id est] non debet concumbere cum muliere cum qua rex	
8	[concub]uit, nec ipsum uidere nudum nec quando radi	
9	[tur n]ec in balneo, secundum quod scriptum est[3]	
10	[eum const]itues quem dominus deus tuus elegerit	
11	[hoc est dictu]m timebis eum. Dicunt Raby	bSanh. 22a
12	[Iacob et] raby Iohan: quia salomon bene	
13	[potuit cont]rahere cum abysach, quod rex bene	
14	[potest uti vir]ga regis, sed yadonias non potu-	
15b	it.	
15a	[Dicit] Raby	bSanh. 22a
16	[ele]azar: omnis qui relinquit pri	
17	[ma]m uxorem, altare plorat super	
18	[eum, unde] [4]scriptum est[5] operiebatis lacrimis	
19	[altare] meum, fletu et gemitu quam ob	
20	[causam qui]a dominus testificatus est inter te et ux	
21	[orem] pubertatis. Tue. Quam tu despexisti.	
22	[V]xor uiri non moritur,	bSanh. 22a
23	nisi petatur ab ea· census· et ipsa non	
24	[habeat] unde restituat, secundum quod scriptum est:[6] si	
25	[n]on habes unde restituas. Quid est ut tol-	
26	[l]as cubile tuum subtus te, id est uxorem.	
27	Dicit Raby Iohan: Homo cuius prima	bSanh. 22a
28	uxor moritur ita debet esse, quasi uideret	
29	domum sanctuarij destrui coram se, sicut	

[1] *P fol. 54ra, lin. 23.*
[2] Cf. 1. Kön. 3, 1.
[3] Dtn. 17, 15.
[4] *P fol. 54rb.*
[5] Mal. 2, 13-14.
[6] Prvb. 22, 27.

30	scriptum est[7] fili[8] hominis ecce ego tollo a	
31	te desiderabilem oculorum tuorum et paulo	
32	post[9] et mortua est uxor mea, uespere et iterum[10]	
33	Ecce ego polluam sanctuarium meum desi-	
34	derabilem occulorum meorum.	
35	In omnibus potest fieri restauracio nisi in prima	bSanh. 22a
36	uxore, unde scriptum est:[11] ut mulierem derelictam	
37	uocauit te dominus, et uxorem ab ado-	
38	lescencia abiectam.	

fol. 1rb

[1]	[Dicit rab Iuda: Nullus reperit suavitatem spiritus, nisi in prima	bSanh. 22a
[2]	uxore, sicut scriptum est:[12] letare cum muliere adolescencie tue.	
[3]	Dicit rab Samuel: mulier forma est	bSanh. 22b
[4]	imperfecta ante quam cognoscatur, nec unquam	
[5]	confirmabit amorem suum, nisi cum illo	
6	qui facit] eam [vas, qui scilicet]	
7	[impregnat vel] deflorat ea[m, unde]	
8	scriptum est[13] dominabitur tui [qui fecit te,	
9b	vas scilicet.]	
9a	Quando uir	bSanh. 22b
10	moritur non moritur nisi uxori su[e unde]	
11	scriptum est:[14] mortuus est elymelech ma-	
12	ritus noemy nec uxor moritur nisi marito	
13	unde scriptum est:[15] Michi quando ueniebam de	
14	mesopothamiam mortua est rachel.	
15	Dicunt magistri: Rex debet	bSanh. 22b
16	radi cottidie quia scriptum est:[16] re-	
17	gem in decore suo uidebunt oculi mei.	
18	Magnus pontifex ab una ebdomada in aliam	
19	[17]quia cottidie innouantur in illa: sacerdos	

[7] Ez. 24, 16.
[8] fil[i]j *corr. M*
[9] Ez. 24, 18.
[10] Ez. 24, 21.
[11] Jes. 54, 6.
[12] Prvb. 5, 18.
[13] Jes. 54, 5.
[14] Rut 1, 3.
[15] Gen. 48, 7.
[16] Jes. 33, 17.
[17] *P fol. 54va.*

20	semel in .xxx. diebus quoniam scriptum est[18] ca-	
21	pud non radetur, nec comam nutrient.	
22	Dicunt magistri:	bSanh. 22b
23	sacerdotes huius temporis non debent bi-	
24	bere uinum. Nescitur enim si domus sanctuarij fi[et.]	
25	et tunc necesse esset habere sacerdotem unum	
26	et si bibisset uinum non posset ministrasse	
27	Immo posset enim parum dormire prius. hoc	
28	enim dicit rame. uia unius mụ<i>lię<a>ris[19]	
29	et modicus sompnus faciunt digeri uinum	
30	Ita dicit raua: dum modo non biberit nisi unam	
31	quartam uini, sed amplius quam quartam quan-	
32	to plus dormiret, et tanto plus inebri-	
33b	aretur.	
33a	Isti repelluntur	bSanh. 22b (= mSanh. III, 3)
34	a testimonio. Lusor taxillorum et usurarius et qui	
35	habet columbas uolantes, et mercatores	
36	septimi anni.[20] Dicit Raby huza: hoc	
37	intelligitur de illis qui aliud officium non exercent	
38	Qui uendit terephot[21]	bSanh. 25a-b

fol. 1va

[1]	[carnes animalis quod habet vitium circa pulverem vel huiusmodi,	bSanh. 25a-b
[2]	non admitatur ad testimonium. Qui habet columbas volantes	
[3]	et lusor, etiamsi non luderet nisi cum nucibus vel corticibus	
[4]	malogranatorum, repelluntur a testimonio.	
[5]	Qui dat ad usuram et qui accipit, uterque repellitur a testimonio.	
6	Et quando erit eorum penitentia? Quando destruent] cartas	
7	[suas et vere penitebunt] ita quod etiam goym	
8	[christianis, non dab]unt ad usuram.	
9	[Magis]tri addiderunt super illos: quos	bSanh. 25b
10	mysua[22] repellit a testimonio pastores cuius	
11	cumque animalis et custodem curban, misericordia et elemosinas	
12	et thelonarium, uiderunt enim quod illi ac-	
13	cipiebant plus debito.	

[18] Ez. 44, 20.
[19] *corr. M*] miliaris *P*
[20] Cf. Lev. 25, 6.
[21] terephot] terechot *P*
[22] mysua *sic*] mysna *P*

14	Dicit abaye: si quis commendatur de falso	bSanh. 26b-27a
15	testimonio, testimonia que prius tule-	
16	rat sunt falsa	
17	Non morientẹṣ<ur>[23] patres pro filijs, id est pre	bSanh. 27b
18	testamentum filiorum, nec filii pro patri-	
19	bus,[24] id est per testimonium patrum.	
20	Unde habetis quod non est loquendum pro mo-	bSanh. 29a
21	ta[25]tore[26]. Dicit Raby Samuel: habemus	
22	hoc per serpentem. Dicit enim Symeon: mul-	
23	tas excusaciones habebat serpens, sed non	
24	dixit eas et deus, quare non dixit illas quia	
25	[n]on est loquendum pro incitatore.	
26	In mysua[27] dicitur[28] uox sanguinis fratris tui: clamat	bSanh. 37b
27	ad me de terra. Dicit Raby euehu: per	
28	hoc postestis di<s>cere[29], quod chayn fecit in abel	
29	fratre suo plagas et plagas uulnera et	
30	uulnera, quoniam nesciebat per quem locum ani-	
31	ma debebat exire donec uenit ad collum.	
32	Dicit· Raby huza:	bSanh. 37b
33	a die .qụạ qua [~~ḍịẹ~~]<terra>[30] aperuit os suum,	
34	et suscepit sanguinem abel, non peraperuit	
35	illud, unde scriptum est:[31] a finibus terre .fị[32] lau-	
36	des audiuimus, a finibus terre non ab ore	
37	terre. Dicit ezechias: Nonne scriptum	
38	est[33] et aperiens terra os suum deuorabit eos.	

fol. 1vb

[1]	[Verum est quod pro malo aperuit postea os suum, sed non pro bono.	
[2]	Dicit rab Iuda: captivitas remittit medietatem peccatorum,	bSanh. 37b
[3]	unde scriptum est de Cain:[34] vagus et profugus eris	

[23] *corr. M*] morientur *P*
[24] 2. Kön. 14, 6.
[25] *P fol. 54vb.*
[26] motatore *sic*] incitatore *P*
[27] mysua *sic*] mysna *P*
[28] Gen. 4, 10.
[29] *corr. M*] discere *P*
[30] *corr. M*] a die qua terra *P*
[31] Jes. 24, 16.
[32] *corr. M*
[33] Num. 16, 30; 26, 10.
[34] Gen. 4, 12.

4	super terram.Et paulo po]st:[35] eggress[usque Cain]	
5	[a facie Domini habitav]it profugus in t[erra non est ibi vagus].	
6	D[icit] Raby iuda	bSanh. 37b
7	captiuitas condonat tria: g[ladium, fa-]	
8	mem et pestem secundum quod scriptum est:[36] [qui habi-]	
9	tauerit in urbe hac, fame mor[ietur et]	
10	peste. Qui autem egressus fuerit [et transfugerit]	
11	ad caldeos uiuet.	
12	Dicit Raby Johan: captiu[itas expur-]	bSanh. 37b
13	gat omne peccatum. Vnde script[um est:[37] scri-]	
14	be uirum iustum sterilem etc. et al[ibi legitur:[38]]	
15	filij iethome fuerunt asyi, s[alathihel, Mel-]	
16	thyram, phaday etc. ergo multo[s habuit filios,]	
17	glossa salomonis: dicit quod hoc fuit propter [captivita]	
18	tem.	
19	Dicit Raby mehir: pulu[is ade pri]	bSanh. 38a-b
20	mo fuit congregatus de toto [mundo]	
21	unde [39]scriptum est:[40] imperfectum meu[m viderunt oculi]	
22	tui, glossa salomonis: de omni quod oculi dei [videre]	
23	possunt in terra fui ego creatus e[t hoc est]	
24	totus mundus, unde scriptum est:[41] Isti sunt [oculi]	
25	domini qui decurrunt in uniuersam terram.	
26	Dicit Raua	bSanh. 38b
27	corpus ade fuit factum de babylone, [glossa]	
28	salomonis: propter hoc est babylon profunda, capud	
29	de terra israel, qui altior et melior est. Aliis,	
30	ita capud cetera membra fuerunt de alijs ter-	
31	ris. Dicit Raby Iohan: Nates ipsius facti	
32	sunt de akarad agma, glossa: platea est	
33	[i]n babilone ualde profunda.	
34	Dicit Raby aha: Duodecim hore sunt	bSanh. 38b
35	diei. In prima fuit puluis ade congre-	
36	gatus. In secunda fuit factus modulus, ad im-	
37	primendum formam. In tercia fuerunt dis	
38	tenta membra. In quarta infudit deus animam.	

[35] Gen. 4, 16.
[36] Jer. 21, 9.
[37] Jer. 22, 30.
[38] 1. Chr. 3, 17-18.
[39] *P fol. 55ra.*
[40] Ps. 139 [138V], 16.
[41] Za. 4, 10.

Frühneuzeitforschung über Grenzen

Der Tagungsband „Adel in Südwestdeutschland und Böhmen 1450–1850" im Kontext deutsch-tschechischer Fachkooperation*

Von Jaroslav Pánek

„Die tschechischen Historiker können bei der Erforschung unserer gemeinsamen Geschichte eine wichtige Hilfestellung leisten. Den meisten von uns haben sie voraus, dass sie beide Sprachen kennen, und sie können die jüngere deutsche Generation dabei unterstützen, das aufzuholen, was in den vergangenen Jahrzehnten versäumt wurde. Zugleich wäre es nach der langjährigen Isolation wünschenswert, wenn so viele tschechische Historiker wie möglich nach Deutschland kämen, sei es zu Forschungen oder als Gastprofessoren [...] Persönlich bin ich davon überzeugt, dass sich für die zukünftige gemeinsame Erforschung der mitteleuropäischen Geschichte Aussichten eröffnen, wie wir sie schon lange nicht mehr hatten."

Mit diesen Worten bewertete der „Klassiker" der Frühneuzeitforschung und große Freund der tschechischen Wissenschaftler, der vorzeitig verstorbene Tübinger Professor Volker Press, die Perspektiven der zukünftigen Zusammenarbeit zwischen deutschen und tschechischen Historikern kurz nach dem Fall des Eisernen Vorhangs[1].

Man schrieb das Jahr 1991, und dieser bedeutende Mittler zwischen beiden Völkern konnte selbst nur die Anfänge des gewaltigen Veränderungsprozesses der mitteleuropäischen akademischen Landschaft miterleben. So entstand zunächst neben denjenigen Institutionen, die sich bereits länger mit Ostmitteleuropa (und auch und besonders mit dem böhmisch-mährischen Raum) beschäftigten, also vor allem dem Collegium Carolinum in München und dem Herder-Institut in Marburg, ein

* Der Text basiert auf dem Vortrag, der anlässlich der Buchvorstellung „Adel in Südwestdeutschland und Böhmen 1450–1850" am 17. März 2013 im Staatsarchiv Sigmaringen gehalten wurde. Die Vortragsversion wurde überarbeitet und um den Anmerkungsapparat ergänzt.

[1] Volker Press, České dějiny vždy byly součástí středoevropské historie [Die böhmische Geschichte war immer ein Teil der Historie Mitteleuropas], in: Dějiny a současnost 13 (1991) Nr. 4, S. 55–57; hier S. 57; neue Ausgabe in: Jaroslav Pánek, Historici mezi domovem a světem. Studie – články – glosy – rozhovory [Historiker zwischen der Heimat und der Welt. Studien – Artikel – Glossen – Gespräche], Pardubice 2013, S. 551–556; hier S. 555 f.

weiteres Institut: das Geisteswissenschaftliche Zentrum Geschichte und Kultur Ostmitteleuropas in Berlin bzw. später in Leipzig, das unter der Leitung von Winfried Eberhard der komparativen Erforschung der frühneuzeitlichen Geschichte der böhmischen, polnischen und ungarischen Länder neue Möglichkeiten bot. Darüber hinaus entfaltete sich eine rege Zusammenarbeit zwischen tschechischen und deutschen Universitäten. An einigen deutschen Hochschulen wurden mit der Zeit gar Zentren für bohemistische Forschung gegründet (etwa in Chemnitz, Dresden, Regensburg-Passau oder Stuttgart). An der Universität Stuttgart entwickelte sich – unter der Leitung von Norbert Conrads und in letzten Jahren von Joachim Bahlcke – nicht nur traditionelle Schlesienforschung, sondern auch die intensive und vielseitige Erforschung der böhmischen Geschichte. Tschechische Doktoranden konnten nicht zuletzt dank Anton Schindling an der Universität Tübingen wie auch an einer Reihe weiterer Universitäten und Institute studieren.

Auf tschechischer Seite wuchs in dieser Zeit verstärkt das Interesse sowohl an der Geschichte der Deutschen in den böhmischen Ländern als auch an den deutsch-tschechischen Beziehungen. An die Spitze dieser Bemühungen stellten sich Jan Křen und Jiří Pešek, die Gründungspersönlichkeiten des Lehrstuhls für deutsche und österreichische Studien und des Instituts für internationale Studien an der Sozialwissenschaftlichen Fakultät der Karls-Universität Prag. Beide standen auch an der Spitze der tschechischen Sektion der Deutsch-Tschechischen Historikerkommission, die ihre Aufmerksamkeit von Anfang an vor allem auf die kritischen Punkte der gemeinsamen Geschichte im 20. Jahrhundert richtete.

Auf beiden Seiten gab es zudem ein lebhaftes Interesse an den Beziehungen zwischen den böhmischen Ländern, Bayern und Sachsen, was unter anderem zu der Ausrichtung von zwei Bayerischen Landesausstellungen mit einer böhmischen Thematik und zu der Herausgabe einer Reihe gemeinsamer Publikationen führte[2]. Als Ausdruck der Großzügigkeit der deutschen Kollegen können wir schließlich das Angebot bezeichnen, eine tschechische Sektion auf dem 47. Deutschen Historikertag in Dresden im Jahre 2008 zu veranstalten[3].

Auf tschechischer Seite wiederum wurde in einem umfangreichen bio-bibliographischen Lexikon Scholars of Bohemian, Czech and Czechoslovak History Studies die Bedeutung der deutschen Bohemisten für die Erforschung der tschechi-

---

[2] Vgl. Winterkönig. Friedrich V. – Der letzte Kurfürst aus der Oberen Pfalz: Amberg – Heidelberg – Prag – Den Haag. Katalog der Bayerischen Landesausstellung 2003 (Stadtmuseum Amberg, 9. Mai bis 2. November 2003), hg. von Peter Wolf/Michael Henker/Evamaria Brockhoff/Barbara Steinherr/Stephan Lippold, Augsburg 2003; Bayern und Böhmen. Kontakt, Konflikt, Kultur. Vorträge der Tagung des Hauses der Bayerischen Geschichte und des Collegium Carolinum in Zwiesel vom 2. bis 4. Mai 2005, hg. von Robert Luft/Ludwig Eiber (Veröffentlichungen des Collegium Carolinum, Bd. 111), München 2007.

[3] Neue tschechische Interpretationen der Fragen des tschechisch-deutschen Zusammenlebens (47. Deutscher Historikertag. Dresden 2008 – Die Vorträge der tschechischen Gastsektion), hg. von Jiří Pešek/Petr Vorel, Magdeburg 2011.

schen Geschichte und die Verbreitung dieses Wissens in der Welt gewürdigt[4]. Es gelang, alte Schulden zu begleichen, die aus der Zeit des Kalten Krieges geblieben waren, wie etwa die Bearbeitung des Bandes „Böhmen und Mähren" für die angesehene Reihe „Handbuch der Historischen Stätten" (1998). Dessen Notwendigkeit zeigte sich nicht zuletzt dadurch, dass das Buch unmittelbar darauf auch auf Tschechisch erschien[5].

Insbesondere jedoch entfaltete sich eine neue Forschungstätigkeit: In Deutschland erscheinen nunmehr jedes Jahr mehrere grundlegende Monographien zur tschechischen Geschichte, und die tschechischen Historiker wiederum nehmen Themen in Angriff, die früher fast undenkbar gewesen wären. Als pars pro toto erwähne ich nur zwei Beispiele: erstens die Geschichte der Reichstage und im weiteren Sinne des Heiligen Römischen Reiches an der Schwelle vom Mittelalter zur Neuzeit (Petr Vorel an der Universität Pardubitz)[6] und zweitens die deutsche auswärtige Kulturpolitik des 19. und 20. Jahrhunderts am Beispiel der Deutschen Historischen Institute im Ausland (Jiří Pešek, Lucie Filipová und ein Autorenkollektiv an der Karls-Universität Prag)[7]. Das gemeinsame Forschungsfeld der deutschen und tschechischen Historiker reicht heute vom Mittelalter bis zur Gegenwart und umfasst – in einem früher unvorstellbaren Ausmaße – wesentliche Themen der Politik-, Sozial-, Wirtschafts-, Kultur- und Religions-Geschichte[8].

Für die Geschichte der Frühen Neuzeit ist das beiderseitige Interesse an der Geschichte der Habsburgermonarchie kennzeichnend, das sich auf tschechischer Seite allmählich auch auf eine Würdigung des Alten Reiches als des einzigartigen – im Sinne der Interpretation von Volker Press – stabilisierenden Akteurs in Mitteleuropa erweitert[9]. Während für die deutsche Historiographie das Heilige Rö-

---

[4] Jaroslav Pánek/Svatava Raková/Václava Horčáková, Scholars of Bohemian, Czech and Czechoslovak History Studies, 3 Bde., Prague 2005.

[5] Handbuch der Historischen Stätten – Böhmen und Mähren, hg. von Joachim Bahlcke/Winfried Eberhard/Miloslav Polívka, Stuttgart 1998 (Kröners Taschenausgabe, Bd. 329); Lexikon historických míst Čech, Moravy a Slezska [Lexikon der historischen Stätten Böhmens, Mährens und (Tschechischen) Schlesiens], hg. von Joachim Bahlcke/Winfried Eberhard/Miloslav Polívka, Praha 2001.

[6] Petr Vorel, Říšské sněmy a jejich vliv na vývoj zemí Koruny české v letech 1526–1618 [Die Reichstage und ihr Einfluss auf die Entwicklung der Länder der Böhmischen Krone in den Jahren 1526–1618], Pardubice 2005.

[7] Jiří Pešek/Lucie Filipová u.a., Věda a politika. Německé společenskovědní ústavy v zahraničí (1880–2010) [Wissenschaft und Politik. Die deutschen geisteswissenschaftlichen Institute im Ausland (1880–2010)], Praha 2013.

[8] Die neueste Auswahlbibliographie der tschechischen Beiträge zur Geschichte Deutschlands und der deutsch-tschechischen bzw. deutsch-böhmischen Geschichte umfasst der Artikel Česko-německé vztahy [Tschechisch-deutsche Beziehungen], in: Akademická encyklopedie českých dějin [Akademische Enzyklopädie der tschechischen Geschichte], hg. von Jaroslav Pánek, Bd. 2, Praha 2011, S. 297–332.

[9] Volker Press, Das Alte Reich. Ausgewählte Aufsätze, hg. von Johannes Kunisch (Historische Forschungen 59), Berlin 1997, ^{2}2000.

mische Reich ein zentrales Thema der Geschichte darstellt, ging es aus tschechischer Sicht bis vor kurzem lediglich um eine Definition der Beziehungen zwischen dem Königreich Böhmen und dem Reich als zwei Subjekten des europäischen Staatensystems, gegebenenfalls um die Geschichte der gemeinsamen Institutionen wie Kaisertum und böhmisches Kurfürstentum. Dagegen blieben die gemeinsamen Strukturen des Reiches und der böhmischen Länder ausgeklammert, eine vergleichende Betrachtung erfuhren nicht einmal die wesentlichen Elemente der Ständegesellschaft in unserem Teil Europas. Gerade dieses komplizierte Thema geht das von Ronald G. Asch, Václav Bůžek und Volker Trugenberger im Jahre 2013 herausgegebene Buch über Adel in Südwestdeutschland und Böhmen zwischen den Jahren 1450–1850 an[10].

Diese Publikation, die Studien von neun deutschen und sechs tschechischen Historikerinnen und Historikern enthält, entstand auf Basis einer deutsch-tschechischen Tagung, die im Mai 2010 in Sigmaringen von der Kommission für geschichtliche Landeskunde in Baden-Württemberg auf Anregung ihres Vorsitzenden Professor Anton Schindling in Zusammenarbeit mit der Albert-Ludwigs-Universität Freiburg im Breisgau und dem Landesarchiv Baden-Württemberg veranstaltet wurde. Die tschechische Seite wird durch die südböhmische historische Schule repräsentiert, die in den letzten zwei Jahrzehnten unter der Leitung von Václav Bůžek an der Südböhmischen Universität in České Budějovice / Budweis entstanden ist und die heute zusammen mit Historikern an den Universitäten Brünn, Pardubitz und Prag sowie im Historischen Institut der Akademie der Wissenschaften die Forschung zum Adel in den böhmischen Ländern maßgeblich repräsentiert.

Ein bemerkenswertes Charakteristikum der Tagung und der auf ihr basierenden Publikation ist die geographische und chronologische Abgrenzung der Thematik. Im Unterschied zu der häufigen Konzentration auf Bayern und Sachsen bedeutet der Blick auf das Territorium des heutigen Baden-Württemberg eine gewichtige Innovation. Dieses grenzt zwar nicht an Böhmen, hatte jedoch mit diesem in der Frühen Neuzeit u. a. eine wesentliche Gemeinsamkeit, nämlich die relative Offenheit gegenüber den Ländern der Habsburgermonarchie und besonders gegenüber dem Zentrum der kaiserlichen Macht. Ebenso ist die Zeitspanne von vier Jahrhunderten – vom Ausgang des Mittelalters bis an die Schwelle des industriellen Zeitalters – ungewöhnlich, ermöglicht aber die Untersuchung langfristiger Entwicklungstrends, welche die durch kriegerische, politische oder religiöse Umbrüche bedingten Zäsuren überschreiten. Bei der Erforschung der Sozialgeschichte und besonders bei der Untersuchung eines dermaßen vielfältigen und sich so beharrlich haltenden Phänomens, wie es der Adel darstellte, bedeutet dies einen wesentlichen Vorzug gegenüber Sonden, die nur einen kürzeren Zeitraum abdecken.

---

[10] Adel in Südwestdeutschland und Böhmen 1450–1850, hg. von Ronald G. Asch/Václav Bůžek/Volker Trugenberger (VKgL B 191), Stuttgart 2013.

Den Basisrahmen des Kollektivwerks stecken die Texte der drei Initiatoren ab – die Einleitung Ronald G. Aschs sowie die abschließenden historisch-methodologischen und programmatischen Überlegungen Václav Bůžeks und Anton Schindlings. Aschs gründliche Studie[11] zeugt auch davon, wie weit die deutsche historische Adelsforschung gediehen ist. Deren Stärke besteht nicht nur in der langfristigen analytischen, regional verankerten Forschung, sondern auch in der systematischen Komparation mit der französischen, britischen, niederländischen, italienischen und spanischen Historiographie sowie zugleich in der Betonung des Vergleichs mit den Verhältnissen in der östlichen Nachbarschaft des Alten Reiches[12]. Dank dieser weiten Spannbreite ist die deutsche Historiographie in der Lage, klar Stellung zu beziehen zu der Definition der sozialen Position des Adels, zu dessen frühneuzeitlicher Mobilität und Heterogenität, seinem Verhältnis zur herrschaftlichen Macht, zu seiner kulturellen Differenzierung und der Fähigkeit, seinen gesellschaftlichen Status nach den revolutionären Umstürzen und in Konkurrenz zu deren Eliten zu behaupten. Obwohl im Zentrum der Komparation zwei unterschiedliche Regionen stehen – auf der einen Seite das staatsrechtlich und machtpolitisch geschlossene böhmische Königreich und auf der anderen Seite das in verschiedene Territorialstaaten und eine Reihe von Enklaven zersplitterte Südwestdeutschland –, gelangt dieser Vergleich zu der Erkenntnis, dass hier bis zu einem gewissen Grad eine gemeinsame adlige Standeskultur existierte, die erst im Zuge der Säkularisierung des Kirchenbesitzes und der Auflösung des Alten Reiches am Anfang des 19. Jahrhunderts unterging.

Das Ziel Václav Bůžeks war es zum einen, die grundlegenden Konturen der Entwicklung des Adels in den böhmischen Ländern zu erfassen, zum anderen den deutschen Fachleuten die Entwicklung und den gegenwärtigen Stand der tschechischen Forschung über die frühneuzeitliche Adelsgeschichte vorzustellen[13]. Bei der Beurteilung der tschechischen Historiographie vor dem Jahr 1989, die zwar wichtige Ergebnisse bei der Untersuchung der bildenden Kunst, der Musik und des Theaters im 17. und 18. Jahrhundert erzielte, eine tiefere Erforschung der Sozial- und Politikgeschichte des Adels in der Zeit des habsburgischen Absolutismus nach dem Jahre 1620 allerdings vermieden hatte, gelangt Bůžek zu der gewichtigen Feststellung: „Dieses Faktum wurzelte jedoch nicht mehr im Mythos der lange als na-

---

[11] Ronald G. Asch, Einleitung, in: Adel (wie Anm. 10) S. IX–XXVII.

[12] Hier kann die heutige Forschung an die klassischen Texte des Freiburger Historikers Gottfried Schramm anknüpfen, insbesondere seine Abhandlung: Polen – Böhmen – Ungarn: Übernationale Gemeinsamkeiten in der politischen Kultur des späten Mittelalters und der frühen Neuzeit, in: Przegląd Historyczny 76 (1985) S. 417–437; Neudruck in: Ständefreiheit und Staatsgestaltung in Ostmitteleuropa. Übernationale Gemeinsamkeiten in der politischen Kultur vom 16.–18. Jahrhundert (Forschungen zur Geschichte und Kultur des östlichen Mitteleuropa), hg. von Joachim Bahlcke/Hans-Jürgen Bömelburg/Norbert Kersken, Leipzig 1996, S. 13–39.

[13] Václav Bůžek, Frühneuzeitliche Adelsgeschichte in der tschechischen Geschichtsschreibung, in: Adel (wie Anm. 10) S. 261–288.

tionales Trauma erinnerten habsburgischen Herrschaft, sondern war eher heuristischen, sprachlichen, methodischen und vor allem konzeptionellen Gründen geschuldet."[14]

Ich bin der Meinung, dass dieses schwerwiegende Urteil, gerichtet an deutsche Experten, die in Zukunft aus den Arbeiten tschechischer Historiker schöpfen könnten, etwas differenzierter betrachtet werden muss. Vor allem darf die alte Generation der Historiker, die sich – würden sie noch leben – heute in einem Alter von ca. 100 Jahren bewegten, aufgrund vermeintlicher sprachlicher Unzulänglichkeiten nicht unterschätzt werden. Im Gegenteil: Sie waren Absolventen außerordentlich guter Gymnasien, die danach in positivistischen Seminaren ausgebildet wurden. Und hinsichtlich der Sprachkenntnisse, der frühneuzeitlichen Paläographie und der Editionstechnik waren sie – mit Ausnahmen auf beiden Seiten – bisweilen weitaus besser ausgestattet als die heutige mittlere und junge Generation. Davon zeugt schon die relativ hohe Verlässlichkeit ihrer wissenschaftlichen Arbeiten und Quelleneditionen[15].

Bei ihnen wirkte jedoch noch eine gewisse Scheu vor der Beschäftigung mit Themen, die im Widerspruch zu der vorherrschenden Auffassung der Nationalgeschichte als der Geschichte des tschechischen Volkes – und nicht der Geschichte der Bevölkerung der böhmischen Länder – standen. Unter anderem hatten sie deswegen ein Problem mit der Zugänglichmachung von Egodokumenten, die in deutscher Sprache von Personen verfasst worden waren, die im Geiste des Sprachpatriotismus als Angehörige der tschechischen Nation betrachtet wurden. Das galt im Übrigen nicht nur für Schriftstücke aus der Zeit nach der Niederschlagung des böhmischen Ständeaufstands von 1618–1620, sondern auch für jene davor[16].

Was jedoch nicht weniger wichtig war: Noch in den 70er und 80er Jahren des 20. Jahrhunderts gab es nur sehr wenige tschechische Frühneuzeithistoriker – das sogenannte Normalisierungsregime betrachtete sie als „aussterbende Spezies" oder „untergehende Richtung", die nach und nach ganz ausgeschaltet werden sollte. Deswegen hielten diese Forscher es für ihre selbstverständliche Pflicht, vor allem

[14] Ebd. S. 280. Zur Frage des „Mythos" in der Geschichtsschreibung sowie der Metahistorie der ganzen Epoche nach der Schlacht am Weissen Berg vgl. die Abhandlung von Josef PETRÁŇ/Lydia PETRÁŇOVÁ, The White Mountain as a symbol in modern Czech history, in: Bohemia in History, hg. von Mikuláš TEICH, Cambridge 1998, S. 143–163.

[15] Man kann hier wenigstens allgemein auf die bisher unübertroffenen Werke von Frühneuzeithistorikern wie Josef Janáček, Josef Kollmann, František Kutnar, Jaroslav Macek, Otakar Odložilík, Josef Polišenský, František Roubík, Jiří Tywoniak und Rudolf Zuber hinweisen.

[16] Vgl. z. B. die Distanz der tschechischen Historiker gegenüber einer hochinteressanten Quelle adeliger Herkunft, der deutschsprachigen Reisebeschreibung „Die niderlendische raiss", verfasst von einer der populärsten Persönlichkeiten der tschechischen Geschichte des 16./17. Jahrhunderts Petr Vok z Rožmberka (Peter Wok von Rosenberg); Jaroslav PÁNEK, Die niderlendische raiss Peter Wok's von Rosenberg – eine unbekannte böhmische Reisebeschreibung Rheinlands, der Niederlande und Englands, in: Septuaginta Paulo Spunar oblata, hg. von Jiří K. KROUPA, Praha 2000, S. 553–560.

das 16. und den Beginn des 17. Jahrhunderts zu beherrschen, denn es fehlte eine grundlegendere Synthese der böhmischen Geschichte für die Zeit nach 1526. Bei den Kunst-, Theater- und Musikhistorikern existierte dieses Missverhältnis in der Verteilung der Kräfte nicht, schon allein aufgrund der Bedeutung des Barock in der Kulturgeschichte der böhmischen Länder.

Die gegenwärtige Situation stellt sich vollkommen anders dar: In Böhmen und Mähren gibt es heute wesentlich mehr Frühneuzeithistoriker als noch vor 25 Jahren, und darüber hinaus wurden bereits geschichtswissenschaftliche Synthesen zum ersten Jahrhundert der Habsburger Herrschaft veröffentlicht[17]. Deswegen ist es nur natürlich, dass sich der Schwerpunkt der Forschung – und zwar auch in der Adelsgeschichte – vom 16. in das 17. und 18. Jahrhundert verlagert hat. Eine sehr wichtige Veränderung brachten die Beseitigung der ideologischen Barrieren und die Öffnung der tschechischen Historiographie gegenüber der Welt. Die unbegrenzten Möglichkeiten, die Geschichte der böhmischen Länder als Teil der Entwicklung der Habsburgermonarchie und Mitteleuropas zu begreifen, ebenso wie aktuelle methodologische Anregungen der westlichen Historiographie ebneten den Weg für eine neue Interpretation der früher übersehenen Epoche. Dies geschah in dem Bemühen, historisch-anthropologische und historisch-semiotische Ansätze bei der Erforschung der Sozial-, Politik- und Kulturgeschichte des Adels zur Geltung zu bringen. Der Einfluss der deutschen Geschichtsschreibung, aber auch die Komparation mit anderen westeuropäischen Historiographien, spielte hierbei eine sehr wichtige Rolle[18].

Die synthetisierende Studie von Anton Schindling verallgemeinert die Ergebnisse der deutschen Adelsforschung der letzten ungefähr 40 Jahre, in denen das Interesse am Adel gewachsen ist, der früher im Schatten der ehemaligen Herrscherdynastien und ihrer Territorialstaaten stand[19]. Der Autor betont den wesentlichen Unterschied zwischen dem böhmischen Adel, sogar auch der Aristokratie, die in die Adelsstände eingegliedert und ihrem König untergeordnet war, und jenen Adligen in Südwestdeutschland, die den Status der Reichsunmittelbarkeit, gegebenenfalls

[17] Die wichtigste Synthese ist das Werk von Petr Vorel, Velké dějiny zemí Koruny české [Grosse Geschichte der Länder der Böhmischen Krone], Bd. 7 (1526–1618), Praha/Litomyšl 2005. Zu den bedeutenden Ergebnissen der tschechischen Forschung gehört auch das umfangreiche Kollektivwerk von Václav Bůžek u. a., Společnost českych zemí v raném novověku. Struktury, identity, konflikty [Die Gesellschaft der böhmischen Länder in der Frühen Neuzeit. Strukturen, Identitäten, Konflikte], Praha 2010.

[18] Vgl. z. B. Menschen – Handlungen – Strukturen. Historisch-anthropologische Zugangsweisen in den Geschichtswissenschaften (Opera historica, Bd. 9), hg. von Václav Bůžek/Dana Stefanová, České Budějovice 2001; Šlechta raného novověku pohledem českých, francouzských a španělských historiků [Der Adel in der Frühen Neuzeit in der Auffassung der tschechischen, französischen und spanischen Historiker] (Opera historica, Bd. 13), hg. von Václav Bůžek, České Budějovice 2009.

[19] Anton Schindling, Adel in Südwestdeutschland und in Böhmen ca. 1450 bis 1850. Ein Beitrag zur Schlussdiskussion, in: Adel (wie Anm. 10) S. 293–298.

auch der Reichsstandschaft genossen, was ihnen ein besonderes Prestige verlieh. Gerade dieses Prestige war der Impuls dafür, dass sich einige reiche Familien aus den böhmischen Ländern um den Erwerb von reichsunmittelbaren Herrschaften und um die formale Verankerung im Reich bemühten, um gegebenenfalls (wie die Liechtensteins und die Schwarzenbergs) auf die Ebene der Reichsfürsten zu gelangen. Der Unterschied in der rechtlichen Stellung des Adels in Böhmen, einem Land mit gewaltigen und einträglichen Herrschaften, und in Südwestdeutschland, „einer klassischen Zone des ‚reichischen Deutschlands'"[20], schuf im Grunde eine Interessenverbindung zwischen diesen beiden Regionen, denn den durch Eigentum auf beiden Seiten verankerten Aristokraten brachte diese Position eindeutige Vorteile. Ein ähnlicher Vergleich mit Frankreich, den Niederlanden und Ungarn könnte, wie Schindling ausführt, „die spezifischen Unterschiede sehr viel klarer profilieren"[21].

In diesem kurzen Überblick dürfen natürlich die Beiträge der weiteren Autoren nicht übergangen werden, wenngleich wir sie nur schlagwortartig erwähnen können. Eine interessante Charakterisierung des Herrscherhofes als „symbiotisches System", das der adligen Klientel nicht nur Aufstiegschancen bot, sondern für diese auch ein ständiges Verlustrisiko barg, bietet der Beitrag von Kurt Andermann[22]. Er zeigt, wie die südwestdeutschen Adligen sich in dem Raum zwischen den Höfen der Fürsten, der bayerischen Wittelsbacher, der sächsischen Wettiner, der brandenburgischen Hohenzollern und hauptsächlich der österreichischen Habsburger, in dem Bemühen bewegten, ihre Gegenwart am Hofe zu verwerten und sich zugleich eine relative Unabhängigkeit zu bewahren. Weitere Fallstudien sind ausgewählten Persönlichkeiten und Familien gewidmet, deren Tätigkeit und Schicksal es ermöglicht, gemeinsame und spezifische Charakteristika des Adels in Böhmen und in Südwestdeutschland zu beleuchten.

Als „einen spanischen Klienten am Kaiserhof" charakterisiert Pavel Marek, der Herausgeber der bedeutenden Edition der Kanzlerkorrespondenz[23], die zentrale Gestalt des böhmischen Katholizismus in der Zeit um den antihabsburgischen Aufstand der böhmischen Stände, den Oberstkanzler Zdenko Adalbert Popel von Lobkowitz[24]. Der Spezialist für die Geschichte des Geschlechts der Fürstenberger, Esteban Mauerer, beleuchtet den Weg dieses schwäbischen Geschlechts unter die einflussreichsten habsburgischen Höflinge, die sich im böhmischen und österrei-

---

[20] Ebd. S. 295 f.

[21] Ebd. S. 296.

[22] Kurt Andermann, Schwäbische und fränkische Grafen an fürstlichen Höfen in der Frühen Neuzeit, in: Adel (wie Anm. 10) S. 1–35; hier S. 2.

[23] Pavel Marek, Svědectví o ztrátě starého světa. Manželská korespondence Zdeňka Vojtěcha Popela z Lobkovic a Polyxeny Lobkovické z Pernštejna [Ein Zeugnis über den Verlust der alten Welt. Die Ehekorrespondenz von Zdenko Adalbert Popel von Lobkowitz und Polyxena Lobkowitz von Pernstein] (Documenta res gestas Bohemicas saeculorum XVI.–XVIII. illustrantia, Reihe B, Bd. 1), České Budějovice 2005.

[24] Pavel Marek, Zdenko Adalbert Popel von Lobkowitz: die Laufbahn eines spanischen Klienten am Kaiserhof, in: Adel (wie Anm. 10) S. 37–55.

chischen Milieu verankerten; ein Vorteil dieser Studie ist der große Untersuchungszeitraum, der vom 16. bis zum 18. Jahrhundert reicht[25].

Am Beispiel der Schwarzenberg interpretiert Rostislav Smíšek die Heiratsstrategien der Aristokraten des 17. und der ersten Hälfte des 18. Jahrhunderts[26]. Ein passendes Gegenstück zu dieser Studie ist Sylvia Schrauts Abhandlung der rationalen Kriterien für die Eheschließungen des Adels und die Folgen der Heiratsallianzen für das Leben der weiblichen Adligen[27]. Mit den konfessionellen Problemen in der Zeit der Rekatholisierung Mitteleuropas beschäftigen sich Josef Hrdlička und Dietmar Schiersner[28], mit der unternehmerischen Tätigkeit des Adels am Beispiel des Geschlechts der Lobkowitz und Palm Marie Ryantová und Gert Kollmer-von Oheimb-Loup[29]. Bei beiden Studien ist es wichtig, dass sie eine Parallele zwischen den Verhältnissen in zwei unterschiedlichen Regionen ziehen und damit förmlich zu einer weiteren komparativen Forschung auffordern.

Einen anregenden Beitrag zur Erforschung der Pauperisierung des Adels in der ersten Hälfte des 19. Jahrhunderts liefert Ewald Frie[30]. Ivo Cerman, der sich mit einer systematischen Erforschung des Adels in der Aufklärungszeit beschäftigt[31], unternimmt einen Exkurs in die literarischen Aktivitäten des Adels am Beispiel der Lambergs[32], während Michael Strauß die Problematik der komplexen intellektuellen und politisch-administrativen Reaktionen auf die theresianischen Verwaltungs- und Steuerreformen skizziert[33].

Aus der angedeuteten Übersicht wird deutlich, dass es insgesamt gelungen ist, alle grundlegenden Bereiche der Adelsforschung abzudecken – die Gesellschaft und das Alltagsleben, die Wirtschaftsführung und die Eigentumsgrenzen des Adels, die Politik, die Verwaltung des Staates und die Betätigung am Herrscherhof,

---

25 Esteban MAUERER, Die Fürstenberger zwischen Südwestdeutschland, Böhmen und Wien, ebd. S. 57–76.

26 Rostislav SMÍŠEK, Die Heiratsstrategien der Fürsten zu Schwarzenberg 1600 bis 1750, ebd. S. 127–154.

27 Sylvia SCHRAUT, Ehe und Geschlechterbeziehungen im Adel, ebd. S. 155–164.

28 Josef HRDLIČKA, Die Rolle des Adels im Prozess der Konfessionalisierung der böhmischen Länder am Anfang der Frühen Neuzeit, ebd. S. 77–94; Dietmar SCHIERSNER, Semper fidelis? Konfessionelle Spielräume und Selbstkonzepte im südwestdeutschen Adel der Frühen Neuzeit, ebd. S. 97–126.

29 Marie RYANTOVÁ, Wirtschafts- und Sozialpolitik auf der Familienherrschaft der Herren von Lobkowitz im 17. Jahrhundert. Vysoký Chlumec (Hochchlumetz) in Mittelböhmen, ebd. S. 171–187; Gert KOLLMER-VON OHEIMB-LOUP, Adelige als Unternehmer in der vorindustriellen Gesellschaft. Die Familie Palm als Paradigma, ebd. S. 189–206.

30 Ewald FRIE, Armer Adel in nachständischer Gesellschaft, ebd. S. 207–221.

31 Ivo CERMAN, Habsburgischer Adel und Aufklärung. Bildungsverhalten des Wiener Hofadels im 18. Jahrhundert, Stuttgart 2010.

32 Ivo CERMAN, „J'écris par lambeaux". Der literarische Stil des Grafen von Lamberg, in: Adel (wie Anm. 10) S. 165–170.

33 Michael STRAUSS, Nichts als bloser Neckerey? Opposition und Kooperation des vorderösterreichisch-breisgauischen Adels während der theresianischen Verwaltungs- und Steuerreformen, ebd. S. 223–260.

die Religion und die Reaktion auf die Bildung monokonfessioneller Räume sowie nicht zuletzt auch die kulturellen Interessen des Adels.

Neben der Aristokratie und dem wohlhabenden mittleren Adel wurden auch diejenigen nicht vergessen, die zwar dem Adel angehörten, in der Zeit der industriellen Revolution jedoch auf Wohltätigkeit angewiesen waren. In einigen Fällen ist es gelungen, paarweise Kontraststudien über die Verhältnisse in Böhmen und in Südwestdeutschland hervorzubringen. Eine ideale Lösung gab es jedoch dort, wo es zu einer direkten Überlappung von einem Gebiet in das andere kam, was bei den deutschen Autoren, die die Entwicklung in Südwestdeutschland und nachfolgend in der Habsburgermonarchie untersuchten, häufiger gelungen ist.

Zwischen den tschechischen und deutschen Beiträgen ist ein gewisser Unterschied im Zugang zu den Themen und Methoden erkennbar. So trägt ein Teil der tschechischen Historiker weiterhin das Stigma der „einzigen wahren Ideologie" mit sich, die fast ein halbes Jahrhundert lang die tschechischen Geisteswissenschaften deformierte. In der Befürchtung, als Positivisten gebrandmarkt zu werden, betonen sie ihre Zugehörigkeit zu dieser oder jener methodischen Schule, als ob gerade dies das Hauptziel ihrer Ausführung sei. Die deutschen Autoren hingegen können sich auf eine längere Kontinuität des Faches stützen, das von politischen und ideologischen Eingriffen ungestört war, und sind sich sehr wohl bewusst, dass die Methode nur der Weg zur Erkenntnis, das Werkzeug zur Lösung wesentlicher Fragen der Vergangenheit ist und bleibt. In diesem Sinne sind ihre Beiträge in der Regel um einiges „entkrampfter" und erhalten sich unter Beibehaltung einer festen Darstellungsstruktur jene Charakteristika der Narrativität, die die Geschichtsschreibung in die Nähe der Literatur rückt.

Obwohl wir bezüglich der Entwicklung der tschechischen Geschichtswissenschaft im letzten Vierteljahrhundert kritisch sein können, sind doch in zweierlei Richtung sehr positive Ergebnisse anzuerkennen: Erstens hat sich die tschechische Wissenschaft allgemein Europa und der Welt in einer Weise geöffnet wie nie zuvor in der Vergangenheit. Und zweitens gewann die Historiographie selbst die Möglichkeit, ihre Kapazität so zu entfalten – im Sinne der Einbindung vieler Angehöriger der mittleren und jüngeren Generation –, wie wir es uns am Ende der 80er Jahre des 20. Jahrhunderts nicht einmal vorstellen konnten. Die deutsche Historiographie spielte in beiden Hinsichten eine wesentliche Rolle. So wie im 19. und im ersten Drittel des 20. Jahrhunderts die deutsche humanistische Kultur dem Werk der großen tschechischen Komponisten und Schriftsteller den Weg in die Welt ebnete, waren es nun die deutschen Historiker, die umfangreiche Bildungs- und Publikationsgelegenheiten anboten, um der tschechischen Historiographie dabei zu helfen, die Isolation gegenüber dem Westen schnell und wirksam zu durchbrechen. Das neue Buch über den Adel, das aus der Initiative prominenter deutscher Frühneuzeit-Historiker entstanden ist, ist ein Zeugnis dessen und zugleich ein Beleg dafür, dass die Nachfolger von Volker Press den richtigen Weg eingeschlagen haben. Seine eingangs erwähnte Vision hat somit ihre würdige Erfüllung erfahren.

Nachruf auf Dieter Mertens (1940–2014)

Von Sabine Holtz

Als Dieter Mertens 1984 die Leitung des Tübinger Instituts für Geschichtliche Landeskunde und Historische Hilfswissenschaften übernahm, konnte der gebürtige Hildesheimer an eigene Forschungen zur südwestdeutschen Geschichte anknüpfen. Seine frühen Arbeiten bildeten ein festes Fundament, das er ein Forscherleben lang kontinuierlich ausbaute und thematisch erweiterte. Den „Geburtsfehler", als Niedersachse an der alten württembergischen Landesuniversität künftig als Landeshistoriker tätig zu werden, nahm er gelassen hin, schließlich sei er nicht der erste Tübinger Lehrstuhlinhaber, der diese Hypothek mitbringe. Ob er hingegen die Landesgeschichte mit einer ähnlichen Außenwirkung vertreten könne, wie dies sein Vorgänger Hans-Martin Decker-Hauff getan habe, darin war er – mit dem Hinweis auf dessen besonderes Charisma – zu Beginn seiner Tübinger Tätigkeit eher ein wenig skeptisch. Gleichwohl wollte er sich dieser Aufgabe nicht verschließen.

Nach dem Studium in Freiburg und Münster hatte Mertens 1967 das Staatsexamen in Geschichte und Latein in Freiburg abgelegt und ebendort 1971 bei Otto Herding, dem vormaligen Gründungsdirektor des Tübinger Instituts, promoviert. In seiner Dissertation, die 1976 als Band 13 der Studien zur Germania Sacra erschien, befasste sich Mertens mit der Rezeption der Werke des Kartäusers Jakob von Paradies (1381–1465).

Nachdem er zunächst wissenschaftlicher Mitarbeiter der DFG gewesen war (1966–1968), verwaltete er im Anschluss eine Assistentenstelle (1968–1972). Zwischen 1973 und 1979 war er dann als Assistent am Institut für geschichtliche Landeskunde, Historische Abteilung, der Freiburger Universität tätig. 1977 legte er seine Habilitationsschrift zum Thema „Reich und Elsaß zur Zeit Maximilians I. Untersuchungen zur Ideen- und Landesgeschichte im Südwesten des Reichs am Ausgang des Mittelalters" vor. Darin untersuchte er anhand der Begriffe „patria" und „natio" das spätmittelalterliche Reichsbewusstsein der elsässischen Humanisten und verknüpfte es mit der Politik Kaiser Maximilians im deutschen Südwesten. Nach Abschluss des Verfahrens wurde ihm die Venia legendi für Mittlere und Neuere Geschichte und Landesgeschichte verliehen.

Im Anschluss an seine Habilitation erhielt Mertens 1978 ein Heisenberg-Stipendium zur Fortführung der Edition der Briefe Jakob Wimpfelings sowie für Forschungen zum Heidelberger Späthumanismus und zum Frühbarock im Umfeld der Edition der Werke Julius Wilhelm Zincgrefs. Im Sommersemester 1980 sowie im Wintersemester 1980/81 vertrat er den Lehrstuhl für mittelalterliche Geschichte an der Universität Augsburg.

Bereits in seinem Tübinger Bewerbungsvortrag (1982) wählte Mertens ein weiteres Thema, dem er sich künftig widmen wollte: Den Tübinger Humanismus, und hier vor allem Heinrich Bebel und dessen Patriotismus („Bebelius ... patriam Sueviam ... restituit". Der poeta laureatus zwischen Reich und Territorium, 1983). Hierüber ergab sich die Brücke zu seiner Beschäftigung mit der Tübinger Universitätsgeschichte. Ein großes Forschungsprojekt über den Universitätsgründer Eberhard im Bart folgte, welches sich bereits in seiner Antrittsvorlesung (1986) „Eberhard im Bart – vom Landesherrn zur Leitfigur" ankündigte.

Ganz wesentlich war die Tübinger Zeit aber von der Arbeit an seinem umfangreichen Beitrag für den zweiten Band des Handbuchs der baden-württembergischen Geschichte, der 1995 im Auftrag der Kommission für geschichtliche Landeskunde in Baden-Württemberg herausgeben wurde, bestimmt. Mertens hatte es übernommen, darin den Beitrag zu Württemberg in Mittelalter und Früher Neuzeit zu verfassen. Bei seinen Forschungen über die Herkunft der Herren von Württemberg gelang ihm anhand der Rekonstruktion von Verwandtenkreisen, denen Konrad von Beutelsbach bzw. von Württemberg entstammte, und mit Blick auf die salischen Besitzungen im Remstal der Nachweis der Verbindung des Hauses Württemberg zu den Saliern und zwar nicht nur als Saliervasallen, sondern als Salierverwandte selbst. Innerhalb eines umfangreichen salischen Güterkomplexes im Remstal liegt auch Beutelsbach, die „Wiege Württembergs". Die Kapelle der Burg, nach der sich Konrad später benannte, wurde 1083 geweiht, wie ein Inschriftenstein belegt, der zugleich ältestes Zeugnis für die Existenz der Burg auf dem Württemberg ist. Dieser umfangreiche Handbuchbeitrag zählt zu den Standardwerken der Geschichte Württembergs im Alten Reich.

Wenngleich sich Mertens den von einem Landeshistoriker geforderten Serviceleistungen für Land, Kommunen und Vereinen nicht entzogen hat, sah er doch eine gewisse Gefahr darin, bei Jubiläen aller Art lediglich als „redender Palmkübel", so eine oft zitierte Wendung von ihm, herhalten zu müssen. Dagegen lagen ihm wissenschaftliche Projekte, die sich durchaus auch an eine breite interessierte Öffentlichkeit wandten, mehr. Hierzu zählen u. a. seine Beiträge im Lexikon des Hauses Württemberg, das er überdies, gemeinsam mit Volker Press und Sönke Lorenz, herausgegeben hat. In diesen Kontext gehört auch ein Medienseminar an der Universität Tübingen, aus dem in Zusammenarbeit mit dem damaligen Süddeutschen Rundfunk ein Dokumentarfilm über Nikodemus Frischlin hervorging.

Anlässlich des 400. Todesjahres des Tübinger Späthumanisten Frischlin fand im Jahr 1990 unter der Federführung von Dieter Mertens eine große internationale, interdisziplinär ausgerichtete Fachtagung statt. Sie widmete sich dem Thema „Nicodemus Frischlin (1547–1590). Poetische und prosaische Praxis unter den Bedingungen des konfessionellen Zeitalters“. Frischlin, Professor an der Tübinger Artistenfakultät und gekrönter Dichter, geriet in Konflikt mit der Obrigkeit, als seine Schrift „Oratio de vita rustica“ ins Deutsche übersetzt wurde und seine darin geäußerte Adelskritik weitere Kreise erreichte. Fakultätsinterne Auseinandersetzungen mit Martin Crusius taten ein Übriges. Frischlin verließ die Universität. Eine gegen den württembergischen Hof gerichtete Streitschrift führte zu seiner Inhaftierung auf dem Hohenurach. 1590 kam er dort bei einem Fluchtversuch ums Leben.

Nikodemus Frischlin mag stellvertretend für den wissenschaftlichen Ansatz von Dieter Mertens stehen: Mertens' Interesse verband in seinen Humanismusforschungen stets geistes- und ideengeschichtliche Zugänge mit der Frage nach der Praxis humanistischer Gelehrsamkeit und der Funktionalisierung intellektueller Kompetenzen im Kontext des Werdens des frühmodernen Staats. Ihn interessierte der Wirkungszusammenhang zwischen humanistischem Wissen und herrschaftlicher Macht (vgl. u.a.: Reuchlins Landesherr Eberhard im Bart. Variationen zum Thema ‚Politik und Humanismus‘; Die Universität, die Humanisten, der Hof und der Reichstag zu Freiburg 1497/98, beide erschienen 2008). Ein solcher Zugang bot innovative Anschlüsse für interdisziplinäre Forschungsansätze.

Die Durchführung der Frischlin-Tagung war auch der Grund, weshalb Mertens trotz seines bereits im Juli 1990 angenommenen Rufs der Universität Freiburg erst im März 1991 dorthin wechselte. Dort trat er die Nachfolge Karl Schmids an und übernahm den Lehrstuhl für mittelalterliche Geschichte. Mit diesem Schritt war Mertens auch räumlich wieder näher an die oberrheinischen Humanisten gerückt, blieb aber der württembergischen Landesgeschichte durch viele Beiträge verbunden. Die oberrheinische Universitätsgeschichte, speziell die Geschichte der 1457 gegründeten Freiburger Universität, wurde ein weiteres Forschungsgebiet. Gemeinsam mit Heribert Smolinsky verantwortete Mertens den zweiten Band „Von der hohen Schule zur Universität der Neuzeit“ einer fünfbändigen Festschrift, die aus Anlass des 550jährigen Gründungsjubiläums der Freiburger Universität 2007 erschien.

Die Genese politischer Ideen und die Historiographie, jeweils ausgehend von Grundlegungen der Humanisten, rückten wieder verstärkt ins Blickfeld. Als die Alte Universität in Freiburg komplett saniert werden musste, wurde die Gunst der Stunde genutzt und die Idee eines Universitätsmuseums geboren. Unter Mertens' Leitung beriet eine Museumskommission über die Inhalte einer solchen Ausstellung und engagierte sich für die inneruniversitäre Akzeptanz eines einzigartigen Konzepts. Vor elf Jahren, 2004, konnte das Freiburger Uniseum eröffnet werden.

Wie ein roter Faden durchzog das wissenschaftliche Arbeiten von Mertens die kontinuierliche Beschäftigung mit den Werken Jakob Wimpfelings und Julius Wilhelm Zincgrefs. In enger Zusammenarbeit mit Otto Herding erschien 1990 – in zwei Bänden – der Briefwechsel Jakob Wimpfelings. Nach dem Tod Herdings führte Mertens die Werkausgabe fort und gab 2007 gemeinsam mit Markus Müller die von Wimpfeling verfasste Geschichte der Mainzer Erzbischöfe (Catalogus Archiepiscoporum Moguntinorum) heraus. Gemeinsam mit dem Erlanger Literaturwissenschaftler Theodor Verweyen widmete sich Mertens der Ausgabe der Werke Zincgrefs (Neudrucke deutscher Literaturwerke, NF, 1978–2011).

Einer großen Öffentlichkeit wurde Mertens bekannt, als es ihm 2006 gelang, im Kontext des später sogenannten badischen Kulturgüterstreits (2006–2009) bei seinen Recherchen im Generallandesarchiv Karlsruhe den „Baldung-Grien-Code" zu entschlüsseln: Die vom Haus Baden dem Land zum Kauf angebotene „Markgrafentafel" gehörte längst dem Land! Ein Schriftstück in den „Akten des Badischen Ministeriums für Kultus und Unterricht" belegt, dass das wertvolle Gemälde bereits 1930 in den Besitz des Landes Baden übergegangen war. Die Frankfurter Allgemeine Zeitung berichtete auf der ersten Seite über einen Archivfund, den Mertens dank akribischer Recherchen ans Tageslicht befördert – und mithin dem Land Baden-Württemberg viele Millionen Euro gespart habe. Mertens selbst konnte seine Ergebnisse in der FAZ veröffentlichen („Wer will denn ein Bild kaufen, das ihm schon gehört? Günther Oettinger haut acht Millionen auf den Kopf"). In der Folge sah sich das Wissenschaftsministerium gezwungen, zur Klärung strittiger Eigentumsfragen an badischen Kulturgütern eine Expertenkommission einzusetzen; Mertens wurde in das Gremium berufen. Deren Gutachten, vorgelegt im Dezember 2007 und publiziert in der Reihe der Kommission für geschichtliche Landeskunde in Baden-Württemberg (Das Eigentum an Kulturgütern aus badischem Hofbesitz, 2008), wurde Grundlage des späteren Vertrags mit dem Haus Baden.

Aufhebens um seine Person lehnte Mertens stets ab, darunter fielen zweifelsfrei auch potentielle Festschriften. Wenn ihm, initiiert aus seinem Schülerkreis, dennoch sogar gleich zwei Festschriften zugedacht worden sind, dann war dies nur möglich, weil der interdisziplinäre wissenschaftliche Gedankenaustausch von Fachkolleg/innen im Zentrum stand. Es war keine Frage: Wollte man ihn ehren, so gelang dies nur mit einer streng themengebundenen Tagung(spublikation) – gleichsam einer „Krypto"-Festschrift. Beide „Festschriften" sind deshalb aus Freiburger Fachtagungen zur Erforschung des Humanismus hervorgegangen. Am Anfang stand das im Jahr 2000 veranstaltete Symposion zum Thema „Humanisten am Oberrhein. Neue Gelehrte im Dienst alter Herren". Hier ging es zentral um die herrschaftlichen Bedingungen humanistischen Wissens zu einer Zeit, in der Bürgerliche aufgrund von sowohl gelehrter Bildung als auch persönlicher Leistungsbereitschaft Teilhabe an gesellschaftlicher und politischer Macht erwerben konnten. Sie entwickelten sich mithin zu einer ernstzunehmenden Konkurrenz zum adligen Herrschaftsanspruch qua Geburt. Der Band erschien 2004 in der vom Tübinger Institut für Geschichtliche Landeskunde und Historische Hilfswissenschaften herausgegebenen Reihe „Schriften zur südwestdeutschen Landeskunde".

Zehn Jahre später folgte die Tagung zum Thema „Humanisten edieren. Gelehrte Praxis im Südwesten in Renaissance und Gegenwart". Die doppelsinnige Themenstellung reflektierte zwei zentrale Forschungsfelder der Humanismusforschung: Hatten sich die Humanisten um 1500 begeistert den Übergang von der Handschrift zum Buchdruck zu Nutze gemacht, so hat sich die aktuelle kulturgeschichtliche Forschung den Herausforderungen der neuen Möglichkeiten der Digitalisierung zu stellen. Als gemeinsame Praxis stand daher das „Edieren" der Humanisten wie der heutigen Forschung im Fokus dieses Bandes. Die Herausgeber sind überaus froh darüber, dass ein Vorabexemplar des in der Reihe der Kommission für geschichtliche Landeskunde in Baden-Württemberg erschienenen Bands noch Anfang September 2014 gemeinsam zu Dieter Mertens nach Freiburg gebracht werden konnte.

Einen anderen Schwerpunkt des Forschens von Dieter Mertens bedachten Ulrich Köpf, Sönke Lorenz und Dieter R. Bauer. Die Herausgeber des Tagungsbands „Die Universität Tübingen zwischen Reformation und Dreißigjährigem Krieg" widmeten ihren Band zur Universitätsgeschichte als „Festgabe für Dieter Mertens zum 70. Geburtstag" (2010).

2007 erhielt Dieter Mertens den Marbacher Schillerpreis. Mit der Preisverleihung würdigte die Stadt Marbach Mertens für seine Humanismus-Forschungen sowie für seine Studien und Überblicksdarstellungen zur südwestdeutschen Landesgeschichte. Ganz explizit wurde sein Beitrag im Handbuch der baden-württembergischen Geschichte als eine „wissenschaftliche Arbeit von höchstem Rang" gelobt.

Neben seiner Forschungs- und Lehrtätigkeit übernahm Mertens verschiedene Funktionen in außeruniversitären Wissenschaftsinstitutionen. Während seiner Tübinger Zeit war er Leiter der örtlichen Arbeitsgruppe des Alemannischen Instituts. Seit 1984 war er Mitglied und zwischen 1995 und 2005 stellvertretender Vorsitzender der Kommission für geschichtliche Landeskunde in Baden-Württemberg. Seit 1999 gehörte er als ordentliches Mitglied der Philosophisch-Historischen Klasse der Heidelberger Akademie der Wissenschaften an. Im Wolfenbütteler Arbeitskreis für Renaissanceforschung war er seit 2001 Mitglied.

Mertens formulierte stets sorgfältig und unaufgeregt. Wer ihn kannte und heute seine Schriften liest, meint, ihn sprechen zu hören. Sein Duktus ist unverkennbar. Wenn auf Reisen gerade kein Schreibpapier zur Hand war, begnügte er sich gegebenenfalls mit Briefumschlägen und kleinsten Papierschnipseln; er war nicht wählerisch, wenn es galt, eine gute Idee festzuhalten. Einseitigkeit und Unsachlichkeit forderten ihn allerdings zum Widerspruch heraus. Das galt sogar für die Presseberichterstattung. 1989 erschien ihm der Bericht über eine Tübinger Lehrstuhlbesetzung so tendenziös, dass er in der lokalen Presse einen Leserbrief schrieb. Darin schlug er vor, der Redakteur (Journalist wollte er nicht gelten lassen) möge einen Strafobolus in jenes Sparschwein bezahlen, das einige Zeit zuvor für den um sich greifenden leidigen Tippfehler-Teufel aufgestellt worden war. Durch die im vorliegenden Fall fraglos erforderliche hohe Strafsumme könne das Sparschwein, so argumentierte Mertens, auch ohne Hormonbehandlung schneller zur Schlachtreife geführt werden. Vom allfälligen Schlachtfest wollte Mertens den unredlichen Redakteur freilich ausgeschlossen wissen.

Rückblickend dürfte ganz en passant deutlich geworden sein, dass Mertens – in der ihm eigenen Art und Weise – auch auf dem Feld der landesgeschichtlichen Öffentlichkeitsarbeit überaus reüssiert hat.

Angesichts des immensen Werkes, das der Humanismusforscher und Landeshistoriker (diese Etikettierung gibt sein breites Forschungsfeld nur unzureichend wieder) hinterlassen hat, kann der Nachruf nur einige Schlaglichter auf Werk und Person Dieter Mertens' werfen und nur einige Episoden in Erinnerung rufen. Wenn manches hol(t)zschnittartig erscheint, so ist das durchaus beabsichtigt. Der Band „Humanisten edieren" enthält im Anhang ein vollständiges Schriftenverzeichnis von Dieter Mertens.

Durch seinen allzu frühen Tod hat die Wissenschaft einen wahrhaft großen Gelehrten verloren. Seine hohe fachliche Kompetenz, seine persönliche Autorität und seine stete Bereitschaft zum Dialog werden fehlen. Vieles ist unvollendet geblieben, manche Idee konnte nicht mehr zu Papier gebracht werden, wohl mancher hätte noch gerne seinen Rat eingeholt. Die Zeit war ihm nicht mehr vergönnt.

Buchbesprechungen

Allgemeine Geschichte

Andreas Fischer, Karl Martell: Der Beginn karolingischer Herrschaft, Stuttgart: Kohlhammer 2012. 278 S. ISBN 978-3-17-02385-3. € 24,90

Unter den Vorzeichen aktueller gesellschaftlicher Diskussionen verkürzt sich die Erinnerung an Karl Martell zumeist auf nur eine Schlacht, die man schon früh zur Abwehr muslimischer Expansion und letztendlich zur Rettung des „Abendlandes" stilisiert hatte. Die Nachwelt des 9. Jahrhunderts wiederum reduzierte das Bild des namengebenden Vorfahren der herrschenden Dynastie der Karolinger auf die im politischen Tagesgeschäft polemisch verwertbare Gestalt des Kirchenräubers. Der vorliegende Band setzt sich auch mit diesen Verzerrungen der kulturellen Erinnerung auseinander, insbesondere im achten Kapitel zum „Nachleben" Karls (S. 188–197,) verfolgt aber ein weit anspruchsvolleres Ziel: Der Blick auf den fränkischen Hausmeier, der wegen seiner energischen militärischen Expansion schon in karolingischer Zeit mit dem Beinamen des „Hammers" gewürdigt werden sollte, richtet sich zugleich auf Voraussetzungen, Entstehung und Grundprobleme der Herrschaft einer Adelsfamilie, die mit Karl und seinem Vater Pippin (II.) dem Mittleren eine politische Dominanz im Frankenreich der Merowinger erlangte, auf deren Grundlage Karls zweiter Sohn Pippin (III.) der Jüngere schließlich selbst die Königswürde übernehmen konnte. Der Herrschaft des Hausmeiers Karl kommt dabei mehr als eine Scharnier- oder Übergangsfunktion zu: Auf der einen Seite verbindet sich mit seinem erfolgreichen Kampf um die Nachfolge des Vaters in der Stellung des einzigen Hausmeiers im Frankenreich und dem kontinuierlichen Ausbau seiner Herrschaft die grundsätzliche Frage nach den Grundlagen und Strukturen politischer Macht unter den Bedingungen des späten Merowingerreichs. Auf der anderen Seite ist genauer zu diskutieren, inwieweit Karls selbst schon bewusst oder auch nur im faktischen Ergebnis seines Handelns diese Bedingungen entscheidend verändert und den Übergang des Königtums auf die eigene Familie eingeleitet hat.

Der personenbezogene Titel des Buches gibt also noch deutlicher als bei anderen mittelalterlichen Herrscherpersönlichkeiten den Rahmen für eine Darstellung der politischen Ereignis- und Strukturgeschichte, hinter der biographische Ansätze schon deshalb weit zurückstehen, weil die Quellen, wie der Verfasser ausdrücklich vermerkt, weitreichende Einblicke in Persönlichkeit und handlungsleitende Motive der Akteure nicht erlauben. Strukturen und politischer Wandel des Frankenreiches von den Anfängen der Pippiniden und Arnulfinger im 7. Jahrhundert bis zum Tod Karls im Jahr 741 werden in sechs chronologisch gegliederten Kapiteln detailliert und in Auseinandersetzung mit der neueren Forschung zur Geschichte der Merowinger, Karolinger und ihrer politischen Partner und Gegner nachgezeichnet. Ein systematisches Kapitel zu Kirchenorganisation und Kirchenpolitik unter Karl und seinem

Vater Pippin II. sowie zum missionarischen und organisatorischen Wirken der Angelsachsen Willibrord und Bonifatius ist dabei eingeschoben zwischen das zentrale, umfangreiche fünfte („Wellen der Expansion: Die militärischen Aktivitäten an den Rändern des Reichs", S. 67–136) und das siebte Kapitel, das „Die letzten Jahre Karl Martells" zum Gegenstand hat und mit „Alleinherrschaft und Erbteilung (737–741)" die Frage nach der Stellung von Karls Herrschaft im Vorgang der Ablösung des merowingischen und der Errichtung des karolingischen Königtums thematisiert. Von Rudolf Schieffers in der gleichen Reihe in fünfter Auflage erschienenen Dynastiegeschichte der Karolinger (2014) unterscheidet sich das Buch dabei vor allem durch die Fokussierung auf einen wesentlich engeren Zeitausschnitt, so dass Quellen und Forschungskontroversen zu den frühen Vertretern der Familie vor der Königserhebung von Karls Sohn Pippin weit detailreicher erörtert und einzelne Schauplätze an der Peripherie des Frankenreichs wie Aquitanien und die Provence ausführlicher berücksichtigt werden können.

Dem darstellerischen Duktus ist es geschuldet, dass dezidierte Beiträge zur aktuellen Forschungsdiskussion in den Darstellungszusammenhang eingeflochten sind, weshalb mitunter nur dem besonders engagierten Leser klar werden dürfte, wo das Buch über den Anspruch einer zusammenfassenden Darstellung hinausgeht. Gefragt wird vor allem nach Grundlagen und Bedingungen der vielfältigen politischen und militärischen Aktivitäten Karls; den Schlüssel auch für vieldiskutierte und folgenreiche Eingriffe in die politische und soziale Struktur des Frankenreichs wie die Ausstattung von Gefolgsleuten mit Kirchengut oder personelle Verschiebungen im Episkopat findet der Verfasser dabei weniger in reflektierten Handlungskonzepten als vielmehr im Reagieren auf wechselnde politische Konstellationen und im Ausnutzen von situationsbedingten Möglichkeiten.

Das letzte, neunte Kapitel zeichnet als kurzes „Resümee" (S. 198–205) dementsprechend das Bild eines flexiblen Machtpolitikers, der sich mit unterschiedlichen Gegebenheiten in den Regionen des großen Reichs zu arrangieren wusste und dessen langfristiger Erfolg nicht zuletzt auf kontinuierlichen militärischen Aktionen beruhte. Auch den Zugriff Karls auf die am Beginn des 8. Jahrhunderts weitgehend autonomen Herzogsherrschaften an der südlichen und östlichen Peripherie des Frankenreichs beurteilt Fischer zurückhaltend, wobei er wiederum dem vom Anfang des 9. Jahrhunderts datierenden Breviarium Erchanberti, das von einer mit dem Verweis auf die Gefolgschaft zum merowingischen Königtum legitimierten Opposition durch die Herzöge der Bayern und Alamannen berichtet, besonderes Gewicht gibt und erst Karls Söhnen entscheidende Erfolge bei der Integration der süddeutschen Herzogtümer und Aquitaniens in ihre Herrschaft attestiert. Vorsichtig fällt die Antwort auf die Frage nach der Qualität karolingischer Herrschaft beim Tod des Hausmeiers aus: „Insgesamt hatte Karl seiner Familie eine erheblich größere Machtbasis und gefestigtere Stellung geschaffen, die sie gegenüber rivalisierenden Adelsgeschlechtern deutlich überhöhte" (S. 205). Etwas inkonsequent erscheint es in diesem Zusammenhang, dass Fischer mit dem Mainstream der Forschung die Grablege Karls in der alten Königsabtei Saint-Denis dann doch wieder als Ausdruck weitreichender, auf die familiäre Zukunft gerichteter Ansprüche des sterbenden Hausmeiers wertet, anstatt ausführlicher zu überlegen, was eine solche Entscheidung über das Selbstverständnis, vielleicht aber auch über die mit einer sakral besonders ausgezeichneten Grabstätte verbundenen religiösen Vorstellungen und Hoffnungen eines Herrschers aussagen könnte, dessen Persönlichkeit in den zeitgenössischen Quellen nur in Umrissen erscheint.

Das Buch verbindet insgesamt eine klare, detaillierte und gut lesbare Darstellung mit einer hilfreichen Einführung in die Quellen und die politisch-sozialen Strukturen des Frankenreichs. Eine angemessene Quellen- und Forschungsbibliographie sowie detaillierte Nachweise in den Anmerkungen dokumentieren den aktuellen Forschungsstand und weisen den Weg zu weiterführenden Recherchen. Ludger Körntgen

Franz J. FELTEN / Harald MÜLLER / Heidrun OCHS (Hg.), Landschaft(en), Begriffe – Formen – Implikationen (Geschichtliche Landeskunde 68), Stuttgart: Franz Steiner 2012. 405 S., 53 s/w Abb., 2 s/w Tab. ISBN 978-3-515-08760-5. € 59,–

Der Begriff einer „historischen Landschaft" kam um 1900 von der Geographie in die Geschichtswissenschaft. Der Kulturgeograph Friedrich Ratzel und der Kulturhistoriker Karl Lamprecht standen dabei an der Spitze der Bewegung. Die „Landschaft", egal wie sie definiert ist, verweist stets auf die räumliche Komponente menschlichen Handelns. Die Begrifflichkeit wird immer wieder neu gefasst, beschrieben, definiert, gegen vermeintliche wie tatsächliche Beliebigkeit „geschützt" oder verworfen. Die Ergebnisse zweier Tagungen werden in diesem Band zusammengefasst: „Der Begriff der Landschaft in der landeshistorischen Forschung" (2008) und „Frauen, Kloster, Landschaften" (2004).

Joachim Schneider („Der Begriff der Landschaft in historischer Perspektive") sieht den Begriff aktuell in mehrfacher Weise verwendet: Zum einen die „Landschaft als scheinbar wertfreier, vorwiegend räumlicher Zuordnungsbegriff", der „weitgehend synonym mit Begriffen wie Region oder Land verwendet" werden kann, zum anderen als Grundbestand „einer kulturgeschichtlichen Forschungsrichtung, die sich insbesondere für bewusstseinsgeschichtliche Erscheinungen landschaftlicher Identitätsbildung und Raumerfassung interessiert". Landschaft ist schließlich als „Aspekt-Begriff" zu nutzen, der „auf einen mehr oder weniger präzise, meist herkömmlich landschaftlich, das heißt regional benannten und begrenzten Raum bezogen" ist, also Städte-, Burgen-, (Reinhard Friedrich), Schul-, Bildungs- und Klosterlandschaften. Diese Vielzahl von Landschaften wird im ersten Teil des Bandes ausführlich in mehreren Artikeln aus historiographischer (Johannes Helmrath), geographischer (Detlev Ipsen, Thorsten Pohlert und Wolfgang Wilcke), archäologischer (Rainer Schreg), künstlerischer (Ute Engel) sowie sprachgeschichtlicher Sicht (Albrecht Greule) besprochen.

Solche vielfältigen, je nach der Forschungsintention konstruierten Landschaften könnten sich in einer Definition von „Kulturlandschaft" vereinigen, welche einen von Menschen gestalteten Veränderungsprozess eines ehemaligen Naturraums umschreibt, der durch Landwirtschaft, Besiedlungsformen, Infrastruktur (Wege, Straßen, Gewässer), Religion, Kunst und Kultur moduliert und den jeweiligen gesellschaftlichen Bedürfnissen angepasst wird. Menschen leben in von ihnen geschaffenen und immer wieder veränderten Kulturlandschaften. Um diese auf permanente Veränderung ausgerichteten Prozesse verstehen zu können, könnten die Erkenntnisse über die historische Entwicklung von Land und Leuten für aktuelle regionale Zukunftsplanungen herangezogen werden.

Feminine Klosterlandschaften wurden eingehend thematisiert. Für Gert Melville („Klosterlandschaft") sollte nur dann von einer Klosterlandschaft gesprochen werden, wenn diese geistlichen Institutionen einem bestimmten Raum eine homogen-identitätsstiftende Form gegeben bzw. sie wegen ihrer besonderen Dichte landschaftsprägend gewirkt haben. Mit dieser Engführung möchte er den – vor allem auch in der Tourismusbranche gern benutzten –

Begriff vor der Beliebigkeit schützen. Franz Felten („Klosterlandschaften“) votiert für eine vergleichende Erforschung von Klosterlandschaften, um die unterschiedlich starke Ausprägung von Klostergründungen der Orden besser erfassen zu können. Allerdings bleibt dabei unklar, wie die einzelnen Räume zu definieren sind. Im Falle Thüringens mit seinen insgesamt 70 Frauenkonventen bildete der geographisch-politische Raum die Struktur (Petra Weigel, „Klosterlandschaft – Frauenlandschaft: Das Beispiel Thüringen“). Auch macht es die Menge von Klöstern; bei zu wenigen Klöstern gäbe es dann keine Klosterlandschaft.

In einem anderen Fall bildet der Umfang der ehemals slawischen Ethnien und deren Ausbreitung, die in der Mark Brandenburg, Mecklenburg und Vorpommern aufgegangen sind, den räumlichen Rahmen (Clemens Bergstedt, „Die Frauen-Kloster-Landschaft im Nordosten des mittelalterlichen Deutschen Reichs“). Melvilles Definitionsansatz greift aber weder in den beiden Beispielen noch in jenem der lombardischen Städtelandschaft (Guido Cariboni, „Frauenklöster der lombardischen Städtelandschaft [11.–13. Jahrhundert]“).

Landschaft als politischer Raum, unter Berücksichtigung der naturräumlichen Bedingungen, liegt bei der Untersuchung von Frauenklöstern und Beginenhöfen im Maas-Mosel-Raum zu Grunde (Frank G. Hirschmann, „Frauenklöster und Beginenhöfe im Maas-Mosel-Raum des 12. und 13. Jahrhunderts“). Über die Schwierigkeiten, eine württembergische Klosterlandschaft zu apostrophieren, berichtet Maria Magdalena Rückert („Fromme Frauen, weltliche Stifter und geistliche Förderer“). Im letzten Exemplum bilden eine Stadt und deren soziale Beziehungen zu Nonnengemeinschaften eine Klosterlandschaft (Christine Kleinjung, „Bürgerliche Lebenswelt und Klosterlandschaft. Das Beispiel der Frauenklöster in Worms im Hoch- und Spätmittelalter“).

Die Grundtatsache, dass Klöster als wirtschaftliche wie religiöse Zentren den Raum, in dem sie existieren, beeinflussen, und zwar zu jeder Zeit unterschiedlich, hat auch die Raumwirkung dieser geistlichen Institutionen auf ihre Umgebung zum Thema werden lassen. Klöster stehen jedoch in unterschiedlichen Raumbeziehungen: Sowohl zur unmittelbaren Region und deren Bewohnern, als auch zur transpersonalen Ordensstruktur eines Ordensverbandes. Klöster unterstanden in der Regel der Weihegewalt des zuständigen Diözesanbischofs, der überdies auch als Schützer und Schirmer der geistlichen Institution auftreten konnte, und schließlich dem Territorialherrn.

Die Beiträge geben vielfältige Anregungen zur Weiterentwicklung eines methodischen Problems, sie zeigen aber auch, dass die landesgeschichtlichen Ansätze einer Mikroanalyse eng definierter Räume und Regionen nichts an ihrer Aktualität eingebüßt haben, so manchem ‚turn‘ zum Trotz.

Helmut Flachenecker

Netzwerk Landesgeschichte, Gedenkschrift für Sönke Lorenz, hg. von Dieter R. Bauer, Dieter Mertens und Wilfried Setzler (Tübinger Bausteine zur Landesgeschichte 21), Ostfildern: Jan Thorbecke Verlag 2013. 464 S., ungezählte, z. T. farb. Abb. ISBN 3-7995-5521-0. Hardcover. € 34,80

Es hätte eine Festschrift werden sollen und ist eine Gedenkschrift geworden. Das Sammelwerk geht auf eine Tagung zurück, die im Juli 2010 zu Ehren von Sönke Lorenz in Weingarten stattfand. Zwei Jahre später starb der Geehrte nach langer, geduldig ertragener Krankheit (vgl. ZWLG 72 [2013], S. 515–522). Die Beiträge wurden nach Eingang nicht mehr verändert. Sie nehmen also noch auf die Feier oder schon auf den Verlust Bezug. Auch dadurch wird deutlich, wie bestürzend die Geschehnisse waren. Der Eindruck wird noch verstärkt, indem zum Abschluss des Bandes die Laudatio der Festtagung (Wolfram Hogrebe), die Traueransprache bei der Beisetzung in Tübingen (Dieter Mertens) und von den drei Herausgebern formulierte Worte der Erinnerung nacheinander abgedruckt sind. Sie gelten dem langjährigen Freund, dem Nachfolger im Tübinger Lehramt und dem Erforscher der allgemeinen wie der südwestdeutschen Landesgeschichte, Sönke Lorenz. Der ungewöhnliche Werdegang, die heitere Persönlichkeit und die wissenschaftliche Leistung des Verstorbenen treten vor das Auge des Lesers.

17 wissenschaftliche Beiträge versammelt der Band. Sie reichen thematisch vom 9. bis zum 19. Jahrhundert, haben aber ihren Schwerpunkt im späten Mittelalter und in der frühen Neuzeit. Sie behandeln Fragen von allgemeiner Bedeutung und methodischer Art, reflektieren die Stellung der Landesgeschichte im Kanon der historischen Fächer und schließen die Vermittlung von Geschichtswissen an die Allgemeinheit nicht aus. Vor allem aber orientieren sie sich an den Sachverhalten, die Sönke Lorenz besonders interessiert haben: Herrschaft und Staat, Archiv- und Hilfswissenschaften, Archäologie und Umweltgeschichte, Kirchen- und Kulturgeschichte, neuere Forschungsfelder wie Hexenforschung und die Geschichte von Randgruppen. Damit sind die Themenblöcke genannt, in die sich das Tableau der Beiträge gliedert.

Es hätte wenig Sinn, sie alle, einen nach dem anderen, zu besprechen. Von besonderem Gewicht aber scheinen mir jene zu sein, die das Verhältnis der Landesgeschichte zur allgemeinen Geschichte behandeln. Gabriele Haug-Moritz bekräftigt das von Peter Moraw und Volker Press formulierte Postulat, Reichs- und Landesgeschichte wechselseitig zu verzahnen, und schlägt vor, die gegenwärtigen Diskussionen um den Raum als Komponente von Geschichte (also den „spatial turn“) dafür zu nutzen (S. 17–30). Thomas Zotz verwendet die Ergebnisse der (namentlich am MPI für Geschichte in Göttingen betriebenen) Pfalzenforschung, um den Südwesten als Kernlandschaft des hochmittelalterlichen Reichs, als „representative landscape“ des Königtums (Timothy Reuter), zu charakterisieren (S. 31–54). Ähnliches unternimmt Oliver Auge, wenn er den Beitrag der württembergischen Landesgeschichte zu dem vergleichsweise jungen Gebiet der Hof- und Residenzenforschung rekapituliert und perspektiviert (S. 55–70). Man lernt und profitiert voneinander. Das gilt natürlich auch von den sogenannten historischen Hilfswissenschaften. Angesichts ihrer schwindenden Präsenz in den Universitäten tut es gut, in den Aufsätzen von Wilfried Schöntag (S. 121–131), Wilfried Setzler (S. 133–157) und Michael Matzke (S. 159–189) die Leistungsstärke von Sphragistik, Heraldik und Numismatik an konkreten Beispielen demonstriert zu sehen.

Und es gilt von den Nachbardisziplinen: Heiko Steuer besteht darauf, dass es ohne Mittelalterarchäologie keine Landesgeschichte gäbe (S. 193–231), Peter Rückert zeigt, wie sich umwelt- und landesgeschichtliche Fragestellungen „symbiotisch“ ergänzen (S. 233–250), Ulrich Köpf stellt dem Unterschied zwischen einer grundsätzlich universalen Kirchen- und einer räumlich begrenzten Landesgeschichte die Möglichkeiten der pragmatischen Kooperation gegenüber: Auf den Feldern der Universitäts- und der Stiftskirchengeschichte war die Zusammenarbeit mit Sönke Lorenz sehr erfolgreich (S. 253–268).

Dieter Mertens erklärt einleitend den für den Titel gewählten Begriff „Netzwerk“, den man allzu „modisch“ finden könne. Es gehe dabei aber nicht um den Gegenstand der geschichtswissenschaftlichen Arbeit, sondern um die historische Arbeitsweise an sich. Gerade die Landesgeschichte müsse die „Zusammenführung der historischen Teildisziplinen“ als eine „Kernaufgabe“ betrachten (S. 7). Sönke Lorenz hat das Gespräch der Fächer und Fachrichtungen immer gefordert und es durch die Veranstaltung zahlreicher Tagungen gefördert.

Das Verzeichnis seiner Publikationen (S. 421–445), vor allem die kaum glaubliche Zahl von 70 Sammelwerken (zwei weitere Bände sind postum erschienen oder befinden sich im Druck), bezeugt, in welchem Maße er die Erforschung der südwestdeutschen Landesgeschichte geprägt und vorangebracht hat. Folker Reichert

Michel PAULY / Martin SCHEUTZ (Hg.), Cities and their spaces, Concepts and their use in Europe (Städteforschung. Veröffentlichung des Instituts für vergleichende Städtegeschichte in Münster, Reihe: Darstellungen, 88), Köln/Weimar/Wien: Böhlau 2014. 324 S., 69 s/w Abb. ISBN 978-3-412-22127-0. Geb. € 44,90

Die Veröffentlichung enthält neben der deutschen und englischen Einführung zum Tagungsthema Vorträge eines in Sibiu/Hermannstadt (Rumänien) von der „Commission Internationale pour l'Histoire des Villes" im September 2011 veranstalteten Symposiums zum Generalthema „Cities and their spaces", welches Gegenstand weiterer Jahrestagungen (Prag 2012, Lissabon 2013, Clermont-Ferrand 2014) wurde. Die internationale Zusammensetzung der Kommission bedingt als gemeinsame Konferenzsprache das Englische. Deshalb sind von 19 Beiträgen 14 in englischer Sprache verfasst. Dies sollte jedoch kein Hindernis sein, die Beiträge gründlich zu studieren. Es lohnt sich, allein wegen der Vielfalt des Gebotenen aus Ländern fast ganz Europas.

Am Beginn, einer Art Vorspann, beschreiben die beiden Herausgeber das Tagungskonzept und verweisen auf stadtgeschichtliche Forschungsansätze (S. 1–14; englisch S. 15–28). Auch Keith D. Lilley's Überlegungen über „Conceptualising the City" (S. 29–40), in denen er auf Prämissen, Determinanten und Möglichkeiten sowie Grenzen historischer Kartographie aufmerksam macht, sind hier eingereiht.

Ferdinand Oplls Studie über „Topographische Benennungen in den mittelalterlichen Städten" (S. 43–63) eröffnet Abschnitt I „Topographie – Funktionalitäten – Räumliche Entwicklung". Er konzentriert sich auf die Benennungen von Stadttoren und Stadtvierteln. Die Beispiele entstammen zumeist den historischen Stadtatlanten Österreichs und Irlands (mit Begleitheften) und erschließen in differenzierter Weise dem Stadtbewohner, aber auch dem Fremden, Topographie und Orientierung im Stadtraum. Vier Vorträge über die Genese von Städten und Stadtlandschaften des Gastgeberlandes Rumänien schließen sich an. Paul Niedermaiers Schilderung räumlicher Modelle mittelalterlicher Stadtentwicklung Transsylvaniens (S. 65–76) beruht wesentlich auf der Wahl von Städten auf dem sogenannten Königsboden (u. a. Sebeş/Mühlbach, Sibiu/Hermannstadt, Sighişoara/Schäßburg). Maria Emilia Cringaci Ţiplic ergänzt mit ihrem Beitrag über die Rolle der Handelsprivilegien bei der Entwicklung des Stadtraums (Siebenbürger-)Sachsenstädte in Transsylvanien (S. 89–103) Niedermaiers Darstellung von den Anfängen und der Entwicklung siebenbürgischer Städte im Mittelalter. Deutlich wird, dass von ursprünglichen Plananlagen keine Rede sein kann und die von den ungarischen Königen gewährten Privilegien ganz entscheidend die Herausbildung zentralörtlicher Hierarchien und räumliche Vernetzungen gefördert haben. Einen anderen Blick auf die Stadtentwicklung in Südosteuropa gewähren die Referate von Laurenţiu Radvan über die mittelalterliche Stadt in den rumänischen Fürstentümern Wallachei und Moldawien (S. 77–87) und von Dan Dumitru Iacob über die Entwicklung der Stadt Iaşi (S. 105–121). Beiden Autoren geht es letztlich um die Frage von geplanter oder willkürlicher Stadtentwicklung. In Iaşi spielen die Marktplätze nicht nur für die Versorgung der Bevölkerung, sondern in Anlehnung an Kirchen eine dominante Rolle für die Viertelsbildung überhaupt. Dieses Stadtgefüge änderte sich erst im 19. Jahrhundert durch Eingriffe der Regierung zugunsten öffentlicher Sicherheit (Feuer), Hygiene (Seuchen) und Repräsentation. Regierungshandeln, allerdings frühneuzeitliches, steht auch im Mittelpunkt der Studie von Roman Czaja über den „Wandel des mittelalterlichen Zentrums in ostmitteleuropäischen Städten zwischen dem 13. und 19. Jahrhundert“ (S. 123–137). Am Beispiel der Stadt Elbing zeigt er auf, wie Alt- und Neustadt ab 1773 durch Vorgaben der preußischen Regierung ihre räumliche Trennung verlieren und sich dabei bauliche Strukturen und soziales Gefüge verändern.

Abschnitt II „Raum und Repräsentation“ bilden die Vorträge von Karlheinz Blaschke, „Die Stadt als Element der Raumordnung – Von der Kaufmannssiedlung zur Stadt“ (S. 141–149), von Anngret Simms, „The Reformation and the Transformation of Urban Space in Irish Towns“ (S. 151–166), jener von Robert Šimunek, „Town and its vicinty for sacral representation, Bohemia 1350–1600“ (S. 167–181) und schließlich von Rosemary Sweet, „The historic built environment and the conceptualization of urban space in Britain an Italy c. 1700–1830“ (S. 183–193). Blaschke referiert anhand von vier Beispielen (Auma in Thüringen, Görlitz, Bruneck in Südtirol, Ljubljana/Slowenien) sein Modell der mittelalterlichen Stadtentstehung unter Einfluss der Nikolaus-Bewegung, wobei der Kult des hl. Nikolaus als Patron der Kaufleute und Händler als Merkmal für den Beginn der eigentlichen Stadtwerdung steht. Ob dies in den angeführten Fällen immer so war, darf bezweifelt werden. In Bruneck jedenfalls ist nicht Stegen die entsprechende Vorgängersiedlung, sondern der Ortsteil Ragen, wo auch die Pfarrkirche für beide Stadtteile steht, die Nikolauskapelle zudem erst ein Jahrhundert nach der Stadtgründung durch den Brixener Bischof (1371) erwähnt wird. Wie sehr Reformation und Kolonisierung in Irland mit der Politik englischer Könige verbunden sind, das zeigt und belegt eindrücklich auch anhand von Kartenausschnitten das Referat von Anngret Simms. Die Reformation diente Heinrich VIII. als Mittel der Herrschaftsfestigung im Königreich Irland, wobei Katholiken unterdrückt, deren Kirchen und geistliche Einrichtungen säkularisiert, entweder der englischen Etablish Church zugewiesen oder aber an getreue Gefolgsleute des Königs gegeben wurden, was freilich nicht verhindern konnte, dass im Untergrund die alteingesessene irische Bevölkerung weiterhin ihren Glauben ausübte. Es verwundert nicht, dass sich unter liberaleren Herrschaftsbedingungen wieder kleine katholische Gemeinden und geistliche Orden gründeten, welche sich zu Beginn des 19. Jahrhunderts auch neue Gotteshäuser und Schulen erbauten.

R. Šimunek erörtert am Beispiel der Fronleichnamsprozession religiös-liturgische Abläufe, wie Wahl der Plätze für Altäre, Routen und Gedenkstätten an/von Stifter(n) in böhmischen Städten, die er nicht nur als Topographiefixpunkte im Sakralraum, sondern auch als Spiegelbild der städtischen Sozialtopographie versteht. R. Sweet wertet die Berichte des 18. und frühen 19. Jahrhunderts von Reisenden auf der Grand Tour nach Rom und Italien aus und schildert das Feedback besonders für die Rückbesinnung städtischer Ober- und Mittelschichten auf das historische Erbe und ihre Auswirkung auf die gebauten Altertümer, erhaltenen Relikte und Ruinen in bewusster Abkehr von der entstehenden industriellen Welt sowie die Anfänge archäologisch-historischer Vereinigungen in Großbritannien.

Unter der Rubrik „Die Stadt und ihr ‚Hinterland‘“ folgen im dritten Teil die Vorträge über die „Hinterländer“ von Städten, nämlich jener der irischen Hauptstadt Dublin im Mittelalter (Howard B. Clarke, S. 197–215), jener spanischer Städte vom Mittelalter bis zu Beginn des 19. Jahrhunderts (Maximo Diago Hernando, S. 217–233) und die das Konzept der Hinterländer hinterfragenden, aber sich ergänzenden französischen Studien über die großen Häfen (Jean-Pierre Poussou, S. 235–249) und Arsenale an der Atlantikküste und am Mittelmeer

(Caroline Le Mao, S. 251–269). Bei Caroline Le Mao geht es ganz wesentlich um die Mobilisierung von Ressourcen für den Kriegsschiffbau in den atlantischen Arsenalen Rochefort, Brest und Le Havre zur Zeit der Augsburger Allianz (1688–90). In dieser Auseinandersetzung Ludwigs XIV. mit seinen Gegnern im Reich, in Spanien und Schweden sah sich der Sonnenkönig auch von den mächtigen Flotten Englands und Hollands bedroht, weswegen er alles daran setzte, ein Pendant zur See zu schaffen. Er hat nicht nur eine Bestandsaufnahme der Wälder und Bodenschätze im Königreich verfügt, sondern auch Flüsse, wie die Charente, schiffbar machen und im Vorfeld dazu Kanäle bauen lassen, um die natürlichen Wasserwege miteinander zu verbinden. Die neue wassergebundene Infrastruktur sollte die Zufuhr der Rohmaterialien aus entlegenen Landesteilen wie Burgund für den Schiffbau (Eichenholz für Schiffsplanken, Langholz für Schiffsmaste) und Eisenerzeugnisse aus der Gegend von Limoges-Angoulême (u. a. Roheisen für Kanonen) erleichtern.

Drei Vorträge bilden dann den letzten Teil IV „Stadtviertel und wandelnde Nutzungskonzepte". Zuerst analysiert Martin Musilek eine historische Quelle aus dem Prager Stadtarchiv, den *Liber judiciorum* oder *Liber contractuum* mit Einträgen aus den Jahren 1351 bis 1366, und sucht nach relevanten Anhalten für die Sozialtopographie der Altstadt von Prag (S. 273–203). Ein Ergebnis, über die Hauskäufe und -verkäufe feststellbar, ist, dass sich eine soziale Entmischung des Stadtkerns rund um den Altstädter Ring andeutet, bei der Angehörige des Adels und der bürgerlichen Elite ihren Immobilienbesitz aufgeben und reiche ratsfähige Kaufleute und Handwerksmeister diese Liegenschaften übernehmen. Lars Nilsson schildert dann die Entwicklung der schwedischen Hauptstadt von 1860 bis 2010 (S. 289–304). Mit Bevölkerungszahlen und Daten zur Eingemeindung belegt er das Wachstum von Stockholm und den Suburbanisierungsprozess. Im letzten Beitrag von Peter Clark geht es um das Grün in Europas Städten (S. 305–313). Den Anstoß für die Entwicklung des grünen Raums gaben die hohen Bevölkerungsdichten westeuropäischer Städte mit ihren engen und ungesunden Wohnverhältnissen besonders der Mittel- und Unterschichten, sodass die Stadtverwaltungen, nun auch über eigene Finanzmittel verfügend, nach unbebauten, freien Flächen suchten, die dem Sport und der Erholung dienen konnten. Den Weg zu den Parks und Sportstätten am Rand der Stadt bereiteten vielfach die ab der Mitte des 19. Jahrhunderts angelegten, von Bäumen gesäumten Boulevards, eine Idee des Pariser Stadtplaners Georges-Eugène Haussmann. Dass auch andere Ideen, wie das Modell Ebenezer Howard's Garden City und die norddeutsche Schrebergartenbewegung, Eingang in die Stadtplanung und Verbreitung fanden, wie auch die Ökologie-Bewegung der 1960er und 1970er Jahre, sei am Rande vermerkt.

Kritische Anmerkungen gilt es abschließend bezüglich der Redaktion und der Lesbarkeit zu machen. Der Leser wäre dankbar, wenn die Kartenausschnitte aus dem irischen und britischen Historischen Städte-Atlas als Farbreproduktionen und nicht auf Abbildungen im Schwarzweiß-Duktus reduziert abgedruckt worden wären, noch dazu in so kleinem Format, dass Legenden und Einschriften selbst mit Lupe nicht lesbar sind. Zudem fällt auf, dass etlichen Beiträgen die englische oder deutsche Zusammenfassung fehlt, was insofern schade ist, da ja gerade diese oft neugierig machen. Gerne hätte man auch erfahren, auf welchen Quellen die Ausführungen von Karlheinz Blaschke über die angeführten Beispiele beruhen; die drei Anmerkungen mit noch dazu unspezifischen Literaturangaben sind nicht ausreichend. Derlei Mängel beeinträchtigen das Lesevergnügen und ein intensiveres Studium des ansonsten doch recht informativen Sammelbandes.

Rainer Loose

Michael Menzel, Die Zeit der Entwürfe, 1273–1347 (= Gebhardt, Handbuch der deutschen Geschichte, 10. völlig neu bearb. Auflage, Bd. 7a), Stuttgart: Klett-Cotta Verlag 2012. 332 S. ISBN 978-3-608-60007-0. € 45,–

Der Band 7a des „Gebhardt" schließt mit seinem Erscheinen einige der wenigen noch verbliebenen Lücken des acht Bände umfassenden Teils „Spätantike bis zum Ende des Mittelalters" der 10. völlig neu bearbeiteten Auflage. Michael Menzel, Professor für Mittelalterliche Geschichte und Landesgeschichte an der Humboldt-Universität zu Berlin, stellt in diesem Band „Die Zeit der Entwürfe" dar und deckt damit den Zeitraum von 1273 bis 1347 ab. Der ergänzende Band 7b von Christian Hesse und Peter Moraw (†) „Die Zeit der Luxemburger Könige bis zur Wahl Sigismunds, 1346–1410" befindet sich derzeit in Vorbereitung.

Der Band „Die Zeit der Entwürfe" von Michael Menzel folgt dem traditionellen Aufbau des „Gebhardt": Zunächst wird ein Überblick über zentrale Quellen und wichtige Forschungsliteratur und -tendenzen gegeben, dann folgen die inhaltlichen Kapitel, die mit „Landschaften und Herrschaften", „Königtum und Fürstenmacht", „Kaisertum und Fürstenreich", „Kirche und religiöses Erleben" und „Geist und Kunst" überschrieben sind, und zum Schluss führt eine knappe Bilanz die inhaltliche Darstellung zusammen. Der Band wird durch Stammtafeln und Listen der Amtszeiten wichtiger Akteure, zwei Karten und ein umfangreiches Orts-, Sach- und Personenregister abgerundet.

Im Abschnitt „Landschaften und Herrschaften" beschäftigt sich Menzel mit den wirtschaftlichen zentralen Regionen und deren Vernetzung, der Entwicklung der Städte (z .B. Stadtrechtsfamilien) und Städtebünden und der Binnen- und Ostkolonisation. Anschließend thematisiert er die zunehmende Territorialisierung im Reich, indem er die Hochstifte, weltliche Herrschaften und den Deutschordensstaat in den Blick nimmt.

Die zentrale Aussagekraft des Bandes verbirgt sich aber hinter den beiden Abschnitten „Königtum und Fürstenmacht" und „Kaisertum und Fürstenreich". Auf über 100 Seiten schildert Menzel das Ringen zwischen Fürsten und König um die zukünftige Ausrichtung des Reichs und das Verhältnis von Zentralmacht zu fürstlichen Territorialherren. Entlang der Wahl und Herrschaft Rudolfs I., Adolfs von Nassau, Albrechts I., Heinrichs VII., Ludwigs IV. und Friedrichs des Schönen kreist die Darstellung immer wieder um die Rolle des Königs nach dem Ende der Stauferzeit und der Phase des Interregnums. Die Fürsten auf der einen Seite wünschten sich einen König, der als zentrale Schiedsinstanz fungierte und sich für eine Wiederherstellung eines glanzvollen Königtums inklusive der Erlangung der Kaiserkrone einsetzte. Die Könige auf der anderen Seite waren zumeist darum bemüht, ihre Hausmacht zu stärken und eine neue Königsdynastie herauszubilden. Eine dynastische Verstetigung verhinderten jedoch die Fürsten bei jeder Wahl, aus Angst vor einem übermächtigen König. Darum, so Menzel, war die Zeit vor allem durch die Persönlichkeiten der Könige und deren Entwürfe geprägt. Obwohl diese Phase insgesamt eher von Auseinandersetzungen und Enttäuschungen zwischen König und Fürsten geprägt war, gab es auch glanzvolle Höhepunkte und gemeinsame Ziele wie unter Heinrich VII.

Im Abschnitt „Kirche und religiöses Erleben" geht Menzel zunächst knapp auf das Papsttum, die Kurie, die Bistümer und Pfarreien ein, um dann die Ordensspiritualität anhand von Mystik und Armutsbewegung zu beleuchten. Ein eigenes Kapitel widmet Menzel den laikalen Gemeinschaften (z. B. Beginen, Begarden), die im 13. Jahrhundert ihre große Blütezeit erlebten. Weiter werden in diesem Abschnitt auch andere Formen der Frömmigkeit, wie Stiftungen, Wallfahrten und die Flagellanten, besprochen.

Abschließend gibt Menzel im Abschnitt „Geist und Kunst" einen Überblick über die Entwicklung der Wissenschaften, der Universitäten und Dom- und Klosterschulen sowie der Vernetzung der Gelehrten in Europa. Im Weiteren wird die Entwicklung in den Bereichen Literatur, Theater, Musik, Architektur, Skulptur und Malerei in Deutschland dargestellt. Gerade in diesem Abschnitt zu den Wissenschaften und der Kunst werden die europäischen Verflechtungen deutlich, weshalb Menzel hier zu Recht immer wieder den deutschen Handlungsrahmen verlässt, um auf europäische Entwicklungen zu verweisen. Die „Bilanz" schließlich präzisiert überzeugend die wichtigsten großen Linien der dargestellten Zeitspanne. Wohl auf Grund des begrenzten Umfangs des Bandes fallen leider die Ausführungen zu wirtschaftlichen, sozialen und gesellschaftlichen Aspekten knapp aus.

Insgesamt gibt der Band aber einen gut lesbaren und stringenten Überblick über den Zeitraum 1273 bis 1347 und erfüllt damit die an ein Handbuch gestellten Ansprüche. Brillant und – im besten Sinne des Wortes – spannend zu lesen ist der Hauptteil über die Ausdifferenzierung des Reichs zwischen Fürsten und König, der „die Zeit der Entwürfe" facettenreich einfängt und überzeugend darstellt. Verena Türck

Die Wittelsbacher am Rhein, Die Kurpfalz und Europa, Begleitband zur 2. Ausstellung der Länder Baden-Württemberg, Rheinland-Pfalz und Hessen, hg. von den Reiss-Engelhorn-Museen Mannheim, Staatliche Schlösser und Gärten Baden-Württemberg, durch Alfried WIECZOREK, Bernd SCHNEIDMÜLLER, Alexander SCHUBERT, Stefan WEINFURTER (Publikationen der Reiss-Engelhorn-Museen Mannheim, Bd. 60), Regensburg: Verlag Schnell & Steiner 2013. Band I Mittelalter, 512 S., ca. 350 farb. Abb., 4 Karten, Stammtafel. Hardcover. Band II Neuzeit, 479 S., ca. 250 farb. Abb., 5 Karten, 4 Stammbäume. Hardcover. ISBN 978-3-7954-2644-6. € 59,–

Die Wittelsbacher und die Kurpfalz im Mittelalter, Eine Erfolgsgeschichte? Hg. von Jörg PELTZER, Bernd SCHNEIDMÜLLER, Stefan WEINFURTER und Alfried WIECZOREK, Regensburg: Verlag Schnell & Steiner 2013. 408 S., ca. 30 Abb. im Text. Hardcover. ISBN 978-3-7954-2645-3. € 29,95

Hier geht es um eine historische Ausstellung, die knapp sechs Monate lang im Mannheimer Schloss sowie im Zeughaus zu sehen war und die im März 2014 zu Ende ging. Sie wurde von 111.281 Besuchern gesehen – so die abschließende Zählung –, was den Erwartungen der Veranstalter entsprach, auch wenn die Zahlen nicht ganz an diejenigen einiger vorausgegangener Ausstellungen herankamen. Es war die zweite Ausstellung des Mannheimer Reiss-Museums innerhalb von zwei Jahren, und beide Male handelte es sich um eine Gemeinschaftsveranstaltung der Länder Rheinland-Pfalz, Baden-Württemberg und Hessen, die sich gleichsam am Schnittpunkt ihrer Ländergrenzen in Mannheim zusammenfanden.

Mit dem Thema der „Wittelsbacher" hat es dabei eine besondere Bewandtnis. Sie benennen sich nach der Burg Wittelsbach bei Aichach (nordöstlich von Augsburg; vgl. Ausstellungskatalog I, S. 44 f.), und als Pfalzgraf Otto von Wittelsbach im Jahr 1180 von Friedrich Barbarossa nach dem Sturz Heinrichs des Löwen mit dem Herzogtum Bayern belehnt wurde, entstand jene Bindung Bayerns an das Haus Wittelsbach, die bis 1918 Bestand hatte und die auch heute noch im Bewusstsein der Bayern verankert ist. Im Jahr 1980 kam dies in einer bayerischen Landesausstellung in München und auf Burg Landshut zum Ausdruck, einer Ausstellung, die in knapp vier Monaten von 480.000 Besuchern betrachtet wurde. Das heutige Land Bayern hat auf diese Weise seine geschichtlichen Wurzeln eindrucksvoll dargestellt, und ein

Katalog in sechs Bänden hat dies auf nicht weniger imposante Weise – nach dem damaligen Kenntnisstand – festgeschrieben (Wittelsbach und Bayern. Beiträge zur Bayerischen Geschichte und Kunst, München 1980).

Diese Vorbemerkung ist nicht überflüssig, wenn man sich nun der Mannheimer Ausstellung und ihrem aufwändigen Katalog zuwendet, dessen Bebilderung entsprechend modernster Technik der farbigen Wiedergabe die Münchener Kataloge weit übertrifft. Doch was hat es mit dem Thema der „Wittelsbacher am Rhein" auf sich, um die es hier geht? Den Besuchern aus Mannheim und seiner weiteren Umgebung aus den drei veranstaltenden Bundesländern musste dies erst verdeutlicht werden, und als Anstoß diente, wie 1980, ein historisches „Jubiläum". Es führt in das Jahr 1214, als der staufische König Friedrich II. die rheinische Pfalzgrafschaft an den Wittelsbacher Herzog Ludwig I. von Bayern verlieh. Seit diesem Zeitpunkt ist die Pfalz am Rhein mit dem Hause Wittelsbach verbunden und blieb es nahezu 600 Jahre lang bei allen territorialen Veränderungen, allen politischen und religiösen Wechseln und allen dynastischen Teilungen, ehe die Kurpfalz im Zuge der napoleonischen Neuordnung aufhörte zu bestehen. Das neu geschaffene Königreich Bayern und die Großherzogtümer Hessen und Baden waren ihre Erben.

Diese dem Historiker bekannten Tatbestände sind sicherlich nur wenigen Menschen in den heutigen Nachfolgestaaten vertraut, auch wenn die „Geschichte der Kurpfalz" in modernen wissenschaftlichen Werken neu beschrieben wurde. Diese sind vor allem mit der Universität Heidelberg verbunden. So bot das „wittelsbachische Jubiläum" den Anlass, deutsche Geschichte am Ober- und Mittelrhein über die modernen Ländergrenzen in das Bewusstsein der Heutigen zu rücken, so wie es vor 35 Jahren die Wittelsbach-Ausstellung in Bayern, wie es 1977 die Staufer-Ausstellung in Baden-Württemberg getan hatten. Dass dies im Zeichen einer mittelalterlichen Fürstendynastie geschah, ergab sich aus dem gebotenen Anlass. Noch komplizierter wird dies freilich, wenn man sich die geschichtlichen Tatbestände vergegenwärtigt, die den Weg der Wittelsbacher in die Pfalzgrafschaft am Rhein kennzeichnen.

Stefan Weinfurter (Aufsatzband S. 11–22) hat es meisterhaft verstanden, die Entwicklung der Pfalzgrafen bei Rhein zu einer fürstlichen Herrschaft, der Kurpfalz, zu schildern, die Konrad, der Halbbruder Barbarossas, zu einem königsgleichen Machtbereich auszubauen vermochte, ehe sie König Heinrich VI. an den Welfen Heinrich (von Braunschweig), den Sohn Heinrichs des Löwen, verlieh, danach an dessen gleichnamigen Sohn. Dies führt nun in der Tat zu jenem Epochenjahr 1214, als der jüngere Heinrich kinderlos starb und der König das pfälzische Herrschaftsgebiet erneut verleihen konnte. Friedrich II., der aus Sizilien gekommene junge Staufer, war gerade dabei, sich gegen seine Widersacher im Reich durchzusetzen und hatte seine engsten Helfer zu belohnen, die jeweils mit einer Schwester des letzten welfischen Pfalzgrafen verheiratet waren. Die Welfentochter Irmengard war mit Markgraf Hermann V. von Baden vermählt, ihre Schwester Agnes mit Herzog Otto II. von Bayern, Ludwigs Sohn, und ihm wurde die Pfalzgrafenwürde zuteil, während der Badener nicht weniger aufwändig entschädigt wurde. Die umgekehrte Lösung wäre ebenfalls möglich gewesen, dann wäre die Markgrafschaft Baden zu einer mächtigen Territorialmacht aufgestiegen. Bernd Schneidmüller (Aufsatzband S. 23–49) hat diesen Vorgang eingehend beschrieben, der sich freilich nur aus wenigen „Urkundensplittern" rekonstruieren lässt, und hat ihn in das Mächtespiel des zu fürstlichem Rang aufsteigenden Adels in spätstaufischer Zeit eingeordnet. Die zentrale Lage der pfalzgräflichen Gebiete hat diesen Aufstieg gefördert.

Darin zeigt sich, dass hier dem Nichtfachmann als Besucher einer Ausstellung sehr viel Mitdenken in komplizierten geschichtlichen Vorgängen zuzumuten ist. Das Verhältnis Staufer-Welfen-Wittelsbacher zu verstehen, setzt genealogische Kenntnisse voraus, und die Entstehung adeliger und fürstlicher Territorien als Vorformen moderner Staatlichkeit erschließt sich erst bei intensiver vergleichender Betrachtung. Die Landkarte ist dabei unerlässlich, wobei man sich sagen lassen muss, dass das Mittelalter das Kartenbild im modernen Sinne nicht kennt. Die Artikel des wissenschaftlichen Aufsatzbandes, aus dem wir hier die beiden einleitenden Aufsätze zitiert haben, sind daher eine unerlässliche Voraussetzung für das Verständnis der Vorgänge, die in dieser Ausstellung vor Augen geführt werden sollen.

Diese zu rezensieren, könnte eigentlich unterbleiben, denn mit ihrem Abbau verschwinden die Objekte, die vorgeführt wurden, und danach ist man darauf angewiesen, sich an das zu erinnern, was man gesehen und verstanden hat. Doch selbst Besucher mit großer Ausdauer werden es schwer gehabt haben, die Dinge zu ordnen und zu memorieren. Hierfür wurde in Mannheim ein intensives Führungsprogramm angeboten, auch wenn dieses oftmals unter der Überfüllung der Räume litt. Aber dann gab es den Katalog, um den es hier geht und der nach dem Abbau der Ausstellung in der Hand des Besuchers bleibt. Dieser wird gut daran tun, ihn immer wieder zu konsultieren, wenn er bemerkt, dass ihm vor allem plastische, farbige und großformatige Objekte in Erinnerung geblieben sind, während er andere Dinge von hoher Aussagekraft weniger beachtet hat, so insbesondere die nur schwach beleuchteten Codices, die nur an einer Stelle aufgeschlagen werden konnten, und die Schriftzeugnisse der Urkunden und Briefe, die er ohnehin vor Ort nicht lesen konnte. Die Abbildung im Katalog lässt dies zu, zumal bei der hohen Qualität der Bilder. Der Katalog ist also das Bleibende auch dieser Ausstellung, und auf ihn einzugehen bedeutet einerseits, sich über die didaktische Aussage des Gezeigten Gedanken zu machen, aber zugleich, die wissenschaftlichen Erkenntnisse zu würdigen, die bei der Vorbereitung und Durchführung der Ausstellung gewonnen wurden.

Ihr war im Januar 2012 eine Tagung in Mannheim mit dem Titel „Die Wittelsbacher und die Kurpfalz im Mittelalter" vorausgegangen, bei der insgesamt 19 Autoren, großenteils Hochschullehrer und Archivare, ihre Überlegungen zu jenen Themen vortrugen, die in der geplanten Ausstellung dargestellt werden sollten. Daraus entstand der Aufsatzband, dessen Ergebnisse den Ausstellern als Orientierungshilfe bei der Auswahl und Beschreibung der Objekte dienen sollten. Für den Mittelalterteil war also die Konzeption vorgegeben, die mit dem „Jubiläumsanlass" verbunden war. Daran schloss sich der Neuzeitteil an, der jedoch, in den Repräsentationsräumen des Mannheimer Schlosses, stärker von den bereits vorhandenen Objekten geprägt war, deren Schaueffekt die wissenschaftlichen Fragen eher in den Hintergrund treten ließ. Doch gerade dieser Teil um die Kurpfalz nach dem 30-jährigen Krieg, um die Residenzen Mannheim und Heidelberg, um die Erbfolgekriege gegen Frankreich sind im Bewusstsein der Öffentlichkeit am stärksten lebendig, sicherlich mehr als das Mittelalter in staufischer und nachstaufischer Zeit.

Die beiden Katalogbände (sie nennen sich „Begleitband zur Ausstellung") sind jeweils in sich zweigeteilt: Neben die Objektbeschreibungen, rund 350 Exponate für das Mittelalter mit jeweils großformatigen farbigen Abbildungen in, wie schon betont, exzellenter Qualität, etwa 250 Exponate für die Neuzeit, treten einleitende Texte zu den jeweiligen Kapiteln, die den Band untergliedern. Mit knappen Literaturangaben sind auch diese wissenschaftlich auf dem neuesten Stand. Bei den Objekten bemerkt man an vielen Stellen, dass sie jenen der bayerischen Wittelsbach-Ausstellung und anderer Großausstellungen entsprechen, mit andern Worten, dass die Auswahl an vorzeigbaren Exponaten begrenzt ist und sich immer wieder unter verschiedener Thematik wiederholen wird. Die Goldene Bulle von 1356 (B 3.08, zum

Glück gibt es davon sieben Exemplare, hier das Kölner Exemplar) ist natürlich unverzichtbar, ebenso wie der Hausvertrag von Pavia von 1329 (B 2.04) und andere Kernstücke. Überhaupt sind die Urkunden, meist großformatig mit vielen Siegeln, stark vertreten, obwohl sie nur für den Fachmann lesbar sind (in der Vitrine auch für diesen nicht) und ihre formalen Probleme ausgeklammert bleiben. Immerhin, die für das Jubiläumsjahr entscheidende Urkunde von 1214 (A4.02) findet man gleich zweimal abgebildet, und ihr Text ist im vollen Wortlaut, lateinisch und deutsch, wiedergegeben (S. 76). Die Personen, Pfalzgraf Otto und die Welfin Agnes, sieht man in einem sehr viel späteren, idealtypischen Doppelbildnis (A4.03), wie nahezu alle Bilder aus der Frühzeit späteren Abbildungen und Miniaturen in Handschriften entnommen sind. Nur die Plastik König Philipps von Schwaben vom Brückentor in Regensburg konnte man hier aus nächster Nähe betrachten und zeigte das Bemühen, möglichst viele authentische Stücke heranzuziehen.

Die Kapitel, denen die Objekte zugeordnet sind, entsprechen den Epochen der kurpfälzischen Geschichte. Die Anfänge des Hauses Wittelsbach in der Pfalz behandeln eine „Aufsteigergeschichte" in spätstaufischer Zeit (Stefan Weinfurter), der darauffolgende Abschnitt die „Pfalzgrafen als Königswähler" bis hin zu dem bereits genannten „Hausvertrag von Pavia", der die pfälzischen Teilungen einleitete. Das Kapitel über Kaiser Ludwig den Bayern konnte hier an den Rand treten, während König Ruprecht, der in Heidelberg residierte und dort seine letzte Ruhestätte fand, zugleich im Ruprechtsbau des Heidelberger Schlosses vertreten war. Das Thema „Heidelberg" stand denn auch im Mittelpunkt eines eigenen Kapitels über Ruprecht von der Pfalz. Oliver Auge bilanziert im Aufsatzband die zehn Jahre seiner Königsherrschaft in schwieriger Zeit als eine „Aufholjagd", die es Ruprecht jedoch versagte, die Früchte seiner Regierung zu ernten (S. 169–190). Die markanteste Persönlichkeit der darauffolgenden Periode ist Kurfürst Friedrich „der Siegreiche" (S. 444), den Franz Fuchs im Aufsatzband als den „Marc Aurel des Mittelalters" bezeichnet, hier mit Fragezeichen (S. 191–206). Das „Mahl von Heidelberg" von 1462 (D3.08) gehört ja zu jenen kurpfälzischen Episoden, die als farbige Erzählung in die Geschichtdarstellungen eingegangen sind. Das abschließende Kapitel D endet mit dem Landshuter Erbfolgekrieg. Der Kampf zweier wittelsbachischer Linien um das Erbe der Herzöge von Bayern-Landshut beendet den Mittelalterteil. Insbesondere für die Kurpfalz war mit dem Friedensspruch König Maximilians von 1505 die Großmachtstellung des pfälzischen Hauses am Ende, auch wenn die Kurwürde beim pfälzischen Haus blieb.

Zum Mittelalterteil ist anzufügen, dass zahlreiche Teilkapitel das politische, soziale und geistige Leben in der Kurpfalz mit zahlreichen Objekten der Ausstellung beleuchten: Städte und Burgen, die Universität Heidelberg und die Bibliotheca Palatina, Musik und bildende Kunst sowie das Mäzenatentum der Pfalzgrafen ergeben ein farbiges Bild des Kurfürstentums. Im Aufsatzband, dessen Beiträge nicht im Einzelnen aufgeführt werden können, verdient insbesondere der Beitrag von Volkhard Huth Erwähnung, der die Pfalzgräfinnen als Trägerinnen der Dynastie behandelt (S. 127–158). Das gleiche Thema wird auch, etwas kürzer, im Katalogteil abgehandelt, wo Amalie Fößel die europäischen Dimensionen der wittelsbachischen Heiratspolitik nachzeichnet (S. 93–99). Und wichtig erscheinen uns, wiederum in beiden Bänden, die Kapitel über die Juden in der Kurpfalz (Johannes Heil S. 281–294; Franz-Josef Ziwes im Katalog S. 102 ff.). Die geographische Dimension beschreibt der Artikel von Ingo Runde im Aufsatzband: Der Rhein als Wirtschafts- und Verkehrsachse (S. 51–66), und dies gibt Gelegenheit, auf die zahlreichen Karten und Stammtafeln hinzuweisen, die für jedes intensivere Studium unerlässlich sind. Auch in der Ausstellung konnte man sie konsultieren, um mit ihrer Hilfe die Objekte besser einordnen zu können.

Für die Neuzeit liegt, wie gesagt, ein eigener Katalogband vor, während der begleitende Aufsatzband fehlt. Man mag dies als Manko empfinden, denn man hat den Eindruck, dass hier eine stringente Konzeption für die Periode von 1500–1800 nicht vorhanden war, vielleicht weil sich die Aussteller zu sicher waren, im Anschluss an die mittelalterliche Entwicklung zum modernen Staat die historischen Kriterien zu kennen, unter denen die Folgezeit zu beschreiben war. Doch diese betraf mit Reformation, Gegenreformation, 30-jährigem Krieg und der nachfolgenden Verwüstung des Oberrheingebietes jene Periode, in der die Kurpfalz den Weg von der europäischen Großmacht zum Opfer verheerender Kriege zu beschreiten hatte.

Dieser Teil der Ausstellung, dies wurde schon angedeutet, fand in den wiederhergestellten Prunkräumen des Mannheimer Schlosses statt, die ohnehin mit Bildern, Teppichen und Möbeln reich ausgestattet sind. Insbesondere die Fürstenporträts waren in reichem Maße vorhanden. Neben ihnen nehmen sich Aktenstücke und Briefe, auch Zeichnungen und Drucke in alten Folianten eher karg aus; lediglich die großen Modelle der Festung Mannheim, des Heidelberger Schlosses bildeten einen Blickfang. Doch auch hier zählt man rund 250 Exponate, darunter viele Kleingegenstände, Münzen und Medaillen und, nicht zu vergessen, zahlreiche Staatsverträge.

Wie im ersten Band sind die vier Kapitel in Einzelkapitel untergliedert (26 Autoren), zu jedem dieser Kapitel A–D ein entsprechender Katalogteil. Kapitel A behandelt das konfessionelle Zeitalter – Reformation und Konfessionalisierung. Die Einführung von Eike Wolgast, der das bekannte Porträt von Kurfürst Ottheinrich vorangestellt ist, thematisiert vor allem den häufigen Konfessionswechsel in der Kurpfalz entsprechend der Glaubensrichtung des jeweiligen Fürsten (S. 31–39). Wie schon erwähnt, stehen in diesen und den folgenden Teilen die Fürsten im Mittelpunkt der Betrachtung, Ottheinrich durch seine Porträtbüste, durch seinen Harnisch körperlich vertreten, Friedrich III., unter dem der Konfessionswechsel zum reformierten Bekenntnis vollzogen wurde. Unter den Dokumenten dominieren die Testamente und Landesordnungen. Die reformationsgeschichtlichen Quellen im engeren Sinne sind schwach vertreten; in einer bescheidenen Druckschrift sieht man das Gutachten Philipp Melanchthons zum Abendmahlsstreit von 1560 (A3.02), und das Testament Kurfürst Friedrichs enthält Sätze seines persönlichen Glaubensbekenntnisses (A3.06). Doch die Glaubenskämpfe in Städten und Dörfern scheinen ganz dem Diktat der Fürsten zu unterstehen und bleiben undokumentiert. Dies bemerkt man vor allem dort, wo religiöse und geistige Vorgänge sinnfällig gemacht werden sollten. Die entsprechenden Druckschriften der Humanisten und Reformatoren sind als Exponate unattraktiv, und so bleibt die „Reformationsgeschichte" letztlich blass, und man findet schnell zurück in den Bereich der „großen Politik", etwa mit dem „Gründungsvertrag der Protestantischen Union" (B3.13), die dann zum Winterkönig, seinem böhmischen Abenteuer und seiner englischen Heirat überleitet.

Dieser Abschnitt ist gut belegt, und die Exponate bis zum Friedensvertrag von Münster (B6.09) sind von großer Eindringlichkeit. Mit der Belehnung des bayerischen Herzogs Maximilian mit der pfälzischen Kurwürde von 1623 (B6) werden die Verbindungen der bayerischen und der pfälzischen Wittelsbacher sichtbar, während die Sozialgeschichte des großen Krieges kaum vertreten ist, wie überhaupt die Alltagsgeschichte in der Kurpfalz kaum zum Ausdruck kommt. Sie hätte sich auch nur schwer in die Barockräume einpassen lassen. Liselotte von der Pfalz und ihre verwandtschaftliche Umgebung ist im Textteil angemessen beschrieben (S. 229), von den 60.000 Briefen, die sie hinterlassen haben soll, ist ein einziger ausgestellt (B7.04), an Papst Clemens XI. – ein inhaltlich bedeutsames Dokument.

Die darauffolgenden Kapitel sind ganz bestimmt von der Baugeschichte des Heidelberger Schlosses und seiner Zerstörung, der Erbauung der Festung Mannheim bis zu ihrer Schleifung im Jahr 1799. Dass sich daran das Kapitel über Theater und Literatur am kurpfälzischen Hof anschließt, löst viele Assoziationen aus, die sich dem Ausstellungsbesucher aufdrängten. Der „Mannheimer Hof" (Kapitel C) knüpft daran an, mit seinem Abgesang des Residenzwechsels Karl Theodors, und dies bedeutet zugleich das Ende der Kurpfalz, ein Kapitel, das die meisten Pfälzer eher oberflächlich kennen. Der Name Kurfürst Karl Theodors, seine Übersiedlung von Mannheim nach München, steht für dieses Ende. Seine zeitweiligen Absichten, Teile Bayerns gegen die habsburgischen Niederlande zu vertauschen, haben ihm in Bayern wenig Sympathie gebracht; neuere Arbeiten versuchen, ihm Gerechtigkeit widerfahren zu lassen, während die letzten Jahre seiner Regierung, fern von Mannheim, für die Kurpfalz noch der wissenschaftlichen Aufarbeitung bedürfen.

Dass der rechtsrheinische Teil der Kurpfalz 1802 badisch wurde und mit ihm Heidelberg mit seiner Universität und der ehemaligen Residenz Mannheim, ist in der Ausstellung mit wenigen Stücken, mit nüchternen Dokumenten belegt, so der Rheinbundakte von 1806, mit der in einem französisch geschriebenen Staatsvertrag die Liquidation der fast 600-jährigen Kurpfalz vollzogen wurde. Diesen Teil der Ausstellung mag man als besonders farblos ansehen. Vielleicht schwingt darin das Bedauern mit zu sehen, wie die Aufteilung der Kurpfalz an ihre Nachfolgestaaten als reiner Verwaltungsakt vollzogen wurde, ohne dass die Kurpfälzer dazu gefragt wurden, die nun zu Badenern, Bayern, Hessen wurden. Man hat sich weitgehend damit begnügt, darin den Kraftakt Napoleons und seiner Neuordnung der europäischen Welt zu erblicken. Das letzte Exponat zeigt einen Sonnenuntergang bei Heidelberg; das badische Organisationsedikt von 1803 (D3.04) lässt erkennen, wie es weiterging.

Nach dieser knappen Wiedergabe dessen, was in den vorliegenden Bänden in Wort und Bild vorgeführt wird, verbleibt die Frage, wie die kontinuierliche Geschichte der Kurpfalz darzustellen sei und welche Rolle dem Haus Wittelsbach dabei zufiel, dessen Dynastiegeschichte, seine Teilungen und Wiedervereinigungen schwer durchschaubar sind. Doch sie bedingten die Schicksale der Menschen, die dem konfessionellen Zwiespalt ausgeliefert waren und die schließlich zum Opfer dynastischer Erbfolgekriege wurden. Der Weg an die Spitze des Reichs ist drei wittelsbachischen Königen zum Unheil ausgeschlagen und hat das Land so geschwächt, dass es sich von diesen Abenteuern nur schwer erholt hat. Und doch blieb die Pfalz als Kurstaat ein Kernland des Reichs, in dessen Zentrum es hohen Glanz verbreitete. Die Mannheimer Ausstellung hat diese widersprüchlichen Bilder in vielen farbigen Details dem Besucher vermittelt und dargestellt, der dieses Angebot mit großem Gewinn wahrnehmen konnte. Ob die Wittelsbacher, das Herzogs- und Königshaus der Bayern, den heutigen Pfälzern dabei nähergebracht werden konnte, als es die genealogischen Bezüge erlaubten, kann man sich fragen.

Drei Bundesländer haben diese Ausstellung finanziert; ihre Ministerpräsident(inn)en haben sie eröffnet. Ihre heutigen Länder, Zufallsprodukte der Nachkriegszeit, haben Teile der ehemaligen Kurpfalz in sich aufgenommen, und dies wird zu der Überlegung Anlass gegeben haben, sich dieser geschichtlichen Wurzeln zu besinnen und sie ihren Bürgern von heute nahezubringen. In ihren Vorworten ist auf die Denkmäler aus pfälzisch-wittelsbachischer Zeit verwiesen, auf Heidelberg, Schwetzingen und Mannheim im ehemaligen Baden, auf die Ludwigshöhe und das Hambacher Schloss im ehemaligen Rheinbayern, und sie stellen dieses kulturelle Erbe in den Mittelpunkt eines Geschichtsbewusstseins, das es in einer Zeit globalen Denkens zu erhalten und fördern gilt. Auch die Besucher der Ausstellung werden dies so verstanden haben. Hansmartin Schwarzmaier

Sönke Lorenz / Dieter Mertens (Hg.), Johannes Reuchlin und der „Judenbücherstreit" (Tübinger Bausteine zur Landesgeschichte 22), Ostfildern: Jan Thorbecke Verlag 2013. 272 S. ISBN 978-3-7995-5522-7. Geb. € 24,90

Die letzte Ringvorlesung, die der Tübinger Landes- und Universitätshistoriker Sönke Lorenz organisierte, musste von seinem Fachkollegen Dieter Mertens ediert werden. Sie ist dem Andenken des zu früh Verstorbenen gewidmet. Lorenz selbst untersucht Reuchlins Verbindung mit der Universität Tübingen (S. 15–53), eine überaus dicht dokumentierte biographische Studie. Reuchlin wurde, nachdem er sein artistisches und juristisches Studium anderswo mit Erfolg absolviert hatte, erst am 9.12.1481 (nicht 1482!) in Tübingen eingeschrieben, um hier eine Stiftungsprofessur für Rhetorik anzutreten, wurde aber alsbald von Graf Eberhard im Bart in Dienst genommen, weniger als Jurist denn als Diplomat und Dolmetscher. Den Doktorgrad hat er Ende 1484 in Tübingen erlangt. Die zehn Jahre als Bundesrichter mit Amtssitz in Tübingen ab 1502 nahmen ihn nicht sehr in Anspruch. Von 1511 bis 1516 arbeitete sein Pforzheimer Drucker Thomas Anshelm in Tübingen. Gelehrt hat Reuchlin dort nur ein halbes Jahr lang am Ende seines Lebens auf einer neu errichteten Professur für Griechisch und Hebräisch.

Den Judenbücherstreit sowie die Judenpolitik Maximilians I. schildert David H. Price (S. 55–82 und 199–222). Anders als Wiesflecker sieht Price bei Maximilian eine Verschärfung der Judenpolitik seines Vaters Friedrich III. Die Vergabe der begehrten Lizenzen zur Vertreibung der Juden brachte Einnahmen, die den langfristigen Schaden vergessen machten. Judenfeindlich war europaweit die Mehrheit, Pfefferkorn hatte den Rückhalt sogar des Franziskanerordens. Reuchlin konnte die Vernichtung vieler Bücher nicht verhindern. Obwohl er als Christ wenig Sympathien für die Juden hatte, setzte er sein ganzes legistisches und kanonistisches Wissen für deren Rechte ein. Trotz seiner eigenen prozessualen Niederlage blieb er der moralische Sieger.

Hans-Martin Kirn zeichnet „Das Bild vom Juden im Deutschland des frühen 16. Jahrhunderts" (S. 83–105). Reuchlins Lebenszeit bildet einen Tiefpunkt in der Geschichte der Juden, die europaweit missachtet, ausgeplündert, vertrieben und auch ermordet wurden. Demgemäß erscheinen sie in Pfefferkorns Schriften als blinde Exegeten, Ritualisten, Blasphemiker und mörderische Verderber der Christenheit. Aber auch für Reuchlin waren sie nicht nur Kulturträger, sondern blieben bekehrungswürdige Blasphemiker.

Mit den Anfängen der christlichen Kabbala und Reuchlin befasst sich Saverio Campanini (S. 107–117). Viele Namen werden genannt und die Auffassung vertreten, für Reuchlin sei die Kabbala eine Technik gewesen, die auch auf christliche Inhalte angewandt werden konnte.

Matthias Dall'Asta stellt Reuchlin ins „Gefüge des Renaissance-Humanismus" (S. 119–146). Das Rektoratsblatt des Crotus Rubeanus in der Erfurter Matrikel mit Reuchlin als Eckpfeiler neben Luther, Erasmus und Mutian liefert einen ersten Humanistenkreis, der über Trithemius um die zahlreichen „Klosterhumanisten", mit denen Reuchlin in Verbindung stand, ergänzt wird, wobei Verfasser den Begriff „Bibelhumanist" für passender hält und damit wie Erasmus und Luther auch Reuchlin einbeziehen kann. *De arte cabbalistica* erweitert den Blick auf die Florentiner Akademie eines Ficino und Pico. Schließlich bietet die Liste der *Capnionis defensores* in den „Illustrium virorum epistolae" weitere Namen, nicht zu vergessen die Dunkelmännerbriefe. Abschließend wird noch ein Blick auf Reuchlins Fähigkeit zum Dichten und zur Derbheit geworfen.

„Reuchlin als Jurist" ist das Thema von Wolfgang Schild (S. 147–172). Den Auftrag zu seinem Gutachten über das Jüdische Schrifttum erhielt Reuchlin als namhafter Jurist, doch nicht als Universitätslehrer. Verfasser schildert seinen Ausbildungsgang und seine Tätigkeiten für Württemberg und Kurpfalz und untersucht den rechtlichen Status der Juden und Reuchlins Gutachten darüber.

„Zum Dialog zwischen den Religionen" äußert sich Hans-Rüdiger Schwab und meint, man könne „Von Reuchlin lernen" (S. 173–196). Seine sensible Analyse fördert auch nur beiläufige Maximen des Humanisten zu Tage, die für den Umgang mit Andersdenkenden und Andersglaubenden noch immer gültig sind: das Gespräch und Standards im Umgang miteinander, Wahrheitsansprüche, Anknüpfungsmöglichkeiten, Legitimität des anderen Glaubens und friedliche Koexistenz, Bildung und Selbstkritik, schließlich die staatlich garantierte Rechtssicherheit. Wie weit sich Reuchlin im Kampf mit seinen Feinden selbst daran gehalten hat, ist ein anderes Thema.

Günter Schweizer (S. 223–262) stellt die Genealogie der noch heute blühenden Nachkommen des Reuchlin-Bruders Dionysius, beginnend mit dessen verworrener Biographie, übersichtlich und kritisch zusammen.

Die gestellte Thematik des Sammelbandes bringt es mit sich, dass manches mehrfach behandelt wird, wodurch aber verschiedene Sichtweisen deutlich gemacht und unbekannte Winkel ausgeleuchtet werden. Insgesamt eine nützliche Einführung in das Hauptereignis von Reuchlins Leben und Nachwirkung. Heinz Scheible

Christoph Kampmann, Europa und das Reich im Dreißigjährigen Krieg, Geschichte eines europäischen Konflikts, Stuttgart: Kohlhammer 2008. X, 228 S. mit 6 Abb. ISBN 978-3-17-023667-7. € 29,90

Gedenkjahre und Jubiläen stimulieren die Geschichtswissenschaft und Historiographie. Eindrücklich kann dies gegenwärtig am Beispiel des Ersten Weltkrieges, womöglich der ersten Phase eines „Zweiten Dreißigjährigen Krieges", nachvollzogen werden. Ob sich diese gegenwartsbezogene Kontext- und Subjektabhängigkeit der Historiographie bei ihrem Blick auf die Vergangenheit zu ihrem Vorteil auswirkt, kann und soll hier nicht diskutiert werden. Sie ist zunächst einmal schlicht unumgänglich und damit zu konstatieren – eben auch bei wissenschaftlichen Darstellungen des Dreißigjährigen Krieges. War dieser ein „Staatsbildungskrieg" (Johannes Burkhardt, 1998) oder doch eher ein „deutscher Konfessionskrieg" (Axel Gotthard, 2002)? Die bereits in der älteren Historiographie anzutreffende Lesart der Betonung des konfessionellen Faktors als Motor des Kriegsverlaufs steht dabei jüngst wieder im Vordergrund (Franz Brendle, 2010).

Spätestens seit der öffentlichkeitswirksamen 26. Europaratsausstellung „1648 – Krieg und Frieden in Europa" (1998/99) tritt das europäische Narrativ in den Blickpunkt. Der Dreißigjährige Krieg und der Westfälische Friede seien demnach vorrangig europäisch zu verstehen. Auch für Christoph Kampmann ist dies so. Eine „europäische Geschichte des Dreißigjährigen Krieges" sei daher zu schreiben, denn ein „»deutscher« Krieg ist er […] von Anfang an nicht gewesen" (S. 1). Diese programmatische Standortbestimmung ist durchaus folgenreich. So werden nicht nur, was mittlerweile fast schon als „klassisch" zu bezeichnen ist, die großen europäischen Krisen im Umfeld des Reiches, die sich schrittweise mit dem Kriegsgeschehen im Reich verbunden haben, hervorgehoben. Zumal dem letzten Drittel des Dreißigjährigen Krieges, welches in neueren Gesamtdarstellungen relativ wenig Beachtung findet, widmet sich Kampmann ausgiebig.

Wie dominant das europäische Deutungsmuster des Dreißigjährigen Krieges dabei wird, verdeutlicht der Blick auf die Gliederungsebene. Dort ist in acht von neun Kapitelüberschriften explizit von „Europa“ die Rede. Demnach wird beispielsweise die „Europäische Eskalation“ (IV/V) thematisiert oder der Prager Friede – vielleicht doch etwas zu aphoristisch – unter dem Motto: „Kein Friede ohne Europa“ (VI) verhandelt. All dies wird schließlich in der tatsächlich grundlegenden historischen Problematik von „Kriegskatastrophe und Friedensnorm“ (IX) gebündelt. Hier kann Kampmann zeigen, dass es weniger der mangelnde Friedenswillen als vielmehr das Insistieren der Protagonisten auf der je eigenen Auffassung eines „positiven, gerechten, ehrenvollen Friedens“ war, welches die Entstehung und lange Dauer der größten Kriegskatastrophe vor den Weltkriegen des 20. Jahrhunderts entscheiden befördert hat.

Eine solche programmatische Orientierung hin auf Europa – wie sie in der neueren Forschung seit den 1960er Jahren anzutreffen ist – wird nun bei Kampmann durch eine „deskriptive Analyse“ (S. 5) der zentralen politisch-militärischen Entwicklungen fundiert, um so Kriegsentstehung und Kriegsverlauf zu erklären. Dadurch vermeidet es Kampmann bei aller europäischen Perspektivierung gekonnt, den Dreißigjährigen Krieg gewissermaßen europäisch „aufzulösen“, wie dies geschieht, wenn dieser im Extrem unter dem Vorsatz einer Europäisierung des Krieges als konsistentes Geschehen in Frage gestellt oder etwa als narratives Konstrukt ohne Entsprechung in der Wahrnehmung der Zeitgenossen dekonstruiert wird. Wohltuend unprätentiös wird demgegenüber das Ziel des Buches darin gesehen, Entstehung und Verlauf des Krieges auf knappem Raum verständlich und nachvollziehbar zu machen (S. 5).

Kampmanns Buch hält nicht nur, was es verspricht: Es liegt eine klar gegliederte, sehr solide, ihre Prämissen einleitend benennende und diese gut begründende, gelungene Darstellung vor, die stringent einen souveränen Überblick über eines der wichtigsten Ereignisse der europäischen Geschichte der Neuzeit bietet. Mehr noch: Kampmann gelingt eine Verbindung, die mit Blick auf die tagespolitische Funktionalisierung und Instrumentalisierung von Geschichte leider selten geworden zu sein scheint – wissenschaftliche Akribie und souveräne Sachkenntnis einerseits, die Reflexionsfähigkeit von gegenwärtigen Fragen an die Geschichte andererseits. Nicht zuletzt aus diesem Grund ist Kampmanns Werk zum Dreißigjährigen Krieg weiterhin eine intensive Rezeption zu wünschen – auch und gerade im Geschichtsstudium und im Geschichtsunterricht.

Julian Kümmerle

Tempi passati, Die Reichsstadt in der Erinnerung (Studien zur Reichsstadtgeschichte, Bd. 1), hg. von Helge Wittmann, Petersberg: Michael Imhof Verlag 2014. 288 S., zahlr., überwiegend farb. Abb. ISBN 978-3-7319-0041-2. € 29,95

Der junge, 2011 gegründete „Arbeitskreis Reichsstadtgeschichtsforschung“ legt unter Federführung Helge Wittmanns, Stadtarchivar von Mühlhausen in Thüringen, und mit großzügiger finanzieller Unterstützung der Christian-Lesser-Stiftung in München die erste Nummer der „Studien zur Reichsstadtgeschichte“ vor. Aus südwestdeutscher Perspektive weckt dies Erinnerungen. Vor mehr als 50 Jahren hat sich ein Arbeitskreis für die Geschichte der oberdeutschen Reichsstädte zusammengefunden, der eng mit dem Namen des Esslinger, später Stuttgarter Landeshistorikers Otto Borst verbunden war. Seit Langem schon hat sich dieser Verbund eine andere Ausrichtung, ein anderes Label („Arbeitsgemeinschaft Forum Stadt") gegeben und befasst sich heutzutage wesentlich mit Fragen urbaner Entwicklung und Aspekten der Denkmalpflege.

Der neue „Arbeitskreis Reichsstadtgeschichtsforschung" fand sich 2013 in Mühlhausen zu einer ersten Tagung zusammen, um über „Tempi passati – Die Reichsstadt in der Erinnerung" zu diskutieren. In seinem Vorwort zum nun erschienenen Tagungsband führt der Herausgeber an, dass die heutige Generation von Forschern nach Überwindung der europäischen Teilung neue Fragestellungen, neue Perspektiven in Bezug auf Räume, Themen und Methoden in die offenbar brachliegende Beschäftigung mit diesem stadtgeschichtlichen Aspekt des Alten Reiches einzubringen vermag. Aufgabe des Arbeitskreises solle es demnach sein, „(...) grundlegende Aspekte der Geschichte von Reichsstädten oder ganzer Reichsstadtlandschaften" zu untersuchen und „für eine vergleichende Betrachtung" darzustellen (S. 7).

Was nun erwartet den Leser? Zunächst einmal besticht die gediegene Form der Veröffentlichung mit ihren zahlreichen Abbildungen hervorragender Qualität, die der Notwendigkeit, gerade kulturgeschichtliche Beiträge zu illustrieren, bestens Rechnung tragen. Kritisch ist das Fehlen eines Registers anzumerken, wobei der bemerkenswert kurze Abstand zwischen Tagung und Erscheinen von gerade einem Jahr vielleicht die Erklärung liefert.

Die zwölf Beiträge, die im Folgenden nicht alle im Einzelnen vorgestellt werden können, widmen sich dem doch recht breit formulierten Tagungsthema, das – vielleicht etwas überraschend – keineswegs den Reichsstädten als solchen, sondern eben der Erinnerung an sie, mithin der Funktion und Wirkung des Erinnerns an Aspekte reichsstädtischer Vergangenheit gewidmet war. Räumlich ist hervorzuheben, dass ein beachtlich breites Spektrum vertreten ist, von der Schweiz bis an die Nordsee, vom Rheinland bis nach Tschechien, das durch den Beitrag Karel Halls über Eger und seine durch die deutsch-tschechische Geschichte der neuesten Zeit „entfremdete Vergangenheit" (S. 229–240) gewidmet ist. Vergleichsweise dünn vertreten sind indes gerade die Regionen dichter reichsstädtischer Tradition, wie eben Franken, Schwaben oder das Elsass. Dafür widmet sich gleich der erste Beitrag von André Holenstein („Gemischte Erinnerungen. Reichsstädtische Vergangenheiten und die Politik eidgenössischer Städte in der frühen Neuzeit" (S. 9–26)) einem wenig bekannten Aspekt: Wie gehen die reichsunmittelbaren Städte der Schweiz mit ihrem Erbe im Zeichen einer zunehmenden Verselbständigung der Eidgenossenschaft um? – Ein Prozess, der anders als in Deutschland nicht erst um 1800 einsetzte, sondern im Wesentlichen im 16.–17. Jahrhundert. Holenstein kann u. a. anhand von Bildquellen zeigen, wie die mächtigeren dieser Orte, wie Bern und Zürich, konsequent ihre Position nutzten, um ihre Eigenstaatlichkeit auf- und auszubauen – und auf der anderen Seite die kleineren, von ihnen herrschaftlich abhängigen Städte konsequent von jedem Versuch abhielten, an die eigene, reichsunmittelbare Tradition zu erinnern.

Zwei weitere Beiträge, die den deutschen Südwesten betreffen, befassen sich mit dem Ende der Reichsstadtzeit im Gefolge der Napoleonischen Kriege: Simon Palaoro („Jenseits der Mediatisierung und Diesseits der Nation. Reichsstädtisch-republikanische Politikmodelle im frühen 19. Jahrhundert", S. 99–114) beschäftigt sich mit dem politischen Diskurs in Ulm zwischen den innerstädtischen Verfassungskämpfen am Ende der Reichsstadtzeit und der Integration in den Verfassungsstaat des frühen 19. Jahrhunderts. Dabei kommt Palaoro bemerkenswerterweise zu einem dem nachfolgenden Beitrag gerade gegenläufigen Befund, dass nämlich die Berufung auf die zünftisch-partizipative Vergangenheit Ulms eine positive Orientierung im jungen Königreich Württemberg ermöglichte. Hingegen kann Gerold Bönnen („Reichsstädtische Vergangenheiten links des Rheins: Worms und Speyer zwischen Zäsur und Neu-Aneignung", S. 115–148) zeigen, dass in diesen beiden sehr viel stärker direkten französischen Einflüssen ausgesetzten rheinischen Städten der politische, rechtliche und wirtschaftliche Wandel so fundamental war und letztlich auch erfolgreich verlief, dass Rückbezüge auf die Reichsstadtvergangenheit keine positiven Impulse zu setzen vermochten. Eine denkmalpflegerische und historistische Besinnung kam in den Kaiserstädten – mit Ausnahme der Initiative zum Erhalt des Speyerer Domes um 1805 – erst nach der Jahrhundertmitte unter wiederum veränderten gesellschaftlichen und politischen Vorzeichen zustande.

Abseits des Südwestens schließt sich thematisch daran die Frage von Rolf Hammel-Kiesow an, wie sich das Verhältnis zwischen Reichsstadt und Hansestadt am Beispiel Lübecks ausgestaltete. Hammel-Kiesow, der das im Aufbau befindliche Europäische Hansemuseum in Lübeck konzipiert, kommt zum Ergebnis, dass die Hanse für die Selbstdarstellung und das Selbstbewusstsein der Stadt erst dann begann eine Rolle zu spielen, als das Reich nach 1802 keine politische und verfassungsmäßige Funktion mehr einnehmen konnte. Der Hansegedanke lebt heute als Idee einer europäischen Städteeinigung fort, die 1980 gar in die Gründung einer „Hanse der Neuzeit" mündete, an der nach dem Fall des Eisernen Vorhangs auch die Anrainerstädte der Ostsee teilnehmen.

Den beiden thüringischen Reichsstädten Mühlhausen und Nordhausen gelten die Beiträge Helge Wittmans („Geschichtsbilder – Zur Präsenz reichsstädtischer Geschichte in der Thomas-Müntzer-Stadt Mühlhausen", S. 175–202) und Wolfgang G. Theilemanns („Unser Roland, Aufbauhelfer Nr. 1. Überlegungen zur Präsenz reichsstädtischer Geschichte in Nordhausen am Harz", S. 203–228). Frankfurt, die Stadt der Kaiserwahl, ist mit dem Beitrag von Marina Stalljohann-Schemmes vertreten, die nach der in der Frühen Neuzeit konstruierten Rückbesinnung auf die Kaiser- und Reichstradition in Geschichtsschreibung und Publizistik fragt. Ihr kam demnach, gerade angesichts vielgestaltiger Probleme, eine „Funktion der Kompensation" (S. 45) zu.

Weitere Themen wie dem von Günther Haberhauer vorgestellten städtebaulichen und denkmalpflegerischen Erbe der Reichsstadtgeschichte Bad Wimpfens und der von Irene Jung aufgezeigten „Instrumentalisierung" der Reichsstadtgeschichte für touristische Zwecke im Wetzlar unserer Tage sind geeignet, auf der einen Seite das beachtliche Spektrum an Fragen und Beiträgen zu illustrieren, auf der anderen Seite machen sie den Rezensenten etwas nachdenklich mit Blick auf die von Stephan Selzer in seiner – so prägnant wie umsichtig formulierten – Tagungszusammenfassung getroffenen Feststellung, „dass sich die inhaltliche Kohärenz des Themas auf dieser Tagung eingestellt" habe (S. 281) – eine diesbezügliche Achtsamkeit wird sicherlich dauerhaft erforderlich sein. Doch in jedem Fall haben die Initiatoren des „Arbeitskreises Reichsstadtgeschichtsforschung" einen beachtlichen Anfang gemacht, dessen weitere Entwicklung die Stadtgeschichtsforschung wie auch die dem Alten Reich gewidmete Forschung mit Spannung erwarten wird. Roland Deigendesch

Sylvia Schraut, Bürgerinnen im Kaiserreich, Biografie eines Lebensstils, Stuttgart: Kohlhammer Verlag 2013. 160 S. ISBN 978-3-17-022436-0. € 19,90

Die Verfasserin ist seit mehr als 20 Jahren als Historikerin ausgewiesen, die sich in ihren zahlreichen Publikationen den Perspektiven der Geschlechtergeschichte verpflichtet zeigt.

Mit der vorliegenden Publikation gelingt es ihr, wichtige Ergebnisse der Geschlechterforschung in einer Art Lesebuch und zugleich analytisch fundiert zu präsentieren. Die der Publikation zugrundeliegende Prämisse ist die Dominanz des seit dem letzten Drittel des 18. Jahrhunderts ausgebildeten bürgerlichen Frauenideals.

Sylvia Schraut folgt mit der Gliederung ihrer Publikation zunächst einer typisch weiblich-bürgerlichen Biografie der Wilhelminischen Ära: Kindheit, Erziehung als Vorbereitung auf die künftige Frauenrolle, Partnerwahl, Ehe und Mutterschaft, die Führung des bürgerlichen Haushaltes im engeren wie im weiteren Sinne (Hausarbeiten, Aufsicht über die Dienstboten, Geselligkeit und Netzwerkpflege, Mäzenatentum und „Charity") werden thematisiert. Alle Stationen dieser idealtypischen Biografie werden durch Quellenzitate aus den Biografien sehr bekannter wie auch weniger bekannter Bürgerinnen realtypisch fundiert (Anna Blos, Lily Braun, Emilie Bücher, Hedwig Dohm, Elisabeth Gnauck-Kühne, Auguste Hauschner, Hedwig Heyl, Margarethe Krupp, Mathilde Lammers, Anna Pappritz, Hedwig Pringsheim, Margarete Steiff, Franziska Tiburtius, Marie Wegner und Clara Zetkin). Durch das geschickte Arrangement der Zitate wird dabei deutlich, dass die Bürgerinnen – allein schon aus Mangel an Handlungsalternativen – ihre Rolle zwar annahmen und ausfüllten, fast ausnahmslos aber auch – mal mehr, mal weniger deutlich – zu erkennen gaben, dass bereits Zweifel an der Sinnhaftigkeit dieser rigiden Rollenverteilung schwelten.

Dies wird umso deutlicher, als der zweite Teil der Publikation sich von der Norm abweichenden Biografien widmet, die begünstigt durch die sozialen Veränderungen des ausgehenden 19. und beginnenden 20. Jahrhunderts schließlich die bürgerliche Frauenbewegung beflügelten. Ledige Frauen mussten zwangsweise nach beruflichen Tätigkeiten suchen und trugen damit gleichzeitig zur Professionalisierung des Lehrerinnenberufs bei. Einzelne Frauen schlugen, meist ermutigt durch männliche Verwandte oder Mentoren, alternative Berufswege ein, wie Franziska Tiburtius, die mit dem Rückhalt ihrer Familie in der Schweiz Medizin studierte und schließlich allen Widrigkeiten zum Trotz bis zu ihrem 64. Lebensjahr in Berlin als Ärztin praktizierte, oder Margarete Steiff, der aufgrund einer körperlichen Behinderung eine „normale" Biografie verwehrt war und die eine erfolgreiche Unternehmerin wurde. Gerade in diesem Teil wird durch die Quellenbelege deutlich, gegen welche Widerstände diese Frauen handeln mussten, wie viel Frustrationstoleranz dazu gehörte, alternative Wege zu beschreiten.

Das Buch endet nach einigen Schlaglichtern auf die „reifen Jahre" der bürgerlichen Frauen mit einem Kapitel „Aufbrüche" und einem „Ausklang". Beschrieben werden die allmähliche institutionelle Verfestigung der bürgerlichen Frauenbewegung, der Kampf um höhere Mädchenbildung und das Frauenstudium sowie um politische Partizipation. Auch in diesen Teilen bewährt sich die das Buch prägende Methode, bekannte Befunde durch einschlägige Quellenzitate nicht nur anschaulich, sondern analytisch vertieft verständlich zu machen.

Hätte die Verfasserin noch einige wenige Zeilen auf die Kriterien der Auswahl ihrer Beispiele für weibliche Biografien der Wilhelminischen Ära gelegt, wäre nichts zu kritisieren übrig geblieben. Neben der guten Lesbarkeit und dem geringen Umfang zeichnet der gelungene Spagat zwischen wissenschaftlicher Genauigkeit und Allgemeinverständlichkeit den Band aus: Die Lektüre ist kurzweilig! Jedem/jeder, die sich für die historische Genese des Geschlechterverhältnisses interessiert, sei der Band ans Herz gelegt, Pflichtlektüre sollte er für alle in der Gleichstellungspolitik tätigen Männer und Frauen sein, da das Verhältnis von investierter Lektürezeit zu den zu gewinnenden Einsichten besser nicht sein könnte.

Helga Schnabel-Schüle

Benjamin ZIEMANN, Gewalt im Ersten Weltkrieg: Töten – Überleben – Verweigern. Essen: Klartext 2013. 276 S. ISBN 978-3-8375-0887-1. € 22,95

Benjamin Ziemann, der zur Zeit an der Universität von Sheffield lehrt, legt ein faszinierendes Buch über den Ersten Weltkrieg vor, das sich mit Aspekten beschäftigt, die zwar im Zuge der New Military History auch in Deutschland seit einigen Jahrzehnten thematisiert werden, noch nie jedoch in dieser Dichte und mit so breitem Quellenmaterial. In drei großen Kapiteln befasst er sich mit „Gewaltpraktiken", „Gewaltverweigerung" und „Gewaltverarbeitung".

Eine zentrale Quelle Ziemanns für „Gewaltpraktiken" sind die neu edierten Kriegstagebücher Ernst Jüngers, die – ohne literarische Überformung wie Jüngers „Stahlgewitter" – einen direkten Einblick in die Gedankenwelt eines jungen Offiziers geben. Zweifellos war bei Jünger ein hohes Maß an „Bereitschaft zur Selbstzerstörung" vorhanden, wie Ziemann feststellt. Es erstaunt jedoch, dass Ziemann dafür letztlich die Abenteuerlust Jüngers verantwortlich macht. Es gab ja noch ein anderes, in den Tagebüchern genanntes Motiv: Jünger hatte sich bei einer seiner Affären eine Geschlechtskrankheit eingefangen, und angesichts der Perspektive, an dieser womöglich dahinzusiechen, war die schnelle Kugel im heldenhaften Infanteriegefecht keine schlechte Aussicht.

Zu „Gewaltverweigerung": Im Gegensatz zu Christian Jahr, der vor einigen Jahren zu dem Schluss kam, dass die Quote an Todesurteilen und Hinrichtungen in der britischen Armee deutlich höher war (269 vollstreckte Todesurteile) als in der viel größeren deutschen (150 Todesurteile, 48 vollstreckte Hinrichtungen), nimmt Ziemann in beiden Armeen ähnliche Verhältnisse an. Grundlage von Jahrs Überlegungen waren die Forschungen des Archivars und Majors a. D. Volkmann, die dieser 1929 dem Untersuchungsausschuss des Reichstages vorlegte. Ziemann stützt sich auf eine einzelne narrative Quelle eines katholischen Priesters, die von der Exekution eines Elsässers an der Ostfront erzählt. Volkmanns Aussagen erklärt Ziemann als unglaubwürdig, die Aussage des Priesters extrapoliert er – ohne Zahlen zu nennen – zu der Folgerung, es habe in der deutschen Armee weit mehr Exekutionen gegeben, als Volkmann angibt. Ziemann erklärt die deutschen Gerichtslisten als unvollständig und als schon 1929 „gesäubert"; zu berichtigen ist allerdings, dass die berühmte Autobiographie des elsässischen Soldaten Dominik Richert zwar von allerlei üblen Schikanen erzählt, nie jedoch von Erschießungen von Elsässern. Umgekehrt erklärt Ziemann Jahrs Annahme, die englischen Listen seien unvollständig und man müsse auch für England höhere Exekutionszahlen annehmen, als nicht stichhaltig.

Im Fall der Hinrichtungen muss also der Einzelfall dafür herhalten, verallgemeinert zu werden. Genau dasselbe methodische Verfahren kritisiert Ziemann an anderer Stelle. Es geht um den Zusammenbruch der deutschen Armee 1918. Seit Juli/August 1918 begab sich eine immer größere Zahl deutscher Soldaten, resigniert nach dem Scheitern der Frühjahrsoffensiven und angesichts der erdrückenden materiellen Überlegenheit der Gegner, ohne Widerstand in alliierte Gefangenschaft – während in den vier Kriegsjahren zuvor die Zahl deutscher Gefangener immer gering war. Ziemann stellt die Thesen von Wilhelm Deist und Alexander Watson gegeneinander. Während Deist den Ausdruck vom „verdeckten Militärstreik" geprägt hat, geht Watson davon aus, dass es sich nicht um einen spontanen, von unten kommenden und gegen die Offiziere gerichteten Streik gehandelt habe, sondern dass vielmehr resignierte deutsche Offiziere in einer Art „geordneten Kapitulation" ihre Einheiten regelrecht in Gefangenschaft geführt hätten. Ziemann nimmt gegen Watson Stellung und kritisiert, dass dieser „nur einen einzigen im Detail vorgestellten Beleg“ für seine These anführen könne (S. 138). In der Tat werden Belege dafür, dass deutsche Offiziere mit ihren Soldaten bewusst kapituliert hätten, schwer zu finden sein. Aus naheliegenden Gründen hat wohl kein deutscher Offizier dies nach 1918 niedergeschrieben oder gar veröffentlicht. Belege finden sich allenfalls durch Zufall, aber da finden sie sich: So verhandelte am 8. Oktober 1918 der fließend Englisch sprechende Oberleutnant Vollmer vom württembergischen Landwehr-Infanterie-Regiment 120 mit dem Führer eines ursprünglich 17 Mann starken amerikanischen Stoßtrupps (der zwischenzeitlich durch Verluste auf 11 Mann geschrumpft war). Die Amerikaner hatten schon vorher 70 Deutsche „ohne viel Gegenwehr“ gefangen genommen. Als Resultat seiner Verhandlungen gab Vollmer seinen Leuten und zusätzlich noch einem anfangs unwilligen bayrischen Leutnant und dessen Leuten den Befehl, sich zu ergeben. 132 Deutsche, darunter 4 Offiziere, wurden von 11 Amerikanern in die Gefangenschaft abgeführt. Vollmer war kein Jungoffizier, der die Nerven verloren hätte, sondern hatte vier Jahre Krieg hinter sich und war hoch dekoriert. Es ist offenkundig: Die Deutschen wollten nicht mehr – auch nicht und gerade nicht ihr Oberleutnant. Ein klares Beispiel für eine von Offizieren angeordnete Kapitulation im Sinne Watsons! Man kann auf weitere Beispiele gespannt sein. Der Disput Deist-Watson dürfte keineswegs so klar zugunsten Deists entschieden sein, wie Ziemann dies behauptet.

Zweifellos hat Ziemann Recht, wenn er sagt, dass angesichts der Kriegslage die Gefangenschaft für viele deutsche Soldaten als das kleinere Übel angesehen wurde und ihre Schrecken verloren hatte (S. 99). Andererseits sollte man auch für das Kriegsjahr 1918 nicht pauschal davon ausgehen, dass alliierte Truppen grundsätzlich auf humane Weise gefangen nahmen. Vielmehr lässt sich hier das nachweisen, worauf Niall Ferguson schon in den 1990er Jahren hingewiesen hat: Der Gang in die Gefangenschaft konnte auch tödlich enden. Aus dem württembergischen Infanterieregiment 120 ist noch am 18. Oktober 1918 ein Fall bekannt, in dem betrunkene amerikanische Soldaten den kompletten I. Zug der 2. Kompanie keineswegs gefangen nahmen, sondern jeden Einzelnen mit Herzstich massakrierten. Eine halbe Stunde später streckte der Rest der Kompanie, offenbar entsetzt über das Vorgefallene, die Waffen und ging geschlossen in Gefangenschaft.

Solche Einwände im Einzelnen vermögen nicht, den Erkenntniswert des Buches zu vermindern. Bei der „Gewaltverarbeitung“ befasst sich Ziemann mit der Frage, inwieweit die Gewalterfahrung des Krieges zu einer Brutalisierung der Nachkriegsgesellschaft (und in Deutschland zum Anwachsen des Rechtsextremismus) geführt habe. Ziemann zeigt, dass es Gewaltexzesse ehemaliger Soldaten auch in Frankreich und Großbritannien gab, führt aber an, dass der dortige demokratische-konsensuelle „Referenzrahmen“ (seit Harald Welzer ein Modewort der Kriegs-Historiographie) zur Entschärfung der Situation beigetragen habe. In Deutschland seien sich dagegen rechtsgerichtete Gruppen (Freikorps, der „Stahlhelm“ u. a.) einerseits und gemäßigte und linke Gruppen („Reichsbanner“, Kriegsopferorganisationen und diverse pazifistische Gruppen) andererseits unversöhnlich gegenübergestanden. Das ist wohl wahr. Den naheliegenden Grund für die Polarisierung in Deutschland und die Konsensualisierung in Frankreich und Großbritannien erwähnt Ziemann irritierenderweise nicht: Während bei den Siegerstaaten linke und rechte, gewaltbereite und moderate Gruppen sich angesichts des Sieges einig darin waren, letztlich doch das „Richtige“ getan zu haben, lag es in Deutschland angesichts der Niederlage nahe, „Schuldige“ zu suchen – und beide Seiten schoben sich, wie Ziemann nun wieder mit einer Fülle von Beispielen zeigt, gegenseitig und unversöhnlich die Schuld zu: Für die Rechten waren die „Miesmacher“, die „Drückeberger“, die „Linken" und die „Juden" verantwortlich für das Desaster, für die Linken war es das wilhelminische System insgesamt mit seiner insbesondere in der Etappe blühenden Ausbeutung und Korruption. Eindrucksvoll ist der in der bisherigen Wahrnehmung fast vergessene Weltkriegshauptmann Hermann Schützinger, der – anders als der emotional gefühllose Ernst Jünger – durch seine Kriegserlebnisse und die Erfahrung des Kapp-Putsches zum überzeugten Kriegsgegner und Republikaner wurde, ebenso eindrucksvoll die in Massenauflagen erschienenen Werke von Heinrich Appens und des gebürtigen Stuttgarters Heinrich Wandt („Charleville" und „Etappe Gent"), in denen aus betont pazifistisch-linker Perspektive die Zustände in der Etappe beschrieben werden. Appens und Wandt wurden in der Weimarer Zeit mit einer Flut von Verleumdungsprozessen überzogen, Wandt zu einer langjährigen Haftstrafe verurteilt, aus der er aber wegen öffentlichen Drucks von Reichspräsident Hindenburg nach kurzer Zeit begnadigt wurde. Gerhard Fritz

Gerhard Hirschfeld / Gerd Krumeich, Deutschland im Ersten Weltkrieg, Unter Mitarbeit von Irina Renz, Frankfurt am Main: Verlag S. Fischer 2013. 331 S. mit 71 Abb. ISBN 978-3-10-029411-1. Geb. € 24,99

In der Masse der im Jahr 2014 anlässlich der Erinnerung an den vor hundert Jahren begonnenen Ersten Weltkrieg erschienenen Medien fällt das hier vorzustellende Buch durch zwei Besonderheiten auf: es ist erstens schon 2013 erschienen und damit der publizistischen „Großoffensive" (S. 7) des Sommers 2014 wenigstens etwas enthoben und stammt zweitens von zwei Autoren, die sich schon früher intensiv mit der Geschichte des Ersten Weltkriegs beschäftigt haben, als dieser in Deutschland noch nicht in aller Munde war. Eine ganze Reihe von Publikationen zur Kriegserfahrung und zum Kriegserlebnis im Ersten Weltkrieg stammen aus ihrer Feder oder sind von ihnen angeregt worden. Besonders hervorzuheben ist schließlich die von beiden Autoren und von Irina Renz im Jahr 2003 herausgegebene „Enzyklopädie Erster Weltkrieg", die ein umfassendes und mustergültiges Bild vom Stand der Weltkriegsforschung unabhängig von einem „Jubiläum" darbietet (vgl. Besprechung in dieser Zeitschrift Jg. 65, (2006), S. 539 f.).

Die Verfasser können daher auf solide eigene Forschungen aufbauen, übersehen aber auch die gesamte neuere Weltkriegsforschung und sind somit in der Lage, ein Bild des Ersten Weltkriegs zu entwerfen, das zwar, wie der Titel sagt, seinen Schwerpunkt darauf legt zu zeigen, wie in Deutschland der Krieg erlebt wurde, darüber hinaus aber alle wesentliche Aspekte der Weltkriegsgeschichte berücksichtigt, also auch die Kriegsschauplätze und die großen Schlachten an West- und Ostfront, aber auch die Vorgeschichte und die verhängnisvollen Nachwirkungen der ersten Jahre mit einbezieht. Während die Vorgeschichte für die Autoren „um die Jahrhundertwende" (S. 11) beginnt, führen die Nachwirkungen direkt in die Gegensätze der Weimarer Gesellschaft mit ihren antidemokratischen und antisemitischen, aber auch verschämt pazifistischen Strömungen.

Es gelingt den Autoren in hervorragender Weise, komplexe historische Zusammenhänge in einer lebendigen Sprache auch für einen interessierten breiteren Leserkreis darzustellen, wobei die an vielen Stellen eingeschalteten Quellenauszüge und Abbildungen (meist aus dem Fundus der Stuttgarter Bibliothek für Zeitgeschichte) eine wichtige zusätzliche Veranschaulichung bieten. Der Stil des Buches ist dabei sehr einheitlich – fast zu einheitlich bei zwei Autoren mit ausgeprägter Persönlichkeit: Hirschfeld ist Honorarprofessor an der Universität Stuttgart und ehemaliger Direktor der Bibliothek für Zeitgeschichte, Krumeich war zuletzt Professor an der Düsseldorfer Universität. Man hätte doch gerne gewusst, wer von beiden Autoren nun welches Kapitel verfasst hat.

Sehr nützlich ist als Anhang eine stichwortartige Chronik der Ereignisse. Sie beginnt im Jahr 1899 (18. Mai bis 29. Juli) mit der Ersten Haager Friedenskonferenz und endet mit der Unterzeichnung des Friedensvertrags mit der Türkei am 10. August 1920. Es handelt sich dabei um einen gekürzten und überarbeiteten Nachdruck aus der schon genannten „Enzyklopädie". Nach jedem Kapitel gibt es außerdem Literaturangaben, die auch die englisch- und französischsprachige Forschung in angemessener Weise berücksichtigen.

Es bleibt abzuwarten, ob das gut gemachte Buch tatsächlich auch künftig, wenn die „publizistische Großoffensive" verebbt ist, einen Beitrag dazu leistet, die Erinnerung an den Ersten Weltkrieg wach zu halten, die in Deutschland bekanntlich lange durch das Erlebnis des Zweiten Weltkriegs verdrängt worden war. Bernhard Theil

Vivre en temps de guerre des côtés du Rhin 1914–1918, Menschen im Krieg 1914–1918 am Oberrhein, Kolloquium zur gleichnamigen Ausstellung, hg. von Jörn LEONHARD, Kurt HOCHSTUHL und Christof STRAUSS, Stuttgart: Kohlhammer 2014. 208 S. Brosch. ISBN 978-3-17-026341-3. € 19,–

Menschen im Krieg 1914–1918 am Oberrhein, Vivre en temps de guerre des deux côtés du Rhin 1914–1918, Ausstellungskatalog (Deutschsprachige Ausgabe), Für das Landesarchiv Baden-Württemberg und die Archives Départementales du Haut-Rhin hg. von Rainer BRÜNING und Laëtitia BRASSEUR-WILD, Stuttgart: Kohlhammer 2014. 315 S. Geb. ISBN 978-3-17-025873-0. € 26,–

Anzuzeigen ist ein ehrgeiziges Projekt zur Erinnerung an den Beginn des Ersten Weltkriegs vor 100 Jahren. Es hebt sich aus der schier unüberschaubaren Fülle der Publikationen und Präsentationen zum Thema dadurch heraus, dass es den Ersten Weltkrieg in Zusammenarbeit zwischen verschiedenen deutschen und französischen Institutionen links und rechts des Oberrheins darstellt – federführend war auf deutscher Seite die Abteilung Generallandesarchiv Karlsruhe des Landesarchivs Baden-Württemberg, französischerseits die Archives Départementales du Haut-Rhin in Colmar. Beteiligt waren ferner die Abteilung Staatsarchiv Freiburg des Landesarchivs sowie verschiedene elsässische und deutsche Institutionen wie der Conseil Général du Haut-Rhin, das Comité National du Hartmannswillerkopf und die Stabsstelle für grenzüberschreitende Zusammenarbeit und europäische Angelegenheiten im Regierungspräsidium Freiburg, die erste „Brücken schlugen".

Der Oberrhein als eine „einzigartige Kulturlandschaft" (Brüning in: Kolloquiumsband S. 34) ist in vieler Hinsicht auch eine einheitliche Geschichtslandschaft und bietet sich von vornherein für ein solches Projekt an. Wenn auch im Verlauf des Ersten Weltkriegs das Oberrheingebiet eher ein Nebenkriegsschauplatz wurde, am Anfang war der Hartmannsweilerkopf (nordwestlich von Muhlhouse) hart umkämpft und ein Symbol für den siegreichen Kampf der Franzosen. Das in der Nachkriegszeit errichtete Denkmal wurde denn auch erst in jüngster Zeit zur Stätte der Versöhnung zwischen den einstmals verfeindeten Nationen. Konsequenterweise hat sowohl der Katalog als auch der Tagungsband ein Titelfoto, das französische und deutsche Soldaten gemeinsam am Hartmannsweilerkopf zeigt. Wenn es sich auch um französische Kriegsgefangene und ihre deutschen Bewacher handelt, so ist es doch offenbar das einzige Bild, das Angehörige beider Heere gemeinsam zeigt und damit sozusagen über sich hinaus weist. Der Oberrhein ist aber auch sonst für eine deutsch-französische Gemeinschaftsausstellung besonders geeignet, da in der Grenzregion, besonders auf deutscher Seite, die Wirkungen des Kriegs in den Alltag hinein besonders spürbar waren. Gerade Freiburg war während des gesamten Kriegs Frontstadt mit allen Auswirkungen. Roger Chickering hat dies vor kurzem in seiner eindrucksvollen Studie gezeigt (vgl. meine Besprechung in dieser Zeitschrift Jahrgang 70, 2011, S. 652–653).

Die Ausstellung – und der sie begleitende Katalog – stellen denn auch die alltags- und mentalitätsgeschichtliche Methode bei der Darstellung des Kriegs in den Mittelpunkt. Dies ist heute eigentlich selbstverständlich, nachdem schon seit langem das entsprechende methodische Instrumentarium bereitliegt. Konsequenterweise werden auch an einzelnen Menschen und ihren Schicksalen die verschiedenen Themen entfaltet. Abgesehen vom Hartmannsweilerkopf, dem aufgrund seiner symbolischen Rolle ein besonderer Abschnitt gilt, wird die Ausstellung in acht Abschnitte gegliedert: 1. Eine militarisierte Gesellschaft, 2. Kriegsausbruch und Vogesenfront, 3. Soldaten, 4. Zivilisten, 5. Frauen und Kinder, 6. Verwundung und Gefangenschaft, 7. Der totale Krieg, 8. Kriegsende. Jedes Kapitel wird – parallel, nebeneinander abgedruckt – unter dem Stichwort „Baden" und „Elsass" eingeleitet von einer knappen Darstellung des historischen Zusammenhangs, um danach exemplarische Einzelschicksale auf deutscher und französischer Seite vorzuführen – eine ausgesprochen originelle Art der Präsentation, die, soweit ich sehe, ihresgleichen sucht. Ermöglicht wird dies natürlich durch eine außerordentlich gute Quellenlage – sowohl in Karlsruhe und Freiburg als auch in Colmar –, aber auch durch eine umfangreiche Literatur, die die hier verwendeten Methoden seit längerem praktiziert. Ein umfangreiches Literaturverzeichnis, das auch regionale Literatur berücksichtigt, gibt davon Zeugnis, das die Ausstellungsmacher zum großen Teil für ihre Arbeit auch herangezogen haben.

Der gut ausgestattete, vorzüglich bebilderte Katalog erscheint in einer deutschsprachigen und einer französischsprachigen Ausgabe. Somit ist sichergestellt, dass sich seiner Verbreitung anlässlich der Präsentation der Ausstellung in zahlreichen Orten beiderseits des Rheins kein Hindernis in den Weg stellt (die wechselseitigen Sprachkenntnisse lassen trotz vieler Bemühungen leider immer noch zu wünschen übrig!).

Zur Vorbereitung der Ausstellung, die im März 2014 in Karlsruhe und Colmar eröffnet wurde, fand im Oktober 2013 unter der Federführung des Staatsarchivs Freiburg ein wissenschaftliches Kolloquium statt, das einige Aspekte der Geschichte des Ersten Weltkriegs vertiefend behandeln sollte. Einleitend skizziert Jörn Leonhard, Professor für westeuropäische Geschichte an der Universität Freiburg (er hat übrigens im Jahr 2014 auch eine große Gesamtdarstellung des Ersten Weltkriegs veröffentlicht) den globalen Zusammenhang, in dem der Erste Weltkrieg steht, danach entwickelt Rainer Brüning, Kurator der Ausstellung aus dem Karlsruher Generallandesarchiv, das Konzept der Ausstellung. Von grundlegender Bedeutung ist ferner der Beitrag von Christof Strauß, der einen fundierten Überblick gibt über den Stand der deutschsprachigen Forschung zum Ersten Weltkrieg mit Schwerpunkt auf den badischen Bezügen. Etwas Vergleichbares gibt es bisher nicht und wäre auch für andere Landschaften – etwa für Württemberg – denkbar und höchst willkommen.

Jean-Noël Grandhomme von der Universität Straßburg widmet sich der Geschichtsschreibung des Ersten Weltkriegs aus französischer Sicht – ein Beitrag, der indessen eher in den zweiten Teil des Bandes gehört, der sich mit den längerfristigen kulturellen Auswirkungen des Ersten Weltkriegs beschäftigt. Thematisiert werden hier der sogenannte „Schlachtfeldtourismus" (Susanne Brandt), der schon während des Weltkriegs einsetzt, später dann zur spezifischen Erinnerungskultur ausgebaut wird, die Sammeltätigkeit des Deutschen Volksliedarchivs, die einen wesentlichen Beitrag zur nationalen Erinnerung an den Weltkrieg leistete (Michael Fischer), ebenso wie das badische Armeemuseum, dessen Geschichte Kurt Hochstuhl, Direktor des Staatsarchivs Freiburg, von der Gründung im Jahre 1919 bis in die Zeit nach dem Zweiten Weltkrieg minutiös verfolgt.

Von elsässischer Seite berichtet Eugen Riedweg, pensionierter Geschichtslehrer aus Mulhouse, über den Aufbau einer französischen Zivilverwaltung in den eroberten Teilen des Oberelsass – ein Beitrag, der allerdings eher in den ersten Teil des Bandes gehört –, Raphaël Georges, Geschichtslehrer in Mulhouse, über die Integration der elsass-lothringischen Soldaten in die französische Gesellschaft, und Chantal Metzger, Professorin für Geschichte an der Universität Nancy, Entsprechendes für die Zivilbevölkerung. Hier werden zwei äußerst wichtige Auswirkungen des Ersten Weltkriegs in Frankreich angesprochen, die sicherlich noch weiterverfolgt werden müssen. Sie gehören bei einem solchen Gemeinschaftsprojekt unbedingt mit dazu. Im Übrigen ist, wie bei einem solchen Tagungsband nicht zu vermeiden, die Auswahl der Beiträge etwas beliebig, trotzdem stellt er einen gewichtigen Beitrag zur aktuellen Forschung über den Ersten Weltkrieg dar.

Das abschließende Literaturverzeichnis beeindruckt wieder, wie im Ausstellungsband, durch seinen Umfang. Es geht weit über die in dem Band angesprochene Thematik hinaus und eignet sich daher auch vorzüglich zur Weiterarbeit.

Alles in allem stellen beide Bände – der Begleitband zur Ausstellung und der Tagungsband – einen gelungenen und originellen Beitrag zur Geschichte des Ersten Weltkriegs dar.

Bernhard Theil

Wasserzeichen und Filigranologie, Beiträge einer Tagung zum 100. Geburtstag von Gerhard Piccard (1909–1989), hg. von Peter Rückert und Erwin Frauenknecht, Stuttgart: Kohlhammer 2011. 152 S., zahlr. Abb. ISBN 978-3-17-021923-6. Brosch. € 20,–

Im Folgenden gilt es, einen Band anzuzeigen, der die Beiträge einer internationalen Tagung präsentiert, die anlässlich des 100. Geburtstags von Gerhard Piccard, des Vorreiters der Wasserzeichenforschung, am 15. Juli 2009 im Hauptstaatsarchiv Stuttgart stattfand. Die Tagung beschäftigte sich mit der Entwicklung und den Perspektiven der Wasserzeichenforschung und dem zentralen Beitrag, den Piccard in seiner Person dazu geleistet hat; drei Sektionen spiegeln dies wider: (1) die moderne Wasserzeichenforschung, (2) die Sammlung Piccard und ihre Vernetzung mit den digitalen Wasserzeichensammlungen, damit verbunden Chancen und Grenzen der Filigranologie und (3) Biographisches zu Gerhard Piccard und seinen wichtigsten Weggefährten.

Den zehn Beiträgen ist eine konzise Einleitung Peter Rückerts vorangestellt, in der dieser zunächst prägnant eine Übersicht über die Geschichte der Papierproduktion und der Wasserzeichen bietet und sodann die terminologischen Schwierigkeiten darstellt, die schon allein das Begriffspaar Wasserzeichenkunde und Filigranologie deutlich macht, und für eine einheitliche internationale Fachterminologie verbunden mit einer Mehrsprachigkeit plädiert. Des Weiteren zeigt er die Aufgaben der modernen Wasserzeichenforschung, die nach wie vor die Datierung und Herkunftsbestimmung von Papier mittels Wasserzeichen umfasst, aber durch papiergeschichtliche und ikonographische Forschungen sowie Kanzleianalysen und Fragen der Herrschaftsrepräsentation im Wasserzeichen zu ergänzen sind.

Zu Beginn der ersten Sektion verweist Alois Haidinger in seinem Aufsatz darauf, dass neben den mittlerweile in großer Zahl vorhandenen Online-Repertorien nach wie vor die gedruckten Findmittel bei der Identifizierung von Wasserzeichen heranzuziehen sind. Er betont daher die Wichtigkeit der Digitalisierung weiterer Wasserzeichenrepertorien und stellt darüber hinaus Suchstrategien bei der Online-Recherche vor.

In seinem wegweisenden Beitrag untersucht Erwin Frauenknecht die „Aussagekraft, die hinter den Wasserzeichen steht" (S. 31) anhand eines Wasserzeichens in Form der päpstlichen Tiara, wie es in Papieren auftritt, die in der Kanzlei Friedrichs III. verwendet wurden. Damit eröffnet er die Möglichkeit, die Filigranologie für Fragen der Kanzleiforschung und der symbolischen Kommunikation zu nutzen und begegnet so der Gefahr, dass sich die Wasserzeichenforschung in der oftmals mit Unsicherheiten behafteten Datierungs- und Herkunftsproblematik erschöpft.

Emanuel Wenger skizziert die Vorgeschichte und die Funktionsweise des sechssprachigen Portals ‚Memory of Paper', das auf dem EU-Projekt ‚Bernstein – Gedächtnis der Papiere' fußt, und erläutert darüber hinaus die Verbesserungen, die das Portal für das Datieren, Identifizieren und Erforschen von Papier gebracht hat.

Die zweite Sektion wird eingeleitet durch den Aufsatz von Christina Wolf und Gerald Maier, in dem die beiden das DFG-geförderte Projekt ‚Wasserzeichen-Informationssystem Deutschland' (WZIS) vorstellen, das auf Basis von Piccard-Online eine Weiterentwicklung der Wasserzeichenerfassung und -erschließung darstellt. Es soll eine standardisierte und homogenisierte Erschließung digitalisierter Wasserzeichen sowie den zentralen Zugriff auf heterogene Wasserzeichenbestände deutscher Archive und Bibliotheken ermöglichen.

Maria Stieglecker skizziert in ihrem Beitrag den gegenseitigen Nutzen und die Vergleichbarkeit der Sammlungen Piccard-Online und ‚WZMA – Wasserzeichen des Mittelalters', eine Sammlung, die im Zusammenhang mit der Katalogisierung der Klosterneuburger Handschriften angelegt wurde. Darin zeigt sich, dass die Chance, ein Wasserzeichen in einem Repertorium zu finden, stark von dessen Zusammenstellung und den dafür untersuchten Archiven und den Papieren abhängig ist.

Mareike van Delft widmet sich dem Repertorium ‚Watermarks in Incunabula printed in the Low Countries' (WILC). Es handelt sich um eine Datenbank, die die Wasserzeichen der im 15. Jahrhundert in den Niederlanden gedruckten Büchern umfasst; mittels Bernstein ist die Datenbank mit Piccard-Online verlinkt. Van Delft stellt die unterschiedlichen Ansätze der Aufnahme von Wasserzeichen in beiden Datenbanken dar und beschreibt ihre Vergleichbarkeit, die durch die Integration beider Repertorien in Bernstein gegeben ist, und den sich daraus ergebenden beiderseitigen Mehrwert.

María Dolores Díaz de Miranda Macías und Gerard van Thienen stellen in ihrem Aufsatz die Nützlichkeit von Piccard-Online bei der Identifizierung von Wasserzeichen in spanischen Handschriften und Inkunabeln dar. Anhand des von ihnen untersuchten Materials können sie nachweisen, dass in vielen Fällen ein Bezug zwischen den spanischen Wasserzeichen und den bei Piccard verzeichneten Marken besteht, so dass Piccard-Online „a valid and much-needed tool for the study of paper used in Spain" (S. 110) ist.

Die abschließende Sektion widmet sich in drei biographischen Skizzen der Person Piccards und seinen wichtigsten Weggefährten. Frieder Schmidt stellt in einem anschaulichen Beitrag Piccards Weggefährtin und Unterstützerin Lore Sporhan-Krempel, Tocher eines Papierfabrikanten in Stuttgart und Enzweihingen, vor und schildert, wie Sporhan-Krempel in der unmittelbaren Nachkriegszeit Piccard auf dem Weg zum angesehenen Wasserzeichenforscher half, ihm diesen sogar zunächst einmal wies.

Einen weiteren kenntnisreichen Beitrag steuert Franz Irsigler bei, der die Beziehungen zu Wolfgang Freiherr Stromer von Reichenbach, dem renommierten und originellen, aber auch ebenso streitbaren Wirtschaftshistoriker vorstellt: Stromer war gleichermaßen Freund und wissenschaftlicher Förderer Piccards.

Den abschließenden Beitrag des Bandes bildet der Aufsatz von Hermann Bannasch. Aus intimer Kenntnis schildert er facettenreich die Beziehungen Piccards zum Hauptstaatsarchiv Stuttgart als der Institution mit ihren zentralen Figuren, die dem Autodidakten und eigensinnigen Künstler Gerhard Piccard eine nachhaltige, wenn auch nicht immer unumstrittene berufliche Basis und Verankerung bot.

Die in diesem Band versammelten Aufsätze zeigen eindringlich, welche neuen Forschungsansätze und -erkenntnisse durch die Online-Präsentation der Wasserzeichenrepertorien und einer damit verbundenen Homogenisierung der Sammlungen möglich sind, und welche Vorteile eine einheitliche internationale Fachterminologie bzw. die Mehrsprachigkeit der Verzeichnisse bringen. Durch die durchwegs instruktiven und prägnanten Beiträge, die die umsichtige Konzeption des Bandes spiegeln, wird die ganze Spannbreite der modernen Wasserzeichenforschung deutlich: von Untersuchungen zum Papier- und Wasserzeichengebrauch in mittelalterlichen Kanzleien über die Erschließung von Wasserzeichen in Wasserzeichenrepertorien bis hin zur Entwicklung und Präsentation einschlägiger Datenbanken sowie deren Vernetzung in Online-Portalen reicht das Betätigungsfeld. So wird der Weg für eine moderne Filigranologie geöffnet, die sich nicht bloß in Datierung und Herkunftsbestimmung von Papieren erschöpft, sondern sich auch Fragen zur Papiergeschichte und zur Ikonographie bzw. zum (spät-)mittelalterlichen und frühneuzeitlichen Kanzleiwesen sowie aktuellen wirtschafts- und kommunikationsgeschichtlichen Fragestellungen widmet. Dazu ist freilich eine breite Quellenbasis und die Kooperation der verschiedenen Institutionen, die über die entsprechenden Quellen verfügen, nötig; erste Ansätze sind in dem oben genannten weiterführenden Projekt WZIS bereits gemacht, bedürfen aber der ständigen Erweiterung.

Letztlich bleibt zusammenfassend nur zu sagen: Wer immer sich mit den Aufgaben der Wasserzeichenforschung, deren aktueller Forschungslage und den zahlreichen Möglichkeiten der Filigranologie befassen möchte, sollte jederzeit diesen kleinen, aber feinen, mit zahlreichen instruktiven Abbildungen versehenen Band zu seinem Ausgangspunkt machen.

Uli Steiger

Rechts- und Verfassungsgeschichte

Historische Rechtssprache des Deutschen (Akademiekonferenzen, Bd. 15, Schriftenreihe des Deutschen Rechtswörterbuchs), hg. von Andreas Deutsch im Auftrag der Heidelberger Akademie der Wissenschaften, mit einem Geleitwort von Paul Kirchhof, Heidelberg: Universitätsverlag Winter 2013. 497 S., 24 Abb. ISBN 978-3-8253-6136-5. € 52,–

Zwei Jahre nach dem Band über Ulrich Tenglers Laienspiegel (vgl. ZWLG 72, S. 560–562) präsentiert der rührige Leiter des Rechtswörterbuchs die Ergebnisse einer neuen Tagung, die sich mit der Rechtssprache nun dem Kerngebiet des Heidelberger Instituts zuwendet und die, wie es dessen Arbeitsstil entspricht, eine Gemeinschaftsleistung von Rechtshistorikern und Philologen ist. Andreas Deutsch eröffnet den Band nach dem einleitenden Gesamtüberblick mit einem schon vom Umfang her beachtlichen Beitrag, in dem nach einigen allgemeinen Anmerkungen zum Thema hauptsächlich eine chronologische Einführung zu den Quellen der deutschen Rechtssprache von den frühmittelalterlichen Stammesrechten bis zu den neuesten Tendenzen in der Bundesrepublik Deutschland und der Europäischen Union enthalten ist. Es sind dies zugleich jene Quellen, aus denen das Rechtswörterbuch in seiner lexikographischen Arbeit schöpft, d. h. es überwiegen entsprechend der Editionslage die Texte der Gesetzgebung und wissenschaftlichen Literatur gegenüber der mengenmäßig ungleich größeren Zahl der Geschäftsurkunden.

Zu den Hauptproblemen der Rechtssprachforschung gehört die Tatsache, dass in Deutschland nicht nur die älteren Gesetzestexte und Urkunden zunächst, d. h. bis in die erste Hälfte des 14. Jahrhunderts, ganz überwiegend in lateinischer Schriftlichkeit überliefert sind. Auch danach spielen lateinische Quellen insofern eine ganz wesentliche Rolle, als im Reich die „kaiserlichen gemeinen geschriebenen" Rechte, d. h. das römische Recht in der Bearbeitung durch die mittelalterliche gelehrte Jurisprudenz, als subsidiär geltendes Recht verbindlich waren, in den Ländern des gemeinen Rechts, d. h. im Wesentlichen in Westdeutschland, bekanntlich bis zum Inkrafttreten des Bürgerlichen Gesetzbuchs im Jahr 1900. Die Geschichte der älteren deutschen Rechtssprache ist daher, wie auch mehrere Beiträge des vorliegenden Bandes zeigen, immer auch eine Frage nach der Rezeption des römischen Rechts und dem Verhältnis zwischen dem fremden bzw. wissenschaftlichen und dem einheimischen bzw. volkstümlichen Recht. Diesem Thema geht die Göttinger Rechtshistorikerin Eva Schumann für das 16. bis 18. Jahrhundert anhand der früher als „populäre", neuerdings eher als „Praktikerliteratur" bezeichneten Gattung deutschsprachiger juristischer Literatur nach.

Verschiedene Beiträge befassen sich mit dem Übersetzungsproblem, d. h. mit der Frage der Entsprechung lateinischer und deutscher Rechtstermini, und dem Bedeutungswandel, dem diese Ausdrücke im Lauf der Jahrhunderte unterworfen waren. Als Muster für die Eindeutschung eines Instituts des römisch-kanonischen Prozessrechts kann der Kalumnieneid gelten, dessen deutschen Fassungen Almuth Bodenbender in frühneuhochdeutschen Rechtstexten unter Rückgriff auf eine neue, elektronische Rechtsquellenedition (DRQEdit) nachgeht. Entsprechend dem nationalen Anspruch des Rechtswörterbuchs und damit auch dieser Tagung werden dabei Quellen aus dem gesamten deutschsprachigen Teil des Alten Reichs bzw. seiner Nachfolgestaaten herangezogen, doch lassen sich hin und wieder auch Einblicke in regionale, darunter auch südwestdeutsche Besonderheiten gewinnen.

So benutzt etwa der emeritierte Züricher Ordinarius Clausdieter Schott in seinem Beitrag über die Adoption, in dem eine erstaunliche Vielfalt von Eindeutschungsmöglichkeiten vorgeführt und im Blick auf ihre zeit- und geistesgeschichtlichen Hintergründe interpretiert wird, auch die württembergische Landrechtsgesetzgebung des 16. Jahrhunderts. Es erstaunt nicht, dass dieses als stark romanisiert bekannte Landrecht auch in der Übersetzung mit „Anwünschung" eines Kindes in wörtlicher Übersetzung dem lateinischen Original verhaftet bleibt. Erstaunlich scheint es aber schon, dass noch Brauer in seinem Entwurf für das Badische Landrecht von 1809 an der damals schon als veraltet geltenden Formulierung festhielt. Ebenfalls auf das Württembergische Landrecht greift der gleichfalls schon emeritierte Innsbrucker Gerhard Köbler für seine Begriffs- und Bedeutungsgeschichte der „Sache" („res") zurück. Unter „Sache", „Sächer" wurde hier entsprechend dem spätmittelalterlichen Sprachgebrauch der Prozess bzw. die Partei verstanden und nicht, wie im „Sachenrecht" des heutigen Bürgerlichen Gesetzbuchs, ein körperlicher Gegenstand. Ein weiteres treffendes Beispiel für die Änderung sowohl des Terminus wie des Rechtsinhalts erläutert der italienische Romanist Michele A. Fino anhand des Vergleichs als Übersetzung der lateinischen „transactio". Er zeigt, dass der in deutschen Urkunden des Spätmittelalters und der frühen

Neuzeit als „Bericht“ oder „Richtung“ bezeichnete Vergleich ebenso wie die lateinische „transactio“ verfahrensrechtlich im Sinne einer Prozess- oder Streitbeendigung aufgefasst wurde, während er in der Legaldefinition des Bürgerlichen Gesetzbuchs durch das wechselseitige Nachgeben charakterisiert wird.

Mit dem Verhältnis von Rechtssprache und Bild beschäftigen sich die Rechtshistoriker Adolf Laufs und Heiner Lück. Die Ergänzung der Rechtssprache durch die Bildlichkeit in Gesetzgebung und wissenschaftlichen Texten des alten Rechts wird von Laufs im Überblick behandelt, von Lück durch ein konkretes Beispiel („Der König mit der Zange“) aus einer Bilderhandschrift des Sachsenspiegels exemplifiziert. In einem um biographische Elemente bereicherten Beitrag befasst sich der (philologische) Germanist Bernhard Asmuth mit der Geschichte der Verwaltungssprache als einer Sonderform der Rechtssprache. Er würdigt die Bemühungen des josephinischen Aufklärers Sonnenfels und des in Dresden bzw. Leipzig wirkenden Bibliothekars Adelung zur Durchsetzung eines damals neuen, sachlicheren „Geschäftsstils“ in Abkehr vom älteren Kanzlei- und Kurialstil mit seinen überalterten, in der antiken und mittelalterlichen Rhetorik wurzelnden Stilistik, einer nun als „Barbarei“ verurteilten Schreibweise, wie sie nach Adelung namentlich an süddeutschen Höfen noch vorkam. Ebenfalls dem späten 18. und dem frühen 19. Jahrhundert gewidmet ist Gernot Kochers Arbeit über Rechtssprache und Rechtsvereinheitlichung in der österreichischen Gesetzgebung von Maria Theresia bis Franz Joseph I.

Auf diese und weitere, durchweg anregende und wissenschaftlich hochstehende Beiträge aus sprach-, kultur- und literaturgeschichtlicher Sicht kann an dieser Stelle nur kursorisch hingewiesen werden. Sie behandeln das Eindringen naturwissenschaftlicher Begriffe in die Rechtssprache im 19. Jahrhundert (Heinz Mohnhaupt), „Gefühlswörter“ in historischen Rechtstexten (Ulrich Kronauer), Rechtswörter in der Literatur am Beispiel der Annette von Droste-Hülshoff (Jochen A. Bär), linguistische Überlegungen zur Metapher im Recht (Anja Lobenstein-Reichmann) und die Bedeutungserläuterungen im Rechtswörterbuch (Oskar Reichmann). Nicht zuletzt sei noch auf die aktuellen Überlegungen zum Thema Sprache und Recht aus der Sicht des Verfassungsjuristen Paul Kirchhof und des Linguisten Ekkehard Felder hingewiesen. Insgesamt kann man der Heidelberger Akademie und insbesondere dem Rechtswörterbuch zu dieser Tagung gratulieren, mit der sie einen zeitgemäßen, gelungenen Versuch unternommen hat, sich der eigenen Forschungsgrundlagen zu vergewissern.

Raimund J. Weber

Gustav Pfeifer / Kurt Andermann (Hg.), Ansitz – Freihaus – corte franca, Bauliche und rechtsgeschichtliche Aspekte adligen Wohnens in der Vormoderne, Innsbruck: Universitätsverlag Wagner 2013. 526 S. ISBN 978-3-7030-0841-2. Geb. € 29,90

„Ansitze“ prägen weithin das Landschaftsbild in Südtirol. Es sind repräsentative Wohnbauten von Geschlechtern, die im 16. und 17. Jahrhundert im Dienst von Fürsten aufgestiegen sind, privilegiert und in den Adel erhoben wurden. Eine Tagung in Brixen im September 2011 widmete sich diesem Thema mit 16 Referaten, die im vorliegenden Band (mit zwei weiteren Beiträgen) wiedergegeben sind.

Die drei ersten Beiträge führen zum eigentlichen Thema hin. Rainer Loose stellt fünf ausgewählte „Ansitze“ in verschiedenen Landschaften und in verschiedener Höhenlage (420–1725 m hoch gelegen) als Beispiele vor, erläutert dazu die naturräumlichen Voraussetzungen und die politischen Bedingungen im Fürstbistum Brixen und in der Grafschaft Tirol mit dem Hinweis auf neue Verwaltungsstrukturen im 15. Jahrhundert und auf soziale „Aufsteiger". – Enno Bünz befasst sich mit Burgen und Adelssitzen im Mittelalter, besonders mit rechts- und sozialgeschichtlichen Fragen dazu. Er weist darauf hin, dass das Tiroler Urkundenbuch die frühesten Belege für das gräfliche Recht enthält, Burgenbau zu genehmigen und Bedingungen dafür festzulegen. Für das Spätmittelalter verwendet Bünz vorwiegend die inhaltsreichen „Lebenszeugnisse Oswalds von Wolkenstein" für seine Ausführungen. Am Schluss erwähnt er neben Burgen wehrhafte Höfe und Türme als Adelssitze und die soziale Mobilität mit dem Aufstieg von erfolgreichen Bürgern und „oberbäuerlichen Schichten" in den Niederadel. – Gustav Pfeifer untersucht zwei Gruppen von Bauernhöfen, die im 15. Jahrhundert und teilweise schon im 14. Jahrhundert von Steuern und Abgaben befreit waren: vier „Schildhöfe" im Passeier Tal (nördlich von Meran), deren Inhaber zum Waffendienst verpflichtet waren, und vier „Freisassenhöfe" von Goldeck (nördlich von Bozen), die ehemals einer Adelsfamilie unterstanden. Deren „Bauleute" gehörten zur bäuerlichen Oberschicht, hatten gerichtliche Exemtion und persönliche Landstandschaft, waren also dem Adel nahe. Bei Höfen beider Gruppen konnten Reste turmartiger Bauten festgestellt werden.

Die nächsten Beiträge beschreiben die „Ansitze" des 16. und 17. Jahrhunderts aus rechtsgeschichtlicher, baulicher und kunstgeschichtlicher Perspektive. Alexander von Hohenbühl zeigt am Beispiel von Eppaner Familien den Weg der Privilegierung. Der im landesherrlichen Dienst stehende Bürger Mathias Franzin erhielt 1570 das Recht, ein Wappen zu führen. Dessen Sohn Paul Franzin erwarb 1615 einen vom Adel errichteten Wohnturm und baute ihn aus. 1619 wurde er „wegen treuer geleisteter Dienste" in den Adel erhoben und durfte sich nach dem Wohnturm „Franzin von und zu Mareidt" nennen. 1632 wurde die Familie in die Tiroler Adelsmatrikel eingetragen und damit als landständisch anerkannt. Pauls Bruder Eustachius erbaute um 1626 einen weiteren neuen Familiensitz, den die Landesfürstin Claudia 1638 zu einem „Ansitz" erhob, dadurch befreite und ihm den Namen „Zinnenberg" gab. 1672 schließlich wurde ein Zweig des Geschlechts – nach einer Eheschließung mit einer Gräfin von Wolkenstein-Trostburg – in den Freiherrenstand erhoben. Die „Befreiung" der Ansitze bedeutete zunächst die Lösung von Gemeindelasten. Weitere Zugeständnisse wie Steuerbefreiung, gerichtliche Exemtion oder gar Landesunmittelbarkeit gab es in Einzelfällen, manchmal nach Verhandlungen. Nach Ansicht des Verfassers lag das Hauptinteresse an der Freiung von Ansitzen beim Landesfürsten, der dadurch einen ihm geneigten Adel für die Beamtenelite und die Landstände gewann (S. 79).

Über die Bautypologie der Südtiroler Ansitze berichtet der Kunsthistoriker und Denkmalpfleger Leo Andergassen. Bei den stattlichen Bauten im Renaissancestil sind Bauelemente mittelalterlicher Burgen besonders auffällig, jedoch nicht zur Wehrhaftigkeit, sondern aus ikonologischem Grund, um das adlige Standesbewusstsein zu demonstrieren. Zum Teil wurden ältere Wohntürme in die Bauanlage einbezogen, zum Teil neue Türme oder turmartige Bauten errichtet, zum Teil Wohnbauten mit zwei oder vier Ecktürmen verstärkt. Häufig sind, in dekorativem Sinn umgestaltet, Zinnen auf Mauern und Giebeln, Erker, die an frühere Gusserker erinnern, Schießscharten und befestigte Tore. Auch Kapellen sind teilweise in die Anlagen einbezogen. Andergassen stellt zahlreiche Ansitze mit kurzen Texten, Bildern und Grundrissen vor und weist auf Typenunterschiede im Raum von Brixen, im Pustertal, im Überetsch und in der Meraner Umgebung hin.

Viele Ansitze in Tirol wurden in der Zeit von der Mitte des 16. bis zur Mitte des 17. Jahrhunderts mit Wandmalereien geschmückt. An den Fassaden sieht man Wappen und Sonnenuhren, im Innern ornamentale Dekorationen, szenische Darstellungen und Allegorien.

Der Kunsthistoriker und Denkmalpfleger Helmut Stampfer stellt die Ausmalung kleiner Räume vor, der Kunsthistoriker Hanns-Paul Ties beschäftigte sich mit „Zyklen und Vorlagen" der Malereien und mit dem Bezug der Gemälde zu Familien und Privilegien. In den 1540er Jahren übernahm der Maler Bartlmä Dill Riemenschneider, Sohn des berühmten Bildschnitzers Tilman Riemenschneider, zahlreiche Aufträge in Südtirol. In einem Ansitz in Tramin sieht man von ihm Szenen der klassischen Antike mit den vier Göttern Janus, Apollo, Aphrodite und Pan, den vier Musen Herato, Kalliope, Terpsichore und Urania und vier Zauberern (S. 131). Auch in anderen Ansitzen gibt es Figuren der Antike, etwa den Platonschüler Xenokrates, das Urteil des Paris, das Liebespaar Pyramus und Thisbe oder Jagdszenen des Ovid, einmal mit der Jahreszahl „1547". Ab der Mitte des 16. Jahrhunderts werden biblische Szenen immer häufiger, wohl eine Folge reformatorischen Einflusses. Ties konnte nachweisen, dass die meisten dieser Bilder auf druckgraphische Vorlagen zurückgehen, die ab den 1530er Jahren vornehmlich in Lyon und Frankfurt erschienen. Weitere Themen der Wandgemälde weisen auf den Aufstieg der Familien hin, auf militärische und zivile Führungsämter, auf Moral und Tugenden, und sie zeigen Familienwappen, in einem Fall eine Stammbaumdarstellung.

Ansitze gibt es auch südlich von Südtirol, im italienisch-sprachigen Trentino, wie Daniel Mascher darstellt. Sie wurden von Trienter Bischöfen, Tiroler Landesfürsten oder im kaiserlichen Auftrag für den neuen Adel vom 16. bis zum 18. Jahrhundert zu „Ansitzen" erhoben. Die meisten haben, ähnlich wie in Südtirol, prächtige Aufgänge, Biforien, Türmchen und Erker, um Bauten herum zinnenbekrönte Umfassungsmauern, befestigte Tore, Schießscharten und Ecktürme. In Privilegien wurden die adlige Namengebung, Immunität, Freiheit vom Gerichtszwang und fiskalische Rechte festgelegt. Der Begriff „Ansitz" allerdings hat sich hier selten erhalten, meistens werden die Bauten als Palazzo, Maso, Casa, Villa oder auch als Castello bezeichnet.

Sieben weitere Beiträge beschäftigen sich mit anderen Regionen Mitteleuropas – mit den Bundesländern Salzburg, Ober- und Niederösterreich, mit Krain (Slowenien), Böhmen, Südwestdeutschland, Elsass und der Ostschweiz –, um zu klären, ob es hier, rechtlich und bautypisch gesehen, ähnliche Adelsbauten wie die Tiroler Ansitze gab. Die Autoren behandeln alle den Niederadel ihres Raums vom Hochmittelalter bis zur frühen Neuzeit, so dass sich insgesamt ein breitflächiges Bild der Entwicklung dieser Adelsschicht ergibt, aber Vergleiche mit den Tiroler Bauten und ihrer Landschaftswirkung sind selten.

Der Artikel über das Elsass von Bernhard Metz, dem Mitverfasser eines mehrbändigen elsässischen Burgenwerks, beruht auf langjährigen Studien und verdient auch wegen der Nähe zu Baden-Württemberg hier Aufmerksamkeit. Ministeriale sind im Elsass im 12. Jahrhundert nachgewiesen, mehrheitlich wohl in Dörfern auf Höfen sesshaft, zum Teil vielleicht mit einem Turm. Einige nannten sich schon nach einer Höhenburg, doch ist es unsicher, ob als Burgmannen oder bereits als Besitzer. Im dritten Viertel des 13. Jahrhunderts wurden sie zum Niederadel, der in der Folge durch Aufsteiger aus Amtsträgern und der städtischen Oberschicht erweitert wurde. Ihr Besitz und Ansehen aber blieb heterogen. Metz beschreibt dann ihre Sitze vom 13. bis ins 16. Jahrhundert: Höfe in Dörfern und Städten, Wohntürme, von denen 25 auf dem Land nachgewiesen sind, vor allem aber Niederungsburgen, darunter wohl fast 100 „Motten", die künstlich etwas erhöht wurden, und in geringer Zahl auch Höhenburgen.

Für Südwestdeutschland stellt Kurt Andermann beispielhaft eine Reihe niederadliger Geschlechter vor, die zum Teil über die Hochgerichtsbarkeit und landesherrliche Rechte verfügten, zum größeren Teil aber nur über grundherrschaftliche oder steuerliche und niedergerichtliche Freiheiten. Auch ihre Adelssitze waren vielgestaltig: Höhenburgen, Niederungsburgen, Adelshöfe in Städten, Landsitze und gefreite Häuser in Dörfern.

Während die meisten Autoren der Regionalbeiträge die Tiroler Ansitze kaum erwähnen, nimmt Bernhard Metz Stellung dazu. Er schreibt deutlich, „dass das Elsass keine Ansitze kennt", dass der „Tiroler Ansitz [...] im Elsass keine direkte Entsprechung hat", „die Adelssitze des Elsass [...] nicht im Genuss einer förmlichen Privilegierung sind" und „Nobilitierungen" von „Sitzen" zu „Ansitzen" im Elsass nicht vorkamen (S. 423, 439, 445 f.). Andermann weist auf die exponierten Höhenlagen Südtirols hin, von denen aus sich viele Ansitze „in bewusster Instrumentalisierung [...] weithin sichtbar präsentieren" – im Unterschied zu südwestdeutschen Adelssitzen (S. 421). Die Ansitze mit ihrer rechtlichen Privilegierung und baulichen Wirkung sind demnach eine Besonderheit. Im Vorwort werden sie als „Eigenheit der Tiroler Kulturlandschaft mit ihrer historischen Prägung" bezeichnet (S. 8).

Auch im Resümee von Bernd Schneidmüller wird der Ansitz als „Spezifikum alpinen Wohnens und Repräsentierens – vor allem in Tirol und noch deutlicher in Südtirol" benannt und hinzugefügt: „Hier wird das Landschaftsbild ganz wesentlich von den Ansitzen geprägt" (S. 469). Im Übrigen geht das Resümee kurz auf die einzelnen Beiträge ein, hebt Bedeutsames und Vergleichendes hervor, berichtet auch über die Diskussionen nach den Vorträgen, fasst das Wesentliche zusammen und empfiehlt gegen Ende weitere Studien zu bestimmten Fragen.

Die Register aller Adelssitze, Orte und Personen erleichtern erfreulicherweise die Nutzung des interessanten Werkes. Hans-Martin Maurer

Der ‚Arme Konrad' vor Gericht: Verhöre, Sprüche und Lieder in Württemberg 1514, Begleitbuch und Katalog zur Ausstellung des Landesarchivs Baden-Württemberg, Hauptstaatsarchiv Stuttgart, bearb. von Peter Rückert unter Mitarbeit von Andrea Heck, Stuttgart: Kohlhammer 2014. 284 S., 139 meist farb. Abb., CD-Beilage. ISBN 978-3-17-026197-6. € 24,–

Es ist schon eine bewährte Tradition, dass das Landesarchiv Baden-Württemberg, Hauptstaatsarchiv Stuttgart wichtige Ereignisse der württembergischen Landesgeschichte aufgreift und diese in öffentlichkeitswirksamer Art und Weise im Rahmen einer Ausstellung neu, d. h. dem allgemeinen Stand der wissenschaftlichen Forschung gemäß aufbereitet und ansprechend präsentiert. Die in diesem Zusammenhang gedruckten Begleitbände enthalten stets grundlegende, von ausgewiesen fachkundigen Autoren verfasste Beiträge, die wegen ihrer Fundiertheit und ihres Reflexionsniveaus immerzu über den engeren württembergischen Kontext hinausweisen, was sie damit auch für den interessierten Leser außerhalb Württembergs lesenswert macht.

Genau dies ist auch bei dem im Folgenden zu besprechenden Begleitbuch samt Katalog der Fall, das zur Ausstellung erschien, welche das Hauptstaatsarchiv in enger – und auch schon bewährter – Kooperation mit der Staatlichen Hochschule für Musik und Darstellende Kunst, Stuttgart, und den Staatlichen Schlössern und Gärten Baden-Württemberg unter anderem mit Leihgaben des Landesmuseums Württemberg sowie des Kriminalmuseums Rotenburg ob der Tauber zum Thema „Der ‚Arme Konrad' vor Gericht. Verhöre, Sprüche und Lieder in Württemberg 1514" präsentierte.

Auf das Vorwort von Nicole Bickhoff (S. 7 f.) und die Einführung von Peter Rückert, worin er zunächst die allgemeinen Hintergründe und den Verlauf des ‚Armen Konrad' beleuchtet und die besondere Überlieferungssituation desselben (der ‚Arme Konrad' vor Gericht) erläutert und sodann die Konzeption und Präsentation der Ausstellung erklärt (S. 9–20), folgt eine erste Abteilung von Aufsätzen zum Thema „Rechtsverständnis und Strafvollzug, Propaganda und Musik beim ‚Armen Konrad'": Raimund Weber geht darin auf das „Rechtsverständnis beim ‚Armen Konrad'" ein (S. 21–31), während Petra Pechaček und Saskia Limbach den „Strafvollzug beim ‚Armen Konrad'" (S. 32–39) bzw. die „Propaganda im Druck – Politische Kommunikation beim ‚Armen Konrad'" (S. 40–47) behandeln. Peter Rückert stellt darauf gemeinsam mit Volker Honemann einen unbekannten Spruch zum ‚Bundschuh' und zwei bisher unentdeckte Wimpfeling-Distichen auf denselben vor (S. 48–51), wohingegen Andreas Traub „die Musik zur Zeit des ‚Armen Konrad'" thematisiert (S. 56–67).

Die zweite Abteilung der Beiträge hat die Protagonisten und Gegner des ‚Armen Konrad' zum Inhalt: Friedemann Scheck behandelt dabei „Herzog Ulrich und (den) ‚Arme(n) Konrad'" (S. 68–75), Alma-Mara Brandenburg zur Annäherung an die herrschaftliche Jagd der Zeit als Machtinstrument denselben Herzog und sein bekanntes Wildschwein von Urach (S. 76–87), Erwin Frauenknecht wiederum den „Tübinger Vogt Konrad Breuning" als Ankläger und bald selbst Angeklagten (S. 88–95). Annekathrin Miegel und Andrea Heck stellen mit Alexander Seitz aus Marbach bzw. Anna Kaiser aus Stuttgart einen Mediziner und eine Dichterin in großer Nähe zum ‚Armen Konrad' vor (S. 96–101 u. 102–105).

In der dritten und letzten Abteilung des begleitenden Buchteils geht es um den ‚Armen Konrad' „im Fokus" – um den „Aufstand in den Ämtern", wobei Andreas Schmauder, Albrecht Gühring, Stefan Benning und Christoph Florian die entsprechenden Zusammenhänge und Vorgänge im Amt Urach (S. 106–112), in Stadt und Amt Marbach (S. 113–122), in den Bietigheimer Annalen (S. 123–131) bzw. in Stadt und Amt Böblingen (S. 132–140) darlegen. Zu guter Letzt kommt Matthias Ohm mit neuen Erkenntnissen zum 1929 entdeckten, womöglich während des Aufstands versteckten Münzschatz von Unterschlechtbach zu Wort (S. 141–147).

Auf diese durchweg lesenswerten, da klar aufgebauten und geschriebenen sowie mit zahlreichen neuen Erkenntnissen und Interpretationen aufwartenden Beiträge folgt der mit einer übersichtlichen Zeittafel (S. 150) eröffnete Katalogteil, der wiederum in sechs größere Kapitel aufgesplittet ist, die teilweise bereits in den vorgeschalteten Aufsätzen angesprochen und behandelt worden sind: 1. Württemberg um 1500: Der ‚arme Mann' steht auf, 2. Herzog Ulrich und seine „Ehrbarkeit", 3. Der ‚Arme Konrad' in Aufruhr, 4. Der ‚Arme Konrad' vor Gericht, 5. Der ‚Arme Konrad' in der politischen Propaganda sowie 6. Die Rückkehr des ‚Armen Konrad': Nachwirkungen und Spuren (S. 151–254). Daran schließt sich ein Anhang an, der eine Einführung und Erläuterung samt Programmfolge zur beigegebenen CD „Sprüche und Musik im Aufstand" bietet (S. 256–262) und eine Edition zentraler Texte liefert (S. 263–272). Wie üblich bilden eine Auflistung der verwendeten Quellen und Literatur (S. 273–279) und der benutzten Abkürzungen (S. 279), ein Nachweis der vorkommenden Abbildungen (S. 280) sowie ein Verzeichnis der Förderer und Leihgeber (S. 281) und der Autoren (S. 282) den Schluss.

Die neue Veröffentlichung hält, was man vom Hauptstaatsarchiv und namentlich von Peter Rückert als Bearbeiter gewohnt ist: Eine weitgehend fehlerfrei redigierte Veröffentlichung – der beliebte Kunsthistorikerfauxpas, statt „das" „der" Korpus zu schreiben (S. 77), sei gerade noch einmal verziehen – mit, wie schon betont, durchweg lesenswerten, fundierten und weiterführenden Beiträgen, die ansprechend präsentiert und überaus reich illustriert sind. So akribisch wie nachhaltig betrieben und gezeigt macht Landesgeschichte Spaß, weckt Neugierde, gewinnt neue Interessenten. Und daran muss uns allen gelegen sein. Weiter so!

Oliver Auge

Die Lebenserinnerungen des ersten badischen Staatspräsidenten Anton Geiß (1858–1944) (Veröffentlichungen der Kommission für geschichtliche Landeskunde in Baden-Württemberg, Reihe A: Quellen, Bd. 58), bearb. von Martin Furtwängler, Stuttgart: Kohlhammer 2014. XXVII, 131 S., 15 Abb. ISBN 978-3-17-026353-6. Ln. € 18,–

„Jeder im Saal spürte seine vaterländische Gesinnung, seinen Willen zu überparteilichem Dienst am Ganzen, aber auch seine politische Klugheit, das Augenmaß für das jetzt und hier Mögliche. Die stattliche Erscheinung war von sichtlicher Würde, ganz ohne Eitelkeit und Machtgier. [...] Er blieb in innerer Selbstbescheidung und Sicherheit ganz der, der er war: Vertrauensmann der Arbeiterschaft und nunmehr auch anderer Kreise, der seine Gefolgschaft nicht durch demagogische Künste, sondern durch Sachlichkeit, Uneigennützigkeit, Wohlwollen erwarb." Mit diesen Worten erinnerte sich Marianne Weber an einen führenden badischen Politiker aus den Anfangsjahren der Weimarer Republik, der heute weitestgehend nicht mehr im Bewusstsein der Öffentlichkeit präsent ist. Anton Geiß, aus einfachsten Verhältnissen kommend, nahm bereits im Kaiserreich wichtige Funktionen innerhalb der badischen Sozialdemokratie ein und erarbeitete sich hierbei den Ruf eines ausgleichenden und vertrauenswürdigen Politikers. Diese Eigenschaften prädestinierten ihn wie nur wenige andere Parteiführer in jener Zeit für die Gestaltung des Übergangs vom Kaiserreich zur badischen Republik Weimarer Prägung.

Mit der politischen, wirtschaftlichen und auch sozialen Hypothek eines gerade verlorenen Weltkrieges kämpfte Anton Geiß seit dem November 1918 zunächst als Ministerpräsident und dann als erster badischer Staatspräsident unter anderem gegen Hunger, Arbeitslosigkeit, Umsturzversuche und die immer drohende Gefahr einer vollständigen Besetzung Badens. Die Erfolge bei der Bewältigung dieser Krisen und Probleme, um die sich Geiß in dieser Zeit verdient gemacht hat, wurden schon zu seinen Lebzeiten von Weggefährten wie politischen Gegnern nicht bestritten. Umso bemerkenswerter ist daher, dass sich die wissenschaftliche Forschung nur wenig mit Anton Geiß auseinandergesetzt hat. In diesem Zusammenhang hält der Bearbeiter zu Recht fest, dass eine ausführliche Biografie über Anton Geiß bis heute ein Desiderat darstellt.

Das vorliegende Werk umfasst im Wesentlichen die bis in den Sommer 1924 selbst verfassten Lebenserinnerungen von Anton Geiß, welche sich als Teil des Nachlasses von Geiß im Generallandesarchiv Karlsruhe befinden. Thematisiert werden die Kindheits- und Jugendjahre, die Lehr- und Gesellenzeit sowie die Anfänge der politischen Tätigkeit von Geiß rund um seine Wahlheimat Mannheim. Von hier aus zog er nicht nur in den Stadtrat ein, sondern wurde auch zum Landtagsabgeordneten gewählt und stieg schließlich im Jahre 1909 gar zum Vizepräsidenten der Zweiten Kammer auf.

Im zweiten großen Teil der Erinnerungen widmet sich Geiß dem Zusammenbruch im November 1918 und den folgenden Umwälzungen in Baden. So schildert er recht eindrücklich das Zustandekommen der Vorläufigen Volksregierung, die Wahl der Nationalversammlung oder seine Arbeit als erster badischer Staatspräsident bis in das Jahr 1920. Am Ende der Erinnerungen hinterlassen die Umstände seines Rücktritts als Staatspräsident und das Ende der politischen Laufbahn allerdings einen resignierten bis betrübten Eindruck.

Interessanterweise betont Geiß sowohl in seinem Vorwort wie im Schlusskapitel den Wunsch, dass seine Lebenserinnerungen nicht für die Nachwelt, sondern ausschließlich für seine Familie bzw. für seine Nachkommen bestimmt seien. Trotz der Problematik im Umgang mit Ego-Dokumenten, welche vom Bearbeiter ausführlich thematisiert wird, stellen die Lebenserinnerungen von Anton Geiß eine wichtige, aber mit Vorsicht zu betrachtende Quelle für das Verständnis der Anfangsjahre der ersten badischen Republik bzw. der Weimarer Republik dar. Zur weiteren Erläuterung einzelner Themen hat der Bearbeiter den Erinnerungen vier ergänzende Dokumente beigegeben. Markus Schmidgall

Archäologie, Bau- und Kunstgeschichte

Antike im Mittelalter, Fortleben – Nachwirken – Wahrnehmung, 25 Jahre Forschungsverbund »Archäologie und Geschichte des ersten Jahrtausends in Südwestdeutschland«, hg. von Sebastian Brather, Hans Ulrich Nuber, Heiko Steuer, Thomas Zotz (Archäologie und Geschichte, Freiburger Forschungen zum ersten Jahrtausend in Südwestdeutschland 21), Ostfildern: Thorbecke 2014. 464 S. ISBN 978-3-7995-7371-9. € 69,–

Von einer „endlosen" Debatte hat jüngst erst ein gerade auf diesem Felde sehr aktiver Historiker gesprochen, und in der Tat kann auch oder gerade der eher am Rande positionierte Beobachter sich eines gewissen Sättigungseffektes nicht immer erwehren. Natürlich ist allein schon die Grenzziehung zwischen „Antike" und „Mittelalter" ein Konstrukt, und insofern gleicht die im Untertitel gestellte Frage nach Fortleben und Weiterwirken ein bisschen auch dem Zuschütten von Gräben, die man selber gezogen hat. Dies sollte man sich gelegentlich vor Augen führen angesichts einer Debatte, die – nimmt man nur das Werk von Alfons Dopsch als Wegmarke – mittlerweile auf bald ein Jahrhundert zurückblicken kann. Dass die Wahl dieses Themas einen gewissen Erklärungsbedarf besitzt, dessen waren sich natürlich auch die Herausgeber bewusst, wie Heiko Steuer in seinem einleitenden Aufsatz ausführt. Daher solle es „weniger um Kontinuitäten, (...), sondern zentral um Antike *im* Mittelalter" gehen (S. 7).

Der zu besprechende Band geht zurück auf eine Tagung im Jahre 2009, ein Jahr, das zugleich ein rundes Jubiläum und vielleicht auch eine Art Zwischenbilanz des sehr produktiven Freiburger Forschungsverbundes markiert. Mit Hans Ulrich Nuber hatte dieser Mitte letzten Jahres auch den Verlust seines vorletzten Gründungsmitgliedes zu beklagen.

Der zitierten Literatur nach scheint die Mehrzahl der Aufsätze – von spärlichen Nachträgen abgesehen – 2011 abgeschlossen worden zu sein; bereits der in diesem Jahr publizierte, sich thematisch vielfach überschneidende Ertragsband der Münchener Tagung über „Römische Legionslager in den Rhein- und Donauprovinzen" in Spätantike und Frühmittelalter konnte allerdings nirgends mehr berücksichtigt werden. Letzterer liest sich in gewisser Weise als geographische Ergänzung, bietet er doch Einblicke in die Entwicklung jener grenznahen Gebiete jenseits des Rheins und östlich der Iller, die deutlich länger unter römischer Herrschaft verblieben als der engere Südwesten. Eine insgesamt etwas gründlichere Redaktion hätte man gerade diesem Jubiläumsband dann aber doch gegönnt; so ist unter anderem übersehen worden, dass sich bei dem Beitrag von Erik Beck die Rückverweise in den Fußnoten mehrfach um einen Zähler verschoben haben.

Der umfangreiche Band mit seinen 24 Einzelbeiträgen steckt ein weites Feld ab, das geographisch teilweise weit über den Südwesten hinausreicht. Es im Einzelnen abzuschreiten, verbietet schon der vorgegebene Umfang der Rezension. Untergliedert sind die Referate in fünf Sektionen. Auf die „Einführung“ (Teil I) folgen die Abschnitte „Römische Orte und ihre Weiternutzung“ (II), „Institutionen (III), „Landschaft und Besiedlung“ (IV) und „Wahrnehmung und Rezeption der Antike im Mittelalter“ (V). Den Abschluss bilden die „Concluding remarks“ von Ian Wood mit einem Ausblick auf die britischen Verhältnisse und ein Fazit von Heiko Steuer („Rückblick“). Die Abgrenzung untereinander ist dabei wohl nicht allzu trennscharf zu verstehen; der eine oder andere Beitrag hätte problemlos auch unter eine andere Rubrik gepasst.

Der Hauptertrag lässt sich mit drei Aspekten umreißen. Entgegen der Zielsetzung spielt das Thema Kontinuität natürlich doch eine wesentliche Rolle. Rekapituliert man die Diskussionen der letzten Jahrzehnte, so fällt hier das – vor allem archäologische – Resümee für den Südwesten unerwartet eindeutig aus. Die Aufgabe des Dekumatenlandes, der Zusammenbruch der römischen Gutswirtschaft infolge der germanischen Invasionen, die Rückverlegung der Reichsgrenze an den Rhein: All dies lässt sich beim besten Willen eben nicht als Transformation, sondern als deutlicher Bruch am Ende des 3. Jahrhunderts beschreiben. „Ein funktional identisches Fortleben der Antike in das Mittelalter“, so das ernüchternde Fazit von Hans Ulrich Nuber (S. 38), lasse sich „nur in seltenen Ausnahmefällen wirklich belegen“. Zu einem in der Summe ähnlichen Befund gelangen auch die Einzeluntersuchungen. Wenn daher Steuer bei der ländlichen Besiedlung die Zäsur erst im späten 5. Jahrhundert ansetzen möchte (S. 450, 460), so handelt es sich hier um bloße Standortkontinuität, wie die Fallstudien von Gereon Balle, Gabriele Seitz und Florian Tränkle zur Weiternutzung römischer Villen deutlich machen. Ungeachtet seines ambitionierten Ansatzes streift leider Rainer Schreg diesen Umbruch nur. Doch die Neuansiedlung der alemannischen Zuwanderer an den antiken Wohnplätzen hätte eine ausführlichere Darstellung gerade aus umweltgeschichtlicher Sicht verdient. Eine längere Nutzungsdauer im Rahmen der römischen Grenzverteidigung war lediglich Breisach (Marcus Zagermann) und Konstanz (Jörg Heiligmann) beschieden. An beiden Plätzen liegt die Zäsur im frühen 5. Jahrhundert (S. 74f., 98). Etwas widersprüchlich ist es daher, wenn Zagermann zunächst von einem Verlust des „urbanen Charakters“ spricht (S. 103), um zwei Seiten später zu konstatieren, dass Breisach seine einstige Bedeutung in nachantiker Zeit bewahrt habe; eine „Stadt“ war der frühmittelalterliche Ort aber sicherlich nicht.

Schwieriger ist es um den Fall Konstanz bestellt, wo schon der ursprünglich lateinische Ortsname Kontinuität nahelegt. Doch sollte man hier die Argumentationslinien nicht zu schnell zusammenführen. Wenn Helmut Maurer unter Verweis auf die Namenforschung ein Weiterleben der romanischen Bevölkerung voraussetzt (S. 209), so steht dem derzeit noch ein eher kümmerlicher archäologischer Befund entgegen (S. 75, 77f.). Dass die noch intakte Befestigung des spätantiken Kastells der Grund für die Verlegung des Bistums an den Bodensee war (S. 208), erscheint plausibel, doch beruhen Aussagen über deren Fortbestand allein auf einem argumentum e silentio, nämlich dem Fehlen anderer Befestigungen. Auch die Lokalisierung der ersten Bischofskirche stützt sich nach wie vor vor allem auf Analogieschlüsse (S. 75ff.).

Der zweite, hier herauszustellende Aspekt lässt sich wohl am ehesten mit dem Begriff der Dekonstruktion umschreiben. Nach der Lektüre der Aufsätze von Stefanie Dick, Dieter Geuenich, Claudieter Schott, Ulrich Nonn und Alheydis Plassmann steht man, bildlich gesprochen, einmal mehr vor den Trümmern einer „Germanischen Altertumskunde" ehrwürdigen Angedenkens und ihrer unerschütterlichen Gewissheit, dem Volksgeist bis in seine feinsten Verästelungen auf die Schliche zu kommen. Die Vorstellung einer genuin germanischen Sozial- und Rechtsordnung entpuppt sich zusehends als vielfach gebrochen durch die Überlieferung und gekennzeichnet durch gerade das vielfache Fehlen eindeutiger Dichotomien zwischen Germanischem und Römischem. Ob man bei den alemannischen Anführern mit ihren bisweilen recht schillernden Karriereverläufen im römischen Heeresdienst noch von Germanen reden könne, lautet daher berechtigterweise die Frage von Geuenich. Der „Stammesführer" alten Schlages scheint hier mehr und mehr dem „warlord" zu weichen. Wanderung und Landnahme beschreibt Plassmann als Standardtopoi germanischer Stammessagen, die als Gattung nur vor dem Hintergrund der Auseinandersetzung mit der römischen-christlichen Welt zu verstehen seien.

Massive Zweifel, die germanische Zuwanderung in den linksrheinischen Gebieten überhaupt fassen zu können, standen auch am Anfang einer Neuausrichtung der frühgeschichtlichen Archäologie. Daran knüpft Sebastian Brather mit seinem Beitrag über die Reihengräberfelder an (S. 217–234) und schreibt hier einmal mehr seine These fort, wonach es sich dabei primär um eine spezifische Form der sozialen Repräsentation in einer von Krisenerfahrung geprägten Umgebung handele. Diese Interpretation hat durchaus ihre Vorzüge gegenüber der alten Deutung als ethnisch gebundene, germanische Bestattungsform, doch sollte man dabei nicht übersehen, dass es sich in beiden Fällen um Modelle handelt. Dass es darüber aber eine – euphemistisch formuliert – lebhafte Diskussion gibt, kann der Leser dem Aufsatz von Brather jedoch nicht entnehmen.

Der dritte Aspekt berührt das eigentliche Thema der Tagung, nämlich die Wahrnehmung der Antike im Mittelalter. Fasst man die verschiedenen Einzelbeobachtungen zusammen, summieren sich diese zu dem Eindruck, dass noch im Hochmittelalter die römische Architektur in einem heute nur schwer vorstellbaren Umfang präsent gewesen sein muss. Natürlich diente sie vielfach nur als Steinbruch oder man nutzte bzw. integrierte die vorhandene Bausubstanz (Lukas Clemens, Stefan Eismann). Immerhin kennt das 12. Jahrhundert schon Klagen über Zerstörungen und Plünderung von Ruinen (S. 136). Tatsächlich wird die Antike, zumindest der gewiss selektiven Schriftüberlieferung nach, offenbar eher positiv und gerade nicht als finstere, weil von den Segnungen des Christentums unberührt gebliebene Epoche wahrgenommen. Der Verweis auf sie diente daher nicht nur der Legitimation von Ansprüchen (Erik Beck) und der Begründung vornehmer Abkunft (Heinz Krieg), sondern man stellt sich ganz selbstverständlich in Traditionslinien, welche die Antike zwar als fern, aber eben nicht als fremd verstanden. All dies mündete, wie Dieter Mertens in dem umfangreichsten Beitrag des Bandes darlegt, in die erste, bereits Ende des 12. Jahrhunderts im Annolied formulierte „Meistererzählung" der deutschen Geschichte, an deren Beginn Cäsar stand.

Wie nicht anders zu erwarten, bietet der vorliegende Band das übliche breite Bild derartiger Sammelwerke. Neben neueren Forschungen stößt man auf schon anderswo Gelesenes. Ganz unabhängig davon, ob sich alle Sichtweisen auf Dauer werden durchsetzen können, eines wird auf jeden Fall deutlich: Dass es heute einen neuen, nicht selten mit früheren Auffassungen radikal brechenden und zu Kontroversen einladenden Blick auf jene Übergangsphase zwischen Antike und Mittelalter gibt, ist nicht zuletzt das Verdienst der letzten 25 Jahre des Freiburger Forschungsverbundes.

Christian Gildhoff

Anna MORATH-FROMM, Das Erbe der Markgrafen, Die Sammlung deutscher Malerei (1350–1550) in Karlsruhe, Ostfildern: Thorbecke Verlag 2013. 677 S. ISBN 978-3-7995-0792-9. € 98,–

Bestandskataloge mittelalterlicher Kunstsammlungen finden oft nur eine kleine Leserschaft. Umso bemerkenswerter und begrüßenswerter ist es, wenn die Karlsruher Kunsthalle mit diesem über DIN A4 großen und reich bebilderten, ansprechenden Band ihre spätmittelalterlichen Bestände nicht nur dokumentiert und wissenschaftlich erschließt, sondern auch einem breiteren Publikum zugänglich macht.

Die Sammlung der Karlsruher Kunsthalle umfasst herausragende Malereibestände vor allem aus dem (südwestdeutschen) späten Mittelalter, deren Grundstock die Sammlung des Freiburger Domkapitulars Johann Baptist von Hirscher (1788–1865) bildet, der niederländischen und insbesondere französischen Malerei des 17. und 18. Jahrhunderts, deren Kernbestand die badische Markgräfin Karoline Luise von Hessen-Darmstadt (1723–1783) gesammelt hat, sowie dem 19. Jahrhundert, die der Karlsruher Museumsdirektor Hans Thoma (1839–1924) erwerben konnte. Die etwa 3.500 Werke im Haus werden seit Jahrzehnten immer wieder durch am Bestand ausgerichtete Ausstellungen und durch Bestandskataloge erschlossen, von denen vor allem der „Katalog der Alten Meister bis 1800“ von Jan Lauts (1966) und der Band „Die deutschen Zeichnungen des 19. Jahrhunderts“ von Rudolf Theilmann und Edith Ammann (1978) zu nennen sind. 2011 ist ein Sammlungskatalog online gegangen (http://www.kunsthalle-karlsruhe.de/de/mediathek/sammlung-online.html), der mehr als ein Drittel der Museumsbestände umfasst, aber bis auf wenige Daten kaum Text enthält. Vor allem für die spätmittelalterliche Malerei, bei der Zuschreibungen, Einordnungen und – nicht zuletzt aufgrund der oft beschnittenen, gespaltenen und fragmentierten Karlsruher Bestände, die gemessen an Häusern wie beispielsweise dem Kölner Wallraf-Richartz-Museum deutlich weniger vollständige Altäre umfassen – Rekonstruktionen zu entwickeln und argumentativ abzusichern sind, ist der jetzt vorgelegte Band ein deutlicher Schritt nach vorne.

Die für das Thema ausgewiesene Berliner Autorin hat nach ihrer Dissertation zu einem Thema der Malerei um 1600 in Norddeutschland am Württembergischen Landesmuseum gearbeitet und 1997 ein Buch zum Meister von Meßkirch vorgelegt. Im Jahre 2000 gab sie die Festschrift des dortigen Restaurators und Motors zahlreicher Projekte zur Skulptur des ausgehenden Mittelalters in Südwestdeutschland, Hans Westhoff, mit heraus, 2002 einen Band zu Kirche und Ausstattung von Kloster Blaubeuren. An verschiedenen Orten hat sie Aufsätze zur spätgotischen Malerei veröffentlicht. Das Karlsruher Projekt wurde durch die Getty Foundation finanziert.

Der Band, der die Karlsruher Kunsthalle im Titel seltsamerweise nicht erwähnt, ist – nach einer kurzen Vorbemerkung und vor „Prolegomena“ zur Sammlungsgeschichte am Schluss – topographisch aufgebaut, wobei die Regionen alphabetisch geordnet werden. Dies führt zu einem Start mit dem ‚Allgäu‘ und ‚Bayern‘ sowie einem Schluss mit ‚Thüringen‘, während die großen Blöcke zu ‚Oberrhein‘ und ‚Schwaben‘ irgendwo dazwischen liegen. Das ist etwas gewöhnungsbedürftig, zumal man überraschend beispielsweise Köln nicht unter einem Abschnitt ‚Niederrhein‘, sondern unter ‚Mittelrhein‘ findet und damit weit weg von den Niederrheinern Derick Baegert und einem namenlosen Niederrheinischen Meister, die in dem Sammelkapitel ‚Deutsch‘ untergekommen sind. Da das – zudem ungünstig vor die Sammlungsgeschichte statt ans Ende angeordnete – Register nur Künstler listet und Verzeichnisse zu Orten, Personen, Ikonographie etc. fehlen, blättert man sich immer wieder durch den ganzen Band, wenn man etwas sucht.

Die einzelnen Kapitel stellen die technischen Daten und die Provenienz sowie den materiellen Befund vor, wie es inzwischen Standard ist. Die Ausführungen zum Befund sind etwas knapper als beispielsweise zuletzt im von Melanie Prange und Wolfgang Urban bearbeiteten Bestandskatalog des Rottenburger Diözesanmuseums, der ein Jahr zuvor im gleichen Verlag erschienen ist, aber substantiell. Über die Provenienz wird jedoch leider nie auf die ursprüngliche Aufstellung im Raum oder den Stellenwert am ursprünglichen Ort hingewiesen (obwohl es z. B. für die Salemer Stücke hierzu inzwischen substantielle Literatur von Ulrich Knapp gibt); jede Rekonstruktion und Einordnung gilt dem Künstler und dem Objekt selbst, nicht jedoch seinem inhaltlichen, räumlichen oder funktionalen Kontext. Aber das ist leider bei nahezu allen Museumskatalogen so.

Der Schwerpunkt der Katalognummern liegt auf dem ‚Kommentar', in dem die relevanten Fragen zur kunsthistorischen Einordnung und Rekonstruktion des ursprünglichen Objektzustandes zuverlässig diskutiert werden. Vorbildlich ist dabei – neben der selbstverständlich farbigen, guten Abbildung der Stücke selbst – die angemessene Anzahl von meist farbigen Abbildungen der Vergleichsobjekte. So werden die klar argumentierten Ausführungen nachvollziehbar, zumal hier der Katalog oft deutlich über den Stand von 1966 bei Lauts hinausgeht. Es kann hier nicht auf Details eingegangen werden, aber beispielsweise die prominente Karlsruher Passion, die schon mehrfach intensiv diskutiert und im Jahre 1996 auch durch eine eigene, von Dietmar Lüdke kuratierte Ausstellung gewürdigt wurde, wird durch eine plausible Rekonstruktion weiterentwickelt, die eine ansprechende Montage zudem visualisiert (S. 258). Derartige Leistungen finden sich mehrfach, und die Autorin ist sich dessen in ihren manchmal sehr dezidierten Formulierungen auch bewusst.

Ein solcher Katalog hat viele kleine und mittlere Texteinheiten, bei denen Sprünge schon in der Aufgabe vorbestimmt sind; er ist mehr zum Nachschlagen als zum Lesen angelegt. Dies gilt jedoch nicht für Vorbemerkungen und den Beitrag zur Sammlungsgeschichte, die in diesem Buch recht eigenwillig gehalten sind. Schon im ersten Absatz versucht die Vorbemerkung die Bestandserfassungen mittelalterlicher Malerei der letzten Jahrzehnte auf die Berliner Kollegen Robert Suckale und Eberhard König zurückzuführen (die beide in Bonn geprägt wurden!). Eine solche neu-preußische Geschichtskonstruktion wird den großen Anstrengungen in anderen Ländern nicht gerecht und schätzt auch die wissenschaftliche Orientierung der Mittelalterforschung in Deutschland zu erheblichen Teilen falsch ein. Als Reminiszenz an den eigenen Lebensmittelpunkt in Berlin muss wohl auch gelten, wenn die Verfasserin Suckale mit einem Aufsatz von 1988 (!) zum Begründer der Erzählforschung macht (S. 357) und die große Breite dieses für die Kunstgeschichte aus den Literaturwissenschaften entlehnten, letztlich vom französischen Strukturalismus der 1950er Jahre ausgehenden Zugangs ignoriert. In den 1980er Jahren war Erzählforschung Mode und ein Kulminationspunkt dafür war das 1987 (!) veröffentlichte Buch zur Erzählung in mittelalterlichen Glasfenstern von Wolfgang Kemp (Marburg). Der Versuch, Berlin zum Motor der Mittelalterforschung hochzustilisieren, zeichnet – allen großen Verdiensten der geschätzten Kollegen Suckale und König unbenommen – ein falsches Bild der Forschungswege sowohl der Bonner Republik als auch der letzten gut zwanzig Jahre.

Störender noch als diese Heldenkonstruktion ist an der Vorbemerkung die Suggestion, als ob die Forschung sich heute immer noch von den nationalistischen Verwirrungen der Generation Alfred Stanges zu lösen habe. Das mag ein Problem der 1968er Generation sein, für die

Robert Suckale beispielhaft steht, aber auch dies war nur ein Zweig der Forschungslandschaft, und inzwischen sind die Diskussionen in den Museen und Hochschulen ohnehin längst an ganz anderen Baustellen aktiv. Die Vorbemerkung macht deshalb etwas ratlos und wirkt deplatziert wie die Verwertung eines älteren Textbausteins aus anderem Zusammenhang.

Ähnliches gilt in abgeschwächter Form auch für den abschließenden Text zur Sammlungsgeschichte, der ein obligatorischer Bestandteil dieser Art von Büchern ist. Verdienstvoll wird die Entstehung der Karlsruher Sammlung referiert und so auch der Titel des Bandes gerechtfertigt, da die Sammlung aus markgräflich-badischem Bestand heraus erwachsen ist. Dem tut auch die große Bedeutung, die der Erwerb der Sammlung Hirscher 1858 vor allem für die mittelalterlichen Bestände besessen hat, keinen Abbruch, denn etliche Hauptwerke der Sammlung (und auch die regional entlegeneren Konvolute wie beispielsweise die Gemälde aus der Werkstatt von Lukas Cranach) sind über die Badener in die Sammlung gekommen. Man kann deshalb mit Recht von dem „Erbe der Markgrafen" sprechen. Warum der Text jedoch wiederum mit der Zeit rund um den Zweiten Weltkrieg, die hier durch die große Kuratorin Lilli Fischel markiert wird, abbricht, warum die Epochen seit 1956 unter den Leitern Jan Lauts, Horst Vey und Klaus Schrenk unerwähnt bleiben, das erschließt sich dem Leser nicht. Ausgesprochen ärgerlich ist das Verschweigen der zahlreichen Mittelalter-Ausstellungen des Hauses seit den 1980er Jahren unter der kuratorischen Betreuung von Dietmar Lüdke, einem der besten Kenner des Materials überhaupt. Hier wäre eine ähnliche Würdigung wie bei den Gründungspersönlichkeiten angebracht gewesen, zumal sich die forscherische Leistung der Aufsätze und Kataloge nicht in einem Literaturverzeichnis niederschlagen, sondern in den Fußnoten zu den Einzelstücken verbergen. Die Sammlungsgeschichte wirkt so wie ein Vortrag, der eher zu den Besitzfragen mit dem Haus Baden 2006 erstellt wurde, jedenfalls für den jetzigen Ort nicht abgeschlossen ist.

Das ist schade, denn der Bestandskatalog ist ansprechend gemacht und inhaltlich überzeugend. Die hochkarätige Sammlung wird in ihrer ganzen Breite erfahrbar, und jeder, der in Karlsruhe außer der Karlsruher Passion „nur" die berühmten Meisterwerke von Matthias Grünewald vermutet, bekommt Lust, die Stücke im Museum aufzusuchen. In Karlsruhe bekommt er sie auch noch wirklich zu sehen, und es ist zu hoffen, dass dies so bleibt. Denn der beste Bestandskatalog wird das Original im Museum niemals ersetzen können. Er ist nur ein Verweis auf das Original, das zu schützen, zu erforschen und der Allgemeinheit zugänglich zu machen unverändert genuine Kernaufgabe des Museums ist. Klaus Gereon Beuckers

Gerald Jasbar, Faszination Holzschnitt, Illustrierte Wiegendrucke aus dem Tresor der Stadtbibliothek Ulm, Veröffentlichungen der Stadtbibliothek Ulm 24, Ulm: Süddeutsche Verlagsgesellschaft 2013. 128 S. ISBN 978-3-88294-442-6. € 24,80

Gerald Jasbar, Kunsthistoriker und langjähriger wissenschaftlicher Mitarbeiter am Ulmer Museum, versteht es mit dem vorliegenden Werk, über Fachkreise hinaus ein breiteres Publikum für die kulturgeschichtliche Bedeutung der frühesten Drucke zu interessieren. Dies liegt neben der inhaltsreichen und doch gut verständlichen Sprache vor allem an zwei methodischen Entscheidungen: Jasbar spitzt die Inkunabelkunde auf das Zueinander von Text und Bild zu und beschränkt sich auf elf in typologischer Hinsicht besonders aussagekräftige Beispielwerke, jeweils mit mehreren Beispiel-Abbildungen.

Die allgemeine Einführung (S. 9–19) deutet Entwicklungen innerhalb des spätgotischen Illustrationsstils an. So werden Schraffuren in den Holzschnitten immer raffinierter, Landschaften immer naturnäher dargestellt, existieren harte bzw. eckige Formen neben eher schmiegsamen, weichen Formen. Jasbars Abhandlung richtet ihr Augenmerk allerdings weniger auf den Stil als auf Erscheinungsbild, Ausdrucksform, Motiv (S. 16). Die Beispielbände entstammen dem Bestand der Stadtbibliothek Ulm, fünf wurden auch in Ulm gedruckt. Im 15. Jahrhundert erreicht Ulm als Handelsstadt eine wirtschaftliche Blütezeit und ist Wirkungsstätte gleichermaßen von Humanistenkreisen (Steinhöwel, Neithart) wie Ordensleuten (S. 17 f.). Drucker, zeitweiliger auch Buchbinder sind vor allem Johann Zainer und Conrad Dinckmut. Italienische Renaissance-Drucke werden wegen der günstigen Rahmenbedingungen in Ulm stark rezipiert.

Erstes Beispielwerk ist Sebastian Brants „Narrenschiff" (1498). Hier verdeutlicht Jasbar die gerade wegen des schematischen Zeichenstils der Holzschnitte didaktische Zielsetzung des Bildes. Lasterhaftes Verhalten wird anhand des Bildes – begleitet von lyrisch-zuspitzenden Texten – mit der Fragwürdigkeit seiner Motivation und seiner Folgen konfrontiert (z. B. Spiegel-Motiv bei der Hoffart (S. 22 f.)). Das Bild präsentiert die wichtigsten Aspekte eines erzählerischen Textes in simultaner Zusammenschau (z. B. Schlaraffenschiff, S. 26 f.). Es handelt sich – so auch bei musikalischen Annäherungsversuchen an eine junge Frau (S. 28 f.) – meist um charakteristische Situationen bzw. Wünsche der Alltagskultur. Illustration und Text wirken in ihrer Kombination besonders eingängig.

Jasbar wendet für sein Buch Gestaltungsmittel spätgotischer Drucke an. Das gilt für die Hervorhebung von Titel, Randsummarien, wichtigen Figuren mit roter Farbe und die exemplarische Veranschaulichung des Textinhalts durch Bildreproduktionen. Die Ulmer Ausgabe des „Buchs der Weisheit der alten Weisen" (1484) verdeutlicht, wie Holzschnitte den moralisierenden Impuls des Textes durch Konzentration auf wesentliche Aspekte und Stilisierung unterstützen (S. 32, 34). Durch Schraffuren und manchmal an Theaterkulissen erinnernde architektonische Elemente entsteht der Eindruck von Plastizität und Perspektivik (S. 31 f.). Allerdings gelingt den Holzschneidern noch kaum die Andeutung innerer und äußerer Bewegung (S. 36, 38). Das Bild zur Geschichte über den Dieb und das Liebespaar lässt zunächst das Gegenteil des vom Text Gemeinten vermuten und bedarf – entgegen der Zielsetzung der Textillustration – der Erläuterung (S. 38).

Die von Heinrich Steinhöwel besorgte deutsche Edition von Boccaccios „De claris mulieribus" (Ulm 1474) zeigt komplexe Holzschnitte mit klarer Komposition. Mehrere Szenen werden in einem Bild simultan dargestellt, andere weggelassen (S. 68–71). Detailreiche Holzschnitte vollziehen andeutungsweise die narrativ-dramatische Struktur des Textes nach (S. 72 f., 74 f.).

Die 1485 in Ulm gedruckte „Erklärung der 12 Artikel des christlichen Glaubens" steht für die Gruppe theologischer Schriften, die ähnlich häufig wie moralisierende Humanistenliteratur gedruckt werden. Die Bekanntheit biblischer Figuren erlaubt die Verwendung von Attributen zur eindeutigen Identifizierung (z. B. Schlüssel bei Petrus) (S. 102). Gott-Vater erscheint mit dem Kreuznimbus und wird dadurch – trinitarisch – mit Christus verknüpft (S. 102). Kolorierungen sollen die räumliche Dynamik und Plastizität verstärken. Allerdings zeigt gerade dieses Beispiel, dass sich der Farbaufstrich oft nicht exakt an die Konturen des Holzschnitts hält und dadurch dessen ästhetische Wirkung eher schwächt (S. 101).

Jasbar wählt als weitere Beispiele italienische Inkunabeln (Boccaccio, Decamerone (1498); Spirito, Libro delle sorti (1482)) sowie deutsche Drucke aus Ulm, Nürnberg, Augsburg aus.

Insgesamt kommt ein guter Überblick über Literatur- wie Illustrationstypen zustande. Nach der Lektüre ist auch der nicht bibliothekarisch ausgebildete Laie dazu in der Lage, auf die wesentlichen Eigenarten der Textholzschnitte der Inkunabelzeit zu achten.

Christian Herrmann

Hartmut Ellrich / Alexander Wischniewski, Barockschloss Mannheim, Geschichte und Geschichten, Karlsruhe: G. Braun 2013. 208 S. mit Abb. ISBN 978-3-7650-8629-8. € 19,95

Anschaulich und kompakt wird die wechselvolle Geschichte des Mannheimer Barockschlosses in dem handlichen Büchlein von Hartmut Ellrich und Alexander Wischniewski beschrieben. Gespickt mit Geschichten und Hintergrundinformationen aus der knapp 300-jährigen Geschichte der ehemals kurfürstlichen Residenz werden verschiedene Aspekte der Bau- und Nutzungsgeschichte sowie der Zerstörung und des Wiederaufbaus der Schlossanlage dargestellt. Zahlreiche Abbildungen sowie historische Reiseberichte und Zitate aus der Entstehungszeit des Barockschlosses bis ins 21. Jahrhundert ergänzen die Fakten eindrücklich.

Unter Kurfürst Carl III. Philipp von der Pfalz (reg. 1716–1742) war im Jahr 1720 die Residenz der Kurpfalz von Heidelberg nach Mannheim verlegt worden. Im selben Jahr wurde mit dem Bau des weitläufigen Residenzschlosses begonnen. Auch sein Nachfolger Kurfürst Carl Theodor von Pfalz-Sulzbach (reg. 1743–1799) führte die Baumaßnahmen zunächst fort, so dass in rund 40 Jahren Bauzeit eines der größten Barockschlösser Europas entstand. Namhafte Künstler wie beispielsweise Louis Remy de la Fosse, Nicolas de Pigage, Cosmas Damian Asam oder Friedrich Ludwig Sckell waren am Bau, an der Innenausstattung und den Gartenanlagen beteiligt. Als Kurfürst Carl Theodor allerdings im Jahr 1777 die Thronfolge der Wittelsbacher antrat, residierte er fortan in München und beließ lediglich die kurpfälzischen Staatsbehörden in Mannheim. In den Jahren 1794–1802 wurden während der Revolutionskriege und der Besatzung Teile der Schlossanlage zerstört und die Stadtbefestigung geschliffen. Anschließend fielen die rechtsrheinischen Gebiete der Kurpfalz an die Großherzöge von Baden, die das Schloss als Nebenresidenz nutzten. Im Jahr 1806 bezog das badische Erbprinzenpaar Karl und Stéphanie das Schloss und begann mit der Umgestaltung der Räume im Empirestil. Stéphanie (geb. de Beauharnais) lebte auch als Witwe im Mannheimer Schloss. Nach ihrem Tod im Jahr 1860 wurde die Schlossanlage überwiegend als Behördenunterkunft und ab 1926 als Schlossmuseum genutzt.

Während des Zweiten Weltkriegs ist die gesamte Schlossanlage mehrfach durch Fliegerbomben beschädigt worden. In der Nachkriegszeit erfolgte der schrittweise Wiederaufbau und die Unterbringung verschiedener Behörden sowie der Wirtschaftshochschule (seit 1967 Universität). Im Jahr 2007 konnte in den ehemaligen Prunkräumen der Beletage das Raumkunstmuseum „Kunst und Kultur am Mannheimer Hof" mit Möbeln, Tapisserien und zahlreichen Kunstobjekten der ursprünglichen Inneneinrichtung eröffnet werden. Und auch der Außenbau ähnelt nach der Wiederherstellung der barocken Mansarddächer mittlerweile wieder der barocken Gestalt.

Nicht nur die historisch und kunsthistorisch bedeutenden Informationen werden in dieser Publikation dargestellt, sondern auch technische Raffinessen wie die Kanalisation des Schlosses im 18. Jahrhundert und die damals neu entwickelten „Wetterfänger" (Blitzableiter) auf den Dächern. Fragen zur alltäglichen Organisation und Verwaltung des barocken Hofstaats, zur Reinigung der Schlossräume durch die „Kehrweiber" oder zu den vergnüglichen

Anlässen wie Opern- und Theateraufführungen (Friedrich Schillers Uraufführung „Die Räuber"), Empfänge und Hoffeste sowie Konzerte der berühmten Hofkapelle („Mannheimer Schule") bleiben nicht unbeantwortet. Die vielfältigen Abbildungen ausgewählter Exponate machen Lust, das neu eingerichtete Museum zu besuchen. Die detaillierten, farblich gekennzeichneten Grundrisse der einzelnen Schlossetagen erleichtern die Orientierung in dem riesigen Gebäudekomplex. Etwas irritierend sind die eingeschobenen Werbeseiten, die offenbar der Finanzierung des Buches dienen. Doch dem verständlich geschriebenen Text der beiden Mannheimkenner tut dies keinen Abbruch. Ihr Werk eignet sich zur schnellen Information und zum Schmökern zu Hause ebenso wie zum Mitnehmen zur Besichtigung des Barockschlosses Mannheim. Catharina Raible

Johannes Sander, Kirchenbau im Umbruch, Sakralarchitektur in Bayern unter Max I. Joseph und Ludwig I., Regensburg: Verlag Schnell & Steiner 2013. 616 S. 428 Abb. ISBN 978-3-7954-2684-2. € 89,–

Im Sakralbau stehen in jeder Stilepoche mächtige Dome und große Stadtkirchen neben den Kirchen der Landgemeinden. Während erstere bau- und architekturgeschichtlich meist gut erforscht sind, gilt dies für letztere nur in Ausnahmefällen. Noch seltener kommt es vor, dass der Kirchenbau für eine bestimmte Epoche flächendeckend erforscht ist. Genau dies gelingt mit dem vorliegenden, als Dissertation entstandenen Band für ein Forschungsdesiderat: Den Sakralbau in Bayern in der ersten Hälfte des 19. Jahrhunderts. Geprägt wird diese Zeitepoche vom Klassizismus, dem Rundbogenstil und der Neugotik.

Wie der Titel besagt, handelt es sich um eine Zeit des Umbruchs, und das in mehrfacher Hinsicht. Zum einen aus politischer Sicht, da Bayern durch die Umwälzungen in der napoleonischen Zeit zu seiner heutigen Größe heranwuchs. Der neue Staat war gegenüber dem Kurfürstentum Bayern durch die hinzugekommenen Gebiete in Franken und Schwaben sowie die linksrheinische Pfalz ein politisch und konfessionell heterogenes Gebilde, das innerlich erst noch zusammenwachsen musste. Dem entsprechend gliedert der Autor seine Darstellung in die Landeshauptstadt München und die insgesamt acht Regierungsbezirke auf und gibt so den unterschiedlichen Traditionen Raum, in denen der Kirchenbau der einzelnen Regionen stand. Zum anderen befand sich der Kirchenbau selbst im Umbruch, denn bis zum Ende des 18. Jahrhunderts war bei den kirchlichen Großbauten, so bei den Kloster- und Wallfahrtskirchen, aber auch bei den Stadtkirchen, eine gewisse Sättigung eingetreten. Dadurch verlor der Sakralbau gegenüber dem Profanbau an Bedeutung. Kirchenneubauten wurden in der ersten Hälfte des 19. Jahrhunderts nur dann errichtet, wenn der bestehende Kirchenbau baufällig oder zu klein geworden war, oder es mit einer neuen Kirche vor Ort um eine bessere seelsorgerische Betreuung der Gemeinde ging.

In der Einleitung des vorliegenden Bandes referiert der Autor zunächst den Forschungsstand und erläutert seine Motivation, seine Vorgehensweise und seine Zielsetzungen. Eine kurze historische Einführung macht den Leser mit der politischen und kirchlichen Situation unter den Königen Max I. Joseph und Ludwig I. vertraut. Eine architekturgeschichtliche Einführung stellt die Tendenzen des Kirchenbaus und der Profanarchitektur in Süddeutschland in der Zeit des Frühklassizismus und den Einfluss der Revolutionsarchitektur vor. Als maßgebliche Schrift für den Kirchenbau in Bayern in der ersten Hälfte des 19. Jahrhunderts benennt der Verfasser Leo von Klenzes „Anweisung zur Architectur des christlichen Kultus". Daran schließen sich Abschnitte über die Organisation der bayerischen Bauverwaltung in jener Zeit und den Kirchenbau in der Praxis an. Sehr schön arbeitet der Verfasser dabei die Reformen König Ludwigs I. heraus, der nach seinem Regierungsantritt 1825 den Hoch- und Tiefbau in Kreisbaubüros zusammenfasste, Zivilbauinspektoren einsetzte und durch die Einrichtung der Obersten Baubehörde mit dem Baukunstausschuss persönlich auf die Kirchenbauprojekte Einfluss nahm. Sämtliche Kirchenbauten wurden durch den Staat errichtet. Die Kirchenbehörden hatten zunächst überhaupt keinen Einfluss. Ab 1833 konnten sie wenigstens eine Stellungnahme zu den Entwürfen und Kostenvoranschlägen abgeben. Die Finanzierung der Kirchenbauten erfolgte in der Regel durch das örtliche Kirchenvermögen.

Die zentrale Mitte des Bandes bildet die topographisch nach Bezirken gegliederte Darstellung der Kirchenbauten. Der Abschnitt über die Landeshauptstadt München ist vergleichsweise kurz gehalten, da die entsprechenden Kirchenbauten bereits eine eingehende Darstellung erfahren haben. Zu nennen sind die in klassizistischem Stil von Johann Nepomuk Pertsch erbaute evangelische Matthäuskirche, die sich am Markusdom in Venedig orientierende, die von Leo von Klenze geschaffene Allerheiligenhofkirche, die im byzantinischen Stil von Friedrich Gärtner errichtete Ludwigskirche, die neugotische Kirche Maria-Hilf in der Au von Joseph Daniel Ohlmüller und die im Rundbogenstil von Georg Friedrich Ziebland erbaute Kirche St. Bonifaz. Deutlich wird die starke Einflussnahme von König Ludwig I. auf diese Kirchenbauten, die gewissermaßen als ein stilpluralistisches Sakralbauprogramm des Königs für München gelten können. Zugleich sind damit bereits die führenden Architekten in jener Zeit genannt. Bei der Allerheiligenhofkirche wurde der König durch Inszenierung selbst zum Teil des Bildprogramms, so dass ein bildlicher Ludwigsbezug gar nicht mehr hergestellt werden musste.

Im Abschnitt über Unterfranken arbeitet der Verfasser die Traditionen im Aschaffenburger Raum sowie im Bereich des ehemaligen Fürstbistums Würzburg und des nachfolgenden Großherzogtums Toskana heraus. Klassizistische Kirchenbauten entstanden durch Heinrich Alois Geigel in Neustadt an der Saale und in Herbolzheim, in denen die Säule im Innenraum dominiert. In der Folgezeit nehmen eine ganze Reihe von Kirchenbauten dieses Element auf. Elegante klassizistische Zentralräume schufen Peter Speth in Unterhohenried und Bernhard Morell in Wonfurt. Ende der 1830er Jahre setzte sich mit der von Leo von Klenze entworfenen Kirche von Eltmann und der von Johann Gottfried Gutensohn errichteten Kirche von Homburg am Main der Rundbogenstil durch. In Oberfranken ist als bemerkenswerter klassizistischer Kirchenbau die von Carl Christian Riedel errichtete Wallfahrtskirche in Armesberg zu nennen. In diesem Bezirk setzen bereits in den 1820er Jahren neugotische Tendenzen ein, die an der damals neu errichteten Stadtkirche in Hof ablesbar sind.

Im evangelisch geprägten Mittelfranken wurde mit der 1806 erbauten Kirche in Tauberzell ein Entwurf des Berliner Oberbaurats Heinrich Karl Riedel umgesetzt. Damals gehörte der Ort als Teil der Markgrafschaft Ansbach noch zu Preußen. Der Klassizismus dominiert auch in bayerischer Zeit, so bei der Kirche in Kleinerdlingen, der katholischen Ludwigskirche in Ansbach oder der katholischen Stadtkirche in Fürth, zu der Carl Alexander Heideloff ein Projekt im Rundbogenstil vorlegte. In den 1830er Jahren setzte sich in Mittelfranken im Kirchenbau der Rundbogenstil durch. Im Bezirk Schwaben dominierten im Klassizismus die Kirchenbauten von Johann Michael Voit. Erst in den 1830er Jahren zeigen sich Tendenzen zum Rundbogenstil und zur Neugotik.

Im Gegensatz zu Franken und Schwaben entstanden in Ober- und Niederbayern und in der Oberpfalz im Untersuchungszeitraum nur vergleichsweise wenige Kirchenneubauten. Dies macht deutlich, dass der Kirchenbau immer auch von günstigen ökonomischen Voraussetzungen abhängig war, wie etwa in der Pfalz, wo in den wohlhabenden Orten der Rheinebene zahlreiche neue Kirchen entstanden. In Frankenthal erbaute Johann Philipp Mattlener 1822/23 eine neue protestantische Stadtkirche, die sich in ihren Formen stark an der Karlsruher Stadtkirche von Friedrich Weinbrenner orientiert. Ab 1832 prägte August von Voit den pfälzischen Kirchenbau mit Bauten im Rundbogenstil und im Stil der Neuromanik.

In der Synopse und der Interpretation kommt Sander zu dem Ergebnis, dass die Vielfalt der stilistischen Ausdrucksmöglichkeiten im bayerischen Kirchenbau um 1825 ihren Höhepunkt erreichte. Bei den Kirchengrundrissen dominierte im Klassizismus und im Rundbogenstil ein Kastenschema. Während unter König Max I. Joseph die individuelle Handschrift des Architekten der entscheidende künstlerische Faktor war, gewannen durch die Zentralisierung unter König Ludwig I. die Oberbaubehörde und der König selbst an Einfluss. Allerdings gab es weder ein einheitliches Programm noch die Festlegung auf einen Baustil.

In einem abschließenden Kapitel stellt der Verfasser den bayerischen Kirchenbau in den Kontext des Kirchenbaus in anderen deutschen Regionen und gibt einen Ausblick auf die Entwicklung in der zweiten Hälfte des 19. Jahrhunderts. Wünschenswert wäre hier noch eine Herausarbeitung der Unterschiede zwischen den evangelischen und katholischen Kirchenbauten gewesen, die bei aller Vereinheitlichung nach wie vor bestanden. So findet sich der Emporensaal nur im evangelischen Bereich, während die katholischen Kirchen fast immer mit einem Chorraum versehen sind.

Ein weiterer Abschnitt des Bandes enthält in alphabetischer Reihenfolge 238 Kirchenbauten, darunter 160 katholische und 78 evangelische, mit Angaben zur Baugeschichte, zur Finanzierung, zur Weihe und zur Lage sowie eine Auflistung der Baurisse. Der Band wird durch ein Quellen- und Literaturverzeichnis sowie einen Orts- und Personenindex abgerundet. Johannes Sander hat mit seiner Arbeit ein Grundlagenwerk für den bayerischen Kirchenbau in der ersten Hälfte des 19. Jahrhunderts geschaffen. Rolf Bidlingmaier

Cornelia Oelwein, Max Littmann (1862–1931), Architekt – Baukünstler – Unternehmer (Sonderpublikationen des Stadtarchivs Bad Kissingen, Bd. 7, hg. von Peter Weidisch), Petersberg: Michael Imhof Verlag 2013. 400 S. mit zahlr. Abb. Hardcover. ISBN 978-3-86568-923-8. € 69,–

Das vorliegende, reich mit historischen und aktuellen Abbildungen und Plänen versehene Buch erschien als Begleitband zu einer Ausstellung (2013) über den Architekten Max Littmann (1862–1931) in Bad Kissingen anlässlich der Hundertjahrfeier der Fertigstellung des dortigen Regentenbaus, einem der Höhepunkte seines architektonischen Schaffens. Max Littmann, gebürtiger Chemnitzer und nach dem Studium in seiner Heimatstadt und in Dresden seit 1885 in München ansässig, zählte zu den „Stararchitekten“ der beiden besonders baufreudigen Jahrzehnte vor dem Ersten Weltkrieg.

Littmann heiratete 1891 die Tochter des bekannten und sehr erfolgreichen Münchner Bauunternehmers Jakob Heilmann, trat als Teilhaber in dessen Geschäft ein (bis 1908) und wurde künstlerischer Leiter der in „Heilmann & Littmann“ umbenannten Firma. Sein Stil war zwar eher konservativ-traditionell, so bevorzugte er Anleihen bei Renaissanceformen, beim süddeutschen Barock und beim Klassizismus, modernen Techniken und Baumaterialien stand Littmann aber sehr offen gegenüber, und er war ohne Zweifel ein Protagonist bei verschiedenen neuen Bautypen, wie etwa der Warenhausarchitektur und nicht zuletzt im Bereich von Kurgebäuden und medizinischen Anstalten. Die von ihm konzipierte Neue Anatomie (1905/07) in München gilt als erstes fast ganz in den modernen Materialien Beton, Stahl bzw. Eisen und Glas errichtetes Bauwerk in Deutschland. Meisterhaft verstand er es, „überkommene Stilarten mit neueren zu kombinieren und seine Bauten in vorgegebene Umgebungen stimmig einzufügen" (Oelwein).

Mit dem Bau des Prinzregententheaters in München (1900/01) machte Littmann sich international einen Namen als moderner Theaterarchitekt; in der Folge errichtete er elf weitere Theater, unter anderem in Berlin, Weimar, Hildesheim, Posen, Stuttgart, Bozen und Neustrelitz, und war darüber hinaus an zahlreichen sonstigen Wettbewerben beteiligt. Eines seiner Hauptwerke ist das nach langwierigen Planungen 1910/12 errichtete neue Königliche Hoftheater in Stuttgart; hier entstanden zwei miteinander verbundene Theater für Oper und Schauspiel, beide durch hervorragende Akustik glänzend und baulich durch die Stilformen in der Außenarchitektur unterschieden; das seit längerem auch als „Littmann-Bau" bezeichnete, gut erhaltene „Große Haus" mit seiner Doppelsäulenstellung zeigt barock-klassizistische Stilformen, während das „Kleine Haus" in streng antikisierenden Formen mit Portikus gehalten war (im Zweiten Weltkrieg zerstört und 1959/62 durch einen Neubau ersetzt).

Cornelia Oelwein behandelt erstmals umfassend und auf der Grundlage gründlicher Archivrecherchen das Leben und Werk dieses vielseitigen Architekten. Nach Bautypen gegliedert werden alle wichtigen Werke Littmanns vorgestellt, von denen heute manche verloren, andere wiederum nur mit Veränderungen erhalten sind. Nicht zuletzt bei seinen zahlreichen Villenbauten in München und Umgebung, zu den Auftraggebern zählten unter anderem der Malerfürst Franz von Stuck und der Erfinder Rudolf Diesel, plante er bis ins kleinste Detail, bis hin zu den Lampen, Fußböden und Türgriffen – alles sollte aus einem Guss sein. Mit dem Neubau des Münchner Hofbräuhauses (1896/97), in dem er auf geschickte Weise alte Stimmungswerte zu erhalten vermochte, gelang Littmann ein großer Wurf, so dass er auch zum Spezialisten für Festsäle und „Bierpaläste" avancierte.

Große Verdienste erwarb er sich auch auf dem Sektor der Geschäftshäuser: Die beiden 1904 und 1905 errichteten Warenhäuser Oberpollinger und Tietz in München zählen zu den ältesten und bemerkenswertesten Kaufhausbauten Deutschlands. Des Weiteren zeichnete er auch für Bank- und Versicherungsbauten, für das Gebäude der preußischen Gesandtschaft in München (mit Schack-Galerie), für den neuen Südflügel des Weimarer Residenzschlosses und auch für eine Kirche (Christuskirche in München-Neuhausen) verantwortlich.

Breiten Raum nahmen in seinem Schaffen schließlich Bauten im Bereich des Kur- und Gesundheitswesens ein: So entstanden 1899/1900 das Kurhotel in Bad Brückenau, 1900 das Neue Kurhaus und 1927/28 das Kurmittelhaus, beide in Bad Reichenhall, 1924 der Umbau des Hotels und der Neubau des reizvollen Strandbades in Bad Schachen bei Lindau am Bodensee. Keiner anderen Stadt – außer München – konnte er jedoch so seinen Stempel aufprägen wie Bad Kissingen, das sich in den Jahren nach 1900 zu einem der modernsten europäischen Bäder entwickelte: In der verhältnismäßig kurzen Zeitspanne zwischen 1904 und 1913 führte Littmann dort das Kurtheater, die Ludwigsbrücke, die Wandelhalle, den Maxbrunnen und schließlich als eines seiner Hauptwerke den Regentenbau aus; Jahre später folgte 1927 noch das Kurhausbad.

Cornelia Oelwein charakterisiert prägnant den Arbeitsstil des Architekten: „Max Littmann kann aber auch als genialer Manager im modernen Sinn betrachtet werden. Wie die namhaften Architekturbüros von heute stützte er sich auf einen Stab von ausgezeichneten Mitarbeitern, um die zum Teil großen und prestigeträchtigen Projekte realisieren zu können.

Dazu kam die Koordination der Unterauftragnehmer und Zulieferer. Littmann war der Dreh- und Angelpunkt aller Aktivitäten. Er führte sämtliche Verhandlungen und war die letzte Instanz der Entscheidung. Dazu kam sein Talent im Zeitmanagement, das er auch, ohne eines der heute propagierten Seminare absolviert zu haben, meisterlich beherrschte. Seine Arbeitsmoral und seine Vertragstreue waren vorbildlich. Termine wurden eingehalten, wenn es sein musste, auch auf Kosten der Beschäftigten. Die Fristen seiner Planungen und Bauausführungen waren stets sensationell kurz – auch für damalige Zeiten, die noch ohne Vergaberecht auskamen".

Das repräsentative Buch, verfasst in verständlicher und anschaulicher, wenngleich hin und wieder zu Superlativismen neigender Sprache, wird durch eine Chronologie zu Biographie und Werk sowie durch ein Literaturverzeichnis und ein Personen-, Firmen-, Orts- und Gebäuderegister komplettiert.

Alfred Lutz

Wirtschafts- und Umweltgeschichte

Umweltgeschichte: Forschung und Vermittlung in Universität, Museum und Schule, hg. von Heike Düselder, Annika Schmitt, Siegrid Westphal, Köln/Weimar/Wien: Böhlau Verlag 2014. 235 S., zahlr. s/w Abb. ISBN 978-3-412-22167-6. Geb. € 34,90

Der Boom der Umweltgeschichte, der diese in den letzten Jahrzehnten als eine Spezialdisziplin im Schnittfeld von Geschichts- und Naturwissenschaften etablieren konnte, hat sich mittlerweile auch in der deutschsprachigen Forschung breit niedergeschlagen. Vor allem Wirtschaftshistoriker, Kulturgeographen, Archäologen, Klimatologen, Archäobotaniker neben Vertretern zahlreicher weiterer Fachbereiche beschäftigen sich mit historischen Umwelten; in dieser aktuellen Breite sicher auch angeregt und finanziert durch die erhöhte Aufmerksamkeit in der Politik für Umweltfragen und klimatische Entwicklungen.

Einschlägige Einführungen in die Umweltgeschichte wurden schon in beachtlicher Zahl vorgelegt, so dass sich ein weiterer, forschungsgeschichtlich angelegter Band hier bereits vergleichend einreihen ließe. Allerdings steht bei der vorzustellenden Publikation neben der Forschung auch die „Vermittlung in Universität, Museum und Schule" im Zentrum. Damit werden auch außeruniversitäre Lernorte dezidiert in den Blick genommen, wobei die Vermittlung von Umweltgeschichte hier noch kaum vergleichbare Erfahrungen aufweisen kann: „Damit wird zum ersten Mal der Versuch unternommen, die Vermittlung von umweltgeschichtlichen Ansätzen in der Wissenschaft, im Museum und in der Schule darzustellen", lautet das didaktische Credo des Sammelbandes (Vorwort von Siegrid Westphal, S. 7). Dieser Band bildet den Abschluss eines Projekts, das sich in Zusammenarbeit zwischen der Universität Osnabrück und dem Niedersächsischen Freilichtmuseum Kloppendorf zwischen 2009 und 2012 dem Thema „Mensch und Umwelt" mit fachdidaktischem Schwerpunkt widmete.

Nach dem Vorwort (Siegrid Westphal, S. 7–10) und der Einführung von Heike Düselder und Annika Schmitt, welche die Konzeption und nachfolgenden Beiträge des Bandes vorstellen (S. 11–22), wird dieser in fünf Teile gegliedert: Einführungsreferate / Landnutzung – Forschungsergebnisse als Vermittlungsgrundlage / Kulturlandschaften und ihre Vermittlung / Erfahrungsberichte in der Arbeit mit Schulen / Umweltdidaktik, Beispiele umweltgeschichtlicher Themen im Museum. Dabei geht es zunächst um die Definition und den Stand der Umweltgeschichte in der universitären Forschung wie bei der didaktischen Vermittlung in Schule und Museum. Der anregende Forschungsüberblick von Manfred Jakubowski-Tiessen zeigt hierzu ebenso die gewachsene Bedeutung der Umweltgeschichte im Rahmen der universitären Forschung auf, wie er eine noch immer ausstehende universitäre Institutionalisierung des Faches bemängelt (S. 23–36). Dazu ist immerhin zu bemerken, dass inzwischen manche wirtschafts- und sozialgeschichtlich ausgerichtete Lehrstühle – wie in Freiburg oder Bern – die Umweltgeschichte bereits im Namen tragen.

Die weiteren Beiträge, die hier nicht im Einzelnen vorzustellen sind, breiten in der Regel den aktuellen Kenntnisstand umweltgeschichtlicher Forschung aus unterschiedlicher Perspektive aus; so Werner Rösener für die Agrargeschichte oder Hansjörg Küster für die Geobotanik. Die Vermittlungsansätze für Schule und Museum schließen daran in zahlreichen Artikeln an und betonen – im üblichen fachdidaktischen Duktus – die zunehmende Bedeutung der „Umweltkompetenz“: Vor allem „sollen Lernende und MuseumsbesucherInnen über die Schulung ihrer Wahrnehmungskompetenz zu selbständigem Denken und Handeln angeregt werden“ (Einleitung Düselder/Schmitt S. 20).

Dem Band gebührt das Verdienst, Schnittstellen und Kooperationsmöglichkeiten zwischen Schule, Museum und universitärer Forschung für den Bereich der Umweltgeschichte beispielhaft aufgezeigt zu haben. Neue Erkenntnisse umweltgeschichtlicher Forschung bietet er kaum; den als Fallbeispiele angesetzten Untersuchungen aus Norddeutschland kommt keine überregionale Bedeutung zu, auch führen diese kaum über die Neuzeit ins Mittelalter zurück. Die Qualität der beigegebenen Schwarz-Weiß-Abbildungen ist zudem leider häufig so bescheiden, dass auch hier der didaktische Erfolg einer gelungenen Vermittlung zumindest beispielhaft fragwürdig bleibt.

Peter Rückert

Marco Veronesi, Oberdeutsche Kaufleute in Genua, 1350–1490, Institutionen, Strategien, Kollektive (Veröffentlichungen der Kommission für geschichtliche Landeskunde in Baden-Württemberg, Reihe B, Bd. 199), Stuttgart: Kohlhammer 2014. XLII, 347 S, 8 Abb. ISBN 978-3-17-026337-6. € 32,–

Die Bedeutung des Handels zwischen Oberdeutschland und Italien ist einer der geläufigen Grundfaktoren der Wirtschaftsgeschichte. Doch während dabei die zentrale Stellung Venedigs seit dem 14./15. Jahrhundert in zahlreichen Studien aufgefächert wurde, blieb die Rolle Genuas in mancher Beziehung unklar. Mit der vorliegenden Arbeit versucht M. Veronesi, diese Lücke dadurch zu schließen, dass er die einschlägige archivalische Überlieferung Genuas, vor allem die Hauptquelle der Notariatsregister, erneut einer systematischen Durchforstung und grundlegenden Neuinterpretation unterzieht. Er sammelt damit die Spuren der deutschen Kaufleute und stellt sie in einen systematischen Zusammenhang, der nicht nur die beiden Pole Oberdeutschland und Genua im Auge hat, sondern es auch unternimmt, ihre Verankerung im mediterranen und gesamteuropäischen Kontext auszuleuchten und damit zu neuen Erkenntnissen vorzustoßen. So entsteht tatsächlich ein facettenreiches Gesamtbild – auch wenn der Verfasser dessen Konturen durch das Eingeständnis von Vermutungen immer wieder abschwächen muss. Der doppelte methodische Zugang über die Institutionen- und die Unternehmensgeschichte, der den Aufbau des Werkes prägt, wird zwar mit gelegentlichen Wiederholungen erkauft, erweist sich aber letztlich doch als ergiebiger Weg wechselseitiger Erhellung.

Im 1. Teil, der sich den Institutionen widmet (S. 38–117), muss der Verfasser zunächst einmal feststellen, dass die Hinweise auf eine *natio* der Deutschen in Genua nur sehr sporadisch auftauchen und wenig feste Züge aufweisen: Die Etablierung eines Konsulats seit den 1440er

Jahren sowie die Regelung der Verteilung von anfallenden Kosten lassen zwar Ansätze erkennen, doch fehlen etwa Elemente der gemeinsamen religiösen Memoria. Bei der Analyse der Privilegierung deutscher Kaufleute arbeitet der Verfasser anschließend deutliche Phasen heraus, die erkennen lassen, dass – abgesehen von einem möglichen Vorstoß um 1398 – zunächst vor allem die Nürnberger Hochfinanz und die Diesbach-Watt-Gesellschaft im Zusammenwirken mit König Siegmunds antivenezianischer Politik den Genueser Handel als Alternative auszubauen gedachte, ehe dann um 1430 die *magna societas alamannorum* und die oberschwäbischen Reichsstädte die Initiative an sich zogen. Freilich blieb der Fondaco im Gegensatz zu Venedig (und anderen Handelsmetropolen) nur rudimentär entwickelt, die Kaufleute konnten vielmehr auf private Anmietungen für ihre Niederlassungen im geschäftlichen Umfeld setzen – so wie auch kaum Beschränkungen für ihre Geschäfte beeinträchtigend wirkten. Das Konsulat, ausgeübt von ansässigen Familien mit mehr oder weniger engen Verbindungen zu den Kaufleuten, dessen Funktionen vorwiegend in der Rechtsprechung greifbar werden, erwies sich aber auch insofern als Klammer, als beim Kreis der Wähler sich bereits die dominanten Firmen deutlich abzeichnen.

Im 2. Teil widmet sich der Verfasser dann den Unternehmen, die in Genua ihre Aktivitäten entfalteten (S. 119–283). Es verwundert dabei nicht, dass im Zentrum die ‚Große Ravensburger Handelsgesellschaft' steht; um sie gruppiert Veronesi aber die ergänzenden Befunde mit zum Teil völlig neuen Einsichten für die Gruppe der deutschen Kaufleute, ihre personalen Netzwerke sowie ihre Warensortimente und Handelswege. Damit verbindet sich die aufschlussreiche Erkenntnis, dass auch die *magna societas* verschiedene Phasen ihrer Präsenz in Genua durchlief, in denen sich markante Veränderungen der Gesellschaft selbst in den Strukturen ihrer Geschäftsfelder spiegeln. So hebt Veronesi für die Anfangszeit um und nach 1400, in der durchaus noch der Charakter einer in Oberdeutschland üblichen Familienhandelsgesellschaft der Humpis dominierte (vgl. Andreas Meyer 2001), hervor, dass der Weg nach Genua über den Einstieg in den Handel mit Katalonien stattfand, bei dem nicht zuletzt der Wollexport über Savona nach Oberitalien im Mittelpunkt stand – was schließlich um 1435 zur Einrichtung eines dauerhaften Geliegers führte. Die Entfaltung vollzog sich dann zwischen 1428 und 1466, und er war neben dem Grundpfeiler des Wollhandels durch das Aufgreifen vielfältiger Möglichkeiten gekennzeichnet, deren Spannbreite vom mediterranen Handel mit Salz, spanischen Lammfellen und Florentiner Wolltuchen über die Einfuhr von Metallen bis hin zu Finanztransaktionen reichte. Sehr eindringlich kann der Verfasser hier aufzeigen, dass die schrittweise Angliederung einer Vielzahl von ursprünglich eigenständigen Kaufleuten an die Gesellschaft – etwa Ulrich Frei und Andreas Sattler aus Konstanz, Ottmar Schläpfer aus St. Gallen, aber auch anderen – zu ihrer beherrschenden Stellung vorstieß, deren innere Struktur der Verfasser als einen Wandel zu einer ‚Kommanditgesellschaft' deutet. In der 2. Hälfte des 15. Jahrhunderts war dann ihr Höhepunkt der „Global Players" (S. 216) erreicht, deren Handelsbeziehungen sich – wie sich aus der doppelten Perspektive der internen Quellen wie der Genueser Überlieferung ergibt – über den gesamten Mittelmeerraum erstreckten, aber eben auch die oberdeutschen und die flandrischen Waren umfassten.

Dieser dominante Entwicklungsstrang wird ergänzt durch eine Reihe von Firmen, die in mehr oder weniger engem Kontakt zu Humpisgesellschaft standen: Das gilt bereits für die Diesbach-Watt-Gesellschaft in der 1. Hälfte des 15. Jahrhunderts, sodann eine Gruppe niederdeutscher Kaufleute, die in „wechselnder Vergesellschaftung" (S. 186) um die Jahrhundertmitte auftauchten und zur deutschen *natio* gezählt wurden. Die europäische Dimension des Genuahandels aber eröffneten Figuren wie Georg Sur, der als eine Art Einzelgänger vor allem um 1460 den Weg nach London erschloss, dann sein zeitweiliger Partner, Johannes Breunlin und dessen Familienunternehmen, und schließlich Ulrich Zeringer, der die Verbindung nach Osteuropa herstellte, gefolgt von den Gebrüdern Rotmund, die mit Karmesin und Pelzwerk den Handel von „Meer zu Meer“ praktizieren (S. 270). Ihre zumindest partielle Verankerung in Nürnberg brachte noch einmal die früheren Ambitionen der dortigen Kaufleute in Genua zum Tragen, ehe dann erst um 1500 mit den Fuggern und Welser-Vöhlin die Augsburger Firmen in Venedig präsent wurden – aber nicht mehr Gegenstand der Studie sind.

Wird mit diesem eindrucksvollen Gesamtbild die These von der zentralen ökonomischen Stellung von Genua im ausgehenden Mittelalter eingelöst, so bleibt freilich nach wie vor im Dunkeln, warum der Faktor ‚oberdeutsch‘ kaum über den Bodenseeraum hinausreichte und lediglich mit Nürnberg ein wichtiges Zentrum als späte Ergänzung fand, während der gesamte ostschwäbische Teilbereich wegen seiner Orientierung an Venedig fast völlig ausfällt – was schon Aloys Schulte als Zweiteilung der transalpinen Wege in Oberschwaben auffiel. Hier müsste man m. E. zur Erklärung auch noch einen Blick auf die Produktionsseite werfen: Der Strukturwandel hin zum Barchent als Exportware, den die ostschwäbischen Städte unter Führung Augsburgs seit der 2. Hälfte des 14. Jahrhunderts so massiv und intensiv betrieben, war auf die Zufuhr von Baumwolle als Massenware aus dem östlichen Mittelmeer angewiesen, die weitestgehend über Venedig lief und zudem begleitet war von organisatorischen bzw. infrastrukturellen Maßnahmen. Er band die Kräfte und Finanzen der ostschwäbischen Firmen in hohem Maße und wurde bekanntlich erst in der 2. Hälfte des 15. Jahrhunderts über den Einstieg in den Bergbau und dann durch die Adaption des Spanienhandels über die Fusion der Welser mit den Memminger Vöhlin ergänzt.

Insgesamt aber bleibt festzuhalten: Mit dieser Studie hat M. Veronesi einen ganz zentralen Baustein für die spätmittelalterliche Wirtschaftsgeschichte Oberdeutschlands geliefert, der tiefgründig recherchiert, über den weiten Blick der Verbindungslinien glänzend analysiert und nicht zuletzt spannend geschrieben ist. Rolf Kießling

Michael Zeheter, Die Ordnung der Fischer, Nachhaltigkeit und Fischerei am Bodensee (1350–1900) (Umwelthistorische Forschungen, Bd. 6), Köln: Böhlau Verlag 2014. 205 S. mit 14 s/w Abb. ISBN 978-3-412-22356-4. Geb. € 34,90

Die aus einer Magisterarbeit an der Universität Konstanz hervorgegangene umwelthistorische Studie fragt am Beispiel der Bodenseefischerei nach Methoden des Ressourcenmanagements und deren Erfolg in früheren Zeiten. Der Untersuchungszeitraum vom 14. bis zum Ende des 19. Jahrhunderts ist von Zeheter gewählt, um unter Berufung auf das Braudelsche Konzept der „longue durée“ langfristige Veränderungen des Ökosystems Bodensee zu analysieren. Dabei wird der Zeitraum als Epoche gedacht, in der die strukturellen Bedingungen der Fischerei weitgehend statisch blieben. Erst technische Innovationen wie die Einführung der Motorboote und die maschinelle Fertigung von Fischernetzen sowie neue Dimensionen in der Bewirtschaftung des Fischbestandes durch die Anlage von Brutanstalten markieren um 1900 den Übergang in die Moderne.

Da limnologische Daten für die Vormoderne fehlen, ist Zeheter vor allem auf die Auswertung normativer Quellen zum Fischfang und Fischverkauf angewiesen. Ein solcher Rechtstext ist erstmals für die Mitte des 14. Jahrhunderts überliefert und stammt aus der Reichsstadt Konstanz, deren Rat vor dem Hintergrund der sich formierenden, auch die Fischer miteinschließenden zünftischen Organisation des Handwerks entsprechende Statuten für seinen Fischmarkt erließ. Schon diese älteste Ordnung handelt von der Festlegung von Schonzeiten – neben der Variierung der Maschenweite der Fischernetze eine der wichtigsten, bis heute angewandten Möglichkeiten zur Regulierung des Ökosystems.

Die Kontrolle des Fischfangs erfolgte aber nicht nur über diese Ordnungen, die die an den Bodensee angrenzenden Herrschaften für ihren Hoheitsbereich erließen, sondern auch durch Verträge, die benachbarte Obrigkeiten miteinander abschließen konnten. Denn im Gegensatz zu dem in Individualrechte, den sog. Fischenzen, aufgeteilten Uferbereich bildete der tiefe See eine prinzipiell von allen genutzte Allmende, deren Erhalt durch Verträge gesichert werden sollte, um die langfristige Versorgung mit der Ressource Fisch als wichtigem Nahrungsmittel zu gewährleisten. Dabei fällt auf, dass sich die Ordnungen und Verträge vor allem zwischen 1450 und 1550 sowie im 18. Jahrhundert nachweisen lassen, was Zeheter mit einem verstärkten Bevölkerungswachstum sowie dem Bestreben der Obrigkeiten, ihre territoriale Macht auch auf den See auszudehnen, in Beziehung setzt.

Anhand dieser Texte kann Zeheter eindrücklich zeigen, dass die Fischer diese Allmende keineswegs bis zum Kollaps ausbeuteten, sondern vielmehr zusammen mit ihren Obrigkeiten „eine Strategie der Krisenvermeidung“ zum Schutz ihrer Lebensgrundlage verfolgten (S. 115). Das damalige Wirtschaften charakterisiert er überzeugend mit dem modernen Begriff der Nachhaltigkeit und widerlegt erstmals auch am Beispiel der Binnenfischerei die These des Biologen Garrett Hardin von der zum Scheitern verurteilten Nutzung der Allmenden.

So bietet die Arbeit von Zeheter viele neue und auch für die Kultur- und Wirtschaftsgeschichte des Bodenseeraums wichtige Erkenntnisse. Ein nützlicher Anhang mit der sorgfältigen Edition des Fischereivertrages zwischen Konstanz und Überlingen von 1536 sowie des Protokolls einer Fischereikonferenz aller Bodenseeanrainer von 1790, einem Glossar zur Fischerei und einem Verzeichnis der Bodenseefische rundet die gelungene umweltgeschichtliche Studie ab.

Wolfgang Dobras

Martin Ott, Salzhandel in der Mitte Europas, Raumorganisation und wirtschaftliche Außenbeziehungen zwischen Bayern, Schwaben und der Schweiz, 1750–1815, München: C.H. Beck 2013. 664 S. ISBN 978-3-406-10780-1. Geb. € 68,–

Das vorliegende Werk setzt sich zum Ziel, die Integration wirtschaftlicher Interessen im Rahmen des Salzhandels in zwischenstaatlichen Beziehungen zu untersuchen. Da sowohl die Produktion wie der Vertrieb von Salz als ein essentielles, aber nicht ubiquitär verfügbares Gut bis in neueste Zeit praktisch überall staatlich monopolisiert war, spielten hier staatliche Akteure eine wichtige Rolle, so dass dem Salzhandel neben der wirtschaftlichen Bedeutung ein eminentes außenpolitisches Gewicht zukam.

Am Beispiel der entsprechenden Beziehungen zwischen Bayern als Produktionsort und primär der Schweiz als Konsumregion in der zweiten Hälfte des 18. und zu Beginn des 19. Jahrhunderts werden zunächst die determinierenden Grundlagen des Salzhandels in diesem Zeitraum erschlossen, indem die „Topografien“ des großräumigen Salzhandels dargelegt werden bzw. die räumliche Verortung des Beziehungsgeflechts von Produktion, Austausch und Konsum innerhalb des Interaktionsraumes ausgeleuchtet wird. In einem weiteren Schritt geht der Autor der Frage der Kommunikation zwischen den Akteuren nach, die durch die staatliche Monopolisierung des Salzhandels immer auch einen gewichtigen zwischenstaatlichen Charakter aufwies. Im letzten Teil wird die Umbruchszeit der napoleonischen Epoche beleuchtet, in der sich auf deutscher Seite die räumlichen Ordnungsmuster wandelten, während der Staatenbund der Eidgenossenschaft in einen zentralistischen Einheitsstaat umgeformt wurde, dessen Rigidität zwar bald wieder gemildert wurde, der aber als ganzheitliches Staatswesen bestehen blieb. Insgesamt gesehen bewegt sich die Untersuchung stark in räumlichen Bezügen, ohne im hergebrachten essentialistischen Raumverständnis zu verharren, obwohl der physische Raum viele Bezüge des Salzhandels determiniert. Zusätzlich werden neuere Raumkonzepte handlungstheoretischer Ausrichtungen einbezogen, wie sie vor allem im geografischen Fachdiskurs entwickelt worden sind.

Im ersten Teil wird somit ein breit angelegter Überblick über die Produktion, den Vertrieb und den Konsum von Salz in der Südhälfte des Reichs und in den angrenzenden österreichischen, lothringischen, freigrafschaftlichen, savoyischen und eidgenössischen Regionen als Basis vorangestellt. Im zweiten Teil steht vor allem der Handel Bayerns mit der Schweiz und hier vor allem mit Bern im Fokus der damit verbundenen zwischenstaatlichen Kommunikation und der Raumorganisation. Hierbei tritt nun der determinierende essentialistische „Containerraum“ zugunsten eines „gemachten“, eines „Handlungsraumes“ zurück, indem der handelspolitische Aktionsraum der Akteure über die eigentlichen territorialen Grenzen ihrer Bezugsterritorien hinausgreift. Im dritten Teil steht die Umbruchszeit um 1800 im Vordergrund, in der der bayerische Staat neue Formen der wirtschaftlichen Verbindung mit der Schweiz erprobte. Neben den Schwierigkeiten, die sich durch die politischen Wirrungen und die Kriegshandlungen ergaben, wird zudem deutlich, wie die Diskrepanz zwischen eigentlichem geschlossenem Territorium der beteiligten Staatswesen und deren viel weiter gefasstem Handlungsraum immer mehr schwand und es schlussendlich zu deren Deckung kam, indem Bayern den Anschluss an den Bodensee gewann und die Schweiz zu einem föderalen Einheitsstaat wurde.

Das umfangreiche Werk überzeugt einerseits durch seine profunde Aufarbeitung der Literatur und der Quellen. Zum anderen rezipiert es die Entwicklung von Raumkonzepten und beschränkt sich nicht auf die reine Ausleuchtung von Handelsbeziehungen und deren Wechselfälle, sondern integriert die Befunde in einen vielschichtigen räumlichen Kontext. Besonders hervorzuheben ist die gelungene Zusammenschau eines Handels- und Handlungsraumes, der den Süden des Reichs, die Schweiz und Ostfrankreich umfasst und der bisher immer nur sektoriell betrachtet wurde. Zudem kommt dem Buch das Verdienst zu, dass es eine Ostorientierung der bernischen Handelsbeziehungen – und sei es auch nur auf einen einzigen Sektor bezogen – in den Vordergrund stellt, nachdem vielfach gerade in Bezug auf den Salzhandel Berns vor allem die Ausrichtung auf Frankreich und die damit verbundenen wirtschaftlichen und politischen Implikationen im Vordergrund standen. Zu wünschen übrig bliebe lediglich, dass ein Werk mit über sechshundert Seiten seinen Leserinnen und Lesern mit einigen Tabellen, Illustrationen und Karten die Lektüre erleichtern würde.

Rolf Peter Tanner

Gert Kollmer-von Oheimb-Loup / Sibylle Lehmann / Jochen Streb (Hg.), Chancen und Risiken internationaler Integration, Mikro- und makroökonomische Folgen der Internationalisierung (Stuttgarter Historische Studien zur Landes- und Wirtschaftsgeschichte 22), Ostfildern: Thorbecke 2014. 256 S. ISBN 978-3-7995-5573-9. Geb. € 46,–

Der Sammelband umfasst die verschriftlichten Vorträge eines im Herbst 2012 von der Gesellschaft für Wirtschaftsgeschichte Baden-Württemberg e.V., dem Wirtschaftsarchiv Baden-Württemberg und den Lehrstühlen für Wirtschaftsgeschichte an den Universitäten Hohenheim und Mannheim ausgerichteten Symposions.

Beleuchtet wird der Themenkomplex sowohl aus historischer wie auch aus aktueller Perspektive. Neben Wissenschaftlern kommen dabei Praktiker aus Wirtschaft und Finanzen zu Wort. Christine Bechtle-Kobarg weist im Geleit auf die Aktualität des Themas hin und zeigt damit gleichsam die Relevanz des Bandes auf. Von den Herausgebern wird im einführenden Beitrag die Janusköpfigkeit der wirtschaftlichen Globalisierung betont – so halte diese neben Chancen gleichwohl auch mannigfaltige negative Folgen bereit. Der Fokus auf Chancen und Risiken, die mit der wirtschaftlichen Globalisierung verbunden sind, stellen folgend auch die verbindende Klammer der versammelten Aufsätze dar.

Zwar ist bekannt, wie zahlreiche historische Beispiele belegen, dass wirtschaftliche Integration über Grenzen hinweg kein neues Phänomen darstellt, allein der Blick auf die sich daraus ableitenden Auswirkungen am Beispiel konkreter Falluntersuchungen zeigt noch einmal eindrücklich ihre Aktualität und Bedeutung. Durch die Sichtbarkeit insbesondere der negativen Aspekte – beispielsweise gegenwärtig im Bereich der Finanzwirtschaft – hat die Beschäftigung mit dem Thema gerade in jüngster Zeit an Dynamik gewonnen.

Die versammelten Beiträge nähern sich dem Gegenstand aus unterschiedlicher thematischer und zeitlicher Perspektive. Für die inhaltliche Orientierung ist es deshalb hilfreich, dass von den Herausgebern einleitend die einzelnen Beiträge kurz und prägnant zusammengefasst werden. Da aus ihrer Sicht die Chancen und Risiken der Marktintegration von dem jeweiligen Markttyp abhängig sind, gliedert sich der Aufbau des Bandes entsprechend: So bilden Güter-, Finanz- und Arbeitsmärkte sowie der Blick auf Integrationsstrategien multinationaler und mittelständisch ausgerichteter Unternehmen auf dem globalisierten Wirtschaftsmarkt die innere Struktur des Sammelbandes.

Mit der Auswahl der Beiträge ist es gelungen, sowohl historische als auch aktuelle Themenkomplexe abzubilden, die über enge disziplinäre Fachgrenzen und -perspektiven hinweg verständlich dargestellt werden. Die Vielfalt der Beiträge reicht von der Untersuchung wirtschaftlicher Folgen der Internationalisierung bzw. Des-/Integration einzelner geographischer Räume über die Fokussierung auf spezifische Themen bis hin zur Beschäftigung mit einzelnen Wirtschaftsbranchen und zu dem Blick auf konkrete Erfahrungen von Unternehmen auf den internationalen Märkten. Vernachlässigbar mag dabei erscheinen, dass sich die Aufsätze im Bereich Finanzmärkte ausschließlich auf die Eurozone beziehen. Allesamt bewegen sich die Studien auf dem aktuellen Forschungsstand und bieten gleichzeitig Anknüpfungspunkte für weitere Untersuchungen. Auch die Nebeneinanderstellung von theoriegeleiteten Beiträgen und Berichten aus der Praxis erscheint durchweg geglückt.

In der Gesamtschau lässt sich konstatieren, dass dieser Sammelband anschauliche Einblicke in die Folgen der Internationalisierung eröffnet. Dabei ist der rote Faden, Chancen und Risiken herauszuarbeiten, bei allen Beiträgen klar erkennbar, was dazu führt, dass ein in sich stimmiges Gefüge vorliegt.

Daniel Wilhelm

Kultur- und Bildungsgeschichte, Literatur- und Musikgeschichte

Rudolf BÜHLER / Rebekka BÜRKLE / Nina Kim LEONHARDT (Hg.), Sprachkultur – Regionalkultur, Neue Felder kulturwissenschaftlicher Dialektforschung (Studien & Materialien des Ludwig-Uhland-Instituts der Universität Tübingen, Bd. 49), Tübingen: Tübinger Vereinigung für Volkskunde 2014. 302 S. ISBN 978-3-932512-83-4. € 22,–

Der Sammelband mit 14 Beiträgen und einer Einleitung verdankt seine Entstehung der Arbeitstagung zu dem seit 2009 etablierten Projekt „Sprachalltag in Nord-Baden-Württemberg", das am Ludwig-Uhland-Institut der Universität Tübingen angesiedelt ist. Die Tagung hatte laut Einleitung (S. 9) zwei Ziele: die „Reintegration einer Beschäftigung mit Dialekt und regionalen Varietäten im Arbeitsgebiet des Ludwig-Uhland-Instituts" sowie den „Versuch, Sprache in einen alltagsweltlichen Horizont zu rücken und damit auch wieder für die Frage- und Arbeitsweisen der Empirischen Kulturwissenschaft zu öffnen". Es ist interessant, dass die Sensibilisierung für die gemeinsamen Interessen von Sprach- und Kulturwissenschaft unter dem Buchtitel „Sprachkultur" angeboten wird, und zugleich befremdlich, dass Bernhard Tschofen, der Verfasser der Einleitung und Kulturwissenschaftler, mit keinem Wort darauf eingeht, dass der Begriff „Sprachkultur" zumindest in der Sprachwissenschaft seit Jahrzehnten – auch international – heftig diskutiert und um seine Definition gerungen wird. Dennoch kann der vorliegende Sammelband, weil sich nun auch die Kulturwissenschaft an der Diskussion beteiligt, auch unter dem Aspekt rezipiert werden, welchen Beitrag die abgedruckten Vorträge zur Schärfung unserer Vorstellung von regionaler Sprachkultur leisten.

Den Dialekten und der sprachlichen Regionalität in Baden-Württemberg sind folgende Beiträge gewidmet: Hubert Klausmann, Regionalismen in der schriftlichen Standardsprache (ergänze: im regionalen Wortschatz in Baden-Württemberg); es geht um die Akzeptanz von Wörtern wie *Putzlumpen, Bulldog, Brosamen* in der schriftsprachlichen Kommunikation (S. 96–135). Stephan Elspas und Robert Möller stellen lexikalische und phraseologische Besonderheiten des deutschen Südwestens im Atlas zur deutschen Alltagssprache (AdA) dar (S. 121–135). Während sich der Beitrag von Rebekka Bürkle auf den „Sprachalltag in Unternehmen in Baden-Württemberg" (S.136-153) konzentriert, richten Nina Kim Leonhardt und Thomas Streck das Augenmerk einmal auf die „subjektiven Sprachräume" im Norden Baden-Württembergs (S. 55–67) und das andere Mal auf den Südosten mit Beobachtungen zum phonologischen Wandel im nördlichen Bodensee-Raum im 20. Jahrhundert (S. 287–302). Mit den Problemen des Lautwandels entlang der schwäbisch-fränkischen Sprachgrenze befasst sich – unter dem Titel „Dialekte im Wandel" (S. 241–254) – Rudolf Bühler, der auch eine nützliche Übersichtskarte über die Verteilung der Kleinraumatlanten im südwestdeutschen Sprachraum (S. 245) bietet.

Gleichsam an die Ränder Baden-Württembergs führen die dialektologischen und regionalsprachlichen Ausführungen von Simon Pickl zu „Dialekträumen ‚unter der Oberfläche'" mit der Darstellung dialektometrisch erfasster wortgeographischer Strukturen in Bayerisch-Schwaben (S. 198–217); von Almut König und Monika Fritz-Scheuplein, die Anfragen an das Unterfränkische Dialektinstitut unter dem Aspekt der Wertschätzung bzw. Zurückdrängung des Dialekts auswerten (S. 18–34); von Nicole Palliwoda, die ein Dissertationsprojekt vorstellt, in dem es 25 Jahre nach der Wiedervereinigung um die Frage geht, inwieweit „die Mauer in den Köpfen" im nordunterfränkisch-südwestthüringischen Grenzgebiet noch vorhanden ist (S. 71–93); von Lorenz Hofer zur Mitwirkung der Sprachgemeinschaft am neuen Baseldeutsch-Wörterbuch (per Umfrage) (S. 186–197) und von Helen Christen, die das Sprachraumwissen von Laien in der Urschweiz ermittelt (S. 35–54). Ralf Knöbl geht es um die Verbreitung der gesprochenen Realisierung des Indefinitartikels *(so) einen* im ganzen deutschen Sprachgebiet (S. 154–185). Unter dem spannenden Titel „Jenseits der Zeichen – Zur Koinzidenz sprachlicher und außersprachlicher Raumphänome" wirft Alfred Lameli die „Frage nach dem interpretativen Wert nicht-sprachlicher Daten für die linguistische Ebene" auf und exemplifiziert das Problem am Beispiel der „Heiratsbewegungen" im Gebiet des Mittelrheinischen Sprachatlasses (S. 218–240). In den Norden des deutschen Sprachgebiets entführt Christoph Schmitt die Leser mit seinem Bericht zur digitalen Auswertung des Mecklenburgischen Wörterbuchs (S. 255–286).

Alle hier kurz referierten Beiträge gehen ausführlich auf die angewendeten Methoden ein. Im Vordergrund steht dabei die Wahrnehmungsdialektologie, bei der es im Wesentlichen darum geht, die Kommunikation der Sprecher und Sprecherinnen über ihre Sprechweise und regionalsprachliche Verortung zu erfassen und auszuwerten. Hierin ist auch der besondere Beitrag des Buches zur regionalen Sprachkultur zu sehen: Sprachkultur bzw. die auf sie hinführenden Aktivitäten der Sprachkultivierung setzen Sprachwissen und sprachkritische Distanzierung bei den „Laien" voraus bzw. sollten diese fördern. Es ist das Verdienst des vorliegenden Sammelbandes, der zahlreiche – leider nur schwarzweiße – Abbildungen (Karten und Tabellen) enthält, wertvolle Materialien zur Methode der Erfassung und Auswertung des subjektiven Sprachwissens im deutschen Südwesten und damit zur modernen Erforschung der regionalen Sprachkultur bereitzustellen. Albrecht Greule

Wolfgang Haubrichs / Patricia Oster (Hg.), Zwischen Herrschaft und Kunst, Fürstliche und adlige Frauen im Zeitalter Elisabeths von Nassau-Saarbrücken (14.–16. Jh.) (Veröffentlichungen der Kommission für Saarländische Landesgeschichte und Volksforschung 44), Saarbrücken 2013. 383 S., zahlr. farb. Abb. ISBN 978-3-939150-05-3. € 39,–

Mit dem vorliegenden Sammelband widmet Wolfgang Haubrichs diesmal gemeinsam mit Patricia Oster erneut eine interdisziplinär ausgerichtete Studie Elisabeth von Nassau-Saarbrücken. Anders als der 2002 als Nummer 34 derselben Reihe erschienene Band „Zwischen Deutschland und Frankreich", der dem literarischen Schaffen und der Person Elisabeths wie ihrem unmittelbaren Umfeld gewidmet war, nimmt das nun vorliegende Werk Elisabeth als Ausgangspunkt, um sie in ein Panorama von fürstlichen und adeligen Frauen einzubetten und nach deren Handlungsräumen zu fragen. Dabei dient Elisabeth von Nassau-Saarbrücken insofern als Leitfigur, als an ihr der zeitliche und geographische Rahmen des Untersuchungsfeldes abgesteckt ebenso wie das Leitthema verortet wird, die Suche nach dem Zusammenspiel des politischen Wirkens hochadliger Frauen mit ihren Tätigkeiten im Bereich der Kunst und insbesondere der Literatur.

Elisabeths Wirken gliedert sich in den Kontext ihrer Familie und Verwandtschaft ein: So hatte wohl bereits ihre Mutter Margarethe aus dem Haus Vaudémont-Joinville eine Zusammenstellung der von Elisabeth in deutsche Prosa übersetzten französischen Heldenlieder geleistet. Ihr Sohn sorgte für die Abschrift der Werke seiner Mutter, deren Rezeption insbesondere im Umfeld bibliophiler Verwandter erfolgte. Elisabeths Tochter wiederum erbte Bücher der Mutter. Ihr Bücherverzeichnis verliehener Bücher erschließt einen Zirkel bibliophiler Freunde und Verwandter in ihrem Umkreis, insbesondere in der Region Lothringen, Luxemburg und des Rheinlands (S. 9–10). Aus dieser Konstellation gewinnen die Herausgeber eine dreistufige Typologie des Verhältnisses zwischen Kunst und hochadligen Frauen: 1) Die Bedeutung der Mutter-Tochter-Bindungen für die Frage der Adressatinnen und Rezipientinnen von Literatur, 2) Die Rezeption und gezielte Sammlung von Werken im Kreis der Verwandten sowie 3) Die Autorschaft als Verdichtung literarisch-künstlerischen Interesses (S. 11). Diese Typologie wurde der Konzeption des Bandes zugrunde gelegt und in vier Themenfelder übertragen: 1) Adlige Frauen als Rezipientinnen und Adressatinnen von Literatur und Kunst, 2) Adelsdamen als Mäzeninnen und Sammlerinnen, 3) Autorinnen im fürstlichen Umfeld sowie 4) Frauenbildung, Frauenrollen und Frauenbilder (S. 12).

Die insgesamt 16 Beiträge gliedern sich in acht germanistische, vier romanistische, zwei kunsthistorische und zwei historische, sodass der Schwerpunkt der Untersuchung im Bereich der Literaturwissenschaft liegt. Zwei Beiträge (Hans-Walter Herrmann, Undine Brückner) widmen sich Elisabeths Tochter, Margarethe von Rodemachern, von der sich ein bemerkenswertes Ausleihverzeichnis ihrer Bücher sowie eigenhändige Notizen in ihrem Gebetsbuch erhalten haben. Brückners Analyse dieser Notizen im Vergleich zur von der Kaufmannstochter Dorothea von Hof selbst kompilierten Gebetshandschrift gehört, auch dank der bemerkenswerten Quellen, zu den Höhepunkten des Bandes. Insbesondere überzeugen ihre Überlegungen zur komplexen Frage von Kreativität und Individualität, die Autorschaft in eine Vielzahl von Tätigkeiten aufschlüsselt, zu denen auch das Abschreiben und Kompilieren wie das Individualisieren von Handschriften über Notizen und Gebetsanleitungen zählen.

Grundlegend war dieser Frage bereits Norbert H. Ott in seinem einleitenden Beitrag nachgegangen, in dem er an reichem Material illustriert, wie Frauen Literatur und Kunst zur „Identitätsfindung und zur Definition ihrer gesellschaftlichen Rolle“ (S. 17) nutzten: Individualisierung erfolgt über volkssprachliche Beischriften in Psalterien, die Auswahl von Gebetstexten, Namensnennungen und ikonographische Darstellungen in Stundenbüchern, die Produktion illustrierter Handschriften („Nonnenmalerei“), Benutzung und In-Auftrag-Geben von Handschriften bis hin zur Anfertigung von Luxus-Gebrauchsobjekten mit literarischen, oft erotischen Themen.

Drei Beiträge widmen sich der weiblichen Sprechhaltung, Familienbeziehungen sowie den Herrscherinnenfiguren in den Schriften Elisabeths von Nassau-Saarbrücken (Nine Miedema, Ingrid Bennewitz, Tomas Tomasek). Vergleichend werden weitere fürstliche Frauen als Adressatinnen, Mäzeninnen oder Autorinnen in den Blick genommen (Paola Gonzaga, Margarethe von Österreich, Elisabeth von Görlitz, Claude-Catherine de Clermont, Herzogin von Retz, Königin Eufemia von Norwegen, Anne de France, Marguerite de Navarre). Amalie Fößel untersucht den Buchbesitz und damit die Frage der Bildung der Fürstinnen im Umkreis des Prager Hofes der Luxemburger, während Wolfgang Haubrichs deutschsprachige Preis- und Ehrenreden auf fürstliche Frauen im Umfeld Kaiser Ludwigs des Bayern im Hinblick auf Frauenrollen und -bilder darlegt.

Herausgehoben sei aufgrund seiner methodischen Überlegungen der Beitrag von Albrecht Classen zu den spätmittelalterlichen Frauenklöstern im deutschsprachigen Raum. Zu Recht betont Classen die Bedeutung von Klöstern als Kreativräume für handwerkliche wie auch intellektuelle Fähigkeiten von Frauen. Zudem seien sie zentrale Knotenpunkte in einem politischen Kommunikationsnetz, sodass sich, so mag man ergänzen, am Beispiel der Klöster ideal die Verwobenheit von Politik und Kunstschaffen zeigt, zu dem auch handwerkliche Tätigkeiten wie das Sticken und Weben zu zählen sind. In dieser Hinsicht fordert Classen die Zurückweisung der „pejorative[n] Bedeutung von ‚Nonnenarbeit‘ oder ‚Nonnenmalerei‘“

und demgegenüber eine „erheblich größere[r] Vorsicht in der Beurteilung von religiösen Werken", die nur „adäquat im Kontext ihrer Zeit" beurteilt werden können. Insbesondere der Vergleich mit männlichen Künstlern führe bereits „auf Abwege, die die spezifischen Lern- und Produktionsbedingungen nicht ausreichend in Betracht ziehen" (S. 333). Südwestdeutsche Klöster sind ihm zufolge wichtige Zentren für die Literaturproduktion; im 15. Jahrhundert seien die Frauenkonvente die wichtigsten Orte für volkssprachliche Bildungsprozesse (S. 341).

Die Beiträge weisen großteils dicht am Quellenmaterial gewonnene Befunde auf, präsentieren unterschiedliche Quellen, die Frauen in einer Vielzahl von Tätigkeiten aktiv sichtbar werden lassen. Die Heterogenität der Zugänge eröffnet verschiedene Sichtweisen – auch wenn der eine oder andere Beitrag nicht durchwegs überzeugt: So ist das postulierte Rezeptionsdreieck Barbara von Brandenburg – Andrea Mantegna – Paola Gonzaga eine Verkürzung der gerade durch die jüngere Forschung am Mantuaner Markgrafenpaar aufgezeigten engen Zusammenarbeit von Fürst und Fürstin. Weniger als Kritik und mehr im Sinne eines konstruktiven Weiterdenkens der Ansätze des Bandes zu formulieren wäre das Hinterfragen der Dichotomie von Herrschaft und „informeller" Macht, die manche Beiträge suggerieren. Ebenso ließe sich auch die bereits im Titel angeklungene Gegenüberstellung von Kunst und Politik überdenken. Diese Bewertungen lassen sich in den Ansätzen der neuen Kulturgeschichte des Politischen wie der kritischen Geschlechterforschung überwinden. Stattdessen wäre zu fragen nach den jeweiligen weiblichen und männlichen Handlungsräumen, deren Zusammenwirken und den spezifischen Medien der Kommunikation.

Insgesamt haben Haubrichs und Oster einen materialreichen, optisch ansprechenden, reich bebilderten und anregenden Band vorgelegt. Über seine zeitliche und geographische Fokussierung hinaus, die ihn insbesondere für landesgeschichtlich Interessierte ausweist, weitet er sich zu einer Anthologie für die Frage nach dem Zusammenspiel von Kunst und Politik und der tragenden Rolle der fürstlichen und adligen Frauen in diesem Feld.

Christina Antenhofer

Britta Kägler, Frauen am Münchener Hof (1651–1756). Kallmünz: Laßleben 2011. X, 623 S. mit 10 Abb. ISBN 978-3-7847-3018-9. Geb. € 48,–

Bei dem vorliegenden Buch handelt es sich um eine Münchner Dissertation aus dem Jahr 2008, die mit dem Forschungspreis 2010 des Gesamtvereins der Deutschen Geschichts- und Altertumsvereine prämiert worden ist und im Jahr darauf als Band 18 innerhalb der Reihe „Münchener Historische Studien, Abteilung Bayerische Geschichte" erschienen ist. Die Autorin untersucht darin die Zusammensetzung und die Handlungsspielräume der Gruppe der weiblichen Angehörigen des kurfürstlich-bayerischen Hofstaats im Zeitraum zwischen dem Tod Kurfürst Maximilians I. 1651 und dem Tod der Maria Amalia, Witwe des Kurfürsten und seit 1742 Kaisers Karl VII. Albrecht, im Jahr 1756. Diese beiden Daten umreißen zugleich die große Zeit des barocken bayerischen Absolutismus, nach dem eher bescheidenen Zuschnitt des Hoflebens unter Maximilian I. während des Dreißigjährigen Krieges und vor dem beginnenden Bedeutungsverlust der höfischen Kultur angesichts des zunehmenden Aufkommens einer von der bürgerlichen Aufklärung geprägten „öffentlichen Meinung".

Zunächst analysiert die Autorin anhand des Bestandes der Besoldungsbücher des kurbayerischen Hofzahlamtes, der über mehr als 200 Jahre lückenlos vorliegt, die Entwicklung und Zusammensetzung des Hofpersonals im „Frauenzimmer" der Kurfürstinnen. Verursachten

Todesfälle von Kurfürstinnen bis zum Ende des 17. Jahrhunderts noch quantitative Einbrüche beim Personal, so verschwand diese Tendenz danach zunehmend, da in solchen Fällen die Bediensteten der Verstorbenen meist innerhalb des Münchener Hofes verblieben und nur in einen anderen Hofstaat wechselten. Die Amtsträgerinnen stammten zum überwiegenden Teil aus dem altbayerischen Turnieradel, der hier seine Position – im Gegensatz zu den Verhältnissen bei den männlichen Amtsträgern – über den ganzen Zeitraum hinweg verteidigen konnte.

Im folgenden Kapitel, das mit „Familie und Favoritinnen“ überschrieben ist, werden die Personengruppen der Prinzessinnen, der Kurfürstinnen und der Mätressen näher betrachtet. Bei den Prinzessinnen steht die Erziehung im Mittelpunkt, mit dem Ziel einer Vermählung, die den Interessen des fürstlichen Hauses zu dienen hatte. Die Alternative dazu, nämlich der Eintritt in ein Kloster, blieb im untersuchten Zeitraum eine seltene Ausnahme. Die Kurfürstinnen mit ihrem Hofstaat bildeten innerhalb der bayerischen Politik immer einen eigenständigen Faktor, da sie – wie adlige Frauen in der frühen Neuzeit generell – auch ohne ein offizielles Amt Funktionen wahrnehmen und Aufträge ausführen konnten. Dies änderte sich allerdings zunehmend mit der Formalisierung und Bürokratisierung der politischen Abläufe im 18. Jahrhundert, die diesen Bereich inoffizieller politischer Einflussnahme durch die Frauen des Hofes immer mehr einengten. Dies galt auch für die außerehelichen Geliebten, die Mätressen, die von den bayerischen Kurfürsten dieser Zeit – nach dem Vorbild des französischen Hofes – ohne Bemühung um Verheimlichung dieser Tatsache gehalten wurden. Allerdings konnte keine der kurbayerischen Mätressen zu einer so großen Machtstellung aufsteigen und die Ehefrau des Herrschers derart an den Rand drängen, wie dies am französischen Königshof dieser Zeit der Fall war.

Im zweiten Teil des Buches werden Organisation und Interaktion innerhalb des Hofstaats der Kurfürstin untersucht, wobei vor allem die Dienstinstruktionen und Hofordnungen als Quellenbasis herangezogen werden. Ergänzend zur bisherigen Anschauung in der Historiographie, dass sich adelige Bräute nach der Hochzeit an ihr neues Lebensumfeld anzupassen hatten, wobei sich aber doch auch ein beiläufiger Kulturtransfer ergab, weist die Autorin darauf hin, dass auch die Hofgesellschaft des Gemahls sich auf die Braut einzustellen versuchte, etwa durch Entsendung von Experten, die im Vorfeld der Hochzeit Festlichkeiten, Sitten und Kleiderordnungen etc. in der Heimat der erwarteten Braut studierten, um kulturell bedingte Anstößigkeiten im künftigen Zusammenleben zu vermeiden.

Im letzten Kapitel wird untersucht, inwieweit der Hofdienst als Ausgangspunkt für weibliche „Karrieren“ genutzt werden konnten, wobei durchaus auch eine ertragreiche Heirat Station oder gar Zielpunkt einer solchen Karriere sein konnte und in den meisten Fällen auch war. Einen Sonderfall bildeten die „Kammerzwerginnen“, die faktisch kaum Aussicht auf eine Heirat hatten, dafür aber eine zwei- bis dreimal höhere Besoldung als die „normalen“ Kammerdienerinnen (bei gleichen Aufgaben) erhielten (S. 335 f.).

In ihrem Resümee stellt die Autorin fest, dass Krisenzeiten den Frauen am Hof größere Möglichkeiten für selbständiges Handeln boten als der Alltag. Zudem betont sie die Bedeutung des Bereichs von Religion und Frömmigkeit, wo Frauen am Hof eine besondere Vorbildfunktion einnahmen, im Gegensatz zum oft anzutreffenden Klischee vom „lasterhaften Hof“. Nicht verwunderlich ist, dass die Karrieren der Amtsträgerinnen stark an den Interessen der eigenen Herkunftsfamilien ausgerichtet waren. Kennzeichnend für den Hofstaat der bayerischen Kurfürstin war dabei ein fortwährendes Spannungsverhältnis zwischen der Kontinuität alter bayerischer Adelseliten und der regelmäßigen Diskontinuität durch die zusätzliche Aufnahme eines fremden Gefolges aus dem Herkunftsland der jeweiligen Kurfürstin.

Im Anhang des Buches befindet sich ein Verzeichnis der Amtsträgerinnen am Münchener Hof bis hinunter zu den Kammerfrauen für die Jahre 1632 bis 1776, wofür die Besoldungslisten des Hofzahlamtes im Abgleich mit den Hofzahlamtsrechnungen herangezogen wurden. Tabellenmäßig erfasst sind dabei in chronologischer Folge insgesamt 406 Frauen mit Namen, Amtszeit, Besoldung, Tätigkeit und sonstigen inhaltlichen Bemerkungen. Die Oberst- und Fräuleinhofmeisterinnen der Kurfürstinnen als ranghöchste Amtsträgerinnen sind dabei in einer gesonderten Tabelle noch einmal zusätzlich erfasst. Erschlossen ist der Band durch ein Personen-, Orts- und Sachregister. Franz Maier

Fletcher DuBois / Hans-Peter Gerstner (Hg.), Comenius in Heidelberg, Student in Heidelberg – Lehrer der Menschheit (Heidelberger Schriften zur Universitätsgeschichte; Bd. 2), Heidelberg: Winter Verlag 2014. 180 S. ISBN 978-3-8253-6216-4. € 25,–

Die reichhaltige Forschungsliteratur über Johann Amos Comenius spiegelt seine gesellschaftliche Bedeutung in der gelehrten Welt der Frühen Neuzeit hinsichtlich neuer Impulse im Bereich der Bildung und seiner Rolle als geistiger Wegbereiter der Moderne wider. Vor allem in den letzten Jahren entstand eine Vielzahl von Spezialstudien, Biografien und Sammelbänden, die das Leben und Wirken von Comenius zum Gegenstand haben. In diese ‚Comenius-Forschung' reiht sich auch der Sammelband von Fletcher DuBois und Hans-Peter Gerstner ein. Die Herausgeber hatten es sich zur Aufgabe gemacht, in erster Linie die Studienzeit von Comenius an der Ruprecht-Karls-Universität in Heidelberg wissenschaftlich zu beleuchten. Dies sei bisher stets ein Desiderat geblieben. Anlass für das Bestreben, diese Forschungslücke zu füllen, war der 400. Jahrestag der Immatrikulation von Comenius an der Ruperto Carola im Jahr 2013 und die zu diesem Thema gezeigte Ausstellung „Comenius in Heidelberg".

Der Sammelband eröffnet mit einem Grußwort zur Ausstellung (Friederike Nüssel). Anschließend führen Fletcher DuBois und Hans-Peter Gerstner in die Thematik „Comenius in Heidelberg" ein. Die folgenden acht wissenschaftlichen Aufsätze werden durch den Abdruck eines Typoskripts der Antrittsvorlesung von Dimitrij Tschižewskij, gehalten in Marburg in der Mitte der 1940er Jahre mit einem Vorwort von Hans-Peter Gerstner, ergänzt. Dimitrij Tschižewskij hatte einen Großteil seiner wissenschaftlichen Forschungen Comenius gewidmet. Ebenso wird eine Übersetzung von Comenius' „Triertium catholicum" mit einem Vorwort von Barbara Frenk, Otto Ritter, Alexander Stäblein und Maik Welz beigegeben. Der Sammelband schließt mit einer Reflexion von Fletcher DuBois und dem Auszug eines Gesprächs mit Věra Schifferová, die sich im Rahmen ihrer Forschungen an der Akademie der Wissenschaften der Tschechischen Republik mit Comenius und dessen Philosophie beschäftigt.

Fletcher DuBois begründet in seiner Einleitung vor allem den Fokus des Sammelbandes auf die Heidelberger Zeit von Comenius. Dabei steht allerdings die Notwendigkeit der Ergänzung der Heidelberger Universitätsgeschichte im Vordergrund, während der Beitrag zu der ‚Comenius-Forschung' scheinbar etwas in den Hintergrund tritt. Er legt die Hauptquellen der aufgenommenen Untersuchungen dar und bindet das Jubiläum der Immatrikulation und des Studiums von Comenius in Heidelberg im Jahr 1613/14 in den größeren Kontext der Jubiläen historischer Ereignisse, wie etwa dem 450. Jubiläum des Heidelberger

Katechismus und dem 400. Jahrestag der Feierlichkeiten zur Hochzeit von Elisabeth Stuart und Friedrich V., ein.

Mit dem folgenden Artikel „Lebenswege und Lebenswerke des Johann Amos Comenius" von Hans-Peter Gerstner bietet dieser in erster Linie einen Abriss der biographischen Ereignisse und Werke von Comenius. Hermann Röhrs widmet sich konkret der „Studienzeit des Comenius in Heidelberg" und beleuchtet dessen Kontakte zu den Gelehrten und Kommilitonen an der Ruperto Carola. Um es mit Röhrs eigenen Worten zu sagen, dürfe allerdings „keinesfalls" der „einjährige Aufenthalt" von Comenius in Heidelberg „durch eine zu stark akzentuierte Deutung überschätzt werden" (S. 45).

Mit dem Artikel zu „Notizen zu Comenius und seinen Heidelberger Universitätslehrern" legen Fletcher DuBois, Sven Lehmann, Kirsten-Heike Pistel und Chris Müllner für ihre Ausführungen einen Brief zugrunde, in dem Comenius seine Heidelberger Lehrer nennt und dies, so die These der Autoren, in priorisierender Reihenfolge. Anschließend werden vor allem die – bereits in der Literatur bearbeiteten – Disputationen von Comenius bei Bartholomarus Coppenius und David Pareus herausgestellt. Hieraus leiten die Autoren einen prägenden Einfluss von Pareus auf Comenius ab, räumen allerdings selbst ein, dass viele Aussagen hinsichtlich der Studienzeit von Comenius in Heidelberg spekulativ bleiben müssen. Ferner werden Forschungsdesiderate aufgetan, die sich weniger auf Comenius als auf die Heidelberger Theologielehrer der Zeit beziehen (S. 67).

Michael Hanstein und Kirsten-Heike Pistel erläutern mit „Theater in der Schule – Schule auf dem Theater" vornehmlich die Pädagogik von Comenius im Allgemeinen mit einem etwas konstruiert wirkenden Versuch, grundlegende Anregungen hierzu in der Heidelberger Studienzeit zu verorten.

Wieder Hans-Peter Gerstner stellt in dem Artikel „Hortus Palatinus und Palatium Cordis: Versuch über den Garten des Pädagogen" die „Verbindung von Garten-, Regierungs- und Erziehungskunst" (S. 78) in den Mittelpunkt. Die Ausführungen zu den Bildungsvorstellungen von Comenius und die Darstellung der Bedeutung der Gartenmetapher generell für Wissen und Wissenschaft der Frühen Neuzeit, beispielsweise bei ‚großen' Denkern wie Descartes und Bacon, überzeugen. Dennoch erscheint der Versuch, die Prägung von Comenius' Gedanken zu Gartenbildern mit dem Hortus Palatinus und den Heidelberger Gärten zu koppeln, sehr konstruiert, da der Hydraulik-Ingenieur Salomon de Caus, unter anderem als Baumeister des Hortus Palatinus bekannt, erst 1613 nach Heidelberg kam und die Entwürfe und Baumaßnahmen auch im Folgejahr noch in den Kinderschuhen steckten.

„Das All im Auge?" hat Sven Lehmann seinen Beitrag betitelt. In seiner gewinnbringenden Untersuchung betrachtet er den Kauf des Kopernikusmanuskripts „De revolutionibus orbium coelestrium" durch Comenius während dessen Zeit in Heidelberg. Damit verbunden legt er die Kontakte von Comenius mit den Heidelberger „Sphären" der Astronomie, die um 1600 bedeutend besetzt waren, dar. Die Heidelberger Studienzeit wird im Folgenden mit weiteren Ausführungen zu Comenius' Didaktik in späterer Zeit gelungen verknüpft. Wie bereits bei dem vorangestellten Artikel von Gerstner bindet auch Lehmann die Person des Comenius in den weiteren Kontext der sich verbreitenden Beeinflussung des kameralistischen Nützlichkeitsgedankens der Mechanik, der Künste und des (natur)wissenschaftlichen Wissens ein.

Der zweite Artikel von Hermann Röhrs hat „Die friedenserzieherische Idee des Johann Amos Comenius" zum Gegenstand. In seiner Darstellung werden Aspekte des Lebens und vor allem die Werke des Comenius beleuchtet. Allerdings findet die Heidelberger Zeit des

Comenius nur kurz in Verbindung mit dem dort lehrenden Paraeus und dessen Einfluss auf Comenius Beachtung.

Mit dem Blick auf „Comenius und die Tradition der Heidelberger Friedenspädagogik" knüpft Volker Lenhart an die Ausführungen von Hermann Röhrs an, den Lenhart als „Begründer der Tradition der Heidelberger Friedenspädagogik" nach dem Ersten Weltkrieg betitelt und dessen theoretische Grundlagen hauptsächlich auf Comenius zurückzuführen sind.

Zusammenfassend ist es gerechtfertigt, die Studienzeit einer Persönlichkeit wie Comenius im Rahmen der Universitätsgeschichte der Ruperto Carola aufzuarbeiten und in einem eher überschaubaren Sammelband von 178 Seiten zu bearbeiten. Ebenso soll anerkennend erwähnt werden, dass die Ausstellung über „Comenius in Heidelberg" als ein Projekt im Rahmen des „Forschenden Lernens" durch Studierende des Instituts für Bildungswissenschaften erarbeitet wurde und offenbar ein paar dieser Studierenden auch im Sammelband zu Wort kommen. Für Comenius- und universitätshistorisch Interessierte bietet der Sammelband einen Einstieg in facettenreiche bildungswissenschaftliche Forschungsaspekte und ist empfehlenswert. Rebecca Rose

Die Anfänge des Frauenstudiums in Württemberg: Erste Absolventinnen der TH Stuttgart, Eine Jubiläumsschrift, hg. von Gabriele Hardtmann und Nicola Hille, Stuttgart: Franz Steiner Verlag 2014. 93 S., zahlr. Abb. und Grafiken. ISBN 978-3-515-10656-6. € 29,–

Am 28. Januar 1914 erhielt Nora Kräutle (1891–1981) als erste Frau von der Technischen Hochschule Stuttgart ihre Diplomurkunde im Fach Chemie. Die Gleichstellungsbeauftragte der Universität Stuttgart, Gabriele Hardtmann, und die Mitarbeiterin des Gleichstellungsreferats, Nicola Hille, nahmen den 100. Jahrestag dieses Ereignisses zum Anlass, eine Festschrift zu diesem Jubiläum herauszugeben.

Nach einem kurzen Vorwort der beiden Herausgeberinnen folgen zwei Aufsätze: Zunächst beschreibt Nicola Hille auf 25 Seiten die Anfänge des Frauenstudiums. Dabei thematisiert sie die wichtige Rolle der Frauenbewegung als „Motor" für das Frauenstudium und geht dabei nach einem kurzen historischen Abriss insbesondere auf deren Ziel einer verbesserten Mädchenbildung ein. Zudem skizziert sie die Entstehung des ersten Mädchengymnasiums in Karlsruhe. Anschließend widmet sich die Autorin den Anfängen des Frauenstudiums in Deutschland und versucht dieses auch in einen internationalen Kontext einzuordnen. In der Folge stellt sie die Situation der Hörerinnen an der Universität Heidelberg dar und zieht einen Vergleich zu den Vorgängen an der Universität Tübingen. So leitet Hille schließlich auf die Lage in Württemberg, insbesondere an der TH Stuttgart, über. Schließlich kommt sie noch auf die erste Professorin in Hohenheim, Margarete von Wrangell, zu sprechen und beleuchtet den Zugang der ersten Frauen zur Habilitation und damit zur ordentlichen Professur.

Der zweite Aufsatz von Petra Mayerhofer hat die Anfänge des Frauenstudiums an der TH Stuttgart zum Gegenstand. Nach einer kurzen thematischen Einleitung, in der sie auf die Quellenlage und den Forschungsstand eingeht, widmet sich die Autorin der Zulassung der ersten Frauen an der Hochschule. „Damen" als Hospitantinnen waren demnach seit 1898 bei Vorlesungen in Kunst- und Literaturgeschichte sowie Philosophie auf „jederzeitigen Widerruf" vom Rektor nach Absprache mit dem jeweiligen Dozenten zugelassen. Die Hürde zur Zulassung als Hörerin technischer Vorlesungen war hingegen sehr hoch. Voraussetzung war die Absolvierung einer technischen Mittelschule, zu der Frauen jedoch nicht zugelassen waren.

Interessant erscheint der Vergleich mit der Universität Tübingen: Bereits 1904 entschied man sich im württembergischen Ministerium des Kirchen- und Schulwesens auf öffentlichen Druck hin, Frauen an der Landesuniversität zur Immatrikulation zuzulassen. Allerdings galt dies nicht für die TH Stuttgart und die Landwirtschaftliche Hochschule Hohenheim. In Stuttgart wurden Frauen erst mit einem königlichen Erlass vom 1. Dezember 1905 zugelassen. Nach den Technischen Hochschulen in Karlsruhe und München war sie damit die dritte in Deutschland.

In der Folge legt Mayerhofer die Entwicklung der Studentinnen und Hospitantinnenzahlen dar und beleuchtet ebenfalls die Diplomprüfungen von Frauen und Männern. Nach einem Exkurs über das Mädchenschulwesen in Württemberg betrachtet die Autorin die Zulassungsgrundlagen bis 1920 und berücksichtigt in einem weiteren Kapitel die Situation der Hochschule während des Ersten Weltkrieges. Das umfangreichste Kapitel bildet den Abschluss. Mayerhofer stellt hierin die ersten Studentinnen und Absolventinnen geordnet nach einzelnen Fachbereichen vor. Wegbereiterinnen und berühmte Fachvertreterinnen aus den Bereichen Lehramt, Pharmazie, Chemie, Maschinenwesen, Technische Physik, Architektur und Geodäsie verdeutlichen mit ihren Lebensläufen die Bedeutung der Anfänge des Frauenstudiums an der TH Stuttgart.

Der erste Artikel von Nicola Hille ist als kurzer Abriss zum Frauenstudium zu verstehen und bietet dem unkundigen Leser einen historischen Überblick, beinhaltet jedoch keine wissenschaftlichen Erkenntnisse. Ungenauigkeiten finden sich hierin ebenso wie im Vorwort der beiden Herausgeberinnen. So wird beispielsweise Nora Kräutle (1915) als erste promovierte Chemikerin Baden-Württembergs bezeichnet, obwohl nachweislich mit Maria Fellner (Heidelberg 1912) und Gertrud Rothgießer (Freiburg 1913) schon mindestens zwei weitere Frauen vor Nora Kräutle in Chemie promoviert wurden.

Die Jubiläumsschrift bietet durch den Artikel von Petra Mayerhofer dennoch einen interessanten Beitrag zur Geschichte des Frauenstudiums in Deutschland. Häufig liegt der Fokus bei dieser Thematik auf den deutschen Volluniversitäten. Eine Aufarbeitung der Geschichte der Technischen Hochschulen ist, auch wenn diese nur einen sehr geringen Teil der deutschen Studentinnenschaft umfassten, sehr wünschenswert. Sowohl die hochschulpolitische Sphäre im ersten Teil als auch die biografische Betrachtung im letzten Kapitel bieten darüber hinaus interessante Informationen zur Geschichte der Universität Stuttgart. Aufgrund kriegsbedingter Verluste in der staatlichen und universitären Überlieferung müssen allerdings manche Fragen unbeantwortet bleiben.

Marco Birn

Leo von Seckendorf, Korrespondenzen der Goethezeit, Edition und Kommentar, hg. von Michael Grus, Berlin/Boston: Walter de Gruyter Verlag 2014. 2 Bde. 1173 S. ISBN 978-3-11-018911-7. Geb. € 299,–

Leo von Seckendorf (1775–1809) war ein Schriftsteller ohne Werk. Dafür hat er eine wechselvolle Biographie aufzuweisen, die ihn an vier bedeutsame Stationen des damaligen geistigen oder politischen Lebens führte, nach Weimar, Stuttgart, Regensburg und Wien. Außerdem stand er durch schöngeistige und gelehrte Interessen, durch Herausgeberschaften, durch Mitarbeit an verschiedenen Zeitschriftenprojekten und wohl auch durch seine geselligen Talente mit einer Vielzahl von Zeitgenossen in Kontakt, was sich in jener schreibseligen

Epoche in allerlei Briefwechseln niederschlug. Man kann also mit einigem Recht behaupten, dass diese voluminöse und gründliche Edition von Seckendorfs Korrespondenz eine Ausgabe seines ja schwer zu greifenden Werks ersetzt, ja dass damit eine vollständige Dokumentation seines Wirkens vorliegt, die hier an die Stelle der sonst üblichen Ausgabe der Schriften tritt. Dafür bürgen allein schon die Namen seiner Korrespondenzpartner: Arnim, Brentano, Goethe, Herder, Hölderlin, Jean Paul, Kerner, Klopstock, Schiller, Schlegel, Tieck, Uhland, Voß, um nur die wichtigsten zu nennen.

Mit diesen Geistesgrößen wäre eine veritable Literaturgeschichte der Goethezeit zu bestreiten, und es ist eine reizvolle Konstellation, sie hier allesamt um den unberühmten und sonst wenig gewürdigten Leo von Seckendorf gruppiert zu sehen. Doch tritt dadurch auch seine Rolle im Literaturbetrieb der Epoche scharf konturiert hervor: als umtriebiger Vermittler, der sich zwischen den Koryphäen der Weimarer Klassik ebenso selbstverständlich bewegte, wie er mit den Matadoren der Romantik umging, und der in den von ihm herausgegebenen Zeitschriften und Musenalmanachen nicht nur Werke von Goethe veröffentlichte, sondern auch Gedichte seines Studienkollegen Hölderlin, und der zudem durch die erstmalige Publikation der frühen Gedichte von Uhland und Kerner zum Geburtshelfer der Schwäbischen Romantik wurde.

Leo von Seckendorf entstammte einem altadligen Geschlecht aus dem Fränkischen, sein Vater war württembergischer Gesandter am Reichstag in Regensburg, wo der Sohn auch die Schule besuchte. Das Studium (1792/98) führte ihn nach Tübingen, Jena und Göttingen, eine anschließende Reise nach Oberitalien (wovon er in einem bemerkenswerten Brief berichtet), eine erste – unbesoldete – Anstellung nach Weimar. Dort gab es zwar kein berufliches Fortkommen für ihn, weshalb er den Dienst denn auch schon nach zweieinhalb Jahren wieder quittierte, doch war Seckendorf am Weimarer Musenhof mit seinem Liebhabertheater, seinen unentwegten Vorlesungen neuer Dichterwerke, seinen publizistischen Unternehmungen, seinen literarisch inspirierten Maskenspielen in seinem Element.

Die Korrespondenz unterrichtet etwa über die Herausgabe zweier Taschenbücher – mit dem Erstdruck eines Werks von Goethe –, über weitere literarische und gelehrte Vorhaben Seckendorfs, darüber hinaus aber auch über die gesellschaftlichen, amourösen und beruflichen Verflechtungen der lokalen Hofgesellschaft. Und auch späterhin sollte Weimar ein oft elegisch beschworener Sehnsuchtsort für Seckendorf bleiben, lernte er doch nun als Legationssekretär bei der württembergischen Gesandtschaft in Regensburg die Öde des dortigen diplomatischen Dienstes kennen – man erhält als Leser einen Eindruck von der Agonie des Reichs unmittelbar vor seiner Auflösung – und anschließend, bei seiner Versetzung als Regierungsrat nach Stuttgart, gar das Regiment des Kurfürsten Friedrich:

„Wie gerne wäre ich jezt bei Ihnen, und überhaupt in Baiern, denn hier hat man leider für gar nichts Sinn, was gemeinnüzig ist. Wenn in den Wirtembergern nicht so eine eigenthümliche, rege, produzirende Kraft lebte, es müßte längst aller Thätigkeitstrieb erstikt sein, denn bei einer Regierung, die sichs zum Grundsaz gemacht zu haben scheint, das Herrschsistem Pauls I. nach Teutschland zu verpflanzen, ohne an den Unterschied zwischen teutschem u. sibirischem Boden, und an das Ende davon in Rusland zu denken, wird natürlich alles von oben herunter gelähmt. Einen schreienden Beweis des lezten haben wir hier erst vor wenig Tagen erlebt. Die A l l g e m e i n e Z e i t u n g ist durch Kabinetsbefehl, ohne Gründe anzuführen, plözlich verboten. NB. Sie hat Kaiserl. und Kurfürstl. Privilegium und steht unter Zensur. Huber u. Cotta haben dadurch einen Schaden von 2000 f für jeden [...] Indessen ist durchaus kein gültiges factum vorhanden, vielmehr offenbar, daß Persönlichkeit gegen Huber u. C. die man wegen ihrer Verbindungen mit der Landschaft haßt, die wahre Ursache gewesen, und daß man schon längst auf einen Vorwand dazu gewartet hat." [An Johann Christoph von Aretin, 17. Oktober 1803, S. 438 f.]

Der russische Zar Paul I. war zwei Jahre zuvor ermordet worden; die Einschätzung der württembergischen Verhältnisse durch den liberal gesonnenen Seckendorf lässt an Deutlichkeit wenig zu wünschen übrig. Und so ist es wohl auch kein Zufall, dass er wenig später in die sogenannte „Hochverratsaffäre" von 1805 verstrickt wurde, in deren Zusammenhang etwa auch nach Hölderlin gefahndet wurde. Die Anklage gegen Seckendorf und seine Mitverhafteten, darunter der hessen-homburgische Minister Isaac von Sinclair und der württembergische Landschaftsassessor Christian Friedrich Baz, lautete, „die Revolutionirung Schwabens", ja gar die Ermordung des Kurfürsten geplant zu haben. Seckendorf wurde zudem noch Einmischung in die Angelegenheiten des regierenden Hauses vorgeworfen, weil er das Verhältnis des Prinzen Paul, des zweiten Sohnes Friedrichs, mit einer ihm von Weimar her bekannten Schauspielerin befördert habe; der erste Sohn Friedrichs, Wilhelm, lebte ja damals bekanntlich gegen den Willen seines Vaters mit der Tochter des Landschaftskonsultenten Abel in Paris, und dergleichen wollte der Kurfürst wohl kein zweites Mal erleben. Seckendorf kam nach einigen Monaten Untersuchungshaft auf den Hohenasperg, wo er aber schon im Oktober 1805 entlassen wurde; die ganze Affäre hatte weniger auf ihn denn auf Baz gezielt, den man als Vertreter der Landschaft aus dem Weg räumen wollte.

Doch ist hier nicht der Ort, Seckendorfs Biographie zu erzählen. Deshalb seien nur kurz seine weiteren Stationen in Regensburg und in Wien erwähnt, wo er in den von ihm herausgegebenen Musenalmanachen Gedichte Hölderlins, Uhlands und Kerners publizierte beziehungsweise die Zeitschrift „Prometheus" gründete – in unmittelbarer Parallele zu Kleists „Phöbus" –, bei der erneut Goethe als Beiträger figurierte. 1809 trat Seckendorf in ein österreichisches Freiwilligenbataillon, und sein Ende ist ein Beleg dafür, dass die literarische Epoche der Goethezeit eben auch das Zeitalter Napoleons ist:

„Hauptmann Leo von Seckendorff focht sehr tapfer beim Bataillon Salis, wurde schwer verwundet und in ein Haus getragen. Um das Eindringen der Franzosen über die hölzerne Brücke in den Ort zu verhindern, setzten die Österreicher die nächstliegenden Häuser in Brand. Um drei Uhr nachmittag griff der Brand um sich und von 87 Häusern der Ortschaft gingen 60 in Flammen auf. Die zuvor darin untergebrachten Verwundeten, auch Leo von Seckendorff, fanden einen grauenvollen Tod." [Bericht von Ferdinand Strobl von Ravelsberg. S. 185.]

Michael Grus' mustergültige Edition von Seckendorfs Korrespondenz enthält zwar nur eine (reiche!) Auswahl an Briefen, listet aber alle erhaltenen Stücke mit Regesten und Standortnachweis auf. Der eigentliche Nachlass liegt in der Württembergischen Landesbibliothek Stuttgart, weiteres Material befindet sich u. a. in den Bibliotheken und Archiven von Dresden, Weimar oder Marbach sowie im Stuttgarter Hauptstaatsarchiv. Die Textedition ist äußerst sorgfältig, die Kommentierung der Briefe ausführlich (mit gelegentlichen Ungleichgewichtigkeiten), der beigegebene Apparat (Briefverzeichnis, Bibliographie, Register) zeugt von Gründlichkeit. Hervorzuheben ist, dass diese Edition mehr enthält, als man eigentlich erwarten kann: Grus' Einleitung von 187 Seiten (!) stellt im Grunde eine eigenständige Seckendorf-Monographie dar und fasst schlüssig zusammen, was das Quellenmaterial der Briefe lebendiger, vielgestaltiger, aber eben auch disparater darbietet. Bei diesen Briefen überwiegt die Zahl der an Seckendorf gerichteten (207) die seiner eigenen (110) bei weitem. Auch wenn dies der Überlieferung geschuldet ist, erscheint es doch sinnfällig. Leo von

Seckendorfs Bedeutung in der Literaturgeschichte liegt darin, Adressat der großen und schöpferischen Geister seiner Zeit gewesen zu sein. Dies anschaulich gemacht zu machen, ist das Verdienst der vorliegenden Edition. Helmuth Mojem

Barbara POTTHAST (Hg.), Provinzielle Weite, Württembergische Kultur um Ludwig Uhland, Justinus Kerner und Gustav Schwab, unter Mitarbeit von Stefan KNÖDLER, Heidelberg: Universitätsverlag Winter 2014. 307 S. ISBN 978-3-8253-6109-9. € 58,–

„Bis heute ist das Urteil über den Schriftstellerkreis um Ludwig Uhland und Justinus Kerner geprägt von Goethes und Heines Verachtung" (S. 7). Mit diesen Worten beginnt Barbara Potthast ihr Vorwort zum vorliegenden Band. Und in der Tat hat die Forschung immer wieder die „heimatliche Beschränktheit der Gruppe" (S. 7) betont. Barbara Potthast zeigt in ihrer Einführung auf, welche Bedeutung das landeskirchliche Bildungssystem in Württemberg auf den Kreis um Kerner, Uhland und Schwab hatte und wie es zu dem berühmten „Sonntagsblatt für gebildete Stände" am 11.1.1807 kam. Gerade dieses Blatt sorgte wohl dafür, dass die Autoren von außen als Gruppe, ja sogar als „Schwäbische Schule" wahrgenommen wurden. Auch wenn sie in Wirklichkeit gar keine Gruppe bildeten, so blieben die Autoren des Blattes auch nach ihrem Studium in vielen Briefen und Besuchen in Verbindung. Die Beiträge des Sammelbandes sind aus einer kulturwissenschaftlichen Tagung der Abteilungen für Neuere Literatur der Universitäten Stuttgart und Tübingen entstanden, die im Mai 2010 in Stuttgart stattfand. Ziel war es, den Kreis um Uhland, Kerner und Schwab aus interdisziplinärer Perspektive genauer unter die Lupe zu nehmen und gegebenenfalls das traditionelle Bild, das man sich von diesem Kreis gemacht hat, zu revidieren.

Am Anfang des Sammelbandes steht der Aufsatz von Hans-Otto Binder mit dem Titel „Württembergs Weg in die Moderne", in dem dieser den historischen Hintergrund für unsere Dichter beleuchtet, wobei er mit der Verbreitung revolutionärer Gedanken unter den Tübinger Studenten, wie sie in den Akten des Senats 1792 dokumentiert sind, beginnt. Er weist auf den Konflikt zwischen Herzog Friedrich und dem Landtag hin und macht deutlich, wie sehr sich Württemberg dann durch Napoleon verändert hat. Ilonka Zimmer untersucht in „Der ‚Schwäbische Dichterkreis' als literarhistorische Konstruktion" die Bedeutung dieses Kreises in bekannten Literaturgeschichten, um am Ende festzustellen: „Der ‚Schwäbische Dichterkreis' […] gehört nicht mehr zum kommunikativ bedeutsamen Bestand literarischen Wissens in Schule und Hochschule" (S. 47). Immer wieder wird in den publizierten Vorträgen auf Heines Urteil über die schwäbischen Autoren eingegangen, wobei Helmut Schanze („Raum versus Zeit. Zum Habitus der Romantiker der ‚Schwäbischen Schule') hier differenziert: Uhland werde von Heine durchaus als „wahrer" Dichter akzeptiert, während Kerner vor allem aufgrund seiner spiritistischen Interessen kritisiert werde. Die wahren Gegner Heines aber seien Gustav Schwab und Gustav Pfitzer gewesen.

Mehrere Referenten haben sich mit Justinus Kerner beschäftigt. Günter Oesterle, der der Ansicht ist, dass die Freundschaft unter den schwäbischen Dichtern auch dadurch begünstigt wurde, dass sie alle auch leidenschaftliche Sammler vergessener Bücher und Anhänger theatralischer Inszenierungen verschiedenster Art waren, weist darauf hin, wie wichtig die Lust an der Mystifikation für die Kreativität des Kreises um Uhland und Kerner war: „Die Lust an der Mystifikation hat mit einer gezielten Grenzverschiebung zwischen Lüge und Poesie bzw. Faktum und Fiktion, aber auch mit einer Grenzverschiebung zwischen Gespenstischem und scheinbar Realem zu tun" (S. 65). Hier waren unsere Dichter eindeutig

Kinder ihrer Zeit. Ganz besonders gilt dies nun für Justinus Kerner, der, so Oesterle, nach seinen Reisen nach Hamburg, Berlin und Wien den Kontrast zwischen diesen Kulturstädten und den württembergischen Provinzstädten, in denen er später als Arzt, Schriftsteller und Poet arbeitete, besonders stark spürte. In der Provinz hat Kerner sich daher nach Oesterle eine Art „provinzielle Weite" erarbeitet. Monika Schmitz-Emans geht in ihrem Beitrag näher auf die verschiedenen Bilder und Bilderzeugnisverfahren Kerners ein (Schattenspiel, Klecksographie, Klebealbum ...) und macht dadurch deutlich, dass Kerners Thema „die Generierung der Wirklichkeit durch den Blick" (S. 78) ist. Für Schmitz-Emans ist Kerner nicht nur wegen seines Interesses an solchen wahrnehmungstheoretischen Fragestellungen modern, sondern auch „wegen seiner Verknüpfung naturwissenschaftlicher Modelle mit poetologischen Fragen" (S. 79). Kerners Interesse an der Wahrnehmungsproblematik, besonders am visionären Sehen, tritt besonders stark in seinem Werk „Die Seherin von Prevorst" zu Tage, welches Bettina Gruber mit einer ganzen Reihe von Aufsätzen Kerners in Verbindung bringt, weshalb sie in ihrem Beitrag „Das Projekt Prevorst als (schwäbischer) Beitrag zur Epistemologie" von einem „Projekt Prevorst" spricht. Für Gruber sind hierbei die einfache Försterstochter und der naturverbundene Großvater „Ikonen des Widerstands gegen die unübersichtlichen und als bedrohlich erlebten Tendenzen der laufenden Modernisierungsprozesse" (S. 226). Für Bettina Gruber wird Kerner sogar ein Vorläufer der Moderne, wenn sie schreibt: „Kerner schreibt sich in diese Kontexte der europäischen Romantik unmittelbar ein, die später nicht erlöschen, sondern sich in andere Formen von Zivilisationskritik transformieren, bis sie in Gestalt von Lebensphilosophie und Esoterik wieder auftauchen" (S. 226f.).

Drei Beiträge gehen auf Ludwig Uhland näher ein. Stefan Knödler untersucht das Verhältnis Uhlands zu seinem Lehrer Karl Philipp Conz. Als Dichter, der in seinem Klassizismus gefangen geblieben sei, habe Conz, der 1804 als Professor für Philosophie berufen wurde, sicher keinen Einfluss auf Uhland gehabt, wohl aber als dessen Rezensent. Mit „Uhlands Studie *Über das altfranzösische Heldenepos*" beschäftigt sich Fritz Peter Knapp. Dieses wissenschaftliche Erstlingswerk, das Uhland nach seinem einjährigen Pariser Aufenthalt in Tübingen in den Jahren 1811/1812 schrieb, sei von Wilhelm Grimm in höchsten Tönen gelobt worden, und Uhland gehöre durch diese Arbeit zu den Begründern der Romanistik in Deutschland. „Aspekte der Wirkungsgeschichte Ludwig Uhlands als Dichter, Wissenschaftler und Politiker: Resultate, Probleme, Desiderate" lautet der Titel des Beitrags von Hartmut Fröschle. Der Autor zeigt auf, welche große Bedeutung Uhlands Lyrik einst hatte, und dass sich dies auch in einer umfangreichen Sekundärliteratur niederschlug. Auch Uhlands politische Äußerungen seien in zahlreichen Protokollen verzeichnet, und es gebe hierzu einiges an Sekundärliteratur, während Uhlands wissenschaftliche Arbeit noch aufgearbeitet werden müsse.

Weitere Beiträge von Helmuth Mojem („Justinus Kerner und Heinrich Heine, Abendschiffahrt und Heimkehr II"), Markus Malo („Schwabenspiegel. Karl Mayer als Repräsentant Alt-Württembergs"), Barbara Potthast („Schwabs Schiller"), Wolf Eiermann („Die Gartendenkmale der Bettenburger Waldanlagen in Franken und ihr Bezug zum Stuttgarter Dichterkreis (1789–1817)") und Ulrich Gaier („Gedenkorte in schwäbischer Dichtung") runden die Reihe der abgedruckten Vorträge ab. Besonders hervorheben möchte ich abschließend noch Annette Bühler-Dietrichs Beitrag über „Köstlin und die Psychiatrie in Württemberg", womit die Autorin aus dem Briefwechsel zwischen Justinus Kerner und Karl Heinrich Köstlin, der zum Freundeskreis der „Schwäbischen Romantiker" gehörte, die

Leistung Köstlins für die Entwicklung der Psychiatrie in Württemberg herausarbeitet. Bühler-Dietrich macht deutlich, wie sich die beiden Freunde in ihrer Auffassung über Somnambulismus und Magnetismus immer mehr entfernten. Als Mitglied des Medizinalkollegiums habe Köstlin dann später eine radikale Veränderung bei der Behandlung von psychisch Kranken bewirken können, indem er Ärzte als Leiter von Pflegeanstalten berief, die seine modernen Ansätze der Therapie teilten. Diese Leistung Köstlins zeugt zweifellos einmal mehr von der provinziellen Weite der Freunde des „Schwäbischen Dichterkreises". Und dass wir all dies erfahren, verdanken wir einer Stuttgarter Tagung, die viel Neues und Interessantes ans Tageslicht gebracht hat, und da der Sammelband auch noch hervorragend lektoriert wurde und nicht ein einziger Fehler irgendwo stört, kann man sich an diesem Buch nur erfreuen.

Hubert Klausmann

Andreas Hedwig (Hg.), Die Brüder Grimm in Marburg, Schriften des Hessischen Staatsarchivs Marburg, Bd. 25, Marburg 2013. 313 S. mit zahlr. Abb. ISBN 978-3-88964-210-3. € 29,–

Die lokalorientierte Prägnanz des Titels täuscht über die Vielfalt des Buches hinweg, in dem verschiedene Beiträge zum Leben und Werk von Jakob und Wilhelm Grimm und ein Katalog zur gleichnamigen Ausstellung über den „engen Blickwinkel lokaler Geschichte hinausweisen". So sagt es bereits die Einleitung, und das breite Spektrum der Aspekte beweist es: Von der Wohnungsfrage der gelehrten Brüder in der Universitätsstadt über das kulinarische Thema „Märchen und Essen" bis hin zu den bekannten Illustrationen von Otto Ubbelohde zu den „Kinder- und Hausmärchen" reicht die Spanne der Betrachtungen, und ein eingeschlossener Katalogteil der Ausstellung zum 200-jährigen Jubiläum der Märchensammlung schließt den Band ab.

Dabei wird die Frage nach dem „echt Hessischen" an Leben und Werk immer wieder aufgeworfen und trotz aller auf der Biographie beruhenden Ansprüche auf die beiden Gelehrten verneint. Mit Recht: viel zu weit reicht der Einzugsbereich der Forschungsarbeiten, um sich so begrenzt definieren zu lassen, wenn auch persönliche Herkunft und Lebensweg viele hessische Stationen aufweisen.

Anlass zu Buch und Ausstellung waren die Jubiläen, die ein kulturelles „Themenjahr Grimm 2012" mit sich brachten, das sich wiederum auf den reichen Nachlass in Marburg und Kassel bezieht. So schildert die Einleitung nicht nur die Situation der Archive im Blick auf die Grimms, sondern auch den Verlauf der seinerzeitigen Tagung zur Eröffnung dieses Festjahres. Die Fußnoten der Beiträge weisen darüber hinaus auf die Beteiligung der Bevölkerung hin – die Wissenschaft forschte vor Ort und dokumentiert es in Bild und Text.

So ergibt sich ein breites Spektrum von Informationen, illustriert durch zahlreiche Dokumente und historische wie zeitgenössische Fotografien. Die Einblicke in die Lebenswelt der Brüder Grimm öffnen Verständnis und Wissen ohne einen überhöhten Anspruch auf abgehobene Darstellung. Selbst die berühmte Haarlocke, die heute zum Sinnbild der Personennähe vieler Ausstellungen geworden ist, fehlt nicht – wird aber mit dem Genie- und Freundschaftskult des 18. und 19. Jahrhunderts schlüssig erklärt. So ist Annäherung an Vergangenes immer wieder über unterschiedliche Ansätze gegeben und macht die Gesamtthematik ihrem Anspruch folgend lebendig.

Fundament all dessen aber sind die unsterblich gewordenen „Kinder- und Hausmärchen", die nicht nur Begleiter der Kindheit sind, sondern weit über den kindbezogenen Aspekt hinausreichen. Vielfach falsch interpretiert oder national vereinnahmt, geht das Buch vor allem auf Beispiele der Märchenwelt aus der Marburger Perspektive zu, ohne dabei die Sammlung auf hessische Zuordnungen zu reduzieren – inzwischen blicken wir weiter und betrachten umfassender, als dies in den Zeiten der Monokultur des Deutschtums üblich war.

Roland Stark

Michael Fischer / Norbert Haag / Gabriele Haug-Moritz (Hg.), Musik in neuzeitlichen Konfessionskulturen (16. bis 19. Jahrhundert), Räume – Medien – Funktionen, Ostfildern: Thorbecke 2014. 295 S. ISBN 978-3-7995-0510-9. Geb. € 39,–

Auf eine 2011 im Landeskirchlichen Archiv Stuttgart veranstaltete Tagung geht der vorliegende Band zurück, der nebst einer kurzen Einleitung 16 Fallstudien vereint. Viele der Beiträge sind in hohem Maße informativ, bieten interessante Quellen und Einsichten und ergänzen den bisherigen Forschungsstand. Zu nennen ist beispielsweise Katharina Talkners Beitrag zur Rolle des geistlichen Liedes in den Lüneburger Klöstern der Frühen Neuzeit (der Ergebnisse der Dissertation der Autorin zusammenfasst, S. 123 ff.) oder Matthew Laubes Studie über „Hymnbooks and confessionalisation in Heidelberg, 1546–1620" (S. 85 ff.). Gleiches gilt auch für die Studien Beat Kümins, Stephen Roses, Janina Klassens oder Linda Maria Koldaus. Man merkt nicht nur diesen Beiträgen an, dass die Autoren in hohem Maße mit der Materie vertraut sind und von ihrer bisherigen Arbeit profitieren; Konrad Kleks Betrachtungen zu Heinrich von Herzogenberg als „konfessionellem Grenzgänger" im 19. Jahrhundert (S. 203 ff.) stellen z. B. biographische Momente vor dem Hintergrund konfessioneller Fragen dar, womit der Autor ein überzeugendes Beispiel einer biographischen Studie liefert.

Indes schwächt die für den Rezensenten etwas zu starke Ausrichtung der Texte auf die Fallbeispiele das Anliegen des Bandes empfindlich, nämlich Konfessionalisierung trotz vielfältiger Ausprägungen als ein kollektives Phänomen zu verstehen, das auch in systematischer Perspektive dargestellt werden könnte. Dass beispielsweise das Übertönen vorreformatorischer Lieder durch lutherisches Repertoire in Katharina Talkners Beitrag genannt wird (S. 125, und zum Folgenden ebd. Anm. 15), ist geradezu unverzichtbar. Dass der Verweis auf entsprechende Phänomene an anderen Orten – zu denken ist an den sog. „Lübecker Singekrieg" – nur in Form einer Fußnote aufscheint und noch nicht einmal benannt wird, ist dagegen misslich, weil gerade solche Vernetzungen und Querverweise die Frage nach gruppenspezifischem und überregionalem Verhalten zuspitzen könnten; zudem dokumentieren diese Beispiele auch das Ineinandergreifen politischen und konfessionellen Handelns städtischer Schichten. Dieser Einwand weist auf die Problematik der Breite hin, die freilich schon im Titel des Bandes angedeutet ist. Dieser setzt bei Thomas Kaufmanns Studie zu „Konfession und Kultur" (Tübingen 2006) an und zeigt, dass eine interdisziplinäre Annäherung unumgänglich ist. Zudem werden auch Medialität sowie Räume (geographische? soziale? konfessionelle? ideologische?) und Funktionen in den Blick genommen.

Zu dieser Breite kommen weitere, nicht minder komplexe Perspektiven hinzu wie Nationalbewusstsein und Identität (vgl. die Studie Silvia Maria Erbers und Sandra Hupfaufs S. 225 ff.), so dass der Blick für das, was der Band eigentlich leisten will und kann, verschwimmt. Er läuft damit Gefahr, Bekanntes zu „entdecken" und beim kirchenmusikgeschichtlich kundigen Leser Enttäuschungen zu produzieren. Dass z. B. Gesangbücher eine enorme Bedeutung für die Konfessionskulturen hatten (S. 9), ist keine neue Erkenntnis, sondern vielmehr seit den Arbeiten der Hymnologen des 19. Jahrhunderts bekannt. Das gilt gerade für Stuttgart, dem Aufbewahrungsort einer umfangreichen Gesangbuchsammlung.

Fragen des konfessionellen Transfers, der Adaption und der Transformation wären also diejenigen, die die Interdisziplinarität verwirklichen könnten. Diese wird mit dem Verweis auf Friedrich Franz II. von Mecklenburg-Schwerin und der Aufführung katholischer Messen in Mecklenburg angedeutet, aber im Grunde kann der Leser diesen Hinweis kaum in eine übergeordnete Sicht einbauen. Einerseits wäre er in Bezug zu setzen zu der mecklenburgischen Kirchenmusik und der Pflege der Choralkantaten (vgl. dazu die Studien Franziska Seils und den Tagungsband „Musik in Mecklenburg" von 2000), andererseits unterbleibt eine Längsschnittperspektive, denn Interkonfessionalität ist in der lutherischen Kirchenmusik kein Sonderfall. Schon die bewusste Ausbildung einer konzertierenden Kirchenmusik und die Übernahme einer „italianità" im 17. Jahrhundert wären in Erinnerung zu bringen.

Ein weiteres Beispiel soll diesen Eindruck untermauern: Dass Kirchenmusik um 1800 in das Theater oder den Konzertsaal abwanderte (S. 11), beschreibt kaum das diffizile Verhältnis von Kunst und Religion und die Eigenschaft der „Kunst als Religion" (nämlich einer „Kunstreligion"). Zahleiche Studien liegen inzwischen dazu vor, etwa zu E.T.A. Hoffmanns Kirchenmusik-Verständnis, zur Funktion der Matthäuspassion im Berliner Konzertsaal 1829 oder auch zu religiösen Gehalten in nicht-religiösen Werken (vgl. Wiora 1978), so dass die Andeutung dieses interkonfessionellen Fragehorizonts durch Stefanie Steiner-Grage auf S. 193 nicht ausreicht. Eine einfache Längsschnittperspektive könnte zur Differenzierung beitragen, denn schon die Ausbildung der sog. madrigalischen Kantate im frühen 18. Jahrhundert hatte sich ja bewusst und nachdrücklich an die Oper angelehnt. Interessant ist also weniger die Frage nach dem „Umzug der Kirche in die Oper oder den Konzertsaal" als Ausdruck des „Verlusts" und einer religiösen Heimatlosigkeit. Die konfessionell übergeordnete Diskursivität einer ‚Ästhetik der Kirchenmusik' war schon durch Jürgen Heidrichs Studie zur „Protestantischen Kirchenmusikanschauung" im späten 18. Jahrhundert (Göttingen 2001) benannt worden. Die im vorliegenden Band zu findenden Beispiele bleiben demgegenüber mitunter zu isoliert und unverbunden (vgl. die Hinweise auf die Kritik des Tanzes in Matthew Laubes Beitrag S. 113).

Das Ideal einer kontextualisierten Längsschnittperspektive ist freilich leicht einzufordern, doch nimmt der Beitrag Wolfgang Fuhrmanns das Problem überzeugend in Angriff, nämlich mit einer eher systematischen Frage nach der Interkonfessionalität der Kirchenmusik. Trotz des bewussten Anknüpfens an Thomas Kaufmann widmet sich dieser Beitrag im gesamten Band keinem Sonderfall, sondern nimmt die schon bei der internationalen Tagung „European Sacred Music 1500–1800. New approaches" (Fribourg 2010) gestellte Frage auf. Ohne seherische Gaben zu beanspruchen, kann wohl gesagt werden, dass ein solcher Beitrag konstruktiv nachwirken wird, weil er in hohem Maße anschlussfähig ist. Unbenommen bleibt aber, dass trotz fehlender oder knapper Kommentierung und Kontextualisierung mancher Quellen – wie E.T.A. Hoffmanns epochalem Aufsatz von 1814, der auf S. 186 nur als „konservativ" bezeichnet (im Gegensatz dazu Fuhrmanns differenzierte Einordnung S. 176) und nicht auf den Berliner Kontext bezogen wird (nämlich auf Johann Friedrich Reichardts Publikation alter Kirchenmusik im „Kunstmagazin") – die Leser dieses Bandes über zahlreiche aussagekräftige Quellen Vieles erfahren.

Aber die hier formulierten Einwände zeigen trotz der Qualität einzelner Beiträge, dass ein Leser mit dem Band als Ganzem auch hadern kann. Die Breite des Konzepts hätte ein systematisches und systematisierendes Pendant verdient, um die Fallstudien zu vernetzen und die

Arbeit Thomas Kaufmanns mit Präzision auf die Musikgeschichte zu projizieren. Eine künftige Darstellung zum Thema musikalischer Konfessionalisierung wird dennoch an diesem Band nicht vorbeikommen. Orts- und Personenregister erleichtern den Umgang mit den Beiträgen, der Band weist bezüglich der Herstellung und Ausstattung die für den Verlag bekannte Qualität auf. Joachim Kremer

Musik in Baden-Württemberg, Jahrbuch 2013, Bd. 20, hg. von Ann-Katrin ZIMMERMANN im Auftrag der Gesellschaft für Musikgeschichte in Baden-Württemberg, München: Strube Verlag 2013. 310 S. ISBN 978-3-89912-170-4. € 24,–

Dem bereits 72. Jahrbuch der Gesellschaft für Musikgeschichte in Baden-Württemberg ist im Jahr 2013 ein bewegender Nachruf auf den verstorbenen Musikwissenschaftler Walter Salmen aus der Feder von Manfred Hermann Schmid vorangestellt. Er würdigt eine der prägenden Gestalten des Faches als Wissenschaftler, der sich um die Landesgeschichte in besonderer Weise verdient gemacht hat. Ein zweiter sehr persönlicher Nachruf von Ulrich Prinz erinnert an das 2012 verstorbene musikalische Multitalent Karl Michael Komma.

Die Wichtigkeit landesgeschichtlicher Musikforschung macht gleich der erste Beitrag von Torsten Mario Augenstein über die Musik in der Benediktinerabtei Zwiefalten klar. Die umfangreiche Studie beschränkt sich dabei nicht nur auf die Betrachtung der erhaltenen Chorbücher aus dem beginnenden 17. Jahrhundert, sondern gibt einen breiten Überblick von der Geschichte des Orgelbaus bis hin zur exemplarischen musikanalytischen Untersuchung einzelner im Kloster zu verortenden Magnificat-Kompositionen. Bei näherem Hinsehen und im Licht der momentan intensiv geführten Diskussion um das Schlagwort Kulturtransfer wird das Ausmaß klar, in dem die Benediktinermönche des Klosters ausländische Musik insbesondere italienischer Komponisten rezipierten und wohl auch zum Erklingen brachten.

Auch der Beitrag von Samantha Owens über den Komponisten Theodor Schwartzkopff (1659–1732) greift die Debatte um den Kulturtransfer auf. Sie beschäftigt sich mit dem Einfluss des französischen Stils in der Musik am Württemberger Hof ab den 1670er Jahren. Ein Hauptaugenmerk legt sie auf die von Schwartzkopff gestalteten Musiktheateraufführungen. Diese waren nicht nur musikalisch, sondern auch diplomatisch bedeutsame Ereignisse. Gerade im Hinblick auf die politische Dimension einer Opern- oder Balletdarbietung erscheint die Vermischung verschiedener Regionalstile in den Werken Schwartzkopffs bemerkenswert zu sein. Französische Elemente stehen selbstverständlich neben deutschen und italienischen Einflüssen.

Giuseppina La Face Bianconi nähert sich dem wohl berühmtesten Lied Franz Schuberts (1797–1828), der Forelle (D550), aus musikdidaktischer Perspektive. Den ersten Teil ihres Beitrags stellt sie unter die Leitfrage, wie die Vertonung des Textes von C. F. Schubart im Unterricht für SchülerInnen oder Studierende am besten aufzubereiten sei. Der zweite Abschnitt des materialreichen Aufsatzes beschäftigt sich mit dem Variationensatz aus Schuberts Forellenquintett (D667) und dessen Vermittlung im Unterricht. Mutig wagt sich die Autorin auf das Feld der Vermittlung von musikalischer Bedeutung und findet über synästhetische Überlegungen den Weg zu einem hermeneutischen Versuch über die Komposition aus dem Jahr 1819. Ihre Interpretation ist geprägt von der Vorstellung von Traum und Wirklichkeit und ihrer Widerspiegelung in der Musik.

Beim Blick auf ein bisher unbekanntes Klavierlied Friedrich Silchers (1789–1860), den Rafael Rennicke eröffnet, wird nicht nur beinahe dramatische Musik sichtbar. Sie sticht in vielfältiger Weise aus dem bekannten Schaffen Silchers heraus. Die Komposition gibt darüber hinaus einen Einblick in die Geistes- und Lebenswelt im Württemberg des beginnenden 19. Jahrhunderts. Das als freundschaftlich-intimes Albumblatt im Jahr 1822 aufgezeichnete Lied für Luise Bahnmaier ist ein Dokument für Silchers enge Verbindung zu dieser einflussreichen Tübinger Theologenfamilie.

Die Betrachtungen von Christoph Öhm-Kühnle rücken einen weniger bekannten Zeitgenossen Friedrich Silchers ins Blickfeld. Die Studie über Friedrich Schmidt (1802–1873) ergänzen unser Bild des Stuttgarter Musiklebens in der ersten Hälfte des 19. Jahrhunderts. Als Hofschauspieler, Chordirektor, Korrepetitor und Komponist stand Schmidt niemals in vorderster Reihe. Seine Vertonungen der berühmten Schilflieder Nicolaus Lenaus wurden von Zeitgenossen hochgeschätzt. Christoph Öhm-Kühnle ruft nicht nur den fast vergessenen Künstler wieder ins Gedächtnis, er legt seinem Beitrag auch ein Werkverzeichnis bei.

Die Biographie der Komponistin und Kammermusikerin Margarete Schweikert (1887-1957) von Brigitta Schmid ist eine lesenswerte Darstellung der Geschichte einer Künstlerin in der ersten Hälfte des 20. Jahrhunderts. Schweikert wurde von der zeitgenössischen Musikkritik als Interpretin und Komponistin mitunter frenetisch gefeiert. Doch ihr steiler Weg in die erste Reihe der musikalischen Aufmerksamkeit wurde jäh unterbrochen. Man wünscht sich mehr zu erfahren über die genauen Umstände und die Motive, die Margarete Schweikert dazu bewogen haben, ihre Karriere zugunsten der Familie aufzugeben.

Joachim Kremer bereichert den Band um eine Studie zum Stuttgarter Verein für Klassische Kirchenmusik. Er liefert hierbei nicht nur wichtige neue Erkenntnisse zur Bach-Rezeption in Württemberg, sondern umreißt auch Ideologien und Strömungen, die hinter der Rezeption „Alter Musik" im 19. Jahrhundert standen. Kremer schildert sowohl die Suche nach Reinheit und das Ideal der Einfachheit, die man in der Musik Bachs zu finden meinte, als auch die nationalistischen Motive und die Suche nach echter deutscher Tonkunst. In einem vorläufigen Fazit weist der Aufsatz auf zahlreiche Anknüpfungspunkte für weitergehende Forschungen hin.

Der deutsche Südwesten stand bisher nicht im Zentrum der Forschungen über die Geschichte der Jugend- und Jugendmusikbewegung. Andreas Meyer zeigt, dass die Musikwissenschaft in diesem Bereich deutlichen Nachholbedarf hat. Er entwirrt die scheinbar unüberschaubaren Verflechtungen der verschiedenen Phasen und Strömungen der Laienmusikbewegungen des beginnenden 20. Jahrhunderts und zeigt Perspektiven auf, in welche Richtung zukünftige Forschung gehen könnte. Einen Schwerpunkt legt Meyer auf die spezifischen regionalen Voraussetzungen Südwestdeutschlands und vermutet, dass die hier ansässigen Teilgruppierungen stärker der Kirche und der alten Musik zugeneigt waren, als dies andernorts der Fall war.

Das Wirken des Pianisten, Musikpädagogen und Musikgelehrten Jürgen Uhde (1913–1991) ist Gegenstand des Aufsatzes von Andreas Traub. Neben einer Biographie dieser prägenden Gestalt des Stuttgarter Musiklebens bietet die Studie Textausschnitte aus Uhdes wichtigsten theoretischen Texten. Einen Zeitgenossen und Bekannten Jürgen Uhdes nimmt Jörg Martin in seinem Beitrag unter die Lupe. Der Autor veröffentlicht die „Adventsbriefe" des Komponisten Helmut Bornefeld (1906–1993). In den Jahren von 1939 bis 1946 schrieb der streitbare Musiker unter dem Eindruck des Kriegsgeschehens Rundbriefe an seine Freunde und Bekannten. Diese sind nicht nur wichtige Zeugnisse des Kriegsgeschehens, sondern auch bedeutende musikhistorische Quellen.

Insgesamt ist dieses Jahrbuch ein bemerkenswertes Abbild der ganzen Breite baden-württembergischer Landesmusikforschung. Es bemüht sich um Vielfalt und stellt verschiedene methodische Ansätze gleichberechtigt nebeneinander. Moritz Kelber

Musik in Baden-Württemberg, Jahrbuch 2014, Bd. 21, hg. von Ann-Katrin Zimmermann im Auftrag der Gesellschaft für Musikgeschichte in Baden-Württemberg, München: Strube-Verlag 2014. ISBN 978-3-89912-183-4. € 24,–

Einen vielseitigen Querschnitt liefert der aktuelle Band des Jahrbuchs Musik in Baden-Württemberg: Einleitend berichtet Andreas Traub in zwei Beiträgen über aktuelle Forschungen zur liturgischen Musik in den Klöstern Hirsau und Zwiefalten. Christoph Öhm-Kühnle beschäftigt sich mit einem „Clavier-Buch" [1697] der Magdalene Wilhelmine von Württemberg (1677–1742), das lediglich in einer Stichvorlage von 1942 überliefert ist. Zahlreiche Notenbeispiele geben einen aussagekräftigen Einblick in die Sammlung und rechtfertigen Öhm-Kühnles Wunsch nach einer umfassenden Neuauflage. Joachim Kremer setzt sich mit Bewerbungsschreiben als musikbiographische Quellen auseinander. Als Beispiel dienen ihm die Bewerbungen von Mitgliedern eines Schweinfurter Zweiges der Bach-Familie auf Vakanzen in Wertheim am Main und Weikersheim. Die Texte bezeugen deren hohes Maß an Migrationsbereitschaft.

Ein Schluss, zu dem 1774 bereits Christian Friedrich Daniel Schubart (1739–1791) kam, als er feststellte, „daß die deutschen Virtuosen exiliren müssen, wenn sie Brod haben wollen". Tobias Bonz zitiert Schubart in seinem Artikel zu Jean Gaspard Weiss (1739–1815). Die Karriere des Elsässer Flötisten nimmt eine interessante Wendung, als der von der Londoner Musikszene gefeierte Flötist den Musikerberuf an den Nagel hängt, um in der Heimat ein vergleichsweise bürgerliches Leben zu führen. Der Artikel enthält ein tabellarisches Werksverzeichnis.

Überaus umfangreich ist Andrea Chegais Studie zu Niccolò Jommellis Oper „Il Vologeso", deren Uraufführung 1766 in Ludwigsburg stattfand. Sprachlich erscheint der Text stellenweise etwas komplex (ein Umstand, der der Übersetzung aus dem Italienischen Original geschuldet sein dürfte), doch tut dies der Qualität Chegais Untersuchung keinen Abbruch, die anhand detaillierter Analysen des Handlungsverlaufs den Anteil der Arie am dramatischen Geschehen auslotet.

Der instrumentenkundlich interessante Beitrag Friedemann Kawohls gewährt Einblicke in die Familiengeschichte des Skrjabin-Vertrauten Alexander Moser. Aus Unterkirnach stammend, handelten Mosers Eltern in Moskau mit Orchestrien. Diese mechanischen Musikautomaten erlebten in Russland eine besondere Tradition, an der Mosers Familie nachhaltig beteiligt war, etwa durch die Entwicklung eines Riesendampforchestrions. Moser selbst fertigte für Skrjabins Werk „Prométhée. Le Poème du feu" ein Lichtklavier an, mit Hilfe dessen zur Musik synästhetisch ergänzende Lichteffekte erzeugt werden konnten.

Eine Lanze für die Organologie bricht auch Anselm Hartinger, der den Stellenwert von Musikinstrumenten als Quelle musikwissenschaftlicher Forschung betont und in diesem Zusammenhang von einem Symposium zur Claviermusik Carl Philipp Emanuel Bachs berichtet, das im Mai 2014 in Stuttgart stattfand.

Michael Strobel schließlich würdigt den Tenor Wolfgang Windgassen, der im vergangenen Jahr 100 Jahre alt geworden wäre. Ein weiterer Jubilar, der Reutlinger Komponist Veit Erdmann, der 2014 seinen 70. Geburtstag feierte, kommt im Gespräch mit Rafael Rennicke zu Wort.

Abgerundet wird der Band von zwei CD-Rezensionen und den üblichen Berichten aus den Musikabteilungen der Landesbibliotheken sowie Andreas Ostheimers aktueller Übersicht neuer und restaurierter Orgeln in Baden-Württemberg. Stefanie Bilmayer-Frank

Kirchengeschichte

Die Ordnung der Kommunikation und die Kommunikation der Ordnungen, Bd. 2, Zentralität: Papsttum und Orden im Europa des 12. und 13. Jahrhunderts, hg. von Cristina Andenna, Gordon Blennemann, Klaus Herbers, Gert Melville (Aurora – Schriften der Villa Vigoni 1.2), Stuttgart: Franz Steiner Verlag 2013. 331 S. ISBN 978-3-515-10301-5. € 56,–

Eine erste Frucht gemeinsamer Tagungen der Universitäten Erlangen (Klaus Herbers) und Dresden (Gert Melville) in der Villa Vigoni am Comer See erschien 2012 zum Thema „Netzwerke: Klöster und Orden im 12. und 13. Jahrhundert". Erschlossen durch englische Abstracts sowie ein Personen- und Ortsregister bietet der vorliegende zweite Tagungsband nach einleitenden Vorbemerkungen der drei Herausgeber Klaus Herbers, Gert Melville und Gordon Blennemann (S. 9–21) 15 Beiträge von ausgewiesenen Kennern zu teils allgemeineren, teils spezielleren Phänomenen der Papst- und Ordensgeschichte des Hochmittelalters. Um die begriffliche Einordnung unter den vieldeutigen Schlagworten Kommunikation und Ordnung bemühen sich dabei abschließend Cristina Andenna und Gordon Blennemann (S. 301–307). Für die Einwerbung von „Drittmitteln" mögen solche Schlagworte nützlich sein; quellenkritische Forschung aber kommt, wie die Beiträge zeigen, weitgehend ohne expliziten Rekurs darauf aus.

Agostino Paravicini Bagliani (S. 23–34) hebt die relativ seltene Verwendung des Europa-Begriffs durch die Päpste vom 7. bis 14. Jahrhundert hervor; wenig überraschend war die *christianitas* als Bezugsrahmen päpstlichen Handeln stets viel wichtiger. Uta Renate Blumenthal (S. 37–49) verfolgt die Rezeption der Beschlüsse des III. Lateranums 1179 durch Kanonistik und kirchliche Rechtspraxis; deutlich wird, dass hier kein von oben gesteuerter Prozess vorlag, sondern dass man gesellschaftlichen Wünschen und Bedürfnissen nach gottgefälliger und gerechter Ordnung Rechnung trug.

Die drei folgenden Aufsätze betreffen die Beziehungen, im weitesten Sinne also die Kommunikation, zwischen den Päpsten einerseits und Ordensniederlassungen vor Ort andererseits, Jean-Marie Martin (S. 53–71) zu den griechischen und lateinischen Klöstern in Süditalien, unter weitgehender Ausklammerung von Sizilien, Maria Pia Alberzoni (S. 71–86) zu bestimmten norditalienischen Gemeinschaften von Mortara an der Wende zum 12. bis zu den Humiliaten und anderen an der Wende zum 13. Jahrhundert, Waldemar Königshaus (S. 87–98) zu den böhmischen und polnischen Ländern Ostmitteleuropas.

Christian Grasso (S. 99–129) geht es um Predigt und Finanzierung des Kreuzzugs unter Honorius III. (1216–27); deutlich wird, wie Personal höchst unterschiedlicher Herkunft, darunter der Zisterzienser und Kardinal Konrad von Urach, auf ein gemeinsames Ziel verpflichtet werden sollte. Im Anhang werden neun Dokumente aus den Vatikanregistern ediert.

Die folgenden acht Beiträge fragen alle nach der Entwicklung neuer Verfahren und Institutionen, mit denen die römische Kurie gesellschaftlichen Erwartungen und Herausforderungen vor Ort teils mit mehr, teils mit weniger Erfolg gerecht zu werden versuchte. Harald

Müller (S. 133–144) geht es um die päpstliche Delegationsgerichtsbarkeit, Hans-Joachim Schmidt (S. 145–168) um den letztlich gescheiterten Versuch, die zisterziensischen Generalkapitel und Visitationen im 13. Jahrhundert den Benediktinern allgemein vorzuschreiben. Thomas Wetzstein (S. 169–187) betont die wachsende Schriftlichkeit, Jochen Johrendt (S. 191–212) die keineswegs mit dem Papsttum gleichzusetzende Bedeutung der Stadt Rom. Patrick Zutshi (S. 213–227) beschreibt gewohnt kenntnisreich anhand meist englischer Beispiele die Gerichtsbarkeit an der römischen Kurie, besonders die *audientia publica* und die *audientia litterarum contradictarum,* Cristina Andenna (S. 229–260) das schwer zu fassende Institut der Kardinalprotektoren von Ordensgemeinschaften, Guido Cariboni (S. 261–275) das in Ordensstatuten der Zeit öfters auftauchende Verbot der als Verletzung des Gehorsams gewerteten Appellation an den Papst, welches dem universalen Anspruch der römischen Kurie zuwider lief, Roberto Paciocco (S. 277–299) schließlich die im 12. und 13. Jahrhundert neu aufkommenden päpstlichen Heiligsprechungsverfahren.

Der südwestdeutsche Raum wird kaum je angesprochen. Dennoch geben die Beiträge viele Anregungen zum besseren Verständnis gerade auch landesgeschichtlicher Vorgänge etwa im Zusammenhang mit Kloster- und Ordensgründungen. Bedauerlich ist die etwas einseitige Auswahl der behandelten Orden. Die geistlichen Ritterorden, deren Bedeutung im Kontext der Kreuzzüge kaum zu unterschätzen ist, bleiben völlig ausgeklammert.

Karl Borchardt

Ursula GIESSMANN, Der letzte Gegenpapst: Felix V., Studien zu Herrschaftspraxis und Legitimationsstrategien (1434–1451) (Papsttum im mittelalterlichen Europa, Bd. 3), Köln/ Weimar/Wien: Böhlau 2014, 410 S., 4 Abb., 1 Karte. ISBN 978-3-412-22359-5. € 69,90

Die Themenwahl dieser Studie, die auf einer Berliner Dissertationsschrift beruht, muss an sich kaum näher begründet werden, bündelt sie doch gleich eine ganze Reihe aktueller Interessen und Desiderate: Die Frage nach dem Umgang mit lebenden Ex-Päpsten wurde jüngst unerwartet virulent, die Jubiläumsorientierung des Geschichtsbetriebs rückte die Bedeutung von Konzilien in den Fokus – und schließlich stellt das spätmittelalterliche Savoyen einen von der deutschsprachigen Forschung sträflich und zu Unrecht vernachlässigten Gegenstand dar. So muss man nicht nur den Herausgebern der jungen Reihe zum „Papsttum im mittelalterlichen Europa" dankbar sein, dass sie diesen Band zur Publikation angenommen haben – Dank gebührt vor allem der Autorin, die mit ihrem Beitrag zu Herzog Amadeus VIII. von Savoyen bzw. Papst Felix V. eine außerordentliche Person in ihren unterschiedlichen Verflechtungen und Rollen untersucht.

Die Geschichte selbst ist an sich so schön, dass man sie erfinden müsste, wäre sie nicht wahr: Als Graf von Savoyen erreichte Amadeus VIII. nicht nur die Erhebung seiner Territorien in den Rang eines Herzogtums, sondern er setzte zugleich erfolgreich die Vernetzung mit dem europäischen Adel seiner Zeit auf höchster Ebene fort. So heiratete etwa seine Tochter Margarete nacheinander Ludwig III. von Anjou, den Titularkönig von Sizilien und Jerusalem, Pfalzgraf Ludwig IV. und schließlich Graf Ulrich V. von Württemberg. Im Jahr 1434, so die etablierte Erzählung, habe sich der 51-jährige Herzog dann nach Ripaille am Südufer des Genfer Sees zurückgezogen, wo er mit einigen Mitstreitern ein Eremitendasein führte. Fünf Jahre darauf erreichte ihn dort der Ruf der Basler Konzilsväter, die Amadeus zum Papst erwählt hatten. Als solcher nahm er den Namen Felix V. an – und ging als (bislang) letzter Gegenpapst in die Geschichte ein.

Mit ihrer detailliert angelegten Studie, die sich nach einer kritischen Sichtung der Rolle Ripailles (S. 33–144) vor allem auf die Jahre von Amadeus' Papat konzentriert, erinnert Gießmann an eine wichtige Facette der Geschichte in der Mitte des 15. Jahrhunderts: Im Spannungsfeld zwischen römischem Papsttum und konziliarer Bewegung stellt die Erhebung des savoyischen Herzogs einen letzten großen Höhepunkt dar. Nach der formellen Absetzung Eugens IV. im Jahr 1439 wählten die in Basel verbliebenen Konzilsväter – oder genauer: ein hierzu konstituiertes Wählerkolleg (S. 79–119) – den savoyischen Herzog nicht zuletzt deswegen als neuen Pontifex, weil sie in ihm einen Kandidaten sahen, der religiöse Ernsthaftigkeit mit weltlich-politischer Macht verband (S. 111–116). Bis zur Annahme der Wahl, die in Ripaille stattfand, vergingen beinahe sechs Wochen; auf dem Weg mussten auch Differenzen zwischen den Bedingungen des Herzogs und den Vorgaben der Wahlordnung sowie der Konzilsdekrete überwunden werden (S. 119–129).

Dass Amadeus sich keineswegs als willfähriges Instrument des Konzils verhielt, zeigen sowohl die rituellen Kernmomente auf dem Weg in sein Papsttum wie auch dessen spätere zeremonielle Ausgestaltung in Basel. Schritt für Schritt zeichnet Gießmann die Etappen nach, die Amadeus/Felix erst von Ripaille in das nahegelegene Thonon führten und dann nach Basel, wo er im Juni 1440 feierlich einzog, am 24. Juli desselben Jahres geweiht und gekrönt wurde und schließlich bis 1442 residierte. Auffällig sind dabei die steten Versuche, dem Papst des Konzils durch die ausdrückliche Anbindung (real wie behauptet) an die römische Tradition in Verfahren, Zeremoniell und Raumgestaltung Legitimität zu verschaffen. Letztlich versuchten also Papst und Konzil gewissermaßen „Rom in Basel" zu inszenieren (so die Überschrift des ausführlichen Kapitels 3, S. 145–309). Diese Ausrichtung kann in ganz unterschiedlichen Bereichen nachgewiesen werden: von der Ausgestaltung der Residenz im Basler Bischofshof (S. 147–164) über die zeremonielle Anlage von Einzug und Krönung bis hin zur Herstellung eines Kardinalskollegs, das als Teil einer handlungsfähigen Kircheneinheit unabdingbar war (S. 234–259). Auch die von Felix geschaffene Ämterstruktur und das Personal (S. 259–274) nimmt die Autorin in den Blick.

Bekanntlich setzte sich Felix V. nicht als anerkannter Papst durch: Stets blieb ihm der Ruch anhaften, er sei von einem nicht autorisierten und letztlich minderwertig besetzten Wahlgremium erhoben worden. Manchen hoffnungsvollen Momenten zum Trotz schränkte sich der Kreis seiner Obödienz immer stärker ein; schon 1442 zog sich Felix in seine savoyischen Stammlande zurück. Nach der Erhebung Tommaso Parentucellis als Nikolaus V. verhandelte Felix über die Bedingungen seines Rücktritts, den er als „renuntiatio" ausgestaltet am 7. April 1449 vollzog. Eine Niederlage war dies aber eigentlich nicht, konnte Amadeus sich doch den Kardinalsrang erhandeln und sich und seiner Familie zugleich die kirchliche Landesherrschaft in den savoyischen Gebieten sichern.

Dies rückt eine zweite Dimension seines Papats in den Vordergrund, der eben nicht nur die Züge eines vom Konzil geschaffenen (Gegen-)Papsttums trägt, sondern zugleich intensiv die römisch-päpstliche Tradition mit derjenigen Savoyens verschmilzt. So erscheint Savoyen in verschiedenen Diskursen und Repräsentationsobjekten nicht nur als eine Art „Repräsentant" des Patrimonium Petri (vgl. Kap. 4, S. 311–374, u. a. mit einer ausführlichen Deutung des „Genfer Altars" von Konrad Witz), sondern überhaupt blendete Amadeus/Felix immer wieder päpstliche und savoyische Symbolik ineinander. Damit mag man ihn letztlich, wie Gießmann dies in ihrem Fazit tut, als „papa in terris suis" bezeichnen können (S. 379). Eine solche Formel ist aber durchaus nicht als resignativ zu verstehen, sondern markiert vielmehr das hervorragende Geschick dieses Landesherrn und Pontifex, der im Januar 1451 verstarb und mit weniger Pomp in Ripaille bestattet wurde, als er das testamentarisch verfügt hatte (S. 363–373).

Der knappe Überblick kann nur andeuten, welch reiche Einblicke die vorliegende Arbeit dem Leser bietet, auch wenn eine klare, würdigende Wertung der Erfolgsaussichten des Protagonisten nur in Umrissen aufscheint. Leider enthält die Arbeit aber auch ganz anderes, das ein sorgfältiges Lektorat hätte beseitigen können und sollen: Nicht nur fallen mancherlei „Doppelspurigkeiten" auf, in denen einzelne Sachverhalte wiederholt ausgeführt werden, ohne sie neu zu wenden – spätestens nach der dritten Nennung wird auch der oberflächliche Leser verstanden haben, dass im Sommer 1439 der Erzbischof von Arles als einziger Kardinal in Basel verblieben war. Gelegentlich zitiert die Autorin auch ganze Quellenpassagen doppelt, ohne wenigstens zu signalisieren, dass sie sich dieser Wiederholungen bewusst ist – zum Teil auch mit variierenden Lesarten derselben Auszüge aus denselben Editionen (S. 357 und 371). Mehrfach kürzt sie dabei die Vollzitate auch gerade um jene Passagen, die ihre Ausführungen im Text eigentlich stützen sollten. Andernorts begegnen ganze Wendungen aus ihrer eigenen Feder erst in den Fußnoten, dann im Haupttext (S. 284, Anm. 1110, und S. 287). Während man daneben sprachliche Idiosynkrasien noch hinnehmen mag, so wirkt die Anzahl klarer grammatischer und typographischer Fehler schlicht ärgerlich. Inhaltlich bedenklich wird dies vor allem, wenn im Text Deutungen erscheinen, die von den gebotenen Quellenzitaten nicht gestützt werden (S. 190: „coursier" als „Schimmel"), so dass sich Zweifel an Sorgfalt und Textverständnis einstellen (vgl. S. 213, Anm. 767: der hier [warum?] nicht übersetzte „balay" ist wohl ein Rubin). Wer sich mit dem Gegenstand und den Forschungsbeiträgen ohnehin auskennt, wird natürlich Bernd „Craque" als den Kunsthistoriker „Carqué" erkennen, und die Differenz zwischen „Tarantaise" (mehrfach falsch) und „Tarentaise" (manchmal richtig) ist klein genug, um letztlich nicht ins Gewicht zu fallen (in das dankenswerterweise beigegebene Register hätte man den Begriff dennoch aufnehmen können). In der Ballung provozieren derlei Schwächen aber den Unmut des Lesers und sollten zumal in einer akademischen Qualifikationsschrift auch nicht so gehäuft auftreten. Diese Trübung des Bildes ist umso bedauerlicher, als die Arbeit wahrlich interessante Ergebnisse zu einem herausragenden Gegenstand bietet und damit der deutschsprachigen Forschung die Bedeutung Savoyens nachdrücklich in Erinnerung ruft. Klaus Oschema

Jörg Oberste, Die Zisterzienser, Stuttgart: Kohlhammer 2014. 317 S. mit 15 Abb. ISBN 978-3-17-022142-0. € 26,90

Das Interesse am Zisterzienserorden und seinen Klöstern hat in den vergangenen Jahren erstaunlich zugenommen. Auf einer internationalen Tagung in Mainz zum Thema „Norm und Realität. Kontinuität und Wandel der Zisterzienser im Mittelalter" wurde 2007 eine Bilanz zur Geschichte der Zisterzienser im europäischen Kontext gezogen. Innovative Forschungsansätze zur Entwicklung der Ordensverfassung, neue Ansätze zur Sozial- und Wirtschaftsgeschichte der Zisterzienser, das Verhältnis der Nonnenklöster zu den Zisterzienserabteien und Unterschiede der Ausbreitung der Zisterzienser in den einzelnen Ländern Europas standen dabei im Mittelpunkt der Beiträge. Bei einzelnen Zisterzienserklöstern wurden außerdem vielfältige neue Untersuchungen zur spirituellen, ökonomischen und kulturellen Entwicklung der Zisterzienser in Mittelalter und Neuzeit vorgelegt, die das ältere Bild der Zisterzienser stark veränderten. Vorliegendes Taschenbuch mit dem allgemeinen Titel „Die Zisterzienser" hat sich zum Ziel gesetzt, eine „Einführung in die lange Geschichte der Zisterzienser“ vorzulegen. Es will in exemplarischer Auswahl die Vielfalt der Lebensformen und Handlungsfelder der Zisterzienser vom 12. Jahrhundert bis zur Gegenwart aufzeigen, wobei zur besseren Orientierung über die vielfältigen Forschungsfelder neuere Fragestellungen und Methoden der vergleichenden Ordensgeschichte zur Anwendung kommen sollen.

In acht Hauptkapiteln wird das ambitiöse Forschungsprogramm zur Geschichte der Zisterzienser in Mittelalter und Neuzeit durchgeführt. Im Kapitel über die Anfänge der Zisterzienser sind die Ausführungen über den ersten Abt des Neuklosters Cîteaux, Robert von Molesme, besonders gut gelungen, da sie die Schwierigkeiten der Neugründung in einem komplizierten Spannungsfeld verdeutlichen. Unter der Leitung des dritten Abtes Stephan Harding (1109–1134) begann der Aufstieg des jungen Neuklosters, und es entwickelte sich allmählich der Zisterzienserorden als Verband von Reformklöstern, der sich in den Hauptländern des Abendlandes ausbreitete. Die Frage nach der ungewöhnlich raschen Ausbreitung der Zisterzienser im 12. und 13. Jahrhundert berührt religiöse, soziale und politische Aspekte. Das Zusammenspiel von charismatischer Sendung und rationaler Planung trat besonders bei Stephan Harding, dem gebürtigen Engländer, in Erscheinung. Er verschaffte der Neugründung und den ihr angeschlossenen Abteien eine dauerhafte Stabilität, so dass er als „eigentlicher Organisator der besonderen zisterziensischen Lebensform“ gelten muss, wie der Autor zu Recht betont.

In einem kurzen Abschnitt (S. 74–83) werden auch die Nonnenklöster des Ordens behandelt, was aber keinesfalls der großen Bedeutung der Zisterzienserinnen gerecht wird, da es im Mittelalter mehr als die doppelte Zahl von weiblichen Zisterzienserklöstern im Vergleich mit den Männerklöstern gab. Die neuere Forschung hat sich daher gerade mit diesem wichtigen Zweig des Zisterzienserordens befasst und dessen Besonderheiten herausgearbeitet.

Die geistliche Welt der Zisterzienser wird in einem eigenen Kapitel unter dem Titel „Verinnerlichung und Gelehrsamkeit“ erfasst, in dem das geistliche Leben der Zisterzienser aus gelehrten liturgischen Texten sowie aus bildlichen, architektonischen und künstlerischen Zeugnissen dargestellt wird. Im Hinblick auf die Vernetzung der Zisterzienserklöster mit ihrer weltlichen und kirchlichen Umgebung werden die Memorialformen der Zisterzienser, das Verhältnis zu den Stiftern und Herren sowie Kommunikationsbeziehungen zur kirchlichen Hierarchie und zu benachbarten Orden behandelt. Zisterziensische Innovationen in Ökonomie und Technik werden im Kontext der allgemeinen Entwicklung von Agrarwirtschaft, Handwerk und Handel analysiert, wobei die Ausführungen zu den Konversen die Defizite auf diesem wichtigen Forschungsfeld erkennen lassen.

Mit dem vorliegenden Band wird dem Leser eine gute Einführung in die komplexe Geschichte der Zisterzienser gegeben, die unter neuen Fragestellungen die lange Entwicklung des Zisterzienserordens in Mittelalter und Neuzeit zu erfassen versucht und auch Ausblicke auf die gegenwärtige Lage des weltweit aktiven Ordens enthält. Eine Auswahlbibliographie gewährt eine Übersicht über wichtige Quellenwerke, Übersichtsdarstellungen und neuere Untersuchungen.

Werner Rösener

Guido Gassmann, Konversen im Mittelalter, Eine Untersuchung anhand der neun Schweizer Zisterzienserabteien (Vita regularis, Abhandlungen, Bd. 56), Wien/Berlin: LIT Verlag 2013. 361 S. ISBN 978-3-643-80161-6. € 31,90

Untersuchungen zu den Konversen, der wichtigen innerklösterlichen Gruppe der Zisterzienserabteien neben den Mönchen, gehören zu den dringenden Aufgaben der mittelalterlichen Ordensforschung. Daher greift man voll Erwartung zu dem vorliegenden Band, der aus einer Dissertation an der Theologischen Fakultät in Luzern hervorgegangen ist und sich mit der Stellung der Konversen in neun Schweizer Zisterzienserabteien während des 12. bis 14. Jahrhunderts befasst. Zu den Klöstern des 1098 gegründeten Ordens der Zisterzienser gehörten neben den Vollmönchen auch die Laienbrüder *(conversi)*, die zweifellos einen wesentlichen Beitrag zum Erfolg der zisterziensischen Reformbewegung leisteten. Während der Alltag der Mönche in erster Linie dem Gottesdienst und der Kontemplation gewidmet war, zeichnete sich das Leben der Konversen weitgehend durch Arbeit und kürzere Gebetszeiten aus. Gemäß ihrer Bestimmung waren die Konversen vor allem für die materielle Versorgung der Zisterzienserabteien zuständig und bildeten ein wichtiges Verbindungselement zwischen den in der Klausur lebenden Mönchen und der Außenwelt. Mit der Abfassung normativer Vorschriften *(Usus Conversorum)*, die Fragen des monastischen Lebens der Konversen betrafen, sorgte die Ordensgesetzgebung schon von Anfang an dafür, dass das alltägliche Leben der Konversen in geordneten Bahnen verlief.

In der Zisterzienserforschung der letzten Jahrzehnte richtete sich das Hauptinteresse vor allem auf die Entwicklung der Organisationsstrukturen des Zisterzienserordens und auf das Wirken der Mönche in den verschiedenen Ländern des hochmittelalterlichen Europa, weniger aber auf die Aktivität der Laienbrüder, so dass mit der vorliegenden Arbeit in das Forschungsdefizit zur Stellung der Konversen im Orden und in den einzelnen Zisterzienserabteien vorgestoßen wird.

Die Unterschiedlichkeit der Forschungslage zu den neun Zisterzienserabteien der Schweiz stellte für den Autor eine Herausforderung dar, die er bei einer einheitlichen Gesamtbetrachtung über die Lage der Konversen bewältigen musste. Ferner zeigte sich die Schwierigkeit, dass die Behandlung des Themas von der unterschiedlichen Quellensituation der einzelnen Klöster abhängig war. Der methodisch primäre Schritt bestand daher darin, alle Konversen mit ihren attributiven Zusätzen sowie ihre verschiedenen Funktionen ausfindig zu machen. Einen ersten Schwerpunkt der Arbeit bildete die Frage nach der Herkunft der Konversen und deren Motiven beim Klostereintritt.

Die Untersuchungen ergaben, dass die Konversen sich hauptsächlich aus den unteren sozialen Schichten rekrutierten, wobei einige durchaus eine adelige Abstammung aufwiesen. Die soziale Herkunft war aber keineswegs das ausschließliche Kriterium für die Zuordnung in den Mönchs- oder Konversenstand. Hinsichtlich der städtischen Herkunft lässt sich erkennen, dass die Zisterzienserabteien der burgundischen Schweiz nur vereinzelte Belege dafür liefern, während in der nördlichen Schweiz (Wettingen, St. Urban) ein beachtlicher Teil der Konversen aus jenen Städten kam, mit denen die Klöster in engem Kontakt standen. Die Zahl der Konversen bewegte sich in den Klöstern zwischen zwanzig und vierzig, wobei die Konverseneintritte nach 1250 bei den Klöstern der Westschweiz stark zurückgingen. Der Rückgang in den Jahrzehnten nach 1300 ging offenbar einher mit der sich verändernden wirtschaftlichen Situation der einzelnen Zisterzienserklöster, mit der Reduzierung der Grangienwirtschaft und dem Aufkommen neuer religiöser Bewegungen.

Neben dem Wirken der Konversen in Landwirtschaft, Handwerk und Handel wird auch die Spiritualität der Konversen beleuchtet, soweit die Quellen des Untersuchungsraumes dazu Aussagen erlauben. Trotz restriktiver Vorschriften konnten die Konversen innerhalb ihres Arbeitsbereiches (Grangien, Werkstätten, Stadthöfe) hohe Qualifikationen aufweisen und bildeten ein wichtiges Element des Aufstiegs der Zisterzienserabteien im Hochmittelalter.

Die Erforschung der Konversen und ihrer Stellung in den Zisterzienserklöstern ist durch die vorliegende solide Arbeit zu den Schweizer Männerklöstern des Zisterzienserordens gut vorangekommen. Die Gliederung der Untersuchung ist klar erkennbar, die Fragestellung überzeugend gelungen. Vergleiche mit den Zisterzienserklöstern des südwestdeutschen Raumes hätten zusätzliche Einsichten vermitteln können. Die Erforschung der Konversen bei Nonnenklöstern, die hier nicht intendiert war, stellt weiterhin ein Desiderat dar. Auch bleiben viele andere Fragen zu den Konversen ungelöst, so dass weitere Forschungen und Analysen in anderen Untersuchungslandschaften notwendig sind. Werner Rösener

Das Zisterzienserkloster Salem im Mittelalter und seine Blüte unter Abt Ulrich II. von Seelfingen (1282–1311), hg. von Werner Rösener und Peter Rückert (Oberrheinische Studien, Bd. 31), Ostfildern: Jan Thorbecke Verlag 2014. 260 S. mit zahlr., teils farb. Abb. ISBN 978-3-7995-7833-2. € 34,–

Versucht man sich von der im hier anzuzeigenden Band gegebenen Reihenfolge der insgesamt elf Beiträge zu lösen, um sie in größere Sachzusammenhänge einordnen zu können, dann scheinen sich dafür zwei Themenkreise anzubieten: Den einen bilden die mehr oder weniger historischen Beiträge, die gewissermaßen den äußeren Rahmen für das Verständnis der Geschichte der Abtei Salem im hohen Mittelalter schaffen; dem anderen lassen sich jene Aufsätze zuordnen, die – Themen der Bau-, Kunst-, Musik- und Bibliotheksgeschichte gewidmet – diesen Rahmen gewissermaßen ausfüllen.

Dass das um 1134 nahe dem Bodensee, im Linzgau, gegründete Zisterzienserkloster schon bald über seine engere Gründungslandschaft hinaus Bedeutung gewann, vermag Christian Stadelmaier im Blick auf die schließlich rund 25 im Linzgau und im angrenzenden Oberschwaben von Salem aus angelegten, durch seine Konversen in Eigenwirtschaft betriebenen Grangien sichtbar zu machen. Noch deutlicher spiegelt sich dieses weitreichende Wirken Salems darin, dass die Zisterze – wie Winfried Schichs Beitrag verdeutlicht – allmählich in rund 15 Städten des deutschen Südwestens sog. Kloster- oder Pfleghöfe zu errichten vermochte; sie sollten nicht zuletzt zur Lagerung und zum anschließenden Verkauf der von den Salemer Grangien erwirtschafteten landwirtschaftlichen Produkte dienen.

Zu der sich hierin erneut spiegelnden geographischen Reichweite Salems passt es, dass – wie Maria Magdalena Rückert aufzeigen kann – die Äbte von Salem schließlich in einem bis an den oberen Neckar und in den Umkreis von Ulm reichenden Gebiet die *cura monialium* über zunächst sechs, später acht in den Zisterzienserorden aufgenommene Frauengemeinschaften ausübten. Nun hätte freilich Salem weder draußen im Lande Grangien noch in den Städten Kloster- und Pfleghöfe errichten können, wäre der Zisterze nicht von Anbeginn an eine Vielzahl von Gütern und Rechten vor allem aus der Hand des umgebenden Adels zugeeignet worden.

Ein besonders gutes Beispiel dafür, wie sehr sich Salem in den adeligen Schenkerkreis des Linzgaus und des Hegaus eingebunden fühlen konnte, bildet der von Werner Rösener in den Mittelpunkt seines Beitrags gestellte Abt Ulrich II. von Seelfingen, der während seines von 1282 bis 1311 dauernden Abbatiats sein Kloster zu großer Blüte führte. Angesichts seines klugen Wirtschaftens verwundert es nicht, dass unter ihm mit dem Neubau der Klosterkirche begonnen wurde, ja dass die gesamte Klosteranlage eine bauliche Erweiterung erfuhr. Aber damit nicht genug, war ihm auch die Sorge für Bibliothek und Skriptorium angelegen, wie überhaupt sein gesamtes Wirken von hoher Spiritualität und vom Bemühen um eine strenge Einhaltung der Ordensregel von den ihm anvertrauten etwa 130 Mönchen und 180 Konversen geprägt war. Eine derart positive Entwicklung hätte Salem in den ersten beiden Jahrhunderten seiner Existenz allerdings nicht nehmen können, hätte das Kloster nicht – wie Konrad Krimm einsichtig macht – beginnend mit Friedrich Barbarossa unter kaiserlicher Schutzvogtei gestanden, die schließlich mit Karls IV. Privileg vom Jahre 1348 Salem zur vollen Reichsunmittelbarkeit gelangen ließ.

Der durch diese „historischen" Beiträge geschaffene Rahmen wird in der zweiten Hälfte des Bandes durch Aufsätze gefüllt, die spezielleren, aber deswegen keineswegs unwichtigeren Themen, vor allem jenen der Bau-, Kunst-, Musik- und Bibliotheksgeschichte, gewidmet sind. Mit subtilen Untersuchungen vermag der Bauhistoriker Ulrich Knapp, dem wir schon ein Standardwerk zur Baugeschichte des Klosters verdanken, nicht nur ein gegenüber der bisherigen Forschung wesentlich differenzierteres Bild von den einzelnen zeitlichen Stufen der Baumaßnahmen am Salemer Münster zu entwerfen. Vielmehr gelingt es ihm im Vergleich mit der Architektur der Zisterzienser um 1300 insgesamt nachzuweisen, dass die Architektur des Salemer Münsters für ihre Zeit richtungweisend gewesen ist. Wie nicht anders zu erwarten, barg auch die Salemer Klosterkirche einen mehr oder weniger umfangreichen Schatz sakraler, für die Liturgie der Mönche notwendiger Gegenstände. Angesichts dessen, dass nur zwei Objekte des Salemer Kirchenschatzes erhalten geblieben sind, hat Carola Fey in ihrer Studie über die einstigen sakralen Schatzstücke der Salemer Klosterkirche die Möglichkeit genutzt, mit Hilfe von in schriftlichen Quellen überlieferten Reliquien aus der Zeit Abt Eberhards von Rohrdorf (1191–1240) und Abt Ulrichs II. von Seelfingen (1282–1311) wenigstens auf dem Papier deren Behältnisse zu rekonstruieren.

Zur Kenntnis der Salemer Mönchsliturgie tragen zwei Beiträge entscheidend bei: Da ist zum einen Pater Alberich Martin Altermatts Studie, die vor allem anhand der im Salemer Skriptorium entstandenen, heute in der Universitätsbibliothek Heidelberg verwahrten liturgischen Codices Einblicke in die liturgischen Besonderheiten Salems, etwa in die Feier von spezifisch Salemer Festtagen, vermittelt. All diese Beobachtungen erfahren eine erfreuliche Konkretisierung durch Andreas Traubs Untersuchung der Salemer Choralüberlieferung, wie sie sich mit Hilfe von rund 30 Fragmenten von Choralhandschriften rekonstruieren lässt, die sich in Einbänden von Salemer Codices der Universitätsbibliothek Heidelberg gefunden haben.

Liturgische Bücher bilden allerdings nur einen Teil dessen, was an Schriftlichkeit in einem Kloster zum Gebrauch der Mönche produziert und in Bibliothek oder Archiv verwahrt und bewahrt worden ist. Die Fülle dessen, was aus dem Salemer Skriptorium hervorgegangen ist und was in die Salemer Klosterbibliothek im Laufe der Jahrhunderte seinen Weg gefunden hat, breitet Uli Steiger in einer alle denkbaren Aspekte berührenden Generalübersicht aus. Sie zeigt, dass das Salemer Skriptorium mit rund 50 nachweisbaren Handschriften unter dem die erste Hälfte des 13. Jahrhunderts einnehmenden Abbatiat Abt Eberhards von Rohrdorf einen ersten und unter Abt Ulrich von Seelfingen mit vermehrt künstlerisch hervorragend gestalteten Handschriften einen zweiten Höhepunkt erreicht hatte.

All diese zuletzt vorgestellten Aufsätze des zweiten Teils tragen entscheidend dazu bei, das geistige Profil des Salemer Konvents sichtbar zu machen. Sie füllen damit den äußeren Rahmen in ganz wesentlicher Weise aus, den die Aufsätze des ersten Teils des Bandes geschaffen haben. Der gesamte, hier vorzustellende Band wird im Übrigen durch Indices, die Susanne Borgards gestaltet hat, mustergültig erschlossen.

Dass dieser einer der bedeutendsten Epochen der Salemer Klostergeschichte gewidmete Band zustande kam, ist das Verdienst von Werner Rösener und Peter Rückert. Werner Rösener hatte schon seine 1974 erschienene Freiburger Dissertation der mittelalterlichen Verfassungs- und Wirtschaftsgeschichte der „Reichsabtei Salem" gewidmet und sich seither immer wieder mit zisterziensischen Themen befasst. Erst jüngst zeichnete er als Mitherausgeber und Mitautor des zeitlich in etwa parallel erschienenen Sammelbandes über „850 Jahre Zisterzienserkloster Tennenbach" (Freiburg 2014). Nicht anders Peter Rückert. Ihm sind seit Jahren zahlreiche Beiträge zur Geschichte einstiger Zisterzen im deutschen Südwesten, so etwa zu Maulbronn, Herrenalb und Bebenhausen, zu verdanken. Mit dem von ihnen herausgegebenen Sammelband über die Abtei Salem haben sie indessen nicht nur eine Fülle neuer Einsichten in die Geschichte und Kultur des Klosters, vor allem während des 12. und 13. Jahrhunderts, sondern darüber hinaus auch in die allgemeine Geschichte des Zisterzienserordens vermittelt.

Darüber hinaus sollten die Ergebnisse dieses Bandes die landesgeschichtliche Forschung zu der Überlegung anregen, was die Gründung einer geistlichen Institution im Hinterland des westlichen Bodensees für eine Landschaft bedeutete, in der sich – im Gegensatz zu den Ufern des Sees selbst mit den an ihnen gegründeten Benediktinerabteien Reichenau und Petershausen und im Gegensatz auch zum nahen Tal der Schussen mit dem welfischen Hauskloster Weingarten – bis zur Gründung Salems noch kein Kloster angesiedelt hatte.

Helmut Maurer

Stefanie Albus-Kötz, Von Krautgärten, Äckern, Gülten und Hühnern, Studien zur Besitz- und Wirtschaftsgeschichte des Prämonstratenserstifts Adelberg im Mittelalter 1178–1535 (Schriften zur südwestdeutschen Landeskunde, Bd. 73), Ostfildern: Jan Thorbecke Verlag 2014. 318 S. ISBN 978-3-7995-5273-8. € 39,–

Das auf dem Schurwald nahe der Burg Hohenstaufen gelegene Prämonstratenserstift Adelberg gehörte im Mittelalter zweifellos zu den wichtigsten Niederlassungen des Ordens im südwestdeutschen Raum. Vorliegende Publikation zur Besitz- und Wirtschaftsgeschichte Adelbergs von 1178 bis 1535 ist aus einer Dissertation hervorgegangen, die 2010 bei der Philosophischen Fakultät der Universität Tübingen eingereicht wurde. Das Stift Adelberg wurde 1178 trotz seiner Nähe zum staufischen Hauskloster Lorch mit Unterstützung des staufischen Kaisers Friedrich I. Barbarossa durch dessen Ministerialen Volknand von Staufen gegründet. Der Gründungsvorgang des Klosters erstreckte sich über mehrere Jahre, da offenbar ein Wechsel von den Zisterziensern zu den Prämonstratensern vollzogen wurde. Volknand dürfte sich schließlich für die Prämonstratenser entschieden haben, weil er sich von einem Kanonikerstift eine bessere seelsorgerliche Durchdringung des umliegenden Raumes erhoffte.

Der Umfang des Adelberger Gründungsbesitzes ist nur schwer zu eruieren, da weder die Schirmurkunde Barbarossas von 1181 noch die im selben Jahr ausgestellte Papsturkunde einen differenzierten Besitzkatalog enthält. Erst in den nachfolgenden Jahrhunderten werden die Besitzverhältnisse des Stiftes auf der Basis von Urkunden, Urbaren und Lagerbüchern klarer erkennbar. Neben der Förderung durch die Staufer entwickelte sich Adelberg auch zu einem Zentrum für den Adel der Umgebung. Im Jahre 1291 übernahmen die Grafen von Württemberg den Schirm über das zuvor unter der Schutzvogtei des Reiches stehende Stift

Adelberg, was dann im 15. Jahrhundert durch Graf Ulrich V. von Württemberg als Ansatz zur Begründung landesherrlicher Eingriffe wie dem Recht zur Visitation benutzt wurde.

Bis 1361 hatten die Württemberger den Schirm über Adelberg zwar nur als kaiserliche Pfandschaft inne, aber 1372 wurde er ihnen endgültig vom Reich übergeben. In besitzgeschichtlicher Hinsicht ist zwischen 1300 und 1400 ein markanter Rückgang der Schenkungen an den Adelberger Konvent festzustellen. Damit entspricht die Entwicklung in Adelberg dem Trend anderer Klöster und Stifte, bei denen im 14. Jahrhundert ebenfalls Phänomene wie Stagnation und Krise zu beobachten sind. Im 15. Jahrhundert baute Adelberg seinen Besitz durch Zukäufe aber wieder aus. Als wichtige Erwerbung ist in dieser Zeit die des Stadthofes in Stuttgart im Jahre 1459 zu nennen, da dadurch eine bessere Möglichkeit geschaffen wurde, landwirtschaftliche Überschüsse im städtischen Raum abzusetzen. Außerdem suchte Adelberg auf diese Weise die Nähe zur württembergischen Landesherrschaft zu verstärken.

Zu Beginn des 16. Jahrhunderts war die Erwerbspolitik Adelbergs weitgehend abgeschlossen; stattdessen ging es damals vor allem um die herrschaftliche und organisatorische Verwaltung des Besitzes. Wie die Grundherrschaft des Stiftes im Jahre 1527 aussah, ist einem damaligen Verzeichnis über Schatzung und Reisgeld zu entnehmen. Demnach bestand sie aus vier Vierteln oder Quartieren. An der Spitze der Verwaltung der Außenbesitzungen stand offenbar noch 1496 nach Prämonstratensertradition ein *provisor exteriorum*. Bedauerlicherweise sind aus den Adelberger Quellen nur geringe Aufschlüsse über die spezifischen Wirtschaftsformen der Prämonstratenser mit Eigenbauhöfen *(curiae)* und Konversen zu gewinnen. Da sich bei Adelberg aus der Frühzeit keine Besitzlisten erhalten haben, kann weder die Zahl der Wirtschaftshöfe noch deren terminologische Bezeichnung quellenmäßig belegt werden. Adelberg verfügte in seiner Blütezeit über eine ausgedehnte Grundherrschaft, die durch viele inkorporierte Pfarrkirchen bereichert war.

Die vorliegende Arbeit stellt insgesamt eine solide Untersuchung zur Grundherrschaftsentwicklung des Prämonstratenserstiftes Adelberg während des 12. bis 16. Jahrhunderts dar. Wertvoll für die Forschung sind vor allem der ausführliche Katalog des Adelberger Besitzes (S. 112–236) und der Katalog der Adelberger Pfarrkirchen (S. 237–247). Beigefügte Karten verdeutlichen außerdem die regionale Ausdehnung des Adelberger Besitzes in den verschiedenen Jahrhunderten. Ein ausführliches Orts- und Personenregister erleichtert die Benutzung dieser Untersuchung.

Werner Rösener

Die Pfarrei im späten Mittelalter, hg. von Enno Bünz und Gerhard Fouquet (Vorträge und Forschungen 77), Ostfildern: Thorbecke 2013. 472 S., 49 Abb. ISBN 978-3-7995-6877-7. € 64,–

Dass die Pfarrei als verbreitetste Institution des Mittelalters und dauerhaftes Phänomen von überragender Bedeutung für die europäische Geschichte ist, wird heute zu Recht in allen Einführungen und Studienbüchern zur mittelalterlichen Geschichte betont. Das langwährende Desinteresse sowohl der Geschichtswissenschaft als auch der Kirchen- und Kunstgeschichte an diesem Thema ist seit mindestens anderthalb Jahrzehnten einer Flut von Publikationen gewichen, die nur mit Mühe überschaut werden kann. Der hier anzuzeigende Band stellt eine systematische Zusammenschau dar und beruht auf den Vorträgen der Frühjahrstagung des Konstanzer Arbeitskreises für mittelalterliche Geschichte 2009, die dem Niederkirchenwesen gewidmet war. Um das nahezu uferlose Thema beherrschbar zu halten, widmen sich die Aufsätze im Kern der spätmittelalterlichen Pfarrei im deutschsprachigen Raum.

In seiner Einleitung und Zusammenfassung leistet Enno Bünz darüber hinaus eine kenntnisreiche und höchst instruktive Einordnung in die europäische Forschungslandschaft und benennt Editionsdefizite und Forschungsdesiderate sowohl in räumlicher als auch in zeitlicher Hinsicht.

Die Reihe der Aufsätze wird von Wolfgang Petke eröffnet, der die Genese der Pfarreien und ihre Formierung bis ins Hochmittelalter präzise nachzeichnet und besonders die Integration des Eigenkirchenwesens und seine Ablösung durch die Rechtsfigur des Patronats behandelt. Nach den Normen und Strukturen der mittelalterlichen Pfarrei fragen die drei folgenden Autoren, wobei Harald Müller die kanonistischen Texte nach ihren Aussagen über die Pfarrei befragt und zu ernüchternden Ergebnissen kommt. Zwar entwickeln sich im Hochmittelalter – insbesondere im Zusammenhang mit dem III. und IV. Laterankonzil – bestimmte rechtliche Konturen, dennoch bleiben für die praktischen Fragen, die das Leben der Pfarrei bestimmen, lokale Gewohnheiten wesentlich wichtiger als kanonistische Normen. Christoph Volkmar beschreibt die Pfarrei im Blickfeld der Obrigkeit und thematisiert mit dem zunehmenden Einfluss der weltlichen Obrigkeit auf den Pfarrklerus ein typisch spätmittelalterliches bzw. vorreformatorisches Problem. Anregend ist, dass Volkmar nicht nur die Konfliktlinien betrachtet, sondern auch die intensive Zusammenarbeit beider Seiten betont, so beispielsweise die Kooperation vieler Landesherren mit den Instanzen der geistlichen Gerichtsbarkeit. Volkmar arbeitet heraus, dass der Zugriff der Bischöfe auf den Klerus – beispielsweise durch konkurrierende Ansprüche der Archidiakone – durchaus beschränkt war, dass aber auch das weltliche Kirchenregiment seine Grenzen hatte. Die zunehmenden Klagen über Missstände beim Klerus dürften letztlich auch auf eine gestiegene Erwartungshaltung der Gemeinden zurückzuführen sein. Felicitas Schmieder kommt bei ihrer Untersuchung über die Pfarrei in der deutschen städtischen Kirchenlandschaft zu dem – wenig überraschenden – Ergebnis, dass hier kaum Generalisierungen möglich sind und die Entwicklung von den jeweiligen topografischen, rechtlichen, siedlungsgenetischen und politischen Faktoren abhängt. Auch lässt sich nicht von der Größe der Stadt auf die Anzahl der Pfarrkirchen schließen, die Vermehrung bzw. Nichtvermehrung von Pfarreien in den Städten kann verschiedenste Ursachen haben und ist nur lokal erforschbar.

Die weiteren Aufsätze verlassen die übergreifenden rechtlichen und verfassungsgeschichtlichen Fragestellungen und beschäftigen sich mit Einzelaspekten bzw. Fallstudien zur Geschichte der spätmittelalterlichen Pfarrei. Andreas Odenthal bringt mit dem pfarrlichen Gottesdienst ein bisher von der Forschung weitgehend vernachlässigtes Thema zur Sprache und diskutiert ausführlich die schwierige Quellenlage, wobei er besonders auf die Pfarrbücher oder vergleichbare pfarrliche Quellen hinweist, die auch für etliche Landpfarreien existieren und Hinweise auf die Liturgie enthalten können. Grundsätzlich blieb die pontifikale Liturgie prägend für die Feier der Gemeindemesse, die pfarrliche Praxis gestaltete sich aber durchaus individuell. Hier sind weitergehende interdisziplinäre Forschungen nötig. Auf die von der Forschung noch nicht annähernd ausgeschöpften Erkenntnismöglichkeiten, die spätmittelalterliche und frühneuzeitliche Pfarrbücher bieten, weist auch Franz Fuchs hin. Am Beispiel der Aufzeichnungen des Oberpfälzer Pfarrers Paul Gössel aus Gebenbach bei Amberg aus dem 15. Jahrhundert führt er eindrucksvoll die darin enthaltene Vielfalt der Informationen, insbesondere aus allen Bereichen des pfarrlichen Alltags, vor Augen. Gabriela Signori verfolgt die Aufwertung des Taufsakraments im ausgehenden Mittelalter und wendet sich dabei auch den Taufsteinen zu, die im 15. Jahrhundert vermehrt gestiftet wurden. An der Schnittstelle von Geschichte und Kunstgeschichte ist auch der Beitrag von Marc

Carel Schurr zur Pfarrkirche als Bauaufgabe der mittelalterlichen Städte angesiedelt. Er zeigt anhand der Neubauten von künstlerisch herausgehobenen Pfarrkirchen wie in Freiburg im Breisgau, Freiburg im Üechtland, in Esslingen oder in Ulm, dass Architektur und Bautätigkeit in einen Zusammenhang mit den politischen und religiösen Bemühungen der jeweiligen Stadträte gestellt werden müssen, wobei vor allem das Streben nach Patronatsherrschaft eine wesentliche Motivation darstellt. Heinrich Dormeier präsentiert eine umfangreiche Detailstudie zur Marienverehrung in Lübeck samt Quellenanhang, der unter anderem eine Auflistung der testamentarischen Zuwendungen an die Sängerkapelle in St. Marien in Lübeck enthält. Er liefert damit ein höchst eindrückliches Beispiel für die wachsende Rolle der Laien bei der Ausgestaltung von Festtagen, bei der Gründung von Bruderschaften oder dem Ausbau der Armenfürsorge und zeigt zugleich, welche enormen Summen in einer reichen Hansestadt wie Lübeck im ausgehenden Mittelalter in das Stiftungswesen flossen. Das wirtschaftliche Potential der Pfarrgemeinde im Spätmittelalter lotet auch Arnd Reitemeier in seinem Beitrag aus. Zugleich diskutiert er die Frage der Identität von Pfarrgemeinde und weltlicher Gemeinde, die keineswegs überall gegeben war. Den Abschluss bildet Werner Freitag mit seinem Beitrag über die Dorfkirchhöfe in Westfalen. Er erörtert die vielfältigen sakralen und profanen Funktionen der Friedhöfe, die den Kirchhof zu einem Ort der Kommunikation und zu einem Katalysator der ländlichen Gemeindebildung machten.

Der Band spiegelt die Themenvielfalt und -komplexität der Pfarreienforschung wider und wird hoffentlich seinen Teil dazu beitragen, dass die Pfarrei von der Geschichtswissenschaft und den benachbarten historisch arbeitenden Fächern auch weiterhin als zentrale Forschungsaufgabe wahrgenommen wird. Christian Popp

Anne Conrad, Welt-geistliche Frauen in der frühen Neuzeit, Studien zum weiblichen Semireligiosentum (Katholisches Leben und Kirchenreform im Zeitalter der Glaubensspaltung 73), Münster: Aschendorff Verlag 2013. 170 S. ISBN 978-3-402-11091-1. Brosch. € 24,80

Dieser schmale Band, erschienen in der renommierten kirchengeschichtlichen Reihe der Gesellschaft zur Herausgabe des Corpus Catholicorum, vereinigt einige Arbeiten, die sich im Wesentlichen, wie es dem Charakter der Reihe entspricht, aus theologie- und frömmigkeitsgeschichtlicher, aber auch frauengeschichtlicher Perspektive mit den vielfältigen Formen weiblicher Religiosität – vom förmlichen Orden bis zu reinen Laienvereinigungen – beschäftigen, die im Zeitalter der Konfessionalisierung, also in dem auf die Glaubensspaltung folgenden Zeitabschnitt, wie die Autoren meinen, eine neue Bedeutung gewinnen. Eine besondere Rolle spielten dabei die Jesuiten und ihre im Vergleich mit den alten Orden offene Lebensform, die vielfach als Vorbild dienten. Ein grundsätzlicher Beitrag der Herausgeberin („Ein ‚Mittlerer Weg'. Welt-geistliche Frauen im konfessionalisierten Katholizismus") beschäftigt sich denn auch zunächst mit dem „Modell der Jesuiten" (S. 12).

Ein Schwerpunkt des Bandes liegt aber auch auf der Stadt Köln, wo die vielfältigen Formen weiblicher Frömmigkeit, vor allem die von den Jesuiten betreuten Bruderschaften ausführlich, auch statistisch, behandelt werden (Yvonne Bergerfurth). Eine besondere Rolle – auch in den anderen Beiträgen – spielt ferner die Kölner St. Ursula-Bruderschaft, über die auch schon von der Herausgeberin eine besondere Studie an anderer Stelle vorgelegt wurde.

Aber gerade hier stellt sich nun unwillkürlich die Frage, warum an keiner Stelle des Bandes ein Vergleich mit der Lebensform der Stiftsdamen auch nur erwähnt wird. Gerade in Köln, wo das Damenstift St. Ursula während des gesamten Zeitraums eine wichtige gesellschaftliche Rolle spielte, drängt sich der Vergleich geradezu auf, nicht nur wegen derselben Heiligen. Ein Grund mag darin liegen, dass die Damenstifte in der frühen Neuzeit vor allem gesellschaftlich abgehobene Versorgungsinstitute für adelige Fräulein und daher für die Geschichte der Spiritualität nicht sehr ergiebig waren. Neuere Forschungen haben indessen gezeigt, dass Damenstifte sehr differenziert gesehen werden müssen, viel breiter in der Gesellschaft verankert waren und durchaus geistliche Züge haben.

Immerhin hat Nicole Priesching in ihrem Beitrag „Gehören Beginen zum Semireligiosentum?“ sich mit der Begriffsbildung „canonicae saeculares“ beschäftigt (S. 156 f.) – eine Bezeichnung, die gerade auch für Angehörige von Damenstiften verwendet wurde. Auf jeden Fall müssten bei der weiteren Beschäftigung mit dem weiblichen Semireligiosentum die Damenstifte einbezogen werden. Auch die Frage der Mädchenbildung, die im vorliegenden Band an verschiedenen Stellen immer wieder angesprochen wird, wäre auch im Hinblick auf Damenstifte weiter zu verfolgen.

Für die südwestdeutsche Landesgeschichte gibt es bisher allenfalls Ansätze – vor allem im Bereich des Mittelalters – zu einer differenzierten Untersuchung der verschiedenen Formen weiblichen religiösen Lebens (vgl. den zusammenfassenden Beitrag von Gisela Muschiol in „Württembergisches Klosterbuch“, 2003). Daher ist das vorliegende Heft besonders geeignet, entsprechende Forschungen auch im südwestdeutschen Raum zu befördern.

Bernhard Theil

Jürgen Krüger / Hansmartin Schwarzmaier / Udo Wennemuth (Hg.), Das evangelische Pfarrhaus im deutschsprachigen Südwesten (Oberrheinische Studien, Bd. 32), Ostfildern: Jan Thorbecke Verlag 2014. 388 S. mit 32 Farbtafeln und 17 s/w Abb. ISBN 978-3-7995-7832-5. € 34,–

Dieser Sammelband mit seinen 15 Beiträgen ist hervorgegangen aus einer gleichnamigen Tagung der Arbeitsgemeinschaft für geschichtliche Landeskunde am Oberrhein mit dem Verein für Kirchengeschichte in der evangelischen Landeskirche in Baden. Ihre Interdisziplinarität konnte die engen Grenzen der Geschichtswissenschaft überschreiten und theologische, kultur-, kunst- und kirchengeschichtliche Fragestellungen aufnehmen.

In seiner Einleitung fasst U. Wennemuth u. a. die Ergebnisse der Einzelbeiträge zusammen. Die Einführung erfolgt mit C. Schneider-Harpprechts Beitrag zur sozialen Institution des Pfarrhauses im Wandel der Zeiten. Er ortet dessen Ursprünge in der Reformationszeit, zeichnet es als „Ort von Bildung, Diakonie und gelebter Frömmigkeit“ und geht kritisch auf das Thema Pfarrhaus und Politik ein. Sein Fazit: „Die Pluralität des politischen Spektrums [in BRD und DDR] bildete sich auch im Pfarrhaus ab.

In seiner Begriffsgeschichte greift H. Ehmer weit aus: von Goethe über Ottilie Wildermuth bis zu Christian Palmer gelangt er zum Pfarrhaus in deutschchristlicher Sicht, um schließlich mit R. Minder, I. Seidel, G. Benn, A. Goes, M. Greiffenhagen und Lexikonbeiträgen im 20. Jahrhundert zu landen und festzustellen: das Pfarrhaus stellt bis zur Gegenwart eine feste Größe dar „wie sie sich in historischen und sozialwissenschaftlichen Arbeiten, dann v. a. in der Erinnerungsliteratur und populären und unterhaltenden Veröffentlichungen zeigt“. Also eine Literaturgeschichte sui generis.

S. Liebig zeigt mit ihrer Spurensuche zu den Pfarrfrauen im 20. Jahrhundert: die lange Zeit patriarchalisch strukturierte Kirche geht ihrem Ende entgegen. Diese Frauen wollen als „eigenständige Persönlichkeiten leben und arbeiten und selbst bestimmt über ihr Leben verfügen“, ohne dabei Ehe, Familie und Mitarbeit abzulehnen.

Der Bau- und Kunstgeschichte des Pfarrhauses in Baden widmet sich J. Krüger, während H.-J. Stefan der „Musik im evangelisch-reformierten Pfarrhaus“ nachgeht.

Mobilität und Vernetzungen nach dem 30-jährigen Krieg zeigt H. Schwarzmaier am Beispiel von Johann Jakob und Abraham Wagner auf, ebenso an den hanauischen Landschaften beiderseits des Rheins. In deren Residenz Buchsweiler und ihre Pfarrhäuser führt J.F. Battenberg mit Kupferstichen, Zeichnungen und Fotografien.

Ein einfühlreiches Charakterbild von dem elsässischen Pfarrer Johann Friedrich Oberlin (1740–1826) ist D. Düsterhaus gelungen. Oberlins weit gespanntes Wirken im Steintal/Vogesen als Theologe, Seelsorger, Botaniker, Landwirt und Sozialreformer wird detailliert nachgezeichnet. Neben seinen theologischen Überzeugungen wird auch auf sein diplomatisches Geschick während der Revolutionsjahre verwiesen, in denen er die Schließung seiner Kirche und das Gottesdienstverbot nicht verhindern konnte, aber religiöse Ansprachen als patriotische Reden zu tarnen vermochte. Wer sich ein Bild vom Prototyp eines aufgeklärten Pfarrhauses machen will, muss nach Waldersbach fahren: das 1788 errichtete Pfarrhaus und das angeschlossene moderne Museum vermitteln ein eindrucksvolles Bild von einem „fortschrittlichen Zentrum in Wissenschaft, Ökonomie und Gesundheitswesen“. Diese „Stätte der Kultur, der Seelsorge und einer effektiv organisierten Fürsorgetätigkeit“ ist eine Reise dorthin wert!

Der badische Beitrag zum Thema von G. G. Gerner-Wolfhard könnte auch für Württemberg zutreffen. Köstlich darin die „laux uxoris pastoris“ von H. W. Heidland, Landesbischof 1964–1980.

„Erwartungshaltungen und Selbstverortungen“ im protestantischen Milieu der 1950er bis 1970er Jahre geht C. Kienzle nach, wobei er auf die Pfarrberichte aus den Kirchenbezirken Esslingen, Schorndorf und Waiblingen zurückgreifen kann. Sein Fazit: mit weit reichender gesellschaftlicher Transformation „zerfaserte das protestantische Milieu zusehends“. Die Erwartungshaltungen wandelten sich und wechselten, wobei sich die Pfarrer ihrer ambivalenten Position im Sozialgefüge bewusst wurden: Randfigur des sozialen Lebens und trotzdem immer noch begehrter Zeremonienverwalter bei Taufe, Konfirmation, Trauung und Bestattung. Unverkennbar dabei die Tendenz zur immer mehr zunehmenden Bedeutungslosigkeit der Kirche als Institution.

U. Bayer stellt auf der Basis von Zeitzeugeninterviews „Die 68er und das Pfarrhaus“ dar, wobei auch die Pfarrfrauen zu Wort kommen. Die Befragten haben alle in der Zeit um und nach 1968 studiert und dann ein Gemeindepfarramt übernommen, wurden also durch das tief greifende politische und soziokulturelle Phänomen jener Jahre geprägt, „sei es in Solidarität, kritischer Sympathie oder völliger Ablehnung“.

Von Netzwerken badischer Pfarrhäuser berichtet E. Marggraf. Am Beispiel der Familie Katz lässt sich verfolgen, wie industrielles Patriarchat und paternalistische Diakonie auf die Entwicklung der Inneren Mission Einfluss nehmen können. Klares ökumenisches Denken zeichnet die aus Adelsheim stammende Familie Hermann aus, während politische Fronten quer durch die Pfarrfamilie Rohde/Duhm gehen.

Den Schluss bilden autobiografische Anmerkungen von K. Krimm, dem sowohl die Tagung gewidmet war als auch der vorliegende Band zugeeignet ist.

Alles in allem: wer soziale und kirchliche aktuelle Fragen vor ihrem geschichtlichen Hintergrund verstehen möchte, bekommt in diesem weit gefächerten Werk erschöpfende Antwort.

Karl-Martin Hummel

Christian HANDSCHUH, Die wahre Aufklärung durch Jesum Christum, Religiöse Welt- und Gegenwartskonstruktionen in der Katholischen Spätaufklärung (Contubernium. Tübinger Beiträge zur Universitäts- und Wissenschaftsgeschichte, Bd. 81), Stuttgart: Franz Steiner Verlag 2014. 262 S. ISBN 978-3-515-10604-7. € 52,–

Noch heute hält sich das Urteil von der Unvereinbarkeit von Katholizismus und Aufklärung. Um 1900 hatte die junge Gesellschaftswissenschaft geglaubt, dass Katholiken – anders als Protestanten – in der rationalen ‚modernen Welt' nicht mithalten, die nationale Idee in Deutschland nicht mittragen und die neue Wirtschaftsethik nicht mitdenken könnten.

Diese Denkmuster machten die liberalen, für Erneuerung offenen und dezidiert aufgeklärten Strömungen unsichtbar, die schon vor 1800 innerhalb des Katholizismus existierten. Allerdings leistete hierbei der ab 1840 machtvoll einsetzende ultramontane und bis ins 20. Jahrhundert wirkende antimoderne Katholizismus einen wesentlichen Beitrag. Auch kirchenintern galt der aufgeklärte Katholizismus lange Zeit als transitorisch, wirkungslos oder gescheitert, der Forschung nicht wert.

Doch spätestens seit dem Erscheinen des Biobibliographischen Handbuchs von Böning/Siegert ist klar, dass das Themenspektrum Aufklärung – Spätaufklärung – katholische Volksaufklärung in vielfältiger Form bearbeitet ist: Die pädagogische, germanistische, kulturwissenschaftliche und historische Forschung hat viel Neues an den Tag gebracht. Trotzdem nahm sich der Theologe und Historiker Christian Handschuh in seiner Dissertation nochmals dem Themenfeld an. Bislang fehlte es in der Tat an Forschung, die die theologisch-religiösen Denkmuster der kirchlichen Aufklärer exakt rekonstruiert, damit die Motive der aufklärerisch agierenden Kirchenmänner deutlich macht und erläutert, warum katholische (Volks-)Aufklärer in einigen Bereichen besonders oder weniger aktiv waren.

Der Autor stellt „religiöse Welt- und Gegenwartskonstruktionen in der katholischen Spätaufklärung" im deutschen Südwesten dar. Um 1800 wirkten während der Amtszeit von Generalvikar Ignaz Heinrich von Wessenberg (1774–1840) hunderte hochmotivierter aufgeklärter Pfarrer im Gottesdienst, von Ambo und Kanzel aus, aber ebenso in Schule, Stall und Feld in aufklärerischem Sinne. Katholische Volksaufklärung sollte aus dem Kirchenraum hinaus in den Alltag der Menschen wirken.

Nach zwei einleitenden Kapiteln, in denen der Autor den Forschungsstand aufzeigt und den Aufklärungs- und Vernunftbegriff behandelt, stellt er vornehmlich in den Kapiteln 3 und 4 das theologische Grundkonzept der Aufklärer, also den aufgeklärten Blick auf Theologie und Welt dar. Ihr gewandeltes Gottesbild ließ die Aufklärer übernatürlichen Offenbarungsglauben und Vernunft vereinbaren, ihr Geschichtsbild ließ das aufgeklärte Zeitalter als das „wahre" erscheinen, sodass innerkirchliche Reformen legitimiert waren. Das Menschenbild ging vom Individuum aus, ließ damit Raum für Eigeninitiative, verpflichtete den Einzelnen aber auch zu einer lebenslangen, an den Geboten und dem Vorbild Christi orientierten Lebensgestaltung.

Das gewandelte Gottes-, Welt- und Menschenbild veränderte die „aufgeklärt-katholische Wirklichkeitskonstruktion" der Aufklärer; es entstand ein neues „Seelsorgskonzept". Hierin wurde der bürgerlichen Familie eine tragende Rolle zugeschrieben; sie ist „Keimzelle des gesellschaftlichen Lebens". Der Staat wird als Organisator der christlich-bürgerlichen Gesellschaft verstanden. Die Kirche ist dagegen exklusiv für den Heilserwerb zuständig und damit für die innere und äußere Bildung der Menschen. Gemeinsame Aufgabe von Staat und Kirche sollte es sein, religiöse Bildung und praktische, „religiös fundierte Sitten- und

Tugendlehre“ zu ermöglichen und zu garantieren. Neben der Familie ist die Schule, sind Gottesdienst und Predigt, ja selbst Kirchenmusik und Segnungen Medien der Vermittlung; Sakramente gelten (nur noch) als Verstärker der Religiosität.

Dem Kölner Kirchenhistoriker Christian Handschuh ist es auf Grund seines theologischen Fachverstands und durch die konsequent hermeneutische Herangehensweise gelungen, die katholische Spätaufklärung exakter zu verstehen: Von innen heraus und aus dem Blick der Handelnden. Maria E. Gründig

Matthias BLUM / Rainer KAMPLING (Hg.), Zwischen katholischer Aufklärung und Ultramontanismus, Neutestamentliche Exegeten der „Katholischen Tübinger Schule“ im 19. Jahrhundert und ihre Bedeutung für die katholische Bibelwissenschaft (Contubernium. Tübinger Beiträge zur Universitäts- und Wissenschaftsgeschichte, Bd. 79), Stuttgart: Franz Steiner Verlag 2012. 271 S. ISBN 978-3-515-10199-8. € 52,–

Wer sich, von außerhalb der Theologie kommend, mit Kirchengeschichte befasst, oder wer als historisch interessierter, aber der Bibelwissenschaft nicht nahe stehender Theologe auf das vorliegende Werk aufmerksam gemacht wird, könnte angesichts des Titels versucht sein, den Band rasch wieder zur Seite zu legen oder ihn gleich gar nicht zur Hand zu nehmen. Doch das wäre möglicherweise ein wenig voreilig, denn es gibt gute Gründe, sich doch mit dem Werk zu befassen. Theologiegeschichte ist zweifellos ein nicht unwesentlicher Teil der Kirchengeschichte, und Entwicklungen oder Erkenntnisfortschritte in einem theologischen Fach wirken immer auch auf die Nachbarfächer zurück. Gerade die katholisch-kirchliche Historiographie, die früher zumeist ganz klar teleologisch ausgerichtet war – und es in Teilen vielleicht noch immer ist –, musste sich natürlich betroffen fühlen, wenn neue Ansätze in der biblischen Exegese eine neue Deutung der heilsgeschichtlichen Aspekte der Kirchengeschichte nahelegten.

Schon die beiden Schlüsselworte „katholische Aufklärung“ und „Ultramontanismus“, ohne die die Kirchengeschichtsschreibung für das 19. Jahrhundert kaum auskommen kann, legen die Vermutung nahe, es müsse in dem Band um mehr gehen als „nur“ um die Bibelwissenschaft. So reicht denn auch das Spektrum der Beiträge von Ina Ulrike Pauls Beitrag „Catholiken und Protestanten ... nunmehr zu Brüdern umgewandelt?“, der anhand des „Ringen[s] um die faktische Parität der Konfessionen“ das spannende und nicht wenig konfliktbeladene Verhältnis von „Staat und katholischer Kirche in Württemberg im 19. Jahrhundert“ schildert, bis hin zu Otto Weiß’ sehr beachtenswertem – und diskussionswürdigem – Versuch, unter dem Titel „Was heißt und zu welchem Ende betreibt man Theologie?“ wesentliche „Tendenzen und Strategien katholischer Theologie im 19. Jahrhundert“ knapp und pointiert darzustellen.

Im Zentrum des Bandes steht aber die Beschreibung von Leben und Werk mehrerer Tübinger Theologen des späten 18. und 19. Jahrhunderts, namentlich Peter Alois Gratz (1769–1849), Andreas Benedikt Feilmoser (1777–1831), Martin Joseph Mack (1805–1885), Joseph Gehringer (1803–1856), Moritz von Aberle (1819–1875) und Paul von Schanz (1841–1905). Schon die Lebensdaten deuten an, dass in der Art und Weise, wie diese Neutestamentler ihr Fach und ihre Aufgabe verstanden, das theologiegeschichtliche Spektrum zwischen Spätaufklärung und Ultramontanismus abgedeckt ist, und die Titel bzw. Untertitel der Beiträge – und natürlich die Aufsätze selbst – bestätigen dies, indem sie den weiten Weg andeuten, den die katholische Bibelwissenschaft von der „moralischen“ Deutung im Geiste der Aufklärung über die historisch-kritische Methode hin zur von den Ergebnissen des Ersten Vatikanischen Konzils bekräftigten und nachdrücklich geforderten konfessionell-katholischen Sichtweise zu gehen hatte. Für den je einzelnen der porträtierten Tübinger Theologen konnte dies durchaus einen nicht leicht auszuhaltenden Spagat zwischen „der wissenschaftlichen, konfessionelle Grenzen überschreitenden Forschung und den Vorgaben des kirchlichen Lehramtes" (S. 223) bedeuten.

Der Beitrag des (evangelischen) Kirchengeschichtlers Ulrich Köpf über die „Katholische Tübinger Schule" bietet eine interessante Außensicht auf die innerhalb der Tübinger Kirchengeschichtsschreibung kontrovers diskutierte Frage, ob hier der Schulbegriff überhaupt angewandt werden darf. Köpf, selbst einer der Protagonisten dieser Auseinandersetzung – und insofern sicherlich nicht ganz objektiv –, plädiert nachdrücklich dafür, „ohne Bemühung des Schulbegriffs einfach von der Tübinger Katholisch-theologischen Fakultät oder von den Katholischen Tübinger Theologen und ihrer Theologie zu sprechen" (S. 65), womit keineswegs eine Schmälerung ihrer „offenkundige[n] Bedeutung [...] und ihrer Leistungen" verbunden sei. Dass Köpf die umfassende, im Jahr 2011 erschienene Darstellung der katholischen Tübinger Schule von Stefan Wartmann (vgl. ZWLG 73 [2014], S. 434–35) anscheinend nicht mehr rezipieren konnte, ist bedauerlich, aber angesichts der zeitlichen Abfolge verständlich, basiert sein Beitrag doch auf einem 2010 gehaltenen Vortrag. Weniger leicht nachvollziehbar ist hingegen, warum Ina Ulrike Paul da, wo sie die „Frankfurter Verhandlungen", die daraus erwachsene „Kirchenpragmatik" und die Errichtung der Oberrheinischen Kirchenprovinz referiert (S. 23–25), die maßstabsetzende Darstellung Dominik Burkards (Staatskirche – Papstkirche – Bischofskirche. Die „Frankfurter Konferenzen" und die Neuordnung der Kirche in Deutschland nach der Säkularisation, 2000) nicht einmal erwähnt, sondern es bei der recht selektiven Zitation überwiegend älterer Literatur belässt.

Am Wert des Bandes, der über das scheinbar sehr eng gefasste Rahmenthema hinaus interessante Einblicke in die katholische Kirchengeschichte Württembergs gewährt, vor allem aber einige wichtige und prägende, teils zu Unrecht vergessene katholische Theologen neu in den Fokus nimmt, ändern derlei marginale Defizite freilich nichts. Christoph Schmider

Bevölkerungs- und Sozialgeschichte, jüdische Geschichte

Vieler Völker Städte: Polyethnizität und Migration in Städten des Mittelalters – Chancen und Gefahren, Vorträge des gleichnamigen Symposiums vom 7. bis 10. April 2011 in Heilbronn, hg. von Kurt-Ulrich Jäschke und Christhard Schrenk (Quellen und Forschungen zur Geschichte der Stadt Heilbronn 21), Stadt Heilbronn 2012. 283 S. ISBN 978-3-940646-09-5. Geb. € 36,–

Zwölf Vorträge und ein „kritischer Rück- und Rundblick" von Hans-Jörg Gilomen (S. 255–281) sind in dem hier kurz vorzustellenden Abhandlungsband vereint. Thematisch geht es um Zuwanderer, um Integration, Segregation und Separation von ethnisch Fremden, Konfessions- und Religionsverschiedenen, von Spezialisten und Kaufleuten unterschiedlicher sprachlicher und sozialer Herkunft, aber auch um Entwicklung und Wachstum in Städten des frühen bis späten Mittelalters. Geographisch decken die Referate bis auf Skandinavien und die Britischen Inseln fast den gesamten Alten Kontinent ab. Zudem lenken zwei Referate den Blick auf das mittelalterliche Städtewesen des fernen China. Dieser weit gespannte geographische Bogen wird jedem nützlich sein, der sich einen ersten Überblick über die gebotene Thematik in Europa und im Fernen Osten verschaffen will. Bei der Größe des in den Blick genommenen Raums sollte aber nicht übersehen werden, dass über die Reichsstadt Heilbronn nicht referiert wurde.

Aus Platzgründen kann nur auf einige Beiträge eingegangen werden, was insofern gerechtfertigt ist, da sämtliche Abhandlungen auch über die Internetadresse des Stadtarchivs Heilbronn abrufbar sind und so bequem am Bildschirm studiert werden können. Festgehalten werden sollen zwei ins Auge springende Sachverhalte. Zum einen ist es die Quellenarmut des frühen und hohen Mittelalters, die oft nicht mehr als die Anwesenheit von Fremden und Zuwanderern in einer Stadt mitzuteilen erlaubt. Zum anderen ist es die quellenbedingte Sichtweise des meist am Ort ansässigen Beobachters auf die Zuwanderer, die kaum die von den Zuwanderern zu bewältigenden Probleme in den Fokus rückt.

Beides trifft im Beitrag von Folker Reichert nicht zu. Er kann sich in seinen Ausführungen über „Marco Polo und die chinesische Stadt" (S. 137–157) auf eine einzigartige Quelle stützen und eine – auch quellenbedingte – andere Perspektive einnehmen, jene des dem Groß-Khan dienenden Höflings, wobei man den Eindruck gewinnt, dass Marco Polo die Fremden in den chinesischen Städten nicht sah oder sehen mochte. Ganz anders im zweiten – China betreffenden – Beitrag über „Die Wirkung von Fremden in Zeiten urbaner Revolution im chinesischen Mittelalter" von Dieter Kuhn (S. 159–172). Er zeigt auf, wie die nomadisch und kriegerisch organisierten Fremddynastien des Nordens zur Sicherung ihrer Macht sich konfuzianischer Vorstellungen bedienen und die ideale Stadt mit ineinander verschachtelten Quadraten, d. h. Stadtteilen klarer funktionaler Bestimmung und Abgrenzung, erbauten, die Sitz des Herrschers, Regierungs- und Beamtenstadt sowie Handelsstadt war. Zuwanderer und ethnisch Fremde hatten darin ihre eigenen Quartiere.

Fremde und Zuwanderer von Stadtbürgern zu unterscheiden, ihre zahlenmäßige Größe, Rolle und Bedeutung zu ergründen, ist ziemlich diffizil. Oft ist es die Unschärfe der Begriffe, die Schwierigkeiten bereitet. Dass manchmal nicht mehr als die wahrscheinliche wirtschaftliche Betätigung herauskommt, dafür ist Franz Irsiglers Beitrag (S. 209–230) geradezu ein Musterbeispiel. Ausgehend von den in einer Urkunde von 1208 genannten *Flandrenses* in Wien erörterte er die Fragen: Wer sind sie? und Was machen sie in der Donaustadt? In seiner Erörterung berührt er die Trockenlegung von Mooren und versumpften Talauen in Nord- und Ostdeutschland durch Holländer und Flamen und beendet sie mit deren Handelsaktivitäten in England. Erstaunlich einfach dann das Ergebnis: Die *Flandrenses* waren Kaufleute, die in einer Art Hanse organisiert in Wien ihren Geschäften nachgingen.

Wegen der Quellensituation bleibt manches vage, vor allem im Hinblick auf den Beitrag der Zuwanderer für die Entwicklung der Städte. Von nur kurzzeitig anwesenden Fremden dürften wohl keine nachhaltigen Impulse ausgegangen sein, selbst wenn, wie beim Konstanzer Konzil, Massen von Fremden aus unterschiedlichen europäischen Regionen und *nationes* im Gefolge des Kaisers sowie der geistlichen und weltlichen Fürsten in die Stadt am Bodensee kamen. Hier wurden die Fremden trotz des Geldes, das sie in der Stadt ausgaben, eher als lästige Gäste und *böses volk* wahrgenommen, vielfach wegen Sprachproblemen (Carsten Woll, „*menig vertaun volk* – Denkanregungen zu Fremdheit und Polyethnizität in der spätmittelalterlichen Stadt", S. 201–207). Sprachkenntnisse helfen, Konflikte zu vermeiden. Dennoch ist das Kriterium „Sprache" nur bedingt geeignet, „Eingeborene" und Zuwanderer zu unterscheiden.

Öfters sind es andere Merkmale wie Herrschaftszugehörigkeit und gerichtliche Immunität, die weiterführen, wie auch die in der Bevölkerung präsenten früheren Zugehörigkeiten, wie im Fall von Flamen und Bretonen, die, obwohl Einwohner des französischen Königreichs, in manchen französischen Städten als Fremde galten, genauso wie Kastilianer und Hanseaten [Jean-Luc Fray, „Polyethnizität und Migration als Chance und Gefahr in den französischen Städten des Mittelalters“ (S. 189–200)]. Ein unbekanntes Motiv verbirgt sich hinter der Separierung von Luccheser und Sieneser Kaufleuten in besonderen Vierteln italienischer Städte, vielleicht weil die Obrigkeit sie besser überwachen wollte, vergleichbar dem Fondaco dei Tedeschi in Venedig für die deutschen Kaufleute (Christoph Friedrich Weber, „Polyethnizität und Migration in Städten Italiens“, S. 37–66). Dass fremde Kaufleute wichtig für die Entwicklung von Städten waren, zeigt Klaus Militzer am Beispiel der niederdeutschen Kaufleute im Baltikum auf, die von den Kreuzrittern und anderen, mit ihnen konkurrierenden Kräften (Erzbischof von Riga, Schwertbrüder, Dänen-König) ins Land geholt, bald Wirtschaft und Gesellschaft prägten. Ihr Schicksal war ganz entscheidend von der jeweiligen Herrschaft abhängig („Polyethnizität in baltischen Städten“, S. 101–116).

Zieht man eine Zwischenbilanz, dann bleibt die Erkenntnis, dass zur eindeutigen Bestimmung der ethnisch Fremden Sprache nur in Verbindung mit Religionszugehörigkeit und davon abhängig mit Sitten und Gebräuchen taugt, wofür überall in den Städten Europas die Juden ein Beispiel geben.

Ist es schon schwierig, in den Quellen die Fremden zu identifizieren, dann noch viel mehr, verlässliche Angaben über ihre Stärke, soziale Struktur, Lage und Größe der Wohnung sowie Vernetzung im gesellschaftlichen Umfeld zu eruieren. Ein bedauernswerter Umstand, wie er in den hier zum Schluss summarisch angeführten Referaten über die Städte auf der Iberischen Halbinsel (Nikolaus Jaspert, S. 67–100), im multiethnischen byzantinischen Reich (Hansgerd Hellenkemper, S. 117–136), in der Slavia orthodoxa (Roland Marti, S. 231–254) und der Schweiz (Martina Stercken, S. 9–25) sowie in Bayern mit Österreich und Ungarn (Peter Schuster, S. 173–188) fühlbar wird.

Bemerkenswert ist der Hinweis am Schluss der Veröffentlichung, dass statt eines Registers der Text des Buches auch im Internet über die Adresse des Stadtarchivs Heilbronn abgerufen werden kann. Soll die Online-Verfügbarkeit der Publikation wirklich ein Personen- und Ortsregister ersetzen? Wohl kaum!

Rainer Loose

Patrick Sturm, Leben mit dem Tod in den Reichsstädten Esslingen, Nördlingen und Schwäbisch Hall, Epidemien und deren Auswirkungen vom frühen 15. bis zum frühen 17. Jahrhundert (Esslinger Studien, Schriftenreihe 23), Ostfildern: Thorbecke 2014. 502 S. ISBN 978-3-7995-0538-3. € 29,90

Der Ausbruch von Epidemien stellte die Führungsgremien der Städte während der sogenannten Vormoderne vor erhebliche Herausforderungen in allen Bereichen des städtischen Lebens. Deren Bewältigung band nicht nur Ressourcen, sondern begünstigte auch die Produktion einer Vielzahl von Quellen unterschiedlichsten Typs. Dies wiederum stand mit der bekannten Verdichtung der städtischen Verwaltung im Zuge der Intensivierung der Ratsherrschaft gerade seit der zweiten Hälfte des 14. Jahrhunderts in Verbindung, die nun auch die Überlieferungschancen entsprechender Bestände deutlich verbesserte. In seiner im Wintersemester 2012/13 in Marburg eingereichten und 2014 innerhalb der Schriftenreihe der „Esslinger Studien“ erschienenen Dissertation beschäftigt sich Patrick Sturm mit dem Einfluss der häufigen Seuchenausbrüche auf die städtische Lebenswelt Süddeutschlands während des späten Mittelalters und der frühen Neuzeit. Bemerkenswert ist hierbei vor allem der

Ansatz, über eine gewöhnliche Lokalstudie hinaus mit Esslingen, Schwäbisch Hall und Nördlingen drei zentrale Fallbeispiele mit reicher Überlieferung als Untersuchungsgegenstand zu wählen und dabei in erfreulicher Weise die problematische Epochengrenze um 1500 zu ignorieren, um eine systematische Betrachtung vom beginnenden 15. Jahrhundert bis zum Beginn des Dreißigjährigen Krieges anzustreben. Schon allein angesichts der vorliegenden Quellenmassen in den Archiven nötigt das Vorhaben Respekt ab.

Der Verfasser stellt in seiner Einleitung (S. 11–29) neben Untersuchungstraditionen, Forschungsstand sowie allgemeiner Themenstellung und Vorgehensweise auch bereits Überlegungen zur Terminologie an, was vor allem zeitgenössische und moderne Deutungen des Pestbegriffes betrifft. Aufgrund der bekannten diesbezüglichen Probleme entscheidet sich die Untersuchung mit Recht dafür, Pest hierbei „nicht im Sinne des modernen Krankheitsbildes, hervorgerufen durch den Erreger Yersinia pestis" zu verstehen, sondern eine Orientierung „an den zeitgenössischen Theorien und Definitionen" vorzunehmen (S. 13). Entsprechend finden in der Arbeit zumeist auch die krankheitsunspezifischen Begriffe „Epidemie", „Sterbensläufte" oder „Seuche" Verwendung.

Die Studie selbst ist übersichtlich gegliedert. Zunächst werden Kapitel mit Informationen zu allgemeinen Voraussetzungen der Erforschung von Seuchenausbrüchen in der städtischen Lebenswelt der Vormoderne vorangestellt: „Sterbensläufte im ausgehenden Mittelalter und in der Frühen Neuzeit" (S. 33–71); „Deutung und Wahrnehmung von Seuchen in der vormodernen Gesellschaft" (S. 73–136); „Obrigkeitliche Reaktionen und Umgang mit Epidemien" (S. 137–226). Es folgen Kapitel zu dem weiten Bereich der Auswirkungen von Seuchenausbrüchen auf den städtischen Alltag und die damit in Verbindung stehenden Regulierungsbemühungen des obrigkeitlich agierenden Rates am Beispiel der ausgewählten Städte: „Politik und Stadtverwaltung" (S. 229–273); „Krankheit und Tod" (S. 275–343); „Soziale Folgen von Epidemien" (S. 345–382); „Wirtschaftliche Auswirkungen von Sterbensläuften" (S. 384–414); „Kirche und Klerus – Geistliche Versorgung und kirchlicher Ritus in Sterbensläuften" (S. 415–444). In einer ausführlicheren Schlussbetrachtung trägt der Verfasser seine Ergebnisse zusammen (S. 447–454), woran sich der Anhang mit einem für breitere Leserkreise nützlichen Glossar, Abbildungs- und Abkürzungsverzeichnis, Quellen- und Literaturverzeichnis und einem Orts- und Personenregister anschließt (S. 457–502).

Patrick Sturm hat eine sehr detaillierte und konsequent auf die zumeist unedierten Quellen städtischer Provenienz ausgerichtete Untersuchung vorgelegt. Dabei findet sich eine Vielzahl von auch über den konkreten Themenbezug hinausgehenden und bemerkenswerten Details, welche die Rahmenbedingungen städtischer Politik und Verwaltung während jener Zeit im Alltag wie auch in Krisenperioden greifbar werden lassen. Kritisch könnte man anmerken, dass die Konzentration einer vergleichenden Untersuchung auf im weitesten Sinne „schwäbische" Fallbeispiele mittlerer Größe bei der Herausarbeitung „reichsstädtischer Charakteristika" hinderlich ist. Hier wäre in einem nächsten Schritt beispielsweise der systematische Vergleich zu größeren oder kleineren Reichsstädten anderer Städtelandschaften sinnvoll, der allerdings im Rahmen der vorliegenden Arbeit dann freilich kaum mehr zu bewältigen gewesen wäre. Zumindest der ergänzende Blick nach Augsburg und Nürnberg erfolgt auch bei Sturm häufiger. In Anknüpfung an die vorliegende Arbeit wären dennoch zukünftige Untersuchungen auf diesem Feld mehr als wünschenswert.

In engem Zusammenhang damit stellt sich die Frage überlokaler Faktoren und Abstimmungsversuche, Punkte die auch in der Arbeit am Beispiel kommunikativer Kontakte, Außenbeziehungen und auch der Eingriffsversuche anderer Herrschaftsträger und Institutionen immer wieder berührt werden. Inwiefern im Verlaufe des 15. Jahrhunderts beispielsweise der Schwäbische Städtebund und später insbesondere der Schwäbische Bund, dem alle drei Städte angehörten, in diesen Fragen bedeutsam wurde, bliebe genauer zu betrachten. Unter den Städten des Elsass beispielsweise lassen sich entsprechende Koordinationsversuche innerhalb von Bünden in Hungerzeiten nachweisen. Bezüglich der Eingriffe in das Begräbniszeremoniell vermisst man die obrigkeitlich vorgegebene Anlage der Massengräber und deren – zumindest nach dem Zeugnis der Chronisten – durchaus erschreckende Wirkung auf die Zeitgenossen. Die Aushebung von Massengräbern findet lediglich in den vorherigen Ausführungen zu „Krankheit und Tod" in den Städten des Untersuchungszeitraums Erwähnung (S. 336 f.). In manchen Fällen scheint auch neuere Literatur zu bestimmten Phänomenen zugunsten des Verweises auf Quellen aus den Archiven der städtischen Fallbeispiele aus den Fußnoten verdrängt worden zu sein, ein negativer Nebeneffekt der ansonsten höchst lobenswerten Quellenorientierung.

Hierbei handelt es sich aber lediglich um einzelne Anmerkungen, welche die Qualität der Arbeit keineswegs in Frage stellen sollen. Insgesamt kann kein Zweifel bestehen, dass mit der Untersuchung von Patrick Sturm nun ein gelungenes und höchst lesenswertes Werk vorliegt, dem zu wünschen ist, dass es nicht zuletzt auch als Basis für weitere vergleichende Studien dienen möge.

Christian Jörg

Gerhard Ammerer / Gerhard Fritz (Hg.), Die Gesellschaft der Nichtsesshaften, Zur Lebenswelt vagierender Schichten vom 16. bis zum 19. Jahrhundert, Affalterbach: Didymos-Verlag 2013. 247 S. mit 24 s/w Abb. und 2 Graphiken. ISBN 978-3-939020-82-0. € 34,–

In den letzten Jahrzehnten ist das Interesse an der Geschichte von Randgruppen gewachsen. Die Historische Kriminalitätsforschung lenkte schon früh den Blick auf die Ausgrenzung und strafrechtliche Verfolgung vagierender Bevölkerungsgruppen, wobei die Räuberbanden aufgrund der guten Quellenüberlieferung zunächst besondere Aufmerksamkeit erhielten. Darüber hinaus interessierte sich die Sozialgeschichte für die traditionellen Außenseiter in der mittelalterlichen und frühneuzeitlichen Gesellschaft, die Bettler und Vaganten. Dennoch haben wir immer noch kaum Studien, die uns einen Einblick in die Lebenswelt der Fahrenden gewähren. Deren gemeinsames Merkmal ist die Nichtsesshaftigkeit, wie die beiden Herausgeber eines Tagungsbandes, die selbst weiterführende Forschungen zu dieser Thematik in der Vergangenheit vorgelegt haben, in der Einleitung näher ausführen. In englischen Quellen werden Vaganten häufig auch als „masterless men" bezeichnet, was deren Außenseiterstatus (und damit auch das Bedrohungspotential) in einer ständischen Gesellschaft treffender zum Ausdruck bringt.

Nichtsesshafte haben leider kaum „Ego-Dokumente" hinterlassen. Die „Literature of Roguery", wie sie in der englischsprachigen Forschung genannt wird, enthält keine Selbstzeugnisse, sondern ist größtenteils fiktiv (man denke etwa an Grimmelshausens „Landstörzerin Courage"). So bleiben einem nur indirekte Zeugnisse, die zumeist ein Produkt obrigkeitlicher Kriminalisierung und der dadurch bedingten Strafverfolgung sind: Verhörprotokolle, Gerichtsakten, Urfehden, Steckbriefe.

Ein anderer Zugang, der in diesem Band leider nicht vertreten ist, wäre, über die Sprache dieser Randgruppen, das Rotwelsch, die Lebenswelt zu rekonstruieren. Das ist für das ältere Rotwelsch bereits versucht worden, die Gaunersprache des 17. und 18. Jahrhunderts ist bislang nicht entsprechend analysiert worden. Das ist schade, wird in einem Beitrag zu diesem

Tagungsband durch ein Quellenzitat doch immerhin angedeutet, was man aus sprachlichen Bezeichnungen über den Alltag auf der Straße hätte in Erfahrung bringen können. So bemerkte eine in der Steiermark verhaftete Vagantin über das Jenische, wie die Sprache der Fahrenden auch genannt wurde, dass darin „jeder Gegenstand und jedes Thun und Lassen seine Benahmsung hat". Dieses Defizit mag man bedauern, doch gleichwohl verdienen die Herausgeber Dank dafür, dass in den hier abgedruckten Beiträgen die Perspektive auf die Lebenswelt der nichtsesshaften Bevölkerungsschichten konsequent eingehalten wird.

Auf Karl Härters Überblick über die Überlebenspraktiken vagierender Randgruppen folgen zwei Aufsätze zur Darstellung der Lebenswelten von Bettlern und Vaganten in der deutschsprachigen Literatur des 16. und 18. Jahrhunderts. Michael Gordian zieht Ambrosius Papes „Bettel- und Garteteuffel" (1586) als Quelle heran. Ein Vergleich mit der zeitgenössischen französischen Literatur, zu der wenig beachtete mentalitätsgeschichtliche Studien (z. B. von Roche) vorliegen, wäre ergiebiger gewesen als die kursorischen Verweise auf die englische „Literature of Roguery", zumal diese Bemerkungen nicht den Forschungsstand widerspiegeln.

Gerhard Fritz macht auf Johann Ulrich Schölls „Abriß des Jauner- und Bettelwesens in Schwaben" als möglichen Zugang zu einer uns fremden Welt aufmerksam. Die von ihm erwähnte besondere Gruppe der Handwerkerbettler verdient in der Tat mehr Beachtung, wie überhaupt die „Ökonomie des Notbehelfs" in der deutschen Geschichtswissenschaft noch weitgehend ein weißer Fleck geblieben ist.

Ein weiterer Themenblock widmet sich der Frage, welche Grenzen dem obrigkeitlichen Versuch der Disziplinierung der Vaganten und Bettler gesetzt waren. Sarah Pichlkastner zeigt, dass die privilegierten Bettler in Wien die ihnen zugewiesenen Bettelplätze nicht immer einnahmen, sondern überall in der Stadt bettelten. Pavel Himl kommt für die böhmischen Länder zu der Erkenntnis, die auch andere Kriminalitätshistoriker vor ihm gemacht haben, dass nämlich die rigiden Strafen für Vagantentum häufig von den lokalen Obrigkeiten abgemildert wurden.

Dank den Forschungen von Gerhard Ammerer und Martin Scheutz, die ebenfalls mit je einem einschlägigen Aufsatz in diesem Tagungsband vertreten sind, wissen wir inzwischen sehr viel mehr über Partnerschaft und Sexualität in den vagierenden Bevölkerungsschichten, aber auch über deren Beziehungen zu Sesshaften (z. B. Bauern, die ihnen oft Unterschlupf boten). Fabian Brändle erweitert den Kommunikationsraum um die Wirtshäuser, die damals für das Fahrende Volk eine zentrale, wenn nicht gar die wichtigste Anlaufstation waren.

Den Abschluss bilden drei Beiträge zu kriminellen Vergesellschaftungsformen. Andreas Fischnaller zeigt die kriminelle Karriere eines berüchtigten Tiroler Erzvagabunden (Simon Gschnell, 1803–1826) auf. Elke Hammer-Luza untersucht die Sozialstrukturen und das Alltagsleben einer steirischen Räuberbande. Satu Lidman kommt anhand von bayerischen Quellen zu dem wenig überraschenden Schluss, dass die als unehrbar eingestuften Vagierenden schlechte Ausgangsbedingungen vor Gericht hatten.

Wer sich einen ersten Überblick über den inzwischen erreichten Forschungsstand zur Geschichte der Nichtsesshaften verschaffen will und sich dabei nur für die deutschsprachige Literatur interessiert, der nimmt diesen Tagungsband mit Gewinn in die Hand.

Robert Jütte

Holger Th. Gräf / Andreas Hedwig / Annegret Wenz-Haubfleisch (Hg.), Die „Hessians" im Amerikanischen Unabhängigkeitskrieg (1776–1783), Neue Quellen, neue Medien, neue Forschungen (Veröffentlichungen der Historischen Kommission für Hessen, Bd. 80), Marburg: Historische Kommission für Hessen 2014. 311 S. mit 26 Abb. ISBN 978-3-942225-27-4. Geb. € 28,–

Der vorliegende Band dokumentiert zwei Ereignisse der Jahre 2012 und 2013: 2012 konnten die Historische Kommission für Hessen und das Hessische Landesamt für geschichtliche Landeskunde die Datenbank HETRINA der Öffentlichkeit übergeben, in der die Datensätze von etwa 30.000 Soldaten aus Hessen-Kassel, Waldeck und Hessen-Hanau vereinigt sind, die über mehrere Subsidienverträge im Amerikanischen Unabhängigkeitskrieg auf britischer Seite kämpften. 2013 fand in Wilhelmsbad bei Hanau eine wissenschaftliche Tagung zu den hessischen Soldaten in Amerika statt, deren Beiträge der Band wiedergibt.

Die Subsidienverträge Hessen-Kassels sind bis heute im kollektiven Bewusstsein verankert geblieben. Die Grundlage der Tagungsbeiträge bildeten einerseits neue Quellenfunde der letzten Jahre, andererseits die Erfassungsarbeiten aus den Personalunterlagen der Archive im Staatsarchiv Marburg, in der Archivschule Marburg und im Stadtarchiv Frankfurt am Main seit den sechziger Jahren.

Der Band und seine 17 Aufsätze sind in vier Teile gegliedert: historischer Rahmen, neue Quellen, neue Medien und neue Forschungen. Nach einem Vorwort und einer grundsätzlichen Einleitung der Herausgeber beginnt der Band mit einem Aufsatz von Philippe Rogger zum europäischen Söldnerhandel des 15. bis 18. Jahrhunderts in historisch-vergleichender Perspektive. Christoph Kampmann ordnet die Politik Hessen-Kassels in den Kontext der Reichswehrverfassung nach 1648 und in die Spielräume reichsfürstlicher Politik im 17. und 18. Jahrhundert ein. Holger Th. Gräf ergänzt den historischen Rahmen mit einem Überblick über die insgesamt 37 Subsidienverträge Hessen-Kassels zwischen 1677 und 1815.

Im zweiten Teil des Buches stellen Marco Ulm und Patrick Sturm zwei neu entdeckte Quellen vor: das Tagebuch von Philipp Jakob Hildebrandt als Quelle für die kanadische Landeskunde und verschiedene Selbstzeugnisse des Georg Ernst von Gilsa aus dem Amerikanischen Unabhängigkeitskrieg.

Vier Beiträge sind im dritten Teil dem Thema neuer Medien zur Erforschung der hessischen Soldaten in Amerika gewidmet. Carmen Winkel gibt einen Forschungsüberblick zu sozialgeschichtlichen Untersuchungen zum Militär im 18. Jahrhundert auf der Grundlage von Massendaten, Stefan Aumann stellt das HETRINA-Projekt (HEssische TRuppen IN Amerika) vor, Stephan Giersch die HETRINA-Datenbank und Johannes Koenig die Fischer-Datenbank zu den Hanauer Truppen.

Den vom Umfang her größten Teil der Publikation nimmt der vierte Teil zu neuen Forschungen mit acht Aufsätzen ein. Einen Blick über den hessischen Tellerrand bietet Stephan Huck mit seinem Beitrag zu Sozialstruktur und Motivationen Braunschweiger Soldaten im Amerikanischen Unabhängigkeitskrieg. Lena Hauert stellt anhand privater Selbstzeugnisse der Soldaten deren Amerikabild vor. Der Beitrag von Christine Braun zur Diskussion über die Subsidienpolitik in der deutschen Öffentlichkeit am Ende des 18. Jahrhunderts widmet sich vor allem den Unterstützern dieser fürstlichen Subsidienpolitik. Daniel Krebs untersucht anhand amerikanischer Archivquellen die Lage deutscher Kriegsgefangener im Amerikanischen Unabhängigkeitskrieg. Karl Murk stellt in seinem Beitrag die nur sehr lückenhaft überlieferten Daten zu den Veteranen im Sozialgefüge ihrer Herkunftsorte vor und nach ihrem Amerikaeinsatz dar.

Christian Ottersbach stellt die landesherrlichen Maßnahmen zur Modernisierung und Entwicklung von Wilhelmsbad vor, die aus dem Hanauer Amerikaeinsatz finanziert wurden. Mark Häberlein schreibt zu dem Stereotyp der so genannten Hessians als Werkzeug britischer Despotie in der amerikanischen Kulturgeschichte des 19. und 20. Jahrhunderts. Dem Bild der Hessians in der populären deutschsprachigen Literatur zwischen 1782 (Schiller) und 1972 (Sandra Paretti) ist der abschließende Beitrag von Wynfried Kriegleder gewidmet. Abgerundet wird der Tagungsband durch 23 Abbildungen.

Insgesamt bietet der vorliegende Band einen umfassenden, multiperspektivischen und differenzierten Blick auf die Involvierung Hessen-Kassels in den Amerikanischen Unabhängigkeitskrieg.

Joachim Brüser

Martin Ulmer, Antisemitismus in Stuttgart 1871–1933, Studien zum öffentlichen Diskurs und Alltag, Berlin: Metropol Verlag 2011. 478 S. ISBN 978-3-940938-82-4. € 28,–

Die regionale Geschichte der Juden im württembergischen Raum ist in den letzten Jahrzehnten gut erforscht worden; Bezüge zum Antisemitismus für die Zeit vor 1933 sind allerdings weitgehend ausgeblendet worden. Die württembergische Landeshauptstadt erscheint nicht selten als ein Ort des Liberalismus, antisemitische Strömungen wurden marginalisiert. Mit diesem Geschichtsbild räumt die vorliegende Veröffentlichung, die 2008 als Dissertation am Ludwig-Uhland-Institut für Empirische Kulturwissenschaften an der Universität Tübingen eingereicht wurde und aus einem dort angesiedelten Forschungsprojekt hervorging, gründlich auf. Sie richtet den Blick auf die weitgehend unerforschten Akteure des Antisemitismus sowie ihre Sympathisanten und Gegenkräfte und „untersucht die Diskurs- und Mentalitätsmuster, die Antisemitismus hervorbringen und ausdrücken“ (S.16), um so in Form einer Langzeitstudie die historischen Verbindungslinien und Radikalisierungen der Judenfeindschaft von der Reichsgründung bis zur nationalsozialistischen Machtübernahme aufzuzeigen.

Ulmer geht dabei, angelehnt an Wolfgang Benz, von einem weiten Antisemitismusbegriff aus, der „alle feindseligen bzw. ablehnenden Haltungen, Meinungen, Äußerungen und Taten gegen Juden als Gruppe sowie gegen deren Einrichtungen und Symbole“ (S. 25) umfasst. Er legt seine Studie theoretisch und methodisch interdisziplinär an und verbindet die Deutungsansätze makrotheoretischer und ideologie- und mentalitätsgeschichtlicher Elemente historischer Antisemitismusforschung mit kulturwissenschaftlichen Mikrotheorien zum kulturellen Code. Der „kulturelle Code“ dient als „Referenzrahmen, dessen inhaltliche Elemente und Formen in Gestalt von antisemitischen Stereotypen, Bildern und Codes bestimmt sind. Seine Funktion zielt auf Verständigung, Identitätsstiftung, Abgrenzung und Abwertung“ (S. 39).

Den Auftakt bilden antisemitische Massenkrawalle in Stuttgart im Jahr 1873. In einem jüdischen Geschäft in der Innenstadt war es zu einem Streit zwischen einem Soldaten und einem Verkäufer gekommen, worauf die Inhaberin die Polizei zur Hilfe rief. Es entwickelte sich ein Handgemenge, bei dem der Soldat verletzt wurde. Schnell entstand ein Menschenauflauf, die Stimmung eskalierte; angeheizt von Gerüchten kam es zu antijüdischen Massenausschreitungen, die erst nach drei Nächten beendet werden konnten.

Für die Zeit des Kaiserreichs untersucht Ulmer neben dem Massenkrawall auch die christliche Judenfeindschaft, die öffentlichen Pressediskurse bei der Antisemitenpetition von 1880 und die Auswirkungen auf den Alltag, die mit Gewaltanwendungen gegen die Synagoge und Ausgrenzungen in Schule, Militär und Öffentlichkeit verbunden waren. Auch der Antisemitismus in Parteien und Parlamenten rückt in das Blickfeld, ebenso die antisemitische Welle seit den 1890er Jahren, welche die „Judenfrage“ in Württemberg zu einem permanenten Medienereignis machte und zur Umbenennung der Judengasse führte.

Ein eigenes – eher knappes – Kapitel ist dem Ersten Weltkrieg gewidmet, der Analyse des Kriegswucherdiskurses im Landesparlament und der antisemitisch gefärbten Kriegspropaganda im öffentlichen Diskurs. Auf der Grundlage der historischen Diskursanalyse trennt Ulmer zwei Ebenen. Die erste Ebene, der öffentliche Diskurs in Presse und Versammlungen, sieht er geprägt von der ambivalenten Konstruktion einer angeblich berechtigten „Judenfrage“ ohne bekennenden Radikalantisemitismus; gleichzeitig war ein „codierter Antisemitismus“ verbreitet, welcher zur Popularisierung von antisemitischen Denkmustern beitrug, verstärkt durch eine „Habitualisierung durch eine breite, häufig unkommentierte Berichterstattung über antisemitische Ereignisse“. Daran schlossen sich auf der zweiten Ebene die Diskursfelder Deutschnationalismus, Rassismus, Antikapitalismus, antimoderne Kulturkritik und Antisozialismus an, die „für das Vordringen des offenen wie codierten Antisemitismus bedeutsam“ waren. Parallel dazu wirkte ein „virulenter Alltagsantisemitismus mit Diskriminierung bis hin zur Gewaltanwendung“ (S. 417).

Nach dem Ersten Weltkrieg entwickelte sich die antisemitische Agitation in Stuttgart im öffentlichen Raum zu einem Massenphänomen. Die Formen und Inhalte der Judenfeindschaft wurden radikalisiert und trugen „zusehends paranoide Züge“. Antisemitismus wurde normal im öffentlichen Diskurs; blieb sein Niveau bis 1927 relativ stabil, nahm er 1929 nach den Umbrüchen in der politischen Parteienlandschaft an Schärfe zu. Breit angelegt sind Ulmers Untersuchungen zur Weimarer Republik. Sie beleuchten die antisemitische Welle in der Frühphase der Republik, die Codesprache, die antisemitischen Milieus in Stuttgart, den wachsenden Alltagsantisemitismus und schließlich den Aufstieg des Nationalsozialismus. Überzeugend kann Ulmer belegen, dass der Antisemitismus in den Wahlkämpfen der NSDAP in den Jahren 1930–1932 eine wichtige Mobilisierungsfunktion hatte.

Die Studie basiert auf einer beeindruckenden Fülle und Bandbreite an archivalischen und gedruckten Quellen. Einleitend schreibt Ulmer, dass er eine exemplarische Regionalstudie für deutsche Verhältnisse im Kaiserreich und der Weimarer Republik vorlegen wolle, „um bis zu einem gewissen Grad generalisierbare Ergebnisse zu gewinnen und zu neuen historisch-kulturwissenschaftlichen Erkenntnissen für die Antisemitismusforschung zu kommen“ (S. 16). Dies ist ihm vorzüglich gelungen. Weitere Vergleichsuntersuchungen dieser Art sind zu wünschen.

Nicole Bickhoff

Frank-Lothar Kroll / Rüdiger von Voss (Hg.), Schriftsteller und Widerstand, Facetten und Probleme der „Inneren Emigration“, Göttingen: Wallstein-Verlag 2012. 424 S., 10 Abb. ISBN 978-3-8353-1042-1. Geb. € 34,90

Der Sammelband beleuchtet und bewertet das Verhalten und das Wirken von Schriftstellern und Publizisten, die sich nicht auf die nationalsozialistische Ideologie einließen und in ihren Vorträgen, Essays, Novellen und Romanen ihren Lesern Ansatzpunkte einer Nonkonformität boten, die Grenzen des diktatorischen Systems nicht nur markierten, sondern auch überwinden konnten. Sie machten zugleich deutlich, dass der weltanschauliche Führungsanspruch des Regimes und seiner Ideologien nicht akzeptiert werden musste, sondern unterlaufen oder sogar – oft freilich literarisch verklausuliert und metaphorisch – bestritten werden konnte. Geschichtswissenschaftlich gesehen ist der Anspruch der Herausgeber nicht nur bemerkenswert, sondern hoffentlich anregend für weitere Studien, die „immanent literaturwissenschaftliche Betrachterperspektive in einen immanent historischen Argumentationsrahmen einzubinden“ und so die „steril gewordene Entgegensetzung von ‚Innerer Emigration‘ und Exilliteratur“ zu korrigieren (S. 9).

Ein Schwerpunkt der Tagung konzentrierte sich einleitend auf Grundfragen. Frank-Lothar Kroll beleuchtet das „Geflecht individueller Verweigerungsformen im Bereich der Literatur, der Bildenden Kunst und der Musik“, ohne intellektuelle Selbstbehauptung im Bereich der Publizistik, der Wissenschaft und der, wie er es nennt, „Gelehrsamkeit“. Dabei wird deutlich, weshalb das nicht selten sogar als Kampfbegriff verwendete Konstrukt „Innere Emigration“ in der zeitgeschichtlichen Forschung einen besonders umstrittenen Bereich beschreibt. Dies macht vor allem Hans-Dieter Zimmermann deutlich, wenn er die Möglichkeiten auslotet, die Geschichte der „inneren Emigration“ in die Geschichte des Widerstands einzubeziehen. So gesehen, stellt der Sammelband, der entscheidend von Frank-Lothar Kroll konzipiert wurde, ohne Zweifel ein Wagnis, zugleich aber auch eine Erfordernis dar. Seine Spannung gewinnt er aus dem Gegensatz von Exil und innerer Emigration – die nicht mit innerer Opposition gleichgesetzt werden darf.

Wer aus politischen oder kulturellen Gründen nach 1933 aus dem nationalsozialistischen Deutschland hatte fliehen müssen, um sein Leben zu retten oder um seiner Überzeugung treu zu bleiben, war zunächst im Nachkriegsdeutschland nicht immer anerkannt. Das änderte sich erst im Laufe der Jahre, wissenschaftlich eigentlich erst mit einem großen, von der Deutschen Forschungsgemeinschaft geförderten Schwerpunktprogramm in den siebziger Jahren. Erschwert wurde die Rezeption des Exils auch durch die deutsche Teilung, denn in der DDR regierten kommunistische Emigranten und unterdrückten indirekt vielfach das Wissen von der Breite des Exils im Westen, indem sie eine politisch motivierte Ablehnung verstärkten, wenn nicht sogar begründeten. Remigranten, die in die Westzonen und in die Bundesrepublik zurückgekehrt waren, bewiesen zudem eine heute überraschende, aber nicht zu bestreitende Zurückhaltung, wenn es um die „zwölf dunklen Jahre“ ging.

Bereits unmittelbar nach dem Ende des Zweiten Weltkrieges war eine der ersten und heftigsten Debatten über die Bewertung des Exils entbrannt. In die Literaturgeschichte ging sie sogar als „die große Kontroverse“ ein. In Deutschland gebliebene Schriftsteller wandten sich 1946 gegen Thomas Mann, weil dieser die Jahre nationalsozialistischer Herrschaft von den „Logenplätzen“ der Geschichte aus verfolgt hätte, während sie als im Reich Gebliebene sich an der „doppelten Front“ von Bomben der Alliierten und der Gestapo zu bewähren und „auf den Parterreplätzen“ deutscher Geschichte zu behaupten gehabt hätten. Thomas Mann reagierte auf eine Weise, die kulturelle Gemeinsamkeit bestritt und so viele Verbindungen trennte, denn er bezeichnete alle literarischen Erzeugnisse, die nach 1933 in Deutschland, also außerhalb der Emigration, gedichtet und geschrieben worden seien, pauschal als „wertlos“. Dies war gewiss ein unangemessenes Urteil, wie die Schriften von Reinhold Schneider, Werner Bergengruen und Jochen Klepper, von Elisabeth Langgässer und Ricarda Huch u .a. belegten.

In den auf diese Grundsatzdebatte folgenden Jahrzehnten war es schwer, das politische Exil als Ausdruck eines wirkungsvollen Widerstands gegen das Regime anzuerkennen. Es wurde von vielen, die in Deutschland geblieben waren, pauschal bezweifelt, dass Emigranten ein Risiko auf sich genommen hätten, wie es ihrer festen Überzeugung nach Regimegegner im Innern einzugehen hatten. Diese Einstellung änderte sich erst in den sechziger Jahren mit der Kanzlerkandidatur von Willy Brandt; zugleich wurden auch andere Emigrationspolitiker zunehmend als Regimegegner gewürdigt, die gleichsam „mit dem Gesicht nach Deutschland" ausgeharrt und die Befreiung von der nationalsozialistischen Herrschaft herbeigesehnt und auf alliierter Seite unterstützt hätten.

Der aus einer Tagung hervorgegangene Sammelband markiert also einen neuen Zugriff. Dies muss man bedenken, wenn seine sechzehn Beiträge gewürdigt werden. Dass die „verborgenen Stimmen der Freiheit" einen wichtigen Bereich der allgemeinen Geschichte des Widerstands berühren, macht einer der Herausgeber – Rüdiger von Voss – in seinem Schluss-Plädoyer deutlich, wenn er fordert und zugleich Gründe nennt, die politische Bedeutung der inneren Emigration anzuerkennen. Für ihn steht die „geistige Legitimation" dieser Selbstbehauptung und Widersetzlichkeit verbindenden Manifestation eines „stillen", aber nicht wirkungslosen Widerstands nicht in Frage. Dass die Würdigung heute vielfach fremder, für viele Zeitgenossen aus der Zeit gefallener Zeugnisse nicht ohne die Anstrengung des Gedankens zu erreichen ist, belegen Hans-Dieter Zimmermann und Katja Bergmann, die vor allem beleuchten, weshalb die meisten Texte von Reinhold Schneider und Werner Bergengruen heute nicht mehr gelesen werden. Sie sind nicht nur ungewohnt, sondern bleiben als religiös geformte Lebenszeugnisse in einer Phase der Selbstbehauptung schwer verständlich. Denn sie beziehen sich auf christliche Überzeugungen, ja Glaubensinhalte, die heute immer schwerer verständlich sind und überdies auch nur selten nachvollzogen werden können. Überdies beziehen sie sich als bildungsbürgerlich aufgeladene Texte auf vergangene, metaphorisch überhöhte Ereignisse, die von den Nachlebenden nicht selten kaum begriffen und schon gar nicht kontextualisiert und parallelisiert werden können. So ist es nicht von der Hand zu weisen, dass viele der Schriftsteller und Intellektuellen sich nicht leicht und schon gar nicht unmittelbar erschließen und auch weiterhin an Bedeutung verlieren. Für den Historiker, der Weltsicht und Weltverständnis erschließen will und deshalb geistesgeschichtlich aufgeschlossen ist, stellen diese Schriften wichtige Quellen dar.

Günter Scholdt fragt deshalb – und bietet Hilfe an –, ob die geschichtliche Darstellung als eine Art Ausweg zu deuten sei und sich in literarischen Texten so nicht geradezu als ein „Widerstandspotential" (be)greifen lasse. Diese Frage ist unbedingt zu bejahen und wird zugleich relativiert, weil zentrale Begriffe – Boris Schilmar beleuchtet exemplarisch „Nation, Abendland und Reich" – missverständlich waren und sind, zumal sie auch zentrale ideologische Inhalte der NS-Zeit berührten. Der „Europadiskurs" wurde beispielsweise auch von Nationalsozialisten vorangetrieben und von SS-Ideologen gepflegt. Hier wird deutlich, wie entscheidend es für diejenigen, die sich dem weltanschaulichen Führungsanspruch der Nationalsozialisten widersetzten, war, nationalsozialistische Begriffe mit alternativer Bedeutung zu belegen und so neu zu erschließen.

Ganz eindeutig konnte diese Umdeutung nicht immer sein. Überzeugend illustriert dies Gunter Gundermann, wenn er gegenweltliche Substanz exemplarisch an der verbreiteten Novelle untersucht, die Werner Bergengruen mit dem „spanischen Rosenstock" publizieren konnte und die zu ihrer Zeit viel gelesen wurde. Die Autoren der Beiträge argumentieren sehr differenziert. Maria-Theodora von Bottlenberg-Landsberg ist eine ausgezeichnete Kennerin der „Weißen Blätter", in denen Reinhold Schneider regelmäßig publizierte, aber sie sieht nicht in jedem Beitrag eine Manifestation des Willens, den NS-Staat zu stürzen – oft ging es den Verfassern nur darum, Missstände zu benennen. Ganz deutlich spiegelt sich diese Stimmungslage einer Verhaltenheit in der Lyrik, die Erwin Rothermund erschließt.

Viel eindeutiger in die Geschichte der aktiven Widerstandsgeschichte gehören die Freunde um Stauffenberg, die sich aus dem Umkreis von Stefan George weniger gefunden als weiterentwickelt haben. Der Tübinger Jurist Wolfgang Graf Vitzthum macht deutlich, dass Wort und Tat im Verständnis dieses Kreises immer zusammen gedacht wurden, dass sich in der Konfrontation mit dem Regime aber ihre Akzentsetzungen veränderten, denn bald ging es nicht mehr darum, gewandelte Zeit-Verhältnisse zu beschreiben, sondern die Zeitumstände selbst zu verändern. Gerhard Ringshausen, einer der besten Kenner der widerstandsgeschichtlich geprägten Konfessionsgeschichte, beleuchtet das Verhältnis zwischen konfessioneller Dichtung und der schriftstellerischen Nonkonformität.

Viele Verfasser konzentrieren sich auf Einzelbeispiele, seltener – mit Ausnahme von Herwig Gottwald, der österreichische Autoren beleuchtet – auf Regionen. Es gelingt so zwar, Dimensionen der inneren Distanzierung vom NS-Staat und seiner Politik und den Sogströmungen der Ideologie, nicht zuletzt auch vom Anspruch des Regimes zu distanzieren, gleichsam einen geschichtlichen Auftrag zu erfüllen. Offen bleibt dabei allerdings die Frage nach den sozialisations- und konfessionsgeschichtlichen Voraussetzungen dieser Distanzierung. Gerade die freundschaftlichen Beziehungen zwischen Bergengruen und Schneider hätten hier weitere Aufschlüsse geboten. Einer der vielleicht interessantesten und wichtigsten nonkonformen Schriftsteller des 20. Jahrhunderts – Hermann Lenz – hätte hier durch die Beschreibung seiner zeitgeschichtlichen Wahrnehmungen und Deutungen manchen weiteren Zugang zur Erschließung der Bedeutung von Weltverständnis und Weltdeutung angesichts der realen Herausforderungen durch ein verbrecherisches System geboten.

Der Sammelband belegt unmissverständlich und unzweifelhaft, dass die Geschichte der „inneren Emigration" zur allgemeinen Widerstandsgeschichte gehört. Noch deutlicher wäre dies geworden, wenn die Rezeption vieler Texte durch die damaligen Leser mit in den Blick genommen worden wäre. So hat sich Willi Graf intensiv mit Texten Schneiders beschäftigt.

Der Sammelband ist so vor allem ein erster Schritt mit dem Ziel weiterer Erschließung historiographischen Neulands. Denn er erweitert nicht nur die widerstandsgeschichtliche Begrifflichkeit, sondern zielt auf eine Ausweitung und Differenzierung des Widerstandsbegriffs selbst. Die Bestandsaufnahme, die Kroll einleitend bietet, kann dabei Hilfe bieten, wenngleich die Lektüre leider durch verwirrend durcheinandergeratene Fußnoten erschwert wird.

Die Nationalsozialisten erkannten das Gefahrenpotential der „innerlich emigrierten", aber keineswegs abseits stehenden Schriftsteller besser als manche der Nachlebenden, die nach 1945 den literarischen „Kahlschlag" proklamierten und dabei, wie wir heute wissen, von ihrem eigenen Fehlverhalten ablenkten. Die Verdrängung ihrer Mitwirkung an Krieg und Propaganda, die manchen Mitgliedern der Gruppe 47 nachgewiesen wurden, betrafen die in dem Sammelband behandelten Schriftsteller und Publizisten nicht – vielleicht erklärt deren Unbeirrbarkeit und Unbeeinflussbarkeit die rigorose Ablehnung, die viele von ihnen nach 1945 durch Kollegen erfuhren, die nicht einmal „innerlich" zu emigrieren in der Lage waren, sondern sich für die Nationalsozialisten engagierten. Peter Steinbach

Frederic Ruckert, Zwangssterilisationen im Dritten Reich 1933–1945, Das Schicksal der Opfer am Beispiel der Frauenklinik des Städtischen Krankenhauses und der Hebammenlehranstalt Mainz (Beiträge zur Geschichte der Johannes-Gutenberg-Universität Mainz, Neue Folge 10), Stuttgart: Steiner 2012. 122 S. mit 7 Abb. und 20 Dokumenten im Anhang. ISBN 978-3-515-10107-3. Brosch. € 28,–

Der Autor widmete seine am Institut für Geschichte, Theorie und Ethik der Medizin der

Universität Mainz entstandene medizinische Dissertation den Opfern des „Gesetzes zur Verhütung erbkranken Nachwuchses“. Er unterstreicht damit ein Ziel der Arbeit, das auch im Geleitwort der Medizinhistoriker Werner Kümmel und Norbert Paul hervorgehoben wird: die „detaillierte Sicht auf Opfer der Zwangssterilisierung in Mainz und ihre persönliche Geschichte“ jenseits der Täterperspektive. Die Studie soll mit der Auswertung von Krankenakten der Frauenklinik des Städtischen Krankenhauses Mainz und der Mainzer Hebammenlehranstalt eine lokalhistorische Lücke schließen, aber auch übergreifende Fragen beantworten.

Wie der Titel des Buches, so macht auch die Einleitung erst auf den zweiten Blick deutlich, dass es nicht um die Gesamtheit der Zwangssterilisationsopfer geht, sondern ausschließlich um Frauen. Aufgrund des zugrunde gelegten Quellenbestands, der Krankengeschichten aus der Mainzer Hebammenlehranstalt und der Frauenklinik des städtischen Krankenhauses, wird das Schicksal der Frauen auch nur in Einzelfällen über die Entlassung aus den Institutionen hinaus verfolgt – hierzu hätte man andere Quellen wie Krankengeschichten anderer Institutionen oder Zeitzeugeninterviews hinzuziehen müssen, wie es Stefanie Westermann in ihrer 2010 in Köln erschienenen Dissertation „Verschwiegenes Leid. Der Umgang mit den NS-Zwangssterilisationen in der Bundesrepublik Deutschland“ getan hat.

Gleichwohl liegt die Stärke, das „Kernstück“ (S. 55) von Ruckerts Dissertation, aktuellen Bestrebungen der Patientengeschichte folgend, in der Präsentation von Egodokumenten, die schlaglichtartig das Leid der Betroffenen jenseits von statistischen Erhebungen deutlich werden lassen. Beispielsweise wurde der in der Mainzer Hebammenlehranstalt geführten Krankenakte der 38-jährigen L. W., Ehefrau eines Kaufmanns, Mutter eines Kindes und Insassin der Heil- und Pflegeanstalt Alzey, ein kurz vor ihrer Zwangssterilisation im Februar 1935 verfasster Tagebucheintrag beigegeben, in dem es heißt: „Der Gedanke, dass ich auf solch gewaltsame Art unfruchtbar gemacht werden soll, macht mich fast wahnsinnig. Ich meine, ich könne nicht mehr leben unter diesem Gedanken, nie mehr Kinder zu bekommen“ (S. 58–59). Doch die seelische Not der wohl längst als „wahnsinnig“ Stigmatisierten spielte keine Rolle, man hörte ihr weder in Alzey noch in Mainz zu: „Man läuft fort u. sagt: ‚Ich weiß alles, was sie mir sagen wollen.‘ Gerade wie wenn man keinen Verstand [hätte].“

Solche Dokumente sind geeignet, dazu beizutragen, dass zukünftige Medizinergenerationen „die Geschichte des Nationalsozialismus in Erinnerung behalten, um die daraus resultierende Verantwortung für die Zukunft adäquat tragen zu können“, ein Ziel, das der Autor am Schluss seiner Studie (S. 87) nochmals betont, nach einem Hinweis auf die erschreckende Aktualität rassenhygienischen Gedankenguts.

Die Studie gliedert sich in fünf Kapitel. Nach einer Einleitung zu Forschungsstand, Quellen und Methoden der Dissertation wird im zweiten Kapitel die „Zwangssterilisation als Mittel der Eugenik“ dargestellt. Dabei liegt der Fokus der knappen Darstellung auf der Sterilisationsdebatte vor 1933, der internationalen Eugenik-Bewegung und der Gesetzgebung verschiedener Länder.

Das dritte Kapitel, „Zwangssterilisation als Realität in Mainz“, präsentiert vorwiegend die Ergebnisse der statistischen Erhebung auf der Basis der Krankengeschichten: die einweisenden Institutionen, die als „Indikationen“ gebrauchten Diagnosen, Alter, soziale Schicht und die Methoden der Zwangssterilisation selbst. Leider werden die erhobenen Daten wenig in Beziehung gesetzt zu Informationen aus anderen Studien. Gerade bezüglich der Diagnosen, aufgrund derer die Opfer sterilisiert wurden, und ihres Anteils an der Gesamtgruppe der Betroffenen in Mainz, hätten sich die bereits in der fundamentalen Studie von Gisela Bock

(Zwangssterilisation im Nationalsozialismus, Opladen 1986) publizierten Zahlen für das damalige Reichsgebiet angeboten.

In einem Unterkapitel weist Ruckert darauf hin, dass 23 % der Mainzer Opfer aus Heil- und Pflegeanstalten stammten (S. 41–44). Er erwähnt auch die „Aktion T4“, aufgrund derer seit 1939 die Zwangssterilisation psychiatrisierter Frauen weitgehend unterblieben sei, allerdings ohne Hinweise auf die verfügbare neuere Literatur. Es hätte sich angeboten, darauf aufmerksam zu machen, dass offensichtlich 77 % der Mainzer zwangssterilisierten Frauen nicht aus Heil- und Pflegeanstalten stammten, und zu diskutieren, inwieweit der Krankenmord die Fortsetzung der Zwangssterilisation mit anderen Mitteln war, oder ob er zumindest vom Prinzip her eine andere Zielsetzung verfolgte und sich auf eine andere Opfergruppe richtete.

Das vierte Kapitel ist der „Praxis der Sterilisation als Zwangsmaßnahme“ und somit den Auswirkungen auf das Individuum gewidmet und präsentiert vor allem die erwähnten Egodokumente.

Neben der Abschlussbetrachtung wird das Buch von einem kurzen Literaturverzeichnis und einem umfangreicheren Anhang mit interessanten Dokumenten abgeschlossen. Dabei ist die Qualität der Bildwiedergabe teilweise bedauerlich schlecht, insbesondere der die Operationsmethoden illustrierenden Zeichnungen aus dem Kommentar von Gütt, Rüdin und Ruttke zum Gesetz zur Verhütung erbkranken Nachwuchses von 1934.

Sicherlich ist das schmale Buch eine wichtige Ergänzung der lokalhistorischen Literatur – und es weist bezüglich der Egodokumente auch darüber hinaus. Maike Rotzoll

Laupheimer Gespräche 2012, „Ich glaube an das Alter, lieber Freund“, Vom Älterwerden und Alter (nicht nur) im Judentum, hg. vom Haus der Geschichte Baden-Württemberg, Heidelberg: Universitätsverlag Winter GmbH 2013. 189 S. ISBN 978-3-8253-6185-3. € 14,–

Die „Laupheimer Gespräche“ finden seit dem Jahr 2000 jährlich im Schloss Großlaupheim statt, in dem sich das weit über die Region hinaus bekannte „Museum zur Geschichte von Christen und Juden in Laupheim“ befindet. Bei den 13. Gesprächen im Jahr 2012 stand ein Thema im Mittelpunkt, zu dem in den vergangenen Jahren und Jahrzehnten in Deutschland zahlreiche Publikationen erschienen sind, darunter jedoch so gut wie keine von jüdischen Autoren. Das „Haus der Geschichte Baden-Württemberg“, das die „Laupheimer Gespräche“ verantwortet, hat zur Annäherung an das Thema des Älterwerdens und des Alters verschiedene, überwiegend jüdische Referenten nach Laupheim eingeladen. Ihre Beiträge wurden in der vorliegenden Publikation veröffentlicht.

Den Eröffnungsvortrag hielt der Heidelberger Dozent Michael Bolk; er gibt eine Übersicht über „Altersbilder in anderen Kulturen – der fremde Blick auf das Alter(n)“ (S. 15–48) und vergleicht kulturelle Deutungen des Alters zwischen europäischen Ländern mit denen in Japan, den USA und Brasilien. Dabei zeigt er auf, wie die Interpretation des Alterns und des Alters häufig von der jeweiligen Schichtzugehörigkeit beeinflusst wird. Im Falle geringer finanzieller Ressourcen wie auch bei geringem Bildungsstand werden Altern und Alter häufiger mit negativen Attributen belegt als im Falle höherer finanzieller Ressourcen und eines höheren Bildungsstandes. „Die Schichtzugehörigkeit dominiert dabei sogar über die weltanschaulichen (religiösen) Bindungen“ (S. 47).

Aus Israel berichtet unter der Überschrift „Die Kunst des Alterns in Israel“ (S. 48–59) die in Tel Aviv lebende und an einer israelischen Hochschule lehrende Gisela Dachs. Sie sieht in Israel schon auf Grund der hohen Lebenserwartung der Menschen „in vieler Hinsicht ein Laboratorium für Gerontologen" (S. 59). Nach ihren Beobachtungen lässt „die Religiosität frommen Juden dabei helfen, sich damit (sc. mit dem Älterwerden) abzufinden". Außerdem beobachtet sie, wie sich in Israel Kinder – „und das gilt für Juden wie für Araber – oft mit einer besonderen Hingabe um die Gesundheit ihrer alternden Eltern kümmern" (S. 56).

Von einer besonderen Einrichtung für Senioren berichtet Rabbiner Andrew Steimann, wenn er unter dem Thema „Jüdische und christliche Senioren unter einem Dach" über „Die Budge-Altenwohnanlage in Seckbach, Frankfurt am Main" berichtet (S. 61–84). Steimann ist Seelsorger in dieser, 1920 von dem Unternehmer-Ehepaar Henry und Emma Budge gestifteten und nach 1945 wieder institutionalisierten Einrichtung. In dieser wohnen jüdische wie nichtjüdische Senioren, die häufig tiefe Wunden in ihrem Leben erfahren haben: „Die jetzt Letzten der Shoah- und Kriegsgeneration können im Heim der Budge-Stiftung einen Ort vorfinden, wo sie sich nicht wie Einsame ihrer Zeit fühlen, wie sie das ein Leben lang mussten" (S. 70). Viele Brücken gibt es nach außen, Feste aller Art werden gemeinsam gefeiert: „Alt und Jung, Juden und Nicht-Juden kommen regelmäßig zusammen" (S. 73). Von zentraler Bedeutung ist die Gestaltung von Gedenktagen und die Erinnerungsarbeit: regelmäßig kommen Schüler aller Schulformen und Studenten in das Haus zu Zeitzeugen-Gesprächen. Die Senioren können Zeugnisse abgeben für eine Zeit, die voll unbeschreiblicher Schrecken war. Die Atmosphäre und das inhaltliche Konzept der Arbeit des Hauses tragen dazu bei, dass viele Senioren ihrem Tod „sehr viel gelassener entgegen sehen mit dem Bewusstsein, dass ihr Schicksal nicht ganz vergessen ist" (S. 82).

Der frühere württembergische Landesrabbiner Joel Berger berichtet aus „Halacha und Aggada – Bilder des Alterns" (S. 85–94). Deutlich wird, wie bis zur Gegenwart das Altersbild im Judentum vom klassischen Schrifttum her geprägt ist: dabei ist die Hochachtung gegenüber den Älteren von großer Bedeutung. Guy Sterns Beitrag ist überschrieben: „Älterwerden und Alter in der jüdischen Literatur und in Holocaust-Berichten" (S. 95–114). Der 90-jährige Stern berichtet sehr persönlich über sein „eigenes, bescheidenes Alterswissen", das geprägt ist von Kriegserlebnissen und von Lehr- und Lebenserfahrungen, unter anderem aus seiner Arbeit an einem amerikanischen Holocaust Memorial Center. Gleichfalls in sehr persönlicher Weise gibt der aus Laupheim stammende Yizhak Heinrich Steiner unter der Überschrift „Ein Kind blickt zurück" (S. 115–132) Einblicke in seine biographischen Erinnerungen und wie es in seiner Familie geschah: „Die Alten geben ihre Werte und Erfahrungen an die Jungen weiter und die Jungen verehren ihre Vorfahren". In einem letzten Beitrag berichtet Susanna Piontek (Detroit) über „Facetten und Annäherungen – Persönliche Eindrücke und subjektive Erfahrungen in den USA mit älteren Jüdinnen und Juden" (S. 133–149). Ihre Beobachtungen kann sie mit dem Satz zusammenfassen, der sowohl für das jüdische wie auch nichtjüdische Umfeld zutrifft: „Alle wollen alt werden, aber niemand will alt sein!".

Die Beiträge sind für Leser aller Generationen anregend zu lesen, Fotos – auch sehr persönlicher Herkunft – machen das Berichtete anschaulich. Die Vertreter der Zeitzeugengeneration geben in unaufdringlicher Weise bewegende Einblicke in ihr von schweren Lebenserfahrungen und von dazugekommener Altersweisheit geprägtes Denken. Der Band kann dazu beitragen, dass die Generationen – unabhängig von der Konfessionszugehörigkeit – nicht nur über, sondern mehr und intensiver miteinander reden. Joachim Hahn

Familien- und Personengeschichte

Neipperg: Ministerialen – Reichsritter – Hocharistokraten, hg. von Kurt ANDERMANN (Kraichtaler Kolloquien 9), Epfendorf: bibliotheca academica 2014. 228 S. mit 16 Farbtafeln, 7 Abb., 3 Stammtafeln, 2 Karten. ISBN 978-3-928471-98-5. Geb. € 29,–

Seit 1996 finden in Kraichtal, einer aus mehreren Gemeinden gebildeten Stadt inmitten des Kraichgaus, organisiert von Kurt Andermann, hochkarätige Tagungen zu Themen der mittelalterlichen und frühneuzeitlichen Geschichte statt, bei denen naturgemäß die Adelslandschaft des Kraichgaus einen gewissen Schwerpunkt bildet, aber auch andere sozial- und verfassungsgeschichtliche Themen behandelt werden. Als Ergebnis dieser „Kraichtaler Kolloquien" werden Tagungsbände veröffentlicht, von denen mittlerweile acht vorliegen; der neunte ist hier vorzustellen. Er gilt diesmal einer Familie, die auf jeden Fall zum „ältesten Bestand des Kraichgauer Adels" gehört (Andermann S. 11), ganz besonders interessant aber ist durch ihren spektakulären Aufstieg aus der Ritterschaft in den Reichsgrafenstand im Jahre 1726 und in die österreichische Hofaristokratie – und damit in den Hochadel. Auch die Ernennung Wilhelm Reinhards von Neipperg zum Erzieher des Prinzen Franz Stefan von Lothringen, des späteren Gemahls von Maria Theresia, ist eine Besonderheit. Dass damit eine Konversion zum Katholizismus verbunden war, ist zwar selbstverständlich, aber für den sonst durchweg protestantischen Kraichgauer Adel ebenfalls eine Besonderheit.

Die Beiträge des vorliegenden Tagungsbandes kreisen somit um den Aufstieg der Familie, sie gelten aber auch – und dies erscheint dem Rezensenten besonders interessant, weil bislang noch nicht behandelt – der Positionierung der Familie in der bürgerlichen Industriegesellschaft bis in die Gegenwart. Reinhard Graf von Neipperg, als jüngerer Sohn selbst nicht mit der Güterverwaltung der Familie befasst, stellt so in seinem den Band abschließenden Beitrag die Geschichte der Familie in überzeugender Weise dar, wobei zwar die persönliche Nähe bewusst hervorgehoben wird, aber auch die Erkenntnisse der modernen Adelsforschung angemessen berücksichtigt, vor allem aber auch umfangreiches Briefmaterial im Familienarchiv in Schwaigern ausgewertet werden. Dem Band vorausgeschickt wird ein Aufsatz über „Publizistische Reflexionen über Adel im Alten Reich" (Christian Wieland), der den Rahmen absteckt, indem er adelstheoretische Erörterungen über die Stellung der Reichsgrafen und Reichsritter betrachtet.

Weitere Beiträge beschäftigen sich mit der Besitz-, Herrschafts- und Personengeschichte der Familie (Jörg Schwarz: „Anfänge des Hauses Neipperg", Kurt Andermann: „Herrschaftsverdichtung und Selbstbehauptung", Horst Carl: „Paladine des Kaisers. Militärische Karrieren und der Aufstieg der Familie Neipperg am Wiener Hof im 18. Jahrhundert", William D. Godsey: „Strategie und Zufall. Der österreichische Aufstieg des Hauses Neipperg, 18.–20. Jahrhundert"). Einen besonderen Aspekt stellt das Verhältnis der Neipperg zur Reformation dar, das Hermann Ehmer im Einzelnen darstellt. Bemerkenswert ist auch die Art und Weise, wie die Neippergs sich in Wien durch ihre Bautätigkeit repräsentierten (Johannes Süssmann).

Alles in allem ein wohl gelungener Band, der voll und ganz dem Niveau der übrigen Tagungsbände der Kraichtaler Kolloquien entspricht und – vor allem für die Spätzeit – manche neuen Erkenntnisse bietet. Ein Personen-, Orts- und Sachregister, bei Tagungsbänden die absolute Ausnahme, ergänzt den Band in willkommener Weise. Bernhard Theil

Friedrich Hermann SCHUBERT, Ludwig Camerarius (1573–1651), Eine Biographie – Die Pfälzische Exilregierung im Dreißigjährigen Krieg, Ein Beitrag zur Geschichte des politischen Protestantismus, 2. Auflage, mit Beiträgen zu Leben und Werk des Verfassers, hg. von Anton SCHINDLING unter Mitarbeit von Markus GERSTMEIER. Münster: Aschendorff 2013. XV, 773 S. ISBN 978-3-402-13018-6. Geb. € 89,–

Der gebürtige Nürnberger Ludwig Camerarius (1573–1651) hatte als Leiter der pfälzischen Exilregierung in Den Haag seit 1623, seit 1626 außerdem als schwedischer Gesandter in den Niederlanden, bis 1636 wesentlichen Einfluss auf die Politik der antikaiserlichen Partei, deren vorrangiges Ziel die Restitution der Kurpfalz als selbständiges, protestantisches Fürstentum im Rahmen der Reichsverfassung war. Nach wie vor maßgeblich für die Beschäftigung mit Camerarius ist die im Jahr 1955 von Friedrich Hermann Schubert vorgelegte Biographie, erschienen als erster Band der von Schuberts Lehrer Franz Schnabel herausgegebenen Reihe „Münchener Historische Studien, Abteilung Neuere Geschichte“, bis heute ein Meilenstein in der Entwicklung der frühneuzeitlichen Historiographie in Deutschland. Sehr zu begrüßen ist daher die Entscheidung der Herausgeber, dieses mittlerweile seit langem vergriffene Werk neu herauszugeben. Die Camerarius-Biographie von 1955 nimmt die ersten 456 Seiten des Bandes ein, gefolgt von 30 Seiten mit überwiegend farbigen Abbildungen von Gemälden und Kupferstichen aus dem Kurpfälzischen Museum in Heidelberg sowie Medaillen aus der Staatlichen Münzsammlung München. Diese Abbildungen werden näher erläutert in einem Beitrag von Frieder Hepp, Leiter des Kurpfälzischen Museums, zum Thema „Kunst und Politik. Das ‚böhmische Abenteuer‘ Friedrichs V. von der Pfalz im Spiegel zeitgenössischer Flugblätter, Bilder und Medaillen“ (S. 589–608).

Vor Hepps Beitrag ist aber zunächst noch ein weiterer Nachdruck einer Arbeit von Schubert vorgeschaltet, nämlich sein 1954 in der Zeitschrift für die Geschichte des Oberrheins erschienener Aufsatz „Die pfälzische Exilregierung im Dreißigjährigen Krieg. Ein Beitrag zur Geschichte des politischen Protestantismus“ (S. 493–585). Schon hier hat Schubert präzise das Bild des Camerarius als Protagonisten einer ausschließlich religiös bestimmten Kriegsideologie gezeichnet, der angesichts der dynastischen Machtinteressen, die sich über konfessionelle Linien hinweg immer wieder durchsetzen konnten, auf die Dauer mit seinen Bestrebungen auf verlorenem Posten stand.

Einen zentralen Teil des Bandes nimmt die von Gerhard Menk verfasste Biographie Friedrich Hermann Schuberts ein (S. 609–684). In diesem Beitrag werden die Stellung und die Bedeutung Schuberts innerhalb der Netzwerke der akademischen historischen Forschung in der Bundesrepublik Deutschland der Nachkriegszeit vorzüglich präsentiert. Von der Jugendzeit des 1925 in Dresden geborenen Schubert über seine Studienzeit in München, die eine bleibende Verbindung zu dieser Stadt und ihrer Universität begründete, bis zur Übernahme des Lehrstuhls für Neuere Geschichte an der Universität Frankfurt im Jahr 1968 werden die Lebensstationen und Aktivitäten Schuberts einfühlsam nachgezeichnet, bis hin zu seinem rätselhaften Selbstmord am 30. Juni 1973. Mit einiger Bestürzung muss man dabei die Information zur Kenntnis nehmen, dass die polizeilichen Untersuchungsakten dazu offensichtlich ohne Kenntnis und Genehmigung des zuständigen Hauptstaatsarchives Wiesbaden von der Frankfurter Staatsanwaltschaft vernichtet worden sind (S. 673). Dem Beitrag schließt sich ein Verzeichnis der Publikationen Schuberts an.

Es folgen kürzere Beiträge von Markus Gerstmeier über Friedrich Hermann Schuberts Vater, den Dresdener Architekten und Bauhistoriker Otto Schubert (S. 693–703), sowie von

Andreas Kappelmayer über die Rezeption von Schuberts Camerarius-Biographie in Deutschland und Schweden (S. 705–721), der darüber hinaus auch noch weitere interessante Informationen zum bis heute andauernden schwedischen Forschungsdiskurs über die Ursachen für die schwedische Expansionspolitik des 17. Jahrhunderts im Ostseeraum und über fremde Eliten im Dienst König Gustav Adolfs liefert. Den Abschluss des Bandes bildet ein Beitrag von Notker Hammerstein, der noch einmal speziell auf die Frankfurter Zeit Schuberts und seine Position in den damaligen Studentenrevolten eingeht, angedeutet durch den Untertitel „Biographische Anmerkungen zum Schicksal eines deutschen Universitätsprofessors in schwieriger Zeit“ (S. 723–735).

Der Band ist erschlossen durch ein Orts- und Personennamenregister, am Ende sind noch einige Fotos Schuberts aus verschiedenen Lebensphasen sowie seiner Eltern hinzugefügt, die dem Leser seine Person noch einmal näherbringen. Wenn Markus Gerstmeier im Erläuterungstext zu den Fotos von Schuberts Grabstätte in Berg am Starnberger See schreibt, dass seine Beerdigung dort am 4. Juli 1973 „in Anwesenheit einer relativ überschaubaren Trauergemeinde (darunter einige wenige aus Frankfurt)“ stattgefunden habe (S. 770), so vermittelt dies einen etwas anderen Eindruck als die Aussage von Gerhard Menk, dass die Beerdigung „im Beisein einer ganz überwiegend akademisch geprägten, beachtlich umfangreichen Trauergemeinde“ erfolgt sei (S. 673). Dies mag aber auch an der jeweils unterschiedlichen Sicht des Betrachters liegen. Jedenfalls haben die Herausgeber und Autoren in einer beeindruckenden Gemeinschaftsleistung hier ein Werk vorgelegt, das einem der bedeutendsten Frühneuzeithistoriker der deutschen Nachkriegszeit, der im Alter von nur 48 Jahren auf tragische und rätselhafte Weise zu Tode kam, ein würdiges literarisches Denkmal setzt.

Franz Maier

Alma Hannig / Martina Winkelhofer-Thyri (Hg.), Die Familie Hohenlohe, Eine europäische Dynastie im 19. und 20. Jahrhundert, Köln/Weimar/Wien: Böhlau 2013. 413 S. mit 16 s/w Abb. ISBN 978-3-412-22201-7. Geb. € 34,90

Der Band verdankt seine Entstehung einer eher zufälligen Begegnung der beiden Herausgeberinnen Alma Hannig und Martina Winkelhofer-Thyri: Beide arbeiteten zum Adel der Habsburgermonarchie vor 1914, beide werteten Nachlässe von Mitgliedern der Familie Hohenlohe aus. Im Gespräch der beiden entstand die Idee, ein deutsch-österreichisches „Hohenlohe-Projekt“ ins Leben zu rufen.

Der Ansatz des Projekts ist biografisch. Ausgewählt wurden Mitglieder der Familie Hohenlohe, die Karrieren in verschiedenen Bereichen – neben den traditionellen Laufbahnen in Militär, Kirche und Diplomatie auch solche in Wirtschaft, Kunst und Kultur – verfolgten. Vorgestellt werden ausschließlich die Lebensläufe von Männern. Die Defizite in der Forschungsliteratur über die weiblichen Familienmitglieder machten eine Bearbeitung von deren Biografien offenbar unmöglich.

Volker Stalmann bietet einleitend einen geschichtlichen Überblick über die Familie Hohenlohe, die vor allem auf den Funktionswandel im 19. Jahrhundert nach dem Verlust der mehr oder minder souveränen Herrschaftsrechte abhebt. Vorschriften für die Eheschließung, Umstellungen bei Erziehung und Bildung sowie die Karrierewege werden kurz zusammenfassend umrissen.

Den Lebensweg von Ludwig Aloys zu Hohenlohe-Waldenburg-Bartenstein (1765–1829) schildert Markus Wirth. Die frühe Stellungnahme Hohenlohes gegen die Französische

Revolution verschaffte ihm nach der Restauration hohe militärische Ämter in Frankreich, schließlich gar die Würden eines Marschalls von Frankreich und eines Pairs des Königreiches. Fürst Chlodwig zu Hohenlohe-Schillingsfürst (1819–1901) (Olav Zachau) war als bayerischer Ministerpräsident (1866–1870), Botschafter des deutschen Reiches in Paris (1874–1885), Reichsstatthalter im Elsass (1885–1894) und schließlich Reichskanzler (1894–1900) einer der herausragenden politischen Vertreter des Hauses im 19. Jahrhundert. Sein Bruder mit dem protestantischen Namen Gustav Adolf zu Hohenlohe-Schillingsfürst (1823–1896) (Carsten Schmalstieg) wurde 1849 zum Priester geweiht und 1866 zum Kardinalpriester erhoben. Bewerbungen um deutsche Bistümer scheiterten mehrfach. Nach dem ersten Vatikanischen Konzil stand Gustav Adolf weitgehend im Abseits. Philipp Ernst zu Hohenlohe-Schillingsfürst (1853–1915) (Karl Lennartz) engagierte sich für eine deutsche Teilnahme an den ersten Olympischen Spiele der Neuzeit in Athen 1896. Als Kritiker des Ersten Weltkrieges profilierte sich Alexander zu Hohenlohe-Schillingsfürst (1862–1924) (Patrick Bormann), der Sohn des Reichskanzlers.

Constantin zu Hohenlohe-Schillingsfürst (1828–1896) (Martina Winkelhofer-Thyri) wirkte fast 30 Jahre als Obersthofmeister des Wiener Hofes, wobei seine Tätigkeit bei der Organisation des Hofes und in der Kulturpolitik Österreichs nur sehr schwer konkret nachzuvollziehen sind. Einige bissige Bemerkungen von Damen der Wiener Hocharistokratie relativieren seine Lebensleistung stark. Politisch wichtig war auch Konrad zu Hohenlohe-Schillingsfürst (1863–1918) (Lothar Höbelt), der 1906 zum Ministerpräsidenten der später Österreich genannten Reichshälfte der Habsburgermonarchie ernannt wurde und zu dessen Aufgaben die Durchsetzung einer Wahlrechtsreform gehören sollte. 1917 wurde er Obersthofmeister. Das Ende der Habsburgermonarchie überlebte er nicht lange. Botschafter Österreich-Ungarns in Berlin von 1914 bis 1918 war Gottfried zu Hohenlohe-Schillingsfürst (1867–1932) (Alma Hannig), der mit einer Erzherzogin verheiratet war und sich auch aktiv in die deutsche Innenpolitik einmischte.

Hermann zu Hohenlohe-Langenburg (1832–1913) (Oliver Schulz) wird in einem eher kursorischen Beitrag als Kolonialpolitiker und Statthalter im Reichsland Elsass-Lothringen vorgestellt. Max Egon zu Hohenlohe-Langenburg (1897–1968) (Lothar Höbelt), aus der böhmischen Linie des Hauses, engagierte sich für die Sudetendeutschen und protegierte Konrad Henlein, den er zu einem Treffen mit Hitler begleitete, während er gleichzeitig Verbindungen nach Großbritannien pflegte. Im Vorfeld des Münchner Abkommens wirkten sich diese Kontakte aus – wie auch im Zweiten Weltkrieg, als Max Egon sich für eine deutsch-angelsächsische Verständigung einsetzte.

Max Karl zu Hohenlohe-Langenburg (1901–1943) (Peter Schiffer) wurde 1943 in Stuttgart hingerichtet. Er hatte als Künstler gearbeitet und Reiseberichte geschrieben. Nach 1933 verfasste er journalistische Beiträge gegen den Nationalsozialismus und Hitler. 1940 trat er in die französische Fremdenlegion ein. Er geriet in deutsche Gefangenschaft. Das Urteil des Volksgerichtshofes erging 1942 wegen Spionage und Hochverrat.

Die Gegenposition repräsentiert Konstantin zu Hohenlohe-Langenburg (1893–1973) (Thomas Kreutzer), der über sein Engagement für die Sudetendeutschen zum NS-Funktionär wurde. Nach SA-Ämtern im heimischen Böhmen arbeitete er in der Zivilverwaltung des Generalkommissariats Estland, wo er anscheinend der Ausbeutung der besetzten Gebiete durch die deutschen Besatzer kritisch gegenüberstand. Das Spruchkammerverfahren stufte ihn 1947 als „Mitläufer“ ein, was ihm den Neubeginn in Weikersheim ermöglichte. Dort engagierte er sich als Denkmalschützer.

Christian Kraft zu Hohenlohe-Öhringen (1848–1926) (Volker Stalmann) galt als einer der reichsten Deutschen des Kaiserreichs, obwohl durch Fehlspekulationen ein beträchtlicher Teil des Vermögens schon vor 1914 verloren ging.

Insgesamt bietet der Band einen breiten Überblick über die Schicksale von Mitgliedern einer hochadeligen Familie im 19. und 20. Jahrhundert, wenngleich die Angehörigen der Linie Hohenlohe-Schillingsfürst deutlich überrepräsentiert sind. Leider bleibt die eigentlich interessierende öffentliche Wirksamkeit oft etwas unklar (besonders beim habsburgischen Obersthofmeister, aber auch beim Reichskanzler). Andreas Maisch

Hans Peter Müller, Carl Mayer (1819–1889) – ein württembergischer Gegner Bismarcks, 1848er, Exilant, demokratischer Parteiführer und Parlamentarier (Veröffentlichungen der Kommission für geschichtliche Landeskunde in Baden-Württemberg, Reihe B: Forschungen, 200. Bd.), Stuttgart: Kohlhammer 2014. 145 S. mit 8 Abb. ISBN 978-3-17-026338-3. Geb. € 15,–

Über Carl Mayer, lebenslang überzeugter Demokrat und Führer der Volkspartei in Württemberg, existierte bislang keine umfangreichere Biographie. Diese Forschungslücke versucht Hans Peter Müller mit vorliegender Studie zu schließen.

In einem ersten Kapitel (S. 3–7) stellt Müller die jungen Jahre Mayers vor, während denen der „Geist der Freiheit“ (S. 4) in ihm geweckt wurde und seine politische Karriere ihren Anfang nahm. Ein zweites Kapitel (S. 9–28) erläutert die Rolle Mayers in der Revolution von 1848/49, in der er von Beginn an in verschiedenen Positionen als Verfechter der Freiheit und der Demokratie in Erscheinung trat und sich wesentlich parteipolitisch profilieren konnte. Eine Anklage wegen Hochverrats aufgrund eines nach dem Scheitern der Revolution erfolgten Versuchs der Organisation eines militärischen Widerstands zwang Mayer schließlich zur Flucht in die Schweiz (S. 29–41).

Auf zwei kürzere Kapitel über die Lage der politischen Parteien in Württemberg in den 1860er Jahren nach Mayers Rückkehr (S. 43–47) und die Formierung der Volkspartei (S. 49–52) folgt mit der Darstellung der Rolle Mayers in der Zeit der deutschen Einigungskriege das zentrale Kapitel des Buches (S. 53–95). Dabei zeichnete sich Mayer als Repräsentant der Demokratischen Volkspartei als entschiedener Kritiker der kleindeutschen Lösung und der preußischen Deutschlandpolitik aus. „Durch die Freiheit zur Einheit“ (S. 59) statt Bismarcks „Einheit durch Blut und Eisen“ (S. 76), so war Mayers Devise in dieser Zeit. Mit dieser Friedenspolitik durch den Ausbruch des Deutsch-Französischen Krieges 1870 gescheitert und durch die Wähler abgestraft, baute Mayer im Deutschen Reich die Volkpartei wieder mit auf und zog schließlich sogar von 1881 bis 1887 in den Reichstag ein (S. 97–132).

In den letzten Jahren seines Lebens hatte sich Mayer offenbar mit der Führungsrolle Preußens in Deutschland arrangiert, trat jedoch nach wie vor als scharfer Kritiker Bismarcks auf. Dennoch ist die Frage zu stellen, ob der Untertitel des Buches Carl Mayer, dem Müller selbst einen „unbeirrt ausgeübte[n] Dienst der Freiheit“ (S. 141) attestiert, Mayer nicht zu stark auf seinen Antagonismus mit Bismarck reduziert. Würde ihm nicht vielleicht der lebenslange Kampf *für* etwas (die Freiheit und die Demokratie) gerechter als das Engagement *gegen* jemanden (Bismarck)?

Nichtsdestotrotz ist Müller eine politische Biographie gelungen, die ein bisheriges Forschungsdesiderat überwiegend schließt und daher einen lobenswerten Beitrag zur Wissenschaft leistet. So ist das Buch nicht nur als reine Biographie, sondern auch als Studie zur

Geschichte demokratischen Denkens und zur württembergischen Volkspartei zu würdigen.

Der Autor kann verständlicherweise in diesem Rahmen und aufgrund des speziellen Themas große politische Entwicklungen dieser Zeit nicht im Detail erläutern, schließlich strebt er eine Biographie und keine Geschichte der Revolution oder der Entstehung des Deutschen Reiches an. Historische Vorkenntnisse über das 19. Jahrhundert sind daher zum Verständnis des Textes hilfreich, jedoch nicht zwingend Voraussetzung. Richard Lange

Detlev JENA, Königin Olga von Württemberg, Glück und Leid einer Großfürstin, Regensburg: Verlag Friedrich Pustet 2009. 376 S., 16 Bildseiten. ISBN 978-3-7917-2228-3. € 29,90

Nach seinen Biographien über die beiden Töchter des Zaren Paul mit der aus Württemberg stammenden Maria Feodorowna, Maria Pawlowna, Großherzogin von Sachsen-Weimar, und Katharina Pawlowna, Königin von Württemberg, hat sich der Historiker Jena der nachfolgenden Generation russischer Großfürstinnen zugewandt: Olga Nikolajewna, der Nichte Königin Katharinas und Enkelin Maria Feodorownas, die durch ihre Ehe mit dem Kronprinzen Karl von Württemberg nach Stuttgart kam und an seiner Seite 1864 Königin wurde. Damit war sie die zweite russische Großfürstin auf dem württembergischen Thron.

Es ist nicht die Absicht des Autors, ein wissenschaftliches Buch vorzulegen, sondern er möchte, wie er einleitend betont, einen breiten Leserkreis ansprechen. Um es vorweg zu nehmen: Dies gelingt dem Autor sehr gut. Anschaulich beschreibt er den Lebensweg der Großfürstin und bettet diesen kenntnisreich in die politischen Geschehnisse im 19. Jahrhundert ein.

Olga, 1822 in Petersburg geboren, war die Tochter des Zaren Nikolaus I. und seiner aus Preußen stammenden Gemahlin Alexandra Feodorowna. Zunächst schildert Jena die Kindheit der Großfürstin, die Pracht der Paläste, in denen sie aufwuchs, und ihre strenge Erziehung im Geist der russischen Autokratie und Orthodoxie. Kritisch wertet er die Anfang der 1880er Jahre verfassten Lebenserinnerungen Olgas, mit der sie sich in eine „Scheinwelt" zurückgezogen und aufgrund ihrer schwierigen und traurigen Lebensumstände ihren Kindheits- und Jugendjahren einen Glanz verliehen habe, die sie nie besessen hatten.

Verschlungen waren die Wege der jungen Großfürstin nach Württemberg. Nachdem die ins Auge gefasste Verbindung der Zarentochter mit Erzherzog Stephan von Österreich an der Glaubensfrage und dem Einspruch Metternichs gescheitert war, kam der württembergische Kronprinz Karl als Ehekandidat ins Spiel. Der Auftakt – sie begegneten sich erstmals am Neujahrstag 1846 in Palermo – verlief nach Wunsch, und so wurde noch im Januar Verlobung gefeiert. Die Hochzeit fand am 25. Juni/7. Juli 1846 in Petersburg statt, im September zog das Brautpaar unter großer Anteilnahme der Bevölkerung in Stuttgart ein. Die Eingewöhnung in der neuen Heimat fiel Olga jedoch nicht leicht, unterschied sich das Familienleben am württembergischen Hof doch deutlich von dem in Petersburg. Jena spricht das schwierige Verhältnis zwischen Karl und seinem Vater, König Wilhelm I., an, der Württemberg fast 50 Jahre lang regierte und seinen Sohn weitgehend von den Regierungsgeschäften fernhielt. Olga engagierte sich, darin dem Beispiel ihrer Tante Königin Katharina folgend, in wohltätiger Weise – das Olgastift, das im Volksmund „Olgäle" genannte Kinderkrankenhaus, und die Nikolauspflege unterstanden unter anderem ihrer Schirmherrschaft und wurden von ihr finanziell und ideell unterstützt. Für das politische Geschehen brachte sie aber kein wirkliches Interesse auf – und für politische Veränderungen fehlte ihr jedes Verständnis. „Die Persönlichkeit, die Politik und die Wirkung des kaiserlichen Vaters Nikolaus I. galten ihr auf immer und ewig als das Maß aller Dinge des Lebens“, urteilt Jena (S. 14). So konnten sich weder Karl noch Olga mit der Gründung des Deutschen Reiches und dem damit verbundenen Verlust von Souveränitätsrechten und Privilegien als unabhängige Landesfürsten abfinden.

Schwierig gestalteten sich die späteren Ehejahre des Königspaares. Olga litt unter der Kinderlosigkeit ihrer Ehe. Die Erziehung ihrer Nichte Wera, die 1863 im Alter von neun Jahren nach Württemberg kam und an Kindes statt angenommen werden sollte, verlief in den Anfangsjahren konfliktreich. Auch die Beziehungen Karls zu Männern wie dem Amerikaner Woodcock entfremdeten die Eheleute. Olga flüchtete sich in glanzvolle Repräsentation und ihr soziales Engagement. Am 30. Oktober 1892 – ein Jahr nach König Karl – starb sie in Friedrichshafen. Jena sieht in ihrem Leben eine gewisse Tragik: „Ein Mensch, der aus Profession und persönlicher Einsicht so vielen anderen Menschen gute und nützliche Taten erwiesen hat, führte ein so unglückliches Leben, dass er sich in die eigene idealisierte Kindheit flüchten musste und doch keinen Weg für sich selbst fand“ (S. 362).

Jena legt ein populäres Buch vor, das auf breiter Quellenbasis ein differenziertes Bild der Persönlichkeit Olgas zeichnet und um ausgewogene Urteile bemüht ist. Kleinere Fehler – so hatte Königin Pauline keine drei Töchter (S. 67), und nicht Katharina, sondern Auguste war mit dem Herzog von Sachsen-Anhalt verheiratet (S.171) – sollten bei einer Neuauflage bereinigt werden.

Nicole Bickhoff

Dominik Burkard, Johannes Baptista Sproll – Bischof im Widerstand, Stuttgart: Kohlhammer 2013. 170 S., 12 s/w Abb. ISBN 978-3-17-021492-7. € 19,90

Im Jahr 2009 leitete die Diözese Rottenburg-Stuttgart einen Seligsprechungsprozess für den einzigen deutschen Bischof ein, der im Dritten Reich verfolgt und schließlich seiner Diözese verwiesen wurde und der unter allen Bischöfen in dieser Zeit am meisten gelitten hat: Bischof Johann Bapt. Sproll (1870–1949). Auf den ersten Blick kommt diese Bewertung des Genannten etwas unangemessen vor, gerade im Hinblick auf die unzähligen Schicksale von – nicht nur katholischen – Geistlichen, die für ihren Glauben nicht nur Verfolgung, sondern oft genug Konzentrationslager und Ermordung erlitten haben. Sproll überstand letzten Endes die Verfolgung durch die politischen Machthaber und die Übergriffe des ideologisch verführten Mobs mehr oder weniger unbeschadet, und es war ihm noch vergönnt, im Juni 1945 unter dem Jubel seiner Untertanen wieder in seine Residenz einzuziehen.

Die neu erschienene Biografie, die Dominik Burkard in der Reihe „Mensch – Zeit – Geschichte“ des Verlags W. Kohlhammer nun vorgelegt hat, macht aber deutlich, dass das Schicksal Sprolls unter dem seiner Amtsbrüder wirklich singulär war. Das Episkopat dieses Bischofs ist gezeichnet durch falsche Versprechen und Hoffnungen, durch Versuche der Verständigung und Vermittlung, schließlich durch Enttäuschung, Demütigung, Denunziation sowie verbaler und auch körperlicher Aggression.

Die Biografie trägt den Untertitel „Bischof im Widerstand“ – und genau dieser Aspekt wird in überzeugender Weise dem Leser vermittelt. In den teilweise längeren Zitaten aus Predigten und Ansprachen kann man die beeinflussende Kraft der Worte spüren, derer Sproll so mächtig war und mit denen er – obwohl er es nicht sollte – doch politisch mitmischte und sich den Machthabern entgegenstellte. Sein „Vergehen“, das ihm letztendlich zum Verhängnis werden sollte, war schließlich doch passiver Art: Er weigerte sich, an der Volksabstimmung am 10. April 1938 teilzunehmen, bei der die Bevölkerung im ganzen Reich folgende (Doppel-!)Frage mit „Ja" beantworten sollte: „Bist Du mit der am 13. März 1938 vollzogenen Wiedervereinigung Österreichs mit dem Deutschen Reich einverstanden und stimmst Du für die Liste unseres Führers Adolf Hitler?" Der Wahltag war ein Palmsonntag – und dann begann Sprolls Passionsgeschichte ...

Die Gewichtigkeit der einzelnen Lebensphasen des Bischofs widerspiegelt sich recht gut im Umfang der entsprechenden Abschnitte im Buch: Auf rund 45 Seiten erfährt der Leser über Sprolls Herkunft und (v.a. geistliche) Erziehung, über seinen Besuch der Universität und des Tübinger Hochschulkonvikts. Präzise wird seine Karriere vom Subregens im Priesterseminar über den vermeintlichen Karriereknick als Landpfarrer in Kirchen bei Ehingen bis hin zu seiner Ernennung zum Domkapitular (1912), zum Generalvikar (1913) und zum Weihbischof (1916) nachgezeichnet. Auch seine schwierige Wahl (oder Ernennung, vgl. S. 38) zum Bischof am 14. Juni 1927, als Nachfolger des bereits ein Jahr zuvor verstorbenen Paul Wilhelm Keppler, wird ausreichend beleuchtet.

Etwa gleich viel Raum (ca. 42 Seiten) nehmen die fünf Jahre nach 1933 ein, in denen sich Sproll immer stärker mit den neuen Machthabern auseinandersetzen musste. Ohne Zweifel war der Bischof „lange vor 1933 von der Verkehrtheit und der Verderblichkeit des Nationalsozialismus überzeugt" (S. 53), dennoch versuchte er aus der Notlage heraus einen *modus vivendi* der Verständigung, „eine friedliche Koexistenz zwischen dem Katholizismus und dem nationalsozialistischen Staat, wie er nun einmal Realität geworden war, herbeizuführen" (S. 65). Völlig zu Recht stellt Dominik Burkard an dieser Stelle die Frage, ob Sprolls anfängliche Strategie, auf Gemeinsamkeiten mit dem NS-Regime zu bauen (z.B. Ablehnung des Bolschewismus), „Anbiederung oder purer Opportunismus" gewesen sei (S. 64). Damit macht er den Bischof zum Gegenstand der gleichen Diskussion, die bereits über dessen Amtsbruder aus dem Nachbar-Erzbistum Freiburg, Conrad Gröber, seit längerem geführt wird. Die Lektüre nicht zuletzt dieser Biographie möge den reflektierenden Leser zur eigenen Meinungsbildung anregen.

Verhältnismäßig viel Raum (ca. 38 Seiten) benötigt der Autor für die fünf Monate vom April bis August 1938, an deren Beginn die erwähnte Volksabstimmung stand, gefolgt von mehreren mehr oder weniger gewaltvollen Übergriffen auf das Ordinariat, das bischöfliche Palais und sogar gegen einzelne Mitarbeiter des Ordinariates. Es ist bezeichnend, wie die Behörden und die Stuttgarter Gestapo stets zu erklären wussten, warum keine Ordnungskräfte bei den Ausschreitungen einschritten. Nach mehrmaliger Flucht und Rückkehr musste Sproll einsehen, dass er dauerhaft seiner Diözese fernbleiben sollte. Er fand Aufnahme im Benediktinerkloster St. Ottilien, von wo er wegen einer schweren Nervenkrankheit 1941 ins Kurbad Krumbad gewechselt hat. Die folgenden (Kriegs-)Jahre – die schwersten für die deutsche und europäische Bevölkerung – waren in der Biografie des Bischofs so ohne Außenwirkung, dass sie auf zwölf Seiten abgehandelt werden konnten.

Ebenfalls knapp ist die Schilderung von Sprolls Rückkehr (9 Seiten); dem Leser wird das befreiende Ende einer rückwärts verlaufenden Passionsgeschichte vermittelt: Auf die Rufe „Kreuzige ihn" (oder hier: „Du Lump, du Volksverräter! – Er soll gehängt werden!") folgt der von den Alliierten mit vorbereitete, an Palmsonntag erinnernde feierliche Einzug – in Rottenburg.

Der Autor Dominik Burkard hat mit der neuen Biografie eine bewegende Dokumentation des Lebens eines Bischofs im NS-Widerstand vorgelegt, in der nicht zuletzt die zahlreichen, gut sortierten und in sinnvolle Reihenfolge gebrachten Zitate den Spannungsbogen aufrechthalten. Die vielen genannten Personen sind alle mit ihren Lebensdaten versehen, was nicht nur eine aufwändige Recherchearbeit erfordert hat, sondern nebenbei dem Leser auch zu erkennen gibt, welche der Protagonisten das Jahr 1945 überlebt hatten und somit mit ihrer jeweiligen Vergangenheit in der NS-Zeit – als Täter oder Opfer – im Nachhinein noch konfrontiert werden konnten.

Aber die Informationsfülle ist auch der Punkt, an dem die ansonsten flüssig zu lesende Schilderung von Sprolls Biografie ein wenig ins Stocken gerät: Leicht verliert der Leser im ersten Drittel den Überblick über dessen unzähligen Weggefährten, wer nun geistiger Gefolgsmann und wer Kontrahent war, welcher Theologe dem Antimodernismus verfallen und welcher ehemalige Alumnus ein Reformkatholik war. Marginal sind auch in dem ansonsten gut lektorierten Buch zwei falsche Jahreszahlen, doch während man über Sprolls Ernennung zum Weihbischof am 3. März 1816 (statt 1916; S. 30) noch hinweglesen könnte, hätte die um ein Jahr vorverlegte Reichspogromnacht in den November 1937 (S. 90) nicht passieren dürfen.

Am Schluss seiner Biografie des „Bekennerbischofs" Johann Bapt. Sproll liefert Dominik Burkard noch ein Kapitel zur „Nachwirkung und Deutung" von dessen Wirken. Sogar Eugenio Pacelli, damals Nuntius in Deutschland, lobte 1929 – also noch vor der NS-Diktatur – Sproll als einen Mann „ohne Angst und ohne Menschenfurcht", der „selbst in heiklen Situationen Standhaftigkeit" beweise (S. 158).

László Strauß

Ines Mayer / Reinhold Weber (Hg.), Menschen, die uns bewegten, 20 deutsche Biografien im 20. Jahrhundert, Köln: Emons Verlag 2014. 184 S. ISBN 978-3-95451-412-0. € 24,95

Der sehr gelungene Sammelband „Menschen, die uns bewegten" porträtiert 20 Menschen aus Südwestdeutschland, die im 20. Jahrhundert gelebt und gewirkt haben. Dazu präsentiert der Band jeweils in handbuchartiger Form die Lebens- und Wirkungsgeschichte der Ausgewählten: Dies sind der erste Präsident der Weimarer Republik Friedrich Ebert (Walter Mühlhausen), der Unterzeichner des Waffenstillstandes 1918 und Reichsfinanzminister Matthias Erzberger (Christopher Dowe), die Reichskanzler Constantin Fehrenbach, Hermann Müller (beide Bernd Braun) und Joseph Wirth (Ulrike Hörster-Philipps), die Kommunistin und Frauenrechtlerin Clara Zetkin (Ines Mayer), der wichtige und einflussreiche badische Sozialdemokrat Ludwig Marum (Monika Pohl), die Widerstandskämpfer Johann Georg Elser und Claus Schenk Graf von Stauffenberg (beide Peter Steinbach), Sophie Scholl (Angela Borgstedt) und der letzte württembergische Staatspräsident Eugen Bolz, der ebenfalls für seine demokratischen Überzeugungen hingerichtet wurde (Reinhold Weber).

Zu ihnen gehört auch die weniger bekannte Lina Haag, die als Kommunistin im Widerstand aktiv war und ihren Mann aus dem KZ befreite, sowie Gertrud Luckner, die als Christin ebenfalls zur Gruppe der Widerstandskämpfer zählte. Es folgt der erste Bundespräsident Theodor Heuss (Joachim Radkau), der Wiederbegründer der SPD Kurt Schumacher (Julia Angster) und Carlo Schmid (Kurt Hochstuhl), der erste baden-württembergische Ministerpräsident Reinhold Maier (Jörg Brehmer), der baden-württembergische Ministerpräsident und Bundeskanzler Kurt Georg Kiesinger (Philipp Gassert) sowie dessen Nachfolger in Baden-Württemberg Hans Filbinger (Erik Lommatzsch). Den Band beschließt der Stuttgarter Bürgermeister Manfred Rommel (Josef Schunder), der durch seine Art und sein Auftreten Stuttgart der Welt öffnete.

Die einzelnen Artikel haben einen ähnlichen Umfang und bestechen durch die reiche Bildauswahl, die, wie es das Vorwort erwähnt, das Buch zu einem „Bilderbuch" macht. Allerdings folgen die einzelnen Artikel keinem einheitlichen Aufbau, was aber den unterschiedlichen Lebensläufen zugutekommt. Dadurch werden die einzelnen Porträts nicht in ein allzu strenges Korsett gedrängt, was die Lesbarkeit erhöht. Am Ende des Buches hilft eine Literaturauswahl, die weiterführende Literatur zu der jeweiligen Person zu finden. Ein Register erschließt die erwähnten Personen. Die Ausstattung des Bandes ist opulent, der durchgehende Vierfarbdruck, der feste Einband, und mit den bereits angesprochenen vielen und abwechslungsreichen Bildern zeigt sich der Band „von seiner schönsten Seite".

In der Auswahl der Artikel dominieren Persönlichkeiten aus der Weimarer Republik und bekannte Widerstandskämpfer aus der Zeit des Nationalsozialismus. Es werden ausschließlich positive Beispiele von „gelungenen" Lebensläufen vorgestellt, negative Beispiele fehlen gänzlich. Dies hat aber sicher auch mit den erst gegenwärtig entstehenden Forschungsergebnissen der bundesrepublikanischen Zeitgeschichte zu tun. Auch kann der Haupttitel irritieren, denn die 20 deutschen Biografien sind doch sehr von Personen aus Baden und Württemberg geprägt. Zwar wird im Vorwort darauf eingegangen, dass natürlich auch gerade diese Persönlichkeiten aus Südwestdeutschland die Geschichte prägten und mit Kurt Schumacher der südwestdeutsche Fokus verlassen wird, der Interessierte nördlich des Maines aber wird die eine oder andere Persönlichkeit vermissen.

Die einzelnen Beiträge sind, wie es die Autorenaufzählung zeigt, von führenden Experten geschrieben, die bereits größere Arbeiten zu „ihrer" jeweiligen Person vorgelegt haben. So lesen sich die einzelnen Artikel trotz der darin vorgestellten Forschung leicht und ermöglichen es dem Leser ohne Schwierigkeit, ihrem Protagonisten zu folgen. Neues erfährt man freilich nicht, doch entspricht dies dem Charakter des Buches als „Coffeetable"-Book, also ein Buch, in dem man blättern soll und informiert werden will.

Die Herausgeber haben mit diesem Band ein opulent ausgestattetes, leicht lesbares Geschenkbuch verfasst, das es einem leicht macht, es in die Hand zu nehmen und sich über die dargestellten Personen zu informieren. Ein außerordentlich gut gelungener Band, dem man viele Leser wünscht.

Daniel Kuhn

Territorial- und Regionalgeschichte

Handbuch der hessischen Geschichte, Bd. 3, Ritter, Grafen und Fürsten – weltliche Herrschaften im hessischen Raum, ca. 900–1806, hg. von Winfried Speitkamp (Veröffentlichungen der Historischen Kommission für Hessen 63,3), Marburg: Historische Kommission für Hessen 2014. XVIII, 530 S., 15 Abb. ISBN 978-3-942225-17-5. Geb. € 36,–

Bereits 1986 hatte die Historische Kommission für Hessen den Plan eines Handbuchs zur hessischen Landesgeschichte in Angriff genommen. Nach dem ursprünglichen Konzept hätte dieses Handbuch, vergleichbar zu bereits existierenden Pendants in Bayern, Niedersachsen und Baden-Württemberg, die Gestalt eines in sich geschlossenen Werkes mit fünf aufeinander bezogenen Bänden annehmen sollen. Nach dem Tod des Projektinitiators Walter Heinemeyer (1912–2001) gerieten die Arbeiten jedoch ins Stocken; der 2003 erschienene Teilband 4,2 (Hessen im Deutschen Bund und im neuen Deutschen Reich [1806] 1815 bis 1945) blieb das einzige publizierte Ergebnis dieser ursprünglichen Konzeption, obwohl Beiträge für andere geplante Bände schon seit den späten 80er Jahren vorlagen. Nachdem der Vorstand zu dem Schluss gekommen war, dass das geplante Konzept sich nicht mehr umsetzen ließe, beschloss die Kommission 2010, dem Handbuch stattdessen die Form einer Publikationsreihe zu geben, deren Einzeltitel jeweils den Forschungsstand zu „einem stärker eingegrenzten Thema" [Einführung, S. XI] wiedergeben sollten. So sollte verhindert werden, dass die bereits vorliegenden Beiträge weiterhin unpubliziert veralteten, und das Handbuch sollte zugleich flexibler für die Aktualisierung und die Aufnahme neuer Forschungsthemen gehalten werden. Auch nach der neuen Konzeption sollten die einzelnen Bände keine reine Aufsatzsammlung sein, sondern den Charakter eines umfassenden, einen verbindlichen Überblick zum Gegenstand bietenden Nachschlagewerks haben. Die Neukonzeption schlug sich zunächst vor allem in der Zählung der seit 2010 erschienenen Bände 1–3 nieder, die sich nicht mehr wie Band 4,2 an der alten Systematik, sondern an der Reihenfolge der Publikation orientierte.

Das ursprüngliche Konzept hatte einen Band 3 mit dem Titel „Hessen im alten Deutschen Reich 900–1806 – die hessischen Territorien bis 1806" vorgesehen, der konzeptionell dem zweiten Band des Handbuchs der baden-württembergischen Geschichte (Die Territorien im Alten Reich) entsprochen hätte. Der vorliegende Band behandelt einen Teil dieses Themenbereichs, nämlich die Herrschaften von Rittern, Grafen und Fürsten im Raum des heutigen Bundeslandes Hessen von ihren Ursprüngen bis zum Ende des Alten Reichs. Die geistlichen Herrschaften und die Territorien der hessischen Landgrafen sollen laut Einführung in gesonderten Bänden behandelt werden. Welchen Platz die ebenfalls bisher ausgeklammerten Reichsstädte in der Neukonzeption des Handbuchs finden sollen, wird hier nicht erwähnt.

Mit dem hier rezensierten Band liegt ein weiterer Baustein für ein solides Nachschlagewerk zur hessischen Landesgeschichte vor, dessen Fokus vor allem auf der politischen Geschichte liegt, das aber auch andere Fragestellungen mit einschließt. Die insgesamt fünfzehn Beiträge nehmen gemäß der von Winfried Speitkamp in der Einführung (S. XI–XVIII) dargestellten Konzeption neben der allgemeinen Ereignisgeschichte insbesondere sechs Themen in den Blick: die bündnispolitische Einbindung der kleineren Herrschaftsgebilde, ihr Bemühen um Selbstbehauptung gegenüber mächtigeren Nachbarn, ihre Verwaltungsstrukturen, die Ausbildung von Standesvertretungen, Wirtschafts- und Sozialgeschichte sowie Kultur-, Bildungs- und Religionsgeschichte. Jedem Beitrag ist ein eigenes Inhaltsverzeichnis, eine Übersichtskarte und eine themenbezogene Bibliographie vorangestellt. Den Abschluss bilden ein Orts- (S. 491–510) und ein Personenregister (S. 511–530).

Im Folgenden wird auf die Beiträge zu denjenigen Herrschaftsträgern hingewiesen, die auch im südwestdeutschen Raum eine nennenswerte Rolle gespielt haben. Dies betrifft zunächst die von Georg Schmidt verfasste und von Anke Stößer aktualisierte Geschichte der Grafen von Katzenelnbogen (S. 126–150), die durch ihr enges Verhältnis zu den Staufern, ihre problematische Nachbarschaft mit der Kurpfalz, ihre spätmittelalterlichen Eheverbindungen mit Baden und Württemberg und ihre weit in Kraichgau und Odenwald reichenden Lehensbeziehungen vielfach mit dem südwestdeutschen Raum verbunden waren.

Stößers Beitrag „Herrschaften zwischen Rhein und Odenwald" (S. 152–170) behandelt u. a. die Herren von Gemmingen als Inhaber der Herrschaft Fränkisch-Crumbach, den Erwerb der Herrschaft Breuberg durch die Grafen von Wertheim und die an der heutigen Ländergrenze liegende Herrschaft Hirschhorn am unteren Neckar.

Die Grafen von Hanau, deren Entwicklung Uta Löwenstein darlegt (S. 196–230), verfügten u. a. über Besitz am Oberrhein (Buchsweiler, Hagenau, Brumath), ein Aspekt, der hier verständlicherweise eher gestreift wird. Die Aufzählung der hanauischen Lehensbeziehungen (S. 227–230) lässt weitere südwestdeutsche Bezüge erkennen.

Ausgehend von den Herrschaftskomplexen der im 13. Jahrhundert ausgestorbenen Familien von Münzenberg und von Büdingen schildert Klaus-Peter Decker die Entwicklung der Herrschaften in der Wetterau (S. 274–325), in der neben einigen Herren von Hohenlohe und von Wertheim auch die Pfalzgrafen von Tübingen eine Rolle spielten.

Im Kapitel „Reichsritterschaften" (S. 347–372) bietet Georg Schmidt schließlich einen knappen Überblick zur Geschichte der Reichsritterschaft im Rhein-Main-Gebiet, der Interaktion zwischen Reichsrittern und größeren Territorialmächten in Südhessen, typischen Problemen reichsritterschaftlicher Herrschaft und der konfessionellen Ausrichtung ritterschaftlicher Familien. Anschließend stellt er einzelne Ritterkantone dar, von denen aus südwestdeutscher Perspektive vor allem der Kanton Odenwald (S. 372 f.) relevant ist. Das platzbedingte Problem, nicht näher auf einzelne Familien eingehen zu können, löst Schmidt sinnvollerweise durch zwei tabellarische Aufstellungen, nämlich eine Auflistung der reichsritterschaftlichen Familien, die im heutigen Hessen Besitz hatten, mit Zuordnung zu ihren jeweiligen Kantonen und gegebenenfalls Vermerken über ihr Aussterben (S. 355–358), sowie eine Übersicht der Präsenz von Familienvertretern in benachbarten Erzstiften und Stiften (S. 363–365). Obwohl die Bibliographie aktualisiert wurde, ist dem Beitrag die lange Verzögerung der Drucklegung leider anzumerken (offenbar wurden nur bis 1988 erschienene Publikationen berücksichtigt). Niklas Konzen

Historiographie – Traditionsbildung, Identitätsstiftung und Raum, Südwestdeutschland als europäische Region, hg. von Sönke Lorenz, Sabine Holtz und Jürgen M. Schmidt (Schriften zur südwestdeutschen Landeskunde 71), Ostfildern: Thorbecke 2011. XVII, 178 S. ISBN 978-3-7995-5271-4. Geb. € 29,90

Der 2011 erschienene Band fasst zehn Beiträge zusammen, von denen acht auf einer Tagung gehalten wurden, die vom 4. bis 6. November 2004 anlässlich des 50. Geburtstags des Instituts für Geschichtliche Landeskunde und Historische Hilfswissenschaften der Universität Tübingen stattfand. Verschiedene Vorträge der Tagung fanden keinen Niederschlag im vorliegenden Sammelband. Dafür kamen die beiden Aufsätze von Sönke Lorenz und Bernard Vogel neu hinzu, womit die Herausgeber „einen sinnvollen Ausgleich und eine erweiterte Perspektive geschaffen" haben (S. VII).

Wie die Herausgeber in der Einführung formulierten, wollten sie nicht die Existenz einer südwestdeutschen Identität präjudizieren, es ging vielmehr darum, kleinräumige Identitätsstiftungen darzustellen und den Umgang der Wissenschaft damit aufzuzeigen. Um es vorwegzunehmen: Dies ist den Beiträgern durchwegs gelungen. In einem chronologischen Längsschnitt wird die südwestdeutsche der europäischen und gesamtdeutschen Entwicklung gegenübergestellt.

In seinem dichten und materialreichen Beitrag entwickelt Dieter Mertens, der im Oktober 2014 verstorbene, wohl beste Kenner des Humanisten Wimpfeling und seiner Werke, ausgehend von der ‚Epitome rerum Germanicarum' des Humanisten eine konzise Darstellung des vormodernen Nationalismus. Mertens kann plausibel machen, dass die zunächst im Rahmen der Nationalhistoriographie angelegte Arbeit – Wimpfeling will hier die Ruhmestaten der Deutschen darstellen, so dass sie diese verbreiten – mit ihrer Vorstellung an den Rechtsfakultäten der Universitäten Bologna und Orléans eine Bedeutungserweiterung erfährt: die Nationalhistoriographie erhält eine bestimmte Funktion als Mittel der Selbstidentifizierung in der Fremde. Damit sind die deutschen Universitätsnationen im Ausland „soziale Orte" der frühen deutschen Nationalhistorie, so Mertens. Dabei dienen den Historiographen sowohl die Nation (*natio*) als auch ihre Region bzw. Heimat (*patria*) als Anhaltspunkte der eigenen Identifikation.

In seinem Aufsatz beschreibt Rainer Babel „Historiographie und regionales Bewusstsein in Lothringen vom 16. bis zum 18. Jahrhundert". Er unterscheidet dabei die Geschichtswerke, die im Umfeld des Hofes entstanden sind, von jenen, die in den Hochstiften und Reichsstädten geschrieben wurden. Dienten erstere dazu, die Herkunft deutlich zu machen, und waren sie eine Konstruktion, den Herrschaftsanspruch der Herzöge über kleine Herrschaften zu legitimieren, bedienten jene die Ansprüche der anderen regionalen Herrschaftsträger. Letztlich verband die Bewohner trotz fehlender gemeinsamer Herrschaft das Bewusstsein von einer Ursprungs- oder Abstammungsgemeinschaft, aber dennoch kann man mit Babel im Falle Lothringens nicht von einer ungebrochenen regionalen Identität sprechen, da die Definition Lothringens wie auch die des Lothringers stets „eine Frage des Blickwinkels und der politisch-dynastischen Interessen" war (S. 30). Somit kann Babel den „Konstruktionscharakter von Identitätsvorstellungen" und deren Abhängigkeit von den grundsätzlich immer wandelbaren spezifischen Kontexten ihrer Enstehung und Manifestationen einmal mehr deutlich machen.

Rudolf Gamper kann implizit eine ähnliche Tendenz aufzeigen: Im Wandel der Deutung der Gründungsgeschichte der Stadt Zürich werden die Veränderungen in der städtischen Erinnerungskultur deutlich, sowohl in (konfessions-)politischer als auch in historisch-methodischer Hinsicht – letztlich ist auch hier die Darstellung abhängig von der Interessenlage der Protagonisten. In der ältesten Chronik der Stadt, entstanden um 1339, wird der Ursprung Zürichs auf die zwei sagenhaften Könige Turicus und Swevus zurückgeführt, und man beruft sich damit auf die Deutung des damaligen zeitgenössischen Namens Turegum als *civitas duorum regum*, als Zwei-Reiche-Stadt. Der Erfolg dieser Chronik lag darin, dass sie nach dem Umsturz 1336 durch die Bündelung verschiedener lokalgeschichtlicher Traditionen die Einheit der Stadt zu konsolidieren vermochte. In den 1480er Jahren wurde die Geschichte der Stadt auf eine neue Basis gestellt: Mit der Entdeckung von Caesars ‚De bello gallico' betonte der Chronist Heinrich Brennwald, die Tigurini seien die Turgöuwer und Zürich die Hauptstadt dieses helvetischen Gaus. Damit hatte er ein historisches Argument geliefert, das die Möglichkeit eröffnete, die Vorrangstellung Zürichs im eidgenössischen Bündnissystem zu begründen. Im Laufe des 17. Jahrhunderts flaute das Interesse an beiden Gründungslegenden spürbar ab, was nicht zuletzt an innovativen historischen Forschungen seit der Mitte des 16. Jahrhunderts durch führende Zürcher Historiker lag. 1747 belegte die Entdeckung eines römischen Grabsteins, dass Zürich als gallische Zollstation den Namen Turicum geführt hatte. Damit wurden Turicus und die Tiguriner endgültig aus dem kulturellen Gedächtnis verbannt: Ab sofort verließen sich die Zürcher nurmehr auf die neuen, historisch verbürgten Quellen und die damit erforschte/erforschbare Geschichte.

Der 2012 verstorbene Tübinger Landeshistoriker Sönke Lorenz stellt in seinem grundlegenden Beitrag zur ‚Mömpelgarder Genealogie' eine, wenn nicht gar die zentrale Quelle vor, die die Anfänge der dynastischen Geschichtsschreibung in Württemberg markiert. Die schmale Handschrift hatte schon mehrfach Aufmerksamkeit gefunden, doch fehlte bislang eine eingehende Auseinandersetzung mit der Schrift im Zuge der württembergischen Historiographie. Lorenz holt dies hier nach; er bietet erstmals eine ausführliche inhaltliche Beschreibung und Würdigung sowie die Kontextualisierung der Handschrift im Zusammenhang mit den Anfängen der württembergischen dynastischen Geschichtsschreibung. Er betont, dass die Genealogie als originärer Text von hoher historischer Faktizität neben der zeitgleich entstandenen Stuttgarter Stiftschronik in ihrer Konzentration auf Eberhard im Bart von diesem in Auftrag gegeben und wohl auch unter seiner maßgeblichen Einflussnahme geschrieben wurde. Damit steht die ‚Mömpelgarder Genealogie' für das erwachende Interesse der Dynastie an der Geschichtsschreibung und zeigt durch ihre absolute Herrschernähe, in der sich das Herrschaftswissen schriftlich fixieren konnte, dass sie nicht ohne Rat und Hilfe des Mömpelgarder Stifts Saint-Maimbœuf entstanden sein kann. Lorenz fasst abschließend zusammen und lenkt damit auch den Blick auf die Bedeutung der Chorherrenstifte für den Beginn einer württembergischen Historiographie: „So waren in die Anfänge der württembergischen Landesgeschichtsschreibung nicht nur die Stuttgarter und Sindelfinger Chorherren involviert, sondern anscheinend ebenfalls Mitglieder des Mömpelgarder Kollegiatkapitels" (S. 74).

Unter dem markanten Titel „Dynastische Geschichtsschreibung ohne Territorium. Die Chronik der Grafen von Zimmern" widmet Gerhard Wolf seinen Beitrag der Untersuchung der Chronik, die den üblichen Rahmen einer Hauschronik sprengt, die klassischerweise Identität stiften und politische Leitlinien entwerfen soll. Im Mittelpunkt seiner Betrachtungen stehen die Funktion der narrativen und literarischen Elemente, die große Passagen der Chronik einnehmen, und der Zusammenhang zwischen dem zimmerischen Territorialbewusstsein und der spezifischen Gestaltung der Chronik. Wolf kommt bei seiner Untersuchung zu dem Ergebnis, dass die narrativen Elemente vor allem als Kommentierung des dynastischen Handelns dienen, wobei der Chronist Froben von Zimmern stets um Multiperspektivität bemüht war. So konstruierte er die dynastische Identität durch ein gemeinsames Schicksal, den fortdauernden Wechsel zwischen Aufstieg und Niedergang des Geschlechts und nicht durch ein von alters her gemeinsam besetztes Territorium, so dass bei Froben kein territoriales Bewusstsein ausgebildet ist und eine Identifikation mit dem Territorium nicht stattfand. Viel wichtiger ist dagegen der richtige Umgang mit der Ökonomie; daher wechselte Froben von Zimmern im Verlauf seiner Darstellung auch das Paradigma: Nicht mehr der Stand war das bestimmende Kriterium, sondern die ökonomischen Prinzipien wurden entscheidend, den Bestand der Dynastie zu sichern. Damit ist die Zimmerische Chronik letztlich viel moderner als all die Arbeiten, die ansonsten im Bereich der territorialen Geschichtsschreibung in der Neuzeit angefertigt wurden, so das abschließende Votum Wolfs.

Bernard Vogler beleuchtet in einem weiten chronologischen Bogen anhand historischer, literarischer und kulturgeschichtlicher Quellen die „Identitätsstiftung im Elsass", wie sie sich zwischen 1500 und 1914 zeigt und in einem eigenen, national schillernden Selbstverständnis niederschlägt. Bereits im ausgehenden Mittelalter kann ein frühes Sonderbewusstsein festgestellt werden, das sich im 16. Jahrhundert unter dem aggressiven Vorgehen der französischen Krone noch verstärkte und sich zu einer von nationalem Pathos getragenen Feindschaft gegenüber „den Welschen" entwickelte. Im 17. Jahrhundert gerieten diese Verhältnisse mit dem weiteren Vordringen Frankreichs nach Osten ins Wanken, was zu einer Annäherung an Frankreich führte, begleitet von einer Abkehr von der deutschen Kultur. Schließlich führte dies im 18. Jahrhundert zur Etablierung einer Doppelkultur, so dass die elsässische Identität zu einem Gutteil auf einem Gleichgewicht gegenüber den beiden Nachbarn Frankreich und Deutschland beruhte. Das änderte sich im Verlauf der Französischen Revolution: Die deutsche Sprache wurde verboten, der Rhein wurde zur politischen, militärischen und wirtschaftlichen Grenze. In der um 1800 aufkommenden Romantik mit ihrer

Rückbesinnung auf die deutsche Kultur und Geschichte verklärte sich die Vergangenheit. Gleichzeitig förderte die Grenzlage das Bewusstsein, eine Brückenfunktion zwischen den Nationen zu haben. Die Eingliederung des Elsass in das Deutsche Reich 1871 hatte dagegen zwiespältige Folgen: Bedingt durch die Doppelkultur, die einerseits die Errungenschaften der Französischen Revolution anerkannte, aber auch von einem diffusen Deutschtum geprägt war – bei gleichzeitiger Ablehnung des wilhelminischen Reichs –, erstarkte letztlich die eigene Identität im Reichsland und mündete in die zentrale programmatische Forderung „Das Elsass den Elsässern!". Mit der Rückkehr nach Frankreich 1918 änderte sich die Lage vollkommen, und es lässt sich ein bis heute andauernder Rückgang des elsässischen Eigenbewusstseins beobachten.

Stefan Jordan beschäftigt sich in seinem Beitrag mit der Entstehung der modernen Geschichtswissenschaft im 19. Jahrhundert und behandelt deren Verhältnis zu Land und Region. Vier Aspekte stehen bei seiner Betrachtung als wesentliche Kennzeichen der sich formierenden Geschichtswissenschaft im Vordergrund: Verwissenschaftlichung, Verfachlichung, Nationalisierung sowie Narratisierung. In seinem prägnanten und abwägenden Überblick kann Jordan zeigen, dass Land und Region in der von ihm dargestellten Entwicklung zunächst nur eine marginale Rolle spielten. War von Nation die Rede, so handelte es sich dabei in der Regel um einen „engeren Nationenbegriff", wie er beispielsweise im Sinne einer sächsischen Nation bzw. einer sächsischen Nationalgeschichte durch Karl August Engelhardt um 1800/03 vertreten wurde. Erst nach der gescheiterten Revolution von 1848, als die Hoffnungen einer nationalen Vereinigung ganz auf Preußen als Machtstaat gesetzt wurden, entstand die Verbindung von Geschichtswissenschaft und Nationaldenken, wurden historische Aussagen für die nationale Frage in Dienst genommen, und die Forderung nach einer gemeinsamen deutschen Geschichtswissenschaft rückte in den Vordergrund. Regionale Geschichtsschreibung war dagegen bis zum Beginn des 20. Jahrhunderts nur den nicht-universitären Forschern, den „Dilettanten", vorbehalten, die von den Universitätsprofessoren ausgegrenzt wurden und sich auf Grund dieser Einschränkungen gezwungenermaßen auf die Geschichte „vor Ort" reduziert sahen. In dieser „fachliche[n] Exklusion" (S. 121) sieht Jordan einen wesentlichen, aber nicht alleinigen Punkt, der letztlich zur Entstehung der modernen Landesgeschichte beigetragen hat; daneben haben aber wohl das Gefühl föderaler Zusammengehörigkeit deutscher Staaten die Beschäftigung mit Einzelstaaten und Regionen angeregt, entstehende Heimatbewegungen, eine wachsende Urbanisierung sowie die Einflussnahme anderer Disziplinen (so die Historische bzw. Anthropo-Geographie) taten ein Übriges. Die arrivierte Geschichtswissenschaft nahm im 19. Jahrhundert dagegen kaum geographische Einheiten in den Blick: man konzentrierte sich auf die (staats-)politische Geschichte als dem Inbegriff der Geschichte.

Wilhelm Janssen thematisiert in seinem Aufsatz die „Geschichtliche Landeskunde", wie sie zu Beginn der 1920er Jahre von Hermann Aubin konzipiert wurde (der dann sogenannten „Bonner Schule"). Aubins Ansatz und die propagierte Wende von der Territorial- und Staatsgeschichte hin zu einer Kultur- und Volksgeschichte waren nicht gänzlich neu, was Aubin selbst auch immer wieder einräumte. Prägnant bringt Janssen die Probleme und Schwächen der Konzeption der Geschichtlichen Landeskunde im Sinne Aubins zur Sprache, die sich vor allem auf eine fehlende Definition des für die Konzeption wesentlichen Kulturraum-Begriffs und die fehlende Hierarchisierung der einen Kulturraum konstituierenden Einzelmerkmale konzentrieren. Trotz des besonderen Konzepts, das die Geschichtliche Landeskunde in den 1920er Jahren entwickelte, hat sie mittlerweile ihr damals eigenständig geformtes Profil eingebüßt, was darin deutlich wird, dass als bedeutungsgleich oder -ähnlich Begriffe wie „moderne Landesgeschichte", „vergleichende Landesgeschichte" oder schlechthin „Landesgeschichte" gebraucht werden; sie ist so „in den allgemeinen Betrieb der Landesgeschichte, mit seiner breiten Palette an Forschungsinteressen und methodischen Instrumentarien, eingegangen" (S. 132).

Die beiden abschließenden Aufsätze von Winfried Speitkamp und Benigna Schönhagen beschäftigen sich mit der Landesgeschichte im Nationalsozialismus. Beide Autoren müssen unabhängig voneinander feststellen, dass der Bereich nicht ausreichend erforscht ist, und auch neue Arbeiten und Sammelbände zur Geschichte der Landesgeschichte die NS-Zeit übergehen bzw. keine Diskussion darüber auslösen konnten. Daher besteht die dringende Forderung, sich umfassend mit dieser Frage auseinanderzusetzen und diese Zeitspanne kritisch aufzuarbeiten. Während Speitkamp seinen Blick allgemein auf die institutionelle Entwicklung der Landesgeschichte lenkt, konzentriert sich Schönhagen geographisch auf Württemberg und institutionell auf die ‚Württembergischen Jahreshefte zur Landesgeschichte' und deren Nachfolgerin, die ‚Zeitschrift für Württembergische Landesgeschichte' (ab 1937). Sie weitet ihre Untersuchung noch über das Jahr 1945 hinaus aus, da „eine Beschäftigung mit der Landesgeschichte im Nationalsozialismus notwendig auch eine Betrachtung des Umgangs mit dieser Vergangenheit nach 1945 einschließt" (S. 152). Beide Autoren kommen zu vergleichbaren Ergebnissen: 1933 und 1945 stellen weit weniger Zäsuren dar, als man herkömmlich denken würde, und es lassen sich keine eindeutigen Einschnitte feststellen. Vielmehr ging der Übergang 1933 ohne große Reibungsverluste vonstatten, da bereits seit dem Ende der Monarchie, als 1918 die „dynastische Rückbindung" entfiel, die Landesgeschichte Forschungsfragen (wie die Beschäftigung mit der frühmittelalterlichen Siedlungsgeschichte bzw. Landnahme) in den Vordergrund rückte, die 1933 ohne große Anstrengungen in das nationalsozialistische Geschichtsbild integriert werden konnten, so dass der Machtwechsel bemerkenswert konfliktfrei überstanden werden konnte. Während der NS-Zeit ist eine einheitliche Verhaltensstrategie der historischen Vereine nicht erkennbar; auch eine Gleichschaltung im Sinne einer Vereinheitlichung und Zentralisierung ist nicht auszumachen: Neben Landeshistorikern der neuen Generation mit eindeutig nationalsozialistischer Gesinnung stand eine im Kern unbescholtene ältere Historikerschaft, die allenfalls als deutschnational zu charakterisieren ist. Nach wie vor wurden in den Publikationsorganen auch Artikel von Historikern veröffentlicht, die nicht im Sinne eines nationalsozialistischen Geschichtsverständnisses argumentierten. Es bleibt freilich festzuhalten, dass der Umgang mit der Vergangenheit der Landeshistoriker nach 1945 eher einem „kommunikative[n] Beschweigen" (S. 168) entspricht und eine eigentliche Aufarbeitung erst allmählich seit den 1980er Jahren in Lokalstudien zu belegen ist. Das mag womöglich auch an einem methodischen Problem der Geschichte der Geschichtswissenschaft liegen, worauf Speitkamp hinweist: zwar werden bekannte, schulbildende Historiker in den Vordergrund gerückt, doch gerade die Landesgeschichte ist neben der universitären Forschung mit Vereinen und Kommissionen verzahnt, so dass deren Arbeit eine weitaus treffendere Aussage über die nationalsozialistischen Einflüsse zu bieten vermag. Einen ersten Anlauf, diesem Problem zu begegnen, unternimmt gerade Benigna Schönhagen mit ihrem Beitrag, der seinen Fokus auf Württemberg und seine Landeshistoriker bzw. deren Publikationsorgane richtet.

Der vorliegende Band zeigt in seiner umsichtigen thematischen Konzeption in zehn exemplarischen Einzelstudien auf beeindruckende Weise, welche Möglichkeiten die Betrachtungen auch und gerade kleinräumiger Identitätsstiftungen, wie sie das Herausgeber-Team gefordert hat, bieten, „das Universale im Regionalen" (S. VIII) aufzuzeigen. Neben der Beschreibung der an Raum und Region orientierten Identitätsstiftung(en) in verschiedenen Epochen der Geschichte Südwestdeutschlands wird durch die Konzentration auf die Historiographie die eigene Zunft in den Blick genommen, so dass gleichzeitig auf der Metaebene auch die Geschichte der Geschichtswissenschaft betrachtet wird – eine gelungene Synthese. Möge diese Publikation daher weit über Südwestdeutschland hinaus Aufmerksamkeit erlangen und beispielgebend für weitere Forschungen zu Traditionsbildung, Identitätsstiftung und Raum sein.

Uli Steiger

Lorenz Fries und sein Werk, Bilanz und Einordnung, hg. von Franz Fuchs, Stefan Petersen, Ulrich Wagner und Walter Ziegler (Veröffentlichungen des Stadtarchivs Würzburg, Bd. 19), Würzburg: Verlag Ferdinand Schöningh 2014. XII, 480 S., zahlr. Abb. ISBN 978-3-87717-852-2. Brosch. € 24,90

Um den Würzburger Chronisten Lorenz Fries (1489–1550) und sein Werk drehen sich die Beiträge in diesem Sammelband. Er geht auf eine Tagung zurück, die sich 2012 in Würzburg nochmals breit mit Fries beschäftigte – 20 Jahre nach Beginn des großen Editionsprojekts zu seiner Bischofschronik, das 2004 in sechs ansehnlichen Bänden abgeschlossen wurde. Ziel von Tagung und Publikation ist es, „für die Hauptwerke des berühmten fränkischen Geschichtsschreibers ... den Stand der Editionen und der Forschung kritisch zu beleuchten sowie im Vergleich mit anderen Schriftstellern dieser Epoche seine Bedeutung zu umreißen" (Vorwort der Herausgeber, S. VIII). Die Herausgeber verweisen in ihrem einleitenden Vorwort dann auch auf den unterschiedlichen Editionsstand und die (digitalen) Perspektiven für die weitere wissenschaftliche Bearbeitung der Schriften von Fries, welche auch die Gliederung der nachfolgenden Sektionen vorgaben: Bischofschronik, Bauernkriegschronik, Hohe Registratur.

Vorab skizziert Helmut Flachenecker „Lorenz Fries als Historiograph" (S. 1–27), und Walter Ziegler gibt einen ebenso souveränen wie anregenden Überblick zur Beschäftigung mit Fries' Werk (S. 28–84). Gerade die nach dem Zweiten Weltkrieg wieder aufgenommenen Bemühungen zur wissenschaftlichen Bearbeitung der Bischofschronik, die noch lange Jahrzehnte umstritten waren und immer wieder verzögert wurden, stellen ein spannendes Kapitel zum zeitgenössischen Wissenschaftsbetrieb dar. Anschließend steht diese berühmte Bischofschronik im Zentrum der Beiträge von Thomas Heiler, Hans-Peter Baum und Christiane Kummer, die ihre einschlägigen Forschungen ebenso auf Fries als Autor und Gestalter seiner Chronik wie sein herrschaftliches und soziales Würzburger Umfeld ausrichten.

Der Bauernkriegschronik, die (noch) nicht in einer wissenschaftlichen Edition greifbar ist, widmen sich die Artikel von Ulrich Wagner, Benjamin Heidenreich, Franz Fuchs und Hans-Günter Schmidt. Dabei geht es vor allem auch um Parallelberichte zur Darstellung von Fries: Die zeitgenössischen Schilderungen von Martin Cronthal, Johann Reinhart und Sebastian von Rotenhan werden vorgestellt und diskutiert. Von besonderer Bedeutung ist dabei sicher der Bericht von Rotenhan, der als fürstbischöflicher Hofmeister das Kommando auf der Würzburger Feste Marienberg während der Belagerung durch die Bauern übernommen hatte und diese aus erster Hand beschreibt. Franz Fuchs stellt seinen neu aufgefundenen Bericht über die *beurisch aufrur* 1525 im historischen Kontext vor und bietet dankenswerterweise auch eine Edition des in der Scheuerl-Bibliothek in Nürnberg überlieferten Textes (S. 204–219).

Mit der „Hohen Registratur“, einem „lexikonartigen Kanzleibehelf“ des fürstbischöflichen Sekretärs und Archivars Fries, beschäftigen sich anschließend Hannah Hien, Stefan Petersen, Stefanie Zwicker/Winfried Romberg und Monika Riemer. Seine Verwaltungs- und Kanzleiarbeit werden dabei ebenso wie die Fortführung seines Werks durch seine Nachfolger im Amt gewürdigt.

Schließlich wird das eingangs angekündigte Ziel, das Werk von Fries im Kontext der süddeutschen Geschichtsschreibung zu vergleichen und einzuordnen, mit den Beiträgen von Klaus Arnold und Alois Schmid beispielhaft angegangen. Arnold bietet einen instruktiven Vergleich mit dem berühmten Sponheimer und dann Würzburger Abt Johannes Trithemius, der bald vorbildhafte Wirkung auf die zeitgenössische Geschichtsschreibung entfalten sollte (S. 379–403). Gerade seine „Annales Hirsaugienses“ sind – trotz ihrer bekannt problematischen Quellenkritik – für die südwestdeutsche monastische Geschichtsschreibung von zentraler Bedeutung.

Alois Schmid verfolgt den berühmten bairischen Geschichtsschreiber Johannes Aventin auf seiner Forschungsreise (*Iter Bavaricum*) 1517/18 (S. 379–403), bevor Enno Bünz in einem Rückblick und Resümee sowohl die Anfänge der Fries'schen Neuedition wie die Konzeption, Durchführung und Erträge der Tagung – aus persönlicher Nähe bestens unterrichtet – pointiert zusammenfasst (S. 404–414).

Gerne hätte man diesen wichtigen Würzburger Geschichtsschreiber im weiteren Kreis gerade der aktuell gut untersuchten südwestdeutschen Autoren wiedergefunden und die Überlieferung seiner Werke noch genauer kennengelernt. Auch hätte man dem Buch eine bessere Ausstattung gewünscht, da etliche der Schwarz-Weiß-Reproduktionen an Qualität und Größe problematisch sind. Allerdings kann das hier vorgestellte Profil zu Lorenz Fries und seinem Werk auch so durchaus beeindrucken; die Würzburger Forschung hat dafür vor allem Komplimente verdient, die im Umgang mit der südwestdeutschen Historiographie zur Anregung dienen sollten.

Peter Rückert

Arno Mentzel-Reuters / Klaus Neitmann (Hg.), Preußen und Livland im Zeichen der Reformation (Tagungsberichte der Historischen Kommission für Ost- und Westpreußische Landesforschung 28), Osnabrück: fibre Verlag 2014. 367 S. ISBN 978-3-938400-99-9. Geb. € 48,–

Der Aufsatzband zu einer Tagung, die im Mai 2013 in Göttingen von der Historischen Kommission für Ost- und Westpreußische Landesforschung sowie der Baltischen Historischen Kommission veranstaltet wurde, versammelt zehn Beiträge von Forschern aus Deutschland, Österreich, Polen und Estland. Dem Titel folgend ist der Band in zwei Abteilungen mit je fünf Beiträgen zu Preußen und Livland gegliedert. Der zeitliche Rahmen der Untersuchungen ist eng gefasst und reicht von den 1520er Jahren bis in die 1560er Jahre, eine Zeitspanne, die sowohl die Regierungszeit Herzog Albrechts von Preußen (1525–1568) als auch die letzten Jahrzehnte der livländischen Konföderation bis zu ihrer Auflösung 1561/62 einschließt.

In Preußen und Livland verbreitete sich Luthers Lehre früh, nicht zuletzt deshalb, weil der Reformator persönliche Kontakte in diese Regionen unterhielt. Albrecht von Preußen, Hochmeister des Deutschen Ordens, beschloss 1525 die Einführung der Reformation, unterstellte sich der polnischen Krone und erhielt das Herzogtum Preußen zu Lehen. Er schuf „das erste Territorium im Alten Reich und seinem Umfeld, das sich uneingeschränkt zur lutherischen Lehre bekannte und nach ihren Grundsätzen seine kirchliche und weltliche Verfassungsordnung vollkommen neu einrichtete" (S. 9).

Im Anschluss an das Geleitwort der Herausgeber, das auch dem mit den territorialen und politischen Verhältnissen unvertrauten Leser rasch einen Überblick über die wichtigsten Fakten und Entwicklungen vermittelt, fragt Bernhart Jähnig nach den Anfängen der evangelischen Landeskirche in Preußen. Er beleuchtet die einzelnen Instrumente, mit denen Herzog Albrecht die Reformation in seinem Land einführte und zu denen allen voran Visitationen und Synoden der Geistlichen gehörten. Jähnigs Studie belegt, dass die Einführung der Reformation in Preußen der herzoglichen Macht als konsolidierendes Element diente.

An Jähnigs Studie schließt sich sinnvoll der Beitrag von Dariusz Makiłła zu den preußischen Kirchenordnungen an. Während seiner Regierungszeit ließ Herzog Albrecht vier Ordnungen ausarbeiten, mit denen er die kirchlichen Zeremonien kodifizierte und mit denen die religiöse und kirchliche Einheit im Land etabliert werden sollte.

Während sich die Beiträge von Jähnig und Makiłła allgemeinen Fragen der herzoglichen Kirchenpolitik widmen, untersucht Jacek Wijaczka die 15 während der Regierungszeit Herzog Albrechts geführten Hexenprozesse. Im multikulturellen Preußen wurde ein vielgestaltiger Aberglaube gepflegt, gegen den Herzog Albrecht, obwohl er selbst gewissen Formen von Magie konsultierte, strikt vorging.

Marie-Luise Heckmann hat sich mit der Älteren Kriegsordnung Herzog Albrechts befasst, einer bebilderten Handschrift, die 2010 mit dem Ankauf durch die Berliner Staatsbibliothek bekannt wurde und die Heckmann in die Jahre zwischen 1544 und 1552 datiert. Sie ordnet das Werk in den historischen Kontext ein und stellt einen Vergleich mit der bereits seit längerem bekannten preußischen Kriegsordnung von 1555 an. Obwohl die Ältere Kriegsordnung prächtig gestaltet ist, war sie nicht für die Veröffentlichung gedacht, sondern ausschließlich für Herzog Albrecht und seinen Sohn Albrecht Friedrich. Die Ordnung besitzt auch die Funktion eines Fürstenspiegels und führt vor Augen, wie ein idealtypischer christlicher Landesherr für seinen Glauben in den Krieg ziehen soll. Im Anschluss an den Beitrag von Marie-Luise Heckmann bietet Mats Homann Erschließungshilfen zur Älteren Kriegsordnung in Form tabellarischer Inhaltsübersichten, mit denen Heckmanns differenzierte Analyse nachvollziehbar wird.

Während die Reformationsgeschichte in Preußen durch die lange Regierungszeit Herzog Albrechts über Jahrzehnte von einer gewissen Kontinuität geprägt war, folgten in Livland zunächst nur die drei Hansestädte Riga, Reval und Dorpat dem preußischen Beispiel und nahmen 1524/25 die evangelische Lehre an. Anders als Preußen war Livland kein geschlossenes Territorium, sondern ein Verbund von fünf geistlichen Territorien – dem Deutschen Orden, dem Erzstift Riga und den Stiften Dorpat, Ösel-Wiek und Kurland. Die komplexe Interessenlage der einzelnen livländischen Landesfürsten bilden auch die Aufsätze des Bandes ab.

Stefan Donecker untersucht die Reformation in den livländischen Städten unter dem Aspekt des besonderen Bewusstseins von Räumlichkeit. Ausgehend von dem Forschungsparadigma des „spacial turn" bzw. des „topographical turn" verfolgt er, wie sich die evangelische Bewegung immer mehr öffentlichen Raum verschaffte, sei es durch öffentliche Disputationen, Inbesitznahme von Kirchen und Klöstern oder die Entfernung der Bilder aus den Sakralräumen.

Juhan Kreem widmet sich den livländischen Ständeversammlungen der Jahre 1522 bis 1558 und der dort regelmäßig diskutierten Religionsfrage. Obwohl der livländische Landtag die

Einheit der Konföderation suggerierte, agierten die einzelnen Territorialherren unabhängig voneinander und gingen auch hinsichtlich der Reformation verschiedene Wege. Während die Reformation in den Städten früh voranschritt, blieb die Fürstenreformation der geistlichen Landesherren zunächst aus. 1558 beschloss der livländische Landtag schließlich die Einführung der Reformation in allen Teilstaaten.

Inna Põltsam-Jürjo und Thomas Lange fokussieren in ihren Beiträgen die Reformation in den Städten. Põltsam-Jürjo untersucht die Verhältnisse in der Kleinstadt Neu-Pernau/Uus-Pärnu, deren bislang zu wenig beachtetes Stadtbuch Auskunft über die reformatorischen Ereignisse gibt. Bedingt durch den Stadtbrand 1524 setzte die Reformation hier erst einige Jahre später als in den zentralen Städten Riga, Reval und Dorpat ein. Ebenso wie dort kam es 1526 jedoch auch hier zum Bildersturm, der die Initialzündung für die Reformation und eine offene Auflehnung der Bürger gegenüber dem Rat darstellte.

Thomas Lange beleuchtet in seinem Beitrag das reformatorische Geschehen in der Hauptstadt Riga und insbesondere die Rolle, die der Rat und die beiden Stadtherren, der Erzbischof und der livländische Ordensmeister, hierbei spielten. Die Reformation konnte sich in Riga nicht zuletzt aufgrund dieses Dualismus so rasch durchsetzen, da die beiden Stadtherren nicht an einem Strang zogen. Schließlich befasst sich Ulrich Müller in seinem Aufsatz mit Erzbischof Wilhelm von Riga (1539–1563), einer Persönlichkeit, die im Reformationsgeschehen Livlands einen kontroversen Standpunkt einnahm. Müller zeichnet den Aufstieg Markgraf Wilhelms von Brandenburg-Ansbach nach, der 1529 Koadjutor des Erzstifts Riga und 1539 dessen Erzbischof wurde. Müllers besonderes Augenmerk liegt auf der Frage nach Wilhelms Haltung zum vordringenden evangelischen Bekenntnis. Während die bisherige Forschung davon ausging, dass Wilhelm bereits als Koadjutor evangelisch war – zumal er sich zeitlebens nicht die höheren Weihen erteilen ließ –, kann Müller aufgrund bislang unbekannter Quellen belegen, dass sich dessen konfessionelle Haltung über Jahrzehnte hinweg nicht festmachen lässt. Erst Mitte der 1540er Jahre scheint sich Wilhelm zum evangelischen Glauben bekannt zu haben.

Der Sammelband, der erfreulicherweise bereits wenige Monate nach der Tagung erschienen ist, liefert zahlreiche neue Forschungsergebnisse, da in nahezu allen Aufsätzen bislang ungedrucktes Quellenmaterial vorgestellt und ausgewertet wird. Der Band liefert einen ausgesprochen wichtigen Beitrag zur Erforschung der Reformationsgeschichte in Preußen und Livland. Insbesondere für die Zeit nach 1550, die in der bisherigen Forschung – mit stetem Hinweis auf die schlechte Quellenlage – vernachlässigt wurde, belegen die Artikel, dass sich aus den überlieferten Akten zahlreiche Informationen herausfiltern lassen, die eine Neubewertung mancher Ereignisse ermöglichen und sogar gänzlich neue Aspekte ans Licht bringen und somit weiteren Aufschluss insbesondere über die Spätzeit der Reformation im Nordosten Europas geben.

Sabine Arend

Peter Steinbach / Reinhold Weber (Hg.), Wege in die Moderne, Eine Vorgeschichte der Gegenwart im deutschen Südwesten (Schriften zur politischen Landeskunde Baden-Württembergs, Bd. 38, hg. von der Landeszentrale für politische Bildung Baden-Württemberg), Stuttgart: Kohlhammer 2014. 293 S., brosch. € 7,50

Das „lange 19. Jahrhundert“, das den Zeitraum zwischen der Französischen Revolution von 1789 und dem Ersten Weltkrieg umfasst, bildete eine Epoche tiefgreifender gesellschaftlicher, wirtschaftlicher und politischer Transformationsprozesse. In ihr vollzog sich der

Wandel von einer ständisch und agrarisch geprägten Gesellschaft hin zur Moderne. Ziel des vorliegenden Bandes ist es, „die großen Linien der fundamentalen Prozesse der politischen, ökonomischen und gesellschaftlichen Modernisierung" (S. 5 f.) anhand ausgewählter zentraler Fragestellungen für das Gebiet des heutigen Baden-Württemberg einem breiten Publikum zu vermitteln. Dabei geht es vor allen Dingen darum, aktuelle Fragen wie die nach sozialer Gerechtigkeit, politischer Partizipation, Bildungschancen und Geschlechtergerechtigkeit in ihrer historischen Dimension für den deutschen Südwesten zu beleuchten. Auf diese Weise soll, wie die Herausgeber in ihrem einleitenden Beitrag „Fortschritt und Modernisierung: Annäherung an ein Spannungsverhältnis, das Zukunft ermöglicht" betonen, das Potenzial ausgelotet werden, das „die südwestdeutsche Fähigkeit zur Anpassung an sich wandelnde Verhältnisse charakterisiert" (S. 12). Der Band ist damit als ein Versuch zu verstehen, historische Erkenntnis als Grundlage für politisches Handeln in der Gegenwart zu bestimmen.

Diesem Anspruch gemäß markiert Peter Steinbach unter dem Titel „Bewältigte Krisen – folgenreiche Revolution: Über Zäsuren in der Geschichte des deutschen Südwestens" die grundlegenden Krisen und Umbrüche des 19. Jahrhunderts, die auch für den Südwesten prägend waren. Dabei spricht der Verfasser von einem „südwestdeutschen Sonderweg", der gerade als Folge einer „Verspätung" im 19. Jahrhundert einen Durchbruch der Hochindustrialisierung ermöglichte (S. 27). Eine weitere Besonderheit im politischen Bereich bildete die frühe Verfassungsentwicklung und die starke Zivilgesellschaft in Baden und Württemberg. In seinem Beitrag „Politische Integration: Staatsbildung, Verfassungsgebung, Parlamentarisierung" gibt Hans Fenske einen Überblick über die Staats- und Verfassungsentwicklung im deutschen Südwesten von der napoleonischen Flurbereinigung im frühen 19. Jahrhundert bis zur Bildung des Bundeslandes Baden-Württemberg.

Es folgt ein Aufsatz von Frank Engehausen über „Demokratisierung und Politisierung: Wahlen, Parteien und politische Öffentlichkeit", der den Zeitraum von den ersten Verfassungen in Baden und Württemberg bis zum demokratischen Neuanfang nach dem Zweiten Weltkrieg unter dem Blickwinkel der Parteienentwicklung und der Demokratisierung betrachtet. Unter der Überschrift „Säkularisierung und Konfessionalisierung der Gesellschaft" befasst sich Hans-Georg Wehling mit der ambivalenten Entwicklung der christlichen Konfessionen in Südwestdeutschland nach dem tiefgreifenden Einschnitt der Säkularisation.

Jochen Streb und Nicole Waidlein umreißen in ihrem Beitrag „Industrialisierung und Innovation" die wirtschaftliche Entwicklung Südwestdeutschlands in den letzten beiden Jahrhunderten, wobei sie auch auf die in diesem Bereich grundlegende Bevölkerungsentwicklung eingehen. Ausschlaggebend für den Erfolg Baden-Württembergs waren besonders auch seine vielfältigen Innovationsleistungen, deren Ursachen sich aber einer einfachen Erklärung entziehen. Das Thema „Innovation durch Bildung: Schulen und Universitäten im deutschen Südwesten" erörtert Angela Borgstedt, die den jeweils spezifischen Bildungstraditionen, aber auch den Brüchen und Konflikten nachspürt. Sylvia Schraut behandelt in ihrem Beitrag „Geschlechterverhältnisse – das ‚Allgemeine' und das ‚Besondere'" die Geschichte der Frauenbewegung und der Geschlechterrollen. Mit „Menschen in Bewegung: Vom Auswanderungsland zum De-facto-Einwanderungsland" skizziert Reinhold Weber die für Südwestdeutschland außerordentlich prägende Geschichte der Migration in den letzten 200 Jahren. Die Zukunft des Landes, so schließt er seine Ausführungen, dürfte „maßgeblich von der Integration seiner Zuwanderer" abhängen (S. 290).

Die Beiträge des Bandes sind durchweg von ausgewiesenen Fachleuten verfasst, gut lesbar geschrieben und enthalten meist weiterführende Literaturhinweise. Sie bieten einen ausgezeichneten Einstieg in wichtige Themen der südwestdeutschen Landesgeschichte und belegen deren Aktualität für heutige Diskussionen und Herausforderungen.

Michael Wettengel

NS-Vergangenheit ehemaliger hessischer Landtagsabgeordneter, Dokumentation der Fachtagung, 14. und 15. März 2013 im Hessischen Landtag, hg. von Norbert KARTMANN, bearb. von Andreas HEDWIG, Wiesbaden: Hessischer Landtag bzw. Marburg: Historische Kommission für Hessen 2014. 208 S., Abb., ISBN 978-3-923150-50-2 bzw. 978-3-942225-23-6. Brosch. € 10,–

Die vorliegende Broschüre dokumentiert eine vom Hessischen Landtag veranstaltete Fachtagung und ist erschienen als Nr. 40 der Reihe „Politische und parlamentarische Geschichte des Landes Hessen", zugleich auch als Nr. 48–12 innerhalb der Reihe „Veröffentlichungen der Historischen Kommission für Hessen". Unmittelbarer Anstoß für die Aufarbeitung dieser Thematik war das Erscheinen einer von der Fraktion DIE LINKE im Hessischen Landtag herausgegebenen Dokumentation im Jahr 2011, bearbeitet vom Oldenburger Historiker Hans-Peter Klausch unter dem Titel „Braunes Erbe – NS-Vergangenheit hessischer Landtagsabgeordneter der 1.–11. Wahlperiode (1946–1987)". Bereits im Jahr 2008 hatte Klausch ein ähnliches Projekt für Niedersachsen durchgeführt, dort allerdings noch beschränkt auf die Landtagsfraktionen von CDU, FDP und DP. Die Untersuchung für Hessen hatte ergeben, dass im dortigen Landtag die Fraktionen aller Parteien – ausgenommen nur die 1956 verbotene KPD – in unterschiedlichem Ausmaß mit ehemaligen NSDAP-Mitgliedern durchsetzt waren.

Für den Hessischen Landtag war dies Anlass, den Historiker Albrecht Kirschner mit einer „Vorstudie" zum Thema „NS-Vergangenheit ehemaliger hessischer Landtagsabgeordneter" zu beauftragen, die der Bearbeiter in einem in der vorliegenden Broschüre ebenfalls abgedruckten Vortrag (S. 49–56) näher vorstellt. Der 70-seitige Abschlussbericht ist im Anhang des Buches (S. 137–206) abgedruckt. Die Vorstudie entstand im Rahmen einer Arbeitsgruppe, deren Koordinator Andreas Hedwig, Leiter des hessischen Staatsarchivs Marburg, als Mitveranstalter der Fachtagung auftrat und deren Dokumentation bearbeitete. Darin sind die vom stenographischen Dienst des Landtages protokollierten Wortbeiträge, also Vorträge und die Beiträge im Rahmen der anschließenden Diskussionen, in ihrem jeweiligen Wortlaut wiedergegeben, der für die Drucklegung nur wenig geglättet wurde.

In einem ersten Abschnitt unter der Überschrift „NS-Belastungen in den deutschen Parlamenten nach 1945" werden auch Vorträge über den Stand vergleichbarer Projekte präsentiert: Während aus dem Beitrag von Udo Wengst, ehemals stellvertretender Direktor des Instituts für Zeitgeschichte, zu erfahren ist, dass der deutsche Bundestag trotz einer auch dort erfolgten Initiative der LINKEN-Fraktion ein solches Projekt bisher nicht auf den Weg gebracht hat, kann Konrad Elmshäuser, Leiter des Staatsarchivs Bremen, bereits einen konkreten Zwischenbericht über die Ergebnisse einer Untersuchung der NS-Vergangenheit früherer Mitglieder der Bremischen Bürgerschaft liefern. Thomas Vogtherr präsentiert das bereits 2012 abgeschlossene niedersächsische Projekt, bevor Albrecht Kirschner die schon angesprochene hessische Studie vorstellt. Am Ende dieses Abschnitts steht ein Vortrag von Wolfgang Benz zum Thema „Mitläufer und Hauptschuldige – Facetten des politischen

Engagements im nationalsozialistischen Staat", der diese Problematik an zahlreichen konkreten Beispielen prominenter Persönlichkeiten aus der deutschen Nachkriegszeit (so z.B. Werner Höfer, Horst Tappert, Karl Bosl) behandelt.

Der zweite Abschnitt „Perspektiven der Forschung" enthält Beiträge des Bochumer Zeithistorikers Constantin Goschler, der unter dem Titel „NS-Altlasten in den Nachkriegsparlamenten" Überlegungen zum „Umgang mit der personellen Kontinuitätsfrage" anstellt, des Freiburger Historikers Ulrich Herbert über „NS-Eliten in der Bundesrepublik" und von Marie-Luise Recker, Vorsitzende der Kommission für Geschichte des Parlamentarismus und der politischen Parteien, über „alte und neue Eliten im Parlamentarismus der Bundesrepublik". Der dritte Abschnitt beinhaltet die Beiträge der Abschlussdiskussion.

Die zu einem sehr günstigen Preis erhältliche Publikation ist eine unverzichtbare Einführung für jeden, der sich über den aktuellen Stand der Erforschung nationalsozialistischer Kontinuitäten in deutschen Parlamenten der Nachkriegszeit informieren will.

Franz Maier

Städte und Orte

Rolf Kiessling (Hg.), St. Anna in Augsburg, Eine Kirche und ihre Gemeinde, Augsburg: Wißner ²2013. 880 S., 245 überw. farb. Abb. ISBN 978-3-89639-940-3. Geb. € 39,90

Im Zusammenhang mit den 2007 angelaufenen Renovierungsarbeiten bei St. Anna in Augsburg reifte bei Herausgeber und Kirchenvorstand der Plan, eine neue Gesamtdarstellung der Geschichte der Kirche und Gemeinde zu erstellen, die – wissenschaftlich fundiert und den gegenwärtigen Stand der Forschung reflektierend – geeignet wäre, an die Stelle des bisherigen Standardwerks von Wilhelm Schiller von 1938 zu treten. Die Bedeutung der ehemaligen Klosterkirche als eine der Keimzellen der Reformation in Augsburg, als evangelische Hauptkirche der Stadt und künstlerisch anspruchsvoll gestalteter Bekenntnisraum der Gemeinde, als Begräbnisstätte und Erinnerungsort prominenter und einfacher Gemeindemitglieder ließen es geboten erscheinen, für das angestrebte Werk eine möglichst umfassende Perspektive zu wählen, eine Aufgabe, die sich heute wohl nur noch in Kooperation zahlreicher Spezialisten bewältigen lässt.

Der erste von vier Hauptteilen widmet sich dem spätmittelalterlichen Bettelordenskloster und dessen Beziehungen zur Bürgerschaft (S. 13–177). Einleitend gibt Rolf Kießling einen historischen Überblick über die Entwicklung des aus einer Sacciten-Niederlassung hervorgegangenen Karmelitenklosters bis zur Reformation, wobei er besonders auf die schon früh engen und – dank der von den Mönchen exerzierten Totenmemoria – finanziell einträglichen Beziehungen zum gehobenen Bürgertum und zu führenden patrizischen Geschlechtern hinweist. Die folgenden Beiträge befassen sich mit den Grundzügen der karmelitischen Spiritualität, mit Bildung und Ausbildung des Ordensnachwuchses, den Karrieren der Prioren und der Rolle der Bibliothek als Forschungsstätte der Mönche (Bernhard Brenner), mit einer speziellen und gehobenen Form „bezahlter Memorialkultur", nämlich der auf Afra Hirn, die Stifterin der Goldschmiedekapelle bei St. Anna, zurückgehenden Seelhausstiftung (Barbara Baumeister) sowie mit der seit 2005 durchgeführten Vermessung, bauhistorischen Untersuchung und Dokumentierung der Gesamtanlage von Kirche und Kloster (Hans Heinrich Häffner). Die künstlerische Ausstattung und die Raumbeziehungen der Hirn'schen Grab- und heutigen Goldschmiedekapelle, der zeitgenössische Vorstellungen vom Heiligen Grab aufnehmenden Regel'schen sowie der Fuggerschen Grabkapelle behandelt Brigitte Sölch, während Anja Grebe das Bildprogramm der Epitaphien der Fuggerkapelle erörtert und die berühmten Grisaillen in der Wiener Albertina und im Berliner Kupferstichkabinett, die lange als Dürer'sche Entwürfe für diese Plastiken gegolten hatten, als Ausarbeitungen eines unbekannten Künstlers nach den Epitaphien einschätzt (vielleicht nach verschollenen Entwürfen Dürers).

Der der evangelischen Gemeinde in der bikonfessionellen Stadt gewidmete zweite Hauptteil (S. 181–326) wird von drei Überblicksdarstellungen eingeleitet, die die Rolle von St. Anna als Keimzelle der Augsburger Reformation unter Prior Frosch und die Gemeindebildung bis zum Religionsfrieden (Rolf Kießling), die theologische Ausrichtung der dortigen Prädikanten von der Mitte des 16. Jahrhunderts bis 1618 (Andreas Gößner) und die traumatischen Erfahrungen der Augsburger Protestanten und speziell der Kirchengemeinde von St. Anna im Dreißigjährigen Krieg (Rolf Kießling) beschreiben. Mit Samuel Urlsperger, der dem Pietismus Francke'scher Prägung nahestand, wird einer der profiliertesten Pfarrer vorgestellt, der – in der Gemeinde beliebt, im evangelischen Ministerium zeitweise angefeindet – in seiner langen Amtszeit (1723–1765) nicht zuletzt durch sein publizistisches Wirken und seine tatkräftige Unterstützung Salzburger Emigranten auch international bekannt geworden ist (Rudolf Freudenberger). Die Bestimmungen und finanziellen Verhältnisse der Fugger'schen Kapellenstiftung bei St. Anna, die bauliche Unterhaltung der Kapelle und das alles in allem über die Jahrhunderte hinweg erstaunlich unverkrampfte Verhältnis zwischen der katholischen Stifterfamilie und der evangelischen Kirchengemeinde stellt Franz Karg vor.

Die Beiträge des dritten Abschnitts unter dem Titel „Die Kirche als Bekenntnis- und Lebensraum der Gemeinde" (S. 329–570) befassen sich mit der baulichen Umgestaltung, tiefgreifenden Modernisierung und neuen Ausstattung der Kirche (u. a. durch Einzug eines Gewölbes samt Stuckdekor und Fresken), dem während der Amtszeit Urlspergers zur Hundertjahrfeier des Westfälischen Friedens durchgeführten sogenannten Reparationsbau von 1747/1748 (Meinrad von Engelberg/Gode Krämer), mit der frühestens ab dem ausgehenden 17. Jahrhundert einsetzenden Ausstattung der Kirche mit Tafel- und Leinwandgemälden (Andreas Link), mit den Ursprüngen und Schicksalen des Kirchenschatzes ab 1536 (Christoph Emmendörfer) und der Musikpflege bei St. Anna (Orgel der Fuggerkapelle, Kantorei, Instrumentalmusik) vom 16. bis ins 20. Jahrhundert (Günther Grünsteudel).

Als Ort einer ausgeprägten öffentlichen und privaten Erinnerungskultur präsentiert Barbara Rajkay die Kirche St. Anna, die während der frühen Neuzeit mit geschätzten 5000 Begräbnisstätten nicht nur der größte „überbaute Friedhof Augsburgs", sondern zugleich ein Festraum der herrschaftslegitimierenden Selbstdarstellung der führenden bürgerlichen und patrizischen evangelischen Geschlechter war, der bis zum heutigen Tag mit einer außerordentlichen Fülle von künstlerisch anspruchsvollen Monumenten des Totengedenkens (Grabmäler, Epitaphien, Wappen- und Totenschilde) beeindruckt. Das mit dem ersten Reformationsjubiläum 1617 einsetzende und bis heute ungebrochen anhaltende öffentliche Erinnern an die Zentralereignisse der Reformation von 1517, 1530 und 1555 beschreibt der Beitrag von Stefan W. Römmelt, der Kirche, Gymnasium und Kolleg von St. Anna geradezu als Zentren dieser für Augsburg so typischen, der Vergewisserung evangelischer Identität dienenden Jubiläumskultur ausmacht.

Pfarrei und Dekanat St. Anna vom Ende des Alten Reichs bis zur Gegenwart ist der letzte Abschnitt vorbehalten (S. 573–773), der wiederum von Rolf Kießling mit einer Bestandsaufnahme und Beschreibung von Kirche und Gemeinde beim Übergang der Reichsstadt an Bayern um 1800 eingeleitet wird. Die folgenden Beiträge schildern Neuerungen und besondere Ereignisse, Schicksale und führende Personen in der Zeit des Königreichs Bayern von 1818–1871 (Gerhard Hetzer), im Deutschen Kaiserreich von 1871–1918 (Karl-Heinz Fix), während der Weimarer Republik und im Nationalsozialismus (Georg Seiderer), in den ersten Jahrzehnten nach dem Zweiten Weltkrieg (Helmut Baier) und in der Gegenwart (Susanne Kasch). Werner K. Blessing schildert die Geschichte der seit dem Bezug des Mutterhauses in der Frölichstraße eng mit St. Anna verbundenen Augsburger Diakonissenanstalt. Der umfangreiche Anhang bietet Verzeichnisse der Geistlichen bei St. Anna (1525–2011) und der Pfleger des Karmelitenkonvents bzw. der Zechpfleger der späteren Pfarrkirche (1520–1802) sowie außerdem dankenswerterweise ein Glossar der in allen Beiträgen verwendeten Fachbegriffe (alle von Andreas Link). Angela Schlenkrich fertigte die Verzeichnisse der Quellen, Literatur, Siglen/Abkürzungen und Abbildungen, Andreas Link und Angela Schlenkrich bearbeiteten gemeinsam das Register (Orte und Personen).

Die durchweg interessant und zugleich lesbar geschriebenen Beiträge basieren auf einer immensen Menge von (archivalischen und gedruckten) Quellen und Sekundärliteratur, so dass der eingangs zitierte Anspruch, ein den heutigen Wissensstand präsentierendes neues Standardwerk vorzulegen, sicher als erfüllt gelten kann. Die zahlreichen, teils farbigen Abbildungen tragen in hohem Maße zur Veranschaulichung der Texte bei und vervollständigen den rundum positiven Eindruck dieses ebenso gewichtigen wie gehaltvollen Werks.

Peter Steuer

Ernst Kranich, Eberdingen, Ein Dorf im Wandel der Zeit, hg. von der Gemeinde Eberdingen, Eberdingen 2012. 576 S. mit zahlr. Abb. ISBN 978-3-933486-74-5. € 24,80

Die Gemeinde Eberdingen liegt im Strudelbachtal zwischen Vaihingen an der Enz und Leonberg im westlichen Teil des Landkreises Ludwigsburg. Bislang besaß der Ort weder ein Heimatbuch noch eine Ortsgeschichte. Dieses Desiderat schließt jetzt Ernst Kranich, von 1971 bis 1975 Bürgermeister der Gemeinde Eberdingen, mit dem vorliegenden Band. Dieser reicht von der Vor- und Frühgeschichte bis zur Bildung der um Hochdorf und Nussdorf erweiterten Gemeinde Eberdingen im Jahr 1975. Der Verfasser wertete hierzu die in den Archiven liegenden Quellen zur Ortsgeschichte aus.

Das erste Kapitel des Bandes enthält die geschichtliche Entwicklung des Dorfes bis in die Nachkriegszeit. Nach der Vor- und Frühgeschichte mit römischen Siedlungsresten im Gewann „Burgegarten" beschäftigt sich der Autor mit der Erstnennung Eberdingens im Codex Hirsaugiensis um 1100 und dem Besitz des Klosters Hirsau im Ort. Es folgen Abschnitte über die zwischen 1100 und 1350 nachweisbaren Herren von Eberdingen, die Inhaber der Ortsherrschaft und die einzelnen am Ort begüterten Grundherren. Eberdingen befand sich zunächst im Besitz der Grafen von Calw und gelangte vor 1344 an die Grafen von Eberstein. Diese veräußerten zwei Drittel an die Markgrafen von Baden, die 1469 schließlich an die Grafen von Württemberg gelangten. Diese verliehen ihren Anteil an Eberdingen an die Herren von Reischach, von denen die Württemberger ihn 1624/28 zurückerwarben. Allerdings gab es noch Mitte des 18. Jahrhunderts in Eberdingen Untertanen der Herren von Reischach. Das restliche Drittel des Ortes kam über die Herren von Lomersheim und von Liebenstein 1511 an das Kloster Hirsau und gelangte mit der Reformation ebenfalls an die Herrschaft Württemberg. Eberdingen teilte von dieser Zeit an seine Geschicke mit dem Herzogtum Württemberg.

Einen Einschnitt bildete der Dreißigjährige Krieg mit seinen Drangsalen und der Pfälzische Erbfolgekrieg am Ende des 17. Jahrhunderts. 1654 lebten in dem Ort 282 Einwohner. Mit kurzen Strichen schildert der Verfasser dann die Entwicklung Eberdingens vom 18. bis zum 19. Jahrhundert. Etwas ausführlicher werden der Erste Weltkrieg, die Zeit des Nationalsozialismus, das Ende des Zweiten Weltkrieges und die Nachkriegszeit bis 1960 dargestellt. Das Kriegsende lief in Eberdingen mit der Zerstörung einiger Häuser und Scheunen sowie fünf Toten noch glimpflich ab im Gegensatz zu der völlig zerstörten Nachbargemeinde Nussdorf.

Ein zweites Kapitel des Bandes beschäftigt sich mit der Gemeinde, beginnend mit der baulichen Entwicklung des beiderseits der Stuttgarter Straße angelegten Straßendorfes mit seinen zahlreichen Fachwerkhäusern. Daran schließt sich ein geschichtlicher Rundgang durch das Dorf mit seinen Einrichtungen an, so dem Rathaus, der Kelter und Zehntscheuer, der Gemeindehalle, dem Friedhof, der Feuerwehr und dem Back- und Waschhaus. Es folgen Abschnitte über die Schultheißen und die Gemeindebediensteten, die Lebensverhältnisse der Einwohner und Bürger, die Leibeigenschaft, die Steuern, die Auswanderungen, die Sozialfürsorge und das Gesundheitswesen sowie den Verkehr.

Das dritte Kapitel ist der Kirchengeschichte, der Schule und dem Kindergarten gewidmet. Das vierte Kapitel über die wirtschaftliche Entwicklung des bis ins 19. Jahrhundert vom Weinbau und bis ins 20. Jahrhundert von der Landwirtschaft geprägten Orts enthält auch ein Verzeichnis der Flurnamen. Ausführlich beschäftigt sich der Verfasser in diesem Kapitel mit dem Strudelbach, der Wasserversorgung, dem Freibad, Gewerbe und Handel sowie dem nicht zustande gekommenen Anschluss an das Eisenbahnnetz.

Die Eberdinger Familien, Vereine sowie Sitten und Gebräuche stehen im Mittelpunkt des fünften Kapitels. Das kurze sechste Kapitel behandelt den Wandel der Gemeinde vom Bauerndorf zur Wohngemeinde zwischen 1960 und 1975 und schildert die Auswirkungen der Kreis- und Gemeindereform auf den damals etwas mehr als 1000 Einwohner zählenden Ort. Das Buch runden ein Literaturverzeichnis, eine Zeittafel, alte Gewichte, Maße und Münzen sowie ein Glossar ab.

Der umfangreiche Band vermittelt profunde Einblicke in die Entwicklung des Ortes, seiner Einrichtungen und in die Lebensumstände der Einwohner und Bürger. Durch die kleinteilige Gliederung und die Hervorhebung einzelner Begriffe im Text ist fast ein lexikalisches Nachschlagewerk zur Ortsgeschichte von Eberdingen entstanden. Für den Leser wäre zur Nachvollziehung der Entwicklung des Ortes ein direkter Anschluss des sechsten Kapitels an das erste Kapitel und dessen Fortführung bis zur Gegenwart wünschenswert gewesen. Aber auch so gibt der mit vielen Bildern versehene Band dem Leser reiches Material zur Ortsgeschichte von Eberdingen an die Hand. Rolf Bidlingmaier

Melanie Mertens (Bearb.), Stadtkreis Heidelberg, hg. vom Landesamt für Denkmalpflege Baden-Württemberg (Denkmaltopographie Bundesrepublik Deutschland, Kulturdenkmale in Baden-Württemberg II.5), Ostfildern: Jan Thorbecke 2013. 1220 S. in 2 Bänden. ISBN 978-3-7995-0426-3. € 59,–

Genau hundert Jahre nach dem Heidelberg-Band des badischen Kunstdenkmälerinventars erschien der entsprechende Doppelband des neubegründeten Inventars der ‚Kulturdenkmale‘ (man beachte den Paradigmenwechsel; die Auswahl des Dargestellten rechtfertigte eigentlich die Bezeichnung ‚Zivilisationsdenkmale‘). Aufgrund der hiesigen, von dem neueren

Schicksal anderer Städte abweichenden geschichtlichen Voraussetzungen überrascht es nicht, dass wir es mit einem Schwergewicht zu tun haben. Es ist zu vier Fünfteln bestritten von Melanie Mertens, welche mit dieser (gewiss von mannigfaltiger Vorarbeit profitierenden) Leistung die blass erscheinende Funktion des ‚Inventarisators' mit außerordentlicher Recherchierbegabung, verbunden mit Urteilskraft und nicht zuletzt auch Verantwortungsfreude erfüllt. Für die einführenden bzw. zusammenfassenden Beiträge zeichnen noch 27 Co-Autoren. Dank der thematischen Breite sowie dem Umfang der genannten Beiträge darf das jetzt anzuzeigende Werk durchaus als eine Gesamtdarstellung der Stadt auf neuestem Stande bezeichnet werden.

Die beiden Teilbände wurden zwar getrennt paginiert, hängen aber inhaltlich zusammen. In einigem weicht das Ganze von dem bisherigen Usus der Reihe ab, so mit einer Einbeziehung archäologischer Befunde und auch vereinzelter abgebrochener Bauwerke, mit einer überraschend reichen Ausstattung mit historischen Bilddokumenten (Plänen und Veduten, z. T. wenig oder noch gar nicht bekannt), mit einer überaus umfangreichen Bibliographie. Es ist also wissenschaftsfreundlicher und fördert damit die Einschätzung als ‚Gesamtdarstellung'. Band 1 (dessen Inhaltsverzeichnis nicht genau mit der tatsächlichen Gliederung übereinstimmt) enthält, nach den Vorworten der hier zuständigen Vertreter von Stadt und Land, vier Kapitel, die den heute fünfzehnteiligen, also nicht kleinen Stadtkreis als Ganzes darstellen. Sie sind, in nicht ganz logischer Reihenfolge, seinen großräumlichen Beziehungen und seiner Naturgeschichte gewidmet, dann der schriftlichen Überlieferung zwischen hochmittelalterlicher Stadtgründung und Gegenwart und schließlich den Ergebnissen der Archäologenarbeit bis hin zum Auftauchen von „Heidelberch", im späten 12. Jahrhundert. Dass der Zeit der Römerherrschaft hierbei ein bedeutendes Gewicht zukommt, mag manchen umso mehr überraschen, als sie im heutigen Stadtbild keine Rolle mehr spielt; dass auch der Ortsname keinerlei Beziehung dazu habe, ist vorherrschende Meinung (aber nicht die des Rezensenten).

Von den 15 Stadtteilen waren, die ‚Altstadt' mitgerechnet, einst acht selbständig und haben folglich ihre je eigene Geschichte, während drei erst Kreationen der Nachkriegszeit sind; nur in den Résumés gestreift sind die (verlassenen, bundeseigenen) Siedlungen der US-amerikanischen Streitkräfte. Die einzelnen Stadtteile sind in der Weise behandelt, dass dem Katalog der Denkmale jeweils eine Darstellung von allgemeiner Geschichte und Siedlungsgeschichte, wieder bis in die Gegenwart reichend, vorangestellt ist – z. T. recht ausführlich und deshalb, im Hinblick auf die vier einführenden Kapitel, zuweilen redundant, was aber nicht sonderlich stört. Unverständlicherweise sind in keiner der Kartenbeilagen die amtlichen Stadtteilgrenzen eingetragen, und die Straßennamen sind nur mit starker Lupe zu entziffern. Umso misslicher ist die – die ganze Reihe kennzeichnende – Anwendung des topographischen (statt des konventionellen gattungsbezogenen) Prinzips beim eigentlichen Katalog – nicht nur der Ortsfremde, sondern auch der Ansässige findet zwischen A und Z nicht ohne Weiteres das, was er sucht, und sei es Heidelbergs Prunkstück, das Schloss. Wenigstens hätte man bei mehrteiligen Toponymen („An der Tiefburg") das Hauptwort, als den Informationsträger, bevorzugen können. Einzelbauwerke – fast zweieinhalbtausend – und Großgruppen lösen sich in zufallsbedingter Abfolge ab, bei den letzten z. B. unter dem Stichwort „Alter Synagogenplatz", der älteste der Altstadt-Abschnitte als Gesamtheit (man muss wissen, dass die heutige ‚Altstadt' eigentlich ein heterogener Verbund von Altstadt *sensu stricto*, Neustadt und zusätzlichen Vorstädten ist). Willkommen sind die eingeschobenen Erklärungen der Straßen- und Flurnamen. Der Zeitrahmen der Erfassung ist in keinem der Vorworte deklariert, wir erkennen aber zustimmend, dass er, wenn auch mit verengter Auswahl, bis in unsere Tage reicht. Eine reizvolle Ergänzung des Stadtteilkataloges ist die Mitteilung erhaltener Zeugen der ehemaligen Gemarkungsgrenzen; der Waldreichtum unseres Stadtkreises war für ihre Erhaltung relativ günstig.

Ein großer, unter den gegebenen Umständen hilfreicher Anhang enthält das Literaturverzeichnis, dann ein Glossar, ein nach Gattungen gegliedertes Register der archäologischen Befunde, ein ebensolches Register der stehenden Bauten (eben nach Muster der Kunstdenkmälerinventare), ein Personenregister, ein Register der Straßen und Gewanne, den Abbildungsnachweis, eine zwischen Katalog und Karten vermittelnde Konkordanz für ausgewählte flächige (auch fossile) Denkmale und ein Autorenverzeichnis.

Als Beilagen existieren eine Übersichtskarte 1:25.000 und 17 Ausschnittkarten 1:5.000 (wechselnd orientiert, doch ohne Nordpfeile). Ihre Betrachtung vermittelt eine Vorstellung davon, dass nicht nur Heidelbergs ‚Altstadt', diese weitbekannte „begehbare Postkarte", eine außergewöhnliche Dichte von Bauten mit amtlichem Denkmalswert aufweist, sondern auch die unmittelbar anschließenden, erst in neuerer Zeit hinzugewachsenen Stadtteile. Dies beruht nun großenteils auf jener Empfänglichkeit für die architektonischen Hinterlassenschaften von Eklektizismus und Historismus, welche erst seit kurzem Allgemeingut ist. Mit ihr wird auch honoriert die „Weitsicht und Kompetenz, die Heidelbergs Stadtpolitik … zwischen 1875 und 1914 hatte; diese Periode war eine der eindrucksvollsten Blütezeiten, die Stadt und Universität je erlebt haben" (Prof. Peter Meusburger in der Rhein-Neckarzeitung, 23.5.2014).

Um uns dem Haupttext noch einmal zuzuwenden, so ist in erster Linie das Niveau der photographischen Dokumentation der Bauten zu loben. Sichtlich nach einheitlichen Regeln erstellt, bemüht um Ausblendung des ruhenden Verkehrs, oft aufwartend mit weniger zugänglichen Interieurs, macht sie den Doppelband zu einer echten Fundgrube. Die zugehörigen Texte geben über eine sachkundige Beschreibung hinaus auch wertende Urteile ab, welche man ohne Zögern übernehmen darf. Mutmaßliche Irrtümer oder verbleibende Probleme, auch Lücken aufzulisten, ist hier nicht der Platz. Dies gelte auch für die résumierenden Abschnitte des Katalogs sowie die vier einführenden Kapitel. Entscheidend ist, dass der wissenschaftliche Gehalt aller dieser Beiträge im Wesentlichen den Kenntnisstand des beginnenden 21. Jahrhunderts wiedergibt.

Ein einzelnes Manko soll aber doch genannt werden: In der Bibliographie fehlt die Angabe von Wilhelm Schleunings Buch über die Michaelsbasilika auf dem Heiligenberg („heiligen Berg"; Heidelberg 1887), einer Inkunabel archäologischer Bauforschung. Keinen Anlass zur Klage gibt der Druck: die Texte sind gut zu lesen, die Abbildungsunterschriften noch knapp diesseits der Grenze. Die Seiten sind gut ausgenutzt, und bei doppelseitigen Abbildungen ist der mittige Bruch leidlich bewältigt, die heute so oft aufgezwungenen Designermätzchen sind vermieden, Druckfehler sind rar. Der schlechthin häufigste Sachfehler, das Vertauschen der Himmelsrichtung, fehlt nicht (Abb. 2646). Auf dem Bergfriedhof ruht Wilhelm (nicht Friedrich) Furtwängler.

Abschließend ist zu sagen, dass das neue Werk dazu verhilft, die Stadt mit einem von den altbekannten Klischees weniger verzerrten Blick zu sehen. Zu einer ausgeglichenen Wahrnehmung trägt bereits die Einbeziehung des archäologischen Erbes in aktueller Darstellung bei. Zwar vollständig, aber vergleichsweise knapp behandelt sind die verbliebenen Denkmäler des Mittelalters und der älteren Frühneuzeit (vor 1689/93), dies wohl im Vertrauen darauf, dass die Kunstwissenschaft sie zur Genüge bearbeitete bzw. noch bearbeitet (z. B. in der Übersicht von Christoph Mauntel u. a., Heidelberg in Mittelalter und Renaissance, 2014);

unabdingbar ist der Verweis darauf, dass just der Streitapfel ‚Heidelberger Schloss' im Jahr 1905 der bis heute maßgeblichen Konzeption der Baudenkmalpflege zum Durchbruch verholfen hat.

Der von erzwungenem Konfessionswechsel gezeichnete historische Wiederaufbau der Stadt hinterließ ein Spitzenwerk (die Jesuitenkirche) und mehrere ansehnliche Werke zweiten Ranges, überwiegend aber eine nahezu gleichförmige Neubebauung der Altgrundstücke. Fast zur Gänze als Kollektiv-Kulturdenkmal eingestuft, darf sie als ein besonderes stadtbaugeschichtliches Phänomen gelten.

Bis hierher haben wir es mit der Stadt des „Baedeker" zu tun. Manchen wird verblüffen, wie viel schutzbedürftiges Gut die Denkmaltopographie von 2013 daneben aus der Produktion der Neueren und selbst der Neuesten Zeit zu schöpfen weiß; es erscheint schier übergewichtig. Die Zeugnisse dieser Epochen als eine jeweils geschlossene Gruppe wahrzunehmen, ist aufgrund der Konzeption der Publikationsreihe freilich nicht möglich. Mühsam schlägt man sich Pfade durchs bauliche Dickicht, erfährt dabei unerwartet viel Wissenswertes und fürchtet doch, irgendwo erschöpft stehenbleiben zu müssen. Wir können vielleicht eine bescheidene Hilfe bieten, mit dem Vorschlag, zugleich mit dem gewichtigen Doppelband einen gut leserlichen handelsüblichen Stadtplan zu erwerben. Peter Marzolff

Heilbronn historisch! Entwicklung einer Stadt am Fluss, Begleitbuch zu den Ausstellungen im Otto Rettenmaier Haus / Haus der Stadtgeschichte und im Museum im Deutschhof, hg. von Christhard Schrenk und Marc Gundel, bearb. von Peter Wanner, Stadtarchiv Heilbronn, Stadtmuseen Heilbronn 2013 (Kleine Schriftenreihe des Archivs der Stadt Heilbronn 62, museo – Veröffentlichungen der Städtischen Museen Heilbronn 26/2013). 176 S. ISBN 978-3-940646-11-8. € 10,–

„Geschichte bildet die Basis einer Stadt. Sie zeigt den Menschen, wer sie sind, woher sie kommen, wo sie stehen." Nach mehrjährigen konzeptionellen Vorarbeiten und umfangreichen Baumaßnahmen konnte im Sommer 2012 im Otto Rettenmaier Haus/Haus der Stadtgeschichte und im Museum im Deutschhof die neue, häuserübergreifende Dauerausstellung zu Kultur und Geschichte der Stadt Heilbronn eröffnet werden. Damit fand die langjährige, schwierige und inhaltlich nicht nachvollziehbare Trennung der musealen stadtgeschichtlichen Darstellung Heilbronns in einen reichsstädtischen Teil im Stadtarchiv und der Geschichte des 19. und 20. Jahrhunderts im Museum ein Ende.

Die nun vorliegende, konzeptionell wie didaktisch völlig neubearbeitete Ausstellung unter der Federführung von Peter Wanner war möglich geworden dank einer außerordentlich großzügigen Spende des Heilbronner Bürgers Otto Rettenmaier, dessen Namen nun auch das Haus der Stadtgeschichte trägt. Das vorliegende, reich bebilderte und vorzüglich gestaltete „Begleitbuch gibt einen exemplarischen Überblick über die Ausstellungen" und soll zur „Vergegenwärtigung der vor Ort gewonnenen Eindrücke" dienen. Inhaltlich finden wir eine Dreiteilung vor. Um thematisch ausgerichtete Einzelausstellungen im Museum im Deutschhof wie „Kunst und Künstler nach 1800", der Siedlungsentstehung am Fluss, dem Neckar als der wichtigen Lebensader und der Industrialisierung, wird im Haus der Stadtgeschichte die Geschichte Heilbronns chronologisch erzählt. Scharnierjahr ist das Jahr 1871.

Lesenswert sind die konzeptionellen und didaktischen Vorüberlegungen, die Peter Wanner in heilbronnica 5 (2013) darstellt und der auch der einleitende Grundsatz entstammt (s. die Besprechung in diesem Band). Ausgangspunkt ist neben der Definition des in jeder Hinsicht ganz heterogenen Zielpublikums die sich auch daraus ableitende realistische Grundüberlegung, dass „eine Ausstellung (...) grundsätzlich nur einige wenige kognitive Inhalte vermitteln" kann. „Die größte Wirkung wird auf sinnlicher und emotionaler Ebene erreicht." Inhaltliche Reduktion und Konzentration ist deshalb ebenso notwendig, wie die gezielte Steuerung des Medieneinsatzes. Angestrebt wird „ein Gesamterlebnis der Stadt mit ihrer alten und langen Geschichte, mit der wechselvollen Abfolge von Freud und Leid, Stolz und Zerstörung, mit der Grunderkenntnis, dass früher nichts besser, sondern vieles anders war". Auch da natürlich die historischen Originale im Zentrum stehen sollen, ist der Medieneinsatz so angelegt, dass möglichst alle Sinne angesprochen werden: kurze prägnante Texte, Bilder, Pläne, interaktive Medien, Filme und Klänge sowie Inszenierungen finden sich, wo immer möglich.

Gelungen ist die „Personalisierung" der Geschichte durch die inhaltliche Verschränkung mit Einzelschicksalen. 14 exemplarische Biographien berühmter Heilbronner erzeugen persönliche Identifikation und sind ein ganz eigenständiges Element.

Hilfreich bei der Orientierung ist der sich wiederholende Grundaufbau: Jedes der drei Ausstellungskapitel beginnt mit einer doppelseitigen Planübersicht der Ausstellungsräume. Die Unterkapitel leitet ein historischer Stadtplan mit wichtigen, für den Zeitraum hervorgehobenen Gebäuden sowie jeweils einem zeitgenössischen Schriftbeispiel des Stadtnamens ein. Es folgen jeweils ein knapper, nur wenige kurze Sätze umfassender Übersichtstext und die durch qualitativ hochwertige Farbfotos dargestellten Objekte mit ebenso knappen, aber präzisen Erläuterungen. Wer als Historiker je selbst eine Ausstellung gemacht hat, weiß um die große Schwierigkeit kurzer Texte. Fazit: Ein gelungenes Begleitbuch zu einer vorbildlichen stadtgeschichtlichen Ausstellung, zu der man der Stadt Heilbronn nur gratulieren kann.

Stefan Benning

Heilbronnica 5, Beiträge zur Stadt- und Regionalgeschichte, hg. von Christhard Schrenk und Peter Wanner, Stadtarchiv Heilbronn (Quellen und Forschungen zur Geschichte der Stadt Heilbronn 20 und Jahrbuch für schwäbisch-fränkische Landesgeschichte, Historischer Verein Heilbronn 37/2013). 520 S. ISBN 978-3-940646-12-5. € 20,–

Fünf Jahre sind seit Erscheinen des letzten Bandes der „heilbronnica" verstrichen. Fünf Jahre, die die Konzentration des Stadtarchivs im Zeichen einer bedeutenden Großspende des Heilbronner Unternehmers Otto Rettenmaier nahezu vollständig auf die Neueinrichtung der stadtgeschichtlichen Ausstellung fokussierte. Die von Peter Wanner federführend entwickelte Konzeption dieser neuen Ausstellung „Heilbronn historisch!" steht deshalb nicht ganz zufällig am Anfang des wie immer mit großer Sorgfalt produzierten Bandes, der dem langjährigen stellvertretenden Leiter des Stadtarchivs Hubert Weckbach zum 75. Geburtstag zugeeignet ist.

Die 18 Beiträge sind zu chronologischen Gruppen zusammengefasst. Der Besiedlungsgeschichte des Zabergäus in der Zeit der Bandkeramik zwischen 5500 und 5000 v. Chr. widmet sich Hans-Christoph Strien. Drei auf im Jahre 2012 gehaltenen Vorträgen basierende Aufsätze widmen sich im Folgenden den Grafen von Lauffen; sie bilden einen kleinen Themenschwerpunkt zur hochmittelalterlichen Geschichte: Hansmartin Schwarzmaier führt in die „Welt der Grafen von Lauffen" ein, während der Burgenforscher Nicolai Knauer sich in einer Art Bestandsaufnahmen den Burgen der Grafen widmet, die zu den innovativsten ihrer Zeit gehörten.

In die frühe Neuzeit führen Studiendirektor a. D. Bernhard Müller mit einem Aufsatz über die Reformationsjubiläen in Heilbronn und der Niederländer Frank C. P. van der Horst über den Heilbronner Heinrich August Freiherrn von Kinckel (1747–1821) in Diensten der niederländischen Marine. Gerhard Wagner stellt auf der Basis der Akten des „Criminal Senat" Esslingen einen Mordfall in Erlenbach dar, an dessen Ende ein höchst zweifelhaftes Urteil stand, das schon bei den Zeitgenossen erhebliche Zweifel an der sorgfältigen Arbeit der Justiz aufkommen ließ. Die kulturgeschichtlichen Lebenserinnerungen des Ehrenmitglieds des Historischen Vereins Heilbronn, Oberst Ferdinand Fromm, ediert Gerhard Prinz von der Landesstelle für Volkskunde.

Mit einem zweiten Aufsatz von Bernhard Müller wenden sich die Beiträge der Zeit des Nationalsozialismus zu: Müller porträtiert Friedrich Reinöhl und das von ihm gegründete Lehrerseminar Heilbronn; die nach Reinöhl benannte Schule in Heilbronn-Böckingen hat mittlerweile wegen dessen NS-Verstrickungen ihren Namen geändert. Archivleiter Christhard Schrenk schildert die Anfangsphase der NS-Diktatur in Heilbronn um das Jahr 1933. Peter Wanner widmet sich mit einem Kurzporträt und einer Quellendokumentation dem zweiten Fall einer Schulumbenennung: Die Wilhelm-Hofmann-Schule trägt seit 2011 den Namen Neckartalschule. Der Fall des zweifellos verdienten Pädagogen „Wilhelm Hofmann ist dabei geradezu paradigmatisch für den Umgang der bundesrepublikanischen Gesellschaft mit der eigenen Vergangenheit in der Nachkriegszeit. Viele Leistungsträger der jungen Bundesrepublik haben ihre eigenen Verstrickungen in den Jahren zwischen 1933 und 1945 ausgeblendet und stellenweise verschwiegen". Hubert Bläsi schließt diesen Themenkomplex mit der spannenden Geschichte eines britischen Sabotageunternehmens im Kraichgau ab.

In die Nachkriegszeit führen die Beiträge von Thomas Seitz über die Hubschrauberfirma des Karl Erwin Merckle und Christhard Schrenks Darstellung des ersten Jahrzehnts der 1961 gegründeten Hochschule Heilbronn. Berichte und Miszellen schließen den Band ab, der wiederum durch ein Register vorbildlich erschlossen ist. Stefan Benning

Gerhard FRITZ (Hg.), Schwäbisch Gmünd und der Erste Weltkrieg, Schwäbisch Gmünd: einhorn-Verlag 2014. 351 S. ISBN 978-3-95747-012-6. € 16,80

Inmitten der Flut von Büchern rund um den Ersten Weltkrieg ragen kaum regionale Studien heraus. Die bislang immer noch wichtigste Arbeit über das Erleben und Erleiden des Ersten Weltkrieges an der „Heimatfront" ist Roger Chickerings Studie über Freiburg im Ersten Weltkrieg – Württemberg hat bislang ohne eine solche Arbeit auskommen müssen. Umso erfreulicher ist es, dass nun eine umfangreiche Studie zu Schwäbisch Gmünd und dem Ersten Weltkrieg vorliegt.

Gerade die Geschichte Schwäbisch Gmünds von 1914 bis 1918 hat einige interessante Facetten zu bieten, die die Stadt von anderen in Württemberg unterscheidet. So war Schwäbisch Gmünd große Garnisonsstadt hinter Stuttgart, Ludwigsburg und Ulm, dazu katholisch geprägt und Oberzentrum für das Remstal. Außerdem verfügt das Stadtarchiv über eine exzellente Quellenlage zu den verschiedenen Aspekten des Ersten Weltkrieges. Entstanden ist das Buch aus Seminaren an der Pädagogischen Hochschule in Schwäbisch Gmünd. Ursprünglich nur als Übung konzipiert, entwickelte sich aus den studentischen Beiträgen eine umfassende Darstellung der Gmünder Geschichte, die alle wesentlichen Aspekte des Ersten Weltkrieges in der Heimat behandelt. So werden alle wichtigen Themen der „Heimatfront" behandelt, wie die Stimmungen in der Heimat zwischen Kriegsbegeisterung und

Kriegsmüdigkeit, die soziale Not, die sich in Sammelaktionen und Nahrungsmittelknappheit bis hin zum Hunger(-tod) äußerte, die Aufnahme der Kriegsgefangenen im Südwesten, die gesundheitliche Versorgung der heimkehrenden Soldaten im Reservelazarett; die Gedenkkultur und das Erinnern an den Krieg findet in einem abschließenden Exkurs über ein Kriegerdenkmal, das in der Nachkriegszeit in Schwäbisch Gmünd errichtet wurde, seinen Ort. Aber auch die aus Schwäbisch Gmünd stammenden Soldaten erhalten ihren Platz, wenn die Garnisonsgeschichte und ihre Einsatzorte im Ersten Weltkrieg kurz referiert, die Kriegswirklichkeit in Ego-Dokumenten angerissen sowie auf Verwundungen, Tod und das Kriegserleben eingegangen wird.

Ein besonderes Verdienst ist allerdings der umfangreiche Anhang des Bandes, der fast die Hälfte des Umfanges ausmacht. Hier finden sich nicht nur wichtige Tabellen – z.B. zur Sterblichkeit der Gmünder Stadtbevölkerung –, sondern auch neu entdeckte Ego-Dokumente, die etwa die Fronterlebnisse durch das Tagebuch Anton Bäuerles, der während des Krieges in Frankreich eingesetzt war, umfassen, oder anhand der Tagebücher Hans Ostertags, eines Gmünder Bürgers, das Alltagsleben der Gmünder im Krieg nachvollziehbar machen. Auch die amtlichen Stimmungsberichte aus Schwäbisch Gmünd sind hier in Auswahl abgedruckt.

Obwohl das Buch von mehreren Autoren verfasst wurde, merkt man beim Lesen kaum etwas davon. Denn der Herausgeber Gerhard Fritz hat ganze Arbeit geleistet und aus seinen und den von Studierenden geschriebenen Kapiteln einen harmonischen, gut zu lesenden Text erarbeitet, der sich anhand der guten und neuen Quellen nicht mit Altbekanntem zufrieden gibt, sondern neue Sichtweisen auf die städtische Geschichte im Ersten Weltkrieg eröffnet.

Die Zielgruppe des Bandes hingegen ist nicht ganz so leicht zu erfassen, dem unerfahrenen Leser mag der Grad der Abstraktion manchmal etwas zu hoch liegen, Vorwissen über den Ersten Weltkrieg und seine „Heimatfront" erscheint an manchen Stellen nötig. Eine fachwissenschaftliche Studie ist der Band aber auch nicht, dazu ist der Fokus zu klein und zu sehr auf die Quellen gerichtet, was ihn aber gleichzeitig zu einer wertvollen Fundgrube an Quellen für das nördliche Württemberg für die Zeit des Ersten Weltkriegs macht. Dies ist aber auch schon der einzige Kritikpunkt, dem sich leicht abhelfen lässt. Verfügt man bereits über Kenntnis des großen Krieges oder über Interesse und Aufgeschlossenheit, sich in die Geschichte des Ersten Weltkrieges weiter einzuarbeiten, dann ist das Buch eine ausgezeichnete Ergänzung der vorhandenen Literatur, die neue Sichtweisen auf das Leben an und in der Heimatfront bietet. Gerade für das Stöbern in den Ego-Dokumenten und gezieltes Lesen zu spezifischen Themen eignet sich das Buch vorzüglich.

Insgesamt ist das Buch ein wichtiger und grundlegender Beitrag zur Geschichte Ostwürttembergs, das als Vorbild für weitere Regionalstudien dienen kann. Daniel Kuhn

Schwäbisch Hall 1914–1918, Eine Stadt und ihre Region im Ersten Weltkrieg (Veröffentlichungen des Stadtarchivs Schwäbisch Hall 29), Schwäbisch Hall 2014. 556 S. ISBN 978-3-932146-34-3. € 30,–

Der aus einem Projekt der Geschichtswerkstatt Schwäbisch Hall hervorgegangene Band enthält nicht weniger als 30 Beiträge aus der Feder von 16 Autoren zu den unterschiedlichsten Themen der Auswirkungen des Ersten Weltkriegs auf Schwäbisch Hall und Umgebung. Der am häufigsten auftauchende Autorenname ist der von Heike Krause, die zehnmal als Autorin erscheint. Nicht auf jeden der 30 Aufsätze kann im Rahmen der hier vorliegenden

Besprechung eingegangen werden. Lohnend sind alle, jeder beleuchtet einen berichtenswerten Einzelaspekt. Andreas Maisch und Daniel Stihler vom Stadtarchiv Schwäbisch Hall haben den Band professionell eingerichtet und mit zahlreichen Bildern versehen. Deren Unterschriften sind freilich so klein gesetzt, dass das Lesen Mühe bereitet.

Aus der großen Zahl der Beiträge seien die folgenden herausgegriffen: Die umfangreichsten Beiträge stammen von Daniel Stihler. In einem ersten (S. 111–184) entwirft er auf der Basis der zahlreichen Kriegs-Bildpostkarten des Stadtarchivs ein Panorama der zeitgenössischen Darstellung des Krieges. In einem weiteren umfangreichen Aufsatz (S. 223–272) befasst sich Stihler mit den Feldpostbriefen des aus Kupfer stammenden Kanoniers Robert Kraft. Es handelt sich um außerordentlich aussagekräftige Dokumente, die in einer für einen Bauernsohn ganz ungewöhnlichen Sprache sachlich differenziert und mit kritischem Verstand die Kriegserlebnisse im Westen, im Osten und im Südosten schildern. Kraft war früh ernüchtert. Die von ihm geschilderten Grausamkeiten des Krieges sind schockierend. Stihler ist, was die verwendete Literatur angeht, auf dem Stand der Forschung und gibt sachkundige Erläuterungen.

Nur in wenigen Punkten sind einige Bemerkungen nötig: Was die Beschreibungen deutscher Morde an der belgischen Zivilbevölkerung im Jahre 1914 angeht, orientiert sich Stihler an den Untersuchungen von John N. Horne und Alan Kramer, die davon ausgehen, dass es die von den Deutschen als Begründung für ihre Übergriffe angegebenen Franctireurs nicht gegeben habe. Die auch von Kraft erwähnten Schüsse aus dem Hinterhalt seien durch „nervöse und ungeschickte Deutsche oder versprengte oder sich zurückziehende belgische oder französische Soldaten“ abgegeben worden. Belgische Zivilisten als Franctireurs hätten überhaupt nicht existiert. Dies ist in der Tat der Stand von Horne und Kramer. Nun gibt es freilich flammende Appelle aus belgischen Zeitungen, in denen die Zivilbevölkerung zu exakt jenen Franctireur-Aktivitäten aufgerufen wird und in denen rühmend und mit Ortsnennung auch konkrete Franctireur-Aktionen belgischer Zivilisten beschrieben werden. Diese Zeitungsberichte wurden in den alliierten Veröffentlichungen, die nach Kriegsende die deutschen Verbrechen dokumentieren sollten und auf die sich Horne und Kramer stützen, selbstverständlich nicht erwähnt. Es widerspräche aller Logik, wenn sich auf die unverantwortlichen Aufrufe der belgischen Presse hin wirklich nirgendwo ein Zivilist als Franctireur betätigt hätte, und es wäre auch zu fragen, warum die belgischen Zeitungen mit ihren Berichten über Zivilisten, die auf deutsche Soldaten schossen, damals alle gelogen haben sollten. Es wäre weiter zu fragen, ob die massenhaften deutschen Aussagen über Franctireurs wirklich alle Geisterseherei waren und auf „friendly fire“ von „nervösen und ungeschickten“ eigenen, d. h. deutschen Soldaten und auf kriegsvölkerrechtlich legitimes Feuer von Kombattanten zurückzuführen sind.

Zu einem anderen Thema stellt Stihler, auf der Basis diverser Literatur, auch fest, dass „der bei vielen deutschen Soldaten vorhandene, ‚tiefverwurzelte, antifranzösische, antibelgische und antikatholische Nationalismus‘“ bei Kraft nicht existiert habe. Es stellt sich die Frage, ob es einen solchen furiosen, insbesondere antifranzösischen Nationalismus überhaupt im angenommenen Umfang gab. Die parallel zu Schwäbisch Hall angestellte Untersuchung in Schwäbisch Gmünd stellt jedenfalls eine grundsätzlich versöhnliche Stimmung gerade gegenüber den Franzosen fest (nicht gegenüber den Engländern und Italienern).

Kommentarlos gibt Stihler Krafts desillusionierte Aussage von Anfang 1917 wieder, dass „gar nicht an den Frieden [zu] denken [sei], es ist alles Illusion“. Diese Aussage gehört kontextualisiert: Genau in jenen Tagen hatten die Alliierten das deutsche Friedensangebot vom

16. Dezember 1916 abgelehnt – und die Verzweiflung bei den deutschen Soldaten darüber war grenzenlos.

Faktenreich ist Doris Müllers Beitrag über Kriegsgefangene in der Haller Gegend (S. 353–366). Ein eigentliches Gefangenenlager gab es hier nicht, sondern nur Gefangene im Arbeitseinsatz, hauptsächlich bei Bauern. Falsch ist sicher, dass französische Kriegsgefangene „über den Juni 1919" hinaus in Tüngental untergebracht gewesen sein sollen. Die Franzosen wurden alle bis ca. Dezember 1918 repatriiert. Weiter fällt auf, dass die ausgewerteten Akten über einen wichtigen Aspekt offenbar gar nichts berichten – nämlich über die ständigen Post- und Lebensmittelsendungen, die insbesondere die französischen Gefangenen bis Kriegsende erhalten haben.

Informativ ist Valeska Martins Untersuchung zur Ernährungs- und Kriegswirtschaft (S. 313–330), die den Mangel und Hunger in der Haller Gegend unterstreicht. Am Schluss kommt der Beitrag freilich zum Ergebnis, dass eine Quantifizierung der Hungeropfer in Hall nicht möglich sei. Doch: Sie wäre möglich, indem man die standesamtlichen Sterbebücher auswertet und die Friedenssterblichkeit mit der Kriegssterblichkeit der Zivilisten vergleicht. Solcher kleiner Einwände ungeachtet: Das Werk ist ein wichtiger Beitrag zur regionalen Weltkriegs-Forschung. Gerhard Fritz

Kurt Andermann (Hg.), Bürger – Kleriker – Juristen, Speyer um 1600 im Spiegel seiner Trachten, Ostfildern: Jan Thorbecke 2014. 108 S. mit 5 s/w und 17 farb. Abb. ISBN 978-3-7995-0555-0. € 28,–

Wenn ein lang gehegtes lohnendes und sinnvolles Vorhaben eine so überzeugende Verwirklichung findet, wie im Fall des vorliegenden schmucken und gehaltvollen Bändchens, ist das ein Anlass zu besonderer Freude. Zu danken ist dies Kurt Andermann. Speyerer von Geburt und Überzeugung, stieß er bereits 1978 zu Beginn seiner langen und wissenschaftlich überaus ertragreichen Tätigkeit am Generallandesarchiv Karlsruhe auf der Suche nach optisch präsentablen archivalischen Zeugnissen zu seiner Heimatstadt auf 16 in der dort verwahrten, bis dahin wenig bekannten Handschrift Abt. 65 Nr. 626 (kurz beschrieben auf S. 77 f.) enthaltene Aquarelle Speyerer Trachten aus der Zeit um 1600. Weder Künstler, historischer Kontext, Entstehungszweck noch Auftraggeber der abgebildeten Kleider von Ratsherren, Bürgern und Bürgersfrauen, der Domgeistlichen und des Reichskammergerichtspersonals sind bekannt, doch erkannte Kurt Andermann sofort die Publikationswürdigkeit der Bilder und erreichte dank Beharrlichkeit und langen Atems schließlich nach 36 Jahren die Realisierung seines Vorhabens.

Der geschichtliche Hintergrund zu der optisch und technisch überaus gelungenen Präsentation der farbigen Abbildungen wird durch vier anschauliche Beiträge vermittelt. Einleitend gibt Kurt Andermann ein plastisches Bild von Speyer, zum Zeitpunkt der Entstehung der Zeichnungen eine Mittelstadt von rund 8.000 Einwohnern, der im 16. Jahrhundert als Veranstaltungsort zahlreicher bedeutender Reichstage und als Sitz des Reichskammergerichts gleichwohl eine den regionalen Rahmen weit übersteigende reichsweite Bedeutung zukam (S. 9–21).

Die nachfolgenden drei Beiträge stellen die in den Aquarellen abgebildeten Stände näher vor. Andermann selbst nimmt die „ratsfähige Oberschicht" in den Fokus (S. 23–33), für ihn ein „gediegenes wohlanständiges Bürgertum, das zwar mit der Mode geht, es dabei aber nicht übertreibt" (S. 30). Für die Beschreibung der beiden anderen Personengruppen konnte er kompetente und profilierte Experten gewinnen: Gerhard Fouquet spannt bei den Klerikern einen weiten Bogen von der Frühzeit des Bistums Speyer bis zum Konfessionellen Zeitalter und hebt hervor, dass der Domklerus in der Reformation als eine der konfessionellen „Inseln" in der evangelisch gewordenen Stadt streng altgläubig blieb (S. 35–47). Anette Baumann hebt die Bedeutung der Juristen des von 1527 bis zur Stadtzerstörung 1689 und damit über die Hälfte der Zeit seines Bestehens in Speyer ansässigen Reichskammergerichts im Gefüge der Stadtgesellschaft hervor (S. 49–60). Versammelte sich einerseits an diesem zentralen Ort des Reiches in dieser Zeit dessen juristische Elite, so blieb andererseits das Verhältnis zwischen dem – konfessionell gemischten – Reichskammergerichtspersonal und den Speyerer Bürgern nicht ohne Spannungen.

Besonderes Interesse darf der abschließende Beitrag von Jan Ulrich Keupp (S. 61–75) beanspruchen, geht er doch unmittelbar auf die Trachtenbilder ein, die der Autor als „gemalte Mode" sieht und im Kontext der zeitgenössischen Diskussion über Kleiderluxus interpretiert. Jedem Stand wird eine angemessene Kleidung zugeordnet. Dieses rechte Maß durfte hinsichtlich des Aufwands nicht überschritten werden; so sind die dargestellten Trachten einem eher konservativen Habitus verpflichtet. Die Überschriften von elf der 16 Aquarelle enthalten das Wörtchen „olim" (einst) und weisen damit auf eine – bei einigen Bildern auf „circa annum 1570" (um 1570) datierte – glanzvolle Vergangenheit der Reichsstadt hin, der gegenüber sich zur Entstehungszeit der Handschrift bereits erste Anzeichen einer Krise, ja des Niedergangs zeigten, die dann das 17. Jahrhundert weitgehend bestimmen sollten. Die Kostümskizzen sind in dieser inhaltlich überzeugenden Interpretation „weniger als Bilder einer historischen Wirklichkeit denn als Versuche einer Selbstvergewisserung durch Rückbesinnung" (S. 68) aufzufassen. In ihnen spiegeln sich die ständisch-gesellschaftliche Ordnung der Reichsstadt in ihrer letzten großen Blütezeit vor den Kriegen und Katastrophen des 16. und 17. Jahrhunderts ebenso wider wie Selbstverständnis und Selbstwertgefühl seiner Einwohner.

Summarische „Literatur- und Quellenhinweise" (S. 79–87) zu den einzelnen Beiträgen regen zum Vertiefen und Weiterstudium an, dagegen vermisst man konkrete Quellen- und Literaturbelege im – ansonsten wissenschaftlich durchweg zuverlässigen und auch für Nicht-Fachleute gut verständlich geschriebenen – Text ebenso wie einen Index (Namensregister). Ungeachtet dieser wenigen Kritikpunkte kann man das vorliegende Büchlein, das auch seinen vergleichsweise stolzen Preis wert ist, uneingeschränkt weiterempfehlen. Gerade auch im schwäbischen Teil Südwestdeutschlands mit seinen vielen großen und bedeutenden Reichsstädten dürfte eine Darstellung, die sich der reichsstädtischen Geschichte aus einer ganz ungewohnten und gerade deshalb faszinierenden Perspektive nähert, auf besonderes Interesse stoßen.

Paul Warmbrunn

„Wie viele, die in flammender Begeisterung auszogen, sind nicht mehr unter uns!", Der Erste Weltkrieg im Raum Tuttlingen, hg. vom Geschichtsverein für den Landkreis Tuttlingen in Zusammenarbeit mit dem Kreisarchiv Tuttlingen, bearb. und red. von Hans-Joachim Schuster, Trossingen 2014. 288 S. ISBN 978-3-9815383-0-4. € 16,90

Über der Stadt Tuttlingen, einstens südlichste Exklave des württembergischen Herzogtums, thront auf dem Honberg ihr Wahrzeichen: die im Dreißigjährigen Krieg zerstörte Honburg. Weithin sichtbar, symbolisiert die 1645 ausgerechnet von Württembergs Haudegen Konrad Wiederhold demolierte Festung Kriegsereignisse, deren Ausmaße dem Stadtbild in beiden Weltkriegen zum Glück erspart blieben. Das heißt jedoch nicht, dass die kollektive Erinnerung an ihr Grauen und Leid erloschen ist; vielmehr sprechen auf dem Friedhof Grabkreuze und die Kriegergedächtniskapelle eine deutliche Sprache.

Ebenso wenig wie inner- und außerhalb Deutschlands – das zeigt die Flut an einschlägigen Publikationen und Datenträgern – ist auch in Tuttlingen der Erste Weltkrieg vergessen. Nach einer Schlagzeile der „Welt" vom 6. September 2014 ist er sogar noch nicht einmal zu Ende. Das dokumentiert ein Sammelband des Geschichtsvereins und des Kreisarchivs Tuttlingen mit seinem rührigen Leiter Hans-Joachim Schuster. Acht Beiträge, meist aus der Feder junger Historikerinnen und Historiker, zeichnen ein beklemmendes Panorama des Geschehens an der Front und in der Heimat.

Anna Marei Pfaff beleuchtet aus Selbstzeugnissen und Feldpostbriefen den Kriegsalltag mit seinen Kampf- und Arbeitseinsätzen sowie den Strategien zum Überleben wie auch die Versorgungslage an der „Heimatfront Tuttlingen" und das von neuen Aufgaben veränderte Selbstverständnis der Frauen. Sie führt auch die hohen Opferzahlen des alten Oberamts an, zitiert für Tuttlingen und Trossingen allerdings nach der schon 1920 im Gränzboten-Verlag erschienenen detaillierten Erinnerungsschrift „Weltkrieg 1914–1918", deren Zahlen indessen von der eigens für den Sammelband zusammengestellten Liste „Gefallene und Vermisste des Ersten Weltkriegs aus den Gemeinden des Landkreises Tuttlingen" von Justina Schnell, Bernd Klein und Hans-Joachim Schuster aktualisiert wurden. Demnach starben in den 55 Kreisgemeinden neben 107 Vermissten insgesamt 2341 Männer und zwei Frauen zwischen 1914 und dem ungewöhnlich späten Jahr 1927 an Kriegsfolgen. Nur beiläufig: Der Todesfall von Georg Bäuerle 1922 ist sowohl unter Neuhausen als auch unter Tuttlingen verzeichnet.

Seit den 1980er Jahren bereichert eine riesige Sammlung von mehreren Tausend Briefen und Karten an den Trossinger Harmonika-Industriellen Will Hohner (1879–1933) das Stadtarchiv Trossingen. Einer Auswahl dieser von Hohners Mitarbeitern geschriebenen Feldpost gilt Fanny Gutsches bestechende kulturwissenschaftliche Interpretation. Die Analyse des Feldpostbriefs als „Form privater Kommunikation" im Krieg, im vorliegenden Fall auch zwischen verschiedenen sozialen Schichten, behandelt die Motive der Niederschriften, die Organisation der Feldpostbeförderung sowie die äußere und innere Zensur im Ersten Weltkrieg. Beschlossen wird die Fallstudie von einem Überblick über die Briefinhalte einzelner Absender mit deren Kurzbiographien.

Die Bandbreite der Themen erweitert Dorothee Narr mit der Edition des offenbar noch in Familienbesitz befindlichen Kriegstagebuchs von Alfred Efinger (1891–1967). Aus der selten überlieferten Mannschaftsperspektive gewähren vom 9. September 1914 bis zum 12. Dezember 1915 die Notizen des Gefreiten aus Aixheim im Badischen Infanterie-Regiment Nr. 113 Einblicke in das Soldatendasein zwischen höchster Anspannung an der Front mit dem sicheren Tod vor Augen und der Erholung in der Etappe, wo der Protokollant sein Essen mit den Kindern des Feindes teilt. Übrigens gelang es dem dezidierten Kriegsgegner 1945, seinen bereits einberufenen 17-jährigen Sohn vom Kommiss zu befreien und sich mit ihm bis zum nahen Kriegsende in einem Wald zu verstecken.

Den „Gränzboten" im Ersten Weltkrieg, die seit 1830 bestehende Tuttlinger Lokalzeitung, nimmt Immanuel Ambar ausführlich unter die Lupe. Dabei untersucht er nach dem Darlegen der Zeitungen als Quellen und ihrer Rolle zwischen Zensur und Rationierung die beiden damaligen Feindbilder der deutschen Presse: Russland als zaristische Bastion von Reaktion und Autokratie einerseits und England mit seinen Motiven Neid, Verrat, Hinterlist und Krämergeist andererseits. Doch kommt er zu dem Schluss, anders als etwa der „Simplicissimus" mit seinen dehumanisierenden Karikaturen sei der „Gränzbote" relativ zahm gewesen, möglicherweise wegen „einer eventuellen liberalen politischen Ausrichtung" des Tuttlinger Presseorgans.

Ebenso fundiert setzt sich Ercan Ablak in seinem Beitrag „Alltagsleben" mit der Ernährungs- und Versorgungslage in Tuttlingen zwischen 1914 und 1920 auf der Basis von Sachakten im Stadtarchiv Tuttlingen und des überdimensionalen „Eisernen Buchs" im Stadtmuseum auseinander. Angefangen vom Kriegsausbruch, den in der Donaustadt ein Trompeter verkündete, skizziert der Autor die Steuerung der Versorgung mit Brot, Mehl, Fleisch, Milch, Kartoffeln, Rohstoffen und Kleidung durch Lebensmittelkarten und Zwangswirtschaft, die aber einen Schwarzmarkt nicht verhindern konnten. Sodann kommt er kurz auf die Rolle des Bildungswesens zu sprechen, in welchem jedoch die Oberschule fehlt. Eingehender wird dagegen die Rolle der Frauen und der Frauenbewegung geschildert, ebenso die Funktion der Industrie mit ihren Arbeitern. Außerdem waren Flüchtlinge und Evakuierte aus dem Elsass zu verpflegen und zu integrieren, so Ende 1915 knapp 700 Personen aus Hirtsbach. Und auch Kriegsgefangene galt es bald zu verwalten, die „zur Aufrechterhaltung der Produktion in den Industriebetrieben und in der Landwirtschaft eine nicht unerhebliche Rolle spielten".

Schließlich wartet der Ordenskunde-Experte Rainer Keilbach mit dem sehr informativen Beitrag „Kriegsteilnehmer aus dem Raum Tuttlingen-Spaichingen mit Orden und Ehrenzeichen" auf, dessen neun Biogramme Details aus militärischen Karrieren vermitteln. Aufgelockert wird der Text durch teils farbige Abbildungen aus dem Fundus des erwähnten Spezialisten für Phaleristik. Dies ist erfreulicherweise auch der Fall bei den Kriegserinnerungsgegenständen aus den Sammlungen Dieterich, Efinger, Gruler, Kaufmann, Klein, Müller und Offer oder aus dem Deutschen Harmonikamuseum Trossingen. Volker Schäfer

Simon Palaoro, Städtischer Republikanismus, Gemeinwohl und Bürgertugend, Politik und Verfassungsdenken des Ulmer Bürgertums in Umbruchzeiten (1786–1825) (Forschungen zur Geschichte der Stadt Ulm, Bd. 33), Stuttgart: Kohlhammer 2013. 330 S. mit 7 Abb., 16 Tab. ISBN 978-3-17-023345-4. € 36,–

Die Arbeit von Simon Palaoro entstand als Dissertation an der Fernuniversität in Hagen 2012. Sie untersucht die Entwicklung der städtischen Verfassungskultur über die Umbrüche der Französischen Revolution und das Ende des Alten Reiches hinweg. Drei Phasen sind zu unterscheiden: die Reichsstadt Ulm in den Bürgerprozessen, die Integration in den bayerischen Staat und schließlich die Eingliederung in das Königreich Württemberg. Vorgeschaltet ist ein Abschnitt zur Verfassung der Reichsstadt Ulm am Ende des 18. Jahrhunderts.

Ulm verfügte Ende des 18. Jahrhunderts noch immer über die Verfassung, die 1558 in einem neuen Schwörbrief konkretisiert worden war. Das politische Schwergewicht lag bei den im Rat dominierenden Patriziern. Unter den Zunftbürgern im Rat waren Kaufleute und Krämer stark überrepräsentiert, viele mitgliederstarke Zünfte dagegen überhaupt nicht vertreten. Angesichts der geringen Zahl der patrizischen Familien waren deren Ratsherren in der Regel eng miteinander verwandt und verschwägert. Entgegenstehende Vorschriften wurden ignoriert. Ulm hatte seit dem Dreißigjährigen Krieg große Teile seiner Bevölkerung verloren, das Leinwandgewerbe und der Leinwandhandel hatten ihre Bedeutung eingebüßt. Allerdings fand eine Art Strukturwandel statt: „Kleinindustrie" in der Veredelung und dem Vertrieb von Kolonialwaren ersetzte nun die traditionellen Wirtschaftszweige.

Herrschaft in der Stadt war auch Ende des 18. Jahrhunderts noch stark ritualisiert. Die „Obere Stube" des Patriziats, die „Untere Stube" der Kaufleute und Krämer, die Zunftstuben und der Schwurakt organisierten eine stark hierarchisierte Öffentlichkeit. Der Schwörtag allerdings scheint im 18. Jahrhundert deutlich an Bedeutung verloren zu haben und wurde wohl als anachronistisch empfunden.

Die beiden Bürgerprozesse von 1778–1787 und von 1794–1802 prägten das Verfassungsverständnis der Ulmer Bürgerschaft bis in die erste Hälfte des 19. Jahrhunderts hinein. In beiden Prozessen klagte die Bürgerschaft verstärkte Partizipation und Kontrolle des Rates ein. Ausgangspunkt des ersten Prozesses war die Misere der städtischen Finanzen und ein neues Besteuerungsverfahren. Ausgangspunkt des zweiten Prozesses (der wieder ähnliche Forderungen erhob wie der erste) war die „Kanonenaffäre". Der Rat wollte dem Schwäbischen Kreis fünf seiner Kanonen überlassen, worüber die Zünfte nicht rechtzeitig informiert waren. Sie stoppten die Auslieferung, wählten einen Bürgerausschuss und wurden vom Magistrat vor dem Reichshofrat in Wien verklagt. Im Rahmen dieses zweiten Prozesses entstand auch der Entwurf einer neuen Verfassung für die Reichsstadt. Eine Schlüsselrolle im Prozess kommt den Ratskonsulenten zu. Akademiker, städtische Verwaltungsmitarbeiter und Kaufleute hatten im späten 18. Jahrhundert längst neue Kommunikationsformen entwickelt. Sie trafen sich in der „Mittwochsgesellschaft" von 1786, mit 20 Mitgliedern sehr exklusiv, der Freimaurerloge „Astraea zu den drei Ulmen" von 1789, der Lesegesellschaft von 1789 und der Gartengesellschaft von 1793. Die vier Assoziationen überschnitten sich vielfach in ihren Mitgliedern, waren allerdings in unterschiedlichem Maß sozial ausschließend. Die Vereine befeuerten auch die gedruckte Kommunikation in Gestalt der Zeitungen, Flugschriften und Pasquillen. Daneben existierte der Protest der Straße weiter, wie er im Kanonenarrest von 1794 zum Ausdruck kam. Hier engagierten sich die Zunftbürger, die von politischer Mitwirkung weitgehend ausgeschlossen waren. Ihre sozialen Beziehungen verdichteten sich in den ärmeren Stadtvierteln und den bescheideneren Gasthäusern (Bierschenken statt Weinwirtschaften).

Die Ulmer Debatten um eine neue Verfassung waren von den europäischen Diskussionen geprägt und griffen deren Elemente auf. Patrizier wie Zunftbürger verstanden die Reichsstadt als Vaterland, gemeines Wesen und Republik, allerdings je nach sozialer Gruppe mit unterschiedlicher Wertung. Argumentativ wenig beeinflusst zeigten sich die Ulmer von den französischen Revolutionären und besonders den Jakobinern.

1802 fiel Ulm an Bayern. Die Bürgerschaft nahm die Eingliederung gleichgültig bis positiv hin, der Magistrat handelte pragmatisch. Tabuisiert wurde die reichsstädtische Vergangenheit – bis hin zu überaus eigenartigen Formulierungen, die als Umschreibungen für das gerade erst Vergangene dienen mussten. Predigt und Fest dienten der neuen Identitätskonstruktion. Schnell scheinen sich die Patrizier angepasst zu haben: Sie wechselten in den bayerischen Staats- und Militärdienst, soweit sie nicht die selben herausragenden Positionen in Ulm selbst weiterbegleiteten, die sie schon vor der Mediatisierung innegehabt hatten. Teile der Bürgerschaft hatten aber offenbar durchaus andere Vorstellungen von ihrer Rolle im neuen Staatswesen und konfrontierten den neuen Landesherrn mit Forderungen wie Steuererleichterungen und der Befreiung vom Militärdienst. Das neu installierte Amt der Viertelmeister (von denen es in Ulm acht gab) interpretierten die Bürger anders als der Staat: Die Zunftbürger, die das Viertelmeisteramt versahen, nahmen sich als Vertreter der Bürgerschaft in Nachfolge des Bürgerausschusses wahr, der Staat hatte ihnen dagegen die Rolle von Hilfspolizisten zugewiesen. Zum Fiasko wurde der Versuch, die ehemaligen reichsstädtischen Bürger via

Militärdienst zu Staatsbürgern zu machen. Kriege für Napoleon und Bayern zu führen, vertrug sich nicht mit den traditionellen Aufgaben der Bürgermiliz in Bewachung der eigenen Stadt, Feuerbekämpfung und Repräsentation. Regelungen, die vom Militärdienst befreiten, wurden so weit ausgedehnt, wie es ging.

1810 löste Württemberg Bayern als Herrin Ulms ab. Die Donau wurde zur Grenze, was für die Stadt ökonomisch problematische Folgewirkungen zeitigte. Der württembergische Verfassungskonflikt eröffnete dann aber neue Integrationsmöglichkeiten. Der Vertreter Ulms (als „gute Stadt" entsandte Ulm einen eigenen Abgesandten in die Landstände!) schlug sich auf die Seite der württembergischen Altrechtler, obwohl die ehemalige Reichsstadt aus anderen „alten" Rechtsverhältnissen kam als die altwürttembergischen Amtsstädte. Das Selbstverständnis der politisch aktiven Ulmer knüpfte nahtlos an ihre reichsstädtischen Erfahrungen an – wieder eher an die Tradition der Bürgerausschüsse als an die des Magistrats. Der Landtagsabgeordnete schwankte zwischen der Interpretation seines Mandats (imperativ oder frei) und holte Instruktionen von dem Teil seiner Wähler ein, der entsprechend organisiert war. Später scheint er sich aber freigeschwommen zu haben. Bürgeraufnahmen wollte die Gemeinde weiter selbstständig entscheiden, schließlich lebte man in wirtschaftlich schwierigen Zeiten und wollte weitere Konkurrenz in kleinen und nicht erweiterbaren Märkten vermeiden. Auch die Polizei sollte kommunal organisiert bleiben.

In den Wahlen zwischen 1817–1825 übernahm der „Mittelstand" „die Macht". Kaufleute und wohlhabende Handwerker dominierten nun in den städtischen Gremien. Der erste gewählte Bürgermeister war ein bürgerlicher Jurist, der sich gegen zwei Patrizier durchsetzte. Zünfte und Assoziationen organisierten weiterhin die Öffentlichkeit. Orientierungsrahmen bildete weiterhin die Kommune, nicht der Staat. Erst die Kompromisse im Verfassungsstreit ermöglichten die Integration der Stadtbürger in den Staat.

Palaoro gelingt es, einen eindrucksvollen Bogen von den Verfassungskämpfen der Reichsstadt Ulm zur Entwicklung der württembergischen Stadt zu zeigen. Erfreulich ist, dass die Negativstereotype über die Reichsstädte am Ende des Alten Reiches an einem eindrucksvollen Beispiel widerlegt werden. Diese Städte waren reformfähig und in der Lage, mit von außen auferlegten Schwierigkeiten fertig zu werden. Andreas Maisch

Staatliche Schlösser und Gärten Baden-Württemberg / Klaus Gereon BEUCKERS (Hg.), Stadt, Schloss und Residenz Urach, Neue Forschungen, Regensburg: Schnell & Steiner 2014. 280 S. mit 9 Planbeilagen und zahlr. Abb. ISBN 978-3-7954-2825-9. € 24,95

Der vorliegende Band ist aus einem Symposium mit dem Titel „Eine Burg, eine Stadt, eine Residenz" hervorgegangen, das Anfang Mai 2013 im Schloss Urach von den Staatlichen Schlössern und Gärten Baden-Württemberg veranstaltet wurde. Er enthält die dort gehaltenen Vorträge, wobei anzumerken ist, dass einige Beiträge aus Zusammenfassungen bereits in ausführlicherer Form publizierten Forschungen bestehen.

Oliver Auge gibt einen Überblick über die Residenz Urach im Rahmen der mittelalterlichen Residenzlandschaft Württembergs, wobei deutlich wird, dass Stuttgart seit dem 14. Jahrhundert die unangefochtene Hauptresidenz der Grafen von Württemberg war. Urach stand hier auch in der Zeit der Landesteilung im 15. Jahrhundert zurück und hatte zudem noch in Tübingen einen ernsthaften Konkurrenten. Roland Deigendesch zeigt in seinem Beitrag auf, dass die 1477 erfolgte Gründung des Stifts der Brüder vom gemeinsamen Leben in Urach sehr stark von den Vorstellungen Graf Eberhards im Bart und des mit ihm eng verbundenen Theologen Gabriel Biel geprägt war. Zu diesem Beitrag ist zu ergänzen, dass Fragmente von liturgischen Handschriften aus der verlorenen Bibliothek des Amandusstifts sich nicht nur in Urach selbst finden, sondern als Einbände auch im Schriftgut der Amtsorte und des Amtes Urach.

Peter Rückert gewährt in seinem Beitrag Einblicke in die Lebensschicksale der italienischen Prinzessinnen Antonia Visconti und Barbara Gonzaga, die 1380 bzw. 1474 in Urach einen württembergischen Grafen heirateten. Dabei wird deutlich, dass Antonia Visconti, die Graf Eberhard III. heiratete, durch ihre hohe Mitgift und ihr selbstbewusstes Auftreten durchaus einen gewissen Handlungsspielraum besaß. Barbara Gonzaga, die Frau von Graf Eberhard im Bart, spielte dagegen eine eher unglückliche Rolle, zumal sie keinen Stammhalter zur Welt brachte. Beide waren jedoch Mittlerinnen italienischer Lebenskultur in Württemberg. Einen profunden Einblick in den Ablauf der Fürstenhochzeit zwischen Eberhard und Barbara im Jahr 1474 gibt Gabriel Zeilinger.

Regina Cermann fördert in ihrem umfangreichen Beitrag Werke aus der weit verstreuten Bibliothek von Graf Eberhard im Bart zutage, die von dem in Urach ansässigen Stephan Schriber geschaffen wurden. Hierzu zählt ein heute in Chantilly verwahrtes Fabelbuch. Die Palme, das persönliche Emblem Eberhards, wird von ihr als ein Zeichen der Liebe und Treue zwischen Eberhard und Barbara neu interpretiert. Zudem gelingt ihr eine Ermittlung der für die graphische Darstellung des Wahlspruchs *Attempto* verwendeten Vorlagen.

Mit der Papierherstellung und dem Buchdruck in Urach in der zweiten Hälfte des 15. Jahrhunderts setzt sich Erwin Frauenknecht auseinander. Der Beitrag von Hartmut Troll über die herrschaftlichen Gärten in Urach lässt die sehr dünne Quellenlage zu den Gärten während der Zeit Urachs als Residenz erkennen. Bei der späteren Nutzung als Jagdsitz war vor allem der Tiergarten von Bedeutung. Die erhaltenen Pläne vom Anfang des 19. Jahrhunderts zeigen Obst- und Nutzgärten, die an die in Urach ansässigen Beamten verpachtet wurden.

Mit der Festung Hohenurach und seinen Gefangenen beschäftigt sich Klaus Graf. Er referiert die noch wenig aufgearbeitete Geschichte der Festungsanlage und stellt dann die dort inhaftierten Gefangenen vor, darunter Graf Heinrich von Württemberg, den Dichter Nikodemus Frischlin und Magdalena Möringer. Eberhard Fritz schildert in seinem spannenden Beitrag die Belagerung von Urach und Hohenurach im Dreißigjährigen Krieg und die anschließenden Drangsale während der österreichischen Besetzung. Anzumerken ist, dass es sich bei dem auf S. 127 genannten Oberst Walter von Buttlar nicht um einen Angehörigen des gleichnamigen Adelsgeschlechts, sondern um den aus Irland stammenden Walter Graf Butler handelt.

Neue Erkenntnisse zu Schloss Urach liefert Tilmann Marstaller in seinem Beitrag über Schloss, Stift und Stadt Urach im Licht historischer Bauforschung. So weist er nach, dass das Schloss aufgrund dendrochronologischer Datierung der Hölzer im Dachstuhl bereits im Jahr 1400 errichtet wurde. Trotzdem bleiben zur Frühzeit Urachs viele Fragen offen. Unter dem umfangreichen mittelalterlichen Häuserbestand Urachs konnte bislang noch kein einziges Gebäude gefunden werden, dessen Kernbau vor dem Jahr 1400 entstanden ist. Mit der Entstehung der Stiftskirche St. Amandus setzt sich Ulrich Knapp in ausführlicher Weise auseinander. Im Mittelpunkt seines Beitrags stehen die Baubefunde, der Bauablauf und die Datierung. Während dem Band für die Amanduskirche in Urach drei Planbeilagen beigefügt sind, finden sich für die Stiftskirche in Stuttgart fünf Planbeilagen, auf die im Text allerdings nur in wenigen Sätzen Bezug genommen wird.

Ellen Pietrus schildert die Restaurierung der Amanduskirche um 1900 durch Heinrich Dolmetsch, durch die das Innere der Kirche bis heute geprägt wird. Damals erhielt die Kirche auch ihren markanten, stadtbildprägenden Turm. Kirsten Mannhardt weist am Heiligen Grab in der Marienkirche in Reutlingen Verbindungen zum Uracher Meisterkreis nach, während sich Julia Sukiennik mit dem umfangreichen Werk des Uracher Bildhauers Joseph Schmid beschäftigt, der in der Zeit der Renaissance zahlreiche Grabdenkmäler und auch den Kanzelaufsatz der Amanduskirche geschaffen hat.

Alma-Maria Brandenburg ordnet das heute im Uracher Schloss stehende, um 1585 geschaffene Prunkbett für Herzog Ludwig von Württemberg und seine zweite Frau Ursula von Pfalz-Veldenz-Lützelstein am Übergang von der Renaissance dem Manierismus zu und ermittelt die der Ornamentik zugrunde liegenden Vorlagewerke.

Mit der Nutzung und Ausstattung von Schloss Urach im 18. und 19. Jahrhundert setzt sich Patricia Peschel auseinander. Als neue Quellen führt sie Inventare des Schlosses von 1701, 1716 und 1772 in die Forschung ein. Abschließend gibt Stefanie Leisentritt einen Überblick über die Renovierung des Uracher Schlosses in den Jahren 1960 bis 1968, bei der aus dem Zeitgeist heraus viel historische Substanz unnötigerweise vernichtet wurde. Dass das Schloss vom Abbruch verschont blieb, wie die Autorin in ihrem Schlusssatz schreibt, ist da nur ein schwacher Trost.

Trotz der neuen Erkenntnisse im vorliegenden Band bleiben nicht nur in der mittelalterlichen Geschichte von Urach, sondern vor allem auch in der Baugeschichte des Uracher Schlosses nach wie vor wesentliche Fragen unbeantwortet. Die Entstehung und Ausstattung des Goldenen Saales, der als einer der bedeutendsten Innenräume der Renaissance in Württemberg anzusprechen ist, wird erst gar nicht thematisiert, und bei den Umbauten unter Herzog Carl Eugen, von denen der Weiße Saal und zwei weitere Räume erhalten geblieben sind, fehlt noch immer eine genaue Datierung. Hier eröffnet sich für zukünftige Forschungen ein weites Feld.

Rolf Bidlingmaier

Winnenden – gestern und heute, Geschichten über die Stadtgründung, die Stadtkirche und einen Ehrenbürger, Schriftleitung Sabine Beate Reustle (Veröffentlichungen des Stadtarchivs 14), Ubstadt-Weiher: verlag regionalkultur 2013. 232 S. ISBN 978-3-89735-799-0. € 16,80

Der Band enthält neben fünf Aufsätzen die Winnender Stadtchronik für die Jahre 2010 und 2011. Mehrere Aufsätze stehen in engem Zusammenhang mit dem 2012 gefeierten 800. Jubiläum der Stadterhebung Winnendens. Diese wiederum geht zurück auf eine (im Faksimile wiedergegebene) Notiz im Bestand J 1 des Hauptstaatsarchivs Stuttgart, laut derer 1212 Gottfried von Winnenden für seinen namensgebenden Ort die Marktgerechtigkeit erhalten habe, worauf aufbauend – wie explizit gesagt wird – sich Winnenden zur Stadt entwickelt habe.

Wolfgang Stürner fügt in seinem Beitrag „Friedrich II. greift nach dem Staufererbe" den Vorgang von 1212 in die damaligen Ereignisse der Reichspolitik ein: Heinrich von Neuffen, der Schwiegersohn Gottfrieds von Winnenden, war einer der beiden deutschen Hochadligen, die nach Italien geschickt worden waren, um den Staufer Friedrich II. nach Deutschland zu holen und hier gegen den Welfen Otto IV. die Macht zu ergreifen. Die Aufwertung Winnendens dürfte demnach als unmittelbarer Dank des Staufers für die von Heinrich von Neuffen geleisteten Dienste anzusehen sein.

Sabine Reustle greift in „Der Minnesänger und das Winnender Mädle" Episoden aus einem anlässlich des Stadtjubiläums aufgeführten historischen Szenespiel auf und erläutert die historischen Hintergründe jeder Szene. Der Basler Germanistik-Professor Gert Hübner befasst sich mit dem Werk des Minnesängers Gottfried von Neuffen, des Sohns bzw. Enkels des erwähnten Heinrich von Neuffen bzw. Gottfried von Winnenden. Hübner unterstreicht die literarische Bedeutung des lange Zeit unterschätzten Gottfried von Neuffen, dessen Stil für eine ganze Dichtergeneration zum oft kopierten Vorbild geworden sei.

Der vierte Aufsatz des Bandes wurde wieder von Sabine Reustle verfasst, die darin auf die – auch landesweit – höchst merkwürdige Geschichte der Winnender Stadtkirche eingeht: Diese wird als später Anbau an ein ursprüngliches Profangebäude, ein Steinhaus bzw. einen Steinturm, vorgestellt, das nur deshalb zur Stadtkirche aufgewertet worden sei, weil vor 300 Jahren der damalige Winnender Pfarrer Hegel krankheitshalber den weiten Weg zur als Stadtkirche genutzten Winnender Schlosskirche nicht gehen wollte. Das Resultat von Hegels Unlust, sich zu bewegen, bereitet der Winnender Kirchengemeinde heute einigen Verdruss: Seit unvordenklicher Zeit genügt die baulich viel repräsentativere Schlosskirche völlig, und die hegelsche Stadtkirche wird eigentlich nicht mehr gebraucht und ist überflüssig.

Der umfangreichste Beitrag des Buches wurde von Benjamin Seiz verfasst und beschäftigt sich mit der Entnazifizierung des Winnender Unternehmers und Ehrenbürgers Ernst Spingler (1878–1963). Die aus einer Gmünder Zulassungsarbeit entstandene Studie von Seiz erläutert in zahlreichen Facetten sowohl die grundsätzliche Problematik eines Entnazifizierungsverfahrens als auch die komplexe Frage, inwieweit Spingler als widerständige Persönlichkeit, als Mitläufer oder als spendenfreudiger Philanthrop zu gelten hat. Angesichts der völlig gegensätzlichen Aussagen der Entnazifizierungsakten tut Seiz gut daran, kein kategorisches Urteil in der einen oder anderen Richtung abzugeben: Es finden sich sowohl härteste Verdammungsurteile gegen Spingler (allerdings formuliert von Leuten, die wohl primär aus nicht politischen Gründen Streit mit dem als Patriarchen bekannten Spingler hatten) als auch zahlreiche Aussagen, die das glatte Gegenteil behaupten und Spinglers Korrektheit, ja Widerständigkeit betonen. Schon die Spruchkammer war seinerzeit angesichts der unvereinbaren Aussagen offenkundig ziemlich ratlos und stufte Spingler als Mitläufer ein.

Gerhard Fritz

Archivwesen und Quellen

Markus Friedrich, Die Geburt des Archivs, Eine Wissensgeschichte, München: Oldenbourg Wissenschaftsverlag 2013. 320 S. ISBN 978-3-486-74595-5. € 39,80

Auf solch ein Buch hat man lange gewartet. Markus Friedrich „versucht zu rekonstruieren, wie Archive in der Vormoderne zu einem festen Bestandteil des gesellschaftlichen, politischen und intellektuellen Lebens in Europa wurden" (S. 14). Dies gelingt ihm bestens, indem er für die Frühe Neuzeit ausgehend von vielen „Geschichten", die er quellennah interpretiert „den Sitz der Archive im Leben der Menschen" aus den verschiedensten Blickwinkeln herausarbeitet (S. 17). Im Ergebnis zeigt er überzeugend und anschaulich auf, dass die Archive im genannten Zeitraum „Gegenstand unterschiedlicher und widersprüchlicher Interessen" und damit „Objekte gesellschaftlicher Auseinandersetzung und Projektionsflächen konkurrierender Funktionsbestimmung" waren (S. 15). Dies führt über die bisherige Literatur weit hinaus und bietet eine fruchtbare Perspektive auf die Geschichte des Archivwesens insgesamt, die von der Forschung aufgegriffen werden sollte. Denn die bisherige Historisierung des Archivwesens war jenseits der rechts- und mediengeschichtlichen Arbeiten von Cornelia Vismann entweder – wenn sie aus archivarischer Sicht erfolgt ist – zu sehr vom heutigen Selbstverständnis der Archivarinnen und Archivare bestimmt oder operierte – wenn ihr kulturwissenschaftliche Fragestellungen zugrunde lagen – mit diffusen, teils geradezu inadäquaten Vorstellungen vom „Archiv".

Friedrich, der an der Universität Hamburg einen Lehrstuhl für Europäische Geschichte der Frühen Neuzeit innehat, gelingt es auf der Basis solider Quelleninterpretation und klarer Begriffsbildung, neue Sichtweisen auf den „Wissensort" Archiv und seine „Materialität" zu eröffnen. In archivarischen Fachkreisen sollte vor allem wahrgenommen werden, dass man sich bei einem Blick auf die Geschichte des „Archivierens" frei machen sollte von vermeintlichen Selbstverständlichkeiten wie etwa der konzeptionellen Trennung von Registratur und Archiv, die in Deutschland unser heutiges Bild maßgeblich prägen. Vielmehr ist wertfrei zu konstatieren, dass alles, was vor dieser Trennung mit dem Ziel geschah, Schriftstücke aufzubewahren, nicht einfach als „Vorgeschichte des Archivs" betrachtet werden darf. Damit und mit vielen anderen Erkenntnissen, die man aus dem Buch gewinnen kann, bietet dieses dann auch viele Anregungen für die notwendige Reflexion über die Zukunft des Archivs im digitalen Zeitalter.

Die klar strukturierte und stets gut lesbare Studie widmet sich nach einer Einleitung, in der die Zielsetzungen des Autors verständlich und plausibel erläutert sind, zunächst unter der Überschrift „Schreiben. Das Füllen von Archiven: Ein Prolog" der Entwicklung der Schriftkultur seit dem Mittelalter. Hier werden die Ergebnisse der Forschungen zur „pragmatischen Schriftlichkeit" aufgegriffen und in weitere Kontexte gestellt. Es schließt sich das Kapitel „Gründen. Archive werden Institutionen und breiten sich aus" an, das vor allem die Vielfalt der Träger und Funktionen von Archiven vor Augen führt, die bei der Genese des Archivwesens zu vergegenwärtigen ist. Im Kapitel „Projektionen. Archive im Denken der Frühen Neuzeit" steht dann die zeitgenössische Reflexion über das Archiv im Mittelpunkt, während in den folgenden Abschnitten über „Personen. Menschen der Archive und Archive der Menschen", „Räume. Archive als Raumstrukturen und Akten als bewegliche Objekte" und „(Ohn)Macht. Archive als Ressourcen, Symbole und Gegenstände von Herrschaft", die beteiligten Akteure (insbesondere die Gründer von Archiven, ihre Nutzer und nicht zuletzt die Archivare), die materiellen Infrastrukturen und die gesellschaftlichen Funktionsbestimmungen Gegenstände der Betrachtung sind. Vor dem Hintergrund mancher Beiträge aus kulturwissenschaftlicher Perspektive sind dabei die Passagen, in denen sich Friedrich mit der Rolle des Archivs für die Ausübung von gesellschaftlicher Macht auseinandersetzt, besonders lesenswert (S. 193 ff.).

Im Kapitel „Quellen. Archive in Historiographie und Genealogie" richtet Friedrich den Fokus auf die „Archivrecherche", den Zugang zu Archiven und die Auswertung von Archivgut als Quellenbasis der Geschichtsschreibung und genealogischer Forschungen, um abschließend in einem „Epilog. Das vormoderne und das moderne Archiv" kurz die Neupositionierung der Archive zu skizzieren, die um 1800 erfolgt ist. Andeuten möchte Friedrich, so seine Einleitung, dabei auch, „in welcher Weise das Archiv als genuin vormodernes Phänomen auch über die vermeintliche Epochenschwelle 1800 hinweg die Wissenskultur Europas seither prägt" (S. 27). Dies ist ein wichtiger Punkt, der bei Forschungen zum Archiv für die Zeit nach 1800 im Blick bleiben sollte. Letzteres gilt in gleicher Weise auch dafür, dass Friedrich in seinem Buch „nicht nur die Leistungen der Archive als politische und historische

Wissensorte" beschreiben möchte, „sondern einen besonderen Schwerpunkt auf die Schwierigkeiten, Unvollkommenheiten und Grenzen jeder Ausbeutung der Archive" gelegt hat. „Denn es war" – so Friedrich – „kompliziert und anspruchsvoll, Wissen aus Archiven zu erzeugen. Das Buch kann deshalb auch als Plädoyer dafür gelesen werden, die Leistungsgrenzen und Dysfunktionalitäten von Archiven viel stärker als bisher in die Archivgeschichte miteinzubeziehen" (S. 27).

Bemerkenswert ist an dem Buch die Breite der Untersuchung, die oft detailliert die Verhältnisse in Frankreich unter die Lupe nimmt, besonders natürlich auch die im Deutschen Reich, darüber hinaus aber auch stets den gesamteuropäischen Rahmen wahrt. Entwicklungen in Württemberg sind mehrfach kurz angesprochen, so etwa das Wirken Jakob von Ramingens (S. 89 ff. und 200 f.) und Johann Jakob Mosers (S. 98). Die Anmerkungen und das Literaturverzeichnis zeugen von einer sehr weit reichenden Auswertung der Quellen und der Literatur.

Insgesamt stellt die Studie von Markus Friedrich einen Meilenstein für die Archivgeschichte dar. Eine breite Rezeption sowohl in der Forschung als auch in archivarischen Fachkreisen ist ihr zu wünschen. Robert Kretzschmar

Christoph Franke (Hg.), Adelsarchive in der historischen Forschung (Schriften des Hessischen Staatsarchivs Marburg 26), Marburg: Hessisches Staatsarchiv 2014. 131 S., zahlr. s/w Abb. ISBN 978-3-88964-211-0. € 18,–

Dass die privaten Adelsarchive in Deutschland wegen ihrer Überlieferung aus der Zeit vor der Mediatisierung nicht nur als „kleine Staatsarchive" zu gelten haben, sondern mit ihren aus dem privaten Umfeld der Familienangehörigen stammenden Unterlagen auch Quellen verwahren, die für moderne, insbesondere kulturgeschichtlich ausgerichtete Fragestellungen von großer Bedeutung sind, ist seit langem bekannt. Dass die Bestände dieser Archive, soweit sie noch in privater Hand sind, schwierig zu benutzen sind, wissen Archivare und Historiker aber auch schon seit langem. Umso erfreulicher ist es, dass man sich zumindest in einigen Bundesländern – genannt seien Baden-Württemberg und Nordrhein-Westfalen – seit längerem durchaus erfolgreich bemüht, die Erschließung und Zugänglichkeit dieser Archive zu verbessern.

Auch in Hessen kann man seit einigen Jahren ein gestiegenes Interesse an Adelsarchiven konstatieren; festzumachen ist das hier vor allem an einigen mit Drittmitteln finanzierten Erschließungsprojekten, die an verschiedenen, im Staatsarchiv Marburg hinterlegten Beständen adeliger Provenienz durchgeführt wurden. Im Kontext dieser Aktivitäten stand eine Tagung, die im Jahr 2011 von der Fachgruppe 4 (Haus-, Herrschafts- und Familienarchive) im Verband Deutsche Archivarinnen und Archivare, dem Staatsarchiv Marburg, dem Herder Institut und dem Deutschen Adelsarchiv – die beiden Letzteren ebenfalls in Marburg ansässig – durchgeführt wurde. Die damals gehaltenen Vorträge sind nunmehr in der Schriftenreihe des Hessischen Staatsarchivs Marburg im Druck erschienen.

Herausgekommen ist ein buntes Kaleidoskop von Beiträgen, die an zum Teil sehr heterogenen Beispielen die Vielfalt der in Adelsarchiven verwahrten Unterlagen dokumentieren und gleichzeitig Forschungsmöglichkeiten auf der Grundlage von Quellen adeliger Provenienz aufzeigen. Dass es dem Band an einer übergeordneten Fragestellung mangelt, geht sicher auf den doch etwas disparaten Kreis der Veranstalter dieser Tagung zurück.

Im ersten Beitrag stellt Dorothee M. Goeze Geschichte und Zusammensetzung der im Herder Institut lagernden Dokumentensammlung vor, in der sich auch zahlreiche Archivalien zur Geschichte des deutschbaltischen Adels befinden. Von zentraler Bedeutung ist der Bestand des Verbands der Baltischen Ritterschaften; daneben finden sich im Herder Institut aber auch Nachlässe und ganze Familienarchive – wie das derer von Campenhausen. Über sein internationales Stipendienprogramm unterstützt das Institut immer wieder auch Forschungen mit Quellen aus dieser Dokumentensammlung.

Christine Klössel beschäftigt sich mit der Geschichte der auf Schloss Fasanerie bei Fulda ansässigen Stiftung der Landgrafen von Hessen, die als Nachfolgeeinrichtung für den in den zwanziger Jahren aufgehobenen Familienfideikommiss auch ca. 300 laufende Meter Archivalien besitzt. Eine eingehendere Charakterisierung dieser Bestände, die auch Forschungsperspektiven vermitteln könnte, vermisst man in den Ausführungen allerdings. Harald Winkel schließlich gibt einen Überblick über die mit Mitteln der Deutschen Forschungsgemeinschaft, aber auch von Mitgliedern der Familie geförderte Erschließung des im Staatsarchiv Marburg hinterlegten Archivs der Schenck zu Schweinsberg, das als ein typisches Beispiel eines Archivs des ritterschaftlichen Adels gelten kann.

Die vier folgenden Beiträge zeigen beispielhaft auf, welche Fragestellungen sich mit Hilfe von Quellen aus Adelsarchiven erforschen lassen. Holger Th. Gräf verfolgt in einem fast kriminalistisch anmutenden Beitrag das Schicksal der Privatkorrespondenz des hessischen Adeligen Georg Ernst von Gilsa aus dem amerikanischen Unabhängigkeitskrieg. An diesem Fall zeigt sich beispielhaft, auf welch außergewöhnliche Ego-Dokumente man gerade in Adelsarchiven stoßen kann – und mit welchen Überlieferungsverlusten bei einer nichtprofessionellen Betreuung hier aber auch immer wieder gerechnet werden muss.

Nicht minder spannend lesen sich die Ausführungen von Alexander Jendorff über die Instrumentalisierung des frühneuzeitlichen Kriminalprozesses gegen den Adeligen Barthold von Wintzingerode im Kontext einer konfessionalistisch ausgerichteten Landesgeschichtsschreibung auf dem Eichsfeld seit dem Ende des 19. Jahrhunderts. Wesentlich befördert wurde diese Instrumentalisierung durch den Rückgriff auf Archivalien aus dem Hausarchiv der Familie Wintzingerode.

Christoph Francke wiederum führt am Beispiel von drei bayerischen Adelsfamilien (Schenck von Stauffenberg, Thüngen und Würzburg) vor, welche sozialhistorischen Auswertungsmöglichkeiten die Angaben in den Gotha'schen Genealogischen Taschenbüchern bieten. Und Eberhard Fritz, der das Archiv des Hauses Württemberg in Altshausen betreut, zeigt am Beispiel der Altshausener Bestände, welch reichhaltige Quellen gerade die schriftliche Hinterlassenschaft der Hofverwaltungen ehemals regierender oder zumindest vermögender Adelsfamilien für sozial- und alltagsgeschichtliche Fragestellungen rings um einen größeren Hof bereithalten.

Insgesamt fällt das Urteil über diesen Band zwiespältig aus: Die mangelnde konzeptionelle Geschlossenheit, die man dem Buch vorwerfen kann, wird durch spannende und gut lesbare Detailforschungen wieder wettgemacht. Die Aufmerksamkeit einer an der Adelsgeschichte interessierten Leserschaft verdient das Buch daher in jedem Fall. Peter Müller

Universitätsarchive in Südwestdeutschland: Geschichte – Bestände – Projekte, Tagungsband anlässlich des 625-jährigen Jubiläums der Ersterwähnung einer Archivkiste der Universität Heidelberg zum 8. Februar 1388, hg. von Ingo Runde, Heidelberg: Universitätsverlag Winter 2013. 275 S., zahlr., z. T. farb. Abb. ISBN 978-3-8253-6252-2. € 36,–

Am 8. Februar 1388 hinterlegte Marsilius von Inghen, der erste Rektor der Universität Heidelberg, die Privilegien der ältesten deutschen Hochschule in einer Truhe *(archa universitatis)*, die hinter dem Hauptaltar der Heiliggeistkirche aufgestellt war. Das Universitätsarchiv Heidelberg, das sich in der Tradition dieser *archa* sieht, nahm die Ersterwähnung zum Anlass, am Vorabend des Jubiläumstages, am 7. Februar 2013, in seinen Räumlichkeiten eine Tagung abzuhalten, in der die Leiterinnen und Leiter der baden-württembergischen Universitätsarchive ihre Einrichtungen einem breiten Publikum vorstellten. In dem besprochenen Band sind die Vorträge der Tagung – alphabetisch nach den Standorten der Archive – vereinigt, ergänzt durch Beiträge zu den Universitätsarchiven in Rheinland-Pfalz und im Saarland. Somit wird die Situation der Universitätsarchive im gesamten deutschen Südwesten in den Blick genommen. Komplettiert wird der Band durch die Grußworte, die anlässlich der Tagung von Vertretern der Universität und befreundeter Archive überbracht wurden.

Die Präsentation der einzelnen Einrichtungen eröffnet Dieter Speck mit dem Universitätsarchiv und Uniseum Freiburg. Die zweitälteste baden-württembergische Universität hütet auch das zweitälteste Hochschularchiv. Gegründet im Jahre 1457 findet sich erstmals 1462 ein Hinweis darauf, dass die Privilegien der Universität in einer verschlossenen Kiste aufbewahrt wurden. Die Schlüssel der verschiedenen Schlösser wurden an unterschiedliche Personen ausgeteilt, so dass niemand alleine an die wertvollen Dokumente gelangen konnte. Eindrücklich skizziert der Autor den Weg vom einstigen Privilegienarchiv hin zu einer modernen Einrichtung, die, obwohl sie erst seit 1991/1992 professionell betreut wird, heute die zentrale Anlaufstation zur Geschichte der Hochschule ist und insbesondere mit der Zuständigkeit für das Uniseum einen wichtigen Beitrag für die Öffentlichkeitsarbeit, die Tradition und das Selbstverständnis der Universität leistet.

Ingo Runde nimmt die zahlreichen Auslagerungen von Schriftgut, insbesondere im 17. Jahrhundert, als Ausgangspunkt für seinen Beitrag. In metallenen Transportfässern wurden die wichtigen Urkunden und Akten vor Plünderungen in Sicherheit gebracht. Archivfachliches Interesse verdienen aber auch die jahrhundertelangen tektonischen Umstrukturierungen und Neuordnungen der Bestände. Die Handschriften zahlreicher Archivpfleger und Archivare hinterließen ihre Spuren im Archiv. Am tiefgreifendsten jedoch wirkte sich aus heutiger Sicht ein Vorgang aus, der 1887 stattfand. Unter der Führung des Bibliotheksdirektors Karl Zangemeister wurde etwa ein Drittel des damaligen Bestandes mit etwa 80.000 Papierbögen völlig auseinandergenommen und nach Pertinenz neu geordnet, wodurch die gewachsenen Strukturen des Schriftguts weitgehend zerstört wurden.

Johannes Michael Wischnath legt bei der Vorstellung des Tübinger Archivs, der dritten baden-württembergischen Traditionsuniversität, besonderen Wert auf die Gründung und Entwicklung des Archivs im 19. und 20. Jahrhundert. Zunächst, wie andernorts häufig, von der Universitätsbibliothek mitverwaltet und „Stiefkind" der Handschriftenabteilung, wurde das Universitätsarchiv 1964 selbständig und direkt dem Rektor unterstellt. Die Entwicklung hin zu einem zeitgemäßen eigenständigen Archivbetrieb wird jedoch nach dem Ausscheiden des gegenwärtigen Archivleiters und der erneuten Angliederung an die Bibliothek ein vorläufiges Ende finden – Dass dies aus archivfachlicher Sicht zwar ärgerlich ist, aber möglicherweise auch Chancen bietet, zeigt der Beitrag von Christian George über das Archiv der Johannes-Gutenberg-Universität Mainz. Das Archiv der 1477 gegründeten, in napoleonischer Zeit aufgelösten und 1946 wiedererstandenen Hochschule wurde 2012 der Universitätsbibliothek angegliedert. Trotz des Verlustes der Selbständigkeit konnten die Ordnung und Unterbringung der Bestände verbessert werden, ein optimierter Service für die Nutzer sei spürbar, und durch die finanzielle Unterstützung der Bibliothek wurden zahlreiche Modernisierungsmaßnahmen, u. a. die Anschaffung einer Archivsoftware, aber auch die Einstellung eines weiteren Mitarbeiters möglich.

Neben den Traditionsuniversitäten gibt es noch jene, die erst nach 1945 zu Volluniversitäten ausgebaut wurden und auf Hochschulgründungen des 19. und beginnenden 20. Jahrhunderts aufbauen. So beschreibt Ulrich Fellmeth den Weg der „Landwirtschaftlichen Versuchsanstalt" in Hohenheim über die Ausbildung zur Akademie bis zur Universität 1967. In dieser Tradition verwahrt das Archiv heute einige herausragende Sammlungsgegenstände wie z. B. die „Hohenheimer Xylothek", eine Sammlung verschiedenster Hölzer in Buchform, oder eine Baumsamensammlung, welche der Forstausbildung an der Akademie gedient hatte.

Auch die Technischen Hochschulen in Karlsruhe und Stuttgart wurden 1967 zu Universitäten erhoben. In ihren Beständen spiegeln sich die universitäre Entwicklung sowie die wissenschaftlichen Schwerpunkte. Für Karlsruhe nennt Klaus Nippert beispielhaft die Bestände für Apparatebau und des Instituts für Nachrichtenverarbeitung, deren Überlieferung für die Entstehung des Chemieingenieurwesens bzw. die Erforschung des beginnenden Computerzeitalters von großer Bedeutung sind. Sein Stuttgarter Kollege Norbert Becker kann hingegen beachtliche Bestände in den Bereichen Architektur und Hochbau, aber auch Maschinenbau und Materialprüfung vorweisen. Für die technikgeschichtliche Forschung sind auch die zahlreichen Entwürfe und Pläne, z. B. das Urmodell des modernen Windkraftwerks, von zentralem Interesse.

Die Universität Mannheim hingegen steht in direkter Tradition mit einer 1907 gegründeten Handelshochschule, die 1933 in die Universität Heidelberg eingegliedert und 1946 als staatliche Wirtschaftshochschule wiederbegründet wurde. In dem Aufsatz charakterisieren Simone Tibelius und Julia Angster die Mannheimer Einrichtung als ein im Entstehungsprozess befindliches Universitätsarchiv, das noch einer archivfachlichen Leitung entbehre, aber in der Archivlandschaft bereits deutliche Konturen angenommen habe.

Die jungen Universitätsarchive in Saarbrücken und Konstanz dokumentieren wichtige bildungspolitische Prozesse in der noch jungen Bundesrepublik Deutschland. So war die Universität des Saarlandes zunächst eine Einrichtung der Universität Nancy, in der französische und deutsche Bildungstraditionen verschmolzen. Erst mit dem Übergang des Saarlandes an die Bundesrepublik, so Wolfgang Müller, vollzog sich auch ein Wechsel von der „europäischen" zur deutschen Landesuniversität. Während das Universitätsarchiv Saarbrücken insbesondere diesen Systemwechsel bezeugt, liegen die Schwerpunkte des Konstanzer Archivs auf der Dokumentation der Gründungszeit der Hochschule in den 1960er Jahren. Das Reformmodell und die Reformuniversität in ihrer frühen Form abzubilden, ist laut Juliane Kümmell-Hartfelder ein wichtiger Anspruch ihres Archivs.

Eindrucksvoll arbeiten die Beiträge die Gemeinsamkeiten und Unterschiede der Universitätsarchive heraus. Als „Gedächtnis der Universitäten" spiegelt sich in ihren Beständen die Geschichte der jeweiligen Hochschulen. Nicht nur im Vorfeld von Jubiläen, sondern im akademischen Alltag müssen die Archive verdeutlichen, welchen Wert sie für die Universität haben und dass sie es sind, welche die Traditionen bewahren. Das geschieht durch die Erschließung der Bestände und deren Nutzbarmachung für die wissenschaftliche Forschung, durch Öffentlichkeitsarbeit, durch Ausstellungen und Publikationen. Aber auch eigenständige Forschungsprojekte, wie jene des Heidelberger Universitätsarchivs, die am Ende des Bandes vorgestellt werden, haben hieran großen Anteil.

Der Band gewährt spannende Einblicke in die Entwicklungslinien der südwestdeutschen Universitätsarchive und ihre Beständeschwerpunkte in vergleichender Perspektive. Er informiert aber zugleich über die aktuelle Situation dieser Forschungseinrichtungen und ist ein Plädoyer dafür, die Herausforderungen des 21. Jahrhunderts im kollegialen Verbund und fachlichen Austausch anzunehmen. Mit seinen zehn archivfachlichen Beiträgen und zahlreichen Illustrationen bietet er wertvolle Orientierung in der südwestdeutschen Archivlandschaft und liefert einen grundlegenden Überblick über die dortigen Hochschularchive.

Marco Birn

Das „Virtuelle Archiv des Deutschen Ordens", Beiträge einer internationalen Tagung im Staatsarchiv Ludwigsburg am 11. und 12. April 2013, hg. von Maria Magdalena RÜCKERT (Sonderveröffentlichungen des Landesarchivs Baden-Württemberg), Stuttgart: Kohlhammer 2014. 134 S., Ill. ISBN 978-3-17-024674-4. € 15,–

Der Deutsche Orden „lebte von der Region und für die Region, er war Bestandteil der ihn umgebenden Gesellschaft" (Udo Arnold). Doch zugleich, weit stärker als andere geistliche Einrichtungen, waren seine Häuser, war seine archivalische Überlieferung Teil eines reichs- und europaweiten Netzwerkes. Sein frühneuzeitliches Zentrum lag in Württemberg, in Mergentheim, zuvor in Gundelsheim am Neckar. Der letzte Mergentheimer Archivar hob 1809 hervor, „dass seine Urkunden aus allen Provinzen Deutschlands herrühren" und sein Archiv „verdiente es, zur Grundlage eines deutschen Nationalarchivs zu dienen".

So zählt zu den großen archivalischen Sündenfällen des beginnenden 19. Jahrhunderts die „Abwicklung" dieses zentralen Ordensarchiv: nach Ortspertinenzen an die Gliedstaaten des Deutschen Bundes, nach landesherrlichem Betreff oder Ordensinterna zwischen Württemberg und dem Wiener Zentralarchiv des fortbestehenden Ordens aufgeteilt. Für eine derartige Zerstückelung der Überlieferung eines großen überregionalen Archivbildners besteht eine Parallele wohl nur noch in der etwa zeitgleichen Aufteilung des Reichskammergerichtsarchivs in Wetzlar.

Das letzte große Regestenwerk, die dreibändigen Regesten des Deutschordens-Zentralarchivs in Wien (2006–2007), demonstriert den Quellenwert für allgemeine wie für regionale Forschungen. Inzwischen sind die 12.000 Wiener Urkunden dank monasterium.net online recherchierbar. 4.500 Urkunden aus Marburg, dank Elisabethgrab eine der größten Ordensniederlassungen im Reich, folgten bald darauf. Ebenso wurden verschiedene Deutschordens-Quellen im Staatsarchiv Ludwigsburg online erschlossen. Die neuen Möglichkeiten virtueller Zusammenführung und Rekonstruktion weit verstreuter Quellen sind häufiger theoretisch erörtert worden. Beim Deutschen Orden haben nun beteiligte Institutionen die Chance ergriffen, ein „virtuelles Archiv des Deutschen Ordens" zu starten.

Mit der Freischaltung des virtuellen Archivs verbunden war eine internationale Tagung. Das Landesarchiv Baden-Württemberg lud dazu nach Ludwigsburg und nahm die Publikation der Vorträge in seine Schriftenreihe auf. Der Organisatorin der Tagung, Maria Magdalena Rückert, ist auch zu danken, dass bereits im Folgejahr der Tagungsband vorliegt. Elf Vorträge sind, vermehrt um Anmerkungen und Anhänge, nun nachlesbar. Pater Frank Bayard verzichtete auf den Abdruck seines Berichtes „Erfahrungen aus der Praxis des Deutschordens-Zentralarchivs nach der Digitalisierung der Bestände".

Die Herausgeberin Maria Magdalena Rückert startet mit einer einführenden Verklammerung. Zwei Österreicher, führend in der Digitalisierung und virtuellen Publizierung von

Archivbeständen, ordnen das virtuelle Deutschordensarchiv in die internationale digitale Diplomatik ein. Karl Heinz, Administrator von ICAR-US (International Centre for Archival Research) und Mitinitiator von monasterium.net, stellt diesen Rahmen und seine Nutzungsmöglichkeiten vor. Georg Vogeler vom Institut für Dokumentologie und Editorik in Graz veranschaulicht „Potentiale und Desiderate einer Digitalen Diplomatik des Deutschen Ordens", unter Hinweis auf die seit 1990 mit Computerdateien und Datenbanken erfolgten Einzelforschungen, auf Optionen (und Schwachstellen) einer Verknüpfung mit retrodigitalisierten Urkundenbüchern wie auch von automatisierten Klassifikationen und Texterschließungen.

Der Großteil der Beiträge stellt einschlägige Archive vor. In dem umfangreichsten Beitrag behandelt Jörg Seiler „Das Mergentheimer Deutschordensarchiv nach seiner Übernahme durch das Königreich Württemberg (1809–1868)". Die Jahreszahlen verdeutlichen bereits das lange „Nachleben" der in Mergentheim verwahrten Archivalien unter eigenen Archivaren (Vater und Sohn Breitenbach) bis zu ihrer Verbringung nach Ludwigsburg. Die Auseinandersetzungen mit visitierenden Stuttgarter Archivaren sind auch exemplarisch für das Schicksal derartiger „Nebenarchive" in der württembergischen Archivlandschaft. Die Formulierung der „Forschungsdesiderate" schließt die Darlegungen ab. Die Anhänge, eine Chronologie der Aufteilung der Mergentheimer Archivalien und eine Liste von 25 Archiven, die heute Deutschordensbestände aus dem alten Mergentheimer Archiv bzw. aus Kommenden- und Balleiarchiven verwahren, machen den Nutzen einer virtuellen (Wieder-)Zusammenführung besonders anschaulich.

„Das Zentralarchiv des Deutschen Ordens in Wien. Entstehung, Urkundenbestände, Forschungsgrundlage" stellt Udo Arnold vor, verbunden mit einem Rückblick auf die früheren zentralen Deutschordensarchive, auf die mehrfachen Brüche und nachfolgenden Behelfe mit Ersatzüberlieferung, schließlich mit einer Zusammenstellung der Wiener Archivalienübernahmen 1830–1914. Mit „Die Urkundenabteilung des Hessischen Staatsarchivs Marburg. Grundzüge ihrer Geschichte und jüngere Entwicklung" gibt Francesco Roberg den Rahmen der dortigen Digitalisierung der Deutschordensurkunden vor. Andrzej Radzimiński und Janusz Tandecki berichten über „Die Urkunden und Briefe des Deutschen Ordens in den polnischen Archiven" von Warschau (Warszawa), Krakau (Kraków), Danzig (Gdańsk), Elbing (Elbląg), Thorn (Toruń) und Alleinstein (Olsztyn). Jürgen Sarnowsky handelt über „Das Historische Staatsarchiv Königsberg und die Erschließung seiner Bestände" und Kristian Toomaspoeg über „Die Urkunden des Deutschen Ordens in Italien". „Das ‚Virtuelle Preußische Urkundenbuch' – Eine Zwischenbilanz" gibt Joachim Laczny. Helmut Flachenecker, dortiger Ordinarius für fränkische Landesgeschichte, stellt die in Aufbau befindliche „Forschungsstelle zur Erforschung des Deutschen Ordens an der Universität Würzburg" vor.

„Man kann sich nicht darauf verlassen, wo man für ein Deutschordensthema was findet, das 19. Jahrhundert hat uns in der Hinsicht eine immense Suchaufgabe mit auf den Weg gegeben" resümiert Udo Arnold. Zusammen mit weiteren Regesten und Forschungen kann die Onlinestellung in einer archivübergreifenden Plattform Möglichkeiten eröffnen, die vor Jahren noch ungeahnt waren, exemplarisch auch für andere Forschungsfelder.

Martin Armgart

Zeitgeschichte, Archive und Geheimschutz, Beiträge einer Sektion auf dem 49. Deutschen Historikertag 2012 in Mainz, hg. von Rainer HERING und Robert KRETZSCHMAR, Stuttgart: Kohlhammer 2013. 72 S. ISBN 978-3-17-024436-8. € 8,–

Auf dem 49. Deutschen Historikertag 2012 in Mainz wurde in einer eigenen Sektion zwischen Vertretern der zeitgeschichtlichen Forschung und Archiven die Frage nach der Bedeutung der Sicherung und Zugänglichkeit von Unterlagen, die der Geheimhaltung unterliegen, erörtert und nach Möglichkeiten gesucht, den Konflikt zwischen Forschungsinteressen und Geheimschutz für alle Beteiligten zielführend zu lösen. Darüber hinaus wurden Verfahren der archivischen Überlieferungsbildung thematisiert und nach konkreten Erfahrungen der zeitgeschichtlichen Forschung mit der Auswertung jüngster Archivbestände gefragt.

Die Beiträge werden nun in einer eigenen Publikation des Landesarchivs Baden-Württemberg vorgelegt. Im ersten Teil kommen Vertreter der zeitgeschichtlichen Forschung zu Wort, daran schließt sich im zweiten Teil die archivische Sicht an. Die Tagungsbeiträge werden von dem Tagungsbericht von Elsbeth Andre, einem Interview der Zeitung „Die Welt" mit Rainer Hering (Landesarchiv Schleswig-Holstein) zu Geheimakten in deutschen Archiven und einem Beitrag von Robert Kretzschmar (Landesarchiv Baden-Württemberg) ergänzt, der die archivischen Themen auf den Deutschen Historikertagen seit 2006 bilanziert und das Ziel der Veranstaltungen hervorhebt, den Dialog zwischen der historischen Forschung und den Archiven zu intensivieren.

Nach dem Vorwort von Robert Kretzschmar verweist Josef Foschepoth (Universität Freiburg/Br.) in seinem Beitrag auf die Problematik, dass eine quellenfundierte Forschung zur Geschichte der alten Bundesrepublik aufgrund restriktiver Handhabung von Verschlusssachen lange behindert wurde. Er sieht in der Freigabe von Millionen Akten, die in den nächsten Jahren zur Verfügung gestellt werden, die Chance für die zeitgeschichtliche Forschung, die gängigen Narrative zur Geschichte der Bundesrepublik einer quellenkritischen Überprüfung zu unterziehen.

Zu bedauern ist, dass der Vortrag von Edgar Wolfrum (Universität Heidelberg) nicht abgedruckt ist und damit seine Position in der zentralen Kontroverse zwischen ihm und Josef Foschepoth nicht zur Darstellung kommt. Hier muss auf den Schlusskommentar und den Tagungsbericht verwiesen werden.

Jan Philipp Wölbern (Zentrum für Zeithistorische Forschung Potsdam) beklagt in seinem Beitrag auf der Grundlage seiner Forschungen zum Häftlingsfreikauf aus der DDR die „archivische Asymmetrie" in der Zugänglichkeit von Archivgut. Während die DDR-Überlieferung seit 1992/93 weitgehend frei zugänglich ist, gilt dies nur eingeschränkt für die bundesrepublikanische Überlieferung. Sein Antrag beim Bundesinnenministerium auf weitgehende Herabstufung der einschlägigen Akten zu seinem Forschungsthema en bloc wurde unter Hinweis auf fehlende personelle Kapazitäten abgelehnt.

Die archivische Perspektive eröffnet im zweiten Teil Michael Hollmann (Bundesarchiv). Er verweist auf die kontinuierliche Zunahme der wissenschaftlichen Benutzung im Bundesarchiv zur Geschichte der Bundesrepublik und benennt Restriktionen, die den Zugang zu den Unterlagen aus dieser Periode erschweren oder gar gänzlich verhindern. Dabei geht er besonders auf den Umgang mit Verschlusssachen des Bundes ein.

Martin Häußermann und Clemens Rehm (Landesarchiv Baden-Württemberg) skizzieren den rechtlichen Rahmen im Umgang mit Verschlusssachen und berichten aus der Praxis des Landesarchivs Baden-Württemberg zur Archivierung und Nutzung von VS-Unterlagen.

Um Verschlussmaterial vor Verlust zu schützen, wurde 1991 im Staatsarchiv Ludwigsburg ein VS-Archiv eingerichtet. Die Unterlagen werden zwar nach Archivgesetz als Archivgut übernommen, die Nutzung unterliegt jedoch dem Vorbehalt der Zustimmung der abgebenden Stelle. Die Autoren stellen zwei Verfahren zur Deklassifikation von VS-Unterlagen zur wissenschaftlichen Nutzung vor und zeigen die Probleme auf.

Andreas Pilger (Landesarchiv Nordrhein-Westfalen) geht auf die Herausforderungen für die Archive im Zeitalter der Demokratie ein, die neben der Nutzung für jedermann vor allem einen transparenten Umgang mit der Überlieferungsbildung ermöglichen müssen. Er stellt in seinem Beitrag die wichtigsten Methoden zur Überlieferungsbildung vor und zeigt als Lösungsweg die Überlieferungsbildung im Verbund auf, die durch Einbeziehung der Forschung und Öffentlichkeit sowie Transparenz in der Übernahmeentscheidung den Erfordernissen der partizipatorischen Demokratie gerecht werden kann.

Rainer Hering fasst in seinem Schlusskommentar die Diskussionen am Ende der Sektion zusammen. Dabei geht er neben der Kontroverse zwischen Josef Foschepoth und Edgar Wolfrum vor allem auf die sowohl für die Archive als auch die historische Forschung grundlegenden Veränderungsprozesse im digitalen Zeitalter ein.

Dass der Dialog zwischen Archivwissenschaft und Geschichtswissenschaft, zwischen Vertretern der Archive und ihrer wissenschaftlichen Nutzer für beide Seiten eine Bereicherung darstellt, zeigt der hier vorliegende Band eindrucksvoll auf, der angesichts von Aktenvernichtungen beim Verfassungsschutz und der geheimdienstlichen Überwachung digitaler Kommunikation durch die NSA seine Aktualität unter Beweis stellt. Man kann sich der Hoffnung von Robert Kretzschmar in seinem Vorwort nur anschließen, dass die jüngsten Vorgänge dazu beitragen, die allgemeine Sensibilität im Umgang mit Daten und Unterlagen, die dem Geheimschutz unterliegen, zu erhöhen

Annekathrin Miegel

Der St. Galler Klosterplan: Faksimile, Begleittext, Beischriften und Übersetzung, hg. von der Stiftsbibliothek St. Gallen, mit einem Beitrag von Ernst Tremp, St. Gallen: Verlag am Klosterhof 2014. Begleitheft 51 S., Plan 150 x 80 cm. ISBN 978-3-905906-05-9. CHF 37,–

Der als Klosterplan von St. Gallen bekannte Idealplan einer Klosteranlage entstand zwischen 819 und 830 auf der Reichenau und ist die einzige erhaltene detaillierte Architekturzeichnung aus dem frühen Mittelalter. Wie neueste Forschungen nahelegen, wurde der Plan unter der Anleitung des Reichenauer Bibliothekars Reginbert für den Abt Gozbert von St. Gallen angefertigt, der sich mit umfangreichen Neubauplänen für das Galluskloster befasste. Auftraggeber und namentlich nicht genannter Verfasser des Widmungsbriefes an Gozbert ist wahrscheinlich Heito, Abt des Klosters Reichenau.

Der Plan weckte, seit ihn der Ingolstadter Jesuit Heinrich Canisius († 1610) im Jahr 1604 bekannt gemacht hatte, immer wieder großes wissenschaftliches Interesse. Bereits 1704 wurde eine verkleinerte Nachzeichnung des Plans als Kupferstich veröffentlicht (verkleinert wiedergegeben auf S. 16). 1844 erschien eine ebenfalls verkleinerte Wiedergabe des Plans als Lithographie, mehr als 100 Jahre später wurde 1952 eine Faksimile-Ausgabe in Originalgröße im 8-Farben-Offsetdruck hergestellt. Dieses Faksimile (Nachdruck 1983) wurde Grundlage der neueren Klosterplanforschung, die viele neue Erkenntnisse brachte und den Anstoß gab für Architekturmodelle und den „Campus Galli – karolingische Klosterstadt Messkirch", ein Rekonstruktionsvorhaben mit Mitteln der experimentellen Archäologie, das 2013 im Allgäu begonnen wurde. Die jetzt vorgelegte Faksimile-Ausgabe wurde unter Anwendung neuester digitaler Aufnahmetechnik in einem aufwendigen Reproduktionsverfahren hergestellt und erreicht in der Tat eine größtmögliche Nähe zum Original und eine hervorragende Lesbarkeit.

Das Begleitheft bietet einen knappen, aber sehr informativen Überblick (S. 3–17) über „Entstehung, Überlieferung und Forschungsgeschichte“ des St. Galler Klosterplans, der ergänzt wird durch Hinweise auf Quellen und Literatur (S. 36–37). Der zweite Teil des Begleittextes (S. 18–35) wendet sich inhaltlichen Aspekten zu und stellt anhand des Planes zentrale Themenbereiche des klösterlichen Lebens vor, die lebendige Einblicke in die Lebenswelt eines karolingischen Klosters gewähren.

Beigegeben sind außerdem die Transkription der lateinischen Beischriften und Erklärungen im Plan und deren Übersetzung, was die Orientierung im Faksimile des Klosterplans sehr erleichtert. Faksimile und Beiheft werden zusammen in einer ansprechend gestalteten Mappe ausgeliefert. Eine gelungene und auch im digitalen Zeitalter durchaus sinnvolle Druckausgabe eines für das Verständnis frühmittelalterlichen Lebens bedeutsamen Dokuments, die für die Wissenschaft wohl weiter unentbehrlich sein wird, die aber auch dem an mittelalterlichem Leben interessierten „Laien“ einen lebendigen Eindruck vom frühmittelalterlichen Alltag zu geben vermag. Gerd Brinkhus

Schafe für die Ewigkeit, Handschriften und ihre Herstellung, Katalog zur Jahresausstellung in der Stiftsbibliothek St. Gallen (1. Dezember 2013 bis 9. November 2014), bearb. von Franziska Schnoor und Karl Schmuki, mit Beiträgen von Doris Altrogge und Robert Fuchs, St. Gallen: Verlag am Klosterhof 2013. 144 S., mit zahlr. Abb. ISBN 978-3-905906-09-7. CHF 25.–

Titel und Untertitel des Katalogs zur Ausstellung der Stiftsbibliothek St. Gallen geben die Stichworte, unter denen das eher profane Thema „Herstellung von mittelalterlichen Handschriften“ behandelt wird: „Schafe“, deren Häute zu Pergament verarbeitet wurden und deren Fleisch eine wichtige und willkommene Ergänzung des Speiseplans darstellte. „Ewigkeit“ als Stichwort für die Dauerhaftigkeit des Pergaments und die sorgfältige Verarbeitung ebenso wie für die prachtvollen Illuminierungen, die Jahrhunderte weitgehend unbeschädigt überstanden haben. „Herstellung“ als Stichwort für die mühevolle Arbeit in den Skriptorien, die im Sinne des benediktinischen „ora et labora“ für die Mönche und Nonnen eine Art Gottesdienst waren. Und endlich der handwerkliche Aspekt von der Herstellung der Beschreibstoffe Pergament und Papier, der Farben und Tinten und der Anfertigung der Bucheinbände. Dieser Teil der Ausstellung ist durch Erklärungen zu den Federzeichnungen einer Bamberger Handschrift aus dem 12. Jahrhundert und durch zahlreiche Abbildungen sehr anschaulich gemacht (S. 119–129) und bietet ein kleines lesenswertes Kompendium von den einzelnen Schritten zur Herstellung einer Handschrift im Mittelalter.

In den Texten zu den acht Vitrinen mit Originalen aus dem reichen Fundus der St. Galler Stiftsbibliothek werden unterschiedliche Phänomene erläutert, die an den Originalen zu entdecken sind. Zum Thema „Pergamentqualität“ zum Beispiel, an der man ablesen kann, ob eine Handschrift für den alltäglichen Gebrauch, für liturgische oder repräsentative Zwecke bestimmt war, wird ein Missale mit prächtiger Illuminierung auf makellosem großformatigem Pergament aus dem 16. Jahrhundert kontrastiert von einer engzeilig und platzsparend beschriebenen Sammelhandschrift auf recht einfach zubereitetem Pergament. Dazu kommen Beispiele von kunstvoll ausgebesserten Fehlstellen in Handschriften, deren Pergament zwar sorgfältig zubereitet war, aber doch Fehlstellen und Risse aufwies. Vorgestellt wird auch die weit verbreitete Wiederverwendung des Pergaments von Handschriften, die nicht mehr benötigt wurden: entweder wurden die Texte abgeschabt und das Pergament dann erneut beschrieben (Palimpseste) oder die Handschriften wurden zerschnitten und das Pergament zur Verstärkung von Einbänden wiederverwendet (Fragmente). Beide Verwendungen haben dazu geführt, dass alte Texte – wenn auch zum Teil nur bruchstückhaft – überliefert wurden, von denen wir heute sonst keine Kenntnis mehr hätten. Die Ausstellung bietet auch zu diesem Thema ganz besondere Stücke wie den Psalmentraktat des Hilarius von Poitiers als Palimpsest oder die Fragmente des Edictus Rothari, die um 1460 für eine Bindeaktion im Galluskloster verwendet wurden.

Einen Blick auf den Alltag in den Schreibstuben und die Mühen des Schreibens ermöglichen Federproben und die Schreibersprüche, oft am Ende der Handschriften, sowie bildliche Darstellungen von Schreibern – die älteste vom Ende des 8. Jahrhunderts –, die im Katalog reproduziert sind.

Glanzlichter der Ausstellung und damit auch des Katalogs sind die zum Thema „Ausstattung der Handschriften durch Buchschmuck" präsentierten Codices. Initialen, Bordüren, Miniaturen und Federzeichnungen zeigen die große Meisterschaft der St. Galler Mönche bei der Ausstattung von repräsentativen Handschriften. Ergänzend und vertiefend zu dem künstlerischen Aspekt der Buchmalerei ist der Beitrag von Doris Oltrogge und Robert Fuchs (S. 76–81) zur Kunsttechnologie der Buchmalerei, in dem Untersuchungen zur Maltechnik und zu den Malmaterialien am Folchart-Psalter und dem Sakramentar Cod. Sang. 341 vorgestellt werden.

Auch dem Bucheinband ist ein Kapitel gewidmet; vorgestellt werden unter anderem der mit geschnitzten Elfenbeintäfelchen und getriebenem Goldblech, Edelsteinen und Perlen verzierte Prachteinband des „Evangelium longum" und ein Email-Einband aus Limoges. Diesen Prachteinbänden gegenüber wirken der karolingische Bibliothekseinband der Handschrift 682 und der Kopert-Einband der Handschrift 692 allein durch ihre handwerkliche Meisterschaft und Solidität.

Der karolingische Klosterplan von St. Gallen, der „vocabularius sancti Galli" (um 790), der älteste Bücherkatalog vom Jahr 850 und die St. Galler Nibelungenliedhandschrift B sind untrennbar mit St. Gallen verbunden, hinzu kommen die irische Prisciangrammatik mit mehr als 3400 altirischen Glossen, ein Tropar und Sequentiar mit Neumen und ein Graduale mit Widmungsbild; die Beschreibung dieser herausragenden Stücke des Bibliotheksbestandes zeigen die thematische Vielfalt und wissenschaftliche Bedeutung der in St. Gallen bewahrten handschriftlichen Schätze und werden unabhängig vom Ausstellungsthema sozusagen als „Sahnehäubchen" präsentiert.

Mit seinen zahlreichen farbigen Abbildungen und den informativen und verständlichen Texten zu den abgebildeten Objekten ist der Katalog mehr als ein Begleitbuch zur Ausstellung vor Ort. Text und Bild geben eine lebendige Einführung in das Thema „Handschriften und ihre Herstellung". Durch die ausgewählten Literaturhinweise im Anhang (S. 132–141) sowohl zu den in der Ausstellung gezeigten Handschriften als auch zum kodikologischen Kontext ist es leicht möglich, weitere Informationen zur Thematik der Ausstellung oder zu einzelnen Handschriften zu bekommen. Viele der in der Ausstellung gezeigten Handschriften können auch auf der Internetseite des Projektes „Codices Electronici Sangalenses" (www.cesg.unifr.ch) vollständig betrachtet werden, der Link wird für die bereits digitalisierten Handschriften angegeben.

Gerd Brinkhus

Ekkebert von Hersfeld, Das Leben des heiligen Heimerad; Erinher, Metrische Paraphrase von Ekkeberts Leben des heiligen Heimerad, hg., eingeleitet, übersetzt und mit Anmerkungen versehen von Michael Fleck (Veröffentlichungen der Historischen Kommission für Hessen 67, Kleine Texte mit Übersetzungen 5), Marburg 2014. 272 S. ISBN 978-3-942225-25-0. € 28,–

In der „kleinen Reihe" bringt die Hessische Historische Kommission nun eine Lebensbeschreibung des heiligen Heimerad, die der Hersfelder Mönch Ekkebert im letzten Viertel des 11. Jahrhunderts verfasst hatte. Damit positioniert sich diese Vita in die große Zeit der Auseinandersetzung des „Investiturstreites" und bietet gleichsam die Hintergrundmusik zu den großen reichsgeschichtlichen Auseinandersetzungen. Lange Zeit ist dieser Text wie andere hagiographische Schriften relativ unbeachtet geblieben, erst in der zweiten Hälfte des 20. Jahrhunderts hat die Wissenschaft kontrovers über Vita und Mirakel diskutiert.

Der vorliegende Band bietet nicht nur Ekkeberts Vita Heimeradi, sondern auch die metrische Paraphrase des Mönches Erinher auf den letzten Seiten. Beide Texte sind neu ediert, weil die Monumenta-Edition von Rudolf Köpke sich als nicht zuverlässig erwies und Michael Fleck einige weitere Handschriften heranziehen konnte. Die Edition verfügt über einen umfangreichen Einleitungsteil zur Entstehung der Vita, die Einordnung der Wunder und eine kurze Charakteristik der jeweiligen Schriften.

Der Verfasser sieht in der Vita Heimeradi ein in vielerlei Hinsicht deutbares literarisches Gebilde, das er nach mehreren Aspekten einordnet. Insbesondere will der Editor auch eine besondere Heilsökonomie in den verschiedenen Aussagen der Vita erkennen können (S. 39). Weitere Aspekte hebt der Editor aus der Fülle der Details in den Wundererzählungen hervor: Gabe und Gegengabe, Pilgerfahrten (Kap. 32) etc. Die Edition ist also künftig statt der Monumenta-Edition heranzuziehen; die Kommentierung, die mit Ziffernoten der insgesamt flüssigen deutschen Übersetzung beigegeben ist, hätte man sich manchmal etwas straffer gewünscht. Hier werden zwar nützliche Informationen gegeben, allerdings könnte manchmal konkret auch Stellung zum Text bezogen werden, wie in Anmerkung 217, in der es darum gehen sollte, ob ein erwähntes Konzil stattgefunden hat oder nicht. Die Lektüre ist aber auch als unterhaltsamer kurzweiliger Lesestoff zu empfehlen, so beispielsweise die schöne Episode in Kapitel 13, in der berichtet wird, wie die Fleischeslust durch das Springen in einen Teich abgetötet wurde.

Insgesamt bieten Edition und Übersetzung ein eindrückliches Bild von Heimerad, der 1019 auf dem Hasunger Berg starb und sicherlich ein Beispiel für höchste Askese und Wanderpredigt bietet. Nicht von ungefähr dürften die Schriften zu seinem Leben in der Zeit des Investiturstreites verfasst worden sein. Klaus Herbers

Johann Friedrich Böhmer, Regesta Imperii, IV. Lothar III. und ältere Staufer, 4. Abteilung: Papstregesten 1124–1198, Teil 4: 1181–1198, Lieferung 4: 1187–1191: Clemens III., bearb. von Ulrich Schmidt, Wien/Köln/Weimar: Böhlau Verlag 2014. XVI, 845 S. ISBN 978-3-412-22371-7. € 145,–

In erfreulich rascher Folge schreiten die Papstregesten des späten zwölften Jahrhunderts voran. Nachdem 2012 der Band für die beiden Päpste Urban III. (1185–1187) und Gregor VIII. vorgelegt werden konnte, folgen jetzt bereits die Regesten für den Nachfolger Clemens III. (1187–1191). Auch dessen Pontifikat ist eingebettet zwischen wirkmächtigere Vorgänger beziehungsweise Nachfolger, nämlich Alexander III. (1159–1181) und Innozenz III. (1198–

1216); beide erfuhren von der historischen Forschung bedeutend mehr Aufmerksamkeit als der Pontifikat Clemens' III.

Der umfangreiche Regestenband rückt wesentliche Handlungsstränge des Pontifikats in den Vordergrund. Die Kontakte mit den Staufern lassen erkennen, dass der frühere Kardinalbischof nach seiner Wahl zum Papst durchaus an einem Ausgleich mit Friedrich Barbarossa und später auch mit Heinrich VI. interessiert war. Auch die Kreuzzugsvorbereitungen, die bereits seine beiden Vorgänger initiiert hatten, belebte Clemens III. mit neuen Impulsen. Zu diesen Aspekten treten intensive Bemühungen des neuen Papstes, Rom nach Jahren des Exils wieder zum Zentrum päpstlicher Herrschaft zu machen.

Der Bearbeiter Ulrich Schmidt hat insgesamt 1336 Regestennummern zusammengetragen; das bedeutet quantitativ gegenüber den 579 bisher bei Jaffé-Loewenfeld vorhandenen Nummern mehr als eine Verdoppelung. Der Blick auf die Verteilung der Überlieferung offenbart ähnliche Muster wie bei den unmittelbaren Vorgängern Clemens' III. 324 Urkunden sind im Original erhalten (ein knappes Viertel), fast die Hälfte (647 Urkunden) sind in kopialer Form überliefert und fast 30 % konnten als Deperdita erschlossen werden. Dazu kommt ein kleiner Anteil von Urkunden, die auf kanonistischem Weg überliefert sind (54 Urkunden). Gering ist der Anteil an Fälschungen (13 Urkunden).

Die Adressaten der päpstlichen Urkunden stammen zum größeren Teil aus dem heutigen Frankreich, auch in Italien und England finden sich viele Empfänger. Blickt man auf die Empfänger im deutschen Südwesten, so ist festzustellen, dass dieser Raum eher an der Peripherie des päpstlichen Interesses lag. Zwei heute noch im Original im Generallandesarchiv Karlsruhe vorliegende Urkunden seien explizit angesprochen: Im November 1190 bestätigte Clemens III. dem Kloster Salem den Zehnten in Maurach bei Uhldingen am Bodensee und griff damit in einen schon länger schwelenden Streit um die Abgaben in Maurach ein (Regest Nr. 948). In einem weiteren, ebenfalls schon länger anhaltenden Streit um Zehntrechte in Nellingen bezieht Clemens III. Position für die Interessen des Klosters St. Blasien. Der Papst forderte den Konstanzer Bischof Diethelm auf, die Zehntrechte des Klosters in Nellingen vor den Eingriffen des Priesters Heinrich von Nellingen zu schützen (Regest Nr. 777).

Genau 200 Seiten umfassen die umfangreichen Anhänge und Register des umsichtig erarbeiteten Bandes. Zunächst ein Initienregister, dann eine Übersicht der Kardinalsunterschriften mit auswertenden prosopographischen Bemerkungen; eine Konkordanz bietet die Verknüpfungen zu älteren Verzeichnungswerken der Papsturkunden sowie eine Übersicht von insgesamt 101 Regesten, größtenteils Deperdita, die nicht eindeutig nur Papst Clemens VIII. zuzuordnen sind, sondern möglicherweise auch seinen beiden Vorgängern. Von großem Nutzen sind Ergänzungen, Berichtigungen und Nachträge (S. 685–697), die auch die Vorgängerbände zu Papst Lucius III., Urban III. und Gregor VIII. umfassen. Den Schluss bilden ein Register der Orts- und Personennamen sowie ein umfangreiches Quellen- und Literaturverzeichnis.

Erwin Frauenknecht

Die Urkunden Friedrichs II., Teil 3: 1218–1220, bearb. von Walter Koch unter Mitwirkung von Klaus Höflinger, Joachim Spiegel und Christian Friedl (MGH Die Urkunden der deutschen Könige und Kaiser 14,3), Hannover: Monumenta Germaniae Historica 2010. XCII, 870 S. sowie 32 S. Abb. ISBN 978-3-7752-2003-3. Ln. € 150,–

Anzuzeigen ist hier der dritte Band des umfangreichen Editionsprojekts der Urkunden Friedrichs II. Zwar umfasst dieser Teilband lediglich die Urkunden aus einem Zeitraum von zweieinhalb Jahren, von Januar 1218 bis August 1220, aber der umfangreiche Band (870 S.) komplettiert damit die Urkunden des Staufers während seiner Herrschaftszeit von 1212 bis 1220, die Friedrich am Stück nördlich der Alpen verbrachte. Die umfangreiche Einleitung von Walter Koch sowie die beigegebenen Register von Klaus Höflinger (Namen-, Wort- und Sachregister, Empfängerverzeichnis und heutige Lagerorte sowie Konkordanzen, S. 453–869) beziehen sich auch auf den 2007 erschienenen Vorgängerband, der die Urkunden Friedrichs von 1212 bis 1217 behandelte. Die sogenannte „deutsche Königszeit" Friedrichs II. ist durch diese beiden Bände urkundlich in vorbildlicher Weise erschlossen.

Gegenüber der bisher maßgeblichen Edition von Jean-Louis-Alphonse Huillard-Bréholles werden 124 Stücke neu erfasst, das entspricht bei einem Umfang von 488 Urkunden rund einem Viertel, und von diesen 488 Stücken liegen 258 im Original vor. In der konzisen Einleitung behandelt Walter Koch ausführlich die äußeren und inneren Merkmale der vorliegenden Urkunden (S. XLV–LXXXVIII).

Die „deutsche Königszeit" Friedrichs umfasst zwei Herrschaftsschwerpunkte: Nach der Schlacht bei Bouvines (Juli 1214) und im Kontext der Aachener Königskrönung ein Jahr später im August dienten eine Reihe von Urkunden der Herrschaftskonsolidierung, vor allem Ausgleichsbemühungen mit den verbliebenen Anhängern der welfischen Partei sind hier zu nennen. In den Jahren 1218 und 1219 lassen sich dagegen verstärkt die Vorbereitungen Friedrichs für seinen geplanten Italienzug urkundlich fassen, etwa im Umfeld der beiden Hoftage 1219 in Speyer und Hagenau. Der Italienzug sollte konkret der Kaiserkrönung in Rom sowie der Rückkehr Friedrichs in das *regnum Siciliae* dienen. Sichtbar werden diese Vorbereitungen auch am Kanzleipersonal: Konrad von Scharfenberg, schon unter Friedrichs Vorgängern – auch unter dem Welfen Otto IV. – in der kaiserlichen Kanzlei tätig, stieg 1212 zum *imperialis aule cancellarius* auf und wurde in den folgenden Jahren zum wichtigsten Berater des jungen staufischen Königs. 1220 reiste er im Auftrag des Kaisers nach Italien, um die Kaiserkrönung vorzubereiten.

Reichsgeschichtlich sind es vor allem zwei Urkunden, die aus dem vorliegenden Band 3 besonders zu erwähnen sind: Diplom 620 stellt die berühmte *Confoederatio cum principibus ecclesiasticis* zugunsten der geistlichen Fürsten in einer modernen Edition zur Verfügung, während Nr. 439 die sogenannte Berner Handfeste enthält. Auch zu dieser bekannten Fälschung überzeugen die gewohnt umsichtigen und souveränen Bemerkungen des Editors.

Ein erheblicher Anteil der Urkunden zielt auf Empfänger im schwäbisch-elsässischen Raum. Das ist angesichts des starken staufischen Rückhalts in dieser Region nicht verwunderlich, findet aber auch in der heutigen Überlieferungssituation eine Resonanz: Neben dem Bayerischen Hauptstaatsarchiv in München finden sich im Generallandesarchiv Karlsruhe und im Hauptstaatsarchiv Stuttgart anteilsmäßig die meisten erhaltenen Urkunden Friedrichs aus dieser Herrschaftsphase. Bevorzugt geistliche Empfänger kommen vor, das Kloster Salem etwa erhält zehn Privilegien in diesem Zeitraum. Von den weltlichen Empfängern aus diesem Raum könnte man die Grafen von Hohenlohe hervorheben: In mehreren Urkunden (D 594, 595, 596 und 630) beschäftigte sich König Friedrich mit den Güterübertragungen der drei Brüder Andreas, Heinrich und Friedrich von Hohenlohe an den Deutschen Orden im Jahr 1220. Zwei der Brüder treten in den Orden ein, Heinrich wird später selbst Hochmeister des Deutschen Ordens (1244–1249).

Erwin Frauenknecht

Barbara Gonzaga: Die Briefe / Le Lettere (1455–1508), bearb. von / a cura di Christina ANTENHOFER, Axel BEHNE, Daniela FERRARI, Jürgen HEROLD und Peter RÜCKERT, Übersetzung von / traduzione di Valentina NUCERA, Stuttgart: Kohlhammer 2013. 492 S. mit 51 Abb. ISBN 978-3-17-023381-2. Geb. € 49,–

Bereits durch die 1985 in Stuttgart gezeigte Ausstellung „Württemberg im Spätmittelalter“ und erst recht durch die 2011 in Stuttgart und verschiedenen anderen Orten präsentierte Ausstellung „Von Mantua nach Württemberg: Barbara Gonzaga und ihr Hof“ war bekannt geworden, dass im Archivio di Stato in Mantua ein geradezu einzigartiges Quellenmaterial zur Geschichte der ersten württembergischen Herzogin aufbewahrt wird. Dies ließ den Wunsch nach einer Edition dieser Schriftstücke laut werden, welcher dank der Initiative von Peter Rückert mit der vorliegenden Ausgabe, die auch in der editorischen Aufbereitung der Briefe neue Wege aufzeigt, durch eine deutsch-italienisch-österreichische Bearbeiter-Gruppe sowohl für deutsch- als auch für italienischsprachige Benutzer erfüllt wurde. Die insgesamt 325 Nummern der Edition erfassen nicht nur die von Barbara ausgestellte und an sie gerichtete Korrespondenz, sondern enthalten auch alle über sie überlieferten Schreiben, von denen die *lettere* der mantuanischen Gesandten am Württembergischen Hof besonders aussagekräftig sind. Die Hauptmasse der Briefe ist dem Archiv der Gonzaga zu verdanken, doch konnten auch das Tiroler Landesarchiv in Innsbruck, wo der schriftliche Nachlass von Barbaras mit dem Grafen Leonhard von Görz verheirateter Schwester Paola liegt, und das Hauptstaatsarchiv Stuttgart ergänzende Stücke beisteuern.

Die einleitenden Kapitel, die jeweils in deutscher und italienischer Sprache abgedruckt wurden, informieren über die Familie Gonzaga, die Überlieferung der Schreiben und die Bedeutung der Briefe „im Kontext des spätmittelalterlichen Korrespondenzwesens“. Die in deutscher, lateinischer und italienischer Sprache abgefassten Briefe werden im vollen Wortlaut mitgeteilt, jedem Stück ist ein ausführliches Regest in Deutsch und Italienisch vorangestellt, welches gewissermaßen den Sachkommentar ersetzt und neben gründlichen Inhaltsangaben alle im Text genannten Personen und Orte erklärt. Eine Liste aller Korrespondenten mit kurzen biographischen Daten und die Personen- und Ortsregister sind ebenfalls zweisprachig angelegt.

Barbara Gonzaga wurde am 11. Dezember 1455 als achtes von insgesamt zehn das Erwachsenenalter erreichenden Kindern des Markgrafen Ludovico Gonzaga und seiner Gemahlin Barbara von Brandenburg geboren. Nachdem ein für sie in Aussicht genommenes Eheprojekt mit dem Markgrafen Christoph von Baden gescheitert war und andere Heiratspläne, die für sie in ganz Europa ventiliert wurden, zu keinem greifbaren Ergebnis führten, wurde die achtzehnjährige Barbara im April 1474 mit dem Grafen Eberhard dem Älteren von Württemberg vermählt. Am 10. Juni dieses Jahres verließ sie ihre mantuanische Heimat, die sie nie mehr wiedersehen sollte; der von ihrem Bruder Rodolfo angeführte stattliche Brautzug wurde etwa drei Wochen später bei Kempten von einem württembergischen Empfangskomitee begrüßt und nach Urach geleitet, wo vom 4. bis 7. Juli die prunkvollen Hochzeitsfeierlichkeiten stattfanden. Das einzige Kind aus dieser Verbindung, eine am 3. August 1475 geborene Tochter, starb bereits im Frühjahr des folgenden Jahres. Barbara Gonzaga sollte ihren 1495 zum Herzog erhobenen und im Jahr darauf verstorbenen Gatten um sieben Jahre überleben; sie verbrachte ihre Witwenjahre meist in Böblingen, wo sie am 30. Mai 1503 verstarb. Nach ihrem Tod kam es zwischen Herzog Ulrich von Württemberg und Barbaras Neffen Francesco Gonzaga zu jahrelangen Auseinandersetzungen um ihr Erbe, die im Dezember 1505 durch einen Schiedsspruch Herzog Albrechts IV. von Bayern geschlichtet wurden.

Alle Stationen von Barbaras Leben werden durch Briefe im vorliegenden Band ausführlich dokumentiert. Die Sammlung setzt mit einem am 18. Dezember 1455 ausgestellten Schreiben ihrer Mutter Barbara von Brandenburg ein; die Markgräfin teilte darin ihrem Sohn Gianfrancesco, der sich damals am fränkischen Hof seines Großvaters, Johanns des Alchimisten, aufhielt, die Geburt seiner *nova sorella* mit. Es folgen einige bemerkenswerte, meist recht kurze, Kinderbriefe, die Barbara im Alter von acht bis elf Jahren an ihre Eltern richtete. Das letzte Stück, ein am 28. Oktober 1508 ausgestelltes Schreiben Herzog Wolfgangs von Bayern an den Markgrafen Francesco Gonzaga, berichtet über den Transfer einer Geldsumme nach Mantua, die der Herzog von Württemberg aus der Hinterlassenschaft Barbaras noch schuldig war.

Besonders dicht aber war die Korrespondenz in den Jahren 1474 und 1475, wobei die Brautfahrt und das erste Jahr der Ehe nicht nur durch sehr persönliche Schreiben Barbaras, sondern auch durch die Relationen mantuanischer Gesandter in helles Licht gerückt werden. Hervorzuheben sind dabei vor allem die anschaulichen und nicht selten auch erheiternden Berichte des zweisprachigen Konrad von Hertenstein, der sich in seinen italienischen Schreiben als *Tristano de Sassoduro* bezeichnete; er ist mit 58 Briefen aus den Jahren 1472 bis 1475 in der Ausgabe vertreten. Von Barbara Gonzaga selbst stammen 81 *lettere*, deren Abfassung sich über einen Zeitraum von 39 Jahren (1463–1502) erstreckt.

Der reich mit Abbildungen ausgestattete Band gewährt ungewöhnlich detaillierte Einblicke in das alltägliche Leben an einem süddeutschen Hof und informiert aus erster Hand über das Schicksal der aus Oberitalien nach Württemberg verschlagenen Gonzaga-Tochter. Er bietet damit für verschiedene aktuelle Forschungsfelder, nicht zuletzt im Bereich der Kultur-, Mentalitäts- und Kommunikationsgeschichte, wichtige Anregungen, für die man der Bearbeitergruppe dankbar sein wird. Franz Fuchs

Das Frankenberger Stadtrechtsbuch, bearb. von Wilhelm A. Eckhardt (Veröffentlichungen der Historischen Kommission für Hessen 13: Quellen zur Rechtsgeschichte der hessischen Städte, Bd. 8). Marburg: Historische Kommission für Hessen 2014. XLII, 189 S. 1 Farbtafel (Karte). ISBN 978-3-942225-22-9. Geb. € 29,–

Im Unterschied zu Württemberg, das lediglich seine ländlichen Rechtsquellen gesammelt publiziert hat, verfügt Hessen über eine Editionsreihe, in der seit 1918 für Marburg, Fritzlar, Allendorf und andere Orte Stadtrechtsquellen aufbereitet wurden. Es folgt nun Frankenberg, eine oberhessische Kleinstadt an der Eder zwischen Marburg und Kassel, die im Spätmittelalter namentlich wegen ihres Wollhandels von einer gewissen Bedeutung war. Mit dem vorliegenden Band wird die Zahl der hessischen Stadtrechtsquellen aber gleich um zwei erweitert, wurde das Frankenberger Recht doch von der Stadt Alsfeld übernommen. Die inhaltlich nicht beträchtlichen Änderungen sind in dieser Edition nachgewiesen, so dass sie auch für Alsfeld von Bedeutung ist. Im Übrigen gilt für Frankenberg, was für die meisten spätmittelalterlichen Rechte festzustellen ist: Sie sind uns in der Hauptsache nicht, wie zunehmend seit dem 16. Jahrhundert, in amtlichen, obrigkeitlichen Rechtssetzungen überliefert, sondern als Kompilationen privater Rechtskundiger oder -gelehrter, die in der Regel praktische Erfahrungen im Rechtsleben ihrer Zeit hatten.

Der „Spiegler“ des Frankenberger Stadtrechts ist namentlich bekannt. Der aus einer ortsansässigen Schöffenfamilie stammende Johannes Emmerich hatte in Leipzig und Erfurt studiert und den niederen akademischen Grad eines Bakkalars erlangt. Er bekleidete führende

Verwaltungs- und Gerichtsämter seiner Heimatstadt und schrieb deren Recht Ende des 15. Jahrhunderts nieder. Emmerich gehört damit zu jener Schicht „halbgelehrter“ Praktiker, in deren Händen das Rechtsleben im Deutschland des 15. und noch weithin des 16. Jahrhunderts auf dem Land und in den Kleinstädten lag. Er kannte die Institutionen, das einführende Buch des Corpus Iuris Justinians und den Liber extra Gregors IX., eine tiefere Kenntnis des gelehrten römischen und kanonischen Rechts wird man ihm aber nicht unterstellen können. Die meisten Bezugnahmen auf geschriebene Rechtsquellen in seinem Stadtrechtsbuch verweisen auf die deutschsprachigen Schwaben- und Frankenspiegel, das „Große“ und „Kleine Kaiserrecht“. Dass Emmerich ein ethisch hochstehender Mann war, dem es um eine korrekte Verwaltung und unparteiliche Justiz zu tun war, beweisen wiederholte einschlägige Passagen in seinem Buch. Er war wohl nicht nur ein Bewahrer des überkommenen Rechts, sondern zugleich ein gemäßigter „Reformer“.

Der Quellenwert des Emmerichschen Stadtrechtsbuchs liegt weniger in den vom Editor zuverlässig nachgewiesenen Einflüssen der juristischen, teilweise auch theologischen Bildung seines Urhebers, sondern in der praktischen, realistischen Schilderung der städtischen Rechtszustände seiner Zeit. Der erste, der Stadtverfassung gewidmete Teil beschreibt die Aufnahme von Bürgern und die Ämter der Stadt, von den im Stadtregiment führenden Schöffen und Bürgermeistern über die Verwalter des städtischen Kirchen-, Steuer- und Wirtschaftswesens bis hin zu ausführenden Organen wie den Schreibern und Stadtknechten. Qualifikationen und Aufgaben werden eingehend geschildert, namentlich auch die einzeln entlohnten Amtstätigkeiten aufgeführt, so dass ein lebensnahes, dichtes Bild des städtischen Ämterwesens entsteht. Der praktische Charakter zeigt sich auch an den eingestreuten Eidesformeln.

Ähnliches kann vom zweiten Teil gesagt werden, der dem Gericht, seiner Zusammensetzung und seinem Verfahren gewidmet ist. Mit Ausnahme eines am Schluss nachgetragenen, aus dem Schwabenspiegel entnommenen Strafenkatalog findet sich kaum abstraktes, materielles Zivil- oder Strafrecht. Ganz im Sinn des Praktikers beschreibt der Autor, welche Voraussetzungen für einen Arrest („Kummer“) vorliegen müssen, oder welche Einwendungen gegen die Glaubwürdigkeit von Zeugen vorgebracht werden können. Auch hier finden sich wieder Formulare für Schreiben und anschauliche Details, etwa die für die rechtliche Volkskunde interessante Rechtshandlung, bei der zur Besitzeinweisung des Eigentümers oder Erben das Setzen auf einen dreibeinigen Stuhl durch den Richter verlangt wird.

Ergänzt wird die Edition des Rechtsbuchs durch weitere Quellen zum Frankenberger Stadtrecht, die insgesamt fast noch einmal den Umfang des Emmerichschen Werks erreichen. Es handelt sich dabei zunächst um 23 Urkunden aus der Zeit von 1291 bis 1528, vor allem hessische Privilegien für die Stadt sowie Auszüge aus frühen Gerichtsordnungen, darunter auch für Marburg bestimmte, soweit solche für Frankenberg fehlen. Beigefügt ist ferner das Protokoll einer Enquête durch fürstliche Räte aus dem Jahr 1538 sowie ein das Stadtrecht betreffender Auszug aus einem Salbuch von 1587. Diese Quellen ergänzen und vertiefen die im Stadtrechtsbuch enthaltenen Materien, namentlich im Blick auf den landesherrlichen Einfluss auf das Stadtrecht.

Die formal tadellose Edition ist ein wichtiger Beitrag für die Geschichte der andernorts ein wenig im Schatten stehenden kleineren mittelalterlichen Städte. Insbesondere der rechtsgeschichtliche Gehalt wird in den Einleitungen zu den jeweiligen Stücken, den Anmerkungen zu den Quellenzitaten und nicht zuletzt durch ein gutes Sachregister vorbildlich erschlossen. Die Beschäftigung mit den hier aufbereiteten Quellen lohnt sich für den am Stadtrecht Interessierten, auch wenn sich ein süddeutscher Leser stellenweise in den nordhessischen Dialekt erst einlesen muss.

Raimund J. Weber

Würzburger Ratsprotokolle 1432–1454, hg. von Franz FUCHS und Ulrich WAGNER, bearb. von Antonia BIEBER unter Mitwirkung von Anna Maria FERSCH und Katharina RÄTH (Fontes Herbipolenses, Editionen und Studien aus dem Stadtarchiv Würzburg, Bd. 9), Würzburg: Ferdinand Schöningh 2014. 543 S. mit 13 farb. Abb. und 1 Karte. ISBN 979-3-87717-715-0. € 49,–

Das Stadtarchiv Würzburg verwahrt unter seinen Beständen die auch im überregionalen Vergleich herausragende Serie der 1432 einsetzenden Ratsprotokolle, denen allenfalls noch in Köln und in Nürnberg Vergleichbares an die Seite gestellt werden kann (vgl. Eberhard Isenmann: Die deutsche Stadt im Mittelalter 1150–1550, Wien u. a. 2012, S. 434–435). In dem hier anzuzeigenden Band aus der Reihe der „Fontes Herbipolenses" liegen nun die ersten vier, bis 1454 reichenden Bände in einer wissenschaftlichen Edition vor. Geplant ist, die weiteren Ratsprotokolle des 15. und 16. Jahrhunderts folgen zu lassen. Die beiden Herausgeber, Ulrich Wagner als Leiter des Stadtarchivs Würzburg, und Franz Fuchs, Lehrstuhlinhaber für mittelalterliche Geschichte und Historische Hilfswissenschaften an der Universität Würzburg, beschreiben im Vorwort Genese, Eigenheiten und Auswertungsmöglichkeiten dieser zentralen Quelle sowohl für die Würzburger Stadtgeschichte als auch für die sich mehr und mehr ausdifferenzierende Verwaltung der Stadt schlechthin am Ausgang des Mittelalters.

Demnach lässt sich die Verschriftlichung von Verwaltungshandeln in Würzburg um 1400 zuerst im Rechnungs- und Steuerwesen nachweisen, alsbald auch in Form der Missivbücher, die ein- und ausgehendes Schriftgut kopial überliefern. Anders als die ohnedies nur in geringer Zahl überlieferten Ratsprotokolle anderer Städte enthalten die großenteils aus der Feder des Stadtschreibers Heinrich Kellner stammenden Würzburger Exemplare sämtliche Tagesordnungspunkte der Sitzungen und geben so einen „authentische(n) Einblick in die gesamte Geschäftstätigkeit des kommunalen Führungsgremiums" (S. X). Ihr Einsetzen 1432 hängt wohl mit den Konflikten der Bürgerschaft mit dem Stadtherrn, Bischof Johann II. von Brunn, zusammen, die eben damals in „offene(n) Kämpfe(n)" ausarteten und mit der Einsetzung eines Pflegers in Person des Grafen von Wertheim im Folgejahr ein vorläufiges Ende nahmen. Mit den frühesten Bänden liegen keine einheitlichen Sitzungsniederschriften vor. So dokumentiert der zweite, von 1433 bis 1434 reichende Protokollband die Sitzungen des mit Zivilgerichtssachen befassten Siebenerausschusses, und erst mit dem dritten Band setzt nach einer Überlieferungslücke 1443 die eigentliche Serie der Ratsprotokolle ein.

Die Grundlagen der Edition sind in mehreren Oberseminaren und hilfswissenschaftlichen Übungen am Lehrstuhl von Franz Fuchs gelegt worden. Dieser Ertrag studentischer Arbeit verdient allen Respekt – welche gewaltige redaktionelle Leistung indes hinter einem solchen Langzeitprojekt stecken mag, lässt sich nur erahnen. Sie hat sich in jedem Fall gelohnt.

Dem Leser der Edition liegt der Quellentext in paläographischer Abschrift vor, Abkürzungen wurden stillschweigend aufgelöst. Die Editionsgrundsätze werden einleitend erläutert (S. XXI–XXII). Der gemessen an den schmalen Bänden (Bd. 2 hat lediglich 17 beschriebene Blätter) beachtliche Umfang des editorischen Teils von rund 400 Seiten kommt vor allem dadurch zustande, dass die Protokolleinträge mit einer Fülle nicht nur editorischer, sondern mehr noch inhaltlicher Anmerkungen versehen sind – Personen, Sachverhalte, Orte werden ausführlich erläutert. Was ein künftiger Benutzer sicherlich dankbar zur Kenntnis nehmen wird, lässt indes im Hinblick auf das weitere Erscheinen der Bände die Frage aufkommen, in welchem zeitlichen Rahmen diese so mühe- wie verdienstvolle Erläuterungsarbeit leistbar sein wird, zumal auch Quellenbegriffe erläutert werden, die einem Laien vielleicht nicht prima vista zugänglich sein mögen, dem eigentlich aber zu erwartenden Nutzer doch wohl selbstverständlich sein dürften: Jedem Historiker wird klar sein, dass mit „zwene monden“ durchaus Monate gemeint sind, einer Anmerkung bedarf es wohl kaum (S. 13, Anm. 66 und 70). Zudem stellt sich hier und da die Frage, ob die Anmerkung über eine reine Sacherläuterung hinausgeht und zur Interpretation wird. So scheint mir nicht sicher, ob der gerichtlichen Behandlung einer Nachrede „von der frawen, daz sie ir daz kint abegangen sey“ (S. 118) die zugehörige Anmerkung 756 tatsächlich gerecht wird, nach der das Kind „gestorben“ sei – die Quellensprache ist hier m. E. offener. Fraglos ein gewaltiges Verdienst des Werkes ist jedoch die Identifizierung Hunderter Toponyme und Personen, die sämtlich unter Verwendung der einschlägigen stadtgeschichtlichen Literatur erläutert werden. Gerade die genannten Straßen, Häuser und Plätze werden durch eine im Anhang beigegebene farbige Karte (S. 533) auch visualisiert dargestellt.

Vergleichbares lässt sich über die ausführlichen, nach Personen, Orten und Sachen getrennten Indizes sagen (S. 423–494). Die Besonderheit scheint hier zu sein, dass es sich sozusagen um ein interpretierendes Register handelt, das nicht die Quellenbegriffe als Lemmata, sondern deren moderne Entsprechung verwendet. Sicherlich mag auch dies hier und da ein Fragezeichen provozieren, etwa wenn „Munczingen“ als Münsingen (Lkr. Reutlingen) aufgelöst wird – was zwar ohne Weiteres möglich ist, aber eben nicht zwangsläufig zutreffend sein muss. Indes steckt auch dahinter eine gründliche und zeitraubende Bearbeitung des Quellenbestands, die in jedem Fall Respekt verdient.

Inhaltlich befassen sich die Protokolle mit den klassischen Materien des städtischen Gremiums: Ämterbesetzungen, Gerichtsfälle (mit denen eine Fülle sozialgeschichtlich interessanter Nachrichten sichtbar werden), Bau und Unterhalt städtischer Gebäude, der Stadtbefestigung etc., darüber hinaus bieten sie einen reichen Fundus an Hinweisen auf das städtische Botenwesen, die Kommunikationswege des städtischen Rates. Überregionale Sachverhalte werden nur vereinzelt berührt, doch finden sich auch hier immer wieder interessante Hinweise, etwa auf eine offenbar in Schwäbisch Hall massierte Waffenproduktion (S. 216). Für die Würzburger Geschichte ebenso hilfreich wie für generelle Fragen zur Verfassung der mittelalterlichen Stadt sind die im Anhang beigegebenen Listen Würzburger Amtsträger 1432–1454. An der Spitze stehen die Bischöfe dieser Zeit, enthalten sind ebenso die Ratsherren sowie die gewählten Bediensteten, die jeweils abschnittsweise einen erläuternden Vorspann erhielten, der eine schnelle Orientierung über Aufgaben und Besonderheiten eines jeden Amtes zulassen.

Die Rezension wäre unvollständig, würde nicht auf die ansprechende und außerordentlich großzügige Ausstattung des Bandes hingewiesen. In der Debatte um Sinn oder Unsinn gedruckter Quelleneditionen und deren digitale Pendants ist der vorliegende Band ein überzeugendes Plädoyer für die gedruckte Form – die indes keineswegs zu einem Entweder-Oder „gedruckt“ oder „digital“ verleiten muss. Jedenfalls sind die Herausgeber zu diesem gelungenen stadtgeschichtlichen Quellenprojekt zu beglückwünschen, und es steht zu hoffen, dass die nächsten Bände möglichst zeitnah folgen.

Roland Deigendesch

Dirk Kottke, Theodor Reysmann / *De obitu Iohannis Stoefler Iustingani, mathematici Tubingensis elegia,* Ein Gedicht auf den Tod des Tübinger Astronomen Johannes Stöffler (1452–1531), Edition, Übersetzung und Kommentar mit einem Verzeichnis der poetischen Werke Reysmanns, SPUDASMATA, Bd. 156, Hildesheim: Georg Olms Verlag 2013. 125 S. ISBN 978-3-487-15091-8. Kart. € 29,80

Angeregt wurde diese Arbeit durch die Feier zum 500-jährigen Jubiläum der von Johannes Stöffler angefertigten astronomischen Uhr an der Fassade des Tübinger Rathauses im Jahr 2011. Damals hatten Wolfgang Bopp und Ulrich Fischer in „Tübinger Blätter 2011" mit 34 der insgesamt 178 lateinischen Distichen, einschließlich deutscher Übersetzung, der Elegie *De obitu* zur Würdigung Stöfflers beigetragen.

Die Elegie auf Stöfflers Leben „in großer Frömmigkeit und Gelehrsamkeit" und dessen umfangreiches wissenschaftliches Werk verfasste Theodor Reysmann (um 1503–1543/44) anlässlich des Todes von Johannes Stöffler. Der fast vergessene Autor aus der Zeit des Humanismus wurde 1531 von König Ferdinand I. zum *Poeta laureatus* ernannt. Von seinem dichterischen Werk wurden erst im 20. Jahrhundert wieder das Gedicht „Pulcherrimae Spirae summique in ea templi enchromata" auf die Stadt Speyer (920 lateinische Hexameter) und das Gedicht „Fons Blavus" auf den Blautopf und Blaubeuren (238 lateinische Distichen) neu gedruckt. Fundstellen der gedruckten Werke von Reysmann gibt Kottke in seiner Einleitung (S. 11–17) an.

Wegen der Pestepidemie zog Stöffler im Herbst 1530 mit der Burse der Realisten der Universität Tübingen nach Blaubeuren: „Die ungesunde Beschaffenheit der Luft zwingt uns schon damals von Tübingen wegzuziehen an das Ufer der Blau". Dort ist Stöffler an Altersbeschwerden gestorben. Mit umgezogen war damals auch Theodor Reysmann.

Im Folgenden finden sich das Titelblatt der Erstausgabe von „De obitu Iohannis Stoefler" mit der Widmung an Christoph von Stadion (1478–1542), geboren auf Burg Schelklingen, später Bischof von Augsburg, sowie die Angabe des Editionsortes Augsburg mit der Jahreszahl 1531 am Ende des Gedichtes und die Widmung an Doctor Johann Kneller aus Weil der Stadt, Rat von König Ferdinand I., in der Sammelausgabe „Lauretum" von 1534 und Kurzbiographien der Widmungsempfänger (S. 18–23).

Auf S. 24–45 ist der lateinische Text der Elegie nach dem bisher einzig bekannten Exemplar der Erstausgabe der Universitätsbibliothek Freiburg, das erst seit wenigen Jahren nachweisbar ist, abgedruckt, die deutsche Übersetzung ist übersichtlich gegenübergestellt. Der umfangreiche Kommentar (S. 46–75) zum Gedicht nennt Parallelstellen bei antiken Autoren, besonders bei Vergil, Horaz und Ovid. Über genannte Personen, Orte und historische Begebenheiten wird ergänzend informiert. Kottke zeigt stilistische und grammatikalische Besonderheiten und Auffälligkeiten des lateinischen Textes auf, kommentiert sie sachkundig und ergänzt sie gegebenenfalls. Eine Hilfe beim Studium der Elegie sind das Verzeichnis der imitierten Stellen antiker Dichter (S. 76–79) und das Register der erwähnten Personen der Antike und der Zeitgenossen Reysmanns.

Auf die Umstände für den Umzug nach Blaubeuren, Stöfflers Tod und Bestattung, die Grabinschrift bzw. das Epitaph Stöfflers, Reysmanns Schicksal nach 1531 und das Urteil der Nachwelt über ihn geht Kottke in seinem Nachwort (S. 81–96) ein. Ein Verzeichnis der poetischen Werke Reysmanns und das Literaturverzeichnis (S. 97–125) beschließen diese ausführliche, informative und gut lesbare Arbeit über „De obitu Iohannis Stoefler".

Karl Mütz

Martin BURKHARDT, Archive der Freiherren von Degenfeld-Neuhaus und Gemmingen-Hornberg-Babstadt, Urkundenregesten 1439 bis 1902 (Inventare der nichtstaatlichen Archive in Baden-Württemberg, Bd. 39), Stuttgart: Kohlhammer 2013. 242 S. ISBN 978-3-17-023346-1. Geb. € 24,–

Der vorliegende Band ergänzt die Reihe der mit Hilfe der Stiftung Kulturgut erschlossenen Adelsarchive Baden-Württembergs um einen weiteren Band mit Urkundenregesten. Erfasst wurden die Urkunden der Freiherren von Degenfeld-Neuhaus und der Freiherren von Gemmingen-Hornberg-Babstadt, beide im Archiv des Schlosses Neuhaus im Kraichgau.

Die Freiherren von Gemmingen sind eine der ältesten ritteradligen Familien des deutschen Südwestens. Der im 13. Jahrhundert entstandene Stamm Gemmingen-Hornberg erwarb 1732 das Rittergut Babstadt und gründete dort einen neuen Zweig. Die etwas jüngere Familie Degenfeld teilte sich im 17. Jahrhundert in zwei Stämme (Neuhaus und Schonburg). Durch zwei Eheschließungen im Jahr 1819 bestand eine Verwandtschaft zwischen den Gemmingen-Babstadt und den Degenfeld-Neuhaus, die 1921 dazu führte, dass Gemmingen-Hornberg-Babstadt die Degenfeld-Neuhaus nach deren Erlöschen beerbten.

So umfasst das Neuhäuser Archiv heute 441 Urkunden aus beiden Familien (346 Degenfeld-Neuhaus, 95 Gemmingen-Babstadt). In den Jahren 1998/99 wurden die Urkunden im Hauptstaatsarchiv Stuttgart komplett neu erfasst und regestiert. Warum die Publikation der Regesten erst vierzehn Jahre nach Abschluss erscheint, lassen Einleitung und Präsidenten-Grußwort offen.

Die 441 Vollregesten mit Angaben zu Sieglern, Unterschriften, Zustand und Umfang sind chronologisch und nach den beiden Familien geordnet und umfassen auf etwa 200 Seiten die Zeiträume von 1476 bis 1895 (Degenfeld-Neuhaus) und von 1439 bis 1902 (Gemmingen-Babstadt). Die Regesten werden ergänzt durch eine knappe Einleitung zur Familien- und Archivgeschichte mit Verzeichnungsrichtlinien, Überblicksbibliographien zu beiden Familien und Abkürzungsverzeichnis. Ein Anhang umfasst ein systematisches Verzeichnis der Urkunden (Familie, Eigentum, Lehen, Herrschaft), eine Übersicht über die Empfängerprovenienzen der Urkunden, die nicht an die Familien Gemmingen-Babstadt oder Degenfeld-Neuhaus gerichtet waren, sowie ein Orts- und ein Personenregister.

Der Band bietet Material zur Adelsgeschichte, Ortsgeschichte des Kraichgaus (v. a. Babstadt, Ehrstädt, Neuhaus, Sinsheim und Waibstadt) und zur Landesgeschichte und sei allen interessierten Forschern ans Herz gelegt. Joachim Brüser

Verfasser und Bearbeiter der besprochenen Veröffentlichungen

Bericht

der Kommission für geschichtliche Landeskunde
in Baden-Württemberg
für das Jahr 2014

Vorsitzender: Prof. Dr. Anton Schindling (Tübingen).

Stellvertretender Vorsitzender: Ltd. Archivdirektor Prof. Dr. Wolfgang Zimmermann (Karlsruhe).

Schriftführer: Prof. Dr. Gert Kollmer-von Oheimb-Loup (Stuttgart-Hohenheim).

Weitere Mitglieder des Engeren Vorstands: Ltd. Archivdirektor i. R. Prof. Dr. Volker Rödel (Karlsruhe) und Präsident Prof. Dr. Robert Kretzschmar (Stuttgart).

Zu Mitgliedern des Vorstands wurden neu berufen: Ltd. Archivdirektorin Dr. Nicole Bickhoff (Stuttgart), Landeskonservatorin Dr. Ulrike Plate (Esslingen) und Prof. Dr. Bernd Schneidmüller (Heidelberg).

Zu ordentlichen Mitgliedern wurden neu berufen: Ltd. Bibliotheksdirektorin Dr. Julia Freifrau Hiller von Gaertringen (Karlsruhe), Prof. Dr. Jörg Peltzer (Heidelberg), Diözesankonservatorin Dr. Melanie Prange (Rottenburg) und Oberkonservator Dr. Jonathan Scheschkewitz (Esslingen).

Zu korrespondierenden Mitgliedern wurden berufen: Prof. Dr. Matthieu Arnold (Straßburg), Laëtita Brasseur-Wild (Colmar), Prof. Dr. Thomas Maissen (Paris/Heidelberg), Erzb. Oberarchivdirektor Dr. Christoph Schmider (Freiburg), Harald Schukraft (Stuttgart), Akad. Oberrat Dr. Ulrich A. Wien (Landau).

Die Kommission hatte 2014 den Tod ihrer Mitglieder Prof. Dr. Gustav Adolph Benrath (Mainz), Prof. Dr. Dr. h.c. Adolf Laufs (Heidelberg), Prof. Dr. Dieter Mertens (Freiburg), Prof. Dr. Renate Neumüllers-Klauser (Heidelberg), Prof. Dr. Hans Ulrich Nuber (Freiburg) und Prof. Dr. Alfred Wendehorst (Erlangen) zu beklagen.

Sitzungen, Tagungen: Der Vorstand der Kommission trat am 26. Juni 2014 in Kehl und am 5. Dezember 2014 in Karlsruhe zusammen. Die in Kehl durchgeführte Jahrestagung wurde am Abend des 26. Juni mit einem öffentlichen Vortrag von Prof. Dr. Bernard Vogler (Straßburg) über das Thema „Die Städte Straßburg und Kehl im Ersten Weltkrieg" eröffnet. Am Vormittag des 27. Juni 2014 fanden Sitzungen zweier Arbeitsgruppen über die Themen „Zur Sozialgeschichte oberrheinischer Städte im Spätmittelalter" sowie „Kultur und Kulturpolitik im

Reichsland Elsass-Lothringen“ statt. Am Nachmittag des 27. Juni 2014 wurde die Mitgliederversammlung abgehalten (vgl. Tagungsbericht http://hsozkult.geschichte.hu-berlin.de/tagungsberichte/id=5529).

In Zusammenarbeit mit dem Kirchengeschichtlichen Verein des Erzbistums Freiburg, dem Geschichtsverein der Diözese Rottenburg-Stuttgart, dem Verein für Kirchengeschichte in der Evangelischen Landeskirche in Baden und dem Verein für württembergische Kirchengeschichte wurde vom 29. bis 31. Mai 2014 im Konzil in Konstanz eine Tagung mit dem Titel *„Über die ganze Erde erging der Name von Konstanz.* Rahmenbedingungen und Rezeption des Konstanzer Konzils“ durchgeführt (vgl. Tagungsbericht http://hsozkult.geschichte.hu-berlin.de/tagungsberichte/id=5500).

In Zusammenarbeit mit dem Institut für Geschichtliche Landeskunde und Historische Hilfswissenschaften der Eberhard Karls Universität Tübingen und dem Landesarchiv Baden-Württemberg wurde vom 10. bis 13. Juli 2014 im Ev. Stift und in der Alten Aula zu Tübingen eine Tagung mit dem Titel „500 Jahre ‚Armer Konrad‘ und ‚Tübinger Vertrag‘ im interregionalen Vergleich. Fürst, Funktionseliten und ‚Gemeiner Mann‘ am Beginn der Neuzeit“ veranstaltet (vgl. Tagungsbericht http://hsozkult.geschichte.hu-berlin.de/tagungsberichte/id=5586).

In Kooperation mit verschiedenen Trägern der örtlichen Erinnerungskultur wurden 2014 acht öffentliche Buchvorstellungen und Vortragsveranstaltungen – so in Sigmaringen (2x), Karlsruhe, Schramberg, Mannheim, Stuttgart, Crailsheim und Ravensburg – durchgeführt, um Neuerscheinungen der Kommission der Öffentlichkeit zu übergeben.

Stand der Arbeiten

Fertiggestellt wurden:

Zeitschrift für die Geschichte des Oberrheins (Schriftleiter: Ltd. Archivdirektor i. R. Prof. Dr. Volker *Rödel*) Jahrgang 162 (2014).

Zeitschrift für Württembergische Landesgeschichte (Schriftleiter: Archivdirektor Prof. Dr. Peter *Rückert*) Jahrgang 73 (2014).

Reihe A: Quellen

Bd. 58 Martin *Furtwängler* (Bearb.), Die Lebenserinnerungen des ersten badischen Staatspräsidenten Anton Geiß (1858–1944), Stuttgart 2014.

Reihe B: Forschungen

Bd. 192 Frank Ulrich *Prietz*, Das Mittelalter im Dienst der Reformation. Die *Chronica* Carions und Melanchthons von 1532, Stuttgart 2014.

Bd. 194 Niklas *Konzen*, *Aller Welt Feind.* Fehdenetzwerke um Hans von Rechberg († 1464) im Kontext der südwestdeutschen Territorienbildung, Stuttgart 2014.

Bd. 196 Sabine *Holtz*, Albert *Schirrmeister* und Stefan *Schlelein* (Hgg.), Humanisten edieren. Gelehrte Praxis im Südwesten in Renaissance und Gegenwart, Stuttgart 2014.

Bd. 198 Dörte *Kaufmann*, Anton Friedrich Justus Thibaut (1772–1840). Ein Heidelberger Professor zwischen Wissenschaft und Politik, Stuttgart 2014.

Bd. 199 Marco *Veronesi*, Oberdeutsche Kaufleute in Genua, 1350–1490. Institutionen, Strategien, Kollektive, Stuttgart 2014.

Bd. 200 Hans Peter *Müller*, Carl Mayer (1819–1889) – ein württembergischer Gegner Bismarcks. 1848er, Exilant, demokratischer Parteiführer und Parlamentarier, Stuttgart 2014.

Bd. 202 Sabine *Koch*, Kontinuität im Zeichen des Wandels. Verfassung und Finanzen in Württemberg um 1800, Stuttgart 2015.

Kabinettsprotokolle von Baden, Württemberg-Baden und Württemberg-Hohenzollern 1945–1952

Bd. I,3 Die Protokolle der Regierung von Baden.
Dritter Band: Das dritte Kabinett Wohleb 1949–1952, bearb. von Kurt *Hochstuhl* und Christof *Strauß*, 2 Teilbände, Stuttgart 2014.

Ende Januar 2014 wurde die Retrokonversion des 2. Bandes der Landesbibliographie von Baden-Württemberg. Die Literatur der Jahre 1975/76, bearb. von Werner *Schulz* und Günter *Stegmaier*, Stuttgart 1981, abgeschlossen. Alle hierin verzeichneten 9.800 Titel wurden seit Herbst 2012 durch die Mitarbeiterinnen der Kommission Wilma *Romeis* und Christa *Brawanski* in die Datenbank eingepflegt. Diese ist die Grundlage der „Landesbibliographie Baden-Württemberg *online*" (http://www.statistik.baden-wuerttemberg.de/LABI/home.asp). Die Titeldaten der Jahre 1975/76 stehen somit nun der interessierten Öffentlichkeit auch in elektronischer Form zur Verfügung. Die rückschreitende Erfassung und die vollwertige Einbindung aller 72.884 Titelaufnahmen der Berichtsjahre 1973–1985 in die Datenbank sind damit weiter vorangeschritten. Die Retrokonversion wird mit dem ersten Band der Landesbibliographie (Die Literatur der Jahre 1973/74) fortgesetzt. Mit dem Abschluss der Retrokonversion wird für Frühjahr 2015 gerechnet.

Der Vorstand hat zum Druck angenommen:

Reihe B: Pia Ulrike *Eckhart*, Geschichtsschreibung und Geschichtsbild in Konstanz um 1500. Die Chronik des bischöflichen Notars Beatus Widmer.

Andrea *Riotte*, „Diese so oft beseufzte Parität". Biberach 1649–1825: Politik – Konfession – Alltag.

Tobie *Walther*, Zwischen Polemik und Rekonziliation. Die Bischöfe von Straßburg im Investiturstreit bis 1100 und ihre Gegner.

Ellen *Widder*, Kanzler und Kanzleien im Spätmittelalter. Eine *Histoire croisée* fürstlicher Administration im Südwesten des Reiches.

Silke *Schöttle*, „Ad relaxandam ex studiis animum“. Exerzitien- und Sprachmeister und ihr Lehrangebot am Collegium illustre und der Universität Tübingen (1594–1819).

Gad *Arnsberg*, „... über die Notwendigkeit einer deutschen Republik“. Die württembergische Militär- und Zivilverschwörung von 1831–33.

Anschrift: Kommission für geschichtliche Landeskunde in Baden-Württemberg, Eugenstraße 7, 70182 Stuttgart. E-Mail: Poststelle@kgl-bw.de. Internet: www.kgl-bw.de.

Mitteilungen des Württembergischen Geschichts- und Altertumsvereins für den Zeitraum von April 2014 bis März 2015

Zusammengestellt von Nicole Bickhoff

1. Öffentliche Vorträge und Veranstaltungen

Stefanie Neidhardt, Tübingen: „Wir getruwent gott verlaß uns nit“. Handlungsstrategien geistlicher Frauen im Konflikt am Beispiel der Kirchheimer Chronik. Hauptstaatsarchiv Stuttgart, 15. November 2014, 14.30 Uhr

Privatdozent Dr. Dieter Krüger, Potsdam: Freundschaft im Zeichen der Weltkriege. Hans Speidel und Ernst Jünger 1941–1984. Hauptstaatsarchiv Stuttgart, 17. Januar 2015, 14.30 Uhr

Prof. Dr. Gabriele Clemens, Saarbrücken: Fürstliches Mäzenatentum in Südwestdeutschland. Hauptstaatsarchiv Stuttgart, 21. Februar 2015, 14.45 Uhr

Prof. Dr. Barbara Potthast, Bianca Elser, Jan Großöhmigen, Christopher Hunke, Stuttgart: Leben und Abenteuer des Johann Steininger, Veteran auf dem Hohenasperg. Hauptstaatsarchiv Stuttgart, 4. März 2015, 18.00 Uhr

Dr. Bernhard Theil, Stuttgart: Karl von Kolb (1800–1868) – Bankier, württembergischer Konsul in Rom, Diplomat, Kunstvermittler. Hauptstaatsarchiv Stuttgart, 21. März 2015, 14.30 Uhr

* * * * *

Musikalisch-literarische Soirée: „Der ‚Arme Konrad‘ 1514. Sprüche und Musik im Aufstand“. Begleitveranstaltung zur Ausstellung im Hauptstaatsarchiv, in Kooperation mit dem Hauptstaatsarchiv Stuttgart und der Staatlichen Hochschule für Musik und Darstellende Kunst Stuttgart. Hauptstaatsarchiv Stuttgart, 2. Juli 2014, 19.00 Uhr

Archivalien-Lesekurs: Lektüre ausgewählter Texte zur Landes- und Ortsgeschichte aus dem 16./17. Jahrhundert. Leitung: Prof. Dr. Stephan Molitor, Ludwigsburg. Hauptstaatsarchiv Stuttgart, 24. September sowie 1., 8. und 15. Oktober 2014, jeweils 16.30–18.00 Uhr

Wissenschaftliche Tagung der Stadt Bietigheim-Bissingen und der Universität Tübingen in Verbindung mit dem Württembergischen Geschichts- und Altertumsverein: „Württembergische Städte im späten Mittelalter: Herrschaft, Wirtschaft und Kultur im Vergleich." Leitung: Prof. Dr. Sigrid Hirbodian, Tübingen und Prof. Dr. Peter Rückert, Bietigheim-Bissingen. Bietigheim-Bissingen, 21. und 22. November 2014. Es referierten: Prof. Dr. Ellen Widder, Tübingen: Südwestdeutsche Städtelandschaften im Vergleich; Dr. Volker Trugenberger, Sigmaringen: Vogt, Gericht und Gemeinde – Württembergische Amtsstädte im späten Mittelalter; Prof. Dr. Manfred Rösch, Hemmenhofen: Stadt und Umland in Württemberg aus archäobotanischer Sicht; Tilmann Marstaller M. A., Tübingen: Neue bauhistorische Untersuchungen zu Rat- und Bürgerhäusern im spätmittelalterlichen Württemberg; Nina Kühnle M. A., Kiel: Abgegangene Städte, vergessene Städte? Württembergische „Statuswüstungen" im späten Mittelalter; Stefan Benning M. A., Bietigheim-Bissingen: Zur Stadtgenese im spätmittelalterlichen Württemberg: Das Beispiel Bietigheim; Dr. Erwin Frauenknecht, Stuttgart/Tübingen: Kaiser Karl IV. und die Städte in Württemberg und Umgebung; Prof. Dr. Peter Rückert, Bietigheim-Bissingen: Die Grafen in ihrer Stadt: Herrschaftsrepräsentation im spätmittelalterlichen Württemberg; Dr. Ulrich Knapp, Leonberg: Herrschaftliche Architektur in württembergischen Städten des Spätmittelalters; Dr. Roland Deigendesch, Reutlingen: Bildung und Literatur in der Stadt am Beispiel der Städtelandschaft zwischen Alb und Neckar; Prof. Dr. Sigrid Hirbodian, Tübingen: Geistliche Frauen in württembergischen Städten.

2. Besichtigungen und Exkursionen

Besuch der Ausstellung „Pinselstriche in der Todeszone. Württembergische Künstler sehen den Ersten Weltkrieg", Hauptstaatsarchiv Stuttgart. Führung: Dr. Albrecht Ernst, Stuttgart. 29. April 2014

Sechstägige Studienreise „St. Petersburg – Die Romanows und das Haus Württemberg." Besichtigung u. a. des Jelagin-Palastes, Pawlowsk, Gattschina, Puschkin mit Katharinenpalast, Peterhof, Eremitage und Peter-Paul-Festung. Leitung: Dr. Nicole Bickhoff, Stuttgart; Führung: Nina Fokina, St. Petersburg. 2. bis 7. Mai 2015. Leitung: Dr. Albrecht Ernst, Stuttgart. Führung: Natalia Novikova, St. Petersburg. 12. bis 17. September 2015

Besuch der Ausstellung „Der ‚Arme Konrad' vor Gericht. Verhöre, Sprüche und Lieder in Württemberg 1514", Hauptstaatsarchiv Stuttgart. Führung: Prof. Dr. Peter Rückert, Stuttgart. 25. Juni und 22. Juli 2014

Fahrradexkursion „Entlang an Würm und Aich". Streckenverlauf: Weil der Stadt – Dätzingen – Aidlingen – Ehningen – Holzgerlingen – Schönaich – Waldenbuch – Glashütte – Leinfelden. Führung: Bernhard Völker, Stuttgart. 5. Juli 2014

Stadtrundgang „Volkspark – Gedenkstätte – Messeforum. Der Killesberg". Führung: Dr. Roland Müller und Dipl. Ing. Eberhard Schnaufer, Stuttgart. 9. Juli 2014

Tagesexkursion „Katholischer Widerstand im südlichen Württemberg: Claus Schenk Graf von Stauffenberg und Raphael Walzer". Fahrt nach Lautlingen, Beuron und Wilflingen. Führung: Dr. Eberhard Fritz, Altshausen. 26. Juli 2014

Besuch der Ausstellung „Königliche Sammellust". Staatsgalerie Stuttgart. Führung: Birgit Langhanke, Stuttgart. 28. August 2014

Halbtagesexkursion „Leben und Wirken von Friedrich List in Reutlingen" aus Anlass des 225. Geburtstages von Friedrich List. Führung: Prof. Dr. Eugen Wendler, Reutlingen. 3. September 2014

Tagesexkursion „Auf den Spuren des ‚Armen Konrad' im Remstal". Besichtigung der Ausstellungen und Originalschauplätze in Fellbach, Beutelsbach, Schorndorf und Waiblingen. Führung: Dr. Katja Nellmann, Stuttgart. 13. September 2014

Besuch der Ausstellung „Fastnacht der Hölle. Der Erste Weltkrieg und die Sinne", Haus der Geschichte Baden-Württemberg. Führung: Dr. Sebastian Dörfler, Stuttgart. 30. Oktober 2014

3. Vorstand

Im Berichtszeitraum organisierte der Vorstand vier Vortragsveranstaltungen, beteiligte sich an einer Tagung und führte den jährlichen Archivalien-Lesekurs durch. Darüber hinaus bot er an vierzehn Terminen Besichtigungen, Exkursionen und Studienfahrten an, die sich eines großen Interesses erfreuten.

Zum zweiten Mal wurde ein Abiturientenpreis ausgelobt, mit dem hervorragende Leistungen im Fach Geschichte in Verbindung mit besonderen Leistungen in der Landesgeschichte ausgezeichnet werden. Von den 23 von Gymnasien aus den Regierungsbezirken Stuttgart und Tübingen eingereichten Vorschlägen erfüllten 13 die vorgegebenen Kriterien. Der Preis umfasst neben einem Buchpräsent und einer Urkunde auch eine zweijährige kostenlose Mitgliedschaft im Verein.

In seiner Sitzung, die am 29. November 2014 im Hauptstaatsarchiv Stuttgart stattfand, bestätigte der Beirat Geschäftsführerin Anja Stefanidis, deren dreijähriger Wahlturnus abgelaufen war, in ihrem Amt.

4. Mitgliederversammlung

Die Mitgliederversammlung fand am 21. Februar 2015 im Hauptstaatsarchiv Stuttgart statt. Eingangs gedachte die Vorsitzende der 16 verstorbenen Vereinsmitglieder. Dankbar erinnerte sie an Professor Dr. Dieter Mertens (1940–2014), der sich besonders um die Landesgeschichte verdient gemacht und den Verein vor allem als Vortragsredner regelmäßig unterstützt hat.

Im Anschluss an den Tätigkeitsbericht der Vorsitzenden stellte die Geschäftsführerin die Ergebnisse der Jahresrechnung 2014 vor, die von Herrn Konstantin Huber, Pforzheim, als Kassenprüfer bestätigt wurde. Einstimmig erteilte die Mitgliederversammlung dem Vorstand die Entlastung.

Mit der Kassenprüfung 2014 ist Herr Walter Wannenwetsch aus der Funktion als Prüfer ausgeschieden. An seiner Stelle wurde Dr. Christoph Florian, Böblingen, als neuer Kassenprüfer gewählt.

Nach Ablauf des dreijährigen Wahlturnus wurden Dr. Eberhard Fritz, Prof. Dr. Sigrid Hirbodian, Dr. Sybille Oßwald-Bargende, Prof. Dr. Peter Rückert, Dr. Andreas Schmauder und Prof. Dr. Reinhold Weber in ihren Ämtern als gewählte Beiratsmitglieder bestätigt. Neu in das beratende Gremium gewählt wurden Dr. Michael Hoffmann, Ellwangen, Dr. Wolfgang Mährle, Stuttgart, und Dr. Catharina Raible, Gerlingen.

Die Zahl der Mitglieder beläuft sich derzeit auf 1.264 natürliche und juristische Mitglieder (Stand: 31. März 2014).

5. Veröffentlichungen des Vereins

Im Juni 2014 konnte Prof. Dr. Peter Rückert den neuen, 571 Seiten zählenden Band der Zeitschrift für Württembergische Landesgeschichte 73 (2014) vorlegen, der den Mitgliedern als Jahresgabe zugestellt wurde.

Im Oktober 2014 erschien in der Reihe „Landesgeschichte in Forschung und Unterricht" der von Prof. Dr. Gerhard Fritz und Eva Luise Wittneben, Pädagogische Hochschule Schwäbisch Gmünd, herausgegebene 10. Band. Er enthält auf 175 Seiten die Beiträge des Tages der Landesgeschichte in der Schule vom 23. Oktober 2013 in Rottenburg, der dem Leitthema „Migration" gewidmet war.

Über die vielfältigen Aktivitäten und Veranstaltungen des Vereins, über historische Themen, aktuelle Ausstellungen und Veröffentlichungen informieren die gedruckten Rundbriefe, die im April und November 2014 erschienen und je 24 Seiten umfassten.

6. Arbeitskreis für Landes- und Ortsgeschichte im Verband der württembergischen Geschichts- und Altertumsvereine

Unter der Leitung von Dr. Wolfgang Mährle veranstaltete der Arbeitskreis in Verbindung mit dem Hauptstaatsarchiv Stuttgart am 4. und 5. Dezember 2015 die sehr gut besuchte Tagung „Aufgeklärte Herrschaft im Konflikt. Herzog Carl Eugen von Württemberg (1728–1793)." Folgende Referate standen auf dem Programm: Angela Borgstedt, Mannheim: Aufklärung – Macht – Politik. „Aufgeklärter Absolutismus" – eine Einführung; Dr. Joachim Brüser, Kirchheim/Teck: *C'est le plus abominable et détestable pays du monde* – Die Erziehung Carl Eugens und seiner Brüder am Hofe Friedrichs II. von Preußen in Berlin 1741 bis 1744; Dr. Wolfgang Mährle, Stuttgart: Giannone in Stuttgart. Carl Eugen und die italienische Aufklärung; Johannes Moosdiele-Hitzler M.A., München: Franziska von Hohenheim – Carl Eugens „irdische Urania"?; Prof. Dr. Barbara Potthast, Stuttgart/Amsterdam: *Auf den Herzog bau und trau ich kein Haar.* Carl Eugens Persönlichkeit im Spiegel von Schubarts Schriften; Dr. Eberhard Fritz, Altshausen: Der barocke und der aufgeklärte Landesfürst – ein Kunstprodukt? Carl Eugens Herrscherrolle und Repräsentation; Prof. Dr. Joachim Kremer, Stuttgart: Wandel und Kontinuität: Zum Profil der höfischen Musikpflege in Stuttgart unter Carl Eugen; Rolf Bidlingmaier, Metzingen: Im Glanz des Rokoko. Funktion und architektonische Gestaltung der Schlossbauten von Carl Eugen und sein Einfluss als Bauherr; Prof. Dr. Eva-Maria Seng, Paderborn: Urbanistische Projekte in Stuttgart zur Zeit Carl Eugens; PD Dr. Frank Kleinehagenbrock, Würzburg: Die Konsolidierung von Regierung und Verwaltung in Württemberg unter Carl Eugen. Zur Bedeutung der Reformimpulse Johann Jacob Mosers für die herzogliche Politik; Prof. Dr. Hermann Ehmer, Stuttgart: Konfession und Politik bei Carl Eugen; Prof. Dr. Gerhard Fritz, Schwäbisch Gmünd: Carl Eugen und das Strafrecht; Thomas Schröter M.A., Tübingen: Die Agrarpolitik Carl Eugens. Absolutistischer Merkantilist oder moderner Physiokrat? Prof. Dr. Sylvia Schraut, München: *Die Frauenzimmer waren meist steif wie Drahtpuppen.* Höhere Mädchenbildung am Hof Carl Eugens; Dr. Wolfram Hauer, Horb: Reformen in den Schulstuben? – Carl Eugen und das niedere und höhere Schulwesen; Dr. des. Bernhard Homa, Tübingen: ... *aus Eyfer vor der Universität Bestes*: Die Politik Carl Eugens gegenüber der Universität Tübingen im Spannungsfeld von Gestaltungswillen, Gestaltungsmöglichkeiten und Gestaltungsgrenzen; Frederic Groß, Köln: Carl Eugen und „seine" Hohe Carlsschule (1770–1794) – (militärischer) Handlungsspielraum gegen die Ständevertretungen?; Prof. Dr. Matthias Asche, Tübingen: Fachpraxis, Nützlichkeit, Autorität und Disziplin – die Hohe Carlsschule im Kontext der Akademien und Polytechnica in der späten Aufklärung; Dr. Sabine Rathgeb, Korntal-Münchingen: Musentempel oder „Sklavenplantage"? Carl Eugen als Gründer und Protektor der Kunstakademie.

7. Arbeitskreis Landesgeschichte im Unterricht

Der 37. Tag der Landesgeschichte in der Schule fand am 22. Oktober in Waiblingen statt. Die von Prof. Dr. Gerhard Fritz konzipierte und geleitete Tagung stand unter dem Leitthema „Unbotmäßiges Land – demokratische Bewegungen vom Späten Mittelalter bis in die Gegenwart." In den Grundsatzreferaten beschäftigten sich Dr. Michael Zürn, Meersburg, und Dr. Michael Hoffmann, Ellwangen, mit der politischen Partizipation des Dritten Standes im deutschen Südwesten in der Frühen Neuzeit sowie den „Südstaaten-Rebellen“ vom ‚Armen Konrad‘ bis zum „Wutbürger“ im 21. Jahrhundert. In den anschließenden sechs Arbeitsgruppen wurden verschiedene Protestbewegungen als Themen für den Unterricht vorgestellt, so der Bauernaufstand des ‚Armen Konrad‘ 1514, der Aufstand der Demokraten 1848/49, die Anfänge der Arbeiterbewegung in Württemberg, Clara Zetkin und ihr Beitrag zur Frauen- und Arbeiterbewegung und die Friedensbewegung „vor der Haustür“.

Richtlinien zur Einreichung und Gestaltung von Manuskripten

I. Allgemeines

1. Erwünscht sind bisher unveröffentlichte Beiträge, die nirgendwo anders zur Veröffentlichung angeboten werden.
2. Mit der Annahme eines Manuskripts geht das Verlags- und Nachdruckrecht zeitlich und räumlich unbeschränkt an den Herausgeber, die Kommission für geschichtliche Landeskunde in Baden-Württemberg und den Württembergische Geschichts- und Altertumsverein, über, vertreten durch die Schriftleitung. Die Autoren/Autorinnen erklären sich mit einer späteren Präsentation ihrer Texte im Internet durch den Herausgeber einverstanden.
3. Erbeten werden vollständige und durchgesehene Manuskripte als Text-Datei in einem gängigen Format (bevorzugt „MS-Word") als E-Mail-Anhang.
4. Abbildungen können nach Absprache in die Beiträge aufgenommen werden. Die reproduktionsfähigen Bilddateien dazu sollten durchnummeriert mit dem Manuskript geliefert werden. Die Beschaffung geeigneter Bildvorlagen und die Einholung erforderlicher Reproduktionsgenehmigungen obliegen den Autoren/Autorinnen.
5. Für den Fall, dass für den Autor/die Autorin Umsatzsteuerpflicht besteht, wird um Mitteilung gebeten.

II. Textgestaltung

1. Der Text soll in der Schriftgröße 12 pt. mit genügendem Rand sowie Seitenzählung 1 ½-zeilig geschrieben sein, und zwar als Fließtext im Flattersatz ohne Silbentrennung sowie ohne Seiten- und Schriftformatierungen (ausgenommen *Kursive*, S p e r r u n g e n und KAPITÄLCHEN, s. unten 3., 5. und III.3).
2. Die jeweils gültige nationale Rechtschreibung (für Deutschland nach dem Stand vom 1. 8. 2006) ist anzuwenden.
3. Zitate aus Quellen stehen in *Kursive* ohne Anführungszeichen. Auslassungen aus dem Quellentext werden durch drei Punkte in eckigen Klammern [...] angegeben.
4. Zitate aus der Literatur stehen in „doppelten", ein Zitat innerhalb eines solchen Zitats steht in ‚einfachen' Anführungszeichen. Auslassungen werden wie bei Quellenzitaten, Hinzufügungen durch [nnn] angegeben.
5. Zur Hervorhebung von Begriffen kann (sparsam!) die S p e r r u n g verwendet werden. Auszeichnungsschriften und Unterstreichungen sind zu vermeiden.
6. Anmerkungszahlen werden ohne Punkt oder Klammer hochgestellt und zwar entweder nach einem Wort oder jeweils vor dem Satzzeichen.

7. Querverweise sollten im Text vermieden und auf die Anmerkungen beschränkt werden. Verweise auf Abbildungen sind dagegen (in Klammern) erwünscht.

8. Zahlen werden bis zwölf ausgeschrieben, ausgenommen bei Maß- oder Währungsangaben.

III. Anmerkungen / Literaturangaben

1. Die Anmerkungen stehen als Fußnoten auf der betreffenden Seite.

2. Jede Anmerkung beginnt mit einem Großbuchstaben und endet mit einem Punkt.

3. Bei Namen von Autoren und Autorinnen sowie Herausgebern und Herausgeberinnen werden die Vornamen ausgeschrieben, die Nachnamen erscheinen in KAPITÄLCHEN. Bei bis zu drei Namen erfolgt eine Trennung durch Schrägstriche. Mehrere Verlagsorte werden ebenso behandelt. Tritt in einer Anmerkung ein Name mehrmals nacheinander auf, steht statt der Wiederholung: DERS. bzw. DIES. bzw. DIESS. (bei mehreren).

4. Titel von Zeitschriften und Reihen werden in der Regel ausgeschrieben (s. unten IV.).

5. Bei Aufsätzen ist der Gesamtumfang (Anfangs- bis Endseite) anzugeben, danach die betr. Seite.

6. Nachweise aus Quelleneditionen bzw. der Literatur sind möglichst seitengenau zu führen.

7. Bei Wiederholungen eines bereits zitierten Titels steht nur der/die Nachname/n, des Autors/der Autorin gefolgt von: (wie Anm. nnn) S. ..., nur bei mehreren Titeln gleicher Urheberschaft ist ein unterscheidendes Wort aus dem gemeinten Titel hinter dem/n Namen einzufügen. Ein sich in der folgenden Anmerkung wiederholendes Literatur- oder Quellenzitat wird ersetzt durch: Ebd. bzw. ebd., ggfs. ergänzt um die abweichende Seiten- bzw. Blattangabe.

8. Mehrere Quellen- bzw. Literaturzitate in derselben Anmerkung werden durch Strichpunkte getrennt. Auch zwischen wörtlichen Zitaten und der nachfolgenden Quellenangabe stehen Strichpunkte.

9. Beim Zitieren von ungedruckten Quellen ist die Verwahrstelle (Archiv, Bibliothek) mit ihrem Standort zu nennen, sodann die aktuelle genaue Signatur.

10. Bezieht sich ein Nachweis oder ein Zitat auf eine Internetseite, so ist diese mit dem Uniform Resource Locator (URL) und dem Datum des Aufrufs nachzuweisen.

11. In Ausnahmefällen können häufig gebrauchte Abkürzungen, besonders von Verwahrstellen, auch in einem Abkürzungsverzeichnis zusammengefasst werden, das vor der ersten Anmerkung zu platzieren ist.

Beispiele für Quellen- und Literaturangaben:

Ungedruckte Quellen:
Landesarchiv Speyer A 7 Nr. 229; Universitätsbibliothek Eichstätt Cod. Sm 428 fol. 39v.

Quelleneditionen:
Otto von Trondheim, Chronica sive Historia Mundi, hg. von Hugo SCHLAUMEIER (MGH Scriptores in usum banausium, Bd. 91), Hannover 2019, S. 79.
Harzer Urkundenbuch, hg. von Hans ROLLER, Bd. 12, Goslar 2021, S. 529 Nr. 391.

Selbstständige Werke:
Waldemar BEDÜRFTIG, Mit Mannesmut gegen Redaktionen. Zur Selbstbehauptung der schreibenden Klasse, Nimmerstadt/Hoffendorf 2023, S. 497f.

Reihenwerke:
Korbinian ÜBERZWERCH/Jaromir GLATTIG, Terror durch Schriftleitung (Schriften zur Förderung der Pedanterie, Bd. 22), Jammertal [3]2018, S. 9.

Aufsätze in Sammelbänden:
Ernst UNVERZAGT, Der Gedankenstrich und seine tiefere Bedeutung, in: Die geheimnisvolle Welt der Satzzeichen, hg. von Max STEISSTROMMEL/Traugott TRÖDLER/Sybille ÜBERDRUSS, Büchingen 2019, S. 179–212, hier S. 201.

Aufsätze in Zeitschriften:
Ansgar FRHR. VON BEDEUTIG, Zur historischen Dimension der Zeichensetzung, in: Zentralblatt für das gesamte Redaktionswesen 99 (2033) S. 239–263, hier S. 251.

Lexikon- und Handbuchartikel:
Isabella EITLER, Art. Federfuchs, in: Handwörterbuch zur deutschen Schriftleiterei, Bd. 3, Schilda 2030, Sp. 127 f.

IV. Abkürzungen

ADB	Allgemeine Deutsche Biographie
BArch	Bundesarchiv Koblenz
BWKG	Blätter für württembergische Kirchengeschichte
DA	Deutsches Archiv für Erforschung des Mittelalters
GemeindeA	Gemeindearchiv
GLAK	Generallandesarchiv Karlsruhe
GSTA PK	Geheimes Staatsarchiv Preußischer Kulturbesitz Berlin
HABW	Historischer Atlas von Baden-Württemberg
Hg., hg.	Herausgeber, herausgegeben
HHStA	Haus-, Hof- und Staatsarchiv Wien
HStA	Hauptstaatsarchiv
HZ	Historische Zeitschrift
HZAN	Hohenlohe-Zentralarchiv Neuenstein
Jh.	Jahrhundert
LexMA	Lexikon des Mittelalters
MGH	Monumenta Germaniae Historica
ND	Neudruck
NDB	Neue Deutsche Biographie
OAB	Oberamtsbeschreibung
RI	Regesta Imperii
StA	Staatsarchiv
StAL	Staatsarchiv Ludwigsburg
StadtA	Stadtarchiv
UB	Urkundenbuch
VKgL	Veröffentlichungen der Kommission für geschichtliche Landeskunde in Baden-Württemberg
WJb	Württembergische Jahrbücher
WLB	Württembergische Landesbibliothek
WR	Württembergische Regesten
WUB	Württembergisches Urkundenbuch
WVjH	Württembergische Vierteljahrshefte für Landesgeschichte
ZGO	Zeitschrift für die Geschichte des Oberrheins
ZWLG	Zeitschrift für Württembergische Landesgeschichte

Register der Orte und Personen

Von Franziska Häussermann

Aufgenommen sind Orte und Personen aus Aufsätzen (nicht aus den Buchbesprechungen und ohne Berücksichtigung der Fußnoten). Die Orte sind nach Gemeinde- und Kreiszugehörigkeit identifiziert. Fürsten- und Adelsgeschlechter erscheinen unter ihren Familien- bzw. Herrschaftsnamen, Bischöfe und Äbte unter den Diözesen bzw. Klöstern, deutsche Könige und Kaiser sowie Päpste unter ihren Vornamen. Die Umlaute ä, ö, ü sind wie a, o, u eingereiht. Die Verfasser der besprochenen Veröffentlichungen sind in ein besonderes Verzeichnis (nach den Buchbesprechungen) aufgenommen.

Autoren und Mitarbeiter dieses Bandes

Alderete, Malena, M.A., Wilhelmstr. 8 B, 70182 Stuttgart: Redaktionsarbeiten an Aufsätzen
Antenhofer, Christina, Dr., Universität, Christoph-Probst-Platz, A-6020 Innsbruck 417–419
Arend, Sabine, Dr., Heidelberger Akademie der Wissenschaften, Karlsstraße 5, 69117 Heidelberg 483–485
Armgart, Martin, Dr., Universität Koblenz-Landau, Forststraße 7, 76829 Landau 513f.
Auge, Oliver, Prof. Dr., Universität, Leibnizstr. 8, 24098 Kiel 394–396

Bähr, Matthias, Dr., Technische Universität Dresden, Helmholtzstr. 10, 01069 Dresden 43–54
Benning, Stefan, Kulturamt, Hauptstr. 79, 74321 Bietigheim-Bissingen 494f., 495f.
Beuckers, Klaus Gereon, Prof. Dr., Universität, Olshausenstraße 40, 24118 Kiel 400–402
Bickhoff, Nicole, Dr., Hauptstaatsarchiv, Konrad-Adenauer-Str. 4, 70173 Stuttgart 458f., 471f.
Bidlingmaier, Rolf, Stadtarchiv, Stuttgarter Str. 2–4, 72555 Metzingen 405–407, 490f., 504–506
Biebl, Waltraud, Glühwürmchenweg 25, 70439 Stuttgart: Reinschrift der Buchbesprechungen
Bilmayer-Frank, Stefanie, Dr., Universität, Universitätsstraße 26, 86159 Augsburg 434f.
Birn, Marco, Archivschule, Bismarckstr. 32, 35057 Marburg 423f., 510–513
Borchardt, Karl, Prof. Dr., Monumenta Germaniae Historica, Ludwigstraße 16, 80539 München 435f.
Borgards, Susanne, Stöcklestr. 8, 72070 Tübingen: Organisation und Mitredaktion der Buchbesprechungen
Brinkhus, Gerd, Dr., Burgunderweg 28, 72070 Tübingen 516f., 517f.
Brüser, Joachim, Dr., Stadtarchiv, Wollmarktstr. 48, 73230 Kirchheim 457f., 528

De la Cruz, Óscar, Prof. Dr., Universitat Autònoma de Barcelona, Edifici B, E-08193 Bellateria 331–344
Deigendesch, Roland, Dr., Stadtarchiv, Marktplatz 22, 72764 Reutlingen 378–380, 525f.
Dietrich, Stefan J., Dr., Hofäckerstr. 18, 65207 Wiesbaden-Naurod 99–120
Dobras, Wolfgang, Prof. Dr., Stadtarchiv, Rheinallee 3 B, 55116 Mainz 412f.

Ehmer, Hermann, Prof. Dr., Reinsburgstr. 103, 70197 Stuttgart 19–42

Flachenecker, Helmut, Prof. Dr., Universität, Am Hubland, 97074 Würzburg 363f.
Frauenknecht, Erwin, Dr., Hauptstaatsarchiv, Konrad-Adenauer-Str. 4, 70173 Stuttgart 519f., 520f.
Fritz, Gerhard, Prof. Dr., Oberer Hofberg 9, 71540 Murrhardt 382–384, 497–499, 506f.
Fuchs, Franz, Prof. Dr., Universität, Am Hubland, 97074 Würzburg 522f.

Gildhoff, Christian, Dr., Wiesenbacher Straße 22, 69151 Neckarsgmünd 397–399
Greule, Albrecht, Prof. Dr., Hangstr. 30, 93173 Grünthal 416f.
Gründig, Maria E., Dr., Am Horber Wald 4, 73765 Neuhausen 449f.

Hahn, Joachim, Dr., Evangelischer Oberkirchenrat, Gänsheidestr. 4, 70174 Stuttgart 464f.
Hasselhoff, Görge K., PD Dr., Technische Universität, Emil-Figge-Str. 50, 44227 Dortmund 331–344
Herbers, Klaus, Prof. Dr., Universität, Kochstr. 4, 91054 Erlangen 519
Herrmann, Christian, Dr., Württembergische Landesbibliothek, Konrad-Adenauer-Str. 8, 70173 Stuttgart 402–404
Holtz, Sabine, Prof. Dr., Universität, Keplerstr. 17, 70174 Stuttgart 355–360
Hummel, Karl-Martin, Gutbrodstraße 83, 70193 Stuttgart 447f.

Jörg, Christian, PD Dr., Universität, Wilhelmstr. 36, 72074 Tübingen 453–455
Jütte, Robert, Prof. Dr., Institut für Geschichte der Medizin der Robert-Bosch-Stiftung, Straußweg 17, 70184 Stuttgart 455f.

Kelber, Moritz, M.A., Universität, Universitätsstr. 26, 86159 Augsburg 432–434
Kießling, Rolf, Prof. Dr., Universität, Universitätsstr. 10, 86135 Augsburg 410–412
Klausmann, Hubert, Prof. Dr., Universität, Burgsteige 11, 72070 Tübingen 427–429
Körntgen, Ludger, Prof. Dr., Universität, Jakob-Welder-Weg 18, 55128 Mainz 361–363
Konzen, Niklas, Dr., Archivschule, Bismarckstr. 32, 35057 Marburg 475–477
Kremer, Joachim, Prof. Dr., Staatliche Hochschule für Musik und Darstellende Kunst, Urbanstr. 25, 70182 Stuttgart 430–432
Kretzschmar, Robert, Prof. Dr., Landesarchiv Baden-Württemberg, Eugenstr. 7, 70182 Stuttgart 507–509
Kümmerle, Julian, Dr., Gröninger Str. 32, 71254 Ditzingen 377f.
Kuhn, Daniel, Dr., Heßbrühlstr. 69, 70565 Stuttgart 474f., 496f.

Lange, Richard, M.A., Archivschule, Bismarckstr. 32, 35057 Marburg 470f.
Loose, Rainer, Prof. Dr., In der Blumenküche 19, 72116 Mössingen 366–368, 451–453
Ludwig, Walther, Prof. Dr., Reventlowstr. 19, 22605 Hamburg 121–148
Lutz, Alfred, Dr., Klöcken 4, 88213 Ravensburg 407–409

Maier, Franz, Dr., Landesarchiv, Otto-Mayer-Str. 9, 67346 Speyer 419–421, 467f., 487f.
Maisch, Andreas, Dr., Stadt- und Hospitalarchiv, Am Markt 5, 74523 Schwäbisch Hall 468–470, 502–504
Marzolff, Peter, Dr., Jaspersstr. 33, 69126 Heidelberg 491–494
Maurer, Hans Martin, Prof. Dr., Lieschingstr. 47, 70567 Stuttgart 391–394
Maurer, Helmut, Prof. Dr., Lindauer Str. 5, 78464 Konstanz 441–443
Miegel, Annekathrin, Dr., Archivschule, Bismarckstr. 32, 35057 Marburg 515f.
Mojem, Helmuth, Dr., Deutsches Literaturarchiv Marbach, Postfach 1162, 71666 Marbach 424–427
Müller, Hans-Peter, Dr., Sudetenweg 55, 74523 Schwäbisch Hall 249–296
Müller, Peter, Dr., Staatsarchiv, Arsenalplatz 3, 71638 Ludwigsburg 409f.
Mütz, Karl, Dr., Steinbößstr. 60, 72074 Tübingen 527

Oschema, Klaus, PD Dr., Universität, Grabengasse 3–5, 69117 Heidelberg 436–438

Pánek, Jaroslav, Prof. Dr., Universität, Prosecká 76, CZ-190000 Praha 9 345–354
Paulus, Christof, PD Dr., Ulmenweg 3, 89169 Augsburg 11–18

Popp, Christian, Dr., Akademie der Wissenschaften, Theaterstr. 7, 37073 Göttingen 444–446

Raible, Catherina, Dr., Stadtmuseum, Weilimdorfer Str. 9–11, 70839 Gerlingen 404 f.
Reichert, Folker, Prof. Dr., Dantestr. 19, 69115 Heidelberg 364–366
Rincke, Friedemann, Haus der Geschichte Baden-Württemberg, Urbansplatz 7, 70182 Stuttgart 297–330
Roberts, Daniela, Dr., Gutbrodstr. 6, 70197 Stuttgart 43–54
Rösener, Werner, Prof. Dr., Universität, Otto-Behagel-Str. 10, 35394 Gießen 438 f., 439–441, 443 f.
Rose, Rebecca, Dr., Archivschule, Bismarckstr. 32, 35057 Marburg 421–423
Rotzoll, Maike, PD Dr., Universität, Im Neuenheimer Feld 327, 69120 Heidelberg 462–464
Rückert, Peter, Prof. Dr., Hauptstaatsarchiv, Konrad-Adenauer-Str. 4, 70173 Stuttgart: Schriftleitung, 409 f., 482 f.

Schäfer, Volker, Prof. Dr., Aspenweg 9, 72127 Kusterdingen 500–502
Scheible, Heinz, Dr., Fabrikstr. 3, 69126 Heidelberg 376 f.
Schmider, Christoph, Dr., Erzbischöfliches Archiv, Schoferstr. 3, 79098 Freiburg 450 f.
Schmidgall, Markus, Dr., Vorarlberger Landesarchiv, Kirchstraße 28, A-6900 Bregenz 396 f.
Schnabel-Schüle, Helga, Prof. Dr., Universität, 54286 Trier 380 f.
Schuetz, Thomas, Dr., Universität, Keplerstr. 17, 70174 Stuttgart 149–172
Schwarzmaier, Hansmartin, Prof. Dr., Katzenbergstr. 4 A, 76228 Karlsruhe 370–376
Seck, Friedrich, Dr., Erlenweg 18, 72076 Tübingen 87–98
Stalmann, Volker, Dr., Althoffstr. 2, 12169 Berlin 201–216
Stark, Roland, Dr., Silcherstraße 21, 71686 Remseck 429 f.
Steiger, Uli, Dr., Universitätsbibliothek, Plöck 107–109, 69117 Heidelberg 387–389, 477–482
Steinbach, Peter, Prof. Dr., Universität, Schloss, 68131 Mannheim 459–462
Steuer, Peter, Dr., Staatsarchiv, Arsenalplatz 3, 71638 Ludwigsburg 488–490
Strauß-Németh, László, Dr., Erzbischöfliches Archiv, Schoferstr. 3, 79098 Freiburg 472–474

Tanner, Rolf Peter, Prof. Dr., Pädagogische Hochschule, Fabrikstraße 8, CH-3012 Bern 413 f.
Theil, Bernhard, Dr., Hackländerstr. 26, 70184 Stuttgart 384 f., 385–387, 446 f., 466
Türck, Verena, Dr., Landesarchiv Baden-Württemberg, Eugenstr. 7, 70182 Stuttgart 369 f.

Wandel, Uwe Jens, Dr., Schlichtenstr. 42 a, 99867 Gotha 71–86
Warmbrunn, Paul, Dr., Landesarchiv Speyer, Otto-Mayer-Str. 9, 67346 Speyer 499 f.
Weber, Edwin Ernst, Dr., Ziegelweg 23, 72514 Inzigkofen 173–200
Weber, Raimund J., Dr., Hauptstaatsarchiv, Konrad-Adenauer-Str. 4, 70173 Stuttgart 389–391, 523–525
Wettengel, Michael, Prof. Dr., Stadtarchiv, Weinhof 12, 89073 Ulm 485–487
Wilhelm, Daniel, Archivschule, Bismarckstr. 32, 35057 Marburg 415

Zimmermann, Tanja, Breslauerstr. 5, 71711 Steinheim 217–248